中国证券市场会计信息质量报告（2023）

Annual Accounting Information Quality Report of Chinese Security Market

广州大学管理学院

粤港智慧金财税联合创新中心

厦门大学会计发展研究中心

上海财经大学会计与财务研究院

中山大学现代会计与财务研究中心

广州大学数字化管理创新研究院

合作单位

重庆大学经济与工商管理学院

西安交通大学管理学院

湖南大学工商管理学院

中央财经大学会计学院

对外经济贸易大学国际商学院

中南财经政法大学会计学院

武汉大学经济与管理学院

南京大学商学院

暨南大学管理学院

华南理工大学工商管理学院

广东外语外贸大学会计学院

岭南大学商学院

（排名不分先后）

中国证券市场
会计信息质量报告
(2023)

胡志勇 等 主编

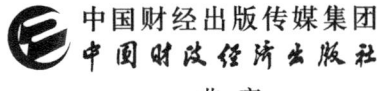

中国财经出版传媒集团
中国财政经济出版社
·北京·

图书在版编目（CIP）数据

中国证券市场会计信息质量报告.2023/胡志勇等主编.--北京：中国财政经济出版社，2024.10.

ISBN 978-7-5223-3410-3

Ⅰ.F832.51

中国国家版本馆CIP数据核字第2024Y4D101号

责任编辑：彭　波　　　　　　责任校对：胡永立
封面设计：卜建辰　　　　　　责任印制：史大鹏

中国证券市场会计信息质量报告（2023）
ZHONGGUO ZHENGQUAN SHICHANG KUAIJI XINXI ZHILIANG BAOGAO（2023）

中国财政经济出版社 出版

URL：http://www.cfeph.cn
E-mail：cfeph@cfeph.cn
（版权所有　翻印必究）

社址：北京市海淀区阜成路甲28号　邮政编码：100142
营销中心电话：010-88191522
天猫网店：中国财政经济出版社旗舰店
网址：https://zgczjjcbs.tmall.com
北京虎彩文化传播有限公司印刷　各地新华书店经销
成品尺寸：185mm×260mm　16开　48印张　1 026 000字
2024年10月第1版　2024年10月北京第1次印刷
定价：298.00元
ISBN 978-7-5223-3410-3
（图书出现印装问题，本社负责调换，电话：010-88190548）
本社图书质量投诉电话：010-88190744
打击盗版举报热线：010-88191661　QQ：2242791300

编委会

顾　问　　刘　峰　靳庆鲁　谭劲松　胡玉明　陈　敏
主　编　　胡志勇　李　旎　薛小龙
副主编　　徐建挺　胡立昂　马　慧　刘少鹏
编　委　　（排名不分先后）

张荣武　蔡　宁　黎文飞　张金若　田高良　曹　越
林　树　王彦超　钱爱民　王雄元　唐建新　万良勇
余鹏翼　林振聘　黎文靖　卢　锐　张延平　柳建华
牛秀丽　余思明　陈焕桂　姚俊生　岳勇坚　杨鸿海
黄春忠　王晨鉴　邱弘毅　牛伊宁　黄嘉悦　潘　俊
陈嘉卓　陆胡熹　林卓斌　李妍奇　梁昭辉　苏　茵
黎子畅　林　楠　杜晓帅　方钰恺　李静茹　李媛婷
金　盛　肖　轩　李怡凡　陈茂蓉　李明蔚　刘舒婕
黄添淇　阴雨函　周海珠　郭梦颖　李欣凝　杨　婷
王允彦　袁珂沁　蔡浩鑫　吴文就　池洪杰　蔡建平
吴文俊　林俊伟

本报告为国家社科基金(23BGL098)的阶段性研究成果

丛书序一

1978年，徐迟的报告文学"哥德巴赫猜想"风靡全国。面对哥德巴赫猜想这一复杂、深奥的数学问题，徐迟借用清华大学沈元老师的比喻"自然科学的皇后是数学。数学的皇冠是数论。哥德巴赫猜想，则是皇冠上的明珠"，将陈景润定义成"摘取数学皇冠上明珠的人"，这一通俗、形象的比喻，让普通读者都知道陈景润做了一件了不起的大事。

如果将会计比喻成权杖，那么，会计信息质量无疑是权杖上那颗耀眼的宝石。会计在人类社会产生和发展中的作用，学术界存有争议，社会公众或许已经熟视无睹，并没有多少人一定认为会计对人类社会发展具有不可替代的作用。但是，会计广泛存在于所有人类社会的组织之中，是一个不争的事实。2023年，教育部核准本科专业771个，会计是其中唯一一个，毕业生手持毕业证，就可以尝试叩开任何一个单位的大门去求职的专业。

为什么人类社会所有人造组织都需要设置会计岗位？对这个问题的回答，需要学术界和实务界共同进行。但是，任何一个单位的会计岗位，无论规模大小、人员多寡，最后所交付的、让单位负责人"悲欣交集"的，就是财务报告数字，或者，用本套丛书的术语：会计信息。会计信息既是会计人员利用会计系统输出的结果，也直接决定或影响了与企业相关所有人的利益，进而可以影响到一个社会所有人的利益。既然每个人都意识到他/她的利益与一组抽象的数字相关，他/她自然会设法去影响、干预这组数字，以期实现自我利益最大化。相应地，会计信息质量就不单纯是会计人员执行会计准则的结果，而是社会各方利益综合博弈的产物。也因为如此，研究会计信息质量以及影响、决定会计信息质量的机制和因素，成为会计研究领域的"明珠"或"宝石"。自1968年实证方法引入会计领域以来，这一研究就没有间断，但对会计信息质量的评价，仍然是分歧、争论大于一致、统一。

广州大学胡志勇教授也卷入这一场看似无解的"游戏"之中。为了更有效地形成对会计信息质量的量化评价，胡志勇教授联合多方力量，于2018年11月成立"粤港智慧金财税联合创新中心"。他吸纳各方优秀青年才俊，借助现代化手段，先后申请并获三项与会计信息质量相关的专利授权，同时，动员一批青年教师研究会计信息质量决定的理论机制、量化表现等，发表论文多篇。在理论准备充足、方法手段齐备的基础上，推出《中国证券市场会计信息质量报告》系列丛书，包括分行业分析、高质量企业等；为了更好地展示会计信息质量特征，分别出版了主板市场、科创板市场和创业板市场信息质量特征；鉴于会计信息质量与审计的高度关联性，在研究过程中，还"顺带"完成了对审计质量的研究与量化，形成《中国证券市场审计质量报告》。

这套丛书是胡志勇教授团队长期致力于会计信息质量量化研究的"结晶"，它将会计信息质量研究，带向新的起点。我相信，这套书不仅对学术界有价值，实务界、政策制定部门也将会从中"开卷有益"。作为整个项目的见证人，我期待这套书的尽快出版、面世，让高质量的成果能够被更多的人认识、理解和应用。

厦门曾厝垵天泉富邑半桶斋 2023年6月

丛书序二

随着经济的发展，社会对高质量会计信息的需求日益增长。作为通用商业语言，会计信息是组织决策和利益相关者评估的基础。财务报表不仅反映了会计人员依据会计准则所进行的工作成果，而且深刻影响着组织内外各方的利益。当每个人都意识到自己的利益与会计报表呈现的数据相连时，出于自身利益最大化的目的，会通过会计选择、会计估计等多种手段对会计报表呈现的数据进行调整，因此企业的会计信息质量并非仅仅是会计人员和会计准则的产物，而是社会各方利益博弈的结果。研究会计信息的质量及其背后的影响机制和因素，已成为会计学术研究中的一个关键领域。自从20世纪60年代实证研究方法被引入会计学以来，这一领域的研究从未中断，但对会计信息质量的评价依然充满了争议和分歧，远未达到普遍的共识，该领域研究仍在吸引着学术界的各位同仁持续投身其中。

广州大学胡志勇教授于2018年11月发起并成立了"粤港智慧金财税联合创新中心"。在此基础上，会计审计质量团队积极汇聚各方精英力量，借助先进的科技手段，构建一个更加精准和系统的会计信息质量量化评价体系并带领团队推出了《中国证券市场会计信息质量报告》系列丛书。该系列报告包含对不同行业的深入分析，针对高质量企业进行了专门研究。这些报告不仅有助于投资者更清晰地了解不同市场的会计信息质量状况，还为市场监管机构提供了重要的参考依据。鉴于会计信息质量与审计工作的紧密关系，团队在研究过程中还深入探讨了审计质量的问题，并成功完成了《中国证券市场审计质量报告》的编写。这一报告不仅为审计行业的质量提升提供了有益借鉴，也为整个金融市场的健康发展贡献了力量。同时，该套丛书还对我国企业会计审计准则的发展历程做了清晰梳理，为读者提供了难得的资料参考。

这部系列丛书是团队多年深耕会计信息质量量化研究的成果，不仅将为学术界带来宝贵的财富，同时也将为实务界、政策制定部门等各方提供极具价值的参考。作为这个重要项目的见证者，我热切期待这套丛书的早日发布，让更多人能够接触到这些高质量的研究成果，推动会计信息质量研究与我国会计学科的不断发展。

2024年6月26日于上海

丛书序三

在证券市场上,会计信息引导着社会资源的配置。会计信息是社会财富转移或利益分配的基础,会计信息背后隐藏着经济利益或政治利益,甚至两者兼而有之。因此,会计信息质量是证券市场健康发展的基石。

会计信息质量是会计信息需求者(使用者)与供给者(提供者)"两大阵营"博弈或权衡的结果。会计信息需求者(使用者)与供给者(提供者)"两大阵营"博弈或权衡的过程就是利益争端与平衡的过程。

可以设想:如果所有会计信息的需求者(使用者)都需要高质量的会计信息,还会有低质量的会计信息吗?反之,如果所有会计信息的供给者(提供者)都提供了高质量的会计信息,也不可能有低质量的会计信息。如今,社会上存在低质量的会计信息,说明有(些)人需要低质量的会计信息或提供了低质量的会计信息。由此,会计信息质量取决于各方博弈过程中哪(些)方占上风。

从理论上说,会计信息生成过程决定了会计信息质量。这就涉及会计信息提供者的责任问题。一般认为,企业及其经营者是会计信息的提供者。其实,对企业披露会计信息载体的财务报表进行独立鉴证的会计事务所及其注册会计师也是会计信息的提供者,对会计信息质量同样要承担必要的责任。如果企业及其经营者提供的会计信息存在质量问题,会计事务所及其注册会计师能够恪守其应有的独立审计准则,那么,会计信息质量还是可以得到保证。与此相反,如果企业提供的会计信息存在质量问题,而会计师事务所及其注册会计师没有恪守其应有的独立审计准则,低质量的会计信息由此产生,而且遍布整个社会。因此,企业及其经营者是保证会计信息质量的"第一道防线",而会计师事务所及其注册会计师是保证会计信息质量的"第二道防线"。如果会计师事务所及其注册会计师能够守住保证会计信息质量的"第二道防线",会计信息质量就可以得到保证。因此,从内部视角看,会计信息的提供者就是企业及其经营者,而从外部视角看,会计信息的提供者就是会计师事务所及其注册会计师。

令人敬佩的是,广州大学胡志勇教授及其团队长期致力于会计信息质量与审计质量的研究,将保证会计信息质量的"两道防线"整合在一起,连续推出《中国证券市场会计信息质量报告》系列丛书,显著推进了会计信息质量的研究高度、深度和广度,为会计学界与会计业界奉献了一道高品位的精神食量。

关注会计信息质量的社会各界人士,不妨"悦读"这套丛书!

2024 年 12 月 16 日

目录 Contents

第一章
证券市场与会计信息 / 1

第一节 证券市场与会计信息 / 1
一、我国证券市场发展历程 / 1
二、我国证券市场中会计信息 / 5
三、会计信息质量检查 / 8

第二节 证券市场中会计准则与信息披露 / 11
一、会计准则与信息披露规范 / 11
二、现行会计准则和信息披露规范 / 14

第三节 证券市场中会计信息披露与监管新发展 / 28
一、会计信息披露新发展 / 28
二、会计信息披露监管新发展 / 29

第二章
会计信息质量体系：基于会计准则的直接测定 / 32

第一节 会计信息质量研究及其回顾 / 33
一、相关性 / 34
二、忠实表达与可验证性 / 35
三、可比性 / 36
四、及时性 / 37

第二节 会计信息质量指数：逻辑 / 38
一、会计信息质量指数 / 38
二、相关性 / 39
三、忠实表达 / 40

四、可验证性 / 40
　　五、可比性 / 41
　　六、及时性 / 42

第三节　会计信息质量：具体测定 / 42
　　一、会计信息质量指数 / 42
　　二、相关性 / 42
　　三、忠实表达 / 45
　　四、可验证性 / 46
　　五、可比性 / 46
　　六、及时性 / 49

第四节　会计信息质量：验证 / 50
　　一、现实验证 / 50
　　二、构建指标与现有替代指标相关性分析 / 51
　　三、描述性统计 / 52
　　四、小结 / 53

第三章
证券市场财务分析 / 54

第一节　证券市场概述 / 54

第二节　证券市场财务分析 / 56
　　一、证券市场财务状况分析 / 56
　　二、证券市场利润分析 / 63
　　三、证券市场现金流量分析 / 67

第三节　证券市场分行业分析 / 75
　　一、农林牧渔业（A） / 75
　　二、采矿业（B） / 88
　　三、食品饮料制造业（C13-C15） / 101
　　四、纺织服装制造业（C17-C19） / 115
　　五、木材家具制造业（C20-C21） / 128
　　六、印刷与文教用品制造业（C22-C24） / 141
　　七、石油化工制造业（C25-C26） / 155
　　八、医药制造业（C27） / 168
　　九、化纤橡塑制造业（C28-C29） / 181
　　十、金属矿物制造业（C30-C33） / 194

十一、设备制造业（C34-C37）/ 207

十二、机械仪器制造业（C38-C40）/ 221

十三、其他制造业（C41-C42）/ 234

十四、电力、热力、燃气及水生产和供应业（D）/ 247

十五、建筑业（E）/ 261

十六、批发和零售业（F）/ 275

十七、交通运输、仓储和邮政业（G）/ 288

十八、住宿餐饮服务业（HL）/ 300

十九、信息传输、软件和信息技术服务业（I）/ 313

二十、金融业（J）/ 326

二十一、房地产业（K）/ 339

二十二、科学研究和技术服务业（M）/ 352

二十三、水利、环境和公共设施管理业（N）/ 365

二十四、教育卫生文化业（PQR）/ 378

二十五、综合（S）/ 391

第四章
会计信息质量分析 / 404

第一节 证券市场会计信息质量总体状况 / 404

一、会计信息质量指数分析 / 404

二、会计信息质量——基础质量特征分析 / 405

三、会计信息质量——辅助质量特征分析 / 407

第二节 证券市场会计信息质量分行业状况 / 409

一、农林牧渔业（A）/ 409

二、采矿业（B）/ 412

三、食品饮料制造业（C13-C15）/ 415

四、纺织服装制造业（C17-C19）/ 419

五、木材家具制造业（C20-C21）/ 422

六、印刷与文教用品制造业（C22-C24）/ 425

七、石油化工制造业（C25-C26）/ 429

八、医药制造业（C27）/ 432

九、化纤橡塑制造业（C28-C29）/ 435

十、金属矿物制造业（C30-C33）/ 438

十一、设备制造业（C34-C37）/ 442

十二、机械仪器制造业（C38-C40）/ 445

十三、其他制造业（C41-C42）/ 448

十四、电力、热力、燃气及水生产和供应业（D）/ 451

十五、建筑业（E）/ 455

十六、批发和零售业（F）/ 458

十七、交通运输、仓储和邮政业（G）/ 461

十八、住宿餐饮服务业（HL）/ 465

十九、信息传输、软件和信息技术服务业（I）/ 468

二十、金融业（J）/ 471

二十一、房地产业（K）/ 474

二十二、科学研究和技术服务业（M）/ 478

二十三、水利、环境和公共设施管理业（N）/ 481

二十四、教育卫生文化业（PQR）/ 484

二十五、综合（S）/ 488

第五章
证券市场中会计信息高质量企业 / 492

第一节　会计信息高质量企业的选择标准 / 492

第二节　会计信息高质量企业 / 492

附　录
证券市场财务报表 / 575

附表1　证券市场资产负债表（不含金融行业）/ 575

附表2　证券市场利润表（不含金融行业）/ 577

附表3　证券市场现金流量表（不含金融行业）/ 579

附表4　证券市场农林牧渔业（A）资产负债表 / 581

附表5　证券市场农林牧渔业（A）利润表 / 584

附表6　证券市场农林牧渔业（A）现金流量表 / 585

附表7　证券市场采矿业（B）资产负债表 / 587

附表8　证券市场采矿业（B）利润表 / 590

附表9　证券市场采矿业（B）现金流量表 / 592

附表10　证券市场食品饮料制造业（C13-C15）资产负债表 / 594

附表11　证券市场食品饮料制造业（C13-C15）利润表 / 596

附表12　证券市场食品饮料制造业（C13-C15）现金流量表 / 598

附表13　证券市场纺织服装制造业（C17-C19）资产负债表 / 600

附表14　证券市场纺织服装制造业（C17-C19）利润表 / 603

附表15　证券市场纺织服装制造业（C17–C19）现金流量表 / 604

附表16　证券市场木材家具制造业（C20–C21）资产负债表 / 606

附表17　证券市场木材家具制造业（C20–C21）利润表 / 609

附表18　证券市场木材家具制造业（C20–C21）现金流量表 / 611

附表19　证券市场印刷与文教用品制造业（C22–C24）资产负债表 / 612

附表20　证券市场印刷与文教用品制造业（C22–C24）利润表 / 615

附表21　证券市场印刷与文教用品制造业（C22–C24）现金流量表 / 617

附表22　证券市场石油化工制造业（C25–C26）资产负债表 / 619

附表23　证券市场石油化工制造业（C25–C26）利润表 / 621

附表24　证券市场石油化工制造业（C25–C26）现金流量表 / 623

附表25　证券市场医药制造业（C27）资产负债表 / 625

附表26　证券市场医药制造业（C27）利润表 / 628

附表27　证券市场医药制造业（C27）现金流量表 / 630

附表28　证券市场化纤橡塑制造业（C28–C29）资产负债表 / 631

附表29　证券市场化纤橡塑制造业（C28–C29）利润表 / 634

附表30　证券市场化纤橡塑制造业（C28–C29）现金流量表 / 636

附表31　证券市场金属矿物制造业（C30–C33）资产负债表 / 638

附表32　证券市场金属矿物制造业（C30–C33）利润表 / 640

附表33　证券市场金属矿物制造业（C30–C33）现金流量表 / 642

附表34　证券市场设备制造业（C34–C37）资产负债表 / 644

附表35　证券市场设备制造业（C34–C37）利润表 / 647

附表36　证券市场设备制造业（C34–C37）现金流量表 / 649

附表37　证券市场机械仪器制造业（C38–C40）资产负债表 / 650

附表38　证券市场机械仪器制造业（C38–C40）利润表 / 653

附表39　证券市场机械仪器制造业（C38–C40）现金流量表 / 655

附表40　证券市场其他制造业（C41–C42）资产负债表 / 657

附表41　证券市场其他制造业（C41–C42）利润表 / 659

附表42　证券市场其他制造业（C41–C42）现金流量表 / 661

附表43　证券市场电力、热力、燃气及水生产和供应业（D）资产负债表 / 663

附表44　证券市场电力、热力、燃气及水生产和供应业（D）利润表 / 666

附表45　证券市场电力、热力、燃气及水生产和供应业（D）现金流量表 / 668

附表46　证券市场建筑业（E）资产负债表 / 669

附表47　证券市场建筑业（E）利润表 / 672

附表48　证券市场建筑业（E）现金流量表 / 674

附表49　证券市场批发和零售业（F）资产负债表 / 676

附表50　证券市场批发和零售业（F）利润表 / 678

附表51　证券市场批发和零售业（F）现金流量表 / 680
附表52　证券市场交通运输、仓储和邮政业（G）资产负债表 / 682
附表53　证券市场交通运输、仓储和邮政业（G）利润表 / 685
附表54　证券市场交通运输、仓储和邮政业（G）现金流量表 / 687
附表55　证券市场住宿餐饮服务业（HL）资产负债表 / 688
附表56　证券市场住宿餐饮服务业（HL）利润表 / 691
附表57　证券市场住宿餐饮服务业（HL）现金流量表 / 693
附表58　证券市场信息传输、软件和信息技术服务业（I）资产负债表 / 695
附表59　证券市场信息传输、软件和信息技术服务业（I）利润表 / 697
附表60　证券市场信息传输、软件和信息技术服务业（I）现金流量表 / 699
附表61　证券市场金融业（J）资产负债表 / 701
附表62　证券市场金融业（J）利润表 / 704
附表63　证券市场金融业（J）现金流量表 / 706
附表64　证券市场房地产业（K）资产负债表 / 707
附表65　证券市场房地产业（K）利润表 / 710
附表66　证券市场房地产业（K）现金流量表 / 712
附表67　证券市场科学研究和技术服务业（M）资产负债表 / 714
附表68　证券市场科学研究和技术服务业（M）利润表 / 716
附表69　证券市场科学研究和技术服务业（M）现金流量表 / 718
附表70　证券市场水利、环境和公共设施管理业（N）资产负债表 / 720
附表71　证券市场水利、环境和公共设施管理业（N）利润表 / 723
附表72　证券市场水利、环境和公共设施管理业（N）现金流量表 / 725
附表73　证券市场教育卫生文化业（PQR）资产负债表 / 726
附表74　证券市场教育卫生文化业（PQR）利润表 / 729
附表75　证券市场教育卫生文化业（PQR）现金流量表 / 731
附表76　证券市场综合（S）资产负债表 / 733
附表77　证券市场综合（S）利润表 / 735
附表78　证券市场综合（S）现金流量表 / 737

参考文献 / 740

第一章

证券市场与会计信息[①]

证券市场是资本市场体系的重要组成部分，在国家经济发展中扮演着重要角色。证券市场不仅是企业直接融资市场、投资者股票交易市场，更是借助于证券交易机制反映国民经济、企业状况及其发展前景等信息的市场。为此，国民经济信息、企业相关信息，特别是会计信息及其质量等构成了证券市场高效、健康运转的重要基础。

第一节 证券市场与会计信息

一、我国证券市场发展历程

任何国家的基本经济制度、经济体制和治理体系对证券市场、企业制度及其经济活动有着重要影响。伴随着我国改革开放的进程，证券市场逐步成长发展起来。1984年10月，中共中央十二届三中全会在《关于经济体制改革的决定》中明确公有制基础上有计划商品经济体制后，许多地区尝试以股票融资，股份制进入试点阶段。1987年10月，中国共产党第十三次全国人民代表大会肯定股份制后，上海、深圳及一些省市试点将股份制试点从集体企业、中小型国营企业扩大到大型国营企业，允许更多企业尝试股票筹资，如"天桥百货""延中实业"等企业作为试点企业改制成为股份公司，并应运而生了多个地方性股票柜台交易市场。1990年12月，国务院办公厅发布《关于向社会公开发行股票的股份制试点问题的通知》，将试点地区限定在上海和深圳两地。为了进一步满足企业直接融资需求和统一股票交易，1990年12月18日，上海证券交易所正式运营，1991年7月3日，深圳证券交易所正式运营，标志着我国统一股票市场的初步形成和运作。为了规范股票市场的发展，1992年5月，国家体改委、国家计委等部委办联合发布《股份制企业试点办法》，要求上海、深圳两地之外批准发行的股票到上海证券交易所或深圳证券交易所上市交易，

[①] 本书所有资料和信息均为资本市场公开披露信息。

加快全国统一市场的形成。1992年10月，国务院决定设立由中国人民银行、国家体改委和国家计委等14部委组成的证券管理委员会，并设立专门负责证券市场发展与监管的中国证券监督管理委员会（中国证监会），标志着在全国监管机构有序组织和监管下，以上海证券交易所和深圳证券交易所为主体的证券市场自此开始有序运作。1993年4月，国务院发布了《股票发行与交易管理暂行条例》，明确规范股票发行与交易、上市公司收购及信息披露、股票的保管、清算和过户等，成为我国股票市场第一部综合性行政法规。1993年11月，中共中央十四届三中全会发布《中共中央关于建立社会主义市场经济体制若干问题的决定》后，中央和地方政府先后选择2500多家大中型国有企业进行现代企业制度试点。为推动国有企业转变经营机制和筹集资金，试点企业纷纷申请上市，上市公司数量从1992年53家迅速发展至1997年745家，我国证券市场的发展初具规模。

1999年7月，《中华人民共和国证券法》实施，第一次在法律层面明确了证券市场在我国经济中的地位，进一步推动了以大型企业为市场主体的证券市场发展。为了满足成长性和科技含量较高的中小企业发展需求，2004年5月，中小板市场在深圳证券交易所设立，开始了我国建设多层次证券市场的尝试。然而，2001年后股票市场持续低迷，各种违法违规行为，如财务舞弊、挪用客户保证金、内幕交易、操纵市场等不断爆发，严重侵害了投资者合法权益，并威胁着证券市场的稳定。2005年10月，《中华人民共和国证券法》与《中华人民共和国公司法》进行了重大修订，对上市公司、证券交易和中介机构行为进行规范，并鼓励多证券种类、多元化交易方式以及多层次资本市场的发展，全面改善证券市场的法治环境。在这一大背景下，从2005年起中国证监会开始着手上市公司股权分置改革，即上市公司非流通股股东向流通股股东支付对价换取上市流通的权利；2007年12月，上市公司基本完成股权分置改革，标志着我国证券市场进入了股票全流通时代。

随着我国经济发展进入"快车道"，新企业不断涌现，其中不乏高科技、高成长的创业企业。为促进我国国民经济中这些新生力量的发展，我国"十一五"规划适时做出建立多层次证券市场体系的部署。为推动我国经济发展新动力——高科技、高成长类创业企业的发展，2009年3月中国证监会发布《首次公开发行股票并在创业板上市管理暂行办法》后，2009年10月，创业板在深圳证券交易所正式推出。2020年12月，深圳证券交易所创业板上市公司达943家。2006年1月，中关村科技园区非上市股份有限公司股份报价转让系统（新三板）设立；2012年9月，在中关村股转系统的基础上成立了全国中小企业股份转让系统；2013年1月，全国中小企业股份转让系统正式运营。2013年12月，国务院发布《关于全国中小企业股份转让系统有关问题的决定》，明确全国中小企业股份转让系统为全国性证券交易场所；2015年12月，新三板挂牌公司3557家。面对创新型、创业型、成长型中小微挂牌企业的高速成长，为降低信息成本和强化投资风险控制，2016年5月，全国中小企业股份转让系统有限责任公司发布《全国中小企业股份转让系统挂牌公司分层管理办法（试行）》，将新三板挂牌企业划分为基础层、创新层和精选层，并在交易制度、发行制度、信息披露要求等方面实行差异化管理；2016年12月，全国中小企业股份转让系统中基础层和创新层挂牌公司达10163家；其中，创新层公司952家，基础层公司9211家，成为中小微企业的重要挂牌交易场所。

2013年11月，中共中央十八届三中全会在《中共中央关于全面深化改革若干重大问题的决定》中部署股票发行注册制改革。2015~2016年"股灾"中，国内证券市场环境的不成熟和维护股市稳定的重要性凸显。为了在与国际市场的更深度融合中不断提升对外开放层次和水平，促进中国内地与香港资本市场双向开放和健康发展，2014年11月，中国证监会正式启动了沪港股票市场交易互联互通机制——沪港通，即上海证券交易所和香港联合交易所允许两地投资者通过当地证券公司买卖规定范围内对方交易所上市的股票；2016年12月，证监会开通了深港股票市场交易互联互通机制——深港通。

2015年6月，国务院发布《关于大力推进大众创业万众创新若干政策措施的意见》，"大众创业、万众创新"成为我国推动经济继续前行的引擎。2019年12月，《中华人民共和国证券法》再次修订，进一步完善了证券市场基础制度，体现了市场化、法治化、国际化方向，为注册制改革、强化上市公司质量和保护投资者权益等提供了强而有力的法律保障。2019年6月，科创板在上海证券交易所设立，并在该板块内进行注册制试点；2021年12月，科创板试点注册制下新上市企业共377家。按照新修订《证券法》的要求，结合科创板注册制试点经验，2020年6月证监会发布了《创业板首次公开发行股票注册管理办法（试行）》，宣告创业板注册制改革试点启动。2021年12月，创业板试点注册制下新上市企业共262家，成长、创新创业企业进入发展"快车道"。为进一步推动我国证券市场多层次体系的建设，2021年4月，深圳证券交易所中小板和主板合并；2021年9月，北京证券交易所有限责任公司（全国中小企业股份转让系统有限责任公司的全资子公司）——北京证券交易所成立。至此，我国证券市场由主板、创业板、科创板和全国股转系统（新三板）等构成的多层次市场建设取得重大进展。

作为改革开放中出现的新生事物，适应我国经济体制改革和国家治理法治化的进程，我国证券市场在股票发行、交易机制、市场监管等方面进行了持续改革，股票发行及其配套机制先后经历了配额审批制、核准制（通道制和保荐制）和注册制三个阶段。

（1）1984~2000年，审批制阶段。与我国经济特征改革进程一致，这一时期主要特征在于：管理主体从分散的各地政府转移至国家机关，并对股票发行实行审批制和额度指标管理，即公司征得地方政府或中央企业主管部门同意后，向所属证券管理部门提出股票发行申请；在获得相关部门核准发行额度后，再经国家证券管理部门初核、复审和批准后发行。1984~1986年，我国证券市场处于试点阶段，各地方政府主导试点企业的股票发行审批和地方证券市场监管。为了统一规范证券市场，1986年1月，《银行管理暂行条例》赋予了中国人民银行对企业股票等有价证券和金融市场的管理职责，并相应地成为我国股票发行的主要审批机关。1992年12月，国务院发布了《关于进一步加强证券市场宏观管理的通知》，明确证券管理委员会是全国证券市场统一宏观管理的主管机构，证监会是证券管理委员会的监管执行机构。1996年8月，国务院证券委发布的《证券交易所管理办法》

明确证券交易所由中国证监会监督管理；1997年7月，国务院决定上海证券交易所和深圳证券交易所由中国证监会直接管理。1998年6月，国务院又决定将国务院证券委并入证监会，并将中国人民银行的证券监管权移交证监会。1998年9月，国务院办公厅印发《中国证券监督管理委员会职能配置、内设机构和人员编制规定》（国办发〔1998〕131号），明确中国证监会为全国证券期货市场的主管部门，赋予其制定证券期货市场规章、统一管理证券期货市场活动、查处证券期货违法违规行为等职权。从此，中国证监会开始负责我国证券期货行业的全面监管。

（2）2001年以来的核准制。在这一阶段，我国经济体制改革深化，证券市场的发行和监管体制与时俱进，先后实施了核准制下通道制和保荐制。1999年7月，《中华人民共和国证券法》开始实施，明确了证券市场的地位和基本运行制度。2001年3月，证监会宣布取消股票发行审批制，实施股票发行核准制下通道制，即在限报股票发行申请企业家数的前提下，83家证券公司（318条通道）对拟推荐的企业逐一排队，按序推荐至中国证监会进行实质审核：判断公司证券的投资价值与风险。2001年股票市场持续低迷，其后上市公司财务造假、挪用客户保证金等违法事件陆续爆发。2003年12月，中国证监会发布《证券发行上市保荐制度暂行办法》，明确仅接受保荐代表人推荐的发行人的证券发行申请。2005年1月，核准制下保荐制取代通道制。即证券公司担任保荐机构，其保荐代表人履行辅导发行人、尽职推荐发行人证券发行上市，并持续督导发行人履行信息披露等义务。

（3）2020年以来的注册制。为推动我国证券市场的市场化进程，2013年11月，中共中央十八届三中全会在《中共中央关于全面深化改革若干重大问题的决定》中部署股票发行注册制改革，以期建立市场主导、责任到位、披露为本、强化事中事后监管的股票发行上市制度，即注册制。具体地，证券发行申请人依法将公开与证券发行相关的一切信息，送交主管机构对注册文件的全面性、准确性、真实性和及时性进行形式审查，即交易所审核股票发行申请文件、中国证监会注册生效。作为证券市场中上市公司股票发行、交易、监管和投资者保护等体系，注册制改革体现着我国证券市场发展的市场化方向。目前，注册制分别于2019年6月和2020年6月在上海证券交易所科创板和深圳证券交易所创业板新上市公司试点。2023年2月1日，我国证券市场所有板块的全面注册制改革正式启动，并着手统一注册制度，整合上交所、深交所试点注册制制度规则，制定统一的首次公开发行股票注册管理办法和上市公司证券发行注册管理办法，统一股票发行上市审核业务规则。

证券市场以服务国民经济发展为目的。为满足我国不同类型企业融资需求，在考虑股票市场布局和功能定位基础上，2000年以来，在政府、监管机构和市场主体共同努力下，我国逐步建立起由主板、创业板、科创板和全国中小企业股份转让系统等多层次、全国性证券市场体系。就证券市场的影响力而言，上市公司主要分布在主板、创业板和科创板三个板块。其中，主板市场是股票市场的主体。

（1）主板市场：我国主板市场包括上交所和深交所两个市场。主板市场是资本市场中最重要的组成部分，在很大程度上能反映我国经济发展状况，有"国民经济晴雨表"之称。主板市场中，上市企业多为大型成熟企业，具有较大资本规模以及稳定盈利能力。2004年5月，中小板市场在深圳证券交易所深交所设立。该市场中上市公司流通股本、总股本较小，尽管定位于为具有成长性和科技含量的中小企业提供融资渠道和发展平台，但中小板市场公司上市条件与主板市场上市要求一致。2021年4月，深圳证券交易所的中小板市场和主板市场合并。

（2）创业板市场：2009年10月23日，创业板在深圳证券交易所启动。作为主板市场的重要补充，该市场上市的公司虽成立时间较短、规模较小，但大多从事高科技业务，具有较高成长性。创业板市场的上市条件比主板市场相对更为宽松，公司运作要求严格，但能为有潜力的中小企业提供融资和发展壮大的机会。2020年6月12日，证监会发布了《创业板首次公开发行股票注册管理办法（试行）》，宣告创业板注册制改革试点启动。

（3）科创板市场：2019年6月，科创板在上海证券交易所设立，并在该板块内进行注册制试点。科创板市场主要服务于符合国家战略、突破关键核心技术、市场认可度高的科技创新企业，重点支持高新技术产业和战略性新兴产业，推动互联网、大数据、云计算、人工智能和制造业深度融合。与我国证券市场发展的市场化改革一致，该市场在发行、交易、退市、投资者适当性、证券公司资本约束、引入中长期资金等方面进行了诸多制度创新。2019年7月，科创板市场首批公司上市交易。

二、我国证券市场中会计信息

公开、公平和公正是证券市场的基石，是证券市场对企业信息披露的基本要求。证券市场信息披露体系作为一种制度安排，与一国经济社会体制中其他制度安排相互补充。中国上市公司信息披露体系的基本框架是：中国证监会对上市公司信息披露进行规范；财政部会计司规范会计信息加工和处理；独立第三方——会计师事务所鉴证会计信息的公允性。

（一）证券市场与会计信息

证券市场是企业融资市场，同时也是投资者的投资市场。投资者股票投资决策基于对其所投资企业的价值判断。一般地，投资者投资决策时，在分析国家经济整体状况和行业状况基础上，通过企业全维度画像系统评估企业投资价值，并进而做出投资决策。对不同使用者而言，企业全维度画像系统各不相同；以投资价值评估为目的的画像系统，不同于监管目的的画像系统，但任何企业全维度画像系统都以公开披露的企业经济行为、状况及其结果信息为依据。一般而言，与企业画像系统相关的信息种类繁多，但就投资者而言，最为关注财务状况、经营成果及其相关信息，以评估企业投资价值。

证券市场中，基于会计准则编制的会计信息反映着企业财务状况及其经营成果。财务状况是企业经济行为结果的价值反映，即企业资产、负债和所有者权益状况的反映。其中，资产涉及企业未来经济利益流入价值，分为流动资产、长期投资、固定资产、无形资产及其他资产；负债与企业未来经济利益的流出有关，包括流动负债和非流动负债；所有者权益反映投资者对企业净资产的所有权,由实收资本、资本公积、盈余公积和未分配利润等构成。经营成果是一定时期内企业经济行为结果的价值变动反映,即采购、生产、销售、投资和其他经济行为引发的价值变动。传统上,价值变动分为收入(价值增加)和成本费用(价值减少);在新会计准则下,价值变动为更全面视角下的价值变动。例如,采购或生产行为结果——存货,传统(实物与权责发生制)视角下更多地关注其实物状况,而基于外部投资者视角的新会计准则,要求披露基于市场、技术和其他因素引发的价值变动,即存货减值准备。显然,在新会计准则下,财务状况和经营成果相关的价值和价值变动均与会计专业判断相关。专业判断是在验证难度和成本极高情形下,基于道德和专业水平等对客观存在的描述,企业财务状况和经营成果等会计信息披露受专业判断影响极大。为此,投资者企业画像系统的重要信息源——会计信息面临新挑战。

证券市场中,会计信息新挑战为:基于专业判断的会计信息质量。任何企业画像系统的价值在于其信息源的多少及其质量,会计信息作为其主要信息源,传统视角下会计信息种类相对较少,对会计信息质量的影响仅限于实物概念的虚构实物(含资金)影响,即虚构利润和资产虚假,影响会计信息质量因素相对较少。基于外部投资者视角的新会计准则下,企业画像系统中会计信息种类和数量显著增加,影响会计信息质量的因素除实物概念下虚构利润和资产虚假外,会计专业判断成为新增重大因素。基于专业判断的验证难度,误导性陈述、重大遗漏、披露不实、会计处理不当等与会计专业判断相关的会计信息质量新问题成为新挑战。现实中,不同视角下,源自会计信息处理的质量问题表现为:虚构利润、资产虚假、虚假记载/误导性陈述、重大遗漏、披露不实和会计处理不当等。

(二)我国证券市场中重大会计问题状况

我国证券市场中,中国证监会肩负的众多职责之一——公开信息披露的持续监管。除制订信息披露准则外,对上市公司公开披露信息开展事中监管和事后核查。就投资者最关注的会计信息而言,中国证监会对虚构利润、资产虚假、虚假记载/误导性陈述、重大遗漏、披露不实和会计处理不当等方面重大问题予以高度关注,并对上市公司相关违法违规问题进行了监管处罚。2019~2023年,我国上市公司因重大财务问题被处罚情况见表1.1至表1.3。

表1.1　2019~2023年证券市场中证监会处罚上市公司数量　单位:个

年份	2019	2020	2021	2022	2023
虚构利润	9	14	19	30	29
虚列资产	0	2	3	5	5
虚假记载(误导性陈述)	164	152	194	235	305
重大遗漏	96	128	140	176	169
披露不实(其他)	5	16	3	1	2

续表

年份	2019	2020	2021	2022	2023
一般会计处理不当	12	23	19	22	14
推迟披露	306	258	320	325	287
内幕交易	15	17	7	1	1
违规买卖股票	168	133	195	199	137
占用公司资产	30	25	63	57	51
违规担保	29	23	31	37	23
操纵股价	0	3	2	1	5
擅自改变资金用途	11	6	15	11	12
欺诈上市	0	0	1	0	4
其他	290	283	373	428	458
违规企业总数	575	509	625	679	669

表1.2　　　　2019~2023年证券市场上市公司数量　　　　单位：个

年份	2019	2020	2021	2022	2023
数量	3797	4250	4672	4944	5106

表1.3　　2019~2023年证券市场中证监会处罚公司占上市公司比重　　单位：%

年份	2019	2020	2021	2022	2023
虚构利润	0.24	0.34	0.42	0.62	0.57
虚列资产	0	0.05	0.07	0.1	0.1
虚假记载（误导性陈述）	4.38	3.69	4.25	4.83	6
重大遗漏	2.56	3.11	3.07	3.62	3.32
披露不实（其他）	0.13	0.39	0.07	0.02	0.04
一般会计处理不当	0.32	0.56	0.42	0.45	0.28
推迟披露	8.17	6.26	7.02	6.69	5.64
内幕交易	0.4	0.41	0.15	0.02	0.02
违规买卖股票	4.48	3.23	4.28	4.09	2.69
占用公司资产	0.8	0.61	1.38	1.17	1
违规担保	0.77	0.56	0.68	0.76	0.45
操纵股价	0	0.07	0.04	0.02	0.1

续表

年份	2019	2020	2021	2022	2023
擅自改变资金用途	0.29	0.15	0.33	0.23	0.24
欺诈上市	0	0	0.02	0	0.08
其他	7.74	6.87	8.18	8.8	9
违规企业总数	15.35	12.35	13.71	13.97	13.15

表1.3表明，2023年，虚假记载（误导性陈述）、重大遗漏和推迟披露是违法违规类型中占比最高的类型。2019~2023年，虚构利润、虚列资产、虚假记载（误导性陈述）、重大遗漏和占用公司资产等违法违规类型总体上呈上升趋势，在一定意义上表明被处罚企业更多地采用这些违法违规手段调节会计信息。2019年，因操纵股价而被处罚企业占比为0，但2020~2023年，因操纵股价而被处罚企业占比又迅速增长。

2019~2023年，因披露不实（其他）、一般会计处理不当、推迟披露、内幕交易、违规买卖股票和违规担保等违法违规而被处罚企业占比呈下降趋势；但因擅自改变资金用途而被处罚企业的占比总体基本稳定。值得注意的是，2023年因欺诈上市而被处罚企业的占比明显增加。

总体而言，2019~2023年，因违法违规事项被处罚企业数明显增加，但随着我国证券市场的发展，上市公司数量增加，上市公司中因违法违规而被处罚企业占比有所降低。

三、会计信息质量检查

会计法规体系是我国经济管理体制重要组成部分，《中华人民共和国会计法》是会计法规体系的基础。为适应公有制基础上计划商品经济体制改革要求，经第六届人大常委会第九次会议通过的《中华人民共和国会计法》1985年5月1日正式实施，是我国第一部关于会计工作和会计信息质量（真实、准确、完整，第十条）的基本法律性文件，其中，第6条规定"国家统一的会计制度，由国务院财政部门根据本法制订"，第20条规定"各单位必须接受审计机关、财政机关和税务机关依照法律和国家有关规定进行的监督"。

顺应我国社会主义市场经济体制的改革要求，1993年12月，第八届人大常委会第五次会议修订了《会计法》，强化了对会计从业人员工作努力和职业道德要求。在我国扩大对外开放的重要节点，1999年10月，第九届人大常委会第十二次会议再次修订了《会计法》，除对会计工作和会计信息质量（合法、真实、准确、完整，第四条）强化要求外，授权财政部对会计师事务所审计工作监督职责（第三十一条），并在第三十二条明确了财政部门的监督内容。为完善社会主义市场经济体制，"完善会计制度、加强会计监管、提高会计信息质量"（国务院117次常务会议），2017年11月，第十二届人大常委会第三十次会议对《会计法》再次进行了较大修订，在坚持会计信息质量（真实、完整，第三条）前提下，对会计核算和财务报告提出了更明确要求。

2000年3月,为贯彻实施《会计法(1999)》,财政部发布《关于贯彻实施〈会计法〉加强会计监督意见》(财会字〔2000〕3号),明确会计监督职责"(1)监督各单位是否依法设置会计账簿;(2)监督各单位的会计凭证、会计账簿、财务会计报告和其他会计资料是否真实、完整;(3)监督各单位会计核算是否符合会计法和国家统一的会计制度的规定;(4)监督各单位从事会计工作的人员是否具备从业资格;(5)监督会计师事务所出具的审计报告的程序是否合规,内容是否客观、公正",并求财政部门"直接组织会计监督,各级财政部门依法对有关单位的会计工作情况,包括重大会计违法案件等进行监督检查",并建立会计监督报告制度。自此,财政部门对会计信息,包括企业会计信息质量监督制度化,并定期发布财政部会计信息质量检查公告。截至2023年12月,财政部已发布43件会计信息质量检查公告。

依据《中华人民共和国会计法》,财政部门对行政单位和企事业单位等各类组织负有监督职责。鉴于上市公司和会计师事务所的重要影响,财政部门对上市公司会计信息质量和会计师事务所的审计质量始终高度重视。2020年,国务院发布《关于进一步提高上市公司质量的意见》(国发〔2020〕14号),明确要求"提升信息披露质量。……真实、准确、完整、及时、公平披露信息,……严格执行企业会计准则,优化信息披露编报规则,提升财务信息质量",并明确证监会、国务院国资委、工业和信息化部、财政部等负责。2021年8月,中国证监会从沪深两市4247家上市公司年度财务报告中抽样审阅了869份年度财务报告(未特别指明所属板块)后发布上市公司年报会计监管报告(2020),发现上市公司执行企业会计准则和财务信息披露规则的问题主要涉及收入确认和计量不恰当、金融资产分类不正确、资产减值估计不谨慎、合并报表范围判断不合理、预计负债与或有资产抵销不恰当、债务重组损益确认时点不恰当等;2022年8月,中国证监会从4753家上市公司中抽样审阅了682家上市公司年度财务报告(未特别指明所属板块),发布上市公司年报会计监管报告(2021),发现问题主要涉及收入确认和计量不恰当、金融工具分类与后续计量不准确、或有对价确认和计量不合理、债务重组损益确认时点不恰当、商誉减值测试不恰当、集团财务公司存款列报不正确等。2023年9月,中国证监会从A股市场5158家上市公司(其中主板3195家、创业板1255家、科创板517家、北交所191家)中抽样审阅了上市公司2022年年度财务报告,发布上市公司年报会计监管报告(2022),发现部分上市公司在收入、长期股权投资与企业合并、金融工具、资产减值、非经常性损益等方面,存在会计处理错误或财务信息披露问题。具体而言,收入方面有:(1)未恰当合并合同和识别单项履约义务;(2)未恰当识别单项履约义务并判断主要责任人和代理人;(3)未正确判断能否按照时段法确认收入;(4)未恰当计量履约进度并结转营业成本;(5)未恰当对合作建房后低价租回的交易进行会计处理。长期股权投资与企业合并方面有:(1)错误计量合并财务报表层面丧失控制权时剩余股权的公允价值;(2)错误核算非同一控制下企业合并中被购买方因政府补助确认的递延收益在购买日的公允价值；（3）未恰当核算子公司股权处置收益；（4）未审慎判断长期股权投资处置价款的可收回性；（5）未恰当考虑处置子公司时承担的担保义务；（6）未恰当确定合并财务报表范围；（7）合并财务报表范围变化时原未实现内部交易损益的会计处理错误。金融工具确认与计量方面有：（1）错误核算已背书或贴现但不能终止确认的应收票据产生的金融负债；（2）未恰当计量权益工具投资的公允价值；（3）未恰当计量以自身股份结算的或有对价；（4）对金融资产的分类不恰当；（5）未恰当核算主负债合同中嵌入的衍生工具。资产减值方面有：（1）未及时计提应收账款预期信用损失；（2）未恰当计量存货减值损失；（3）商誉减值相关假设、参数合理性存疑；（4）未恰当计提短期出租资产的减值损失；（5）错误将预期信用损失率的变化作为会计政策变更。其他确认与计量方面有：（1）错误地将不能单独出售的房屋计入投资性房地产；（2）投资性房地产转换日会计处理错误；（3）未及时计提土地使用权摊销；（4）提前确认搬迁补偿相关资产处置损益；（5）未正确核算"兜底式"股权激励计划；（6）未将股权激励产生的未来期间可抵扣的金额超出成本费用部分计入所有者权益；（7）未恰当核算租赁相关的递延所得税；（8）未谨慎确认递延所得税资产；（9）未恰当区分债务重组和预期信用损失；（10）未恰当处理权益性交易；（11）不恰当认定政府补助退回的性质。列报与披露方面有：（1）未恰当抵销集团内部的债权债务；（2）错误列示持有待售子公司的货币资金；（3）未充分披露或错误披露相关信息。非经常性损益方面有：（1）将大规模闭店产生的损失全部计入非经常性损益；（2）将停工期间的设备折旧、人员工资等损失计入非经常性损益；（3）将停业期间政府每月按照固定金额发放的停产停业经济损失补偿计入经常性损益；（4）将与自身业务模式相关的担保损失计入非经常性损益；（5）将与自身业务模式相关的资产处置损益计入非经常性损益。

2021年8月23日，国务院办公厅发布《关于进一步规范财务审计秩序 促进注册会计师行业健康发展的意见》（国办发〔2021〕30号），要求强化对注册会计师审计质量进行监管。财政部直接组织和通过证监局组织对会计师事务所进行了检查，并对违规和违法行为进行了依法查处。2023年1月，发布的财政部会计信息质量检查公告（第43号）表明，2022年，财政部门组织检查1854家会计师事务所，对174家会计师事务所和418名注册会计师作出行政处罚。其中，16家会计师事务所被吊销执业许可，44家会计师事务所被暂停经营业务，109家会计师事务所被警告，106家会计师事务所被没收违法所得及罚款，14名注册会计师被吊销注册会计师证书，152名注册会计师被暂停执行业务，255名注册会计师被警告，18名注册会计师被罚款，另有271家会计师事务所、243名注册会计师受到行政处理。此外，2023年7月，发布的会计信息质量检查公告（第44号）表明，2022年，财政部组织24家监管局对35家备案从事证券服务业务的会计师事务所开展监督检查，延伸检查61户企业的会计信息质量和1家会计师事务所的执业质量。2023年，财政部依法对5家会计师事务所、19名注册会计师、7户企业及1名企业主要负责人作出行政处罚。其中，2家会计师事务所被暂停经营业务2~3个月，4家会计师事务所被没收违法所得并罚款，5家会计师事务所被警告；3名注册会计师被吊销注册会计师证书，5名注册会计师被暂停执行业务3个月至1年，11名注册会计师被警告；7户企业及1名企业主要负责人被罚款。同时，财政部对35家会计师事务所、45户企业依法作出行政处理。

第二节　证券市场中会计准则与信息披露

一、会计准则与信息披露规范

高质量信息披露是证券市场顺利运作的基础。上市公司定期披露会计信息，并及时披露对投资者有重要影响的其他信息，是证券市场的基本要求。在现行法律体系下，财政部负责对会计信息的确认、计量和披露及其质量要求进行规范，而证监会和证券交易所则具体地规范了会计信息和其他重要信息的内容、格式、时效和质量要求。

（一）会计准则发展历程

经济越发展，会计越重要。会计信息规范作为我国经济管理体制的重要组成部分，随着我国经济发展进程及与之相应经济管理体制的改革，规范我国所有上市公司会计信息计量和披露的会计法规体系与时俱进。

1.1993~2006年，会计制度和会计准则并行阶段

改革开放前，与计划经济体制相适应，我国执行分行业、分所有制和分地区企业会计制度。随着我国计划商品经济体制改革的推动和社会主义市场经济体制改革的启动，越来越多私有企业、股份制企业和国外资本汇入我国经济建设洪流中。为适应我国经济的新发展，我国确立社会主义市场经济体制，并实行现代企业制度。1992年5月，财政部发布《股份制试点企业会计制度》（财会〔1992〕第27号）；同年11月，财政部以财政部令〔1992〕第5号发布了两则两制，并于1993年7月1日起全国实施。其中，两则为《企业会计准则——基本准则》和《企业财务通则》；两制涉及工业企业会计制度、商品流通企业会计制度、房地产开发企业会计制度、金融企业会计制度、施工企业会计制度等13个行业会计制度和10个行业的财务制度。两则两制确立了以历史成本（特殊交易的公允价值计量）和权责发生制为基础的会计新体系，明确了真实、可比、及时、明晰和全面等会计信息质量要求，是我国会计规范改革的重要里程碑，不仅标志着我国会计规范启动统一会计制度的步伐，更是与会计国际惯例接轨的重大步伐。这一时期，我国上市公司执行《企业会计准则——基本准则》和《股份制试点企业会计制度》。基于上市公司各种突发会计规范需求，财政部先后制定了13项具体会计准则，如琼民源的关联交易虚增利润事件后，1997年1月，第1份具体会计准则《企业会计准则——关联方关系及其交易的披露》（财会字〔1997〕21号）发布；世纪星源的非货币性资产交易粉饰报表事件后，1999年6月，具体准则《企业会计准则——非货币性资产交易》（财会字〔1999〕29号）发布；1998年1月，《股份制企业会计制度》（财会字〔1998〕7号）发布。

在进入世贸组织（WTO）之际，1999年10月《会计法》修订，要求国家实行统一的会计制度。2000年6月，国务院颁布了《企业财务会计报告条例》（国务院令第287号）；同年12月，财政部发布了全国统一的《企业会计制度》（财会〔2000〕25号）；其后，《金融企业会计制度》（财会〔2001〕49号）和《小企业会计制度》（财会〔2004〕2号）发布，统一了涵盖一般企业、金融企业、大中型企业和小企业的会计制度，促进了我国企业会计信息质量的提高。

2. 2007~2013年，实质趋同国际惯例的会计准则阶段

经济全球化背景下，与市场经济地位相关的反倾销诉讼增多。1999年10月，《中华人民共和国会计法》再次修订，强调了会计信息合法、真实、准确、完整的质量要求。为提高我国企业在国际经济竞争中地位，2006年，我国正式发布了《企业会计准则——基本准则》（财政部令〔2006〕33号）、38项具体准则（财会〔2006〕3号）和《企业会计准则——应用指南》（财会〔2006〕18号）和相关解释公告，第一次明确提出了会计信息质量特征——相关、可靠、完整、可比、明晰和及时等要求，并于2007年1月起在上市公司施行，实现了我国证券市场会计信息规范与国际财务报告准则（IFRS）的实质性趋同。2006年11月8日，与国际会计准则理事（IASB）签署了联合声明，确认中国会计准则与国际财务报告准则实现了趋同，是我国会计信息规范发展的又一重大里程碑。

3. 2014年以来，持续等效的会计准则阶段

响应"建立全球统一的高质量会计准则，着力提升会计信息透明度"呼吁，2010年4月，财政部发布《中国企业会计准则与国际财务报告准则持续全面趋同路线图》（财会〔2010〕10号），明确了我国企业会计信息规范的发展路径。在会计国际趋同的大背景下，2014年7月，根据国内企业和资本市场发展的实际需要，在借鉴国际财务报告准则（IFRS）基础之上，财政部对《企业会计准则——基本准则》（财政部令〔2014〕76号）进行修订，明确市场参与者计量日的公允价值成为会计计量基础。此外，对《企业会计准则第30号——财务报表列报》（财会〔2014〕7号）、《企业会计准则第9号——职工薪酬》（财会〔2014〕8号）、《企业会计准则第33号——合并财务报表》（财会〔2014〕10号）、《企业会计准则第2号——长期股权投资》（财会〔2014〕14号）和《企业会计准则第37号——金融工具列报》（财会〔2014〕23号）进行了修订，新发布了《企业会计准则第39号——公允价值计量》（财会〔2014〕6号）、《企业会计准则第40号——合营安排》（财会〔2014〕11号）、《企业会计准则第41号——在其他主体中权益的披露》（财会〔2014〕6号）和企业会计准则解释第6号（财会〔2014〕1号），完善了我国证券市场会计信息规范。

2014年以来，伴随着经济全球化的步伐，会计准则国际趋同步伐加快，国际财务报告准则理事会（IASB）对国际财务报告准则（IFRS）进行了诸多重大修改，特别是2018年4月，国际会计准则理事会（IASB）对《财务报告概念框架》中会计信息质量特征进行重大修订，相关性与忠实表达（原可靠性第一特征）列为基础质量特征，可比性、可验证性（原可靠性第二特征）和及时性等成为会计信息的辅助质量特征。为此，财政部又先后修订了收入、金融工具系列、保险合同、租赁、政府补助、非货币性资产交换、债务重组、持有待售等11项具体准则，并编写了相关准则应用指南，并制定了企业会计准则解释第9~13号。其中，2020年12月，财政部发布《企业会计准则第25号——保险合同》（财会〔2020〕20号），对原企业会计准则第25号（原保险合同）和第26号（再保险合同）予以合并，将2026年1月施行。2014年以来，我国上市公司会计信息规范的修订与补充，顺应了我国证券市场的市场化、法治化、规范化需求，同时推动了我国企业会计准则与国际财务报告准则的持续等效。

（二）信息披露规范发展历程

证券市场中，上市公司披露信息对投资者决策有重要影响。这些信息不仅涉及定期报告等强制性披露信息，也涉及社会责任信息等自愿性披露信息。不仅有大量会计信息，更有主要股东、管理层和股权变更等非会计信息。尽管会计准则对会计信息的确认、计量和披露进行了规范，但会计披露信息的内容和格式、非会计信息内容和格式、时效性等信息编报行为并未在会计准则中予以规范，而是由证券市场监管机构——证监会和交易所在信息披露准则中进行规范。在很大程度上，会计准则是企业会计核算的内在性规范，而信息披露准则是企业大量对外信息披露（含会计信息）的规范。为此，会计准则具有相对稳定性，而信息披露准则（规范）会更多地体现出符合证券市场特性的时效性，即信息披露规范的修订和解释会更及时。

证券市场信息披露规范以《公司法》和《证券法》为上位法，其规范范围涉及我国证券市场中主板市场、中小板市场、创业板市场和科创板市场，并随着我国证券市场监管模式——审批制、核准制（通道制和保荐制）和注册制转变，结合我国会计信息规范——企业会计准则，分别制定了适应不同板块市场特点和不同监管模式的信息披露规范。为强化信息披露质量，信息披露规范还需结合证券市场和上市公司新特点，适时进行调整和完善。显然，我国证券市场中，信息披露规范具有涵盖面广、时效性高、操作性强等特征。

为推动我国企业发展及其治理机制改革，1993年12月，第八届全国人大常委会第五次会议通过了《中华人民共和国公司法》。其后，《公司法》进行了四次修正、两次修订：1999年12月25日第一次修正（第九届全国人大常委会第十三次会议）；2004年8月28日第二次修正（第十届全国人大常委会第十一次会议）；2005年10月27日第一次修订（第十届全国人民代表大会常务委员会第十八次会议）；2013年12月28日第三次修正（第十二届全国人大常委会第六次会议）和2018年10月26日第四次修正（第十三届全国人大常委会第六次会议）；2023年12月29日第二次修订（第十四届全国人民代表大会常务委员会第七次会议）。

为推动和规范我国证券市场的发展，1998年12月29日，第九届全国人大常委会第六次会议通过了《中华人民共和国证券法》。其后，《证券法》三次修正、二次修订：2004年8月28日第一次修正（第十届全国人大常委会第十一次会议）、2005年10月27日第一次修订（第十届全国人大常委会第十八次会议）、2013年6月29日第二次修正（第十二届全国人大常委会第三次会议）、2014年8月31日第三次修正（第十二届全国人大常委会第十次会议）、2019年12月28日第二次修订（第十三届全国人大常委会第十五次会议）。

1998年9月，国办发〔1998〕131号文明确：证监会全面监管证券期货行业。我国改革开放进程中，伴随着证券市场信息披露规范的上位法——《公司法》四次修正和二次修订、《证券法》三次修正和二次修订，我国证券市场信息披露规范体系也逐步得以发展和健全。在这一信息披露规范体系中，IPO信息披露、定期报告、再融资（配股、股份增发、优先股和公司债券）、权益变动、并购重组（含重大资产变动）和公司自律等信息披露行为得以规范。2006年《公司法》和《证券法》重大修订后，《企业会计准则——基本准则》（财政部令〔2006〕33号）和《上市公司信息披露管理办法》（证监会令〔2007〕40号）发布，完善了我国证券市场信息披露准则体系：公开发行证券的公司信息披露内容与格式准则、公开发行证券的公司信息披露编报规则、公开发行证券的公司信息披露解释性公告、监管规则适用指引、上海证券交易所上市公司自律监管规则适用指引、深圳证券交易所上市公司自律监管指引和自律监管指南等，在允当程序下的制订、修订和再修订，对主板、中小板、创业板和科创板市场上市公司信息披露进行了规范。

二、现行会计准则和信息披露规范

（一）现行会计准则体系

我国现行会计准则（体系）由基本准则、具体会计准则、应用指南、企业会计准则解释、其他规定、应用案例和实施问答等构成。

◆**基本准则**

企业会计准则——基本准则（财政部令〔2006〕33号发布，财政部令〔2014〕76号修订，2014年7月施行）

◆**具体会计准则**

经多次修订，现行企业会计准则有42项，其中准则25号和26号修订合并后将于2026年起实施。具体包括：（1）企业会计准则第1号——存货（财会〔2006〕3号发布，2007年1月施行）；（2）企业会计准则第2号——长期股权投资（财会〔2006〕3号发布；财会〔2014〕14号修订，2014年7月施行）；（3）企业会计准则第3号——投资性房地产（财会〔2006〕3号发布，2007年1月施行）；（4）企业会计准则第4号——固定资产（财会〔2006〕3号发布，2007年1月施行）；（5）企业会计准则第5号——生物资产（财会〔2006〕3号发布，2007年1月施行）；（6）企业会计准则第6号——无形资产（财会〔2006〕3号发布,2007年1月施行）；（7）企业会计准则第7号——非货币性资产交换（财会〔2006〕3号发布；财会〔2019〕8号修订，2019年6月施行）；（8）企业会计准则第8号——资产减值（财会〔2006〕3号发布，2007年1月施行）；（9）企业会计准则第9号——职工薪酬（财会〔2006〕3号发布；财会〔2014〕8号修订，2014年7月施行）；（10）企业会计准则第10号——企业年金基金（财会〔2006〕3号发布，2007年1月施行）；（11）企业会计准则第11号——股份支付（财会〔2006〕3号发布，2007年1月施行）；（12）企业会计准则第12号——债务重组（财会〔2006〕3号发布；财会〔2019〕9号修订，2019年6月施行）；（13）企业会计准则第13号——或有事项（财会〔2006〕3号发布，2007年1月施行）；（14）企业会计准则第14号——收入（财会〔2006〕3号发布；财会〔2017〕22号修订，2020年1月施行）；（15）企业会计准则第15号——建造合同（财会〔2006〕3号发布，财会〔2017〕22号修订明确不再施行）；（16）企业会计准则第16号——政府补助（财会〔2006〕3号发布；财会〔2017〕15号修订，2017年6月施行）；（17）企业会计准则第17号——借款费用（财会〔2006〕3号发布，2007年1月施行）；（18）企业会计准则第18号——所得税（财会〔2006〕3号发布，2007年1月施行）；（19）企业会计准则第19号——外币折算（财会〔2006〕3号发布，2007年1月施行）；（20）企业会计准则第20号——企业合并（财会〔2006〕3号发布，2007年1月施行）；（21）企业会计准则第21号——租赁（财会〔2006〕3号发布；财会〔2018〕35号修订，2021年1月施行）；（22）企业会计准则第22号——金融工具确认和计量（财会〔2006〕3号发布；财会〔2017〕1号修订，2019年1月施行）；（23）企业会计准则第23号——金融资产转移（财会〔2006〕3号发布；财会〔2017〕8号修订，2019年1月施行）；（24）企业会计准则第24号——套期会计（财会〔2006〕3号发布；财会〔2017〕9号修订，2019年1月施行）；（25）企业会计准则第25号——保险合同（财会〔2006〕3号发布；财会〔2020〕20号准则25号和26号修订合并，2026年1月施行）；（26）企业会计准则第26号——再保险合同（财会〔2006〕3号发布；财会〔2020〕20号与准则25号修订合并，2026年1月施行）；（27）企业会计准则第27号——石油天然气开采（财会〔2006〕3号发布，2007年1月施行）；（28）企业会计准则第28号——会计政策、会计估计变更和差错更正（财会〔2006〕3号发布，2007年1月施行）；（29）企业会计准则第29号——资产负债表日后事项（财会〔2006〕3号发布，2007年1月施行）；（30）企业会计准则第30号——财务报表列报（财会〔2006〕3号发布；财会〔2014〕7号修订，2014年7月施行）；（31）企业会计准则第31号——现金流量表（财会〔2006〕3号发布，2007年1月施行）；（32）企业会计准则第32号——中期财务报告（财会〔2006〕3号发布，2007年1月施行）；（33）企业会计准则第33号——合并财务报表（财会〔2006〕3号发布；财会〔2014〕10号修订，2014年7月施行）；（34）企业会计准则第34号——每股收益（财会〔2006〕3号发布，2007年1月施行）；（35）企业会计准则第35号——分部报告（财会〔2006〕3号发布，2007年1月施行）；（36）企业会计准则第36号——关联方披露（财会〔2006〕3号发布，2007年1月施行）；（37）企业会计准则第37号——金融工具列报（财会〔2006〕3号发布；财会〔2014〕23号修订，2014年1月施行）；

（38）企业会计准则第38号——首次执行企业会计准则（财会〔2006〕3号发布，2007年1月施行）；（39）企业会计准则第39号——公允价值计量（财会〔2014〕6号发布，2014年7月施行）；（40）企业会计准则第40号——合营安排（财会〔2014〕11号发布，2014年7月施行）；（41）企业会计准则第41号——在其他主体中权益的披露（财会〔2014〕16号发布，2014年7月施行）；（42）企业会计准则第42号——持有待售的非流动资产、处置组和终止经营（财会〔2017〕13号发布，2017年5月施行）。

◆ **具体会计准则应用指南**

经多次修订，现行企业会计准则应用指南有33项，其中收入准则应用指南和租赁应用指南明确不再执行。具体包括：（1）《企业会计准则第1号——存货》应用指南（财会〔2006〕18号发布，2007年1月施行）；（2）《企业会计准则第2号——长期股权投资》应用指南（财会〔2006〕18号发布；财会〔2014〕14号修订具体准则，2014年7月施行）；（3）《企业会计准则第3号——投资性房地产》应用指南（财会〔2006〕18号发布，2007年1月施行）；（4）《企业会计准则第4号——固定资产》应用指南（财会〔2006〕18号发布，2007年1月施行）；（5）《企业会计准则第5号——生物资产》应用指南（财会〔2006〕18号发布，2007年1月施行）；（6）《企业会计准则第6号——无形资产》应用指南（财会〔2006〕18号发布，2007年1月施行）；（7）《企业会计准则第7号——非货币性资产交换》应用指南（财会〔2006〕18号发布；财会〔2019〕8号修订具体准则，2019年6月施行）；（8）《企业会计准则第8号——资产减值》应用指南（财会〔2006〕18号发布，2007年1月施行）；（9）《企业会计准则第9号——职工薪酬》应用指南（财会〔2006〕18号；财会〔2014〕8号修订具体准则，2014年7月施行）；（10）《企业会计准则第10号——企业年金基金》应用指南（财会〔2006〕18号发布，2007年1月施行）；（11）《企业会计准则第11号——股份支付》应用指南（财会〔2006〕18号发布，2007年1月施行）；（12）《企业会计准则第12号——债务重组》应用指南（财会〔2006〕18号发布；财会〔2019〕9号修订具体准则，2019年6月施行）；（13）《企业会计准则第13号——或有事项》应用指南（财会〔2006〕18号发布，2007年1月施行）；（14）《企业会计准则第14号——收入》应用指南（财会〔2006〕18号发布；财会〔2017〕22号修订具体准则，明确不再执行应用指南）；（15）《企业会计准则第16号——政府补助》应用指南（财会〔2006〕18号；财会〔2017〕15号修订具体准则，2017年6月施行）；（16）《企业会计准则第17号——借款费用》应用指南（财会〔2006〕18号发布，2007年1月施行）；（17）《企业会计准则第18号——所得税》应用指南（财会〔2006〕18号发布，2007年1月施行）；（18）《企业会计准则第19号——外币折算》应用指南（财会〔2006〕18号发布，2007年1月施行）；（19）《企业会计准则第20号——企业合并》应用指南（财会〔2006〕18号发布，2007年1月施行）；（20）《企业会计准则第21号——租赁》应用指南（财会〔2006〕18号发布；财会〔2018〕35号修订具体准则，明确不再执行应用指南）；（21）《企业会计准则第22号——金融工具确认和计量》应用指南（财会〔2006〕18号；财会〔2017〕1号修订具体准则，2019年1月施行）；（22）《企业会计准则第23号——金融资产转移》应用指南（财会〔2006〕18号；财会〔2017〕8号修订具体准则，2019年1月施行）；（23）《企业会计准则第24号——套期会计》应用指南（财会〔2006〕18号；财会〔2017〕9号修订具体准则，2019年1月施行）；（24）《企业会计准则第27号——石油天然气开采》应用指南（财会〔2006〕18号发布，2007年1月施行）；（25）《企业会计准则第28号——会计政策、会计估计变更和差错更正》应用指南（财会〔2006〕18号发布，2007年1月施行）；（26）《企业会计准则第30号——财务报表列报》应用指南（财会〔2006〕18号发布；财会〔2014〕7号修订具体准则，2014年7月施行）；（27）《企业会计准则第31号——现金流量表》应用指南（财会〔2006〕18号发布，2007年1月施行）；（28）《企业会计准则第33号——合并财务报表》应用指南（财会〔2006〕18号发布；财会〔2014〕10号修订具体准则，2014年7月施行）；（29）《企业会计准则第34号——每股收益》应用指南（财会〔2006〕18号发布，2007年1月施行）；（30）《企业会计准则第35号——分部报告》应用指南（财会〔2006〕18号发布，2007年1月施行）；（31）《企业会计准则第37号——金融工具列报》应用指南（财会〔2006〕18号发布；财会〔2014〕23号修订具体准则，2014年1月施行）；（32）《企业会计准则第38号——首次执行企业会计准则》应用指南（财会〔2006〕18号发布，2007年1月施行）；（33）企业会计准则应用指南——会计科目和主要账务处理（财会〔2006〕18号发布，2007年1月施行）。

◆ 企业会计准则解释

企业会计准则解释有17项，具体包括：（1）企业会计准则解释第1号（财会〔2007〕14号，2007年1月施行）；（2）企业会计准则解释第2号（财会〔2008〕2号，2008年8月施行）；（3）企业会计准则解释第3号（财会〔2009〕8号，2007年1月施行）；（4）企业会计准则解释第4号（财会〔2010〕15号，2010年1月施行）；（5）企业会计准则解释第5号（财会〔2012〕19号，2013年1月施行）；（6）企业会计准则解释第6号（财会〔2014〕1号，2014年1月施行）；（7）企业会计准则解释第7号（财会〔2015〕19号，2015年1月施行）；（8）企业会计准则解释第8号（财会〔2015〕23号，2016年1月施行）；（9）企业会计准则解释第9号（财会〔2017〕16号，2018年1月施行）；（10）企业会计准则解释第10号（财会〔2017〕17号，2018年1月施行）；（11）企业会计准则解释第11号（财会〔2017〕18号，2018年1月施行）；（12）企业会计准则解释第12号（财会〔2017〕19号，2018年1月施行）；（13）企业会计准则解释第13号（财会〔2019〕21号，2020年1月施行）；（14）企业会计准则解释第14号（财会〔2021〕1号，2021年1月施行）；（15）企业会计准则解释第15号（财会〔2021〕35号，2022年1月施行）；（16）企业会计准则解释第16号（财会〔2022〕31号，2023年1月施行）；（17）企业会计准则解释第17号（财会〔2023〕21号，2024年1月施行）。

◆ 其他规定

为强化会计信息披露，结合相关企业会计准则，其他规定（含暂行规定）有20项，具体包括：(1)《企业产品成本核算制度（试行）》（财会〔2013〕17号，2014年1月施行）；(2)《农业保险大灾风险准备金会计处理规定》（财会〔2014〕12号，2014年2月施行）；(3)《企业产品成本核算制度——石油石化行业》（财会〔2014〕32号，2015年1月施行）；(4)《企业产品成本核算制度——钢铁行业》（财会〔2015〕20号，2016年1月施行）；(5)《规范"三去一降一补"有关业务的会计处理规定》（财会〔2016〕17号，2016年9月施行）；(6)《企业产品成本核算制度——煤炭行业》（财会〔2016〕21号，2017年1月施行）；(7)《增值税会计处理规定》（财会〔2016〕22号，2016年12月施行）；(8)《企业破产清算有关会计处理规定》（财会〔2016〕23号，2016年12月施行）；(9)《企业产品成本核算制度——电网经营行业》（财会〔2018〕2号，2019年1月施行）；(10)《知识产权相关会计信息披露规定》（财会〔2018〕30号，2019年1月施行）；(11)《一般企业财务报表格式（2019版）》（财会〔2019〕6号，2018年1月施行）；(12)《合并财务报表格式（2019版）》（财会〔2019〕16号，2018年1月施行）；(13)《碳排放权交易有关会计处理暂行规定》（财会〔2019〕22号，2020年1月施行）；(14)《永续债相关会计处理的规定》（财会〔2019〕2号，2019年1月施行）；(15)《金融负债与权益工具的区分及相关会计处理规定》（财会〔2014〕13号，2014年3月施行）；(16)《保险公司执行新金融工具相关会计准则有关过渡办法》（财会〔2017〕20号，2018年1月施行）；(17)《金融企业财务报表格式（2018版）》（财会〔2018〕36号，2018年1月施行）；(18)《新冠肺炎疫情相关租金减让会计处理规定》（财会〔2020〕10号，2020年6月施行）；(19)《企业产品成本核算制度——油气管网行业》（财会〔2021〕21号，2022年1月施行）；(20)《企业数据资源相关会计处理暂行规定》（财会〔2023〕11号，2024年1月施行）。

◆ **应用案例**

为更准确地应用企业会计准则，应用案例涉及会计准则5项和重大实务1项。具体包括：(1)股份支付准则应用案例（5个）。①股份支付准则应用案例——"大股东兜底式"股权激励计划（2021年5月发布）；②股份支付准则应用案例——授予限制性股票（2021年5月发布）；③股份支付准则应用案例——授予日的确定（2021年5月发布）；④股份支付准则应用案例——实际控制人受让股份是否构成新的股份支付（2021年5月发布）；⑤股份支付准则应用案例——企业将以现金结算的股份支付修改为以权益结算的股份支付（2023年2月发布）。(2)收入准则应用案例（5个）。①收入准则应用案例——主要责任人和代理人的判断（2020年12月发布）；②收入准则应用案例——合同变更与可变对价的判断（2020年12月发布）；③收入准则应用案例——基于客户销售额的可变对价（2020年12月发布）；④收入准则应用案例——标准化软件产品的收入确认时点（2023年1月发布）；⑤收入准则应用案例——预售商品房的收入确认（2023年10月发布）。(3)PPP会计处理应用案例（3个）。①PPP项目合同社会资本方会计处理应用案例——无形资产模式（2021年8月发布）；②PPP项目合同社会资本方会计处理应用案例——金融资产模式（2021年8月发布）；③PPP项目合同社会资本方会计处理应用案例——混合模式（2021

年8月发布）。（4）所得税准则应用案例（1个）。所得税准则应用案例——单项交易产生的资产和负债相关的递延所得税不适用初始确认豁免的会计处理（2023年4月）。（5）租赁准则应用案例（4个）。①新冠肺炎疫情相关租金减让会计处理应用案例——租赁准则（财会〔2018〕35号）（2021年6月发布）；②新冠肺炎疫情相关租金减让会计处理应用案例——租赁准则（财会〔2006〕3号）（融资租赁）（2021年6月发布）；③新冠肺炎疫情相关租金减让会计处理应用案例——租赁准则（财会〔2006〕3号）（经营租赁）（2021年6月发布）；④租赁准则应用案例——卖方兼承租人对包含非取决于指数或比率的可变租赁付款额的售后租回交易的会计处理（2023年12月发布）。（6）金融工具准则应用案例（5个）。①金融负债与权益工具的区分应用案例——投资者保护条款（2022年9月发布）；②金融负债与权益工具的区分应用案例——发行人作为合同一方承担的义务（2022年9月发布）；③金融负债与权益工具的区分应用案例——补充协议导致发行人义务变化（2022年9月发布）；④预期信用损失法应用案例（一）——以内部评级体系为基础（2023年7月发布）；⑤预期信用损失法应用案例（二）——不以内部评级体系为基础的简化方法（2023年7月发布）。

◆ 实施问答

2020年12月以来，财政部会计司分批发布了重要准则实施中的实务解答。具体包括：（1）存货准则1项（2023/1/3）；（2）长期股权投资准则3项（2021/11/2；2023/1/3）；（3）固定资产准则1项（2021/11/2）；（4）资产减值准则3项（2023/7/10）；（5）股份支付准则2项（2021/3/2；2023/7/17）；（6）债务重组准则4项（2021/3/2；2021/4/25）；（7）收入准则5项（2020/12/11；2021/11/2）；（8）PPP会计处理11项（2021/8/10）；（9）政府补助准则1项（2022/6/21）；（10）借款费用准则1项（2020/12/11）；（11）外币折算准则1项（2021/3/2）；（12）企业合并准则1项（2021/11/2）；（13）租赁准则9项（2021/3/2；2021/4/25；2021/6/10；2022/5/27）；（14）金融工具准则25项（2021/3/2；2021/4/25；2023/6/25；2023/7/17）；（15）新保险合同准则（财会〔2020〕20号）4项（2023/3/13）；（16）现金流量表准则3项（2022/6/21）；（17）合并财务报表准则1项（2026/6/21）；（18）首次执行准则3项（2021/11/2）；（19）其他3项（2020/12/11）。

（二）现行信息披露规范体系

证券市场中，信息披露体系扮演着重要角色。我国现行信息披露准则体系是一个多层次的规范体系，分别由中国证监会、上海证券交易所和深圳证券交易所发布。在股票市场整体层面，中国证监会发布的信息披露规范包括：上市公司信息披露管理办法、公开发行证券的公司信息披露内容与格式准则、公开发行证券的公司信息披露编报规则、监管规则适用指引——会计类和监管规则适用指引——审计类等；在证券交易所或板块层面，分别由上海证券交易所自律监管规范和深圳证券交易所自律监管规范组成。

◆ 上市公司信息披露管理办法

上市公司信息披露管理办法（证监会令〔2007〕40号发布，证监会令〔2021〕182号最新修订，2021年5月施行）。

◆公开发行证券的公司信息披露内容与格式准则

公开发行证券的公司信息披露内容与格式涉及61项准则（部分已废止），具体准则有：（1）公开发行证券的公司信息披露内容与格式准则第1号——招股说明书（证监会公告〔2015〕32号最新修订，2023年废止）；（2）公开发行证券的公司信息披露内容与格式准则第2号——年度报告的内容与格式（证监会公告〔2021〕15号最新修订，2021年6月施行）；（3）公开发行证券的公司信息披露内容与格式准则第3号——半年度报告的内容与格式（证监会公告〔2021〕16号最新修订，2021年6月施行）；（4）公开发行证券的公司信息披露内容与格式准则第4号——配股说明书的内容与格式（证监法律字〔2002〕1号废止）；（5）公开发行证券的公司信息披露内容与格式准则第5号——公司股份变动报告的内容与格式（证监会公告〔2022〕8号最新修订，2022年1月施行）；（6）公开发行证券的公司信息披露内容与格式准则第6号——法律意见书的内容与格式（证监法律字〔2002〕1号废止）；（7）公开发行证券的公司信息披露内容与格式准则第7号——股票上市公告书（证监法律字〔2007〕5号废止）；（8）公开发行证券的公司信息披露内容与格式准则第8号——验证笔录的内容与格式（证监法律字〔2002〕1号废止）；（9）公开发行证券的公司信息披露内容与格式准则第9号——首次公开发行股票并上市申请文件（证监发行字〔2006〕6号最新修订，2023年废止）；（10）公开发行证券的公司信息披露内容与格式准则第10号——上市公司公开发行证券申请文件（证监发行字〔2006〕1号最新修订，2023年废止）；（11）公开发行证券的公司信息披露内容与格式准则第11号——上市公司公开发行证券募集说明书（证监发行字〔2006〕2号最新修订，2023年废止）；（12）公开发行证券的公司信息披露内容与格式准则第12号——上市公司发行可转换公司债券申请文件（证监法律字〔2007〕5号废止）；（13）公开发行证券的公司信息披露内容与格式准则第13号——可转换公司债券募集说明书（证监法律字〔2007〕5号废止）；（14）公开发行证券的公司信息披露内容与格式准则第14号——可转换公司债券上市公告书（证监法律字〔2007〕5号废止）；（15）公开发行证券的公司信息披露内容与格式准则第15号——权益变动报告书（证监会公告〔2020〕20号最新修订，2020年3月施行）；（16）公开发行证券的公司信息披露内容与格式准则第16号——上市公司收购报告书（证监会公告〔2020〕20号最新修订，2020年3月施行）；（17）公开发行证券的公司信息披露内容与格式准则第17号——要约收购报告书（证监会公告〔2022〕9号最新修订，2022年1月施行）；（18）公开发行证券的公司信息披露内容与格式准则第18号——被收购公司董事会报告书（证监会公告〔2020〕20号最新修订，2020年3月施行）；（19）公开发行证券的公司信息披露内容与格式准则第19号——豁免要约收购申请文件（证监会令〔2006〕35号废止）；（20）公开发行证券的公司信息披露内容与格式准则第20号——证券公司发行债券申请文件（证监发行字〔2003〕106号发布，已废止）；（21）公开发行证券的公司信息披露内容与格式准则第21号——证券公司公开发行债券募集说明书（证监发行字

〔2003〕106号发布，已废止）；（22）公开发行证券的公司信息披露内容与格式准则第22号——证券公司债券上市公告书（证监发行字〔2003〕106号发布，已废止）；（23）公开发行证券的公司信息披露内容与格式准则第23号——公开发行公司债券募集说明书（证监会公告〔2015〕2号最新修订，2015年3月施行）；（24）公开发行证券的公司信息披露内容与格式准则第24号——公开发行公司债券申请文件（证监会公告〔2023〕53号最新修订，2023年10月施行）；（25）公开发行证券的公司信息披露内容与格式准则第25号——上市公司非公开发行股票预案和发行情况报告书（证监发行字〔2007〕303号发布，2023年废止）；（26）公开发行证券的公司信息披露内容与格式准则第26号——上市公司重大资产重组（证监会公告〔2023〕57号最新修订，2023年10月施行）；（27）公开发行证券的公司信息披露内容与格式准则第27号——发行保荐书和发行保荐工作报告（证监发行字〔2009〕4号发布，2009年4月施行）；（28）公开发行证券的公司信息披露内容与格式准则第28号——创业板公司招股说明书（证监会公告〔2020〕31号最新修订，2023年废止）；（29）公开发行证券的公司信息披露内容与格式准则第29号——首次公开发行股票并在创业板上市申请文件（证监会公告〔2020〕32号最新修订，2023年废止）；（30）公开发行证券的公司信息披露内容与格式准则第30号——创业板上市公司年度报告的内容与格式（证监会公告〔2009〕33号发布，已废止）；（31）公开发行证券的公司信息披露内容与格式准则第31号——创业板上市公司半年度报告的内容与格式（证监会公告〔2010〕19号，已废止）；（32）公开发行证券的公司信息披露内容与格式准则第32号——发行优先股申请文件（证监会公告〔2023〕9号最新修订，2023年2月施行）；（33）公开发行证券的公司信息披露内容与格式准则第33号——发行优先股预案和发行情况报告书（证监会公告〔2023〕10号最新修订，2023年2月施行）；（34）公开发行证券的公司信息披露内容与格式准则第34号——发行优先股募集说明书（证监会公告〔2023〕11号最新修订，2023年2月施行）；（35）公开发行证券的公司信息披露内容与格式准则第35号——创业板上市公司向不特定对象发行证券募集说明书（证监会公告〔2020〕33号最新修订，2023年废止）；（36）公开发行证券的公司信息披露内容与格式准则第36号——创业板上市公司向特定对象发行证券募集说明书和发行情况报告书（证监会公告〔2020〕34号最新修订，2023年废止）；（37）公开发行证券的公司信息披露内容与格式准则第37号——创业板上市公司发行证券申请文件（证监会公告〔2020〕35号最新修订，2023年废止）；（38）公开发行证券的公司信息披露内容与格式准则第38号——公司债券年度报告的内容与格式（证监会公告〔2016〕3号发布，2016年1月施行）；（39）公开发行证券的公司信息披露内容与格式准则第39号——公司债券半年度报告的内容与格式（证监会公告〔2016〕9号发布，2016年5月施行）；（40）公开发行证券的公司信息披露内容与格式准则第40号——试点红筹企业公开发行存托凭证并上市申请文件（证监会公告〔2023〕13号最新修订，2023年2月施行）；（41）公开发行证券的公司信息披露内容与格式准则第41号——科创板公司招股说明书（证监会公告〔2019〕6号发布，2023年废止）；（42）公开

发行证券的公司信息披露内容与格式准则第42号——首次公开发行股票并在科创板上市申请文件（证监会公告〔2019〕7号发布，2023年废止）；（43）公开发行证券的公司信息披露内容与格式准则第43号——科创板上市公司向不特定对象发行证券募集说明书（证监会公告〔2020〕37号发布，2023年废止）；（44）公开发行证券的公司信息披露内容与格式准则第44号——科创板上市公司向特定对象发行证券募集说明书和发行情况报告书（证监会公告〔2020〕38号发布，2023年废止）；（45）公开发行证券的公司信息披露内容与格式准则第45号——科创板上市公司发行证券申请文件（证监会公告〔2020〕39号发布，2023年废止）；（46）公开发行证券的公司信息披露内容与格式准则第46号——北京证券交易所公司招股说明书（证监会公告〔2023〕16号最新修订，2023年2月施行）；（47）公开发行证券的公司信息披露内容与格式准则第47号——向不特定合格投资者公开发行股票并在北京证券交易所上市申请文件（证监会公告〔2023〕17号最新修订，2023年2月施行）；（48）公开发行证券的公司信息披露内容与格式准则第48号——北京证券交易所上市公司向不特定合格投资者公开发行股票募集说明书（证监会公告〔2023〕18号最新修订，2023年2月施行）；（49）公开发行证券的公司信息披露内容与格式准则第49号——北京证券交易所上市公司向特定对象发行股票募集说明书和发行情况报告书（证监会公告〔2023〕19号最新修订，2023年2月施行）；（50）公开发行证券的公司信息披露内容与格式准则第50号——北京证券交易所上市公司向特定对象发行可转换公司债券募集说明书和发行情况报告书（证监会公告〔2023〕20号最新修订，2023年2月施行）；（51）公开发行证券的公司信息披露内容与格式准则第51号——北京证券交易所上市公司向特定对象发行优先股募集说明书和发行情况报告书（证监会公告〔2023〕21号最新修订，2023年2月施行）；（52）公开发行证券的公司信息披露内容与格式准则第52号——北京证券交易所上市公司发行证券申请文件（证监会公告〔2023〕22号最新修订，2023年2月施行）；（53）公开发行证券的公司信息披露内容与格式准则第53号——北京证券交易所上市公司年度报告（证监会公告〔2021〕33号发布，2021年11月施行）；（54）公开发行证券的公司信息披露内容与格式准则第54号——北京证券交易所上市公司中期报告（证监会公告〔2021〕34号发布，2021年11月施行）；（55）公开发行证券的公司信息披露内容与格式准则第55号——北京证券交易所上市公司权益变动报告书、上市公司收购报告书、要约收购报告书、被收购公司董事会报告书（证监会公告〔2021〕35号发布，2021年11月施行）；（56）公开发行证券的公司信息披露内容与格式准则第56号——北京证券交易所上市公司重大资产重组（证监会公告〔2023〕23号最新修订，2023年2月施行）；（57）公开发行证券的公司信息披露内容与格式准则第57号——招股说明书（证监会公告〔2023〕4号发布，2023年2月施行）；（58）公开发行证券的公司信息披露内容与格式准则第58号——首次公开发行股票并上市申请文件（证监会公告〔2023〕5号最新发布，2023年2月施行）；（59）公开发行证券的公司信息披露内容与格式准则第59号——上市公司发行证券申请文件（证监会公告〔2023〕6号发布，2023年2月施行）；（60）公开发行证券的公司信息披露内容与格式准则第60号——上市公司向不特定对象发行证券募集说明书（证监会公告〔2023〕7号发布，2023年2月施行）；（61）公开发行证券的公司信息披露内容与格式准则第61号——上市公司向特定对象发行证券募集说明书和发行情况报告书（证监会公告〔2023〕8号发布，2023年2月施行）。

◆ 公开发行证券的公司信息披露编报规则

公开发行证券的公司信息披露编报涉及26项规则（部分已废止），其中，现行有效准则13项。具体包括：（1）公开发行证券的公司信息披露编报规则第1号——商业银行招股说明书内容与格式特别规定（证监发〔2000〕76号发布，已废止）；（2）公开发行证券的公司信息披露编报规则第2号——商业银行财务报表附注特别规定（证监发〔2000〕76号发布，已废止）；（3）公开发行证券的公司信息披露编报规则第3号——保险公司招股说明书内容与格式特别规定（证监发〔2000〕76号发布，已废止）；（4）公开发行证券的公司信息披露编报规则第4号——保险公司信息披露特别规定（证监会公告〔2022〕11号最新修订，2022年1月施行）；（5）公开发行证券的公司信息披露编报规则第5号——证券公司招股说明书内容与格式特别规定（证监发〔2000〕76号发布，已废止）；（6）公开发行证券的公司信息披露编报规则第6号——证券公司财务报表附注特别规定（证监发〔2000〕76号发布，已废止）；（7）公开发行证券的公司信息披露编报规则第7号——商业银行年度报告内容与格式特别规定（证监发〔2000〕80号发布，已废止）；（8）公开发行证券的公司信息披露编报规则第8号——证券公司年度报告内容与格式特别规定（证监发〔2000〕80号发布，已废止）；（9）公开发行证券的公司信息披露编报规则第9号——净资产收益率和每股收益的计算及披露（证监会公告〔2010〕2号发布，财会〔2015〕19号修订）；（10）公开发行证券的公司信息披露编报规则第10号——从事房地产开发业务的公司招股说明书内容与格式特别规定（证监发〔2001〕17号发布，2001年2月施行）；（11）公开发行证券的公司信息披露编报规则第11号——从事房地产开发业务的公司财务报表附注特别规定（证监发〔2001〕17号发布，已废止）；（12）公开发行证券的公司信息披露编报规则第12号——公开发行证券的法律意见书和律师工作报告（证监发〔2001〕37号发布，2001年3月施行）；（13）公开发行证券的公司信息披露编报规则第13号——季度报告的内容与格式（证监会公告〔2016〕33号最新修订，2016年12月施行）；（14）公开发行证券的公司信息披露编报规则第14号——非标准审计意见及其涉及事项的处理（证监会公告〔2020〕20号最新修订，2020年3月施行）；（15）公开发行证券的公司信息披露编报规则第15号——财务报告的一般规定（证监会公告〔2014〕54号最新修订，2014年12月施行）；（16）公开发行证券的公司信息披露编报规则第16号——A股公司实行补充审计的暂行规定（证监发〔2001〕161号发布，已废止）；（17）公开发行证券的公司信息披露编报规则第17号——外商投资股份有限公司招股说明书内容与格式特别规定（证监发〔2002〕17号发布，已废止）；（18）公开发行证券的公司信息披露编报规则第18号——商业银行信息披露特别规定（证监会计字

〔2003〕3号发布，已废止）；（19）公开发行证券的公司信息披露编报规则第19号——财务信息的更正及相关披露（证监会公告〔2020〕20号最新修订，2020年3月施行）；（20）公开发行证券的公司信息披露编报规则第20号——创业板上市公司季度报告的内容与格式（证监会公告〔2010〕10号发布，已废止）；（21）公开发行证券的公司信息披露编报规则第21号——年度内部控制评价报告的一般规定（证监会公告〔2014〕1号发布，已废止）；（22）公开发行证券的公司信息披露编报规则第22号——创新试点红筹企业财务报告信息特别规定（证监会公告〔2020〕20号最新修订，2020年3月施行）；（23）公开发行证券的公司信息披露编报规则第23号——试点红筹企业公开发行存托凭证招股说明书内容与格式指引（证监会公告〔2020〕20号最新修订，2020年3月施行）；（24）公开发行证券的公司信息披露编报规则第24号——注册制下创新试点红筹企业财务报告信息特别规定（证监会公告〔2020〕25号最新修订，2020年4月施行）；（25）公开发行证券的公司信息披露编报规则第25号——从事药品及医疗器械业务的公司招股说明书内容与格式指引（证监会公告〔2022〕41号发布，2022年7月施行）；（26）公开发行证券的公司信息披露编报规则第26号——商业银行信息披露特别规定（证监会公告〔2022〕12号最新修订，2022年1月施行）。

◆公开发行证券的公司信息披露解释性公告

公开发行证券的公司信息披露解释性公告有5项，具体包括：（1）公开发行证券的公司信息披露解释性公告第1号——非经常性损益（证监会公告〔2008〕43号发布，2008年12月施行）；（2）公开发行证券的公司信息披露解释性公告第2号——政府补助相关信息的披露（证监会公告〔2013〕38号发布，2013年9月施行）；（3）公开发行证券的公司信息披露解释性公告第3号——财务报表附注中可供出售金融资产减值的披露（证监会公告〔2013〕38号发布，2013年9月施行）；（4）公开发行证券的公司信息披露解释性公告第4号——财务报表附注中分步实现企业合并相关信息的披露（证监会公告〔2013〕48号发布，2013年12月施行）；（5）公开发行证券的公司信息披露解释性公告第5号——财务报表附注中分步处置对子公司投资至丧失控制权相关信息的披露（证监会公告〔2013〕48号发布，2013年12月施行）。

◆监管规则适用指引

证监会监管规则适用指引有9项，具体包括：（1）监管规则适用指引——会计类第1号（2020年11月发布）、会计类第2号（2021年12月发布）、会计类第3号（2023年2月发布）；（2）监管规则适用指引——审计类第1号（2021年3月发布）、审计类第2号（2023年8月发布）；（3）监管规则适用指引——上市类第1号（2020年7月发布）；（4）监管规则适用指引——机构类第1号（2021年11月最新修订）、机构类第2号（2020年10月发布）；（5）监管规则适用指引——评估类第1号（2021年1月施行）；（6）监管规则适用指引——科技监管类第1号（2020年10月施行）；（7）监管规则适用指引——法律类第1号（2023年3月废止）、法律类第2号：律师事务所从事首次公开发行股票并上市法律业务执业细则（2022年1月施行）、法律类第3号（2023年3月施行）；（8）监管规则适用指引——关于申请首发上市企业股东信息披露（2021年2月施行）、发行类第2号（2021年5月发布）、发行类第3号（2023年2月发布）、发行类第4号（2023年2月发布）、发行类第5号（2023年2月发布）、发行类第6号（2023年2月发布）、发行类第7号：股票发行上市注册工作规程（2023年2月发布）、发行类第8号：股票发行上市注册工作规程（2023年2月发布）、发行类第9号：研发人员及研发投入（2023年11月发布）；（9）监管规则适用指引——境外发行上市类第1号（2023年2月施行）、境外发行上市类第2号：备案材料内容和格式指引（2023年2月施行）、境外发行上市类第3号：报告内容指引（2023年2月施行）、境外发行上市类第4号：备案沟通指引（2023年2月施行）、境外发行上市类第5号：境外证券公司备案指引（2023年2月施行）、境外发行上市类第6号：境内上市公司境外发行全球存托凭证指引（2023年5月施行）。

◆ **上海证券交易所自律监管规范**

《上海证券交易所股票上市规则》（上证发〔2023〕127号最新修订，2023年9月施行）和《上海证券交易所科创板股票上市规则》（上证发〔2023〕128号最新修订，2023年9月施行）是上海证券交易所监管主板上市公司和科创板上市公司的基础性规范文件。自律监管规范以主板市场和科创板为基础，分为自律监管规则适用指引和自律监管指南。

• **上海证券交易所（主板）上市公司自律监管指引**

上海证券交易所上市公司自律监管指引有13项，具体包括：（1）《上海证券交易所上市公司自律监管指引第1号——规范运作》（上证发〔2023〕194号最新修订，2023年9月施行）；（2）上海证券交易所上市公司自律监管指引第2号——信息披露事务管理（上证发〔2022〕3号发布，2022年1月施行）；（3）上海证券交易所上市公司自律监管指引第3号——行业信息披露（上证发〔2022〕4号发布，2022年1月施行）；（4）上海证券交易所上市公司自律监管指引第4号——停复牌》（上证发〔2022〕5号发布，2022年1月施行）；（5）上海证券交易所上市公司自律监管指引第5号——交易与关联交易》（上证发〔2023〕6号最新修订，2023年1月施行）；（6）上海证券交易所上市公司自律监管指引第6号——重大资产重组》（上证发〔2023〕49号最新修订，2023年2月施行）；（7）上海证券交易所上市公司自律监管指引第7号——回购股份（上证发〔2023〕195号最新修订，2023年12月施行）；（8）上海证券交易所上市公司自律监管指引第8号——股份变动管理（上证发〔2022〕9号发布，2022年1月施行）；（9）上海证券交易所上市公司自律监管指引第9号——信息披露工作评价（上证发〔2023〕126号最新修订，2023年8月施行）；（10）上海证券交易所上市公司自律监管指引第10号——纪律处分实施标准（上证发〔2024〕9号最新修订，2024年1月施行）；（11）上海证券交易所上市公司自律监管指引第11号——持续督导（上证发〔2022〕12号最新修订，2022年1月施行）；（12）上海证券交易所上市公司自律监管指引第12号——可转换公司债券（上证发〔2022〕119号发布，2022年7月施行）；（13）上海证券交易所上市公司自律监管指引第12号——破产重整等事项（上证发〔2022〕41号发布，2022年3月施行）。

- **上海证券交易所（主板）上市公司自律监管指南**

上海证券交易所上市公司自律监管指南有3项，具体包括：（1）上海证券交易所上市公司自律监管指南第1号——公告格式（上证函〔2023〕2237号最新修订，2023年9月施行）；（2）上海证券交易所上市公司自律监管指南第2号——业务办理（上证发〔2023〕2238号最新修订，2023年9月施行）；（3）上海证券交易所上市公司自律监管指南第3号——信息披露咨询、业绩说明会等服务（上证发〔2022〕35号发布，2022年1月施行）。

- **上海证券交易所科创板上市公司自律监管指引**

上海证券交易所上市公司自律监管规则适用指引有3项，具体包括：（1）上海证券交易所科创板上市公司自律监管指引第1号——规范运作（上证发〔2023〕194号最新修订，2023年9月施行）；（2）上海证券交易所科创板上市公司自律监管指引第2号——自愿信息披露（上证发〔2022〕14号最新修订，2022年1月施行）；（3）上海证券交易所科创板上市公司自律监管指引第3号——科创属性持续披露及相关事项（上证发〔2022〕14号最新修订，2022年1月施行）。

- **上海证券交易所科创板上市公司自律监管指南**

上海证券交易所上市公司自律监管指南有12项，具体包括：（1）科创板上市公司自律监管指南第1号——信息披露业务办理（上证函〔2023〕3872号最新修订，2023年12月施行）；（2）科创板上市公司自律监管指南第2号——信息报送及资料填报（上证函〔2023〕3872号最新修订，2023年12月施行）；（3）科创板上市公司自律监管指南第3号——日常信息披露（上证函〔2023〕3872号最新修订，2023年12月施行）；（4）科创板上市公司自律监管指南第4号——股权激励信息披露（上证函〔2023〕3872号最新修订，2023年12月施行）；（5）科创板上市公司自律监管指南第5号——退市信息披露（上证函〔2023〕3872号最新修订，2023年12月施行）；（6）科创板上市公司自律监管指南第6号——业务操作事项（上证函〔2023〕3872号最新修订，2023年12月施行）；（7）科创板上市公司自律监管指南第7号——年度报告相关事项（上证函〔2023〕3872号最新修订，2023年12月施行）；（8）科创板上市公司自律监管指南第8号——融资融券、转融通相关信息披露（上证函〔2023〕3872号最新修订，2023年12月施行）；（9）科创板上市公司自律监管指南第9号——财务类退市指标：营业收入扣除（上证函〔2023〕3872号最新修订，2023年12月施行）；（10）科创板上市公司自律监管指南第10号——现金选择权（上证函〔2023〕3872号最新修订，2023年12月施行）；（11）科创板上市公司自律监管指南第11号——信息披露咨询、业绩说明会等服务（上证函〔2023〕3872号最新修订，2023年12月施行）；（12）科创板上市公司自律监管指南第12号——退市风险公司信息披露（上证函〔2023〕3872号最新修订，2023年12月施行）。

◆ **深圳证券交易所自律监管规范**

《深圳证券交易所股票上市规则》（深证上〔2023〕701号最新修订，2023年9月施行）和《深圳证券交易所创业板股票上市规则》（深证上〔2023〕702号最新修订，2023年9月施行）是深圳证券交易所监管主板上市公司和创业板上市公司的基础性规范文件。自律监管规范以主板市场和科创板为基础，分为自律监管规则适用指引和自律监管指南。

• **深圳证券交易所上市公司自律监管指引**

深圳证券交易所上市公司自律监管指引有15项，具体包括：（1）深圳证券交易所上市公司自律监管指引第1号——主板上市公司规范运作（深证上〔2023〕1145号最新修订，2023年12月施行）；（2）深圳证券交易所上市公司自律监管指引第2号——创业板上市公司规范运作（深证上〔2023〕1146号最新修订，2023年12月施行）；（3）深圳证券交易所上市公司自律监管指引第3号——行业信息披露（深证上〔2023〕78号最新修订，2023年2月施行）；（4）深圳证券交易所上市公司自律监管指引第4号——创业板行业信息披露（深证上〔2023〕79号最新修订，2023年2月施行）；（5）深圳证券交易所上市公司自律监管指引第5号——信息披露事务管理（深证上〔2022〕17号最新修订，2022年1月施行）；（6）深圳证券交易所上市公司自律监管指引第6号——停复牌（深证上〔2022〕18号最新修订，2022年1月施行）；（7）深圳证券交易所上市公司自律监管指引第7号——交易与关联交易（深证上〔2023〕21号最新修订，2023年1月施行）；（8）深圳证券交易所上市公司自律监管指引第8号——重大资产重组（深证上〔2023〕114号最新修订，2023年2月施行）；（9）深圳证券交易所上市公司自律监管指引第9号——回购股份（深证上〔2023〕1142号最新修订，2023年12月施行）；（10）深圳证券交易所上市公司自律监管指引第10号——股份变动管理（深证上〔2022〕22号最新修订，2022年1月施行）；（11）深圳证券交易所上市公司自律监管指引第11号——信息披露工作考核（深证上〔2023〕681号最新修订，2023年8月施行）；（12）深圳证券交易所上市公司自律监管指引第12号——纪律处分实施标准（深证上〔2024〕31号最新修订，2024年1月施行）；（13）深圳证券交易所上市公司自律监管指引第13号——保荐业务（深证上〔2022〕25号最新修订，2022年1月施行）；（14）深圳证券交易所上市公司自律监管指引第14号——破产重整等事项（深证上〔2022〕325号发布，2022年3月施行）；（15）深圳证券交易所上市公司自律监管指引第15号——可转换公司债券（深证上〔2022〕731号发布，2022年7月施行）。

• **深圳证券交易所上市公司自律监管指南**

深圳证券交易所上市公司自律监管指南有2项，具体包括：（1）深圳证券交易所上市公司自律监管指南第1号——业务办理（深证上〔2023〕1203号最新修订，2023年12月施行）；（2）深圳证券交易所上市公司自律监管指南第2号——公告格式（深证上〔2023〕1143号最新修订，2023年12月施行）。

• **深圳证券交易所创业板上市公司自律监管指南**

深圳证券交易所创业板上市公司自律监管指南有2项，具体包括：（1）深圳证券交易所创业板上市公司自律监管指南第1号——业务办理（深证上〔2023〕1204号最新修订，2023年12月施行）；（2）深圳证券交易所创业板上市公司自律监管指南第2号——公告格式（深证上〔2023〕1144号最新修订，2023年12月施行）。

第三节 证券市场中会计信息披露与监管新发展

中共中央十八届三中全会在《中共中央关于全面深化改革若干重大问题的决定》中明确："经济体制改革是全面深化改革的重点，核心问题是处理好政府和市场的关系，使市场在资源配置中起决定性作用和更好发挥政府作用"。为推动证券发行市场的市场化改革，我国着手进行了股票发行注册制改革，对我国证券市场发展产生了重要影响。在我国坚持全面深化改革开放的大背景下，与证券市场密切相关的改革开放政策和举措持续推出：2019年，《中华人民共和国证券法》第二次修订，加大了对证券市场违法行为的处罚；2019年6月，科创板市场上市公司注册制改革试点启动；2020年6月，创业板市场上市公司注册制改革试点启动。2020年10月，国务院发布了《关于进一步提高上市公司质量的意见》（国发〔2020〕14号）；2020年12月26日全国人大常委会第二十四次会议通过《中华人民共和国刑法修正案（十一）》，强化了对证券市场犯罪行为的打击。2021年8月23日，国务院办公厅发布《关于进一步规范财务审计秩序 促进注册会计师行业健康发展的意见》（国办发〔2021〕30号）；2023年2月，注册制及其持续监管和交易规则在我国所有板块证券市场开始施行；2023年4月14日，国务院办公厅印发了《关于上市公司独立董事制度改革的意见》（国办发〔2023〕9号）；2023年12月29日，十四届全国人大常委会第七次会议修订通过了《中华人民共和国公司法》（主席令〔15〕号）。至此，我国证券市场全面深化改革的新架构已基本完成。

一、会计信息披露新发展

会计信息披露是保护投资者利益的基本途径。证券市场中，会计信息披露涉及信息披露主体、信息披露鉴证主体、信息披露监管主体。就会计信息披露主体而言，其会计信息披露需要按会计信息生成和披露规则进行，并经信息披露鉴证主体的鉴证，其中主要涉及财政部主持制订的企业会计准则体系和证监会负责制订的上市公司信息披露体系。

1. 会计准则体系

2021年11月24日，财政部发布《会计改革与发展"十四五"规划纲要》（财会〔2021〕27号），并在"持续完善企业会计准则体系的建设与实施"的任务中明确：持续推动企业会计准则体系高质量建设，全面梳理并修订我国企业会计准则体系，明晰体系内各层级准则制度的框架和内容，持续推动企业会计准则体系高质量实施，建立适合我国的企业会计准则实施的评估机制，确保企业会计准则体系的有效运行，及时跟踪企业会计准则实施情况，进一步建立健全企业会计准则实施问题收集渠道，做好上市公司财报分析工作等实务指导，及时回应市场关切。

按《会计改革和发展"十四五"规划纲要》部署，完善会计准则体系建设是主要任务。在42项企业会计准则发布后，2021年以来会计准则体系完善上的重要举措有：（1）颁布企业会计准则解释14~17号；（2）为促进会计准则的恰当应用，发布涉及5项会计准则和1项重大实务的32个应用案例；（3）为加深对企业会计准则的理解，先后分批发布与准则实施密切相关80余个实务问答；（4）颁布《企业产品成本核算制度——油气管网行业》（财会〔2021〕21号）、《企业数据资源相关会计处理暂行规定》（财会〔2023〕11号）等特别业务的会计处理规定。这些努力一方面完善了我国会计准则体系本身，另一方面促进了会计实务界对我国会计准则具体内涵和应用的一致性。

2. 信息披露体系

2023年2月1日，注册制及其持续监管和交易规则在我国所有板块证券市场开始施行。适应注册制改革的要求，我国证券市场上市公司的信息披露体系在中国证监会和深沪交易所两个层级进行修订。（1）证监会层级：重点对北京证券交易所上市公司发行证券的信息披露内容与格式准则（准则46~52、56号）进行了修订；新发布了公开发行证券的公司信息披露内容与格式准则（57~61）号，第一次发布了统一适用于主板、创业板和科创板公开发行证券的公司信息披露内容与格式准则。此外，还发布了新的监管规则适用指引，特别是发行类（3~9号）和境外上市类（1~6号）监管规则适用指引。（2）深沪交易所层级：适应注册制的要求，针对上海证券交易所上市公司自律监管指引（主板13项、科创板3项）和自律监管指南（主板3项、科创板12项）、深圳证券交易所上市公司自律监管指引（15项）和自律监管指南（主板2项、创业板2项）与注册制要求协调之处，沪深交易所都进行了全面修订。这些准则和指引（指南）的发布和修订，构建了注册制下我国证券市场上市公司的信息披露体系。

二、会计信息披露监管新发展

证券市场中，上市公司会计信息的披露和会计信息披露监管相辅相成。上市公司会计信息披露的质量直接影响着投资者的投资决策，而会计信息披露监管是促进会计信息披露质量的重要途径。显然，会计信息披露监管不仅涉及对会计信息披露主体和鉴证主体，也涉及上市公司治理结构中的独特成分——独立董事。为提高上市公司质量和会计信息披露质量，国务院和相关部门对会计信息披露主体、鉴证主体和独立董事等予以了极大重视。《关于进一步提高上市公司质量的意见》（国发〔2020〕14号）指出："尽管我国上市公司数量显著增长、质量持续提升，在促进国民经济发展中的作用日益凸显。但上市公司经营和治理不规范、发展质量不高等问题仍较突出，与建设现代化经济体系、推动经济高质量发展的要求还存在差距，上市公司生产经营和高质量发展面临新的考验"。为此，2023年12月29日，十四届全国人大常委会第七次会议修订通过《中华人民共和国公司法》（主席令〔15〕号，2023年12月修订）自2024年7月1日起施行。《公司法》自颁布实施近30年来，历经四次修正、两次修订。此次修订对于完善中国特色现代企业制度、推动资本市场健康发展、助力经济高质量发展具有重要意义。本次修订主要对公司登记制度、股东出资责任、公司治理制度、控股股东义务、董监高的信义义务体系等方面进行了修订。

1. 会计信息披露主体

为进一步强化证券市场的科技监管，2018年8月，中国证监会发布了《中国证监会监管科技总体建设方案》，加强综合运用电子依据、统计分析和数据挖掘等技术，围绕证券市场上市公司的主要生产和业务活动，开展全方位监控和历史数据分析，特别是在行政许可类辅助分析、公司信息披露违规及财务风险分析、经营机构违规行为及财务风险分析、证券期货服务机构尽职行为分析、市场运行分析、违法交易行为分析等七个方向强化科技监管。

2020年，国务院发布《关于进一步提高上市公司质量的意见》（国发〔2020〕14号）提出："资本市场在金融运行中具有牵一发而动全身的作用，上市公司是资本市场的基石。提高上市公司质量是推动资本市场健康发展的内在要求，是新时代加快完善社会主义市场经济体制的重要内容"，要求在"坚持市场化、法治化方向下，加强资本市场基础制度建设，大力提高上市公司质量。坚持存量与增量并重、治标与治本结合，发挥各方合力，强化持续监管，优化上市公司结构和发展环境，使上市公司运作规范性明显提升，信息披露质量不断改善，突出问题得到有效解决，可持续发展能力和整体质量显著提高，为建设规范、透明、开放、有活力、有韧性的资本市场，促进经济高质量发展提供有力支撑"，并从提高上市公司治理水平、推动上市公司做优做强、健全上市公司退出机制、解决上市公司突出问题、提高上市公司及相关主体违法违规成本和形成提高上市公司质量的工作合力等维度提出全面要求。

2. 会计信息鉴证主体

2021年8月23日，国务院办公厅发布《关于进一步规范财务审计秩序 促进注册会计师行业健康发展的意见》（国办发〔2021〕30号），要求强化对注册会计师审计质量进行监管，并要求完善相关部门对从事证券业务的会计师事务所监管的协作机制，加强统筹协调，形成监管合力，对会计师事务所和上市公司从严监管，依法追究财务造假的审计责任、会计责任；加强财会监督大数据分析，对财务造假进行精准打击，等等。

2022~2023年，财政部直接组织和通过证监局组织对会计师事务所进行了检查，并对违规和违法行为进行了依法查处。2023年1月，发布的财政部会计信息质量检查公告（第43号）表明：财政部门2022年组织检查1854家会计师事务所，对174家会计师事务所和418名注册会计师作出行政处罚。2023年7月发布的会计信息质量检查公告（第44号）表明：财政部2022年组织24家监管局对35家备案从事证券服务业务的会计师事务所开展监督检查，延伸检查61户企业的会计信息质量和1家会计师事务所的执业质量。

3.独立董事制度

2023年4月14日，国务院办公厅印发《关于上市公司独立董事制度改革的意见》（国办发〔2023〕9号）提出，上市公司独立董事制度是中国特色现代企业制度的重要组成部分，是资本市场基础制度的重要内容，确定了八个方面的改革任务。

2023年8月1日，证监会近日发布《上市公司独立董事管理办法》（证监会令〔第220号〕），自2023年9月4日起施行。与《上市公司独立董事规则》（证监会公告〔2022〕14号相比，制度调整的对象由"为规范上市公司行为"调整为"为规范独立董事行为"，规范目的由"促进上市公司独立董事尽责履职"调整为"充分发挥独立董事在上市公司治理中的作用，促进提高上市公司质量"，进一步明确《管理办法》的制度目的着眼于上市公司独立董事的行为和作用，并将《改革意见》纳入规范依据。明确了独立董事在董事会中"参与决策、监督制衡、专业咨询"的职责定位，以期通过发挥独立董事的"关键少数"作用有效提升上市公司治理水平。

第二章

会计信息质量体系：基于会计准则的直接测定[①]

近年，我国上市公司重大财务舞弊事件频发（王鹏程和程晶泓，2023），会计信息质量的重要性一直受到广泛重视。2024年4月，国务院印发《关于加强监管防范风险 推动资本市场高质量发展的若干意见》，象征着时隔10年中国资本市场再次迎来"国九条"。关于信息质量，证监会在介绍与"国九条"相配套的政策制度时提到："要求上市证券公司立足行业功能定位和风险特征，提高信息披露的针对性和有效性，及时披露净资本和流动性等相关核心风控指标和财务运营状况，确保公司运作更加透明，财务报表更加规范，市场约束更加有效"。会计信息作为反映企业价值和提供决策支撑的重要窗口，能够影响或决定与企业相关所有人的利益，重要性不言而喻，会计信息不仅是会计人员通过会计系统执行会计准则的结果，还是社会各方利益博弈的产物（胡玉明，2024），因此对会计信息质量进行评价显得更为重要。现实中，企业造假事件层出不穷，会计信息质量问题主要体现在虚构利润、虚假记载或误导性陈述、重大遗漏、披露不实和会计处理不当等方面。研究发现，高质量会计信息能降低企业违约风险（张焰朝等，2022）、促进企业创新（王芳等，2022）、降低审计费用（高颖超和付文博，2024），会计信息质量的重要性已成为多方利益相关者的共识。

由于会计信息质量难以直接观察和量化，学术界对会计信息质量评价的研究一直存在分歧和争论。现有研究多是通过替代指标对会计信息质量进行间接衡量，如价值相关性衡量相关性（武鹏等，2023）、可操纵盈余衡量可靠性（何平林等，2019）、披露时间衡量及时性（王加灿，2015）、应计盈余相似程度衡量可比性（龙小海等，2021），尽管替代指标能用于解决数据获取困难、变量定义模糊或理论模型复杂等问题，但这种替代也可能引入误差，甚至改变研究的本质和结论。首先，不同类别的替代变量反映了会计信息质量的不同维度，改变了原始数据的分布和关系，可能会发现原本不存在或遗漏原本存在的关联，

[①] 该部分发表于《财会月刊》2024年第17期，p62-73。

进而造成同一指标的研究结果并不一致（Defond 和 Zhang，2014）；其次，外部替代变量多与企业自身特征相关，或混合其他因素的影响，这些影响无法剔除，可能产生原本不存在的关联，导致替代指标也不一定与会计信息质量有相关关系；另外，通过模型计算衡量会计信息质量容易产生设定偏误问题，如数据与模型不符、检验方法误用、检验效应选择（靳庭良和郭建军，2004）和遗漏变量（Clarke，2005）等基本问题，进而影响数据真实性。因此，对会计信息质量的研究应紧紧围绕会计信息自身的属性，挖掘直接反映信息质量的因素（谭楚月和段宏，2014），大部分学者多以某一单项指标来衡量会计信息质量，缺乏一致、全面和系统的评价方法（李清和马泽汉，2022），并且以同一标准对不同公司会计信息质量进行测定，并未实现对不同企业会计信息质量的差异化衡量，进而影响数据准确性。尽管已有研究构建了综合的会计信息质量指标体系，但其覆盖面不全，在评价范围、特征选取、指标设计方面都有一定的缺失（王竹泉等，2021）。

因此，本报告在已有研究基础上，紧紧围绕会计准则和计量属性，从会计准则对会计信息质量特征的界定出发，直接测定会计信息质量。本报告以分析师为信息使用者代表，结合盈余的预测数及调整数测定会计信息相关性；通过对报表项目进行计量属性分类来测定忠实表达及可验证性，着眼会计政策选择和杜邦分析体系来测定可比性的过程可比性和结果可比性；通过对投资者决策有用的增量信息来测定及时性。

本报告可能的贡献如下：第一，形成了一套完整、全面、综合的会计信息质量特征体系及以此特征体系为框架的会计信息质量评价指标体系，完善了会计信息质量特征的理论。相对于目前从不同维度衡量会计信息质量的替代指标，本报告构建的会计信息质量指标从质量特征概念出发，回归到会计信息与信息使用者主体本身的特征，既考虑到当前会计准则所提出的各项要求，又通过对财务报表信息的萃取，对其进行了更直接、更系统的测定，更全面地揭示了会计信息质量的实质属性，提出了一种测算会计信息质量的新思路，为会计信息质量研究提供全新视角和工具。第二，本报告构建的指标依托会计准则概念框架的相关论述，并结合已申请的会计、审计信息质量测定算法的发明专利授权，使用资本市场公开披露信息，综合运用人工智能技术与大数据分析方法，直接测定我国证券市场上市公司的会计信息质量，此种衡量方式具有较强的现实性。第三，本报告在特定层面对会计信息质量进行了系统性解读，从公司层面对不同行业的企业进行了差异衡量，未来可以以此指标为基础，并且可以根据不同公司会计信息质量的差异度计算风险控制指数，为相关指标的研究提供参考和指导。

第一节 会计信息质量研究及其回顾

会计信息质量由于无法直接观察和测度，国内外学者大多采用替代指标对其进行间接衡量。如表2.1所示，目前已有研究主要从微观企业行为和资本市场表现两个层面选取会计信息质量替代指标，各替代指标从不同视角对不同会计信息质量进行衡量，未能形成体系，本报告直接依据会计信息质量特征定义进行界定。

表2.1 主要会计信息质量替代指标

会计信息质量	视角	替代指标
相关性	股票价格	权益或每股收益与股价回归系数大小
可靠性	盈余管理	可操纵盈余、年报补充/更正、信息披露质量评级等
及时性	披露行为	初步时滞、审计师签字时滞、总时滞
可比性	收益预测	应计盈余相似程度、现金流与应计额相关性

一、相关性

IASB和FASB认为相关性是集中体现决策有用性的质量特征，FASB（2010）概念框架对相关性的定义为"相关的财务信息能够对信息使用者作出的决定产生影响"，并继续指出"如果财务信息具有预测价值、反馈价值或两者兼有，它就能在决策中产生影响"。其中，预测价值体现在会计信息应帮助使用者根据财务报告所提供的会计信息预测企业未来的财务状况、经营成果和现金流量，反馈价值体现在相关的会计信息应当能够有助于使用者评价企业过去的决策，证实或者修正过去的有关预测，本报告根据国际会计准则概念框架从指标内涵出发对上述指标进行测定。

现有检验会计信息相关性的研究主要着眼于会计信息的价值相关性，即以股票收益率或公司价值作为基准评估会计信息在投资者决策中的影响，主要方法包括报酬模型（Return model）和价格模型（Price model），根据回归系数和拟合优度的大小衡量价值相关性，国内诸多学者也进行了类似的研究（吴祖光和冀珂瑜等，2023；刘雪妮等，2024）。随着经验研究兴起，学术界开始就会计信息对（证券）投资所发挥的作用进行研究，从决策有用角度分析会计信息与股票市场之间的回归系数或R^2来检验相关性，若一项会计数据与股票价格之间存在显著关系，则被定义为价值相关。除此之外，也有部分学者从现金流量的视角对此进行了探讨，王化成等（2003）设计了检验历史现金流量的增量预测价值模型，以检验现金流量信息披露是否具有决策有用性。

上述研究从不同视角寻找设计替代指标来衡量相关性，从各方面对相关性指标进行了诠释和不断丰富，但设定模型容易存在设定偏误进而导致数据不准确或结论不一致、替代指标未能准确契合国际准则对相关性的定义等问题。另外，已有相关性研究对"信息使用者"进行了抽象意义上的定义，局限了会计信息使用者群体定位，对于到底是谁在使用会计信息不从得知，基于IASB决策有用观衡量会计信息质量首先需要考虑的就是信息使用者的身份，如此才能知道使用者会决策什么、什么信息对其有用以及"有用"的衡量方式，尽管现有研究多站在股东或投资者角度对企业会计信息质量进行评价，但不能以会计信息对股东的有用性来取代会计信息对其他会计信息使用者的有用性（王竹泉，2008），这种局限定位容易导致会计信息核心内容的偏离（王竹泉等，2021），而且对于会计信息影响投资者行为的过程并没有可获取的信息,也无从观察投资者的行为变化。因此,本报告围绕国际准则对会计信息质量特征的定义,从会计准则出发对公司层面的预测价值、反馈价值和相关性进行直接测定,且考虑到分析师在投资者信息解读与传递中的重要作用(吴武清和万嘉澄,2017),本报告根据国际会计准则概念框架和已公布的财报信息,以分析师作为投资者代表,构建了相关性所涵盖的预测价值与反馈价值两个子维度的计算指标,通过剖析不断更新的会计信息在分析师预测中的影响来测定会计信息相关性。

二、忠实表达与可验证性

要实现决策有用,会计信息必须如实地反映经济现象的本质。FASB(2010)概念框架对忠实表达(faithful representation)的定义为"如实地反映经济现象的本质。"FASB和IASB(2010)年共同发布的第8号概念公告,首次以"忠实表达"取代了"可靠性",与相关性一起作为会计信息质量的两大基本特征,并与可验证性一起诠释会计信息可靠性,其中FASB(2010)对可验证性的定义为"具备不同知识和独立的观察者可以达成共识,但不要求完全一致"。

现有研究主要以盈余管理作为会计信息可靠性的衡量指标,盈余管理程度越高则可靠性越低,大多数学者采用修正的Jones模型(Dechow,1995)将可操纵性盈余作为可靠性的代理变量,该模型利用企业历史财务数据(如营业收入和利润、经营活动净现金流、应收账款、固定资产和总资产)估计企业非操纵应计利润,将其与总量比较得出操纵部分,衡量企业盈余管理程度。本报告认为将盈余管理作为可靠性代理变量缺乏一定严谨性:首先,二者在概念上存在较大差别,可靠性(忠实表达与可验证性)追求公司各方面会计信息的真实性,而盈余管理旨在分离出管理层对企业盈余中的操纵部分,二者在指标概念、会计信息所衡量范围的差异都较大;其次,二者衡量逻辑不同,Jones模型假定以行业中位数为标准、仅通过个别历史项目来计算所有公司的盈余管理程度,如忽略了无形资产和其他长期资产对非操纵性应计利润的影响(孙光国和杨金凤,2012),考察维度较单一,也未针对不同行业特点进行差异化衡量,同时容易产生模型设定偏误问题,如遗漏变量、包含无关变量、函数形式错误或测量误差等,进而影响数据真实性(靳庭良和郭建军,2004;Clarke,2005)。因此,本报告在理解IASB对忠实表达与可验证性概念界定的基础上,以公司披露的所有会计信息(含所有报表附注)为对象,分类提取了80项历史成本和62项专业判断科目,并以公司业务量为基础,综合测定了公司披露的所有会计信息忠实表达比重,并根据公司业务量的大小,在与行业共识比较的基础上,测定了公司会计信息(金额)中包含的所有会计估计、会计选择和专业判断的偏离度,作为可验证性指标。

除盈余管理外,还有以下学者对可靠性进行了如下测定。王波和胡海边(2008)选取了制造业七项会计指标,运用层级分析法确定各指标权重和得分,得分越高则可靠性越高,但这种针对某一特定行业计算出的指标,适用范围有限且难以推广(孙光国和杨金凤,2012)。刘建勇和朱学义(2008)以上市公司在年报披露之后有无对年报的补充或更正公告为标准,来判断财务报告可靠与否。何威风和刘启亮(2010)认为财务重述行为是管理层操纵会计信息的主要手段。还有研究以会计重大差错(Davidson等,2015)、深交所对深市公司会计信息披露质量的考核等级(高凤莲和王志强,2015)作为信息披露质量代理变量。

以上指标从同一标准出发对不同公司可靠性进行了测定,本报告从会计准则出发,实现了对企业层面忠实表达和可验证性的差异化衡量。也有学者在可靠性的直接测定上付出过努力,Yuji和Jaedicke(1972)从真实性角度出发,使用多次独立计量得出数据的离散程度来衡量财报可靠性,认为多人对同一经济事项进行度量得出的结果越相近那么信息可靠性就越高,但实务操作难度较大(孙光国和杨金凤,2012)。Richardson(2005)将资产负债表中的应计项目进行系统分类,对每个类别的应计项目相对可靠性进行定性评估,后续基于分类的应计项目联合盈余业绩进行回归,最终以回归系数的大小来度量应计项目的可靠性,系数越小,可靠性越强,本报告在该研究的基础上结合国际准则对可靠性指标设计进一步完善。

三、可比性

FASB(2010)概念框架对可比性定义为"能使用户能识别和理解科目之间的相似点与不同的质量特征",可比性能够帮助提高信息的有用性,确保使用者识别和理解比较对象之间的异同。国际会计准则委员会(IASC)将会计信息可比性分为横向可比和纵向可比,其中横向可比性是指不同主体提供的会计信息在同一时期可比,纵向可比是指同一主体提供的会计信息在不同时期可比。

学术界关于会计信息可比性的测定问题,以往大量文献主要基于会计准则协调角度(Fontes等,2005)与会计方法协调的角度(胡志勇,2008),而De Franco等(2011)基于市场与会计信息系统之间的关系,构建了盈余收益回归模型,用相同经济业务代入两个公司的会计系统后形成的预期会计盈余的差异衡量公司间会计信息可比性,开创了从公司层面测定会计信息可比性方法的先河。Andre等(2012)用公司经济业务代入行业平均会计系统转换函数后形成的预期会计盈余与该公司实际会计盈余的差异,衡量该公司与同行业其他公司间的会计信息可比性。Peterson等(2015)运用向量空间模型将文本转换为向量,使用向量之间夹角的余弦度量同一公司前后两期或不同公司会计政策文本的相似度,作为会计信息的可比性。

Franco等(2011)运用多种财务指标构建盈余收益回归模型,计算出预期盈余与实际盈余的差异间接测量可比性,该方法能体现财务报表各项目勾稽关系的系统差异,是对不同公司会计科目之间关系可比程度的衡量,也是对公司会计系统输出结果是否可比的衡量,然而该回归模型研究的是会计信息和股票价格的关系,一定意义上考察的是对使用者决策有用信息的相关性,因此该方法本质上不是对可比性的测定,而是相关性的另一种表现形式。考虑到我国企业商业模式的多样性、经营过程的复杂性、会计政策与会计估计的可选择性，研究会计系统输出财务报表前的会计信息生成过程是否可比也很必要。因此本报告在Franco等（2011）的基础上，以杜邦分析体系为依托、直接测定与间接测定方法相结合，分别从公司会计政策选择情况和财务指标入手，对以往"横向可比+纵向可比"的研究角度进行延伸，并将其纳入过程可比范围，对产出的报表纳入结果可比范围，发展为对会计信息"过程可比+结果可比"的测定，更全面地描述会计信息从形成到产出的可比情况。

四、及时性

FASB（2010）概念框架对及时性的定义为"向决策者提供的信息要在该信息失去影响决策者决策之前"，即信息在仍具备决策有用性前被提供给决策者，该定义强调及时性对决策者具有影响力。

囿于无法对会计信息及时性进行直接测定，学术界就及时性角度对会计信息质量的研究较少。股票价格对财务报告信息做出何种反应也为研究及时性提供了新思路，根据Fama（1970）有效市场理论，股价是决策者基于已有信息对公司预期业绩的反应，能充当公司过去、当前的经营业绩和未来预期回报之间的桥梁。当市场出现公司新信息后，投资者会根据接收到的新信息调整对公司业绩的预期，公司股票价格随即发生变化，也即投资者接收的信息集影响了股票价格，股票价格是投资者的决策结果。如果财务报告公布前后，公司股价没有发生变化，说明财务报告的公布并没有增量信息，只是对投资者业已获知的信息加以确认，此时财务报告没有信息含量或者说没有信息增量。Basu等（2013）表明收益公告是股市新信息的主要来源，因此财务报告的公布必然会修正市场之前的预期，从而导致股票价格和会计盈余的拟合优度发生变化。研究者们已经证明了股价引导盈余（Beaver等，1980；Kothari等，1992），现在股价中包含信息可以帮助投资者预测未来盈余，Hutton等（2000）表明有关消息的预测只有当它们伴随着可证实的远期报告公布时才具有信息含量，由此可以推论现在的盈余可以验证过去股价的预测准确度。已有文献采用年报披露时滞来计算会计信息的及时性（王雄元等，2008；王加灿，2015）探讨影响信息及时性的因素。然而以上研究从披露行为来研究信息及时性，将披露及时作为及时性的替代指标，然而会计信息质量与披露质量是两个概念，信息的及时性不能直接与信息披露的及时性相等同，并且披露行为强调的是信息提供者行为，而从概念框架对及时性的阐述可以看出，与及时性相关的主体除了信息提供者，更应该考虑将信息用于决策的投资者，而现有研究对及时性这一维度的刻画并不全面。

基于概念公告中对及时性的界定，本报告认为及时性应具有两个层面的内涵：第一，该信息能够影响投资者决策，即该信息是决策相关；第二，该信息在决策相关的基础上被及时送达给投资者，即有用的信息在失去效用之前发挥了有用性，投资者利用该信息改变或验证了投资决策。本报告在分析师预测环节测量出相关性、生成财报环节测量出忠实表达、可验证性和可比性之后，在信息最终传达至资本市场、并通过股价表现出投资者决策结果时对及时性进行测定。由于及时性是决策有用信息及时提供给投资者并影响投资者决策，而股票价格和会计盈余拟合优度变化的增量，既代表了会计盈余对股票价格的验证度，也代表了决策有用增量信息，这正是及时性两层内涵的集中体现，因此本报告从股价角度、利用估值模型计算时间差和信息差来衡量会计信息对投资者的及时性。

第二节 会计信息质量指数：逻辑[①]

2014年，财政部修订了我国《企业会计准则——基本准则》，国际会计准则理事会发布公告《会计信息质量特征》(2018)。其中，忠实表达（如实反映）代替可靠性，与相关性并列成为基础质量特征，可靠性中可验证性则成为辅助质量特征之一，如图2.1所示。本报告会计信息质量指标体系由会计信息质量指数、相关性、忠实表达、可比性、可验证性和及时性等体系性指标构成。

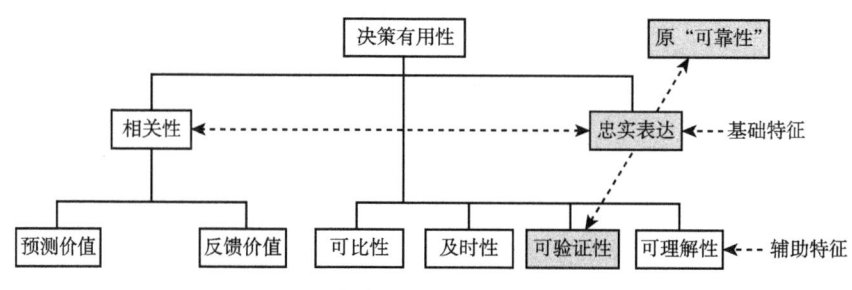

图2.1 会计信息质量指标体系

本报告对会计信息质量的界定，直接依据我国《企业会计准则——基本准则》(2014)和国际会计准则理事会发布公告《会计信息质量特征》(2018)，具体测定方法为相关国家发明专利授权（忠实表达和可验证性中国发明专利号：4405342；及时性中国发明专利号：4671525）。测定指标为会计信息的相关性、忠实表达、可比性、可验证性（原可靠性已分拆为忠实表达和可验证性）和及时性五个维度，系统地涵盖了从证券分析师至公司季报、中报、业绩预告、年度财务报告，再至公司股价的全过程。

一、会计信息质量指数

本报告对会计信息质量指标的测定为一个循环，并闭环形成体系。报表披露新会计信息之前，在分析师预测盈余环节通过预测价值和反馈价值测定相关性，报表使用过程测定出忠实表达、可验证性和可比性，信息传达至资本市场时股价能反映出投资者决策结果，对及时性进行测定。各指标形成会计信息质量体系，相关性、忠实表达、可比性、可验证性和及时性五个指标构成会计信息整体质量指数，综合反映公司会计信息质量，其取值介于0~1之间。

[①] 该部分发表于《财会月刊》2024年第17期，p62-73。

当评价对象拥有多个不同角度的评分数据时,进行综合评价的难度较高,个案排秩法对每个序列的数据进行排秩处理后得到综合评价指标,能够有效避免简单算术平均或加权平均的权重主观性,增加综合评价指标的客观性。

表2.2　　　　　　　　　　　个案加法排秩示例

Stkcd	Year	相关性	rank1	忠实表达	rank2	可验证性	rank3	及时性	rank4	可比性	rank5	Score
1	2016	0.501	5	0.934	6	0.893	1	0.022	4	0.871	5	0.600
1	2017	0.181	1	0.930	5	0.916	2	0.164	7	0.862	4	0.543
1	2018	0.771	6	0.915	4	0.973	4	0.057	5	0.876	6	0.714
1	2019	0.425	3	0.898	3	0.978	6	0.153	6	0.883	7	0.714
1	2020	0.453	4	0.884	1	0.979	7	−0.025	3	0.841	3	0.514
1	2021	0.284	2	0.892	2	0.975	5	−0.086	1	0.822	2	0.343
1	2022	0.840	7	1.000	7	0.969	3	−0.035	2	0.791	1	0.571

如表2.2所示,本报告使用个案加法排秩计算会计信息质量指数,数值越大,表明公司会计信息的整体质量越高。以一家公司举例,首先对相关性、忠实表达、可验证性、及时性和可比性指标分别从小到大进行排秩,得到每一公司在质量指标序列里的位置(rank),将同一指标序列中的最小值赋值rank为1,生成每个数据在所在指标内的排秩,指标数值越小则rank值越小,形成5列排秩数据(rank1~rank5)。由于此处共有35个指标数据(5个指标×7年×1家公司),对同一企业同一年的5个排秩数据进行求和除以35后,得到该公司每年的会计信息质量指数(Score)。最后将以上方法拓展至整个面板数据,得到整体的会计信息质量指数,即$Score_{it}$ =sum($rank_{it1}$:$rank_{it5}$)/(5×7×公司数)。其中:$rank_{it1\sim5}$分别表示i公司t年的相关性、忠实表达、可验证性、及时性和可比性指标在该质量指标序列里的位置;$Score_{it}$表示i公司t年在对当年5个指标排秩后得到的会计信息质量指数。

二、相关性

作为会计信息的基础质量要求,相关性要求会计信息能够影响信息使用者决策,预测价值和反馈价值是会计信息相关性的两大影响因素。然而会计信息如何影响投资者行为并没有公开披露和可获取的信息,无从观察投资者的行为变化,由于分析师在资本市场中扮演着信息使用者获取企业信息的重要中介角色,本指标重点关注公司公开披露会计信息(含季度报告)对证券分析师预测公司未来三年业绩的实时影响(对拟IPO公司而言,智能系统可以模拟公司上市后季度业绩披露时证券分析师的预测)。

根据FASB定义,若信息使用者在预测未来经营成果的过程中利用了会计信息,那么信息就具有预测价值,该指标可以理解为分析师根据公司已公布的所有历史信息对未来各期间的经营成果进行预测,若公司累计已公布的所有会计信息对分析师的各期预测数影响较大,则说明该信息具有较高的预测价值。因此,本报告基于公司已披露会计信息(含季度报告）对证券分析师预测公司未来三年业绩的影响程度衡量预测价值，其取值介于0~1之间。数值越大，公司已披露会计信息对公司未来三年业绩预测数值的影响越大，进而对股价的影响越大；数值越小，意味着公司已披露会计信息披露（含季度）对公司未来三年业绩预测数值的影响越小，进而对公司股价的影响越小。

根据FASB定义，若会计信息帮助信息使用者对其以往作出的评估和判断进行证实、调整或更正，那么信息就具有反馈价值，该指标可以理解为分析师在对公司未来经营成果预测的过程中根据公司新公布的信息不断对其预测数进行调整，若公司新公布的会计信息对分析师的预测调整幅度影响较大，则说明该信息具有较高的反馈价值。因此，本报告基于公司新披露会计信息（含季度报告）对证券分析师预测公司未来三年业绩的影响程度衡量反馈价值，其取值介于0~1之间。数值越大，公司新披露会计信息对公司未来三年业绩预测变动额的影响越大，进而对股价的影响越大；数值越小，意味着公司新披露会计信息披露（含季度）对公司未来三年业绩预测变动额的影响越小，进而对公司股价的影响越小。

出于客观性考虑、避免因主观赋权带来的差异，本报告将预测价值与反馈价值的算术平均数作为相关性指标，相关性取值介于0~1之间，数值越大，公司会计信息对证券分析师预测影响越大，进而对股价影响越大；数值越小，意味着公司的会计信息披露（含季度）对证券分析师预测影响越小，进而对公司股价影响越小。

三、忠实表达

作为会计信息的第二大基础质量要求，忠实表达要求公司披露的会计信息须忠实地反映经济现象实质。在现行会计准则下，管理层在会计政策选择和会计信息处理过程中的自由裁量权较大，当会计操作过程中面临较大的验证难度和较高的成本时，具备不同道德和专业水平的管理层会对客观事实进行主观描述，使得公司所披露会计信息的期末余额（除货币资金外）受专业判断影响较大，易导致误导性陈述、重大遗漏、披露不实、会计处理不当等会计信息质量问题，因此本指标重点关注公司公开披露所有会计信息（含所有报表附注）项目余额的整体合理性，对客观判断与主观判断的合理部分进行测定。本报告忠实表达指标涵盖了公司披露的所有会计信息（含所有报表附注），在区分期初余额和期末余额、历史成本（80项）与专业判断（所有会计估计、会计选择和判断，共62项）、业务量大小的基础上，综合测定了公司披露的所有会计信息忠实表达（客观和主观判断中合理部分占总金额的）比重。其指标取值介于0~1之间，数值越大，公司会计信息的整体合理性越强；数值越小，意味着公司会计信息的整体合理性越弱。

四、可验证性

可验证性有助于不同的信息使用者达成共识（而非完全一致）。如前文忠实表达部分所述，在现行会计准则下，公司所披露会计信息的期末余额（除货币资金外）均受专业判断极大影响，因此本指标重点关注公司公开披露所有会计信息（含所有报表附注）涉及所有专业判断、会计估计和会计选择的整体合理性。本报告可验证性指标涵盖了公司会计信息（金额）中包含的所有会计估计、会计选择和判断，依据业务量的大小，在与行业共识比较的基础上，综合测定了公司专业判断、会计估计和会计选择的偏离度，该指标取值介于0~1之间。数值越大，公司会计信息中所含专业判断的合理性越强；数值越小，意味着公司会计信息中所含专业判断的合理性越弱。

五、可比性

FASB对会计信息可比性强调"相同的交易或事项在财务信息中的表现应当具有相似性"，可比性能帮助财务报表使用者识别和理解不同经济业务的相似性和差别点。对于相同行业内的不同公司，信息使用者需要了解不同公司各种经济业务之间的异同，而不同公司对同一经济业务可自由合理选择适用的会计政策，因此本报告着眼于会计政策选择来衡量公司间经济业务的可比性（即横向可比）。对于同一公司不同期间的会计信息，FASB要求同一会计主体在一定期间内的会计操作需保持相对稳定的状态，以便于使用者纵向比较公司信息来辅助决策，因此本报告着眼于会计政策变更来衡量同一公司的会计信息可比性（即纵向可比）。

公司选择的会计政策通过自身构建的会计结构框架和体系产出了财务报表，而投资者（股东）最关心的通常是企业的ROA和ROE指标。其中，ROA涉及资产负债表中的总资产和利润表中的净利润，由于需要使用到会计科目金额，从该角度比较会计信息需先使用总资产和营业收入对会计科目金额进行标准化，代入各公司会计数据得到预测总资产和预测净利润，比较实际与预测数据得到总资产差异和净利润差异，以衡量公司财务报表各项目之间比重的差异（即结构可比）。ROE来自杜邦财务分析体系，能够反映公司财务状况和经营成果，在一定程度上代表着企业的财务信息特征，是企业会计系统的替代物，因此本报告基于杜邦分析体系，选取与ROE有关的财务指标作为公司会计系统，衡量公司实际报表与虚拟报表的勾稽关系差异（即关系可比）。

因此，本指标重点关注公司公开披露所有会计政策选择、会计政策变更、会计报表结构和会计报表项目勾稽关系的水平，过程可比性（横向可比性和纵向可比性）以及结果可比性（结构可比性和关系可比性）两个层面共四个维度的指标构成公司会计系统的映射，各指标维度如表2.3所示。

表2.3　　　　　　　　　　　可比性指标维度

维度	指标	概念	判断依据
过程可比	横向可比	同行业不同公司会计政策相似性	同一年均采用/均不采用某一会计方法
	纵向可比	同一公司不同期间会计政策相似性	前后期间均采用/均不采用某一会计方法
结果可比	结构可比	财报各项目之间比例关系相似性	同行业公司在本公司会计系统的预测数据
	关系可比	财报各项目之间勾稽关系相似性	比较公司和行业会计信息系统的差异

本报告根据会计政策选择和财务指标，从过程和结果2个维度共4个指标衡量会计信息可比性。出于客观性考虑、避免因主观赋权带来的差异，本报告将4个维度的可比性进行算术平均得到可比性指标，可比性取值范围介于0~1之间，数值越大，公司会计信息可比性越强；数值越小，意味着公司会计信息可比性越弱。

六、及时性

及时性要求在会计信息失去决策作用之前提供给信息使用者，即公司会计信息与信息使用者原先对公司业绩的预期越一致，说明信息的及时性越强，本报告认为及时性体现在当信息使用者及时接收到信息时所做出的决策变化程度，具体表现为资本市场股价变化，因此本报告在及时性测定中将信息使用者界定为投资者。在确定公司过去三年（十二个季度）业绩对公司股价影响等的基础上，本指标重点关注公司最近一年（四个季度）会计业绩对投资者决策或股价的所有影响，即考察公司过去三年和过去两年的信息对股价影响的差异。及时性指标取值介于-1~1之间，数值越大，当期公司会计信息对投资者决策或股价的影响越大；数值越小，意味着当期公司会计信息对投资者决策或股价的影响越小。

第三节　会计信息质量：具体测定

一、会计信息质量指数

为了避免算术平均由于未考虑各指标特点易导致较大误差、加权平均所使用的权重主观性较大等问题，本报告选择个案排秩加法排名来计算会计信息质量指数，避免异常值干扰的同时，使用秩次对会计信息质量进行计算，通过对相关性、忠实表达、可验证性、及时性和可比性指标分别从小到大进行排秩，得到每一公司在质量指标序列里的位置，通过对5个指标的排序求和得到会计信息质量指数，综合反映公司会计信息质量——相关性、忠实表达、可比性、可验证性和及时性五个体系性指标。

二、相关性

相关性包括预测价值（PV）与反馈价值（CV）两个维度，预测价值是指市场主体利用现有信息对未来进行预测，反馈价值则体现了根据新会计信息对现有预测进行的调整。考虑到分析师在投资者信息解读与传递中的重要作用（吴武清和万嘉澄，2017），本报告以分析师作为投资者代表，通过剖析不断更新的会计信息在分析师预测中的影响来测定会计信息相关性，并以同一时期内所有分析师盈利预测均值作为预测值的衡量指标。

指标计算思路如图2.2所示,针对同一个预测对象,当新信息公布时,分析师会对上期预测进行调整形成新预测,上期预测数反映了新信息的预测价值,而调整值则反映了反馈价值。预测价值可表现为累计的上期预测数与当年实际数(EPS_{it})间的关系,两者越接近预测价值越高。反馈价值可表现为单次预测调整绝对值、当年EPS与上期预测数差异绝对值两个数列累计数之间的关系,两者越接近反馈价值越高。一个完整的预测数据集中共包含11个上期预测数,每个上期预测数都是初次预测值加上当期已累积的调整值,在计算累计的上期预测数时,共有11个x_{i2},10个x_{i3},以此类推,设每个调整值出现的次数为w_n($n=2,3,\cdots,12$),完整的数据集应有11个观测值。本报告定义公司i在第t年会计信息的预测价值与反馈价值如式(1)和式(2)所示,计算结果大于1则将其取倒数,因此其值越接近1则说明两类价值越高。

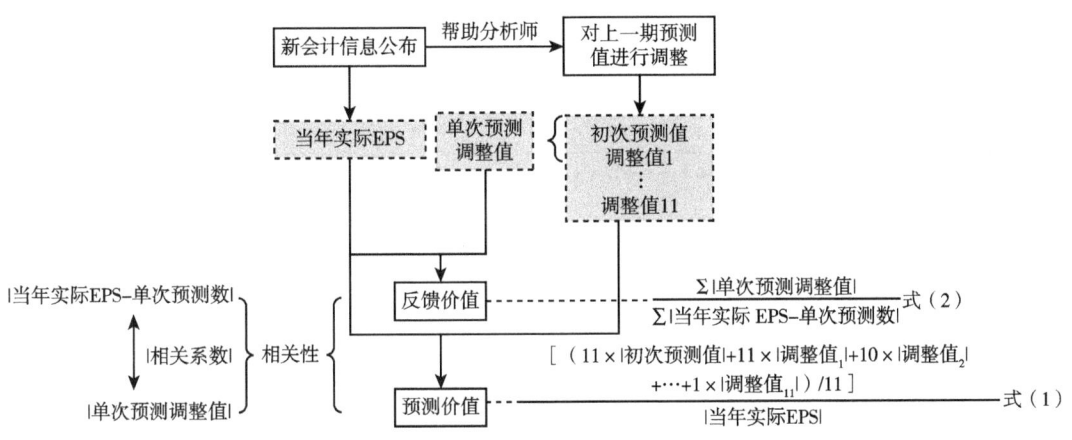

图2.2 会计信息相关性

分析师每次预测的调整幅度与预测误差绝对值间的相关关系体现了相关性的本质,即会计信息与以分析师为代表的市场参与者进行决策的过程间具有多大的相关程度。由于分析师在获取新的财务信息后会做出新的预测,因此可以说分析师预测的修正或调整过程反映了会计信息对市场参与者的影响。分析师每一次对预测进行调整都是为了提高盈余预测的准确性,那么分析师每次预测的调整值、实际EPS与分析师预测数的差异值这两者之间的相关关系就体现了相关性的本质特征,即会计信息与分析师不断朝实际EPS趋近的过程之间具有多大的相关程度。由此,构建相关性指标如下:

相关性 = |单次预测调整值|与|当年实际EPS - 单次预测数|相关系数的绝对值 (3)

本报告以某公司5年数据为例,说明相关性指标计算过程。表2.4列示了某公司财报中的EPS数据,其中S1-S3为季报数据,S4为年报数据。以2020年第一季度(S1)为例,分析师预测2020-2019三年EPS,同理,当2020年半年报财报(S2)发布后,分析师仍预测2020~2019三年EPS。但由于分析师的信息集中增加了2020年第二季度的盈余信息,分析师的预测数据也会随之调整。当年报公布时,分析师预测年度向前推一年(变为2018~2020年)。

具体计算过程如表2.5所示，该公司2019年实际EPS为1.67，即 EPS_{it} 为1.67。从2019年第四季度到2019年第三季度，该公司2019年共有12个分析师预测值 f_{in}，11个预测调整至 x_{in}，同期有11个预测误差值 y_{in}。x_{in} 与 y_{in} 这两组数值相关系数的绝对值为0.54，因此：

$$Corr_{it} = \left| \frac{\sum_{n=1}^{11}(x_{in} - \bar{x}_{in})(y_{in} - \bar{y}_{in})}{\sqrt{\sum_{n=1}^{11}(x_{in} - \bar{x}_{in})\sum_{n=1}^{11}(y_{in} - \bar{y}_{in})}} \right| = 0.54,$$

$$PV = \frac{\sum_{n=1}^{11} w_n \cdot x_{in} + 11|f_{i1}|}{11|EPS_{it}|} = (11 \times 2.70 + 11 \times 0.07 + 10 \times 0.01 + 9 \times 0.26 + 8 \times 1.24 + 7 \times 0.72 +$$

$$6 \times 0.50 + 5 \times 0.22 + 4 \times 0.59 + 3 \times 0.75 + 2 \times 0.40 + 1 \times 0.41) \times \frac{1}{11} \times \frac{1}{1.67} = 3.15,$$

计算结果大于1则将其取倒数，对3.15求倒数得到该公司期间预测价值为0.32。

$$CV = \frac{\sum_{n=1}^{11} x_{in}}{\sum_{n=1}^{11} y_{in}} = \frac{0.07 + 0.01 + 0.26 + 1.24 + 0.72 + 0.50 + 0.22 + 0.59 + 0.75 + 0.40 + 0.41}{1.10 + 1.11 + 1.37 + 0.13 + 0.85 + 0.35 + 0.57 + 0.02 + 0.73 + 0.33 + 0.08} = 0.78$$

表2.4　某公司2019–2020年期间分析师对公司盈利预测与公司报告信息整理

	实际EPS	分析师预测的EPS					
		2020年	2018年	2019年	2020年	2018年	2019年
2019-S4	1.21	1.53	2.10	2.70			
2020-S1	0.33	1.52	2.09	2.77			
2020-S2	0.68	1.60	2.13	2.78			
2020-S3	1.08	1.74	2.41	3.04			
2020-S4	1.19		2.34	1.80	3.03		
2018-S1	0.37		1.80	2.52	3.28		
2018-S2	1.61		1.50	2.02	2.70		
2018-S3	1.01		1.68	2.24	3.02		
2018-S4	1.73			1.65	2.15	2.81	
2019-S1	0.34			2.40	3.15	4.11	
2019-S2	0.58			2.00	1.54	2.60	
2019-S3	0.96			1.59	1.96	2.37	
2019-S4	1.67				1.60	1.98	2.45
2020-S1	0.35				2.15	2.79	3.53
2020-S2	0.63				1.50	1.81	2.19
2020-S3	1.01				1.53	2.00	2.59
2020-S4	1.54						

表2.5　分析师对某公司2019年的盈余预测与相关性指标计算

预测时间	实际EPS	分析师预测EPS	|预测调整值|	|实际EPS−预测EPS|
2019–S4	—	2.70	—	—
2020–S1	—	2.77	0.07	1.10
2020–S2	—	2.78	0.01	1.11
2020–S3	—	3.04	0.26	1.37
2020–S4	—	1.80	1.24	0.13
2018–S1	—	2.52	0.72	0.85
2018–S2	—	2.02	0.50	0.35
2018–S3	—	2.24	0.22	0.57
2018–S4	—	1.65	0.59	0.02
2019–S1	—	2.40	0.75	0.73
2019–S2	—	2.00	0.40	0.33
2019–S3	—	1.59	0.41	0.08
2019–S4	1.67	—	$Corr_{it}$ =0.54	

三、忠实表达

IASB（2010）将忠实表达（faithful representation）替代可靠性，并在2018年进一步强化其重要性，忠实表达成为会计信息决策有用性的基础质量特征之一，可验证性则界定为辅助质量特征之一。可靠性和忠实表达二者共同点都是立足于会计信息的计量属性，要求会计核算的过程和结果均贴近真实经济现象，由可靠性换成忠实表达则意味着信息披露范围更广，信息透明度要求更高，可靠性的实质更加凸显（董盈厚和侯铁建，2011）。考虑到FASB财务概念公告和我国会计准则仍将可靠性作为主要质量特征及受众使用习惯，本报告在构建忠实表达的基础上，进一步测定会计信息可靠性。

如图2.3所示，本报告先对资产负债表和利润表项目进行定性分类，其次在随时间变动的历史成本类项目和待验证类项目中按行业共识筛选出可靠部分，与不随时间变动的历史成本类项目一起用于衡量会计信息的忠实表达程度，由于历史成本计量部分源于买卖双方

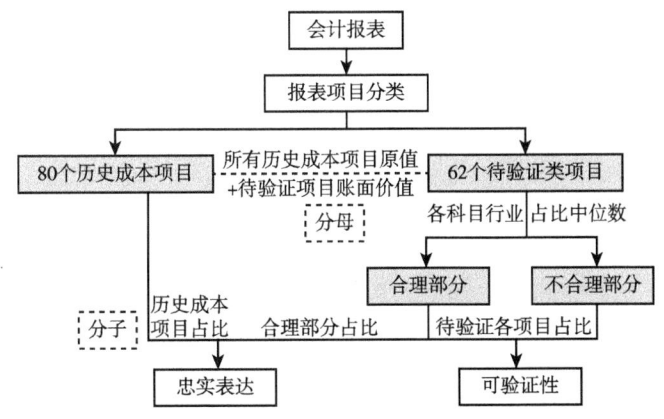

图2.3　忠实表达和可验证性

实际交易的价格，且随着时间更新，历史成本不重新反映资产或负债的价值，也不包含高管专业判断，从而能更加忠实反映公司的经营业绩。接着分别计算历史成本类项目占比和待验证类项目合理部分占比，由于待验证类项目涉及估计、判断和选择，将这一类项目占比乘以行业中位数作为最终待验证合理部分比例，最后将历史成本占比和待验证项目合理部分占比加总，确定公司会计信息的忠实表达程度。忠实表达公式如式（4）所示，为公司i第t年资产负债表和利润表两大报表的历史成本类项目占比与待验证类项目中合理部分占比之和，其中资产负债表项目的行业占比为经总资产标准化后的百分比，利润表项目的行业占比为经总营业收入标准化后的百分比，减值折旧类项目的行业占比是经原值标准化后的占比。

忠实表达 = 历史成本项目占比 + 待验证项目合理部分占比

$$= \frac{|历史成本单个项目账面价值|}{|历史成本单个项目原值| + |待验证单个项目账面价值|} + \frac{\sum(|待验证单个项目账面价值| \times |占比行业中位数|)}{\sum|历史成本单个项目原值| + \sum|待验证单个项目账面价值|} \quad (4)$$

四、可验证性

可验证性作为辅助质量特征之一，是管理层专业判断水平的反映，对会计信息的忠实表达程度有重要影响，在此，本报告通过测定公司管理层专业水平与行业共识的差异衡量各公司的可验证性。可验证性单独使用欧氏距离进行测度，如图2.3所示，公司i第t年会计信息的可验证性是i公司第t年资产负债表和利润表待验证类项目按照以下方法求得占比后，与行业内样本公司待验证类各项指标中位数作为基准计算出的欧式距离，即可验证性 = 各项目占比的欧氏距离，其中各项目占比通过式（5）计算得到。

$$各项目占比 = \frac{待验证性单个项目账面价值}{\sum|历史成本单个项目原值| + \sum|待验证单个项目账面价值|} \quad (5)$$

考虑到FASB财务会计概念公告和我国会计准则仍将可靠性作为主要质量特征及受众使用情况，作为首要质量特征之一的可靠性进一步被分解为忠实表达和可验证性，本报告在构建忠实表达和可验证性的基础上，进一步测定可靠性，将其定义为忠实表达和可验证性算术平均，如式（6）所示。

$$可靠性 = （忠实表达 + 可验证性）/2 \quad (6)$$

五、可比性

可比性内涵要求相同的交易或事项在财务信息中的表现应具有相似性，或者会计信息在不同公司间可比（横向可比）、同一公司不同时间可比（纵向可比），考虑到杜邦财务分析体系指标能够反映公司经营成果、代表企业财务信息特征，因此本报告从会计信息生产过程可比和生产结果可比两个维度对可比性进行刻画，基于杜邦分析体系对公司层面的会计信息可比性进行测定。

（一）过程可比性

本报告根据国际会计准则和证监会颁布的财务报告规定，过程可比性将年度财务报表涉及的会计政策二级分类细分成735项，其权重按公司年度报告一级分类影响金额动态确定。按我国企业会计准则，每一事项的会计政策选择包括定义、概念、确认条件、计量方法、期末减值等一级分类，以及更明细的二级分类，如发出存货的加权平均法和先进先出法等。

如图2.4所示，横向可比性测定同行业不同公司实际系统与虚拟系统的综合差异，设公司i和公司j为同行业的两家公司，该行业共n家公司。w_{ikt}为样本i在第t年会计方法k的权重，公司在所有经济业务上会计方法选择共m种。s_{ijkt}为样本i和样本j在第t年会计方法k上的会计方法可比性，当样本i和样本j均采用或均不采用某一会计方法时，取值为1；当仅样本i或仅样本j采用某一会计方法时，取值为0。因此公司i对于公司j的横向可比性由q_{ijt}表示，公司i对于同行业其他公司横向可比性由$Compacwh_{it}$表示。

纵向可比性测定同一公司不同会计期间会计政策或方法的相似性或前后期一致性，w_{ikt}为样本i在第t年会计方法k的权重，公司在所有经济业务上会计方法选择共m种。p_{ikt}为样本i在第t年会计方法k上的会计方法可比性，当样本i在第t年和第t-1年均采用或均不采用某一会计方法时，p_{ikt}取值为1；当样本i在第t年和第t-1年采用不同方法时，p_{ikt}取值为0。则公司i在第t年和第t-1年的纵向可比性由$Compacwv_{it}$表示。

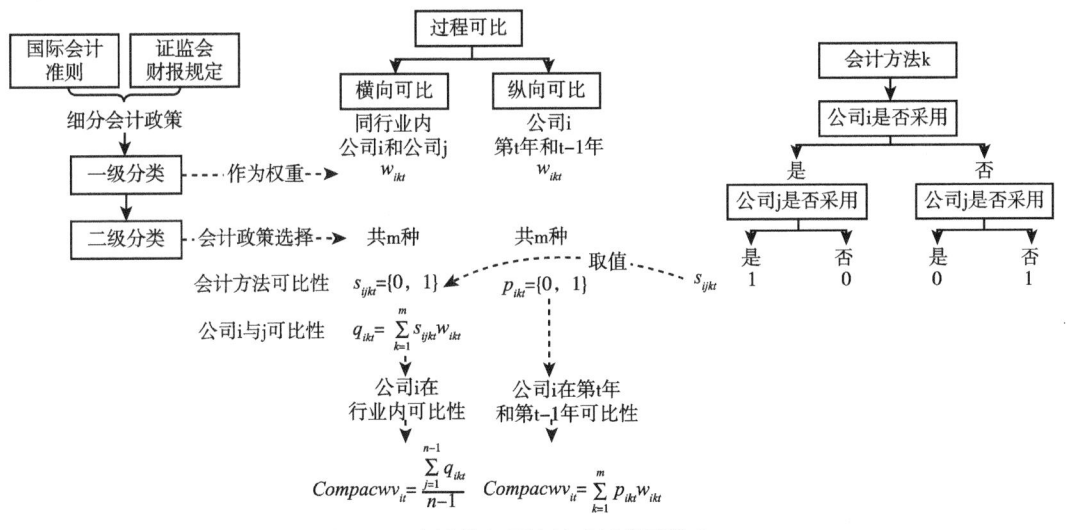

图2.4 会计信息可比性（过程可比）

（二）结果可比性

结果可比性指财务报表中会计信息的可比性，包括结构可比性（报表各项目比重的相似性）与关系可比性（报表各项目之间勾稽关系的相似性）。如图2.5所示，首先将资产负债表和利润表中数据分别用总资产、营业收入进行标准化，得到结构化财务报表；其次将同行业其他公司总资产和营业收入代入本公司结构化系统中，求得其会计信息在本公司会计系统中的预测数据；接着根据预测数据计算差额的绝对值，将差额的绝对值累加除以同行业除本公司外的公司数得出平均差额；最后根据平均差额算出净利润差异和总资产差异，两者相除进而得到公司ROA值——度量公司与同行业其他公司的差异度，即公司会计信息结构可比性，第t年公司i的结构可比性以 $Compacs_{it}$ 表示。

本报告基于四因素杜邦体系拓展的八因子（净资产收益率、营业成本率、销售费用率、管理费用率、固定资产周转率、其他费用率、资产周转率、产权比率）模型测定关系可比性。首先选取第t年季度报表八个财务指标，回归得出系数构建公司i会计信息系统，假定经济业务相同，借鉴De Franco等（2011）的替代方法，分别采用各公司会计系统来计算其预期净资产收益率，然后根据公司i会计信息系统和行业其他公司会计信息系统，比较两者之间差异，两者之差即表示在相同的经济业务下两个公司所生成的预期净资产收益率的差异程度，而会计信息可比性即为这种差异的绝对值，两公司的可比性定义为公司i和公司j会计系统下预期净资产收益率 $E(ROE)_{ijt}$ 之间平均绝对差的相反数得到 $CompAcct_{ijt}$。最后，关于公司i的年度公司层面的会计信息可比性的度量，本报告根据袁知柱等论文中提到的，选取同行业内信息可比性最高的4家公司可比性的均值（因为过多公司可能会给评估结果带来一定的噪声）作为公司年度会计信息可比性的值，记为 $Compacr_{it}$。

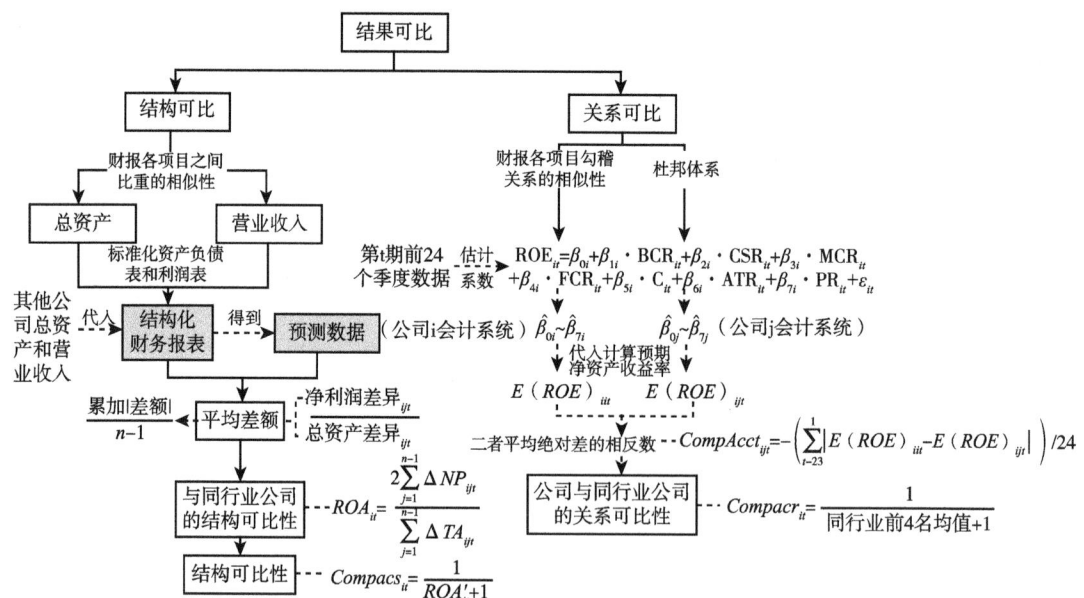

图2.5　会计信息可比性（结果可比）

出于客观性考虑、避免因主观赋权带来的差异，本报告以上市公司当年横向可比性、纵向可比性和结构可比性、关系可比性四个维度测定值的均值衡量可比性，如式（7）所示。

$$可比性 = \frac{横向可比+纵向可比+结构可比+关系可比}{4} \tag{7}$$

六、及时性

IASB 在 2018 年颁布的财务报告概念框架中将及时性定义为"决策者能及时获得影响他们决策的相关信息",FASB(2010)将及时性定义为"向决策者提供的信息要在该信息失去影响决策者决策之前"。两大会计准则委员会对及时性这一质量特征的定义都在强调会计信息应是决策有用的,而及时性这一特征对投资者决策具有提升性影响。

如图 2.6 所示,会计信息的及时性是实际会计信息对投资者预期会计信息的可验证性,这种可验证性可以用每股盈余与股票回报率之间相关系数的增量来表征。通过每股盈余序列数据和个股超额收益率序列数据,构建的序列间相关系数 CORR 的增量来解析验证

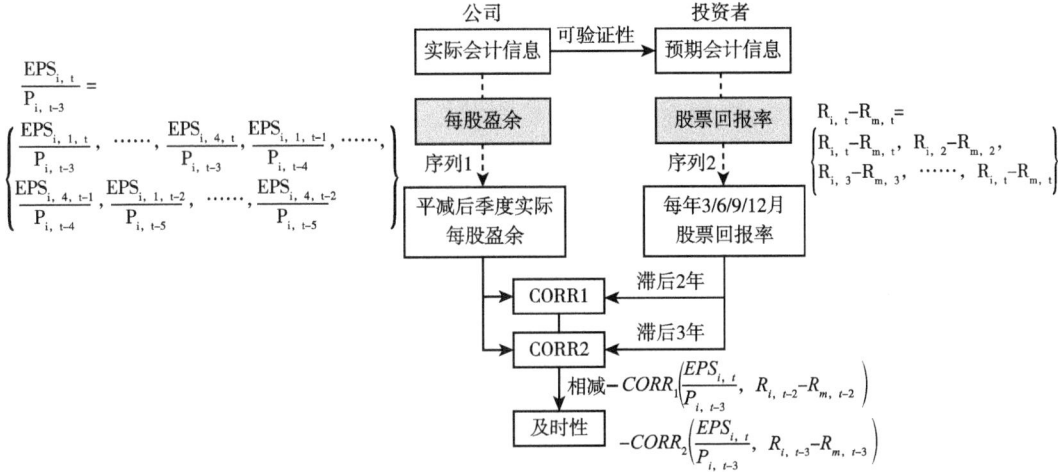

图 2.6 会计信息及时性

程度。本报告首先构建两组时间序列,第一组为以各季度实际季度 EPS 和滞后三年的 4 月股价构建平减后季度实际每股盈余序列数据 $\frac{EPS_{i,t}}{P_{i,t-3}}$,第二组为以各年 3、6、9、12 月考虑现金红利再投资的月个股票回报率和考虑现金红利再投资的综合月市场回报率(流通市值加权平均法)构建股票回报率序列数据 $R_{i,t} - R_{m,t}$。接着将 t-2、t-1 和 t 年季度 EPS 平减后实际 $EPS\left(\frac{EPS_{i,t}}{P_{i,t-3}}\right)$ 与滞后两年即 t-4、t-3 和 t-2 年季度股票回报率($R_{i,t-2} - R_{m,t-2}$)两个(3 年 12 个季度)序列数据的相关系数($CORR_1$),减去 t-2、t-1 和 t 年季度 EPS 平减后实际 $EPS\left(\frac{EPS_{i,t}}{P_{i,t-3}}\right)$ 与滞后三年即 t-5、t-4 和 t-3 年季度股票回报率($R_{i,t-3} - R_{m,t-3}$)两个(3 年 12 个季度)序列数据相关系数($CORR_2$)的增量,即会计信息及时性,记为 Timeliness。

$$Timeliness = CORR_1\left(\frac{EPS_{i,t}}{P_{i,t-3}}, R_{i,t-2} - R_{m,t-2}\right) - CORR_2\left(\frac{EPS_{i,t}}{P_{i,t-3}}, R_{i,t-3} - R_{m,t-3}\right) \quad (8)$$

第四节 会计信息质量：验证

为了验证本指标的合理性，本报告按照企业规模、产权性质、内控水平和被分析师关注度对不同年份的会计信息质量指数进行分析。

一、现实验证

本报告以企业当年的年初总资产合计中位数为标准将样本公司分为规模较大和规模较小企业，如表2.6所示，由于规模较大企业受到公众关注和声誉较高，因虚假信息欺骗投资者等财务违规行为需要付出的成本较高、惩罚代价较大，且可能由于规模较大的公司拥有较完善的内部治理机制，相比规模较小的公司能更加规范会计流程、具备更成熟的财务框架和运行更高水平会计系统，从而规模较大的企业会计信息质量较高。

表2.6 2016-2022年不同规模上市公司的会计信息质量水平

规模	2016年	2017年	2018年	2019年	2020年	2021年	2022年
大企业	0.565	0.552	0.517	0.518	0.514	0.443	0.553
小企业	0.537	0.528	0.503	0.490	0.493	0.419	0.520

考虑到国有企业承担着维护产业安全、保障国民经济运行等特定职能，面临更严格的监管水平，如"党管干部"原则和健全的党组织治理（李涛和徐红，2022），且国企中的功能类和公益类企业首要目标是社会安全和民生稳定，企业高管所面临的业绩压力较小，进而操纵会计信息以粉饰报表的动机相比非国企会大大减弱，从而表现出更高的会计信息质量，如表2.7所示。

表2.7 2016-2022年不同产权性质上市公司的会计信息质量水平

产权性质	2016年	2017年	2018年	2019年	2020年	2021年	2022年
国企	0.564	0.556	0.530	0.539	0.534	0.457	0.567
非国企	0.544	0.533	0.502	0.491	0.492	0.421	0.525

本报告根据迪博内部控制水平中位数为标准将样本公司分为内部控制水平较好和较差组，Ashbaugh等（2008）指出企业高质量的内部控制能够有效减少管理层错报的概率，保证财务报表的公允性；张月玲和周娜（2020）认为高质量的内部控制可通过减少代理成本提高企业会计信息披露质量。因此与内部控制较差的企业相比，内部控制水平较高的企业拥有较高质量的会计信息质量，结果如表2.8所示。

表2.8　2016—2022年不同内部控制水平上市公司的会计信息质量水平

内部控制	2016年	2017年	2018年	2019年	2020年	2021年	2022年
较好	0.562	0.550	0.528	0.523	0.521	0.439	0.541
较差	0.534	0.526	0.493	0.482	0.484	0.421	0.533

第四，分析师通过收集、对比、整理后发布的分析和预测报告能向投资者提供公司的私有信息，对公司盈余进行预测和更新，增加会计信息的信息含量和有用性，同时获得更大的市场关注，此时企业提供会计信息具有放大效应，因为提供高质量会计信息能帮助企业提高声誉、带来溢价，因此被分析关注较多的企业会拥有较高的审计质量。表2.9的结果与现实相符。

表2.9　2016—2022年不同分析师关注度上市公司的会计信息质量水平

分析师关注	2016年	2017年	2018年	2019年	2020年	2021年	2022年
有关注	0.556	0.546	0.520	0.522	0.513	0.437	0.544
没关注	0.530	0.523	0.497	0.483	0.492	0.424	0.527

二、构建指标与现有替代指标相关性分析

首先，本报告将本报告会计信息质量指标与当前主要的替代指标进行相关性分析。表2.10的结果显示会计信息质量与修正琼斯模型计算的可操控应计利润（AbsDA）和信息不透明度（Opaque）均呈负相关，说明可操控应计利润水平越低，或者信息不透明度越低，会计信息质量就越高，与现有文献结论保持一致；与初步时滞（InitialLag）呈显著负相关，即会计信息提供给使用者越及时，表明会计信息质量越高，诠释了本报告及时性的内涵。

表2.10　相关性分析

变量	会计信息质量	AbsDA	Opaque	InitialLag
会计信息质量	1			
AbsDA	−0.159***	1		
Opaque	−0.156***	0.291***	1	
InitialLag	−0.062***	0.059***	0.055***	1

此外，审计作为一项经济监督活动，能对公司会计信息进行审查和评价，对公司会计信息和经济事实进行真实性和合法性的评价，也是对公司会计信息质量的检查过程，本报告将会计信息质量按照是否"四大"审计与审计意见进行分组均值差异检验。由表2.11可知，与非四大审计的财务报告相比，由四大审计财报的会计信息质量显著更高，被出具标准无保留审计意见的公司会计信息质量也显著高于非标准无保留审计意见的会计信息。

表 2.11　　均值 T 检验

	会计信息质量	T 值
四大审计	0.538	−9.334***
非四大审计	0.506	
标准无保留审计意见	0.514	−26.033***
非标准无保留审计意见	0.413	

三、描述性统计

本报告对不同维度和不同年份的会计信息质量指标进行描述性统计。如表2.12所示，会计信息质量平均值和中位数均为0.508，标准差为0.146；相关性、忠实表达、可验证性、可比性和及时性的均值分别为0.383、0.772、0.788、0.760和−0.008，各指标最大值和最小值表明我国上市公司会计信息质量水平相差较大，仍存在信息质量较差的公司。

2016~2022年我国上市公司会计信息质量总体呈波动上升趋势，2019年信息质量最低，仅为0.30，但在近年有所上升，2022年达到0.67。其中，2016~2021年，我国上市公司会计信息相关性呈下降趋势，2020~2021年处于较低水平，与Barth等（2023）发现的盈余相关性有所下降的研究结论相近。2016~2021年，我国上市公司会计信息忠实表达基本稳定，2020~2021年处于较高水平，数据集中分布于0.8附近，表明大部分样本公司会计信息真实度良好。会计信息可验证性基本稳定，2021~2022年处于较高水平。我国上市公司会计信息可比性呈下降趋势，可能原因在于COVID-19疫情期间，我国宏观环境经济下的系统风险和企业特定风险变化较大，影响了各公司的业务运作模式和会计系统效率。然而，我国上市公司会计信息质量在及时性方面表现较差，均值和中位数均为负数，最大值仅为0.415，由图2.7可知我国上市公司及时性整体均值仅在2020年和2022年表现为正，可能原因为我国年报披露存在"前松后紧"现象以及"赶末班车"现象（王加灿，2015），导致决策有用增量信息不能被信息使用者及时用来决策。

表 2.12　　2016-2022年会计信息质量描述性统计

指标	样本数	平均值	中位数	标准差	最小值	最大值
会计信息质量	27947	0.508	0.508	0.146	0.181	0.844
相关性	27947	0.383	0.326	0.265	0.007	1
忠实表达	27947	0.772	0.791	0.104	0.440	0.956
可验证性	27947	0.788	0.816	0.117	0.350	0.954
可比性	27947	0.760	0.762	0.065	0.579	0.907
及时性	27947	−0.008	−0.003	0.135	−0.449	0.415

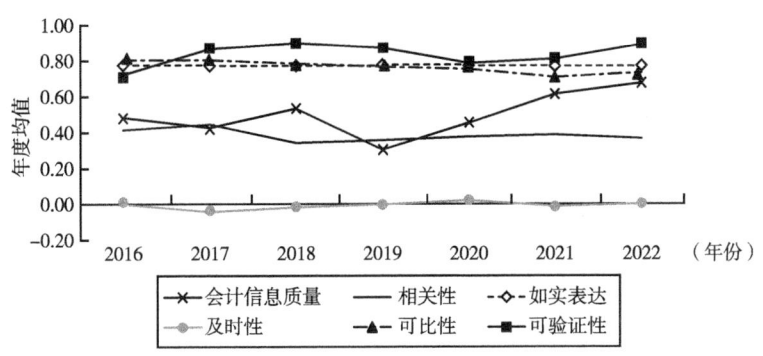

图2.7 会计信息质量指标分年度描述性统计

四、小结

会计信息质量是影响资本市场运作和经济社会稳定发展的重要因素，已有替代指标的测度方法一直存在较大争议，如何选择更恰当的衡量方法，是值得努力探索的方向。本报告基于对会计信息质量特征的理解，对会计信息质量进行界定，在充分论述会计信息质量指标构建逻辑的基础上，从会计准则出发对各公司层面的会计信息质量指标概念进行拆解和直接衡量，形成了我国上市公司会计信息质量指标体系。

本报告围绕会计准则和计量属性，从会计信息质量的概念出发，对会计信息质量进行直接测定：本报告以分析师为信息使用者代表，结合盈余的预测数及调整数测定会计信息相关性；通过对报表项目进行计量属性分类来测定忠实表达及可验证性，着眼会计政策选择和杜邦分析体系来测定可比性的过程可比性和结果可比性；通过对投资者决策有用的增量信息来测定及时性。本研究形成了一套完整、全面、综合的会计信息质量特征体系。

本报告会计信息质量指标的构建理念和方法决定了其能更适用于现实需要，相对于单一、间接的会计信息质量替代指标，本报告构建的会计信息质量指标回归到会计准则概念和计量属性，通过对财务信息的分类和萃取，更全面地解释了会计信息质量的实质属性。并且本报告构建的会计信息质量指标属于公司层面，未来可以进一步将本指标拓展以多方位对会计信息质量进行衡量。

第三章

证券市场财务分析

第一节 证券市场概述

主板、创业板、科创板市场是我国证券市场的主体和基石。随着我国证券市场的发展，证券市场上市公司逐年增加。2019~2023年，证券市场上市公司发展状况见表3.1。

表3.1　　　　　　　　　证券市场上市公司　　　　　　　　　单位：个

年份	2023	2022	2021	2020	2019
数量	5106	4944	4672	4250	3797

注：公开披露定期报告的上市公司家数。

证券市场上市公司是我国国民经济的重要成分，其发展状况与我国国民经济发展状况息息相关。尽管各上市公司主营业务都有一定差异，按证监会行业分类（2012），主板上市公司涵盖了几乎所有81个类别。考虑到上市公司在各行业的分布有明显差异，为便于分析，本报告按证监会行业分类（2012），将相近行业进行组合。具体而言，将81个行业中相近行业重新组合为25个行业组。

（1）农林牧渔业（代码：A）。

（2）采矿业（代码：B）。

（3）食品饮料制造业（代码：C13-C14-C15），证监会行业分类：农副食品加工业（代码：C13），食品制造业（代码：C14），酒、饮料和精制茶制造业（代码：C15）。

（4）纺织服装制造业（代码：C17-C18-C19），证监会行业分类：纺织业（代码：C17），纺织服装、服饰业（代码：C18），皮革、毛皮、羽毛及其制品和制鞋业（代码：C19）。

（5）木材家具制造业（代码：C20-C21），证监会行业分类：木材加工和木、竹、藤、棕、草制品业（代码：C20），家具制造业（代码：C21）。

（6）印刷与文教用品制造业（代码：C22-C23-C24），证监会行业分类：造纸和纸制品业（代码：C22），印刷和记录媒介复制业（代码：C23），文教、工美、体育和娱乐用品制造业（代码：C24）。

（7）石油化工制造业（代码：C25-C26），证监会行业分类：石油加工、炼焦和核燃料加工业（代码：C25），化学原料和化学制品制造业（代码：C26）。

（8）医药制造业（代码：C27）。

（9）化纤橡塑制造业（代码：C28-C29），证监会行业分类：化学纤维制造业（代码：C28），橡胶和塑料制品业（代码：C29）。

（10）金属矿物制造业（代码：C30-C31-C32-C33），证监会行业分类：非金属矿物制品业（代码：C30），黑色金属冶炼和压延加工业（代码：C31），有色金属冶炼和压延加工业（代码：C32），金属制品业（代码：C33）。

（11）设备制造业（代码：C34-C35-C36-C37），证监会行业分类：通用设备制造业（代码：C34），专用设备制造业（代码：C35），汽车制造业（代码：C36），铁路、船舶、航空航天和其他运输设备制造业（代码：C37）。

（12）机械仪器制造业（代码：C38-C39-C40），证监会行业分类：电气机械和器材制造业（代码：C38），计算机、通信和其他电子设备制造业（代码：C39），仪器仪表制造业（代码：C40）。

（13）其他制造业（代码：C41-C42），证监会行业分类：其他制造业（代码：C41），废弃资源综合利用业（代码：C42）。

（14）电力、热力、燃气及水生产和供应业（代码：D）。

（15）建筑业（代码：E）。

（16）批发和零售业（代码：F）。

（17）交通运输、仓储和邮政业（代码：G）。

（18）住宿餐饮服务业（代码：HL），证监会行业分类：住宿和餐饮业（代码：H），租赁和商务服务业（代码：L）。

（19）信息传输、软件和信息技术服务业（代码：I）。

（20）金融业（代码：J）。

（21）房地产业（代码：K）。

（22）科学研究和技术服务业（代码：M）。

（23）水利、环境和公共设施管理业（代码：N）。

（24）教育卫生文化业（代码：PQR），证监会行业分类：教育（代码：P），卫生和社会工作（代码：Q），文化、体育和娱乐业（代码：R）。

（25）综合（代码：S）。

第二节 证券市场财务分析

证券市场财务分析主要包括财务状况分析、经营成果和现金流量分析。在此,本报告以所有已披露年度报告的证券上市公司为基础进行分析。

一、证券市场财务状况分析

财务状况由资产、负债和股东权益等构成,集中反映在证券市场资产负债表中。本报告以证券市场所有上市公司的资产负债表(百分比报表)为基础,以所有上市公司资产负债表各项目的中位数编制了证券市场资产负债表,见表3.2。

表3.2 证券市场资产负债表 单位:%

年份	2023			2022			2021	2020	2019
	中位数	最大值	最小值	中位数	最大值	最小值	中位数	中位数	中位数
货币资金	16.01	90.62	0.22	16.08	95.46	0.05	15.44	15.76	13.67
结算备付金	0.00	9.45	0.00	0.00	5.12	0.00	0.00	0.00	0.00
拆出资金净额	0.00	38.71	0.00	0.00	45.67	0.00	0.00	0.00	0.00
交易性金融资产	0.09	77.91	0.00	0.17	74.74	0.00	0.18	0.05	0.01
衍生金融资产	0.00	2.95	0.00	0.00	3.08	0.00	0.00	0.00	0.00
应收票据净额	0.20	29.61	0.00	0.19	31.10	0.00	0.17	0.11	0.07
应收账款净额	10.52	70.02	0.00	10.47	71.28	0.00	10.54	10.42	11.27
应收款项融资	0.23	39.16	0.00	0.19	35.82	0.00	0.19	0.18	0.08
预付款项净额	0.57	55.14	0.00	0.70	45.16	0.00	0.79	0.82	0.86
应收保费净额	0.00	0.04	0.00	0.00	0.09	0.00	0.00	0.00	0.00
应收分保账款净额	0.00	2.00	0.00	0.00	0.01	0.00	0.00	0.00	0.00
应收分保合同准备金净额	0.00	0.32	0.00	0.00	1.03	0.00	0.00	0.00	0.00
其他应收款净额	0.44	60.68	0.00	0.51	52.67	0.00	0.56	0.64	0.76
应收股利净额	0.00	3.84	0.00	0.00	7.65	0.00	0.00	0.00	0.00
买入返售金融资产净额	0.00	29.27	0.00	0.00	2.77	0.00	0.00	0.00	0.00
存货净额	9.51	87.69	0.00	10.27	93.94	0.00	10.44	9.60	10.47
合同资产	0.00	65.21	0.00	0.00	56.23	0.00	0.00	0.00	0.00
一年内到期的非流动资产	0.00	68.62	0.00	0.00	24.73	0.00	0.00	0.00	0.00
其他流动资产	0.87	73.84	0.00	0.74	69.45	0.00	0.90	0.89	1.00
流动资产合计	59.50	99.29	2.22	60.94	99.69	0.56	60.92	60.77	58.47
发放贷款及垫款净额	0.00	13.67	0.00	0.00	12.93	0.00	0.00	0.00	0.00
债权投资	0.00	38.96	0.00	0.00	54.01	0.00	0.00	0.00	0.00

续表

年份	2023			2022			2021	2020	2019
	中位数	最大值	最小值	中位数	最大值	最小值	中位数	中位数	中位数
其他债权投资	0.00	23.45	0.00	0.00	28.37	0.00	0.00	0.00	0.00
长期应收款净额	0.00	46.32	0.00	0.00	44.88	0.00	0.00	0.00	0.00
长期股权投资净额	0.47	97.55	0.00	0.51	95.82	0.00	0.51	0.57	0.74
其他权益工具投资	0.00	45.37	0.00	0.00	62.77	0.00	0.00	0.00	0.00
其他非流动金融资产	0.00	53.67	0.00	0.00	50.34	0.00	0.00	0.00	0.00
投资性房地产净额	0.00	80.38	0.00	0.00	84.38	0.00	0.00	0.00	0.00
固定资产净额	16.49	92.90	0.01	15.36	90.71	0.00	15.28	15.81	16.64
在建工程净额	1.70	57.17	0.00	1.68	53.37	0.00	1.67	1.54	1.56
生产性生物资产净额	0.00	30.08	0.00	0.00	32.62	0.00	0.00	0.00	0.00
油气资产净额	0.00	84.63	0.00	0.00	85.95	0.00	0.00	0.00	0.00
使用权资产	0.34	67.47	0.00	0.33	60.99	0.00	0.35	0.00	0.00
无形资产净额	2.91	91.49	0.00	2.91	93.64	0.00	2.97	3.13	3.32
开发支出	0.00	27.98	0.00	0.00	28.25	0.00	0.00	0.00	0.00
商誉净额	0.00	52.62	0.00	0.00	58.44	0.00	0.00	0.01	0.04
长期待摊费用	0.18	16.49	0.00	0.17	16.54	0.00	0.17	0.17	0.17
递延所得税资产	0.85	15.73	0.00	0.76	17.66	0.00	0.68	0.65	0.63
其他非流动资产	0.57	70.57	0.00	0.58	73.49	0.00	0.60	0.47	0.37
非流动资产合计	40.50	97.78	0.71	39.06	99.44	0.31	39.08	39.23	41.53
资产总计	100.00	100.00	100.00	100.00	100.00	100.00	100.00	100.00	100.00
短期借款	3.30	73.75	0.00	3.54	154.61	0.00	3.59	4.62	5.67
向中央银行借款	0.00	0.92	0.00	0.00	1.08	0.00	0.00	0.00	0.00
拆入资金	0.00	4.83	0.00	0.00	6.41	0.00	0.00	0.00	0.00
交易性金融负债	0.00	31.17	0.00	0.00	29.21	0.00	0.00	0.00	0.00
衍生金融负债	0.00	3.09	0.00	0.00	3.96	0.00	0.00	0.00	0.00
应付票据	1.02	48.72	0.00	1.07	63.61	0.00	1.12	1.00	0.99
应付账款	7.91	76.63	0.00	7.90	95.46	0.00	8.03	7.97	7.89
预收款项	0.00	19.81	0.00	0.00	25.05	0.00	0.00	0.00	1.24
合同负债	1.08	54.68	0.00	1.26	52.64	0.00	1.35	1.33	0.00
卖出回购金融资产款	0.00	0.75	0.00	0.00	1.40	0.00	0.00	0.00	0.00
吸收存款及同业存放	0.00	24.64	0.00	0.00	22.18	0.00	0.00	0.00	0.00
代理买卖证券款	0.00	1.25	0.00	0.00	1.91	0.00	0.00	0.00	0.00
代理承销证券款	0.00	0.00	0.00	0.00	0.00	0.00	0.00	0.00	0.00
应付职工薪酬	0.99	21.75	0.00	1.00	22.81	0.00	1.01	1.02	0.94
应交税费	0.54	33.36	−0.57	0.65	24.79	−0.21	0.71	0.72	0.70
其他应付款	1.24	82.57	0.00	1.33	113.92	0.00	1.45	1.63	1.95

续表

年份	2023			2022			2021	2020	2019
	中位数	最大值	最小值	中位数	最大值	最小值	中位数	中位数	中位数
应付股利	0.00	7.76	0.00	0.00	8.41	0.00	0.00	0.00	0.00
应付手续费及佣金	0.00	0.00	0.00	0.00	0.05	0.00	0.00	0.00	0.00
应付分保账款	0.00	0.00	0.00	0.00	0.04	0.00	0.00	0.00	0.00
一年内到期的非流动负债	0.78	78.31	0.00	0.62	86.88	0.00	0.60	0.11	0.21
其他流动负债	0.29	52.69	0.00	0.29	58.46	0.00	0.27	0.20	0.00
流动负债合计	28.43	212.15	1.42	29.94	231.35	1.32	30.85	31.37	32.57
保险合同准备金	0.00	0.00	0.00	0.00	0.28	0.00	0.00	0.00	0.00
长期借款	0.98	57.93	0.00	0.70	55.58	0.00	0.26	0.31	0.41
应付债券	0.00	44.74	0.00	0.00	59.07	0.00	0.00	0.00	0.00
租赁负债	0.19	62.39	0.00	0.17	65.09	0.00	0.19	0.19	0.00
长期应付款	0.00	29.07	−4.09	0.00	39.53	−2.82	0.00	0.00	0.00
预计负债	0.00	37.16	0.00	0.00	107.44	0.00	0.00	0.00	0.00
递延收益−非流动负债	0.42	16.93	0.00	0.40	21.76	0.00	0.42	0.47	0.47
递延所得税负债	0.16	20.99	0.00	0.13	26.23	0.00	0.10	0.09	0.09
其他非流动负债	0.00	30.99	0.00	0.00	48.85	0.00	0.00	0.00	0.00
非流动负债合计	5.56	74.27	−2.23	5.10	109.93	−0.62	4.76	4.32	4.55
负债合计	39.52	217.18	1.77	39.94	239.31	1.56	40.54	40.73	41.43
实收资本（或股本）	9.45	903.82	0.00	9.81	637.91	0.00	10.49	11.64	12.70
其他权益工具	0.00	16.46	−25.43	0.00	27.29	−26.53	0.00	0.00	0.00
其中：优先股	0.00	4.95	0.00	0.00	4.92	0.00	0.00	0.00	0.00
其中：永续债	0.00	16.46	0.00	0.00	27.29	0.00	0.00	0.00	0.00
资本公积	23.95	931.40	−15.42	23.09	1174.71	−15.92	22.54	20.79	19.75
其中：库存股	0.00	196.96	0.00	0.00	217.33	0.00	0.00	0.00	0.00
其他综合收益	0.00	26.29	−36.44	0.00	37.43	−89.47	0.00	0.00	0.00
专项储备	0.00	8.42	−0.04	0.00	7.80	−0.04	0.00	0.00	0.00
盈余公积	2.36	39.42	0.00	2.34	37.93	0.00	2.37	2.43	2.47
一般风险准备	0.00	1.77	0.00	0.00	1.76	0.00	0.00	0.00	0.00
未分配利润	16.68	82.55	−1536.44	16.79	76.16	−1531.75	17.04	16.88	16.10
归属于母公司所有者权益合计	58.50	98.23	−116.05	58.13	98.44	−131.35	57.33	56.86	55.83
少数股东权益	0.49	47.33	−27.51	0.50	45.54	−19.94	0.52	0.66	0.87
所有者权益合计	60.48	98.23	−117.18	60.06	98.44	−139.31	59.46	59.25	58.57
负债与所有者权益总计	100.00	100.00	100.00	100.00	100.99	97.82	100.00	100.00	100.00

注：所有项目均以资产总计为基数。

（一）证券市场资产项目分析

资产项目包括流动资产和非流动资产两个方面。

1.流动资产及其主要构成项目

2023年，流动资产合计占总资产比例为59.5%。其中，流动资产占比最大的上市公司为99.29%，占比最小的上市公司为2.22%。就行业而言，占比最大的前三个行业为：房地产业（K）（74.9%），建筑业（E）（72.99%），信息传输、软件和信息技术服务业（I）（72.4%）；占比最小的后三个行业为：交通运输、仓储和邮政业（G）（26.18%），电力、热力、燃气及水生产和供应业（D）（24.06%），金融业（J）（0）。

主要构成项目：（1）货币资金占比为16.01%。其中，占比最大的上市公司为90.62%，占比最小的上市公司为0.22%。就行业而言，占比最大的前三个行业为：信息传输、软件和信息技术服务业（I）（23.05%），科学研究和技术服务业（M）（22.03%），教育卫生文化业（PQR）（21.36%）；占比最小的后三个行业为：房地产业（K）（10.32%），水利、环境和公共设施管理业（N）（9.35%），电力、热力、燃气及水生产和供应业（D）（9.12%）。

（2）其他流动资产占比为0.87%。其中，占比最大的上市公司为73.84%，占比最小的上市公司为0。就行业而言，占比最大的前三个行业为：房地产业（K）（2.2%），住宿餐饮服务业（HL）（1.42%），水利、环境和公共设施管理业（N）（1.35%）；占比最小的后三个行业为：教育卫生文化业（PQR）（0.56%），农林牧渔业（A）（0.34%），金融业（J）（0）。

（3）应收款项融资占比为0.23%。其中，占比最大的上市公司为39.16%，占比最小的上市公司为0。就行业而言，占比最大的前三个行业为：金属矿物制造业（C30-C33）（1.33%），石油化工制造业（C25-C26）（1.32%），化纤橡塑制造业（C28-C29）（0.94%）；占比最小的后三个行业为：科学研究和技术服务业（M）（0），水利、环境和公共设施管理业（N）（0），教育卫生文化业（PQR）（0）。

2.非流动资产及其主要构成项目

2023年，非流动资产合计占总资产比例为40.5%。其中，非流动资产占比最大的上市公司为97.78%，占比最小的上市公司为0.71%。就行业而言，占比最大的前三个行业为：电力、热力、燃气及水生产和供应业（D）（75.94%），交通运输、仓储和邮政业（G）（73.82%），采矿业（B）（67.77%）；占比最小的后三个行业为：建筑业（E）（27.01%），房地产业（K）（25.1%），金融业（J）（0）。

主要构成项目：（1）递延所得税资产占比为0.85%。其中，占比最大的上市公司为15.73%，占比最小的上市公司为0。就行业而言，占比最大的前三个行业为：住宿餐饮服务业（HL）（1.45%），科学研究和技术服务业（M）（1.38%），房地产业（K）（1.32%）；占比最小的后三个行业为：其他制造业（C41-C42）（0.52%），印刷与文教用品制造业（C22-C24）（0.5%），农林牧渔业（A）（0.07%）。

（2）其他非流动资产占比为0.57%。其中，占比最大的上市公司为70.57%，占比最小的上市公司为0。就行业而言，占比最大的前三个行业为：建筑业（E）（1.5%）、其他制造业（C41-C42）（1.12%）、电力、热力、燃气及水生产和供应业（D）（0.9%）；占比最小的后三个行业为：房地产业（K）（0.02%）、综合（S）（0.02%）、金融业（J）（0）。

（3）使用权资产占比为0.34%。其中，占比最大的上市公司为67.47%，占比最小的上市公司为0。就行业而言，占比最大的前三个行业为：农林牧渔业（A）（2.56%）、住宿餐饮服务业（HL）（1.68%）、教育卫生文化业（PQR）（1.67%）；占比最小的后三个行业为：金融业（J）（0.14%）、房地产业（K）（0.14%）、石油化工制造业（C25-C26）（0.12%）。

3.资产构成及其主要项目变动趋势分析

2019~2023年，流动资产合计占比总体上呈基本稳定趋势。其中，2019~2023年，货币资金占比总体上呈明显上升趋势，从2019年的13.67%增长到2023年的16.01%；2019~2023年，其他流动资产占比总体上呈明显下降趋势，从2019年的1.0%下降到2023年的0.87%；2019~2023年，应收款项融资占比总体上呈大幅上升趋势，从2019年的0.08%增长到2023年的0.23%。

2019~2023年，非流动资产合计占比总体上呈基本稳定趋势。其中，2019~2023年，递延所得税资产占比总体上呈大幅上升趋势，从2019年的0.63%增长到2023年的0.85%，但2022~2023年明显上升，从2022年的0.76%增长到2023年的0.85%；2019~2023年，其他非流动资产占比总体上呈大幅上升趋势，从2019年的0.37%增长到2023年的0.57%，但2020~2021年明显上升，从2020年的0.47%增长到2021年的0.6%；2019~2023年，使用权资产占比总体上呈大幅上升趋势，从2019年的0增长到2023年的0.34%。

（二）证券市场负债项目分析

负债项目包括流动负债和非流动负债两个方面。

1.流动负债及其主要构成项目

2023年，流动负债合计占总资产比例为28.43%。其中，流动负债占比最大的上市公司为212.15%，占比最小的上市公司为1.42%。就行业而言，占比最大的前三个行业为：建筑业（E）（58.69%）、房地产业（K）（42.12%）、批发和零售业（F）（41.93%）；占比最小的后三个行业为：交通运输、仓储和邮政业（G）（21.21%）、医药制造业（C27）（19.38%）、金融业（J）（0）。

主要构成项目：（1）应付账款占比为7.91%。其中，占比最大的上市公司为76.63%，占比最小的上市公司为0。就行业而言，占比最大的前三个行业为：建筑业（E）（28.27%）、水利、环境和公共设施管理业（N）（10.47%）、设备制造业（C34-C37）（10.46%）；占比最小的后三个行业为：医药制造业（C27）（4.18%）、交通运输、仓储和邮政业（G）（3.71%）、金融业（J）（0.1%）。

（2）短期借款占比为3.3%。其中，占比最大的上市公司为73.75%，占比最小的上市公司为0。就行业而言，占比最大的前三个行业为：农林牧渔业（A）（11.81%），综合（S）（10.68%），金属矿物制造业（C30—C33）（6.43%）；占比最小的后三个行业为：科学研究和技术服务业（M）（0.32%），教育卫生文化业（PQR）（0.04%），金融业（J）（0）。

（3）其他应付款占比为1.24%。其中，占比最大的上市公司为82.57%，占比最小的上市公司为0。就行业而言，占比最大的前三个行业为：房地产业（K）（7.3%），农林牧渔业（A）（3.66%），住宿餐饮服务业（HL）（3.47%）；占比最小的后三个行业为：其他制造业（C41—C42）（0.74%），化纤橡塑制造业（C28—C29）（0.61%），金融业（J）（0）。

2.非流动负债及其主要构成项目

2023年，非流动负债合计占总资产比例为5.56%。其中，非流动负债占比最大的上市公司为74.27%，占比最小的上市公司为-2.23%。就行业而言，占比最大的前三个行业为：电力、热力、燃气及水生产和供应业（D）（29.77%），水利、环境和公共设施管理业（N）（16.9%），房地产业（K）（16.43%）；占比最小的后三个行业为：科学研究和技术服务业（M）（3.33%），信息传输、软件和信息技术服务业（I）（1.81%），金融业（J）（0）。

主要构成项目：（1）长期借款占比为0.98%。其中，占比最大的上市公司为57.93%，占比最小的上市公司为0。就行业而言，占比最大的前三个行业为：电力、热力、燃气及水生产和供应业（D）（18.28%），水利、环境和公共设施管理业（N）（9.4%），房地产业（K）（9.07%）；占比最小的后三个行业为：金融业（J）（0），科学研究和技术服务业（M）（0），教育卫生文化业（PQR）（0）。

（2）租赁负债占比为0.19%。其中，占比最大的上市公司为62.39%，占比最小的上市公司为0。就行业而言，占比最大的前三个行业为：农林牧渔业（A）（1.73%），教育卫生文化业（PQR）（1.04%），住宿餐饮服务业（HL）（0.92%）；占比最小的后三个行业为：化纤橡塑制造业（C28—C29）（0.06%），石油化工制造业（C25—C26）（0.05%），其他制造业（C41—C42）（0.05%）。

（3）递延所得税负债占比为0.16%。其中，占比最大的上市公司为20.99%，占比最小的上市公司为0。就行业而言，占比最大的前三个行业为：采矿业（B）（0.54%），综合（S）（0.41%），住宿餐饮服务业（HL）（0.38%）；占比最小的后三个行业为：水利、环境和公共设施管理业（N）（0.08%），金融业（J）（0.02%），农林牧渔业（A）（0）。

3.负债构成及其主要项目变动趋势分析

2019~2023年，流动负债合计占比总体上呈明显下降趋势。其中，2019~2023年，应付账款占比总体上基本稳定；2019~2023年，短期借款占比总体上呈大幅下降趋势，从2019年的5.67%下降到2023年的3.3%，但2020~2021年明显下降，从2020年的4.62%下降到2021年的3.59%；2019~2023年，其他应付款占比总体上呈大幅下降趋势，从2019年的1.95%下降到2023年的1.24%，但2019~2020年明显下降，从2019年的1.95%下降到2020年的1.63%。

2019~2023年，非流动负债合计占比总体上呈明显上升趋势。其中，2019~2023

年，长期借款占比总体上呈大幅上升趋势，从2019年的0.41%增长到2023年的0.98%；2019~2023年，租赁负债占比总体上呈明显上升趋势，从2019年的0增长到2023年的0.19%；2019~2023年，递延所得税负债占比总体上呈大幅上升趋势，从2019年的0.09%增长到2023年的0.16%。

（三）证券市场所有者权益项目分析

所有者权益项目包括实收资本（股本）、资本公积、盈余公积和未分配利润四个方面。

1. 所有者权益及其主要构成项目

2023年，所有者权益合计占总资产比例为60.48%。其中，所有者权益占比最大的上市公司为98.23%，占比最小的上市公司为-117.18%。就行业而言，占比最大的前三个行业为：医药制造业（C27）（72.83%），科学研究和技术服务业（M）（69.82%），信息传输、软件和信息技术服务业（I）（69.74%）；占比最小的后三个行业为：房地产业（K）（32.03%），建筑业（E）（25.64%），金融业（J）（20.12%）。

主要构成项目：（1）实收资本（或股本）占总资产比例为9.45%。其中，占比最大的上市公司为903.82%，占比最小的上市公司为0。就行业而言，占比最大的前三个行业为：教育卫生文化业（PQR）（15.14%），印刷与文教用品制造业（C22-C24）（13.97%），综合（S）（12.76%）；占比最小的后三个行业为：房地产业（K）（6.26%），建筑业（E）（6.07%），金融业（J）（2.08%）。

（2）资本公积占总资产比例为23.95%。其中，占比最大的上市公司为931.4%，占比最小的上市公司为-15.42%。就行业而言，占比最大的前三个行业为：信息传输、软件和信息技术服务业（I）（37.1%），科学研究和技术服务业（M）（36.78%），机械仪器制造业（C38-C40）（29.02%）；占比最小的后三个行业为：金融业（J）（4.86%），房地产业（K）（4.84%），综合（S）（2.62%）。

（3）盈余公积占总资产比例为2.36%。其中，占比最大的上市公司为39.42%，占比最小的上市公司为0。就行业而言，占比最大的前三个行业为：纺织服装制造业（C17-C19）（3.56%），综合（S）（3.56%），食品饮料制造业（C13-C15）（3.39%）；占比最小的后三个行业为：房地产业（K）（1.68%），建筑业（E）（1.45%），金融业（J）（1.01%）。

（4）未分配利润占总资产比例为16.68%。其中，占比最大的上市公司为82.55%，占比最小的上市公司为-1536.44%。就行业而言，占比最大的前三个行业为：医药制造业（C27）（24.69%），食品饮料制造业（C13-C15）（23.11%），其他制造业（C41-C42）（22.02%）；占比最小的后三个行业为：住宿餐饮服务业（HL）（7.43%），建筑业（E）（6.19%），金融业（J）（3.96%）。

2. 所有者权益构成及其主要项目变动趋势分析

2019~2023年，所有者权益合计占比总体上呈基本稳定趋势。其中，2019~2023年，实收资本（或股本）占比总体上呈明显下降趋势，从2019年的12.7%下降到2023年的

9.45%；2019~2023年，资本公积占比总体上呈明显上升趋势，从2019年的19.75%增长到2023年的23.95%；2019~2023年，盈余公积占比总体上基本稳定；2019~2023年，未分配利润占比总体上基本稳定。

二、证券市场利润分析

利润状况由收入、成本费用、其他损益和利润等构成，集中反映在证券市场利润表中。本报告以证券市场所有上市公司的利润表（百分比报表）为基础，以所有上市公司利润表各项目的中位数编制了证券市场利润表，见表3.3。

表3.3　　　　　　　　　　证券市场利润表　　　　　　　　　　　单位：%

年份	2023			2022			2021	2020	2019
	中位数	最大值	最小值	中位数	最大值	最小值	中位数	中位数	中位数
营业总收入	100.00	100.00	100.00	100.00	100.00	100.00	100.00	100.00	100.00
营业收入	100.00	100.00	63.23	100.00	100.00	45.14	100.00	100.00	100.00
利息净收入	0.00	36.77	0.00	0.00	36.38	0.00	0.00	0.00	0.00
利息收入	0.00	36.77	0.00	0.00	36.38	0.00	0.00	0.00	0.00
已赚保费	0.00	1.95	0.00	0.00	82.47	0.00	0.00	0.00	0.00
保险业务收入	0.00	0.00	0.00	0.00	0.00	0.00	0.00	0.00	0.00
减：分出保费	0.00	0.00	0.00	0.00	0.00	0.00	0.00	0.00	0.00
减：提取未到期责任准备金	0.00	0.00	0.00	0.00	0.00	0.00	0.00	0.00	0.00
手续费及佣金净收入	0.00	14.45	0.00	0.00	13.10	0.00	0.00	0.00	0.00
手续费及佣金收入	0.00	14.45	0.00	0.00	13.10	0.00	0.00	0.00	0.00
营业总成本	94.06	67281.99	-153.95	93.40	1177042.38	18.33	92.51	92.29	93.06
营业成本	74.93	425.29	-79.25	74.90	218.17	0.25	73.93	72.81	72.56
利息支出	0.00	0.00	0.00	0.00	0.00	0.00	0.00	0.00	0.00
手续费及佣金支出	0.00	0.00	0.00	0.00	0.00	0.00	0.00	0.00	0.00
退保金	0.00	0.00	0.00	0.00	39.55	0.00	0.00	0.00	0.00
赔付支出净额	0.00	0.00	0.00	0.00	1.82	0.00	0.00	0.00	0.00
赔付支出	0.00	0.00	0.00	0.00	0.00	0.00	0.00	0.00	0.00
减：摊回赔付支出	0.00	0.00	0.00	0.00	0.00	0.00	0.00	0.00	0.00
提取保险责任准备金净额	0.00	0.45	-0.05	0.00	53.26	-1.27	0.00	0.00	0.00
提取保险责任准备金	0.00	0.05	0.00	0.00	0.00	-0.08	0.00	0.00	0.00
减：摊回保险责任准备金	0.00	0.00	0.00	0.00	0.00	0.00	0.00	0.00	0.00
保单红利支出	0.00	0.00	0.00	0.00	11.68	0.00	0.00	0.00	0.00
分保费用	0.00	0.00	0.00	0.00	0.00	0.00	0.00	0.00	0.00
税金及附加	0.71	210.97	-106.00	0.67	1873.95	-61.51	0.65	0.71	0.75

续表

年份	2023			2022			2021	2020	2019
	中位数	最大值	最小值	中位数	最大值	最小值	中位数	中位数	中位数
销售费用	3.53	860.93	−14.00	3.28	55894.61	0.00	3.18	3.60	4.72
管理费用	6.19	13483.93	−27.01	5.93	282451.14	0.07	5.79	6.05	6.18
研发费用	4.15	51208.87	−39.19	3.93	934627.80	0.00	3.69	3.55	3.32
财务费用	0.19	1456.23	−362.33	0.14	322.57	−97832.10	0.62	0.95	0.78
其他收益	0.89	1817.77	−294.71	0.77	14740.94	−16.52	0.74	0.89	0.72
投资收益	0.26	1866.18	−606.80	0.27	38504.85	−447.18	0.35	0.37	0.36
汇兑收益	0.00	1.28	−0.01	0.00	0.10	−1.01	0.00	0.00	0.00
其他业务收入	0.00	0.00	0.00	0.00	0.00	−33.50	0.00	0.00	0.00
净敞口套期收益	0.00	0.22	−0.82	0.00	0.08	−0.55	0.00	0.00	0.00
公允价值变动收益	0.00	160.28	−114.86	0.00	182142.99	−138.45	0.00	0.00	0.00
信用减值损失	−0.31	55.04	−498.45	−0.34	26.64	−1876.60	−0.29	−0.31	−0.32
资产减值损失	−0.64	80.50	−1069.80	−0.55	34.62	−7000.55	−0.38	−0.42	−0.32
资产处置收益	−0.00	89.89	−33.00	0.00	154.60	−82.79	0.00	0.00	−0.00
业务及管理费	0.00	0.00	0.00	0.00	12.76	0.00	0.00	0.00	0.00
减：摊回分保费用	0.00	0.00	0.00	0.00	0.00	0.00	0.00	0.00	0.00
其他业务成本	0.00	2.68	0.00	0.00	6.63	0.00	0.00	0.00	0.00
其他业务利润	0.00	0.00	0.00	0.00	3.45	0.00	0.00	0.00	0.00
营业利润	6.29	864.51	−66142.33	6.96	667.85	−948649.41	8.67	8.87	7.94
加：营业外收入	0.07	53.45	−0.21	0.07	8813.86	−1.18	0.08	0.10	0.11
减：营业外支出	0.10	281.03	−16.94	0.10	603.74	−34.79	0.11	0.14	0.10
利润总额	6.24	711.30	−66142.61	6.98	685.66	−939889.18	8.61	8.97	8.15
减：所得税费用	0.83	94.56	−60.09	0.87	5083.36	−155.07	1.12	1.32	1.31
未确认的投资损失	0.00	0.00	0.00	0.00	0.00	0.00	0.00	0.00	0.00
影响净利润的其他项目	0.00	0.00	0.00	0.00	0.10	0.00	0.00	0.00	0.00
净利润	5.49	709.17	−66142.61	6.18	685.66	−944972.54	7.46	7.62	6.86
归属于母公司所有者的净利润	5.21	713.87	−66142.61	5.88	685.66	−944972.54	7.10	7.18	6.40
归属于母公司其他权益工具持有者的净利润	0.00	0.30	0.00	0.00	2.10	0.00	0.00	0.00	0.00
少数股东损益	0.00	45.34	−363.59	0.00	57.37	−110.42	0.00	0.00	0.00
其他综合收益（损失）	0.00	931.10	−118.38	0.00	348.47	−9345.92	0.00	0.00	0.00
综合收益总额	5.60	788.14	−66142.61	6.26	692.10	−954318.46	7.33	7.51	6.94
归属于母公司所有者的综合收益	5.23	799.65	−66142.61	5.84	692.10	−954318.46	6.87	6.99	6.50
归属少数股东的综合收益	0.00	45.73	−361.85	0.00	94.45	−104.55	0.00	0.00	0.00

续表

年份	2023			2022			2021	2020	2019
	中位数	最大值	最小值	中位数	最大值	最小值	中位数	中位数	中位数
基本每股收益	0.28	59.49	−11.93	0.31	49.93	−10.18	0.37	0.31	0.28
稀释每股收益	0.27	59.49	−11.93	0.30	49.93	−10.18	0.35	0.30	0.26

(一)证券市场成本费用项目分析

1. 成本与费用及其主要构成项目

主要构成项目：（1）营业成本占营业总收入比例为74.93%。其中，营业成本占比最大的上市公司为425.29%，占比最小的上市公司为−79.25%。就行业而言，占比最大的前三个行业为：建筑业（E）（88.41%），综合（S）（87.44%），农林牧渔业（A）（86.48%）；占比最小的后三个行业为：科学研究和技术服务业（M）（62.19%），医药制造业（C27）（44.11%），金融业（J）（0）。

（2）销售费用占营业总收入比例为3.53%。其中，销售费用占比最大的上市公司为860.93%，占比最小的上市公司为−14.0%。就行业而言，占比最大的前三个行业为：医药制造业（C27）（24.95%），木材家具制造业（C20-C21）（10.57%），食品饮料制造业（C13-C15）（8.9%）；占比最小的后三个行业为：采矿业（B）（0.42%），电力、热力、燃气及水生产和供应业（D）（0.36%），金融业（J）（0）。

（3）管理费用占营业总收入比例为6.19%。其中，管理费用占比最大的上市公司为13483.93%，占比最小的上市公司为−27.01%。就行业而言，占比最大的前三个行业为：教育卫生文化业（PQR）（12.54%），综合（S）（12.4%），科学研究和技术服务业（M）（12.17%）；占比最小的后三个行业为：金属矿物制造业（C30-C33）（3.99%），批发和零售业（F）（3.5%），金融业（J）（0）。

（4）财务费用占营业总收入比例为0.19%。其中，财务费用占比最大的上市公司为1456.23%，占比最小的上市公司为−362.33%。就行业而言，占比最大的前三个行业为：综合（S）（5.02%），电力、热力、燃气及水生产和供应业（D）（3.34%），房地产业（K）（3.28%）；占比最小的后三个行业为：教育卫生文化业（PQR）（−0.18%），医药制造业（C27）（−0.22%），信息传输、软件和信息技术服务业（I）（−0.26%）。

（5）研发费用占营业总收入比例为4.15%。其中，研发费用占比最大的上市公司为51208.87%，占比最小的上市公司为−39.19%。就行业而言，占比最大的前三个行业为：信息传输、软件和信息技术服务业（I）（11.07%），医药制造业（C27）（6.73%），科学研究和技术服务业（M）（6.48%）；占比最小的后三个行业为：批发和零售业（F）（0.14%），金融业（J）（0），房地产业（K）（0）。

2.成本与费用及其主要项目变动趋势分析

2019~2023年，营业成本占比基本稳定，从2019年的72.56%增长到2023年的74.93%；2019~2023年，销售费用占比明显下降，从2019年的4.72%下降到2023年的3.53%；2019~2023年，管理费用占比基本稳定，从2019年的6.18%增长到2023年的6.19%；2019~2023年，财务费用占比大幅下降，从2019年的0.78%下降到2023年的0.19%；2019~2023年，研发费用占比明显上升，从2019年的3.32%增长到2023年的4.15%。

（二）证券市场其他损益项目分析

1.其他损益及其主要构成项目

主要构成项目：（1）资产减值损失占营业总收入比例为-0.64%。其中，资产减值损失占比最大的上市公司为80.5%，占比最小的上市公司为-1069.8%。就行业而言，占比最大的前三个行业为：金融业（J）（-0.01%），交通运输、仓储和邮政业（G）（-0.03%），综合（S）（-0.08%）；占比最小的后三个行业为：农林牧渔业（A）（-1.02%），纺织服装制造业（C17-C19）（-1.53%），房地产业（K）（-2.72%）。

（2）投资收益占营业总收入比例为0.26%。其中，投资收益占比最大的上市公司为1866.18%，占比最小的上市公司为-606.8%。就行业而言，占比最大的前三个行业为：金融业（J）（16.87%），综合（S）（2.32%），交通运输、仓储和邮政业（G）（0.88%）；占比最小的后三个行业为：建筑业（E）（0.09%），食品饮料制造业（C13-C15）（0.08%），农林牧渔业（A）（0.04%）。

（3）基本每股收益为0.28元。其中，基本每股收益最大的上市公司为59.49元，最小的上市公司为-11.93元。就行业而言，最大的前三个行业为：采矿业（B）（0.49），木材家具制造业（C20-C21）（0.49），金融业（J）（0.46）；最小的后三个行业为：房地产业（K）（0.06），综合（S）（0.04），农林牧渔业（A）（0.03）。

（4）其他收益占营业总收入比例为0.89%。其中，其他收益占比最大的上市公司为1817.77%，占比最小的上市公司为-294.71%。就行业而言，占比最大的前三个行业为：信息传输、软件和信息技术服务业（I）（1.56%），医药制造业（C27）（1.3%），机械仪器制造业（C38-C40）（1.27%）；占比最小的后三个行业为：批发和零售业（F）（0.22%），房地产业（K）（0.17%），建筑业（E）（0.13%）。

（5）信用减值损失占营业总收入比例为-0.31%。其中，信用减值损失占比最大的上市公司为55.04%，占比最小的上市公司为-498.45%。就行业而言，占比最大的前三个行业为：综合（S）（-0），交通运输、仓储和邮政业（G）（-0.04%），采矿业（B）（-0.07%）；占比最小的后三个行业为：科学研究和技术服务业（M）（-1.59%），水利、环境和公共设施管理业（N）（-2.31%），金融业（J）（-3.13%）。

2.其他损益及其主要项目变动趋势分析

2019~2023年，资产减值损失占比大幅下降，从2019年的-0.32%下降到2023年的-0.64%；2019~2023年，投资收益占比明显下降，从2019年的0.36%下降到2023年的0.26%；2019~2023年，其他收益占比明显上升，从2019年的0.72%增长到2023年的0.89%；2019~2023年，信用减值损失占比基本稳定，从2019年的-0.32%增长到2023年的-0.31%。

（三）证券市场利润项目分析

1.利润及其主要构成项目

主要构成项目：（1）营业利润占营业总收入比例为6.29%。其中，营业利润占比最大的上市公司为864.51%，占比最小的上市公司为-66142.33%。就行业而言，占比最大的前三个行业为：金融业（J）（42.42%），交通运输、仓储和邮政业（G）（14.59%），采矿业（B）（12.27%）；占比最小的后三个行业为：批发和零售业（F）（2.45%），农林牧渔业（A）（1.76%），综合（S）（1.04%）。

（2）利润总额占营业总收入比例为6.24%。其中，利润总额占比最大的上市公司为711.3%，占比最小的上市公司为-66142.61%。就行业而言，占比最大的前三个行业为：金融业（J）（42.11%），交通运输、仓储和邮政业（G）（14.83%），采矿业（B）（12.32%）；占比最小的后三个行业为：批发和零售业（F）（2.37%），综合（S）（1.9%），农林牧渔业（A）（1.4%）。

（3）净利润占营业总收入比例为5.49%。其中，净利润占比最大的上市公司为709.17%，占比最小的上市公司为-66142.61%。就行业而言，占比最大的前三个行业为：金融业（J）（34.44%），交通运输、仓储和邮政业（G）（11.9%），采矿业（B）（9.9%）；占比最小的后三个行业为：批发和零售业（F）（1.8%），综合（S）（1.2%），农林牧渔业（A）（1.02%）。

（4）归属于母公司所有者的净利润占营业总收入比例为5.21%。其中，归属于母公司所有者的净利润占比最大的上市公司为713.87%，占比最小的上市公司为-66142.61%。就行业而言，占比最大的前三个行业为：金融业（J）（34.57%），交通运输、仓储和邮政业（G）（10.99%），采矿业（B）（10.12%）；占比最小的后三个行业为：综合（S）（1.6%），房地产业（K）（1.27%），农林牧渔业（A）（0.79%）。

2.利润及其主要项目变动趋势分析

2019~2023年，营业利润占比明显下降，从2019年的7.94%下降到2023年的6.29%；2019~2023年，利润总额占比明显下降，从2019年的8.15%下降到2023年的6.24%；2019~2023年，净利润占比明显下降，从2019年的6.86%下降到2023年的5.49%；2019~2023年，归属于母公司所有者的净利润占比明显下降，从2019年的6.4%下降到2023年的5.21%。

三、证券市场现金流量分析

现金流量状况由经营活动现金流量、投资活动现金流量和筹资活动现金流量等构成，集中反映在证券市场现金流量表中。本报告以证券市场所有上市公司的现金流量表（百分比报表）为基础，以所有上市公司现金流量表各项目的中位数编制了证券市场现金流量表。具体地，现金流量表（百分比报表）的现金流入项目以现金总流入为基数，现金流出项目以现金总流出为基数。其中，现金总流入＝经营活动产生的现金流入＋投资活动产生的现金流入＋筹资活动产生的现金流入；现金总流出＝经营活动产生的现金流出＋投资活动产生的现金流出＋筹资活动产生的现金流出；现金流量净额＝现金总流入－现金总流出。此外，由于汇率变动对现金及现金等价物的影响金额是所有行业面临的一个相同的因素，对行业间的经营状况分析不存在影响，因此不做列示。为简便起见，将"代理买卖证券收到的现金净额"归并到"收取利息、手续费及佣金的现金"科目中；金融保险行业公司多未披露"拆出资金净增加额"，在表3.4中亦不作单独列示，见表3.4。

表3.4 证券市场现金流量表 单位：%

年份	2023			2022			2021	2020	2019
	中位数	最大值	最小值	中位数	最大值	最小值	中位数	中位数	中位数
销售商品、提供劳务收到的现金	55.40	99.15	0.00	54.10	99.60	0.00	53.95	51.39	54.30
客户存款和同业存放款项净增加额	0.00	20.29	−7.99	0.00	92.15	−6.22	0.00	0.00	0.00
向中央银行借款净增加额	0.00	0.36	−0.20	0.00	0.41	−0.18	0.00	0.00	0.00
向其他金融机构拆入资金净增加额	0.00	0.58	−0.05	0.00	2.67	−0.09	0.00	0.00	0.00
收到原保险合同保费取得的现金	0.00	0.82	0.00	0.00	27.26	0.00	0.00	0.00	0.00
收到再保险业务现金净额	0.00	0.00	0.00	0.00	0.86	0.00	0.00	0.00	0.00
保户储金及投资款净增加额	0.00	0.00	0.00	0.00	0.62	0.00	0.00	0.00	0.00
处置交易性金融资产净增加额	0.00	0.05	0.00	0.00	0.00	0.00	0.00	0.00	0.00
收取利息、手续费及佣金的现金	0.00	21.43	0.00	0.00	6.09	0.00	0.00	0.00	0.00
拆入资金净增加额	0.00	0.54	0.00	0.00	1.97	−1.42	0.00	0.00	0.00
回购业务资金净增加额	0.00	0.51	−0.28	0.00	2.55	−1.68	0.00	0.00	0.00
收到的税费返还	0.32	10.74	0.00	0.61	17.02	0.00	0.20	0.19	0.17
收到的其他与经营活动有关的现金	1.69	81.31	0.01	1.57	87.06	0.01	1.56	1.72	1.69
经营活动现金流入小计	59.68	99.97	0.73	58.60	100.00	0.59	58.15	55.96	58.86

续表

年份	2023			2022			2021	2020	2019
	中位数	最大值	最小值	中位数	最大值	最小值	中位数	中位数	中位数
购买商品、接受劳务支付的现金	35.52	96.72	0.00	36.66	98.02	0.00	36.69	33.78	34.06
客户贷款及垫款净增加额	0.00	23.55	−26.24	0.00	44.63	−10.69	0.00	0.00	0.00
存放中央银行和同业款项净增加额	0.00	1.41	−0.24	0.00	7.95	−8.71	0.00	0.00	0.00
支付原保险合同赔付款项的现金	0.00	3.47	0.00	0.00	4.72	0.00	0.00	0.00	0.00
支付利息、手续费及佣金的现金	0.00	0.75	0.00	0.00	2.27	0.00	0.00	0.00	0.00
支付保单红利的现金	0.00	0.00	0.00	0.00	0.19	0.00	0.00	0.00	0.00
支付给职工以及为职工支付的现金	7.96	77.17	0.11	7.51	81.16	0.12	7.22	6.84	6.88
支付的各项税费	2.57	38.95	−2.57	2.46	87.15	0.00	2.49	2.54	2.80
支付其他与经营活动有关的现金	4.07	104.67	0.04	3.90	86.56	0.02	4.19	4.56	5.17
经营活动现金流出小计	58.10	99.83	3.09	57.80	99.98	1.43	57.32	54.42	55.57
经营活动产生的现金流量净额	4.95	62.34	−240.21	4.18	78.30	−744.82	4.13	5.39	5.44
收回投资收到的现金	1.44	418.91	0.00	1.65	453.12	0.00	1.39	1.05	0.75
取得投资收益收到的现金	0.09	82.27	−0.03	0.10	74.27	−0.04	0.11	0.10	0.09
处置固定资产、无形资产和其他长期资产收回的现金净额	0.02	48.47	0.00	0.01	46.33	−0.17	0.02	0.02	0.02
处置子公司及其他营业单位收到的现金净额	0.00	50.97	−1.27	0.00	111.24	−2.62	0.00	0.00	0.00
收到的其他与投资活动有关的现金	0.00	96.10	0.00	0.00	108.93	0.00	0.00	0.00	0.00
投资活动产生的现金流入小计	7.36	418.92	−1.18	8.43	469.00	−0.02	8.40	8.71	7.77
购建固定资产、无形资产和其他长期资产支付的现金	3.94	75.77	−0.66	3.74	56.81	0.00	3.74	3.39	3.25
投资支付的现金	2.13	96.50	0.00	2.76	97.89	0.00	2.37	2.20	1.73
质押贷款净增加额	0.00	0.03	0.00	0.00	1.18	−0.02	0.00	0.00	0.00

续表

年份	2023			2022			2021	2020	2019
	中位数	最大值	最小值	中位数	最大值	最小值	中位数	中位数	中位数
取得子公司及其他营业单位支付的现金净额	0.00	30.30	−0.09	0.00	33.36	−0.15	0.00	0.00	0.00
支付其他与投资活动有关的现金	0.00	92.81	0.00	0.00	93.96	0.00	0.00	0.00	0.00
投资活动产生的现金流出小计	17.61	96.50	−0.46	17.76	97.89	0.00	18.06	17.87	15.73
投资活动产生的现金流量净额	−4.45	416.87	−91.54	−4.17	439.53	−67.49	−4.34	−3.91	−3.72
吸收投资收到的现金	0.01	91.75	−0.81	0.03	98.20	0.00	0.06	0.02	0.00
吸收权益性投资收到的现金	0.01	91.75	−0.81	0.02	98.20	0.00	0.05	0.01	0.00
其中：子公司吸收少数股东投资收到的现金	0.00	42.98	0.00	0.00	37.10	0.00	0.00	0.00	0.00
发行债券收到的现金	0.00	36.53	0.00	0.00	40.50	0.00	0.00	0.00	0.00
取得借款收到的现金	8.93	82.02	0.00	8.78	84.26	0.00	8.24	10.56	11.74
收到其他与筹资活动有关的现金	0.00	70.92	0.00	0.00	68.16	−0.08	0.00	0.00	0.00
筹资活动现金流入小计	14.21	94.79	0.00	14.96	98.20	−0.08	16.11	18.45	17.32
偿还债务支付的现金	8.43	77.34	0.00	8.19	76.82	0.00	8.16	10.73	12.25
分配股利、利润或偿付利息支付的现金	1.71	40.07	0.00	1.70	35.58	0.00	1.68	1.79	1.98
其中：子公司支付给少数股东的股利、利润	0.00	31.39	0.00	0.00	14.90	−0.31	0.00	0.00	0.00
支付其他与筹资活动有关的现金	0.90	71.24	0.00	0.91	59.27	0.00	0.97	0.54	0.62
筹资活动现金流出小计	13.61	90.13	0.00	13.26	89.79	0.00	12.94	15.55	17.40
筹资活动产生的现金流量净额	−0.98	85.98	−237.86	−0.58	96.92	−201.29	−0.34	−0.24	−1.19
现金总流入	100.00	100.00	100.00	100.00	100.00	100.00	100.00	100.00	100.00
现金总流出	100.00	100.00	100.00	100.00	100.00	100.00	100.00	100.00	100.00
现金流量净额	0.18	145.32	−246.64	0.50	373.98	−755.71	0.60	1.66	0.29

注：现金流入项目以现金总流入为基数，现金流出项目以现金总流出为基数。

（一）证券市场现金流入项目分析

现金流入包括经营活动产生的现金流入、投资活动产生的现金流入和筹资活动产生的现金流入三个方面。

1. 经营活动现金流入及其主要构成项目

2023年，经营活动产生的现金流入占总现金流入比例为59.68%。其中，经营活动产生的现金流入占比最大的上市公司为99.97%，占比最小的上市公司为0.73%。就行业而言，占比最大的前三个行业为：批发和零售业（F）（77.64%），住宿餐饮服务业（HL）（72.21%），建筑业（E）（68.78%）；占比最小的后三个行业为：电力、热力、燃气及水生产和供应业（D）（51.84%），水利、环境和公共设施管理业（N）（49.69%），金融业（J）（31.76%）。

主要构成项目：销售商品、提供劳务收到的现金占比为55.4%。其中，占比最大的上市公司为99.15%，占比最小的上市公司为0。就行业而言，占比最大的前三个行业为：批发和零售业（F）（72.75%），建筑业（E）（65.79%），住宿餐饮服务业（HL）（65.29%）；占比最小的后三个行业为：电力、热力、燃气及水生产和供应业（D）（46.67%），综合（S）（46.3%），金融业（J）（0）。

2. 投资活动现金流入及其主要构成项目

2023年，投资活动产生的现金流入占总现金流入比例为7.36%。其中，投资活动产生的现金流入占比最大的上市公司为418.92%，占比最小的上市公司为−1.18%。就行业而言，占比最大的前三个行业为：金融业（J）（25.01%），科学研究和技术服务业（M）（22.27%），信息传输、软件和信息技术服务业（I）（16.55%）；占比最小的后三个行业为：农林牧渔业（A）（2.18%），建筑业（E）（1.86%），电力、热力、燃气及水生产和供应业（D）（1.69%）。

主要构成项目：收回投资收到的现金占比为1.44%。其中，占比最大的上市公司为418.91%，占比最小的上市公司为0。就行业而言，占比最大的前三个行业为：金融业（J）（20.75%），科学研究和技术服务业（M）（9.05%），教育卫生文化业（PQR）（6.92%）；占比最小的后三个行业为：农林牧渔业（A）（0.09%），采矿业（B）（0.04%），电力、热力、燃气及水生产和供应业（D）（0.04%）。

3. 筹资活动现金流入及其主要构成项目

2023年，筹资活动产生的现金流入占总现金流入比例为14.21%。其中，筹资活动产生的现金流入占比最大的上市公司为94.79%，占比最小的上市公司为0。就行业而言，占比最大的前三个行业为：综合（S）（35.84%），金融业（J）（33.9%），水利、环境和公共设施管理业（N）（28.83%）；占比最小的后三个行业为：信息传输、软件和信息技术服务业（I）（7.5%），科学研究和技术服务业（M）（4.35%），教育卫生文化业（PQR）（2.45%）。

主要构成项目：取得借款收到的现金占比为8.93%。其中，占比最大的上市公司为82.02%，占比最小的上市公司为0。就行业而言，占比最大的前三个行业为：综合（S）（25.82%），电力、热力、燃气及水生产和供应业（D）（23.64%），农林牧渔业（A）

（19.36%）；占比最小的后三个行业为：科学研究和技术服务业（M）（1.9%），教育卫生文化业（PQR）（0.4%），金融业（J）（0）。

4.现金流入构成及其主要项目变动趋势分析

2019~2023年，经营活动产生的现金流入占比总体上基本稳定。其中，2019~2023年，销售商品、提供劳务收到的现金占比总体上基本稳定，且2019~2020年明显下降，从2019年的54.3%下降到2020年的51.39%。

2019~2023年，投资活动产生的现金流入占比总体上呈明显下降趋势，从2019年的7.77%下降到2023年的7.36%。其中，2019~2023年，收回投资收到的现金占比总体上呈大幅上升趋势，从2019年的0.75%增长到2023年的1.44%。

2019~2023年，筹资活动产生的现金流入占比总体上呈明显下降趋势，从2019年的17.32%下降到2023年的14.21%。其中，2019~2023年，取得借款收到的现金占比总体上呈明显下降趋势，从2019年的11.74%下降到2023年的8.93%。

（二）证券市场现金流出项目分析

现金流出包括经营活动产生的现金流出、投资活动产生的现金流出和筹资活动产生的现金流出三个方面。

1.经营活动现金流出及其主要构成项目

2023年，经营活动产生的现金流出占总现金流出比例为58.1%。其中，经营活动产生的现金流出占比最大的上市公司为99.83%，占比最小的上市公司为3.09%。就行业而言，占比最大的前三个行业为：批发和零售业（F）（74.9%），住宿餐饮服务业（HL）（70.74%），建筑业（E）（70.65%）；占比最小的后三个行业为：水利、环境和公共设施管理业（N）（47.07%），电力、热力、燃气及水生产和供应业（D）（44.93%），金融业（J）（29.53%）。

主要构成项目：（1）购买商品、接受劳务支付的现金占比为35.52%。其中，占比最大的上市公司为96.72%，占比最小的上市公司为0。就行业而言，占比最大的前三个行业为：批发和零售业（F）（59.06%），建筑业（E）（54.21%），印刷与文教用品制造业（C22-C24）（47.52%）；占比最小的后三个行业为：医药制造业（C27）（16.93%），科学研究和技术服务业（M）（16.46%），金融业（J）（0）。

（2）支付给职工以及为职工支付的现金占比为7.96%。其中，占比最大的上市公司为77.17%，占比最小的上市公司为0.11%。就行业而言，占比最大的前三个行业为：科学研究和技术服务业（M）（16.26%），信息传输、软件和信息技术服务业（I）（14.03%），教育卫生文化业（PQR）（11.16%）；占比最小的后三个行业为：批发和零售业（F）（3.74%），金融业（J）（2.71%）和房地产业（K）（2.55%）。

（3）支付其他与经营活动有关的现金占比为4.07%。其中，占比最大的上市公司为104.67%，占比最小的上市公司为0.04%。就行业而言，占比最大的前三个行业为：医药制造业（C27）（12.28%），综合（S）（8.4%），金融业（J）（7.6%）；占比最小的后三个行业为：其他制造业（C41-C42）（2.53%），交通运输、仓储和邮政业（G）（2.41%），电力、热力、燃气及水生产和供应业（D）（1.96%）。

2.投资活动现金流出及其主要构成项目

2023年，投资活动产生的现金流出占总现金流出比例为17.61%。其中，投资活动产生的现金流出占比最大的上市公司为96.5%，占比最小的上市公司为-0.46%。就行业而言，占比最大的前三个行业为：科学研究和技术服务业（M）（37.32%），金融业（J）（32.17%），医药制造业（C27）（28.4%）；占比最小的后三个行业为：建筑业（E）（4.41%），批发和零售业（F）（4.09%），房地产业（K）（2.27%）。

主要构成项目：（1）购建固定资产、无形资产和其他长期资产支付的现金占比为3.94%。其中，占比最大的上市公司为75.77%，占比最小的上市公司为-0.66%。就行业而言，占比最大的前三个行业为：电力、热力、燃气及水生产和供应业（D）（8.9%），采矿业（B）（7.03%），石油化工制造业（C25-C26）（5.87%）；占比最小的后三个行业为：批发和零售业（F）（0.89%），金融业（J）（0.32%），房地产业（K）（0.31%）。

（2）投资支付的现金占比为2.13%。其中，占比最大的上市公司为96.5%，占比最小的上市公司为0。就行业而言，占比最大的前三个行业为：金融业（J）（30.22%），教育卫生文化业（PQR）（11.88%），科学研究和技术服务业（M）（10.32%）；占比最小的后三个行业为：农林牧渔业（A）（0.41%），房地产业（K）（0.19%），采矿业（B）（0.12%）。

3.筹资活动现金流出及其主要构成项目

2023年，筹资活动产生的现金流出占总现金流出比例为13.61%。其中，筹资活动产生的现金流出占比最大的上市公司为90.13%，占比最小的上市公司为0。就行业而言，占比最大的前三个行业为：房地产业（K）（40.53%），金融业（J）（35.34%），综合（S）（34.64%）；占比最小的后三个行业为：教育卫生文化业（PQR）（9.07%），信息传输、软件和信息技术服务业（I）（7.65%），科学研究和技术服务业（M）（6.44%）。

主要构成项目：偿还债务支付的现金占比为8.43%。其中，占比最大的上市公司为77.34%，占比最小的上市公司为0。就行业而言，占比最大的前三个行业为：金融业（J）（30.38%），房地产业（K）（28.58%），电力、热力、燃气及水生产和供应业（D）（24.65%）；占比最小的后三个行业为：信息传输、软件和信息技术服务业（I）（3.24%），教育卫生文化业（PQR）（1.88%），科学研究和技术服务业（M）（1.62%）。

4.现金流出构成及其主要项目变动趋势分析

2019~2023年，经营活动产生的现金流出占比总体上基本稳定，且2020~2021年明显上升，从2020年的54.42%增长到2021年的57.32%。其中，2019~2023年，购买商品、接受劳务支付的现金占比总体上基本稳定，且2020~2021年明显上升，从2020年的33.78%增长到2021年的36.69%。

2019~2023年，投资活动产生的现金流出占比总体上呈明显上升趋势，从2019年的15.73%增长到2023年的17.61%。其中，2019~2023年，购建固定资产、无形资产和其他长期资产支付的现金占比总体上呈明显上升趋势，从2019年的3.25%增长到2023年的3.94%。

2019~2023年，筹资活动产生的现金流出占比总体上呈明显下降趋势，从2019年的17.4%下降到2023年的13.61%。其中，2019~2023年，偿还债务支付的现金占比总体上呈大幅下降趋势，从2019年的12.25%下降到2023年的8.43%，但2020~2021年明显下降，从2020年的10.73%下降到2021年的8.16%。

（三）证券市场现金流量净额项目分析

现金流量净额包括经营活动现金流量净额、投资活动现金流量净额和筹资活动现金流量净额三个方面。

1. 现金流量净额及其主要构成项目

2023年，现金流量净额占总现金流入比例为0.18%。其中，现金流量净额占比最大的上市公司为145.32%，占比最小的上市公司为-246.64%。就行业而言，占比最大的前三个行业为：印刷与文教用品制造业（C22-C24）（1.14%），机械仪器制造业（C38-C40）（0.74%），食品饮料制造业（C13-C15）（0.67%）；占比最小的后三个行业为：教育卫生文化业（PQR）（-0.98%），综合（S）（-1.37%），房地产业（K）（-3.58%）。

主要构成项目：（1）经营活动产生的现金流量净额占总现金流入比例为4.95%。其中，占比最大的上市公司为62.34%，占比最小的上市公司为-240.21%。就行业而言，占比最大的前三个行业为：交通运输、仓储和邮政业（G）（11.22%），采矿业（B）（10.55%），电力、热力、燃气及水生产和供应业（D）（8.72%）；占比最小的后三个行业为：信息传输、软件和信息技术服务业（I）（2.42%），综合（S）（1.24%），建筑业（E）（0.78%）。

（2）投资活动产生的现金流量净额占总现金流入比例为-4.45%。其中，占比最大的上市公司为416.87%，占比最小的上市公司为-91.54%。就行业而言，占比最大的前三个行业为：综合（S）（0.44%），房地产业（K）（0.2%），批发和零售业（F）（-1.06%）；占比最小的后三个行业为：石油化工制造业（C25-C26）（-6.3%），采矿业（B）（-6.55%），电力、热力、燃气及水生产和供应业（D）（-8.35%）。

（3）筹资活动产生的现金流量净额占总现金流入比例为-0.98%。其中，占比最大的上市公司为85.98%，占比最小的上市公司为-237.86%。就行业而言，占比最大的前三个行业为：农林牧渔业（A）（1.47%），综合（S）（1.12%），建筑业（E）（0.28%）；占比最小的后三个行业为：教育卫生文化业（PQR）（-3.15%），交通运输、仓储和邮政业（G）（-4.67%），房地产业（K）（-9.4%）。

2.现金流量净额构成及其主要项目变动趋势分析

2019~2023年，现金流量净额占比总体上呈大幅下降趋势，从2019年的0.29%下降到2023年的0.18%，但2019~2020年大幅上升，从2019年的0.29%增长到2020年的1.66%。其中，经营活动产生的现金流量净额占比明显下降，从2019年的5.44%下降到2023年的4.95%。投资活动产生的现金流量净额占比明显下降，从2019年的-3.72%下降到2023年的-4.45%。筹资活动产生的现金流量净额占比明显上升，从2019年的-1.19%增长到2023年的-0.98%。

第三节 证券市场分行业分析

证券市场行业划分以证监会行业分类（2012）为基础，重新组合为25个行业。行业分析仍以财务分析为主，包括财务状况分析、经营成果和现金流量分析。在此，本报告以行业内所有已披露年度报告的证券上市公司为基础进行分析。

一、农林牧渔业（A）

2019~2023年，证券市场农林牧渔业（A）上市公司发展状况见表3.5。

表3.5　　　　　农林牧渔业（A）上市公司数量　　　　　　单位：家

年份	2023	2022	2021	2020	2019
数量	47	47	47	45	41

注：公开披露定期报告的上市公司家数。

（一）证券市场农林牧渔业（A）财务状况分析

证券市场农林牧渔业（A）财务状况分析见表3.6。

表3.6　　　　　　农林牧渔业（A）资产负债表　　　　　　　单位：%

年份	2023			2022			2021	2020	2019
	中位数	最大值	最小值	中位数	最大值	最小值	中位数	中位数	中位数
货币资金	11.85	50.59	2.68	10.78	51.49	2.78	13.40	12.05	12.60
结算备付金	0.00	0.00	0.00	0.00	0.00	0.00	0.00	0.00	0.00
拆出资金净额	0.00	2.16	0.00	0.00	2.31	0.00	0.00	0.00	0.00
交易性金融资产	0.00	35.46	0.00	0.00	38.10	0.00	0.00	0.00	0.00
衍生金融资产	0.00	2.16	0.00	0.00	0.78	0.00	0.00	0.00	0.00
应收票据净额	0.00	0.67	0.00	0.00	0.75	0.00	0.00	0.00	0.00
应收账款净额	1.39	16.92	0.00	1.22	15.85	0.00	1.47	1.30	1.69
应收款项融资	0.00	0.90	0.00	0.00	1.48	0.00	0.00	0.00	0.00

续表

年份	2023			2022			2021	2020	2019
	中位数	最大值	最小值	中位数	最大值	最小值	中位数	中位数	中位数
预付款项净额	0.63	6.80	0.03	0.89	8.04	0.02	0.78	0.96	0.92
应收保费净额	0.00	0.00	0.00	0.00	0.00	0.00	0.00	0.00	0.00
应收分保账款净额	0.00	0.00	0.00	0.00	0.00	0.00	0.00	0.00	0.00
应收分保合同准备金净额	0.00	0.00	0.00	0.00	0.00	0.00	0.00	0.00	0.00
其他应收款净额	0.44	11.29	0.01	0.55	6.67	0.03	0.44	0.62	0.89
应收股利净额	0.00	0.45	0.00	0.00	0.50	0.00	0.00	0.00	0.00
买入返售金融资产净额	0.00	0.00	0.00	0.00	0.00	0.00	0.00	0.00	0.00
存货净额	18.68	75.37	2.81	16.31	77.76	2.25	15.44	16.54	16.66
合同资产	0.00	1.05	0.00	0.00	0.05	0.00	0.00	0.00	0.00
一年内到期的非流动资产	0.00	1.69	0.00	0.00	1.37	0.00	0.00	0.00	0.00
其他流动资产	0.34	6.85	0.00	0.36	12.95	0.00	0.44	0.57	0.82
流动资产合计	37.91	93.22	11.60	40.87	92.77	12.34	40.33	39.69	46.95
发放贷款及垫款净额	0.00	0.26	0.00	0.00	0.37	0.00	0.00	0.00	0.00
债权投资	0.00	1.42	0.00	0.00	1.28	0.00	0.00	0.00	0.00
其他债权投资	0.00	2.59	0.00	0.00	0.05	0.00	0.00	0.00	0.00
长期应收款净额	0.00	2.66	0.00	0.00	3.79	0.00	0.00	0.00	0.00
长期股权投资净额	0.41	22.57	0.00	0.48	21.86	0.00	0.39	0.32	0.63
其他权益工具投资	0.01	12.48	0.00	0.02	13.03	0.00	0.01	0.06	0.10
其他非流动金融资产	0.00	5.86	0.00	0.00	5.28	0.00	0.00	0.00	0.00
投资性房地产净额	0.06	11.11	0.00	0.07	13.98	0.00	0.08	0.07	0.08
固定资产净额	34.77	70.45	1.72	35.27	62.10	1.62	32.08	31.49	30.90
在建工程净额	1.45	18.68	0.00	2.32	25.46	0.00	2.59	2.30	1.55
生产性生物资产净额	0.02	30.08	0.00	0.45	32.62	0.00	0.06	0.05	0.02
油气资产净额	0.00	0.00	0.00	0.00	0.00	0.00	0.00	0.00	0.00
使用权资产	2.56	42.40	0.00	2.41	42.77	0.00	2.16	0.00	0.00
无形资产净额	3.14	27.10	0.35	2.95	28.59	0.22	3.58	4.30	4.62
开发支出	0.00	1.76	0.00	0.00	1.71	0.00	0.00	0.00	0.00
商誉净额	0.00	16.41	0.00	0.00	10.60	0.00	0.00	0.00	0.00
长期待摊费用	0.22	7.95	0.00	0.22	9.01	0.00	0.20	0.65	0.49
递延所得税资产	0.07	7.08	0.00	0.06	8.46	0.00	0.05	0.05	0.08
其他非流动资产	0.36	4.77	0.00	0.45	5.53	0.00	0.76	0.69	0.42
非流动资产合计	62.09	88.40	6.78	59.13	87.66	7.23	59.67	60.31	53.05
资产总计	100.00	100.00	100.00	100.00	100.00	100.00	100.00	100.00	100.00
短期借款	11.81	73.75	0.00	10.98	72.82	0.00	10.21	13.38	10.70

续表

年份	2023			2022			2021	2020	2019
	中位数	最大值	最小值	中位数	最大值	最小值	中位数	中位数	中位数
向中央银行借款	0.00	0.00	0.00	0.00	0.00	0.00	0.00	0.00	0.00
拆入资金	0.00	0.00	0.00	0.00	0.00	0.00	0.00	0.00	0.00
交易性金融负债	0.00	0.07	0.00	0.00	0.01	0.00	0.00	0.00	0.00
衍生金融负债	0.00	0.16	0.00	0.00	0.36	0.00	0.00	0.00	0.00
应付票据	0.00	3.91	0.00	0.00	5.66	0.00	0.00	0.00	0.00
应付账款	5.46	24.03	1.11	5.86	16.51	1.04	5.20	4.54	4.45
预收款项	0.00	3.13	0.00	0.00	3.40	0.00	0.00	0.00	1.71
合同负债	0.76	27.52	0.01	0.73	39.29	0.01	0.67	0.89	0.00
卖出回购金融资产款	0.00	0.00	0.00	0.00	0.00	0.00	0.00	0.00	0.00
吸收存款及同业存放	0.00	0.00	0.00	0.00	0.00	0.00	0.00	0.00	0.00
代理买卖证券款	0.00	0.00	0.00	0.00	0.00	0.00	0.00	0.00	0.00
代理承销证券款	0.00	0.00	0.00	0.00	0.00	0.00	0.00	0.00	0.00
应付职工薪酬	1.02	6.82	0.37	1.11	5.74	0.38	0.99	1.35	1.16
应交税费	0.17	3.79	0.01	0.21	4.71	0.01	0.16	0.15	0.20
其他应付款	3.66	33.86	0.02	4.31	48.31	0.00	4.68	4.30	4.18
应付股利	0.00	0.57	0.00	0.00	0.48	0.00	0.00	0.00	0.00
应付手续费及佣金									
应付分保账款	0.00	0.00	0.00	0.00	0.00	0.00	0.00	0.00	0.00
一年内到期的非流动负债	2.46	14.87	0.00	1.91	22.74	0.00	1.36	0.63	0.71
其他流动负债	0.04	4.72	0.00	0.06	10.69	0.00	0.01	0.04	0.00
流动负债合计	33.52	82.42	10.71	29.66	117.16	9.34	28.56	31.88	30.56
保险合同准备金	0.00	0.00	0.00	0.00	0.00	0.00	0.00	0.00	0.00
长期借款	4.72	50.75	0.00	3.02	39.34	0.00	5.56	2.71	1.49
应付债券	0.00	15.59	0.00	0.00	14.13	0.00	0.00	0.00	0.00
租赁负债	1.73	38.17	0.00	1.68	37.11	0.00	1.47	0.00	0.00
长期应付款	0.00	24.24	0.00	0.01	25.55	0.00	0.03	0.00	0.00
预计负债	0.00	2.05	0.00	0.00	63.71	0.00	0.00	0.00	0.00
递延收益-非流动负债	1.16	4.76	0.10	1.24	6.04	0.04	1.02	1.03	0.96
递延所得税负债	0.00	2.16	0.00	0.00	2.02	0.00	0.00	0.00	0.00
其他非流动负债	0.00	4.55	0.00	0.00	4.63	0.00	0.00	0.00	0.00
非流动负债合计	14.54	51.02	0.57	12.28	76.26	0.58	13.13	6.65	5.68
负债合计	54.40	94.71	14.50	53.34	157.64	14.20	50.52	43.25	41.21
实收资本（或股本）	12.05	102.25	2.80	13.09	98.83	2.69	14.89	16.51	17.59
其他权益工具	0.00	5.36	0.00	0.00	3.44	0.00	0.00	0.00	0.00

续表

年份	2023			2022			2021	2020	2019
	中位数	最大值	最小值	中位数	最大值	最小值	中位数	中位数	中位数
其中：优先股	0.00	0.00	0.00	0.00	0.00	0.00	0.00	0.00	0.00
其中：永续债	0.00	0.00	0.00	0.00	0.00	0.00	0.00	0.00	0.00
资本公积	18.90	104.46	0.61	22.37	103.63	0.24	24.66	22.51	23.76
其中：库存股	0.00	3.98	0.00	0.00	2.14	0.00	0.00	0.00	0.00
其他综合收益	0.00	3.42	-4.56	0.00	3.98	-6.34	0.00	0.00	0.00
专项储备	0.00	0.11	0.00	0.00	0.11	0.00	0.00	0.00	0.00
盈余公积	2.16	25.44	0.48	2.33	25.07	0.49	2.18	2.49	2.59
一般风险准备	0.00	0.07	0.00	0.00	0.06	0.00	0.00	0.00	0.00
未分配利润	7.88	47.61	-133.98	11.79	44.29	-204.20	13.13	16.39	13.99
归属于母公司所有者权益合计	43.06	86.25	3.26	46.20	87.36	-58.34	49.24	53.80	55.44
少数股东权益	1.37	19.88	-11.12	0.72	9.63	-11.19	1.21	1.11	1.56
所有者权益合计	45.60	85.50	5.29	46.66	85.80	-57.64	49.48	56.75	58.79
负债与所有者权益总计	100.00	100.00	100.00	100.00	100.00	100.00	100.00	100.00	100.00

注：所有项目均以资产总计为基数。

1. 农林牧渔业（A）资产项目分析

资产项目包括流动资产和非流动资产两个方面。

（1）流动资产及其主要构成项目。

2023年，流动资产合计占总资产比例为37.91%。其中，流动资产占比最大的上市公司为93.22%，占比最小的上市公司为11.6%。

主要构成项目：①货币资金占比为11.85%。其中，占比最大的上市公司为50.59%，占比最小的上市公司为2.68%。②其他流动资产占比为0.34%。其中，占比最大的上市公司为6.85%，占比最小的上市公司为0。③结算备付金占比为0。其中，占比最大的上市公司为0，占比最小的上市公司为0。

（2）非流动资产及其主要构成项目。

2023年，非流动资产合计占总资产比例为62.09%。其中，非流动资产占比最大的上市公司为88.4%，占比最小的上市公司为6.78%。

主要构成项目：①使用权资产占比为2.56%。其中，占比最大的上市公司为42.4%，占比最小的上市公司为0。②其他非流动资产占比为0.36%。其中，占比最大的上市公司为4.77%，占比最小的上市公司为0。③长期待摊费用占比为0.22%。其中，占比最大的上市公司为7.95%，占比最小的上市公司为0。

（3）资产构成及其主要项目变动趋势分析。

2019~2023年，流动资产合计占比总体上呈明显下降趋势。其中，2019~2023年，货币资金占比总体上呈明显下降趋势，从2019年的12.6%降低到2023年的11.85%；2019~2023年，其他流动资产占比总体上呈大幅下降趋势，从2019年的0.82%降低到2023年的0.34%；2019~2023年，结算备付金占比总体上基本稳定。

2019~2023年，非流动资产合计占比总体上呈明显上升趋势。其中，2019~2023年，使用权资产占比总体上呈大幅上升趋势，从2019年的0增长到2023年的2.56%；2019~2023年，其他非流动资产占比总体上呈明显下降趋势，从2019年的0.42%降低到2023年的0.36%，且在2019~2020年大幅上升，从2019年的0.42%增长到2020年的0.69%；2019~2023年，长期待摊费用占比总体上呈大幅下降趋势，从2019年的0.49%降低到2023年的0.22%。

2. 农林牧渔业（A）负债项目分析

负债项目包括流动负债和非流动负债两个方面。2023年，负债合计占总资产比例为54.4%。其中，负债合计占比最大的上市公司为94.71%，占比最小的上市公司为14.5%。

（1）流动负债及其主要构成项目。

2023年，流动负债合计占总资产比例为33.52%。其中，流动负债占比最大的上市公司为82.42%，占比最小的上市公司为10.71%。

主要构成项目：①短期借款占比为11.81%。其中，占比最大的上市公司为73.75%，占比最小的上市公司为0。②应付账款占比为5.46%。其中，占比最大的上市公司为24.03%，占比最小的上市公司为1.11%。③其他应付款占比为3.66%。其中，占比最大的上市公司为33.86%，占比最小的上市公司为0.02%。

（2）非流动负债及其主要构成项目。

2023年，非流动负债合计占总资产比例为14.54%。其中，非流动负债占比最大的上市公司为51.02%，占比最小的上市公司为0.57%。

主要构成项目：①长期借款占比为4.72%。其中，占比最大的上市公司为50.75%，占比最小的上市公司为0。②租赁负债占比为1.73%。其中，占比最大的上市公司为38.17%，占比最小的上市公司为0。③保险合同准备金占比为0。其中，占比最大的上市公司为0，占比最小的上市公司为0。

（3）负债构成及其主要项目变动趋势分析。

2019~2023年，流动负债合计占比总体上呈明显上升趋势。其中，2019~2023年，短期借款占比总体上呈明显上升趋势，从2019年的10.7%增长到2023年的11.81%；2019~2023年，应付账款占比总体上呈明显上升趋势，从2019年的4.45%增长到2023年的5.46%；2019~2023年，其他应付款占比总体上呈明显下降趋势，从2019年的4.18%降低到2023年的3.66%。

2019~2023年，非流动负债合计占比总体上呈大幅上升趋势。其中，2019~2023年，长期借款占比总体上呈大幅上升趋势，从2019年的1.49%增长到2023年的4.72%；2019~2023年，租赁负债占比总体上呈大幅上升趋势，从2019年的0增长到2023年的

1.73%；2019~2023年，保险合同准备金占比总体上基本稳定。

3.农林牧渔业（A）所有者权益项目分析

所有者权益项目包括实收资本（股本）、资本公积、盈余公积和未分配利润等四个方面。

（1）所有者权益及其主要构成项目。

2023年，所有者权益合计占总资产比例为45.6%。其中，所有者权益占比最大的上市公司为85.5%，占比最小的上市公司为5.29%。

主要构成项目：①实收资本（或股本）占比为12.05%。其中，占比最大的上市公司为102.25%，占比最小的上市公司为2.8%。②资本公积占比为18.9%。其中，占比最大的上市公司为104.46%，占比最小的上市公司为0.61%。③盈余公积占比为2.16%。其中，占比最大的上市公司为25.44%，占比最小的上市公司为0.48%。④未分配利润占比为7.88%。其中，占比最大的上市公司为47.61%，占比最小的上市公司为–133.98%。

（2）所有者权益构成及其主要项目变动趋势分析。

2019~2023年，所有者权益合计占比总体上呈明显下降趋势。其中，2019~2023年，实收资本（或股本）占比总体上呈大幅下降趋势，从2019年的17.59%降低到2023年的12.05%，但在2021~2022年明显下降，从2021年的14.89%降低到2022年的13.09%；2019~2023年，资本公积占比总体上呈明显下降趋势，从2019年的23.76%降低到2023年的18.9%；2019~2023年，盈余公积占比总体上呈明显下降趋势，从2019年的2.59%降低到2023年的2.16%；2019~2023年，未分配利润占比总体上呈大幅下降趋势，从2019年的13.99%降低到2023年的7.88%。

（二）证券市场农林牧渔业（A）利润分析

证券市场农林牧渔业（A）利润分析见表3.7。

表3.7　　　　　　　　农林牧渔业（A）利润表　　　　　　　　单位：%

年份	2023			2022			2021	2020	2019
	中位数	最大值	最小值	中位数	最大值	最小值	中位数	中位数	中位数
营业总收入	100.00	100.00	100.00	100.00	100.00	100.00	100.00	100.00	100.00
营业收入	100.00	100.00	99.98	100.00	100.00	99.93	100.00	100.00	100.00
利息净收入	0.00	0.02	0.00	0.00	0.07	0.00	0.00	0.00	0.00
利息收入	0.00	0.02	0.00	0.00	0.07	0.00	0.00	0.00	0.00
已赚保费	0.00	0.00	0.00	0.00	0.00	0.00	0.00	0.00	0.00
保险业务收入	0.00	0.00	0.00	0.00	0.00	0.00	0.00	0.00	0.00
减：分出保费	0.00	0.00	0.00	0.00	0.00	0.00	0.00	0.00	0.00
减：提取未到期责任准备金	0.00	0.00	0.00	0.00	0.00	0.00	0.00	0.00	0.00
手续费及佣金净收入	0.00	0.00	0.00	0.00	0.00	0.00	0.00	0.00	0.00
手续费及佣金收入	0.00	0.00	0.00	0.00	0.00	0.00	0.00	0.00	0.00

续表

年份	2023			2022			2021	2020	2019
	中位数	最大值	最小值	中位数	最大值	最小值	中位数	中位数	中位数
营业总成本	102.10	149.93	75.65	97.51	159.39	74.52	98.45	92.31	97.37
营业成本	86.48	114.32	47.33	83.51	127.55	46.59	82.44	77.65	78.07
利息支出	0.00	0.00	0.00	0.00	0.00	0.00	0.00	0.00	0.00
手续费及佣金支出	0.00	0.00	0.00	0.00	0.00	0.00	0.00	0.00	0.00
退保金	0.00	0.00	0.00	0.00	0.00	0.00	0.00	0.00	0.00
赔付支出净额	0.00	0.00	0.00	0.00	0.00	0.00	0.00	0.00	0.00
赔付支出	0.00	0.00	0.00	0.00	0.00	0.00	0.00	0.00	0.00
减：摊回赔付支出	0.00	0.00	0.00	0.00	0.00	0.00	0.00	0.00	0.00
提取保险责任准备金净额	0.00	0.00	0.00	0.00	0.00	0.00	0.00	0.00	0.00
提取保险责任准备金	0.00	0.00	0.00	0.00	0.00	0.00	0.00	0.00	0.00
减：摊回保险责任准备金	0.00	0.00	0.00	0.00	0.00	0.00	0.00	0.00	0.00
保单红利支出	0.00	0.00	0.00	0.00	0.00	0.00	0.00	0.00	0.00
分保费用	0.00	0.00	0.00	0.00	0.00	0.00	0.00	0.00	0.00
税金及附加	0.30	7.42	−0.41	0.29	6.38	0.07	0.34	0.33	0.36
销售费用	3.13	20.89	0.45	2.72	21.04	0.46	2.34	2.86	2.80
管理费用	5.51	38.39	2.03	5.90	29.44	1.75	7.01	6.54	5.88
研发费用	0.78	7.34	0.00	0.74	11.91	0.00	0.87	0.67	0.60
财务费用	2.14	35.81	−3.33	2.07	30.74	−2.48	2.26	1.22	1.43
其他收益	0.72	29.79	−1.03	0.88	20.63	0.20	0.81	1.26	0.57
投资收益	0.04	543.80	−3.01	0.22	15.68	−14.46	0.23	0.32	0.54
汇兑收益	0.00	0.00	0.00	0.00	0.00	−0.11	0.00	0.00	0.00
其他业务收入	0.00	0.00	0.00	0.00	0.00	0.00	0.00	0.00	0.00
净敞口套期收益	0.00	0.00	0.00	0.00	0.00	0.00	0.00	0.00	0.00
公允价值变动收益	0.00	5.35	−1.15	0.00	0.95	−2.22	0.00	0.00	0.00
信用减值损失	−0.10	1.60	−58.44	−0.09	3.90	−111.98	−0.16	−0.08	−0.10
资产减值损失	−1.02	0.00	−30.22	−0.96	0.00	−24.74	−1.18	−0.52	−0.52
资产处置收益	−0.00	2.35	−2.41	−0.00	1.56	−1.27	−0.00	−0.00	−0.00
业务及管理费	0.00	0.00	0.00	0.00	0.00	0.00	0.00	0.00	0.00
减：摊回分保费用	0.00	0.00	0.00	0.00	0.00	0.00	0.00	0.00	0.00
其他业务成本	0.00	0.00	0.00	0.00	0.00	0.00	0.00	0.00	0.00
其他业务利润	0.00	0.00	0.00	0.00	0.00	0.00	0.00	0.00	0.00
营业利润	1.76	406.83	−49.01	4.04	31.72	−129.76	2.89	7.86	3.80
加：营业外收入	0.16	3.78	0.00	0.19	2.31	0.00	0.22	0.19	0.24
减：营业外支出	0.30	13.25	0.01	0.53	120.17	0.00	0.68	0.42	0.42
利润总额	1.40	399.22	−49.52	3.87	33.91	−249.91	2.90	7.55	3.44
减：所得税费用	0.16	5.86	−0.14	0.21	3.29	−0.73	0.11	0.09	0.10

续表

年份	2023			2022			2021	2020	2019
	中位数	最大值	最小值	中位数	最大值	最小值	中位数	中位数	中位数
未确认的投资损失	0.00	0.00	0.00	0.00	0.00	0.00	0.00	0.00	0.00
影响净利润的其他项目	0.00	0.00	0.00	0.00	0.00	0.00	0.00	0.00	0.00
净利润	1.02	399.06	−49.77	3.53	33.91	−251.42	2.82	7.06	3.38
归属于母公司所有者的净利润	0.79	400.15	−49.76	2.77	30.63	−251.85	2.15	6.88	3.88
归属于母公司其他权益工具持有者的净利润	0.00	0.00	0.00	0.00	0.00	0.00	0.00	0.00	0.00
少数股东损益	0.00	4.91	−10.76	−0.00	4.34	−6.65	0.00	0.00	0.03
其他综合收益（损失）	0.00	6.65	−0.88	0.00	15.69	−1.35	0.00	0.00	0.00
综合收益总额	1.20	399.28	−49.77	3.53	33.79	−250.40	2.40	5.89	4.77
归属于母公司所有者的综合收益	0.99	400.38	−49.76	2.77	30.53	−250.83	2.07	6.20	5.05
归属少数股东的综合收益	0.00	5.50	−10.76	0.00	4.34	−6.65	0.00	0.00	0.05
基本每股收益	0.03	3.34	−2.43	0.08	2.49	−4.28	0.05	0.22	0.09
稀释每股收益	0.03	3.33	−2.43	0.08	2.45	−4.18	0.05	0.22	0.09

1.农林牧渔业（A）成本费用项目分析

主要构成项目：①营业成本占营业总收入比例为86.48%。其中，营业成本占比最大的上市公司为114.32%，占比最小的上市公司为47.33%。②销售费用占营业总收入比例为3.13%。其中，销售费用占比最大的上市公司为20.89%，占比最小的上市公司为0.45%。③管理费用占营业总收入比例为5.51%。其中，管理费用占比最大的上市公司为38.39%，占比最小的上市公司为2.03%。④财务费用占营业总收入比例为2.14%。其中，财务费用占比最大的上市公司为35.81%，占比最小的上市公司为−3.33%。⑤研发费用占营业总收入比例为0.78%。其中，研发费用占比最大的上市公司为7.34%，占比最小的上市公司为0。

（2）成本与费用及其主要项目变动趋势分析。

2019~2023年，营业成本占比明显上升，从2019年的78.07%增长到2023年的86.48%；2019~2023年，销售费用占比明显上升，从2019年的2.8%增长到2023年的3.13%；2019~2023年，管理费用占比明显下降，从2019年的5.88%下降为2023年的5.51%；2019~2023年，财务费用占比大幅上升，从2019年的1.43%增长到2023年的2.14%；2019~2023年，研发费用占比大幅上升，从2019年的0.6%增长到2023年的0.78%。

2.农林牧渔业（A）其他损益项目分析

（1）其他损益及其主要构成项目。

主要构成项目：①资产减值损失占营业总收入比例为−1.02%。其中，资产减值损失占比最大的上市公司为0，占比最小的上市公司为−30.22%。②投资收益占营业总收入比例为0.04%。其中，投资收益占比最大的上市公司为543.8%，占比最小的上市公司为–3.01%。③基本每股收益为0.03元。其中,基本每股收益最大的上市公司为3.34元,最小的上市公司为–2.43元。④其他收益占营业总收入比例为0.72%。其中,其他收益占比最大的上市公司为29.79%,占比最小的上市公司为–1.03%。⑤信用减值损失占营业总收入比例为–0.1%。其中,信用减值损失占比最大的上市公司为1.6%,占比最小的上市公司为–58.44%。

(2)其他损益及其主要项目变动趋势分析。

2019~2023年,资产减值损失占比大幅下降,从2019年的–0.52%下降为2023年的–1.02%;2019~2023年,投资收益占比大幅下降,从2019年的0.54%下降为2023年的0.04%;2019~2023年,其他收益占比明显上升,从2019年的0.57%增长到2023年的0.72%;2019~2023年,信用减值损失占比基本稳定,保持在–0.1%。

3. 农林牧渔业(A)利润项目分析

(1)利润及其主要构成项目。

主要构成项目:①营业利润占营业总收入比例为1.76%。其中,营业利润占比最大的上市公司为406.83%,占比最小的上市公司为–49.01%。②利润总额占营业总收入比例为1.4%。其中,利润总额占比最大的上市公司为399.22%,占比最小的上市公司为–49.52%。③净利润占营业总收入比例为1.02%。其中,净利润占比最大的上市公司为399.06%,占比最小的上市公司为–49.77%。④归属于母公司所有者的净利润占营业总收入比例为0.79%。其中,归属于母公司所有者的净利润占比最大的上市公司为400.15%,占比最小的上市公司为–49.76%。

(2)利润及其主要项目变动趋势分析。

2019~2023年,营业利润占比大幅下降,从2019年的3.8%下降为2023年的1.76%;2019~2023年,利润总额占比大幅下降,从2019年的3.44%下降为2023年的1.4%;2019~2023年,净利润占比大幅下降,从2019年的3.38%下降为2023年的1.02%;2019~2023年,归属于母公司所有者的净利润占比大幅下降,从2019年的3.88%下降为2023年的0.79%。

(三)证券市场农林牧渔业(A)现金流量分析

证券市场农林牧渔业(A)现金流量分析见表3.8。

表3.8　　　　　　　　　农林牧渔业(A)现金流量表　　　　　　　　　单位:%

年份	2023			2022			2021	2020	2019
	中位数	最大值	最小值	中位数	最大值	最小值	中位数	中位数	中位数
销售商品、提供劳务收到的现金	54.81	96.60	20.28	51.04	97.80	14.55	47.31	49.19	50.19
客户存款和同业存放款项净增加额	0.00	0.00	0.00	0.00	0.00	0.00	0.00	0.00	0.00
向中央银行借款净增加额	0.00	0.00	0.00	0.00	0.00	0.00	0.00	0.00	0.00

续表

年份	2023			2022			2021	2020	2019
	中位数	最大值	最小值	中位数	最大值	最小值	中位数	中位数	中位数
向其他金融机构拆入资金净增加额	0.00	0.00	0.00	0.00	0.00	0.00	0.00	0.00	0.00
收到原保险合同保费取得的现金	0.00	0.00	0.00	0.00	0.00	0.00	0.00	0.00	0.00
收到再保险业务现金净额	0.00	0.00	0.00	0.00	0.00	0.00	0.00	0.00	0.00
保户储金及投资款净增加额	0.00	0.00	0.00	0.00	0.00	0.00	0.00	0.00	0.00
处置交易性金融资产净增加额	0.00	0.00	0.00	0.00	0.00	0.00	0.00	0.00	0.00
收取利息、手续费及佣金的现金	0.00	0.02	0.00	0.00	0.02	0.00	0.00	0.00	0.00
拆入资金净增加额	0.00	0.00	0.00	0.00	0.00	0.00	0.00	0.00	0.00
回购业务资金净增加额	0.00	0.00	0.00	0.00	0.00	0.00	0.00	0.00	0.00
收到的税费返还	0.02	1.62	0.00	0.17	2.40	0.00	0.01	0.01	0.01
收到的其他与经营活动有关的现金	2.35	18.14	0.27	2.01	11.45	0.34	2.56	2.34	2.46
经营活动现金流入小计	58.98	99.90	21.60	53.01	99.59	20.96	49.86	53.85	53.37
购买商品、接受劳务支付的现金	44.45	83.53	9.98	40.21	68.91	12.92	39.85	40.69	35.64
客户贷款及垫款净增加额	0.00	0.00	−0.13	0.00	0.00	−0.27	0.00	0.00	0.00
存放中央银行和同业款项净增加额	0.00	0.03	0.00	0.00	0.01	0.00	0.00	0.00	0.00
支付原保险合同赔付款项的现金	0.00	0.00	0.00	0.00	0.00	0.00	0.00	0.00	0.00
支付利息、手续费及佣金的现金	0.00	0.00	0.00	0.00	0.00	0.00	0.00	0.00	0.00
支付保单红利的现金	0.00	0.00	0.00	0.00	0.00	0.00	0.00	0.00	0.00
支付给职工以及为职工支付的现金	6.94	30.47	0.94	6.31	32.43	1.09	6.82	5.93	6.10
支付的各项税费	0.50	11.29	0.08	0.38	7.25	0.06	0.47	0.46	0.44
支付其他与经营活动有关的现金	4.68	16.94	0.78	3.41	22.58	0.75	3.11	3.83	4.78
经营活动现金流出小计	60.18	94.38	15.86	53.76	91.79	20.45	54.13	51.85	46.84
经营活动产生的现金流量净额	3.78	19.13	−10.87	5.58	17.53	−17.10	4.24	5.12	4.66
收回投资收到的现金	0.09	73.90	0.00	0.14	78.44	0.00	0.03	0.04	0.07
取得投资收益收到的现金	0.04	5.76	0.00	0.11	8.89	0.00	0.04	0.08	0.05
处置固定资产、无形资产和其他长期资产收回的现金净额	0.07	3.02	0.00	0.07	9.11	0.00	0.06	0.07	0.03

续表

年份	2023			2022			2021	2020	2019
	中位数	最大值	最小值	中位数	最大值	最小值	中位数	中位数	中位数
处置子公司及其他营业单位收到的现金净额	0.00	21.02	0.00	0.00	5.73	0.00	0.00	0.00	0.00
收到的其他与投资活动有关的现金	0.00	31.70	0.00	0.00	34.23	0.00	0.00	0.00	0.00
投资活动产生的现金流入小计	2.18	74.65	0.00	6.18	79.44	0.02	4.89	5.86	4.86
购建固定资产、无形资产和其他长期资产支付的现金	3.93	28.33	0.09	5.06	36.86	0.44	6.33	5.82	4.41
投资支付的现金	0.41	76.96	0.00	0.06	77.61	0.00	0.24	0.06	0.41
质押贷款净增加额	0.00	0.00	0.00	0.00	0.00	0.00	0.00	0.00	0.00
取得子公司及其他营业单位支付的现金净额	0.00	4.57	0.00	0.00	2.44	0.00	0.00	0.00	0.00
支付其他与投资活动有关的现金	0.00	30.08	0.00	0.00	44.19	0.00			
投资活动产生的现金流出小计	10.60	78.72	0.09	11.61	78.76	0.44	18.61	15.94	13.37
投资活动产生的现金流量净额	−3.73	12.59	−19.70	−3.57	11.11	−29.35	−4.74	−5.63	−3.35
吸收投资收到的现金	0.00	26.76	0.00	0.02	31.83	0.00	0.10	0.00	0.00
吸收权益性投资收到的现金	0.00	26.76	0.00	0.02	31.83	0.00	0.10	0.00	0.00
其中：子公司吸收少数股东投资收到的现金	0.00	0.92	0.00	0.00	0.87	0.00	0.00	0.00	0.00
发行债券收到的现金	0.00	10.17	0.00	0.00	0.00	0.00	0.00	0.00	0.00
取得借款收到的现金	19.36	67.27	0.00	20.10	69.47	0.00	16.65	18.25	17.57
收到其他与筹资活动有关的现金	0.01	19.73	0.00	0.01	15.08	0.00	0.06	0.08	0.00
筹资活动现金流入小计	25.19	67.27	0.00	23.24	69.73	0.00	27.63	20.16	22.15
偿还债务支付的现金	18.31	61.23	0.00	14.53	58.55	0.00	15.45	13.20	20.20
分配股利、利润或偿付利息支付的现金	1.63	18.42	0.03	1.62	11.15	0.17	2.30	2.43	2.19
其中：子公司支付给少数股东的股利、利润	0.00	2.22	0.00	0.00	1.63	0.00	0.00	0.00	0.00
支付其他与筹资活动有关的现金	0.79	19.74	0.00	0.70	15.69	0.00	0.86	0.19	0.28
筹资活动现金流出小计	22.32	70.55	0.23	19.00	74.71	0.79	20.45	16.84	24.04
筹资活动产生的现金流量净额	1.47	37.53	−22.70	−0.33	25.83	−24.12	3.99	0.87	−1.94
现金总流入	100.00	100.00	100.00	100.00	100.00	100.00	100.00	100.00	100.00

续表

年份	2023			2022			2021	2020	2019
	中位数	最大值	最小值	中位数	最大值	最小值	中位数	中位数	中位数
现金总流出	100.00	100.00	100.00	100.00	100.00	100.00	100.00	100.00	100.00
现金流量净额	−0.25	17.19	−12.16	0.33	22.95	−28.81	0.88	1.06	−0.13

注：现金流入项目以现金总流入为基数，现金流出项目以现金总流出为基数。

1. 农林牧渔业（A）现金流入项目分析

现金流入包括经营活动产生的现金流入、投资活动产生的现金流入和筹资活动产生的现金流入三个方面。

（1）经营活动现金流入及其主要构成项目。

2023年，经营活动产生的现金流入占总现金流入比例为58.98%。其中，经营活动产生的现金流入占比最大的上市公司为99.9%，占比最小的上市公司为21.6%。

主要构成项目：销售商品、提供劳务收到的现金占比为54.81%。其中，占比最大的上市公司为96.6%，占比最小的上市公司为20.28%。

（2）投资活动现金流入及其主要构成项目。

2023年，投资活动产生的现金流入占总现金流入比例为2.18%。其中，投资活动产生的现金流入占比最大的上市公司为74.65%，占比最小的上市公司为0。

主要构成项目：收回投资收到的现金占比为0.09%。其中，占比最大的上市公司为73.9%，占比最小的上市公司为0。

（3）筹资活动现金流入及其主要构成项目。

2023年，筹资活动产生的现金流入占总现金流入比例为25.19%。其中，筹资活动产生的现金流入占比最大的上市公司为67.27%，占比最小的上市公司为0。

主要构成项目：取得借款收到的现金占比为19.36%。其中，占比最大的上市公司为67.27%，占比最小的上市公司为0。

（4）现金流入构成及其主要项目变动趋势分析。

2019~2023年，经营活动产生的现金流入占比总体上明显上升，从2019年的53.37%增长到2023年的58.98%。其中，2019~2023年，销售商品、提供劳务收到的现金占比总体上呈明显上升趋势，从2019年的50.19%增长到2023年的54.81%。

2019~2023年，投资活动产生的现金流入占比总体上大幅下降，从2019年的4.86%降低到2023年的2.18%。其中，2019~2023年，收回投资收到的现金占比总体上呈明显上升趋势，从2019年的0.07%增长到2023年的0.09%，且在2021~2022年大幅上升，从2021年的0.03%增长到2022年的0.14%。

2019~2023年，筹资活动产生的现金流入占比总体上明显上升，从2019年的22.15%增长到2023年的25.19%。其中，2019~2023年，取得借款收到的现金占比总体上呈明显上升趋势，从2019年的17.57%增长到2023年的19.36%。

2. 农林牧渔业（A）现金流出项目分析

现金流出包括经营活动产生的现金流出、投资活动产生的现金流出和筹资活动产生的现金流出三个方面。

（1）经营活动现金流出及其主要构成项目。

2023年，经营活动产生的现金流出占总现金流出比例为60.18%。其中，经营活动产生的现金流出占比最大的上市公司为94.38%，占比最小的上市公司为15.86%。

主要构成项目：①购买商品、接受劳务支付的现金占比为44.45%。其中，占比最大的上市公司为83.53%，占比最小的上市公司为9.98%。②支付给职工以及为职工支付的现金占比为6.94%。其中，占比最大的上市公司为30.47%，占比最小的上市公司为0.94%。③支付其他与经营活动有关的现金占比为4.68%。其中，占比最大的上市公司为16.94%，占比最小的上市公司为0.78%。

（2）投资活动现金流出及其主要构成项目。

2023年，投资活动产生的现金流出占总现金流出比例为10.6%。其中，投资活动产生的现金流出占比最大的上市公司为78.72%，占比最小的上市公司为0.09%。

主要构成项目：①购建固定资产、无形资产和其他长期资产支付的现金占比为3.93%。其中，占比最大的上市公司为28.33%，占比最小的上市公司为0.09%。②投资支付的现金占比为0.41%。其中，占比最大的上市公司为76.96%，占比最小的上市公司为0。

（3）筹资活动现金流出及其主要构成项目。

2023年，筹资活动产生的现金流出占总现金流出比例为22.32%。其中，筹资活动产生的现金流出占比最大的上市公司为70.55%，占比最小的上市公司为0.23%。

主要构成项目：偿还债务支付的现金占比为18.31%。其中，占比最大的上市公司为61.23%，占比最小的上市公司为0。

（4）现金流出构成及其主要项目变动趋势分析。

2019~2023年，经营活动产生的现金流出占比总体上明显上升，从2019年的46.84%增长到2023年的60.18%。其中，2019~2023年，购买商品、接受劳务支付的现金占比总体上呈明显上升趋势，从2019年的35.64%增长到2023年的44.45%。

2019~2023年，投资活动产生的现金流出占比总体上明显下降，从2019年的13.37%降低到2023年的10.6%。其中，2019~2023年，购建固定资产、无形资产和其他长期资产支付的现金占比总体上呈明显下降趋势，从2019年的4.41%降低到2023年的3.93%，且在2019~2020年大幅上升，从2019年的4.41%增长到2020年的5.82%。

2019~2023年，筹资活动产生的现金流出占比总体上明显下降，从2019年的24.04%降低到2023年的22.32%。其中，2019~2023年，偿还债务支付的现金占比总体上呈明显下降趋势，从2019年的20.2%降低到2023年的18.31%，且在2019~2020年大幅下降，从2019年的20.2%降低到2020年的13.2%。

3. 农林牧渔业（A）现金流量净额项目分析

现金流量净额包括经营活动现金流量净额、投资活动现金流量净额和筹资活动现金流量净额三个方面。

（1）现金流量净额及其主要构成项目。

2023年，现金流量净额占总现金流入比例为-0.25%。其中，现金流量净额占比最大的上市公司为17.19%，占比最小的上市公司为-12.16%。

主要构成项目：①经营活动产生的现金流量净额占总现金流入比例为3.78%。其中，占比最大的上市公司为19.13%，占比最小的上市公司为-10.87%。②投资活动产生的现金流量净额占总现金流入比例为-3.73%。其中，占比最大的上市公司为12.59%，占比最小的上市公司为-19.7%。③筹资活动产生的现金流量净额占总现金流入比例为1.47%。其中，占比最大的上市公司为37.53%，占比最小的上市公司为-22.7%。

（2）现金流量净额构成及其主要项目变动趋势分析。

2019~2023年，现金流量净额占比总体上大幅下降，从2019年的-0.13%降低到2023年的-0.25%。其中，2019~2023年，经营活动产生的现金流量净额明显下降，从2019年的4.66%减少到2023年的3.78%。2019~2023年，投资活动产生的现金流量净额明显下降，从2019年的-3.35%减少到2023年的-3.73%。2019~2023年，筹资活动产生的现金流量净额大幅上升，从2019年的-1.94%增加到2023年的1.47%。

二、采矿业（B）

2019~2023年，证券市场采矿业（B）上市公司发展状况见表3.9。

表3.9　　　　　采矿业（B）上市公司数量　　　　　单位：个

年份	2023	2022	2021	2020	2019
数量	82	80	77	77	76

注：公开披露定期报告的上市公司家数。

（一）证券市场采矿业（B）财务状况分析

证券市场采矿业（B）财务状况分析见表3.10。

表3.10　　　　　采矿业（B）资产负债表　　　　　单位：%

年份	2023			2022			2021	2020	2019
	中位数	最大值	最小值	中位数	最大值	最小值	中位数	中位数	中位数
货币资金	14.97	56.59	0.22	14.96	50.18	0.46	12.10	11.45	10.29
结算备付金	0.00	0.00	0.00	0.00	0.00	0.00	0.00	0.00	0.00
拆出资金净额	0.00	0.00	0.00	0.00	0.00	0.00	0.00	0.00	0.00
交易性金融资产	0.00	20.17	0.00	0.00	27.21	0.00	0.00	0.00	0.00
衍生金融资产	0.00	1.57	0.00	0.00	1.86	0.00	0.00	0.00	0.00

续表

年份	2023			2022			2021	2020	2019
	中位数	最大值	最小值	中位数	最大值	最小值	中位数	中位数	中位数
应收票据净额	0.03	17.70	0.00	0.01	16.88	0.00	0.00	0.01	0.03
应收账款净额	2.37	45.39	0.00	2.61	37.11	0.00	2.35	2.63	3.39
应收款项融资	0.22	10.94	0.00	0.18	16.45	0.00	0.31	0.34	0.24
预付款项净额	0.43	4.57	0.01	0.51	32.07	0.03	0.58	0.53	0.47
应收保费净额	0.00	0.00	0.00	0.00	0.00	0.00	0.00	0.00	0.00
应收分保账款净额	0.00	0.00	0.00	0.00	0.00	0.00	0.00	0.00	0.00
应收分保合同准备金净额	0.00	0.00	0.00	0.00	0.00	0.00	0.00	0.00	0.00
其他应收款净额	0.51	9.78	0.00	0.41	11.74	0.00	0.46	0.68	0.73
应收股利净额	0.00	3.42	0.00	0.00	3.17	0.00	0.00	0.00	0.00
买入返售金融资产净额	0.00	0.69	0.00	0.00	0.35	0.00	0.00	0.00	0.00
存货净额	2.49	36.68	0.14	3.03	35.98	0.00	3.28	3.01	3.92
合同资产	0.00	21.56	0.00	0.00	21.93	0.00	0.00	0.00	0.00
一年内到期的非流动资产	0.00	12.47	0.00	0.00	10.64	0.00	0.00	0.00	0.00
其他流动资产	0.79	35.59	0.00	0.72	34.63	0.00	0.72	0.80	1.03
流动资产合计	32.23	80.16	5.25	35.12	94.46	4.55	34.37	37.10	35.77
发放贷款及垫款净额	0.00	3.92	0.00	0.00	1.85	0.00	0.00	0.00	0.00
债权投资	0.00	5.37	0.00	0.00	0.76	0.00	0.00	0.00	0.00
其他债权投资	0.00	3.71	0.00	0.00	6.82	0.00	0.00	0.00	0.00
长期应收款净额	0.00	2.44	0.00	0.00	11.29	0.00	0.00	0.00	0.00
长期股权投资净额	2.06	17.39	0.00	1.91	19.21	0.00	1.84	1.94	1.35
其他权益工具投资	0.05	16.73	0.00	0.06	20.79	0.00	0.05	0.08	0.07
其他非流动金融资产	0.00	15.49	0.00	0.00	14.84	0.00	0.00	0.00	0.00
投资性房地产净额	0.00	7.42	0.00	0.00	35.80	0.00	0.00	0.00	0.00
固定资产净额	28.82	65.14	0.66	28.29	68.07	0.67	29.54	30.43	31.19
在建工程净额	3.85	44.05	0.00	3.68	36.02	0.00	3.22	4.36	5.40
生产性生物资产净额	0.00	0.00	0.00	0.00	0.00	0.00	0.00	0.00	0.00
油气资产净额	0.00	84.63	0.00	0.00	85.95	0.00	0.00	0.00	0.00
使用权资产	0.20	8.61	0.00	0.22	9.15	0.00	0.27	0.00	0.00
无形资产净额	11.94	57.78	0.03	10.03	49.46	0.04	8.74	8.14	8.44
开发支出	0.00	6.18	0.00	0.00	5.14	0.00	0.00	0.00	0.00
商誉净额	0.00	11.11	0.00	0.00	11.29	0.00	0.00	0.00	0.00
长期待摊费用	0.22	15.84	0.00	0.12	16.54	0.00	0.13	0.14	0.17
递延所得税资产	0.87	5.99	0.00	0.74	6.55	0.00	0.68	0.74	0.89
其他非流动资产	0.66	25.67	0.00	0.68	26.02	0.00	0.75	0.96	1.15

续表

年份	2023			2022			2021	2020	2019
	中位数	最大值	最小值	中位数	最大值	最小值	中位数	中位数	中位数
非流动资产合计	67.77	94.75	19.84	64.88	95.45	5.54	65.63	62.90	64.23
资产总计	100.00	100.00	100.00	100.00	100.00	100.00	100.00	100.00	100.00
短期借款	3.88	29.87	0.00	4.23	27.37	0.00	5.98	7.82	6.23
向中央银行借款	0.00	0.00	0.00	0.00	0.00	0.00	0.00	0.00	0.00
拆入资金	0.00	0.00	0.00	0.00	0.00	0.00	0.00	0.00	0.00
交易性金融负债	0.00	5.02	0.00	0.00	12.42	0.00	0.00	0.00	0.00
衍生金融负债	0.00	0.39	0.00	0.00	1.42	0.00	0.00	0.00	0.00
应付票据	0.47	28.82	0.00	0.57	30.76	0.00	0.68	0.58	0.73
应付账款	6.84	38.07	0.43	6.89	36.43	0.21	7.01	6.97	6.97
预收款项	0.00	0.36	0.00	0.00	1.92	0.00	0.00	0.00	0.50
合同负债	0.95	8.75	0.00	1.04	11.07	0.00	1.37	0.88	0.00
卖出回购金融资产款	0.00	0.04	0.00	0.00	0.01	0.00	0.00	0.00	0.00
吸收存款及同业存放	0.00	3.22	0.00	0.00	5.49	0.00	0.00	0.00	0.00
代理买卖证券款	0.00	0.00	0.00	0.00	0.00	0.00	0.00	0.00	0.00
代理承销证券款	0.00	0.00	0.00	0.00	0.00	0.00	0.00	0.00	0.00
应付职工薪酬	0.89	5.48	0.08	0.86	5.61	0.07	0.99	0.82	0.86
应交税费	1.03	7.49	0.05	1.04	6.44	0.09	1.34	0.80	0.88
其他应付款	2.04	26.31	0.18	2.22	30.72	0.09	2.01	2.04	2.62
应付股利	0.00	2.69	0.00	0.00	4.70	0.00	0.00	0.00	0.00
应付手续费及佣金	0.00	0.00	0.00	0.00	0.00	0.00	0.00	0.00	0.00
应付分保账款	0.00	0.00	0.00	0.00	0.00	0.00	0.00	0.00	0.00
一年内到期的非流动负债	2.38	14.50	0.00	2.16	13.01	0.00	2.42	1.62	2.16
其他流动负债	0.20	16.56	0.00	0.24	13.84	0.00	0.30	0.10	0.00
流动负债合计	28.16	87.98	6.51	30.54	87.70	5.43	32.02	30.80	30.95
保险合同准备金	0.00	0.00	0.00	0.00	0.00	0.00	0.00	0.00	0.00
长期借款	4.70	26.11	0.00	3.57	25.94	0.00	3.11	3.98	3.47
应付债券	0.00	20.89	0.00	0.00	24.88	0.00	0.00	0.00	0.00
租赁负债	0.14	8.09	0.00	0.14	8.54	0.00	0.16	0.00	0.00
长期应付款	0.59	21.97	0.00	0.47	24.29	0.00	0.26	0.10	0.32
预计负债	1.06	10.21	0.00	1.00	11.31	0.00	1.14	0.98	0.66
递延收益-非流动负债	0.15	1.80	0.00	0.22	1.68	0.00	0.20	0.24	0.23
递延所得税负债	0.54	20.99	0.00	0.41	15.43	0.00	0.38	0.27	0.30
其他非流动负债	0.00	12.81	0.00	0.00	13.50	0.00	0.00	0.00	0.00
非流动负债合计	14.71	38.08	0.28	12.92	41.28	0.21	12.89	12.96	11.47

续表

年份	2023			2022			2021	2020	2019
	中位数	最大值	最小值	中位数	最大值	最小值	中位数	中位数	中位数
负债合计	46.58	89.33	7.81	48.22	89.57	7.08	47.87	45.66	49.56
实收资本（或股本）	9.19	215.84	0.77	9.16	183.34	0.86	10.18	9.64	10.99
其他权益工具	0.00	7.38	0.00	0.00	10.95	0.00	0.00	0.00	0.00
其中：优先股	0.00	0.00	0.00	0.00	1.41	0.00	0.00	0.00	0.00
其中：永续债	0.00	7.38	0.00	0.00	10.95	0.00	0.00	0.00	0.00
资本公积	12.98	87.89	−0.02	13.67	215.20	0.10	14.24	14.84	14.26
其中：库存股	0.00	11.11	0.00	0.00	18.88	0.00	0.00	0.00	0.00
其他综合收益	0.00	4.30	−16.47	0.00	7.52	−15.79	−0.02	0.00	0.00
专项储备	0.13	8.42	0.00	0.12	7.80	0.00	0.14	0.17	0.16
盈余公积	2.71	15.44	0.00	2.70	13.12	0.00	2.86	2.88	2.73
一般风险准备	0.00	0.36	0.00	0.00	0.32	0.00	0.00	0.00	0.00
未分配利润	18.31	59.62	−268.75	17.43	56.75	−213.61	17.31	15.49	14.18
归属于母公司所有者权益合计	49.18	92.19	10.67	48.62	92.92	10.43	46.60	47.53	45.87
少数股东权益	3.88	27.66	−1.01	3.08	21.57	−0.65	2.70	2.75	2.63
所有者权益合计	53.42	92.19	10.67	51.78	92.92	10.43	52.13	54.34	50.44
负债与所有者权益总计	100.00	100.00	100.00	100.00	100.00	100.00	100.00	100.00	100.00

注：所有项目均以资产总计为基数。

1. 采矿业（B）资产项目分析

资产项目包括流动资产和非流动资产两个方面。

（1）流动资产及其主要构成项目。

2023年，流动资产合计占总资产比例为32.23%。其中，流动资产占比最大的上市公司为80.16%，占比最小的上市公司为5.25%。

主要构成项目：①货币资金占比为14.97%。其中，占比最大的上市公司为56.59%，占比最小的上市公司为0.22%。②其他流动资产占比为0.79%。其中，占比最大的上市公司为35.59%，占比最小的上市公司为0。③应收款项融资占比为0.22%。其中，占比最大的上市公司为10.94%，占比最小的上市公司为0。

（2）非流动资产及其主要构成项目。

2023年，非流动资产合计占总资产比例为67.77%。其中，非流动资产占比最大的上市公司为94.75%，占比最小的上市公司为19.84%。

主要构成项目：①递延所得税资产占比为0.87%。其中，占比最大的上市公司为5.99%，占比最小的上市公司为0。②其他非流动资产占比为0.66%。其中，占比最大的上市公司为25.67%，占比最小的上市公司为0。③长期待摊费用占比为0.22%。其中，占比最大的上市公司为15.84%，占比最小的上市公司为0。

（3）资产构成及其主要项目变动趋势分析。

2019~2023年，流动资产合计占比总体上呈明显下降趋势。其中，2019~2023年，货币资金占比总体上呈大幅上升趋势，从2019年的10.29%增长到2023年的14.97%，但在2021~2022年明显上升，从2021年的12.1%增长到2022年的14.96%；2019~2023年，其他流动资产占比总体上呈明显下降趋势，从2019年的1.03%降低到2023年的0.79%；2019~2023年，应收款项融资占比总体上呈明显下降趋势，从2019年的0.24%降低到2023年的0.22%，且在2021~2022年大幅下降，从2021年的0.31%降低到2022年的0.18%。

2019~2023年，非流动资产合计占比总体上呈明显上升趋势。其中，2019~2023年，递延所得税资产占比总体上基本稳定，且在2022~2023年明显上升，从2022年的0.74%增长到2023年的0.87%；2019~2023年，其他非流动资产占比总体上呈大幅下降趋势，从2019年的1.15%降低到2023年的0.66%，但在2020~2021年明显下降，从2020年的0.96%降低到2021年的0.75%；2019~2023年，长期待摊费用占比总体上呈明显上升趋势，从2019年的0.17%增长到2023年的0.22%，且在2022~2023年大幅上升，从2022年的0.12%增长到2023年的0.22%。

2. 采矿业（B）负债项目分析

负债项目包括流动负债和非流动负债两个方面。2023年，负债合计占总资产比例为46.58%。其中，负债合计占比最大的上市公司为89.33%，占比最小的上市公司为7.81%。

（1）流动负债及其主要构成项目。

2023年，流动负债合计占总资产比例为28.16%。其中，流动负债占比最大的上市公司为87.98%，占比最小的上市公司为6.51%。

主要构成项目：①应付账款占比为6.84%。其中，占比最大的上市公司为38.07%，占比最小的上市公司为0.43%。②短期借款占比为3.88%。其中，占比最大的上市公司为29.87%，占比最小的上市公司为0。③一年内到期的非流动负债占比为2.38%。其中，占比最大的上市公司为14.5%，占比最小的上市公司为0。

（2）非流动负债及其主要构成项目。

2023年，非流动负债合计占总资产比例为14.71%。其中，非流动负债占比最大的上市公司为38.08%，占比最小的上市公司为0.28%。

主要构成项目：①长期借款占比为4.7%。其中，占比最大的上市公司为26.11%，占比最小的上市公司为0。②预计负债占比为1.06%。其中，占比最大的上市公司为10.21%，占比最小的上市公司为0。③长期应付款占比为0.59%。其中，占比最大的上市公司为21.97%，占比最小的上市公司为0。

（3）负债构成及其主要项目变动趋势分析。

2019~2023年，流动负债合计占比总体上呈明显下降趋势。其中，2019~2023年，应付账款占比总体上基本稳定；2019~2023年，短期借款占比总体上呈大幅下降趋势，从

2019年的6.23%降低到2023年的3.88%，但在2021~2022年明显下降，从2021年的5.98%降低到2022年的4.23%；2019~2023年，一年内到期的非流动负债占比总体上呈明显上升趋势，从2019年的2.16%增长到2023年的2.38%，且在2020~2021年大幅上升，从2020年的1.62%增长到2021年的2.42%。

2019~2023年，非流动负债合计占比总体上呈明显上升趋势。其中，2019~2023年，长期借款占比总体上呈大幅上升趋势，从2019年的3.47%增长到2023年的4.7%；2019~2023年，预计负债占比总体上呈大幅上升趋势，从2019年的0.66%增长到2023年的1.06%；2019~2023年，长期应付款占比总体上呈大幅上升趋势，从2019年的0.32%增长到2023年的0.59%。

3. 采矿业（B）所有者权益项目分析

所有者权益项目包括实收资本（股本）、资本公积、盈余公积和未分配利润等四个方面。

（1）所有者权益及其主要构成项目。

2023年，所有者权益合计占总资产比例为53.42%。其中，所有者权益占比最大的上市公司为92.19%，占比最小的上市公司为10.67%。

主要构成项目：①实收资本（或股本）占比为9.19%。其中，占比最大的上市公司为215.84%，占比最小的上市公司为0.77%。②资本公积占比为12.98%。其中，占比最大的上市公司为87.89%，占比最小的上市公司为-0.02%。③盈余公积占比为2.71%。其中，占比最大的上市公司为15.44%，占比最小的上市公司为0。④未分配利润占比为18.31%。其中，占比最大的上市公司为59.62%，占比最小的上市公司为-268.75%。

（2）所有者权益构成及其主要项目变动趋势分析。

2019~2023年，所有者权益合计占比总体上呈明显上升趋势。其中，2019~2023年，实收资本（或股本）占比总体上呈明显下降趋势，从2019年的10.99%降低到2023年的9.19%；2019~2023年，资本公积占比总体上呈明显下降趋势，从2019年的14.26%降低到2023年的12.98%；2019~2023年，盈余公积占比总体上基本稳定，且在2021~2022年明显下降，从2021年的2.86%降低到2022年的2.7%；2019~2023年，未分配利润占比总体上呈明显上升趋势，从2019年的14.18%增长到2023年的18.31%。

（二）证券市场采矿业（B）利润分析

证券市场采矿业（B）利润分析见表3.11。

表3.11　　　　　　采矿业（B）利润表　　　　　　　　　　单位：%

年份	2023			2022			2021	2020	2019
	中位数	最大值	最小值	中位数	最大值	最小值	中位数	中位数	中位数
营业总收入	100.00	100.00	100.00	100.00	100.00	100.00	100.00	100.00	100.00
营业收入	100.00	100.00	99.72	100.00	100.00	99.76	100.00	100.00	100.00

续表

年份	2023			2022			2021	2020	2019
	中位数	最大值	最小值	中位数	最大值	最小值	中位数	中位数	中位数
利息净收入	0.00	0.28	0.00	0.00	0.24	0.00	0.00	0.00	0.00
利息收入	0.00	0.28	0.00	0.00	0.24	0.00	0.00	0.00	0.00
已赚保费	0.00	0.00	0.00	0.00	0.00	0.00	0.00	0.00	0.00
保险业务收入	0.00	0.00	0.00	0.00	0.00	0.00	0.00	0.00	0.00
减：分出保费	0.00	0.00	0.00	0.00	0.00	0.00	0.00	0.00	0.00
减：提取未到期责任准备金	0.00	0.00	0.00	0.00	0.00	0.00	0.00	0.00	0.00
手续费及佣金净收入	0.00	0.00	0.00	0.00	0.00	0.00	0.00	0.00	0.00
手续费及佣金收入	0.00	0.00	0.00	0.00	0.00	0.00	0.00	0.00	0.00
营业总成本	87.94	146.89	42.47	82.84	139.85	22.39	88.25	94.82	92.92
营业成本	67.42	103.08	31.47	63.78	112.83	9.02	69.58	76.18	76.81
利息支出	0.00	0.00	0.00	0.00	0.00	0.00	0.00	0.00	0.00
手续费及佣金支出	0.00	0.00	0.00	0.00	0.00	0.00	0.00	0.00	0.00
退保金									
赔付支出净额	0.00	0.00	0.00	0.00	0.00	0.00	0.00	0.00	0.00
赔付支出	0.00	0.00	0.00	0.00	0.00	0.00	0.00	0.00	0.00
减：摊回赔付支出	0.00	0.00	0.00	0.00	0.00	0.00	0.00	0.00	0.00
提取保险责任准备金净额	0.00	0.00	0.00	0.00	0.00	0.00	0.00	0.00	0.00
提取保险责任准备金	0.00	0.00	0.00	0.00	0.00	0.00	0.00	0.00	0.00
减：摊回保险责任准备金	0.00	0.00	0.00	0.00	0.00	0.00	0.00	0.00	0.00
保单红利支出	0.00	0.00	0.00	0.00	0.00	0.00	0.00	0.00	0.00
分保费用	0.00	0.00	0.00	0.00	0.00	0.00	0.00	0.00	0.00
税金及附加	3.37	22.39	0.15	3.47	26.84	0.14	2.78	2.50	1.96
销售费用	0.42	26.51	0.00	0.38	32.78	0.00	0.36	0.57	1.30
管理费用	6.76	42.64	0.84	6.02	34.14	0.82	6.22	7.46	6.86
研发费用	1.29	5.84	0.00	1.02	5.69	0.00	0.90	0.70	0.39
财务费用	1.37	15.55	−5.67	1.03	15.62	−16.50	1.71	2.04	1.98
其他收益	0.26	10.83	0.00	0.18	11.60	−0.20	0.15	0.26	0.20
投资收益	0.52	109.19	−1.13	0.52	149.13	−3.90	0.17	0.32	0.23
汇兑收益	0.00	0.00	0.00	0.00	0.00	0.00	0.00	0.00	0.00
其他业务收入	0.00	0.00	0.00	0.00	0.00	0.00	0.00	0.00	0.00
净敞口套期收益	0.00	0.02	0.00	0.00	0.00	−0.55	0.00	0.00	0.00
公允价值变动收益	0.00	2.62	−5.61	0.00	3.80	−28.11	0.00	0.00	0.00
信用减值损失	−0.07	1.46	−13.63	−0.06	12.41	−29.51	−0.04	−0.17	−0.12
资产减值损失	−0.22	0.20	−16.02	−0.16	0.33	−22.95	−0.49	−0.22	−0.36
资产处置收益	0.01	1.67	−33.00	0.00	0.49	−0.29	0.00	0.00	0.00

续表

年份	2023			2022			2021	2020	2019
	中位数	最大值	最小值	中位数	最大值	最小值	中位数	中位数	中位数
业务及管理费	0.00	0.00	0.00	0.00	0.00	0.00	0.00	0.00	0.00
减：摊回分保费用	0.00	0.00	0.00	0.00	0.00	0.00	0.00	0.00	0.00
其他业务成本	0.00	0.02	0.00	0.00	0.02	0.00	0.00	0.00	0.00
其他业务利润	0.00	0.00	0.00	0.00	0.00	0.00	0.00	0.00	0.00
营业利润	12.27	85.14	-25.34	18.59	90.05	-43.94	13.11	5.80	7.06
加：营业外收入	0.08	10.06	0.00	0.07	34.00	0.00	0.08	0.14	0.13
减：营业外支出	0.25	6.51	0.00	0.32	7.18	-0.26	0.30	0.32	0.27
利润总额	12.32	84.70	-25.44	18.92	89.79	-48.99	12.47	5.58	7.06
减：所得税费用	3.13	37.65	-1.47	3.82	16.97	-1.63	2.88	1.48	1.99
未确认的投资损失	0.00	0.00	0.00	0.00	0.00	0.00	0.00	0.00	0.00
影响净利润的其他项目	0.00	0.00	0.00	0.00	0.00	0.10	0.00	0.00	0.00
净利润	9.90	50.45	-26.61	14.67	83.13	-49.49	9.59	4.01	5.53
归属于母公司所有者的净利润	10.12	50.45	-26.67	13.30	91.29	-47.63	8.44	3.43	4.74
归属于母公司其他权益工具持有者的净利润	0.00	0.30	0.00	0.00	0.23	0.00	0.00	0.00	0.00
少数股东损益	0.30	12.55	-4.83	0.36	30.02	-10.88	0.43	0.14	0.03
其他综合收益（损失）	0.00	7.37	-33.65	0.00	26.93	-21.08	0.00	0.00	0.00
综合收益总额	9.92	50.45	-32.23	15.86	88.41	-58.24	9.35	3.65	5.62
归属于母公司所有者的综合收益	8.53	50.45	-32.09	14.38	96.59	-56.38	8.17	3.07	4.89
归属少数股东的综合收益	0.37	12.55	-6.06	0.38	30.02	-8.18	0.44	0.14	0.05
基本每股收益	0.49	3.00	-0.92	0.52	9.40	-1.59	0.38	0.18	0.22
稀释每股收益	0.41	3.00	-0.92	0.50	9.40	-1.59	0.35	0.14	0.16

1. 采矿业（B）成本费用项目分析

（1）成本与费用及其主要构成项目。

主要构成项目：①营业成本占营业总收入比例为67.42%。其中，营业成本占比最大的上市公司为103.08%，占比最小的上市公司为31.47%。②销售费用占营业总收入比例为0.42%。其中，销售费用占比最大的上市公司为26.51%，占比最小的上市公司为0。③管理费用占营业总收入比例为6.76%。其中，管理费用占比最大的上市公司为42.64%，占比最小的上市公司为0.84%。④财务费用占营业总收入比例为1.37%。其中，财务费用占比最大的上市公司为15.55%，占比最小的上市公司为-5.67%。⑤研发费用占营业总收入比例为1.29%。其中，研发费用占比最大的上市公司为5.84%，占比最小的上市公司为0。

（2）成本与费用及其主要项目变动趋势分析。

2019~2023年，营业成本占比明显下降，从2019年的76.81%下降为2023年的67.42%；2019~2023年，销售费用占比大幅下降，从2019年的1.3%下降为2023年的0.42%；2019~2023年，管理费用占比基本稳定，从2019年的6.86%下降为2023年的6.76%；2019~2023年，财务费用占比大幅下降，从2019年的1.98%下降为2023年的1.37%；2019~2023年，研发费用占比大幅上升，从2019年的0.39%增长到2023年的1.29%。

2. 采矿业（B）其他损益项目分析

（1）其他损益及其主要构成项目。

主要构成项目：①资产减值损失占营业总收入比例为-0.22%。其中，资产减值损失占比最大的上市公司为0.2%，占比最小的上市公司为-16.02%。②投资收益占营业总收入比例为0.52%。其中，投资收益占比最大的上市公司为109.19%，占比最小的上市公司为-1.13%。③基本每股收益为0.49元。其中，基本每股收益最大的上市公司为3.0元，最小的上市公司为-0.92元。④其他收益占营业总收入比例为0.26%。其中，其他收益占比最大的上市公司为10.83%，占比最小的上市公司为0。⑤信用减值损失占营业总收入比例为-0.07%。其中，信用减值损失占比最大的上市公司为1.46%，占比最小的上市公司为-13.63%。

（2）其他损益及其主要项目变动趋势分析。

2019~2023年，资产减值损失占比大幅上升，从2019年的-0.36%增长到2023年的-0.22%；2019~2023年，投资收益占比大幅上升，从2019年的0.23%增长到2023年的0.52%；2019~2023年，其他收益占比大幅上升，从2019年的0.2%增长到2023年的0.26%；2019~2023年，信用减值损失占比大幅上升，从2019年的-0.12%增长到2023年的-0.07%。

3. 采矿业（B）利润项目分析

（1）利润及其主要构成项目。

主要构成项目：①营业利润占营业总收入比例为12.27%。其中，营业利润占比最大的上市公司为85.14%，占比最小的上市公司为-25.34%。②利润总额占营业总收入比例为12.32%。其中，利润总额占比最大的上市公司为84.7%，占比最小的上市公司为-25.44%。③净利润占营业总收入比例为9.9%。其中，净利润占比最大的上市公司为50.45%，占比最小的上市公司为-26.61%。④归属于母公司所有者的净利润占营业总收入比例为10.12%。其中，归属于母公司所有者的净利润占比最大的上市公司为50.45%，占比最小的上市公司为-26.67%。

（2）利润及其主要项目变动趋势分析。

2019~2023年，营业利润占比大幅上升，从2019年的7.06%增长到2023年的12.27%；2019~2023年，利润总额占比大幅上升，从2019年的7.06%增长到2023年的12.32%；2019~2023年，净利润占比大幅上升，从2019年的5.53%增长到2023年的9.9%；

2019~2023年，归属于母公司所有者的净利润占比大幅上升，从2019年的4.74%增长到2023年的10.12%。

（三）证券市场采矿业（B）现金流量分析

证券市场采矿业（B）现金流量分析见表3.12。

表3.12　　　　　　　　　采矿业（B）现金流量表　　　　　　　　　单位：%

年份	2023			2022			2021	2020	2019
	中位数	最大值	最小值	中位数	最大值	最小值	中位数	中位数	中位数
销售商品、提供劳务收到的现金	63.92	93.30	20.18	65.06	97.91	25.69	64.74	58.47	62.86
客户存款和同业存放款项净增加额	0.00	0.00	-2.87	0.00	3.48	-5.53	0.00	0.00	0.00
向中央银行借款净增加额	0.00	0.00	0.00	0.00	0.00	0.00	0.00	0.00	0.00
向其他金融机构拆入资金净增加额	0.00	0.00	0.00	0.00	0.00	0.00	0.00	0.00	0.00
收到原保险合同保费取得的现金	0.00	0.00	0.00	0.00	0.00	0.00	0.00	0.00	0.00
收到再保险业务现金净额	0.00	0.00	0.00	0.00	0.00	0.00	0.00	0.00	0.00
保户储金及投资款净增加额	0.00	0.00	0.00	0.00	0.00	0.00	0.00	0.00	0.00
处置交易性金融资产净增加额	0.00	0.00	0.00	0.00	0.00	0.00	0.00	0.00	0.00
收取利息、手续费及佣金的现金	0.00	0.19	0.00	0.00	0.16	0.00	0.00	0.00	0.00
拆入资金净增加额	0.00	0.00	0.00	0.00	0.00	0.00	0.00	0.00	0.00
回购业务资金净增加额	0.00	0.03	0.00	0.00	0.00	-0.21	0.00	0.00	0.00
收到的税费返还	0.08	5.91	0.00	0.23	8.10	0.00	0.02	0.01	0.00
收到的其他与经营活动有关的现金	1.51	16.60	0.03	1.47	20.77	0.06	1.55	1.62	1.60
经营活动现金流入小计	66.16	96.41	20.81	67.04	98.34	32.12	69.31	62.36	65.70
购买商品、接受劳务支付的现金	31.70	86.35	5.40	31.17	85.83	3.06	33.17	32.86	33.98
客户贷款及垫款净增加额	0.00	0.63	0.00	0.00	0.75	-1.03	0.00	0.00	0.00
存放中央银行和同业款项净增加额	0.00	0.00	0.00	0.00	0.00	0.00	0.00	0.00	0.00
支付原保险合同赔付款项的现金	0.00	0.00	0.00	0.00	0.00	0.00	0.00	0.00	0.00
支付利息、手续费及佣金的现金	0.00	0.01	0.00	0.00	0.02	0.00	0.00	0.00	0.00
支付保单红利的现金	0.00	0.00	0.00	0.00	0.00	0.00	0.00	0.00	0.00

续表

年份	2023			2022			2021	2020	2019
	中位数	最大值	最小值	中位数	最大值	最小值	中位数	中位数	中位数
支付给职工以及为职工支付的现金	8.32	28.88	1.07	6.94	35.42	0.81	7.82	7.98	7.49
支付的各项税费	6.72	26.17	0.15	7.92	34.12	0.35	5.51	3.95	4.34
支付其他与经营活动有关的现金	2.84	27.15	0.04	2.96	39.37	0.02	3.03	3.31	4.16
经营活动现金流出小计	58.24	93.96	17.00	57.98	97.86	22.56	57.54	56.66	56.60
经营活动产生的现金流量净额	10.55	48.28	−11.87	13.94	57.00	−51.98	12.72	8.08	8.82
收回投资收到的现金	0.04	40.24	0.00	0.18	76.35	0.00	0.18	0.09	0.04
取得投资收益收到的现金	0.09	6.08	0.00	0.08	31.41	0.00	0.09	0.07	0.06
处置固定资产、无形资产和其他长期资产收回的现金净额	0.03	8.58	0.00	0.01	15.25	0.00	0.02	0.02	0.03
处置子公司及其他营业单位收到的现金净额	0.00	4.47	−0.01	0.00	29.43	0.00	0.00	0.00	0.00
收到的其他与投资活动有关的现金	0.00	56.95	0.00	0.00	31.16	0.00	0.00	0.00	0.00
投资活动产生的现金流入小计	2.22	57.42	0.00	2.96	88.52	0.00	2.22	2.66	2.19
购建固定资产、无形资产和其他长期资产支付的现金	7.03	48.77	0.52	4.76	45.81	0.07	4.71	5.36	5.51
投资支付的现金	0.12	40.56	0.00	0.76	47.80	0.00	0.16	0.60	0.50
质押贷款净增加额	0.00	0.00	0.00	0.00	0.11	0.00	0.00	0.00	0.00
取得子公司及其他营业单位支付的现金净额	0.00	15.69	−0.03	0.00	19.35	0.00	0.00	0.00	0.00
支付其他与投资活动有关的现金	0.00	67.28	0.00	0.00	35.13	0.00	0.00	0.00	0.00
投资活动产生的现金流出小计	14.60	71.62	0.53	11.22	72.74	0.07	9.10	11.65	9.27
投资活动产生的现金流量净额	−6.55	20.70	−33.79	−5.60	84.22	−34.77	−4.96	−6.16	−5.40
吸收投资收到的现金	0.00	28.73	0.00	0.00	27.37	0.00	0.00	0.00	0.00
吸收权益性投资收到的现金	0.00	28.73	0.00	0.00	27.37	0.00	0.00	0.00	0.00
其中：子公司吸收少数股东投资收到的现金	0.00	5.32	0.00	0.00	10.31	0.00	0.00	0.00	0.00
发行债券收到的现金	0.00	1.66	0.00	0.00	3.47	0.00	0.00	0.00	0.00

续表

年份	2023			2022			2021	2020	2019
	中位数	最大值	最小值	中位数	最大值	最小值	中位数	中位数	中位数
取得借款收到的现金	14.65	51.68	0.00	14.90	50.63	0.00	14.32	16.71	17.69
收到其他与筹资活动有关的现金	0.11	26.81	0.00	0.24	21.98	0.00	0.28	0.28	0.25
筹资活动现金流入小计	20.00	54.24	0.00	19.87	64.18	0.00	17.07	23.58	20.88
偿还债务支付的现金	13.21	49.92	0.00	16.66	48.74	0.00	17.89	17.32	20.53
分配股利、利润或偿付利息支付的现金	3.73	16.71	0.00	2.40	34.81	0.00	2.54	2.52	3.07
其中：子公司支付给少数股东的股利、利润	0.00	10.05	0.00	0.00	6.79	0.00	0.00	0.00	0.00
支付其他与筹资活动有关的现金	1.01	24.16	0.00	1.12	23.36	0.00	1.70	1.36	1.34
筹资活动现金流出小计	23.60	62.14	0.00	22.11	64.78	0.00	24.17	23.29	25.15
筹资活动产生的现金流量净额	-2.49	22.83	-43.64	-4.13	20.22	-93.76	-4.13	-2.26	-2.07
现金总流入	100.00	100.00	100.00	100.00	100.00	100.00	100.00	100.00	100.00
现金总流出	100.00	100.00	100.00	100.00	100.00	100.00	100.00	100.00	100.00
现金流量净额	0.60	21.80	-19.02	2.27	45.38	-26.96	1.38	0.90	-0.11

注：现金流入项目以现金总流入为基数，现金流出项目以现金总流出为基数。

1. 采矿业（B）现金流入项目分析

现金流入包括经营活动产生的现金流入、投资活动产生的现金流入和筹资活动产生的现金流入三个方面。

（1）经营活动现金流入及其主要构成项目。

2023年，经营活动产生的现金流入占总现金流入比例为66.16%。其中，经营活动产生的现金流入占比最大的上市公司为96.41%，占比最小的上市公司为20.81%。

主要构成项目：销售商品、提供劳务收到的现金占比为63.92%。其中，占比最大的上市公司为93.3%，占比最小的上市公司为20.18%。

（2）投资活动现金流入及其主要构成项目。

2023年，投资活动产生的现金流入占总现金流入比例为2.22%。其中，投资活动产生的现金流入占比最大的上市公司为57.42%，占比最小的上市公司为0。

主要构成项目：取得投资收益收到的现金占比为0.09%。其中，占比最大的上市公司为6.08%，占比最小的上市公司为0。

（3）筹资活动现金流入及其主要构成项目。

2023年，筹资活动产生的现金流入占总现金流入比例为20.0%。其中，筹资活动产生的现金流入占比最大的上市公司为54.24%，占比最小的上市公司为0。

主要构成项目：取得借款收到的现金占比为14.65%。其中，占比最大的上市公司为51.68%，占比最小的上市公司为0。

（4）现金流入构成及其主要项目变动趋势分析。

2019~2023年，经营活动产生的现金流入占比总体上基本稳定。其中，2019~2023年，销售商品、提供劳务收到的现金占比总体上基本稳定，且在2020~2021年明显上升，从2020年的58.47%增长到2021年的64.74%。

2019~2023年，投资活动产生的现金流入占比总体上基本稳定。其中，2019~2023年，取得投资收益收到的现金占比总体上呈大幅上升趋势，从2019年的0.06%增长到2023年的0.09%，但在2020~2021年明显上升，从2020年的0.07%增长到2021年的0.09%。

2019~2023年，筹资活动产生的现金流入占比总体上基本稳定。其中，2019~2023年，取得借款收到的现金占比总体上呈明显下降趋势，从2019年的17.69%降低到2023年的14.65%。

2. 采矿业（B）现金流出项目分析

现金流出包括经营活动产生的现金流出、投资活动产生的现金流出和筹资活动产生的现金流出三个方面。

（1）经营活动现金流出及其主要构成项目。

2023年，经营活动产生的现金流出占总现金流出比例为58.24%。其中，经营活动产生的现金流出占比最大的上市公司为93.96%，占比最小的上市公司为17.0%。

主要构成项目：①购买商品、接受劳务支付的现金占比为31.7%。其中，占比最大的上市公司为86.35%，占比最小的上市公司为5.4%。②支付给职工以及为职工支付的现金占比为8.32%。其中，占比最大的上市公司为28.88%，占比最小的上市公司为1.07%。③支付的各项税费占比为6.72%。其中，占比最大的上市公司为26.17%，占比最小的上市公司为0.15%。

（2）投资活动现金流出及其主要构成项目。

2023年，投资活动产生的现金流出占总现金流出比例为14.6%。其中，投资活动产生的现金流出占比最大的上市公司为71.62%，占比最小的上市公司为0.53%。

主要构成项目：①购建固定资产、无形资产和其他长期资产支付的现金占比为7.03%。其中，占比最大的上市公司为48.77%，占比最小的上市公司为0.52%。②投资支付的现金占比为0.12%。其中，占比最大的上市公司为40.56%，占比最小的上市公司为0。

（3）筹资活动现金流出及其主要构成项目。

2023年，筹资活动产生的现金流出占总现金流出比例为23.6%。其中，筹资活动产生的现金流出占比最大的上市公司为62.14%，占比最小的上市公司为0。

主要构成项目：偿还债务支付的现金占比为13.21%。其中，占比最大的上市公司为

49.92%，占比最小的上市公司为0。

（4）现金流出构成及其主要项目变动趋势分析。

2019~2023年，经营活动产生的现金流出占比总体上基本稳定。其中，2019~2023年，购买商品、接受劳务支付的现金占比总体上呈明显下降趋势，从2019年的33.98%降低到2023年的31.7%。

2019~2023年，投资活动产生的现金流出占比总体上大幅上升，从2019年的9.27%增长到2023年的14.6%。其中，2019~2023年，购建固定资产、无形资产和其他长期资产支付的现金占比总体上呈明显上升趋势，从2019年的5.51%增长到2023年的7.03%，且在2022~2023年大幅上升，从2022年的4.76%增长到2023年的7.03%。

2019~2023年，筹资活动产生的现金流出占比总体上明显下降，从2019年的25.15%降低到2023年的23.6%。其中，2019~2023年，偿还债务支付的现金占比总体上呈大幅下降趋势，从2019年的20.53%降低到2023年的13.21%，但在2022~2023年明显下降，从2022年的16.66%降低到2023年的13.21%。

3. 采矿业（B）现金流量净额项目分析

现金流量净额包括经营活动现金流量净额、投资活动现金流量净额和筹资活动现金流量净额三个方面。

（1）现金流量净额及其主要构成项目。

2023年，现金流量净额占总现金流入比例为0.6%。其中，现金流量净额占比最大的上市公司为21.8%，占比最小的上市公司为-19.02%。

主要构成项目：①经营活动产生的现金流量净额占总现金流入比例为10.55%。其中，占比最大的上市公司为48.28%，占比最小的上市公司为-11.87%。②投资活动产生的现金流量净额占总现金流入比例为-6.55%。其中，占比最大的上市公司为20.7%，占比最小的上市公司为-33.79%。③筹资活动产生的现金流量净额占总现金流入比例为-2.49%。其中，占比最大的上市公司为22.83%，占比最小的上市公司为-43.64%。

（2）现金流量净额构成及其主要项目变动趋势分析。

2019~2023年，现金流量净额占比总体上大幅上升，从2019年的-0.11%增长到2023年的0.6%。其中，2019~2023年，经营活动产生的现金流量净额明显上升，从2019年的8.82%增加到2023年的10.55%。2019~2023年，投资活动产生的现金流量净额明显下降，从2019年的-5.4%减少到2023年的-6.55%。2019~2023年，筹资活动产生的现金流量净额明显下降，从2019年的-2.07%减少到2023年的-2.49%。

三、食品饮料制造业（C13-C15）

食品饮料制造业（C13-C15）由证监会行业分类（2012）中农副食品加工业（代码：C13），食品制造业（代码：C14）和酒、饮料和精制茶制造业（代码：C15）组成。2019~2023年，证券市场食品饮料制造业（C13-C15）上市公司发展状况见表3.13。

表3.13　　　　　食品饮料制造业（C13-C15）上市公司数量　　　　　单位：个

年份	2023	2022	2021	2020	2019
数量	182	180	172	158	142

注：公开披露定期报告的上市公司家数。

（一）证券市场食品饮料制造业（C13-C15）财务状况分析

证券市场食品饮料制造业（C13-C15）财务状况分析见表3.14。

表3.14　　　　　食品饮料制造业（C13-C15）资产负债表　　　　　单位：%

年份	2023			2022			2021	2020	2019
	中位数	最大值	最小值	中位数	最大值	最小值	中位数	中位数	中位数
货币资金	18.83	74.61	1.17	17.70	78.42	0.29	16.23	16.52	14.37
结算备付金	0.00	0.00	0.00	0.00	0.00	0.00	0.00	0.00	0.00
拆出资金净额	0.00	38.71	0.00	0.00	45.67	0.00	0.00	0.00	0.00
交易性金融资产	0.01	70.93	0.00	0.02	65.11	0.00	0.04	0.00	0.00
衍生金融资产	0.00	2.77	0.00	0.00	0.73	0.00	0.00	0.00	0.00
应收票据净额	0.00	5.36	0.00	0.00	9.72	0.00	0.00	0.00	0.00
应收账款净额	2.95	34.77	0.00	3.32	31.29	0.00	3.08	2.94	3.70
应收款项融资	0.00	9.38	0.00	0.00	18.93	0.00	0.00	0.00	0.00
预付款项净额	0.54	14.62	0.01	0.68	14.85	0.02	0.81	0.83	0.96
应收保费净额	0.00	0.00	0.00	0.00	0.00	0.00	0.00	0.00	0.00
应收分保账款净额	0.00	0.00	0.00	0.00	0.00	0.00	0.00	0.00	0.00
应收分保合同准备金净额	0.00	0.00	0.00	0.00	0.00	0.00	0.00	0.00	0.00
其他应收款净额	0.31	13.28	0.00	0.38	46.68	0.01	0.35	0.41	0.49
应收股利净额	0.00	0.23	0.00	0.00	0.21	0.00	0.00	0.00	0.00
买入返售金融资产净额	0.00	1.29	0.00	0.00	0.00	0.00	0.00	0.00	0.00
存货净额	12.34	59.96	0.53	13.70	59.13	0.74	12.58	13.68	13.01
合同资产	0.00	26.19	0.00	0.00	28.31	0.00	0.00	0.00	0.00
一年内到期的非流动资产	0.00	28.25	0.00	0.00	13.94	0.00	0.00	0.00	0.00
其他流动资产	0.84	39.59	0.00	0.66	33.19	0.00	0.99	1.04	1.21
流动资产合计	54.27	94.23	6.69	55.83	90.79	13.74	54.03	55.50	53.86
发放贷款及垫款净额	0.00	1.35	0.00	0.00	1.63	0.00	0.00	0.00	0.00
债权投资	0.00	8.29	0.00	0.00	3.23	0.00	0.00	0.00	0.00
其他债权投资	0.00	20.08	0.00	0.00	8.52	0.00	0.00	0.00	0.00
长期应收款净额	0.00	2.69	0.00	0.00	4.31	0.00	0.00	0.00	0.00
长期股权投资净额	0.19	69.68	0.00	0.14	66.75	0.00	0.12	0.13	0.16
其他权益工具投资	0.00	20.26	0.00	0.00	16.54	0.00	0.00	0.00	0.00

续表

年份	2023			2022			2021	2020	2019
	中位数	最大值	最小值	中位数	最大值	最小值	中位数	中位数	中位数
其他非流动金融资产	0.00	15.72	0.00	0.00	19.20	0.00	0.00	0.00	0.00
投资性房地产净额	0.00	16.88	0.00	0.00	12.95	0.00	0.00	0.00	0.00
固定资产净额	23.99	58.74	1.98	22.83	55.64	0.87	22.47	22.46	23.72
在建工程净额	2.25	37.16	0.00	2.63	31.65	0.00	2.77	2.55	1.44
生产性生物资产净额	0.00	22.08	0.00	0.00	22.26	0.00	0.00	0.00	0.00
油气资产净额	0.00	0.00	0.00	0.00	0.00	0.00	0.00	0.00	0.00
使用权资产	0.34	28.83	0.00	0.31	29.80	0.00	0.26	0.00	0.00
无形资产净额	3.54	38.53	0.45	3.47	38.51	0.23	3.83	3.84	4.14
开发支出	0.00	1.00	0.00	0.00	1.49	0.00	0.00	0.00	0.00
商誉净额	0.00	11.22	0.00	0.00	12.54	0.00	0.00	0.00	0.02
长期待摊费用	0.16	9.16	0.00	0.16	9.80	0.00	0.12	0.12	0.12
递延所得税资产	0.69	11.00	0.00	0.67	12.07	0.00	0.59	0.54	0.59
其他非流动资产	0.50	70.57	0.00	0.47	64.45	0.00	0.56	0.48	0.42
非流动资产合计	45.73	93.31	5.77	44.17	86.26	9.21	45.97	44.50	46.14
资产总计	100.00	100.00	100.00	100.00	100.00	100.00	100.00	100.00	100.00
短期借款	3.73	71.70	0.00	3.46	62.84	0.00	3.60	4.75	4.88
向中央银行借款	0.00	0.00	0.00	0.00	0.00	0.00	0.00	0.00	0.00
拆入资金	0.00	0.00	0.00	0.00	0.00	0.00	0.00	0.00	0.00
交易性金融负债	0.00	1.93	0.00	0.00	1.32	0.00	0.00	0.00	0.00
衍生金融负债	0.00	0.57	0.00	0.00	1.82	0.00	0.00	0.00	0.00
应付票据	0.00	24.57	0.00	0.00	31.79	0.00	0.00	0.00	0.00
应付账款	5.91	31.13	0.26	6.59	27.07	0.17	5.95	5.55	5.62
预收款项	0.00	2.17	0.00	0.00	1.51	0.00	0.00	0.00	1.88
合同负债	1.88	26.49	0.01	1.87	26.45	0.00	1.91	2.04	0.00
卖出回购金融资产款	0.00	0.00	0.00	0.00	1.40	0.00	0.00	0.00	0.00
吸收存款及同业存放	0.00	4.41	0.00	0.00	5.06	0.00	0.00	0.00	0.00
代理买卖证券款	0.00	0.00	0.00	0.00	0.00	0.00	0.00	0.00	0.00
代理承销证券款	0.00	0.00	0.00	0.00	0.00	0.00	0.00	0.00	0.00
应付职工薪酬	1.20	4.26	0.01	1.19	4.33	0.00	1.20	1.19	1.16
应交税费	0.58	13.09	0.02	0.79	14.05	0.00	0.68	0.89	0.78
其他应付款	2.07	33.66	0.00	2.39	54.50	0.02	2.33	2.79	3.30
应付股利	0.00	6.84	0.00	0.00	7.39	0.00	0.00	0.00	0.00
应付手续费及佣金	0.00	0.00	0.00	0.00	0.00	0.00	0.00	0.00	0.00
应付分保账款	0.00	0.00	0.00	0.00	0.00	0.00	0.00	0.00	0.00

续表

年份	2023			2022			2021	2020	2019
	中位数	最大值	最小值	中位数	最大值	最小值	中位数	中位数	中位数
一年内到期的非流动负债	0.38	28.44	0.00	0.30	15.65	0.00	0.20	0.00	0.00
其他流动负债	0.24	6.03	0.00	0.29	4.57	0.00	0.23	0.26	0.00
流动负债合计	24.97	88.91	2.01	26.05	90.26	1.39	26.08	26.86	30.48
保险合同准备金	0.00	0.00	0.00	0.00	0.00	0.00	0.00	0.00	0.00
长期借款	0.21	37.29	0.00	0.00	22.06	0.00	0.00	0.00	0.00
应付债券	0.00	22.50	0.00	0.00	21.70	0.00	0.00	0.00	0.00
租赁负债	0.23	31.33	0.00	0.14	32.41	0.00	0.15	0.00	0.00
长期应付款	0.00	10.09	0.00	0.00	5.12	0.00	0.00	0.00	0.00
预计负债	0.00	4.77	0.00	0.00	18.97	0.00	0.00	0.00	0.00
递延收益－非流动负债	0.59	7.68	0.00	0.60	7.51	0.00	0.64	0.63	0.62
递延所得税负债	0.17	11.93	0.00	0.14	11.01	0.00	0.14	0.12	0.11
其他非流动负债	0.00	30.99	0.00	0.00	27.32	0.00	0.00	0.00	0.00
非流动负债合计	4.13	45.83	0.00	4.13	65.53	0.06	3.63	3.07	3.04
负债合计	33.38	103.69	2.26	33.32	100.57	1.69	34.89	32.62	34.34
实收资本（或股本）	11.11	95.07	0.46	11.33	93.45	0.49	11.72	12.16	13.46
其他权益工具	0.00	13.31	−2.09	0.00	11.66	−1.85	0.00	0.00	0.00
其中：优先股	0.00	0.00	0.00	0.00	0.00	0.00	0.00	0.00	0.00
其中：永续债	0.00	13.31	0.00	0.00	11.66	0.00	0.00	0.00	0.00
资本公积	22.41	188.96	−0.14	22.14	194.20	−0.88	21.22	20.34	20.23
其中：库存股	0.00	8.93	0.00	0.00	12.11	0.00	0.00	0.00	0.00
其他综合收益	0.00	9.01	−7.97	0.00	9.77	−6.17	0.00	0.00	0.00
专项储备	0.00	1.13	0.00	0.00	1.20	0.00	0.00	0.00	0.00
盈余公积	3.39	20.30	0.00	3.25	18.62	0.00	3.26	3.39	3.48
一般风险准备	0.00	0.61	0.00	0.00	0.59	0.00	0.00	0.00	0.00
未分配利润	23.11	79.33	−184.10	22.84	71.13	−216.15	22.03	20.78	19.71
归属于母公司所有者权益合计	65.07	97.67	−7.07	64.60	98.31	−5.79	64.41	66.12	63.31
少数股东权益	0.45	47.33	−13.45	0.38	43.72	−13.91	0.46	0.57	0.67
所有者权益合计	66.62	97.74	−3.69	66.68	98.31	−0.57	65.11	67.38	65.66
负债与所有者权益总计	100.00	100.00	100.00	100.00	100.00	100.00	100.00	100.00	100.00

注：所有项目均以资产总计为基数。

1. 食品饮料制造业（C13—C15）资产项目分析

资产项目包括流动资产和非流动资产两个方面。

（1）流动资产及其主要构成项目。

2023年，流动资产合计占总资产比例为54.27%。其中，流动资产占比最大的上市公司为94.23%，占比最小的上市公司为6.69%。

主要构成项目：①货币资金占比为18.83%。其中，占比最大的上市公司为74.61%，占比最小的上市公司为1.17%。②其他流动资产占比为0.84%。其中，占比最大的上市公司为39.59%，占比最小的上市公司为0。③交易性金融资产占比为0.01%。其中，占比最大的上市公司为70.93%，占比最小的上市公司为0。

（2）非流动资产及其主要构成项目。

2023年，非流动资产合计占总资产比例为45.73%。其中，非流动资产占比最大的上市公司为93.31%，占比最小的上市公司为5.77%。

主要构成项目：①递延所得税资产占比为0.69%。其中，占比最大的上市公司为11.0%，占比最小的上市公司为0。②其他非流动资产占比为0.5%。其中，占比最大的上市公司为70.57%，占比最小的上市公司为0。③使用权资产占比为0.34%。其中，占比最大的上市公司为28.83%，占比最小的上市公司为0。

（3）资产构成及其主要项目变动趋势分析。

2019~2023年，流动资产合计占比总体上呈基本稳定。其中，2019~2023年，货币资金占比总体上呈大幅上升趋势，从2019年的14.37%增长到2023年的18.83%，但在2019~2020年明显上升，从2019年的14.37%增长到2020年的16.52%；2019~2023年，其他流动资产占比总体上呈大幅下降趋势，从2019年的1.21%降低到2023年的0.84%；2019~2023年，交易性金融资产占比总体上基本稳定，且在2021~2022年大幅下降，从2021年的0.04%降低到2022年的0.02%。

2019~2023年，非流动资产合计占比总体上呈基本稳定。其中，2019~2023年，递延所得税资产占比总体上呈明显上升趋势，从2019年的0.59%增长到2023年的0.69%；2019~2023年，其他非流动资产占比总体上呈明显上升趋势，从2019年的0.42%增长到2023年的0.5%；2019~2023年，使用权资产占比总体上呈大幅上升趋势，从2019年的0增长到2023年的0.34%，但在2020~2021年明显上升，从2020年的0增长到2021年的0.26%。

2. 食品饮料制造业（C13–C15）负债项目分析

负债项目包括流动负债和非流动负债两个方面。2023年，负债合计占总资产比例为33.38%。其中，负债合计占比最大的上市公司为103.69%，占比最小的上市公司为2.26%。

（1）流动负债及其主要构成项目。

2023年，流动负债合计占总资产比例为24.97%。其中，流动负债占比最大的上市公司为88.91%，占比最小的上市公司为2.01%。

主要构成项目：①应付账款占比为5.91%。其中，占比最大的上市公司为31.13%，占比最小的上市公司为0.26%。②短期借款占比为3.73%。其中，占比最大的上市公司为71.7%，占比最小的上市公司为0。③其他应付款占比为2.07%。其中，占比最大的上市公司为33.66%，占比最小的上市公司为0。

（2）非流动负债及其主要构成项目。

2023年，非流动负债合计占总资产比例为4.13%。其中，非流动负债占比最大的上市公司为45.83%，占比最小的上市公司为0。

主要构成项目：①租赁负债占比为0.23%。其中，占比最大的上市公司为31.33%，占比最小的上市公司为0。②长期借款占比为0.21%。其中，占比最大的上市公司为37.29%，占比最小的上市公司为0。③递延所得税负债占比为0.17%。其中，占比最大的上市公司为11.93%，占比最小的上市公司为0。

（3）负债构成及其主要项目变动趋势分析。

2019~2023年，流动负债合计占比总体上呈明显下降趋势。其中，2019~2023年，应付账款占比总体上呈明显上升趋势，从2019年的5.62%增长到2023年的5.91%；2019~2023年，短期借款占比总体上呈明显下降趋势，从2019年的4.88%降低到2023年的3.73%；2019~2023年，其他应付款占比总体上呈大幅下降趋势，从2019年的3.3%降低到2023年的2.07%，但在2020~2021年明显下降，从2020年的2.79%降低到2021年的2.33%。

2019~2023年，非流动负债合计占比总体上呈大幅上升趋势。其中，2019~2023年，租赁负债占比总体上呈明显上升趋势，从2019年的0增长到2023年的0.23%，且在2022~2023年大幅上升，从2022年的0.14%增长到2023年的0.23%；2019~2023年，长期借款占比总体上呈明显上升趋势，从2019年的0增长到2023年的0.21%；2019~2023年，递延所得税负债占比总体上呈大幅上升趋势，从2019年的0.11%增长到2023年的0.17%，但在2022~2023年明显上升，从2022年的0.14%增长到2023年的0.17%。

3. 食品饮料制造业（C13-C15）所有者权益项目分析

所有者权益项目包括实收资本（股本）、资本公积、盈余公积和未分配利润等四个方面。

（1）所有者权益及其主要构成项目。

2023年，所有者权益合计占总资产比例为66.62%。其中，所有者权益占比最大的上市公司为97.74%，占比最小的上市公司为-3.69%。

主要构成项目：①实收资本（或股本）占比为11.11%。其中，占比最大的上市公司为95.07%，占比最小的上市公司为0.46%。②资本公积占比为22.41%。其中，占比最大的上市公司为188.96%，占比最小的上市公司为-0.14%。③盈余公积占比为3.39%。其中，占比最大的上市公司为20.3%，占比最小的上市公司为0。④未分配利润占比为23.11%。其中，占比最大的上市公司为79.33%，占比最小的上市公司为-184.1%。

（2）所有者权益构成及其主要项目变动趋势分析。

2019~2023年，所有者权益合计占比总体上呈基本稳定。其中，2019~2023年，实收资本（或股本）占比总体上呈明显下降趋势，从2019年的13.46%降低到2023年的11.11%；2019~2023年，资本公积占比总体上呈明显上升趋势，从2019年的20.23%增长到2023年的22.41%，但在2021~2022年基本稳定，从2021年的21.22%增长到2022年的22.14%；2019~2023年，盈余公积占比总体上基本稳定；2019~2023年，未分配利润占比总体上呈明显上升趋势，从2019年的19.71%增长到2023年的23.11%。

（二）证券市场食品饮料制造业（C13–C15）利润分析

证券市场食品饮料制造业（C13–C15）利润分析见表3.15。

表3.15　　　　　食品饮料制造业（C13–C15）利润表　　　　　单位：%

年份	2023			2022			2021	2020	2019
	中位数	最大值	最小值	中位数	最大值	最小值	中位数	中位数	中位数
营业总收入	100.00	100.00	100.00	100.00	100.00	100.00	100.00	100.00	100.00
营业收入	100.00	100.00	98.10	100.00	100.00	97.29	100.00	100.00	100.00
利息净收入	0.00	1.90	0.00	0.00	2.71	0.00	0.00	0.00	0.00
利息收入	0.00	1.90	0.00	0.00	2.71	0.00	0.00	0.00	0.00
已赚保费	0.00	0.00	0.00	0.00	0.00	0.00	0.00	0.00	0.00
保险业务收入	0.00	0.00	0.00	0.00	0.00	0.00	0.00	0.00	0.00
减：分出保费	0.00	0.00	0.00	0.00	0.00	0.00	0.00	0.00	0.00
减：提取未到期责任准备金	0.00	0.00	0.00	0.00	0.00	0.00	0.00	0.00	0.00
手续费及佣金净收入	0.00	0.00	0.00	0.00	0.00	0.00	0.00	0.00	0.00
手续费及佣金收入	0.00	0.00	0.00	0.00	0.00	0.00	0.00	0.00	0.00
营业总成本	91.88	199.49	31.19	92.49	275.02	31.16	92.37	89.98	92.24
营业成本	73.65	105.44	7.88	74.38	112.88	7.91	72.83	70.08	66.82
利息支出	0.00	0.00	0.00	0.00	0.00	0.00	0.00	0.00	0.00
手续费及佣金支出	0.00	0.00	0.00	0.00	0.00	0.00	0.00	0.00	0.00
退保金	0.00	0.00	0.00	0.00	0.00	0.00	0.00	0.00	0.00
赔付支出净额	0.00	0.00	0.00	0.00	0.00	0.00	0.00	0.00	0.00
赔付支出	0.00	0.00	0.00	0.00	0.00	0.00	0.00	0.00	0.00
减：摊回赔付支出	0.00	0.00	0.00	0.00	0.00	0.00	0.00	0.00	0.00
提取保险责任准备金净额	0.00	0.08	0.00	0.00	0.04	0.00	0.00	0.00	0.00
提取保险责任准备金	0.00	0.05	0.00	0.00	0.00	0.00	0.00	0.00	0.00
减：摊回保险责任准备金	0.00	0.00	0.00	0.00	0.00	0.00	0.00	0.00	0.00
保单红利支出	0.00	0.00	0.00	0.00	0.00	0.00	0.00	0.00	0.00
分保费用	0.00	0.00	0.00	0.00	0.00	0.00	0.00	0.00	0.00
税金及附加	0.84	19.51	0.12	0.83	19.93	0.10	0.82	0.90	0.93
销售费用	8.90	79.97	0.24	8.77	76.94	0.22	8.44	9.09	10.64
管理费用	5.25	90.14	1.08	4.97	157.13	1.20	5.34	5.48	5.99
研发费用	0.98	11.43	0.00	1.00	8.80	0.00	0.90	0.82	0.66

续表

年份	2023			2022			2021	2020	2019
	中位数	最大值	最小值	中位数	最大值	最小值	中位数	中位数	中位数
财务费用	−0.02	15.72	−9.11	−0.06	9.58	−13.32	0.16	0.20	0.24
其他收益	0.58	5.69	0.00	0.55	13.13	0.00	0.51	0.68	0.57
投资收益	0.08	522.58	−54.58	0.11	957.22	−35.64	0.24	0.25	0.34
汇兑收益	0.00	0.00	0.00	0.00	0.00	0.00	0.00	0.00	0.00
其他业务收入	0.00	0.00	0.00	0.00	0.00	0.00	0.00	0.00	0.00
净敞口套期收益	0.00	0.00	0.00	0.00	0.00	0.00	0.00	0.00	0.00
公允价值变动收益	0.00	26.80	−16.48	0.00	3.77	−129.35	0.00	0.00	0.00
信用减值损失	−0.07	3.21	−30.62	−0.09	1.18	−30.50	−0.05	−0.08	−0.09
资产减值损失	−0.27	0.07	−42.29	−0.22	0.29	−589.42	−0.19	−0.15	−0.16
资产处置收益	0.00	33.28	−1.02	0.00	9.59	−0.96	−0.00	0.00	0.00
业务及管理费	0.00	0.00	0.00	0.00	0.00	0.00	0.00	0.00	0.00
减：摊回分保费用	0.00	0.00	0.00	0.00	0.00	0.00	0.00	0.00	0.00
其他业务成本	0.00	0.08	0.00	0.00	0.08	0.00	0.00	0.00	0.00
其他业务利润	0.00	0.00	0.00	0.00	0.00	0.00	0.00	0.00	0.00
营业利润	9.34	448.34	−121.09	8.19	667.85	−630.38	9.25	11.06	8.93
加：营业外收入	0.07	22.99	0.00	0.08	21.56	0.00	0.09	0.13	0.14
减：营业外支出	0.12	10.74	0.00	0.14	22.15	0.00	0.16	0.22	0.15
利润总额	9.16	448.42	−121.70	8.14	685.66	−630.86	9.17	11.24	8.98
减：所得税费用	1.42	17.36	−5.62	1.31	17.50	−6.18	1.47	1.89	1.41
未确认的投资损失	0.00	0.00	0.00	0.00	0.00	0.00	0.00	0.00	0.00
影响净利润的其他项目	0.00	0.00	0.00	0.00	0.00	0.00	0.00	0.00	0.00
净利润	7.32	448.42	−124.47	6.77	685.66	−630.87	7.86	9.34	7.58
归属于母公司所有者的净利润	7.06	453.46	−125.24	6.45	685.66	−603.28	7.64	8.68	7.53
归属于母公司其他权益工具持有者的净利润	0.00	0.00	0.00	0.00	0.00	0.00	0.00	0.00	0.00
少数股东损益	0.00	12.72	−6.97	0.00	9.43	−27.59	0.00	0.00	0.00
其他综合收益（损失）	0.00	5.66	−9.27	0.00	6.44	−7.04	0.00	0.00	0.00
综合收益总额	7.32	439.14	−124.47	6.78	692.10	−630.87	7.64	9.72	7.77
归属于母公司所有者的综合收益	7.09	444.19	−125.24	5.92	692.10	−603.28	7.35	8.79	7.94
归属少数股东的综合收益	0.00	12.72	−6.97	0.00	9.44	−27.59	0.00	0.00	0.00
基本每股收益	0.41	59.49	−6.61	0.40	49.93	−6.37	0.36	0.51	0.34
稀释每股收益	0.36	59.49	−6.61	0.36	49.93	−6.37	0.33	0.44	0.32

1. 食品饮料制造业（C13-C15）成本费用项目分析

（1）成本与费用及其主要构成项目。

主要构成项目：①营业成本占营业总收入比例为73.65%。其中，营业成本占比最大的上市公司为105.44%，占比最小的上市公司为7.88%。②销售费用占营业总收入比例为8.9%。其中，销售费用占比最大的上市公司为79.97%，占比最小的上市公司为0.24%。③管理费用占营业总收入比例为5.25%。其中，管理费用占比最大的上市公司为90.14%，占比最小的上市公司为1.08%。④财务费用占营业总收入比例为-0.02%。其中，财务费用占比最大的上市公司为15.72%，占比最小的上市公司为-9.11%。⑤研发费用占营业总收入比例为0.98%。其中，研发费用占比最大的上市公司为11.43%，占比最小的上市公司为0。

（2）成本与费用及其主要项目变动趋势分析。

2019~2023年，营业成本占比明显上升，从2019年的66.82%增长到2023年的73.65%；2019~2023年，销售费用占比明显下降，从2019年的10.64%下降为2023年的8.9%；2019~2023年，管理费用占比明显下降，从2019年的5.99%下降为2023年的5.25%；2019~2023年，财务费用占比大幅下降，从2019年的0.24%下降为2023年的-0.02%；2019~2023年，研发费用占比大幅上升，从2019年的0.66%增长到2023年的0.98%。

2. 食品饮料制造业（C13-C15）其他损益项目分析

（1）其他损益及其主要构成项目。

主要构成项目：①资产减值损失占营业总收入比例为-0.27%。其中，资产减值损失占比最大的上市公司为0.07%，占比最小的上市公司为-42.29%。②投资收益占营业总收入比例为0.08%。其中，投资收益占比最大的上市公司为522.58%，占比最小的上市公司为-54.58%。③基本每股收益为0.41元。其中，基本每股收益最大的上市公司为59.49元，最小的上市公司为-6.61元。④其他收益占营业总收入比例为0.58%。其中，其他收益占比最大的上市公司为5.69%，占比最小的上市公司为0。⑤信用减值损失占营业总收入比例为-0.07%。其中，信用减值损失占比最大的上市公司为3.21%，占比最小的上市公司为-30.62%。

（2）其他损益及其主要项目变动趋势分析。

2019~2023年，资产减值损失占比大幅下降，从2019年的-0.16%下降为2023年的-0.27%；2019~2023年，投资收益占比大幅下降，从2019年的0.34%下降为2023年的0.08%；2019~2023年，其他收益占比基本稳定，从2019年的0.57%增长到2023年的0.58%；2019~2023年，信用减值损失占比明显上升，从2019年的-0.09%增长到2023年的-0.07%。

3. 食品饮料制造业（C13-C15）利润项目分析

（1）利润及其主要构成项目。

主要构成项目：①营业利润占营业总收入比例为9.34%。其中，营业利润占比最大

的上市公司为448.34%，占比最小的上市公司为−121.09%。②利润总额占营业总收入比例为9.16%。其中，利润总额占比最大的上市公司为448.42%，占比最小的上市公司为−121.7%。③净利润占营业总收入比例为7.32%。其中，净利润占比最大的上市公司为448.42%，占比最小的上市公司为−124.47%。④归属于母公司所有者的净利润占营业总收入比例为7.06%。其中，归属于母公司所有者的净利润占比最大的上市公司为453.46%，占比最小的上市公司为−125.24%。

（2）利润及其主要项目变动趋势分析。

2019~2023年，营业利润占比基本稳定，从2019年的8.93%增长到2023年的9.34%；2019~2023年，利润总额占比基本稳定，从2019年的8.98%增长到2023年的9.16%；2019~2023年，净利润占比基本稳定，从2019年的7.58%下降为2023年的7.32%；2019~2023年，归属于母公司所有者的净利润占比明显下降，从2019年的7.53%下降为2023年的7.06%。

（三）证券市场食品饮料制造业（C13−C15）现金流量分析

证券市场食品饮料制造业（C13−C15）现金流量分析见表3.16。

表3.16　　　　食品饮料制造业（C13−C15）现金流量表　　　　单位：%

年份	2023			2022			2021	2020	2019
	中位数	最大值	最小值	中位数	最大值	最小值	中位数	中位数	中位数
销售商品、提供劳务收到的现金	65.04	96.78	13.57	64.62	98.14	7.48	62.04	60.16	62.53
客户存款和同业存放款项净增加额	0.00	0.01	−0.44	0.00	0.01	−6.22	0.00	0.00	0.00
向中央银行借款净增加额	0.00	0.00	0.00	0.00	0.00	0.00	0.00	0.00	0.00
向其他金融机构拆入资金净增加额	0.00	0.00	0.00	0.00	0.00	0.00	0.00	0.00	0.00
收到原保险合同保费取得的现金	0.00	0.00	0.00	0.00	0.00	0.00	0.00	0.00	0.00
收到再保险业务现金净额	0.00	0.00	0.00	0.00	0.00	0.00	0.00	0.00	0.00
保户储金及投资款净增加额	0.00	0.00	0.00	0.00	0.00	0.00	0.00	0.00	0.00
处置交易性金融资产净增加额	0.00	0.00	0.00	0.00	0.00	0.00	0.00	0.00	0.00
收取利息、手续费及佣金的现金	0.00	1.63	0.00	0.00	2.27	0.00	0.00	0.00	0.00
拆入资金净增加额	0.00	0.00	0.00	0.00	0.00	0.00	0.00	0.00	0.00
回购业务资金净增加额	0.00	0.00	0.00	0.00	0.00	0.00	0.00	0.00	0.00
收到的税费返还	0.11	6.68	0.00	0.20	13.23	0.00	0.01	0.02	0.01
收到的其他与经营活动有关的现金	1.25	12.25	0.04	1.13	14.71	0.01	1.11	1.26	1.26

续表

年份	2023			2022			2021	2020	2019
	中位数	最大值	最小值	中位数	最大值	最小值	中位数	中位数	中位数
经营活动现金流入小计	67.57	98.68	14.42	66.71	98.87	10.00	64.29	63.40	65.26
购买商品、接受劳务支付的现金	44.25	86.96	4.30	43.68	85.68	4.92	42.17	38.30	37.47
客户贷款及垫款净增加额	0.00	0.01	-1.15	0.00	0.44	-0.14	0.00	0.00	0.00
存放中央银行和同业款项净增加额	0.00	0.88	0.00	0.00	7.95	0.00	0.00	0.00	0.00
支付原保险合同赔付款项的现金	0.00	0.00	0.00	0.00	0.00	0.00	0.00	0.00	0.00
支付利息、手续费及佣金的现金	0.00	0.08	0.00	0.00	0.05	0.00	0.00	0.00	0.00
支付保单红利的现金	0.00	0.00	0.00	0.00	0.00	0.00	0.00	0.00	0.00
支付给职工以及为职工支付的现金	6.71	29.95	0.62	6.48	27.79	0.46	6.28	5.68	6.24
支付的各项税费	3.21	37.46	0.14	2.89	37.81	0.05	2.94	3.12	3.51
支付其他与经营活动有关的现金	4.46	30.14	0.41	4.42	30.37	0.32	4.46	4.96	6.18
经营活动现金流出小计	64.65	97.62	10.50	65.05	97.59	12.03	64.24	61.07	60.65
经营活动产生的现金流量净额	5.86	39.51	-24.39	5.99	34.04	-34.62	5.42	5.84	5.82
收回投资收到的现金	1.30	136.60	0.00	1.33	108.22	0.00	1.64	1.12	1.20
取得投资收益收到的现金	0.08	25.03	0.00	0.09	11.02	0.00	0.11	0.10	0.10
处置固定资产、无形资产和其他长期资产收回的现金净额	0.02	14.37	0.00	0.02	5.89	0.00	0.02	0.02	0.02
处置子公司及其他营业单位收到的现金净额	0.00	12.45	-0.01	0.00	4.59	0.00	0.00	0.00	0.00
收到的其他与投资活动有关的现金	0.00	91.90	0.00	0.00	84.80	0.00	0.00	0.00	0.00
投资活动产生的现金流入小计	5.58	161.74	0.00	5.06	109.21	0.00	7.34	9.14	9.84
购建固定资产、无形资产和其他长期资产支付的现金	4.30	31.50	0.20	3.82	20.89	0.07	4.21	3.86	3.80
投资支付的现金	2.46	81.62	0.00	2.54	81.47	0.00	1.51	1.72	0.64
质押贷款净增加额	0.00	0.00	0.00	0.00	0.00	0.00	0.00	0.00	0.00
取得子公司及其他营业单位支付的现金净额	0.00	13.70	0.00	0.00	4.00	0.00	0.00	0.00	0.00
支付其他与投资活动有关的现金	0.00	73.27	0.00	0.00	64.44	0.00	0.00	0.00	0.00

续表

年份	2023 中位数	2023 最大值	2023 最小值	2022 中位数	2022 最大值	2022 最小值	2021 中位数	2020 中位数	2019 中位数
投资活动产生的现金流出小计	14.35	87.36	0.40	13.76	84.89	0.21	16.41	19.34	16.10
投资活动产生的现金流量净额	−3.53	82.20	−45.14	−3.69	30.41	−37.45	−4.74	−4.39	−3.78
吸收投资收到的现金	0.00	44.89	0.00	0.00	40.86	0.00	0.00	0.00	0.00
吸收权益性投资收到的现金	0.00	44.89	0.00	0.00	40.86	0.00	0.00	0.00	0.00
其中：子公司吸收少数股东投资收到的现金	0.00	4.54	0.00	0.00	6.29	0.00	0.00	0.00	0.00
发行债券收到的现金	0.00	0.00	0.00	0.00	3.88	0.00	0.00	0.00	0.00
取得借款收到的现金	6.71	63.30	0.00	6.60	60.70	0.00	5.49	7.82	6.00
收到其他与筹资活动有关的现金	0.00	22.41	0.00	0.00	21.08	0.00	0.00	0.00	0.00
筹资活动现金流入小计	9.54	63.36	0.00	10.36	60.74	0.00	12.50	12.04	12.16
偿还债务支付的现金	5.75	63.23	0.00	6.08	65.47	0.00	5.53	6.38	7.40
分配股利、利润或偿付利息支付的现金	1.90	33.01	0.00	1.66	34.96	0.00	1.72	1.91	1.89
其中：子公司支付给少数股东的股利、利润	0.00	8.02	0.00	0.00	6.66	0.00	0.00	0.00	0.00
支付其他与筹资活动有关的现金	0.82	22.74	0.00	0.46	21.30	0.00	0.37	0.17	0.35
筹资活动现金流出小计	12.15	65.46	0.07	11.26	67.36	0.00	11.27	11.53	11.79
筹资活动产生的现金流量净额	−2.54	43.81	−37.64	−1.16	38.59	−40.06	−1.22	−0.44	−1.43
现金总流入	100.00	100.00	100.00	100.00	100.00	100.00	100.00	100.00	100.00
现金总流出	100.00	100.00	100.00	100.00	100.00	100.00	100.00	100.00	100.00
现金流量净额	0.67	95.39	−47.43	1.01	49.62	−26.78	1.47	1.32	0.11

注：现金流入项目以现金总流入为基数，现金流出项目以现金总流出为基数。

1. 食品饮料制造业（C13-C15）现金流入项目分析

现金流入包括经营活动产生的现金流入、投资活动产生的现金流入和筹资活动产生的现金流入三个方面。

（1）经营活动现金流入及其主要构成项目。

2023年，经营活动产生的现金流入占总现金流入比例为67.57%。其中，经营活动产生的现金流入占比最大的上市公司为98.68%，占比最小的上市公司为14.42%。

主要构成项目：销售商品、提供劳务收到的现金占比为65.04%。其中，占比最大的上市公司为96.78%，占比最小的上市公司为13.57%。

（2）投资活动现金流入及其主要构成项目。

2023年，投资活动产生的现金流入占总现金流入比例为5.58%。其中，投资活动产生的现金流入占比最大的上市公司为161.74%，占比最小的上市公司为0。

主要构成项目：收回投资收到的现金占比为1.3%。其中，占比最大的上市公司为136.6%，占比最小的上市公司为0。

（3）筹资活动现金流入及其主要构成项目。

2023年，筹资活动产生的现金流入占总现金流入比例为9.54%。其中，筹资活动产生的现金流入占比最大的上市公司为63.36%，占比最小的上市公司为0。

主要构成项目：取得借款收到的现金占比为6.71%。其中，占比最大的上市公司为63.3%，占比最小的上市公司为0。

（4）现金流入构成及其主要项目变动趋势分析。

2019~2023年，经营活动产生的现金流入占比总体上基本稳定。其中，2019~2023年，销售商品、提供劳务收到的现金占比总体上基本稳定。

2019~2023年，投资活动产生的现金流入占比总体上大幅下降，从2019年的9.84%降低到2023年的5.58%。其中，2019~2023年，收回投资收到的现金占比总体上呈明显上升趋势，从2019年的1.2%增长到2023年的1.3%，且在2020~2021年大幅上升，从2020年的1.12%增长到2021年的1.64%。

2019~2023年，筹资活动产生的现金流入占比总体上明显下降，从2019年的12.16%降低到2023年的9.54%。其中，2019~2023年，取得借款收到的现金占比总体上呈明显上升趋势，从2019年的6.0%增长到2023年的6.71%，且在2019~2020年大幅上升，从2019年的6.0%增长到2020年的7.82%。

2. 食品饮料制造业（C13-C15）现金流出项目分析

现金流出包括经营活动产生的现金流出、投资活动产生的现金流出和筹资活动产生的现金流出三个方面。

（1）经营活动现金流出及其主要构成项目。

2023年，经营活动产生的现金流出占总现金流出比例为64.65%。其中，经营活动产生的现金流出占比最大的上市公司为97.62%，占比最小的上市公司为10.5%。

主要构成项目：①购买商品、接受劳务支付的现金占比为44.25%。其中，占比最大的上市公司为86.96%，占比最小的上市公司为4.3%。②支付给职工以及为职工支付的现金占比为6.71%。其中，占比最大的上市公司为29.95%，占比最小的上市公司为0.62%。③支付其他与经营活动有关的现金占比为4.46%。其中，占比最大的上市公司为30.14%，占比最小的上市公司为0.41%。

（2）投资活动现金流出及其主要构成项目。

2023年，投资活动产生的现金流出占总现金流出比例为14.35%。其中，投资活动产生的现金流出占比最大的上市公司为87.36%，占比最小的上市公司为0.4%。

主要构成项目：①购建固定资产、无形资产和其他长期资产支付的现金占比为4.3%。其中，占比最大的上市公司为31.5%，占比最小的上市公司为0.2%。②投资支付的现金占比为2.46%。其中，占比最大的上市公司为81.62%，占比最小的上市公司为0。

（3）筹资活动现金流出及其主要构成项目。

2023年，筹资活动产生的现金流出占总现金流出比例为12.15%。其中，筹资活动产生的现金流出占比最大的上市公司为65.46%，占比最小的上市公司为0.07%。

主要构成项目：偿还债务支付的现金占比为5.75%。其中，占比最大的上市公司为63.23%，占比最小的上市公司为0。

（4）现金流出构成及其主要项目变动趋势分析。

2019~2023年，经营活动产生的现金流出占比总体上明显上升，从2019年的60.65%增长到2023年的64.65%。其中，2019~2023年，购买商品、接受劳务支付的现金占比总体上呈明显上升趋势，从2019年的37.47%增长到2023年的44.25%。

2019~2023年，投资活动产生的现金流出占比总体上明显下降，从2019年的16.1%降低到2023年的14.35%。其中，2019~2023年，购建固定资产、无形资产和其他长期资产支付的现金占比总体上呈明显上升趋势，从2019年的3.8%增长到2023年的4.3%。

2019~2023年，筹资活动产生的现金流出占比总体上基本稳定。其中，2019~2023年，偿还债务支付的现金占比总体上呈明显下降趋势，从2019年的7.4%降低到2023年的5.75%。

3.食品饮料制造业（C13–C15）现金流量净额项目分析

现金流量净额包括经营活动现金流量净额、投资活动现金流量净额和筹资活动现金流量净额三个方面。

（1）现金流量净额及其主要构成项目。

2023年，现金流量净额占总现金流入比例为0.67%。其中，现金流量净额占比最大的上市公司为95.39%，占比最小的上市公司为–47.43%。

主要构成项目：①经营活动产生的现金流量净额占总现金流入比例为5.86%。其中，占比最大的上市公司为39.51%，占比最小的上市公司为–24.39%。②投资活动产生的现金流量净额占总现金流入比例为–3.53%。其中，占比最大的上市公司为82.2%，占比最小的上市公司为–45.14%。③筹资活动产生的现金流量净额占总现金流入比例为–2.54%。其中，占比最大的上市公司为43.81%，占比最小的上市公司为–37.64%。

（2）现金流量净额构成及其主要项目变动趋势分析。

2019~2023年，现金流量净额占比总体上大幅上升，从2019年的0.11%增长到2023年的0.67%。其中，2019~2023年，经营活动产生的现金流量净额基本稳定，从2019年的5.82%到2023年的5.86%。2019~2023年，投资活动产生的现金流量净额明显上升，从2019年的–3.78%增加到2023年的–3.53%。2019~2023年，筹资活动产生的现金流量净额大幅下降，从2019年的–1.43%减少到2023年的–2.54%。

四、纺织服装制造业（C17-C19）

纺织服装制造业（C17-C19）由证监会行业分类（2012）中纺织业（代码：C17），纺织服装、服饰业（代码：C18）和皮革、毛皮、羽毛及其制品和制鞋业（代码：C19）组成。2019~2023年，证券市场纺织服装制造业（C17-C19）上市公司发展状况见表3.17。

表3.17　　　　　纺织服装制造业（C17-C19）上市公司数量　　　　　单位：家

年份	2023	2022	2021	2020	2019
数量	102	104	102	92	84

注：公开披露定期报告的上市公司家数。

（一）证券市场纺织服装制造业（C17-C19）财务状况分析

证券市场纺织服装制造业（C17-C19）财务状况分析见表3.18。

表3.18　　　　　纺织服装制造业（C17-C19）资产负债表　　　　　单位：%

年份	2023			2022			2021	2020	2019
	中位数	最大值	最小值	中位数	最大值	最小值	中位数	中位数	中位数
货币资金	17.28	65.49	0.25	16.73	60.18	1.18	16.64	16.55	13.89
结算备付金	0.00	0.00	0.00	0.00	0.00	0.00	0.00	0.00	0.00
拆出资金净额	0.00	0.00	0.00	0.00	0.00	0.00	0.00	0.00	0.00
交易性金融资产	1.34	42.75	0.00	2.05	61.56	0.00	1.81	2.01	0.60
衍生金融资产	0.00	0.16	0.00	0.00	0.14	0.00	0.00	0.00	0.00
应收票据净额	0.01	4.53	0.00	0.00	5.06	0.00	0.00	0.00	0.00
应收账款净额	7.47	35.01	0.37	7.96	37.85	0.34	7.59	8.06	8.52
应收款项融资	0.00	9.66	0.00	0.00	5.17	0.00	0.02	0.01	0.00
预付款项净额	0.70	7.33	0.06	0.80	6.10	0.06	1.00	1.06	1.27
应收保费净额	0.00	0.00	0.00	0.00	0.00	0.00	0.00	0.00	0.00
应收分保账款净额	0.00	2.00	0.00	0.00	0.00	0.00	0.00	0.00	0.00
应收分保合同准备金净额	0.00	0.00	0.00	0.00	0.00	0.00	0.00	0.00	0.00
其他应收款净额	0.72	9.50	0.02	0.79	11.90	0.02	0.81	0.95	1.04
应收股利净额	0.00	0.37	0.00	0.00	0.38	0.00	0.00	0.00	0.00
买入返售金融资产净额	0.00	0.00	0.00	0.00	0.00	0.00	0.00	0.00	0.00
存货净额	15.47	60.60	3.18	15.94	61.56	1.49	16.76	15.81	18.11
合同资产	0.00	1.35	0.00	0.00	1.33	0.00	0.00	0.00	0.00
一年内到期的非流动资产	0.00	18.91	0.00	0.00	10.22	0.00	0.00	0.00	0.00
其他流动资产	1.11	20.99	0.00	0.98	10.72	0.02	1.17	1.29	1.26

续表

年份	2023			2022			2021	2020	2019
	中位数	最大值	最小值	中位数	最大值	最小值	中位数	中位数	中位数
流动资产合计	58.95	83.86	16.50	57.71	87.38	27.55	60.89	59.74	57.72
发放贷款及垫款净额	0.00	0.00	0.00	0.00	0.00	0.00	0.00	0.00	0.00
债权投资	0.00	8.88	0.00	0.00	3.31	0.00	0.00	0.00	0.00
其他债权投资	0.00	1.95	0.00	0.00	2.25	0.00	0.00	0.00	0.00
长期应收款净额	0.00	4.86	0.00	0.00	4.99	0.00	0.00	0.00	0.00
长期股权投资净额	0.08	30.02	0.00	0.10	24.42	0.00	0.12	0.00	0.00
其他权益工具投资	0.00	11.12	0.00	0.00	12.43	0.00	0.00	0.00	0.04
其他非流动金融资产	0.00	24.73	0.00	0.00	28.68	0.00	0.00	0.00	0.00
投资性房地产净额	0.17	32.49	0.00	0.23	25.15	0.00	0.10	0.08	0.10
固定资产净额	18.88	61.39	0.36	17.49	60.85	0.28	15.93	15.71	13.91
在建工程净额	0.84	32.71	0.00	1.08	44.94	0.00	1.52	0.99	0.75
生产性生物资产净额	0.00	0.19	0.00	0.00	0.27	0.00	0.00	0.00	0.00
油气资产净额	0.00	0.00	0.00	0.00	0.00	0.00	0.00	0.00	0.00
使用权资产	0.62	11.27	0.00	0.65	11.82	0.00	0.70	0.00	0.00
无形资产净额	3.24	22.54	0.22	3.36	21.98	0.26	3.44	3.73	3.80
开发支出	0.00	0.30	0.00	0.00	0.24	0.00	0.00	0.00	0.00
商誉净额	0.00	32.24	0.00	0.00	29.86	0.00	0.00	0.00	0.00
长期待摊费用	0.30	3.59	0.00	0.30	4.17	0.00	0.28	0.38	0.62
递延所得税资产	1.08	9.37	0.00	1.00	7.97	0.00	0.92	1.06	0.84
其他非流动资产	0.29	23.64	0.00	0.32	32.08	0.00	0.26	0.18	0.18
非流动资产合计	41.05	83.50	16.14	42.29	72.45	12.62	39.11	40.25	42.28
资产总计	100.00	100.00	100.00	100.00	100.00	100.00	100.00	100.00	100.00
短期借款	5.35	62.30	0.00	6.01	67.46	0.00	3.79	5.50	5.50
向中央银行借款	0.00	0.00	0.00	0.00	0.00	0.00	0.00	0.00	0.00
拆入资金	0.00	0.00	0.00	0.00	0.00	0.00	0.00	0.00	0.00
交易性金融负债	0.00	14.13	0.00	0.00	12.10	0.00	0.00	0.00	0.00
衍生金融负债	0.00	0.95	0.00	0.00	0.27	0.00	0.00	0.00	0.00
应付票据	0.68	14.71	0.00	0.90	19.88	0.00	1.56	1.24	0.78
应付账款	7.06	26.01	0.42	7.22	24.71	0.81	7.11	6.62	7.07
预收款项	0.00	3.06	0.00	0.00	18.51	0.00	0.00	0.00	1.04
合同负债	1.02	13.61	0.01	1.02	9.57	0.02	1.02	1.16	0.00

续表

年份	2023			2022			2021	2020	2019
	中位数	最大值	最小值	中位数	最大值	最小值	中位数	中位数	中位数
卖出回购金融资产款	0.00	0.00	0.00	0.00	0.00	0.00	0.00	0.00	0.00
吸收存款及同业存放	0.00	0.00	0.00	0.00	0.00	0.00	0.00	0.00	0.00
代理买卖证券款	0.00	0.00	0.00	0.00	0.00	0.00	0.00	0.00	0.00
代理承销证券款	0.00	0.00	0.00	0.00	0.00	0.00	0.00	0.00	0.00
应付职工薪酬	1.48	5.44	0.01	1.44	5.78	0.00	1.46	1.44	1.47
应交税费	0.64	4.96	0.09	0.74	3.55	0.07	0.97	1.02	1.03
其他应付款	1.42	21.36	0.00	1.60	32.54	0.01	1.52	1.60	1.82
应付股利	0.00	0.54	0.00	0.00	0.43	0.00	0.00	0.00	0.00
应付手续费及佣金	0.00	0.00	0.00	0.00	0.00	0.00	0.00	0.00	0.00
应付分保账款	0.00	0.00	0.00	0.00	0.00	0.00	0.00	0.00	0.00
一年内到期的非流动负债	1.00	15.46	0.00	1.10	26.05	0.00	0.94	0.00	0.00
其他流动负债	0.32	10.06	0.00	0.26	6.83	0.00	0.26	0.15	0.00
流动负债合计	27.72	106.56	2.28	28.17	118.03	2.04	27.22	26.32	27.81
保险合同准备金	0.00	0.00	0.00	0.00	0.00	0.00	0.00	0.00	0.00
长期借款	0.00	19.13	0.00	0.00	19.75	0.00	0.00	0.00	0.00
应付债券	0.00	26.25	0.00	0.00	25.18	0.00	0.00	0.00	0.00
租赁负债	0.33	9.59	0.00	0.29	9.70	0.00	0.36	0.00	0.00
长期应付款	0.00	3.27	0.00	0.00	4.12	0.00	0.00	0.00	0.00
预计负债	0.00	9.99	0.00	0.00	2.82	0.00	0.00	0.00	0.00
递延收益-非流动负债	0.38	4.91	0.00	0.34	6.01	0.00	0.36	0.35	0.23
递延所得税负债	0.11	5.22	0.00	0.14	2.59	0.00	0.10	0.09	0.08
其他非流动负债	0.00	2.02	0.00	0.00	3.20	0.00	0.00	0.00	0.00
非流动负债合计	3.47	30.59	0.05	3.60	26.06	0.05	3.54	2.42	2.34
负债合计	36.67	115.05	2.39	34.66	138.04	2.16	34.09	35.75	34.54
实收资本（或股本）	12.24	292.26	3.13	11.93	255.21	2.34	12.88	14.55	15.34
其他权益工具	0.00	4.90	−2.20	0.00	4.85	−1.12	0.00	0.00	0.00
其中：优先股	0.00	0.00	0.00	0.00	0.00	0.00	0.00	0.00	0.00
其中：永续债	0.00	0.00	0.00	0.00	0.00	0.00	0.00	0.00	0.00
资本公积	24.08	309.37	0.00	25.14	270.18	0.00	26.32	21.78	20.38
其中：库存股	0.00	8.77	0.00	0.00	7.02	0.00	0.00	0.00	0.00
其他综合收益	0.00	9.87	−36.02	0.00	7.00	−21.44	0.00	0.00	0.00

续表

年份	2023			2022			2021	2020	2019
	中位数	最大值	最小值	中位数	最大值	最小值	中位数	中位数	中位数
专项储备	0.00	0.18	0.00	0.00	0.14	0.00	0.00	0.00	0.00
盈余公积	3.56	19.26	0.00	3.60	13.83	0.00	3.42	3.54	3.50
一般风险准备	0.00	0.00	0.00	0.00	0.00	0.00	0.00	0.00	0.00
未分配利润	19.76	54.12	-527.72	19.70	56.33	-452.71	19.78	17.97	19.17
归属于母公司所有者权益合计	62.24	97.61	-15.05	63.43	97.84	-38.78	64.84	63.14	62.39
少数股东权益	0.22	10.00	-1.28	0.22	10.40	-2.74	0.18	0.34	0.59
所有者权益合计	63.32	97.61	-15.05	65.34	97.84	-38.04	65.91	64.26	65.46
负债与所有者权益总计	100.00	100.00	100.00	100.00	100.00	100.00	100.00	100.00	100.00

注：所有项目均以资产总计为基数。

1. 纺织服装制造业（C17-C19）资产项目分析

资产项目包括流动资产和非流动资产两个方面。

（1）流动资产及其主要构成项目。

2023年，流动资产合计占总资产比例为58.95%。其中，流动资产占比最大的上市公司为83.86%，占比最小的上市公司为16.5%。

主要构成项目：①货币资金占比为17.28%。其中，占比最大的上市公司为65.49%，占比最小的上市公司为0.25%。②交易性金融资产占比为1.34%。其中，占比最大的上市公司为42.75%，占比最小的上市公司为0。③其他流动资产占比为1.11%。其中，占比最大的上市公司为20.99%，占比最小的上市公司为0。

（2）非流动资产及其主要构成项目。

2023年，非流动资产合计占总资产比例为41.05%。其中，非流动资产占比最大的上市公司为83.5%，占比最小的上市公司为16.14%。

主要构成项目：①递延所得税资产占比为1.08%。其中，占比最大的上市公司为9.37%，占比最小的上市公司为0。②使用权资产占比为0.62%。其中，占比最大的上市公司为11.27%，占比最小的上市公司为0。③长期待摊费用占比为0.3%。其中，占比最大的上市公司为3.59%，占比最小的上市公司为0。

（3）资产构成及其主要项目变动趋势分析。

2019~2023年，流动资产合计占比总体上呈基本稳定。其中，2019~2023年，货币资金占比总体上呈明显上升趋势，从2019年的13.89%增长到2023年的17.28%；2019~2023年，交易性金融资产占比总体上呈大幅上升趋势，从2019年的0.6%增长到2023年的1.34%；2019~2023年，其他流动资产占比总体上呈明显下降趋势，从2019年的1.26%降低到2023年的1.11%。

2019~2023年，非流动资产合计占比总体上呈基本稳定。其中，2019~2023年，递延所得税资产占比总体上呈明显上升趋势，从2019年的0.84%增长到2023年的1.08%；2019~2023年，使用权资产占比总体上呈大幅上升趋势，从2019年的0增长到2023年的0.62%；2019~2023年，长期待摊费用占比总体上呈大幅下降趋势，从2019年的0.62%降低到2023年的0.3%。

2.纺织服装制造业（C17-C19）负债项目分析

负债项目包括流动负债和非流动负债两个方面。2023年，负债合计占总资产比例为36.67%。其中，负债合计占比最大的上市公司为115.05%，占比最小的上市公司为2.39%。

（1）流动负债及其主要构成项目。

2023年，流动负债合计占总资产比例为27.72%。其中，流动负债占比最大的上市公司为106.56%，占比最小的上市公司为2.28%。

主要构成项目：①应付账款占比为7.06%。其中，占比最大的上市公司为26.01%，占比最小的上市公司为0.42%。②短期借款占比为5.35%。其中，占比最大的上市公司为62.3%，占比最小的上市公司为0。③应付职工薪酬占比为1.48%。其中，占比最大的上市公司为5.44%，占比最小的上市公司为0.01%。

（2）非流动负债及其主要构成项目。

2023年，非流动负债合计占总资产比例为3.47%。其中，非流动负债占比最大的上市公司为30.59%，占比最小的上市公司为0.05%。

主要构成项目：①租赁负债占比为0.33%。其中，占比最大的上市公司为9.59%，占比最小的上市公司为0。②递延所得税负债占比为0.11%。其中，占比最大的上市公司为5.22%，占比最小的上市公司为0。③保险合同准备金占比为0。其中，占比最大的上市公司为0，占比最小的上市公司为0。

（3）负债构成及其主要项目变动趋势分析。

2019~2023年，流动负债合计占比总体上呈基本稳定。其中，2019~2023年，应付账款占比总体上基本稳定，且在2020~2021年明显上升，从2020年的6.62%增长到2021年的7.11%；2019~2023年，短期借款占比总体上基本稳定，且在2021~2022年大幅上升，从2021年的3.79%增长到2022年的6.01%；2019~2023年，应付职工薪酬占比总体上基本稳定。

2019~2023年，非流动负债合计占比总体上呈大幅上升趋势。其中，2019~2023年，租赁负债占比总体上呈大幅上升趋势，从2019年的0增长到2023年的0.33%；2019~2023年，递延所得税负债占比总体上呈大幅上升趋势，从2019年的0.08%增长到2023年的0.11%；2019~2023年，保险合同准备金占比总体上基本稳定。

3.纺织服装制造业（C17-C19）所有者权益项目分析

所有者权益项目包括实收资本（股本）、资本公积、盈余公积和未分配利润等四个方面。

（1）所有者权益及其主要构成项目。

2023年，所有者权益合计占总资产比例为63.32%。其中，所有者权益占比最大的上市公司为97.61%，占比最小的上市公司为-15.05%。

主要构成项目：①实收资本（或股本）占比为12.24%。其中，占比最大的上市公司为292.26%，占比最小的上市公司为3.13%。②资本公积占比为24.08%。其中，占比最大的上市公司为309.37%，占比最小的上市公司为0。③盈余公积占比为3.56%。其中，占比最大的上市公司为19.26%，占比最小的上市公司为0。④未分配利润占比为19.76%。其中，占比最大的上市公司为54.12%，占比最小的上市公司为-527.72%。

（2）所有者权益构成及其主要项目变动趋势分析。

2019~2023年，所有者权益合计占比总体上呈基本稳定。其中，2019~2023年，实收资本（或股本）占比总体上呈明显下降趋势，从2019年的15.34%降低到2023年的12.24%；2019~2023年，资本公积占比总体上呈明显上升趋势，从2019年的20.38%增长到2023年的24.08%；2019~2023年，盈余公积占比总体上基本稳定，且在2021~2022年明显上升，从2021年的3.42%增长到2022年的3.6%；2019~2023年，未分配利润占比总体上基本稳定，且在2020~2021年明显上升，从2020年的17.97%增长到2021年的19.78%。

（二）证券市场纺织服装制造业（C17-C19）利润分析

证券市场纺织服装制造业（C17-C19）利润分析见表3.19。

表3.19　　　　纺织服装制造业（C17-C19）利润表　　　　单位：%

年份	2023			2022			2021	2020	2019
	中位数	最大值	最小值	中位数	最大值	最小值	中位数	中位数	中位数
营业总收入	100.00	100.00	100.00	100.00	100.00	100.00	100.00	100.00	100.00
营业收入	100.00	100.00	99.83	100.00	100.00	99.84	100.00	100.00	100.00
利息净收入	0.00	0.17	0.00	0.00	0.16	0.00	0.00	0.00	0.00
利息收入	0.00	0.17	0.00	0.00	0.16	0.00	0.00	0.00	0.00
已赚保费	0.00	0.00	0.00	0.00	0.00	0.00	0.00	0.00	0.00
保险业务收入	0.00	0.00	0.00	0.00	0.00	0.00	0.00	0.00	0.00
减：分出保费	0.00	0.00	0.00	0.00	0.00	0.00	0.00	0.00	0.00
减：提取未到期责任准备金	0.00	0.00	0.00	0.00	0.00	0.00	0.00	0.00	0.00
手续费及佣金净收入	0.00	0.00	0.00	0.00	0.00	0.00	0.00	0.00	0.00
手续费及佣金收入	0.00	0.00	0.00	0.00	0.00	0.00	0.00	0.00	0.00
营业总成本	93.72	139.88	69.98	93.54	148.81	69.39	92.96	94.36	94.25
营业成本	69.56	95.76	21.39	72.33	118.23	22.60	71.84	68.18	68.90
利息支出	0.00	0.00	0.00	0.00	0.00	0.00	0.00	0.00	0.00
手续费及佣金支出	0.00	0.00	0.00	0.00	0.00	0.00	0.00	0.00	0.00

续表

年份	2023			2022			2021	2020	2019
	中位数	最大值	最小值	中位数	最大值	最小值	中位数	中位数	中位数
退保金	0.00	0.00	0.00	0.00	0.00	0.00	0.00	0.00	0.00
赔付支出净额	0.00	0.00	0.00	0.00	0.00	0.00	0.00	0.00	0.00
赔付支出	0.00	0.00	0.00	0.00	0.00	0.00	0.00	0.00	0.00
减：摊回赔付支出	0.00	0.00	0.00	0.00	0.00	0.00	0.00	0.00	0.00
提取保险责任准备金净额	0.00	0.00	0.00	0.00	0.00	0.00	0.00	0.00	0.00
提取保险责任准备金	0.00	0.00	0.00	0.00	0.00	0.00	0.00	0.00	0.00
减：摊回保险责任准备金	0.00	0.00	0.00	0.00	0.00	0.00	0.00	0.00	0.00
保单红利支出	0.00	0.00	0.00	0.00	0.00	0.00	0.00	0.00	0.00
分保费用	0.00	0.00	0.00	0.00	0.00	0.00	0.00	0.00	0.00
税金及附加	0.84	5.34	0.02	0.69	8.06	0.02	0.74	0.78	0.79
销售费用	7.32	53.98	0.34	6.28	60.23	0.38	6.82	9.64	11.23
管理费用	6.54	24.69	1.95	6.46	25.65	1.76	6.36	6.52	6.36
研发费用	2.78	9.75	0.00	2.79	11.62	0.00	2.51	2.66	2.17
财务费用	0.16	13.32	−8.48	−0.12	23.47	−6.99	0.68	1.00	0.58
其他收益	0.68	4.09	0.01	0.62	4.49	0.02	0.54	0.72	0.52
投资收益	0.29	22.71	−13.97	0.28	22.31	−7.58	0.49	0.36	0.74
汇兑收益	0.00	0.00	−0.01	0.00	0.05	0.00	0.00	0.00	0.00
其他业务收入	0.00	0.00	0.00	0.00	0.00	0.00	0.00	0.00	0.00
净敞口套期收益	0.00	0.00	0.00	0.00	0.00	0.00	0.00	0.00	0.00
公允价值变动收益	0.00	5.68	−79.41	0.00	4.25	−10.75	0.00	0.00	0.00
信用减值损失	−0.18	1.93	−92.00	−0.18	0.90	−66.25	−0.23	−0.23	−0.19
资产减值损失	−1.53	3.23	−42.58	−1.53	0.11	−118.77	−1.22	−1.86	−1.34
资产处置收益	0.01	62.89	−1.88	0.01	1.37	−0.28	0.00	0.00	0.00
业务及管理费	0.00	0.00	0.00	0.00	0.00	0.00	0.00	0.00	0.00
减：摊回分保费用	0.00	0.00	0.00	0.00	0.00	0.00	0.00	0.00	0.00
其他业务成本	0.00	0.03	0.00	0.00	0.02	0.00	0.00	0.00	0.00
其他业务利润	0.00	0.00	0.00	0.00	0.00	0.00	0.00	0.00	0.00
营业利润	6.02	79.48	−172.58	5.14	40.13	−152.53	8.48	7.20	7.44
加：营业外收入	0.12	11.18	0.00	0.11	46.94	0.00	0.12	0.12	0.12
减：营业外支出	0.16	28.54	0.00	0.16	6.74	0.01	0.18	0.19	0.11
利润总额	6.24	79.56	−200.84	5.20	40.26	−154.32	8.59	7.31	7.90
减：所得税费用	1.18	44.80	−1.55	0.89	12.28	−16.91	1.26	1.44	1.43
未确认的投资损失	0.00	0.00	0.00	0.00	0.00	0.00	0.00	0.00	0.00

续表

年份	2023			2022			2021	2020	2019
	中位数	最大值	最小值	中位数	最大值	最小值	中位数	中位数	中位数
影响净利润的其他项目	0.00	0.00	0.00	0.00	0.00	0.00	0.00	0.00	0.00
净利润	5.32	67.93	−245.65	4.64	34.18	−148.06	6.94	6.20	6.33
归属于母公司所有者的净利润	5.18	67.93	−244.99	4.72	34.19	−140.34	6.59	6.02	6.67
归属于母公司其他权益工具持有者的净利润	0.00	0.00	0.00	0.00	0.00	0.00	0.00	0.00	0.00
少数股东损益	0.00	1.93	−8.01	0.00	2.41	−9.38	0.00	0.00	−0.01
其他综合收益（损失）	0.00	13.07	−15.69	0.00	4.35	−11.01	0.00	−0.02	0.00
综合收益总额	5.38	67.88	−249.11	4.56	37.47	−180.36	6.70	4.90	6.19
归属于母公司所有者的综合收益	5.20	67.88	−248.46	4.66	37.49	−178.45	6.28	4.97	6.42
归属少数股东的综合收益	0.00	1.90	−8.01	0.00	2.95	−9.38	0.00	0.00	−0.01
基本每股收益	0.34	3.55	−2.39	0.20	4.76	−3.18	0.34	0.20	0.21
稀释每股收益	0.33	3.55	−2.39	0.20	4.76	−3.18	0.34	0.20	0.21

1. 纺织服装制造业（C17-C19）成本费用项目分析

（1）成本与费用及其主要构成项目。

主要构成项目：①营业成本占营业总收入比例为69.56%。其中，营业成本占比最大的上市公司为95.76%，占比最小的上市公司为21.39%。②销售费用占营业总收入比例为7.32%。其中，销售费用占比最大的上市公司为53.98%，占比最小的上市公司为0.34%。③管理费用占营业总收入比例为6.54%。其中，管理费用占比最大的上市公司为24.69%，占比最小的上市公司为1.95%。④财务费用占营业总收入比例为0.16%。其中，财务费用占比最大的上市公司为13.32%，占比最小的上市公司为−8.48%。⑤研发费用占营业总收入比例为2.78%。其中，研发费用占比最大的上市公司为9.75%，占比最小的上市公司为0。

（2）成本与费用及其主要项目变动趋势分析。

2019~2023年，营业成本占比基本稳定，从2019年的68.9%增长到2023年的69.56%；2019~2023年，销售费用占比大幅下降，从2019年的11.23%下降为2023年的7.32%；2019~2023年，管理费用占比基本稳定，从2019年的6.36%增长到2023年的6.54%；2019~2023年，财务费用占比大幅下降，从2019年的0.58%下降为2023年的0.16%；2019~2023年，研发费用占比明显上升，从2019年的2.17%增长到2023年的2.78%。

2. 纺织服装制造业（C17-C19）其他损益项目分析

（1）其他损益及其主要构成项目。

主要构成项目：①资产减值损失占营业总收入比例为−1.53%。其中，资产减值损失占比最大的上市公司为3.23%，占比最小的上市公司为–42.58%。②投资收益占营业总收入比例为0.29%。其中，投资收益占比最大的上市公司为22.71%，占比最小的上市公司为–13.97%。③基本每股收益为0.34元。其中，基本每股收益最大的上市公司为3.55元，最小的上市公司为–2.39元。④其他收益占营业总收入比例为0.68%。其中，其他收益占比最大的上市公司为4.09%，占比最小的上市公司为0.01%。⑤信用减值损失占营业总收入比例为–0.18%。其中，信用减值损失占比最大的上市公司为1.93%，占比最小的上市公司为–92.0%。

（2）其他损益及其主要项目变动趋势分析。

2019~2023年，资产减值损失占比明显下降，从2019年的–1.34%下降为2023年的–1.53%；2019~2023年，投资收益占比大幅下降，从2019年的0.74%下降为2023年的0.29%；2019~2023年，其他收益占比大幅上升，从2019年的0.52%增长到2023年的0.68%；2019~2023年，信用减值损失占比明显上升，从2019年的–0.19%增长到2023年的–0.18%。

3. 纺织服装制造业（C17–C19）利润项目分析

（1）利润及其主要构成项目。

主要构成项目：①营业利润占营业总收入比例为6.02%。其中，营业利润占比最大的上市公司为79.48%，占比最小的上市公司为–172.58%。②利润总额占营业总收入比例为6.24%。其中，利润总额占比最大的上市公司为79.56%，占比最小的上市公司为–200.84%。③净利润占营业总收入比例为5.32%。其中，净利润占比最大的上市公司为67.93%，占比最小的上市公司为–245.65%。④归属于母公司所有者的净利润占营业总收入比例为5.18%。其中，归属于母公司所有者的净利润占比最大的上市公司为67.93%，占比最小的上市公司为–244.99%。

（2）利润及其主要项目变动趋势分析。

2019~2023年，营业利润占比明显下降，从2019年的7.44%下降为2023年的6.02%；2019~2023年，利润总额占比明显下降，从2019年的7.9%下降为2023年的6.24%；2019~2023年，净利润占比明显下降，从2019年的6.33%下降为2023年的5.32%；2019~2023年，归属于母公司所有者的净利润占比明显下降，从2019年的6.67%下降为2023年的5.18%。

（三）证券市场纺织服装制造业（C17–C19）现金流量分析

证券市场纺织服装制造业（C17–C19）现金流量分析见表3.20。

表3.20　　　　纺织服装制造业（C17–C19）现金流量表　　　　单位：%

年份	2023			2022			2021	2020	2019
	中位数	最大值	最小值	中位数	最大值	最小值	中位数	中位数	中位数
销售商品、提供劳务收到的现金	58.69	94.89	15.22	55.72	94.17	22.42	55.58	55.26	56.44
客户存款和同业存放款项净增加额	0.00	0.00	0.00	0.00	0.00	0.00	0.00	0.00	0.00

续表

年份	2023			2022			2021	2020	2019
	中位数	最大值	最小值	中位数	最大值	最小值	中位数	中位数	中位数
向中央银行借款净增加额	0.00	0.00	0.00	0.00	0.00	0.00	0.00	0.00	0.00
向其他金融机构拆入资金净增加额	0.00	0.00	0.00	0.00	0.00	0.00	0.00	0.00	0.00
收到原保险合同保费取得的现金	0.00	0.00	0.00	0.00	0.00	0.00	0.00	0.00	0.00
收到再保险业务现金净额	0.00	0.00	0.00	0.00	0.00	0.00	0.00	0.00	0.00
保户储金及投资款净增加额	0.00	0.00	0.00	0.00	0.00	0.00	0.00	0.00	0.00
处置交易性金融资产净增加额	0.00	0.00	0.00	0.00	0.00	0.00	0.00	0.00	0.00
收取利息、手续费及佣金的现金	0.00	0.12	0.00	0.00	0.11	0.00	0.00	0.00	0.00
拆入资金净增加额	0.00	0.00	0.00	0.00	0.00	0.00	0.00	0.00	0.00
回购业务资金净增加额	0.00	0.00	0.00	0.00	0.00	0.00	0.00	0.00	0.00
收到的税费返还	0.34	7.53	0.00	0.56	8.46	0.00	0.17	0.24	0.15
收到的其他与经营活动有关的现金	1.86	34.63	0.13	1.72	16.61	0.08	1.54	1.68	1.71
经营活动现金流入小计	63.86	99.96	20.74	60.20	99.74	24.39	58.92	59.95	59.29
购买商品、接受劳务支付的现金	37.07	71.85	9.38	35.58	77.71	11.22	34.17	33.10	33.95
客户贷款及垫款净增加额	0.00	0.16	0.00	0.00	0.36	−0.42	0.00	0.00	0.00
存放中央银行和同业款项净增加额	0.00	0.00	0.00	0.00	0.00	0.00	0.00	0.00	0.00
支付原保险合同赔付款项的现金	0.00	0.00	0.00	0.00	0.00	0.00	0.00	0.00	0.00
支付利息、手续费及佣金的现金	0.00	0.02	0.00	0.00	0.01	0.00	0.00	0.00	0.00
支付保单红利的现金	0.00	0.00	0.00	0.00	0.00	0.00	0.00	0.00	0.00
支付给职工以及为职工支付的现金	9.86	28.43	2.10	9.72	28.96	2.47	8.62	8.50	8.49
支付的各项税费	2.76	11.25	0.31	2.54	11.04	0.26	2.83	2.78	3.19
支付其他与经营活动有关的现金	5.58	32.28	0.25	4.77	26.55	0.33	4.96	4.94	7.24
经营活动现金流出小计	58.64	98.82	18.34	55.88	96.82	24.13	58.60	55.14	57.97
经营活动产生的现金流量净额	7.06	23.67	−18.13	5.08	31.55	−13.21	4.35	6.03	4.23
收回投资收到的现金	5.62	81.50	0.00	7.68	73.05	0.00	7.40	6.01	6.39
取得投资收益收到的现金	0.06	3.83	0.00	0.11	4.44	0.00	0.15	0.12	0.15

续表

年份	2023			2022			2021	2020	2019
	中位数	最大值	最小值	中位数	最大值	最小值	中位数	中位数	中位数
处置固定资产、无形资产和其他长期资产收回的现金净额	0.04	44.65	0.00	0.03	11.65	0.00	0.03	0.04	0.03
处置子公司及其他营业单位收到的现金净额	0.00	3.83	-1.27	0.00	24.62	0.00	0.00	0.00	0.00
收到的其他与投资活动有关的现金	0.00	57.51	0.00	0.00	58.31	0.00	0.00	0.00	0.00
投资活动产生的现金流入小计	8.90	85.50	0.00	14.11	73.34	0.00	15.16	17.73	16.23
购建固定资产、无形资产和其他长期资产支付的现金	2.68	30.31	0.03	2.78	30.27	0.09	2.53	2.39	2.16
投资支付的现金	4.54	76.40	0.00	6.00	70.11	0.00	9.56	6.32	6.10
质押贷款净增加额	0.00	0.00	0.00	0.00	0.00	0.00	0.00	0.00	0.00
取得子公司及其他营业单位支付的现金净额	0.00	4.35	0.00	0.00	14.88	-0.02	0.00	0.00	0.00
支付其他与投资活动有关的现金	0.00	63.81	0.00	0.00	66.21	0.00	0.00	0.02	0.00
投资活动产生的现金流出小计	12.43	80.61	0.03	18.02	73.13	0.09	21.92	21.67	16.56
投资活动产生的现金流量净额	-2.70	57.97	-20.63	-2.64	31.00	-29.46	-2.46	-2.06	-1.12
吸收投资收到的现金	0.00	32.20	0.00	0.00	25.49	0.00	0.00	0.00	0.00
吸收权益性投资收到的现金	0.00	32.20	0.00	0.00	25.49	0.00	0.00	0.00	0.00
其中：子公司吸收少数股东投资收到的现金	0.00	6.47	0.00	0.00	2.57	0.00	0.00	0.00	0.00
发行债券收到的现金	0.00	0.00	0.00	0.00	0.00	0.00	0.00	0.00	0.00
取得借款收到的现金	11.64	56.63	0.00	7.72	61.41	0.00	5.21	8.57	8.75
收到其他与筹资活动有关的现金	0.00	32.07	0.00	0.00	29.51	0.00	0.00	0.00	0.01
筹资活动现金流入小计	13.37	56.70	0.00	10.69	63.70	0.00	13.18	14.63	12.28
偿还债务支付的现金	9.43	54.53	0.00	7.00	62.33	0.00	5.33	8.57	13.02
分配股利、利润或偿付利息支付的现金	1.76	9.52	0.00	1.83	25.41	0.00	1.82	1.93	2.13
其中：子公司支付给少数股东的股利、利润	0.00	1.57	0.00	0.00	1.35	0.00	0.00	0.00	0.00
支付其他与筹资活动有关的现金	1.25	35.35	0.00	0.95	26.67	0.00	1.10	0.26	0.88
筹资活动现金流出小计	15.01	63.69	0.00	12.91	64.12	0.29	11.44	13.76	16.71
筹资活动产生的现金流量净额	-2.71	28.94	-45.41	-2.44	22.22	-23.32	-1.51	-1.24	-2.77

续表

年份	2023			2022			2021	2020	2019
	中位数	最大值	最小值	中位数	最大值	最小值	中位数	中位数	中位数
现金总流入	100.00	100.00	100.00	100.00	100.00	100.00	100.00	100.00	100.00
现金总流出	100.00	100.00	100.00	100.00	100.00	100.00	100.00	100.00	100.00
现金流量净额	0.34	45.74	−13.93	−0.46	41.93	−31.45	−0.19	1.62	−0.01

注：现金流入项目以现金总流入为基数，现金流出项目以现金总流出为基数。

1. 纺织服装制造业（C17–C19）现金流入项目分析

现金流入包括经营活动产生的现金流入、投资活动产生的现金流入和筹资活动产生的现金流入三个方面。

（1）经营活动现金流入及其主要构成项目。

2023年，经营活动产生的现金流入占总现金流入比例为63.86%。其中，经营活动产生的现金流入占比最大的上市公司为99.96%，占比最小的上市公司为20.74%。

主要构成项目：销售商品、提供劳务收到的现金占比为58.69%。其中，占比最大的上市公司为94.89%，占比最小的上市公司为15.22%。

（2）投资活动现金流入及其主要构成项目。

2023年，投资活动产生的现金流入占总现金流入比例为8.9%。其中，投资活动产生的现金流入占比最大的上市公司为85.5%，占比最小的上市公司为0。

主要构成项目：收回投资收到的现金占比为5.62%。其中，占比最大的上市公司为81.5%，占比最小的上市公司为0。

（3）筹资活动现金流入及其主要构成项目。

2023年，筹资活动产生的现金流入占总现金流入比例为13.37%。其中，筹资活动产生的现金流入占比最大的上市公司为56.7%，占比最小的上市公司为0。

主要构成项目：取得借款收到的现金占比为11.64%。其中，占比最大的上市公司为56.63%，占比最小的上市公司为0。

（4）现金流入构成及其主要项目变动趋势分析。

2019~2023年，经营活动产生的现金流入占比总体上明显上升，从2019年的59.29%增长到2023年的63.86%。其中，2019~2023年，销售商品、提供劳务收到的现金占比总体上基本稳定，且在2022~2023年明显上升，从2022年的55.72%增长到2023年的58.69%。

2019~2023年，投资活动产生的现金流入占比总体上大幅下降，从2019年的16.23%降低到2023年的8.9%。其中，2019~2023年，收回投资收到的现金占比总体上呈明显下降趋势，从2019年的6.39%降低到2023年的5.62%。

2019~2023年，筹资活动产生的现金流入占比总体上明显上升，从2019年的12.28%增长到2023年的13.37%。其中，2019~2023年，取得借款收到的现金占比总体上呈大幅上升趋势，从2019年的8.75%增长到2023年的11.64%。

2. 纺织服装制造业（C17-C19）现金流出项目分析

现金流出包括经营活动产生的现金流出、投资活动产生的现金流出和筹资活动产生的现金流出三个方面。

（1）经营活动现金流出及其主要构成项目。

2023年，经营活动产生的现金流出占总现金流出比例为58.64%。其中，经营活动产生的现金流出占比最大的上市公司为98.82%，占比最小的上市公司为18.34%。

主要构成项目：①购买商品、接受劳务支付的现金占比为37.07%。其中，占比最大的上市公司为71.85%，占比最小的上市公司为9.38%。②支付给职工以及为职工支付的现金占比为9.86%。其中，占比最大的上市公司为28.43%，占比最小的上市公司为2.1%。③支付其他与经营活动有关的现金占比为5.58%。其中，占比最大的上市公司为32.28%，占比最小的上市公司为0.25%。

（2）投资活动现金流出及其主要构成项目。

2023年，投资活动产生的现金流出占总现金流出比例为12.43%。其中，投资活动产生的现金流出占比最大的上市公司为80.61%，占比最小的上市公司为0.03%。

主要构成项目：①投资支付的现金占比为4.54%。其中，占比最大的上市公司为76.4%，占比最小的上市公司为0。②购建固定资产、无形资产和其他长期资产支付的现金占比为2.68%。其中，占比最大的上市公司为30.31%，占比最小的上市公司为0.03%。

（3）筹资活动现金流出及其主要构成项目。

2023年，筹资活动产生的现金流出占总现金流出比例为15.01%。其中，筹资活动产生的现金流出占比最大的上市公司为63.69%，占比最小的上市公司为0。

主要构成项目：偿还债务支付的现金占比为9.43%。其中，占比最大的上市公司为54.53%，占比最小的上市公司为0。

（4）现金流出构成及其主要项目变动趋势分析。

2019~2023年，经营活动产生的现金流出占比总体上基本稳定。其中，2019~2023年，购买商品、接受劳务支付的现金占比总体上呈明显上升趋势，从2019年的33.95%增长到2023年的37.07%，但在2022~2023年基本稳定，从2022年的35.58%增长到2023年的37.07%。

2019~2023年，投资活动产生的现金流出占比总体上明显下降，从2019年的16.56%降低到2023年的12.43%。其中，2019~2023年，投资支付的现金占比总体上呈明显下降趋势，从2019年的6.1%降低到2023年的4.54%，且在2020~2021年大幅上升，从2020年的6.32%增长到2021年的9.56%。

2019~2023年，筹资活动产生的现金流出占比总体上明显下降，从2019年的16.71%降低到2023年的15.01%。其中，2019~2023年，偿还债务支付的现金占比总体上呈明显下降趋势，从2019年的13.02%降低到2023年的9.43%，且在2020~2021年大幅下降，从2020年的8.57%降低到2021年的5.33%。

3. 纺织服装制造业（C17-C19）现金流量净额项目分析

现金流量净额包括经营活动现金流量净额、投资活动现金流量净额和筹资活动现金流量净额三个方面。

（1）现金流量净额及其主要构成项目。

2023年，现金流量净额占总现金流入比例为0.34%。其中，现金流量净额占比最大的上市公司为45.74%，占比最小的上市公司为-13.93%。

主要构成项目：①经营活动产生的现金流量净额占总现金流入比例为7.06%。其中，占比最大的上市公司为23.67%，占比最小的上市公司为-18.13%。②投资活动产生的现金流量净额占总现金流入比例为-2.7%。其中，占比最大的上市公司为57.97%，占比最小的上市公司为-20.63%。③筹资活动产生的现金流量净额占总现金流入比例为-2.71%。其中，占比最大的上市公司为28.94%，占比最小的上市公司为-45.41%。

（2）现金流量净额构成及其主要项目变动趋势分析。

2019~2023年，现金流量净额占比总体上大幅上升，从2019年的-0.01%增长到2023年的0.34%。其中，2019~2023年，经营活动产生的现金流量净额大幅上升，从2019年的4.23%增加到2023年的7.06%。2019~2023年，投资活动产生的现金流量净额大幅下降，从2019年的-1.12%减少到2023年的-2.7%。2019~2023年，筹资活动产生的现金流量净额基本稳定，从2019年的-2.77%到2023年的-2.71%。

五、木材家具制造业（C20-C21）

木材家具制造业（C20-C21）由证监会行业分类（2012）中木材加工与木、竹、藤、棕、草制品业（代码：C20）与家具制造业（代码：C21）组成。2019~2023年，证券市场木材家具制造业（C20-C21）上市公司发展状况见表3.21。

表3.21　　　　　木材家具制造业（C20-C21）上市公司数量　　　　　单位：家

年份	2023	2022	2021	2020	2019
数量	37	38	34	30	33

注：公开披露定期报告的上市公司家数。

（一）证券市场木材家具制造业（C20-C21）财务状况分析

证券市场木材家具制造业（C20-C21）财务状况分析见表3.22。

表3.22　　　　　木材家具制造业（C20-C21）资产负债表　　　　　单位：%

年份	2023			2022			2021	2020	2019
	中位数	最大值	最小值	中位数	最大值	最小值	中位数	中位数	中位数
货币资金	20.75	40.22	2.54	17.74	51.57	1.31	16.22	17.05	15.79
结算备付金	0.00	0.00	0.00	0.00	0.00	0.00	0.00	0.00	0.00
拆出资金净额	0.00	0.00	0.00	0.00	0.00	0.00	0.00	0.00	0.00

续表

年份	2023			2022			2021	2020	2019
	中位数	最大值	最小值	中位数	最大值	最小值	中位数	中位数	中位数
交易性金融资产	1.71	50.97	0.00	0.84	53.99	0.00	2.00	2.49	4.02
衍生金融资产	0.00	0.21	0.00	0.00	0.00	0.00	0.00	0.00	0.00
应收票据净额	0.00	1.37	0.00	0.02	1.80	0.00	0.08	0.20	0.01
应收账款净额	6.42	22.31	0.20	5.64	27.18	0.19	7.68	6.32	8.25
应收款项融资	0.00	4.45	0.00	0.00	5.54	0.00	0.00	0.00	0.00
预付款项净额	0.54	3.83	0.02	0.57	5.31	0.04	0.66	0.74	0.97
应收保费净额	0.00	0.00	0.00	0.00	0.00	0.00	0.00	0.00	0.00
应收分保账款净额	0.00	0.00	0.00	0.00	0.00	0.00	0.00	0.00	0.00
应收分保合同准备金净额	0.00	0.00	0.00	0.00	0.00	0.00	0.00	0.00	0.00
其他应收净额	0.47	2.64	0.03	0.54	9.25	0.05	0.52	0.82	0.64
应收股利净额	0.00	0.20	0.00	0.00	0.25	0.00	0.00	0.00	0.00
买入返售金融资产净额	0.00	0.00	0.00	0.00	0.00	0.00	0.00	0.00	0.00
存货净额	11.63	60.46	1.79	11.56	60.72	2.24	13.31	14.56	12.14
合同资产	0.00	19.89	0.00	0.00	17.37	0.00	0.00	0.00	0.00
一年内到期的非流动资产	0.00	9.40	0.00	0.00	4.21	0.00	0.00	0.00	0.00
其他流动资产	0.99	25.20	0.01	0.89	20.06	0.00	1.04	0.98	1.31
流动资产合计	52.97	90.33	28.58	54.71	88.93	26.73	57.08	59.72	57.60
发放贷款及垫款净额	0.00	0.00	0.00	0.00	0.00	0.00	0.00	0.00	0.00
债权投资	0.00	7.55	0.00	0.00	9.80	0.00	0.00	0.00	0.00
其他债权投资	0.00	6.00	0.00	0.00	6.36	0.00	0.00	0.00	0.00
长期应收净额	0.00	0.41	0.00	0.00	39.53	0.00	0.00	0.00	0.00
长期股权投资净额	0.06	8.83	0.00	0.08	9.23	0.00	0.07	0.12	0.14
其他权益工具投资	0.00	6.60	0.00	0.00	5.84	0.00	0.02	0.03	0.10
其他非流动金融资产	0.10	9.90	0.00	0.00	12.50	0.00	0.00	0.00	0.00
投资性房地产净额	0.26	11.03	0.00	0.18	59.15	0.00	0.00	0.00	0.00
固定资产净额	23.14	41.75	2.55	21.17	41.60	2.78	19.74	21.36	23.35
在建工程净额	2.27	21.47	0.00	1.76	20.16	0.00	1.68	1.52	1.53
生产性生物资产净额	0.00	0.79	0.00	0.00	0.78	0.00	0.00	0.00	0.00
油气资产净额	0.00	0.00	0.00	0.00	0.00	0.00	0.00	0.00	0.00
使用权资产	0.88	16.08	0.00	1.03	17.58	0.00	0.95	0.00	0.00
无形资产净额	4.59	28.85	0.05	4.32	27.34	0.00	4.46	4.89	5.06
开发支出	0.00	0.22	0.00	0.00	0.63	0.00	0.00	0.00	0.00
商誉净额	0.00	15.43	0.00	0.00	14.50	0.00	0.00	0.00	0.00
长期待摊费用	0.30	5.17	0.00	0.44	5.20	0.00	0.50	0.59	0.51

续表

年份	2023			2022			2021	2020	2019
	中位数	最大值	最小值	中位数	最大值	最小值	中位数	中位数	中位数
递延所得税资产	1.04	7.07	0.00	0.93	6.33	0.00	0.86	0.62	0.52
其他非流动资产	0.63	24.66	0.00	0.34	20.71	0.00	0.38	0.52	0.87
非流动资产合计	47.03	71.42	9.67	45.29	73.27	11.07	42.92	40.28	42.40
资产总计	100.00	100.00	100.00	100.00	100.00	100.00	100.00	100.00	100.00
短期借款	4.37	23.95	0.00	6.06	18.61	0.00	7.06	3.76	2.71
向中央银行借款	0.00	0.00	0.00	0.00	0.00	0.00	0.00	0.00	0.00
拆入资金	0.00	0.00	0.00	0.00	0.00	0.00	0.00	0.00	0.00
交易性金融负债	0.00	0.21	0.00	0.00	1.43	0.00	0.00	0.00	0.00
衍生金融负债	0.00	0.00	0.00	0.00	0.02	0.00	0.00	0.00	0.00
应付票据	1.62	16.10	0.00	0.68	18.07	0.00	2.04	1.90	1.05
应付账款	9.15	29.22	0.60	7.71	23.00	0.52	9.27	10.45	9.61
预收款项	0.00	2.73	0.00	0.00	3.60	0.00	0.00	0.00	3.13
合同负债	2.91	21.75	0.05	3.43	21.85	0.01	4.01	3.92	0.00
卖出回购金融资产款	0.00	0.00	0.00	0.00	0.00	0.00	0.00	0.00	0.00
吸收存款及同业存放	0.00	0.00	0.00	0.00	0.00	0.00	0.00	0.00	0.00
代理买卖证券款	0.00	0.00	0.00	0.00	0.00	0.00	0.00	0.00	0.00
代理承销证券款	0.00	0.00	0.00	0.00	0.00	0.00	0.00	0.00	0.00
应付职工薪酬	1.40	3.66	0.12	1.34	3.12	0.00	1.67	1.74	1.60
应交税费	0.76	3.51	0.07	0.83	5.14	0.14	1.14	1.06	0.84
其他应付款	2.85	11.37	0.00	3.07	14.20	0.00	2.19	2.90	3.07
应付股利	0.00	0.35	0.00	0.00	0.40	0.00	0.00	0.00	0.00
应付手续费及佣金	0.00	0.00	0.00	0.00	0.00	0.00	0.00	0.00	0.00
应付分保账款	0.00	0.00	0.00	0.00	0.00	0.00	0.00	0.00	0.00
一年内到期的非流动负债	0.67	33.31	0.00	0.82	38.76	0.00	0.64	0.13	0.00
其他流动负债	0.34	7.22	0.00	0.40	7.92	0.00	0.40	0.38	0.00
流动负债合计	37.04	65.79	9.68	34.06	63.26	5.80	40.07	37.53	33.84
保险合同准备金	0.00	0.00	0.00	0.00	0.00	0.00	0.00	0.00	0.00
长期借款	1.19	27.74	0.00	0.04	19.00	0.00	0.84	0.98	0.00
应付债券	0.00	14.94	0.00	0.00	15.03	0.00	0.00	0.00	0.00
租赁负债	0.65	15.23	0.00	0.70	16.25	0.00	0.57	0.00	0.00
长期应付款	0.00	29.07	0.00	0.00	39.53	0.00	0.00	0.00	0.00
预计负债	0.00	1.90	0.00	0.00	2.27	0.00	0.00	0.00	0.00
递延收益-非流动负债	0.60	4.88	0.00	0.48	5.29	0.00	0.40	0.38	0.51
递延所得税负债	0.18	7.86	0.00	0.16	7.31	0.00	0.19	0.30	0.25

续表

年份	2023			2022			2021	2020	2019
	中位数	最大值	最小值	中位数	最大值	最小值	中位数	中位数	中位数
其他非流动负债	0.00	1.46	0.00	0.00	4.47	0.00	0.00	0.00	0.00
非流动负债合计	7.08	51.32	0.39	7.71	42.19	0.10	7.34	3.82	3.97
负债合计	47.25	72.63	10.17	45.44	72.83	6.11	50.66	45.28	38.96
实收资本（或股本）	7.26	46.83	1.45	7.62	47.05	1.58	7.68	7.50	8.35
其他权益工具	0.00	2.16	0.00	0.00	2.25	0.00	0.00	0.00	0.00
其中：优先股	0.00	0.12	0.00	0.00	0.00	0.00	0.00	0.00	0.00
其中：永续债	0.00	0.00	0.00	0.00	0.00	0.00	0.00	0.00	0.00
资本公积	19.34	96.29	2.50	19.30	142.57	2.49	18.66	19.90	21.24
其中：库存股	0.00	2.25	0.00	0.00	5.01	0.00	0.03	0.00	0.00
其他综合收益	0.00	0.96	−4.45	0.00	10.67	−4.47	0.00	0.00	0.00
专项储备	0.00	0.17	0.00	0.00	0.19	0.00	0.00	0.00	0.00
盈余公积	2.45	5.53	0.73	2.44	5.52	0.79	2.35	2.50	2.98
一般风险准备	0.00	0.00	0.00	0.00	0.00	0.00	0.00	0.00	0.00
未分配利润	20.41	58.66	−48.66	18.57	55.97	−98.61	19.84	19.98	21.87
归属于母公司所有者权益合计	52.75	89.83	16.81	54.24	93.89	19.62	48.28	52.84	59.50
少数股东权益	0.15	19.77	−2.18	0.06	7.55	−2.04	0.19	1.00	0.66
所有者权益合计	52.75	89.83	27.37	54.56	93.89	27.17	49.34	54.72	61.04
负债与所有者权益总计	100.00	100.00	100.00	100.00	100.00	100.00	100.00	100.00	100.00

注：所有项目均以资产总计为基数。

1. 木材家具制造业（C20-C21）资产项目分析

资产项目包括流动资产和非流动资产两个方面。

（1）流动资产及其主要构成项目。

2023年，流动资产合计占总资产比例为52.97%。其中，流动资产占比最大的上市公司为90.33%，占比最小的上市公司为28.58%。

主要构成项目：①货币资金占比为20.75%。其中，占比最大的上市公司为40.22%，占比最小的上市公司为2.54%。②交易性金融资产占比为1.71%。其中，占比最大的上市公司为50.97%，占比最小的上市公司为0。③其他流动资产占比为0.99%。其中，占比最大的上市公司为25.2%，占比最小的上市公司为0.01%。

（2）非流动资产及其主要构成项目。

2023年，非流动资产合计占总资产比例为47.03%。其中，非流动资产占比最大的上市公司为71.42%，占比最小的上市公司为9.67%。

主要构成项目：①递延所得税资产占比为1.04%。其中，占比最大的上市公司为7.07%，占比最小的上市公司为0。②使用权资产占比为0.88%。其中，占比最大的上市公司为16.08%，占比最小的上市公司为0。③其他非流动资产占比为0.63%。其中，占比最大的上市公司为24.66%，占比最小的上市公司为0。

（3）资产构成及其主要项目变动趋势分析。

2019~2023年，流动资产合计占比总体上呈明显下降趋势。其中，2019~2023年，货币资金占比总体上呈大幅上升趋势，从2019年的15.79%增长到2023年的20.75%，但在2022~2023年明显上升，从2022年的17.74%增长到2023年的20.75%；2019~2023年，交易性金融资产占比总体上呈大幅下降趋势，从2019年的4.02%降低到2023年的1.71%，但在2022~2023年大幅上升，从2022年的0.84%增长到2023年的1.71%；2019~2023年，其他流动资产占比总体上呈明显下降趋势，从2019年的1.31%降低到2023年的0.99%。

2019~2023年，非流动资产合计占比总体上呈明显上升趋势。其中，2019~2023年，递延所得税资产占比总体上呈大幅上升趋势，从2019年的0.52%增长到2023年的1.04%；2019~2023年，使用权资产占比总体上呈大幅上升趋势，从2019年的0增长到2023年的0.88%；2019~2023年，其他非流动资产占比总体上呈明显下降趋势，从2019年的0.87%降低到2023年的0.63%，且在2022~2023年大幅上升，从2022年的0.34%增长到2023年的0.63%。

2. 木材家具制造业（C20–C21）负债项目分析

负债项目包括流动负债和非流动负债两个方面。2023年，负债合计占总资产比例为47.25%。其中，负债合计占比最大的上市公司为72.63%，占比最小的上市公司为10.17%。

（1）流动负债及其主要构成项目。

2023年，流动负债合计占总资产比例为37.04%。其中，流动负债占比最大的上市公司为65.79%，占比最小的上市公司为9.68%。

主要构成项目：①应付账款占比为9.15%。其中，占比最大的上市公司为29.22%，占比最小的上市公司为0.6%。②短期借款占比为4.37%。其中，占比最大的上市公司为23.95%，占比最小的上市公司为0。③合同负债占比为2.91%。其中，占比最大的上市公司为21.75%，占比最小的上市公司为0.05%。

（2）非流动负债及其主要构成项目。

2023年，非流动负债合计占总资产比例为7.08%。其中，非流动负债占比最大的上市公司为51.32%，占比最小的上市公司为0.39%。

主要构成项目：①长期借款占比为1.19%。其中，占比最大的上市公司为27.74%，占比最小的上市公司为0。②租赁负债占比为0.65%。其中，占比最大的上市公司为15.23%，占比最小的上市公司为0。③递延所得税负债占比为0.18%。其中，占比最大的上市公司为7.86%，占比最小的上市公司为0。

（3）负债构成及其主要项目变动趋势分析。

2019~2023年，流动负债合计占比总体上呈明显上升趋势。其中，2019~2023年，应付账款占比总体上基本稳定，且在2022~2023年明显上升，从2022年的7.71%增长到2023

年的9.15%；2019~2023年，短期借款占比总体上呈大幅上升趋势，从2019年的2.71%增长到2023年的4.37%；2019~2023年，合同负债占比总体上呈大幅上升趋势，从2019年的0增长到2023年的2.91%。

2019~2023年，非流动负债合计占比总体上呈大幅上升趋势。其中，2019~2023年，长期借款占比总体上呈大幅上升趋势，从2019年的0增长到2023年的1.19%；2019~2023年，租赁负债占比总体上呈大幅上升趋势，从2019年的0增长到2023年的0.65%；2019~2023年，递延所得税负债占比总体上呈明显下降趋势，从2019年的0.25%降低到2023年的0.18%，且在2020~2021年大幅下降，从2020年的0.3%降低到2021年的0.19%。

3. 木材家具制造业（C20-C21）所有者权益项目分析

所有者权益项目包括实收资本（股本）、资本公积、盈余公积和未分配利润等四个方面。

（1）所有者权益及其主要构成项目。

2023年，所有者权益合计占总资产比例为52.75%。其中，所有者权益占比最大的上市公司为89.83%，占比最小的上市公司为27.37%。

主要构成项目：①实收资本（或股本）占比为7.26%。其中，占比最大的上市公司为46.83%，占比最小的上市公司为1.45%。②资本公积占比为19.34%。其中，占比最大的上市公司为96.29%，占比最小的上市公司为2.5%。③盈余公积占比为2.45%。其中，占比最大的上市公司为5.53%，占比最小的上市公司为0.73%。④未分配利润占比为20.41%。其中，占比最大的上市公司为58.66%，占比最小的上市公司为-48.66%。

（2）所有者权益构成及其主要项目变动趋势分析。

2019~2023年，所有者权益合计占比总体上呈明显下降趋势。其中，2019~2023年，实收资本（或股本）占比总体上呈明显下降趋势，从2019年的8.35%降低到2023年的7.26%；2019~2023年，资本公积占比总体上呈明显下降趋势，从2019年的21.24%降低到2023年的19.34%；2019~2023年，盈余公积占比总体上呈明显下降趋势，从2019年的2.98%降低到2023年的2.45%；2019~2023年，未分配利润占比总体上呈明显下降趋势，从2019年的21.87%降低到2023年的20.41%，但在2022~2023年明显上升，从2022年的18.57%增长到2023年的20.41%。

（二）证券市场木材家具制造业（C20-C21）利润分析

证券市场木材家具制造业（C20-C21）利润分析见表3.23。

表3.23　　　　　　　木材家具制造业（C20-C21）利润表　　　　　　　单位：%

年份	2023			2022			2021	2020	2019
	中位数	最大值	最小值	中位数	最大值	最小值	中位数	中位数	中位数
营业总收入	100.00	100.00	100.00	100.00	100.00	100.00	100.00	100.00	100.00
营业收入	100.00	100.00	100.00	100.00	100.00	100.00	100.00	100.00	100.00

续表

年份	2023			2022			2021	2020	2019
	中位数	最大值	最小值	中位数	最大值	最小值	中位数	中位数	中位数
利息净收入	0.00	0.00	0.00	0.00	0.00	0.00	0.00	0.00	0.00
利息收入	0.00	0.00	0.00	0.00	0.00	0.00	0.00	0.00	0.00
已赚保费	0.00	0.00	0.00	0.00	0.00	0.00	0.00	0.00	0.00
保险业务收入	0.00	0.00	0.00	0.00	0.00	0.00	0.00	0.00	0.00
减：分出保费	0.00	0.00	0.00	0.00	0.00	0.00	0.00	0.00	0.00
减：提取未到期责任准备金	0.00	0.00	0.00	0.00	0.00	0.00	0.00	0.00	0.00
手续费及佣金净收入	0.00	0.00	0.00	0.00	0.00	0.00	0.00	0.00	0.00
手续费及佣金收入	0.00	0.00	0.00	0.00	0.00	0.00	0.00	0.00	0.00
营业总成本	93.61	182.60	66.01	94.18	184.59	64.32	92.29	91.68	90.97
营业成本	70.42	122.18	49.71	68.92	105.65	53.53	70.21	67.54	64.22
利息支出	0.00	0.00	0.00	0.00	0.00	0.00	0.00	0.00	0.00
手续费及佣金支出	0.00	0.00	0.00	0.00	0.00	0.00	0.00	0.00	0.00
退保金	0.00	0.00	0.00	0.00	0.00	0.00	0.00	0.00	0.00
赔付支出净额	0.00	0.00	0.00	0.00	0.00	0.00	0.00	0.00	0.00
赔付支出	0.00	0.00	0.00	0.00	0.00	0.00	0.00	0.00	0.00
减：摊回赔付支出	0.00	0.00	0.00	0.00	0.00	0.00	0.00	0.00	0.00
提取保险责任准备金净额	0.00	0.00	0.00	0.00	0.00	0.00	0.00	0.00	0.00
提取保险责任准备金	0.00	0.00	0.00	0.00	0.00	0.00	0.00	0.00	0.00
减：摊回保险责任准备金	0.00	0.00	0.00	0.00	0.00	0.00	0.00	0.00	0.00
保单红利支出	0.00	0.00	0.00	0.00	0.00	0.00	0.00	0.00	0.00
分保费用	0.00	0.00	0.00	0.00	0.00	0.00	0.00	0.00	0.00
税金及附加	0.86	3.99	0.31	0.76	3.92	0.09	0.68	0.76	0.83
销售费用	10.57	44.49	0.35	10.02	36.37	0.30	8.30	9.54	13.52
管理费用	6.08	38.99	1.79	5.34	36.22	2.01	4.92	5.86	5.86
研发费用	3.43	7.18	0.00	3.20	16.71	0.00	3.22	2.92	2.64
财务费用	0.13	29.33	−7.06	0.39	50.74	−12.02	0.57	1.03	0.23
其他收益	1.01	3.29	0.16	0.81	5.51	0.06	0.62	0.78	1.05
投资收益	0.16	12.00	−2.71	0.18	7.46	−2.66	0.35	0.41	0.51
汇兑收益	0.00	0.00	0.00	0.00	0.00	0.00	0.00	0.00	0.00
其他业务收入	0.00	0.00	0.00	0.00	0.00	0.00	0.00	0.00	0.00
净敞口套期收益	0.00	0.00	0.00	0.00	0.00	0.00	0.00	0.00	0.00
公允价值变动收益	0.00	2.51	−1.02	0.00	17.33	−4.64	0.02	0.02	0.04
信用减值损失	−0.68	0.88	−5.19	−0.48	3.62	−38.09	−0.68	−0.32	−0.22
资产减值损失	−0.41	0.00	−30.72	−0.55	0.01	−31.97	−0.36	−0.30	−0.21

续表

年份	2023			2022			2021	2020	2019
	中位数	最大值	最小值	中位数	最大值	最小值	中位数	中位数	中位数
资产处置收益	−0.00	13.22	−0.22	−0.00	9.65	−0.63	0.00	0.00	0.00
业务及管理费	0.00	0.00	0.00	0.00	0.00	0.00	0.00	0.00	0.00
减：摊回分保费用	0.00	0.00	0.00	0.00	0.00	0.00	0.00	0.00	0.00
其他业务成本	0.00	0.00	0.00	0.00	0.00	0.00	0.00	0.00	0.00
其他业务利润	0.00	0.00	0.00	0.00	0.00	0.00	0.00	0.00	0.00
营业利润	6.60	28.05	−115.04	5.18	39.42	−132.11	4.88	8.46	10.12
加：营业外收入	0.14	1.16	0.00	0.08	2.56	0.00	0.12	0.12	0.13
减：营业外支出	0.10	10.98	0.00	0.14	14.91	0.00	0.08	0.12	0.09
利润总额	6.69	27.45	−115.63	5.07	36.09	−129.74	4.92	9.01	10.27
减：所得税费用	0.80	6.70	−1.19	0.69	7.89	−5.87	0.79	1.33	1.50
未确认的投资损失	0.00	0.00	0.00	0.00	0.00	0.00	0.00	0.00	0.00
影响净利润的其他项目	0.00	0.00	0.00	0.00	0.00	0.00	0.00	0.00	0.00
净利润	6.26	27.48	−119.83	4.60	35.50	−124.54	3.84	6.90	8.52
归属于母公司所有者的净利润	6.53	27.42	−120.60	4.64	35.42	−125.01	3.82	6.72	8.51
归属于母公司其他权益工具持有者的净利润	0.00	0.00	0.00	0.00	0.00	0.00	0.00	0.00	0.00
少数股东损益	0.00	13.60	−1.46	0.00	3.00	−1.00	−0.00	0.00	0.00
其他综合收益（损失）	0.00	2.28	−4.09	0.00	1.98	−131.35	0.00	0.00	0.00
综合收益总额	6.11	28.03	−119.83	4.55	34.29	−255.89	3.35	7.36	9.52
归属于母公司所有者的综合收益	6.16	27.96	−120.60	4.63	34.21	−256.36	3.76	6.24	9.28
归属少数股东的综合收益	0.00	13.60	−1.46	0.00	3.00	−1.03	0.00	0.00	0.00
基本每股收益	0.49	4.98	−0.52	0.60	4.41	−2.19	0.26	0.62	0.69
稀释每股收益	0.49	4.92	−0.52	0.60	4.38	−2.19	0.28	0.62	0.69

1. 木材家具制造业（C20-C21）成本费用项目分析

（1）成本与费用及其主要构成项目。

主要构成项目：①营业成本占营业总收入比例为70.42%。其中，营业成本占比最大的上市公司为122.18%，占比最小的上市公司为49.71%。②销售费用占营业总收入比例为10.57%。其中，销售费用占比最大的上市公司为44.49%，占比最小的上市公司为0.35%。③管理费用占营业总收入比例为6.08%。其中，管理费用占比最大的上市公司为38.99%，占比最小的上市公司为1.79%。④财务费用占营业总收入比例为0.13%。其中，财务费用占比最大的上市公司为29.33%，占比最小的上市公司为−7.06%。⑤研发费用占营业总收入比例为3.43%。其中，研发费用占比最大的上市公司为7.18%，占比最小的上市公司为0。

（2）成本与费用及其主要项目变动趋势分析2019~2023年，营业成本占比明显上升，从2019年的64.22%增长到2023年的70.42%；2019~2023年，销售费用占比明显下降，从2019年的13.52%下降为2023年的10.57%；2019~2023年，管理费用占比基本稳定，从2019年的5.86%增长到2023年的6.08%；2019~2023年，财务费用占比大幅下降，从2019年的0.23%下降为2023年的0.13%；2019~2023年，研发费用占比明显上升，从2019年的2.64%增长到2023年的3.43%。

2.木材家具制造业（C20-C21）其他损益项目分析

（1）其他损益及其主要构成项目。

主要构成项目：①资产减值损失占营业总收入比例为-0.41%。其中，资产减值损失占比最大的上市公司为0，占比最小的上市公司为-30.72%。②投资收益占营业总收入比例为0.16%。其中，投资收益占比最大的上市公司为12.0%，占比最小的上市公司为-2.71%。③基本每股收益为0.49元。其中，基本每股收益最大的上市公司为4.98元，最小的上市公司为-0.52元。④其他收益占营业总收入比例为1.01%。其中，其他收益占比最大的上市公司为3.29%，占比最小的上市公司为0.16%。⑤信用减值损失占营业总收入比例为-0.68%。其中，信用减值损失占比最大的上市公司为0.88%，占比最小的上市公司为-5.19%。

（2）其他损益及其主要项目变动趋势分析。

2019~2023年，资产减值损失占比大幅下降，从2019年的-0.21%下降为2023年的-0.41%；2019~2023年，投资收益占比大幅下降，从2019年的0.51%下降为2023年的0.16%；2019~2023年，其他收益占比基本稳定，从2019年的1.05%下降为2023年的1.01%；2019~2023年，信用减值损失占比大幅下降，从2019年的-0.22%下降为2023年的-0.68%。

3.木材家具制造业（C20-C21）利润项目分析

（1）利润及其主要构成项目。

主要构成项目：①营业利润占营业总收入比例为6.6%。其中，营业利润占比最大的上市公司为28.05%，占比最小的上市公司为-115.04%。②利润总额占营业总收入比例为6.69%。其中，利润总额占比最大的上市公司为27.45%，占比最小的上市公司为-115.63%。③净利润占营业总收入比例为6.26%。其中，净利润占比最大的上市公司为27.48%，占比最小的上市公司为-119.83%。④归属于母公司所有者的净利润占营业总收入比例为6.53%。其中，归属于母公司所有者的净利润占比最大的上市公司为27.42%，占比最小的上市公司为-120.6%。

（2）利润及其主要项目变动趋势分析。

2019~2023年，营业利润占比大幅下降，从2019年的10.12%下降为2023年的6.6%；2019~2023年，利润总额占比大幅下降，从2019年的10.27%下降为2023年的6.69%；2019~2023年，净利润占比明显下降，从2019年的8.52%下降为2023年的6.26%；

2019~2023年，归属于母公司所有者的净利润占比明显下降，从2019年的8.51%下降为2023年的6.53%。

（三）证券市场木材家具制造业（C20-C21）现金流量分析

证券市场木材家具制造业（C20-C21）现金流量分析见表3.24。

表3.24　　　　木材家具制造业（C20-C21）现金流量表　　　　单位：%

年份	2023			2022			2021	2020	2019
	中位数	最大值	最小值	中位数	最大值	最小值	中位数	中位数	中位数
销售商品、提供劳务收到的现金	55.57	89.01	6.46	54.24	87.30	0.00	54.24	50.25	50.29
客户存款和同业存放款项净增加额	0.00	0.00	0.00	0.00	92.15	0.00	0.00	0.00	0.00
向中央银行借款净增加额	0.00	0.00	0.00	0.00	0.00	0.00	0.00	0.00	0.00
向其他金融机构拆入资金净增加额	0.00	0.00	0.00	0.00	0.00	0.00	0.00	0.00	0.00
收到原保险合同保费取得的现金	0.00	0.00	0.00	0.00	0.00	0.00	0.00	0.00	0.00
收到再保险业务现金净额	0.00	0.00	0.00	0.00	0.00	0.00	0.00	0.00	0.00
保户储金及投资款净增加额	0.00	0.00	0.00	0.00	0.00	0.00	0.00	0.00	0.00
处置交易性金融资产净增加额	0.00	0.00	0.00	0.00	0.00	0.00	0.00	0.00	0.00
收取利息、手续费及佣金的现金	0.00	0.00	0.00	0.00	0.00	0.00	0.00	0.00	0.00
拆入资金净增加额	0.00	0.00	0.00	0.00	0.00	0.00	0.00	0.00	0.00
回购业务资金净增加额	0.00	0.00	0.00	0.00	0.00	0.00	0.00	0.00	0.00
收到的税费返还	0.30	7.31	0.00	0.36	6.07	0.00	0.19	0.24	0.22
收到的其他与经营活动有关的现金	1.63	8.99	0.27	1.70	9.73	0.36	1.60	1.17	1.35
经营活动现金流入小计	61.15	94.57	6.76	58.72	97.21	17.60	59.32	53.77	53.87
购买商品、接受劳务支付的现金	31.20	71.58	6.87	34.24	68.39	13.89	37.72	35.86	34.11
客户贷款及垫款净增加额	0.00	0.00	0.00	0.00	0.00	0.00	0.00	0.00	0.00
存放中央银行和同业款项净增加额	0.00	0.00	0.00	0.00	0.00	0.00	0.00	0.00	0.00
支付原保险合同赔付款项的现金	0.00	0.00	0.00	0.00	0.00	0.00	0.00	0.00	0.00
支付利息、手续费及佣金的现金	0.00	0.00	0.00	0.00	0.00	0.00	0.00	0.00	0.00

续表

年份	2023			2022			2021	2020	2019
	中位数	最大值	最小值	中位数	最大值	最小值	中位数	中位数	中位数
支付保单红利的现金	0.00	0.00	0.00	0.00	0.00	0.00	0.00	0.00	0.00
支付给职工以及为职工支付的现金	8.96	31.40	0.83	9.12	33.31	0.88	8.77	8.54	8.45
支付的各项税费	2.75	7.38	0.56	2.78	13.79	0.64	2.57	2.19	2.83
支付其他与经营活动有关的现金	5.15	16.62	0.78	4.78	18.45	1.14	5.67	5.70	6.27
经营活动现金流出小计	54.88	90.11	9.62	53.08	91.87	18.46	58.38	53.34	52.55
经营活动产生的现金流量净额	7.72	29.89	−9.28	4.78	52.66	−9.71	2.82	6.29	5.54
收回投资收到的现金	0.66	76.93	0.00	0.70	74.17	0.00	1.78	4.30	3.07
取得投资收益收到的现金	0.04	0.58	0.00	0.06	0.67	0.00	0.11	0.19	0.25
处置固定资产、无形资产和其他长期资产收回的现金净额	0.03	8.10	0.00	0.04	2.39	0.00	0.02	0.03	0.02
处置子公司及其他营业单位收到的现金净额	0.00	0.71	0.00	0.00	15.31	0.00	0.00	0.00	0.00
收到的其他与投资活动有关的现金	0.01	82.46	0.00	0.06	57.53	0.00	0.26	0.22	0.03
投资活动产生的现金流入小计	7.56	82.52	0.00	7.65	74.74	0.00	13.77	21.88	20.85
购建固定资产、无形资产和其他长期资产支付的现金	3.45	60.43	0.06	4.22	41.60	0.00	4.33	4.78	4.33
投资支付的现金	2.60	82.22	0.00	1.32	78.06	0.00	3.60	6.10	3.48
质押贷款净增加额	0.00	0.00	0.00	0.00	0.00	0.00	0.00	0.00	0.00
取得子公司及其他营业单位支付的现金净额	0.00	21.83	0.00	0.00	0.25	0.00	0.00	0.00	0.00
支付其他与投资活动有关的现金	0.04	85.15	0.00	0.03	79.02	0.00	0.01	0.22	0.26
投资活动产生的现金流出小计	21.36	85.74	0.25	19.81	79.02	0.37	17.84	28.14	34.35
投资活动产生的现金流量净额	−4.05	1.65	−36.26	−4.29	27.06	−45.15	−4.24	−4.58	−3.29
吸收投资收到的现金	0.00	11.21	0.00	0.00	37.42	0.00	0.06	0.00	0.01
吸收权益性投资收到的现金	0.00	6.15	0.00	0.00	37.42	0.00	0.06	0.00	0.01
其中：子公司吸收少数股东投资收到的现金	0.00	0.31	0.00	0.00	3.90	0.00	0.00	0.00	0.00

续表

年份	2023			2022			2021	2020	2019
	中位数	最大值	最小值	中位数	最大值	最小值	中位数	中位数	中位数
发行债券收到的现金	0.00	11.21	0.00	0.00	0.00	0.00	0.00	0.00	0.00
取得借款收到的现金	10.75	60.97	0.00	8.02	56.37	0.00	8.65	6.58	4.03
收到其他与筹资活动有关的现金	0.04	32.01	0.00	0.00	46.57	0.00	0.00	0.00	0.00
筹资活动现金流入小计	13.34	92.98	0.00	13.39	75.47	0.00	12.79	9.99	8.36
偿还债务支付的现金	10.12	70.67	0.00	8.22	69.21	0.00	5.10	4.30	5.53
分配股利、利润或偿付利息支付的现金	1.37	13.14	0.00	1.52	16.87	0.00	1.76	1.84	1.55
其中：子公司支付给少数股东的股利、利润	0.00	0.25	0.00	0.00	0.23	0.00	0.00	0.00	0.00
支付其他与筹资活动有关的现金	0.78	22.10	0.00	1.04	34.10	0.00	1.14	0.36	0.33
筹资活动现金流出小计	14.42	90.13	0.00	12.44	80.24	0.65	9.62	7.46	7.56
筹资活动产生的现金流量净额	−1.86	14.78	−22.22	−1.46	41.47	−63.80	1.82	0.20	−0.96
现金总流入	100.00	100.00	100.00	100.00	100.00	100.00	100.00	100.00	100.00
现金总流出	100.00	100.00	100.00	100.00	100.00	100.00	100.00	100.00	100.00
现金流量净额	0.66	14.36	−26.99	−0.10	16.48	−37.53	0.94	1.54	−0.95

注：现金流入项目以现金总流入为基数，现金流出项目以现金总流出为基数。

1. 木材家具制造业（C20-C21）现金流入项目分析

现金流入包括经营活动产生的现金流入、投资活动产生的现金流入和筹资活动产生的现金流入三个方面。

（1）经营活动现金流入及其主要构成项目。

2023年，经营活动产生的现金流入占总现金流入比例为61.15%。其中，经营活动产生的现金流入占比最大的上市公司为94.57%，占比最小的上市公司为6.76%。

主要构成项目：销售商品、提供劳务收到的现金占比为55.57%。其中，占比最大的上市公司为89.01%，占比最小的上市公司为6.46%。

（2）投资活动现金流入及其主要构成项目。

2023年，投资活动产生的现金流入占总现金流入比例为7.56%。其中，投资活动产生的现金流入占比最大的上市公司为82.52%，占比最小的上市公司为0。

主要构成项目：收回投资收到的现金占比为0.66%。其中，占比最大的上市公司为76.93%，占比最小的上市公司为0。

（3）筹资活动现金流入及其主要构成项目。

2023年，筹资活动产生的现金流入占总现金流入比例为13.34%。其中，筹资活产生的现金流入占比最大的上市公司为92.98%，占比最小的上市公司为0。

主要构成项目：取得借款收到的现金占比为10.75%。其中，占比最大的上市公司为60.97%，占比最小的上市公司为0。

（4）现金流入构成及其主要项目变动趋势分析。

2019~2023年，经营活动产生的现金流入占比总体上明显上升，从2019年的53.87%增长到2023年的61.15%。其中，2019~2023年，销售商品、提供劳务收到的现金占比总体上呈明显上升趋势，从2019年的50.29%增长到2023年的55.57%。

2019~2023年，投资活动产生的现金流入占比总体上大幅下降，从2019年的20.85%降低到2023年的7.56%。其中，2019~2023年，收回投资收到的现金占比总体上呈大幅下降趋势，从2019年的3.07%降低到2023年的0.66%。

2019~2023年，筹资活动产生的现金流入占比总体上大幅上升，从2019年的8.36%增长到2023年的13.34%。其中，2019~2023年，取得借款收到的现金占比总体上呈大幅上升趋势，从2019年的4.03%增长到2023年的10.75%。

2. 木材家具制造业（C20-C21）现金流出项目分析

现金流出包括经营活动产生的现金流出、投资活动产生的现金流出和筹资活动产生的现金流出三个方面。

（1）经营活动现金流出及其主要构成项目。

2023年，经营活动产生的现金流出占总现金流出比例为54.88%。其中，经营活动产生的现金流出占比最大的上市公司为90.11%，占比最小的上市公司为9.62%。

主要构成项目：①购买商品、接受劳务支付的现金占比为31.2%。其中，占比最大的上市公司为71.58%，占比最小的上市公司为6.87%。②支付给职工以及为职工支付的现金占比为8.96%。其中，占比最大的上市公司为31.4%，占比最小的上市公司为0.83%。③支付其他与经营活动有关的现金占比为5.15%。其中，占比最大的上市公司为16.62%，占比最小的上市公司为0.78%。

（2）投资活动现金流出及其主要构成项目。

2023年，投资活动产生的现金流出占总现金流出比例为21.36%。其中，投资活动产生的现金流出占比最大的上市公司为85.74%，占比最小的上市公司为0.25%。

主要构成项目：①购建固定资产、无形资产和其他长期资产支付的现金占比为3.45%。其中，占比最大的上市公司为60.43%，占比最小的上市公司为0.06%。②投资支付的现金占比为2.6%。其中，占比最大的上市公司为82.22%，占比最小的上市公司为0。

（3）筹资活动现金流出及其主要构成项目。

2023年，筹资活动产生的现金流出占总现金流出比例为14.42%。其中，筹资活动产生的现金流出占比最大的上市公司为90.13%，占比最小的上市公司为0。

主要构成项目：偿还债务支付的现金占比为10.12%。其中，占比最大的上市公司为70.67%，占比最小的上市公司为0。

（4）现金流出构成及其主要项目变动趋势分析。

2019~2023年，经营活动产生的现金流出占比总体上基本稳定。其中，2019~2023年，购买商品、接受劳务支付的现金占比总体上呈明显下降趋势，从2019年的34.11%降低到2023年的31.2%。

2019~2023年，投资活动产生的现金流出占比总体上大幅下降，从2019年的34.35%降低到2023年的21.36%。其中，2019~2023年，购建固定资产、无形资产和其他长期资产支付的现金占比总体上呈明显下降趋势，从2019年的4.33%降低到2023年的3.45%。

2019~2023年，筹资活动产生的现金流出占比总体上大幅上升，从2019年的7.56%增长到2023年的14.42%。其中，2019~2023年，偿还债务支付的现金占比总体上呈大幅上升趋势，从2019年的5.53%增长到2023年的10.12%。

3. 木材家具制造业（C20-C21）现金流量净额项目分析

现金流量净额包括经营活动现金流量净额、投资活动现金流量净额和筹资活动现金流量净额三个方面。

（1）现金流量净额及其主要构成项目。

2023年，现金流量净额占总现金流入比例为0.66%。其中，现金流量净额占比最大的上市公司为14.36%，占比最小的上市公司为-26.99%。

主要构成项目：①经营活动产生的现金流量净额占总现金流入比例为7.72%。其中，占比最大的上市公司为29.89%，占比最小的上市公司为-9.28%。②投资活动产生的现金流量净额占总现金流入比例为-4.05%。其中，占比最大的上市公司为1.65%，占比最小的上市公司为-36.26%。③筹资活动产生的现金流量净额占总现金流入比例为-1.86%。其中，占比最大的上市公司为14.78%，占比最小的上市公司为-22.22%。

（2）现金流量净额构成及其主要项目变动趋势分析。

2019~2023年，现金流量净额占比总体上大幅上升，从2019年的-0.95%增长到2023年的0.66%。其中，2019~2023年，经营活动产生的现金流量净额大幅上升，从2019年的5.54%增加到2023年的7.72%。2019~2023年，投资活动产生的现金流量净额明显下降，从2019年的-3.29%减少到2023年的-4.05%。2019~2023年，筹资活动产生的现金流量净额大幅下降，从2019年的-0.96%减少到2023年的-1.86%。

六、印刷与文教用品制造业（C22-C24）

印刷与文教用品制造业（C22-C24）由证监会行业分类（2012）中造纸和纸制品业（代码：C22），印刷和记录媒介复制业（代码：C23），文教、工美、体育和娱乐用品制造业（代码：C24）组成。2019~2023年，证券市场印刷与文教用品制造业（C22-C24）上市公司发展状况见表3.25。

表3.25　　印刷与文教用品制造业（C22-C24）上市公司数量　　单位：个

年份	2023	2022	2021	2020	2019
数量	79	77	71	63	56

注：公开披露定期报告的上市公司家数。

（一）证券市场印刷与文教用品制造业（C22-C24）财务状况分析

证券市场印刷与文教用品制造业（C22-C24）财务状况分析见表3.26。

表3.26　　印刷与文教用品制造业（C22-C24）资产负债表　　单位：%

年份	2023			2022			2021	2020	2019
	中位数	最大值	最小值	中位数	最大值	最小值	中位数	中位数	中位数
货币资金	17.60	74.28	2.28	15.86	49.75	0.58	14.55	16.07	12.46
结算备付金	0.00	0.00	0.00	0.00	0.00	0.00	0.00	0.00	0.00
拆出资金净额	0.00	0.00	0.00	0.00	0.00	0.00	0.00	0.00	0.00
交易性金融资产	0.00	40.95	0.00	0.14	38.87	0.00	0.07	0.70	0.12
衍生金融资产	0.00	0.04	0.00	0.00	1.07	0.00	0.00	0.00	0.00
应收票据净额	0.02	6.40	0.00	0.02	10.84	0.00	0.02	0.00	0.01
应收账款净额	8.28	53.10	0.00	9.74	62.95	0.48	10.04	9.72	11.73
应收款项融资	0.24	17.69	0.00	0.18	13.67	0.00	0.20	0.18	0.04
预付款项净额	0.62	55.14	0.02	0.68	10.50	0.04	0.82	0.90	1.04
应收保费净额	0.00	0.00	0.00	0.00	0.00	0.00	0.00	0.00	0.00
应收分保账款净额	0.00	0.00	0.00	0.00	0.00	0.00	0.00	0.00	0.00
应收分保合同准备金净额	0.00	0.00	0.00	0.00	0.00	0.00	0.00	0.00	0.00
其他应收款净额	0.47	4.88	0.01	0.41	23.53	0.00	0.46	0.53	0.66
应收股利净额	0.00	0.61	0.00	0.00	1.63	0.00	0.00	0.00	0.00
买入返售金融资产净额	0.00	0.00	0.00	0.00	0.00	0.00	0.00	0.00	0.00
存货净额	9.70	50.66	0.14	11.15	68.20	0.46	11.30	10.28	10.06
合同资产	0.00	9.54	0.00	0.00	10.32	0.00	0.00	0.00	0.00
一年内到期的非流动资产	0.00	5.24	0.00	0.00	4.74	0.00	0.00	0.00	0.00
其他流动资产	0.79	9.16	0.03	0.69	9.75	0.00	0.87	1.03	0.80
流动资产合计	57.48	97.45	15.10	56.30	99.25	9.63	56.75	56.55	56.72
发放贷款及垫款净额	0.00	0.00	0.00	0.00	0.00	0.00	0.00	0.00	0.00
债权投资	0.00	8.51	0.00	0.00	1.10	0.00	0.00	0.00	0.00
其他债权投资	0.00	0.00	0.00	0.00	0.00	0.00	0.00	0.00	0.00
长期应收款净额	0.00	1.95	0.00	0.00	2.11	0.00	0.00	0.00	0.00
长期股权投资净额	0.48	22.57	0.00	0.08	17.73	0.00	0.29	0.15	0.43
其他权益工具投资	0.00	32.40	0.00	0.00	45.15	0.00	0.00	0.00	0.00

续表

年份	2023			2022			2021	2020	2019
	中位数	最大值	最小值	中位数	最大值	最小值	中位数	中位数	中位数
其他非流动金融资产	0.00	11.81	0.00	0.00	18.39	0.00	0.00	0.00	0.00
投资性房地产净额	0.01	23.32	0.00	0.08	21.27	0.00	0.06	0.00	0.07
固定资产净额	23.23	71.65	0.62	23.24	69.90	0.58	24.10	24.12	24.44
在建工程净额	1.44	46.68	0.00	1.41	38.25	0.00	1.25	1.55	1.45
生产性生物资产净额	0.00	0.35	0.00	0.00	0.37	0.00	0.00	0.00	0.00
油气资产净额	0.00	0.00	0.00	0.00	0.00	0.00	0.00	0.00	0.00
使用权资产	0.32	6.97	0.00	0.22	13.19	0.00	0.44	0.00	0.00
无形资产净额	3.36	19.81	0.00	3.60	17.16	0.00	3.84	3.60	3.54
开发支出	0.00	0.14	0.00	0.00	0.52	0.00	0.00	0.00	0.00
商誉净额	0.00	29.51	0.00	0.00	26.60	0.00	0.00	0.00	0.01
长期待摊费用	0.18	4.70	0.00	0.20	4.62	0.00	0.22	0.20	0.21
递延所得税资产	0.50	5.27	0.00	0.42	4.80	0.00	0.44	0.36	0.42
其他非流动资产	0.38	25.34	0.00	0.40	8.58	0.00	0.38	0.44	0.34
非流动资产合计	42.52	84.90	2.55	43.70	90.37	0.75	43.25	43.45	43.28
资产总计	100.00	100.00	100.00	100.00	100.00	100.00	100.00	100.00	100.00
短期借款	5.54	42.11	0.00	6.56	123.91	0.00	7.24	9.66	9.07
向中央银行借款	0.00	0.00	0.00	0.00	0.00	0.00	0.00	0.00	0.00
拆入资金	0.00	0.00	0.00	0.00	0.00	0.00	0.00	0.00	0.00
交易性金融负债	0.00	11.37	0.00	0.00	10.93	0.00	0.00	0.00	0.00
衍生金融负债	0.00	0.18	0.00	0.00	0.04	0.00	0.00	0.00	0.00
应付票据	2.09	16.33	0.00	2.21	18.39	0.00	2.44	1.79	2.34
应付账款	7.20	37.30	0.26	7.32	32.80	0.54	7.44	7.30	7.16
预收款项	0.00	0.76	0.00	0.00	1.98	0.00	0.00	0.00	0.72
合同负债	0.52	23.84	0.00	0.66	35.13	0.00	0.88	0.76	0.00
卖出回购金融资产款	0.00	0.00	0.00	0.00	0.00	0.00	0.00	0.00	0.00
吸收存款及同业存放	0.00	0.00	0.00	0.00	0.00	0.00	0.00	0.00	0.00
代理买卖证券款	0.00	0.00	0.00	0.00	0.00	0.00	0.00	0.00	0.00
代理承销证券款	0.00	0.00	0.00	0.00	0.00	0.00	0.00	0.00	0.00
应付职工薪酬	0.84	6.53	0.04	0.86	6.59	0.01	0.84	0.84	0.82
应交税费	0.48	5.00	0.09	0.66	9.69	0.06	0.60	0.74	0.73
其他应付款	0.97	38.51	0.00	1.28	56.82	0.02	1.12	1.31	1.38
应付股利	0.00	7.76	0.00	0.00	1.88	0.00	0.00	0.00	0.00
应付手续费及佣金	0.00	0.00	0.00	0.00	0.00	0.00	0.00	0.00	0.00

续表

年份	2023			2022			2021	2020	2019
	中位数	最大值	最小值	中位数	最大值	最小值	中位数	中位数	中位数
应付分保账款	0.00	0.00	0.00	0.00	0.00	0.00	0.00	0.00	0.00
一年内到期的非流动负债	0.78	51.87	0.00	0.36	15.76	0.00	0.47	0.00	0.00
其他流动负债	0.15	11.60	0.00	0.13	19.93	0.00	0.11	0.14	0.00
流动负债合计	27.02	75.83	5.57	26.20	170.97	3.77	26.98	28.30	28.31
保险合同准备金	0.00	0.00	0.00	0.00	0.00	0.00	0.00	0.00	0.00
长期借款	0.34	27.34	0.00	0.33	55.43	0.00	0.56	0.23	0.00
应付债券	0.00	18.08	0.00	0.00	17.90	0.00	0.00	0.00	0.00
租赁负债	0.16	4.74	0.00	0.12	4.61	0.00	0.19	0.00	0.00
长期应付款	0.00	7.32	0.00	0.00	3.75	0.00	0.00	0.00	0.00
预计负债	0.00	18.39	0.00	0.00	12.23	0.00	0.00	0.00	0.00
递延收益-非流动负债	0.56	4.75	0.00	0.42	3.67	0.00	0.36	0.34	0.32
递延所得税负债	0.14	5.54	0.00	0.10	7.11	0.00	0.11	0.12	0.07
其他非流动负债	0.00	6.78	0.00	0.00	6.11	0.00	0.00	0.00	0.00
非流动负债合计	3.83	33.47	0.02	3.54	57.01	0.03	4.14	3.46	2.14
负债合计	33.65	77.50	6.44	32.86	171.83	9.26	34.48	32.40	33.04
实收资本（或股本）	13.97	186.43	2.15	14.81	173.49	2.01	15.38	16.72	17.56
其他权益工具	0.00	2.75	0.00	0.00	2.82	0.00	0.00	0.00	0.00
其中：优先股	0.00	0.00	0.00	0.00	0.00	0.00	0.00	0.00	0.00
其中：永续债	0.00	0.00	0.00	0.00	1.18	0.00	0.00	0.00	0.00
资本公积	22.34	284.45	1.32	22.14	285.58	1.23	22.62	21.20	21.92
其中：库存股	0.00	8.40	0.00	0.00	8.27	0.00	0.00	0.00	0.00
其他综合收益	0.00	17.42	−10.12	0.00	21.74	−7.91	0.00	0.00	0.00
专项储备	0.00	0.60	0.00	0.00	0.70	0.00	0.00	0.00	0.00
盈余公积	2.86	15.82	0.30	2.86	14.82	0.27	2.98	2.98	2.72
一般风险准备	0.00	0.10	0.00	0.00	0.09	0.00	0.00	0.00	0.00
未分配利润	18.77	42.15	−322.62	19.78	43.52	−304.73	20.44	20.56	19.70
归属于母公司所有者权益合计	65.25	93.56	21.00	65.35	89.65	−65.95	63.70	65.93	64.67
少数股东权益	0.24	16.38	−0.05	0.32	19.08	−5.89	0.48	0.25	0.62
所有者权益合计	66.35	93.56	22.50	67.14	90.74	−71.83	65.53	67.60	66.96
负债与所有者权益总计	100.00	100.00	100.00	100.00	100.00	100.00	100.00	100.00	100.00

注：所有项目均以资产总计为基数。

1. 印刷与文教用品制造业（C22-C24）资产项目分析

资产项目包括流动资产和非流动资产两个方面。

（1）流动资产及其主要构成项目。

2023年，流动资产合计占总资产比例为57.48%。其中，流动资产占比最大的上市公司为97.45%，占比最小的上市公司为15.1%。

主要构成项目：①货币资金占比为17.6%。其中，占比最大的上市公司为74.28%，占比最小的上市公司为2.28%。②其他流动资产占比为0.79%。其中，占比最大的上市公司为9.16%，占比最小的上市公司为0.03%。③应收款项融资占比为0.24%。其中，占比最大的上市公司为17.69%，占比最小的上市公司为0。

（2）非流动资产及其主要构成项目。

2023年，非流动资产合计占总资产比例为42.52%。其中，非流动资产占比最大的上市公司为84.9%，占比最小的上市公司为2.55%。

主要构成项目：①递延所得税资产占比为0.5%。其中，占比最大的上市公司为5.27%，占比最小的上市公司为0。②其他非流动资产占比为0.38%。其中，占比最大的上市公司为25.34%，占比最小的上市公司为0。③使用权资产占比为0.32%。其中，占比最大的上市公司为6.97%，占比最小的上市公司为0。

（3）资产构成及其主要项目变动趋势分析。

2019~2023年，流动资产合计占比总体上呈基本稳定。其中，2019~2023年，货币资金占比总体上呈大幅上升趋势，从2019年的12.46%增长到2023年的17.6%，但在2019~2020年明显上升，从2019年的12.46%增长到2020年的16.07%；2019~2023年，其他流动资产占比总体上基本稳定，且在2019~2020年明显上升，从2019年的0.8%增长到2020年的1.03%；2019~2023年，应收款项融资占比总体上呈大幅上升趋势，从2019年的0.04%增长到2023年的0.24%。

2019~2023年，非流动资产合计占比总体上呈基本稳定。其中，2019~2023年，递延所得税资产占比总体上呈明显上升趋势，从2019年的0.42%增长到2023年的0.5%；2019~2023年，其他非流动资产占比总体上呈明显上升趋势，从2019年的0.34%增长到2023年的0.38%；2019~2023年，使用权资产占比总体上呈大幅上升趋势，从2019年的0增长到2023年的0.32%，但在2021~2022年大幅下降，从2021年的0.44%降低到2022年的0.22%。

2. 印刷与文教用品制造业（C22-C24）负债项目分析

负债项目包括流动负债和非流动负债两个方面。2023年，负债合计占总资产比例为33.65%。其中，负债合计占比最大的上市公司为77.5%，占比最小的上市公司为6.44%。

（1）流动负债及其主要构成项目。

2023年，流动负债合计占总资产比例为27.02%。其中，流动负债占比最大的上市公司为75.83%，占比最小的上市公司为5.57%。

主要构成项目：①应付账款占比为7.2%。其中，占比最大的上市公司为37.3%，占比最小的上市公司为0.26%。②短期借款占比为5.54%。其中，占比最大的上市公司为

42.11%，占比最小的上市公司为0。③应付票据占比为2.09%。其中，占比最大的上市公司为16.33%，占比最小的上市公司为0。

（2）非流动负债及其主要构成项目。

2023年，非流动负债合计占总资产比例为3.83%。其中，非流动负债占比最大的上市公司为33.47%，占比最小的上市公司为0.02%。

主要构成项目：①长期借款占比为0.34%。其中，占比最大的上市公司为27.34%，占比最小的上市公司为0。②租赁负债占比为0.16%。其中，占比最大的上市公司为4.74%，占比最小的上市公司为0。③递延所得税负债占比为0.14%。其中，占比最大的上市公司为5.54%，占比最小的上市公司为0。

（3）负债构成及其主要项目变动趋势分析。

2019~2023年，流动负债合计占比总体上呈基本稳定。其中，2019~2023年，应付账款占比总体上基本稳定；2019~2023年，短期借款占比总体上呈大幅下降趋势，从2019年的9.07%降低到2023年的5.54%，但在2020~2021年明显下降，从2020年的9.66%降低到2021年的7.24%；2019~2023年，应付票据占比总体上呈明显下降趋势，从2019年的2.34%降低到2023年的2.09%，且在2020~2021年大幅上升，从2020年的1.79%增长到2021年的2.44%。

2019~2023年，非流动负债合计占比总体上呈大幅上升趋势。其中，2019~2023年，长期借款占比总体上呈大幅上升趋势，从2019年的0增长到2023年的0.34%；2019~2023年，租赁负债占比总体上呈明显上升趋势，从2019年的0增长到2023年的0.16%，且在2021~2022年大幅下降，从2021年的0.19%降低到2022年的0.12%；2019~2023年，递延所得税负债占比总体上呈大幅上升趋势，从2019年的0.07%增长到2023年的0.14%。

3.印刷与文教用品制造业（C22-C24）所有者权益项目分析

所有者权益项目包括实收资本（股本）、资本公积、盈余公积和未分配利润等四个方面。

（1）所有者权益及其主要构成项目。

2023年，所有者权益合计占总资产比例为66.35%。其中，所有者权益占比最大的上市公司为93.56%，占比最小的上市公司为22.5%。

主要构成项目：①实收资本（或股本）占比为13.97%。其中，占比最大的上市公司为186.43%，占比最小的上市公司为2.15%。②资本公积占比为22.34%。其中，占比最大的上市公司为284.45%，占比最小的上市公司为1.32%。③盈余公积占比为2.86%。其中，占比最大的上市公司为15.82%，占比最小的上市公司为0.3%。④未分配利润占比为18.77%。其中，占比最大的上市公司为42.15%，占比最小的上市公司为-322.62%。

（2）所有者权益构成及其主要项目变动趋势分析。

2019~2023年，所有者权益合计占比总体上呈基本稳定。其中，2019~2023年，实收资本（或股本）占比总体上呈明显下降趋势，从2019年的17.56%降低到2023年的

13.97%；2019~2023年，资本公积占比总体上基本稳定，且在2020~2021年明显上升，从2020年的21.2%增长到2021年的22.62%；2019~2023年，盈余公积占比总体上呈明显上升趋势，从2019年的2.72%增长到2023年的2.86%；2019~2023年，未分配利润占比总体上基本稳定，且在2022~2023年明显下降，从2022年的19.78%降低到2023年的18.77%。

（二）证券市场印刷与文教用品制造业（C22-C24）利润分析

证券市场印刷与文教用品制造业（C22-C24）利润分析见表3.27。

表3.27　　　　印刷与文教用品制造业（C22-C24）利润表　　　　单位：%

年份	2023			2022			2021	2020	2019
	中位数	最大值	最小值	中位数	最大值	最小值	中位数	中位数	中位数
营业总收入	100.00	100.00	100.00	100.00	100.00	100.00	100.00	100.00	100.00
营业收入	100.00	100.00	100.00	100.00	100.00	100.00	100.00	100.00	100.00
利息净收入	0.00	0.00	0.00	0.00	0.00	0.00	0.00	0.00	0.00
利息收入	0.00	0.00	0.00	0.00	0.00	0.00	0.00	0.00	0.00
已赚保费	0.00	0.00	0.00	0.00	0.00	0.00	0.00	0.00	0.00
保险业务收入	0.00	0.00	0.00	0.00	0.00	0.00	0.00	0.00	0.00
减：分出保费	0.00	0.00	0.00	0.00	0.00	0.00	0.00	0.00	0.00
减：提取未到期责任准备金	0.00	0.00	0.00	0.00	0.00	0.00	0.00	0.00	0.00
手续费及佣金净收入	0.00	0.00	0.00	0.00	0.00	0.00	0.00	0.00	0.00
手续费及佣金收入	0.00	0.00	0.00	0.00	0.00	0.00	0.00	0.00	0.00
营业总成本	95.40	260.43	74.44	95.66	235.48	75.85	94.34	94.39	94.12
营业成本	81.79	112.57	49.68	81.24	162.14	54.89	79.96	76.94	76.96
利息支出	0.00	0.00	0.00	0.00	0.00	0.00	0.00	0.00	0.00
手续费及佣金支出	0.00	0.00	0.00	0.00	0.00	0.00	0.00	0.00	0.00
退保金	0.00	0.00	0.00	0.00	0.00	0.00	0.00	0.00	0.00
赔付支出净额	0.00	0.00	0.00	0.00	0.00	0.00	0.00	0.00	0.00
赔付支出	0.00	0.00	0.00	0.00	0.00	0.00	0.00	0.00	0.00
减：摊回赔付支出	0.00	0.00	0.00	0.00	0.00	0.00	0.00	0.00	0.00
提取保险责任准备金净额	0.00	0.00	0.00	0.00	0.00	0.00	0.00	0.00	0.00
提取保险责任准备金	0.00	0.00	0.00	0.00	0.00	0.00	0.00	0.00	0.00
减：摊回保险责任准备金	0.00	0.00	0.00	0.00	0.00	0.00	0.00	0.00	0.00
保单红利支出	0.00	0.00	0.00	0.00	0.00	0.00	0.00	0.00	0.00
分保费用	0.00	0.00	0.00	0.00	0.00	0.00	0.00	0.00	0.00
税金及附加	0.74	14.79	0.18	0.72	2.90	0.13	0.68	0.76	0.83
销售费用	2.46	31.20	0.21	2.45	24.50	0.16	2.59	3.79	4.70
管理费用	5.36	159.83	0.69	5.43	25.75	0.64	5.30	4.97	5.74

续表

年份	2023			2022			2021	2020	2019
	中位数	最大值	最小值	中位数	最大值	最小值	中位数	中位数	中位数
研发费用	3.44	32.82	0.00	3.60	11.63	0.00	3.42	3.40	3.26
财务费用	0.09	22.29	−19.50	0.10	44.73	−4.02	0.58	0.99	0.77
其他收益	0.79	5.74	0.01	0.59	5.97	−2.11	0.62	0.83	0.57
投资收益	0.15	93.45	−7.53	0.14	66.47	−3.31	0.26	0.16	0.38
汇兑收益	0.00	0.00	0.00	0.00	0.00	0.00	0.00	0.00	0.00
其他业务收入	0.00	0.00	0.00	0.00	0.00	0.00	0.00	0.00	0.00
净敞口套期收益	0.00	0.00	0.00	0.00	0.00	0.00	0.00	0.00	0.00
公允价值变动收益	0.00	4.23	−46.22	0.00	1.15	−11.30	0.00	0.00	0.00
信用减值损失	−0.13	2.72	−18.55	−0.18	1.15	−111.84	−0.20	−0.21	−0.24
资产减值损失	−0.47	1.66	−53.40	−0.40	2.30	−20.98	−0.30	−0.29	−0.20
资产处置收益	0.01	89.89	−0.46	0.00	1.27	−0.44	0.00	0.00	0.00
业务及管理费	0.00	0.00	0.00	0.00	0.00	0.00	0.00	0.00	0.00
减：摊回分保费用	0.00	0.00	0.00	0.00	0.00	0.00	0.00	0.00	0.00
其他业务成本	0.00	0.00	0.00	0.00	0.00	0.00	0.00	0.00	0.00
其他业务利润	0.00	0.00	0.00	0.00	0.00	0.00	0.00	0.00	0.00
营业利润	5.04	45.07	−161.62	5.38	73.87	−179.27	6.60	7.60	6.35
加：营业外收入	0.06	5.83	0.00	0.06	1.26	0.00	0.06	0.12	0.09
减：营业外支出	0.11	48.09	0.00	0.12	10.74	0.00	0.12	0.13	0.08
利润总额	4.79	41.72	−163.60	5.40	73.95	−183.10	6.44	7.53	6.54
减：所得税费用	0.73	4.22	−20.64	0.68	30.95	−2.45	0.78	1.30	1.14
未确认的投资损失	0.00	0.00	0.00	0.00	0.00	0.00	0.00	0.00	0.00
影响净利润的其他项目	0.00	0.00	0.00	0.00	0.00	0.00	0.00	0.00	0.00
净利润	4.10	42.57	−142.96	4.73	56.18	−203.85	5.35	6.70	5.65
归属于母公司所有者的净利润	3.91	44.17	−131.45	4.47	56.18	−200.70	5.07	5.90	5.22
归属于母公司其他权益工具持有者的净利润	0.00	0.00	0.00	0.00	0.00	0.00	0.00	0.00	0.00
少数股东损益	0.00	4.52	−11.51	0.00	3.35	−20.46	0.00	0.00	0.00
其他综合收益（损失）	0.00	931.10	−18.32	0.00	129.37	−1.56	0.00	0.00	0.00
综合收益总额	4.18	788.14	−75.73	5.04	107.67	−203.81	5.34	6.88	5.41
归属于母公司所有者的综合收益	3.99	799.65	−75.61	4.64	109.55	−200.65	5.07	6.04	5.00
归属少数股东的综合收益	0.00	4.52	−11.51	0.00	3.35	−20.46	0.00	0.00	0.00
基本每股收益	0.18	4.23	−1.16	0.17	3.25	−3.85	0.20	0.26	0.22
稀释每股收益	0.18	4.23	−1.16	0.17	3.25	−3.85	0.20	0.24	0.21

1. 印刷与文教用品制造业（C22-C24）成本费用项目分析

（1）成本与费用及其主要构成项目。

主要构成项目：①营业成本占营业总收入比例为81.79%。其中，营业成本占比最大的上市公司为112.57%，占比最小的上市公司为49.68%。②销售费用占营业总收入比例为2.46%。其中，销售费用占比最大的上市公司为31.2%，占比最小的上市公司为0.21%。③管理费用占营业总收入比例为5.36%。其中，管理费用占比最大的上市公司为159.83%，占比最小的上市公司为0.69%。④财务费用占营业总收入比例为0.09%。其中，财务费用占比最大的上市公司为22.29%，占比最小的上市公司为-19.5%。⑤研发费用占营业总收入比例为3.44%。其中，研发费用占比最大的上市公司为32.82%，占比最小的上市公司为0。

（2）成本与费用及其主要项目变动趋势分析。

2019~2023年，营业成本占比明显上升，从2019年的76.96%增长到2023年的81.79%；2019~2023年，销售费用占比大幅下降，从2019年的4.7%下降为2023年的2.46%；2019~2023年，管理费用占比明显下降，从2019年的5.74%下降为2023年的5.36%；2019~2023年，财务费用占比大幅下降，从2019年的0.77%下降为2023年的0.09%；2019~2023年，研发费用占比明显上升，从2019年的3.26%增长到2023年的3.44%。

2. 印刷与文教用品制造业（C22-C24）其他损益项目分析

（1）其他损益及其主要构成项目。

主要构成项目：①资产减值损失占营业总收入比例为-0.47%。其中，资产减值损失占比最大的上市公司为1.66%，占比最小的上市公司为-53.4%。②投资收益占营业总收入比例为0.15%。其中，投资收益占比最大的上市公司为93.45%，占比最小的上市公司为-7.53%。③基本每股收益为0.18元。其中，基本每股收益最大的上市公司为4.23元，最小的上市公司为-1.16元。④其他收益占营业总收入比例为0.79%。其中，其他收益占比最大的上市公司为5.74%，占比最小的上市公司为0.01%。⑤信用减值损失占营业总收入比例为-0.13%。其中，信用减值损失占比最大的上市公司为2.72%，占比最小的上市公司为-18.55%。

（2）其他损益及其主要项目变动趋势分析。

2019~2023年，资产减值损失占比大幅下降，从2019年的-0.2%下降为2023年的-0.47%；2019~2023年，投资收益占比大幅下降，从2019年的0.38%下降为2023年的0.15%；2019~2023年，其他收益占比大幅上升，从2019年的0.57%增长到2023年的0.79%；2019~2023年，信用减值损失占比大幅上升，从2019年的-0.24%增长到2023年的-0.13%。

3. 印刷与文教用品制造业（C22-C24）利润项目分析

（1）利润及其主要构成项目。

主要构成项目：①营业利润占营业总收入比例为5.04%。其中，营业利润占比最大的

上市公司为45.07%，占比最小的上市公司为–161.62%。②利润总额占营业总收入比例为4.79%。其中，利润总额占比最大的上市公司为41.72%，占比最小的上市公司为–163.6%。③净利润占营业总收入比例为4.1%。其中，净利润占比最大的上市公司为42.57%，占比最小的上市公司为–142.96%。④归属于母公司所有者的净利润占营业总收入比例为3.91%。其中，归属于母公司所有者的净利润占比最大的上市公司为44.17%，占比最小的上市公司为–131.45%。

（2）利润及其主要项目变动趋势分析。

2019~2023年，营业利润占比明显下降，从2019年的6.35%下降为2023年的5.04%；2019~2023年，利润总额占比明显下降，从2019年的6.54%下降为2023年的4.79%；2019~2023年，净利润占比明显下降，从2019年的5.65%下降为2023年的4.1%；2019~2023年，归属于母公司所有者的净利润占比明显下降，从2019年的5.22%下降为2023年的3.91%。

（三）证券市场印刷与文教用品制造业（C22–C24）现金流量分析

证券市场印刷与文教用品制造业（C22–C24）现金流量分析见表3.28。

表3.28　　　　印刷与文教用品制造业（C22–C24）现金流量表　　　　单位：%

年份	2023			2022			2021	2020	2019
	中位数	最大值	最小值	中位数	最大值	最小值	中位数	中位数	中位数
销售商品、提供劳务收到的现金	58.38	98.97	8.71	57.92	89.41	18.82	59.35	53.80	53.53
客户存款和同业存放款项净增加额	0.00	0.00	0.00	0.00	0.00	0.00	0.00	0.00	0.00
向中央银行借款净增加额	0.00	0.00	0.00	0.00	0.00	0.00	0.00	0.00	0.00
向其他金融机构拆入资金净增加额	0.00	0.00	0.00	0.00	0.00	0.00	0.00	0.00	0.00
收到原保险合同保费取得的现金	0.00	0.00	0.00	0.00	0.00	0.00	0.00	0.00	0.00
收到再保险业务现金净额	0.00	0.00	0.00	0.00	0.00	0.00	0.00	0.00	0.00
保户储金及投资款净增加额									
处置交易性金融资产净增加额	0.00	0.00	0.00	0.00	0.00	0.00	0.00	0.00	0.00
收取利息、手续费及佣金的现金	0.00	0.00	0.00	0.00	0.00	0.00	0.00	0.00	0.00
拆入资金净增加额									
回购业务资金净增加额	0.00	0.00	0.00	0.00	0.00	0.00	0.00	0.00	0.00
收到的税费返还	0.32	5.49	0.00	0.45	6.04	0.00	0.23	0.15	0.16
收到的其他与经营活动有关的现金	1.35	16.90	0.04	1.14	13.02	0.19	1.16	1.66	1.34

续表

年份	2023			2022			2021	2020	2019
	中位数	最大值	最小值	中位数	最大值	最小值	中位数	中位数	中位数
经营活动现金流入小计	62.11	99.97	9.21	62.16	91.24	20.65	61.36	57.68	57.14
购买商品、接受劳务支付的现金	47.52	90.77	1.91	46.50	91.36	11.98	45.63	41.47	37.39
客户贷款及垫款净增加额	0.00	0.00	0.00	0.00	0.00	0.00	0.00	0.00	0.00
存放中央银行和同业款项净增加额	0.00	0.00	0.00	0.00	0.00	0.00	0.00	0.00	0.00
支付原保险合同赔付款项的现金	0.00	0.00	0.00	0.00	0.00	0.00	0.00	0.00	0.00
支付利息、手续费及佣金的现金	0.00	0.00	0.00	0.00	0.00	0.00	0.00	0.00	0.00
支付保单红利的现金	0.00	0.00	0.00	0.00	0.00	0.00	0.00	0.00	0.00
支付给职工以及为职工支付的现金	6.09	25.03	0.88	6.12	21.66	0.75	5.79	5.34	5.65
支付的各项税费	2.42	8.77	0.27	2.41	8.21	0.23	2.44	2.62	2.86
支付其他与经营活动有关的现金	3.68	19.22	0.48	3.13	14.46	0.36	3.62	3.60	4.27
经营活动现金流出小计	61.16	96.16	12.10	61.41	96.46	18.74	61.43	53.94	53.02
经营活动产生的现金流量净额	6.36	18.57	−38.49	5.16	16.76	−44.35	3.89	5.94	5.80
收回投资收到的现金	0.31	120.68	0.00	0.54	69.02	0.00	0.88	0.24	0.38
取得投资收益收到的现金	0.04	2.40	0.00	0.04	1.45	0.00	0.06	0.04	0.12
处置固定资产、无形资产和其他长期资产收回的现金净额	0.03	9.30	0.00	0.03	3.07	0.00	0.04	0.02	0.02
处置子公司及其他营业单位收到的现金净额	0.00	21.88	0.00	0.00	6.87	0.00	0.00	0.00	0.00
收到的其他与投资活动有关的现金	0.00	66.28	0.00	0.00	72.98	0.00	0.00	0.00	0.00
投资活动产生的现金流入小计	5.94	130.28	0.00	6.12	75.82	0.00	7.88	6.07	7.48
购建固定资产、无形资产和其他长期资产支付的现金	3.93	25.43	0.03	3.03	38.72	0.01	3.24	3.81	2.61
投资支付的现金	0.97	78.98	0.00	0.55	72.55	0.00	0.86	1.44	1.93
质押贷款净增加额	0.00	0.00	0.00	0.00	0.00	0.00	0.00	0.00	0.00
取得子公司及其他营业单位支付的现金净额	0.00	7.80	0.00	0.00	6.20	0.00	0.00	0.00	0.00
支付其他与投资活动有关的现金	0.00	69.87	0.00	0.00	77.34	0.00	0.00	0.00	0.00

续表

年份	2023			2022			2021	2020	2019
	中位数	最大值	最小值	中位数	最大值	最小值	中位数	中位数	中位数
投资活动产生的现金流出小计	13.68	85.50	0.03	13.07	79.06	0.01	17.00	16.20	15.68
投资活动产生的现金流量净额	-4.54	40.18	-35.21	-3.06	13.71	-31.73	-2.92	-4.68	-2.99
吸收投资收到的现金	0.00	46.14	0.00	0.00	49.24	0.00	0.00	0.02	0.00
吸收权益性投资收到的现金	0.00	46.14	0.00	0.00	49.24	0.00	0.00	0.02	0.00
其中：子公司吸收少数股东投资收到的现金	0.00	2.43	0.00	0.00	2.23	0.00	0.00	0.00	0.00
发行债券收到的现金	0.00	18.04	0.00	0.00	0.00	0.00	0.00	0.00	0.00
取得借款收到的现金	11.12	49.84	0.00	9.48	73.88	0.00	10.77	14.41	13.14
收到其他与筹资活动有关的现金	0.00	30.57	0.00	0.02	27.29	0.00	0.02	0.00	0.07
筹资活动现金流入小计	14.61	55.97	0.00	13.94	78.27	0.00	14.76	18.24	14.75
偿还债务支付的现金	10.16	51.70	0.00	10.04	72.49	0.00	10.80	12.96	10.86
分配股利、利润或偿付利息支付的现金	1.49	12.08	0.00	1.50	15.08	0.00	1.54	1.72	1.70
其中：子公司支付给少数股东的股利、利润	0.00	0.96	0.00	0.00	1.00	0.00	0.00	0.00	0.00
支付其他与筹资活动有关的现金	1.10	22.56	0.00	1.34	18.83	0.00	1.20	0.66	0.66
筹资活动现金流出小计	14.00	62.07	0.31	14.27	78.19	0.00	14.66	17.53	18.05
筹资活动产生的现金流量净额	-1.14	43.19	-15.43	-0.34	47.34	-16.68	-1.14	-0.80	-1.04
现金总流入	100.00	100.00	100.00	100.00	100.00	100.00	100.00	100.00	100.00
现金总流出	100.00	100.00	100.00	100.00	100.00	100.00	100.00	100.00	100.00
现金流量净额	1.14	52.47	-36.92	0.24	25.57	-18.49	0.22	1.27	0.85

注：现金流入项目以现金总流入为基数，现金流出项目以现金总流出为基数。

1. 印刷与文教用品制造业（C22-C24）现金流入项目分析

现金流入包括经营活动产生的现金流入、投资活动产生的现金流入和筹资活动产生的现金流入三个方面。

（1）经营活动现金流入及其主要构成项目。

2023年，经营活动产生的现金流入占总现金流入比例为62.11%。其中，经营活动产生的现金流入占比最大的上市公司为99.97%，占比最小的上市公司为9.21%。

主要构成项目：销售商品、提供劳务收到的现金占比为58.38%。其中，占比最大的上市公司为98.97%，占比最小的上市公司为8.71%。

（2）投资活动现金流入及其主要构成项目。

2023年，投资活动产生的现金流入占总现金流入比例为5.94%。其中，投资活动产生的现金流入占比最大的上市公司为130.28%，占比最小的上市公司为0。

主要构成项目：收回投资收到的现金占比为0.31%。其中，占比最大的上市公司为120.68%，占比最小的上市公司为0。

（3）筹资活动现金流入及其主要构成项目。

2023年，筹资活动产生的现金流入占总现金流入比例为14.61%。其中，筹资活动产生的现金流入占比最大的上市公司为55.97%，占比最小的上市公司为0。

主要构成项目：取得借款收到的现金占比为11.12%。其中，占比最大的上市公司为49.84%，占比最小的上市公司为0。

（4）现金流入构成及其主要项目变动趋势分析。

2019~2023年，经营活动产生的现金流入占比总体上明显上升，从2019年的57.14%增长到2023年的62.11%。其中，2019~2023年，销售商品、提供劳务收到的现金占比总体上呈明显上升趋势，从2019年的53.53%增长到2023年的58.38%。

2019~2023年，投资活动产生的现金流入占比总体上明显下降，从2019年的7.48%降低到2023年的5.94%。其中，2019~2023年，收回投资收到的现金占比总体上呈明显下降趋势，从2019年的0.38%降低到2023年的0.31%，且在2020~2021年大幅上升，从2020年的0.24%增长到2021年的0.88%。

2019~2023年，筹资活动产生的现金流入占比总体上基本稳定。其中，2019~2023年，取得借款收到的现金占比总体上呈明显下降趋势，从2019年的13.14%降低到2023年的11.12%。

2.印刷与文教用品制造业（C22–C24）现金流出项目分析

现金流出包括经营活动产生的现金流出、投资活动产生的现金流出和筹资活动产生的现金流出三个方面。

（1）经营活动现金流出及其主要构成项目。

2023年，经营活动产生的现金流出占总现金流出比例为61.16%。其中，经营活动产生的现金流出占比最大的上市公司为96.16%，占比最小的上市公司为12.1%。

主要构成项目：①购买商品、接受劳务支付的现金占比为47.52%。其中，占比最大的上市公司为90.77%，占比最小的上市公司为1.91%。②支付给职工以及为职工支付的现金占比为6.09%。其中，占比最大的上市公司为25.03%，占比最小的上市公司为0.88%。③支付其他与经营活动有关的现金占比为3.68%。其中，占比最大的上市公司为19.22%，占比最小的上市公司为0.48%。

（2）投资活动现金流出及其主要构成项目。

2023年，投资活动产生的现金流出占总现金流出比例为13.68%。其中，投资活动产生的现金流出占比最大的上市公司为85.5%，占比最小的上市公司为0.03%。

主要构成项目：①购建固定资产、无形资产和其他长期资产支付的现金占比为3.93%。其中，占比最大的上市公司为25.43%，占比最小的上市公司为0.03%。②投资支付的现金占比为0.97%。其中，占比最大的上市公司为78.98%，占比最小的上市公司为0。

（3）筹资活动现金流出及其主要构成项目。

2023年，筹资活动产生的现金流出占总现金流出比例为14.0%。其中，筹资活动产生的现金流出占比最大的上市公司为62.07%，占比最小的上市公司为0.31%。

主要构成项目：偿还债务支付的现金占比为10.16%。其中，占比最大的上市公司为51.7%，占比最小的上市公司为0。

（4）现金流出构成及其主要项目变动趋势分析。

2019~2023年，经营活动产生的现金流出占比总体上明显上升，从2019年的53.02%增长到2023年的61.16%。其中，2019~2023年，购买商品、接受劳务支付的现金占比总体上呈明显上升趋势，从2019年的37.39%增长到2023年的47.52%。

2019~2023年，投资活动产生的现金流出占比总体上明显下降，从2019年的15.68%降低到2023年的13.68%。其中，2019~2023年，购建固定资产、无形资产和其他长期资产支付的现金占比总体上呈大幅上升趋势，从2019年的2.61%增长到2023年的3.93%。

2019~2023年，筹资活动产生的现金流出占比总体上明显下降，从2019年的18.05%降低到2023年的14.0%。其中，2019~2023年，偿还债务支付的现金占比总体上呈明显下降趋势，从2019年的10.86%降低到2023年的10.16%，但在2019~2020年明显上升，从2019年的10.86%增长到2020年的12.96%。

3.印刷与文教用品制造业（C22-C24）现金流量净额项目分析

现金流量净额包括经营活动现金流量净额、投资活动现金流量净额和筹资活动现金流量净额三个方面。

（1）现金流量净额及其主要构成项目。

2023年，现金流量净额占总现金流入比例为1.14%。其中，现金流量净额占比最大的上市公司为52.47%，占比最小的上市公司为-36.92%。

主要构成项目：①经营活动产生的现金流量净额占总现金流入比例为6.36%。其中，占比最大的上市公司为18.57%，占比最小的上市公司为-38.49%。②投资活动产生的现金流量净额占总现金流入比例为-4.54%。其中，占比最大的上市公司为40.18%，占比最小的上市公司为-35.21%。③筹资活动产生的现金流量净额占总现金流入比例为-1.14%。其中，占比最大的上市公司为43.19%，占比最小的上市公司为-15.43%。

（2）现金流量净额构成及其主要项目变动趋势分析。

2019~2023年，现金流量净额占比总体上大幅上升，从2019年的0.85%增长到2023年的1.14%。其中，2019~2023年，经营活动产生的现金流量净额明显上升，从2019年的5.8%增加到2023年的6.36%。2019~2023年，投资活动产生的现金流量净额大幅下降，从

2019年的-2.99%减少到2023年的-4.54%。2019~2023年，筹资活动产生的现金流量净额明显下降，从2019年的-1.04%减少到2023年的-1.14%。

七、石油化工制造业（C25-C26）

石油化工制造业（C25-C26）由证监会行业分类（2012）中石油加工、炼焦和核燃料加工业（代码：C25）和化学原料和化学制品制造业（代码：C26）组成。2019~2023年，证券市场石油化工制造业（C25-C26）上市公司发展状况见表3.29。

表3.29　　　　　　石油化工制造业（C25-C26）上市公司数量　　　　　　单位：家

年份	2023	2022	2021	2020	2019
数量	362	345	328	296	264

注：公开披露定期报告的上市公司家数。

（一）证券市场石油化工制造业（C25-C26）财务状况分析

证券市场石油化工制造业（C25-C26）财务状况分析见表3.30。

表3.30　　　　　　石油化工制造业（C25-C26）资产负债表　　　　　　单位：%

年份	2023			2022			2021	2020	2019
	中位数	最大值	最小值	中位数	最大值	最小值	中位数	中位数	中位数
货币资金	13.73	76.06	0.44	14.70	79.62	0.24	13.97	14.31	12.42
结算备付金	0.00	0.00	0.00	0.00	0.00	0.00	0.00	0.00	0.00
拆出资金净额	0.00	0.00	0.00	0.00	0.00	0.00	0.00	0.00	0.00
交易性金融资产	0.00	58.04	0.00	0.11	66.43	0.00	0.31	0.04	0.03
衍生金融资产	0.00	1.53	0.00	0.00	0.73	0.00	0.00	0.00	0.00
应收票据净额	0.40	21.85	0.00	0.34	24.47	0.00	0.24	0.10	0.04
应收账款净额	6.24	46.03	0.00	6.93	49.21	0.00	7.20	7.27	7.12
应收款项融资	1.32	39.16	0.00	1.26	29.89	0.00	1.39	1.88	1.46
预付款项净额	0.68	11.31	0.00	0.82	10.17	0.00	1.05	1.04	0.96
应收保费净额	0.00	0.00	0.00	0.00	0.00	0.00	0.00	0.00	0.00
应收分保账款净额	0.00	0.00	0.00	0.00	0.00	0.00	0.00	0.00	0.00
应收分保合同准备金净额	0.00	0.00	0.00	0.00	0.00	0.00	0.00	0.00	0.00
其他应收款净额	0.29	39.17	0.00	0.31	17.39	0.00	0.32	0.39	0.46
应收股利净额	0.00	0.33	0.00	0.00	2.13	0.00	0.00	0.00	0.00
买入返售金融资产净额	0.00	0.00	0.00	0.00	0.85	0.00	0.00	0.00	0.00
存货净额	7.77	43.24	0.00	8.51	78.75	0.00	8.91	7.68	8.16
合同资产	0.00	4.00	0.00	0.00	4.48	0.00	0.00	0.00	0.00
一年内到期的非流动资产	0.00	14.02	0.00	0.00	8.32	0.00	0.00	0.00	0.00
其他流动资产	1.00	66.63	0.00	0.83	30.14	0.00	1.10	1.04	1.19

续表

年份	2023			2022			2021	2020	2019
	中位数	最大值	最小值	中位数	最大值	最小值	中位数	中位数	中位数
流动资产合计	49.12	92.24	4.80	50.86	95.13	7.68	52.08	50.86	48.76
发放贷款及垫款净额	0.00	11.28	0.00	0.00	6.47	0.00	0.00	0.00	0.00
债权投资	0.00	38.96	0.00	0.00	54.01	0.00	0.00	0.00	0.00
其他债权投资	0.00	3.84	0.00	0.00	0.52	0.00	0.00	0.00	0.00
长期应收款净额	0.00	4.00	0.00	0.00	3.99	0.00	0.00	0.00	0.00
长期股权投资净额	0.18	71.52	0.00	0.15	63.61	0.00	0.16	0.29	0.34
其他权益工具投资	0.00	40.00	0.00	0.00	40.42	0.00	0.00	0.00	0.00
其他非流动金融资产	0.00	25.77	0.00	0.00	21.67	0.00	0.00	0.00	0.00
投资性房地产净额	0.00	13.43	0.00	0.00	10.22	0.00	0.00	0.00	0.00
固定资产净额	26.12	75.42	2.86	24.51	73.64	2.19	24.38	24.84	25.34
在建工程净额	4.81	57.17	0.00	4.46	52.50	0.00	4.24	3.68	3.46
生产性生物资产净额	0.00	9.66	0.00	0.00	6.73	0.00	0.00	0.00	0.00
油气资产净额	0.00	0.00	0.00	0.00	0.00	0.00	0.00	0.00	0.00
使用权资产	0.12	26.19	0.00	0.12	26.87	0.00	0.14	0.00	0.00
无形资产净额	4.16	42.46	0.00	3.96	51.05	0.00	4.08	4.37	4.38
开发支出	0.00	2.01	0.00	0.00	1.41	0.00	0.00	0.00	0.00
商誉净额	0.00	33.76	0.00	0.00	31.02	0.00	0.00	0.01	0.02
长期待摊费用	0.13	7.93	0.00	0.11	5.75	0.00	0.12	0.13	0.12
递延所得税资产	0.66	6.58	0.00	0.58	6.54	0.00	0.54	0.52	0.56
其他非流动资产	0.80	47.25	0.00	0.91	39.46	0.00	1.05	0.79	0.80
非流动资产合计	50.88	95.20	7.76	49.14	92.32	4.87	47.92	49.14	51.24
资产总计	100.00	100.00	100.00	100.00	100.00	100.00	100.00	100.00	100.00
短期借款	4.76	45.58	0.00	4.60	97.43	0.00	4.61	6.60	8.01
向中央银行借款	0.00	0.00	0.00	0.00	0.00	0.00	0.00	0.00	0.00
拆入资金	0.00	0.00	0.00	0.00	0.00	0.00	0.00	0.00	0.00
交易性金融负债	0.00	3.75	0.00	0.00	1.73	0.00	0.00	0.00	0.00
衍生金融负债	0.00	1.10	0.00	0.00	1.05	0.00	0.00	0.00	0.00
应付票据	1.92	48.72	0.00	2.32	42.27	0.00	2.15	1.86	1.60
应付账款	6.70	28.96	0.14	6.60	33.48	0.21	6.56	6.99	7.02
预收款项	0.00	0.61	0.00	0.00	3.68	0.00	0.00	0.00	0.94
合同负债	0.66	14.73	0.00	0.96	30.56	0.00	1.10	0.98	0.00
卖出回购金融资产款	0.00	0.00	0.00	0.00	0.00	0.00	0.00	0.00	0.00
吸收存款及同业存放	0.00	18.96	0.00	0.00	18.56	0.00	0.00	0.00	0.00
代理买卖证券款	0.00	0.00	0.00	0.00	0.00	0.00	0.00	0.00	0.00

续表

年份	2023			2022			2021	2020	2019
	中位数	最大值	最小值	中位数	最大值	最小值	中位数	中位数	中位数
代理承销证券款	0.00	0.00	0.00	0.00	0.00	0.00	0.00	0.00	0.00
应付职工薪酬	0.75	4.97	0.01	0.82	6.56	0.07	0.82	0.74	0.76
应交税费	0.44	5.68	0.01	0.60	9.98	0.03	0.70	0.58	0.58
其他应付款	0.90	45.48	0.00	0.94	31.60	0.00	1.06	1.24	1.50
应付股利	0.00	2.88	0.00	0.00	0.83	0.00	0.00	0.00	0.00
应付手续费及佣金	0.00	0.00	0.00	0.00	0.00	0.00	0.00	0.00	0.00
应付分保账款	0.00	0.00	0.00	0.00	0.00	0.00	0.00	0.00	0.00
一年内到期的非流动负债	0.90	71.30	0.00	0.59	58.75	0.00	0.54	0.11	0.10
其他流动负债	0.25	17.05	0.00	0.28	17.32	0.00	0.25	0.18	0.18
流动负债合计	**25.75**	**96.98**	**2.88**	**27.42**	**131.73**	**5.11**	**26.97**	**27.69**	**27.89**
保险合同准备金	0.00	0.00	0.00	0.00	0.00	0.00	0.00	0.00	0.00
长期借款	2.70	36.14	0.00	2.16	39.78	0.00	0.99	1.01	0.53
应付债券	0.00	19.79	0.00	0.00	22.26	0.00	0.00	0.00	0.00
租赁负债	0.05	24.74	0.00	0.06	25.37	0.00	0.06	0.06	0.06
长期应付款	0.00	28.43	0.00	0.00	19.91	0.00	0.00	0.00	0.00
预计负债	0.00	13.16	0.00	0.00	13.98	0.00	0.00	0.00	0.00
递延收益－非流动负债	0.51	6.99	0.00	0.54	7.12	0.00	0.54	0.62	0.62
递延所得税负债	0.18	19.35	0.00	0.17	26.23	0.00	0.12	0.10	0.08
其他非流动负债	0.00	11.38	0.00	0.00	4.29	0.00	0.00	0.00	0.00
非流动负债合计	**7.18**	**42.08**	**0.01**	**6.42**	**51.78**	**0.00**	**4.39**	**4.25**	**4.11**
负债合计	**36.07**	**97.88**	**3.28**	**36.82**	**160.36**	**5.97**	**36.83**	**35.09**	**35.06**
实收资本（或股本）	9.77	145.77	1.24	10.27	155.65	1.56	10.90	12.78	13.28
其他权益工具	0.00	6.38	0.00	0.00	5.49	0.00	0.00	0.00	0.00
其中：优先股	0.00	0.00	0.00	0.00	0.00	0.00	0.00	0.00	0.00
其中：永续债	0.00	0.00	0.00	0.00	1.00	0.00	0.00	0.00	0.00
资本公积	22.26	364.87	-7.81	20.80	345.74	-2.08	22.20	22.54	22.20
其中：库存股	0.00	11.10	0.00	0.00	11.85	0.00	0.00	0.00	0.00
其他综合收益	0.00	26.29	-11.83	0.00	26.68	-10.16	0.00	0.00	0.00
专项储备	0.06	5.19	0.00	0.04	6.32	0.00	0.02	0.03	0.01
盈余公积	2.63	16.83	0.00	2.60	17.37	0.00	2.59	2.59	2.60
一般风险准备	0.00	0.01	0.00	0.00	0.01	0.00	0.00	0.00	0.00
未分配利润	20.64	62.27	-460.48	21.30	61.83	-423.35	21.09	19.43	19.38
归属于母公司所有者权益合计	60.60	96.72	0.74	60.36	94.03	-60.63	61.62	62.36	62.53
少数股东权益	0.50	24.61	-4.19	0.54	24.60	-5.49	0.40	0.68	0.77

续表

年份	2023			2022			2021	2020	2019
	中位数	最大值	最小值	中位数	最大值	最小值	中位数	中位数	中位数
所有者权益合计	63.93	96.72	2.12	63.18	94.03	-60.36	63.17	64.91	64.94
负债与所有者权益总计	100.00	100.00	100.00	100.00	100.00	100.00	100.00	100.00	100.00

注：所有项目均以资产总计为基数。

1. 石油化工制造业（C25-C26）资产项目分析

资产项目包括流动资产和非流动资产两个方面。

（1）流动资产及其主要构成项目。

2023年，流动资产合计占总资产比例为49.12%。其中，流动资产占比最大的上市公司为92.24%，占比最小的上市公司为4.8%。

主要构成项目：①货币资金占比为13.73%。其中，占比最大的上市公司为76.06%，占比最小的上市公司为0.44%。②应收款项融资占比为1.32%。其中，占比最大的上市公司为39.16%，占比最小的上市公司为0。③其他流动资产占比为1.0%。其中，占比最大的上市公司为66.63%，占比最小的上市公司为0。

（2）非流动资产及其主要构成项目。

2023年，非流动资产合计占总资产比例为50.88%。其中，非流动资产占比最大的上市公司为95.2%，占比最小的上市公司为7.76%。

主要构成项目：①其他非流动资产占比为0.8%。其中，占比最大的上市公司为47.25%，占比最小的上市公司为0。②递延所得税资产占比为0.66%。其中，占比最大的上市公司为6.58%，占比最小的上市公司为0。③长期待摊费用占比为0.13%。其中，占比最大的上市公司为7.93%，占比最小的上市公司为0。

（3）资产构成及其主要项目变动趋势分析。

2019~2023年，流动资产合计占比总体上呈基本稳定。其中，2019~2023年，货币资金占比总体上呈明显上升趋势，从2019年的12.42%增长到2023年的13.73%；2019~2023年，应收款项融资占比总体上呈明显下降趋势，从2019年的1.46%降低到2023年的1.32%，但在2019~2020年明显上升，从2019年的1.46%增长到2020年的1.88%；2019~2023年，其他流动资产占比总体上呈明显下降趋势，从2019年的1.19%降低到2023年的1.0%。

2019~2023年，非流动资产合计占比总体上呈基本稳定。其中，2019~2023年，其他非流动资产占比总体上基本稳定，且在2020~2021年大幅上升，从2020年的0.79%增长到2021年的1.05%；2019~2023年，递延所得税资产占比总体上呈明显上升趋势，从2019年的0.56%增长到2023年的0.66%；2019~2023年，长期待摊费用占比总体上呈明显上升趋势，从2019年的0.12%增长到2023年的0.13%。

2. 石油化工制造业（C25-C26）负债项目分析

负债项目包括流动负债和非流动负债两个方面。2023年，负债合计占总资产比例为

36.07%。其中，负债合计占比最大的上市公司为97.88%，占比最小的上市公司为3.28%。

（1）流动负债及其主要构成项目。

2023年，流动负债合计占总资产比例为25.75%。其中，流动负债占比最大的上市公司为96.98%，占比最小的上市公司为2.88%。

主要构成项目：①应付账款占比为6.7%。其中，占比最大的上市公司为28.96%，占比最小的上市公司为0.14%。②短期借款占比为4.76%。其中，占比最大的上市公司为45.58%，占比最小的上市公司为0。③应付票据占比为1.92%。其中，占比最大的上市公司为48.72%，占比最小的上市公司为0。

（2）非流动负债及其主要构成项目。

2023年，非流动负债合计占总资产比例为7.18%。其中，非流动负债占比最大的上市公司为42.08%，占比最小的上市公司为0.01%。

主要构成项目：①长期借款占比为2.7%。其中，占比最大的上市公司为36.14%，占比最小的上市公司为0。②递延所得税负债占比为0.18%。其中，占比最大的上市公司为19.35%，占比最小的上市公司为0。③租赁负债占比为0.05%。其中，占比最大的上市公司为24.74%，占比最小的上市公司为0。

（3）负债构成及其主要项目变动趋势分析。

2019~2023年，流动负债合计占比总体上呈明显下降趋势。其中，2019~2023年，应付账款占比总体上基本稳定，且在2020~2021年明显下降，从2020年的6.99%降低到2021年的6.56%；2019~2023年，短期借款占比总体上呈大幅下降趋势，从2019年的8.01%降低到2023年的4.76%；2019~2023年，应付票据占比总体上呈明显上升趋势，从2019年的1.6%增长到2023年的1.92%，但在2022~2023年明显下降，从2022年的2.32%降低到2023年的1.92%。

2019~2023年，非流动负债合计占比总体上呈大幅上升趋势。其中，2019~2023年，长期借款占比总体上呈大幅上升趋势，从2019年的0.53%增长到2023年的2.7%；2019~2023年，递延所得税负债占比总体上呈大幅上升趋势，从2019年的0.08%增长到2023年的0.18%；2019~2023年，租赁负债占比总体上呈明显上升趋势，从2019年的0增长到2023年的0.05%，但在2022~2023年明显下降，从2022年的0.06%降低到2023年的0.05%。

3. 石油化工制造业（C25-C26）所有者权益项目分析

所有者权益项目包括实收资本（股本）、资本公积、盈余公积和未分配利润等四个方面。

（1）所有者权益及其主要构成项目。

2023年，所有者权益合计占总资产比例为63.93%。其中，所有者权益占比最大的上市公司为96.72%，占比最小的上市公司为2.12%。

主要构成项目：①实收资本（或股本）占比为9.77%。其中，占比最大的上市公司为

145.77%，占比最小的上市公司为1.24%。②资本公积占比为22.26%。其中，占比最大的上市公司为364.87%，占比最小的上市公司为-7.81%。③盈余公积占比为2.63%。其中，占比最大的上市公司为16.83%，占比最小的上市公司为0。④未分配利润占比为20.64%。其中，占比最大的上市公司为62.27%，占比最小的上市公司为-460.48%。

（2）所有者权益构成及其主要项目变动趋势分析。

2019~2023年，所有者权益合计占比总体上呈基本稳定。其中，2019~2023年，实收资本（或股本）占比总体上呈明显下降趋势，从2019年的13.28%降低到2023年的9.77%；2019~2023年，资本公积占比总体上基本稳定，且在2022~2023年明显上升，从2022年的20.8%增长到2023年的22.26%；2019~2023年，盈余公积占比总体上基本稳定；2019~2023年，未分配利润占比总体上呈明显上升趋势，从2019年的19.38%增长到2023年的20.64%。

（二）证券市场石油化工制造业（C25-C26）利润分析

证券市场石油化工制造业（C25-C26）利润分析见表3.31。

表3.31　　　　　石油化工制造业（C25-C26）利润表　　　　　单位：%

年份	2023			2022			2021	2020	2019
	中位数	最大值	最小值	中位数	最大值	最小值	中位数	中位数	中位数
营业总收入	100.00	100.00	100.00	100.00	100.00	100.00	100.00	100.00	100.00
营业收入	100.00	100.00	98.92	100.00	100.00	98.91	100.00	100.00	100.00
利息净收入	0.00	1.08	0.00	0.00	1.09	0.00	0.00	0.00	0.00
利息收入	0.00	1.08	0.00	0.00	1.09	0.00	0.00	0.00	0.00
已赚保费	0.00	0.00	0.00	0.00	0.00	0.00	0.00	0.00	0.00
保险业务收入	0.00	0.00	0.00	0.00	0.00	0.00	0.00	0.00	0.00
减：分出保费	0.00	0.00	0.00	0.00	0.00	0.00	0.00	0.00	0.00
减：提取未到期责任准备金	0.00	0.00	0.00	0.00	0.00	0.00	0.00	0.00	0.00
手续费及佣金净收入	0.00	0.02	0.00	0.00	0.01	0.00	0.00	0.00	0.00
手续费及佣金收入	0.00	0.02	0.00	0.00	0.01	0.00	0.00	0.00	0.00
营业总成本	94.70	210.22	46.80	91.13	171.98	27.13	89.77	91.25	92.40
营业成本	81.68	134.93	17.77	78.23	109.95	15.15	76.28	75.88	75.30
利息支出	0.00	0.00	0.00	0.00	0.00	0.00	0.00	0.00	0.00
手续费及佣金支出	0.00	0.00	0.00	0.00	0.00	0.00	0.00	0.00	0.00
退保金	0.00	0.00	0.00	0.00	0.00	0.00	0.00	0.00	0.00
赔付支出净额	0.00	0.00	0.00	0.00	0.00	0.00	0.00	0.00	0.00
赔付支出	0.00	0.00	0.00	0.00	0.00	0.00	0.00	0.00	0.00
减：摊回赔付支出	0.00	0.00	0.00	0.00	0.00	0.00	0.00	0.00	0.00
提取保险责任准备金净额	0.00	0.00	0.00	0.00	0.00	0.00	0.00	0.00	0.00

续表

年份	2023			2022			2021	2020	2019
	中位数	最大值	最小值	中位数	最大值	最小值	中位数	中位数	中位数
提取保险责任准备金	0.00	0.00	0.00	0.00	0.00	0.00	0.00	0.00	0.00
减：摊回保险责任准备金	0.00	0.00	0.00	0.00	0.00	0.00	0.00	0.00	0.00
保单红利支出	0.00	0.00	0.00	0.00	0.00	0.00	0.00	0.00	0.00
分保费用	0.00	0.00	0.00	0.00	0.00	0.00	0.00	0.00	0.00
税金及附加	0.70	13.82	0.12	0.62	11.86	0.12	0.65	0.74	0.72
销售费用	1.58	53.86	0.04	1.31	48.86	0.04	1.32	1.97	4.27
管理费用	5.18	40.71	0.28	4.90	56.67	0.28	4.95	5.54	5.60
研发费用	3.58	27.54	0.00	3.35	19.77	0.00	3.26	3.12	2.96
财务费用	0.26	49.66	−9.69	0.18	36.45	−10.03	0.67	1.05	0.81
其他收益	0.63	14.22	0.00	0.42	7.60	0.00	0.40	0.56	0.47
投资收益	0.15	82.03	−88.73	0.15	28.51	−9.93	0.20	0.27	0.25
汇兑收益	0.00	0.00	0.00	0.00	0.01	0.00	0.00	0.00	0.00
其他业务收入	0.00	0.00	0.00	0.00	0.00	0.00	0.00	0.00	0.00
净敞口套期收益	0.00	0.00	0.00	0.00	0.00	0.00	0.00	0.00	0.00
公允价值变动收益	0.00	49.01	−23.86	0.00	24.68	−15.76	0.00	0.00	0.00
信用减值损失	−0.08	9.94	−37.85	−0.11	4.94	−71.63	−0.17	−0.14	−0.14
资产减值损失	−0.45	0.71	−76.93	−0.34	0.45	−52.30	−0.18	−0.23	−0.18
资产处置收益	0.00	12.52	−1.77	0.00	11.06	−2.26	0.00	0.00	0.00
业务及管理费	0.00	0.00	0.00	0.00	0.00	0.00	0.00	0.00	0.00
减：摊回分保费用									
其他业务成本	0.00	0.43	0.00	0.00	0.48	0.00	0.00	0.00	0.00
其他业务利润	0.00	0.00	0.00	0.00	0.00	0.00	0.00	0.00	0.00
营业利润	5.97	77.75	−173.00	9.72	80.94	−156.56	11.66	9.90	8.16
加：营业外收入	0.07	31.77	0.00	0.06	4.16	0.00	0.08	0.10	0.11
减：营业外支出	0.13	28.17	0.00	0.13	20.62	−0.46	0.14	0.19	0.12
利润总额	5.70	73.99	−197.70	9.99	80.46	−177.10	11.71	9.74	8.28
减：所得税费用	0.83	21.03	−13.74	1.12	16.43	−5.62	1.55	1.45	1.37
未确认的投资损失	0.00	0.00	0.00	0.00	0.00	0.00	0.00	0.00	0.00
影响净利润的其他项目	0.00	0.00	0.00	0.00	0.00	0.00	0.00	0.00	0.00
净利润	4.99	65.30	−203.01	8.44	69.01	−177.00	10.23	8.18	7.14
归属于母公司所有者的净利润	4.78	65.44	−202.21	7.94	69.01	−177.04	9.74	7.82	6.76
归属于母公司其他权益工具持有者的净利润	0.00	0.00	0.00	0.00	0.00	0.00	0.00	0.00	0.00

续表

年份	2023			2022			2021	2020	2019
	中位数	最大值	最小值	中位数	最大值	最小值	中位数	中位数	中位数
少数股东损益	−0.00	7.54	−17.73	0.00	30.44	−9.10	0.00	0.00	0.00
其他综合收益（损失）	0.00	3.37	−4.46	0.00	11.70	−60.55	0.00	0.00	0.00
综合收益总额	4.96	65.05	−203.71	8.77	68.85	−177.00	10.20	8.14	7.20
归属于母公司所有者的综合收益	4.62	65.19	−202.91	8.12	68.85	−177.04	9.56	7.60	6.76
归属少数股东的综合收益	0.00	7.54	−17.73	0.00	30.44	−9.32	0.00	0.00	0.00
基本每股收益	0.29	5.36	−2.19	0.53	6.13	−2.16	0.62	0.35	0.31
稀释每股收益	0.29	4.10	−2.19	0.50	6.13	−2.16	0.60	0.34	0.30

1. 石油化工制造业（C25-C26）成本费用项目分析

（1）成本与费用及其主要构成项目。

主要构成项目：①营业成本占营业总收入比例为81.68%。其中，营业成本占比最大的上市公司为134.93%，占比最小的上市公司为17.77%。②销售费用占营业总收入比例为1.58%。其中，销售费用占比最大的上市公司为53.86%，占比最小的上市公司为0.04%。③管理费用占营业总收入比例为5.18%。其中，管理费用占比最大的上市公司为40.71%，占比最小的上市公司为0.28%。④财务费用占营业总收入比例为0.26%。其中，财务费用占比最大的上市公司为49.66%，占比最小的上市公司为−9.69%。⑤研发费用占营业总收入比例为3.58%。其中，研发费用占比最大的上市公司为27.54%，占比最小的上市公司为0。

（2）成本与费用及其主要项目变动趋势分析。

2019~2023年，营业成本占比明显上升，从2019年的75.3%增长到2023年的81.68%；2019~2023年，销售费用占比大幅下降，从2019年的4.27%下降为2023年的1.58%；2019~2023年，管理费用占比明显下降，从2019年的5.6%下降为2023年的5.18%；2019~2023年，财务费用占比大幅下降，从2019年的0.81%下降为2023年的0.26%；2019~2023年，研发费用占比明显上升，从2019年的2.96%增长到2023年的3.58%。

2. 石油化工制造业（C25-C26）其他损益项目分析

（1）其他损益及其主要构成项目。

主要构成项目：①资产减值损失占营业总收入比例为−0.45%。其中，资产减值损失占比最大的上市公司为0.71%，占比最小的上市公司为−76.93%。②投资收益占营业总收入比例为0.15%。其中，投资收益占比最大的上市公司为82.03%，占比最小的上市公司为−88.73%。③基本每股收益为0.29元。其中，基本每股收益最大的上市公司为5.36元，最小的上市公司为−2.19元。④其他收益占营业总收入比例为0.63%。其中，其他收益占比最大的上市公司为14.22%，占比最小的上市公司为0。⑤信用减值损失占营业总收入比例为–0.08%。其中,信用减值损失占比最大的上市公司为9.94%,占比最小的上市公司为–37.85%。

(2)其他损益及其主要项目变动趋势分析。

2019~2023年,资产减值损失占比大幅下降,从2019年的–0.18%下降为2023年的–0.45%;2019~2023年,投资收益占比大幅下降,从2019年的0.25%下降为2023年的0.15%;2019~2023年,其他收益占比大幅上升,从2019年的0.47%增长到2023年的0.63%;2019~2023年,信用减值损失占比大幅上升,从2019年的–0.14%增长到2023年的–0.08%。

3.石油化工制造业(C25–C26)利润项目分析

(1)利润及其主要构成项目。

主要构成项目:①营业利润占营业总收入比例为5.97%。其中,营业利润占比最大的上市公司为77.75%,占比最小的上市公司为–173.0%。②利润总额占营业总收入比例为5.7%。其中,利润总额占比最大的上市公司为73.99%,占比最小的上市公司为–197.7%。③净利润占营业总收入比例为4.99%。其中,净利润占比最大的上市公司为65.3%,占比最小的上市公司为–203.01%。④归属于母公司所有者的净利润占营业总收入比例为4.78%。其中,归属于母公司所有者的净利润占比最大的上市公司为65.44%,占比最小的上市公司为–202.21%。

(2)利润及其主要项目变动趋势分析。

2019~2023年,营业利润占比明显下降,从2019年的8.16%下降为2023年的5.97%;2019~2023年,利润总额占比大幅下降,从2019年的8.28%下降为2023年的5.7%;2019~2023年,净利润占比大幅下降,从2019年的7.14%下降为2023年的4.99%;2019~2023年,归属于母公司所有者的净利润占比明显下降,从2019年的6.76%下降为2023年的4.78%。

(三)证券市场石油化工制造业(C25–C26)现金流量分析

证券市场石油化工制造业(C25–C26)现金流量分析见表3.32。

表3.32　　　　　石油化工制造业(C25–C26)现金流量表　　　　　单位:%

年份	2023			2022			2021	2020	2019
	中位数	最大值	最小值	中位数	最大值	最小值	中位数	中位数	中位数
销售商品、提供劳务收到的现金	54.17	98.63	4.33	56.50	99.28	9.23	55.08	51.68	55.30
客户存款和同业存放款项净增加额	0.00	1.73	0.00	0.00	2.30	0.00	0.00	0.00	0.00
向中央银行借款净增加额	0.00	0.00	0.00	0.00	0.00	0.00	0.00	0.00	0.00
向其他金融机构拆入资金净增加额	0.00	0.00	0.00	0.00	0.00	0.00	0.00	0.00	0.00

续表

年份	2023			2022			2021	2020	2019
	中位数	最大值	最小值	中位数	最大值	最小值	中位数	中位数	中位数
收到原保险合同保费取得的现金	0.00	0.00	0.00	0.00	0.00	0.00	0.00	0.00	0.00
收到再保险业务现金净额	0.00	0.00	0.00	0.00	0.00	0.00	0.00	0.00	0.00
保户储金及投资款净增加额	0.00	0.00	0.00	0.00	0.00	0.00	0.00	0.00	0.00
处置交易性金融资产净增加额	0.00	0.00	0.00	0.00	0.00	0.00	0.00	0.00	0.00
收取利息、手续费及佣金的现金	0.00	0.91	0.00	0.00	0.74	0.00	0.00	0.00	0.00
拆入资金净增加额	0.00	0.00	0.00	0.00	0.00	0.00	0.00	0.00	0.00
回购业务资金净增加额	0.00	0.00	0.00	0.00	0.00	0.00	0.00	0.00	0.00
收到的税费返还	0.43	7.48	0.00	0.80	9.41	0.00	0.23	0.21	0.13
收到的其他与经营活动有关的现金	1.17	67.97	0.07	1.06	72.35	0.10	0.99	1.27	1.19
经营活动现金流入小计	57.28	99.44	5.27	60.44	99.72	12.01	58.06	55.08	58.70
购买商品、接受劳务支付的现金	40.83	92.60	2.40	42.44	94.65	0.83	40.51	37.18	37.47
客户贷款及垫款净增加额	0.00	6.91	−0.03	0.00	0.00	−4.28	0.00	0.00	0.00
存放中央银行和同业款项净增加额	0.00	0.26	0.00	0.00	0.39	0.00	0.00	0.00	0.00
支付原保险合同赔付款项的现金	0.00	0.00	0.00	0.00	0.00	0.00	0.00	0.00	0.00
支付利息、手续费及佣金的现金	0.00	0.27	0.00	0.00	0.37	0.00	0.00	0.00	0.00
支付保单红利的现金	0.00	0.00	0.00	0.00	0.00	0.00	0.00	0.00	0.00
支付给职工以及为职工支付的现金	5.70	32.99	0.33	5.22	34.45	0.37	5.33	5.40	5.34
支付的各项税费	2.65	18.63	0.08	2.88	26.44	0.15	2.83	2.52	3.09
支付其他与经营活动有关的现金	3.06	69.94	0.20	2.90	69.80	0.27	3.18	3.76	4.52
经营活动现金流出小计	56.34	99.14	6.73	58.38	99.52	8.07	55.67	53.80	54.32
经营活动产生的现金流量净额	5.32	37.74	−65.10	5.69	51.63	−24.31	5.09	6.20	5.90
收回投资收到的现金	1.22	89.08	0.00	1.84	89.88	0.00	1.14	1.25	0.65
取得投资收益收到的现金	0.07	6.10	−0.03	0.08	4.81	0.00	0.07	0.07	0.08
处置固定资产、无形资产和其他长期资产收回的现金净额	0.03	8.65	0.00	0.02	22.09	0.00	0.02	0.02	0.02

续表

年份	2023			2022			2021	2020	2019
	中位数	最大值	最小值	中位数	最大值	最小值	中位数	中位数	中位数
处置子公司及其他营业单位收到的现金净额	0.00	31.40	−0.07	0.00	4.58	0.00	0.00	0.00	0.00
收到的其他与投资活动有关的现金	0.00	76.05	0.00	0.00	64.28	0.00	0.01	0.01	0.02
投资活动产生的现金流入小计	6.56	89.79	0.00	7.13	90.53	0.00	7.86	7.26	7.88
购建固定资产、无形资产和其他长期资产支付的现金	5.87	51.91	0.05	5.14	54.83	0.08	5.24	4.52	4.06
投资支付的现金	1.81	87.59	0.00	3.20	86.18	0.00	2.93	2.12	2.60
质押贷款净增加额	0.00	0.00	0.00	0.00	0.00	0.00	0.00	0.00	0.00
取得子公司及其他营业单位支付的现金净额	0.00	17.53	0.00	0.00	22.74	0.00	0.00	0.00	0.00
支付其他与投资活动有关的现金	0.00	72.93	0.00	0.00	70.04	0.00	0.00	0.00	0.00
投资活动产生的现金流出小计	18.95	91.81	0.27	19.38	90.24	0.08	21.03	18.24	17.12
投资活动产生的现金流量净额	−6.30	47.50	−41.29	−5.98	32.99	−47.11	−5.86	−5.00	−4.18
吸收投资收到的现金	0.00	72.38	0.00	0.01	63.93	0.00	0.03	0.00	0.00
吸收权益性投资收到的现金	0.00	72.38	0.00	0.01	63.93	0.00	0.02	0.00	0.00
其中：子公司吸收少数股东投资收到的现金	0.00	29.73	0.00	0.00	16.09	0.00	0.00	0.00	0.00
发行债券收到的现金	0.00	17.57	0.00	0.00	9.08	0.00	0.00	0.00	0.00
取得借款收到的现金	12.78	55.65	0.00	9.32	57.52	0.00	9.07	12.71	13.87
收到其他与筹资活动有关的现金	0.00	45.66	0.00	0.04	38.92	0.00	0.01	0.08	0.08
筹资活动现金流入小计	19.32	72.38	0.00	16.61	66.34	0.00	17.42	21.15	18.28
偿还债务支付的现金	9.49	54.72	0.00	8.90	49.50	0.00	9.93	12.74	13.78
分配股利、利润或偿付利息支付的现金	2.06	35.89	0.00	2.08	35.58	0.00	1.79	2.00	2.17
其中：子公司支付给少数股东的股利、利润	0.00	9.59	0.00	0.00	14.12	0.00	0.00	0.00	0.00
支付其他与筹资活动有关的现金	0.80	71.24	0.00	0.76	29.05	0.00	0.96	0.70	1.00
筹资活动现金流出小计	16.45	72.22	0.12	16.18	59.34	0.00	14.35	19.40	19.44
筹资活动产生的现金流量净额	0.08	60.94	−35.02	0.34	56.54	−31.31	−0.12	−0.12	−1.39
现金总流入	100.00	100.00	100.00	100.00	100.00	100.00	100.00	100.00	100.00

续表

年份	2023			2022			2021	2020	2019
	中位数	最大值	最小值	中位数	最大值	最小值	中位数	中位数	中位数
现金总流出	100.00	100.00	100.00	100.00	100.00	100.00	100.00	100.00	100.00
现金流量净额	−0.06	67.19	−39.15	0.83	56.65	−45.30	1.30	1.39	0.19

注：现金流入项目以现金总流入为基数，现金流出项目以现金总流出为基数。

1. 石油化工制造业（C25-C26）现金流入项目分析

现金流入包括经营活动产生的现金流入、投资活动产生的现金流入和筹资活动产生的现金流入三个方面。

（1）经营活动现金流入及其主要构成项目。

2023年，经营活动产生的现金流入占总现金流入比例为57.28%。其中，经营活动产生的现金流入占比最大的上市公司为99.44%，占比最小的上市公司为5.27%。

主要构成项目：销售商品、提供劳务收到的现金占比为54.17%。其中，占比最大的上市公司为98.63%，占比最小的上市公司为4.33%。

（2）投资活动现金流入及其主要构成项目。

2023年，投资活动产生的现金流入占总现金流入比例为6.56%。其中，投资活动产生的现金流入占比最大的上市公司为89.79%，占比最小的上市公司为0。

主要构成项目：收回投资收到的现金占比为1.22%。其中，占比最大的上市公司为89.08%，占比最小的上市公司为0。

（3）筹资活动现金流入及其主要构成项目。

2023年，筹资活动产生的现金流入占总现金流入比例为19.32%。其中，筹资活动产生的现金流入占比最大的上市公司为72.38%，占比最小的上市公司为0。

主要构成项目：取得借款收到的现金占比为12.78%。其中，占比最大的上市公司为55.65%，占比最小的上市公司为0。

（4）现金流入构成及其主要项目变动趋势分析。

2019~2023年，经营活动产生的现金流入占比总体上基本稳定。其中，2019~2023年，销售商品、提供劳务收到的现金占比总体上基本稳定，且在2020~2021年明显上升，从2020年的51.68%增长到2021年的55.08%。

2019~2023年，投资活动产生的现金流入占比总体上明显下降，从2019年的7.88%降低到2023年的6.56%。其中，2019~2023年，收回投资收到的现金占比总体上呈大幅上升趋势，从2019年的0.65%增长到2023年的1.22%。

2019~2023年，筹资活动产生的现金流入占比总体上明显上升，从2019年的18.28%增长到2023年的19.32%。其中，2019~2023年，取得借款收到的现金占比总体上呈明显下降趋势，从2019年的13.87%降低到2023年的12.78%，且在2022~2023年大幅上升，从2022年的9.32%增长到2023年的12.78%。

2. 石油化工制造业（C25-C26）现金流出项目分析

现金流出包括经营活动产生的现金流出、投资活动产生的现金流出和筹资活动产生的现金流出三个方面。

（1）经营活动现金流出及其主要构成项目。

2023年，经营活动产生的现金流出占总现金流出比例为56.34%。其中，经营活动产生的现金流出占比最大的上市公司为99.14%，占比最小的上市公司为6.73%。

主要构成项目：①购买商品、接受劳务支付的现金占比为40.83%。其中，占比最大的上市公司为92.6%，占比最小的上市公司为2.4%。②支付给职工以及为职工支付的现金占比为5.7%。其中，占比最大的上市公司为32.99%，占比最小的上市公司为0.33%。③支付其他与经营活动有关的现金占比为3.06%。其中，占比最大的上市公司为69.94%，占比最小的上市公司为0.2%。

（2）投资活动现金流出及其主要构成项目。

2023年，投资活动产生的现金流出占总现金流出比例为18.95%。其中，投资活动产生的现金流出占比最大的上市公司为91.81%，占比最小的上市公司为0.27%。

主要构成项目：①购建固定资产、无形资产和其他长期资产支付的现金占比为5.87%。其中，占比最大的上市公司为51.91%，占比最小的上市公司为0.05%。②投资支付的现金占比为1.81%。其中，占比最大的上市公司为87.59%，占比最小的上市公司为0。

（3）筹资活动现金流出及其主要构成项目。

2023年，筹资活动产生的现金流出占总现金流出比例为16.45%。其中，筹资活动产生的现金流出占比最大的上市公司为72.22%，占比最小的上市公司为0.12%。

主要构成项目：偿还债务支付的现金占比为9.49%。其中，占比最大的上市公司为54.72%，占比最小的上市公司为0。

（4）现金流出构成及其主要项目变动趋势分析。

2019~2023年，经营活动产生的现金流出占比总体上基本稳定。其中，2019~2023年，购买商品、接受劳务支付的现金占比总体上呈明显上升趋势，从2019年的37.47%增长到2023年的40.83%。

2019~2023年，投资活动产生的现金流出占比总体上明显上升，从2019年的17.12%增长到2023年的18.95%。其中，2019~2023年，购建固定资产、无形资产和其他长期资产支付的现金占比总体上呈大幅上升趋势，从2019年的4.06%增长到2023年的5.87%，但在2020~2021年明显上升，从2020年的4.52%增长到2021年的5.24%。

2019~2023年，筹资活动产生的现金流出占比总体上明显下降，从2019年的19.44%降低到2023年的16.45%。其中，2019~2023年，偿还债务支付的现金占比总体上呈大幅下降趋势，从2019年的13.78%降低到2023年的9.49%，但在2020~2021年明显下降，从2020年的12.74%降低到2021年的9.93%。

3. 石油化工制造业（C25-C26）现金流量净额项目分析

现金流量净额包括经营活动现金流量净额、投资活动现金流量净额和筹资活动现金流量净额三个方面。

（1）现金流量净额及其主要构成项目。

2023年，现金流量净额占总现金流入比例为-0.06%。其中，现金流量净额占比最大的上市公司为67.19%，占比最小的上市公司为-39.15%。

主要构成项目：①经营活动产生的现金流量净额占总现金流入比例为5.32%。其中，占比最大的上市公司为37.74%，占比最小的上市公司为-65.1%。②投资活动产生的现金流量净额占总现金流入比例为-6.3%。其中，占比最大的上市公司为47.5%，占比最小的上市公司为-41.29%。③筹资活动产生的现金流量净额占总现金流入比例为0.08%。其中，占比最大的上市公司为60.94%，占比最小的上市公司为-35.02%。

（2）现金流量净额构成及其主要项目变动趋势分析。

2019~2023年，现金流量净额占比总体上大幅下降，从2019年的0.19%降低到2023年的-0.06%。其中，2019~2023年，经营活动产生的现金流量净额明显下降，从2019年的5.9%减少到2023年的5.32%。2019~2023年，投资活动产生的现金流量净额大幅下降，从2019年的-4.18%减少到2023年的-6.3%。2019~2023年，筹资活动产生的现金流量净额大幅上升，从2019年的-1.39%增加到2023年的0.08%。

八、医药制造业（C27）

2019~2023年，证券市场医药制造业（C27）上市公司发展状况见表3.33。

表3.33　　　　　医药制造业（C27）上市公司数量　　　　　单位：家

年份	2023	2022	2021	2020	2019
数量	309	308	293	262	227

注：公开披露定期报告的上市公司家数。

（一）证券市场医药制造业（C27）财务状况分析

证券市场医药制造业（C27）财务状况分析见表3.34。

表3.34　　　　　医药制造业（C27）资产负债表　　　　　单位：%

年份	2023			2022			2021	2020	2019
	中位数	最大值	最小值	中位数	最大值	最小值	中位数	中位数	中位数
货币资金	16.82	88.77	0.42	17.72	95.46	0.12	18.54	17.37	14.46
结算备付金	0.00	0.00	0.00	0.00	0.00	0.00	0.00	0.00	0.00
拆出资金净额	0.00	0.00	0.00	0.00	0.00	0.00	0.00	0.00	0.00
交易性金融资产	0.86	74.10	0.00	1.36	74.74	0.00	1.53	0.20	0.06
衍生金融资产	0.00	0.07	0.00	0.00	0.25	0.00	0.00	0.00	0.00

续表

年份	2023			2022			2021	2020	2019
	中位数	最大值	最小值	中位数	最大值	最小值	中位数	中位数	中位数
应收票据净额	0.04	10.12	0.00	0.05	12.15	0.00	0.06	0.05	0.02
应收账款净额	7.39	53.87	0.00	8.09	54.24	0.00	8.45	8.73	9.46
应收款项融资	0.31	12.85	0.00	0.33	14.92	0.00	0.31	0.31	0.49
预付款项净额	0.52	4.91	0.00	0.72	6.18	0.01	0.67	0.72	0.74
应收保费净额	0.00	0.00	0.00	0.00	0.00	0.00	0.00	0.00	0.00
应收分保账款净额	0.00	0.00	0.00	0.00	0.00	0.00	0.00	0.00	0.00
应收分保合同准备金净额	0.00	0.00	0.00	0.00	0.00	0.00	0.00	0.00	0.00
其他应收款净额	0.26	26.41	0.00	0.33	27.67	0.00	0.36	0.41	0.63
应收股利净额	0.00	1.09	0.00	0.00	1.05	0.00	0.00	0.00	0.00
买入返售金融资产净额	0.00	0.00	0.00	0.00	0.00	0.00	0.00	0.00	0.00
存货净额	7.40	61.81	0.00	7.18	73.48	0.00	7.73	8.26	8.68
合同资产	0.00	13.71	0.00	0.00	10.84	0.00			
一年内到期的非流动资产	0.00	30.03	0.00	0.00	22.28	0.00			
其他流动资产	0.60	53.54	0.00	0.47	43.02	0.00	0.56	0.65	0.70
流动资产合计	52.69	98.19	16.68	54.56	96.75	18.06	54.59	54.82	51.82
发放贷款及垫款净额	0.00	0.15	0.00	0.00	0.00	0.00	0.00	0.00	0.00
债权投资	0.00	27.83	0.00	0.00	21.15	0.00	0.00	0.00	0.00
其他债权投资	0.00	15.17	0.00	0.00	0.00	0.00	0.00	0.00	0.00
长期应收款净额	0.00	6.95	0.00	0.00	7.52	0.00	0.00	0.00	0.00
长期股权投资净额	0.53	70.24	0.00	0.56	68.99	0.00	0.42	0.47	0.64
其他权益工具投资	0.01	42.36	0.00	0.00	40.86	0.00	0.00	0.00	0.02
其他非流动金融资产	0.00	26.65	0.00	0.00	19.81	0.00	0.00	0.00	0.00
投资性房地产净额	0.00	22.76	0.00	0.00	20.16	0.00	0.00	0.00	0.00
固定资产净额	19.66	57.44	0.39	17.99	54.52	0.40	18.36	18.32	19.26
在建工程净额	3.06	48.28	0.00	3.30	40.88	0.00	3.07	3.63	3.53
生产性生物资产净额	0.00	0.99	0.00	0.00	1.06	0.00			
油气资产净额	0.00	0.00	0.00	0.00	0.00	0.00			
使用权资产	0.20	9.60	0.00	0.20	11.40	0.00	0.22	0.00	0.00
无形资产净额	3.52	30.87	0.02	3.58	23.73	0.02	3.86	4.02	4.22
开发支出	0.02	21.40	0.00	0.03	20.36	0.00	0.02	0.07	0.10
商誉净额	0.04	32.32	0.00	0.06	36.26	0.00	0.10	0.18	0.27
长期待摊费用	0.20	4.59	0.00	0.18	3.17	0.00	0.17	0.17	0.18
递延所得税资产	0.72	12.31	0.00	0.69	11.87	0.00	0.59	0.64	0.62
其他非流动资产	0.78	50.01	0.00	0.81	25.24	0.00	1.00	0.83	0.82

续表

年份	2023			2022			2021	2020	2019
	中位数	最大值	最小值	中位数	最大值	最小值	中位数	中位数	中位数
非流动资产合计	47.31	83.32	1.81	45.44	81.94	3.25	45.41	45.18	48.18
资产总计	100.00	100.00	100.00	100.00	100.00	100.00	100.00	100.00	100.00
短期借款	2.96	38.01	0.00	3.05	42.26	0.00	2.96	4.34	5.42
向中央银行借款	0.00	0.00	0.00	0.00	0.00	0.00	0.00	0.00	0.00
拆入资金	0.00	0.00	0.00	0.00	0.00	0.00	0.00	0.00	0.00
交易性金融负债	0.00	0.61	0.00	0.00	2.76	0.00	0.00	0.00	0.00
衍生金融负债	0.00	3.09	0.00	0.00	3.96	0.00	0.00	0.00	0.00
应付票据	0.10	28.67	0.00	0.08	22.86	0.00	0.00	0.00	0.02
应付账款	4.18	26.16	0.07	4.68	25.77	0.01	4.55	4.32	4.12
预收款项	0.00	4.85	0.00	0.00	4.61	0.00	0.00	0.00	0.74
合同负债	0.52	20.96	0.00	0.80	21.03	0.00	0.75	0.73	0.00
卖出回购金融资产款	0.00	0.00	0.00	0.00	0.00	0.00	0.00	0.00	0.00
吸收存款及同业存放	0.00	0.00	0.00	0.00	0.00	0.00	0.00	0.00	0.00
代理买卖证券款	0.00	0.00	0.00	0.00	0.00	0.00	0.00	0.00	0.00
代理承销证券款	0.00	0.00	0.00	0.00	0.00	0.00	0.00	0.00	0.00
应付职工薪酬	1.00	8.37	0.00	1.02	9.69	0.00	1.04	1.04	0.94
应交税费	0.57	4.00	0.01	0.84	7.15	0.00	0.82	0.84	0.86
其他应付款	2.68	52.28	0.01	2.68	50.00	0.00	2.58	3.01	3.45
应付股利	0.00	1.70	0.00	0.00	1.25	0.00	0.00	0.00	0.00
应付手续费及佣金	0.00	0.00	0.00	0.00	0.00	0.00	0.00	0.00	0.00
应付分保账款	0.00	0.00	0.00	0.00	0.00	0.00	0.00	0.00	0.00
一年内到期的非流动负债	0.40	28.58	0.00	0.31	22.54	0.00	0.29	0.04	0.02
其他流动负债	0.11	17.41	0.00	0.15	16.04	0.00	0.08	0.07	0.00
流动负债合计	19.38	99.15	1.42	21.24	108.10	2.10	20.04	21.50	22.88
保险合同准备金	0.00	0.00	0.00	0.00	0.00	0.00	0.00	0.00	0.00
长期借款	0.52	37.43	0.00	0.41	33.37	0.00	0.00	0.35	0.01
应付债券	0.00	44.74	0.00	0.00	59.07	0.00	0.00	0.00	0.00
租赁负债	0.12	8.70	0.00	0.12	10.46	0.00	0.12	0.00	0.00
长期应付款	0.00	15.15	0.00	0.00	23.58	0.00	0.00	0.00	0.00
预计负债	0.00	7.35	0.00	0.00	20.19	0.00	0.00	0.00	0.00
递延收益-非流动负债	0.80	16.93	0.00	0.85	21.76	0.00	0.90	1.00	0.98
递延所得税负债	0.24	8.81	0.00	0.21	8.66	0.00	0.17	0.16	0.17
其他非流动负债	0.00	14.70	0.00	0.00	3.95	0.00	0.00	0.00	0.00
非流动负债合计	4.54	48.04	0.09	4.35	65.63	0.01	4.13	4.31	3.82

续表

年份	2023			2022			2021	2020	2019
	中位数	最大值	最小值	中位数	最大值	最小值	中位数	中位数	中位数
负债合计	27.17	142.17	2.55	27.52	133.27	2.61	27.53	27.84	29.92
实收资本（或股本）	10.66	155.76	0.00	10.62	181.71	0.00	11.71	13.13	14.86
其他权益工具	0.00	9.75	0.00	0.00	13.40	0.00	0.00	0.00	0.00
其中：优先股	0.00	0.00	0.00	0.00	0.00	0.00	0.00	0.00	0.00
其中：永续债	0.00	0.00	0.00	0.00	0.00	0.00	0.00	0.00	0.00
资本公积	25.98	197.91	0.00	25.14	182.07	0.00	25.73	22.19	19.80
其中：库存股	0.00	12.52	0.00	0.00	8.82	0.00	0.00	0.00	0.00
其他综合收益	0.00	20.23	-13.33	0.00	21.65	-13.10	0.00	-0.00	0.00
专项储备	0.00	0.90	0.00	0.00	1.05	0.00	0.00	0.00	0.00
盈余公积	3.08	13.22	0.00	2.98	15.22	0.00	3.17	3.57	3.52
一般风险准备	0.00	0.00	0.00	0.00	0.00	0.00	0.00	0.00	0.00
未分配利润	24.69	82.55	-291.04	23.58	74.68	-281.46	23.31	23.92	24.14
归属于母公司所有者权益合计	70.22	97.38	-22.05	69.30	97.39	-32.11	69.70	69.21	66.84
少数股东权益	0.40	29.14	-27.51	0.43	31.50	-19.94	0.49	0.66	0.78
所有者权益合计	72.83	97.45	-42.17	72.48	97.39	-33.27	72.47	72.16	70.07
负债与所有者权益总计	100.00	100.00	100.00	100.00	100.00	100.00	100.00	100.00	100.00

注：所有项目均以资产总计为基数。

1. 医药制造业（C27）资产项目分析

资产项目包括流动资产和非流动资产两个方面。

（1）流动资产及其主要构成项目。

2023年，流动资产合计占总资产比例为52.69%。其中，流动资产占比最大的上市公司为98.19%，占比最小的上市公司为16.68%。

主要构成项目：①货币资金占比为16.82%。其中，占比最大的上市公司为88.77%，占比最小的上市公司为0.42%。②交易性金融资产占比为0.86%。其中，占比最大的上市公司为74.1%，占比最小的上市公司为0。③其他流动资产占比为0.6%。其中，占比最大的上市公司为53.54%，占比最小的上市公司为0。

（2）非流动资产及其主要构成项目。

2023年，非流动资产合计占总资产比例为47.31%。其中，非流动资产占比最大的上市公司为83.32%，占比最小的上市公司为1.81%。

主要构成项目：①其他非流动资产占比为0.78%。其中，占比最大的上市公司为50.01%，占比最小的上市公司为0。②递延所得税资产占比为0.72%。其中，占比最大的上市公司为12.31%，占比最小的上市公司为0。③使用权资产占比为0.2%。其中，占比最大的上市公司为9.6%，占比最小的上市公司为0。

（3）资产构成及其主要项目变动趋势分析。

2019~2023年，流动资产合计占比总体上呈基本稳定。其中，2019~2023年，货币资金占比总体上呈明显上升趋势，从2019年的14.46%增长到2023年的16.82%；2019~2023年，交易性金融资产占比总体上呈大幅上升趋势，从2019年的0.06%增长到2023年的0.86%；2019~2023年，其他流动资产占比总体上呈明显下降趋势，从2019年的0.7%降低到2023年的0.6%，但在2022~2023年明显上升，从2022年的0.47%增长到2023年的0.6%。

2019~2023年，非流动资产合计占比总体上呈基本稳定。其中，2019~2023年，其他非流动资产占比总体上基本稳定，且在2020~2021年明显上升，从2020年的0.83%增长到2021年的1.0%；2019~2023年，递延所得税资产占比总体上呈明显上升趋势，从2019年的0.62%增长到2023年的0.72%；2019~2023年，使用权资产占比总体上呈明显上升趋势，从2019年的0增长到2023年的0.2%。

2.医药制造业（C27）负债项目分析

负债项目包括流动负债和非流动负债两个方面。2023年，负债合计占总资产比例为27.17%。其中，负债合计占比最大的上市公司为142.17%，占比最小的上市公司为2.55%。

（1）流动负债及其主要构成项目。

2023年，流动负债合计占总资产比例为19.38%。其中，流动负债占比最大的上市公司为99.15%，占比最小的上市公司为1.42%。

主要构成项目：①应付账款占比为4.18%。其中，占比最大的上市公司为26.16%，占比最小的上市公司为0.07%。②短期借款占比为2.96%。其中，占比最大的上市公司为38.01%，占比最小的上市公司为0。③其他应付款占比为2.68%。其中，占比最大的上市公司为52.28%，占比最小的上市公司为0.01%。

（2）非流动负债及其主要构成项目。

2023年，非流动负债合计占总资产比例为4.54%。其中，非流动负债占比最大的上市公司为48.04%，占比最小的上市公司为0.09%。

主要构成项目：①长期借款占比为0.52%。其中，占比最大的上市公司为37.43%，占比最小的上市公司为0。②递延所得税负债占比为0.24%。其中，占比最大的上市公司为8.81%，占比最小的上市公司为0。③租赁负债占比为0.12%。其中，占比最大的上市公司为8.7%，占比最小的上市公司为0。

（3）负债构成及其主要项目变动趋势分析。

2019~2023年，流动负债合计占比总体上呈明显下降趋势。其中，2019~2023年，应付账款占比总体上基本稳定，且在2022~2023年明显下降，从2022年的4.68%降低到2023年的4.18%；2019~2023年，短期借款占比总体上呈大幅下降趋势，从2019年的5.42%降低到2023年的2.96%；2019~2023年，其他应付款占比总体上呈明显下降趋势，从2019年的3.45%降低到2023年的2.68%。

2019~2023年，非流动负债合计占比总体上呈明显上升趋势。其中，2019~2023年，长期借款占比总体上呈大幅上升趋势，从2019年的0.01%增长到2023年的0.52%；2019~2023年，递延所得税负债占比总体上呈大幅上升趋势，从2019年的0.17%增长到2023年的0.24%，但在2021~2022年明显上升，从2021年的0.17%增长到2022年的0.21%；2019~2023年，租赁负债占比总体上呈明显上升趋势，从2019年的0增长到2023年的0.12%。

3.医药制造业（C27）所有者权益项目分析

所有者权益项目包括实收资本（股本）、资本公积、盈余公积和未分配利润等四个方面。

（1）所有者权益及其主要构成项目。

2023年，所有者权益合计占总资产比例为72.83%。其中，所有者权益占比最大的上市公司为97.45%，占比最小的上市公司为-42.17%。

主要构成项目：①实收资本（或股本）占比为10.66%。其中，占比最大的上市公司为155.76%，占比最小的上市公司为0。②资本公积占比为25.98%。其中，占比最大的上市公司为197.91%，占比最小的上市公司为0。③盈余公积占比为3.08%。其中，占比最大的上市公司为13.22%，占比最小的上市公司为0。④未分配利润占比为24.69%。其中，占比最大的上市公司为82.55%，占比最小的上市公司为-291.04%。

（2）所有者权益构成及其主要项目变动趋势分析。

2019~2023年，所有者权益合计占比总体上呈基本稳定。其中，2019~2023年，实收资本（或股本）占比总体上呈明显下降趋势，从2019年的14.86%降低到2023年的10.66%；2019~2023年，资本公积占比总体上呈大幅上升趋势，从2019年的19.8%增长到2023年的25.98%，但在2020~2021年明显上升，从2020年的22.19%增长到2021年的25.73%；2019~2023年，盈余公积占比总体上呈明显下降趋势，从2019年的3.52%降低到2023年的3.08%；2019~2023年，未分配利润占比总体上基本稳定。

（二）证券市场医药制造业（C27）利润分析

证券市场医药制造业（C27）利润分析见表3.35。

表3.35　　　　　　　　医药制造业（C27）利润表　　　　　　　　单位：%

年份	2023			2022			2021	2020	2019
	中位数	最大值	最小值	中位数	最大值	最小值	中位数	中位数	中位数
营业总收入	100.00	100.00	100.00	100.00	100.00	100.00	100.00	100.00	100.00
营业收入	100.00	100.00	99.83	100.00	100.00	99.88	100.00	100.00	100.00
利息净收入	0.00	0.17	0.00	0.00	0.12	0.00	0.00	0.00	0.00
利息收入	0.00	0.17	0.00	0.00	0.12	0.00	0.00	0.00	0.00

续表

年份	2023			2022			2021	2020	2019
	中位数	最大值	最小值	中位数	最大值	最小值	中位数	中位数	中位数
已赚保费	0.00	0.00	0.00	0.00	0.00	0.00	0.00	0.00	0.00
保险业务收入	0.00	0.00	0.00	0.00	0.00	0.00	0.00	0.00	0.00
减：分出保费	0.00	0.00	0.00	0.00	0.00	0.00	0.00	0.00	0.00
减：提取未到期责任准备金	0.00	0.00	0.00	0.00	0.00	0.00	0.00	0.00	0.00
手续费及佣金净收入	0.00	0.00	0.00	0.00	0.00	0.00	0.00	0.00	0.00
手续费及佣金收入	0.00	0.00	0.00	0.00	0.00	0.00	0.00	0.00	0.00
营业总成本	91.21	67281.99	46.72	88.76	1177042.38	31.91	88.08	88.75	88.60
营业成本	44.11	108.96	0.00	42.42	102.81	0.25	40.73	40.85	39.82
利息支出	0.00	0.00	0.00	0.00	0.00	0.00	0.00	0.00	0.00
手续费及佣金支出	0.00	0.00	0.00	0.00	0.00	0.00	0.00	0.00	0.00
退保金	0.00	0.00	0.00	0.00	0.00	0.00	0.00	0.00	0.00
赔付支出净额	0.00	0.00	0.00	0.00	0.00	0.00	0.00	0.00	0.00
赔付支出	0.00	0.00	0.00	0.00	0.00	0.00	0.00	0.00	0.00
减：摊回赔付支出	0.00	0.00	0.00	0.00	0.00	0.00	0.00	0.00	0.00
提取保险责任准备金净额	0.00	0.00	0.00	0.00	0.00	0.00	0.00	0.00	0.00
提取保险责任准备金	0.00	0.00	0.00	0.00	0.00	0.00	0.00	0.00	0.00
减：摊回保险责任准备金	0.00	0.00	0.00	0.00	0.00	0.00	0.00	0.00	0.00
保单红利支出	0.00	0.00	0.00	0.00	0.00	0.00	0.00	0.00	0.00
分保费用	0.00	0.00	0.00	0.00	0.00	0.00	0.00	0.00	0.00
税金及附加	1.11	210.97	−5.63	1.00	1873.95	−1.96	1.00	1.04	1.09
销售费用	24.95	860.93	0.00	25.82	55894.61	0.00	25.43	26.72	27.85
管理费用	8.84	13483.93	0.71	7.94	282451.14	0.16	7.73	7.81	7.63
研发费用	6.73	51208.87	0.40	5.80	934627.80	0.61	5.20	4.62	4.20
财务费用	−0.22	1456.23	−362.33	−0.22	322.57	−97832.10	0.23	0.59	0.45
其他收益	1.30	798.88	0.05	1.04	14740.94	−8.25	1.10	1.19	0.99
投资收益	0.46	53.69	−21.30	0.35	38504.85	−24.60	0.59	0.45	0.42
汇兑收益	0.00	0.00	0.00	0.00	0.00	0.00	0.00	0.00	0.00
其他业务收入	0.00	0.00	0.00	0.00	0.00	0.00	0.00	0.00	0.00
净敞口套期收益	0.00	0.00	0.00	0.00	0.00	0.00	0.00	0.00	0.00
公允价值变动收益	0.00	160.28	−16.89	0.00	182142.99	−22.06	0.00	0.00	0.00
信用减值损失	−0.16	11.32	−55.32	−0.29	12.22	−285.94	−0.23	−0.19	−0.26
资产减值损失	−0.80	80.50	−422.08	−0.64	1.04	−7000.55	−0.40	−0.37	−0.31

续表

年份	2023			2022			2021	2020	2019
	中位数	最大值	最小值	中位数	最大值	最小值	中位数	中位数	中位数
资产处置收益	0.00	75.34	-2.69	0.00	11.23	-4.34	0.00	-0.00	0.00
业务及管理费	0.00	0.00	0.00	0.00	0.00	0.00	0.00	0.00	0.00
减：摊回分保费用	0.00	0.00	0.00	0.00	0.00	0.00	0.00	0.00	0.00
其他业务成本	0.00	0.00	0.00	0.00	0.00	0.00	0.00	0.00	0.00
其他业务利润	0.00	0.00	0.00	0.00	0.00	0.00	0.00	0.00	0.00
营业利润	10.63	54.25	-66142.33	12.10	65.82	-948649.41	13.98	13.19	12.68
加：营业外收入	0.06	18.73	0.00	0.05	8813.86	0.00	0.06	0.07	0.08
减：营业外支出	0.24	27.65	0.00	0.20	53.63	-0.03	0.19	0.29	0.15
利润总额	10.36	53.35	-66142.61	12.01	65.85	-939889.18	14.05	13.06	12.48
减：所得税费用	1.59	18.19	-11.58	1.63	5083.36	-21.19	1.94	2.02	2.11
未确认的投资损失	0.00	0.00	0.00	0.00	0.00	0.00	0.00	0.00	0.00
影响净利润的其他项目	0.00	0.00	0.00	0.00	0.00	0.00	0.00	0.00	0.00
净利润	8.94	45.37	-66142.61	10.32	62.79	-944972.54	12.25	11.51	10.58
归属于母公司所有者的净利润	8.51	44.84	-66142.61	9.90	62.08	-944972.54	11.68	11.52	10.38
归属于母公司其他权益工具持有者的净利润	0.00	0.00	0.00	0.00	2.10	0.00	0.00	0.00	0.00
少数股东损益	0.00	21.81	-135.74	0.00	20.12	-18.66	0.00	0.00	0.00
其他综合收益（损失）	0.00	20.70	-14.35	0.00	68.67	-9345.92	0.00	0.00	0.00
综合收益总额	9.22	52.08	-66142.61	10.50	62.43	-954318.46	11.90	11.52	10.57
归属于母公司所有者的综合收益	8.51	52.08	-66142.61	10.12	62.50	-954318.46	11.44	11.40	10.16
归属少数股东的综合收益	0.00	21.81	-135.74	0.00	20.12	-18.66	0.00	0.00	0.00
基本每股收益	0.29	11.21	-6.38	0.42	33.54	-10.18	0.48	0.36	0.39
稀释每股收益	0.29	11.06	-6.38	0.42	33.54	-10.18	0.48	0.34	0.36

1.医药制造业（C27）成本费用项目分析

（1）成本与费用及其主要构成项目。

主要构成项目：①营业成本占营业总收入比例为44.11%。其中，营业成本占比最大的上市公司为108.96%，占比最小的上市公司为0。②销售费用占营业总收入比例为24.95%。其中，销售费用占比最大的上市公司为860.93%，占比最小的上市公司为0。③管理费用占营业总收入比例为8.84%。其中，管理费用占比最大的上市公司为13483.93%，占比最小的上市公司为0.71%。④财务费用占营业总收入比例为-0.22%。其中，财务费用占比最大的上市公司为1456.23%，占比最小的上市公司为-362.33%。⑤研发费用占营业总收入比例为6.73%。其中，研发费用占比最大的上市公司为51208.87%，占比最小的上市公司为0.4%。

（2）成本与费用及其主要项目变动趋势分析。

2019~2023年，营业成本占比明显上升，从2019年的39.82%增长到2023年的44.11%；2019~2023年，销售费用占比明显下降，从2019年的27.85%下降为2023年的24.95%；2019~2023年，管理费用占比明显上升，从2019年的7.63%增长到2023年的8.84%；2019~2023年，财务费用占比大幅下降，从2019年的0.45%下降为2023年的-0.22%；2019~2023年，研发费用占比大幅上升，从2019年的4.2%增长到2023年的6.73%。

2. 医药制造业（C27）其他损益项目分析

（1）其他损益及其主要构成项目。

主要构成项目：①资产减值损失占营业总收入比例为-0.8%。其中，资产减值损失占比最大的上市公司为80.5%，占比最小的上市公司为-422.08%。②投资收益占营业总收入比例为0.46%。其中，投资收益占比最大的上市公司为53.69%，占比最小的上市公司为-21.3%。③基本每股收益为0.29元。其中，基本每股收益最大的上市公司为11.21元，最小的上市公司为-6.38元。④其他收益占营业总收入比例为1.3%。其中，其他收益占比最大的上市公司为798.88%，占比最小的上市公司为0.05%。⑤信用减值损失占营业总收入比例为-0.16%。其中，信用减值损失占比最大的上市公司为11.32%，占比最小的上市公司为-55.32%。

（2）其他损益及其主要项目变动趋势分析。

2019~2023年，资产减值损失占比大幅下降，从2019年的-0.31%下降为2023年的-0.8%；2019~2023年，投资收益占比明显上升，从2019年的0.42%增长到2023年的0.46%；2019~2023年，其他收益占比大幅上升，从2019年的0.99%增长到2023年的1.3%；2019~2023年，信用减值损失占比大幅上升，从2019年的-0.26%增长到2023年的-0.16%。

3. 医药制造业（C27）利润项目分析

（1）利润及其主要构成项目。

主要构成项目：①营业利润占营业总收入比例为10.63%。其中，营业利润占比最大的上市公司为54.25%，占比最小的上市公司为-66142.33%。②利润总额占营业总收入比例为10.36%。其中，利润总额占比最大的上市公司为53.35%，占比最小的上市公司为-66142.61%。③净利润占营业总收入比例为8.94%。其中，净利润占比最大的上市公司为45.37%，占比最小的上市公司为-66142.61%。④归属于母公司所有者的净利润占营业总收入比例为8.51%。其中，归属于母公司所有者的净利润占比最大的上市公司为44.84%，占比最小的上市公司为-66142.61%。

（2）利润及其主要项目变动趋势分析。

2019~2023年，营业利润占比明显下降，从2019年的12.68%下降为2023年的10.63%；

2019~2023年，利润总额占比明显下降，从2019年的12.48%下降为2023年的10.36%；2019~2023年，净利润占比明显下降，从2019年的10.58%下降为2023年的8.94%；2019~2023年，归属于母公司所有者的净利润占比明显下降，从2019年的10.38%下降为2023年的8.51%。

（三）证券市场医药制造业（C27）现金流量分析

证券市场医药制造业（C27）现金流量分析见表3.36。

表3.36　　　　　　　　医药制造业（C27）现金流量表　　　　　　　　单位：%

年份	2023			2022			2021	2020	2019
	中位数	最大值	最小值	中位数	最大值	最小值	中位数	中位数	中位数
销售商品、提供劳务收到的现金	48.28	99.04	0.00	49.76	98.81	0.00	49.51	49.89	55.75
客户存款和同业存放款项净增加额	0.00	0.00	0.00	0.00	0.00	0.00	0.00	0.00	0.00
向中央银行借款净增加额	0.00	0.00	0.00	0.00	0.00	0.00	0.00	0.00	0.00
向其他金融机构拆入资金净增加额	0.00	0.00	0.00	0.00	0.00	0.00	0.00	0.00	0.00
收到原保险合同保费取得的现金	0.00	0.00	0.00	0.00	0.00	0.00	0.00	0.00	0.00
收到再保险业务现金净额	0.00	0.00	0.00	0.00	0.00	0.00	0.00	0.00	0.00
保户储金及投资款净增加额	0.00	0.00	0.00	0.00	0.00	0.00	0.00	0.00	0.00
处置交易性金融资产净增加额	0.00	0.00	0.00	0.00	0.00	0.00	0.00	0.00	0.00
收取利息、手续费及佣金的现金	0.00	0.07	0.00	0.00	0.08	0.00	0.00	0.00	0.00
拆入资金净增加额	0.00	0.00	0.00	0.00	0.00	0.00	0.00	0.00	0.00
回购业务资金净增加额	0.00	0.00	0.00	0.00	0.00	0.00	0.00	0.00	0.00
收到的税费返还	0.18	5.60	0.00	0.38	7.17	0.00	0.11	0.06	0.02
收到的其他与经营活动有关的现金	1.87	31.40	0.10	1.73	30.18	0.14	1.67	1.89	1.89
经营活动现金流入小计	**52.46**	**99.75**	**0.73**	**54.16**	**99.37**	**0.59**	**52.22**	**53.50**	**58.58**
购买商品、接受劳务支付的现金	16.93	73.67	0.00	19.28	76.19	0.00	19.61	18.88	18.18
客户贷款及垫款净增加额	0.00	0.11	0.00	0.00	0.61	0.00	0.00	0.00	0.00
存放中央银行和同业款项净增加额	0.00	0.00	0.00	0.00	0.00	0.00	0.00	0.00	0.00
支付原保险合同赔付款项的现金	0.00	0.00	0.00	0.00	0.00	0.00	0.00	0.00	0.00
支付利息、手续费及佣金的现金	0.00	0.00	0.00	0.00	0.00	0.00	0.00	0.00	0.00

续表

年份	2023			2022			2021	2020	2019
	中位数	最大值	最小值	中位数	最大值	最小值	中位数	中位数	中位数
支付保单红利的现金	0.00	0.00	0.00	0.00	0.00	0.00	0.00	0.00	0.00
支付给职工以及为职工支付的现金	8.93	32.35	0.75	8.16	31.40	0.68	7.62	6.89	7.10
支付的各项税费	4.42	20.73	0.01	4.15	15.68	0.01	4.36	4.32	5.27
支付其他与经营活动有关的现金	12.28	51.38	0.31	11.56	56.40	0.31	12.47	12.91	15.64
经营活动现金流出小计	50.24	99.34	4.67	49.80	96.52	4.10	52.76	49.75	55.51
经营活动产生的现金流量净额	5.94	29.79	−48.98	6.58	31.85	−33.21	6.74	7.32	6.58
收回投资收到的现金	5.41	108.21	0.00	5.27	114.46	0.00	4.63	2.51	1.48
取得投资收益收到的现金	0.20	44.08	0.00	0.15	7.09	0.00	0.16	0.14	0.12
处置固定资产、无形资产和其他长期资产收回的现金净额	0.02	48.47	0.00	0.01	9.56	−0.03	0.01	0.01	0.01
处置子公司及其他营业单位收到的现金净额	0.00	14.17	−0.58	0.00	28.41	−0.30	0.00	0.00	0.00
收到的其他与投资活动有关的现金	0.00	93.04	0.00	0.00	108.93	0.00	0.00	0.00	0.00
投资活动产生的现金流入小计	14.74	109.26	0.00	15.57	115.50	0.00	15.72	13.44	12.95
购建固定资产、无形资产和其他长期资产支付的现金	4.83	32.61	0.15	5.08	31.85	0.17	5.47	4.82	4.53
投资支付的现金	6.04	92.17	0.00	8.96	92.36	0.00	6.59	5.93	3.48
质押贷款净增加额	0.00	0.00	0.00	0.00	0.00	0.00	0.00	0.00	0.00
取得子公司及其他营业单位支付的现金净额	0.00	21.60	0.00	0.00	13.16	0.00	0.00	0.00	0.00
支付其他与投资活动有关的现金	0.00	85.06	0.00	0.00	93.96	0.00	0.00	0.00	0.00
投资活动产生的现金流出小计	28.40	93.98	0.15	28.59	95.27	0.54	28.97	25.80	20.78
投资活动产生的现金流量净额	−5.54	49.23	−91.54	−6.63	99.52	−57.06	−6.37	−6.01	−4.73
吸收投资收到的现金	0.00	91.75	0.00	0.01	98.20	0.00	0.03	0.03	0.00
吸收权益性投资收到的现金	0.00	91.75	0.00	0.01	98.20	0.00	0.03	0.03	0.00
其中：子公司吸收少数股东投资收到的现金	0.00	15.97	0.00	0.00	11.69	0.00	0.00	0.00	0.00
发行债券收到的现金	0.00	13.88	0.00	0.00	0.00	0.00	0.00	0.00	0.00
取得借款收到的现金	7.70	56.15	0.00	6.38	58.53	0.00	5.22	7.34	10.15

续表

年份	2023			2022			2021	2020	2019
	中位数	最大值	最小值	中位数	最大值	最小值	中位数	中位数	中位数
收到其他与筹资活动有关的现金	0.00	48.55	0.00	0.00	32.69	−0.08	0.00	0.00	0.00
筹资活动现金流入小计	9.77	94.79	0.00	11.67	98.20	−0.08	13.25	17.01	13.39
偿还债务支付的现金	6.13	56.33	0.00	4.54	55.64	0.00	6.01	7.67	7.30
分配股利、利润或偿付利息支付的现金	2.20	35.78	0.00	2.13	21.88	0.00	1.98	2.20	2.54
其中：子公司支付给少数股东的股利、利润	0.00	5.26	0.00	0.00	11.09	0.00	0.00	0.00	0.00
支付其他与筹资活动有关的现金	0.56	47.65	0.00	0.64	31.53	0.00	0.62	0.39	0.30
筹资活动现金流出小计	12.55	71.14	0.00	11.19	72.23	0.00	11.60	13.12	13.56
筹资活动产生的现金流量净额	−1.76	85.98	−46.32	−1.33	96.92	−28.00	−1.39	0.61	−2.16
现金总流入	100.00	100.00	100.00	100.00	100.00	100.00	100.00	100.00	100.00
现金总流出	100.00	100.00	100.00	100.00	100.00	100.00	100.00	100.00	100.00
现金流量净额	−0.43	78.85	−127.19	0.36	110.73	−68.88	0.52	2.57	0.18

注：现金流入项目以现金总流入为基数，现金流出项目以现金总流出为基数。

1. 医药制造业（C27）现金流入项目分析

现金流入包括经营活动产生的现金流入、投资活动产生的现金流入和筹资活动产生的现金流入三个方面。

（1）经营活动现金流入及其主要构成项目。

2023年，经营活动产生的现金流入占总现金流入比例为52.46%。其中，经营活动产生的现金流入占比最大的上市公司为99.75%，占比最小的上市公司为0.73%。

主要构成项目：销售商品、提供劳务收到的现金占比为48.28%。其中，占比最大的上市公司为99.04%，占比最小的上市公司为0。

（2）投资活动现金流入及其主要构成项目。

2023年，投资活动产生的现金流入占总现金流入比例为14.74%。其中，投资活动产生的现金流入占比最大的上市公司为109.26%，占比最小的上市公司为0。

主要构成项目：收回投资收到的现金占比为5.41%。其中，占比最大的上市公司为108.21%，占比最小的上市公司为0。

（3）筹资活动现金流入及其主要构成项目。

2023年，筹资活动产生的现金流入占总现金流入比例为9.77%。其中，筹资活动产生的现金流入占比最大的上市公司为94.79%，占比最小的上市公司为0。

主要构成项目：取得借款收到的现金占比为7.7%。其中，占比最大的上市公司为

56.15%，占比最小的上市公司为0。

（4）现金流入构成及其主要项目变动趋势分析。

2019~2023年，经营活动产生的现金流入占比总体上明显下降，从2019年的58.58%降低到2023年的52.46%。其中，2019~2023年，销售商品、提供劳务收到的现金占比总体上呈明显下降趋势，从2019年的55.75%降低到2023年的48.28%。

2019~2023年，投资活动产生的现金流入占比总体上明显上升，从2019年的12.95%增长到2023年的14.74%。其中，2019~2023年，收回投资收到的现金占比总体上呈大幅上升趋势，从2019年的1.48%增长到2023年的5.41%。

2019~2023年，筹资活动产生的现金流入占比总体上明显下降，从2019年的13.39%降低到2023年的9.77%。其中，2019~2023年，取得借款收到的现金占比总体上呈明显下降趋势，从2019年的10.15%降低到2023年的7.7%。

2. 医药制造业（C27）现金流出项目分析

现金流出包括经营活动产生的现金流出、投资活动产生的现金流出和筹资活动产生的现金流出三个方面。

（1）经营活动现金流出及其主要构成项目。

2023年，经营活动产生的现金流出占总现金流出比例为50.24%。其中，经营活动产生的现金流出占比最大的上市公司为99.34%，占比最小的上市公司为4.67%。

主要构成项目：①购买商品、接受劳务支付的现金占比为16.93%。其中，占比最大的上市公司为73.67%，占比最小的上市公司为0。②支付其他与经营活动有关的现金占比为12.28%。其中，占比最大的上市公司为51.38%，占比最小的上市公司为0.31%。③支付给职工以及为职工支付的现金占比为8.93%。其中，占比最大的上市公司为32.35%，占比最小的上市公司为0.75%。

（2）投资活动现金流出及其主要构成项目。

2023年，投资活动产生的现金流出占总现金流出比例为28.4%。其中，投资活动产生的现金流出占比最大的上市公司为93.98%，占比最小的上市公司为0.15%。

主要构成项目：①投资支付的现金占比为6.04%。其中，占比最大的上市公司为92.17%，占比最小的上市公司为0。②购建固定资产、无形资产和其他长期资产支付的现金占比为4.83%。其中，占比最大的上市公司为32.61%，占比最小的上市公司为0.15%。

（3）筹资活动现金流出及其主要构成项目。

2023年，筹资活动产生的现金流出占总现金流出比例为12.55%。其中，筹资活动产生的现金流出占比最大的上市公司为71.14%，占比最小的上市公司为0。

主要构成项目：偿还债务支付的现金占比为6.13%。其中，占比最大的上市公司为56.33%，占比最小的上市公司为0。

（4）现金流出构成及其主要项目变动趋势分析。

2019~2023年，经营活动产生的现金流出占比总体上明显下降，从2019年的55.51%

降低到 2023 年的 50.24%。其中，2019~2023 年，购买商品、接受劳务支付的现金占比总体上呈明显下降趋势，从 2019 年的 18.18% 降低到 2023 年的 16.93%。

2019~2023 年，投资活动产生的现金流出占比总体上大幅上升，从 2019 年的 20.78% 增长到 2023 年的 28.4%。其中，2019~2023 年，投资支付的现金占比总体上呈大幅上升趋势，从 2019 年的 3.48% 增长到 2023 年的 6.04%。

2019~2023 年，筹资活动产生的现金流出占比总体上明显下降，从 2019 年的 13.56% 降低到 2023 年的 12.55%。其中，2019~2023 年，偿还债务支付的现金占比总体上呈明显下降趋势，从 2019 年的 7.3% 降低到 2023 年的 6.13%，且在 2022~2023 年大幅上升，从 2022 年的 4.54% 增长到 2023 年的 6.13%。

3. 医药制造业（C27）现金流量净额项目分析

现金流量净额包括经营活动现金流量净额、投资活动现金流量净额和筹资活动现金流量净额三个方面。

（1）现金流量净额及其主要构成项目。

2023 年，现金流量净额占总现金流入比例为 -0.43%。其中，现金流量净额占比最大的上市公司为 78.85%，占比最小的上市公司为 -127.19%。

主要构成项目：①经营活动产生的现金流量净额占总现金流入比例为 5.94%。其中，占比最大的上市公司为 29.79%，占比最小的上市公司为 -48.98%。②投资活动产生的现金流量净额占总现金流入比例为 -5.54%。其中，占比最大的上市公司为 49.23%，占比最小的上市公司为 -91.54%。③筹资活动产生的现金流量净额占总现金流入比例为 -1.76%。其中，占比最大的上市公司为 85.98%，占比最小的上市公司为 -46.32%。

（2）现金流量净额构成及其主要项目变动趋势分析。

2019~2023 年，现金流量净额占比总体上大幅下降，从 2019 年的 0.18% 降低到 2023 年的 -0.43%。其中，2019~2023 年，经营活动产生的现金流量净额明显下降，从 2019 年的 6.58% 减少到 2023 年的 5.94%。2019~2023 年，投资活动产生的现金流量净额明显下降，从 2019 年的 -4.73% 减少到 2023 年的 -5.54%。2019~2023 年，筹资活动产生的现金流量净额明显上升，从 2019 年的 -2.16% 增加到 2023 年的 -1.76%。

九、化纤橡塑制造业（C28-C29）

化纤橡塑制造业（C28-C29）由证监会行业分类（2012）中化学纤维制造业（代码：C28）和橡胶和塑料制品业（代码：C29）组成。2019~2023 年，证券市场化纤橡塑制造业（C28-C29）上市公司发展状况见表 3.37。

表 3.37　　　　　化纤橡塑制造业（C28-C29）上市公司数量　　　　　单位：家

年份	2023	2022	2021	2020	2019
数量	148	142	137	123	103

注：公开披露定期报告的上市公司家数。

（一）证券市场化纤橡塑制造业（C28-C29）财务状况分析

证券市场化纤橡塑制造业（C28-C29）财务状况分析见表3.38。

表3.38　　　　　化纤橡塑制造业（C28-C29）资产负债表　　　　　单位：%

年份	2023			2022			2021	2020	2019
	中位数	最大值	最小值	中位数	最大值	最小值	中位数	中位数	中位数
货币资金	14.79	58.02	0.90	14.72	49.05	2.83	14.45	15.18	13.75
结算备付金	0.00	0.00	0.00	0.00	0.00	0.00	0.00	0.00	0.00
拆出资金净额	0.00	0.00	0.00	0.00	0.00	0.00	0.00	0.00	0.00
交易性金融资产	0.03	42.37	0.00	0.00	38.01	0.00	0.02	0.10	0.02
衍生金融资产	0.00	0.05	0.00	0.00	0.18	0.00	0.00	0.00	0.00
应收票据净额	0.86	19.96	0.00	0.93	22.65	0.00	0.74	0.23	0.09
应收账款净额	10.35	48.11	0.34	9.99	41.95	0.19	11.67	10.81	11.70
应收款项融资	0.94	18.57	0.00	1.09	15.76	0.00	1.30	2.09	2.08
预付款项净额	0.58	6.13	0.01	0.71	11.76	0.01	0.78	0.97	0.83
应收保费净额	0.00	0.00	0.00	0.00	0.00	0.00	0.00	0.00	0.00
应收分保账款净额	0.00	0.00	0.00	0.00	0.00	0.00	0.00	0.00	0.00
应收分保合同准备金净额	0.00	0.00	0.00	0.00	0.00	0.00	0.00	0.00	0.00
其他应收款净额	0.24	7.91	0.00	0.26	7.69	0.00	0.26	0.29	0.35
应收股利净额	0.00	0.62	0.00	0.00	0.23	0.00	0.00	0.00	0.00
买入返售金融资产净额	0.00	0.00	0.00	0.00	0.00	0.00	0.00	0.00	0.00
存货净额	9.87	25.86	1.52	10.36	25.13	0.36	12.23	10.46	10.74
合同资产	0.00	8.69	0.00	0.00	6.45	0.00	0.00	0.00	0.00
一年内到期的非流动资产	0.00	9.75	0.00	0.00	5.46	0.00	0.00	0.00	0.00
其他流动资产	0.85	40.41	0.00	0.66	37.39	0.00	1.02	0.96	0.93
流动资产合计	54.11	90.42	13.38	54.90	91.40	20.85	56.98	58.05	55.72
发放贷款及垫款净额	0.00	0.05	0.00	0.00	0.06	0.00	0.00	0.00	0.00
债权投资	0.00	7.69	0.00	0.00	8.88	0.00	0.00	0.00	0.00
其他债权投资	0.00	2.59	0.00	0.00	0.00	0.00	0.00	0.00	0.00
长期应收款净额	0.00	6.52	0.00	0.00	0.46	0.00	0.00	0.00	0.00
长期股权投资净额	0.08	55.31	0.00	0.16	56.48	0.00	0.10	0.00	0.23
其他权益工具投资	0.00	11.74	0.00	0.00	16.03	0.00	0.00	0.00	0.00
其他非流动金融资产	0.00	13.27	0.00	0.00	11.98	0.00	0.00	0.00	0.00
投资性房地产净额	0.00	17.82	0.00	0.00	16.24	0.00	0.00	0.00	0.00
固定资产净额	26.64	57.58	3.55	25.51	55.24	4.02	24.22	23.83	28.11
在建工程净额	3.56	45.02	0.00	3.47	53.37	0.00	3.08	2.87	2.28
生产性生物资产净额	0.00	4.25	0.00	0.00	4.70	0.00	0.00	0.00	0.00

续表

年份	2023			2022			2021	2020	2019
	中位数	最大值	最小值	中位数	最大值	最小值	中位数	中位数	中位数
油气资产净额	0.00	0.00	0.00	0.00	0.00	0.00	0.00	0.00	0.00
使用权资产	0.14	6.44	0.00	0.14	8.37	0.00	0.15	0.00	0.00
无形资产净额	3.49	10.31	0.31	3.62	10.63	0.33	3.38	3.35	3.33
开发支出	0.00	1.13	0.00	0.00	0.49	0.00	0.00	0.00	0.00
商誉净额	0.00	24.78	0.00	0.00	23.76	0.00	0.00	0.00	0.00
长期待摊费用	0.15	9.08	0.00	0.15	6.61	0.00	0.15	0.12	0.14
递延所得税资产	0.71	3.63	0.00	0.58	3.64	0.00	0.45	0.56	0.54
其他非流动资产	0.83	45.85	0.00	0.78	45.63	0.00	0.89	0.64	0.46
非流动资产合计	45.89	86.62	9.58	45.10	79.15	8.60	43.02	41.95	44.28
资产总计	100.00	100.00	100.00	100.00	100.00	100.00	100.00	100.00	100.00
短期借款	5.27	63.07	0.00	5.58	46.49	0.00	6.01	6.60	6.76
向中央银行借款	0.00	0.00	0.00	0.00	0.00	0.00	0.00	0.00	0.00
拆入资金	0.00	0.00	0.00	0.00	0.00	0.00	0.00	0.00	0.00
交易性金融负债	0.00	0.33	0.00	0.00	0.31	0.00	0.00	0.00	0.00
衍生金融负债	0.00	0.00	0.00	0.00	0.04	0.00	0.00	0.00	0.00
应付票据	1.83	22.25	0.00	2.48	20.64	0.00	2.51	1.97	2.41
应付账款	7.06	34.86	0.53	6.22	43.87	0.67	7.06	7.51	7.66
预收款项	0.00	0.67	0.00	0.00	0.39	0.00	0.00	0.00	0.63
合同负债	0.50	11.12	0.00	0.48	7.04	0.00	0.63	0.72	0.00
卖出回购金融资产款	0.00	0.00	0.00	0.00	0.00	0.00	0.00	0.00	0.00
吸收存款及同业存放	0.00	0.00	0.00	0.00	0.00	0.00	0.00	0.00	0.00
代理买卖证券款	0.00	0.00	0.00	0.00	0.00	0.00	0.00	0.00	0.00
代理承销证券款	0.00	0.00	0.00	0.00	0.00	0.00	0.00	0.00	0.00
应付职工薪酬	0.94	4.01	0.01	0.90	4.52	0.07	0.92	1.02	0.93
应交税费	0.38	2.73	0.03	0.45	2.43	0.03	0.54	0.69	0.56
其他应付款	0.61	32.65	0.00	0.70	32.92	0.00	0.76	1.01	1.21
应付股利	0.00	3.29	0.00	0.00	0.83	0.00	0.00	0.00	0.00
应付手续费及佣金	0.00	0.00	0.00	0.00	0.00	0.00	0.00	0.00	0.00
应付分保账款	0.00	0.00	0.00	0.00	0.00	0.00	0.00	0.00	0.00
一年内到期的非流动负债	0.87	45.14	0.00	0.44	46.83	0.00	0.35	0.01	0.18
其他流动负债	0.17	12.68	0.00	0.13	12.54	0.00	0.15	0.15	0.00
流动负债合计	25.28	87.42	3.02	24.44	93.60	3.99	26.54	28.82	30.17
保险合同准备金	0.00	0.00	0.00	0.00	0.00	0.00	0.00	0.00	0.00
长期借款	1.42	32.53	0.00	1.07	32.26	0.00	0.93	0.14	0.00

续表

年份	2023			2022			2021	2020	2019
	中位数	最大值	最小值	中位数	最大值	最小值	中位数	中位数	中位数
应付债券	0.00	24.71	0.00	0.00	19.56	0.00	0.00	0.00	0.00
租赁负债	0.06	5.08	0.00	0.06	8.27	0.00	0.09	0.00	0.00
长期应付款	0.00	22.11	0.00	0.00	24.66	0.00	0.00	0.00	0.00
预计负债	0.00	4.46	0.00	0.00	4.62	0.00	0.00	0.00	0.00
递延收益-非流动负债	0.75	9.15	0.00	0.75	8.47	0.00	0.81	0.78	0.84
递延所得税负债	0.22	7.26	0.00	0.16	9.74	0.00	0.12	0.11	0.11
其他非流动负债	0.00	17.25	0.00	0.00	7.10	0.00	0.00	0.00	0.00
非流动负债合计	7.52	47.10	0.00	6.96	46.41	0.00	4.70	3.81	4.81
负债合计	36.88	90.42	3.54	36.02	98.08	4.05	36.06	36.88	38.23
实收资本（或股本）	9.88	74.09	1.56	10.44	74.00	1.30	10.41	12.82	15.30
其他权益工具	0.00	7.99	0.00	0.00	8.09	0.00	0.00	0.00	0.00
其中：优先股	0.00	0.00	0.00	0.00	0.00	0.00	0.00	0.00	0.00
其中：永续债	0.00	0.00	0.00	0.00	0.00	0.00	0.00	0.00	0.00
资本公积	25.21	75.39	0.03	23.49	76.12	0.03	24.13	21.42	19.26
其中：库存股	0.00	6.29	0.00	0.00	4.37	0.00	0.00	0.00	0.00
其他综合收益	0.00	6.77	-1.82	0.00	8.47	-1.75	0.00	0.00	0.00
专项储备	0.00	0.80	0.00	0.00	0.50	0.00	0.00	0.00	0.00
盈余公积	2.88	19.92	0.18	2.94	18.21	0.11	2.75	2.78	2.89
一般风险准备	0.00	0.00	0.00	0.00	0.00	0.00	0.00	0.00	0.00
未分配利润	18.53	52.50	-99.78	19.72	64.56	-116.43	20.46	22.19	19.21
归属于母公司所有者权益合计	60.72	96.46	9.70	62.50	95.95	1.22	62.24	61.31	56.90
少数股东权益	0.04	41.12	-4.51	0.07	45.54	-3.89	0.06	0.02	0.24
所有者权益合计	63.12	96.46	9.58	63.97	95.95	1.92	63.94	63.12	61.77
负债与所有者权益总计	100.00	100.00	100.00	100.00	100.00	100.00	100.00	100.00	100.00

注：所有项目均以资产总计为基数。

1. 化纤橡塑制造业（C28-C29）资产项目分析

资产项目包括流动资产和非流动资产两个方面。

（1）流动资产及其主要构成项目。

2023年，流动资产合计占总资产比例为54.11%。其中，流动资产占比最大的上市公司为90.42%，占比最小的上市公司为13.38%。

主要构成项目：①货币资金占比为14.79%。其中，占比最大的上市公司为58.02%，占比最小的上市公司为0.9%。②应收款项融资占比为0.94%。其中，占比最大的上市公司为18.57%，占比最小的上市公司为0。③其他流动资产占比为0.85%。其中，占比最大的上市公司为40.41%，占比最小的上市公司为0。

（2）非流动资产及其主要构成项目。

2023年，非流动资产合计占总资产比例为45.89%。其中，非流动资产占比最大的上市公司为86.62%，占比最小的上市公司为9.58%。

主要构成项目：①其他非流动资产占比为0.83%。其中，占比最大的上市公司为45.85%，占比最小的上市公司为0。②递延所得税资产占比为0.71%。其中，占比最大的上市公司为3.63%，占比最小的上市公司为0。③长期待摊费用占比为0.15%。其中，占比最大的上市公司为9.08%，占比最小的上市公司为0。

（3）资产构成及其主要项目变动趋势分析。

2019~2023年，流动资产合计占比总体上呈基本稳定。其中，2019~2023年，货币资金占比总体上呈明显上升趋势，从2019年的13.75%增长到2023年的14.79%；2019~2023年，应收款项融资占比总体上呈大幅下降趋势，从2019年的2.08%降低到2023年的0.94%；2019~2023年，其他流动资产占比总体上呈明显下降趋势，从2019年的0.93%降低到2023年的0.85%，且在2021~2022年大幅下降，从2021年的1.02%降低到2022年的0.66%。

2019~2023年，非流动资产合计占比总体上呈基本稳定。其中，2019~2023年，其他非流动资产占比总体上呈大幅上升趋势，从2019年的0.46%增长到2023年的0.83%；2019~2023年，递延所得税资产占比总体上呈大幅上升趋势，从2019年的0.54%增长到2023年的0.71%，但在2021~2022年明显上升，从2021年的0.45%增长到2022年的0.58%；2019~2023年，长期待摊费用占比总体上呈明显上升趋势，从2019年的0.14%增长到2023年的0.15%。

2.化纤橡塑制造业（C28-C29）负债项目分析

负债项目包括流动负债和非流动负债两个方面。2023年，负债合计占总资产比例为36.88%。其中，负债合计占比最大的上市公司为90.42%，占比最小的上市公司为3.54%。

（1）流动负债及其主要构成项目。

2023年，流动负债合计占总资产比例为25.28%。其中，流动负债占比最大的上市公司为87.42%，占比最小的上市公司为3.02%。

主要构成项目：①应付账款占比为7.06%。其中，占比最大的上市公司为34.86%，占比最小的上市公司为0.53%。②短期借款占比为5.27%。其中，占比最大的上市公司为63.07%，占比最小的上市公司为0。③应付票据占比为1.83%。其中，占比最大的上市公司为22.25%，占比最小的上市公司为0。

（2）非流动负债及其主要构成项目。

2023年，非流动负债合计占总资产比例为7.52%。其中，非流动负债占比最大的上市公司为47.1%，占比最小的上市公司为0。

主要构成项目：①长期借款占比为1.42%。其中，占比最大的上市公司为32.53%，占比最小的上市公司为0。②递延所得税负债占比为0.22%。其中，占比最大的上市公司为7.26%，占比最小的上市公司为0。③租赁负债占比为0.06%。其中，占比最大的上市公司为5.08%，占比最小的上市公司为0。

（3）负债构成及其主要项目变动趋势分析。

2019~2023年，流动负债合计占比总体上呈明显下降趋势。其中，2019~2023年，应付账款占比总体上呈明显下降趋势，从2019年的7.66%降低到2023年的7.06%，但在2022~2023年明显上升，从2022年的6.22%增长到2023年的7.06%；2019~2023年，短期借款占比总体上呈明显下降趋势，从2019年的6.76%降低到2023年的5.27%；2019~2023年，应付票据占比总体上呈明显下降趋势，从2019年的2.41%降低到2023年的1.83%，但在2020~2021年明显上升，从2020年的1.97%增长到2021年的2.51%。

2019~2023年，非流动负债合计占比总体上呈大幅上升趋势。其中，2019~2023年，长期借款占比总体上呈大幅上升趋势，从2019年的0增长到2023年的1.42%；2019~2023年，递延所得税负债占比总体上呈大幅上升趋势，从2019年的0.11%增长到2023年的0.22%；2019~2023年，租赁负债占比总体上呈明显上升趋势，从2019年的0增长到2023年的0.06%，且在2021~2022年大幅下降，从2021年的0.09%降低到2022年的0.06%。

3. 化纤橡塑制造业（C28-C29）所有者权益项目分析

所有者权益项目包括实收资本（股本）、资本公积、盈余公积和未分配利润等四个方面。

（1）所有者权益及其主要构成项目。

2023年，所有者权益合计占总资产比例为63.12%。其中，所有者权益占比最大的上市公司为96.46%，占比最小的上市公司为9.58%。

主要构成项目：①实收资本（或股本）占比为9.88%。其中，占比最大的上市公司为74.09%，占比最小的上市公司为1.56%。②资本公积占比为25.21%。其中，占比最大的上市公司为75.39%，占比最小的上市公司为0.03%。③盈余公积占比为2.88%。其中，占比最大的上市公司为19.92%，占比最小的上市公司为0.18%。④未分配利润占比为18.53%。其中，占比最大的上市公司为52.5%，占比最小的上市公司为-99.78%。

（2）所有者权益构成及其主要项目变动趋势分析。

2019~2023年，所有者权益合计占比总体上呈基本稳定。其中，2019~2023年，实收资本（或股本）占比总体上呈大幅下降趋势，从2019年的15.3%降低到2023年的9.88%，但在2020~2021年明显下降，从2020年的12.82%降低到2021年的10.41%；2019~2023年，资本公积占比总体上呈大幅上升趋势，从2019年的19.26%增长到2023年的25.21%，但在2020~2021年明显上升，从2020年的21.42%增长到2021年的24.13%；2019~2023年，盈余公积占比总体上基本稳定，且在2021~2022年明显上升，从2021年的2.75%增长到2022

年的2.94%；2019~2023年，未分配利润占比总体上基本稳定，且在2019~2020年明显上升，从2019年的19.21%增长到2020年的22.19%。

（二）证券市场化纤橡塑制造业（C28-C29）利润分析

证券市场化纤橡塑制造业（C28-C29）利润分析见表3.39。

表3.39　　　　　　　　　化纤橡塑制造业（C28-C29）利润表　　　　　　　单位：%

年份	2023			2022			2021	2020	2019
	中位数	最大值	最小值	中位数	最大值	最小值	中位数	中位数	中位数
营业总收入	100.00	100.00	100.00	100.00	100.00	100.00	100.00	100.00	100.00
营业收入	100.00	100.00	100.00	100.00	100.00	100.00	100.00	100.00	100.00
利息净收入	0.00	0.00	0.00	0.00	0.00	0.00	0.00	0.00	0.00
利息收入	0.00	0.00	0.00	0.00	0.00	0.00	0.00	0.00	0.00
已赚保费	0.00	0.00	0.00	0.00	0.00	0.00	0.00	0.00	0.00
保险业务收入	0.00	0.00	0.00	0.00	0.00	0.00	0.00	0.00	0.00
减：分出保费	0.00	0.00	0.00	0.00	0.00	0.00	0.00	0.00	0.00
减：提取未到期责任准备金	0.00	0.00	0.00	0.00	0.00	0.00	0.00	0.00	0.00
手续费及佣金净收入	0.00	0.00	0.00	0.00	0.00	0.00	0.00	0.00	0.00
手续费及佣金收入	0.00	0.00	0.00	0.00	0.00	0.00	0.00	0.00	0.00
营业总成本	95.55	165.63	59.04	94.34	132.47	34.98	92.71	89.94	93.09
营业成本	81.48	110.79	32.30	83.06	103.01	24.37	79.30	76.01	79.50
利息支出	0.00	0.00	0.00	0.00	0.00	0.00	0.00	0.00	0.00
手续费及佣金支出	0.00	0.00	0.00	0.00	0.00	0.00	0.00	0.00	0.00
退保金	0.00	0.00	0.00	0.00	0.00	0.00	0.00	0.00	0.00
赔付支出净额	0.00	0.00	0.00	0.00	0.00	0.00	0.00	0.00	0.00
赔付支出	0.00	0.00	0.00	0.00	0.00	0.00	0.00	0.00	0.00
减：摊回赔付支出	0.00	0.00	0.00	0.00	0.00	0.00	0.00	0.00	0.00
提取保险责任准备金净额	0.00	0.00	0.00	0.00	0.00	0.00	0.00	0.00	0.00
提取保险责任准备金	0.00	0.00	0.00	0.00	0.00	0.00	0.00	0.00	0.00
减：摊回保险责任准备金	0.00	0.00	0.00	0.00	0.00	0.00	0.00	0.00	0.00
保单红利支出	0.00	0.00	0.00	0.00	0.00	0.00	0.00	0.00	0.00
分保费用	0.00	0.00	0.00	0.00	0.00	0.00	0.00	0.00	0.00
税金及附加	0.72	2.41	0.16	0.62	2.87	0.14	0.59	0.70	0.71
销售费用	2.22	52.43	0.14	2.16	17.26	0.12	2.23	2.34	4.34
管理费用	5.29	22.26	1.00	4.77	22.37	0.71	4.53	4.85	4.93
研发费用	4.05	20.70	0.13	3.81	8.96	0.13	3.78	3.84	3.69
财务费用	0.28	7.22	-20.19	0.04	18.57	-12.09	0.62	0.94	0.87
其他收益	0.75	8.40	0.10	0.60	91.51	0.06	0.59	0.67	0.58
投资收益	0.15	19.31	-15.52	0.14	43.55	-6.87	0.20	0.19	0.29

续表

年份	2023			2022			2021	2020	2019
	中位数	最大值	最小值	中位数	最大值	最小值	中位数	中位数	中位数
汇兑收益	0.00	0.00	0.00	0.00	0.00	0.00	0.00	0.00	0.00
其他业务收入	0.00	0.00	0.00	0.00	0.00	0.00	0.00	0.00	0.00
净敞口套期收益	0.00	0.00	0.00	0.00	0.00	0.00	0.00	0.00	0.00
公允价值变动收益	0.00	5.94	−2.00	0.00	11.70	−2.72	0.00	0.00	0.00
信用减值损失	−0.23	14.94	−10.50	−0.15	1.26	−15.40	−0.22	−0.22	−0.18
资产减值损失	−0.64	0.11	−42.92	−0.44	1.53	−13.55	−0.31	−0.32	−0.45
资产处置收益	0.00	7.18	−0.75	0.00	9.60	−0.73	0.00	0.00	−0.00
业务及管理费	0.00	0.00	0.00	0.00	0.00	0.00	0.00	0.00	0.00
减：摊回分保费用	0.00	0.00	0.00	0.00	0.00	0.00	0.00	0.00	0.00
其他业务成本	0.00	0.00	0.00	0.00	0.00	0.00	0.00	0.00	0.00
其他业务利润	0.00	0.00	0.00	0.00	0.00	0.00	0.00	0.00	0.00
营业利润	5.57	57.53	−90.30	6.95	98.30	−49.17	8.01	11.38	7.67
加：营业外收入	0.05	2.85	0.00	0.04	4.15	0.00	0.06	0.06	0.08
减：营业外支出	0.08	5.11	0.00	0.06	78.45	−0.14	0.07	0.13	0.08
利润总额	5.54	57.74	−92.42	7.00	73.83	−52.90	8.01	11.17	7.63
减：所得税费用	0.53	10.31	−6.78	0.49	10.40	−3.44	0.94	1.54	1.31
未确认的投资损失	0.00	0.00	0.00	0.00	0.00	0.00	0.00	0.00	0.00
影响净利润的其他项目	0.00	0.00	0.00	0.00	0.00	0.00	0.00	0.00	0.00
净利润	5.03	51.75	−85.64	6.22	74.71	−63.31	7.15	9.52	6.50
归属于母公司所有者的净利润	4.86	51.75	−85.64	5.84	74.70	−60.73	7.29	9.52	6.17
归属于母公司其他权益工具持有者的净利润	0.00	0.00	0.00	0.00	0.00	0.00	0.00	0.00	0.00
少数股东损益	0.00	5.11	−8.97	0.00	5.41	−2.58	0.00	0.00	0.00
其他综合收益（损失）	0.00	2.11	−2.60	0.00	7.56	−2.04	0.00	0.00	0.00
综合收益总额	5.08	51.75	−88.24	6.45	74.71	−63.21	6.76	9.19	6.50
归属于母公司所有者的综合收益	4.95	51.75	−88.24	5.68	74.70	−60.63	6.67	8.89	6.08
归属少数股东的综合收益	0.00	5.11	−8.97	0.00	5.41	−2.58	0.00	0.00	0.00
基本每股收益	0.24	2.68	−2.73	0.35	4.48	−0.92	0.43	0.47	0.33
稀释每股收益	0.24	2.58	−2.63	0.34	4.46	−0.92	0.43	0.47	0.33

1. 化纤橡塑制造业（C28-C29）成本费用项目分析

（1）成本与费用及其主要构成项目。

主要构成项目：①营业成本占营业总收入比例为81.48%。其中，营业成本占比最大的上市公司为110.79%，占比最小的上市公司为32.3%。②销售费用占营业总收入比例为

2.22%。其中，销售费用占比最大的上市公司为52.43%，占比最小的上市公司为0.14%。③管理费用占营业总收入比例为5.29%。其中，管理费用占比最大的上市公司为22.26%，占比最小的上市公司为1.0%。④财务费用占营业总收入比例为0.28%。其中，财务费用占比最大的上市公司为7.22%，占比最小的上市公司为-20.19%。⑤研发费用占营业总收入比例为4.05%。其中，研发费用占比最大的上市公司为20.7%，占比最小的上市公司为0.13%。

（2）成本与费用及其主要项目变动趋势分析。

2019~2023年，营业成本占比基本稳定，从2019年的79.5%增长到2023年的81.48%；2019~2023年，销售费用占比大幅下降，从2019年的4.34%下降为2023年的2.22%；2019~2023年，管理费用占比明显上升，从2019年的4.93%增长到2023年的5.29%；2019~2023年，财务费用占比大幅下降，从2019年的0.87%下降为2023年的0.28%；2019~2023年，研发费用占比明显上升，从2019年的3.69%增长到2023年的4.05%。

2. 化纤橡塑制造业（C28-C29）其他损益项目分析

（1）其他损益及其主要构成项目。

主要构成项目：①资产减值损失占营业总收入比例为-0.64%。其中，资产减值损失占比最大的上市公司为0.11%，占比最小的上市公司为-42.92%。②投资收益占营业总收入比例为0.15%。其中，投资收益占比最大的上市公司为19.31%，占比最小的上市公司为-15.52%。③基本每股收益为0.24元。其中，基本每股收益最大的上市公司为2.68元，最小的上市公司为-2.73元。④其他收益占营业总收入比例为0.75%。其中，其他收益占比最大的上市公司为8.4%，占比最小的上市公司为0.1%。⑤信用减值损失占营业总收入比例为-0.23%。其中，信用减值损失占比最大的上市公司为14.94%，占比最小的上市公司为-10.5%。

（2）其他损益及其主要项目变动趋势分析。

2019~2023年，资产减值损失占比大幅下降，从2019年的-0.45%下降为2023年的-0.64%；2019~2023年，投资收益占比大幅下降，从2019年的0.29%下降为2023年的0.15%；2019~2023年，其他收益占比明显上升，从2019年的0.58%增长到2023年的0.75%；2019~2023年，信用减值损失占比明显下降，从2019年的-0.18%下降为2023年的-0.23%。

3. 化纤橡塑制造业（C28-C29）利润项目分析

（1）利润及其主要构成项目。

主要构成项目：①营业利润占营业总收入比例为5.57%。其中，营业利润占比最大的上市公司为57.53%，占比最小的上市公司为-90.3%。②利润总额占营业总收入比例为5.54%。其中，利润总额占比最大的上市公司为57.74%，占比最小的上市公司为-92.42%。③净利润占营业总收入比例为5.03%。其中，净利润占比最大的上市公司为51.75%，占比最小的上市公司为-85.64%。④归属于母公司所有者的净利润占营业总收入比例为4.86%。

其中，归属于母公司所有者的净利润占比最大的上市公司为51.75%，占比最小的上市公司为–85.64%。

（2）利润及其主要项目变动趋势分析。

2019~2023年，营业利润占比明显下降，从2019年的7.67%下降为2023年的5.57%；2019~2023年，利润总额占比明显下降，从2019年的7.63%下降为2023年的5.54%；2019~2023年，净利润占比明显下降，从2019年的6.5%下降为2023年的5.03%；2019~2023年，归属于母公司所有者的净利润占比明显下降，从2019年的6.17%下降为2023年的4.86%。

（三）证券市场化纤橡塑制造业（C28-C29）现金流量分析

证券市场化纤橡塑制造业（C28-C29）现金流量分析见表3.40。

表3.40　　　　　　化纤橡塑制造业（C28-C29）现金流量表　　　　　　单位：%

年份	2023			2022			2021	2020	2019
	中位数	最大值	最小值	中位数	最大值	最小值	中位数	中位数	中位数
销售商品、提供劳务收到的现金	56.16	95.86	11.16	53.94	93.78	3.60	55.42	53.18	54.96
客户存款和同业存放款项净增加额	0.00	0.00	0.00	0.00	0.00	0.00	0.00	0.00	0.00
向中央银行借款净增加额	0.00	0.00	0.00	0.00	0.00	0.00	0.00	0.00	0.00
向其他金融机构拆入资金净增加额	0.00	0.00	0.00	0.00	0.00	0.00	0.00	0.00	0.00
收到原保险合同保费取得的现金	0.00	0.00	0.00	0.00	0.00	0.00	0.00	0.00	0.00
收到再保险业务现金净额	0.00	0.00	0.00	0.00	0.00	0.00	0.00	0.00	0.00
保户储金及投资款净增加额	0.00	0.00	0.00	0.00	0.00	0.00	0.00	0.00	0.00
处置交易性金融资产净增加额	0.00	0.00	0.00	0.00	0.00	0.00	0.00	0.00	0.00
收取利息、手续费及佣金的现金	0.00	0.00	0.00	0.00	0.00	0.00	0.00	0.00	0.00
拆入资金净增加额	0.00	0.00	0.00	0.00	0.00	0.00	0.00	0.00	0.00
回购业务资金净增加额	0.00	0.00	0.00	0.00	0.00	0.00	0.00	0.00	0.00
收到的税费返还	0.78	6.50	0.00	1.18	7.85	0.00	0.45	0.42	0.37
收到的其他与经营活动有关的现金	1.19	10.93	0.14	1.20	12.46	0.21	1.19	1.26	1.36
经营活动现金流入小计	58.51	99.65	14.52	56.78	94.67	3.86	58.15	54.85	58.55
购买商品、接受劳务支付的现金	43.49	81.88	1.72	44.08	82.15	1.06	45.74	40.01	38.72
客户贷款及垫款净增加额	0.00	0.00	0.00	0.00	0.00	0.00	0.00	0.00	0.00
存放中央银行和同业款项净增加额	0.00	0.00	0.00	0.00	0.00	0.00	0.00	0.00	0.00

续表

年份	2023			2022			2021	2020	2019
	中位数	最大值	最小值	中位数	最大值	最小值	中位数	中位数	中位数
支付原保险合同赔付款项的现金	0.00	0.00	0.00	0.00	0.00	0.00	0.00	0.00	0.00
支付利息、手续费及佣金的现金	0.00	0.00	0.00	0.00	0.00	0.00	0.00	0.00	0.00
支付保单红利的现金	0.00	0.00	0.00	0.00	0.00	0.00	0.00	0.00	0.00
支付给职工以及为职工支付的现金	6.84	27.09	1.12	6.16	24.12	0.77	6.31	6.19	6.04
支付的各项税费	1.70	10.72	0.28	1.81	9.07	0.25	2.06	2.56	2.69
支付其他与经营活动有关的现金	2.98	11.10	0.24	3.10	14.30	0.36	2.97	3.55	4.27
经营活动现金流出小计	59.97	97.32	3.91	59.87	96.30	3.45	60.96	53.47	53.85
经营活动产生的现金流量净额	4.51	20.10	−21.83	3.99	21.53	−49.38	4.19	6.02	6.43
收回投资收到的现金	0.45	80.61	0.00	0.64	78.79	0.00	0.83	0.32	0.42
取得投资收益收到的现金	0.04	2.57	0.00	0.06	5.79	0.00	0.10	0.07	0.05
处置固定资产、无形资产和其他长期资产收回的现金净额	0.04	9.65	0.00	0.03	21.02	−0.04	0.03	0.02	0.04
处置子公司及其他营业单位收到的现金净额	0.00	3.09	0.00	0.00	37.27	0.00	0.00	0.00	0.00
收到的其他与投资活动有关的现金	0.00	63.32	0.00	0.00	70.43	0.00	0.05	0.08	0.06
投资活动产生的现金流入小计	4.40	81.08	0.00	6.38	79.14	0.00	7.19	8.81	7.56
购建固定资产、无形资产和其他长期资产支付的现金	5.53	42.79	0.08	5.70	56.81	0.00	6.64	5.21	3.96
投资支付的现金	2.04	85.81	0.00	1.19	87.96	0.00	1.59	1.54	1.69
质押贷款净增加额	0.00	0.00	0.00	0.00	0.00	0.00	0.00	0.00	0.00
取得子公司及其他营业单位支付的现金净额	0.00	30.30	0.00	0.00	8.27	−0.02	0.00	0.00	0.00
支付其他与投资活动有关的现金	0.00	56.60	0.00	0.04	61.07	0.00	0.00	0.05	0.03
投资活动产生的现金流出小计	18.26	94.47	0.37	18.34	96.10	0.06	18.67	22.72	18.12
投资活动产生的现金流量净额	−6.17	32.63	−37.51	−5.72	31.32	−46.66	−6.31	−5.61	−4.09
吸收投资收到的现金	0.00	34.31	0.00	0.00	64.10	0.00	0.00	0.04	0.00
吸收权益性投资收到的现金	0.00	34.31	0.00	0.00	64.10	0.00	0.00	0.04	0.00
其中：子公司吸收少数股东投资收到的现金	0.00	5.06	0.00	0.00	5.73	0.00	0.00	0.00	0.00
发行债券收到的现金	0.00	0.00	0.00	0.00	1.07	0.00	0.00	0.00	0.00
取得借款收到的现金	13.50	67.85	0.00	11.84	56.72	0.00	9.72	10.58	15.98

续表

年份	2023			2022			2021	2020	2019
	中位数	最大值	最小值	中位数	最大值	最小值	中位数	中位数	中位数
收到其他与筹资活动有关的现金	0.00	35.91	0.00	0.00	30.92	0.00	0.00	0.00	0.00
筹资活动现金流入小计	18.05	69.15	0.00	17.02	73.15	0.00	15.13	19.08	18.44
偿还债务支付的现金	11.27	69.82	0.00	10.29	57.45	0.00	8.75	10.64	15.48
分配股利、利润或偿付利息支付的现金	1.73	11.39	0.00	1.66	12.70	0.00	2.09	1.80	1.85
其中：子公司支付给少数股东的股利、利润	0.00	3.79	0.00	0.00	1.09	0.00	0.00	0.00	0.00
支付其他与筹资活动有关的现金	0.73	40.00	0.00	0.72	41.79	0.00	0.80	0.19	0.35
筹资活动现金流出小计	15.34	73.23	0.85	13.22	74.76	0.44	12.42	13.84	19.25
筹资活动产生的现金流量净额	−0.59	39.52	−28.52	0.65	51.08	−15.40	1.17	−0.21	−0.81
现金总流入	100.00	100.00	100.00	100.00	100.00	100.00	100.00	100.00	100.00
现金总流出	100.00	100.00	100.00	100.00	100.00	100.00	100.00	100.00	100.00
现金流量净额	−0.48	35.96	−39.19	0.13	49.84	−33.24	0.44	1.88	0.98

注：现金流入项目以现金总流入为基数，现金流出项目以现金总流出为基数。

1. 化纤橡塑制造业（C28—C29）现金流入项目分析

现金流入包括经营活动产生的现金流入、投资活动产生的现金流入和筹资活动产生的现金流入三个方面。

（1）经营活动现金流入及其主要构成项目。

2023年，经营活动产生的现金流入占总现金流入比例为58.51%。其中，经营活动产生的现金流入占比最大的上市公司为99.65%，占比最小的上市公司为14.52%。

主要构成项目：销售商品、提供劳务收到的现金占比为56.16%。其中，占比最大的上市公司为95.86%，占比最小的上市公司为11.16%。

（2）投资活动现金流入及其主要构成项目。

2023年，投资活动产生的现金流入占总现金流入比例为4.4%。其中，投资活动产生的现金流入占比最大的上市公司为81.08%，占比最小的上市公司为0。

主要构成项目：收回投资收到的现金占比为0.45%。其中，占比最大的上市公司为80.61%，占比最小的上市公司为0。

（3）筹资活动现金流入及其主要构成项目。

2023年，筹资活动产生的现金流入占总现金流入比例为18.05%。其中，筹资活动产生的现金流入占比最大的上市公司为69.15%，占比最小的上市公司为0。

主要构成项目：取得借款收到的现金占比为13.5%。其中，占比最大的上市公司为67.85%，占比最小的上市公司为0。

（4）现金流入构成及其主要项目变动趋势分析。

2019~2023年，经营活动产生的现金流入占比总体上基本稳定。其中，2019~2023年，销售商品、提供劳务收到的现金占比总体上基本稳定。

2019~2023年，投资活动产生的现金流入占比总体上大幅下降，从2019年的7.56%降低到2023年的4.4%。其中，2019~2023年，收回投资收到的现金占比总体上呈明显上升趋势，从2019年的0.42%增长到2023年的0.45%，且在2020~2021年大幅上升，从2020年的0.32%增长到2021年的0.83%。

2019~2023年，筹资活动产生的现金流入占比总体上基本稳定。其中，2019~2023年，取得借款收到的现金占比总体上呈明显下降趋势，从2019年的15.98%降低到2023年的13.5%，且在2019~2020年大幅下降，从2019年的15.98%降低到2020年的10.58%。

2. 化纤橡塑制造业（C28-C29）现金流出项目分析

现金流出包括经营活动产生的现金流出、投资活动产生的现金流出和筹资活动产生的现金流出三个方面。

（1）经营活动现金流出及其主要构成项目。

2023年，经营活动产生的现金流出占总现金流出比例为59.97%。其中，经营活动产生的现金流出占比最大的上市公司为97.32%，占比最小的上市公司为3.91%。

主要构成项目：①购买商品、接受劳务支付的现金占比为43.49%。其中，占比最大的上市公司为81.88%，占比最小的上市公司为1.72%。②支付给职工以及为职工支付的现金占比为6.84%。其中，占比最大的上市公司为27.09%，占比最小的上市公司为1.12%。③支付其他与经营活动有关的现金占比为2.98%。其中，占比最大的上市公司为11.1%，占比最小的上市公司为0.24%。

（2）投资活动现金流出及其主要构成项目。

2023年，投资活动产生的现金流出占总现金流出比例为18.26%。其中，投资活动产生的现金流出占比最大的上市公司为94.47%，占比最小的上市公司为0.37%。

主要构成项目：①购建固定资产、无形资产和其他长期资产支付的现金占比为5.53%。其中，占比最大的上市公司为42.79%，占比最小的上市公司为0.08%。②投资支付的现金占比为2.04%。其中，占比最大的上市公司为85.81%，占比最小的上市公司为0。

（3）筹资活动现金流出及其主要构成项目。

2023年，筹资活动产生的现金流出占总现金流出比例为15.34%。其中，筹资活动产生的现金流出占比最大的上市公司为73.23%，占比最小的上市公司为0.85%。

主要构成项目：偿还债务支付的现金占比为11.27%。其中，占比最大的上市公司为69.82%，占比最小的上市公司为0。

（4）现金流出构成及其主要项目变动趋势分析。

2019~2023年，经营活动产生的现金流出占比总体上明显上升，从2019年的53.85%增长到2023年的59.97%。其中，2019~2023年，购买商品、接受劳务支付的现金占比总体上呈明显上升趋势,从2019年的38.72%增长到2023年的43.49%。

2019~2023年,投资活动产生的现金流出占比总体上基本稳定。其中,2019~2023年,购建固定资产、无形资产和其他长期资产支付的现金占比总体上呈大幅上升趋势,从2019年的3.96%增长到2023年的5.53%。

2019~2023年,筹资活动产生的现金流出占比总体上明显下降,从2019年的19.25%降低到2023年的15.34%。其中,2019~2023年,偿还债务支付的现金占比总体上呈明显下降趋势,从2019年的15.48%降低到2023年的11.27%,且在2019~2020年大幅下降,从2019年的15.48%降低到2020年的10.64%。

3. 化纤橡塑制造业(C28-C29)现金流量净额项目分析

现金流量净额包括经营活动现金流量净额、投资活动现金流量净额和筹资活动现金流量净额三个方面。

(1)现金流量净额及其主要构成项目。

2023年,现金流量净额占总现金流入比例为-0.48%。其中,现金流量净额占比最大的上市公司为35.96%,占比最小的上市公司为-39.19%。

主要构成项目:①经营活动产生的现金流量净额占总现金流入比例为4.51%。其中,占比最大的上市公司为20.1%,占比最小的上市公司为-21.83%。②投资活动产生的现金流量净额占总现金流入比例为-6.17%。其中,占比最大的上市公司为32.63%,占比最小的上市公司为-37.51%。③筹资活动产生的现金流量净额占总现金流入比例为-0.59%。其中,占比最大的上市公司为39.52%,占比最小的上市公司为-28.52%。

(2)现金流量净额构成及其主要项目变动趋势分析。

2019~2023年,现金流量净额占比总体上大幅下降,从2019年的0.98%降低到2023年的-0.48%。其中,2019~2023年,经营活动产生的现金流量净额明显下降,从2019年的6.43%减少到2023年的4.51%。2019~2023年,投资活动产生的现金流量净额大幅下降,从2019年的-4.09%减少到2023年的-6.17%。2019~2023年,筹资活动产生的现金流量净额明显上升,从2019年的-0.81%增加到2023年的-0.59%。

十、金属矿物制造业(C30-C33)

金属矿物制造业(C30-C33)由证监会行业分类(2012)中非金属矿物制品业(代码:C30)、黑色金属冶炼和压延加工业(代码:C31)、有色金属冶炼和压延加工业(代码:C32)和金属制品业(代码:C33)组成。2019~2023年,证券市场金属矿物制造业(C30-C33)上市公司发展状况见表3.41。

表3.41 金属矿物制造业(C30-C33)上市公司数量 单位:家

年份	2023	2022	2021	2020	2019
数量	320	313	305	282	248

注:公开披露定期报告的上市公司家数。

（一）证券市场金属矿物制造业（C30-C33）财务状况分析

证券市场金属矿物制造业（C30-C33）财务状况分析见表3.42。

表3.42　　　　　　　　金属矿物制造业（C30-C33）资产负债表　　　　　　　单位：%

年份	2023			2022			2021	2020	2019
	中位数	最大值	最小值	中位数	最大值	最小值	中位数	中位数	中位数
货币资金	12.18	60.88	0.30	12.52	58.53	0.18	12.60	11.92	10.93
结算备付金	0.00	1.69	0.00	0.00	2.07	0.00	0.00	0.00	0.00
拆出资金净额	0.00	0.00	0.00	0.00	0.00	0.00	0.00	0.00	0.00
交易性金融资产	0.00	46.54	0.00	0.01	45.25	0.00	0.16	0.00	0.00
衍生金融资产	0.00	1.70	0.00	0.00	2.29	0.00	0.00	0.00	0.00
应收票据净额	0.96	18.27	0.00	1.01	21.05	0.00	0.94	0.46	0.37
应收账款净额	10.57	68.03	0.00	9.97	64.08	0.00	10.20	10.32	10.13
应收款项融资	1.33	20.21	0.00	1.10	15.45	0.00	1.34	1.98	1.62
预付款项净额	0.76	10.10	0.01	1.00	11.20	0.03	1.06	1.02	0.99
应收保费净额	0.00	0.00	0.00	0.00	0.00	0.00	0.00	0.00	0.00
应收分保账款净额	0.00	0.00	0.00	0.00	0.00	0.00	0.00	0.00	0.00
应收分保合同准备金净额	0.00	0.00	0.00	0.00	0.00	0.00	0.00	0.00	0.00
其他应收款净额	0.37	13.88	0.00	0.37	52.67	0.00	0.43	0.46	0.55
应收股利净额	0.00	3.84	0.00	0.00	2.66	0.00	0.00	0.00	0.00
买入返售金融资产净额	0.00	0.69	0.00	0.00	2.77	0.00	0.00	0.00	0.00
存货净额	11.87	50.44	0.10	12.56	57.82	0.60	12.64	11.53	12.41
合同资产	0.00	37.24	0.00	0.00	39.23	0.00	0.00	0.00	0.00
一年内到期的非流动资产	0.00	68.62	0.00	0.00	8.37	0.00	0.00	0.00	0.00
其他流动资产	0.92	36.36	0.00	0.76	23.29	0.00	0.92	0.90	1.01
流动资产合计	54.17	91.65	10.12	55.47	88.50	10.51	55.11	53.47	50.97
发放贷款及垫款净额	0.00	2.76	0.00	0.00	2.93	0.00	0.00	0.00	0.00
债权投资	0.00	23.41	0.00	0.00	16.66	0.00	0.00	0.00	0.00
其他债权投资	0.00	1.09	0.00	0.00	3.75	0.00	0.00	0.00	0.00
长期应收款净额	0.00	21.04	0.00	0.00	13.41	0.00	0.00	0.00	0.00
长期股权投资净额	0.22	51.55	0.00	0.20	55.00	0.00	0.24	0.32	0.49
其他权益工具投资	0.00	15.93	0.00	0.00	62.77	0.00	0.00	0.00	0.01
其他非流动金融资产	0.00	52.64	0.00	0.00	49.84	0.00	0.00	0.00	0.00
投资性房地产净额	0.00	43.04	0.00	0.00	45.20	0.00	0.00	0.00	0.00
固定资产净额	26.19	70.02	1.18	25.46	66.77	1.28	24.28	25.87	27.34
在建工程净额	2.93	30.31	0.00	2.81	39.92	0.00	2.78	2.28	3.02
生产性生物资产净额	0.00	0.01	0.00	0.00	0.01	0.00	0.00	0.00	0.00

续表

年份	2023			2022			2021	2020	2019
	中位数	最大值	最小值	中位数	最大值	最小值	中位数	中位数	中位数
油气资产净额	0.00	0.00	0.00	0.00	0.00	0.00	0.00	0.00	0.00
使用权资产	0.24	15.18	0.00	0.18	14.05	0.00	0.20	0.00	0.00
无形资产净额	3.47	44.05	0.00	3.44	50.54	0.01	3.44	3.76	4.06
开发支出	0.00	2.27	0.00	0.00	2.26	0.00	0.00	0.00	0.00
商誉净额	0.00	30.24	0.00	0.00	30.63	0.00	0.00	0.00	0.00
长期待摊费用	0.12	5.28	0.00	0.12	3.75	0.00	0.11	0.13	0.13
递延所得税资产	0.80	8.49	0.00	0.73	8.01	0.00	0.57	0.57	0.57
其他非流动资产	0.64	50.57	0.00	0.75	73.49	0.00	0.74	0.66	0.56
非流动资产合计	45.83	89.88	8.35	44.53	89.49	11.50	44.89	46.53	49.03
资产总计	100.00	100.00	100.00	100.00	100.00	100.00	100.00	100.00	100.00
短期借款	6.43	51.78	0.00	7.73	50.01	0.00	8.24	9.41	11.81
向中央银行借款	0.00	0.67	0.00	0.00	1.08	0.00	0.00	0.00	0.00
拆入资金	0.00	0.00	0.00	0.00	0.00	0.00	0.00	0.00	0.00
交易性金融负债	0.00	3.74	0.00	0.00	4.94	0.00	0.00	0.00	0.00
衍生金融负债	0.00	1.06	0.00	0.00	1.77	0.00	0.00	0.00	0.00
应付票据	3.54	45.81	0.00	3.79	48.72	0.00	3.84	3.00	3.35
应付账款	7.90	51.83	0.45	7.90	50.27	0.38	7.48	7.26	7.23
预收款项	0.00	10.08	0.00	0.00	1.68	0.00	0.00	0.00	1.08
合同负债	0.88	22.31	0.00	1.01	22.83	0.00	1.08	1.12	0.00
卖出回购金融资产款	0.00	0.75	0.00	0.00	0.68	0.00	0.00	0.00	0.00
吸收存款及同业存放	0.00	3.32	0.00	0.00	9.37	0.00	0.00	0.00	0.00
代理买卖证券款	0.00	0.00	0.00	0.00	0.00	0.00	0.00	0.00	0.00
代理承销证券款	0.00	0.00	0.00	0.00	0.00	0.00	0.00	0.00	0.00
应付职工薪酬	0.75	4.91	0.00	0.75	5.08	0.00	0.82	0.84	0.79
应交税费	0.46	7.68	0.01	0.59	8.92	0.02	0.68	0.63	0.54
其他应付款	1.08	47.15	0.01	1.18	74.00	0.00	1.26	1.46	1.51
应付股利	0.00	2.73	0.00	0.00	3.17	0.00	0.00	0.00	0.00
应付手续费及佣金	0.00	0.00	0.00	0.00	0.01	0.00	0.00	0.00	0.00
应付分保账款	0.00	0.00	0.00	0.00	0.00	0.00	0.00	0.00	0.00
一年内到期的非流动负债	1.69	15.58	0.00	1.22	27.07	0.00	0.73	0.50	0.80
其他流动负债	0.55	18.08	0.00	0.58	14.81	0.00	0.40	0.30	0.00
流动负债合计	34.03	88.60	2.31	35.12	126.99	2.17	34.60	35.90	37.28
保险合同准备金	0.00	0.00	0.00	0.00	0.00	0.00	0.00	0.00	0.00
长期借款	4.14	42.58	0.00	3.29	28.51	0.00	2.64	1.63	1.35

续表

年份	2023			2022			2021	2020	2019
	中位数	最大值	最小值	中位数	最大值	最小值	中位数	中位数	中位数
应付债券	0.00	21.08	0.00	0.00	16.51	0.00	0.00	0.00	0.00
租赁负债	0.11	7.30	0.00	0.09	8.53	0.00	0.11	0.00	0.00
长期应付款	0.00	28.43	0.00	0.00	24.63	0.00	0.00	0.00	0.00
预计负债	0.00	20.18	0.00	0.00	14.64	0.00	0.00	0.00	0.00
递延收益-非流动负债	0.70	10.89	0.00	0.66	10.16	0.00	0.66	0.74	0.67
递延所得税负债	0.20	11.12	0.00	0.16	10.35	0.00	0.11	0.12	0.11
其他非流动负债	0.00	10.73	0.00	0.00	3.22	0.00	0.00	0.00	0.00
非流动负债合计	10.09	44.94	0.11	7.89	33.74	0.12	7.01	5.93	5.56
负债合计	47.42	99.01	5.86	46.28	128.21	6.03	46.15	45.18	45.80
实收资本（或股本）	9.09	212.28	0.94	9.41	189.03	1.32	10.20	11.26	12.76
其他权益工具	0.00	16.46	-3.54	0.00	27.29	0.00	0.00	0.00	0.00
其中：优先股	0.00	0.00	0.00	0.00	0.00	0.00	0.00	0.00	0.00
其中：永续债	0.00	16.46	0.00	0.00	27.29	0.00	0.00	0.00	0.00
资本公积	19.31	273.72	-5.20	19.11	243.74	-5.46	19.12	18.35	18.29
其中：库存股	0.00	3.90	0.00	0.00	7.34	0.00	0.00	0.00	0.00
其他综合收益	0.00	8.46	-5.88	0.00	8.55	-89.47	0.00	0.00	0.00
专项储备	0.00	5.22	0.00	0.00	7.72	0.00	0.00	0.00	0.00
盈余公积	2.16	27.88	0.00	2.22	25.35	0.13	2.22	2.28	2.13
一般风险准备	0.00	0.18	0.00	0.00	0.28	0.00	0.00	0.00	0.00
未分配利润	16.12	68.66	-441.06	16.30	68.22	-383.10	16.44	15.46	14.20
归属于母公司所有者权益合计	49.10	94.14	-1.59	50.14	93.97	-28.22	51.11	51.75	52.11
少数股东权益	0.66	21.14	-3.46	0.56	20.09	-2.25	0.55	0.78	0.98
所有者权益合计	52.58	94.14	0.99	53.72	93.97	-28.21	53.85	54.82	54.20
负债与所有者权益总计	100.00	100.00	100.00	100.00	100.00	100.00	100.00	100.00	100.00

注：所有项目均以资产总计为基数。

1.金属矿物制造业（C30-C33）资产项目分析

资产项目包括流动资产和非流动资产两个方面。

（1）流动资产及其主要构成项目。

2023年，流动资产合计占总资产比例为54.17%。其中，流动资产占比最大的上市公司为91.65%，占比最小的上市公司为10.12%。

主要构成项目：①货币资金占比为12.18%。其中，占比最大的上市公司为60.88%，占比最小的上市公司为0.3%。②应收款项融资占比为1.33%。其中，占比最大的上市公司为20.21%，占比最小的上市公司为0。③其他流动资产占比为0.92%。其中，占比最大的上市公司为36.36%，占比最小的上市公司为0。

（2）非流动资产及其主要构成项目。

2023年，非流动资产合计占总资产比例为45.83%。其中，非流动资产占比最大的上市公司为89.88%，占比最小的上市公司为8.35%。

主要构成项目：①递延所得税资产占比为0.8%。其中，占比最大的上市公司为8.49%，占比最小的上市公司为0。②其他非流动资产占比为0.64%。其中，占比最大的上市公司为50.57%，占比最小的上市公司为0。③使用权资产占比为0.24%。其中，占比最大的上市公司为15.18%，占比最小的上市公司为0。

（3）资产构成及其主要项目变动趋势分析。

2019~2023年，流动资产合计占比总体上呈明显上升趋势。其中，2019~2023年，货币资金占比总体上呈明显上升趋势，从2019年的10.93%增长到2023年的12.18%；2019~2023年，应收款项融资占比总体上呈明显下降趋势，从2019年的1.62%降低到2023年的1.33%，且在2020~2021年大幅下降，从2020年的1.98%降低到2021年的1.34%；2019~2023年，其他流动资产占比总体上呈明显下降趋势，从2019年的1.01%降低到2023年的0.92%，但在2022~2023年明显上升，从2022年的0.76%增长到2023年的0.92%。

2019~2023年，非流动资产合计占比总体上呈明显下降趋势。其中，2019~2023年，递延所得税资产占比总体上呈大幅上升趋势，从2019年的0.57%增长到2023年的0.8%，但在2021~2022年明显上升，从2021年的0.57%增长到2022年的0.73%；2019~2023年，其他非流动资产占比总体上呈明显上升趋势，从2019年的0.56%增长到2023年的0.64%；2019~2023年，使用权资产占比总体上呈明显上升趋势，从2019年的0增长到2023年的0.24%，且在2022~2023年大幅上升，从2022年的0.18%增长到2023年的0.24%。

2. 金属矿物制造业（C30-C33）负债项目分析

负债项目包括流动负债和非流动负债两个方面。2023年，负债合计占总资产比例为47.42%。其中，负债合计占比最大的上市公司为99.01%，占比最小的上市公司为5.86%。

（1）流动负债及其主要构成项目。

2023年，流动负债合计占总资产比例为34.03%。其中，流动负债占比最大的上市公司为88.6%，占比最小的上市公司为2.31%。

主要构成项目：①应付账款占比为7.9%。其中，占比最大的上市公司为51.83%，占比最小的上市公司为0.45%。②短期借款占比为6.43%。其中，占比最大的上市公司为51.78%，占比最小的上市公司为0。③应付票据占比为3.54%。其中，占比最大的上市公司为45.81%，占比最小的上市公司为0。

（2）非流动负债及其主要构成项目。

2023年，非流动负债合计占总资产比例为10.09%。其中，非流动负债占比最大的上市公司为44.94%，占比最小的上市公司为0.11%。

主要构成项目：①长期借款占比为4.14%。其中，占比最大的上市公司为42.58%，占比最小的上市公司为0。②递延所得税负债占比为0.2%。其中，占比最大的上市公司为11.12%，占比最小的上市公司为0。③租赁负债占比为0.11%。其中，占比最大的上市公司为7.3%，占比最小的上市公司为0。

（3）负债构成及其主要项目变动趋势分析。

2019~2023年，流动负债合计占比总体上呈明显下降趋势。其中，2019~2023年，应付账款占比总体上呈明显上升趋势，从2019年的7.23%增长到2023年的7.9%；2019~2023年，短期借款占比总体上呈大幅下降趋势，从2019年的11.81%降低到2023年的6.43%，但在2019~2020年明显下降，从2019年的11.81%降低到2020年的9.41%；2019~2023年，应付票据占比总体上呈明显上升趋势，从2019年的3.35%增长到2023年的3.54%。

2019~2023年，非流动负债合计占比总体上呈大幅上升趋势。其中，2019~2023年，长期借款占比总体上呈大幅上升趋势，从2019年的1.35%增长到2023年的4.14%；2019~2023年，递延所得税负债占比总体上呈大幅上升趋势，从2019年的0.11%增长到2023年的0.2%；2019~2023年，租赁负债占比总体上呈明显上升趋势，从2019年的0增长到2023年的0.11%。

3. 金属矿物制造业（C30-C33）所有者权益项目分析

所有者权益项目包括实收资本（股本）、资本公积、盈余公积和未分配利润等四个方面。

（1）所有者权益及其主要构成项目。

2023年，所有者权益合计占总资产比例为52.58%。其中，所有者权益占比最大的上市公司为94.14%，占比最小的上市公司为0.99%。

主要构成项目：①实收资本（或股本）占比为9.09%。其中，占比最大的上市公司为212.28%，占比最小的上市公司为0.94%。②资本公积占比为19.31%。其中，占比最大的上市公司为273.72%，占比最小的上市公司为-5.2%。③盈余公积占比为2.16%。其中，占比最大的上市公司为27.88%，占比最小的上市公司为0。④未分配利润占比为16.12%。其中，占比最大的上市公司为68.66%，占比最小的上市公司为-441.06%。

（2）所有者权益构成及其主要项目变动趋势分析。

2019~2023年，所有者权益合计占比总体上呈基本稳定。其中，2019~2023年，实收资本（或股本）占比总体上呈明显下降趋势，从2019年的12.76%降低到2023年的9.09%；2019~2023年，资本公积占比总体上呈明显上升趋势，从2019年的18.29%增长到2023年的19.31%，但在2020~2021年基本稳定，从2020年的18.35%增长到2021年的19.12%；2019~2023年，盈余公积占比总体上基本稳定，且在2019~2020年明显上升，从2019年的2.13%增长到2020年的2.28%；2019~2023年，未分配利润占比总体上呈明显上升趋势，从2019年的14.2%增长到2023年的16.12%。

（二）证券市场金属矿物制造业（C30-C33）利润分析

证券市场金属矿物制造业（C30-C33）利润分析见表3.43。

表3.43　　　　金属矿物制造业（C30-C33）利润表　　　　单位：%

年份	2023			2022			2021	2020	2019
	中位数	最大值	最小值	中位数	最大值	最小值	中位数	中位数	中位数
营业总收入	100.00	100.00	100.00	100.00	100.00	100.00	100.00	100.00	100.00
营业收入	100.00	100.00	99.65	100.00	100.00	99.65	100.00	100.00	100.00
利息净收入	0.00	0.34	0.00	0.00	0.34	0.00	0.00	0.00	0.00
利息收入	0.00	0.34	0.00	0.00	0.34	0.00	0.00	0.00	0.00
已赚保费	0.00	0.00	0.00	0.00	0.00	0.00	0.00	0.00	0.00
保险业务收入	0.00	0.00	0.00	0.00	0.00	0.00	0.00	0.00	0.00
减：分出保费	0.00	0.00	0.00	0.00	0.00	0.00	0.00	0.00	0.00
减：提取未到期责任准备金	0.00	0.00	0.00	0.00	0.00	0.00	0.00	0.00	0.00
手续费及佣金净收入	0.00	0.06	0.00	0.00	0.15	0.00	0.00	0.00	0.00
手续费及佣金收入	0.00	0.06	0.00	0.00	0.15	0.00	0.00	0.00	0.00
营业总成本	96.02	154.59	16.90	95.08	181.99	18.33	93.36	94.15	94.65
营业成本	84.57	117.14	12.50	84.07	116.80	14.88	81.25	81.41	80.16
利息支出	0.00	0.00	0.00	0.00	0.00	0.00	0.00	0.00	0.00
手续费及佣金支出	0.00	0.00	0.00	0.00	0.00	0.00	0.00	0.00	0.00
退保金	0.00	0.00	0.00	0.00	0.00	0.00	0.00	0.00	0.00
赔付支出净额	0.00	0.00	0.00	0.00	0.00	0.00	0.00	0.00	0.00
赔付支出	0.00	0.00	0.00	0.00	0.00	0.00	0.00	0.00	0.00
减：摊回赔付支出	0.00	0.00	0.00	0.00	0.00	0.00	0.00	0.00	0.00
提取保险责任准备金净额	0.00	0.00	0.00	0.00	0.00	0.00	0.00	0.00	0.00
提取保险责任准备金	0.00	0.00	0.00	0.00	0.00	0.00	0.00	0.00	0.00
减：摊回保险责任准备金	0.00	0.00	0.00	0.00	0.00	0.00	0.00	0.00	0.00
保单红利支出	0.00	0.00	0.00	0.00	0.00	0.00	0.00	0.00	0.00
分保费用	0.00	0.00	0.00	0.00	0.00	0.00	0.00	0.00	0.00
税金及附加	0.68	11.68	0.04	0.64	4.16	0.03	0.64	0.74	0.76
销售费用	1.27	20.80	0.03	1.17	25.17	0.02	1.12	1.42	2.90
管理费用	3.99	39.24	0.41	3.57	38.40	0.32	3.91	4.39	4.91
研发费用	3.28	14.16	0.00	3.27	16.96	0.00	3.18	2.86	2.64
财务费用	0.56	28.80	-5.10	0.50	40.55	-10.26	0.83	1.17	1.18
其他收益	0.66	18.96	0.00	0.50	17.97	0.00	0.45	0.59	0.53
投资收益	0.09	68.91	-6.70	0.11	260.10	-18.07	0.14	0.16	0.21
汇兑收益	0.00	0.07	0.00	0.00	0.10	0.00	0.00	0.00	0.00

续表

年份	2023			2022			2021	2020	2019
	中位数	最大值	最小值	中位数	最大值	最小值	中位数	中位数	中位数
其他业务收入	0.00	0.00	0.00	0.00	0.00	0.00	0.00	0.00	0.00
净敞口套期收益	0.00	0.00	0.00	0.00	0.01	0.00	0.00	0.00	0.00
公允价值变动收益	0.00	62.22	−11.34	0.00	76.21	−24.50	0.00	0.00	0.00
信用减值损失	−0.17	1.52	−35.99	−0.17	2.84	−99.80	−0.14	−0.22	−0.19
资产减值损失	−0.56	0.65	−105.81	−0.46	1.19	−76.22	−0.27	−0.32	−0.31
资产处置收益	0.00	8.26	−3.71	0.00	12.74	−4.74	0.00	0.00	−0.00
业务及管理费	0.00	0.00	0.00	0.00	0.00	0.00	0.00	0.00	0.00
减：摊回分保费用	0.00	0.00	0.00	0.00	0.00	0.00	0.00	0.00	0.00
其他业务成本	0.00	0.13	0.00	0.00	0.15	0.00	0.00	0.00	0.00
其他业务利润	0.00	0.00	0.00	0.00	0.00	0.00	0.00	0.00	0.00
营业利润	4.27	93.18	−154.10	4.98	118.67	−162.72	6.74	6.56	5.46
加：营业外收入	0.07	17.14	0.00	0.05	3.55	0.00	0.06	0.06	0.08
减：营业外支出	0.09	33.07	−0.03	0.09	107.68	−0.06	0.11	0.14	0.12
利润总额	4.23	92.64	−186.04	4.85	98.65	−164.29	6.66	6.76	5.47
减：所得税费用	0.58	26.22	−10.49	0.54	21.74	−7.56	0.93	1.13	0.96
未确认的投资损失	0.00	0.00	0.00	0.00	0.00	0.00	0.00	0.00	0.00
影响净利润的其他项目	0.00	0.00	0.00	0.00	0.00	0.00	0.00	0.00	0.00
净利润	3.58	80.58	−208.13	4.34	76.91	−164.42	5.78	5.64	4.83
归属于母公司所有者的净利润	3.18	80.82	−205.93	4.16	67.68	−164.25	5.58	5.35	4.78
归属于母公司其他权益工具持有者的净利润	0.00	0.00	0.00	0.00	0.00	0.00	0.00	0.00	0.00
少数股东损益	0.00	45.34	−16.44	0.00	17.27	−18.41	0.01	0.00	0.01
其他综合收益（损失）	0.00	30.78	−2.45	0.00	5.05	−10.50	0.00	0.00	0.00
综合收益总额	3.63	80.63	−208.13	4.34	78.74	−164.46	5.86	5.46	4.88
归属于母公司所有者的综合收益	3.16	80.87	−205.93	3.87	67.79	−164.29	5.46	4.81	4.83
归属少数股东的综合收益	0.00	45.73	−16.44	0.00	17.53	−18.40	0.01	0.00	0.01
基本每股收益	0.29	13.95	−1.78	0.32	15.59	−3.91	0.43	0.30	0.24
稀释每股收益	0.29	13.95	−1.78	0.31	15.52	−3.91	0.43	0.29	0.23

1. 金属矿物制造业（C30-C33）成本费用项目分析

（1）成本与费用及其主要构成项目。

主要构成项目：①营业成本占营业总收入比例为84.57%。其中，营业成本占比最大的上市公司为117.14%，占比最小的上市公司为12.5%。②销售费用占营业总收入比例为1.27%。其中，销售费用占比最大的上市公司为20.8%，占比最小的上市公司为0.03%。③管理费用占营业总收入比例为3.99%。其中，管理费用占比最大的上市公司为39.24%，占比最小的上市公司为0.41%。④财务费用占营业总收入比例为0.56%。其中，财务费用占比最大的上市公司为28.8%，占比最小的上市公司为-5.1%。⑤研发费用占营业总收入比例为3.28%。其中，研发费用占比最大的上市公司为14.16%，占比最小的上市公司为0。

（2）成本与费用及其主要项目变动趋势分析。

2019~2023年，营业成本占比明显上升，从2019年的80.16%增长到2023年的84.57%；2019~2023年，销售费用占比大幅下降，从2019年的2.9%下降为2023年的1.27%；2019~2023年，管理费用占比明显下降，从2019年的4.91%下降为2023年的3.99%；2019~2023年，财务费用占比大幅下降，从2019年的1.18%下降为2023年的0.56%；2019~2023年，研发费用占比明显上升，从2019年的2.64%增长到2023年的3.28%。

2. 金属矿物制造业（C30-C33）其他损益项目分析

（1）其他损益及其主要构成项目。

主要构成项目：①资产减值损失占营业总收入比例为-0.56%。其中，资产减值损失占比最大的上市公司为0.65%，占比最小的上市公司为-105.81%。②投资收益占营业总收入比例为0.09%。其中，投资收益占比最大的上市公司为68.91%，占比最小的上市公司为-6.7%。③基本每股收益为0.29元。其中，基本每股收益最大的上市公司为13.95元，最小的上市公司为-1.78元。④其他收益占营业总收入比例为0.66%。其中，其他收益占比最大的上市公司为18.96%，占比最小的上市公司为0。⑤信用减值损失占营业总收入比例为-0.17%。其中，信用减值损失占比最大的上市公司为1.52%，占比最小的上市公司为-35.99%。

（2）其他损益及其主要项目变动趋势分析。

2019~2023年，资产减值损失占比大幅下降，从2019年的-0.31%下降为2023年的-0.56%；2019~2023年，投资收益占比大幅下降，从2019年的0.21%下降为2023年的0.09%；2019~2023年，其他收益占比明显上升，从2019年的0.53%增长到2023年的0.66%；2019~2023年，信用减值损失占比明显上升，从2019年的-0.19%增长到2023年的-0.17%。

3. 金属矿物制造业（C30-C33）利润项目分析

（1）利润及其主要构成项目。

主要构成项目：①营业利润占营业总收入比例为4.27%。其中，营业利润占比最大的上市公司为93.18%，占比最小的上市公司为-154.1%。②利润总额占营业总收入比例为4.23%。其中，利润总额占比最大的上市公司为92.64%，占比最小的上市公司为-186.04%。③净利润占营业总收入比例为3.58%。其中，净利润占比最大的上市公司为80.58%，占比最小的上市公司为-208.13%。④归属于母公司所有者的净利润占营业总收入比例为3.18%。其中，归属于母公司所有者的净利润占比最大的上市公司为80.82%，占比最小的上市公司为-205.93%。

（2）利润及其主要项目变动趋势分析。

2019~2023年，营业利润占比明显下降，从2019年的5.46%下降为2023年的4.27%；2019~2023年，利润总额占比明显下降，从2019年的5.47%下降为2023年的4.23%；2019~2023年，净利润占比明显下降，从2019年的4.83%下降为2023年的3.58%；2019~2023年，归属于母公司所有者的净利润占比大幅下降，从2019年的4.78%下降为2023年的3.18%。

（三）证券市场金属矿物制造业（C30-C33）现金流量分析

证券市场金属矿物制造业（C30-C33）现金流量分析见表3.44。

表3.44　　　　　　　金属矿物制造业（C30-C33）现金流量表　　　　　　单位：%

年份	2023			2022			2021	2020	2019
	中位数	最大值	最小值	中位数	最大值	最小值	中位数	中位数	中位数
销售商品、提供劳务收到的现金	59.31	99.12	4.07	59.31	95.42	4.88	58.60	56.80	57.51
客户存款和同业存放款项净增加额	0.00	0.26	0.00	0.00	1.72	-1.92	0.00	0.00	0.00
向中央银行借款净增加额	0.00	0.00	-0.20	0.00	0.17	0.00	0.00	0.00	0.00
向其他金融机构拆入资金净增加额	0.00	0.00	-0.05	0.00	0.00	0.00	0.00	0.00	0.00
收到原保险合同保费取得的现金	0.00	0.00	0.00	0.00	0.00	0.00	0.00	0.00	0.00
收到再保险业务现金净额	0.00	0.00	0.00	0.00	0.00	0.00	0.00	0.00	0.00
保户储金及投资款净增加额	0.00	0.00	0.00	0.00	0.00	0.00	0.00	0.00	0.00
处置交易性金融资产净增加额	0.00	0.00	0.00	0.00	0.00	0.00	0.00	0.00	0.00
收取利息、手续费及佣金的现金	0.00	0.31	0.00	0.00	0.29	0.00	0.00	0.00	0.00
拆入资金净增加额	0.00	0.35	0.00	0.00	1.97	0.00	0.00	0.00	0.00
回购业务资金净增加额	0.00	0.51	0.00	0.00	0.00	0.00	0.00	0.00	0.00
收到的税费返还	0.35	4.34	0.00	0.62	7.13	0.00	0.23	0.20	0.19
收到的其他与经营活动有关的现金	1.27	20.20	0.08	1.15	30.72	0.11	1.13	1.26	1.16
经营活动现金流入小计	61.92	99.52	4.56	62.04	99.39	6.15	62.08	60.84	60.92
购买商品、接受劳务支付的现金	46.39	94.15	3.53	47.72	90.36	2.85	47.38	42.11	41.07
客户贷款及垫款净增加额	0.00	0.52	-0.16	0.00	0.61	0.00	0.00	0.00	0.00

续表

年份	2023			2022			2021	2020	2019
	中位数	最大值	最小值	中位数	最大值	最小值	中位数	中位数	中位数
存放中央银行和同业款项净增加额	0.00	0.01	0.00	0.00	0.04	−0.09	0.00	0.00	0.00
支付原保险合同赔付款项的现金	0.00	0.00	0.00	0.00	0.00	0.00	0.00	0.00	0.00
支付利息、手续费及佣金的现金	0.00	0.12	0.00	0.00	0.13	0.00	0.00	0.00	0.00
支付保单红利的现金	0.00	0.00	0.00	0.00	0.00	0.00	0.00	0.00	0.00
支付给职工以及为职工支付的现金	5.56	24.11	0.58	5.24	34.10	0.61	5.62	4.99	5.22
支付的各项税费	2.40	28.58	0.11	2.26	17.76	0.33	2.51	2.31	2.63
支付其他与经营活动有关的现金	2.66	22.42	0.22	2.51	22.99	0.14	2.62	2.98	3.44
经营活动现金流出小计	62.56	98.86	5.21	62.82	98.41	5.32	62.14	57.39	56.41
经营活动产生的现金流量净额	3.50	43.91	−53.81	2.84	37.12	−43.07	3.46	4.50	5.35
收回投资收到的现金	0.14	81.73	0.00	0.95	83.50	0.00	0.56	0.12	0.12
取得投资收益收到的现金	0.05	3.78	0.00	0.06	5.48	0.00	0.06	0.04	0.06
处置固定资产、无形资产和其他长期资产收回的现金净额	0.03	7.38	0.00	0.03	7.76	0.00	0.03	0.03	0.03
处置子公司及其他营业单位收到的现金净额	0.00	8.08	0.00	0.00	13.37	0.00	0.00	0.00	0.00
收到的其他与投资活动有关的现金	0.00	91.07	0.00	0.00	81.34	0.00	0.00	0.00	0.01
投资活动产生的现金流入小计	3.01	91.10	0.00	3.98	84.20	0.00	4.06	4.00	3.60
购建固定资产、无形资产和其他长期资产支付的现金	3.62	42.10	0.03	4.01	48.27	0.03	3.70	3.42	3.18
投资支付的现金	0.64	81.51	0.00	1.11	86.14	0.00	1.27	0.61	0.55
质押贷款净增加额	0.00	0.00	0.00	0.00	0.00	0.00	0.00	0.00	0.00
取得子公司及其他营业单位支付的现金净额	0.00	19.08	0.00	0.00	18.34	0.00	0.00	0.00	0.00
支付其他与投资活动有关的现金	0.00	92.18	0.00	0.00	88.05	0.00	0.00	0.00	0.00
投资活动产生的现金流出小计	9.78	92.63	0.07	11.39	92.87	0.10	10.88	10.75	10.47
投资活动产生的现金流量净额	−3.84	23.85	−31.01	−3.67	20.10	−49.51	−4.18	−2.94	−3.81

续表

年份	2023			2022			2021	2020	2019
	中位数	最大值	最小值	中位数	最大值	最小值	中位数	中位数	中位数
吸收投资收到的现金	0.01	59.51	0.00	0.01	58.29	0.00	0.03	0.00	0.00
吸收权益性投资收到的现金	0.01	59.51	0.00	0.01	58.29	0.00	0.02	0.00	0.00
其中：子公司吸收少数股东投资收到的现金	0.00	6.06	0.00	0.00	12.79	0.00	0.00	0.00	0.00
发行债券收到的现金	0.00	21.50	0.00	0.00	15.47	0.00	0.00	0.00	0.00
取得借款收到的现金	14.36	66.11	0.00	13.49	80.53	0.00	12.96	16.82	16.73
收到其他与筹资活动有关的现金	0.18	49.18	0.00	0.11	52.56	0.00	0.11	0.28	0.24
筹资活动现金流入小计	18.12	83.48	0.00	18.35	88.28	0.00	20.22	23.02	20.59
偿还债务支付的现金	12.55	68.94	0.00	12.17	76.82	0.00	11.88	16.03	17.67
分配股利、利润或偿付利息支付的现金	1.57	40.07	0.00	1.61	17.21	0.00	1.52	1.56	2.10
其中：子公司支付给少数股东的股利、利润	0.00	31.39	0.00	0.00	14.90	0.00	0.00	0.00	0.00
支付其他与筹资活动有关的现金	0.82	28.66	0.00	0.82	44.64	0.00	0.86	0.90	0.67
筹资活动现金流出小计	17.37	87.19	0.00	16.23	87.42	0.00	17.37	21.94	22.84
筹资活动产生的现金流量净额	−0.22	59.26	−36.89	−0.07	56.94	−22.33	0.35	−0.32	−1.90
现金总流入	100.00	100.00	100.00	100.00	100.00	100.00	100.00	100.00	100.00
现金总流出	100.00	100.00	100.00	100.00	100.00	100.00	100.00	100.00	100.00
现金流量净额	0.08	49.89	−46.42	0.53	53.70	−38.45	0.48	1.04	0.02

注：现金流入项目以现金总流入为基数，现金流出项目以现金总流出为基数。

1. 金属矿物制造业（C30—C33）现金流入项目分析

现金流入包括经营活动产生的现金流入、投资活动产生的现金流入和筹资活动产生的现金流入三个方面。

（1）经营活动现金流入及其主要构成项目。

2023年，经营活动产生的现金流入占总现金流入比例为61.92%。其中，经营活动产生的现金流入占比最大的上市公司为99.52%，占比最小的上市公司为4.56%。

主要构成项目：销售商品、提供劳务收到的现金占比为59.31%。其中，占比最大的上市公司为99.12%，占比最小的上市公司为4.07%。

（2）投资活动现金流入及其主要构成项目。

2023年，投资活动产生的现金流入占总现金流入比例为3.01%。其中，投资活动产生的现金流入占比最大的上市公司为91.1%，占比最小的上市公司为0。

主要构成项目：收回投资收到的现金占比为0.14%。其中，占比最大的上市公司为

81.73%，占比最小的上市公司为0。

（3）筹资活动现金流入及其主要构成项目。

2023年，筹资活动产生的现金流入占总现金流入比例为18.12%。其中，筹资活动产生的现金流入占比最大的上市公司为83.48%，占比最小的上市公司为0。

主要构成项目：取得借款收到的现金占比为14.36%。其中，占比最大的上市公司为66.11%，占比最小的上市公司为0。

（4）现金流入构成及其主要项目变动趋势分析。

2019~2023年，经营活动产生的现金流入占比总体上基本稳定。其中，2019~2023年，销售商品、提供劳务收到的现金占比总体上基本稳定。

2019~2023年，投资活动产生的现金流入占比总体上明显下降，从2019年的3.6%降低到2023年的3.01%。其中，2019~2023年，收回投资收到的现金占比总体上呈明显上升趋势，从2019年的0.12%增长到2023年的0.14%，且在2020~2021年大幅上升，从2020年的0.12%增长到2021年的0.56%。

2019~2023年，筹资活动产生的现金流入占比总体上明显下降，从2019年的20.59%降低到2023年的18.12%。其中，2019~2023年，取得借款收到的现金占比总体上呈明显下降趋势，从2019年的16.73%降低到2023年的14.36%。

2. 金属矿物制造业（C30-C33）现金流出项目分析

现金流出包括经营活动产生的现金流出、投资活动产生的现金流出和筹资活动产生的现金流出三个方面。

（1）经营活动现金流出及其主要构成项目。

2023年，经营活动产生的现金流出占总现金流出比例为62.56%。其中，经营活动产生的现金流出占比最大的上市公司为98.86%，占比最小的上市公司为5.21%。

主要构成项目：①购买商品、接受劳务支付的现金占比为46.39%。其中，占比最大的上市公司为94.15%，占比最小的上市公司为3.53%。②支付给职工以及为职工支付的现金占比为5.56%。其中，占比最大的上市公司为24.11%，占比最小的上市公司为0.58%。③支付其他与经营活动有关的现金占比为2.66%。其中，占比最大的上市公司为22.42%，占比最小的上市公司为0.22%。

（2）投资活动现金流出及其主要构成项目。

2023年，投资活动产生的现金流出占总现金流出比例为9.78%。其中，投资活动产生的现金流出占比最大的上市公司为92.63%，占比最小的上市公司为0.07%。

主要构成项目：①购建固定资产、无形资产和其他长期资产支付的现金占比为3.62%。其中，占比最大的上市公司为42.1%，占比最小的上市公司为0.03%。②投资支付的现金占比为0.64%。其中，占比最大的上市公司为81.51%，占比最小的上市公司为0。

（3）筹资活动现金流出及其主要构成项目。

2023年，筹资活动产生的现金流出占总现金流出比例为17.37%。其中，筹资活动产生的现金流出占比最大的上市公司为87.19%，占比最小的上市公司为0。

主要构成项目：偿还债务支付的现金占比为12.55%。其中，占比最大的上市公司为68.94%，占比最小的上市公司为0。

（4）现金流出构成及其主要项目变动趋势分析。

2019~2023年，经营活动产生的现金流出占比总体上明显上升，从2019年的56.41%增长到2023年的62.56%。其中，2019~2023年，购买商品、接受劳务支付的现金占比总体上呈明显上升趋势，从2019年的41.07%增长到2023年的46.39%。

2019~2023年，投资活动产生的现金流出占比总体上明显下降，从2019年的10.47%降低到2023年的9.78%。其中，2019~2023年，购建固定资产、无形资产和其他长期资产支付的现金占比总体上呈明显上升趋势，从2019年的3.18%增长到2023年的3.62%，但在2022~2023年明显下降，从2022年的4.01%降低到2023年的3.62%。

2019~2023年，筹资活动产生的现金流出占比总体上明显下降，从2019年的22.84%降低到2023年的17.37%。其中，2019~2023年，偿还债务支付的现金占比总体上呈明显下降趋势，从2019年的17.67%降低到2023年的12.55%。

3. 金属矿物制造业（C30-C33）现金流量净额项目分析

现金流量净额包括经营活动现金流量净额、投资活动现金流量净额和筹资活动现金流量净额三个方面。

（1）现金流量净额及其主要构成项目。

2023年，现金流量净额占总现金流入比例为0.08%。其中，现金流量净额占比最大的上市公司为49.89%，占比最小的上市公司为-46.42%。

主要构成项目：①经营活动产生的现金流量净额占总现金流入比例为3.5%。其中，占比最大的上市公司为43.91%，占比最小的上市公司为-53.81%。②投资活动产生的现金流量净额占总现金流入比例为-3.84%。其中，占比最大的上市公司为23.85%，占比最小的上市公司为-31.01%。③筹资活动产生的现金流量净额占总现金流入比例为-0.22%。其中，占比最大的上市公司为59.26%，占比最小的上市公司为-36.89%。

（2）现金流量净额构成及其主要项目变动趋势分析。

2019~2023年，现金流量净额占比总体上大幅上升，从2019年的0.02%增长到2023年的0.08%。其中，2019~2023年，经营活动产生的现金流量净额大幅下降，从2019年的5.35%减少到2023年的3.5%。2019~2023年，投资活动产生的现金流量净额基本稳定，从2019年的-3.81%到2023年的-3.84%。2019~2023年，筹资活动产生的现金流量净额大幅上升，从2019年的-1.9%增加到2023年的-0.22%。

十一、设备制造业（C34-C37）

设备制造业（C34-C37）由证监会行业分类（2012）中通用设备制造业（代码：C34），专用设备制造业（代码：C35），汽车制造业（代码：C36）和铁路、船舶、航空航天和其他运输设备制造业（代码：C37）组成。2019~2023年，证券市场设备制造业（C34-C37）上市公司发展状况见表3.45。

表3.45　　　　　设备制造业（C34-C37）上市公司数量　　　　　单位：家

年份	2023	2022	2021	2020	2019
数量	826	774	714	627	543

注：公开披露定期报告的上市公司家数。

（一）证券市场设备制造业（C34-C37）财务状况分析

证券市场设备制造业（C34-C37）财务状况分析见表3.46。

表3.46　　　　　设备制造业（C34-C37）资产负债表　　　　　单位：%

年份	2023			2022			2021	2020	2019
	中位数	最大值	最小值	中位数	最大值	最小值	中位数	中位数	中位数
货币资金	16.40	83.86	1.25	16.54	79.85	0.48	16.24	16.18	13.43
结算备付金	0.00	9.45	0.00	0.00	5.12	0.00	0.00	0.00	0.00
拆出资金净额	0.00	27.96	0.00	0.00	21.40	0.00	0.00	0.00	0.00
交易性金融资产	0.29	62.10	0.00	0.37	73.79	0.00	0.46	0.12	0.01
衍生金融资产	0.00	0.22	0.00	0.00	0.84	0.00	0.00	0.00	0.00
应收票据净额	0.72	26.70	0.00	0.76	24.55	0.00	0.69	0.46	0.32
应收账款净额	13.83	54.31	0.36	13.80	62.45	0.49	13.39	13.73	14.40
应收款项融资	0.84	28.54	0.00	0.77	18.28	0.00	0.83	1.10	0.84
预付款项净额	0.62	29.69	0.01	0.78	30.76	0.00	0.88	0.84	0.86
应收保费净额	0.00	0.00	0.00	0.00	0.00	0.00	0.00	0.00	0.00
应收分保账款净额	0.00	0.00	0.00	0.00	0.00	0.00	0.00	0.00	0.00
应收分保合同准备金净额	0.00	0.00	0.00	0.00	0.00	0.00	0.00	0.00	0.00
其他应收款净额	0.34	15.51	0.00	0.39	23.11	0.00	0.43	0.48	0.60
应收股利净额	0.00	1.74	0.00	0.00	1.93	0.00	0.00	0.00	0.00
买入返售金融资产净额	0.00	2.44	0.00	0.00	1.21	0.00	0.00	0.00	0.00
存货净额	12.89	56.20	0.10	14.08	49.34	0.17	14.15	13.24	13.56
合同资产	0.05	41.96	0.00	0.03	44.06	0.00	0.00	0.00	0.00
一年内到期的非流动资产	0.00	22.97	0.00	0.00	19.08	0.00	0.00	0.00	0.00
其他流动资产	0.73	41.68	0.00	0.62	45.56	0.00	0.79	0.73	0.82
流动资产合计	66.64	97.15	25.14	66.36	97.32	26.54	66.98	66.33	63.50
发放贷款及垫款净额	0.00	9.48	0.00	0.00	12.93	0.00	0.00	0.00	0.00
债权投资	0.00	24.15	0.00	0.00	22.02	0.00	0.00	0.00	0.00

续表

年份	2023			2022			2021	2020	2019
	中位数	最大值	最小值	中位数	最大值	最小值	中位数	中位数	中位数
其他债权投资	0.00	18.42	0.00	0.00	4.32	0.00	0.00	0.00	0.00
长期应收款净额	0.00	18.61	0.00	0.00	14.80	0.00	0.00	0.00	0.00
长期股权投资净额	0.15	31.71	0.00	0.15	30.45	0.00	0.19	0.26	0.33
其他权益工具投资	0.00	45.37	0.00	0.00	50.68	0.00	0.00	0.00	0.00
其他非流动金融资产	0.00	25.14	0.00	0.00	36.18	0.00	0.00	0.00	0.00
投资性房地产净额	0.00	40.53	0.00	0.00	40.46	0.00	0.00	0.00	0.00
固定资产净额	15.02	54.62	0.38	14.51	50.84	0.29	14.40	15.22	16.65
在建工程净额	2.01	34.16	0.00	1.85	28.20	0.00	1.84	1.71	1.99
生产性生物资产净额	0.00	0.01	0.00	0.00	0.01	0.00	0.00	0.00	0.00
油气资产净额	0.00	15.52	0.00	0.00	14.29	0.00	0.00	0.00	0.00
使用权资产	0.29	13.48	0.00	0.27	14.57	0.00	0.25	0.00	0.00
无形资产净额	3.14	37.98	0.06	3.32	43.69	0.16	3.35	3.56	3.69
开发支出	0.00	27.98	0.00	0.00	28.25	0.00	0.00	0.00	0.00
商誉净额	0.00	27.60	0.00	0.00	33.92	0.00	0.00	0.00	0.01
长期待摊费用	0.12	9.38	0.00	0.12	8.36	0.00	0.11	0.10	0.11
递延所得税资产	0.87	9.32	0.00	0.82	11.54	0.00	0.75	0.74	0.72
其他非流动资产	0.55	34.65	0.00	0.61	35.28	0.00	0.59	0.44	0.35
非流动资产合计	33.36	74.86	2.85	33.64	73.46	2.68	33.02	33.67	36.50
资产总计	100.00	100.00	100.00	100.00	100.00	100.00	100.00	100.00	100.00
短期借款	2.99	56.55	0.00	3.19	53.13	0.00	3.18	3.78	5.64
向中央银行借款	0.00	0.00	0.00	0.00	0.00	0.00	0.00	0.00	0.00
拆入资金	0.00	4.83	0.00	0.00	6.41	0.00	0.00	0.00	0.00
交易性金融负债	0.00	3.24	0.00	0.00	2.33	0.00	0.00	0.00	0.00
衍生金融负债	0.00	0.24	0.00	0.00	1.41	0.00	0.00	0.00	0.00
应付票据	3.31	31.50	0.00	3.50	37.10	0.00	3.68	3.27	3.25
应付账款	10.46	48.88	0.46	10.66	42.71	0.31	10.91	10.76	10.53
预收款项	0.00	4.44	0.00	0.00	2.52	0.00	0.00	0.00	1.42
合同负债	1.91	46.28	0.00	2.04	38.96	0.00	2.13	1.98	0.00
卖出回购金融资产款	0.00	0.35	0.00	0.00	0.00	0.00	0.00	0.00	0.00
吸收存款及同业存放	0.00	24.64	0.00	0.00	15.87	0.00	0.00	0.00	0.00
代理买卖证券款	0.00	0.00	0.00	0.00	0.00	0.00	0.00	0.00	0.00
代理承销证券款	0.00	0.00	0.00	0.00	0.00	0.00	0.00	0.00	0.00

续表

年份	2023			2022			2021	2020	2019
	中位数	最大值	最小值	中位数	最大值	最小值	中位数	中位数	中位数
应付职工薪酬	1.13	6.80	0.00	1.14	5.20	0.00	1.11	1.14	1.05
应交税费	0.54	6.16	0.02	0.64	5.35	0.02	0.62	0.64	0.56
其他应付款	0.76	46.67	0.00	0.86	43.95	0.00	0.88	1.06	1.32
应付股利	0.00	5.07	0.00	0.00	6.61	0.00	0.00	0.00	0.00
应付手续费及佣金	0.00	0.00	0.00	0.00	0.00	0.00	0.00	0.00	0.00
应付分保账款	0.00	0.00	0.00	0.00	0.00	0.00	0.00	0.00	0.00
一年内到期的非流动负债	0.42	25.61	0.00	0.34	26.59	0.00	0.29	0.29	0.08
其他流动负债	0.49	14.89	0.00	0.48	15.80	0.00	0.43	0.26	0.00
流动负债合计	32.03	91.73	1.89	33.71	103.09	2.63	34.66	33.70	35.50
保险合同准备金	0.00	0.00	0.00	0.00	0.00	0.00	0.00	0.00	0.00
长期借款	0.30	42.65	0.00	0.08	30.34	0.00	0.00	0.00	0.30
应付债券	0.00	23.55	0.00	0.00	21.13	0.00	0.00	0.00	0.00
租赁负债	0.16	14.51	0.00	0.15	13.56	0.00	0.14	0.00	0.00
长期应付款	0.00	20.38	−4.09	0.00	24.05	−2.82	0.00	0.00	0.00
预计负债	0.02	9.13	0.00	0.00	70.58	0.00	0.00	0.00	0.00
递延收益-非流动负债	0.58	15.26	0.00	0.58	15.93	0.00	0.62	0.70	0.76
递延所得税负债	0.13	9.55	0.00	0.12	8.69	0.00	0.09	0.10	0.08
其他非流动负债	0.00	12.34	0.00	0.00	9.68	0.00	0.00	0.00	0.00
非流动负债合计	4.20	46.79	−2.23	4.01	70.99	−0.62	3.76	3.32	3.58
负债合计	39.96	109.54	1.93	41.49	121.60	2.64	42.09	41.08	41.56
实收资本（或股本）	8.36	135.38	0.43	9.14	153.49	0.59	10.25	11.38	12.50
其他权益工具	0.00	14.11	−3.72	0.00	8.18	−3.95	0.00	0.00	0.00
其中：优先股	0.00	0.00	0.00	0.00	0.00	0.00	0.00	0.00	0.00
其中：永续债	0.00	14.11	0.00	0.00	8.18	0.00	0.00	0.00	0.00
资本公积	27.55	299.03	0.04	25.82	259.48	0.00	25.57	23.74	23.17
其中：库存股	0.00	15.89	0.00	0.00	11.97	0.00	0.00	0.00	0.00
其他综合收益	0.00	13.88	−14.02	0.00	18.92	−10.42	0.00	0.00	0.00
专项储备	0.00	3.16	0.00	0.00	2.85	0.00	0.00	0.00	0.00
盈余公积	2.26	19.40	0.00	2.30	22.00	0.00	2.37	2.46	2.55
一般风险准备	0.00	0.39	0.00	0.00	0.40	0.00	0.00	0.00	0.00
未分配利润	16.51	73.45	−356.64	16.23	76.16	−338.69	16.26	15.98	15.39

续表

年份	2023			2022			2021	2020	2019
	中位数	最大值	最小值	中位数	最大值	最小值	中位数	中位数	中位数
归属于母公司所有者权益合计	58.60	98.07	−10.25	56.99	97.36	−21.92	56.35	57.25	55.83
少数股东权益	0.27	24.73	−9.48	0.33	23.81	−8.12	0.35	0.49	0.64
所有者权益合计	60.04	98.07	−9.54	58.51	97.36	−21.60	57.91	58.92	58.44
负债与所有者权益总计	100.00	100.00	100.00	100.00	100.99	100.00	100.00	100.00	100.00

注：所有项目均以资产总计为基数。

1. 设备制造业（C34–C37）资产项目分析

资产项目包括流动资产和非流动资产两个方面。

（1）流动资产及其主要构成项目。

2023年，流动资产合计占总资产比例为66.64%。其中，流动资产占比最大的上市公司为97.15%，占比最小的上市公司为25.14%。

主要构成项目：①货币资金占比为16.4%。其中，占比最大的上市公司为83.86%，占比最小的上市公司为1.25%。②应收款项融资占比为0.84%。其中，占比最大的上市公司为28.54%，占比最小的上市公司为0。③其他流动资产占比为0.73%。其中，占比最大的上市公司为41.68%，占比最小的上市公司为0。

（2）非流动资产及其主要构成项目。

2023年，非流动资产合计占总资产比例为33.36%。其中，非流动资产占比最大的上市公司为74.86%，占比最小的上市公司为2.85%。

主要构成项目：①递延所得税资产占比为0.87%。其中，占比最大的上市公司为9.32%，占比最小的上市公司为0。②其他非流动资产占比为0.55%。其中，占比最大的上市公司为34.65%，占比最小的上市公司为0。③使用权资产占比为0.29%。其中，占比最大的上市公司为13.48%，占比最小的上市公司为0。

（3）资产构成及其主要项目变动趋势分析。

2019~2023年，流动资产合计占比总体上呈基本稳定。其中，2019~2023年，货币资金占比总体上呈明显上升趋势，从2019年的13.43%增长到2023年的16.4%；2019~2023年，应收款项融资占比总体上基本稳定，且在2019~2020年大幅上升，从2019年的0.84%增长到2020年的1.1%；2019~2023年，其他流动资产占比总体上呈明显下降趋势，从2019年的0.82%降低到2023年的0.73%。

2019~2023年，非流动资产合计占比总体上呈明显下降趋势。其中，2019~2023年，递延所得税资产占比总体上呈明显上升趋势，从2019年的0.72%增长到2023年的0.87%；2019~2023年，其他非流动资产占比总体上呈大幅上升趋势，从2019年的0.35%增长到2023年的0.55%；2019~2023年，使用权资产占比总体上呈明显上升趋势，从2019年的0

增长到2023年的0.29%。

2. 设备制造业（C34-C37）负债项目分析

负债项目包括流动负债和非流动负债两个方面。2023年，负债合计占总资产比例为39.96%。其中，负债合计占比最大的上市公司为109.54%，占比最小的上市公司为1.93%。

（1）流动负债及其主要构成项目。

2023年，流动负债合计占总资产比例为32.03%。其中，流动负债占比最大的上市公司为91.73%，占比最小的上市公司为1.89%。

主要构成项目：①应付账款占比为10.46%。其中，占比最大的上市公司为48.88%，占比最小的上市公司为0.46%。②应付票据占比为3.31%。其中，占比最大的上市公司为31.5%，占比最小的上市公司为0。③短期借款占比为2.99%。其中，占比最大的上市公司为56.55%，占比最小的上市公司为0。

（2）非流动负债及其主要构成项目。

2023年，非流动负债合计占总资产比例为4.2%。其中，非流动负债占比最大的上市公司为46.79%，占比最小的上市公司为-2.23%。

主要构成项目：①长期借款占比为0.3%。其中，占比最大的上市公司为42.65%，占比最小的上市公司为0。②租赁负债占比为0.16%。其中，占比最大的上市公司为14.51%，占比最小的上市公司为0。③递延所得税负债占比为0.13%。其中，占比最大的上市公司为9.55%，占比最小的上市公司为0。

（3）负债构成及其主要项目变动趋势分析。

2019~2023年，流动负债合计占比总体上呈明显下降趋势。其中，2019~2023年，应付账款占比总体上基本稳定；2019~2023年，应付票据占比总体上基本稳定，且在2020~2021年明显上升，从2020年的3.27%增长到2021年的3.68%；2019~2023年，短期借款占比总体上呈大幅下降趋势，从2019年的5.64%降低到2023年的2.99%。

2019~2023年，非流动负债合计占比总体上呈明显上升趋势。其中，2019~2023年，长期借款占比总体上基本稳定，且在2022~2023年大幅上升，从2022年的0.08%增长到2023年的0.3%；2019~2023年，租赁负债占比总体上呈明显上升趋势，从2019年的0增长到2023年的0.16%；2019~2023年，递延所得税负债占比总体上呈大幅上升趋势，从2019年的0.08%增长到2023年的0.13%。

3. 设备制造业（C34-C37）所有者权益项目分析

所有者权益项目包括实收资本（股本）、资本公积、盈余公积和未分配利润等四个方面。

（1）所有者权益及其主要构成项目。

2023年，所有者权益合计占总资产比例为60.04%。其中，所有者权益占比最大的上市公司为98.07%，占比最小的上市公司为-9.54%。

主要构成项目：①实收资本（或股本）占比为8.36%。其中，占比最大的上市公司为

135.38%,占比最小的上市公司为0.43%。②资本公积占比为27.55%。其中,占比最大的上市公司为299.03%,占比最小的上市公司为0.04%。③盈余公积占比为2.26%。其中,占比最大的上市公司为19.4%,占比最小的上市公司为0。④未分配利润占比为16.51%。其中,占比最大的上市公司为73.45%,占比最小的上市公司为-356.64%。

(2)所有者权益构成及其主要项目变动趋势分析。

2019~2023年,所有者权益合计占比总体上呈基本稳定。其中,2019~2023年,实收资本(或股本)占比总体上呈大幅下降趋势,从2019年的12.5%降低到2023年的8.36%,但在2021~2022年明显下降,从2021年的10.25%降低到2022年的9.14%;2019~2023年,资本公积占比总体上呈明显上升趋势,从2019年的23.17%增长到2023年的27.55%;2019~2023年,盈余公积占比总体上呈明显下降趋势,从2019年的2.55%降低到2023年的2.26%,但在2020~2021年基本稳定,从2020年的2.46%降低到2021年的2.37%;2019~2023年,未分配利润占比总体上呈明显上升趋势,从2019年的15.39%增长到2023年的16.51%,但在2019~2020年基本稳定,从2019年的15.39%增长到2020年的15.98%。

(二)证券市场设备制造业(C34-C37)利润分析

证券市场设备制造业(C34-C37)利润分析见表3.47。

表3.47　　　　　　　　设备制造业(C34-C37)利润表　　　　　　　　单位:%

年份	2023			2022			2021	2020	2019
	中位数	最大值	最小值	中位数	最大值	最小值	中位数	中位数	中位数
营业总收入	100.00	100.00	100.00	100.00	100.00	100.00	100.00	100.00	100.00
营业收入	100.00	100.00	97.51	100.00	100.00	96.90	100.00	100.00	100.00
利息净收入	0.00	2.37	0.00	0.00	2.79	0.00	0.00	0.00	0.00
利息收入	0.00	2.37	0.00	0.00	2.79	0.00	0.00	0.00	0.00
已赚保费	0.00	0.17	0.00	0.00	0.23	0.00	0.00	0.00	0.00
保险业务收入	0.00	0.00	0.00	0.00	0.00	0.00	0.00	0.00	0.00
减:分出保费	0.00	0.00	0.00	0.00	0.00	0.00	0.00	0.00	0.00
减:提取未到期责任准备金	0.00	0.00	0.00	0.00	0.00	0.00	0.00	0.00	0.00
手续费及佣金净收入	0.00	0.11	0.00	0.00	0.31	0.00	0.00	0.00	0.00
手续费及佣金收入	0.00	0.11	0.00	0.00	0.31	0.00	0.00	0.00	0.00
营业总成本	92.20	202.14	26.37	92.32	268.65	27.10	92.14	92.22	93.88
营业成本	74.00	105.72	4.91	74.94	110.71	5.15	74.72	72.81	73.77
利息支出	0.00	0.00	0.00	0.00	0.00	0.00	0.00	0.00	0.00
手续费及佣金支出	0.00	0.00	0.00	0.00	0.00	0.00	0.00	0.00	0.00
退保金	0.00	0.00	0.00	0.00	0.00	0.00	0.00	0.00	0.00
赔付支出净额	0.00	0.00	0.00	0.00	0.00	0.00	0.00	0.00	0.00
赔付支出	0.00	0.00	0.00	0.00	0.00	0.00	0.00	0.00	0.00

续表

年份	2023			2022			2021	2020	2019
	中位数	最大值	最小值	中位数	最大值	最小值	中位数	中位数	中位数
减：摊回赔付支出	0.00	0.00	0.00	0.00	0.00	0.00	0.00	0.00	0.00
提取保险责任准备金净额	0.00	0.00	0.00	0.00	0.00	−0.01	0.00	0.00	0.00
提取保险责任准备金	0.00	0.00	0.00	0.00	0.00	0.00	0.00	0.00	0.00
减：摊回保险责任准备金	0.00	0.00	0.00	0.00	0.00	0.00	0.00	0.00	0.00
保单红利支出	0.00	0.00	0.00	0.00	0.00	0.00	0.00	0.00	0.00
分保费用	0.00	0.00	0.00	0.00	0.00	0.00	0.00	0.00	0.00
税金及附加	0.77	14.59	0.12	0.71	13.31	−0.19	0.69	0.76	0.81
销售费用	4.15	65.64	0.03	3.84	65.61	0.04	3.74	4.04	5.51
管理费用	6.23	58.68	0.78	6.27	63.43	0.68	5.97	6.38	6.86
研发费用	5.18	66.81	0.00	5.07	79.23	0.00	4.76	4.81	4.56
财务费用	−0.09	23.54	−11.66	−0.20	76.87	−17.49	0.44	0.89	0.57
其他收益	1.13	26.33	0.02	0.99	19.89	−0.01	0.99	1.23	1.04
投资收益	0.27	88.26	−4.93	0.29	342.18	−13.48	0.35	0.38	0.34
汇兑收益	0.00	0.05	0.00	0.00	0.02	0.00	0.00	0.00	0.00
其他业务收入	0.00	0.00	0.00	0.00	0.00	0.00	0.00	0.00	0.00
净敞口套期收益	0.00	0.22	0.00	0.00	0.08	0.00	0.00	0.00	0.00
公允价值变动收益	0.00	13.60	−41.52	0.00	12.78	−138.45	0.00	0.00	0.00
信用减值损失	−0.49	7.92	−42.52	−0.53	18.41	−444.02	−0.36	−0.44	−0.51
资产减值损失	−0.79	7.00	−72.66	−0.73	0.98	−194.83	−0.51	−0.62	−0.48
资产处置收益	0.00	29.78	−6.64	0.00	68.01	−82.79	0.00	0.00	0.00
业务及管理费	0.00	0.00	0.00	0.00	0.00	0.00	0.00	0.00	0.00
减：摊回分保费用	0.00	0.00	0.00	0.00	0.00	0.00	0.00	0.00	0.00
其他业务成本	0.00	0.53	0.00	0.00	0.62	0.00	0.00	0.00	0.00
其他业务利润	0.00	0.00	0.00	0.00	0.00	0.00	0.00	0.00	0.00
营业利润	8.20	85.19	−138.29	7.74	118.74	−605.23	8.77	9.24	7.00
加：营业外收入	0.08	30.55	0.00	0.08	52.89	0.00	0.09	0.11	0.12
减：营业外支出	0.08	22.21	−0.05	0.08	87.84	−0.28	0.08	0.12	0.08
利润总额	8.15	84.13	−138.36	7.77	76.76	−655.85	8.74	9.30	7.12
减：所得税费用	0.94	13.82	−13.80	0.79	21.69	−155.07	0.95	1.23	1.10
未确认的投资损失	0.00	0.00	0.00	0.00	0.00	0.00	0.00	0.00	0.00
影响净利润的其他项目	0.00	0.00	0.00	0.00	0.00	0.00	0.00	0.00	0.00
净利润	7.32	82.66	−126.30	7.10	79.59	−500.78	7.84	8.14	6.30
归属于母公司所有者的净利润	7.29	82.80	−126.35	6.98	83.82	−456.43	7.64	7.93	6.02

续表

年份	2023			2022			2021	2020	2019
	中位数	最大值	最小值	中位数	最大值	最小值	中位数	中位数	中位数
归属于母公司其他权益工具持有者的净利润	0.00	0.00	0.00	0.00	0.00	0.00	0.00	0.00	0.00
少数股东损益	0.00	6.55	−8.33	0.00	8.53	−44.35	0.00	0.00	0.00
其他综合收益（损失）	0.00	11.98	−16.86	−0.00	103.30	−145.72	0.00	0.00	0.00
综合收益总额	7.47	82.71	−126.30	7.19	79.84	−500.78	7.78	8.22	6.56
归属于母公司所有者的综合收益	7.35	82.85	−126.35	7.01	83.82	−456.43	7.63	7.86	6.09
归属少数股东的综合收益	0.00	7.75	−8.33	0.00	8.25	−44.35	0.00	0.00	0.00
基本每股收益	0.41	10.32	−5.56	0.41	35.14	−6.54	0.41	0.37	0.25
稀释每股收益	0.40	10.32	−5.56	0.39	34.30	−6.54	0.39	0.34	0.24

1. 设备制造业（C34-C37）成本费用项目分析

（1）成本与费用及其主要构成项目。

主要构成项目：①营业成本占营业总收入比例为74.0%。其中，营业成本占比最大的上市公司为105.72%，占比最小的上市公司为4.91%。②销售费用占营业总收入比例为4.15%。其中，销售费用占比最大的上市公司为65.64%，占比最小的上市公司为0.03%。③管理费用占营业总收入比例为6.23%。其中，管理费用占比最大的上市公司为58.68%，占比最小的上市公司为0.78%。④财务费用占营业总收入比例为−0.09%。其中，财务费用占比最大的上市公司为23.54%，占比最小的上市公司为−11.66%。⑤研发费用占营业总收入比例为5.18%。其中，研发费用占比最大的上市公司为66.81%，占比最小的上市公司为0。

（2）成本与费用及其主要项目变动趋势分析。

2019~2023年，营业成本占比基本稳定，从2019年的73.77%增长到2023年的74.0%；2019~2023年，销售费用占比明显下降，从2019年的5.51%下降为2023年的4.15%；2019~2023年，管理费用占比明显下降，从2019年的6.86%下降为2023年的6.23%；2019~2023年，财务费用占比大幅下降，从2019年的0.57%下降为2023年的−0.09%；2019~2023年，研发费用占比明显上升，从2019年的4.56%增长到2023年的5.18%。

2. 设备制造业（C34-C37）其他损益项目分析

（1）其他损益及其主要构成项目。

主要构成项目：①资产减值损失占营业总收入比例为−0.79%。其中，资产减值损失占比最大的上市公司为7.0%，占比最小的上市公司为−72.66%。②投资收益占营业总收入比例为0.27%。其中，投资收益占比最大的上市公司为88.26%，占比最小的上市公司为−4.93%。③基本每股收益为0.41元。其中，基本每股收益最大的上市公司为10.32元，

最小的上市公司为 –5.56 元。④其他收益占营业总收入比例为 1.13%。其中，其他收益占比最大的上市公司为 26.33%，占比最小的上市公司为 0.02%。⑤信用减值损失占营业总收入比例为 –0.49%。其中，信用减值损失占比最大的上市公司为 7.92%，占比最小的上市公司为 –42.52%。

（2）其他损益及其主要项目变动趋势分析。

2019~2023 年，资产减值损失占比大幅下降，从 2019 年的 –0.48% 下降为 2023 年的 –0.79%；2019~2023 年，投资收益占比明显下降，从 2019 年的 0.34% 下降为 2023 年的 0.27%；2019~2023 年，其他收益占比明显上升，从 2019 年的 1.04% 增长到 2023 年的 1.13%；2019~2023 年，信用减值损失占比基本稳定，从 2019 年的 –0.51% 增长到 2023 年的 –0.49%。

3.设备制造业（C34-C37）利润项目分析

（1）利润及其主要构成项目。

主要构成项目：①营业利润占营业总收入比例为 8.2%。其中，营业利润占比最大的上市公司为 85.19%，占比最小的上市公司为 –138.29%。②利润总额占营业总收入比例为 8.15%。其中，利润总额占比最大的上市公司为 84.13%，占比最小的上市公司为 –138.36%。③净利润占营业总收入比例为 7.32%。其中，净利润占比最大的上市公司为 82.66%，占比最小的上市公司为 –126.3%。④归属于母公司所有者的净利润占营业总收入比例为 7.29%。其中，归属于母公司所有者的净利润占比最大的上市公司为 82.8%，占比最小的上市公司为 –126.35%。

（2）利润及其主要项目变动趋势分析。

2019~2023 年，营业利润占比明显上升，从 2019 年的 7.0% 增长到 2023 年的 8.2%；2019~2023 年，利润总额占比明显上升，从 2019 年的 7.12% 增长到 2023 年的 8.15%；2019~2023 年，净利润占比明显上升，从 2019 年的 6.3% 增长到 2023 年的 7.32%；2019~2023 年，归属于母公司所有者的净利润占比明显上升，从 2019 年的 6.02% 增长到 2023 年的 7.29%。

（三）证券市场设备制造业（C34-C37）现金流量分析

证券市场设备制造业（C34-C37）现金流量分析见表 3.48。

表 3.48　　　　　设备制造业（C34-C37）现金流量表　　　　　单位：%

年份	2023			2022			2021	2020	2019
	中位数	最大值	最小值	中位数	最大值	最小值	中位数	中位数	中位数
销售商品、提供劳务收到的现金	54.25	99.11	4.92	51.77	98.25	4.05	52.15	51.61	52.49
客户存款和同业存放款项净增加额	0.00	20.29	–7.99	0.00	6.49	–4.99	0.00	0.00	0.00
向中央银行借款净增加额	0.00	0.00	0.00	0.00	0.00	–0.08	0.00	0.00	0.00
向其他金融机构拆入资金净增加额	0.00	0.08	0.00	0.00	2.67	0.00	0.00	0.00	0.00

续表

年份	2023			2022			2021	2020	2019
	中位数	最大值	最小值	中位数	最大值	最小值	中位数	中位数	中位数
收到原保险合同保费取得的现金	0.00	0.00	0.00	0.00	0.00	0.00	0.00	0.00	0.00
收到再保险业务现金净额	0.00	0.00	0.00	0.00	0.00	0.00	0.00	0.00	0.00
保户储金及投资款净增加额	0.00	0.00	0.00	0.00	0.00	0.00	0.00	0.00	0.00
处置交易性金融资产净增加额	0.00	0.00	0.00	0.00	0.00	0.00	0.00	0.00	0.00
收取利息、手续费及佣金的现金	0.00	1.86	0.00	0.00	1.84	0.00	0.00	0.00	0.00
拆入资金净增加额	0.00	0.00	0.00	0.00	0.73	−1.42	0.00	0.00	0.00
回购业务资金净增加额	0.00	0.00	0.00	0.00	2.55	0.00	0.00	0.00	0.00
收到的税费返还	0.58	8.25	0.00	0.81	11.04	0.00	0.49	0.47	0.50
收到的其他与经营活动有关的现金	1.81	27.63	0.05	1.71	31.42	0.16	1.64	1.83	1.65
经营活动现金流入小计	58.19	99.71	5.40	56.36	99.06	4.24	55.88	55.23	56.95
购买商品、接受劳务支付的现金	36.39	88.86	0.89	37.13	87.26	0.54	36.85	33.66	33.68
客户贷款及垫款净增加额	0.00	0.88	−3.22	0.00	2.14	−10.69	0.00	0.00	0.00
存放中央银行和同业款项净增加额	0.00	0.59	−0.24	0.00	0.24	−8.71	0.00	0.00	0.00
支付原保险合同赔付款项的现金	0.00	0.00	0.00	0.00	0.00	0.00	0.00	0.00	0.00
支付利息、手续费及佣金的现金	0.00	0.35	0.00	0.00	0.43	0.00	0.00	0.00	0.00
支付保单红利的现金	0.00	0.00	0.00	0.00	0.00	0.00	0.00	0.00	0.00
支付给职工以及为职工支付的现金	10.09	34.43	0.94	9.31	40.06	0.75	8.95	8.34	8.82
支付的各项税费	2.91	19.52	0.17	2.54	20.66	0.06	2.57	2.76	2.75
支付其他与经营活动有关的现金	4.43	33.97	0.19	4.14	37.00	0.37	4.31	4.84	5.29
经营活动现金流出小计	58.02	99.23	3.98	56.96	98.00	2.44	57.08	53.22	53.89
经营活动产生的现金流量净额	4.76	28.62	−26.56	3.89	44.40	−42.27	3.84	6.03	5.44
收回投资收到的现金	2.85	106.29	0.00	4.02	112.22	0.00	2.93	1.98	0.62
取得投资收益收到的现金	0.10	12.76	−0.03	0.11	16.49	0.00	0.13	0.10	0.10
处置固定资产、无形资产和其他长期资产收回的现金净额	0.02	16.60	0.00	0.02	46.21	0.00	0.03	0.02	0.03

续表

年份	2023			2022			2021	2020	2019
	中位数	最大值	最小值	中位数	最大值	最小值	中位数	中位数	中位数
处置子公司及其他营业单位收到的现金净额	0.00	50.97	−0.76	0.00	36.77	−0.22	0.00	0.00	0.00
收到的其他与投资活动有关的现金	0.00	87.42	0.00	0.00	90.94	0.00	0.00	0.00	0.00
投资活动产生的现金流入小计	10.28	137.89	0.00	11.96	113.49	0.00	12.09	12.98	10.08
购建固定资产、无形资产和其他长期资产支付的现金	4.36	46.06	−0.66	4.11	48.81	0.02	3.73	3.40	3.69
投资支付的现金	3.98	95.12	0.00	4.58	92.48	0.00	5.04	3.20	1.73
质押贷款净增加额	0.00	0.03	0.00	0.00	0.37	−0.02	0.00	0.00	0.00
取得子公司及其他营业单位支付的现金净额	0.00	21.30	0.00	0.00	26.20	−0.15	0.00	0.00	0.00
支付其他与投资活动有关的现金	0.00	85.41	0.00	0.00	85.37	0.00	0.00	0.00	0.00
投资活动产生的现金流出小计	20.57	96.02	−0.46	20.83	93.76	0.02	21.93	21.58	17.91
投资活动产生的现金流量净额	−5.30	122.60	−51.38	−4.23	56.34	−41.91	−4.73	−3.54	−3.92
吸收投资收到的现金	0.02	67.22	−0.81	0.06	80.29	0.00	0.09	0.00	0.00
吸收权益性投资收到的现金	0.02	67.22	−0.81	0.04	80.29	0.00	0.09	0.00	0.00
其中：子公司吸收少数股东投资收到的现金	0.00	7.79	0.00	0.00	15.27	0.00	0.00	0.00	0.00
发行债券收到的现金	0.00	19.07	0.00	0.00	25.77	0.00	0.00	0.00	0.00
取得借款收到的现金	7.73	73.60	0.00	8.08	65.84	0.00	6.53	9.52	10.78
收到其他与筹资活动有关的现金	0.00	45.77	0.00	0.00	42.24	0.00	0.00	0.00	0.00
筹资活动现金流入小计	13.94	76.66	0.00	15.15	81.00	0.00	16.39	17.11	17.45
偿还债务支付的现金	6.85	77.34	0.00	7.26	65.37	0.00	6.91	10.70	10.25
分配股利、利润或偿付利息支付的现金	1.70	37.11	0.00	1.71	17.85	0.00	1.62	1.67	1.93
其中：子公司支付给少数股东的股利、利润	0.00	4.71	0.00	0.00	3.70	0.00	0.00	0.00	0.00
支付其他与筹资活动有关的现金	0.71	44.97	0.00	0.72	48.20	0.00	0.76	0.56	0.57
筹资活动现金流出小计	11.99	79.76	0.00	11.92	74.55	0.00	11.31	14.80	15.25
筹资活动产生的现金流量净额	−0.53	68.40	−83.44	−0.02	70.70	−36.21	0.06	−0.74	−0.74
现金总流入	100.00	100.00	100.00	100.00	100.00	100.00	100.00	100.00	100.00

续表

年份	2023			2022			2021	2020	2019
	中位数	最大值	最小值	中位数	最大值	最小值	中位数	中位数	中位数
现金总流出	100.00	100.00	100.00	100.00	100.00	100.00	100.00	100.00	100.00
现金流量净额	0.63	89.53	-69.11	1.03	78.74	-51.21	0.57	2.76	0.66

注：现金流入项目以现金总流入为基数，现金流出项目以现金总流出为基数。

1. 设备制造业（C34—C37）现金流入项目分析

现金流入包括经营活动产生的现金流入、投资活动产生的现金流入和筹资活动产生的现金流入三个方面。

（1）经营活动现金流入及其主要构成项目。

2023年，经营活动产生的现金流入占总现金流入比例为58.19%。其中，经营活动产生的现金流入占比最大的上市公司为99.71%，占比最小的上市公司为5.4%。

主要构成项目：销售商品、提供劳务收到的现金占比为54.25%。其中，占比最大的上市公司为99.11%，占比最小的上市公司为4.92%。

（2）投资活动现金流入及其主要构成项目。

2023年，投资活动产生的现金流入占总现金流入比例为10.28%。其中，投资活动产生的现金流入占比最大的上市公司为137.89%，占比最小的上市公司为0。

主要构成项目：收回投资收到的现金占比为2.85%。其中，占比最大的上市公司为106.29%，占比最小的上市公司为0。

（3）筹资活动现金流入及其主要构成项目。

2023年，筹资活动产生的现金流入占总现金流入比例为13.94%。其中，筹资活动产生的现金流入占比最大的上市公司为76.66%，占比最小的上市公司为0。

主要构成项目：取得借款收到的现金占比为7.73%。其中，占比最大的上市公司为73.6%，占比最小的上市公司为0。

（4）现金流入构成及其主要项目变动趋势分析。

2019~2023年，经营活动产生的现金流入占比总体上基本稳定。其中，2019~2023年，销售商品、提供劳务收到的现金占比总体上基本稳定。

2019~2023年，投资活动产生的现金流入占比总体上基本稳定。其中，2019~2023年，收回投资收到的现金占比总体上呈大幅上升趋势，从2019年的0.62%增长到2023年的2.85%。

2019~2023年，筹资活动产生的现金流入占比总体上明显下降，从2019年的17.45%降低到2023年的13.94%。其中，2019~2023年，取得借款收到的现金占比总体上呈明显下降趋势，从2019年的10.78%降低到2023年的7.73%，且在2020~2021年大幅下降，从2020年的9.52%降低到2021年的6.53%。

2. 设备制造业（C34-C37）现金流出项目分析

现金流出包括经营活动产生的现金流出、投资活动产生的现金流出和筹资活动产生的现金流出三个方面。

（1）经营活动现金流出及其主要构成项目。

2023年，经营活动产生的现金流出占总现金流出比例为58.02%。其中，经营活动产生的现金流出占比最大的上市公司为99.23%，占比最小的上市公司为3.98%。

主要构成项目：①购买商品、接受劳务支付的现金占比为36.39%。其中，占比最大的上市公司为88.86%，占比最小的上市公司为0.89%。②支付给职工以及为职工支付的现金占比为10.09%。其中，占比最大的上市公司为34.43%，占比最小的上市公司为0.94%。③支付其他与经营活动有关的现金占比为4.43%。其中，占比最大的上市公司为33.97%，占比最小的上市公司为0.19%。

（2）投资活动现金流出及其主要构成项目。

2023年，投资活动产生的现金流出占总现金流出比例为20.57%。其中，投资活动产生的现金流出占比最大的上市公司为96.02%，占比最小的上市公司为-0.46%。

主要构成项目：①购建固定资产、无形资产和其他长期资产支付的现金占比为4.36%。其中，占比最大的上市公司为46.06%，占比最小的上市公司为-0.66%。②投资支付的现金占比为3.98%。其中，占比最大的上市公司为95.12%，占比最小的上市公司为0。

（3）筹资活动现金流出及其主要构成项目。

2023年，筹资活动产生的现金流出占总现金流出比例为11.99%。其中，筹资活动产生的现金流出占比最大的上市公司为79.76%，占比最小的上市公司为0。

主要构成项目：偿还债务支付的现金占比为6.85%。其中，占比最大的上市公司为77.34%，占比最小的上市公司为0。

（4）现金流出构成及其主要项目变动趋势分析。

2019~2023年，经营活动产生的现金流出占比总体上明显上升，从2019年的53.89%增长到2023年的58.02%。其中，2019~2023年，购买商品、接受劳务支付的现金占比总体上呈明显上升趋势，从2019年的33.68%增长到2023年的36.39%。

2019~2023年，投资活动产生的现金流出占比总体上明显上升，从2019年的17.91%增长到2023年的20.57%。其中，2019~2023年，购建固定资产、无形资产和其他长期资产支付的现金占比总体上呈明显上升趋势，从2019年的3.69%增长到2023年的4.36%。

2019~2023年，筹资活动产生的现金流出占比总体上明显下降，从2019年的15.25%降低到2023年的11.99%。其中，2019~2023年，偿还债务支付的现金占比总体上呈大幅下降趋势，从2019年的10.25%降低到2023年的6.85%。

3. 设备制造业（C34-C37）现金流量净额项目分析

现金流量净额包括经营活动现金流量净额、投资活动现金流量净额和筹资活动现金流量净额三个方面。

（1）现金流量净额及其主要构成项目。

2023年，现金流量净额占总现金流入比例为0.63%。其中，现金流量净额占比最大的上市公司为89.53%，占比最小的上市公司为-69.11%。

主要构成项目：①经营活动产生的现金流量净额占总现金流入比例为4.76%。其中，占比最大的上市公司为28.62%，占比最小的上市公司为-26.56%。②投资活动产生的现金流量净额占总现金流入比例为-5.3%。其中，占比最大的上市公司为122.6%，占比最小的上市公司为-51.38%。③筹资活动产生的现金流量净额占总现金流入比例为-0.53%。其中，占比最大的上市公司为68.4%，占比最小的上市公司为-83.44%。

（2）现金流量净额构成及其主要项目变动趋势分析。

2019~2023年，现金流量净额占比总体上基本稳定。其中，2019~2023年，经营活动产生的现金流量净额明显下降，从2019年的5.44%减少到2023年的4.76%。2019~2023年，投资活动产生的现金流量净额大幅下降，从2019年的-3.92%减少到2023年的-5.3%。2019~2023年，筹资活动产生的现金流量净额明显上升，从2019年的-0.74%增加到2023年的-0.53%。

十二、机械仪器制造业（C38-C40）

机械仪器制造业（C38-C40）由证监会行业分类（2012）中电气机械和器材制造业（代码：C38），计算机、通信和其他电子设备制造业（代码：C39）和仪器仪表制造业（代码：C40）组成。2019~2023年，证券市场机械仪器制造业（C38-C40）上市公司发展状况见表3.49。

表3.49　　　　　机械仪器制造业（C38-C40）上市公司数量　　　　　单位：家

年份	2023	2022	2021	2020	2019
数量	1011	940	853	765	666

注：公开披露定期报告的上市公司家数。

（一）证券市场机械仪器制造业（C38-C40）财务状况分析

证券市场机械仪器制造业（C38-C40）财务状况分析见表3.50。

表3.50　　　　　机械仪器制造业（C38-C40）资产负债表　　　　　单位：%

年份	2023			2022			2021	2020	2019
	中位数	最大值	最小值	中位数	最大值	最小值	中位数	中位数	中位数
货币资金	18.38	82.53	0.68	17.71	82.22	0.35	16.93	17.55	15.26
结算备付金	0.00	0.00	0.00	0.00	0.00	0.00	0.00	0.00	0.00
拆出资金净额	0.00	0.00	0.00	0.00	0.00	0.00	0.00	0.00	0.00
交易性金融资产	0.48	68.30	0.00	0.73	67.56	0.00	0.57	0.53	0.09
衍生金融资产	0.00	0.84	0.00	0.00	0.80	0.00	0.00	0.00	0.00

续表

年份	2023			2022			2021	2020	2019
	中位数	最大值	最小值	中位数	最大值	最小值	中位数	中位数	中位数
应收票据净额	0.77	25.04	0.00	0.72	31.03	0.00	0.79	0.57	0.43
应收账款净额	14.79	61.04	0.00	15.31	59.50	0.00	16.31	16.58	17.43
应收款项融资	0.60	15.88	0.00	0.54	22.06	0.00	0.50	0.66	0.49
预付款项净额	0.43	25.09	0.00	0.53	17.70	0.00	0.64	0.60	0.63
应收保费净额	0.00	0.00	0.00	0.00	0.00	0.00	0.00	0.00	0.00
应收分保账款净额	0.00	0.00	0.00	0.00	0.00	0.00	0.00	0.00	0.00
应收分保合同准备金净额	0.00	0.00	0.00	0.00	0.00	0.00	0.00	0.00	0.00
其他应收款净额	0.37	26.73	0.00	0.42	25.90	0.00	0.50	0.62	0.67
应收股利净额	0.00	1.88	0.00	0.00	1.74	0.00	0.00	0.00	0.00
买入返售金融资产净额	0.00	1.07	0.00	0.00	0.00	0.00	0.00	0.00	0.00
存货净额	10.52	58.76	1.01	12.19	53.06	0.44	12.75	11.20	11.49
合同资产	0.00	53.21	0.00	0.00	43.79	0.00	0.00	0.00	0.00
一年内到期的非流动资产	0.00	20.08	0.00	0.00	21.23	0.00	0.00	0.00	0.00
其他流动资产	1.00	59.78	0.00	0.77	45.71	0.00	0.97	0.97	1.08
流动资产合计	65.91	97.81	11.41	67.57	99.23	15.60	66.96	67.74	65.10
发放贷款及垫款净额	0.00	0.20	0.00	0.00	0.20	0.00	0.00	0.00	0.00
债权投资	0.00	23.18	0.00	0.00	15.27	0.00	0.00	0.00	0.00
其他债权投资	0.00	18.08	0.00	0.00	28.37	0.00	0.00	0.00	0.00
长期应收款净额	0.00	15.56	0.00	0.00	12.78	0.00	0.00	0.00	0.00
长期股权投资净额	0.22	47.64	0.00	0.22	75.87	0.00	0.22	0.27	0.34
其他权益工具投资	0.00	41.57	0.00	0.00	37.67	0.00	0.00	0.00	0.00
其他非流动金融资产	0.00	53.67	0.00	0.00	50.34	0.00	0.00	0.00	0.00
投资性房地产净额	0.00	33.33	0.00	0.00	39.28	0.00	0.00	0.00	0.00
固定资产净额	15.89	70.94	0.09	14.52	64.93	0.14	14.10	14.74	15.80
在建工程净额	1.85	34.44	0.00	1.80	38.82	0.00	1.93	1.50	1.47
生产性生物资产净额	0.00	0.02	0.00	0.00	0.06	0.00	0.00	0.00	0.00
油气资产净额	0.00	0.00	0.00	0.00	0.00	0.00	0.00	0.00	0.00
使用权资产	0.31	25.23	0.00	0.34	24.01	0.00	0.36	0.00	0.00
无形资产净额	2.32	21.07	0.00	2.27	21.45	0.00	2.38	2.55	2.79
开发支出	0.00	9.63	0.00	0.00	7.04	0.00	0.00	0.00	0.00
商誉净额	0.00	43.33	0.00	0.00	48.06	0.00	0.00	0.00	0.05
长期待摊费用	0.23	12.52	0.00	0.22	6.68	0.00	0.20	0.21	0.23
递延所得税资产	0.92	12.71	0.00	0.86	12.86	0.00	0.75	0.75	0.73
其他非流动资产	0.64	55.77	0.00	0.61	27.11	0.00	0.66	0.49	0.43

续表

年份	2023			2022			2021	2020	2019
	中位数	最大值	最小值	中位数	最大值	最小值	中位数	中位数	中位数
非流动资产合计	34.08	88.59	2.19	32.43	84.40	0.77	33.04	32.26	34.90
资产总计	100.00	100.00	100.00	100.00	100.00	100.00	100.00	100.00	100.00
短期借款	2.64	51.48	0.00	3.08	46.50	0.00	3.23	3.84	5.16
向中央银行借款	0.00	0.26	0.00	0.00	0.22	0.00	0.00	0.00	0.00
拆入资金	0.00	0.00	0.00	0.00	2.20	0.00	0.00	0.00	0.00
交易性金融负债	0.00	2.24	0.00	0.00	1.75	0.00	0.00	0.00	0.00
衍生金融负债	0.00	2.13	0.00	0.00	0.64	0.00	0.00	0.00	0.00
应付票据	2.38	32.82	0.00	2.65	31.80	0.00	2.74	2.55	2.41
应付账款	9.89	38.55	0.25	9.70	41.80	0.53	10.79	10.92	10.65
预收款项	0.00	12.64	0.00	0.00	13.06	0.00	0.00	0.00	0.77
合同负债	0.59	29.17	0.00	0.67	35.33	0.00	0.85	0.76	0.00
卖出回购金融资产款	0.00	0.00	0.00	0.00	0.73	0.00	0.00	0.00	0.00
吸收存款及同业存放	0.00	0.07	0.00	0.00	2.72	0.00	0.00	0.00	0.00
代理买卖证券款	0.00	0.00	0.00	0.00	0.00	0.00	0.00	0.00	0.00
代理承销证券款	0.00	0.00	0.00	0.00	0.00	0.00	0.00	0.00	0.00
应付职工薪酬	1.14	8.50	0.00	1.15	8.28	0.00	1.22	1.24	1.18
应交税费	0.46	33.36	0.01	0.58	24.12	0.01	0.60	0.60	0.64
其他应付款	0.82	50.69	0.00	0.93	39.02	0.00	0.95	1.14	1.34
应付股利	0.00	4.55	0.00	0.00	3.21	0.00	0.00	0.00	0.00
应付手续费及佣金	0.00	0.00	0.00	0.00	0.00	0.00	0.00	0.00	0.00
应付分保账款	0.00	0.00	0.00	0.00	0.00	0.00	0.00	0.00	0.00
一年内到期的非流动负债	0.53	35.84	0.00	0.44	36.61	0.00	0.44	0.44	0.01
其他流动负债	0.28	29.24	0.00	0.27	34.48	0.00	0.27	0.15	0.00
流动负债合计	27.04	160.88	1.86	29.67	91.31	1.32	31.80	31.40	32.97
保险合同准备金	0.00	0.00	0.00	0.00	0.00	0.00	0.00	0.00	0.00
长期借款	0.24	43.75	0.00	0.26	40.09	0.00	0.00	0.00	0.00
应付债券	0.00	24.47	0.00	0.00	20.86	0.00	0.00	0.00	0.00
租赁负债	0.17	25.70	0.00	0.19	23.01	0.00	0.20	0.00	0.00
长期应付款	0.00	26.25	−0.27	0.00	23.98	−0.13	0.00	0.00	0.00
预计负债	0.00	16.02	0.00	0.00	107.44	0.00	0.00	0.00	0.00
递延收益-非流动负债	0.56	14.56	0.00	0.53	10.02	0.00	0.53	0.59	0.64
递延所得税负债	0.14	7.07	0.00	0.11	6.77	0.00	0.07	0.07	0.07
其他非流动负债	0.00	9.95	0.00	0.00	8.41	0.00	0.00	0.00	0.00
非流动负债合计	4.04	47.20	0.00	3.81	109.93	0.00	3.69	2.76	3.20

续表

年份	2023			2022			2021	2020	2019
	中位数	最大值	最小值	中位数	最大值	最小值	中位数	中位数	中位数
负债合计	36.32	179.69	2.11	36.75	161.94	1.56	38.98	38.28	38.36
实收资本（或股本）	9.01	903.82	0.00	9.55	637.91	0.00	10.58	12.02	13.74
其他权益工具	0.00	7.00	−5.24	0.00	7.33	−1.74	0.00	0.00	0.00
其中：优先股	0.00	0.00	0.00	0.00	0.00	0.00	0.00	0.00	0.00
其中：永续债	0.00	1.93	0.00	0.00	2.44	0.00	0.00	0.00	0.00
资本公积	29.02	675.21	0.00	28.42	588.30	0.00	27.20	24.96	22.85
其中：库存股	0.00	10.67	0.00	0.00	14.01	0.00	0.00	0.00	0.00
其他综合收益	0.00	18.08	−32.27	0.00	15.18	−11.51	−0.00	0.00	0.00
专项储备	0.00	1.58	0.00	0.00	1.59	0.00	0.00	0.00	0.00
盈余公积	2.14	21.74	0.00	2.21	21.57	0.00	2.28	2.33	2.45
一般风险准备	0.00	0.14	0.00	0.00	0.36	0.00	0.00	0.00	0.00
未分配利润	16.38	64.33	−1536.44	17.11	63.59	−1057.29	17.30	17.92	17.58
归属于母公司所有者权益合计	62.72	97.89	−85.24	61.32	98.44	−62.45	59.51	60.58	59.94
少数股东权益	0.19	31.76	−11.10	0.19	37.40	−7.67	0.23	0.22	0.32
所有者权益合计	63.68	97.89	−79.69	63.25	98.44	−61.94	61.02	61.72	61.64
负债与所有者权益总计	100.00	100.00	100.00	100.00	100.00	100.00	100.00	100.00	100.00

注：所有项目均以资产总计为基数。

1. 机械仪器制造业（C38—C40）资产项目分析

资产项目包括流动资产和非流动资产两个方面。

（1）流动资产及其主要构成项目。

2023年，流动资产合计占总资产比例为65.91%。其中，流动资产占比最大的上市公司为97.81%，占比最小的上市公司为11.41%。

主要构成项目：①货币资金占比为18.38%。其中，占比最大的上市公司为82.53%，占比最小的上市公司为0.68%。②其他流动资产占比为1.0%。其中，占比最大的上市公司为59.78%，占比最小的上市公司为0。③应收款项融资占比为0.6%。其中，占比最大的上市公司为15.88%，占比最小的上市公司为0。

（2）非流动资产及其主要构成项目。

2023年，非流动资产合计占总资产比例为34.08%。其中，非流动资产占比最大的上市公司为88.59%，占比最小的上市公司为2.19%。

主要构成项目：①递延所得税资产占比为0.92%。其中，占比最大的上市公司为12.71%，占比最小的上市公司为0。②其他非流动资产占比为0.64%。其中，占比最大的上市公司为55.77%，占比最小的上市公司为0。③使用权资产占比为0.31%。其中，占比最大的上市公司为25.23%，占比最小的上市公司为0。

（3）资产构成及其主要项目变动趋势分析。

2019~2023年，流动资产合计占比总体上呈基本稳定。其中，2019~2023年，货币资金占比总体上呈明显上升趋势，从2019年的15.26%增长到2023年的18.38%；2019~2023年，其他流动资产占比总体上呈明显下降趋势，从2019年的1.08%降低到2023年的1.0%，但在2022~2023年明显上升，从2022年的0.77%增长到2023年的1.0%；2019~2023年，应收款项融资占比总体上呈明显上升趋势，从2019年的0.49%增长到2023年的0.6%，且在2019~2020年大幅上升，从2019年的0.49%增长到2020年的0.66%。

2019~2023年，非流动资产合计占比总体上呈基本稳定。其中，2019~2023年，递延所得税资产占比总体上呈明显上升趋势，从2019年的0.73%增长到2023年的0.92%；2019~2023年，其他非流动资产占比总体上呈大幅上升趋势，从2019年的0.43%增长到2023年的0.64%；2019~2023年，使用权资产占比总体上呈大幅上升趋势，从2019年的0增长到2023年的0.31%。

2.机械仪器制造业（C38-C40）负债项目分析

负债项目包括流动负债和非流动负债两个方面。2023年，负债合计占总资产比例为36.32%。其中，负债合计占比最大的上市公司为179.69%，占比最小的上市公司为2.11%。

（1）流动负债及其主要构成项目。

2023年，流动负债合计占总资产比例为27.04%。其中，流动负债占比最大的上市公司为160.88%，占比最小的上市公司为1.86%。

主要构成项目：①应付账款占比为9.89%。其中，占比最大的上市公司为38.55%，占比最小的上市公司为0.25%。②短期借款占比为2.64%。其中，占比最大的上市公司为51.48%，占比最小的上市公司为0。③应付票据占比为2.38%。其中，占比最大的上市公司为32.82%，占比最小的上市公司为0。

（2）非流动负债及其主要构成项目。

2023年，非流动负债合计占总资产比例为4.04%。其中，非流动负债占比最大的上市公司为47.2%，占比最小的上市公司为0。

主要构成项目：①长期借款占比为0.24%。其中，占比最大的上市公司为43.75%，占比最小的上市公司为0。②租赁负债占比为0.17%。其中，占比最大的上市公司为25.7%，占比最小的上市公司为0。③递延所得税负债占比为0.14%。其中，占比最大的上市公司为7.07%，占比最小的上市公司为0。

（3）负债构成及其主要项目变动趋势分析。

2019~2023年，流动负债合计占比总体上呈明显下降趋势。其中，2019~2023年，应付账款占比总体上呈明显下降趋势，从2019年的10.65%降低到2023年的9.89%；2019~2023年，短期借款占比总体上呈大幅下降趋势，从2019年的5.16%降低到2023年的2.64%，但在2019~2020年明显下降，从2019年的5.16%降低到2020年的3.84%；2019~2023年，应付票据占比总体上基本稳定,且在2022~2023年明显下降,从2022年的2.65%降低到2023年的2.38%。

2019~2023年,非流动负债合计占比总体上呈明显上升趋势。其中,2019~2023年,长期借款占比总体上呈明显上升趋势,从2019年的0增长到2023年的0.24%;2019~2023年,租赁负债占比总体上呈明显上升趋势,从2019年的0增长到2023年的0.17%;2019~2023年,递延所得税负债占比总体上呈大幅上升趋势,从2019年的0.07%增长到2023年的0.14%。

3. 机械仪器制造业(C38-C40)所有者权益项目分析

所有者权益项目包括实收资本(股本)、资本公积、盈余公积和未分配利润等四个方面。

(1)所有者权益及其主要构成项目。

2023年,所有者权益合计占总资产比例为63.68%。其中,所有者权益占比最大的上市公司为97.89%,占比最小的上市公司为-79.69%。

主要构成项目:①实收资本(或股本)占比为9.01%。其中,占比最大的上市公司为903.82%,占比最小的上市公司为0。②资本公积占比为29.02%。其中,占比最大的上市公司为675.21%,占比最小的上市公司为0。③盈余公积占比为2.14%。其中,占比最大的上市公司为21.74%,占比最小的上市公司为0。④未分配利润占比为16.38%。其中,占比最大的上市公司为64.33%,占比最小的上市公司为-1536.44%。

(2)所有者权益构成及其主要项目变动趋势分析。

2019~2023年,所有者权益合计占比总体上呈基本稳定。其中,2019~2023年,实收资本(或股本)占比总体上呈大幅下降趋势,从2019年的13.74%降低到2023年的9.01%,但在2019~2020年明显下降,从2019年的13.74%降低到2020年的12.02%;2019~2023年,资本公积占比总体上呈明显上升趋势,从2019年的22.85%增长到2023年的29.02%;2019~2023年,盈余公积占比总体上呈明显下降趋势,从2019年的2.45%降低到2023年的2.14%,但在2019~2020年基本稳定,从2019年的2.45%降低到2020年的2.33%;2019~2023年,未分配利润占比总体上呈明显下降趋势,从2019年的17.58%降低到2023年的16.38%,但在2022~2023年基本稳定,从2022年的17.11%降低到2023年的16.38%。

(二)证券市场机械仪器制造业(C38-C40)利润分析

证券市场机械仪器制造业(C38-C40)利润分析见表3.51。

表3.51　　　　　机械仪器制造业(C38-C40)利润表　　　　　　单位:%

年份	2023			2022			2021	2020	2019
	中位数	最大值	最小值	中位数	最大值	最小值	中位数	中位数	中位数
营业总收入	100.00	100.00	100.00	100.00	100.00	100.00	100.00	100.00	100.00
营业收入	100.00	100.00	99.03	100.00	100.00	98.86	100.00	100.00	100.00

续表

年份	2023			2022			2021	2020	2019
	中位数	最大值	最小值	中位数	最大值	最小值	中位数	中位数	中位数
利息净收入	0.00	0.96	0.00	0.00	1.13	0.00	0.00	0.00	0.00
利息收入	0.00	0.96	0.00	0.00	1.13	0.00	0.00	0.00	0.00
已赚保费	0.00	0.00	0.00	0.00	0.00	0.00	0.00	0.00	0.00
保险业务收入	0.00	0.00	0.00	0.00	0.00	0.00	0.00	0.00	0.00
减：分出保费	0.00	0.00	0.00	0.00	0.00	0.00	0.00	0.00	0.00
减：提取未到期责任准备金	0.00	0.00	0.00	0.00	0.00	0.00	0.00	0.00	0.00
手续费及佣金净收入	0.00	0.01	0.00	0.00	0.01	0.00	0.00	0.00	0.00
手续费及佣金收入	0.00	0.01	0.00	0.00	0.01	0.00	0.00	0.00	0.00
营业总成本	94.42	290.03	−153.95	92.86	213.25	27.31	92.59	92.44	93.43
营业成本	75.03	165.10	−79.25	74.42	153.38	12.12	74.62	73.28	72.68
利息支出	0.00	0.00	0.00	0.00	0.00	0.00	0.00	0.00	0.00
手续费及佣金支出	0.00	0.00	0.00	0.00	0.00	0.00	0.00	0.00	0.00
退保金	0.00	0.00	0.00	0.00	0.00	0.00	0.00	0.00	0.00
赔付支出净额	0.00	0.00	0.00	0.00	0.00	0.00	0.00	0.00	0.00
赔付支出	0.00	0.00	0.00	0.00	0.00	0.00	0.00	0.00	0.00
减：摊回赔付支出	0.00	0.00	0.00	0.00	0.00	0.00	0.00	0.00	0.00
提取保险责任准备金净额	0.00	0.00	0.00	0.00	0.00	0.00	0.00	0.00	0.00
提取保险责任准备金	0.00	0.00	0.00	0.00	0.00	0.00	0.00	0.00	0.00
减：摊回保险责任准备金	0.00	0.00	0.00	0.00	0.00	0.00	0.00	0.00	0.00
保单红利支出	0.00	0.00	0.00	0.00	0.00	0.00	0.00	0.00	0.00
分保费用	0.00	0.00	0.00	0.00	0.00	0.00	0.00	0.00	0.00
税金及附加	0.67	7.22	0.04	0.62	6.00	0.03	0.57	0.63	0.69
销售费用	3.65	53.94	−14.00	3.35	53.84	0.02	3.18	3.85	5.01
管理费用	5.80	98.21	−27.01	5.49	71.37	0.43	5.16	5.56	6.03
研发费用	6.32	156.98	−39.19	5.82	108.73	0.00	5.32	5.22	4.97
财务费用	−0.11	44.76	−81.38	−0.17	44.74	−15.94	0.47	0.99	0.47
其他收益	1.27	68.84	−0.41	1.03	41.85	0.00	0.95	1.22	1.15
投资收益	0.22	63.21	−22.72	0.27	212.54	−10.68	0.40	0.38	0.32
汇兑收益	0.00	0.00	0.00	0.00	0.01	0.00	0.00	0.00	0.00
其他业务收入	0.00	0.00	0.00	0.00	0.00	0.00	0.00	0.00	0.00
净敞口套期收益	0.00	0.00	−0.82	0.00	0.00	−0.54	0.00	0.00	0.00
公允价值变动收益	0.00	57.08	−58.25	−0.00	80.54	−76.86	0.00	0.00	0.00
信用减值损失	−0.34	3.84	−68.77	−0.32	26.64	−98.58	−0.33	−0.40	−0.41
资产减值损失	−0.99	13.07	−170.66	−0.74	0.95	−120.38	−0.55	−0.60	−0.56

续表

年份	2023			2022			2021	2020	2019
	中位数	最大值	最小值	中位数	最大值	最小值	中位数	中位数	中位数
资产处置收益	0.00	45.59	−2.96	−0.00	16.10	−41.13	−0.00	0.00	0.00
业务及管理费	0.00	0.00	0.00	0.00	0.00	0.00	0.00	0.00	0.00
减：摊回分保费用	0.00	0.00	0.00	0.00	0.00	0.00	0.00	0.00	0.00
其他业务成本	0.00	0.06	0.00	0.00	0.10	0.00	0.00	0.00	0.00
其他业务利润	0.00	0.00	0.00	0.00	0.00	0.00	0.00	0.00	0.00
营业利润	6.14	191.13	−301.44	7.79	80.18	−161.71	8.52	9.04	7.76
加：营业外收入	0.05	53.45	−0.21	0.05	29.45	0.00	0.07	0.08	0.09
减：营业外支出	0.08	30.05	−2.56	0.07	69.79	−0.02	0.07	0.10	0.08
利润总额	6.13	191.25	−311.03	7.86	80.06	−162.54	8.54	9.32	7.88
减：所得税费用	0.54	31.68	−33.96	0.67	43.81	−20.31	0.84	1.13	1.06
未确认的投资损失	0.00	0.00	0.00	0.00	0.00	0.00	0.00	0.00	0.00
影响净利润的其他项目	0.00	0.00	0.00	0.00	0.00	0.00	0.00	0.00	0.00
净利润	5.68	204.74	−311.13	7.38	80.06	−171.82	7.61	8.47	7.02
归属于母公司所有者的净利润	5.58	204.74	−287.64	7.11	80.06	−169.05	7.53	8.09	6.82
归属于母公司其他权益工具持有者的净利润	0.00	0.00	0.00	0.00	0.00	0.00	0.00	0.00	0.00
少数股东损益	0.00	13.77	−23.50	0.00	13.05	−9.66	0.00	0.00	0.00
其他综合收益（损失）	0.00	17.52	−60.99	0.00	69.11	−40.38	0.00	0.00	0.00
综合收益总额	5.85	204.74	−311.64	7.29	82.19	−163.41	7.74	8.43	7.21
归属于母公司所有者的综合收益	5.57	204.74	−287.89	6.95	82.19	−163.69	7.39	7.72	6.90
归属少数股东的综合收益	0.00	12.04	−23.74	0.00	15.85	−9.66	0.00	0.00	0.00
基本每股收益	0.31	15.66	−11.93	0.38	14.25	−3.41	0.42	0.37	0.29
稀释每股收益	0.30	15.58	−11.93	0.38	13.85	−2.17	0.41	0.37	0.28

1. 机械仪器制造业（C38-C40）成本费用项目分析

（1）成本与费用及其主要构成项目。

主要构成项目：①营业成本占营业总收入比例为75.03%。其中，营业成本占比最大的上市公司为165.1%，占比最小的上市公司为−79.25%。②销售费用占营业总收入比例为3.65%。其中，销售费用占比最大的上市公司为53.94%，占比最小的上市公司为−14.0%。③管理费用占营业总收入比例为5.8%。其中，管理费用占比最大的上市公司为98.21%，占比最小的上市公司为−27.01%。④财务费用占营业总收入比例为−0.11%。其中，财务费用占比最大的上市公司为44.76%，占比最小的上市公司为−81.38%。⑤研发费用占营业总收入比例为6.32%。其中，研发费用占比最大的上市公司为156.98%，占比最小的上市公司为-39.19%。

（2）成本与费用及其主要项目变动趋势分析。

2019~2023年，营业成本占比基本稳定，从2019年的72.68%增长到2023年的75.03%；2019~2023年，销售费用占比明显下降，从2019年的5.01%下降为2023年的3.65%；2019~2023年，管理费用占比基本稳定，从2019年的6.03%下降为2023年的5.8%；2019~2023年，财务费用占比大幅下降，从2019年的0.47%下降为2023年的-0.11%；2019~2023年，研发费用占比明显上升，从2019年的4.97%增长到2023年的6.32%。

2.机械仪器制造业（C38-C40）其他损益项目分析

（1）其他损益及其主要构成项目。

主要构成项目：①资产减值损失占营业总收入比例为-0.99%。其中，资产减值损失占比最大的上市公司为13.07%，占比最小的上市公司为-170.66%。②投资收益占营业总收入比例为0.22%。其中，投资收益占比最大的上市公司为63.21%，占比最小的上市公司为-22.72%。③基本每股收益为0.31元。其中，基本每股收益最大的上市公司为15.66元，最小的上市公司为-11.93元。④其他收益占营业总收入比例为1.27%。其中，其他收益占比最大的上市公司为68.84%，占比最小的上市公司为-0.41%。⑤信用减值损失占营业总收入比例为-0.34%。其中，信用减值损失占比最大的上市公司为3.84%，占比最小的上市公司为-68.77%。

（2）其他损益及其主要项目变动趋势分析。

2019~2023年，资产减值损失占比大幅下降，从2019年的-0.56%下降为2023年的-0.99%；2019~2023年，投资收益占比大幅下降，从2019年的0.32%下降为2023年的0.22%；2019~2023年，其他收益占比明显上升，从2019年的1.15%增长到2023年的1.27%；2019~2023年，信用减值损失占比明显上升，从2019年的-0.41%增长到2023年的-0.34%。

3.机械仪器制造业（C38-C40）利润项目分析

（1）利润及其主要构成项目。

主要构成项目：①营业利润占营业总收入比例为6.14%。其中，营业利润占比最大的上市公司为191.13%，占比最小的上市公司为-301.44%。②利润总额占营业总收入比例为6.13%。其中，利润总额占比最大的上市公司为191.25%，占比最小的上市公司为-311.03%。③净利润占营业总收入比例为5.68%。其中，净利润占比最大的上市公司为204.74%，占比最小的上市公司为-311.13%。④归属于母公司所有者的净利润占营业总收入比例为5.58%。其中，归属于母公司所有者的净利润占比最大的上市公司为204.74%，占比最小的上市公司为-287.64%。

（2）利润及其主要项目变动趋势分析。

2019~2023年，营业利润占比明显下降，从2019年的7.76%下降为2023年的6.14%；2019~2023年，利润总额占比明显下降，从2019年的7.88%下降为2023年的6.13%；2019~

2023年，净利润占比明显下降，从2019年的7.02%下降为2023年的5.68%；2019~2023年，归属于母公司所有者的净利润占比明显下降，从2019年的6.82%下降为2023年的5.58%。

（三）证券市场机械仪器制造业（C38-C40）现金流量分析

证券市场机械仪器制造业（C38-C40）现金流量分析见表3.52。

表3.52　　　　　机械仪器制造业（C38-C40）现金流量表　　　　　单位：%

年份	2023			2022			2021	2020	2019
	中位数	最大值	最小值	中位数	最大值	最小值	中位数	中位数	中位数
销售商品、提供劳务收到的现金	52.91	99.01	3.53	52.34	96.92	0.00	51.47	49.62	51.82
客户存款和同业存放款项净增加额	0.00	0.02	-3.53	0.00	55.75	-0.02	0.00	0.00	0.00
向中央银行借款净增加额	0.00	0.07	0.00	0.00	0.00	-0.18	0.00	0.00	0.00
向其他金融机构拆入资金净增加额	0.00	0.00	0.00	0.00	1.82	-0.09	0.00	0.00	0.00
收到原保险合同保费取得的现金	0.00	0.00	0.00	0.00	0.00	0.00	0.00	0.00	0.00
收到再保险业务现金净额	0.00	0.00	0.00	0.00	0.00	0.00	0.00	0.00	0.00
保户储金及投资款净增加额	0.00	0.00	0.00	0.00	0.00	0.00	0.00	0.00	0.00
处置交易性金融资产净增加额	0.00	0.00	0.00	0.00	0.00	0.00	0.00	0.00	0.00
收取利息、手续费及佣金的现金	0.00	0.62	0.00	0.00	0.71	0.00	0.00	0.00	0.00
拆入资金净增加额	0.00	0.00	0.00	0.00	0.00	0.00	0.00	0.00	0.00
回购业务资金净增加额	0.00	0.00	0.00	0.00	0.00	-0.21	0.00	0.00	0.00
收到的税费返还	0.80	10.74	0.00	1.06	13.34	0.00	0.74	0.70	0.69
收到的其他与经营活动有关的现金	1.68	31.54	0.13	1.49	56.25	0.05	1.59	1.68	1.71
经营活动现金流入小计	57.36	99.81	3.74	56.37	99.77	0.96	55.91	54.46	56.53
购买商品、接受劳务支付的现金	35.72	86.44	1.25	38.26	89.41	1.24	38.22	35.22	34.88
客户贷款及垫款净增加额	0.00	1.02	-0.79	0.00	0.00	-1.14	0.00	0.00	0.00
存放中央银行和同业款项净增加额	0.00	0.85	0.00	0.00	0.09	-1.23	0.00	0.00	0.00
支付原保险合同赔付款项的现金	0.00	0.00	0.00	0.00	0.00	0.00	0.00	0.00	0.00
支付利息、手续费及佣金的现金	0.00	0.04	0.00	0.00	0.10	0.00	0.00	0.00	0.00
支付保单红利的现金	0.00	0.00	0.00	0.00	0.00	0.00	0.00	0.00	0.00

续表

年份	2023			2022			2021	2020	2019
	中位数	最大值	最小值	中位数	最大值	最小值	中位数	中位数	中位数
支付给职工以及为职工支付的现金	8.60	38.98	0.75	8.28	34.51	0.47	8.29	7.88	8.13
支付的各项税费	2.16	17.40	0.01	2.07	26.00	0.01	2.02	2.24	2.36
支付其他与经营活动有关的现金	3.83	41.84	0.14	3.59	39.79	0.11	3.95	4.46	4.96
经营活动现金流出小计	56.22	99.70	4.71	57.30	99.04	2.10	56.42	55.02	55.01
经营活动产生的现金流量净额	5.01	49.12	−43.72	3.68	35.38	−47.90	3.35	4.98	5.66
收回投资收到的现金	3.03	128.28	0.00	2.15	91.18	0.00	1.96	1.52	0.97
取得投资收益收到的现金	0.10	82.27	−0.02	0.09	30.29	−0.04	0.12	0.11	0.09
处置固定资产、无形资产和其他长期资产收回的现金净额	0.01	11.67	0.00	0.01	21.79	0.00	0.02	0.02	0.02
处置子公司及其他营业单位收到的现金净额	0.00	31.79	−0.03	0.00	15.23	−0.99	0.00	0.00	0.00
收到的其他与投资活动有关的现金	0.00	93.51	0.00	0.00	96.41	0.00	0.00	0.00	0.00
投资活动产生的现金流入小计	11.73	128.97	0.00	10.59	96.41	0.00	11.58	11.60	9.17
购建固定资产、无形资产和其他长期资产支付的现金	4.32	48.70	0.00	4.29	56.12	0.03	4.10	3.95	3.64
投资支付的现金	4.22	94.38	0.00	3.66	92.05	0.00	2.71	3.17	1.38
质押贷款净增加额	0.00	0.00	0.00	0.00	0.00	0.00	0.00	0.00	0.00
取得子公司及其他营业单位支付的现金净额	0.00	18.87	−0.09	0.00	27.51	−0.02	0.00	0.00	0.00
支付其他与投资活动有关的现金	0.00	92.81	0.00	0.00	90.97	0.00	0.00	0.00	0.00
投资活动产生的现金流出小计	23.42	95.09	0.00	23.09	94.31	0.18	23.88	23.86	19.43
投资活动产生的现金流量净额	−5.22	88.66	−52.83	−5.20	73.45	−49.74	−4.65	−4.50	−4.10
吸收投资收到的现金	0.04	83.58	0.00	0.07	84.02	0.00	0.09	0.04	0.01
吸收权益性投资收到的现金	0.04	83.58	0.00	0.07	84.02	0.00	0.08	0.04	0.01
其中：子公司吸收少数股东投资收到的现金	0.00	21.08	0.00	0.00	14.42	0.00	0.00	0.00	0.00
发行债券收到的现金	0.00	29.89	0.00	0.00	14.32	0.00	0.00	0.00	0.00
取得借款收到的现金	6.64	60.57	0.00	7.57	64.19	0.00	6.18	7.56	8.60

续表

年份	2023			2022			2021	2020	2019
	中位数	最大值	最小值	中位数	最大值	最小值	中位数	中位数	中位数
收到其他与筹资活动有关的现金	0.00	41.19	0.00	0.00	37.11	0.00	0.00	0.00	0.02
筹资活动现金流入小计	12.76	88.06	0.00	14.80	84.16	0.00	14.96	17.89	15.69
偿还债务支付的现金	6.85	61.46	0.00	6.34	61.99	0.00	5.58	7.74	9.35
分配股利、利润或偿付利息支付的现金	1.56	33.28	0.00	1.45	21.44	0.00	1.44	1.53	1.67
其中：子公司支付给少数股东的股利、利润	0.00	5.67	0.00	0.00	4.97	−0.15	0.00	0.00	0.00
支付其他与筹资活动有关的现金	0.86	45.86	0.00	0.87	39.80	0.00	0.89	0.64	0.76
筹资活动现金流出小计	11.26	77.25	0.00	10.75	73.62	0.00	10.25	11.52	14.21
筹资活动产生的现金流量净额	−0.26	78.10	−58.07	0.11	81.55	−25.07	0.35	0.45	−0.87
现金总流入	100.00	100.00	100.00	100.00	100.00	100.00	100.00	100.00	100.00
现金总流出	100.00	100.00	100.00	100.00	100.00	100.00	100.00	100.00	100.00
现金流量净额	0.74	75.12	−49.91	1.11	80.00	−48.95	1.09	2.12	1.07

注：现金流入项目以现金总流入为基数，现金流出项目以现金总流出为基数。

1. 机械仪器制造业（C38-C40）现金流入项目分析

现金流入包括经营活动产生的现金流入、投资活动产生的现金流入和筹资活动产生的现金流入三个方面。

（1）经营活动现金流入及其主要构成项目。

2023年，经营活动产生的现金流入占总现金流入比例为57.36%。其中，经营活动产生的现金流入占比最大的上市公司为99.81%，占比最小的上市公司为3.74%。

主要构成项目：销售商品、提供劳务收到的现金占比为52.91%。其中，占比最大的上市公司为99.01%，占比最小的上市公司为3.53%。

（2）投资活动现金流入及其主要构成项目。

2023年，投资活动产生的现金流入占总现金流入比例为11.73%。其中，投资活动产生的现金流入占比最大的上市公司为128.97%，占比最小的上市公司为0。

主要构成项目：收回投资收到的现金占比为3.03%。其中，占比最大的上市公司为128.28%，占比最小的上市公司为0。

（3）筹资活动现金流入及其主要构成项目。

2023年，筹资活动产生的现金流入占总现金流入比例为12.76%。其中，筹资活动产生的现金流入占比最大的上市公司为88.06%，占比最小的上市公司为0。

主要构成项目：取得借款收到的现金占比为6.64%。其中，占比最大的上市公司为

60.57%，占比最小的上市公司为0。

（4）现金流入构成及其主要项目变动趋势分析。

2019~2023年，经营活动产生的现金流入占比总体上基本稳定。其中，2019~2023年，销售商品、提供劳务收到的现金占比总体上基本稳定。

2019~2023年，投资活动产生的现金流入占比总体上明显上升，从2019年的9.17%增长到2023年的11.73%。其中，2019~2023年，收回投资收到的现金占比总体上呈大幅上升趋势，从2019年的0.97%增长到2023年的3.03%。

2019~2023年，筹资活动产生的现金流入占比总体上明显下降，从2019年的15.69%降低到2023年的12.76%。其中，2019~2023年，取得借款收到的现金占比总体上呈明显下降趋势，从2019年的8.6%降低到2023年的6.64%，但在2021~2022年明显上升，从2021年的6.18%增长到2022年的7.57%。

2.机械仪器制造业（C38-C40）现金流出项目分析

现金流出包括经营活动产生的现金流出、投资活动产生的现金流出和筹资活动产生的现金流出三个方面。

（1）经营活动现金流出及其主要构成项目。

2023年，经营活动产生的现金流出占总现金流出比例为56.22%。其中，经营活动产生的现金流出占比最大的上市公司为99.7%，占比最小的上市公司为4.71%。

主要构成项目：①购买商品、接受劳务支付的现金占比为35.72%。其中，占比最大的上市公司为86.44%，占比最小的上市公司为1.25%。②支付给职工以及为职工支付的现金占比为8.6%。其中，占比最大的上市公司为38.98%，占比最小的上市公司为0.75%。③支付其他与经营活动有关的现金占比为3.83%。其中，占比最大的上市公司为41.84%，占比最小的上市公司为0.14%。

（2）投资活动现金流出及其主要构成项目。

2023年，投资活动产生的现金流出占总现金流出比例为23.42%。其中，投资活动产生的现金流出占比最大的上市公司为95.09%，占比最小的上市公司为0。

主要构成项目：①购建固定资产、无形资产和其他长期资产支付的现金占比为4.32%。其中，占比最大的上市公司为48.7%，占比最小的上市公司为0。②投资支付的现金占比为4.22%。其中，占比最大的上市公司为94.38%，占比最小的上市公司为0。

（3）筹资活动现金流出及其主要构成项目。

2023年，筹资活动产生的现金流出占总现金流出比例为11.26%。其中，筹资活动产生的现金流出占比最大的上市公司为77.25%，占比最小的上市公司为0。

主要构成项目：偿还债务支付的现金占比为6.85%。其中，占比最大的上市公司为61.46%，占比最小的上市公司为0。

（4）现金流出构成及其主要项目变动趋势分析。

2019~2023年，经营活动产生的现金流出占比总体上基本稳定。其中，2019~2023年，购买商品、接受劳务支付的现金占比总体上基本稳定,且在2020~2021年明显上升,从2020年的35.22%增长到2021年的38.22%。

2019~2023年,投资活动产生的现金流出占比总体上明显上升,从2019年的19.43%增长到2023年的23.42%。其中,2019~2023年,购建固定资产、无形资产和其他长期资产支付的现金占比总体上呈明显上升趋势,从2019年的3.64%增长到2023年的4.32%。

2019~2023年,筹资活动产生的现金流出占比总体上明显下降,从2019年的14.21%降低到2023年的11.26%。其中,2019~2023年,偿还债务支付的现金占比总体上呈明显下降趋势,从2019年的9.35%降低到2023年的6.85%。

3. 机械仪器制造业(C38-C40)现金流量净额项目分析

现金流量净额包括经营活动现金流量净额、投资活动现金流量净额和筹资活动现金流量净额三个方面。

(1)现金流量净额及其主要构成项目。

2023年,现金流量净额占总现金流入比例为0.74%。其中,现金流量净额占比最大的上市公司为75.12%,占比最小的上市公司为-49.91%。

主要构成项目:①经营活动产生的现金流量净额占总现金流入比例为5.01%。其中,占比最大的上市公司为49.12%,占比最小的上市公司为-43.72%。②投资活动产生的现金流量净额占总现金流入比例为-5.22%。其中,占比最大的上市公司为88.66%,占比最小的上市公司为-52.83%。③筹资活动产生的现金流量净额占总现金流入比例为-0.26%。其中,占比最大的上市公司为78.1%,占比最小的上市公司为-58.07%。

(2)现金流量净额构成及其主要项目变动趋势分析。

2019~2023年,现金流量净额占比总体上大幅下降,从2019年的1.07%降低到2023年的0.74%。其中,2019~2023年,经营活动产生的现金流量净额明显下降,从2019年的5.66%减少到2023年的5.01%。2019~2023年,投资活动产生的现金流量净额明显下降,从2019年的-4.1%减少到2023年的-5.22%。2019~2023年,筹资活动产生的现金流量净额大幅上升,从2019年的-0.87%增加到2023年的-0.26%。

十三、其他制造业(C41-C42)

其他制造业(C41-C42)由证监会行业分类(2012)中其他制造业(代码:C41)和废弃资源综合利用业(代码:C42)组成。2019~2023年,证券市场其他制造业(C41-C42)上市公司发展状况见表3.53。

表3.53　　　　其他制造业(C41-C42)上市公司数量　　　　单位:家

年份	2023	2022	2021	2020	2019
数量	31	31	27	31	21

注:公开披露定期报告的上市公司家数。

（一）证券市场其他制造业（C41-C42）财务状况分析

证券市场其他制造业（C41-C42）财务状况分析见表3.54。

表3.54　　　　　　　　其他制造业（C41-C42）资产负债表　　　　　　　　单位：%

年份	2023			2022			2021	2020	2019
	中位数	最大值	最小值	中位数	最大值	最小值	中位数	中位数	中位数
货币资金	13.72	51.74	1.87	14.37	51.07	0.42	12.69	12.75	12.33
结算备付金	0.00	0.00	0.00	0.00	0.00	0.00	0.00	0.00	0.00
拆出资金净额	0.00	0.00	0.00	0.00	0.00	0.00	0.00	0.00	0.00
交易性金融资产	0.36	35.25	0.00	0.18	49.07	0.00	1.08	0.11	0.00
衍生金融资产	0.00	0.00	0.00	0.00	0.17	0.00	0.00	0.00	0.00
应收票据净额	0.33	11.69	0.00	0.24	9.65	0.00	0.24	0.24	0.05
应收账款净额	9.30	69.53	0.11	9.56	65.14	0.04	9.25	8.78	11.09
应收款项融资	0.03	4.87	0.00	0.06	22.08	0.00	0.08	0.10	0.00
预付款项净额	0.52	6.46	0.06	0.71	8.35	0.00	0.87	0.74	0.98
应收保费净额	0.00	0.00	0.00	0.00	0.00	0.00	0.00	0.00	0.00
应收分保账款净额	0.00	0.00	0.00	0.00	0.00	0.00	0.00	0.00	0.00
应收分保合同准备金净额	0.00	0.00	0.00	0.00	0.00	0.00	0.00	0.00	0.00
其他应收款净额	0.44	22.88	0.01	0.40	26.96	0.00	0.62	0.46	0.78
应收股利净额	0.00	0.00	0.00	0.00	0.00	0.00	0.00	0.00	0.00
买入返售金融资产净额	0.00	0.00	0.00	0.00	0.00	0.00	0.00	0.00	0.00
存货净额	8.28	49.46	0.05	9.14	48.50	0.07	12.79	11.77	13.00
合同资产	0.00	12.71	0.00	0.00	9.00	0.00	0.00	0.00	0.00
一年内到期的非流动资产	0.00	1.74	0.00	0.00	21.81	0.00	0.00	0.00	0.00
其他流动资产	0.93	8.92	0.00	1.01	6.03	0.00	0.72	0.94	1.03
流动资产合计	59.34	83.33	23.28	57.77	86.42	22.17	57.64	54.35	56.85
发放贷款及垫款净额	0.00	0.00	0.00	0.00	0.00	0.00	0.00	0.00	0.00
债权投资	0.00	0.00	0.00	0.00	0.00	0.00	0.00	0.00	0.00
其他债权投资	0.00	0.00	0.00	0.00	0.00	0.00	0.00	0.00	0.00
长期应收款净额	0.00	0.21	0.00	0.00	0.20	0.00	0.00	0.00	0.00
长期股权投资净额	0.10	46.36	0.00	0.00	6.19	0.00	0.53	0.90	1.76
其他权益工具投资	0.00	2.68	0.00	0.00	3.01	0.00	0.00	0.00	0.13
其他非流动金融资产	0.00	2.84	0.00	0.00	25.36	0.00	0.00	0.00	0.00
投资性房地产净额	0.08	22.09	0.00	0.05	14.75	0.00	0.06	0.15	0.16
固定资产净额	21.66	55.36	4.39	19.31	48.90	1.49	19.31	16.24	17.39
在建工程净额	2.66	26.34	0.00	4.63	49.18	0.00	2.56	2.42	1.16
生产性生物资产净额	0.00	0.00	0.00	0.00	0.00	0.00	0.00	0.00	0.00

续表

年份	2023			2022			2021	2020	2019
	中位数	最大值	最小值	中位数	最大值	最小值	中位数	中位数	中位数
油气资产净额	0.00	0.00	0.00	0.00	0.00	0.00	0.00	0.00	0.00
使用权资产	0.15	1.96	0.00	0.12	1.98	0.00	0.11	0.00	0.00
无形资产净额	3.76	21.27	0.47	4.18	18.00	0.85	4.20	4.80	4.55
开发支出	0.00	0.83	0.00	0.00	0.73	0.00	0.00	0.00	0.00
商誉净额	0.00	17.68	0.00	0.00	16.10	0.00	0.06	0.39	0.63
长期待摊费用	0.10	1.10	0.00	0.08	1.60	0.00	0.05	0.06	0.06
递延所得税资产	0.52	4.76	0.08	0.51	4.33	0.10	0.46	0.39	0.42
其他非流动资产	1.12	26.80	0.00	1.20	8.63	0.00	0.82	0.25	0.48
非流动资产合计	40.66	76.72	16.67	42.23	77.83	13.58	42.36	45.65	43.15
资产总计	100.00	100.00	100.00	100.00	100.00	100.00	100.00	100.00	100.00
短期借款	5.86	39.69	0.00	6.18	27.54	0.00	7.10	9.13	16.78
向中央银行借款	0.00	0.00	0.00	0.00	0.00	0.00	0.00	0.00	0.00
拆入资金	0.00	0.00	0.00	0.00	0.00	0.00	0.00	0.00	0.00
交易性金融负债	0.00	1.11	0.00	0.00	3.45	0.00	0.00	0.00	0.00
衍生金融负债	0.00	0.01	0.00	0.00	0.02	0.00	0.00	0.00	0.00
应付票据	0.34	20.28	0.00	0.53	20.77	0.00	0.35	0.84	1.04
应付账款	5.82	18.36	1.15	5.86	18.37	1.47	5.06	7.02	4.87
预收款项	0.00	0.12	0.00	0.00	0.19	0.00	0.00	0.00	0.73
合同负债	0.70	9.80	0.05	0.90	8.83	0.04	1.23	1.16	0.00
卖出回购金融资产款	0.00	0.00	0.00	0.00	0.00	0.00	0.00	0.00	0.00
吸收存款及同业存放	0.00	0.00	0.00	0.00	0.00	0.00	0.00	0.00	0.00
代理买卖证券款	0.00	0.00	0.00	0.00	0.00	0.00	0.00	0.00	0.00
代理承销证券款	0.00	0.00	0.00	0.00	0.00	0.00	0.00	0.00	0.00
应付职工薪酬	0.70	5.01	0.19	0.58	4.67	0.16	0.91	0.70	0.86
应交税费	0.41	2.29	0.06	0.72	2.87	0.17	0.61	0.69	0.64
其他应付款	0.74	7.38	0.09	0.73	10.97	0.00	0.99	1.18	2.63
应付股利	0.00	1.63	0.00	0.00	1.44	0.00	0.00	0.00	0.00
应付手续费及佣金	0.00	0.00	0.00	0.00	0.00	0.00	0.00	0.00	0.00
应付分保账款	0.00	0.00	0.00	0.00	0.00	0.00	0.00	0.00	0.00
一年内到期的非流动负债	0.56	11.41	0.00	0.34	7.34	0.00	0.22	0.08	1.68
其他流动负债	0.11	2.82	0.00	0.14	4.52	0.01	0.22	0.22	0.00
流动负债合计	25.96	57.64	3.13	24.61	60.43	4.24	28.36	30.84	39.01
保险合同准备金	0.00	0.00	0.00	0.00	0.00	0.00	0.00	0.00	0.00
长期借款	1.27	30.21	0.00	0.08	31.28	0.00	0.04	0.04	1.49

续表

年份	2023			2022			2021	2020	2019
	中位数	最大值	最小值	中位数	最大值	最小值	中位数	中位数	中位数
应付债券	0.00	10.77	0.00	0.00	11.90	0.00	0.00	0.00	0.00
租赁负债	0.05	1.45	0.00	0.02	1.65	0.00	0.03	0.00	0.00
长期应付款	0.00	2.92	0.00	0.00	8.35	0.00	0.00	0.00	0.00
预计负债	0.00	3.67	0.00	0.00	3.57	0.00	0.00	0.00	0.00
递延收益-非流动负债	0.62	9.72	0.00	0.71	9.75	0.00	0.42	0.58	0.72
递延所得税负债	0.15	1.43	0.00	0.18	2.67	0.00	0.22	0.20	0.15
其他非流动负债	0.00	0.78	0.00	0.00	0.54	0.00	0.00	0.00	0.00
非流动负债合计	8.94	34.84	0.03	4.08	40.89	0.06	2.51	4.80	8.17
负债合计	36.11	66.37	6.04	33.71	70.14	5.53	36.39	32.99	46.44
实收资本（或股本）	9.62	38.74	2.69	9.91	39.05	2.21	10.60	14.02	14.65
其他权益工具	0.00	2.36	0.00	0.00	2.02	0.00	0.00	0.00	0.00
其中：优先股	0.00	0.00	0.00	0.00	0.00	0.00	0.00	0.00	0.00
其中：永续债	0.00	0.00	0.00	0.00	0.00	0.00	0.00	0.00	0.00
资本公积	24.22	62.78	0.00	24.60	72.57	0.00	24.16	20.28	20.16
其中：库存股	0.00	1.82	0.00	0.00	3.42	0.00	0.00	0.00	0.00
其他综合收益	0.00	0.58	-3.26	0.00	0.39	-3.35	0.00	0.00	0.00
专项储备	0.00	1.59	0.00	0.00	1.73	0.00	0.00	0.00	0.00
盈余公积	2.37	7.55	0.29	2.55	7.19	0.27	2.59	2.54	2.26
一般风险准备	0.00	0.00	0.00	0.00	0.00	0.00	0.00	0.00	0.00
未分配利润	22.02	40.31	-0.86	24.38	45.00	5.42	22.48	20.45	16.58
归属于母公司所有者权益合计	61.90	93.96	32.50	65.05	94.47	29.78	63.61	65.30	45.43
少数股东权益	0.84	7.95	-0.67	0.27	15.53	-0.67	0.09	0.36	0.37
所有者权益合计	63.89	93.96	33.63	66.29	94.47	29.86	63.61	67.01	53.56
负债与所有者权益总计	100.00	100.00	100.00	100.00	100.00	100.00	100.00	100.00	100.00

注：所有项目均以资产总计为基数。

1. 其他制造业（C41-C42）资产项目分析

资产项目包括流动资产和非流动资产两个方面。

（1）流动资产及其主要构成项目。

2023年，流动资产合计占总资产比例为59.34%。其中，流动资产占比最大的上市公司为83.33%，占比最小的上市公司为23.28%。

主要构成项目：①货币资金占比为13.72%。其中，占比最大的上市公司为51.74%，占比最小的上市公司为1.87%。②其他流动资产占比为0.93%。其中，占比最大的上市公司为8.92%，占比最小的上市公司为0。③交易性金融资产占比为0.36%。其中，占比最大的上市公司为35.25%，占比最小的上市公司为0。

（2）非流动资产及其主要构成项目。

2023年，非流动资产合计占总资产比例为40.66%。其中，非流动资产占比最大的上市公司为76.72%，占比最小的上市公司为16.67%。

主要构成项目：①其他非流动资产占比为1.12%。其中，占比最大的上市公司为26.8%，占比最小的上市公司为0。②递延所得税资产占比为0.52%。其中，占比最大的上市公司为4.76%，占比最小的上市公司为0.08%。③使用权资产占比为0.15%。其中，占比最大的上市公司为1.96%，占比最小的上市公司为0。

（3）资产构成及其主要项目变动趋势分析。

2019~2023年，流动资产合计占比总体上呈基本稳定。其中，2019~2023年，货币资金占比总体上呈明显上升趋势，从2019年的12.33%增长到2023年的13.72%；2019~2023年，其他流动资产占比总体上呈明显下降趋势，从2019年的1.03%降低到2023年的0.93%，且在2021~2022年大幅上升，从2021年的0.72%增长到2022年的1.01%；2019~2023年，交易性金融资产占比总体上呈大幅上升趋势，从2019年的0增长到2023年的0.36%。

2019~2023年，非流动资产合计占比总体上呈明显下降趋势。其中，2019~2023年，其他非流动资产占比总体上呈大幅上升趋势，从2019年的0.48%增长到2023年的1.12%；2019~2023年，递延所得税资产占比总体上呈明显上升趋势，从2019年的0.42%增长到2023年的0.52%；2019~2023年，使用权资产占比总体上呈明显上升趋势，从2019年的0增长到2023年的0.15%。

2. 其他制造业（C41-C42）负债项目分析

负债项目包括流动负债和非流动负债两个方面。2023年，负债合计占总资产比例为36.11%。其中，负债合计占比最大的上市公司为66.37%，占比最小的上市公司为6.04%。

（1）流动负债及其主要构成项目。

2023年，流动负债合计占总资产比例为25.96%。其中，流动负债占比最大的上市公司为57.64%，占比最小的上市公司为3.13%。

主要构成项目：①短期借款占比为5.86%。其中，占比最大的上市公司为39.69%，占比最小的上市公司为0。②应付账款占比为5.82%。其中，占比最大的上市公司为18.36%，占比最小的上市公司为1.15%。③其他应付款占比为0.74%。其中，占比最大的上市公司为7.38%，占比最小的上市公司为0.09%。

（2）非流动负债及其主要构成项目。

2023年，非流动负债合计占总资产比例为8.94%。其中，非流动负债占比最大的上市公司为34.84%，占比最小的上市公司为0.03%。

主要构成项目：①长期借款占比为1.27%。其中，占比最大的上市公司为30.21%，占比最小的上市公司为0。②递延所得税负债占比为0.15%。其中，占比最大的上市公司为

1.43%，占比最小的上市公司为0。③租赁负债占比为0.05%。其中，占比最大的上市公司为1.45%，占比最小的上市公司为0。

（3）负债构成及其主要项目变动趋势分析。

2019~2023年，流动负债合计占比总体上呈大幅下降趋势。其中，2019~2023年，短期借款占比总体上呈大幅下降趋势，从2019年的16.78%降低到2023年的5.86%；2019~2023年，应付账款占比总体上呈明显上升趋势，从2019年的4.87%增长到2023年的5.82%，且在2019~2020年大幅上升，从2019年的4.87%增长到2020年的7.02%；2019~2023年，其他应付款占比总体上呈大幅下降趋势，从2019年的2.63%降低到2023年的0.74%。

2019~2023年，非流动负债合计占比总体上呈明显上升趋势。其中，2019~2023年，长期借款占比总体上呈明显下降趋势，从2019年的1.49%降低到2023年的1.27%，且在2022~2023年大幅上升，从2022年的0.08%增长到2023年的1.27%；2019~2023年，递延所得税负债占比总体上基本稳定，且在2019~2020年大幅上升，从2019年的0.15%增长到2020年的0.2%；2019~2023年，租赁负债占比总体上呈明显上升趋势，从2019年的0增长到2023年的0.05%，且在2022~2023年大幅上升，从2022年的0.02%增长到2023年的0.05%。

3. 其他制造业（C41-C42）所有者权益项目分析

所有者权益项目包括实收资本（股本）、资本公积、盈余公积和未分配利润等四个方面。

（1）所有者权益及其主要构成项目。

2023年，所有者权益合计占总资产比例为63.89%。其中，所有者权益占比最大的上市公司为93.96%，占比最小的上市公司为33.63%。

主要构成项目：①实收资本（或股本）占比为9.62%。其中，占比最大的上市公司为38.74%，占比最小的上市公司为2.69%。②资本公积占比为24.22%。其中，占比最大的上市公司为62.78%，占比最小的上市公司为0。③盈余公积占比为2.37%。其中，占比最大的上市公司为7.55%，占比最小的上市公司为0.29%。④未分配利润占比为22.02%。其中，占比最大的上市公司为40.31%，占比最小的上市公司为–0.86%。

（2）所有者权益构成及其主要项目变动趋势分析。

2019~2023年，所有者权益合计占比总体上呈明显上升趋势。其中，2019~2023年，实收资本（或股本）占比总体上呈大幅下降趋势，从2019年的14.65%降低到2023年的9.62%，但在2020~2021年明显下降，从2020年的14.02%降低到2021年的10.6%；2019~2023年，资本公积占比总体上呈明显上升趋势，从2019年的20.16%增长到2023年的24.22%；2019~2023年，盈余公积占比总体上基本稳定，且在2019~2020年明显上升，从2019年的2.26%增长到2020年的2.54%；2019~2023年，未分配利润占比总体上呈大幅上升趋势，从2019年的16.58%增长到2023年的22.02%，但在2019~2020年明显上升，从2019年的16.58%增长到2020年的20.45%。

（二）证券市场其他制造业（C41-C42）利润分析

证券市场其他制造业（C41-C42）利润分析见表3.55。

表3.55　　　　其他制造业（C41-C42）利润表　　　　单位：%

年份	2023			2022			2021	2020	2019
	中位数	最大值	最小值	中位数	最大值	最小值	中位数	中位数	中位数
营业总收入	100.00	100.00	100.00	100.00	100.00	100.00	100.00	100.00	100.00
营业收入	100.00	100.00	100.00	100.00	100.00	100.00	100.00	100.00	100.00
利息净收入	0.00	0.00	0.00	0.00	0.00	0.00	0.00	0.00	0.00
利息收入	0.00	0.00	0.00	0.00	0.00	0.00	0.00	0.00	0.00
已赚保费	0.00	0.00	0.00	0.00	0.00	0.00	0.00	0.00	0.00
保险业务收入	0.00	0.00	0.00	0.00	0.00	0.00	0.00	0.00	0.00
减：分出保费	0.00	0.00	0.00	0.00	0.00	0.00	0.00	0.00	0.00
减：提取未到期责任准备金	0.00	0.00	0.00	0.00	0.00	0.00	0.00	0.00	0.00
手续费及佣金净收入	0.00	0.00	0.00	0.00	0.00	0.00	0.00	0.00	0.00
手续费及佣金收入	0.00	0.00	0.00	0.00	0.00	0.00	0.00	0.00	0.00
营业总成本	93.04	138.28	64.84	93.69	119.82	53.90	92.68	93.82	93.83
营业成本	78.28	98.48	36.63	76.33	99.81	36.41	76.77	75.90	78.95
利息支出	0.00	0.00	0.00	0.00	0.00	0.00	0.00	0.00	0.00
手续费及佣金支出	0.00	0.00	0.00	0.00	0.00	0.00	0.00	0.00	0.00
退保金	0.00	0.00	0.00	0.00	0.00	0.00	0.00	0.00	0.00
赔付支出净额	0.00	0.00	0.00	0.00	0.00	0.00	0.00	0.00	0.00
赔付支出	0.00	0.00	0.00	0.00	0.00	0.00	0.00	0.00	0.00
减：摊回赔付支出	0.00	0.00	0.00	0.00	0.00	0.00	0.00	0.00	0.00
提取保险责任准备金净额	0.00	0.00	0.00	0.00	0.00	0.00	0.00	0.00	0.00
提取保险责任准备金	0.00	0.00	0.00	0.00	0.00	0.00	0.00	0.00	0.00
减：摊回保险责任准备金	0.00	0.00	0.00	0.00	0.00	0.00	0.00	0.00	0.00
保单红利支出	0.00	0.00	0.00	0.00	0.00	0.00	0.00	0.00	0.00
分保费用	0.00	0.00	0.00	0.00	0.00	0.00	0.00	0.00	0.00
税金及附加	0.83	2.00	0.12	0.79	1.94	0.19	0.55	0.66	0.69
销售费用	1.58	12.34	0.02	1.73	13.67	0.22	2.56	2.67	3.97
管理费用	5.85	25.38	0.83	5.84	16.81	0.67	5.30	5.73	5.85
研发费用	3.73	19.74	0.00	3.75	9.87	0.00	3.64	3.51	3.09
财务费用	0.28	5.20	-5.11	0.24	5.04	-6.60	0.55	1.08	1.87
其他收益	0.82	9.40	0.00	0.82	6.05	0.00	1.14	1.07	1.30
投资收益	0.22	15.68	-1.57	0.22	8.20	-1.18	0.29	0.32	0.21
汇兑收益	0.00	0.00	0.00	0.00	0.00	0.00	0.00	0.00	0.00

续表

年份	2023			2022			2021	2020	2019
	中位数	最大值	最小值	中位数	最大值	最小值	中位数	中位数	中位数
其他业务收入	0.00	0.00	0.00	0.00	0.00	0.00	0.00	0.00	0.00
净敞口套期收益	0.00	0.00	0.00	0.00	0.00	0.00	0.00	0.00	0.00
公允价值变动收益	0.00	5.01	−5.71	0.00	2.16	−0.83	0.00	0.00	−0.00
信用减值损失	−0.24	0.04	−11.50	−0.39	0.16	−5.52	−0.24	−0.45	−0.07
资产减值损失	−0.86	0.00	−28.96	−0.45	0.02	−73.11	−0.44	−0.29	−0.36
资产处置收益	−0.00	2.96	−0.26	0.00	5.88	−0.60	0.00	0.00	0.00
业务及管理费	0.00	0.00	0.00	0.00	0.00	0.00	0.00	0.00	0.00
减：摊回分保费用	0.00	0.00	0.00	0.00	0.00	0.00	0.00	0.00	0.00
其他业务成本	0.00	0.00	0.00	0.00	0.00	0.00	0.00	0.00	0.00
其他业务利润	0.00	0.00	0.00	0.00	0.00	0.00	0.00	0.00	0.00
营业利润	6.46	36.99	−60.14	6.71	55.61	−98.50	8.78	10.42	8.72
加：营业外收入	0.05	0.59	0.00	0.05	1.59	0.00	0.08	0.11	0.13
减：营业外支出	0.12	1.66	0.01	0.07	1.09	0.00	0.06	0.24	0.10
利润总额	6.45	37.17	−61.71	6.83	56.21	−99.25	8.74	9.75	9.15
减：所得税费用	0.52	6.17	−9.17	1.21	6.63	−5.68	0.88	1.90	1.28
未确认的投资损失	0.00	0.00	0.00	0.00	0.00	0.00	0.00	0.00	0.00
影响净利润的其他项目	0.00	0.00	0.00	0.00	0.00	0.00	0.00	0.00	0.00
净利润	5.40	32.78	−52.54	5.80	49.58	−93.57	7.69	8.28	8.13
归属于母公司所有者的净利润	5.00	36.52	−42.71	5.68	49.59	−85.99	7.52	8.75	5.54
归属于母公司其他权益工具持有者的净利润	0.00	0.00	0.00	0.00	0.00	0.00	0.00	0.00	0.00
少数股东损益	0.00	3.03	−9.82	0.00	3.01	−7.58	0.00	0.00	0.00
其他综合收益（损失）	0.00	0.21	−0.86	0.00	1.93	−0.20	0.00	0.00	0.00
综合收益总额	5.50	32.78	−52.33	6.91	49.58	−93.78	7.66	7.56	8.19
归属于母公司所有者的综合收益	5.00	36.52	−42.50	6.91	49.59	−86.20	7.60	8.68	6.16
归属少数股东的综合收益	0.00	3.05	−9.82	0.00	3.19	−7.58	0.00	0.00	0.00
基本每股收益	0.31	3.40	−1.09	0.46	3.81	−1.06	0.38	0.32	0.21
稀释每股收益	0.29	3.39	−1.09	0.41	3.81	−1.06	0.36	0.30	0.21

1. 其他制造业（C41—C42）成本费用项目分析

（1）成本与费用及其主要构成项目。

主要构成项目：①营业成本占营业总收入比例为78.28%。其中，营业成本占比最大的上市公司为98.48%，占比最小的上市公司为36.63%。②销售费用占营业总收入比例为

1.58%。其中，销售费用占比最大的上市公司为12.34%，占比最小的上市公司为0.02%。③管理费用占营业总收入比例为5.85%。其中，管理费用占比最大的上市公司为25.38%，占比最小的上市公司为0.83%。④财务费用占营业总收入比例为0.28%。其中，财务费用占比最大的上市公司为5.2%，占比最小的上市公司为-5.11%。⑤研发费用占营业总收入比例为3.73%。其中，研发费用占比最大的上市公司为19.74%，占比最小的上市公司为0。

（2）成本与费用及其主要项目变动趋势分析。

2019~2023年，营业成本占比基本稳定，从2019年的78.95%下降为2023年的78.28%；2019~2023年，销售费用占比大幅下降，从2019年的3.97%下降为2023年的1.58%；2019~2023年，管理费用占比基本稳定，从2019年的5.85%下降为2023年的5.85%；2019~2023年，财务费用占比大幅下降，从2019年的1.87%下降为2023年的0.28%；2019~2023年，研发费用占比明显上升，从2019年的3.09%增长到2023年的3.73%。

2. 其他制造业（C41-C42）其他损益项目分析

（1）其他损益及其主要构成项目。

主要构成项目：①资产减值损失占营业总收入比例为-0.86%。其中，资产减值损失占比最大的上市公司为0，占比最小的上市公司为-28.96%。②投资收益占营业总收入比例为0.22%。其中，投资收益占比最大的上市公司为15.68%，占比最小的上市公司为-1.57%。③基本每股收益为0.31元。其中，基本每股收益最大的上市公司为3.4元，最小的上市公司为-1.09元。④其他收益占营业总收入比例为0.82%。其中，其他收益占比最大的上市公司为9.4%，占比最小的上市公司为0。⑤信用减值损失占营业总收入比例为-0.24%。其中，信用减值损失占比最大的上市公司为0.04%，占比最小的上市公司为-11.5%。

（2）其他损益及其主要项目变动趋势分析。

2019~2023年，资产减值损失占比大幅下降，从2019年的-0.36%下降为2023年的-0.86%；2019~2023年，投资收益占比基本稳定，从2019年的0.21%增长到2023年的0.22%；2019~2023年，其他收益占比大幅下降，从2019年的1.3%下降为2023年的0.82%；2019~2023年，信用减值损失占比大幅下降，从2019年的-0.07%下降为2023年的-0.24%。

3. 其他制造业（C41-C42）利润项目分析

（1）利润及其主要构成项目。

主要构成项目：①营业利润占营业总收入比例为6.46%。其中，营业利润占比最大的上市公司为36.99%，占比最小的上市公司为-60.14%。②利润总额占营业总收入比例为6.45%。其中，利润总额占比最大的上市公司为37.17%，占比最小的上市公司为-61.71%。③净利润占营业总收入比例为5.4%。其中，净利润占比最大的上市公司为32.78%，占比最小的上市公司为-52.54%。④归属于母公司所有者的净利润占营业总收入比例为5.0%。

其中，归属于母公司所有者的净利润占比最大的上市公司为36.52%，占比最小的上市公司为–42.71%。

（2）利润及其主要项目变动趋势分析。

2019~2023年，营业利润占比明显下降，从2019年的8.72%下降为2023年的6.46%；2019~2023年，利润总额占比明显下降，从2019年的9.15%下降为2023年的6.45%；2019~2023年，净利润占比大幅下降，从2019年的8.13%下降为2023年的5.4%；2019~2023年，归属于母公司所有者的净利润占比明显下降，从2019年的5.54%下降为2023年的5.0%。

（三）证券市场其他制造业（C41-C42）现金流量分析

证券市场其他制造业（C41-C42）现金流量分析见表3.56。

表3.56　　　　　　　其他制造业（C41-C42）现金流量表　　　　　　单位：%

年份	2023			2022			2021	2020	2019
	中位数	最大值	最小值	中位数	最大值	最小值	中位数	中位数	中位数
销售商品、提供劳务收到的现金	59.42	95.28	2.37	54.35	94.29	3.90	56.31	45.52	48.60
客户存款和同业存放款项净增加额	0.00	0.00	0.00	0.00	0.00	0.00	0.00	0.00	0.00
向中央银行借款净增加额	0.00	0.00	0.00	0.00	0.00	0.00	0.00	0.00	0.00
向其他金融机构拆入资金净增加额	0.00	0.00	0.00	0.00	0.00	0.00	0.00	0.00	0.00
收到原保险合同保费取得的现金	0.00	0.00	0.00	0.00	0.00	0.00	0.00	0.00	0.00
收到再保险业务现金净额	0.00	0.00	0.00	0.00	0.00	0.00	0.00	0.00	0.00
保户储金及投资款净增加额	0.00	0.00	0.00	0.00	0.00	0.00	0.00	0.00	0.00
处置交易性金融资产净增加额	0.00	0.00	0.00	0.00	0.00	0.00	0.00	0.00	0.00
收取利息、手续费及佣金的现金	0.00	0.00	0.00	0.00	0.00	0.00	0.00	0.00	0.00
拆入资金净增加额	0.00	0.00	0.00	0.00	0.00	0.00	0.00	0.00	0.00
回购业务资金净增加额	0.00	0.00	0.00	0.00	0.00	0.00	0.00	0.00	0.00
收到的税费返还	0.38	3.86	0.00	0.60	3.74	0.00	0.24	0.37	0.43
收到的其他与经营活动有关的现金	1.05	7.48	0.25	1.25	4.59	0.16	1.40	1.42	1.26
经营活动现金流入小计	62.70	96.52	4.19	57.86	96.29	4.25	58.73	49.27	52.34
购买商品、接受劳务支付的现金	41.87	78.59	1.75	39.39	78.49	2.12	43.09	31.84	38.53
客户贷款及垫款净增加额	0.00	0.00	0.00	0.00	0.00	0.00	0.00	0.00	0.00
存放中央银行和同业款项净增加额	0.00	0.00	0.00	0.00	0.00	0.00	0.00	0.00	0.00

续表

年份	2023			2022			2021	2020	2019
	中位数	最大值	最小值	中位数	最大值	最小值	中位数	中位数	中位数
支付原保险合同赔付款项的现金	0.00	0.00	0.00	0.00	0.00	0.00	0.00	0.00	0.00
支付利息、手续费及佣金的现金	0.00	0.00	0.00	0.00	0.00	0.00	0.00	0.00	0.00
支付保单红利的现金	0.00	0.00	0.00	0.00	0.00	0.00	0.00	0.00	0.00
支付给职工以及为职工支付的现金	5.63	30.96	0.76	6.14	29.29	0.51	5.80	5.35	5.29
支付的各项税费	2.22	12.84	0.88	2.79	11.36	0.70	2.21	2.28	2.18
支付其他与经营活动有关的现金	2.53	14.02	0.33	2.69	11.28	0.29	2.72	2.88	3.76
经营活动现金流出小计	61.08	87.74	5.04	55.37	86.60	3.78	58.80	45.82	51.48
经营活动产生的现金流量净额	4.25	39.97	−15.58	4.64	37.39	−7.10	3.49	4.60	4.30
收回投资收到的现金	4.62	88.93	0.00	3.33	70.22	0.00	1.08	4.00	0.50
取得投资收益收到的现金	0.12	1.37	0.00	0.05	0.95	0.00	0.09	0.10	0.10
处置固定资产、无形资产和其他长期资产收回的现金净额	0.02	2.51	0.00	0.01	5.45	0.00	0.02	0.01	0.02
处置子公司及其他营业单位收到的现金净额	0.00	19.49	0.00	0.00	8.70	−0.02	0.00	0.00	0.00
收到的其他与投资活动有关的现金	0.00	18.71	0.00	0.00	75.03	0.00	0.00	0.00	0.00
投资活动产生的现金流入小计	9.34	89.41	0.00	12.56	75.98	0.00	14.50	14.30	10.02
购建固定资产、无形资产和其他长期资产支付的现金	4.08	27.89	0.20	5.06	48.59	0.59	5.20	3.21	3.37
投资支付的现金	5.86	89.91	0.00	3.30	91.81	0.00	1.67	2.84	0.88
质押贷款净增加额	0.00	0.00	0.00	0.00	0.00	0.00	0.00	0.00	0.00
取得子公司及其他营业单位支付的现金净额	0.00	0.93	0.00	0.00	3.67	0.00	0.00	0.00	0.00
支付其他与投资活动有关的现金	0.00	19.13	0.00	0.00	58.74	0.00	0.00	0.00	0.00
投资活动产生的现金流出小计	19.28	93.85	2.00	23.74	95.16	2.71	17.28	23.80	16.71
投资活动产生的现金流量净额	−4.28	2.95	−28.17	−5.45	10.89	−33.24	−5.58	−4.02	−3.78
吸收投资收到的现金	0.00	21.05	0.00	0.00	37.39	0.00	0.05	0.04	0.00
吸收权益性投资收到的现金	0.00	21.05	0.00	0.00	37.39	0.00	0.05	0.04	0.00

续表

年份	2023			2022			2021	2020	2019
	中位数	最大值	最小值	中位数	最大值	最小值	中位数	中位数	中位数
其中：子公司吸收少数股东投资收到的现金	0.00	1.06	0.00	0.00	1.01	0.00	0.00	0.00	0.00
发行债券收到的现金	0.00	0.00	0.00	0.00	3.30	0.00	0.00	0.00	0.00
取得借款收到的现金	10.32	35.21	0.00	11.77	45.24	0.00	9.38	9.21	8.96
收到其他与筹资活动有关的现金	0.16	12.03	0.00	0.00	8.92	0.00	0.00	0.00	0.00
筹资活动现金流入小计	16.62	44.36	0.00	16.32	52.48	0.00	18.42	19.14	16.37
偿还债务支付的现金	9.36	38.97	0.00	6.52	39.85	0.00	7.18	12.07	10.39
分配股利、利润或偿付利息支付的现金	1.84	21.17	0.30	1.61	15.92	0.07	1.57	1.50	1.77
其中：子公司支付给少数股东的股利、利润	0.00	1.20	0.00	0.00	1.03	0.00	0.00	0.00	0.00
支付其他与筹资活动有关的现金	0.52	9.52	0.00	0.34	15.83	0.00	0.91	0.56	0.37
筹资活动现金流出小计	14.32	41.58	0.32	14.13	52.32	0.78	12.38	12.42	12.79
筹资活动产生的现金流量净额	−0.74	20.45	−16.76	1.01	34.13	−16.01	3.78	0.00	−0.39
现金总流入	100.00	100.00	100.00	100.00	100.00	100.00	100.00	100.00	100.00
现金总流出	100.00	100.00	100.00	100.00	100.00	100.00	100.00	100.00	100.00
现金流量净额	0.54	12.14	−46.08	2.69	36.24	−9.07	1.17	−0.31	0.53

注：现金流入项目以现金总流入为基数，现金流出项目以现金总流出为基数。

1. 其他制造业（C41–C42）现金流入项目分析

现金流入包括经营活动产生的现金流入、投资活动产生的现金流入和筹资活动产生的现金流入三个方面。

（1）经营活动现金流入及其主要构成项目。

2023年，经营活动产生的现金流入占总现金流入比例为62.7%。其中，经营活动产生的现金流入占比最大的上市公司为96.52%，占比最小的上市公司为4.19%。

主要构成项目：销售商品、提供劳务收到的现金占比为59.42%。其中，占比最大的上市公司为95.28%，占比最小的上市公司为2.37%。

（2）投资活动现金流入及其主要构成项目。

2023年，投资活动产生的现金流入占总现金流入比例为9.34%。其中，投资活动产生的现金流入占比最大的上市公司为89.41%，占比最小的上市公司为0。

主要构成项目：收回投资收到的现金占比为4.62%。其中，占比最大的上市公司为88.93%，占比最小的上市公司为0。

（3）筹资活动现金流入及其主要构成项目。

2023年，筹资活动产生的现金流入占总现金流入比例为16.62%。其中，筹资活动产生的现金流入占比最大的上市公司为44.36%，占比最小的上市公司为0。

主要构成项目：取得借款收到的现金占比为10.32%。其中，占比最大的上市公司为35.21%，占比最小的上市公司为0。

（4）现金流入构成及其主要项目变动趋势分析。

2019~2023年，经营活动产生的现金流入占比总体上明显上升，从2019年的52.34%增长到2023年的62.7%。其中，2019~2023年，销售商品、提供劳务收到的现金占比总体上呈明显上升趋势，从2019年的48.6%增长到2023年的59.42%。

2019~2023年，投资活动产生的现金流入占比总体上明显下降，从2019年的10.02%降低到2023年的9.34%。其中，2019~2023年，收回投资收到的现金占比总体上呈大幅上升趋势，从2019年的0.5%增长到2023年的4.62%。

2019~2023年，筹资活动产生的现金流入占比总体上基本稳定。其中，2019~2023年，取得借款收到的现金占比总体上呈明显上升趋势，从2019年的8.96%增长到2023年的10.32%。

2. 其他制造业（C41–C42）现金流出项目分析

现金流出包括经营活动产生的现金流出、投资活动产生的现金流出和筹资活动产生的现金流出三个方面。

（1）经营活动现金流出及其主要构成项目。

2023年，经营活动产生的现金流出占总现金流出比例为61.08%。其中，经营活动产生的现金流出占比最大的上市公司为87.74%，占比最小的上市公司为5.04%。

主要构成项目：①购买商品、接受劳务支付的现金占比为41.87%。其中，占比最大的上市公司为78.59%，占比最小的上市公司为1.75%。②支付给职工以及为职工支付的现金占比为5.63%。其中，占比最大的上市公司为30.96%，占比最小的上市公司为0.76%。③支付其他与经营活动有关的现金占比为2.53%。其中，占比最大的上市公司为14.02%，占比最小的上市公司为0.33%。

（2）投资活动现金流出及其主要构成项目。

2023年，投资活动产生的现金流出占总现金流出比例为19.28%。其中，投资活动产生的现金流出占比最大的上市公司为93.85%，占比最小的上市公司为2.0%。

主要构成项目：①投资支付的现金占比为5.86%。其中，占比最大的上市公司为89.91%，占比最小的上市公司为0。②购建固定资产、无形资产和其他长期资产支付的现金占比为4.08%。其中，占比最大的上市公司为27.89%，占比最小的上市公司为0.2%。

（3）筹资活动现金流出及其主要构成项目。

2023年，筹资活动产生的现金流出占总现金流出比例为14.32%。其中，筹资活动产生的现金流出占比最大的上市公司为41.58%，占比最小的上市公司为0.32%。

主要构成项目：偿还债务支付的现金占比为9.36%。其中，占比最大的上市公司为38.97%，占比最小的上市公司为0。

（4）现金流出构成及其主要项目变动趋势分析。

2019~2023年，经营活动产生的现金流出占比总体上明显上升，从2019年的51.48%增长到2023年的61.08%。其中，2019~2023年，购买商品、接受劳务支付的现金占比总体上呈明显上升趋势，从2019年的38.53%增长到2023年的41.87%，且在2020~2021年大幅上升，从2020年的31.84%增长到2021年的43.09%。

2019~2023年，投资活动产生的现金流出占比总体上明显上升，从2019年的16.71%增长到2023年的19.28%。其中，2019~2023年，投资支付的现金占比总体上呈大幅上升趋势，从2019年的0.88%增长到2023年的5.86%。

2019~2023年，筹资活动产生的现金流出占比总体上明显上升，从2019年的12.79%增长到2023年的14.32%。其中，2019~2023年，偿还债务支付的现金占比总体上呈明显下降趋势，从2019年的10.39%降低到2023年的9.36%，且在2022~2023年大幅上升，从2022年的6.52%增长到2023年的9.36%。

3.其他制造业（C41-C42）现金流量净额项目分析

现金流量净额包括经营活动现金流量净额、投资活动现金流量净额和筹资活动现金流量净额三个方面。

（1）现金流量净额及其主要构成项目。

2023年，现金流量净额占总现金流入比例为0.54%。其中，现金流量净额占比最大的上市公司为12.14%，占比最小的上市公司为-46.08%。

主要构成项目：①经营活动产生的现金流量净额占总现金流入比例为4.25%。其中，占比最大的上市公司为39.97%，占比最小的上市公司为-15.58%。②投资活动产生的现金流量净额占总现金流入比例为-4.28%。其中，占比最大的上市公司为2.95%，占比最小的上市公司为-28.17%。③筹资活动产生的现金流量净额占总现金流入比例为-0.74%。其中，占比最大的上市公司为20.45%，占比最小的上市公司为-16.76%。

（2）现金流量净额构成及其主要项目变动趋势分析。

2019~2023年，现金流量净额占比总体上基本稳定。其中，2019~2023年，经营活动产生的现金流量净额基本稳定，从2019年的4.3%到2023年的4.25%。2019~2023年，投资活动产生的现金流量净额明显下降，从2019年的-3.78%减少到2023年的-4.28%。2019~2023年，筹资活动产生的现金流量净额大幅下降，从2019年的-0.39%减少到2023年的-0.74%。

十四、电力、热力、燃气及水生产和供应业（D）

2019~2023年，证券市场电力、热力、燃气及水生产和供应业（D）上市公司发展状况见表3.57。

表3.57　电力、热力、燃气及水生产和供应业（D）上市公司数量　　单位：家

年份	2023	2022	2021	2020	2019
数量	133	130	129	119	111

注：公开披露定期报告的上市公司家数。

（一）证券市场电力、热力、燃气及水生产和供应业（D）财务状况分析

证券市场电力、热力、燃气及水生产和供应业（D）财务状况分析见表3.58。

表3.58　电力、热力、燃气及水生产和供应业（D）资产负债表　　单位：%

年份	2023			2022			2021	2020	2019
	中位数	最大值	最小值	中位数	最大值	最小值	中位数	中位数	中位数
货币资金	9.12	75.61	0.85	9.52	71.09	0.92	8.94	8.64	7.05
结算备付金	0.00	0.00	0.00	0.00	0.00	0.00	0.00	0.00	0.00
拆出资金净额	0.00	2.45	0.00	0.00	2.09	0.00	0.00	0.00	0.00
交易性金融资产	0.00	36.87	0.00	0.00	35.79	0.00	0.00	0.00	0.00
衍生金融资产	0.00	1.00	0.00	0.00	2.13	0.00	0.00	0.00	0.00
应收票据净额	0.01	3.36	0.00	0.02	5.07	0.00	0.01	0.04	0.02
应收账款净额	5.99	25.93	0.16	5.57	25.56	0.15	5.45	4.45	4.62
应收款项融资	0.00	15.41	0.00	0.01	12.16	0.00	0.00	0.00	0.00
预付款项净额	0.54	11.08	0.00	0.64	14.70	0.00	0.68	0.52	0.44
应收保费净额	0.00	0.00	0.00	0.00	0.00	0.00	0.00	0.00	0.00
应收分保账款净额	0.00	0.00	0.00	0.00	0.00	0.00	0.00	0.00	0.00
应收分保合同准备金净额	0.00	0.00	0.00	0.00	0.00	0.00	0.00	0.00	0.00
其他应收款净额	0.34	15.12	0.00	0.41	13.89	0.00	0.47	0.49	0.50
应收股利净额	0.00	2.28	0.00	0.00	0.70	0.00	0.00	0.00	0.00
买入返售金融资产净额	0.00	0.00	0.00	0.00	0.01	0.00	0.00	0.00	0.00
存货净额	1.17	39.64	0.00	1.37	41.26	0.00	1.33	1.26	1.55
合同资产	0.00	8.18	0.00	0.00	8.72	0.00	0.00	0.00	0.00
一年内到期的非流动资产	0.00	11.49	0.00	0.00	4.76	0.00	0.00	0.00	0.00
其他流动资产	0.87	11.36	0.00	0.80	15.70	0.00	1.11	0.97	1.06
流动资产合计	24.06	91.45	2.22	26.62	91.06	2.23	25.16	23.45	23.98
发放贷款及垫款净额	0.00	2.65	0.00	0.00	0.51	0.00	0.00	0.00	0.00
债权投资	0.00	3.94	0.00	0.00	1.97	0.00	0.00	0.00	0.00
其他债权投资	0.00	1.78	0.00	0.00	1.89	0.00	0.00	0.00	0.00
长期应收款净额	0.00	19.74	0.00	0.00	19.49	0.00	0.00	0.00	0.00

续表

年份	2023			2022			2021	2020	2019
	中位数	最大值	最小值	中位数	最大值	最小值	中位数	中位数	中位数
长期股权投资净额	3.50	71.66	0.00	3.44	65.95	0.00	3.10	3.04	3.03
其他权益工具投资	0.08	14.67	0.00	0.08	11.53	0.00	0.06	0.07	0.07
其他非流动金融资产	0.00	30.03	0.00	0.00	28.14	0.00	0.00	0.00	0.00
投资性房地产净额	0.06	17.41	0.00	0.06	16.49	0.00	0.04	0.06	0.06
固定资产净额	45.50	92.90	2.24	42.93	90.71	1.90	41.66	45.83	46.29
在建工程净额	3.84	33.07	0.01	4.48	24.76	0.00	4.14	5.48	6.04
生产性生物资产净额	0.00	0.00	0.00	0.00	0.12	0.00	0.00	0.00	0.00
油气资产净额	0.00	39.39	0.00	0.00	36.64	0.00	0.00	0.00	0.00
使用权资产	0.30	11.97	0.00	0.26	22.73	0.00	0.27		
无形资产净额	3.12	56.79	0.00	2.96	52.45	0.00	2.85	2.69	2.72
开发支出	0.00	1.48	0.00	0.00	1.23	0.00			
商誉净额	0.06	24.38	0.00	0.07	25.73	0.00	0.05	0.06	0.07
长期待摊费用	0.12	6.56	0.00	0.10	9.03	0.00	0.08	0.13	0.12
递延所得税资产	0.60	4.75	0.00	0.50	5.37	0.00	0.46	0.38	0.32
其他非流动资产	0.90	46.56	0.00	0.78	57.42	0.00	1.04	0.88	0.72
非流动资产合计	75.94	97.78	8.55	73.39	97.77	8.94	74.84	76.55	76.02
资产总计	100.00	100.00	100.00	100.00	100.00	100.00	100.00	100.00	100.00
短期借款	4.68	37.36	0.00	4.36	46.49	0.00	5.07	6.35	6.86
向中央银行借款	0.00	0.00	0.00	0.00	0.00	0.00	0.00	0.00	0.00
拆入资金	0.00	4.17	0.00	0.00	3.62	0.00	0.00	0.00	0.00
交易性金融负债	0.00	4.43	0.00	0.00	1.15	0.00			
衍生金融负债	0.00	0.22	0.00	0.00	0.75	0.00			
应付票据	0.08	14.12	0.00	0.18	14.07	0.00	0.08	0.05	0.06
应付账款	5.68	24.56	0.17	5.54	24.02	0.15	5.39	5.15	4.98
预收款项	0.00	1.47	0.00	0.00	1.50	0.00	0.00	0.00	0.98
合同负债	0.60	36.93	0.00	0.70	22.74	0.00	0.93	0.98	0.00
卖出回购金融资产款	0.00	0.00	0.00	0.00	0.27	0.00			
吸收存款及同业存放	0.00	0.13	0.00	0.00	0.17	0.00	0.00	0.00	0.00
代理买卖证券款	0.00	0.00	0.00	0.00	0.00	0.00			
代理承销证券款	0.00	0.00	0.00	0.00	0.00	0.00			
应付职工薪酬	0.42	5.35	0.00	0.39	5.59	0.00	0.41	0.39	0.35
应交税费	0.45	9.03	0.03	0.47	10.92	0.05	0.47	0.48	0.52
其他应付款	1.57	38.24	0.01	1.66	30.85	0.09	1.80	1.83	2.07

续表

年份	2023			2022			2021	2020	2019
	中位数	最大值	最小值	中位数	最大值	最小值	中位数	中位数	中位数
应付股利	0.00	1.21	0.00	0.00	0.77	0.00	0.00	0.00	0.00
应付手续费及佣金	0.00	0.00	0.00	0.00	0.00	0.00	0.00	0.00	0.00
应付分保账款	0.00	0.00	0.00	0.00	0.00	0.00	0.00	0.00	0.00
一年内到期的非流动负债	4.26	15.50	0.00	4.06	18.60	0.00	3.55	3.59	3.80
其他流动负债	0.26	20.27	0.00	0.32	15.64	0.00	0.34	0.24	0.00
流动负债合计	24.69	80.63	4.14	25.02	111.11	4.99	25.67	27.82	25.40
保险合同准备金	0.00	0.00	0.00	0.00	0.00	0.00	0.00	0.00	0.00
长期借款	18.28	55.02	0.00	15.88	54.29	0.00	15.59	14.02	13.04
应付债券	0.00	18.42	0.00	0.00	14.86	0.00	0.00	0.00	0.00
租赁负债	0.20	10.77	0.00	0.15	11.66	0.00	0.16	0.00	0.00
长期应付款	0.32	24.03	0.00	0.23	19.96	0.00	0.24	0.88	0.80
预计负债	0.00	26.40	0.00	0.00	21.39	0.00	0.00	0.00	0.00
递延收益-非流动负债	0.41	9.19	0.00	0.40	9.06	0.00	0.53	0.52	0.72
递延所得税负债	0.25	4.33	0.00	0.18	4.02	0.00	0.17	0.11	0.10
其他非流动负债	0.00	14.97	0.00	0.00	19.79	0.00	0.00	0.00	0.00
非流动负债合计	29.77	56.65	0.05	26.42	54.90	0.10	25.80	24.68	23.74
负债合计	55.97	96.14	4.19	57.00	133.38	5.10	57.07	57.44	55.14
实收资本（或股本）	8.54	130.89	1.67	8.48	157.16	1.75	9.09	9.44	10.54
其他权益工具	0.00	15.20	0.00	0.00	12.74	0.00	0.00	0.00	0.00
其中：优先股	0.00	0.00	0.00	0.00	0.00	0.00	0.00	0.00	0.00
其中：永续债	0.00	15.20	0.00	0.00	12.74	0.00	0.00	0.00	0.00
资本公积	12.96	128.14	0.11	13.45	153.86	0.13	13.54	11.48	12.34
其中：库存股	0.00	9.27	0.00	0.00	12.06	0.00	0.00	0.00	0.00
其他综合收益	0.00	2.87	-4.55	0.00	3.02	-5.29	0.00	0.00	0.00
专项储备	0.04	3.95	-0.04	0.01	2.92	-0.04	0.00	0.00	0.00
盈余公积	1.80	16.28	0.12	1.92	18.14	0.11	1.86	1.84	1.77
一般风险准备	0.00	1.77	0.00	0.00	1.76	0.00	0.00	0.00	0.00
未分配利润	11.40	43.61	-241.98	10.66	42.70	-295.63	10.11	9.28	8.20
归属于母公司所有者权益合计	38.08	87.49	2.52	38.44	93.65	-34.06	37.77	37.36	38.46
少数股东权益	3.84	25.92	-3.34	3.33	28.82	-2.39	2.57	2.83	3.06
所有者权益合计	44.03	95.81	3.86	43.00	94.90	-33.38	42.93	42.56	44.86
负债与所有者权益总计	100.00	100.00	100.00	100.00	100.00	100.00	100.00	100.00	100.00

注：所有项目均以资产总计为基数。

1.电力、热力、燃气及水生产和供应业（D）资产项目分析

资产项目包括流动资产和非流动资产两个方面。

（1）流动资产及其主要构成项目。

2023年，流动资产合计占总资产比例为24.06%。其中，流动资产占比最大的上市公司为91.45%，占比最小的上市公司为2.22%。

主要构成项目：①货币资金占比为9.12%。其中，占比最大的上市公司为75.61%，占比最小的上市公司为0.85%。②其他流动资产占比为0.87%。其中，占比最大的上市公司为11.36%，占比最小的上市公司为0。③结算备付金占比为0。其中，占比最大的上市公司为0，占比最小的上市公司为0。

（2）非流动资产及其主要构成项目。

2023年，非流动资产合计占总资产比例为75.94%。其中，非流动资产占比最大的上市公司为97.78%，占比最小的上市公司为8.55%。

主要构成项目：①其他非流动资产占比为0.9%。其中，占比最大的上市公司为46.56%，占比最小的上市公司为0。②递延所得税资产占比为0.6%。其中，占比最大的上市公司为4.75%，占比最小的上市公司为0。③使用权资产占比为0.3%。其中，占比最大的上市公司为11.97%，占比最小的上市公司为0。

（3）资产构成及其主要项目变动趋势分析。

2019~2023年，流动资产合计占比总体上呈基本稳定。其中，2019~2023年，货币资金占比总体上呈明显上升趋势，从2019年的7.05%增长到2023年的9.12%；2019~2023年，其他流动资产占比总体上呈明显下降趋势，从2019年的1.06%降低到2023年的0.87%；2019~2023年，结算备付金占比总体上基本稳定。

2019~2023年，非流动资产合计占比总体上呈基本稳定。其中，2019~2023年，其他非流动资产占比总体上呈明显上升趋势，从2019年的0.72%增长到2023年的0.9%，但在2021~2022年明显下降，从2021年的1.04%降低到2022年的0.78%；2019~2023年，递延所得税资产占比总体上呈大幅上升趋势，从2019年的0.32%增长到2023年的0.6%，但在2020~2021年明显上升，从2020年的0.38%增长到2021年的0.46%；2019~2023年，使用权资产占比总体上呈大幅上升趋势，从2019年的0增长到2023年的0.3%，但在2020~2021年明显上升，从2020年的0增长到2021年的0.27%。

2.电力、热力、燃气及水生产和供应业（D）负债项目分析

负债项目包括流动负债和非流动负债两个方面。2023年，负债合计占总资产比例为55.97%。其中，负债合计占比最大的上市公司为96.14%，占比最小的上市公司为4.19%。

（1）流动负债及其主要构成项目。

2023年，流动负债合计占总资产比例为24.69%。其中，流动负债占比最大的上市公司为80.63%，占比最小的上市公司为4.14%。

主要构成项目：①应付账款占比为5.68%。其中，占比最大的上市公司为24.56%，占比最小的上市公司为0.17%。②短期借款占比为4.68%。其中，占比最大的上市公司为37.36%，占比最小的上市公司为0。③一年内到期的非流动负债占比为4.26%。其中，占比最大的上市公司为15.5%，占比最小的上市公司为0。

（2）非流动负债及其主要构成项目。

2023年，非流动负债合计占总资产比例为29.77%。其中，非流动负债占比最大的上市公司为56.65%，占比最小的上市公司为0.05%。

主要构成项目：①长期借款占比为18.28%。其中，占比最大的上市公司为55.02%，占比最小的上市公司为0。②长期应付款占比为0.32%。其中，占比最大的上市公司为24.03%，占比最小的上市公司为0。③递延所得税负债占比为0.25%。其中，占比最大的上市公司为4.33%，占比最小的上市公司为0。

（3）负债构成及其主要项目变动趋势分析。

2019~2023年，流动负债合计占比总体上呈基本稳定。其中，2019~2023年，应付账款占比总体上呈明显上升趋势，从2019年的4.98%增长到2023年的5.68%，但在2020~2021年基本稳定，从2020年的5.15%增长到2021年的5.39%；2019~2023年，短期借款占比总体上呈大幅下降趋势，从2019年的6.86%降低到2023年的4.68%，但在2020~2021年明显下降，从2020年的6.35%降低到2021年的5.07%；2019~2023年，一年内到期的非流动负债占比总体上呈明显上升趋势，从2019年的3.8%增长到2023年的4.26%。

2019~2023年，非流动负债合计占比总体上呈明显上升趋势。其中，2019~2023年，长期借款占比总体上呈大幅上升趋势，从2019年的13.04%增长到2023年的18.28%，但在2022~2023年明显上升，从2022年的15.88%增长到2023年的18.28%；2019~2023年，长期应付款占比总体上呈大幅下降趋势，从2019年的0.8%降低到2023年的0.32%；2019~2023年，递延所得税负债占比总体上呈大幅上升趋势，从2019年的0.1%增长到2023年的0.25%。

3.电力、热力、燃气及水生产和供应业（D）所有者权益项目分析

所有者权益项目包括实收资本（股本）、资本公积、盈余公积和未分配利润等四个方面。

（1）所有者权益及其主要构成项目。

2023年，所有者权益合计占总资产比例为44.03%。其中，所有者权益占比最大的上市公司为95.81%，占比最小的上市公司为3.86%。

主要构成项目：①实收资本（或股本）占比为8.54%。其中，占比最大的上市公司为130.89%，占比最小的上市公司为1.67%。②资本公积占比为12.96%。其中，占比最大的上市公司为128.14%，占比最小的上市公司为0.11%。③盈余公积占比为1.8%。其中，占比最大的上市公司为16.28%，占比最小的上市公司为0.12%。④未分配利润占比为11.4%。其中，占比最大的上市公司为43.61%，占比最小的上市公司为−241.98%。

（2）所有者权益构成及其主要项目变动趋势分析。

2019~2023年，所有者权益合计占比总体上呈基本稳定。其中，2019~2023年，实收资本（或股本）占比总体上呈明显下降趋势，从2019年的10.54%降低到2023年的8.54%；2019~2023年，资本公积占比总体上呈明显上升趋势，从2019年的12.34%增长到2023年的12.96%；2019~2023年，盈余公积占比总体上基本稳定，且在2022~2023年明显下降，从2022年的1.92%降低到2023年的1.8%；2019~2023年，未分配利润占比总体上呈大幅上升趋势，从2019年的8.2%增长到2023年的11.4%，但在2019~2020年明显上升，从2019年的8.2%增长到2020年的9.28%。

（二）证券市场电力、热力、燃气及水生产和供应业（D）利润分析

证券市场电力、热力、燃气及水生产和供应业（D）利润分析见表3.59。

表3.59　　　电力、热力、燃气及水生产和供应业（D）利润表　　　单位：%

年份	2023			2022			2021	2020	2019
	中位数	最大值	最小值	中位数	最大值	最小值	中位数	中位数	中位数
营业总收入	100.00	100.00	100.00	100.00	100.00	100.00	100.00	100.00	100.00
营业收入	100.00	100.00	84.15	100.00	100.00	83.40	100.00	100.00	100.00
利息净收入	0.00	1.60	0.00	0.00	3.50	0.00	0.00	0.00	0.00
利息收入	0.00	1.60	0.00	0.00	3.50	0.00	0.00	0.00	0.00
已赚保费	0.00	0.00	0.00	0.00	0.00	0.00	0.00	0.00	0.00
保险业务收入	0.00	0.00	0.00	0.00	0.00	0.00	0.00	0.00	0.00
减：分出保费	0.00	0.00	0.00	0.00	0.00	0.00	0.00	0.00	0.00
减：提取未到期责任准备金	0.00	0.00	0.00	0.00	0.00	0.00	0.00	0.00	0.00
手续费及佣金净收入	0.00	14.45	0.00	0.00	13.10	0.00	0.00	0.00	0.00
手续费及佣金收入	0.00	14.45	0.00	0.00	13.10	0.00	0.00	0.00	0.00
营业总成本	90.58	140.99	49.75	92.37	192.62	49.28	93.03	90.35	92.60
营业成本	78.63	124.61	36.19	79.41	151.77	36.34	78.12	75.36	77.60
利息支出	0.00	0.00	0.00	0.00	0.00	0.00	0.00	0.00	0.00
手续费及佣金支出	0.00	0.00	0.00	0.00	0.00	0.00	0.00	0.00	0.00
退保金	0.00	0.00	0.00	0.00	0.00	0.00	0.00	0.00	0.00
赔付支出净额	0.00	0.00	0.00	0.00	0.00	0.00	0.00	0.00	0.00
赔付支出	0.00	0.00	0.00	0.00	0.00	0.00	0.00	0.00	0.00
减：摊回赔付支出	0.00	0.00	0.00	0.00	0.00	0.00	0.00	0.00	0.00
提取保险责任准备金净额	0.00	0.00	0.00	0.00	0.00	0.00	0.00	0.00	0.00
提取保险责任准备金	0.00	0.00	0.00	0.00	0.00	0.00	0.00	0.00	0.00
减：摊回保险责任准备金	0.00	0.00	0.00	0.00	0.00	0.00	0.00	0.00	0.00
保单红利支出	0.00	0.00	0.00	0.00	0.00	0.00	0.00	0.00	0.00

续表

年份	2023			2022			2021	2020	2019
	中位数	最大值	最小值	中位数	最大值	最小值	中位数	中位数	中位数
分保费用	0.00	0.00	0.00	0.00	0.00	0.00	0.00	0.00	0.00
税金及附加	0.76	4.45	0.11	0.74	3.83	0.01	0.76	0.88	0.94
销售费用	0.36	9.69	0.00	0.32	10.19	0.00	0.34	0.40	0.46
管理费用	4.36	43.22	0.13	4.19	69.73	0.15	4.87	5.01	4.72
研发费用	0.38	4.55	0.00	0.32	5.87	0.00	0.28	0.13	0.06
财务费用	3.34	41.47	−8.21	3.83	36.36	−6.89	3.88	4.60	4.61
其他收益	0.54	70.01	0.01	0.62	10.22	0.01	0.61	0.55	0.52
投资收益	0.82	324.66	−2.17	0.76	275.59	−7.54	0.66	0.75	0.91
汇兑收益	0.00	0.00	0.00	0.00	0.00	0.00	0.00	0.00	0.00
其他业务收入	0.00	0.00	0.00	0.00	0.00	0.00	0.00	0.00	0.00
净敞口套期收益	0.00	0.07	0.00	0.00	0.00	−0.11	0.00	0.00	0.00
公允价值变动收益	0.00	2.18	−64.21	0.00	6.89	−123.88	0.00	0.00	0.00
信用减值损失	−0.24	1.46	−21.40	−0.20	11.35	−9.27	−0.27	−0.21	−0.28
资产减值损失	−0.22	0.06	−18.73	−0.16	0.01	−7.01	−0.12	−0.13	−0.07
资产处置收益	0.01	54.49	−0.54	0.00	3.88	−1.14	0.00	0.00	0.00
业务及管理费	0.00	0.00	0.00	0.00	0.00	0.00	0.00	0.00	0.00
减：摊回分保费用	0.00	0.00	0.00	0.00	0.00	0.00	0.00	0.00	0.00
其他业务成本	0.00	0.49	0.00	0.00	0.57	0.00	0.00	0.00	0.00
其他业务利润	0.00	0.00	0.00	0.00	0.00	0.00	0.00	0.00	0.00
营业利润	12.00	306.49	−81.16	9.26	253.24	−130.12	10.38	12.46	10.52
加：营业外收入	0.19	14.41	0.00	0.15	37.78	0.00	0.17	0.19	0.19
减：营业外支出	0.17	6.16	0.00	0.16	39.36	−0.83	0.16	0.21	0.18
利润总额	11.32	307.95	−81.04	9.18	254.45	−129.85	10.45	13.27	10.61
减：所得税费用	2.13	11.98	−8.88	1.80	11.96	−16.49	1.90	2.27	2.04
未确认的投资损失	0.00	0.00	0.00	0.00	0.00	0.00	0.00	0.00	0.00
影响净利润的其他项目	0.00	0.00	0.00	0.00	0.00	0.00	0.00	0.00	0.00
净利润	8.98	304.07	−72.16	7.36	251.50	−113.36	8.46	9.77	8.25
归属于母公司所有者的净利润	8.71	296.83	−54.01	6.62	247.48	−97.11	6.88	8.32	7.34
归属于母公司其他权益工具持有者的净利润	0.00	0.00	0.00	0.00	0.00	0.00	0.00	0.00	0.00
少数股东损益	0.40	14.91	−18.15	0.04	19.48	−28.01	0.10	0.60	0.38
其他综合收益（损失）	0.00	12.41	−23.40	0.00	25.12	−10.22	0.00	0.00	0.00
综合收益总额	9.12	280.67	−59.75	7.36	276.62	−98.08	8.19	10.26	9.02

续表

年份	2023			2022			2021	2020	2019
	中位数	最大值	最小值	中位数	最大值	最小值	中位数	中位数	中位数
归属于母公司所有者的综合收益	7.93	273.44	−38.53	6.42	272.60	−97.11	6.52	8.39	7.63
归属少数股东的综合收益	0.39	14.91	−21.22	0.08	18.57	−30.08	0.08	0.57	0.38
基本每股收益	0.33	2.47	−0.67	0.25	2.18	−3.64	0.23	0.26	0.24
稀释每股收益	0.32	2.47	−0.67	0.24	2.18	−3.64	0.19	0.24	0.21

1. 电力、热力、燃气及水生产和供应业（D）成本费用项目分析

（1）成本与费用及其主要构成项目。

主要构成项目：①营业成本占营业总收入比例为78.63%。其中，营业成本占比最大的上市公司为124.61%，占比最小的上市公司为36.19%。②销售费用占营业总收入比例为0.36%。其中，销售费用占比最大的上市公司为9.69%，占比最小的上市公司为0。③管理费用占营业总收入比例为4.36%。其中，管理费用占比最大的上市公司为43.22%，占比最小的上市公司为0.13%。④财务费用占营业总收入比例为3.34%。其中，财务费用占比最大的上市公司为41.47%，占比最小的上市公司为−8.21%。⑤研发费用占营业总收入比例为0.38%。其中，研发费用占比最大的上市公司为4.55%，占比最小的上市公司为0。

（2）成本与费用及其主要项目变动趋势分析。

2019~2023年，营业成本占比基本稳定，从2019年的77.6%增长到2023年的78.63%；2019~2023年，销售费用占比明显下降，从2019年的0.46%下降为2023年的0.36%；2019~2023年，管理费用占比明显下降，从2019年的4.72%下降为2023年的4.36%；2019~2023年，财务费用占比明显下降，从2019年的4.61%下降为2023年的3.34%；2019~2023年，研发费用占比大幅上升，从2019年的0.06%增长到2023年的0.38%。

2. 电力、热力、燃气及水生产和供应业（D）其他损益项目分析

（1）其他损益及其主要构成项目。

主要构成项目：①资产减值损失占营业总收入比例为−0.22%。其中，资产减值损失占比最大的上市公司为0.06%，占比最小的上市公司为−18.73%。②投资收益占营业总收入比例为0.82%。其中，投资收益占比最大的上市公司为324.66%，占比最小的上市公司为−2.17%。③基本每股收益为0.33元。其中，基本每股收益最大的上市公司为2.47元，最小的上市公司为−0.67元。④其他收益占营业总收入比例为0.54%。其中，其他收益占比最大的上市公司为70.01%，占比最小的上市公司为0.01%。⑤信用减值损失占营业总收入比例为−0.24%。其中，信用减值损失占比最大的上市公司为1.46%，占比最小的上市公司为−21.4%。

（2）其他损益及其主要项目变动趋势分析。

2019~2023年，资产减值损失占比大幅下降，从2019年的−0.07%下降为2023年的−0.22%;2019~2023年,投资收益占比明显下降,从2019年的0.91%下降为2023年的0.82%;2019~2023年,其他收益占比基本稳定,从2019年的0.52%增长到2023年的0.54%;2019~2023年,信用减值损失占比明显上升,从2019年的−0.28%增长到2023年的−0.24%。

3. 电力、热力、燃气及水生产和供应业（D）利润项目分析

（1）利润及其主要构成项目。

主要构成项目:①营业利润占营业总收入比例为12.0%。其中,营业利润占比最大的上市公司为306.49%,占比最小的上市公司为−81.16%。②利润总额占营业总收入比例为11.32%。其中,利润总额占比最大的上市公司为307.95%,占比最小的上市公司为−81.04%。③净利润占营业总收入比例为8.98%。其中,净利润占比最大的上市公司为304.07%,占比最小的上市公司为−72.16%。④归属于母公司所有者的净利润占营业总收入比例为8.71%。其中,归属于母公司所有者的净利润占比最大的上市公司为296.83%,占比最小的上市公司为−54.01%。

（2）利润及其主要项目变动趋势分析。

2019~2023年,营业利润占比明显上升,从2019年的10.52%增长到2023年的12.0%;2019~2023年,利润总额占比明显上升,从2019年的10.61%增长到2023年的11.32%;2019~2023年,净利润占比明显上升,从2019年的8.25%增长到2023年的8.98%;2019~2023年,归属于母公司所有者的净利润占比明显上升,从2019年的7.34%增长到2023年的8.71%。

（三）证券市场电力、热力、燃气及水生产和供应业（D）现金流量分析

证券市场电力、热力、燃气及水生产和供应业（D）现金流量分析见表3.60。

表3.60　　　　电力、热力、燃气及水生产和供应业（D）现金流量表　　　　单位:%

年份	2023			2022			2021	2020	2019
	中位数	最大值	最小值	中位数	最大值	最小值	中位数	中位数	中位数
销售商品、提供劳务收到的现金	46.67	95.96	5.68	46.69	98.98	5.51	44.99	43.71	45.06
客户存款和同业存放款项净增加额	0.00	0.00	0.00	0.00	3.39	−0.09	0.00	0.00	0.00
向中央银行借款净增加额	0.00	0.00	0.00	0.00	0.00	0.00	0.00	0.00	0.00
向其他金融机构拆入资金净增加额	0.00	0.58	0.00	0.00	0.00	0.00	0.00	0.00	0.00
收到原保险合同保费取得的现金	0.00	0.00	0.00	0.00	0.00	0.00	0.00	0.00	0.00
收到再保险业务现金净额	0.00	0.00	0.00	0.00	0.00	0.00	0.00	0.00	0.00
保户储金及投资款净增加额	0.00	0.00	0.00	0.00	0.00	0.00	0.00	0.00	0.00

续表

年份	2023			2022			2021	2020	2019
	中位数	最大值	最小值	中位数	最大值	最小值	中位数	中位数	中位数
处置交易性金融资产净增加额	0.00	0.00	0.00	0.00	0.00	0.00	0.00	0.00	0.00
收取利息、手续费及佣金的现金	0.00	4.42	0.00	0.00	3.28	0.00	0.00	0.00	0.00
拆入资金净增加额	0.00	0.00	0.00	0.00	0.00	0.00	0.00	0.00	0.00
回购业务资金净增加额	0.00	0.00	0.00	0.00	0.00	0.00	0.00	0.00	0.00
收到的税费返还	0.22	3.09	0.00	0.88	13.13	0.00	0.09	0.08	0.06
收到的其他与经营活动有关的现金	1.42	35.11	0.13	1.18	21.53	0.20	1.34	1.24	1.38
经营活动现金流入小计	51.84	97.93	6.47	50.08	99.61	5.84	48.70	45.53	48.16
购买商品、接受劳务支付的现金	33.87	89.56	0.51	32.36	90.98	0.44	33.75	28.38	29.62
客户贷款及垫款净增加额	0.00	0.03	-0.02	0.00	0.00	-1.97	0.00	0.00	0.00
存放中央银行和同业款项净增加额	0.00	0.00	-0.10	0.00	0.00	-0.02	0.00	0.00	0.00
支付原保险合同赔付款项的现金	0.00	0.00	0.00	0.00	0.00	0.00	0.00	0.00	0.00
支付利息、手续费及佣金的现金	0.00	0.41	0.00	0.00	0.28	0.00	0.00	0.00	0.00
支付保单红利的现金	0.00	0.00	0.00	0.00	0.00	0.00	0.00	0.00	0.00
支付给职工以及为职工支付的现金	3.84	19.57	0.88	3.72	16.90	0.64	3.84	4.09	4.02
支付的各项税费	3.00	13.08	0.24	2.82	13.43	0.30	2.47	2.99	2.91
支付其他与经营活动有关的现金	1.96	36.74	0.21	1.69	48.01	0.12	1.96	1.97	1.97
经营活动现金流出小计	44.93	92.30	4.25	45.79	96.18	3.55	44.70	39.42	40.78
经营活动产生的现金流量净额	8.72	49.58	-16.07	8.24	37.94	-78.22	7.19	9.39	9.00
收回投资收到的现金	0.04	72.90	0.00	0.13	85.04	0.00	0.32	0.02	0.13
取得投资收益收到的现金	0.18	13.35	0.00	0.21	30.15	0.00	0.18	0.15	0.21
处置固定资产、无形资产和其他长期资产收回的现金净额	0.02	9.43	0.00	0.02	20.28	0.00	0.02	0.02	0.02
处置子公司及其他营业单位收到的现金净额	0.00	10.73	0.00	0.00	111.24	-2.62	0.00	0.00	0.00

续表

年份	2023			2022			2021	2020	2019
	中位数	最大值	最小值	中位数	最大值	最小值	中位数	中位数	中位数
收到的其他与投资活动有关的现金	0.02	55.50	0.00	0.02	68.40	0.00	0.09	0.07	0.04
投资活动产生的现金流入小计	1.69	73.63	0.00	2.24	141.39	0.00	2.23	2.12	1.95
购建固定资产、无形资产和其他长期资产支付的现金	8.90	75.77	0.28	7.03	39.17	0.02	6.36	7.83	6.22
投资支付的现金	0.60	63.24	0.00	0.72	73.34	0.00	1.00	0.65	0.72
质押贷款净增加额	0.00	0.00	0.00	0.00	0.12	0.00	0.00	0.00	0.00
取得子公司及其他营业单位支付的现金净额	0.00	17.63	0.00	0.00	13.01	0.00	0.00	0.00	0.00
支付其他与投资活动有关的现金	0.01	80.91	0.00	0.01	55.84	0.00	0.01	0.01	0.01
投资活动产生的现金流出小计	15.54	88.12	1.22	13.52	80.30	0.40	14.59	15.63	15.87
投资活动产生的现金流量净额	−8.35	18.10	−40.20	−6.58	111.48	−28.41	−7.27	−7.76	−7.08
吸收投资收到的现金	0.08	55.57	0.00	0.18	27.77	0.00	0.14	0.13	0.08
吸收权益性投资收到的现金	0.08	55.57	0.00	0.17	27.77	0.00	0.12	0.12	0.06
其中：子公司吸收少数股东投资收到的现金	0.01	42.98	0.00	0.01	21.39	0.00	0.00	0.01	0.00
发行债券收到的现金	0.00	28.55	0.00	0.00	10.87	0.00	0.00	0.00	0.00
取得借款收到的现金	23.64	71.27	0.00	24.00	79.30	0.00	25.82	26.28	26.47
收到其他与筹资活动有关的现金	0.01	33.06	0.00	0.00	54.92	0.00	0.06	0.06	0.06
筹资活动现金流入小计	28.21	71.28	0.00	28.78	80.80	0.00	34.02	36.28	33.34
偿还债务支付的现金	24.65	71.55	0.00	24.06	71.92	0.00	26.23	26.66	25.36
分配股利、利润或偿付利息支付的现金	3.38	16.80	0.00	3.48	11.41	0.00	3.78	3.93	3.87
其中：子公司支付给少数股东的股利、利润	0.08	5.30	0.00	0.07	4.65	0.00	0.07	0.07	0.02
支付其他与筹资活动有关的现金	1.02	58.93	0.00	1.21	46.01	0.00	1.29	0.60	0.62
筹资活动现金流出小计	34.53	78.22	0.00	32.72	80.62	0.00	33.93	34.73	36.70
筹资活动产生的现金流量净额	−1.00	43.74	−42.76	−0.92	34.05	−67.39	1.23	0.34	−1.78
现金总流入	100.00	100.00	100.00	100.00	100.00	100.00	100.00	100.00	100.00

续表

年份	2023			2022			2021	2020	2019
	中位数	最大值	最小值	中位数	最大值	最小值	中位数	中位数	中位数
现金总流出	100.00	100.00	100.00	100.00	100.00	100.00	100.00	100.00	100.00
现金流量净额	−0.22	26.95	−20.86	0.92	78.64	−34.13	0.70	0.63	−0.54

注：现金流入项目以现金总流入为基数，现金流出项目以现金总流出为基数。

1. 电力、热力、燃气及水生产和供应业（D）现金流入项目分析

现金流入包括经营活动产生的现金流入、投资活动产生的现金流入和筹资活动产生的现金流入三个方面。

（1）经营活动现金流入及其主要构成项目。

2023年，经营活动产生的现金流入占总现金流入比例为51.84%。其中，经营活动产生的现金流入占比最大的上市公司为97.93%，占比最小的上市公司为6.47%。

主要构成项目：销售商品、提供劳务收到的现金占比为46.67%。其中，占比最大的上市公司为95.96%，占比最小的上市公司为5.68%。

（2）投资活动现金流入及其主要构成项目。

2023年，投资活动产生的现金流入占总现金流入比例为1.69%。其中，投资活动产生的现金流入占比最大的上市公司为73.63%，占比最小的上市公司为0。

主要构成项目：取得投资收益收到的现金占比为0.18%。其中，占比最大的上市公司为13.35%，占比最小的上市公司为0。

（3）筹资活动现金流入及其主要构成项目。

2023年，筹资活动产生的现金流入占总现金流入比例为28.21%。其中，筹资活动产生的现金流入占比最大的上市公司为71.28%，占比最小的上市公司为0。

主要构成项目：取得借款收到的现金占比为23.64%。其中，占比最大的上市公司为71.27%，占比最小的上市公司为0。

（4）现金流入构成及其主要项目变动趋势分析。

2019~2023年，经营活动产生的现金流入占比总体上明显上升，从2019年的48.16%增长到2023年的51.84%。其中，2019~2023年，销售商品、提供劳务收到的现金占比总体上基本稳定。

2019~2023年，投资活动产生的现金流入占比总体上明显下降，从2019年的1.95%降低到2023年的1.69%。其中，2019~2023年，取得投资收益收到的现金占比总体上呈明显下降趋势，从2019年的0.21%降低到2023年的0.18%。

2019~2023年，筹资活动产生的现金流入占比总体上明显下降，从2019年的33.34%降低到2023年的28.21%。其中，2019~2023年，取得借款收到的现金占比总体上呈明显下降趋势，从2019年的26.47%降低到2023年的23.64%。

2.电力、热力、燃气及水生产和供应业（D）现金流出项目分析

现金流出包括经营活动产生的现金流出、投资活动产生的现金流出和筹资活动产生的现金流出三个方面。

（1）经营活动现金流出及其主要构成项目。

2023年，经营活动产生的现金流出占总现金流出比例为44.93%。其中，经营活动产生的现金流出占比最大的上市公司为92.3%，占比最小的上市公司为4.25%。

主要构成项目：①购买商品、接受劳务支付的现金占比为33.87%。其中，占比最大的上市公司为89.56%，占比最小的上市公司为0.51%。②支付给职工以及为职工支付的现金占比为3.84%。其中，占比最大的上市公司为19.57%，占比最小的上市公司为0.88%。③支付的各项税费占比为3.0%。其中，占比最大的上市公司为13.08%，占比最小的上市公司为0.24%。

（2）投资活动现金流出及其主要构成项目。

2023年，投资活动产生的现金流出占总现金流出比例为15.54%。其中，投资活动产生的现金流出占比最大的上市公司为88.12%，占比最小的上市公司为1.22%。

主要构成项目：①购建固定资产、无形资产和其他长期资产支付的现金占比为8.9%。其中，占比最大的上市公司为75.77%，占比最小的上市公司为0.28%。②投资支付的现金占比为0.6%。其中，占比最大的上市公司为63.24%，占比最小的上市公司为0。

（3）筹资活动现金流出及其主要构成项目。

2023年，筹资活动产生的现金流出占总现金流出比例为34.53%。其中，筹资活动产生的现金流出占比最大的上市公司为78.22%，占比最小的上市公司为0。

主要构成项目：偿还债务支付的现金占比为24.65%。其中，占比最大的上市公司为71.55%，占比最小的上市公司为0。

（4）现金流出构成及其主要项目变动趋势分析。

2019~2023年，经营活动产生的现金流出占比总体上明显上升，从2019年的40.78%增长到2023年的44.93%。其中，2019~2023年，购买商品、接受劳务支付的现金占比总体上呈明显上升趋势，从2019年的29.62%增长到2023年的33.87%。

2019~2023年，投资活动产生的现金流出占比总体上基本稳定。其中，2019~2023年，购建固定资产、无形资产和其他长期资产支付的现金占比总体上呈大幅上升趋势，从2019年的6.22%增长到2023年的8.9%，但在2022~2023年明显上升，从2022年的7.03%增长到2023年的8.9%。

2019~2023年，筹资活动产生的现金流出占比总体上明显下降，从2019年的36.7%降低到2023年的34.53%。其中，2019~2023年，偿还债务支付的现金占比总体上基本稳定，且在2021~2022年明显下降，从2021年的26.23%降低到2022年的24.06%。

3.电力、热力、燃气及水生产和供应业（D）现金流量净额项目分析

现金流量净额包括经营活动现金流量净额、投资活动现金流量净额和筹资活动现金流

量净额三个方面。

（1）现金流量净额及其主要构成项目。

2023年，现金流量净额占总现金流入比例为-0.22%。其中，现金流量净额占比最大的上市公司为26.95%，占比最小的上市公司为-20.86%。

主要构成项目：①经营活动产生的现金流量净额占总现金流入比例为8.72%。其中，占比最大的上市公司为49.58%，占比最小的上市公司为-16.07%。②投资活动产生的现金流量净额占总现金流入比例为-8.35%。其中，占比最大的上市公司为18.1%，占比最小的上市公司为-40.2%。③筹资活动产生的现金流量净额占总现金流入比例为-1.0%。其中，占比最大的上市公司为43.74%，占比最小的上市公司为-42.76%。

（2）现金流量净额构成及其主要项目变动趋势分析。

2019~2023年，现金流量净额占比总体上大幅上升，从2019年的-0.54%增长到2023年的-0.22%。其中，2019~2023年，经营活动产生的现金流量净额基本稳定，从2019年的9.0%到2023年的8.72%。2019~2023年，投资活动产生的现金流量净额明显下降，从2019年的-7.08%减少到2023年的-8.35%。2019~2023年，筹资活动产生的现金流量净额大幅上升，从2019年的-1.78%增加到2023年的-1.0%。

十五、建筑业（E）

2019~2023年，证券市场建筑业（E）上市公司发展状况见表3.61。

表3.61　　　　　　　　　建筑业（E）上市公司数量　　　　　　　　　单位：家

年份	2023	2022	2021	2020	2019
数量	108	109	108	101	93

注：公开披露定期报告的上市公司家数。

（一）证券市场建筑业（E）财务状况分析

证券市场建筑业（E）财务状况分析见表3.62。

表3.62　　　　　　　　　建筑业（E）资产负债表　　　　　　　　　单位：%

年份	2023			2022			2021	2020	2019
	中位数	最大值	最小值	中位数	最大值	最小值	中位数	中位数	中位数
货币资金	11.94	65.81	0.72	12.84	56.57	0.64	13.14	13.42	12.56
结算备付金	0.00	0.00	0.00	0.00	0.00	0.00	0.00	0.00	0.00
拆出资金净额	0.00	0.01	0.00	0.00	0.51	0.00	0.00	0.00	0.00
交易性金融资产	0.00	28.50	0.03	0.00	27.50	0.00	0.00	0.01	0.00
衍生金融资产	0.00	0.02	0.00	0.00	0.03	0.00	0.00	0.00	0.00
应收票据净额	0.11	5.87	0.00	0.19	10.60	0.00	0.36	0.36	0.27

续表

年份	2023			2022			2021	2020	2019
	中位数	最大值	最小值	中位数	最大值	最小值	中位数	中位数	中位数
应收账款净额	18.56	66.30	0.00	17.66	69.31	0.00	17.33	16.55	19.09
应收款项融资	0.05	32.53	0.00	0.03	35.82	0.00	0.05	0.05	0.01
预付款项净额	0.82	16.48	0.00	0.98	12.06	0.00	0.93	0.89	1.11
应收保费净额	0.00	0.00	0.00	0.00	0.00	0.00	0.00	0.00	0.00
应收分保账款净额	0.00	0.00	0.00	0.00	0.00	0.00	0.00	0.00	0.00
应收分保合同准备金净额	0.00	0.00	0.00	0.00	0.00	0.00	0.00	0.00	0.00
其他应收款净额	1.33	22.66	0.12	1.60	15.94	0.18	1.70	1.85	2.22
应收股利净额	0.00	0.40	0.00	0.00	0.47	0.00	0.00	0.00	0.00
买入返售金融资产净额	0.00	0.87	0.00	0.00	0.72	0.00	0.00	0.00	0.00
存货净额	3.48	47.57	0.00	3.12	50.04	0.00	3.59	3.34	18.81
合同资产	17.54	64.43	0.00	18.16	55.03	0.36	17.68	18.20	0.00
一年内到期的非流动资产	0.00	15.45	0.00	0.00	10.60	0.00	0.00	0.00	0.00
其他流动资产	1.16	6.46	0.00	1.22	11.80	0.00	1.17	1.07	1.05
流动资产合计	72.99	95.90	25.66	75.43	95.45	28.22	76.56	74.61	75.77
发放贷款及垫款净额	0.00	2.87	0.00	0.00	2.98	0.00	0.00	0.00	0.00
债权投资	0.00	1.44	0.00	0.00	9.69	0.00	0.00	0.00	0.00
其他债权投资	0.00	0.46	0.00	0.00	1.00	0.00	0.00	0.00	0.00
长期应收款净额	0.15	38.01	0.00	0.20	44.88	0.00	0.23	1.35	1.35
长期股权投资净额	0.97	16.79	0.00	1.12	15.41	0.00	1.04	1.12	1.19
其他权益工具投资	0.09	24.04	0.00	0.11	23.86	0.00	0.10	0.14	0.18
其他非流动金融资产	0.00	16.44	0.00	0.00	11.46	0.00	0.00	0.00	0.00
投资性房地产净额	0.34	63.41	0.00	0.36	51.43	0.00	0.39	0.34	0.33
固定资产净额	4.00	33.21	0.02	3.32	26.10	0.00	3.00	3.24	3.50
在建工程净额	0.19	32.13	0.00	0.18	27.98	0.00	0.20	0.15	0.19
生产性生物资产净额	0.00	1.06	0.00	0.00	1.59	0.00	0.00	0.00	0.00
油气资产净额	0.00	0.00	0.00	0.00	0.00	0.00	0.00	0.00	0.00
使用权资产	0.23	13.35	0.00	0.26	13.56	0.00	0.31	0.00	0.00
无形资产净额	1.43	30.29	0.00	1.36	31.86	0.00	1.40	1.64	1.56
开发支出	0.00	0.75	0.00	0.00	0.12	0.00	0.00	0.00	0.00
商誉净额	0.00	9.12	0.00	0.00	8.49	0.00	0.00	0.01	0.04
长期待摊费用	0.10	4.46	0.00	0.09	5.37	0.00	0.10	0.10	0.09

续表

年份	2023			2022			2021	2020	2019
	中位数	最大值	最小值	中位数	最大值	最小值	中位数	中位数	中位数
递延所得税资产	1.18	15.73	0.00	1.10	10.77	0.00	1.11	0.86	0.77
其他非流动资产	1.50	42.88	0.00	1.38	42.10	0.00	1.40	0.98	0.12
非流动资产合计	27.01	74.34	4.10	24.57	71.78	4.55	23.44	25.39	24.23
资产总计	100.00	100.00	100.00	100.00	100.00	100.00	100.00	100.00	100.00
短期借款	4.47	24.00	0.00	4.12	45.83	0.00	3.93	6.34	7.87
向中央银行借款	0.00	0.22	0.00	0.00	0.04	0.00	0.00	0.00	0.00
拆入资金	0.00	0.00	0.00	0.00	0.00	0.00	0.00	0.00	0.00
交易性金融负债	0.00	0.17	0.00	0.00	0.47	0.00	0.00	0.00	0.00
衍生金融负债	0.00	0.09	0.00	0.00	0.03	0.00	0.00	0.00	0.00
应付票据	1.21	18.80	0.00	1.66	20.53	0.00	2.14	1.86	2.07
应付账款	28.27	76.63	3.63	28.60	95.46	3.60	26.45	25.31	25.07
预收款项	0.00	1.11	0.00	0.00	0.72	0.00	0.00	0.00	3.44
合同负债	3.59	33.34	0.03	4.11	34.44	0.02	3.85	3.93	0.00
卖出回购金融资产款	0.00	0.00	0.00	0.00	0.00	0.00	0.00	0.00	0.00
吸收存款及同业存放	0.00	2.89	0.00	0.00	2.81	0.00	0.00	0.00	0.00
代理买卖证券款	0.00	0.00	0.00	0.00	0.00	0.00	0.00	0.00	0.00
代理承销证券款	0.00	0.00	0.00	0.00	0.00	0.00	0.00	0.00	0.00
应付职工薪酬	0.55	4.17	0.02	0.52	4.32	0.00	0.47	0.42	0.45
应交税费	0.70	4.89	0.04	0.72	7.03	0.03	0.81	0.80	0.83
其他应付款	2.64	54.33	0.00	2.84	52.51	0.06	2.60	2.95	3.05
应付股利	0.00	1.22	0.00	0.00	1.89	0.00	0.00	0.00	0.00
应付手续费及佣金	0.00	0.00	0.00	0.00	0.00	0.00	0.00	0.00	0.00
应付分保账款	0.00	0.00	0.00	0.00	0.00	0.00	0.00	0.00	0.00
一年内到期的非流动负债	1.27	13.87	0.00	1.20	13.35	0.00	1.13	1.01	0.96
其他流动负债	2.22	22.04	0.00	2.46	10.85	0.00	2.19	2.24	1.28
流动负债合计	58.69	150.00	15.49	57.71	140.95	14.25	58.81	58.86	57.83
保险合同准备金	0.00	0.00	0.00	0.00	0.00	0.00	0.00	0.00	0.00
长期借款	3.95	57.93	0.00	2.80	55.58	0.00	3.00	3.61	3.61
应付债券	0.00	21.37	0.00	0.00	17.78	0.00	0.00	0.00	0.00
租赁负债	0.15	10.46	0.00	0.15	10.36	0.00	0.19	0.00	0.00
长期应付款	0.00	8.01	0.00	0.00	4.67	0.00	0.00	0.00	0.00

续表

年份	2023			2022			2021	2020	2019
	中位数	最大值	最小值	中位数	最大值	最小值	中位数	中位数	中位数
预计负债	0.02	10.40	0.00	0.02	10.69	0.00	0.01	0.01	0.00
递延收益-非流动负债	0.02	3.66	0.00	0.02	5.94	0.00	0.02	0.02	0.03
递延所得税负债	0.08	13.84	0.00	0.05	11.12	0.00	0.02	0.02	0.02
其他非流动负债	0.00	9.30	0.00	0.00	3.52	0.00	0.00	0.00	0.00
非流动负债合计	8.20	64.00	0.02	6.60	60.95	0.00	6.04	7.63	7.60
负债合计	74.36	159.23	19.28	73.26	146.49	15.78	71.93	70.53	70.76
实收资本（或股本）	6.07	156.34	0.82	6.14	128.19	0.89	6.39	6.05	6.86
其他权益工具	0.00	11.58	0.00	0.00	5.14	0.00	0.00	0.00	0.00
其中：优先股	0.00	0.00	0.00	0.00	0.00	0.00	0.00	0.00	0.00
其中：永续债	0.00	11.58	0.00	0.00	5.14	0.00	0.00	0.00	0.00
资本公积	11.37	219.18	0.00	9.67	348.45	0.00	8.82	7.39	7.44
其中：库存股	0.00	4.38	0.00	0.00	2.58	0.00	0.00	0.00	0.00
其他综合收益	0.00	1.66	−2.48	0.00	2.20	−3.16	0.00	0.00	0.00
专项储备	0.01	2.50	0.00	0.00	2.55	0.00	0.00	0.00	0.00
盈余公积	1.45	15.84	0.11	1.47	10.62	0.07	1.56	1.52	1.47
一般风险准备	0.00	0.22	0.00	0.00	0.25	0.00	0.00	0.00	0.00
未分配利润	6.19	40.33	−288.64	7.28	38.96	−429.92	6.98	9.89	9.94
归属于母公司所有者权益合计	24.27	80.67	−59.23	23.66	84.22	−44.24	24.50	27.70	27.20
少数股东权益	1.02	13.07	−0.96	1.13	11.16	−2.26	1.06	1.35	1.40
所有者权益合计	25.64	80.72	−59.23	26.74	84.22	−46.49	28.07	29.48	29.24
负债与所有者权益总计	100.00	100.00	100.00	100.00	100.17	100.00	100.00	100.00	100.00

注：所有项目均以资产总计为基数。

1. 建筑业（E）资产项目分析

资产项目包括流动资产和非流动资产两个方面。

（1）流动资产及其主要构成项目。

2023年，流动资产合计占总资产比例为72.99%。其中，流动资产占比最大的上市公司为95.9%，占比最小的上市公司为25.66%。

主要构成项目：①合同资产占比为17.54%。其中，占比最大的上市公司为64.43%，占比最小的上市公司为0。②货币资金占比为11.94%。其中，占比最大的上市公司为65.81%，占比最小的上市公司为0.72%。③其他流动资产占比为1.16%。其中，占比最大的上市公司为6.46%，占比最小的上市公司为0。

（2）非流动资产及其主要构成项目。

2023年，非流动资产合计占总资产比例为27.01%。其中，非流动资产占比最大的上市公司为74.34%，占比最小的上市公司为4.1%。

主要构成项目：①其他非流动资产占比为1.5%。其中，占比最大的上市公司为42.88%，占比最小的上市公司为0。②递延所得税资产占比为1.18%。其中，占比最大的上市公司为15.73%，占比最小的上市公司为0。③使用权资产占比为0.23%。其中，占比最大的上市公司为13.35%，占比最小的上市公司为0。

（3）资产构成及其主要项目变动趋势分析。

2019~2023年，流动资产合计占比总体上呈基本稳定。其中，2019~2023年，合同资产占比总体上呈大幅上升趋势，从2019年的0增长到2023年的17.54；2019~2023年，货币资金占比总体上基本稳定，且在2022~2023年明显下降，从2022年的12.84%降低到2023年的11.94%；2019~2023年，其他流动资产占比总体上呈明显上升趋势，从2019年的1.05%增长到2023年的1.16%。

2019~2023年，非流动资产合计占比总体上呈明显上升趋势。其中，2019~2023年，其他非流动资产占比总体上呈大幅上升趋势，从2019年的0.12%增长到2023年的1.5%；2019~2023年，递延所得税资产占比总体上呈大幅上升趋势，从2019年的0.77%增长到2023年的1.18%，但在2020~2021年明显上升，从2020年的0.86%增长到2021年的1.11%；2019~2023年，使用权资产占比总体上呈明显上升趋势，从2019年的0增长到2023年的0.23%，且在2020~2021年大幅上升，从2020年的0增长到2021年的0.31%。

2.建筑业（E）负债项目分析

负债项目包括流动负债和非流动负债两个方面。2023年，负债合计占总资产比例为74.36%。其中，负债合计占比最大的上市公司为159.23%，占比最小的上市公司为19.28%。

（1）流动负债及其主要构成项目。

2023年，流动负债合计占总资产比例为58.69%。其中，流动负债占比最大的上市公司为150.0%，占比最小的上市公司为15.49%。

主要构成项目：①应付账款占比为28.27%。其中，占比最大的上市公司为76.63%，占比最小的上市公司为3.63%。②短期借款占比为4.47%。其中，占比最大的上市公司为24.0%，占比最小的上市公司为0。③合同负债占比为3.59%。其中，占比最大的上市公司为33.34%，占比最小的上市公司为0.03%。

（2）非流动负债及其主要构成项目。

2023年，非流动负债合计占总资产比例为8.2%。其中，非流动负债占比最大的上市公司为64.0%，占比最小的上市公司为0.02%。

主要构成项目：①长期借款占比为3.95%。其中，占比最大的上市公司为57.93%，占比最小的上市公司为0。②租赁负债占比为0.15%。其中，占比最大的上市公司为10.46%，占比最小的上市公司为0。③递延所得税负债占比为0.08%。其中,占比最大的上市公司为13.84%,占比最小的上市公司为0。

(3)负债构成及其主要项目变动趋势分析。

2019~2023年,流动负债合计占比总体上呈基本稳定。其中,2019~2023年,应付账款占比总体上呈明显上升趋势,从2019年的25.07%增长到2023年的28.27%;2019~2023年,短期借款占比总体上呈大幅下降趋势,从2019年的7.87%降低到2023年的4.47%;2019~2023年,合同负债占比总体上呈大幅上升趋势,从2019年的0增长到2023年的3.59%。

2019~2023年,非流动负债合计占比总体上呈明显上升趋势。其中,2019~2023年,长期借款占比总体上呈明显上升趋势,从2019年的3.61%增长到2023年的3.95%,且在2022~2023年大幅上升,从2022年的2.8%增长到2023年的3.95%;2019~2023年,租赁负债占比总体上呈明显上升趋势,从2019年的0增长到2023年的0.15%,但在2021~2022年明显下降,从2021年的0.19%降低到2022年的0.15%;2019~2023年,递延所得税负债占比总体上呈大幅上升趋势,从2019年的0.02%增长到2023年的0.08%。

3.建筑业(E)所有者权益项目分析

所有者权益项目包括实收资本(股本)、资本公积、盈余公积和未分配利润等四个方面。

(1)所有者权益及其主要构成项目。

2023年,所有者权益合计占总资产比例为25.64%。其中,所有者权益占比最大的上市公司为80.72%,占比最小的上市公司为-59.23%。

主要构成项目:①实收资本(或股本)占比为6.07%。其中,占比最大的上市公司为156.34%,占比最小的上市公司为0.82%。②资本公积占比为11.37%。其中,占比最大的上市公司为219.18%,占比最小的上市公司为0。③盈余公积占比为1.45%。其中,占比最大的上市公司为15.84%,占比最小的上市公司为0.11%。④未分配利润占比为6.19%。其中,占比最大的上市公司为40.33%,占比最小的上市公司为-288.64%。

(2)所有者权益构成及其主要项目变动趋势分析。

2019~2023年,所有者权益合计占比总体上呈明显下降趋势。其中,2019~2023年,实收资本(或股本)占比总体上呈明显下降趋势,从2019年的6.86%降低到2023年的6.07%;2019~2023年,资本公积占比总体上呈大幅上升趋势,从2019年的7.44%增长到2023年的11.37%,但在2020~2021年明显上升,从2020年的7.39%增长到2021年的8.82%;2019~2023年,盈余公积占比总体上基本稳定,且在2021~2022年明显下降,从2021年的1.56%降低到2022年的1.47%;2019~2023年,未分配利润占比总体上呈大幅下降趋势,从2019年的9.94%降低到2023年的6.19%,但在2020~2021年明显下降,从2020年的9.89%降低到2021年的6.98%。

（二）证券市场建筑业（E）利润分析

证券市场建筑业（E）利润分析见表3.63。

表3.63　　　　　　　　　　建筑业（E）利润表　　　　　　　　　　单位：%

年份	2023			2022			2021	2020	2019
	中位数	最大值	最小值	中位数	最大值	最小值	中位数	中位数	中位数
营业总收入	100.00	100.00	100.00	100.00	100.00	100.00	100.00	100.00	100.00
营业收入	100.00	100.00	99.53	100.00	100.00	99.55	100.00	100.00	100.00
利息净收入	0.00	0.46	0.00	0.00	0.45	0.00	0.00	0.00	0.00
利息收入	0.00	0.46	0.00	0.00	0.45	0.00	0.00	0.00	0.00
已赚保费	0.00	0.00	0.00	0.00	0.00	0.00	0.00	0.00	0.00
保险业务收入	0.00	0.00	0.00	0.00	0.00	0.00	0.00	0.00	0.00
减：分出保费	0.00	0.00	0.00	0.00	0.00	0.00	0.00	0.00	0.00
减：提取未到期责任准备金	0.00	0.00	0.00	0.00	0.00	0.00	0.00	0.00	0.00
手续费及佣金净收入	0.00	0.13	0.00	0.00	0.19	0.00	0.00	0.00	0.00
手续费及佣金收入	0.00	0.13	0.00	0.00	0.19	0.00	0.00	0.00	0.00
营业总成本	97.48	232.16	81.76	96.18	247.57	78.45	95.88	95.59	95.08
营业成本	88.41	134.42	56.93	87.82	144.42	61.59	87.45	87.07	87.17
利息支出	0.00	0.00	0.00	0.00	0.00	0.00	0.00	0.00	0.00
手续费及佣金支出	0.00	0.00	0.00	0.00	0.00	0.00	0.00	0.00	0.00
退保金	0.00	0.00	0.00	0.00	0.00	0.00	0.00	0.00	0.00
赔付支出净额	0.00	0.00	0.00	0.00	0.00	0.00	0.00	0.00	0.00
赔付支出	0.00	0.00	0.00	0.00	0.00	0.00	0.00	0.00	0.00
减：摊回赔付支出	0.00	0.00	0.00	0.00	0.00	0.00	0.00	0.00	0.00
提取保险责任准备金净额	0.00	0.00	0.00	0.00	0.00	0.00	0.00	0.00	0.00
提取保险责任准备金	0.00	0.00	0.00	0.00	0.00	0.00	0.00	0.00	0.00
减：摊回保险责任准备金	0.00	0.00	0.00	0.00	0.00	0.00	0.00	0.00	0.00
保单红利支出	0.00	0.00	0.00	0.00	0.00	0.00	0.00	0.00	0.00
分保费用	0.00	0.00	0.00	0.00	0.00	0.00	0.00	0.00	0.00
税金及附加	0.39	3.71	0.05	0.42	2.53	0.04	0.37	0.38	0.38
销售费用	0.66	31.54	0.00	0.61	36.93	0.00	0.55	0.57	0.54
管理费用	4.59	77.82	1.22	4.61	61.19	1.13	3.71	3.26	3.57
研发费用	3.02	15.55	0.00	2.92	12.12	0.00	2.98	2.89	2.27
财务费用	1.16	53.99	−40.97	0.94	34.24	−19.16	1.07	1.17	1.18
其他收益	0.13	459.74	0.00	0.14	3.60	−0.99	0.13	0.16	0.12
投资收益	0.09	156.32	−8.24	0.18	16.60	−8.53	0.15	0.15	0.14
汇兑收益	0.00	0.00	0.00	0.00	0.00	0.00	0.00	0.00	0.00

续表

年份	2023			2022			2021	2020	2019
	中位数	最大值	最小值	中位数	最大值	最小值	中位数	中位数	中位数
其他业务收入	0.00	0.00	0.00	0.00	0.00	0.00	0.00	0.00	0.00
净敞口套期收益	0.00	0.00	0.00	0.00	0.00	0.00	0.00	0.00	0.00
公允价值变动收益	0.00	13.13	−22.84	0.00	3.00	−12.71	0.00	0.00	0.00
信用减值损失	−1.26	6.15	−176.10	−1.49	7.36	−301.01	−1.10	−0.98	−0.87
资产减值损失	−0.48	42.73	−146.99	−0.35	7.12	−74.52	−0.53	−0.24	−0.11
资产处置收益	0.01	1.55	−3.41	0.01	15.60	−10.26	0.01	0.01	0.01
业务及管理费	0.00	0.00	0.00	0.00	0.00	0.00	0.00	0.00	0.00
减：摊回分保费用	0.00	0.00	0.00	0.00	0.00	0.00	0.00	0.00	0.00
其他业务成本	0.00	0.06	0.00	0.00	0.07	0.00	0.00	0.00	0.00
其他业务利润	0.00	0.00	0.00	0.00	0.00	0.00	0.00	0.00	0.00
营业利润	2.45	368.70	−366.25	2.86	21.55	−348.38	2.97	3.82	4.26
加：营业外收入	0.05	6.73	0.00	0.06	2.34	0.00	0.06	0.06	0.07
减：营业外支出	0.08	97.65	−0.16	0.09	6.76	−0.00	0.06	0.07	0.05
利润总额	2.39	271.96	−369.55	2.70	21.48	−347.24	2.94	3.93	4.29
减：所得税费用	0.62	94.56	−6.99	0.66	38.78	−8.72	0.65	0.76	0.86
未确认的投资损失	0.00	0.00	0.00	0.00	0.00	0.00	0.00	0.00	0.00
影响净利润的其他项目	0.00	0.00	0.00	0.00	0.00	0.00	0.00	0.00	0.00
净利润	1.98	199.77	−464.11	1.96	17.94	−386.02	2.32	3.12	3.25
归属于母公司所有者的净利润	1.89	212.15	−464.05	1.75	17.94	−386.02	1.95	2.74	3.01
归属于母公司其他权益工具持有者的净利润	0.00	0.00	0.00	0.00	0.00	0.00	0.00	0.00	0.00
少数股东损益	0.00	7.33	−58.91	0.04	4.70	−24.60	0.06	0.08	0.07
其他综合收益（损失）	0.00	9.38	−2.24	0.00	3.40	−3.06	0.00	0.00	−0.00
综合收益总额	1.98	198.30	−464.11	1.70	19.02	−386.02	2.30	3.18	3.25
归属于母公司所有者的综合收益	1.89	210.67	−464.05	1.75	19.02	−386.02	1.95	2.78	3.02
归属少数股东的综合收益	0.00	7.33	−58.91	0.04	4.70	−24.60	0.06	0.08	0.07
基本每股收益	0.15	1.73	−3.53	0.10	2.00	−3.45	0.22	0.28	0.29
稀释每股收益	0.15	1.73	−3.53	0.10	2.00	−3.45	0.19	0.26	0.29

1. 建筑业（E）成本费用项目分析

（1）成本与费用及其主要构成项目。

主要构成项目：①营业成本占营业总收入比例为88.41%。其中，营业成本占比最大的上市公司为134.42%，占比最小的上市公司为56.93%。②销售费用占营业总收入比例为

0.66%。其中，销售费用占比最大的上市公司为31.54%，占比最小的上市公司为0。③管理费用占营业总收入比例为4.59%。其中，管理费用占比最大的上市公司为77.82%，占比最小的上市公司为1.22%。④财务费用占营业总收入比例为1.16%。其中，财务费用占比最大的上市公司为53.99%，占比最小的上市公司为-40.97%。⑤研发费用占营业总收入比例为3.02%。其中，研发费用占比最大的上市公司为15.55%，占比最小的上市公司为0。

（2）成本与费用及其主要项目变动趋势分析。

2019~2023年，营业成本占比基本稳定，从2019年的87.17%增长到2023年的88.41%；2019~2023年，销售费用占比明显上升，从2019年的0.54%增长到2023年的0.66%；2019~2023年，管理费用占比明显上升，从2019年的3.57%增长到2023年的4.59%；2019~2023年，财务费用占比基本稳定，从2019年的1.18%下降为2023年的1.16%；2019~2023年，研发费用占比大幅上升，从2019年的2.27%增长到2023年的3.02%。

2.建筑业（E）其他损益项目分析

（1）其他损益及其主要构成项目。

主要构成项目：①资产减值损失占营业总收入比例为-0.48%。其中，资产减值损失占比最大的上市公司为42.73%，占比最小的上市公司为-146.99%。②投资收益占营业总收入比例为0.09%。其中，投资收益占比最大的上市公司为156.32%，占比最小的上市公司为-8.24%。③基本每股收益为0.15元。其中，基本每股收益最大的上市公司为1.73元，最小的上市公司为-3.53元。④其他收益占营业总收入比例为0.13%。其中，其他收益占比最大的上市公司为459.74%，占比最小的上市公司为0。⑤信用减值损失占营业总收入比例为-1.26%。其中，信用减值损失占比最大的上市公司为6.15%，占比最小的上市公司为-176.1%。

（2）其他损益及其主要项目变动趋势分析。

2019~2023年，资产减值损失占比大幅下降，从2019年的-0.11%下降为2023年的-0.48%；2019~2023年，投资收益占比大幅下降，从2019年的0.14%下降为2023年的0.09%；2019~2023年，其他收益占比明显上升，从2019年的0.12%增长到2023年的0.13%；2019~2023年，信用减值损失占比大幅下降，从2019年的-0.87%下降为2023年的-1.26%。

3.建筑业（E）利润项目分析

（1）利润及其主要构成项目。

主要构成项目：①营业利润占营业总收入比例为2.45%。其中，营业利润占比最大的上市公司为368.7%，占比最小的上市公司为-366.25%。②利润总额占营业总收入比例为2.39%。其中，利润总额占比最大的上市公司为271.96%，占比最小的上市公司为-369.55%。③净利润占营业总收入比例为1.98%。其中，净利润占比最大的上市公司为199.77%，占比最小的上市公司为-464.11%。④归属于母公司所有者的净利润占营业总收入比例为1.89%。其中，归属于母公司所有者的净利润占比最大的上市公司为212.15%，占比最小的上市公司为-464.05%。

（2）利润及其主要项目变动趋势分析。

2019~2023年，营业利润占比大幅下降，从2019年的4.26%下降为2023年的2.45%；2019~2023年，利润总额占比大幅下降，从2019年的4.29%下降为2023年的2.39%；2019~2023年，净利润占比大幅下降，从2019年的3.25%下降为2023年的1.98%；2019~2023年，归属于母公司所有者的净利润占比大幅下降，从2019年的3.01%下降为2023年的1.89%。

（三）证券市场建筑业（E）现金流量分析

证券市场建筑业（E）现金流量分析见表3.64。

表3.64　　　　　　　　建筑业（E）现金流量表　　　　　　　　单位：%

年份	2023			2022			2021	2020	2019
	中位数	最大值	最小值	中位数	最大值	最小值	中位数	中位数	中位数
销售商品、提供劳务收到的现金	65.79	98.62	15.34	62.54	97.77	18.58	61.90	61.72	61.65
客户存款和同业存放款项净增加额	0.00	0.58	-0.11	0.00	0.17	-2.46	0.00	0.00	0.00
向中央银行借款净增加额	0.00	0.22	0.00	0.00	0.04	0.00	0.00	0.00	0.00
向其他金融机构拆入资金净增加额	0.00	0.00	0.00	0.00	0.00	0.00	0.00	0.00	0.00
收到原保险合同保费取得的现金	0.00	0.00	0.00	0.00	0.00	0.00	0.00	0.00	0.00
收到再保险业务现金净额	0.00	0.00	0.00	0.00	0.00	0.00	0.00	0.00	0.00
保户储金及投资款净增加额	0.00	0.00	0.00	0.00	0.00	0.00	0.00	0.00	0.00
处置交易性金融资产净增加额	0.00	0.00	0.00	0.00	0.00	0.00	0.00	0.00	0.00
收取利息、手续费及佣金的现金	0.00	0.45	0.00	0.00	0.41	0.00	0.00	0.00	0.00
拆入资金净增加额	0.00	0.54	0.00	0.00	0.10	-0.61	0.00	0.00	0.00
回购业务资金净增加额	0.00	0.00	-0.28	0.00	0.00	-0.85	0.00	0.00	0.00
收到的税费返还	0.02	2.69	0.00	0.22	1.77	0.00	0.00	0.01	0.00
收到的其他与经营活动有关的现金	2.87	30.71	0.14	2.74	42.76	0.10	2.94	3.00	3.34
经营活动现金流入小计	68.78	99.76	18.12	68.84	99.79	19.93	67.01	65.78	65.97
购买商品、接受劳务支付的现金	54.21	86.54	15.62	51.31	87.07	14.74	53.45	50.80	49.74
客户贷款及垫款净增加额	0.00	0.22	-1.62	0.00	0.05	-1.71	0.00	0.00	0.00

续表

年份	2023			2022			2021	2020	2019
	中位数	最大值	最小值	中位数	最大值	最小值	中位数	中位数	中位数
存放中央银行和同业款项净增加额	0.00	0.36	−0.05	0.00	0.03	−0.11	0.00	0.00	0.00
支付原保险合同赔付款项的现金	0.00	0.00	0.00	0.00	0.00	0.00	0.00	0.00	0.00
支付利息、手续费及佣金的现金	0.00	0.06	0.00	0.00	0.06	0.00	0.00	0.00	0.00
支付保单红利的现金	0.00	0.00	0.00	0.00	0.00	0.00	0.00	0.00	0.00
支付给职工以及为职工支付的现金	5.98	25.45	1.97	5.36	23.00	1.31	4.79	4.62	5.02
支付的各项税费	2.09	6.92	0.40	2.20	6.93	0.25	2.23	2.08	2.43
支付其他与经营活动有关的现金	4.30	27.35	0.68	4.66	21.50	0.69	4.43	4.40	4.58
经营活动现金流出小计	70.65	99.07	21.29	68.82	98.00	22.07	68.43	66.63	67.59
经营活动产生的现金流量净额	0.78	17.69	−38.72	1.75	30.35	−82.70	1.37	1.42	1.90
收回投资收到的现金	0.33	55.36	0.00	0.20	75.46	0.00	0.35	0.34	0.06
取得投资收益收到的现金	0.03	10.11	0.00	0.04	8.64	0.00	0.04	0.06	0.05
处置固定资产、无形资产和其他长期资产收回的现金净额	0.03	2.67	0.00	0.02	46.33	0.00	0.02	0.03	0.02
处置子公司及其他营业单位收到的现金净额	0.00	29.77	0.00	0.00	7.33	−0.03	0.00	0.00	0.00
收到的其他与投资活动有关的现金	0.01	46.24	0.00	0.00	57.57	0.00	0.02	0.00	0.04
投资活动产生的现金流入小计	1.86	55.88	0.00	1.50	76.22	0.00	2.23	2.97	2.30
购建固定资产、无形资产和其他长期资产支付的现金	1.03	23.36	0.00	1.35	26.46	0.00	1.10	0.87	0.93
投资支付的现金	0.78	61.39	0.00	1.17	73.62	0.00	0.81	0.98	1.31
质押贷款净增加额	0.00	0.00	0.00	0.00	0.00	0.00	0.00	0.00	0.00
取得子公司及其他营业单位支付的现金净额	0.00	2.88	0.00	0.00	16.91	0.00	0.00	0.00	0.00
支付其他与投资活动有关的现金	0.00	48.38	0.00	0.00	46.01	0.00	0.00	0.01	0.00
投资活动产生的现金流出小计	4.41	63.14	0.04	5.70	73.92	0.00	5.08	4.52	5.40

续表

年份	2023			2022			2021	2020	2019
	中位数	最大值	最小值	中位数	最大值	最小值	中位数	中位数	中位数
投资活动产生的现金流量净额	-1.09	21.61	-19.71	-2.00	46.32	-29.57	-1.76	-1.06	-1.35
吸收投资收到的现金	0.02	28.42	0.00	0.10	37.34	0.00	0.18	0.10	0.10
吸收权益性投资收到的现金	0.02	28.42	0.00	0.08	37.34	0.00	0.18	0.10	0.10
其中：子公司吸收少数股东投资收到的现金	0.00	10.16	0.00	0.00	5.83	0.00	0.00	0.00	0.00
发行债券收到的现金	0.00	7.71	0.00	0.00	8.50	0.00	0.00	0.00	0.00
取得借款收到的现金	16.66	76.41	0.00	14.44	73.38	0.00	15.32	17.80	18.72
收到其他与筹资活动有关的现金	0.57	51.84	0.00	0.36	62.55	0.00	0.47	0.56	0.23
筹资活动现金流入小计	19.96	76.44	0.00	19.34	76.93	0.00	22.11	23.70	24.66
偿还债务支付的现金	13.03	75.44	0.00	13.46	74.50	0.00	13.92	18.04	18.14
分配股利、利润或偿付利息支付的现金	1.56	9.18	0.00	1.78	8.11	0.00	1.80	1.92	2.03
其中：子公司支付给少数股东的股利、利润	0.00	5.22	0.00	0.00	0.60	0.00	0.00	0.00	0.00
支付其他与筹资活动有关的现金	1.50	42.76	0.00	0.90	58.10	0.00	1.32	0.92	0.55
筹资活动现金流出小计	18.45	77.91	0.40	18.53	77.86	0.81	19.56	22.18	23.87
筹资活动产生的现金流量净额	0.28	30.95	-40.25	0.50	36.32	-58.13	0.75	1.02	0.57
现金总流入	100.00	100.00	100.00	100.00	100.00	100.00	100.00	100.00	100.00
现金总流出	100.00	100.00	100.00	100.00	100.00	100.00	100.00	100.00	100.00
现金流量净额	-0.07	27.22	-37.84	0.31	32.86	-170.39	-0.47	0.66	0.30

注：现金流入项目以现金总流入为基数，现金流出项目以现金总流出为基数。

1. 建筑业（E）现金流入项目分析

现金流入包括经营活动产生的现金流入、投资活动产生的现金流入和筹资活动产生的现金流入三个方面。

（1）经营活动现金流入及其主要构成项目。

2023年，经营活动产生的现金流入占总现金流入比例为68.78%。其中，经营活动产生的现金流入占比最大的上市公司为99.76%，占比最小的上市公司为18.12%。

主要构成项目：销售商品、提供劳务收到的现金占比为65.79%。其中，占比最大的上市公司为98.62%，占比最小的上市公司为15.34%。

（2）投资活动现金流入及其主要构成项目。

2023年，投资活动产生的现金流入占总现金流入比例为1.86%。其中，投资活动产生的现金流入占比最大的上市公司为55.88%，占比最小的上市公司为0。

主要构成项目：收回投资收到的现金占比为0.33%。其中，占比最大的上市公司为55.36%，占比最小的上市公司为0。

（3）筹资活动现金流入及其主要构成项目。

2023年，筹资活动产生的现金流入占总现金流入比例为19.96%。其中，筹资活动产生的现金流入占比最大的上市公司为76.44%，占比最小的上市公司为0。

主要构成项目：取得借款收到的现金占比为16.66%。其中，占比最大的上市公司为76.41%，占比最小的上市公司为0。

（4）现金流入构成及其主要项目变动趋势分析。

2019~2023年，经营活动产生的现金流入占比总体上基本稳定。其中，2019~2023年，销售商品、提供劳务收到的现金占比总体上呈明显上升趋势，从2019年的61.65%增长到2023年的65.79%。

2019~2023年，投资活动产生的现金流入占比总体上明显下降，从2019年的2.3%降低到2023年的1.86%。其中，2019~2023年，收回投资收到的现金占比总体上呈大幅上升趋势，从2019年的0.06%增长到2023年的0.33%。

2019~2023年，筹资活动产生的现金流入占比总体上明显下降，从2019年的24.66%降低到2023年的19.96%。其中，2019~2023年，取得借款收到的现金占比总体上呈明显下降趋势，从2019年的18.72%降低到2023年的16.66%，但在2022~2023年明显上升，从2022年的14.44%增长到2023年的16.66%。

2. 建筑业（E）现金流出项目分析

现金流出包括经营活动产生的现金流出、投资活动产生的现金流出和筹资活动产生的现金流出三个方面。

（1）经营活动现金流出及其主要构成项目。

2023年，经营活动产生的现金流出占总现金流出比例为70.65%。其中，经营活动产生的现金流出占比最大的上市公司为99.07%，占比最小的上市公司为21.29%。

主要构成项目：①购买商品、接受劳务支付的现金占比为54.21%。其中，占比最大的上市公司为86.54%，占比最小的上市公司为15.62%。②支付给职工以及为职工支付的现金占比为5.98%。其中，占比最大的上市公司为25.45%，占比最小的上市公司为1.97%。③支付其他与经营活动有关的现金占比为4.3%。其中，占比最大的上市公司为27.35%，占比最小的上市公司为0.68%。

（2）投资活动现金流出及其主要构成项目。

2023年，投资活动产生的现金流出占总现金流出比例为4.41%。其中，投资活动产生的现金流出占比最大的上市公司为63.14%，占比最小的上市公司为0.04%。

主要构成项目：①购建固定资产、无形资产和其他长期资产支付的现金占比为1.03%。其中，占比最大的上市公司为23.36%，占比最小的上市公司为0。②投资支付的现金占比为0.78%。其中，占比最大的上市公司为61.39%，占比最小的上市公司为0。

（3）筹资活动现金流出及其主要构成项目。

2023年，筹资活动产生的现金流出占总现金流出比例为18.45%。其中，筹资活动产生的现金流出占比最大的上市公司为77.91%，占比最小的上市公司为0.4%。

主要构成项目：偿还债务支付的现金占比为13.03%。其中，占比最大的上市公司为75.44%，占比最小的上市公司为0。

（4）现金流出构成及其主要项目变动趋势分析。

2019~2023年，经营活动产生的现金流出占比总体上基本稳定。其中，2019~2023年，购买商品、接受劳务支付的现金占比总体上呈明显上升趋势，从2019年的49.74%增长到2023年的54.21%。

2019~2023年，投资活动产生的现金流出占比总体上明显下降，从2019年的5.4%降低到2023年的4.41%。其中，2019~2023年，购建固定资产、无形资产和其他长期资产支付的现金占比总体上呈明显上升趋势，从2019年的0.93%增长到2023年的1.03%。

2019~2023年，筹资活动产生的现金流出占比总体上明显下降，从2019年的23.87%降低到2023年的18.45%。其中，2019~2023年，偿还债务支付的现金占比总体上呈明显下降趋势，从2019年的18.14%降低到2023年的13.03%。

3.建筑业（E）现金流量净额项目分析

现金流量净额包括经营活动现金流量净额、投资活动现金流量净额和筹资活动现金流量净额三个方面。

（1）现金流量净额及其主要构成项目。

2023年，现金流量净额占总现金流入比例为–0.07%。其中，现金流量净额占比最大的上市公司为27.22%，占比最小的上市公司为–37.84%。

主要构成项目：①经营活动产生的现金流量净额占总现金流入比例为0.78%。其中，占比最大的上市公司为17.69%，占比最小的上市公司为–38.72%。②投资活动产生的现金流量净额占总现金流入比例为–1.09%。其中，占比最大的上市公司为21.61%，占比最小的上市公司为–19.71%。③筹资活动产生的现金流量净额占总现金流入比例为0.28%。其中，占比最大的上市公司为30.95%，占比最小的上市公司为–40.25%。

（2）现金流量净额构成及其主要项目变动趋势分析。

2019~2023年，现金流量净额占比总体上大幅下降，从2019年的0.3%降低到2023年的–0.07%。其中，2019~2023年，经营活动产生的现金流量净额大幅下降，从2019年的1.9%减少到2023年的0.78%。2019~2023年，投资活动产生的现金流量净额明显上升，从2019年的–1.35%增加到2023年的–1.09%。2019~2023年，筹资活动产生的现金流量净额大幅下降，从2019年的0.57%减少到2023年的0.28%。

十六、批发和零售业（F）

2019~2023年，证券市场批发和零售业（F）上市公司发展状况见表3.65。

表3.65　　　　　　　批发和零售业（F）上市公司数量　　　　　　单位：家

年份	2023	2022	2021	2020	2019
数量	191	191	187	172	166

注：公开披露定期报告的上市公司家数。

（一）证券市场批发和零售业（F）财务状况分析

证券市场批发和零售业（F）财务状况分析见表3.66。

表3.66　　　　　　　批发和零售业（F）资产负债表　　　　　　　单位：%

年份	2023			2022			2021	2020	2019
	中位数	最大值	最小值	中位数	最大值	最小值	中位数	中位数	中位数
货币资金	14.97	75.84	0.83	14.96	75.05	0.05	15.90	17.10	15.74
结算备付金	0.00	0.00	0.00	0.00	0.00	0.00	0.00	0.00	0.00
拆出资金净额	0.00	0.29	0.00	0.00	0.34	0.00	0.00	0.00	0.00
交易性金融资产	0.01	64.30	0.00	0.03	63.63	0.00	0.06	0.01	0.03
衍生金融资产	0.00	2.95	0.00	0.00	3.08	0.00	0.00	0.00	0.00
应收票据净额	0.00	17.69	0.00	0.00	31.10	0.00	0.00	0.00	0.00
应收账款净额	8.57	60.77	0.00	7.25	60.06	0.00	6.21	5.32	5.53
应收款项融资	0.00	17.47	0.00	0.00	22.86	0.00	0.00	0.00	0.00
预付款项净额	1.58	25.82	0.00	2.17	32.45	0.00	1.84	2.32	2.41
应收保费净额	0.00	0.00	0.00	0.00	0.00	0.00	0.00	0.00	0.00
应收分保账款净额	0.00	0.00	0.00	0.00	0.00	0.00	0.00	0.00	0.00
应收分保合同准备金净额	0.00	0.00	0.00	0.00	0.00	0.00	0.00	0.00	0.00
其他应收款净额	1.08	18.30	0.01	1.03	15.22	0.01	1.11	1.43	1.38
应收股利净额	0.00	0.52	0.00	0.00	7.65	0.00	0.00	0.00	0.00
买入返售金融资产净额	0.00	0.00	0.00	0.00	0.00	0.00	0.00	0.00	0.00
存货净额	13.54	67.37	0.00	14.44	75.99	0.02	13.55	13.42	13.75
合同资产	0.00	14.72	0.00	0.00	23.14	0.00	0.00	0.00	0.00
一年内到期的非流动资产	0.00	6.72	0.00	0.00	9.02	0.00	0.00	0.00	0.00
其他流动资产	0.90	33.62	0.00	0.75	69.45	0.00	0.82	0.94	1.13
流动资产合计	60.97	99.27	2.36	63.24	99.69	4.49	59.84	65.84	64.76
发放贷款及垫款净额	0.00	7.31	0.00	0.00	7.48	0.00	0.00	0.00	0.00
债权投资	0.00	27.59	0.00	0.00	9.01	0.00	0.00	0.00	0.00
其他债权投资	0.00	2.81	0.00	0.00	1.92	0.00	0.00	0.00	0.00

续表

年份	2023			2022			2021	2020	2019
	中位数	最大值	最小值	中位数	最大值	最小值	中位数	中位数	中位数
长期应收款净额	0.00	10.94	0.00	0.00	10.87	0.00	0.00	0.00	0.00
长期股权投资净额	0.73	97.55	0.00	0.59	91.86	0.00	0.78	0.84	0.88
其他权益工具投资	0.05	26.12	0.00	0.05	34.79	0.00	0.02	0.04	0.06
其他非流动金融资产	0.00	26.40	0.00	0.00	20.98	0.00	0.00	0.00	0.00
投资性房地产净额	0.30	62.85	0.00	0.27	84.38	0.00	0.31	0.35	0.40
固定资产净额	7.60	58.12	0.01	7.63	59.12	0.01	7.57	8.64	8.51
在建工程净额	0.14	38.82	0.00	0.15	39.17	0.00	0.17	0.22	0.23
生产性生物资产净额	0.00	2.49	0.00	0.00	3.80	0.00	0.00	0.00	0.00
油气资产净额	0.00	0.00	0.00	0.00	0.00	0.00	0.00	0.00	0.00
使用权资产	1.19	40.89	0.00	1.25	38.90	0.00	1.50	0.00	0.00
无形资产净额	1.97	23.08	0.00	2.11	24.48	0.00	2.23	2.56	2.36
开发支出	0.00	5.31	0.00	0.00	2.06	0.00	0.00	0.00	0.00
商誉净额	0.09	37.78	0.00	0.05	35.44	0.00	0.03	0.03	0.04
长期待摊费用	0.36	8.74	0.00	0.38	9.30	0.00	0.45	0.55	0.52
递延所得税资产	0.90	10.49	0.00	0.68	9.00	0.00	0.59	0.50	0.47
其他非流动资产	0.15	43.71	0.00	0.12	50.05	0.00	0.17	0.16	0.08
非流动资产合计	39.03	97.64	0.73	36.76	95.51	0.31	40.16	34.17	35.24
资产总计	100.00	100.00	100.00	100.00	100.00	100.00	100.00	100.00	100.00
短期借款	6.13	52.75	0.00	5.54	76.36	0.00	6.58	7.76	8.24
向中央银行借款	0.00	0.00	0.00	0.00	0.00	0.00	0.00	0.00	0.00
拆入资金	0.00	0.00	0.00	0.00	0.00	0.00	0.00	0.00	0.00
交易性金融负债	0.00	31.17	0.00	0.00	29.21	0.00	0.00	0.00	0.00
衍生金融负债	0.00	1.86	0.00	0.00	1.46	0.00	0.00	0.00	0.00
应付票据	0.97	44.96	0.00	1.05	63.61	0.00	1.24	1.20	1.78
应付账款	9.37	51.08	0.05	8.50	40.06	0.01	8.83	10.55	10.06
预收款项	0.01	7.28	0.00	0.01	1.59	0.00	0.01	0.01	2.25
合同负债	2.08	31.37	0.00	2.04	31.47	0.00	2.07	2.12	0.00
卖出回购金融资产款	0.00	0.00	0.00	0.00	0.00	0.00	0.00	0.00	0.00
吸收存款及同业存放	0.00	8.94	0.00	0.00	3.91	0.00	0.00	0.00	0.00
代理买卖证券款	0.00	0.00	0.00	0.00	0.00	0.00	0.00	0.00	0.00
代理承销证券款	0.00	0.00	0.00	0.00	0.00	0.00	0.00	0.00	0.00
应付职工薪酬	0.85	6.31	0.00	0.82	5.87	0.00	0.80	0.81	0.72
应交税费	0.79	16.90	0.02	0.84	19.13	0.02	0.98	1.02	0.90
其他应付款	3.33	53.97	0.04	3.65	43.37	0.10	4.00	4.53	4.78

续表

年份	2023			2022			2021	2020	2019
	中位数	最大值	最小值	中位数	最大值	最小值	中位数	中位数	中位数
应付股利	0.00	1.43	0.00	0.00	1.78	0.00	0.00	0.00	0.00
应付手续费及佣金	0.00	0.00	0.00	0.00	0.00	0.00	0.00	0.00	0.00
应付分保账款	0.00	0.00	0.00	0.00	0.00	0.00	0.00	0.00	0.00
一年内到期的非流动负债	1.36	78.31	0.00	1.09	57.78	0.00	1.19	0.05	0.06
其他流动负债	0.47	44.17	0.00	0.40	58.46	0.00	0.34	0.40	0.00
流动负债合计	41.93	212.15	3.45	43.03	186.04	2.89	41.06	44.04	45.13
保险合同准备金	0.00	0.00	0.00	0.00	0.28	0.00	0.00	0.00	0.00
长期借款	0.15	23.94	0.00	0.00	20.88	0.00	0.06	0.00	0.00
应付债券	0.00	16.16	0.00	0.00	12.86	0.00	0.00	0.00	0.00
租赁负债	0.79	41.65	0.00	0.77	44.03	0.00	1.05	0.00	0.00
长期应付款	0.00	20.28	0.00	0.00	19.19	0.00	0.00	0.00	0.00
预计负债	0.00	12.62	0.00	0.00	13.27	0.00	0.00	0.00	0.00
递延收益-非流动负债	0.05	13.67	0.00	0.07	15.62	0.00	0.08	0.08	0.16
递延所得税负债	0.26	10.87	0.00	0.18	9.48	0.00	0.20	0.20	0.19
其他非流动负债	0.00	10.61	0.00	0.00	10.10	0.00	0.00	0.00	0.00
非流动负债合计	7.22	43.89	0.00	6.65	49.26	0.00	6.65	4.21	4.79
负债合计	54.30	217.18	3.67	53.75	208.56	3.30	54.24	52.34	54.10
实收资本（或股本）	9.36	313.91	0.77	9.22	364.55	0.75	9.38	9.86	10.07
其他权益工具	0.00	12.47	−25.43	0.00	12.48	−26.53	0.00	0.00	0.00
其中：优先股	0.00	0.00	0.00	0.00	2.15	0.00	0.00	0.00	0.00
其中：永续债	0.00	12.47	0.00	0.00	12.48	0.00	0.00	0.00	0.00
资本公积	13.03	931.40	−0.12	13.27	649.86	−0.11	12.47	13.15	13.67
其中：库存股	0.00	196.96	0.00	0.00	217.33	0.00	0.00	0.00	0.00
其他综合收益	0.00	13.39	−14.94	0.00	37.43	−12.98	0.00	0.00	0.00
专项储备	0.00	0.80	0.00	0.00	0.71	0.00	0.00	0.00	0.00
盈余公积	2.00	32.66	0.00	2.02	37.93	0.00	1.89	2.17	2.19
一般风险准备	0.00	0.39	0.00	0.00	0.31	0.00	0.00	0.00	0.00
未分配利润	14.34	58.78	−1157.80	13.43	58.65	−784.45	13.41	13.51	13.78
归属于母公司所有者权益合计	41.10	96.33	−116.05	42.94	96.57	−113.48	43.59	43.88	43.20
少数股东权益	0.85	20.96	−5.95	0.88	21.12	−5.03	0.99	1.44	1.45
所有者权益合计	45.70	96.33	−117.18	46.25	96.70	−108.56	45.76	47.66	45.90
负债与所有者权益总计	100.00	100.00	100.00	100.00	100.00	97.82	100.00	100.00	100.00

注：所有项目均以资产总计为基数。

1. 批发和零售业（F）资产项目分析

资产项目包括流动资产和非流动资产两个方面。

（1）流动资产及其主要构成项目。

2023年，流动资产合计占总资产比例为60.97%。其中，流动资产占比最大的上市公司为99.27%，占比最小的上市公司为2.36%。

主要构成项目：①货币资金占比为14.97%。其中，占比最大的上市公司为75.84%，占比最小的上市公司为0.83%。②其他流动资产占比为0.9%。其中，占比最大的上市公司为33.62%，占比最小的上市公司为0。③交易性金融资产占比为0.01%。其中，占比最大的上市公司为64.3%，占比最小的上市公司为0。

（2）非流动资产及其主要构成项目。

2023年，非流动资产合计占总资产比例为39.03%。其中，非流动资产占比最大的上市公司为97.64%，占比最小的上市公司为0.73%。

主要构成项目：①使用权资产占比为1.19%。其中，占比最大的上市公司为40.89%，占比最小的上市公司为0。②递延所得税资产占比为0.9%。其中，占比最大的上市公司为10.49%，占比最小的上市公司为0。③长期待摊费用占比为0.36%。其中，占比最大的上市公司为8.74%，占比最小的上市公司为0。

（3）资产构成及其主要项目变动趋势分析。

2019~2023年，流动资产合计占比总体上呈明显下降趋势。其中，2019~2023年，货币资金占比总体上基本稳定，且在2019~2020年明显上升，从2019年的15.74%增长到2020年的17.1%；2019~2023年，其他流动资产占比总体上呈明显下降趋势，从2019年的1.13%降低到2023年的0.9%，但在2022~2023年明显上升，从2022年的0.75%增长到2023年的0.9%；2019~2023年，交易性金融资产占比总体上呈大幅下降趋势，从2019年的0.03%降低到2023年的0.01%，但在2020~2021年大幅上升，从2020年的0.01%增长到2021年的0.06%。

2019~2023年，非流动资产合计占比总体上呈明显上升趋势。其中，2019~2023年，使用权资产占比总体上呈大幅上升趋势，从2019年的0增长到2023年的1.19%；2019~2023年，递延所得税资产占比总体上呈大幅上升趋势，从2019年的0.47%增长到2023年的0.9%；2019~2023年，长期待摊费用占比总体上呈大幅下降趋势，从2019年的0.52%降低到2023年的0.36%，但在2020~2021年明显下降，从2020年的0.55%降低到2021年的0.45%。

2. 批发和零售业（F）负债项目分析

负债项目包括流动负债和非流动负债两个方面。2023年，负债合计占总资产比例为54.3%。其中，负债合计占比最大的上市公司为217.18%，占比最小的上市公司为3.67%。

（1）流动负债及其主要构成项目。

2023年，流动负债合计占总资产比例为41.93%。其中，流动负债占比最大的上市公司为212.15%，占比最小的上市公司为3.45%。

主要构成项目：①应付账款占比为9.37%。其中，占比最大的上市公司为51.08%，占比最小的上市公司为0.05%。②短期借款占比为6.13%。其中，占比最大的上市公司为52.75%，占比最小的上市公司为0。③其他应付款占比为3.33%。其中，占比最大的上市公司为53.97%，占比最小的上市公司为0.04%。

（2）非流动负债及其主要构成项目。

2023年，非流动负债合计占总资产比例为7.22%。其中，非流动负债占比最大的上市公司为43.89%，占比最小的上市公司为0。

主要构成项目：①租赁负债占比为0.79%。其中，占比最大的上市公司为41.65%，占比最小的上市公司为0。②递延所得税负债占比为0.26%。其中，占比最大的上市公司为10.87%，占比最小的上市公司为0。③长期借款占比为0.15%。其中，占比最大的上市公司为23.94%，占比最小的上市公司为0。

（3）负债构成及其主要项目变动趋势分析。

2019~2023年，流动负债合计占比总体上呈明显下降趋势。其中，2019~2023年，应付账款占比总体上呈明显下降趋势，从2019年的10.06%降低到2023年的9.37%；2019~2023年，短期借款占比总体上呈明显下降趋势，从2019年的8.24%降低到2023年的6.13%；2019~2023年，其他应付款占比总体上呈大幅下降趋势，从2019年的4.78%降低到2023年的3.33%，但在2020~2021年明显下降，从2020年的4.53%降低到2021年的4.0%。

2019~2023年，非流动负债合计占比总体上呈大幅上升趋势。其中，2019~2023年，租赁负债占比总体上呈大幅上升趋势，从2019年的0增长到2023年的0.79%；2019~2023年，递延所得税负债占比总体上呈大幅上升趋势，从2019年的0.19%增长到2023年的0.26%；2019~2023年，长期借款占比总体上呈明显上升趋势，从2019年的0增长到2023年的0.15%，且在2021~2022年大幅下降，从2021年的0.06%降低到2022年的0。

3. 批发和零售业（F）所有者权益项目分析

所有者权益项目包括实收资本（股本）、资本公积、盈余公积和未分配利润等四个方面。

（1）所有者权益及其主要构成项目。

2023年，所有者权益合计占总资产比例为45.7%。其中，所有者权益占比最大的上市公司为96.33%，占比最小的上市公司为-117.18%。

主要构成项目：①实收资本（或股本）占比为9.36%。其中，占比最大的上市公司为313.91%，占比最小的上市公司为0.77%。②资本公积占比为13.03%。其中，占比最大的上市公司为931.4%，占比最小的上市公司为-0.12%。③盈余公积占比为2.0%。其中，占比最大的上市公司为32.66%，占比最小的上市公司为0。④未分配利润占比为14.34%。其中，占比最大的上市公司为58.78%，占比最小的上市公司为-1157.8%。

（2）所有者权益构成及其主要项目变动趋势分析。

2019~2023年，所有者权益合计占比总体上呈基本稳定。其中，2019~2023年，实收资本（或股本）占比总体上呈明显下降趋势，从2019年的10.07%降低到2023年的9.36%，但在2020~2021年基本稳定，从2020年的9.86%降低到2021年的9.38%；2019~2023年，资本公积占比总体上基本稳定，且在2021~2022年明显上升，从2021年的12.47%增长到2022年的13.27%；2019~2023年，盈余公积占比总体上呈明显下降趋势，从2019年的2.19%降低到2023年的2.0%；2019~2023年，未分配利润占比总体上基本稳定，且在2022~2023年明显上升，从2022年的13.43%增长到2023年的14.34%。

（二）证券市场批发和零售业（F）利润分析

证券市场批发和零售业（F）利润分析见表3.67。

表3.67　　　　　　　　　批发和零售业（F）利润表　　　　　　　　　单位：%

年份	2023			2022			2021	2020	2019
	中位数	最大值	最小值	中位数	最大值	最小值	中位数	中位数	中位数
营业总收入	100.00	100.00	100.00	100.00	100.00	100.00	100.00	100.00	100.00
营业收入	100.00	100.00	93.64	100.00	100.00	93.19	100.00	100.00	100.00
利息净收入	0.00	6.36	0.00	0.00	6.81	0.00	0.00	0.00	0.00
利息收入	0.00	6.36	0.00	0.00	6.81	0.00	0.00	0.00	0.00
已赚保费	0.00	0.06	0.00	0.00	0.08	0.00	0.00	0.00	0.00
保险业务收入	0.00	0.00	0.00	0.00	0.00	0.00	0.00	0.00	0.00
减：分出保费	0.00	0.00	0.00	0.00	0.00	0.00	0.00	0.00	0.00
减：提取未到期责任准备金	0.00	0.00	0.00	0.00	0.00	0.00	0.00	0.00	0.00
手续费及佣金净收入	0.00	0.00	0.00	0.00	0.00	0.00	0.00	0.00	0.00
手续费及佣金收入	0.00	0.00	0.00	0.00	0.00	0.00	0.00	0.00	0.00
营业总成本	97.91	229.85	56.16	97.89	157.42	57.24	97.27	97.63	97.52
营业成本	82.13	106.09	10.88	81.50	102.57	14.35	80.86	81.94	81.65
利息支出	0.00	0.00	0.00	0.00	0.00	0.00	0.00	0.00	0.00
手续费及佣金支出	0.00	0.00	0.00	0.00	0.00	0.00	0.00	0.00	0.00
退保金	0.00	0.00	0.00	0.00	0.00	0.00	0.00	0.00	0.00
赔付支出净额	0.00	0.00	0.00	0.00	0.00	0.00	0.00	0.00	0.00
赔付支出	0.00	0.00	0.00	0.00	0.00	0.00	0.00	0.00	0.00
减：摊回赔付支出	0.00	0.00	0.00	0.00	0.00	0.00	0.00	0.00	0.00
提取保险责任准备金净额	0.00	0.29	0.00	0.00	0.34	0.00	0.00	0.00	0.00
提取保险责任准备金	0.00	0.00	0.00	0.00	0.00	0.00	0.00	0.00	0.00
减：摊回保险责任准备金	0.00	0.00	0.00	0.00	0.00	0.00	0.00	0.00	0.00
保单红利支出	0.00	0.00	0.00	0.00	0.00	0.00	0.00	0.00	0.00
分保费用	0.00	0.00	0.00	0.00	0.00	0.00	0.00	0.00	0.00
税金及附加	0.41	13.42	-7.91	0.37	20.35	-61.51	0.37	0.40	0.43

续表

年份	2023			2022			2021	2020	2019
	中位数	最大值	最小值	中位数	最大值	最小值	中位数	中位数	中位数
销售费用	6.18	56.36	0.05	5.94	44.85	0.00	5.73	6.46	5.90
管理费用	3.50	83.88	0.17	3.55	133.54	0.25	3.61	3.66	3.61
研发费用	0.14	9.26	0.00	0.10	6.51	0.00	0.06	0.02	0.01
财务费用	0.56	38.04	-12.65	0.69	67.05	-101.45	0.77	0.52	0.58
其他收益	0.22	12.90	-294.71	0.21	15.40	0.00	0.18	0.24	0.11
投资收益	0.15	140.05	-9.09	0.14	101.46	-4.36	0.20	0.22	0.22
汇兑收益	0.00	0.01	0.00	0.00	0.04	0.00	0.00	0.00	0.00
其他业务收入	0.00	0.00	0.00	0.00	0.00	0.00	0.00	0.00	0.00
净敞口套期收益	0.00	0.05	0.00	0.00	0.00	-0.03	0.00	0.00	0.00
公允价值变动收益	0.00	23.77	-79.82	0.00	33.11	-61.09	-0.00	0.00	0.00
信用减值损失	-0.08	55.04	-95.20	-0.14	9.95	-142.87	-0.08	-0.10	-0.08
资产减值损失	-0.22	3.74	-86.43	-0.21	0.21	-273.89	-0.12	-0.11	-0.10
资产处置收益	0.02	16.31	-0.17	0.00	6.90	-0.93	0.01	0.00	0.00
业务及管理费	0.00	0.00	0.00	0.00	0.00	0.00	0.00	0.00	0.00
减：摊回分保费用	0.00	0.00	0.00	0.00	0.00	0.00	0.00	0.00	0.00
其他业务成本	0.00	0.58	0.00	0.00	0.30	0.00	0.00	0.00	0.00
其他业务利润	0.00	0.00	0.00	0.00	3.45	0.00	0.00	0.00	0.00
营业利润	2.45	81.59	-335.54	2.61	133.94	-478.16	3.51	3.51	3.14
加：营业外收入	0.07	3.55	0.00	0.07	4.82	0.00	0.09	0.09	0.08
减：营业外支出	0.07	28.58	-0.03	0.07	145.76	-34.79	0.07	0.09	0.07
利润总额	2.37	72.34	-338.07	2.74	132.51	-477.77	3.58	3.50	3.36
减：所得税费用	0.66	9.81	-15.42	0.67	29.02	-8.25	0.82	0.86	0.90
未确认的投资损失	0.00	0.00	0.00	0.00	0.00	0.00	0.00	0.00	0.00
影响净利润的其他项目	0.00	0.00	0.00	0.00	0.00	0.00	0.00	0.00	0.00
净利润	1.80	72.34	-337.89	1.97	132.08	-471.11	2.45	2.50	2.35
归属于母公司所有者的净利润	1.65	72.34	-337.86	1.69	132.53	-471.24	2.36	2.22	2.21
归属于母公司其他权益工具持有者的净利润	0.00	0.00	0.00	0.00	0.00	0.00	0.00	0.00	0.00
少数股东损益	0.00	14.86	-27.39	0.00	57.37	-6.45	0.04	0.01	0.01
其他综合收益（损失）	0.00	44.51	-7.74	0.00	10.36	-157.90	0.00	0.00	-0.00
综合收益总额	1.84	78.00	-337.89	1.96	134.18	-471.09	2.45	2.22	2.78
归属于母公司所有者的综合收益	1.74	78.00	-337.86	1.62	134.63	-471.23	2.31	1.99	2.35
归属少数股东的综合收益	0.00	14.86	-27.39	0.00	57.37	-6.45	0.03	0.01	0.02
基本每股收益	0.17	3.41	-2.25	0.20	3.77	-4.69	0.24	0.18	0.24
稀释每股收益	0.17	3.41	-2.25	0.20	3.77	-4.69	0.24	0.18	0.22

1. 批发和零售业（F）成本费用项目分析

（1）成本与费用及其主要构成项目。

主要构成项目：①营业成本占营业总收入比例为82.13%。其中，营业成本占比最大的上市公司为106.09%，占比最小的上市公司为10.88%。②销售费用占营业总收入比例为6.18%。其中，销售费用占比最大的上市公司为56.36%，占比最小的上市公司为0.05%。③管理费用占营业总收入比例为3.5%。其中，管理费用占比最大的上市公司为83.88%，占比最小的上市公司为0.17%。④财务费用占营业总收入比例为0.56%。其中，财务费用占比最大的上市公司为38.04%，占比最小的上市公司为-12.65%。⑤研发费用占营业总收入比例为0.14%。其中，研发费用占比最大的上市公司为9.26%，占比最小的上市公司为0。

（2）成本与费用及其主要项目变动趋势分析。

2019~2023年，营业成本占比基本稳定，从2019年的81.65%增长到2023年的82.13%；2019~2023年，销售费用占比基本稳定，从2019年的5.9%增长到2023年的6.18%；2019~2023年，管理费用占比基本稳定，从2019年的3.61%下降为2023年的3.5%；2019~2023年，财务费用占比基本稳定，从2019年的0.58%下降为2023年的0.56%；2019~2023年，研发费用占比大幅上升，从2019年的0.01%增长到2023年的0.14%。

2. 批发和零售业（F）其他损益项目分析

（1）其他损益及其主要构成项目。

主要构成项目：①资产减值损失占营业总收入比例为-0.22%。其中，资产减值损失占比最大的上市公司为3.74%，占比最小的上市公司为-86.43%。②投资收益占营业总收入比例为0.15%。其中，投资收益占比最大的上市公司为140.05%，占比最小的上市公司为-9.09%。③基本每股收益为0.17元。其中，基本每股收益最大的上市公司为3.41元，最小的上市公司为-2.25元。④其他收益占营业总收入比例为0.22%。其中，其他收益占比最大的上市公司为12.9%，占比最小的上市公司为-294.71%。⑤信用减值损失占营业总收入比例为-0.08%。其中，信用减值损失占比最大的上市公司为55.04%，占比最小的上市公司为-95.2%。

（2）其他损益及其主要项目变动趋势分析。

2019~2023年，资产减值损失占比大幅下降，从2019年的-0.1%下降为2023年的-0.22%；2019~2023年，投资收益占比大幅下降，从2019年的0.22%下降为2023年的0.15%；2019~2023年，其他收益占比大幅上升，从2019年的0.11%增长到2023年的0.22%；2019~2023年，信用减值损失占比基本稳定，从2019年的-0.08%下降为2023年的-0.08%。

3. 批发和零售业（F）利润项目分析

（1）利润及其主要构成项目。

主要构成项目：①营业利润占营业总收入比例为2.45%。其中，营业利润占比最大的上市公司为81.59%，占比最小的上市公司为-335.54%。②利润总额占营业总收入比例为2.37%。其中，利润总额占比最大的上市公司为72.34%，占比最小的上市公司为-338.07%。③净利润占营业总收入比例为1.8%。其中，净利润占比最大的上市公司为72.34%，占比最小的上市公司为-337.89%。④归属于母公司所有者的净利润占营业总收入比例为1.65%。其中，归属于母公司所有者的净利润占比最大的上市公司为72.34%，占比最小的上市公司为-337.86%。

（2）利润及其主要项目变动趋势分析。

2019~2023年，营业利润占比明显下降，从2019年的3.14%下降为2023年的2.45%；2019~2023年，利润总额占比明显下降，从2019年的3.36%下降为2023年的2.37%；2019~2023年，净利润占比明显下降，从2019年的2.35%下降为2023年的1.8%；2019~2023年，归属于母公司所有者的净利润占比明显下降，从2019年的2.21%下降为2023年的1.65%。

（三）证券市场批发和零售业（F）现金流量分析

证券市场批发和零售业（F）现金流量分析见表3.68。

表3.68　　　　　批发和零售业（F）现金流量表　　　　　单位：%

年份	2023			2022			2021	2020	2019
	中位数	最大值	最小值	中位数	最大值	最小值	中位数	中位数	中位数
销售商品、提供劳务收到的现金	72.75	99.15	2.79	71.93	99.60	1.67	71.48	70.68	69.97
客户存款和同业存放款项净增加额	0.00	7.85	0.00	0.00	4.09	0.00	0.00	0.00	0.00
向中央银行借款净增加额	0.00	0.00	0.00	0.00	0.00	0.00	0.00	0.00	0.00
向其他金融机构拆入资金净增加额	0.00	0.00	0.00	0.00	0.00	0.00	0.00	0.00	0.00
收到原保险合同保费取得的现金	0.00	0.01	0.00	0.00	0.02	0.00	0.00	0.00	0.00
收到再保险业务现金净额	0.00	0.00	0.00	0.00	0.00	0.00	0.00	0.00	0.00
保户储金及投资款净增加额									
处置交易性金融资产净增加额	0.00	0.00	0.00	0.00	0.00	0.00	0.00	0.00	0.00
收取利息、手续费及佣金的现金	0.00	4.52	0.00	0.00	4.94	0.00	0.00	0.00	0.00
拆入资金净增加额	0.00	0.00	0.00	0.00	0.00	0.00	0.00	0.00	0.00
回购业务资金净增加额	0.00	0.00	0.00	0.00	0.00	0.00	0.00	0.00	0.00
收到的税费返还	0.03	6.47	0.00	0.11	15.22	0.00	0.01	0.01	0.01
收到的其他与经营活动有关的现金	1.14	76.34	0.01	1.20	43.66	0.03	1.28	1.40	1.46

续表

年份	2023			2022			2021	2020	2019
	中位数	最大值	最小值	中位数	最大值	最小值	中位数	中位数	中位数
经营活动现金流入小计	77.64	99.71	3.81	77.29	100.00	2.14	75.79	76.18	76.00
购买商品、接受劳务支付的现金	59.06	96.72	2.03	60.40	98.02	0.00	61.34	59.28	59.37
客户贷款及垫款净增加额	0.00	3.21	−26.24	0.00	44.63	−1.40	0.00	0.00	0.00
存放中央银行和同业款项净增加额	0.00	1.41	0.00	0.00	0.08	−0.08	0.00	0.00	0.00
支付原保险合同赔付款项的现金	0.00	0.00	0.00	0.00	0.00	0.00	0.00	0.00	0.00
支付利息、手续费及佣金的现金	0.00	0.16	0.00	0.00	0.09	0.00	0.00	0.00	0.00
支付保单红利的现金	0.00	0.00	0.00	0.00	0.00	0.00	0.00	0.00	0.00
支付给职工以及为职工支付的现金	3.74	26.39	0.17	3.70	20.42	0.14	3.67	3.32	3.40
支付的各项税费	1.81	12.84	0.00	1.83	87.15	0.11	2.04	1.86	2.07
支付其他与经营活动有关的现金	3.85	104.67	0.24	3.83	37.67	0.18	4.12	4.88	4.58
经营活动现金流出小计	74.90	98.83	3.09	74.73	99.39	1.43	75.03	76.22	73.05
经营活动产生的现金流量净额	2.82	49.85	−240.21	1.70	19.91	−744.82	2.26	2.50	1.98
收回投资收到的现金	0.43	90.12	0.00	0.52	93.72	0.00	0.84	0.75	0.36
取得投资收益收到的现金	0.04	63.67	0.00	0.05	74.27	0.00	0.05	0.06	0.06
处置固定资产、无形资产和其他长期资产收回的现金净额	0.02	11.60	0.00	0.01	3.32	0.00	0.01	0.01	0.01
处置子公司及其他营业单位收到的现金净额	0.00	6.24	−1.18	0.00	100.42	−0.43	0.00	0.00	0.00
收到的其他与投资活动有关的现金	0.00	64.55	0.00	0.00	79.05	0.00	0.00	0.00	0.00
投资活动产生的现金流入小计	2.97	90.81	−1.18	2.96	100.42	−0.02	3.68	4.55	4.38
购建固定资产、无形资产和其他长期资产支付的现金	0.89	14.64	0.00	0.91	21.49	0.00	1.03	0.86	0.90
投资支付的现金	0.43	96.50	0.00	0.98	97.89	0.00	1.13	1.02	0.79
质押贷款净增加额	0.00	0.00	0.00	0.00	0.00	0.00	0.00	0.00	0.00
取得子公司及其他营业单位支付的现金净额	0.00	7.67	0.00	0.00	15.97	0.00	0.00	0.00	0.00
支付其他与投资活动有关的现金	0.00	70.80	0.00	0.00	70.56	0.00	0.00	0.00	0.00

续表

年份	2023			2022			2021	2020	2019
	中位数	最大值	最小值	中位数	最大值	最小值	中位数	中位数	中位数
投资活动产生的现金流出小计	4.09	96.50	0.00	5.40	97.89	0.00	5.26	5.60	4.56
投资活动产生的现金流量净额	−1.06	61.86	−16.35	−0.69	65.98	−30.14	−1.22	−0.69	−0.72
吸收投资收到的现金	0.01	58.36	0.00	0.00	34.78	0.00	0.01	0.00	0.01
吸收权益性投资收到的现金	0.00	58.36	0.00	0.00	34.78	0.00	0.01	0.00	0.00
其中：子公司吸收少数股东投资收到的现金	0.00	8.98	0.00	0.00	5.04	0.00	0.00	0.00	0.00
发行债券收到的现金	0.00	11.65	0.00	0.00	9.83	0.00	0.00	0.00	0.00
取得借款收到的现金	8.40	47.96	0.00	8.29	52.93	0.00	7.57	8.70	9.33
收到其他与筹资活动有关的现金	0.07	57.18	0.00	0.04	50.62	0.00	0.00	0.01	0.01
筹资活动现金流入小计	11.28	72.04	0.00	10.82	58.40	0.00	12.39	12.13	11.97
偿还债务支付的现金	9.16	51.12	0.00	7.94	51.63	0.00	7.85	8.75	9.18
分配股利、利润或偿付利息支付的现金	0.93	12.33	0.00	0.90	17.13	0.00	0.91	1.00	1.18
其中：子公司支付给少数股东的股利、利润	0.00	1.42	0.00	0.00	2.54	−0.31	0.00	0.00	0.00
支付其他与筹资活动有关的现金	1.59	61.20	0.00	1.40	40.36	0.00	1.44	0.25	0.31
筹资活动现金流出小计	12.84	72.71	0.00	13.44	60.31	0.00	12.55	10.70	13.04
筹资活动产生的现金流量净额	−1.48	36.36	−26.08	−1.35	34.06	−80.99	−0.92	−0.57	−1.15
现金总流入	100.00	100.00	100.00	100.00	100.00	100.00	100.00	100.00	100.00
现金总流出	100.00	100.00	100.00	100.00	100.00	100.00	100.00	100.00	100.00
现金流量净额	0.10	93.47	−246.64	−0.50	21.59	−755.71	−0.14	0.78	−0.11

注：现金流入项目以现金总流入为基数，现金流出项目以现金总流出为基数。

1. 批发和零售业（F）现金流入项目分析

现金流入包括经营活动产生的现金流入、投资活动产生的现金流入和筹资活动产生的现金流入三个方面。

（1）经营活动现金流入及其主要构成项目。

2023年，经营活动产生的现金流入占总现金流入比例为77.64%。其中，经营活动产生的现金流入占比最大的上市公司为99.71%，占比最小的上市公司为3.81%。

主要构成项目：销售商品、提供劳务收到的现金占比为72.75%。其中，占比最大的上市公司为99.15%，占比最小的上市公司为2.79%。

（2）投资活动现金流入及其主要构成项目。

2023年，投资活动产生的现金流入占总现金流入比例为2.97%。其中，投资活动产生的现金流入占比最大的上市公司为90.81%，占比最小的上市公司为-1.18%。

主要构成项目：收回投资收到的现金占比为0.43%。其中，占比最大的上市公司为90.12%，占比最小的上市公司为0。

（3）筹资活动现金流入及其主要构成项目。

2023年，筹资活动产生的现金流入占总现金流入比例为11.28%。其中，筹资活动产生的现金流入占比最大的上市公司为72.04%，占比最小的上市公司为0。

主要构成项目：取得借款收到的现金占比为8.4%。其中，占比最大的上市公司为47.96%，占比最小的上市公司为0。

（4）现金流入构成及其主要项目变动趋势分析。

2019~2023年，经营活动产生的现金流入占比总体上基本稳定。其中，2019~2023年，销售商品、提供劳务收到的现金占比总体上基本稳定。

2019~2023年，投资活动产生的现金流入占比总体上大幅下降，从2019年的4.38%降低到2023年的2.97%。其中，2019~2023年，收回投资收到的现金占比总体上呈明显上升趋势，从2019年的0.36%增长到2023年的0.43%，且在2019~2020年大幅上升，从2019年的0.36%增长到2020年的0.75%。

2019~2023年，筹资活动产生的现金流入占比总体上明显下降，从2019年的11.97%降低到2023年的11.28%。其中，2019~2023年，取得借款收到的现金占比总体上呈明显下降趋势，从2019年的9.33%降低到2023年的8.4%。

2. 批发和零售业（F）现金流出项目分析

现金流出包括经营活动产生的现金流出、投资活动产生的现金流出和筹资活动产生的现金流出三个方面。

（1）经营活动现金流出及其主要构成项目。

2023年，经营活动产生的现金流出占总现金流出比例为74.9%。其中，经营活动产生的现金流出占比最大的上市公司为98.83%，占比最小的上市公司为3.09%。

主要构成项目：①购买商品、接受劳务支付的现金占比为59.06%。其中，占比最大的上市公司为96.72%，占比最小的上市公司为2.03%。②支付其他与经营活动有关的现金占比为3.85%。其中，占比最大的上市公司为104.67%，占比最小的上市公司为0.24%。③支付给职工以及为职工支付的现金占比为3.74%。其中，占比最大的上市公司为26.39%，占比最小的上市公司为0.17%。

（2）投资活动现金流出及其主要构成项目。

2023年，投资活动产生的现金流出占总现金流出比例为4.09%。其中，投资活动产生的现金流出占比最大的上市公司为96.5%，占比最小的上市公司为0。

主要构成项目：①购建固定资产、无形资产和其他长期资产支付的现金占比为

0.89%。其中，占比最大的上市公司为14.64%，占比最小的上市公司为0。②投资支付的现金占比为0.43%。其中，占比最大的上市公司为96.5%，占比最小的上市公司为0。

（3）筹资活动现金流出及其主要构成项目。

2023年，筹资活动产生的现金流出占总现金流出比例为12.84%。其中，筹资活动产生的现金流出占比最大的上市公司为72.71%，占比最小的上市公司为0。

主要构成项目：偿还债务支付的现金占比为9.16%。其中，占比最大的上市公司为51.12%，占比最小的上市公司为0。

（4）现金流出构成及其主要项目变动趋势分析。

2019~2023年，经营活动产生的现金流出占比总体上基本稳定。其中，2019~2023年，购买商品、接受劳务支付的现金占比总体上基本稳定。

2019~2023年，投资活动产生的现金流出占比总体上明显下降，从2019年的4.56%降低到2023年的4.09%。其中，2019~2023年，购建固定资产、无形资产和其他长期资产支付的现金占比总体上基本稳定，且在2020~2021年明显上升，从2020年的0.86%增长到2021年的1.03%。

2019~2023年，筹资活动产生的现金流出占比总体上基本稳定。其中，2019~2023年，偿还债务支付的现金占比总体上基本稳定，且在2022~2023年明显上升，从2022年的7.94%增长到2023年的9.16%。

3. 批发和零售业（F）现金流量净额项目分析

现金流量净额包括经营活动现金流量净额、投资活动现金流量净额和筹资活动现金流量净额三个方面。

（1）现金流量净额及其主要构成项目。

2023年，现金流量净额占总现金流入比例为0.1%。其中，现金流量净额占比最大的上市公司为93.47%，占比最小的上市公司为-246.64%。

主要构成项目：①经营活动产生的现金流量净额占总现金流入比例为2.82%。其中，占比最大的上市公司为49.85%，占比最小的上市公司为-240.21%。②投资活动产生的现金流量净额占总现金流入比例为-1.06%。其中，占比最大的上市公司为61.86%，占比最小的上市公司为-16.35%。③筹资活动产生的现金流量净额占总现金流入比例为-1.48%。其中，占比最大的上市公司为36.36%，占比最小的上市公司为-26.08%。

（2）现金流量净额构成及其主要项目变动趋势分析。

2019~2023年，现金流量净额占比总体上大幅上升，从2019年的-0.11%增长到2023年的0.1%。其中，2019~2023年，经营活动产生的现金流量净额大幅上升，从2019年的1.98%增加到2023年的2.82%。2019~2023年，投资活动产生的现金流量净额大幅下降，从2019年的-0.72%减少到2023年的-1.06%。2019~2023年，筹资活动产生的现金流量净额明显下降，从2019年的-1.15%减少到2023年的-1.48%。

十七、交通运输、仓储和邮政业（G）

2019~2023年，证券市场交通运输、仓储和邮政业（G）上市公司发展状况见表3.69。

表3.69　　　　交通运输、仓储和邮政业（G）上市公司数量　　　　单位：家

年份	2023	2022	2021	2020	2019
数量	112	110	108	107	104

注：公开披露定期报告的上市公司家数。

（一）证券市场交通运输、仓储和邮政业（G）财务状况分析

证券市场交通运输、仓储和邮政业（G）财务状况分析见表3.70。

表3.70　　　　交通运输、仓储和邮政业（G）资产负债表　　　　单位：%

年份	2023			2022			2021	2020	2019
	中位数	最大值	最小值	中位数	最大值	最小值	中位数	中位数	中位数
货币资金	10.75	58.33	0.96	13.82	46.28	0.96	12.02	12.36	11.01
结算备付金	0.00	0.00	0.00	0.00	0.00	0.00	0.00	0.00	0.00
拆出资金净额	0.00	0.00	0.00	0.00	0.00	0.00	0.00	0.00	0.00
交易性金融资产	0.00	41.82	0.00	0.00	32.76	0.00	0.00	0.00	0.00
衍生金融资产	0.00	0.03	0.00	0.00	0.13	0.00	0.00	0.00	0.00
应收票据净额	0.02	11.06	0.00	0.01	7.48	0.00	0.00	0.00	0.01
应收账款净额	2.65	31.87	0.00	2.94	29.32	0.00	2.88	2.52	3.06
应收款项融资	0.00	7.02	0.00	0.00	4.92	0.00	0.00	0.00	0.00
预付款项净额	0.27	13.21	0.00	0.29	10.79	0.00	0.31	0.33	0.43
应收保费净额	0.00	0.00	0.00	0.00	0.00	0.00	0.00	0.00	0.00
应收分保账款净额	0.00	0.00	0.00	0.00	0.01	0.00	0.00	0.00	0.00
应收分保合同准备金净额	0.00	0.00	0.00	0.00	0.00	0.00	0.00	0.00	0.00
其他应收款净额	0.61	20.65	0.01	0.70	17.83	0.01	0.72	0.83	0.75
应收股利净额	0.00	1.06	0.00	0.00	1.19	0.00	0.00	0.00	0.00
买入返售金融资产净额	0.00	1.14	0.00	0.00	0.83	0.00	0.00	0.00	0.00
存货净额	0.88	37.37	0.00	0.86	46.31	0.00	0.80	0.83	0.88
合同资产	0.00	3.84	0.00	0.00	6.05	0.00	0.00	0.00	0.00
一年内到期的非流动资产	0.00	4.93	0.00	0.00	24.83	0.00	0.00	0.00	0.00
其他流动资产	0.64	16.08	0.00	0.63	17.71	0.00	0.81	0.87	0.92
流动资产合计	26.18	83.24	4.93	27.37	87.52	2.10	26.49	26.70	26.43
发放贷款及垫款净额	0.00	11.85	0.00	0.00	9.99	0.00	0.00	0.00	0.00
债权投资	0.00	5.94	0.00	0.00	5.90	0.00	0.00	0.00	0.00
其他债权投资	0.00	5.06	0.00	0.00	0.46	0.00	0.00	0.00	0.00

续表

年份	2023			2022			2021	2020	2019
	中位数	最大值	最小值	中位数	最大值	最小值	中位数	中位数	中位数
长期应收款净额	0.00	22.62	0.00	0.00	24.29	0.00	0.00	0.00	0.00
长期股权投资净额	2.48	48.68	0.00	2.52	46.76	0.00	2.27	3.06	3.37
其他权益工具投资	0.02	17.78	0.00	0.03	16.01	0.00	0.06	0.08	0.09
其他非流动金融资产	0.00	9.17	0.00	0.00	19.16	0.00	0.00	0.00	0.00
投资性房地产净额	0.17	13.81	0.00	0.09	10.80	0.00	0.04	0.07	0.05
固定资产净额	33.21	75.29	0.49	32.01	78.33	0.41	28.72	36.19	33.78
在建工程净额	1.46	40.58	0.00	2.01	20.73	0.00	1.82	1.73	1.92
生产性生物资产净额	0.00	0.30	0.00	0.00	0.34	0.00	0.00	0.00	0.00
油气资产净额	0.00	0.00	0.00	0.00	0.00	0.00	0.00	0.00	0.00
使用权资产	0.86	46.01	0.00	0.81	45.67	0.00	1.34	0.00	0.00
无形资产净额	4.91	91.49	0.00	5.00	93.64	0.00	5.66	6.07	6.35
开发支出	0.00	0.30	0.00	0.00	0.16	0.00	0.00	0.00	0.00
商誉净额	0.00	14.24	0.00	0.00	17.69	0.00	0.00	0.00	0.00
长期待摊费用	0.14	11.61	0.00	0.15	9.54	0.00	0.13	0.13	0.16
递延所得税资产	0.55	5.26	0.00	0.46	4.61	0.00	0.41	0.41	0.31
其他非流动资产	0.23	62.08	0.00	0.33	18.24	0.00	0.47	0.43	0.32
非流动资产合计	73.82	95.07	16.76	72.63	97.90	12.48	73.51	73.30	73.57
资产总计	100.00	100.00	100.00	100.00	100.00	100.00	100.00	100.00	100.00
短期借款	2.79	37.60	0.00	3.10	36.80	0.00	3.10	4.70	3.28
向中央银行借款	0.00	0.92	0.00	0.00	0.73	0.00	0.00	0.00	0.00
拆入资金	0.00	0.00	0.00	0.00	0.00	0.00	0.00	0.00	0.00
交易性金融负债	0.00	0.22	0.00	0.00	2.92	0.00	0.00	0.00	0.00
衍生金融负债	0.00	0.29	0.00	0.00	0.55	0.00	0.00	0.00	0.00
应付票据	0.00	23.23	0.00	0.00	28.06	0.00	0.00	0.00	0.00
应付账款	3.71	19.53	0.05	3.60	20.70	0.03	3.44	3.34	3.47
预收款项	0.01	5.50	0.00	0.02	2.29	0.00	0.02	0.01	0.37
合同负债	0.46	22.10	0.00	0.50	22.02	0.00	0.51	0.58	0.00
卖出回购金融资产款	0.00	0.17	0.00	0.00	0.00	0.00	0.00	0.00	0.00
吸收存款及同业存放	0.00	18.93	0.00	0.00	22.18	0.00	0.00	0.00	0.00
代理买卖证券款	0.00	0.00	0.00	0.00	0.00	0.00	0.00	0.00	0.00
代理承销证券款	0.00	0.00	0.00	0.00	0.00	0.00	0.00	0.00	0.00
应付职工薪酬	0.65	5.68	0.00	0.66	7.19	0.00	0.64	0.68	0.64
应交税费	0.49	4.35	0.02	0.49	4.10	0.02	0.59	0.61	0.57
其他应付款	1.73	40.73	0.05	1.67	22.91	0.01	1.79	2.26	2.38

续表

年份	2023			2022			2021	2020	2019
	中位数	最大值	最小值	中位数	最大值	最小值	中位数	中位数	中位数
应付股利	0.00	5.35	0.00	0.00	1.45	0.00	0.00	0.00	0.00
应付手续费及佣金	0.00	0.00	0.00	0.00	0.00	0.00	0.00	0.00	0.00
应付分保账款	0.00	0.00	0.00	0.00	0.04	0.00	0.00	0.00	0.00
一年内到期的非流动负债	2.69	14.13	0.00	2.83	19.04	0.00	2.84	2.29	2.48
其他流动负债	0.09	7.35	0.00	0.10	23.31	0.00	0.08	0.10	0.00
流动负债合计	21.21	109.19	5.04	22.33	70.02	3.22	22.02	23.65	23.59
保险合同准备金	0.00	0.00	0.00	0.00	0.00	0.00	0.00	0.00	0.00
长期借款	6.11	57.35	0.00	6.27	52.24	0.00	5.63	5.17	7.07
应付债券	0.00	17.88	0.00	0.00	17.69	0.00	0.00	0.00	0.00
租赁负债	0.66	37.93	0.00	0.52	39.12	0.00	0.64	0.00	0.00
长期应付款	0.03	10.09	0.00	0.03	17.07	0.00	0.03	0.07	0.11
预计负债	0.00	6.91	0.00	0.00	21.02	0.00	0.00	0.00	0.00
递延收益-非流动负债	0.23	6.01	0.00	0.24	6.12	0.00	0.24	0.31	0.30
递延所得税负债	0.28	5.33	0.00	0.25	4.92	0.00	0.16	0.16	0.17
其他非流动负债	0.00	7.43	0.00	0.00	8.19	0.00	0.00	0.00	0.00
非流动负债合计	16.06	74.27	0.50	18.93	77.34	0.07	15.69	15.83	16.78
负债合计	41.22	120.37	6.72	43.90	99.67	7.90	44.88	43.12	40.95
实收资本（或股本）	9.75	136.36	1.26	9.45	130.95	1.27	10.21	10.51	10.55
其他权益工具	0.00	8.37	0.00	0.00	7.37	0.00	0.00	0.00	0.00
其中：优先股	0.00	0.00	0.00	0.00	0.00	0.00	0.00	0.00	0.00
其中：永续债	0.00	8.37	0.00	0.00	7.37	0.00	0.00	0.00	0.00
资本公积	15.99	264.09	0.00	17.09	253.68	0.00	15.53	15.06	15.14
其中：库存股	0.00	17.62	0.00	0.00	18.94	0.00	0.00	0.00	0.00
其他综合收益	0.00	11.90	-5.72	0.00	10.19	-5.32	0.00	-0.00	0.00
专项储备	0.00	1.50	0.00	0.00	2.10	0.00	0.00	0.00	0.00
盈余公积	3.05	39.42	0.28	2.92	37.86	0.00	2.83	3.35	3.50
一般风险准备	0.00	0.38	0.00	0.00	0.39	0.00	0.00	0.00	0.00
未分配利润	19.40	56.31	-361.01	18.50	57.97	-345.58	18.48	19.22	20.05
归属于母公司所有者权益合计	53.75	93.28	-24.41	51.88	92.10	0.84	50.55	53.13	55.01
少数股东权益	3.00	33.60	-0.84	2.93	37.46	-0.72	2.82	3.00	2.32
所有者权益合计	58.78	93.28	-20.37	56.10	92.10	0.33	55.12	56.88	59.05
负债与所有者权益总计	100.00	100.00	100.00	100.00	100.00	100.00	100.00	100.00	100.00

注：所有项目均以资产总计为基数。

1. 交通运输、仓储和邮政业（G）资产项目分析

资产项目包括流动资产和非流动资产两个方面。

（1）流动资产及其主要构成项目。

2023年，流动资产合计占总资产比例为26.18%。其中，流动资产占比最大的上市公司为83.24%，占比最小的上市公司为4.93%。

主要构成项目：①货币资金占比为10.75%。其中，占比最大的上市公司为58.33%，占比最小的上市公司为0.96%。②其他流动资产占比为0.64%。其中，占比最大的上市公司为16.08%，占比最小的上市公司为0。③结算备付金占比为0。其中，占比最大的上市公司为0，占比最小的上市公司为0。

（2）非流动资产及其主要构成项目。

2023年，非流动资产合计占总资产比例为73.82%。其中，非流动资产占比最大的上市公司为95.07%，占比最小的上市公司为16.76%。

主要构成项目：①使用权资产占比为0.86%。其中，占比最大的上市公司为46.01%，占比最小的上市公司为0。②递延所得税资产占比为0.55%。其中，占比最大的上市公司为5.26%，占比最小的上市公司为0。③其他非流动资产占比为0.23%。其中，占比最大的上市公司为62.08%，占比最小的上市公司为0。

（3）资产构成及其主要项目变动趋势分析。

2019~2023年，流动资产合计占比总体上呈基本稳定。其中，2019~2023年，货币资金占比总体上基本稳定，且在2022~2023年明显下降，从2022年的13.82%降低到2023年的10.75%；2019~2023年，其他流动资产占比总体上呈大幅下降趋势，从2019年的0.92%降低到2023年的0.64%，但在2021~2022年明显下降，从2021年的0.81%降低到2022年的0.63%；2019~2023年，结算备付金占比总体上基本稳定。

2019~2023年，非流动资产合计占比总体上基本稳定。其中，2019~2023年，使用权资产占比总体上呈大幅上升趋势，从2019年的0增长到2023年的0.86%；2019~2023年，递延所得税资产占比总体上呈大幅上升趋势，从2019年的0.31%增长到2023年的0.55%；2019~2023年，其他非流动资产占比总体上呈明显下降趋势，从2019年的0.32%降低到2023年的0.23%，且在2019~2020年大幅上升，从2019年的0.32%增长到2020年的0.43%。

2. 交通运输、仓储和邮政业（G）负债项目分析

负债项目包括流动负债和非流动负债两个方面。2023年，负债合计占总资产比例为41.22%。其中，负债合计占比最大的上市公司为120.37%，占比最小的上市公司为6.72%。

（1）流动负债及其主要构成项目。

2023年，流动负债合计占总资产比例为21.21%。其中，流动负债占比最大的上市公司为109.19%，占比最小的上市公司为5.04%。

主要构成项目：①应付账款占比为3.71%。其中，占比最大的上市公司为19.53%，占比最小的上市公司为0.05%。②短期借款占比为2.79%。其中，占比最大的上市公司为

37.6%，占比最小的上市公司为0。③一年内到期的非流动负债占比为2.69%。其中，占比最大的上市公司为14.13%，占比最小的上市公司为0。

（2）非流动负债及其主要构成项目。

2023年，非流动负债合计占总资产比例为16.06%。其中，非流动负债占比最大的上市公司为74.27%，占比最小的上市公司为0.5%。

主要构成项目：①长期借款占比为6.11%。其中，占比最大的上市公司为57.35%，占比最小的上市公司为0。②租赁负债占比为0.66%。其中，占比最大的上市公司为37.93%，占比最小的上市公司为0。③递延所得税负债占比为0.28%。其中，占比最大的上市公司为5.33%，占比最小的上市公司为0。

（3）负债构成及其主要项目变动趋势分析。

2019~2023年，流动负债合计占比总体上呈明显下降趋势。其中，2019~2023年，应付账款占比总体上呈明显上升趋势，从2019年的3.47%增长到2023年的3.71%，但在2021~2022年基本稳定，从2021年的3.44%增长到2022年的3.6%；2019~2023年，短期借款占比总体上呈明显下降趋势，从2019年的3.28%降低到2023年的2.79%，且在2019~2020年大幅上升，从2019年的3.28%增长到2020年的4.7%；2019~2023年，一年内到期的非流动负债占比总体上呈明显上升趋势，从2019年的2.48%增长到2023年的2.69%。

2019~2023年，非流动负债合计占比总体上呈基本稳定。其中，2019~2023年，长期借款占比总体上呈明显下降趋势，从2019年的7.07%降低到2023年的6.11%；2019~2023年，租赁负债占比总体上呈大幅上升趋势，从2019年的0增长到2023年的0.66%；2019~2023年，递延所得税负债占比总体上呈大幅上升趋势，从2019年的0.17%增长到2023年的0.28%。

3. 交通运输、仓储和邮政业（G）所有者权益项目分析

所有者权益项目包括实收资本（股本）、资本公积、盈余公积和未分配利润等四个方面。

（1）所有者权益及其主要构成项目。

2023年，所有者权益合计占总资产比例为58.78%。其中，所有者权益占比最大的上市公司为93.28%，占比最小的上市公司为–20.37%。

主要构成项目：①实收资本（或股本）占比为9.75%。其中，占比最大的上市公司为136.36%，占比最小的上市公司为1.26%。②资本公积占比为15.99%。其中，占比最大的上市公司为264.09%，占比最小的上市公司为0。③盈余公积占比为3.05%。其中，占比最大的上市公司为39.42%，占比最小的上市公司为0.28%。④未分配利润占比为19.4%。其中，占比最大的上市公司为56.31%，占比最小的上市公司为–361.01%。

（2）所有者权益构成及其主要项目变动趋势分析。

2019~2023年，所有者权益合计占比总体上呈基本稳定。其中，2019~2023年，实收资本（或股本）占比总体上呈明显下降趋势，从2019年的10.55%降低到2023年的9.75%；

2019~2023年，资本公积占比总体上呈明显上升趋势，从2019年的15.14%增长到2023年的15.99%；2019~2023年，盈余公积占比总体上呈明显下降趋势，从2019年的3.5%降低到2023年的3.05%；2019~2023年，未分配利润占比总体上基本稳定。

（二）证券市场交通运输、仓储和邮政业（G）利润分析

证券市场交通运输、仓储和邮政业（G）利润分析见表3.71。

表3.71　　　　　交通运输、仓储和邮政业（G）利润表　　　　　单位：%

年份	2023			2022			2021	2020	2019
	中位数	最大值	最小值	中位数	最大值	最小值	中位数	中位数	中位数
营业总收入	100.00	100.00	100.00	100.00	100.00	100.00	100.00	100.00	100.00
营业收入	100.00	100.00	93.43	100.00	100.00	91.65	100.00	100.00	100.00
利息净收入	0.00	6.51	0.00	0.00	7.65	0.00	0.00	0.00	0.00
利息收入	0.00	6.51	0.00	0.00	7.65	0.00	0.00	0.00	0.00
已赚保费	0.00	0.00	0.00	0.00	0.00	0.00	0.00	0.00	0.00
保险业务收入	0.00	0.00	0.00	0.00	0.00	0.00	0.00	0.00	0.00
减：分出保费	0.00	0.00	0.00	0.00	0.00	0.00	0.00	0.00	0.00
减：提取未到期责任准备金	0.00	0.00	0.00	0.00	0.00	0.00	0.00	0.00	0.00
手续费及佣金净收入	0.00	0.32	0.00	0.00	0.69	0.00	0.00	0.00	0.00
手续费及佣金收入	0.00	0.32	0.00	0.00	0.69	0.00	0.00	0.00	0.00
营业总成本	89.26	131.01	42.60	91.55	213.65	48.11	89.88	91.63	89.80
营业成本	77.84	107.02	13.40	78.26	162.41	7.56	78.10	78.29	76.40
利息支出	0.00	0.00	0.00	0.00	0.00	0.00	0.00	0.00	0.00
手续费及佣金支出	0.00	0.00	0.00	0.00	0.00	0.00	0.00	0.00	0.00
退保金	0.00	0.00	0.00	0.00	0.00	0.00	0.00	0.00	0.00
赔付支出净额	0.00	0.00	0.00	0.00	0.00	0.00	0.00	0.00	0.00
赔付支出	0.00	0.00	0.00	0.00	0.00	0.00	0.00	0.00	0.00
减：摊回赔付支出	0.00	0.00	0.00	0.00	0.00	0.00	0.00	0.00	0.00
提取保险责任准备金净额	0.00	0.00	0.00	0.00	0.00	0.00	0.00	0.00	0.00
提取保险责任准备金	0.00	0.00	0.00	0.00	0.00	0.00	0.00	0.00	0.00
减：摊回保险责任准备金	0.00	0.00	0.00	0.00	0.00	0.00	0.00	0.00	0.00
保单红利支出	0.00	0.00	0.00	0.00	0.00	0.00	0.00	0.00	0.00
分保费用	0.00	0.00	0.00	0.00	0.00	0.00	0.00	0.00	0.00
税金及附加	0.46	6.73	−0.39	0.45	5.42	−5.27	0.46	0.49	0.53
销售费用	0.51	9.48	0.00	0.56	9.28	0.00	0.61	0.66	0.56
管理费用	4.71	25.35	0.63	4.94	28.14	0.48	4.87	5.35	4.49
研发费用	0.24	4.73	0.00	0.21	4.88	0.00	0.20	0.14	0.08

续表

年份	2023			2022			2021	2020	2019
	中位数	最大值	最小值	中位数	最大值	最小值	中位数	中位数	中位数
财务费用	1.48	22.44	-5.11	2.10	52.20	-3.09	2.18	2.46	2.78
其他收益	0.76	28.93	0.00	0.79	31.20	0.01	0.74	0.69	0.60
投资收益	0.88	138.81	-1.06	0.68	162.80	-0.94	1.07	0.94	1.13
汇兑收益	0.00	0.00	0.00	0.00	0.00	0.00	0.00	0.00	0.00
其他业务收入	0.00	0.00	0.00	0.00	0.00	0.00	0.00	0.00	0.00
净敞口套期收益	0.00	0.00	0.00	0.00	0.00	0.00	0.00	0.00	0.00
公允价值变动收益	0.00	33.26	-2.32	0.00	3.25	-8.93	0.00	-0.00	0.00
信用减值损失	-0.04	4.08	-66.44	-0.08	1.82	-76.87	-0.09	-0.17	-0.06
资产减值损失	-0.03	0.00	-22.09	-0.05	1.01	-42.22	-0.01	-0.02	0.00
资产处置收益	0.04	25.16	-0.45	0.01	37.38	-2.76	0.02	0.01	0.01
业务及管理费	0.00	0.00	0.00	0.00	0.00	0.00	0.00	0.00	0.00
减：摊回分保费用	0.00	0.00	0.00	0.00	0.00	0.00	0.00	0.00	0.00
其他业务成本	0.00	2.68	0.00	0.00	1.29	0.00	0.00	0.00	0.00
其他业务利润	0.00	0.00	0.00	0.00	0.00	0.00	0.00	0.00	0.00
营业利润	14.59	197.52	-63.93	11.52	183.23	-149.87	13.58	13.13	14.03
加：营业外收入	0.13	2.65	-0.00	0.14	8.22	0.00	0.17	0.18	0.19
减：营业外支出	0.09	16.20	-0.96	0.13	3.02	-0.30	0.14	0.17	0.14
利润总额	14.83	197.52	-64.03	11.45	184.27	-150.73	13.38	13.40	13.94
减：所得税费用	2.82	16.35	-2.63	2.62	17.03	-28.07	2.73	2.51	2.89
未确认的投资损失	0.00	0.00	0.00	0.00	0.00	0.00	0.00	0.00	0.00
影响净利润的其他项目	0.00	0.00	0.00	0.00	0.00	0.00	0.00	0.00	0.00
净利润	11.90	181.17	-65.86	8.88	167.24	-161.69	11.90	10.00	11.17
归属于母公司所有者的净利润	10.99	181.17	-58.65	7.69	167.24	-134.15	11.33	10.30	10.71
归属于母公司其他权益工具持有者的净利润	0.00	0.00	0.00	0.00	0.00	0.00	0.00	0.00	0.00
少数股东损益	0.44	24.91	-7.21	0.16	30.15	-27.54	0.31	0.23	0.24
其他综合收益（损失）	0.00	50.24	-9.00	-0.00	13.41	-183.40	0.00	-0.02	0.00
综合收益总额	11.67	231.41	-61.53	9.11	74.26	-162.91	12.10	9.82	12.33
归属于母公司所有者的综合收益	11.13	231.41	-56.03	7.82	69.83	-134.82	11.36	9.74	11.17
归属少数股东的综合收益	0.44	27.60	-5.50	0.16	38.89	-28.09	0.31	0.24	0.24
基本每股收益	0.32	2.62	-0.76	0.28	6.83	-3.30	0.30	0.23	0.29
稀释每股收益	0.32	2.54	-0.76	0.26	6.77	-3.30	0.29	0.21	0.27

1. 交通运输、仓储和邮政业（G）成本费用项目分析

（1）成本与费用及其主要构成项目。

主要构成项目：①营业成本占营业总收入比例为77.84%。其中，营业成本占比最大的上市公司为107.02%，占比最小的上市公司为13.4%。②销售费用占营业总收入比例为0.51%。其中，销售费用占比最大的上市公司为9.48%，占比最小的上市公司为0。③管理费用占营业总收入比例为4.71%。其中，管理费用占比最大的上市公司为25.35%，占比最小的上市公司为0.63%。④财务费用占营业总收入比例为1.48%。其中，财务费用占比最大的上市公司为22.44%，占比最小的上市公司为-5.11%。⑤研发费用占营业总收入比例为0.24%。其中，研发费用占比最大的上市公司为4.73%，占比最小的上市公司为0。

（2）成本与费用及其主要项目变动趋势分析。

2019~2023年，营业成本占比基本稳定，从2019年的76.4%增长到2023年的77.84%；2019~2023年，销售费用占比明显下降，从2019年的0.56%下降为2023年的0.51%；2019~2023年，管理费用占比基本稳定，从2019年的4.49%增长到2023年的4.71%；2019~2023年，财务费用占比大幅下降，从2019年的2.78%下降为2023年的1.48%；2019~2023年，研发费用占比大幅上升，从2019年的0.08%增长到2023年的0.24%。

2. 交通运输、仓储和邮政业（G）其他损益项目分析

（1）其他损益及其主要构成项目。

主要构成项目：①资产减值损失占营业总收入比例为-0.03%。其中，资产减值损失占比最大的上市公司为0，占比最小的上市公司为-22.09%。②投资收益占营业总收入比例为0.88%。其中，投资收益占比最大的上市公司为138.81%，占比最小的上市公司为-1.06%。③基本每股收益为0.32元。其中，基本每股收益最大的上市公司为2.62元，最小的上市公司为-0.76元。④其他收益占营业总收入比例为0.76%。其中，其他收益占比最大的上市公司为28.93%，占比最小的上市公司为0。⑤信用减值损失占营业总收入比例为-0.04%。其中，信用减值损失占比最大的上市公司为4.08%，占比最小的上市公司为-66.44%。

（2）其他损益及其主要项目变动趋势分析。

2019~2023年，资产减值损失占比基本稳定，从2019年的0下降为2023年的-0.03%；2019~2023年，投资收益占比明显下降，从2019年的1.13%下降为2023年的0.88%；2019~2023年，其他收益占比明显上升，从2019年的0.6%增长到2023年的0.76%；2019~2023年，信用减值损失占比大幅上升，从2019年的-0.06%增长到2023年的-0.04%。

3. 交通运输、仓储和邮政业（G）利润项目分析

（1）利润及其主要构成项目。

主要构成项目：①营业利润占营业总收入比例为14.59%。其中，营业利润占比最大的上市公司为197.52%，占比最小的上市公司为-63.93%。②利润总额占营业总收入比例为14.83%。其中，利润总额占比最大的上市公司为197.52%，占比最小的上市公司为–64.03%。③净利润占营业总收入比例为11.9%。其中，净利润占比最大的上市公司为181.17%，占比最小的上市公司为–65.86%。④归属于母公司所有者的净利润占营业总收入比例为10.99%。其中，归属于母公司所有者的净利润占比最大的上市公司为181.17%，占比最小的上市公司为–58.65%。

（2）利润及其主要项目变动趋势分析。

2019~2023年，营业利润占比基本稳定，从2019年的14.03%增长到2023年的14.59%；2019~2023年，利润总额占比明显上升，从2019年的13.94%增长到2023年的14.83%；2019~2023年，净利润占比明显上升，从2019年的11.17%增长到2023年的11.9%；2019~2023年，归属于母公司所有者的净利润占比基本稳定，从2019年的10.71%增长到2023年的10.99%。

（三）证券市场交通运输、仓储和邮政业（G）现金流量分析

证券市场交通运输、仓储和邮政业（G）现金流量分析见表3.72。

表3.72　　　　　交通运输、仓储和邮政业（G）现金流量表　　　　　单位：%

年份	2023			2022			2021	2020	2019
	中位数	最大值	最小值	中位数	最大值	最小值	中位数	中位数	中位数
销售商品、提供劳务收到的现金	61.51	95.65	8.19	50.23	97.82	6.77	49.96	46.90	55.21
客户存款和同业存放款项净增加额	0.00	4.47	0.00	0.00	1.68	0.00	0.00	0.00	0.00
向中央银行借款净增加额	0.00	0.36	0.00	0.00	0.41	0.00	0.00	0.00	0.00
向其他金融机构拆入资金净增加额	0.00	0.00	0.00	0.00	0.00	0.00	0.00	0.00	0.00
收到原保险合同保费取得的现金	0.00	0.00	0.00	0.00	0.00	0.00	0.00	0.00	0.00
收到再保险业务现金净额	0.00	0.00	0.00	0.00	0.00	0.00	0.00	0.00	0.00
保户储金及投资款净增加额									
处置交易性金融资产净增加额	0.00	0.00	0.00	0.00	0.00	0.00	0.00	0.00	0.00
收取利息、手续费及佣金的现金	0.00	2.07	0.00	0.00	2.57	0.00	0.00	0.00	0.00
拆入资金净增加额	0.00	0.00	0.00	0.00	0.00	0.00	0.00	0.00	0.00
回购业务资金净增加额	0.00	0.00	–0.27	0.00	0.00	–1.68	0.00	0.00	0.00
收到的税费返还	0.13	3.20	0.00	0.42	8.89	0.00	0.03	0.03	0.01
收到的其他与经营活动有关的现金	2.56	51.55	0.28	2.16	35.94	0.04	2.16	2.50	1.87
经营活动现金流入小计	66.25	97.45	10.84	58.85	99.28	8.51	56.63	53.14	60.82
购买商品、接受劳务支付的现金	32.51	87.04	0.35	30.24	88.28	0.06	30.25	25.96	28.07
客户贷款及垫款净增加额	0.00	7.19	–0.04	0.00	20.65	–0.46	0.00	0.00	0.00

续表

年份	2023 中位数	2023 最大值	2023 最小值	2022 中位数	2022 最大值	2022 最小值	2021 中位数	2020 中位数	2019 中位数
存放中央银行和同业款项净增加额	0.00	0.68	0.00	0.00	0.82	−0.90	0.00	0.00	0.00
支付原保险合同赔付款项的现金	0.00	0.00	0.00	0.00	0.00	0.00	0.00	0.00	0.00
支付利息、手续费及佣金的现金	0.00	0.75	0.00	0.00	1.73	0.00	0.00	0.00	0.00
支付保单红利的现金	0.00	0.00	0.00	0.00	0.00	0.00	0.00	0.00	0.00
支付给职工以及为职工支付的现金	7.29	53.99	0.11	6.19	49.23	0.18	6.26	5.74	6.18
支付的各项税费	2.76	17.89	0.49	2.43	17.36	0.37	2.69	2.25	2.86
支付其他与经营活动有关的现金	2.41	47.82	0.13	1.90	68.36	0.10	2.24	2.01	2.42
经营活动现金流出小计	54.73	94.93	3.55	48.09	97.83	2.34	48.32	44.38	50.71
经营活动产生的现金流量净额	11.22	58.22	−7.19	7.16	69.90	−17.22	8.46	6.93	9.44
收回投资收到的现金	0.11	63.69	0.00	0.15	72.22	0.00	0.24	0.48	0.10
取得投资收益收到的现金	0.25	32.01	0.00	0.17	8.52	0.00	0.22	0.25	0.23
处置固定资产、无形资产和其他长期资产收回的现金净额	0.09	18.82	0.00	0.04	39.48	0.00	0.08	0.04	0.04
处置子公司及其他营业单位收到的现金净额	0.00	8.66	0.00	0.00	8.19	0.00	0.00	0.00	0.00
收到的其他与投资活动有关的现金	0.00	53.83	0.00	0.00	65.30	0.00	0.00	0.11	0.14
投资活动产生的现金流入小计	3.52	73.08	0.00	3.80	72.99	0.00	4.97	6.68	7.22
购建固定资产、无形资产和其他长期资产支付的现金	5.45	38.28	0.00	5.39	36.76	0.00	5.41	4.03	5.38
投资支付的现金	0.43	76.94	0.00	1.05	77.43	0.00	0.73	0.71	0.58
质押贷款净增加额	0.00	0.00	0.00	0.00	0.01	0.00	0.00	0.00	0.00
取得子公司及其他营业单位支付的现金净额	0.00	9.56	0.00	0.00	24.93	−0.03	0.00	0.00	0.00
支付其他与投资活动有关的现金	0.00	60.18	0.00	0.00	63.49	0.00	0.00	0.00	0.00
投资活动产生的现金流出小计	13.26	77.84	0.10	14.74	87.35	0.03	14.96	15.81	16.35
投资活动产生的现金流量净额	−4.61	25.33	−37.98	−4.69	32.38	−29.82	−5.45	−3.89	−4.28
吸收投资收到的现金	0.02	33.76	0.00	0.05	41.20	0.00	0.07	0.05	0.01
吸收权益性投资收到的现金	0.02	28.98	0.00	0.02	31.78	0.00	0.06	0.01	0.00
其中：子公司吸收少数股东投资收到的现金	0.00	18.50	0.00	0.00	9.99	0.00	0.00	0.00	0.00
发行债券收到的现金	0.00	33.76	0.00	0.00	40.50	0.00	0.00	0.00	0.00

续表

年份	2023 中位数	2023 最大值	2023 最小值	2022 中位数	2022 最大值	2022 最小值	2021 中位数	2020 中位数	2019 中位数
取得借款收到的现金	12.99	67.31	0.00	10.69	64.29	0.00	10.77	14.15	12.23
收到其他与筹资活动有关的现金	0.00	33.73	0.00	0.00	33.74	0.00	0.00	0.00	0.00
筹资活动现金流入小计	15.21	67.38	0.00	20.36	67.20	0.00	16.94	20.57	16.82
偿还债务支付的现金	16.04	72.48	0.00	14.55	69.75	0.00	12.55	18.86	21.84
分配股利、利润或偿付利息支付的现金	2.60	28.00	0.00	2.83	32.45	0.00	2.10	3.12	3.35
其中：子公司支付给少数股东的股利、利润	0.05	13.89	0.00	0.02	9.30	0.00	0.02	0.00	0.03
支付其他与筹资活动有关的现金	1.55	40.43	0.00	1.28	37.95	0.00	1.15	0.51	0.23
筹资活动现金流出小计	26.01	80.33	0.00	23.96	78.79	0.46	20.89	26.35	28.18
筹资活动产生的现金流量净额	−4.67	26.52	−47.08	−1.61	41.30	−79.64	−1.28	−0.80	−2.96
现金总流入	100.00	100.00	100.00	100.00	100.00	100.00	100.00	100.00	100.00
现金总流出	100.00	100.00	100.00	100.00	100.00	100.00	100.00	100.00	100.00
现金流量净额	0.39	24.13	−24.46	1.12	31.02	−23.73	0.88	1.00	0.43

注：现金流入项目以现金总流入为基数，现金流出项目以现金总流出为基数。

1. 交通运输、仓储和邮政业（G）现金流入项目分析

现金流入包括经营活动产生的现金流入、投资活动产生的现金流入和筹资活动产生的现金流入三个方面。

（1）经营活动现金流入及其主要构成项目。

2023年，经营活动产生的现金流入占总现金流入比例为66.25%。其中，经营活动产生的现金流入占比最大的上市公司为97.45%，占比最小的上市公司为10.84%。

主要构成项目：销售商品、提供劳务收到的现金占比为61.51%。其中，占比最大的上市公司为95.65%，占比最小的上市公司为8.19%。

（2）投资活动现金流入及其主要构成项目。

2023年，投资活动产生的现金流入占总现金流入比例为3.52%。其中，投资活动产生的现金流入占比最大的上市公司为73.08%，占比最小的上市公司为0。

主要构成项目：取得投资收益收到的现金占比为0.25%。其中，占比最大的上市公司为32.01%，占比最小的上市公司为0。

（3）筹资活动现金流入及其主要构成项目。

2023年，筹资活动产生的现金流入占总现金流入比例为15.21%。其中，筹资活动产生的现金流入占比最大的上市公司为67.38%，占比最小的上市公司为0。

主要构成项目：取得借款收到的现金占比为12.99%。其中，占比最大的上市公司为67.31%，占比最小的上市公司为0。

（4）现金流入构成及其主要项目变动趋势分析。

2019~2023年，经营活动产生的现金流入占比总体上明显上升，从2019年的60.82%增长到2023年的66.25%。其中，2019~2023年，销售商品、提供劳务收到的现金占比总体上呈明显上升趋势，从2019年的55.21%增长到2023年的61.51%。

2019~2023年，投资活动产生的现金流入占比总体上大幅下降，从2019年的7.22%降低到2023年的3.52%。其中，2019~2023年，取得投资收益收到的现金占比总体上呈明显上升趋势，从2019年的0.23%增长到2023年的0.25%，且在2022~2023年大幅上升，从2022年的0.17%增长到2023年的0.25%。

2019~2023年，筹资活动产生的现金流入占比总体上明显下降，从2019年的16.82%降低到2023年的15.21%。其中，2019~2023年，取得借款收到的现金占比总体上呈明显上升趋势，从2019年的12.23%增长到2023年的12.99%，但在2020~2021年明显下降，从2020年的14.15%降低到2021年的10.77%。

2.交通运输、仓储和邮政业（G）现金流出项目分析

现金流出包括经营活动产生的现金流出、投资活动产生的现金流出和筹资活动产生的现金流出三个方面。

（1）经营活动现金流出及其主要构成项目。

2023年，经营活动产生的现金流出占总现金流出比例为54.73%。其中，经营活动产生的现金流出占比最大的上市公司为94.93%，占比最小的上市公司为3.55%。

主要构成项目：①购买商品、接受劳务支付的现金占比为32.51%。其中，占比最大的上市公司为87.04%，占比最小的上市公司为0.35%。②支付给职工以及为职工支付的现金占比为7.29%。其中，占比最大的上市公司为53.99%，占比最小的上市公司为0.11%。③支付的各项税费占比为2.76%。其中，占比最大的上市公司为17.89%，占比最小的上市公司为0.49%。

（2）投资活动现金流出及其主要构成项目。

2023年，投资活动产生的现金流出占总现金流出比例为13.26%。其中，投资活动产生的现金流出占比最大的上市公司为77.84%，占比最小的上市公司为0.1%。

主要构成项目：①购建固定资产、无形资产和其他长期资产支付的现金占比为5.45%。其中，占比最大的上市公司为38.28%，占比最小的上市公司为0。②投资支付的现金占比为0.43%。其中，占比最大的上市公司为76.94%，占比最小的上市公司为0。

（3）筹资活动现金流出及其主要构成项目。

2023年，筹资活动产生的现金流出占总现金流出比例为26.01%。其中，筹资活动产生的现金流出占比最大的上市公司为80.33%，占比最小的上市公司为0。

主要构成项目：偿还债务支付的现金占比为16.04%。其中，占比最大的上市公司为72.48%，占比最小的上市公司为0。

（4）现金流出构成及其主要项目变动趋势分析。

2019~2023年，经营活动产生的现金流出占比总体上明显上升，从2019年的50.71%增长到2023年的54.73%。其中，2019~2023年，购买商品、接受劳务支付的现金占比总体上呈明显上升趋势，从2019年的28.07%增长到2023年的32.51%。

2019~2023年，投资活动产生的现金流出占比总体上明显下降，从2019年的16.35%降低到2023年的13.26%。其中，2019~2023年，购建固定资产、无形资产和其他长期资产支付的现金占比总体上基本稳定，且在2020~2021年大幅上升，从2020年的4.03%增长到2021年的5.41%。

2019~2023年，筹资活动产生的现金流出占比总体上明显下降，从2019年的28.18%降低到2023年的26.01%。其中，2019~2023年，偿还债务支付的现金占比总体上呈明显下降趋势，从2019年的21.84%降低到2023年的16.04%，且在2020~2021年大幅下降，从2020年的18.86%降低到2021年的12.55%。

3.交通运输、仓储和邮政业（G）现金流量净额项目分析

现金流量净额包括经营活动现金流量净额、投资活动现金流量净额和筹资活动现金流量净额三个方面。

（1）现金流量净额及其主要构成项目。

2023年，现金流量净额占总现金流入比例为0.39%。其中，现金流量净额占比最大的上市公司为24.13%，占比最小的上市公司为-24.46%。

主要构成项目：①经营活动产生的现金流量净额占总现金流入比例为11.22%。其中，占比最大的上市公司为58.22%，占比最小的上市公司为-7.19%。②投资活动产生的现金流量净额占总现金流入比例为-4.61%。其中，占比最大的上市公司为25.33%，占比最小的上市公司为-37.98%。③筹资活动产生的现金流量净额占总现金流入比例为-4.67%。其中，占比最大的上市公司为26.52%，占比最小的上市公司为-47.08%。

（2）现金流量净额构成及其主要项目变动趋势分析。

2019~2023年，现金流量净额占比总体上明显下降，从2019年的0.43%降低到2023年的0.39%。其中，2019~2023年，经营活动产生的现金流量净额明显上升，从2019年的9.44%增加到2023年的11.22%。2019~2023年，投资活动产生的现金流量净额明显下降，从2019年的-4.28%减少到2023年的-4.61%。2019~2023年，筹资活动产生的现金流量净额大幅下降，从2019年的-2.96%减少到2023年的-4.67%。

十八、住宿餐饮服务业（HL）

住宿餐饮服务业（HL）由证监会行业分类（2012）中住宿和餐饮业（代码：H）和租赁和商务服务业（代码：L）组成。2019~2023年，证券市场住宿餐饮服务业（HL）上市公司发展状况见表3.73。

表 3.73　　　　　住宿餐饮服务业（HL）上市公司数量　　　　　单位：家

年份	2023	2022	2021	2020	2019
数量	72	72	75	69	63

注：公开披露定期报告的上市公司家数。

（一）证券市场住宿餐饮服务业（HL）财务状况分析

证券市场住宿餐饮服务业（HL）财务状况分析见表3.74。

表 3.74　　　　　住宿餐饮服务业（HL）资产负债表　　　　　单位：%

年份	2023			2022			2021	2020	2019
	中位数	最大值	最小值	中位数	最大值	最小值	中位数	中位数	中位数
货币资金	16.72	78.65	0.44	15.01	73.87	0.94	14.57	16.04	13.21
结算备付金	0.00	0.00	0.00	0.00	0.00	0.00	0.00	0.00	0.00
拆出资金净额	0.00	0.00	0.00	0.00	0.00	0.00	0.00	0.00	0.00
交易性金融资产	0.04	22.01	0.00	0.10	28.85	0.00	0.02	0.01	0.00
衍生金融资产	0.00	0.31	0.00	0.00	0.38	0.00	0.00	0.00	0.00
应收票据净额	0.00	7.41	0.00	0.00	13.22	0.00	0.00	0.00	0.00
应收账款净额	8.99	70.02	0.18	8.31	71.28	0.11	8.67	8.52	11.14
应收款项融资	0.00	7.87	0.00	0.00	8.23	0.00	0.00	0.00	0.00
预付款项净额	1.03	40.84	0.01	1.36	45.16	0.01	1.72	1.98	2.38
应收保费净额	0.00	0.00	0.00	0.00	0.00	0.00	0.00	0.00	0.00
应收分保账款净额	0.00	0.00	0.00	0.00	0.00	0.00	0.00	0.00	0.00
应收分保合同准备金净额	0.00	0.00	0.00	0.00	0.00	0.00	0.00	0.00	0.00
其他应收款净额	1.44	42.00	0.03	1.36	43.96	0.04	1.60	1.57	1.88
应收股利净额	0.00	0.23	0.00	0.00	1.17	0.00	0.00	0.00	0.00
买入返售金融资产净额	0.00	0.00	0.00	0.00	0.00	0.00	0.00	0.00	0.00
存货净额	1.94	45.10	0.00	1.58	54.38	0.00	1.19	1.88	2.54
合同资产	0.00	20.63	0.00	0.00	16.30	0.00	0.00	0.00	0.00
一年内到期的非流动资产	0.00	3.46	0.00	0.00	10.72	0.00	0.00	0.00	0.00
其他流动资产	1.42	45.98	0.05	1.05	32.01	0.02	1.21	1.02	0.91
流动资产合计	61.44	96.31	5.91	59.91	95.46	4.61	60.14	54.82	58.34
发放贷款及垫款净额	0.00	6.43	0.00	0.00	5.48	0.00	0.00	0.00	0.00
债权投资	0.00	7.14	0.00	0.00	7.57	0.00	0.00	0.00	0.00
其他债权投资	0.00	1.03	0.00	0.00	0.00	0.00	0.00	0.00	0.00
长期应收款净额	0.00	7.38	0.00	0.00	10.96	0.00	0.00	0.00	0.00
长期股权投资净额	2.22	31.49	0.00	2.05	28.85	0.00	1.80	1.85	2.16
其他权益工具投资	0.00	30.40	0.00	0.00	25.96	0.00	0.00	0.00	0.00
其他非流动金融资产	0.09	38.52	0.00	0.02	27.91	0.00	0.00	0.02	0.00
投资性房地产净额	0.67	76.75	0.00	0.51	76.35	0.00	0.50	0.52	0.41
固定资产净额	4.14	77.91	0.02	3.21	76.13	0.01	3.24	3.42	4.61
在建工程净额	0.22	38.26	0.00	0.14	18.97	0.00	0.11	0.09	0.06
生产性生物资产净额	0.00	0.45	0.00	0.00	0.55	0.00	0.00	0.00	0.00
油气资产净额	0.00	0.00	0.00	0.00	0.00	0.00	0.00	0.00	0.00

续表

年份	2023			2022			2021	2020	2019
	中位数	最大值	最小值	中位数	最大值	最小值	中位数	中位数	中位数
使用权资产	1.68	67.47	0.00	1.61	60.99	0.00	1.52	0.00	0.00
无形资产净额	1.48	29.94	0.00	1.51	26.38	0.00	1.54	1.83	2.04
开发支出	0.00	0.60	0.00	0.00	1.68	0.00	0.00	0.00	0.00
商誉净额	0.45	29.37	0.00	0.55	32.38	0.00	0.31	0.26	0.38
长期待摊费用	0.33	16.49	0.00	0.35	13.45	0.00	0.35	0.32	0.32
递延所得税资产	1.45	12.37	0.00	1.04	15.39	0.00	0.79	0.69	0.58
其他非流动资产	0.20	33.74	0.00	0.18	25.11	0.00	0.17	0.21	0.15
非流动资产合计	**38.56**	**94.09**	**3.69**	**40.09**	**95.39**	**4.54**	**39.86**	**45.18**	**41.66**
资产总计	**100.00**	**100.00**	**100.00**	**100.00**	**100.00**	**100.00**	**100.00**	**100.00**	**100.00**
短期借款	4.47	49.47	0.00	4.09	39.58	0.00	3.08	3.90	7.65
向中央银行借款	0.00	0.00	0.00	0.00	0.00	0.00	0.00	0.00	0.00
拆入资金	0.00	0.00	0.00	0.00	0.00	0.00	0.00	0.00	0.00
交易性金融负债	0.00	0.89	0.00	0.00	1.65	0.00	0.00	0.00	0.00
衍生金融负债	0.00	0.66	0.00	0.00	0.86	0.00	0.00	0.00	0.00
应付票据	0.00	30.41	0.00	0.00	32.75	0.00	0.00	0.00	0.00
应付账款	7.23	54.32	0.18	7.14	58.51	0.16	6.38	6.56	5.40
预收款项	0.00	19.81	0.00	0.00	25.05	0.00	0.00	0.00	2.65
合同负债	1.88	28.87	0.02	1.83	34.22	0.00	2.10	2.35	0.00
卖出回购金融资产款	0.00	0.00	0.00	0.00	0.00	0.00	0.00	0.00	0.00
吸收存款及同业存放	0.00	0.00	0.00	0.00	0.00	0.00	0.00	0.00	0.00
代理买卖证券款	0.00	0.00	0.00	0.00	0.00	0.00	0.00	0.00	0.00
代理承销证券款	0.00	0.00	0.00	0.00	0.00	0.00	0.00	0.00	0.00
应付职工薪酬	1.10	18.00	0.03	1.08	15.38	0.03	1.01	1.00	1.00
应交税费	0.71	7.51	0.06	0.67	9.39	0.10	0.90	1.00	1.10
其他应付款	3.47	58.70	0.13	3.51	61.43	0.09	4.01	5.22	3.72
应付股利	0.00	1.58	0.00	0.00	8.03	0.00	0.00	0.00	0.00
应付手续费及佣金	0.00	0.00	0.00	0.00	0.00	0.00	0.00	0.00	0.00
应付分保账款	0.00	0.00	0.00	0.00	0.00	0.00	0.00	0.00	0.00
一年内到期的非流动负债	1.45	35.63	0.00	1.50	35.93	0.00	1.44	0.17	0.41
其他流动负债	0.24	9.70	0.00	0.21	18.80	0.00	0.24	0.23	0.00
流动负债合计	**36.59**	**82.61**	**8.90**	**37.64**	**125.54**	**7.21**	**36.88**	**37.12**	**36.23**
保险合同准备金	0.00	0.00	0.00	0.00	0.00	0.00	0.00	0.00	0.00
长期借款	1.20	23.33	0.00	0.12	27.52	0.00	0.17	0.30	0.10
应付债券	0.00	34.15	0.00	0.00	40.13	0.00	0.00	0.00	0.00
租赁负债	0.92	60.94	0.00	1.05	61.73	0.00	0.88	0.00	0.00
长期应付款	0.00	13.15	0.00	0.00	6.92	0.00	0.00	0.00	0.00
预计负债	0.00	16.36	0.00	0.00	18.79	0.00	0.00	0.00	0.00
递延收益-非流动负债	0.04	12.06	0.00	0.04	12.93	0.00	0.03	0.05	0.04
递延所得税负债	0.38	11.08	0.00	0.19	10.77	0.00	0.18	0.18	0.22
其他非流动负债	0.00	3.96	0.00	0.00	3.72	0.00	0.00	0.00	0.00
非流动负债合计	**7.81**	**63.33**	**0.01**	**4.96**	**69.59**	**0.00**	**6.30**	**4.15**	**5.84**

续表

年份	2023			2022			2021	2020	2019
	中位数	最大值	最小值	中位数	最大值	最小值	中位数	中位数	中位数
负债合计	52.06	103.48	13.05	53.74	128.68	13.21	54.46	48.91	45.28
实收资本（或股本）	11.45	194.14	0.37	12.43	434.86	0.45	13.68	15.39	14.19
其他权益工具	0.00	10.16	-0.10	0.00	8.14	-0.10	0.00	0.00	0.00
其中：优先股	0.00	0.00	0.00	0.00	0.00	0.00	0.00	0.00	0.00
其中：永续债	0.00	10.16	0.00	0.00	8.14	0.00	0.00	0.00	0.00
资本公积	21.91	220.87	-4.85	20.49	231.02	-4.86	20.89	21.49	19.42
其中：库存股	0.00	17.39	0.00	0.00	42.26	0.00	0.00	0.00	0.00
其他综合收益	0.00	5.01	-36.44	0.00	4.23	-36.91	0.00	0.00	0.00
专项储备	0.00	1.57	0.00	0.00	0.28	0.00	0.00	0.00	0.00
盈余公积	1.90	15.58	0.00	1.88	17.53	0.00	1.85	1.81	1.67
一般风险准备	0.00	0.12	0.00	0.00	0.11	0.00	0.00	0.00	0.00
未分配利润	7.43	71.86	-361.75	6.01	66.39	-607.01	6.56	11.30	11.18
归属于母公司所有者权益合计	44.12	84.75	-0.79	42.17	86.72	-38.80	41.64	47.57	47.30
少数股东权益	1.29	27.35	-11.72	1.16	18.45	-10.92	0.98	1.06	1.23
所有者权益合计	47.94	86.95	-3.48	46.26	86.79	-28.68	45.54	51.09	54.72
负债与所有者权益总计	100.00	100.00	100.00	100.00	100.00	100.00	100.00	100.00	100.00

注：所有项目均以资产总计为基数。

1. 住宿餐饮服务业（HL）资产项目分析

资产项目包括流动资产和非流动资产两个方面。

（1）流动资产及其主要构成项目。

2023年，流动资产合计占总资产比例为61.44%。其中，流动资产占比最大的上市公司为96.31%，占比最小的上市公司为5.91%。

主要构成项目：①货币资金占比为16.72%。其中，占比最大的上市公司为78.65%，占比最小的上市公司为0.44%。②其他流动资产占比为1.42%。其中，占比最大的上市公司为45.98%，占比最小的上市公司为0.05%。③交易性金融资产占比为0.04%。其中，占比最大的上市公司为22.01%，占比最小的上市公司为0。

（2）非流动资产及其主要构成项目。

2023年，非流动资产合计占总资产比例为38.56%。其中，非流动资产占比最大的上市公司为94.09%，占比最小的上市公司为3.69%。

主要构成项目：①使用权资产占比为1.68%。其中，占比最大的上市公司为67.47%，占比最小的上市公司为0。②递延所得税资产占比为1.45%。其中，占比最大的上市公司为12.37%，占比最小的上市公司为0。③长期待摊费用占比为0.33%。其中，占比最大的上市公司为16.49%，占比最小的上市公司为0。

（3）资产构成及其主要项目变动趋势分析。

2019~2023年，流动资产合计占比总体上呈明显上升趋势。其中，2019~2023年，货币资金占比总体上呈明显上升趋势，从2019年的13.21%增长到2023年的16.72%；2019~2023年，其他流动资产占比总体上呈大幅上升趋势，从2019年的0.91%增长到2023年的1.42%；2019~2023年，交易性金融资产占比总体上基本稳定，且在2021~2022年大幅上升，从2021年的0.02%增长到2022年的0.1%。

2019~2023年，非流动资产合计占比总体上呈明显下降趋势。其中，2019~2023年，使用权资产占比总体上呈大幅上升趋势，从2019年的0增长到2023年的1.68%；2019~2023年，递延所得税资产占比总体上呈大幅上升趋势，从2019年的0.58%增长到2023年的1.45%；2019~2023年，长期待摊费用占比总体上基本稳定，且在2020~2021年明显上升，从2020年的0.32%增长到2021年的0.35%。

2. 住宿餐饮服务业（HL）负债项目分析

负债项目包括流动负债和非流动负债两个方面。2023年，负债合计占总资产比例为52.06%。其中，负债合计占比最大的上市公司为103.48%，占比最小的上市公司为13.05%。

（1）流动负债及其主要构成项目。

2023年，流动负债合计占总资产比例为36.59%。其中，流动负债占比最大的上市公司为82.61%，占比最小的上市公司为8.9%。

主要构成项目：①应付账款占比为7.23%。其中，占比最大的上市公司为54.32%，占比最小的上市公司为0.18%。②短期借款占比为4.47%。其中，占比最大的上市公司为49.47%，占比最小的上市公司为0。③其他应付款占比为3.47%。其中，占比最大的上市公司为58.7%，占比最小的上市公司为0.13%。

（2）非流动负债及其主要构成项目。

2023年，非流动负债合计占总资产比例为7.81%。其中，非流动负债占比最大的上市公司为63.33%，占比最小的上市公司为0.01%。

主要构成项目：①长期借款占比为1.2%。其中，占比最大的上市公司为23.33%，占比最小的上市公司为0。②租赁负债占比为0.92%。其中，占比最大的上市公司为60.94%，占比最小的上市公司为0。③递延所得税负债占比为0.38%。其中，占比最大的上市公司为11.08%，占比最小的上市公司为0。

（3）负债构成及其主要项目变动趋势分析。

2019~2023年，流动负债合计占比总体上呈基本稳定。其中，2019~2023年，应付账款占比总体上呈大幅上升趋势，从2019年的5.4%增长到2023年的7.23%，但在2019~2020年明显上升，从2019年的5.4%增长到2020年的6.56%；2019~2023年，短期借款占比总体上呈大幅下降趋势，从2019年的7.65%降低到2023年的4.47%；2019~2023年，其他应付款占比总体上呈明显下降趋势，从2019年的3.72%降低到2023年的3.47%，且在2019~2020年大幅上升，从2019年的3.72%增长到2020年的5.22%。

2019~2023年，非流动负债合计占比总体上呈大幅上升趋势。其中，2019~2023年，长期借款占比总体上呈大幅上升趋势，从2019年的0.1%增长到2023年的1.2%；2019~2023年，租赁负债占比总体上呈大幅上升趋势，从2019年的0增长到2023年的0.92%；2019~2023年，递延所得税负债占比总体上呈大幅上升趋势，从2019年的0.22%增长到2023年的0.38%。

3. 住宿餐饮服务业（HL）所有者权益项目分析

所有者权益项目包括实收资本（股本）、资本公积、盈余公积和未分配利润等四个方面。

（1）所有者权益及其主要构成项目。

2023年，所有者权益合计占总资产比例为47.94%。其中，所有者权益占比最大的上市公司为86.95%，占比最小的上市公司为-3.48%。

主要构成项目：①实收资本（或股本）占比为11.45%。其中，占比最大的上市公司为194.14%，占比最小的上市公司为0.37%。②资本公积占比为21.91%。其中，占比最大的上市公司为220.87%，占比最小的上市公司为-4.85%。③盈余公积占比为1.9%。其中，占比最大的上市公司为15.58%，占比最小的上市公司为0。④未分配利润占比为7.43%。其中，占比最大的上市公司为71.86%，占比最小的上市公司为-361.75%。

（2）所有者权益构成及其主要项目变动趋势分析。

2019~2023年，所有者权益合计占比总体上呈明显下降趋势。其中，2019~2023年，实收资本（或股本）占比总体上呈明显下降趋势，从2019年的14.19%降低到2023年的11.45%；2019~2023年，资本公积占比总体上呈明显上升趋势，从2019年的19.42%增长到2023年的21.91%；2019~2023年，盈余公积占比总体上呈明显上升趋势，从2019年的1.67%增长到2023年的1.9%；2019~2023年，未分配利润占比总体上呈大幅下降趋势，从2019年的11.18%降低到2023年的7.43%。

（二）证券市场住宿餐饮服务业（HL）利润分析

证券市场住宿餐饮服务业（HL）利润分析见表3.75。

表3.75　　　　　　　　住宿餐饮服务业（HL）利润表　　　　　　　　单位：%

年份	2023			2022			2021	2020	2019
	中位数	最大值	最小值	中位数	最大值	最小值	中位数	中位数	中位数
营业总收入	100.00	100.00	100.00	100.00	100.00	100.00	100.00	100.00	100.00
营业收入	100.00	100.00	94.50	100.00	100.00	94.12	100.00	100.00	100.00
利息净收入	0.00	1.72	0.00	0.00	2.57	0.00	0.00	0.00	0.00
利息收入	0.00	1.72	0.00	0.00	2.57	0.00	0.00	0.00	0.00
已赚保费	0.00	0.47	0.00	0.00	0.60	0.00	0.00	0.00	0.00
保险业务收入	0.00	0.00	0.00	0.00	0.00	0.00	0.00	0.00	0.00
减：分出保费	0.00	0.00	0.00	0.00	0.00	0.00	0.00	0.00	0.00
减：提取未到期责任准备金	0.00	0.00	0.00	0.00	0.00	0.00	0.00	0.00	0.00
手续费及佣金净收入	0.00	3.30	0.00	0.00	2.87	0.00	0.00	0.00	0.00

续表

年份	2023			2022			2021	2020	2019
	中位数	最大值	最小值	中位数	最大值	最小值	中位数	中位数	中位数
手续费及佣金收入	0.00	3.30	0.00	0.00	2.87	0.00	0.00	0.00	0.00
营业总成本	98.44	155.03	40.92	98.87	234.36	41.47	98.30	98.40	96.82
营业成本	80.25	99.49	29.82	83.98	112.89	31.03	80.47	83.12	80.30
利息支出	0.00	0.00	0.00	0.00	0.00	0.00	0.00	0.00	0.00
手续费及佣金支出	0.00	0.00	0.00	0.00	0.00	0.00	0.00	0.00	0.00
退保金	0.00	0.00	0.00	0.00	0.00	0.00	0.00	0.00	0.00
赔付支出净额	0.00	0.00	0.00	0.00	0.00	0.00	0.00	0.00	0.00
赔付支出	0.00	0.00	0.00	0.00	0.00	0.00	0.00	0.00	0.00
减：摊回赔付支出	0.00	0.00	0.00	0.00	0.00	0.00	0.00	0.00	0.00
提取保险责任准备金净额	0.00	0.00	0.00	0.00	0.00	0.00	0.00	0.00	0.00
提取保险责任准备金	0.00	0.00	0.00	0.00	0.00	0.00	0.00	0.00	0.00
减：摊回保险责任准备金	0.00	0.00	0.00	0.00	0.00	0.00	0.00	0.00	0.00
保单红利支出	0.00	0.00	0.00	0.00	0.00	0.00	0.00	0.00	0.00
分保费用	0.00	0.00	0.00	0.00	0.00	0.00	0.00	0.00	0.00
税金及附加	0.42	11.41	0.02	0.49	12.26	0.03	0.38	0.36	0.48
销售费用	4.45	29.23	0.00	4.70	47.43	0.00	4.04	3.36	3.91
管理费用	6.13	40.45	0.10	6.56	67.23	0.07	6.18	6.17	5.02
研发费用	0.42	25.08	0.00	0.48	20.42	0.00	0.45	0.36	0.29
财务费用	0.74	56.74	−8.06	0.45	87.49	−14.43	0.78	0.45	0.50
其他收益	0.55	29.65	0.04	0.75	7.59	−0.22	0.82	0.94	0.45
投资收益	0.32	152.59	−0.94	0.32	38.52	−22.87	0.28	0.26	0.56
汇兑收益	0.00	0.00	0.00	0.00	0.00	0.00	0.00	0.00	0.00
其他业务收入	0.00	0.00	0.00	0.00	0.00	0.00	0.00	0.00	0.00
净敞口套期收益	0.00	0.00	0.00	0.00	0.00	0.00	0.00	0.00	0.00
公允价值变动收益	0.00	6.13	−114.86	0.00	4.82	−119.69	0.00	0.00	0.00
信用减值损失	−0.25	7.01	−498.45	−0.39	8.84	−213.04	−0.34	−0.60	−0.38
资产减值损失	−0.22	0.43	−44.29	−0.41	0.17	−88.89	−0.08	−0.16	−0.08
资产处置收益	0.01	7.82	−1.40	0.01	154.60	−2.74	0.00	−0.00	0.00
业务及管理费	0.00	0.00	0.00	0.00	0.00	0.00	0.00	0.00	0.00
减：摊回分保费用	0.00	0.00	0.00	0.00	0.00	0.00	0.00	0.00	0.00
其他业务成本	0.00	0.29	0.00	0.00	1.15	0.00	0.00	0.00	0.00
其他业务利润	0.00	0.00	0.00	0.00	0.00	0.00	0.00	0.00	0.00
营业利润	2.70	92.68	−672.54	1.65	192.87	−333.43	1.93	2.79	4.32
加：营业外收入	0.11	5.70	0.00	0.09	15.56	0.00	0.14	0.11	0.13
减：营业外支出	0.07	14.32	−0.15	0.08	26.82	−0.21	0.11	0.14	0.07
利润总额	2.92	79.30	−673.43	1.58	192.78	−347.33	1.96	3.08	4.32
减：所得税费用	0.65	9.30	−60.09	0.61	47.31	−34.63	0.68	1.00	1.23
未确认的投资损失	0.00	0.00	0.00	0.00	0.00	0.00	0.00	0.00	0.00
影响净利润的其他项目	0.00	0.00	0.00	0.00	0.00	0.00	0.00	0.00	0.00
净利润	2.39	79.40	−613.34	1.30	145.48	−346.11	1.50	2.19	3.01

续表

年份	2023			2022			2021	2020	2019
	中位数	最大值	最小值	中位数	最大值	最小值	中位数	中位数	中位数
归属于母公司所有者的净利润	2.02	104.36	−608.94	1.03	144.70	−337.75	1.46	2.13	2.92
归属于母公司其他权益工具持有者的净利润	0.00	0.00	0.00	0.00	0.00	0.00	0.00	0.00	0.00
少数股东损益	0.05	5.80	−24.96	−0.00	4.60	−14.20	0.00	0.00	0.06
其他综合收益（损失）	0.00	9.77	−14.02	0.00	18.01	−32.52	0.00	0.00	−0.00
综合收益总额	2.36	65.39	−613.34	0.90	119.48	−357.38	1.52	2.04	3.06
归属于母公司所有者的综合收益	2.08	90.34	−608.94	0.61	118.71	−349.02	1.49	1.84	3.36
归属少数股东的综合收益	0.03	5.80	−24.96	0.01	4.60	−14.20	0.00	0.00	0.06
基本每股收益	0.14	4.29	−7.46	0.10	8.35	−2.55	0.12	0.15	0.17
稀释每股收益	0.09	4.24	−7.46	0.03	8.35	−2.55	0.10	0.08	0.12

1. 住宿餐饮服务业（HL）成本费用项目分析

（1）成本与费用及其主要构成项目。

主要构成项目：①营业成本占营业总收入比例为80.25%。其中，营业成本占比最大的上市公司为99.49%，占比最小的上市公司为29.82%。②销售费用占营业总收入比例为4.45%。其中，销售费用占比最大的上市公司为29.23%，占比最小的上市公司为0。③管理费用占营业总收入比例为6.13%。其中，管理费用占比最大的上市公司为40.45%，占比最小的上市公司为0.1%。④财务费用占营业总收入比例为0.74%。其中，财务费用占比最大的上市公司为56.74%，占比最小的上市公司为−8.06%。⑤研发费用占营业总收入比例为0.42%。其中，研发费用占比最大的上市公司为25.08%，占比最小的上市公司为0。

（2）成本与费用及其主要项目变动趋势分析。

2019~2023年，营业成本占比基本稳定，从2019年的80.3%下降为2023年的80.25%；2019~2023年，销售费用占比明显上升，从2019年的3.91%增长到2023年的4.45%；2019~2023年，管理费用占比明显上升，从2019年的5.02%增长到2023年的6.13%；2019~2023年，财务费用占比大幅上升，从2019年的0.5%增长到2023年的0.74%；2019~2023年，研发费用占比大幅上升，从2019年的0.29%增长到2023年的0.42%。

2. 住宿餐饮服务业（HL）其他损益项目分析

（1）其他损益及其主要构成项目。

主要构成项目：①资产减值损失占营业总收入比例为−0.22%。其中，资产减值损失占比最大的上市公司为0.43%，占比最小的上市公司为−44.29%。②投资收益占营业总收入比例为0.32%。其中，投资收益占比最大的上市公司为152.59%，占比最小的上市公司为−0.94%。③基本每股收益为0.14元。其中，基本每股收益最大的上市公司为4.29元，最小的上市公司为–7.46元。④其他收益占营业总收入比例为0.55%。其中,其他收益占比最大的上市公司为29.65%,占比最小的上市公司为0.04%。⑤信用减值损失占营业总收入比例为–0.25%。其中,信用减值损失占比最大的上市公司为7.01%,占比最小的上市公司为–498.45%。

(2)其他损益及其主要项目变动趋势分析。

2019~2023年,资产减值损失占比大幅下降,从2019年的–0.08%下降为2023年的–0.22%;2019~2023年,投资收益占比大幅下降,从2019年的0.56%下降为2023年的0.32%;2019~2023年,其他收益占比明显上升,从2019年的0.45%增长到2023年的0.55%;2019~2023年,信用减值损失占比大幅上升,从2019年的–0.38%增长到2023年的–0.25%。

3.住宿餐饮服务业(HL)利润项目分析

(1)利润及其主要构成项目。

主要构成项目:①营业利润占营业总收入比例为2.7%。其中,营业利润占比最大的上市公司为92.68%,占比最小的上市公司为–672.54%。②利润总额占营业总收入比例为2.92%。其中,利润总额占比最大的上市公司为79.3%,占比最小的上市公司为–673.43%。③净利润占营业总收入比例为2.39%。其中,净利润占比最大的上市公司为79.4%,占比最小的上市公司为–613.34%。④归属于母公司所有者的净利润占营业总收入比例为2.02%。其中,归属于母公司所有者的净利润占比最大的上市公司为104.36%,占比最小的上市公司为–608.94%。

(2)利润及其主要项目变动趋势分析。

2019~2023年,营业利润占比大幅下降,从2019年的4.32%下降为2023年的2.7%;2019~2023年,利润总额占比大幅下降,从2019年的4.32%下降为2023年的2.92%;2019~2023年,净利润占比明显下降,从2019年的3.01%下降为2023年的2.39%;2019~2023年,归属于母公司所有者的净利润占比大幅下降,从2019年的2.92%下降为2023年的2.02%。

(三)证券市场住宿餐饮服务业(HL)现金流量分析

证券市场住宿餐饮服务业(HL)现金流量分析见表3.76。

表3.76　　　　　住宿餐饮服务业(HL)现金流量表　　　　　单位:%

年份	2023			2022			2021	2020	2019
	中位数	最大值	最小值	中位数	最大值	最小值	中位数	中位数	中位数
销售商品、提供劳务收到的现金	65.29	96.93	8.02	61.28	96.12	4.99	63.83	49.04	60.36
客户存款和同业存放款项净增加额	0.00	0.00	0.00	0.00	0.00	0.00	0.00	0.00	0.00
向中央银行借款净增加额	0.00	0.00	0.00	0.00	0.00	0.00	0.00	0.00	0.00

续表

年份	2023			2022			2021	2020	2019
	中位数	最大值	最小值	中位数	最大值	最小值	中位数	中位数	中位数
向其他金融机构拆入资金净增加额	0.00	0.00	0.00	0.00	0.00	0.00	0.00	0.00	0.00
收到原保险合同保费取得的现金	0.00	0.07	0.00	0.00	0.06	0.00	0.00	0.00	0.00
收到再保险业务现金净额	0.00	0.00	0.00	0.00	0.00	0.00	0.00	0.00	0.00
保户储金及投资款净增加额	0.00	0.00	0.00	0.00	0.00	0.00	0.00	0.00	0.00
处置交易性金融资产净增加额	0.00	0.00	0.00	0.00	0.00	0.00	0.00	0.00	0.00
收取利息、手续费及佣金的现金	0.00	0.82	0.00	0.00	1.49	0.00	0.00	0.00	0.00
拆入资金净增加额	0.00	0.00	0.00	0.00	0.00	0.00	0.00	0.00	0.00
回购业务资金净增加额	0.00	0.00	0.00	0.00	0.00	0.00	0.00	0.00	0.00
收到的税费返还	0.01	2.59	0.00	0.13	2.03	0.00	0.02	0.02	0.00
收到的其他与经营活动有关的现金	2.28	81.31	0.23	2.62	87.06	0.12	2.22	2.12	1.80
经营活动现金流入小计	72.21	97.81	12.27	71.37	98.19	15.54	71.07	54.49	67.34
购买商品、接受劳务支付的现金	40.99	95.08	0.45	34.77	94.56	0.61	37.93	31.78	34.16
客户贷款及垫款净增加额	0.00	6.97	−0.93	0.00	0.03	−8.77	0.00	0.00	0.00
存放中央银行和同业款项净增加额	0.00	0.00	0.00	0.00	0.00	0.00	0.00	0.00	0.00
支付原保险合同赔付款项的现金	0.00	0.00	0.00	0.00	0.00	0.00	0.00	0.00	0.00
支付利息、手续费及佣金的现金	0.00	0.15	0.00	0.00	0.77	0.00	0.00	0.00	0.00
支付保单红利的现金	0.00	0.00	0.00	0.00	0.00	0.00	0.00	0.00	0.00
支付给职工以及为职工支付的现金	6.22	52.88	0.26	5.99	52.00	0.12	4.76	4.62	4.62
支付的各项税费	1.76	23.47	0.09	1.85	14.63	0.07	1.65	1.44	1.86
支付其他与经营活动有关的现金	4.30	82.47	0.47	4.19	86.56	0.42	4.53	4.12	5.40
经营活动现金流出小计	70.74	97.73	4.02	64.98	97.42	4.41	67.40	55.08	67.24
经营活动产生的现金流量净额	3.55	62.34	−55.17	2.70	46.50	−90.27	2.41	2.82	3.16
收回投资收到的现金	0.69	81.19	0.00	1.34	64.69	0.00	0.97	1.06	0.80
取得投资收益收到的现金	0.05	7.84	−0.01	0.07	17.16	0.00	0.04	0.08	0.06
处置固定资产、无形资产和其他长期资产收回的现金净额	0.02	31.51	0.00	0.01	33.77	0.00	0.01	0.01	0.01
处置子公司及其他营业单位收到的现金净额	0.00	7.44	−0.03	0.00	6.45	0.00	0.00	0.00	0.00

续表

年份	2023			2022			2021	2020	2019
	中位数	最大值	最小值	中位数	最大值	最小值	中位数	中位数	中位数
收到的其他与投资活动有关的现金	0.00	62.14	0.00	0.00	56.15	0.00	0.01	0.04	0.04
投资活动产生的现金流入小计	2.71	89.64	0.00	6.09	72.22	0.00	4.62	7.61	6.93
购建固定资产、无形资产和其他长期资产支付的现金	1.16	37.17	0.00	0.93	36.20	0.00	1.12	0.80	1.09
投资支付的现金	0.62	66.58	0.00	1.19	69.23	0.00	0.96	2.12	1.64
质押贷款净增加额	0.00	0.00	0.00	0.00	0.00	0.00	0.00	0.00	0.00
取得子公司及其他营业单位支付的现金净额	0.00	12.77	0.00	0.00	8.53	−0.11	0.00	0.00	0.00
支付其他与投资活动有关的现金	0.00	61.52	0.00	0.00	66.07	0.00	0.00	0.02	0.04
投资活动产生的现金流出小计	6.57	69.48	0.04	7.33	70.90	0.03	7.82	12.64	11.97
投资活动产生的现金流量净额	−1.59	47.02	−29.77	−0.77	58.96	−16.70	−0.82	−1.46	−1.40
吸收投资收到的现金	0.03	15.59	0.00	0.02	75.77	0.00	0.04	0.04	0.02
吸收权益性投资收到的现金	0.02	15.59	0.00	0.02	75.77	0.00	0.02	0.04	0.02
其中：子公司吸收少数股东投资收到的现金	0.00	9.51	0.00	0.00	8.35	0.00	0.01	0.00	0.00
发行债券收到的现金	0.00	12.97	0.00	0.00	9.73	0.00	0.00	0.00	0.00
取得借款收到的现金	9.24	70.79	0.00	7.71	78.34	0.00	6.39	8.90	8.47
收到其他与筹资活动有关的现金	0.00	32.60	0.00	0.08	67.96	0.00	0.08	0.26	0.41
筹资活动现金流入小计	10.40	72.11	0.00	11.76	84.07	0.00	11.44	16.98	13.28
偿还债务支付的现金	8.51	68.93	0.00	6.68	68.21	0.00	5.46	7.98	10.46
分配股利、利润或偿付利息支付的现金	1.09	15.32	0.00	1.56	24.10	0.00	1.00	1.40	1.23
其中：子公司支付给少数股东的股利、利润	0.00	2.64	0.00	0.01	2.52	0.00	0.00	0.00	0.00
支付其他与筹资活动有关的现金	2.05	53.11	0.00	2.05	46.18	0.00	1.84	0.54	1.50
筹资活动现金流出小计	14.62	76.77	0.34	15.02	79.13	0.59	14.68	13.70	13.84
筹资活动产生的现金流量净额	−1.93	34.92	−54.51	−1.14	63.86	−50.60	−1.34	−0.57	−1.59
现金总流入	100.00	100.00	100.00	100.00	100.00	100.00	100.00	100.00	100.00
现金总流出	100.00	100.00	100.00	100.00	100.00	100.00	100.00	100.00	100.00
现金流量净额	0.01	32.01	−28.72	−0.13	77.73	−84.68	0.07	0.78	−0.20

注：现金流入项目以现金总流入为基数，现金流出项目以现金总流出为基数。

1. 住宿餐饮服务业（HL）现金流入项目分析

现金流入包括经营活动产生的现金流入、投资活动产生的现金流入和筹资活动产生的现金流入三个方面。

（1）经营活动现金流入及其主要构成项目。

2023年，经营活动产生的现金流入占总现金流入比例为72.21%。其中，经营活动产生的现金流入占比最大的上市公司为97.81%，占比最小的上市公司为12.27%。

主要构成项目：销售商品、提供劳务收到的现金占比为65.29%。其中，占比最大的上市公司为96.93%，占比最小的上市公司为8.02%。

（2）投资活动现金流入及其主要构成项目。

2023年，投资活动产生的现金流入占总现金流入比例为2.71%。其中，投资活动产生的现金流入占比最大的上市公司为89.64%，占比最小的上市公司为0。

主要构成项目：收回投资收到的现金占比为0.69%。其中，占比最大的上市公司为81.19%，占比最小的上市公司为0。

（3）筹资活动现金流入及其主要构成项目。

2023年，筹资活动产生的现金流入占总现金流入比例为10.4%。其中，筹资活动产生的现金流入占比最大的上市公司为72.11%，占比最小的上市公司为0。

主要构成项目：取得借款收到的现金占比为9.24%。其中，占比最大的上市公司为70.79%，占比最小的上市公司为0。

（4）现金流入构成及其主要项目变动趋势分析。

2019~2023年，经营活动产生的现金流入占比总体上明显上升，从2019年的67.34%增长到2023年的72.21%。其中，2019~2023年，销售商品、提供劳务收到的现金占比总体上呈明显上升趋势，从2019年的60.36%增长到2023年的65.29%，且在2020~2021年大幅上升，从2020年的49.04%增长到2021年的63.83%。

2019~2023年，投资活动产生的现金流入占比总体上大幅下降，从2019年的6.93%降低到2023年的2.71%。其中，2019~2023年，收回投资收到的现金占比总体上呈明显下降趋势，从2019年的0.8%降低到2023年的0.69%，且在2022~2023年大幅下降，从2022年的1.34%降低到2023年的0.69%。

2019~2023年，筹资活动产生的现金流入占比总体上明显下降，从2019年的13.28%降低到2023年的10.4%。其中，2019~2023年，取得借款收到的现金占比总体上呈明显上升趋势，从2019年的8.47%增长到2023年的9.24%，但在2020~2021年明显下降，从2020年的8.9%降低到2021年的6.39%。

2. 住宿餐饮服务业（HL）现金流出项目分析

现金流出包括经营活动产生的现金流出、投资活动产生的现金流出和筹资活动产生的现金流出三个方面。

（1）经营活动现金流出及其主要构成项目。

2023年，经营活动产生的现金流出占总现金流出比例为70.74%。其中，经营活动产生的现金流出占比最大的上市公司为97.73%，占比最小的上市公司为4.02%。

主要构成项目：①购买商品、接受劳务支付的现金占比为40.99%。其中，占比最大的上市公司为95.08%，占比最小的上市公司为0.45%。②支付给职工以及为职工支付的现金占比为6.22%。其中，占比最大的上市公司为52.88%，占比最小的上市公司为0.26%。③支付其他与经营活动有关的现金占比为4.3%。其中，占比最大的上市公司为82.47%，占比最小的上市公司为0.47%。

（2）投资活动现金流出及其主要构成项目。

2023年，投资活动产生的现金流出占总现金流出比例为6.57%。其中，投资活动产生的现金流出占比最大的上市公司为69.48%，占比最小的上市公司为0.04%。

主要构成项目：①购建固定资产、无形资产和其他长期资产支付的现金占比为1.16%。其中，占比最大的上市公司为37.17%，占比最小的上市公司为0。②投资支付的现金占比为0.62%。其中，占比最大的上市公司为66.58%，占比最小的上市公司为0。

（3）筹资活动现金流出及其主要构成项目。

2023年，筹资活动产生的现金流出占总现金流出比例为14.62%。其中，筹资活动产生的现金流出占比最大的上市公司为76.77%，占比最小的上市公司为0.34%。

主要构成项目：偿还债务支付的现金占比为8.51%。其中，占比最大的上市公司为68.93%，占比最小的上市公司为0。

（4）现金流出构成及其主要项目变动趋势分析。

2019~2023年，经营活动产生的现金流出占比总体上明显上升，从2019年的67.24%增长到2023年的70.74%。其中，2019~2023年，购买商品、接受劳务支付的现金占比总体上呈明显上升趋势，从2019年的34.16%增长到2023年的40.99%。

2019~2023年，投资活动产生的现金流出占比总体上大幅下降，从2019年的11.97%降低到2023年的6.57%。其中，2019~2023年，购建固定资产、无形资产和其他长期资产支付的现金占比总体上呈明显上升趋势，从2019年的1.09%增长到2023年的1.16%，且在2020~2021年大幅上升，从2020年的0.8%增长到2021年的1.12%。

2019~2023年，筹资活动产生的现金流出占比总体上明显上升，从2019年的13.84%增长到2023年的14.62%。其中，2019~2023年，偿还债务支付的现金占比总体上呈明显下降趋势，从2019年的10.46%降低到2023年的8.51%，且在2020~2021年大幅下降，从2020年的7.98%降低到2021年的5.46%。

3.住宿餐饮服务业（HL）现金流量净额项目分析

现金流量净额包括经营活动现金流量净额、投资活动现金流量净额和筹资活动现金流量净额三个方面。

（1）现金流量净额及其主要构成项目。

2023年，现金流量净额占总现金流入比例为0.01%。其中，现金流量净额占比最大的上市公司为32.01%，占比最小的上市公司为-28.72%。

主要构成项目：①经营活动产生的现金流量净额占总现金流入比例为3.55%。其中，占比最大的上市公司为62.34%，占比最小的上市公司为-55.17%。②投资活动产生的现金流量净额占总现金流入比例为-1.59%。其中，占比最大的上市公司为47.02%，占比最小的上市公司为-29.77%。③筹资活动产生的现金流量净额占总现金流入比例为-1.93%。其中，占比最大的上市公司为34.92%，占比最小的上市公司为-54.51%。

（2）现金流量净额构成及其主要项目变动趋势分析。

2019~2023年，现金流量净额占比总体上大幅上升，从2019年的-0.2%增长到2023年的0.01%。其中，2019~2023年，经营活动产生的现金流量净额明显上升，从2019年的3.16%增加到2023年的3.55%。2019~2023年，投资活动产生的现金流量净额明显下降，从2019年的-1.4%减少到2023年的-1.59%。2019~2023年，筹资活动产生的现金流量净额明显下降，从2019年的-1.59%减少到2023年的-1.93%。

十九、信息传输、软件和信息技术服务业（I）

2019~2023年，证券市场信息传输、软件和信息技术服务业（I）上市公司发展状况见表3.77。

表3.77　信息传输、软件和信息技术服务业（I）上市公司数量　　　单位：家

年份	2023	2022	2021	2020	2019
数量	414	408	380	349	302

注：公开披露定期报告的上市公司家数。

（一）证券市场信息传输、软件和信息技术服务业（I）财务状况分析

证券市场信息传输、软件和信息技术服务业（I）财务状况分析见表3.78。

表3.78　信息传输、软件和信息技术服务业（I）资产负债表　　　单位：%

| 年份 | 2023 | | | 2022 | | | 2021 | 2020 | 2019 |
	中位数	最大值	最小值	中位数	最大值	最小值	中位数	中位数	中位数
货币资金	23.05	80.53	1.19	23.02	83.82	0.84	22.22	22.35	19.03
结算备付金	0.00	0.00	0.00	0.00	0.00	0.00	0.00	0.00	0.00
拆出资金净额	0.00	0.00	0.00	0.00	0.00	0.00	0.00	0.00	0.00
交易性金融资产	0.84	77.91	0.00	0.68	65.85	0.00	0.66	0.54	0.09
衍生金融资产	0.00	2.72	0.00	0.00	0.13	0.00	0.00	0.00	0.00
应收票据净额	0.10	29.61	0.00	0.07	20.58	0.00	0.09	0.06	0.04
应收账款净额	14.76	56.19	0.00	14.68	58.37	0.06	14.37	14.27	17.47
应收款项融资	0.00	8.18	0.00	0.00	12.80	0.00	0.00	0.00	0.00
预付款项净额	0.60	35.59	0.00	0.74	27.66	0.00	0.82	0.85	1.00
应收保费净额	0.00	0.04	0.00	0.00	0.09	0.00	0.00	0.00	0.00
应收分保账款净额	0.00	0.00	0.00	0.00	0.00	0.00	0.00	0.00	0.00
应收分保合同准备金净额	0.00	0.32	0.00	0.00	0.00	0.00	0.00	0.00	0.00

续表

年份	2023			2022			2021	2020	2019
	中位数	最大值	最小值	中位数	最大值	最小值	中位数	中位数	中位数
其他应收款净额	0.80	60.68	0.00	0.88	51.40	0.00	1.01	1.04	1.28
应收股利净额	0.00	1.25	0.00	0.00	1.21	0.00	0.00	0.00	0.00
买入返售金融资产净额	0.00	29.27	0.00	0.00	0.00	0.00	0.00	0.00	0.00
存货净额	5.11	57.77	0.00	5.74	55.84	0.00	5.42	5.07	5.10
合同资产	0.28	35.65	0.00	0.32	36.04	0.00	0.34	0.25	0.00
一年内到期的非流动资产	0.00	20.78	0.00	0.00	21.69	0.00	0.00	0.00	0.00
其他流动资产	0.80	73.84	0.00	0.72	67.29	0.00	0.65	0.68	0.75
流动资产合计	72.40	99.29	13.78	73.21	99.26	11.20	69.89	69.31	65.90
发放贷款及垫款净额	0.00	6.17	0.00	0.00	9.00	0.00	0.00	0.00	0.00
债权投资	0.00	34.17	0.00	0.00	16.26	0.00	0.00	0.00	0.00
其他债权投资	0.00	23.45	0.00	0.00	15.35	0.00	0.00	0.00	0.00
长期应收款净额	0.00	30.64	0.00	0.00	25.87	0.00	0.00	0.00	0.00
长期股权投资净额	1.09	63.41	0.00	1.15	63.49	0.00	1.20	1.23	1.40
其他权益工具投资	0.09	42.65	0.00	0.05	40.92	0.00	0.09	0.11	0.14
其他非流动金融资产	0.00	43.60	0.00	0.00	44.85	0.00	0.00	0.00	0.00
投资性房地产净额	0.00	48.13	0.00	0.00	42.28	0.00	0.00	0.00	0.00
固定资产净额	5.78	63.70	0.04	5.10	75.60	0.04	4.85	5.00	5.12
在建工程净额	0.03	31.83	0.00	0.01	35.86	0.00	0.04	0.03	0.05
生产性生物资产净额	0.00	0.00	0.00	0.00	0.00	0.00	0.00	0.00	0.00
油气资产净额	0.00	0.00	0.00	0.00	0.00	0.00	0.00	0.00	0.00
使用权资产	0.50	17.41	0.00	0.51	9.61	0.00	0.56	0.00	0.00
无形资产净额	1.73	27.75	0.00	1.69	29.15	0.00	1.84	1.79	1.85
开发支出	0.00	11.47	0.00	0.00	10.36	0.00	0.00	0.00	0.00
商誉净额	0.16	52.62	0.00	0.12	58.44	0.00	0.65	0.86	1.93
长期待摊费用	0.18	10.82	0.00	0.18	12.15	0.00	0.18	0.17	0.18
递延所得税资产	1.07	11.89	0.00	0.88	17.66	0.00	0.80	0.72	0.71
其他非流动资产	0.27	55.77	0.00	0.22	40.39	0.00	0.20	0.13	0.06
非流动资产合计	27.60	86.22	0.71	26.79	88.80	0.74	30.11	30.69	34.10
资产总计	100.00	100.00	100.00	100.00	100.00	100.00	100.00	100.00	100.00
短期借款	1.23	40.03	0.00	1.11	47.84	0.00	0.96	1.94	3.06
向中央银行借款	0.00	0.00	0.00	0.00	0.00	0.00	0.00	0.00	0.00
拆入资金	0.00	0.00	0.00	0.00	0.00	0.00	0.00	0.00	0.00
交易性金融负债	0.00	2.65	0.00	0.00	2.65	0.00	0.00	0.00	0.00
衍生金融负债	0.00	0.02	0.00	0.00	0.01	0.00	0.00	0.00	0.00
应付票据	0.02	34.15	0.00	0.00	27.42	0.00	0.01	0.00	0.02
应付账款	6.78	52.50	0.04	6.69	46.44	0.03	6.92	7.22	7.20
预收款项	0.00	4.04	0.00	0.00	17.74	0.00	0.00	0.00	2.63
合同负债	2.74	33.37	0.00	2.86	40.31	0.00	3.03	2.95	0.00
卖出回购金融资产款	0.00	0.00	0.00	0.00	0.00	0.00	0.00	0.00	0.00

续表

年份	2023			2022			2021	2020	2019
	中位数	最大值	最小值	中位数	最大值	最小值	中位数	中位数	中位数
吸收存款及同业存放	0.00	0.00	0.00	0.00	0.00	0.00	0.00	0.00	0.00
代理买卖证券款	0.00	0.00	0.00	0.00	0.00	0.00	0.00	0.00	0.00
代理承销证券款	0.00	0.00	0.00	0.00	0.00	0.00	0.00	0.00	0.00
应付职工薪酬	1.56	13.45	0.02	1.61	14.04	0.04	1.59	1.55	1.31
应交税费	0.71	8.57	0.01	0.77	9.66	0.02	0.98	0.99	0.98
其他应付款	0.96	45.93	0.00	1.00	81.29	0.00	1.15	1.42	1.72
应付股利	0.00	2.03	0.00	0.00	8.41	0.00	0.00	0.00	0.00
应付手续费及佣金	0.00	0.00	0.00	0.00	0.00	0.00	0.00	0.00	0.00
应付分保账款	0.00	0.00	0.00	0.00	0.00	0.00	0.00	0.00	0.00
一年内到期的非流动负债	0.41	18.10	0.00	0.43	86.88	0.00	0.40	0.00	0.00
其他流动负债	0.19	52.69	0.00	0.18	41.92	0.00	0.20	0.18	0.00
流动负债合计	24.92	89.03	1.75	25.56	231.35	2.37	25.91	27.28	28.74
保险合同准备金	0.00	0.00	0.00	0.00	0.00	0.00	0.00	0.00	0.00
长期借款	0.00	37.23	0.00	0.00	50.70	0.00	0.00	0.00	0.00
应付债券	0.00	23.71	0.00	0.00	27.40	0.00	0.00	0.00	0.00
租赁负债	0.23	16.91	0.00	0.27	12.36	0.00	0.29	0.00	0.00
长期应付款	0.00	10.69	0.00	0.00	12.04	0.00	0.00	0.00	0.00
预计负债	0.00	37.16	0.00	0.00	94.00	0.00	0.00	0.00	0.00
递延收益-非流动负债	0.07	12.41	0.00	0.07	14.10	0.00	0.10	0.14	0.18
递延所得税负债	0.09	10.59	0.00	0.05	10.26	0.00	0.04	0.03	0.05
其他非流动负债	0.00	12.16	0.00	0.00	12.44	0.00	0.00	0.00	0.00
非流动负债合计	1.81	44.89	0.00	1.90	97.36	0.00	2.29	1.67	2.07
负债合计	30.26	101.99	1.77	30.54	231.35	2.39	30.99	31.62	33.29
实收资本（或股本）	11.02	257.75	1.09	11.66	334.70	1.11	12.84	13.16	15.59
其他权益工具	0.00	6.45	-8.82	0.00	8.02	-6.15	0.00	0.00	0.00
其中：优先股	0.00	0.00	0.00	0.00	0.00	0.00	0.00	0.00	0.00
其中：永续债	0.00	0.00	0.00	0.00	0.00	0.00	0.00	0.00	0.00
资本公积	37.10	357.32	-15.42	36.74	1174.71	-15.92	32.57	30.10	27.08
其中：库存股	0.00	14.69	0.00	0.00	18.41	0.00	0.00	0.00	0.00
其他综合收益	0.00	8.71	-23.65	0.00	8.50	-32.64	0.00	0.00	0.00
专项储备	0.00	2.25	0.00	0.00	1.96	0.00	0.00	0.00	0.00
盈余公积	2.40	22.10	0.00	2.27	15.47	0.00	2.20	2.15	2.19
一般风险准备	0.00	0.70	0.00	0.00	0.48	0.00	0.00	0.00	0.00
未分配利润	14.62	58.64	-494.85	15.33	59.67	-1531.75	17.13	16.63	16.02
归属于母公司所有者权益合计	67.40	98.23	-4.60	67.36	97.61	-131.35	65.56	67.06	64.87
少数股东权益	0.22	29.98	-11.12	0.23	29.92	-11.70	0.33	0.42	0.58
所有者权益合计	69.74	98.23	-1.99	69.46	97.61	-131.35	69.01	68.38	66.71
负债与所有者权益总计	100.00	100.00	100.00	100.00	100.00	100.00	100.00	100.00	100.00

注：所有项目均以资产总计为基数。

1. 信息传输、软件和信息技术服务业（Ⅰ）资产项目分析

资产项目包括流动资产和非流动资产两个方面。

（1）流动资产及其主要构成项目。

2023年，流动资产合计占总资产比例为72.4%。其中，流动资产占比最大的上市公司为99.29%，占比最小的上市公司为13.78%。

主要构成项目：①货币资金占比为23.05%。其中，占比最大的上市公司为80.53%，占比最小的上市公司为1.19%。②交易性金融资产占比为0.84%。其中，占比最大的上市公司为77.91%，占比最小的上市公司为0。③其他流动资产占比为0.8%。其中，占比最大的上市公司为73.84%，占比最小的上市公司为0。

（2）非流动资产及其主要构成项目。

2023年，非流动资产合计占总资产比例为27.6%。其中，非流动资产占比最大的上市公司为86.22%，占比最小的上市公司为0.71%。

主要构成项目：①递延所得税资产占比为1.07%。其中，占比最大的上市公司为11.89%，占比最小的上市公司为0。②使用权资产占比为0.5%。其中，占比最大的上市公司为17.41%，占比最小的上市公司为0。③其他非流动资产占比为0.27%。其中，占比最大的上市公司为55.77%，占比最小的上市公司为0。

（3）资产构成及其主要项目变动趋势分析。

2019~2023年，流动资产合计占比总体上呈明显上升趋势。其中，2019~2023年，货币资金占比总体上呈明显上升趋势，从2019年的19.03%增长到2023年的23.05%；2019~2023年，交易性金融资产占比总体上呈大幅上升趋势，从2019年的0.09%增长到2023年的0.84%；2019~2023年，其他流动资产占比总体上呈明显上升趋势，从2019年的0.75%增长到2023年的0.8%。

2019~2023年，非流动资产合计占比总体上呈明显下降趋势。其中，2019~2023年，递延所得税资产占比总体上呈大幅上升趋势，从2019年的0.71%增长到2023年的1.07%，但在2022~2023年明显上升，从2022年的0.88%增长到2023年的1.07%；2019~2023年，使用权资产占比总体上呈大幅上升趋势，从2019年的0增长到2023年的0.5%；2019~2023年，其他非流动资产占比总体上呈大幅上升趋势，从2019年的0.06%增长到2023年的0.27%。

2. 信息传输、软件和信息技术服务业（Ⅰ）负债项目分析

负债项目包括流动负债和非流动负债两个方面。2023年，负债合计占总资产比例为30.26%。其中，负债合计占比最大的上市公司为101.99%，占比最小的上市公司为1.77%。

（1）流动负债及其主要构成项目。

2023年，流动负债合计占总资产比例为24.92%。其中，流动负债占比最大的上市公司为89.03%，占比最小的上市公司为1.75%。

主要构成项目：①应付账款占比为6.78%。其中，占比最大的上市公司为52.5%，占比最小的上市公司为0.04%。②合同负债占比为2.74%。其中，占比最大的上市公司为33.37%，占比最小的上市公司为0。③应付职工薪酬占比为1.56%。其中，占比最大的上市公司为13.45%，占比最小的上市公司为0.02%。

（2）非流动负债及其主要构成项目。

2023年，非流动负债合计占总资产比例为1.81%。其中，非流动负债占比最大的上市公司为44.89%，占比最小的上市公司为0。

主要构成项目：①租赁负债占比为0.23%。其中，占比最大的上市公司为16.91%，占比最小的上市公司为0。②递延所得税负债占比为0.09%。其中，占比最大的上市公司为10.59%，占比最小的上市公司为0。③保险合同准备金占比为0。其中，占比最大的上市公司为0，占比最小的上市公司为0。

（3）负债构成及其主要项目变动趋势分析。

2019~2023年，流动负债合计占比总体上呈明显下降趋势。其中，2019~2023年，应付账款占比总体上呈明显下降趋势，从2019年的7.2%降低到2023年的6.78%，但在2020~2021年基本稳定，从2020年的7.22%降低到2021年的6.92%；2019~2023年，合同负债占比总体上呈大幅上升趋势，从2019年的0增长到2023年的2.74%；2019~2023年，应付职工薪酬占比总体上呈明显上升趋势，从2019年的1.31%增长到2023年的1.56%。

2019~2023年，非流动负债合计占比总体上呈明显下降趋势。其中，2019~2023年，租赁负债占比总体上呈明显上升趋势，从2019年的0增长到2023年的0.23%；2019~2023年，递延所得税负债占比总体上呈大幅上升趋势，从2019年的0.05%增长到2023年的0.09%；2019~2023年，保险合同准备金占比总体上基本稳定。

3.信息传输、软件和信息技术服务业（Ⅰ）所有者权益项目分析

所有者权益项目包括实收资本（股本）、资本公积、盈余公积和未分配利润等四个方面。

（1）所有者权益及其主要构成项目。

2023年，所有者权益合计占总资产比例为69.74%。其中，所有者权益占比最大的上市公司为98.23%，占比最小的上市公司为-1.99%。

主要构成项目：①实收资本（或股本）占比为11.02%。其中，占比最大的上市公司为257.75%，占比最小的上市公司为1.09%。②资本公积占比为37.1%。其中，占比最大的上市公司为357.32%，占比最小的上市公司为-15.42%。③盈余公积占比为2.4%。其中，占比最大的上市公司为22.1%，占比最小的上市公司为0。④未分配利润占比为14.62%。其中，占比最大的上市公司为58.64%，占比最小的上市公司为-494.85%。

（2）所有者权益构成及其主要项目变动趋势分析。

2019~2023年，所有者权益合计占比总体上呈基本稳定。其中，2019~2023年，实收资本（或股本）占比总体上呈明显下降趋势，从2019年的15.59%降低到2023年的

11.02%；2019~2023年，资本公积占比总体上呈大幅上升趋势，从2019年的27.08%增长到2023年的37.1%，但在2021~2022年明显上升，从2021年的32.57%增长到2022年的36.74%；2019~2023年，盈余公积占比总体上呈明显上升趋势，从2019年的2.19%增长到2023年的2.4%；2019~2023年，未分配利润占比总体上呈明显下降趋势，从2019年的16.02%降低到2023年的14.62%。

（二）证券市场信息传输、软件和信息技术服务业（Ⅰ）利润分析

证券市场信息传输、软件和信息技术服务业（Ⅰ）利润分析见表3.79。

表3.79　　　　信息传输、软件和信息技术服务业（Ⅰ）利润表　　　　单位：%

年份	2023			2022			2021	2020	2019
	中位数	最大值	最小值	中位数	最大值	最小值	中位数	中位数	中位数
营业总收入	100.00	100.00	100.00	100.00	100.00	100.00	100.00	100.00	100.00
营业收入	100.00	100.00	63.23	100.00	100.00	63.62	100.00	100.00	100.00
利息净收入	0.00	36.77	0.00	0.00	36.38	0.00	0.00	0.00	0.00
利息收入	0.00	36.77	0.00	0.00	36.38	0.00	0.00	0.00	0.00
已赚保费	0.00	1.95	0.00	0.00	2.41	0.00	0.00	0.00	0.00
保险业务收入	0.00	0.00	0.00	0.00	0.00	0.00	0.00	0.00	0.00
减：分出保费	0.00	0.00	0.00	0.00	0.00	0.00	0.00	0.00	0.00
减：提取未到期责任准备金	0.00	0.00	0.00	0.00	0.00	0.00	0.00	0.00	0.00
手续费及佣金净收入	0.00	5.01	0.00	0.00	6.91	0.00	0.00	0.00	0.00
手续费及佣金收入	0.00	5.01	0.00	0.00	6.91	0.00	0.00	0.00	0.00
营业总成本	96.34	420.59	27.01	95.48	761.58	28.60	92.97	91.28	91.95
营业成本	64.40	110.63	5.03	64.10	119.81	1.62	61.41	60.80	62.42
利息支出	0.00	0.00	0.00	0.00	0.00	0.00	0.00	0.00	0.00
手续费及佣金支出	0.00	0.00	0.00	0.00	0.00	0.00	0.00	0.00	0.00
退保金	0.00	0.00	0.00	0.00	0.00	0.00	0.00	0.00	0.00
赔付支出净额	0.00	0.00	0.00	0.00	0.00	0.00	0.00	0.00	0.00
赔付支出	0.00	0.00	0.00	0.00	0.00	0.00	0.00	0.00	0.00
减：摊回赔付支出	0.00	0.00	0.00	0.00	0.00	0.00	0.00	0.00	0.00
提取保险责任准备金净额	0.00	0.31	−0.05	0.00	0.00	−1.27	0.00	0.00	0.00
提取保险责任准备金	0.00	0.00	0.00	0.00	0.00	−0.08	0.00	0.00	0.00
减：摊回保险责任准备金	0.00	0.00	0.00	0.00	0.00	0.00	0.00	0.00	0.00
保单红利支出	0.00	0.00	0.00	0.00	0.00	0.00	0.00	0.00	0.00
分保费用	0.00	0.00	0.00	0.00	0.00	0.00	0.00	0.00	0.00
税金及附加	0.62	4.69	0.07	0.59	4.94	−0.71	0.55	0.54	0.59
销售费用	8.86	69.68	0.06	7.90	93.60	0.15	7.77	7.94	7.93
管理费用	9.51	92.86	0.30	9.33	294.45	0.21	8.84	8.60	8.78

续表

年份	2023			2022			2021	2020	2019
	中位数	最大值	最小值	中位数	最大值	最小值	中位数	中位数	中位数
研发费用	11.07	257.82	0.00	11.18	217.46	0.00	9.70	9.48	8.04
财务费用	−0.26	40.79	−30.39	−0.23	295.99	−16.69	−0.01	0.16	0.22
其他收益	1.56	20.33	−0.25	1.59	37.42	0.04	1.51	1.53	1.23
投资收益	0.50	59.68	−27.90	0.48	318.19	−13.81	0.72	0.59	0.45
汇兑收益	0.00	0.00	0.00	0.00	0.00	−1.01	0.00	0.00	0.00
其他业务收入	0.00	0.00	0.00	0.00	0.00	0.00	0.00	0.00	0.00
净敞口套期收益	0.00	0.00	0.00	0.00	0.00	0.00	0.00	0.00	0.00
公允价值变动收益	0.00	26.11	−75.06	0.00	11.72	−39.78	0.00	0.00	0.00
信用减值损失	−1.18	11.39	−425.35	−1.30	8.47	−1876.60	−1.05	−1.06	−1.32
资产减值损失	−0.60	2.17	−89.35	−0.63	1.27	−4076.61	−0.38	−0.45	−0.29
资产处置收益	0.00	7.85	−1.95	0.00	15.47	−17.74	0.00	0.00	0.00
业务及管理费	0.00	0.00	0.00	0.00	0.00	0.00	0.00	0.00	0.00
减：摊回分保费用	0.00	0.00	0.00	0.00	0.00	0.00	0.00	0.00	0.00
其他业务成本	0.00	0.58	0.00	0.00	0.72	0.00	0.00	0.00	0.00
其他业务利润	0.00	0.00	0.00	0.00	0.00	0.00	0.00	0.00	0.00
营业利润	3.90	82.25	−526.24	4.47	142.08	−6600.04	8.62	10.30	9.71
加：营业外收入	0.05	34.86	0.00	0.05	1239.01	0.00	0.06	0.07	0.08
减：营业外支出	0.09	22.24	−16.94	0.08	124.50	0.00	0.09	0.12	0.08
利润总额	4.04	82.21	−537.48	4.50	112.79	−5361.26	8.49	10.40	9.74
减：所得税费用	0.16	34.51	−23.38	0.38	196.94	−43.58	0.71	1.00	0.89
未确认的投资损失	0.00	0.00	0.00	0.00	0.00	0.00	0.00	0.00	0.00
影响净利润的其他项目	0.00	0.00	0.00	0.00	0.00	0.00	0.00	0.00	0.00
净利润	3.76	71.43	−538.57	4.42	112.04	−5361.27	7.68	9.16	8.64
归属于母公司所有者的净利润	3.33	71.48	−538.40	4.12	107.68	−5361.27	7.60	8.65	7.97
归属于母公司其他权益工具持有者的净利润	0.00	0.00	0.00	0.00	0.00	0.00	0.00	0.00	0.00
少数股东损益	0.00	11.40	−47.85	0.00	19.77	−67.36	0.00	0.00	0.00
其他综合收益（损失）	0.00	16.93	−14.86	0.00	117.38	−40.15	0.00	0.00	0.00
综合收益总额	3.86	71.55	−547.72	4.74	229.43	−5361.27	7.55	8.98	8.41
归属于母公司所有者的综合收益	3.36	71.60	−547.56	4.21	225.07	−5361.27	7.42	8.65	7.98
归属少数股东的综合收益	0.00	11.40	−47.85	0.00	19.77	−67.36	0.00	0.00	0.00
基本每股收益	0.10	15.63	−4.59	0.13	20.33	−5.15	0.23	0.24	0.23
稀释每股收益	0.10	6.15	−4.59	0.11	5.88	−5.15	0.23	0.24	0.23

1. 信息传输、软件和信息技术服务业（I）成本费用项目分析

（1）成本与费用及其主要构成项目。

主要构成项目：①营业成本占营业总收入比例为64.4%。其中，营业成本占比最大的上市公司为110.63%，占比最小的上市公司为5.03%。②销售费用占营业总收入比例为8.86%。其中，销售费用占比最大的上市公司为69.68%，占比最小的上市公司为0.06%。③管理费用占营业总收入比例为9.51%。其中，管理费用占比最大的上市公司为92.86%，占比最小的上市公司为0.3%。④财务费用占营业总收入比例为–0.26%。其中，财务费用占比最大的上市公司为40.79%，占比最小的上市公司为–30.39%。⑤研发费用占营业总收入比例为11.07%。其中，研发费用占比最大的上市公司为257.82%，占比最小的上市公司为0。

（2）成本与费用及其主要项目变动趋势分析。

2019~2023年，营业成本占比基本稳定，从2019年的62.42%增长到2023年的64.4%；2019~2023年，销售费用占比明显上升，从2019年的7.93%增长到2023年的8.86%；2019~2023年，管理费用占比明显上升，从2019年的8.78%增长到2023年的9.51%；2019~2023年，财务费用占比大幅下降，从2019年的0.22%下降为2023年的–0.26%；2019~2023年，研发费用占比大幅上升，从2019年的8.04%增长到2023年的11.07%。

2. 信息传输、软件和信息技术服务业（I）其他损益项目分析

（1）其他损益及其主要构成项目。

主要构成项目：①资产减值损失占营业总收入比例为–0.6%。其中，资产减值损失占比最大的上市公司为2.17%，占比最小的上市公司为–89.35%。②投资收益占营业总收入比例为0.5%。其中，投资收益占比最大的上市公司为59.68%，占比最小的上市公司为–27.9%。③基本每股收益为0.1元。其中，基本每股收益最大的上市公司为15.63元，最小的上市公司为–4.59元。④其他收益占营业总收入比例为1.56%。其中，其他收益占比最大的上市公司为20.33%，占比最小的上市公司为–0.25%。⑤信用减值损失占营业总收入比例为–1.18%。其中，信用减值损失占比最大的上市公司为11.39%，占比最小的上市公司为–425.35%。

（2）其他损益及其主要项目变动趋势分析。

2019~2023年，资产减值损失占比大幅下降，从2019年的–0.29%下降为2023年的–0.6%；2019~2023年，投资收益占比明显上升，从2019年的0.45%增长到2023年的0.5%；2019~2023年，其他收益占比明显上升，从2019年的1.23%增长到2023年的1.56%；2019~2023年，信用减值损失占比明显上升，从2019年的–1.32%增长到2023年的–1.18%。

3. 信息传输、软件和信息技术服务业（I）利润项目分析

（1）利润及其主要构成项目。

主要构成项目：①营业利润占营业总收入比例为3.9%。其中，营业利润占比最大

的上市公司为82.25%，占比最小的上市公司为-526.24%。②利润总额占营业总收入比例为4.04%。其中，利润总额占比最大的上市公司为82.21%，占比最小的上市公司为-537.48%。③净利润占营业总收入比例为3.76%。其中，净利润占比最大的上市公司为71.43%，占比最小的上市公司为-538.57%。④归属于母公司所有者的净利润占营业总收入比例为3.33%。其中，归属于母公司所有者的净利润占比最大的上市公司为71.48%，占比最小的上市公司为-538.4%。

（2）利润及其主要项目变动趋势分析。

2019~2023年，营业利润占比大幅下降，从2019年的9.71%下降为2023年的3.9%；2019~2023年，利润总额占比大幅下降，从2019年的9.74%下降为2023年的4.04%；2019~2023年，净利润占比大幅下降，从2019年的8.64%下降为2023年的3.76%；2019~2023年，归属于母公司所有者的净利润占比大幅下降，从2019年的7.97%下降为2023年的3.33%。

（三）证券市场信息传输、软件和信息技术服务业（Ⅰ）现金流量分析

证券市场信息传输、软件和信息技术服务业（Ⅰ）现金流量分析见表3.80。

表3.80　　信息传输、软件和信息技术服务业（Ⅰ）现金流量表　　单位：%

年份	2023			2022			2021	2020	2019
	中位数	最大值	最小值	中位数	最大值	最小值	中位数	中位数	中位数
销售商品、提供劳务收到的现金	50.84	96.53	1.15	49.45	98.03	0.98	50.99	51.24	53.87
客户存款和同业存放款项净增加额	0.00	0.00	0.00	0.00	0.00	0.00	0.00	0.00	0.00
向中央银行借款净增加额	0.00	0.00	0.00	0.00	0.00	0.00	0.00	0.00	0.00
向其他金融机构拆入资金净增加额	0.00	0.00	0.00	0.00	0.00	0.00	0.00	0.00	0.00
收到原保险合同保费取得的现金	0.00	0.82	0.00	0.00	0.69	0.00	0.00	0.00	0.00
收到再保险业务现金净额	0.00	0.00	0.00	0.00	0.00	0.00	0.00	0.00	0.00
保户储金及投资款净增加额	0.00	0.00	0.00	0.00	0.00	0.00	0.00	0.00	0.00
处置交易性金融资产净增加额	0.00	0.00	0.00	0.00	0.00	0.00	0.00	0.00	0.00
收取利息、手续费及佣金的现金	0.00	21.43	0.00	0.00	6.09	0.00	0.00	0.00	0.00
拆入资金净增加额	0.00	0.00	0.00	0.00	0.00	0.00	0.00	0.00	0.00
回购业务资金净增加额	0.00	0.00	0.00	0.00	0.00	0.00	0.00	0.00	0.00
收到的税费返还	0.18	4.07	0.00	0.32	6.17	0.00	0.14	0.22	0.17
收到的其他与经营活动有关的现金	1.96	72.09	0.08	1.89	62.71	0.10	1.95	2.00	2.40

续表

年份	2023			2022			2021	2020	2019
	中位数	最大值	最小值	中位数	最大值	最小值	中位数	中位数	中位数
经营活动现金流入小计	56.06	99.24	3.95	55.74	99.98	3.90	54.59	57.20	60.08
购买商品、接受劳务支付的现金	23.87	78.24	0.24	22.62	84.62	0.10	25.46	24.48	28.64
客户贷款及垫款净增加额	0.00	23.55	−5.02	0.00	2.32	−6.06	0.00	0.00	0.00
存放中央银行和同业款项净增加额	0.00	0.00	0.00	0.00	0.00	0.00	0.00	0.00	0.00
支付原保险合同赔付款项的现金	0.00	3.47	0.00	0.00	4.72	0.00	0.00	0.00	0.00
支付利息、手续费及佣金的现金	0.00	0.33	0.00	0.00	0.48	0.00	0.00	0.00	0.00
支付保单红利的现金	0.00	0.00	0.00	0.00	0.00	0.00	0.00	0.00	0.00
支付给职工以及为职工支付的现金	14.03	77.17	0.27	12.80	81.16	0.38	12.32	10.38	11.53
支付的各项税费	1.99	12.37	0.01	2.26	13.95	0.06	2.31	2.44	2.85
支付其他与经营活动有关的现金	4.88	72.19	0.21	5.07	73.42	0.16	5.66	5.97	6.62
经营活动现金流出小计	58.22	98.44	4.55	55.58	99.98	1.97	56.90	54.46	58.52
经营活动产生的现金流量净额	2.42	33.86	−73.93	1.77	34.24	−61.95	2.60	4.89	5.01
收回投资收到的现金	6.84	98.26	0.00	7.67	103.75	0.00	5.40	5.12	2.34
取得投资收益收到的现金	0.16	3.86	0.00	0.17	9.06	0.00	0.15	0.15	0.09
处置固定资产、无形资产和其他长期资产收回的现金净额	0.00	20.24	0.00	0.00	8.17	0.00	0.01	0.01	0.01
处置子公司及其他营业单位收到的现金净额	0.00	22.80	−0.02	0.00	5.34	−0.05	0.00	0.00	0.00
收到的其他与投资活动有关的现金	0.00	89.48	0.00	0.00	81.21	0.00	0.00	0.00	0.00
投资活动产生的现金流入小计	16.55	98.67	0.00	17.20	104.75	0.00	17.78	16.16	11.63
购建固定资产、无形资产和其他长期资产支付的现金	2.32	43.59	0.01	2.13	46.78	0.00	2.70	2.46	2.49
投资支付的现金	9.11	95.08	0.00	8.97	93.92	0.00	7.15	5.68	4.77
质押贷款净增加额	0.00	0.00	0.00	0.00	1.18	0.00	0.00	0.00	0.00
取得子公司及其他营业单位支付的现金净额	0.00	16.84	−0.02	0.00	15.82	0.00	0.00	0.00	0.00
支付其他与投资活动有关的现金	0.00	88.96	0.00	0.00	88.61	0.00	0.00	0.00	0.00

续表

年份	2023			2022			2021	2020	2019
	中位数	最大值	最小值	中位数	最大值	最小值	中位数	中位数	中位数
投资活动产生的现金流出小计	24.99	95.17	0.08	24.86	94.08	0.01	24.15	26.19	19.73
投资活动产生的现金流量净额	−3.36	56.44	−49.54	−3.15	26.87	−67.49	−3.63	−4.12	−3.91
吸收投资收到的现金	0.04	88.44	0.00	0.09	77.24	0.00	0.16	0.06	0.09
吸收权益性投资收到的现金	0.04	88.44	0.00	0.09	77.24	0.00	0.15	0.06	0.09
其中：子公司吸收少数股东投资收到的现金	0.00	36.53	0.00	0.00	37.10	0.00	0.00	0.00	0.00
发行债券收到的现金	0.00	23.32	0.00	0.00	22.92	0.00	0.00	0.00	0.00
取得借款收到的现金	3.32	75.52	0.00	3.07	59.66	0.00	2.73	4.20	5.81
收到其他与筹资活动有关的现金	0.00	32.50	0.00	0.00	46.18	0.00	0.00	0.00	0.00
筹资活动现金流入小计	7.50	88.44	0.00	8.74	78.86	0.00	8.77	12.14	14.11
偿还债务支付的现金	3.24	71.72	0.00	2.60	74.04	0.00	3.41	4.60	6.61
分配股利、利润或偿付利息支付的现金	1.08	17.61	0.00	1.17	21.16	0.00	1.28	1.40	1.53
其中：子公司支付给少数股东的股利、利润	0.00	12.25	0.00	0.00	14.60	0.00	0.00	0.00	0.00
支付其他与筹资活动有关的现金	0.89	49.64	0.00	1.08	45.43	0.00	1.03	0.36	0.57
筹资活动现金流出小计	7.65	77.23	0.10	7.74	81.43	0.00	7.89	8.45	10.64
筹资活动产生的现金流量净额	−0.98	83.36	−53.94	−0.76	72.68	−201.29	−0.83	−0.72	−0.60
现金总流入	100.00	100.00	100.00	100.00	100.00	100.00	100.00	100.00	100.00
现金总流出	100.00	100.00	100.00	100.00	100.00	100.00	100.00	100.00	100.00
现金流量净额	−0.30	77.57	−66.31	−0.66	73.47	−169.06	0.38	1.72	−0.07

注：现金流入项目以现金总流入为基数，现金流出项目以现金总流出为基数。

1. 信息传输、软件和信息技术服务业（I）现金流入项目分析

现金流入包括经营活动产生的现金流入、投资活动产生的现金流入和筹资活动产生的现金流入三个方面。

（1）经营活动现金流入及其主要构成项目。

2023年，经营活动产生的现金流入占总现金流入比例为56.06%。其中，经营活动产生的现金流入占比最大的上市公司为99.24%，占比最小的上市公司为3.95%。

主要构成项目：销售商品、提供劳务收到的现金占比为50.84%。其中，占比最大的上市公司为96.53%，占比最小的上市公司为1.15%。

（2）投资活动现金流入及其主要构成项目。

2023年，投资活动产生的现金流入占总现金流入比例为16.55%。其中，投资活动产生的现金流入占比最大的上市公司为98.67%，占比最小的上市公司为0。

主要构成项目：收回投资收到的现金占比为6.84%。其中，占比最大的上市公司为98.26%，占比最小的上市公司为0。

（3）筹资活动现金流入及其主要构成项目。

2023年，筹资活动产生的现金流入占总现金流入比例为7.5%。其中，筹资活动产生的现金流入占比最大的上市公司为88.44%，占比最小的上市公司为0。

主要构成项目：取得借款收到的现金占比为3.32%。其中，占比最大的上市公司为75.52%，占比最小的上市公司为0。

（4）现金流入构成及其主要项目变动趋势分析。

2019~2023年，经营活动产生的现金流入占比总体上明显下降，从2019年的60.08%降低到2023年的56.06%。其中，2019~2023年，销售商品、提供劳务收到的现金占比总体上呈明显下降趋势，从2019年的53.87%降低到2023年的50.84%，但在2019~2020年基本稳定，从2019年的53.87%降低到2020年的51.24%。

2019~2023年，投资活动产生的现金流入占比总体上大幅上升，从2019年的11.63%增长到2023年的16.55%。其中，2019~2023年，收回投资收到的现金占比总体上呈大幅上升趋势，从2019年的2.34%增长到2023年的6.84%。

2019~2023年，筹资活动产生的现金流入占比总体上大幅下降，从2019年的14.11%降低到2023年的7.5%。其中，2019~2023年，取得借款收到的现金占比总体上呈大幅下降趋势，从2019年的5.81%降低到2023年的3.32%。

2. 信息传输、软件和信息技术服务业（I）现金流出项目分析

现金流出包括经营活动产生的现金流出、投资活动产生的现金流出和筹资活动产生的现金流出三个方面。

（1）经营活动现金流出及其主要构成项目。

2023年，经营活动产生的现金流出占总现金流出比例为58.22%。其中，经营活动产生的现金流出占比最大的上市公司为98.44%，占比最小的上市公司为4.55%。

主要构成项目：①购买商品、接受劳务支付的现金占比为23.87%。其中，占比最大的上市公司为78.24%，占比最小的上市公司为0.24%。②支付给职工以及为职工支付的现金占比为14.03%。其中，占比最大的上市公司为77.17%，占比最小的上市公司为0.27%。③支付其他与经营活动有关的现金占比为4.88%。其中，占比最大的上市公司为72.19%，占比最小的上市公司为0.21%。

（2）投资活动现金流出及其主要构成项目。

2023年，投资活动产生的现金流出占总现金流出比例为24.99%。其中，投资活动产生的现金流出占比最大的上市公司为95.17%，占比最小的上市公司为0.08%。

主要构成项目：①投资支付的现金占比为9.11%。其中，占比最大的上市公司为95.08%，占比最小的上市公司为0。②购建固定资产、无形资产和其他长期资产支付的现金占比为2.32%。其中，占比最大的上市公司为43.59%，占比最小的上市公司为0.01%。

（3）筹资活动现金流出及其主要构成项目。

2023年，筹资活动产生的现金流出占总现金流出比例为7.65%。其中，筹资活动产生的现金流出占比最大的上市公司为77.23%，占比最小的上市公司为0.1%。

主要构成项目：偿还债务支付的现金占比为3.24%。其中，占比最大的上市公司为71.72%，占比最小的上市公司为0。

（4）现金流出构成及其主要项目变动趋势分析。

2019~2023年，经营活动产生的现金流出占比总体上基本稳定。其中，2019~2023年，购买商品、接受劳务支付的现金占比总体上呈明显下降趋势，从2019年的28.64%降低到2023年的23.87%。

2019~2023年，投资活动产生的现金流出占比总体上明显上升，从2019年的19.73%增长到2023年的24.99%。其中，2019~2023年，投资支付的现金占比总体上呈大幅上升趋势，从2019年的4.77%增长到2023年的9.11%，但在2020~2021年明显上升，从2020年的5.68%增长到2021年的7.15%。

2019~2023年，筹资活动产生的现金流出占比总体上明显下降，从2019年的10.64%降低到2023年的7.65%。其中，2019~2023年，偿还债务支付的现金占比总体上呈大幅下降趋势，从2019年的6.61%降低到2023年的3.24%。

3. 信息传输、软件和信息技术服务业（I）现金流量净额项目分析

现金流量净额包括经营活动现金流量净额、投资活动现金流量净额和筹资活动现金流量净额三个方面。

（1）现金流量净额及其主要构成项目。

2023年，现金流量净额占总现金流入比例为-0.3%。其中，现金流量净额占比最大的上市公司为77.57%，占比最小的上市公司为-66.31%。

主要构成项目：①经营活动产生的现金流量净额占总现金流入比例为2.42%。其中，占比最大的上市公司为33.86%，占比最小的上市公司为-73.93%。②投资活动产生的现金流量净额占总现金流入比例为-3.36%。其中，占比最大的上市公司为56.44%，占比最小的上市公司为-49.54%。③筹资活动产生的现金流量净额占总现金流入比例为-0.98%。其中，占比最大的上市公司为83.36%，占比最小的上市公司为-53.94%。

（2）现金流量净额构成及其主要项目变动趋势分析。

2019~2023年，现金流量净额占比总体上大幅下降，从2019年的-0.07%降低到2023年的-0.3%。其中，2019~2023年，经营活动产生的现金流量净额大幅下降，从2019年的5.01%减少到2023年的2.42%。2019~2023年，投资活动产生的现金流量净额明显上升，

从2019年的-3.91%增加到2023年的-3.36%。2019~2023年，筹资活动产生的现金流量净额大幅下降，从2019年的-0.6%减少到2023年的-0.98%。

二十、金融业（J）

2019~2023年，证券市场金融业（J）上市公司发展状况见表3.81。

表3.81　　　　　　　　　金融业（J）上市公司数量　　　　　　　　　单位：家

年份	2023	2022	2021	2020	2019
数量	125	128	128	123	111

注：公开披露定期报告的上市公司家数。

（一）证券市场金融业（J）财务状况分析

证券市场金融业（J）财务状况分析见表3.82。

表3.82　　　　　　　　　金融业（J）资产负债表　　　　　　　　　单位：%

年份	2023			2022			2021	2020	2019
	中位数	最大值	最小值	中位数	最大值	最小值	中位数	中位数	中位数
货币资金	12.30	82.99	0.00	13.98	83.50	0.00	11.70	13.44	11.46
结算备付金	0.00	13.00	0.00	0.00	14.43	0.00	0.00	0.00	0.00
拆出资金净额	0.00	26.77	0.00	0.00	28.94	0.00	0.00	0.00	0.00
交易性金融资产	13.69	61.43	0.00	14.10	59.80	0.00	10.83	11.87	12.55
衍生金融资产	0.06	2.25	0.00	0.04	2.78	0.00	0.03	0.02	0.01
应收票据净额	0.00	0.81	0.00	0.00	0.72	0.00	0.00	0.00	0.00
应收账款净额	0.16	9.84	0.00	0.16	12.19	0.00	0.18	0.16	0.18
应收款项融资	0.00	1.49	0.00	0.00	2.48	0.00	0.00	0.00	0.00
预付款项净额	0.00	1.26	0.00	0.00	1.18	0.00	0.00	0.00	0.00
应收保费净额	0.00	0.46	0.00	0.00	3.67	0.00	0.00	0.00	0.00
应收分保账款净额	0.00	0.19	0.00	0.00	1.41	0.00	0.00	0.00	0.00
应收分保合同准备金净额	0.00	0.91	0.00	0.00	3.03	0.00	0.00	0.00	0.00
其他应收款净额	0.00	7.28	0.00	0.00	92.12	0.00	0.00	0.00	0.00
应收股利净额	0.00	0.04	0.00	0.00	0.48	0.00	0.00	0.00	0.00
买入返售金融资产净额	1.43	11.59	0.00	1.27	13.32	0.00	1.64	2.12	1.44
存货净额	0.00	53.20	0.00	0.00	48.03	0.00	0.00	0.00	0.00
合同资产	0.00	2.14	0.00	0.00	1.86	0.00	0.00	0.00	0.00
一年内到期的非流动资产	0.00	25.27	0.00	0.00	26.61	0.00	0.00	0.00	0.00
其他流动资产	0.00	53.65	0.00	0.00	58.21	0.00	0.00	0.00	0.00
流动资产合计	0.00	90.15	0.00	0.00	93.28	0.00	0.00	0.00	0.00
发放贷款及垫款净额	0.00	69.66	0.00	0.00	69.37	0.00	0.00	0.00	0.00

续表

年份	2023			2022			2021	2020	2019
	中位数	最大值	最小值	中位数	最大值	最小值	中位数	中位数	中位数
债权投资	0.35	48.07	0.00	0.24	63.47	0.00	0.09	0.15	0.15
其他债权投资	6.51	53.22	0.00	4.70	35.92	0.00	3.16	2.74	1.78
长期应收款净额	0.00	28.91	0.00	0.00	27.75	0.00	0.00	0.00	0.00
长期股权投资净额	0.37	23.38	0.00	0.42	22.12	0.00	0.36	0.42	0.44
其他权益工具投资	0.10	11.11	0.00	0.05	7.34	0.00	0.05	0.07	0.07
其他非流动金融资产	0.00	50.07	0.00	0.00	45.92	0.00	0.00	0.00	0.00
投资性房地产净额	0.01	10.02	0.00	0.00	9.82	0.00	0.00	0.00	0.00
固定资产净额	0.48	22.23	0.02	0.54	15.10	0.02	0.52	0.51	0.55
在建工程净额	0.01	6.31	0.00	0.02	5.15	0.00	0.00	0.01	0.01
生产性生物资产净额	0.00	0.00	0.00	0.00	0.00	0.00	0.00	0.00	0.00
油气资产净额	0.00	0.00	0.00	0.00	0.00	0.00	0.00	0.00	0.00
使用权资产	0.14	2.44	0.00	0.16	3.68	0.00	0.15	0.00	0.00
无形资产净额	0.14	3.45	0.00	0.13	3.85	0.00	0.11	0.12	0.14
开发支出	0.00	0.14	0.00	0.00	0.16	0.00	0.00	0.00	0.00
商誉净额	0.01	23.69	0.00	0.01	30.15	0.00	0.00	0.00	0.01
长期待摊费用	0.00	0.43	0.00	0.00	0.42	0.00	0.00	0.00	0.00
递延所得税资产	0.58	12.95	0.00	0.62	22.97	0.00	0.55	0.56	0.48
其他非流动资产	0.00	26.32	0.00	0.00	27.20	0.00	0.00	0.00	0.00
非流动资产合计	0.00	83.22	0.00	0.00	80.60	0.00	0.00	0.00	0.00
资产总计	100.00	100.00	100.00	100.00	100.00	100.00	100.00	100.00	100.00
短期借款	0.00	22.69	0.00	0.00	26.08	0.00	0.00	0.00	0.00
向中央银行借款	0.00	8.21	0.00	0.00	6.86	0.00	0.00	0.00	0.00
拆入资金	1.83	62.29	0.00	1.38	58.89	0.00	1.18	1.20	1.04
交易性金融负债	0.26	8.09	0.00	0.18	8.72	0.00	0.02	0.06	0.03
衍生金融负债	0.05	2.20	0.00	0.03	2.15	0.00	0.03	0.02	0.01
应付票据	0.00	3.59	0.00	0.00	7.66	0.00	0.00	0.00	0.00
应付账款	0.10	17.97	0.00	0.08	18.39	0.00	0.10	0.11	0.07
预收款项	0.00	2.01	0.00	0.00	2.37	0.00	0.00	0.00	0.00
合同负债	0.00	81.70	0.00	0.00	10.87	0.00	0.00	0.00	0.00
卖出回购金融资产款	4.77	27.75	0.00	3.80	28.96	0.00	3.48	3.70	4.29
吸收存款及同业存放	0.00	89.35	0.00	0.00	90.94	0.00	0.00	0.00	0.00
代理买卖证券款	0.00	44.37	0.00	0.00	41.51	0.00	0.00	0.00	0.00
代理承销证券款	0.00	0.24	0.00	0.00	1.17	0.00	0.00	0.00	0.00
应付职工薪酬	0.37	3.15	0.01	0.42	7.38	0.01	0.50	0.44	0.44
应交税费	0.10	1.37	0.01	0.16	4.82	0.02	0.23	0.27	0.23

续表

年份	2023			2022			2021	2020	2019
	中位数	最大值	最小值	中位数	最大值	最小值	中位数	中位数	中位数
其他应付款	0.00	31.38	0.00	0.00	69.66	0.00	0.00	0.00	0.00
应付股利	0.00	0.91	0.00	0.00	1.03	0.00	0.00	0.00	0.00
应付手续费及佣金	0.00	0.25	0.00	0.00	0.63	0.00	0.00	0.00	0.00
应付分保账款	0.00	0.18	0.00	0.00	1.83	0.00	0.00	0.00	0.00
一年内到期的非流动负债	0.00	19.11	0.00	0.00	59.19	0.00	0.00	0.00	0.00
其他流动负债	0.00	53.83	0.00	0.00	54.80	0.00	0.00	0.00	0.00
流动负债合计	0.00	96.71	0.00	0.00	144.75	0.00	0.00	0.00	0.00
保险合同准备金	0.00	72.83	0.00	0.00	77.30	0.00	0.00	0.00	0.00
长期借款	0.00	27.49	0.00	0.00	19.77	0.00	0.00	0.00	0.00
应付债券	10.34	44.82	0.00	10.93	45.36	0.00	10.27	10.47	10.61
租赁负债	0.13	2.23	0.00	0.15	2.86	0.00	0.15	0.00	0.00
长期应付款	0.00	3.91	0.00	0.00	4.42	0.00	0.00	0.00	0.00
预计负债	0.03	1.17	0.00	0.02	17.46	0.00	0.01	0.02	0.00
递延收益-非流动负债	0.00	1.37	0.00	0.00	1.36	0.00	0.00	0.00	0.00
递延所得税负债	0.02	5.64	0.00	0.02	4.67	0.00	0.04	0.03	0.03
其他非流动负债	0.00	76.39	0.00	0.00	76.64	0.00	0.00	0.00	0.00
非流动负债合计	0.00	80.76	0.00	0.00	92.98	0.00	0.00	0.00	0.00
负债合计	79.88	97.40	11.78	80.78	237.73	2.97	81.50	79.01	77.84
实收资本（或股本）	2.08	87.77	0.16	2.36	87.13	0.16	2.34	2.80	3.21
其他权益工具	0.00	6.48	0.00	0.00	7.61	0.00	0.00	0.00	0.00
其中：优先股	0.00	5.94	0.00	0.00	5.22	0.00	0.00	0.00	0.00
其中：永续债	0.00	6.48	0.00	0.00	7.61	0.00	0.00	0.00	0.00
资本公积	4.86	58.66	0.24	4.94	59.95	0.26	5.12	5.59	5.91
其中：库存股	0.00	2.73	0.00	0.00	5.53	0.00	0.00	0.00	0.00
其他综合收益	0.07	4.14	−3.64	0.00	4.55	−2.50	0.02	0.01	0.08
专项储备	0.00	0.02	0.00	0.00	0.09	0.00	0.00	0.00	0.00
盈余公积	1.01	6.37	0.06	1.02	6.25	0.06	1.02	0.99	1.00
一般风险准备	1.33	5.03	0.00	1.31	4.83	0.00	1.25	1.25	1.23
未分配利润	3.96	61.27	−71.53	3.77	66.19	−262.76	3.96	4.08	4.12
归属于母公司所有者权益合计	18.56	85.30	1.37	17.49	94.37	−138.02	17.56	18.58	20.52
少数股东权益	0.16	25.72	−0.37	0.16	37.60	−0.47	0.16	0.16	0.23
所有者权益合计	20.12	88.22	2.60	19.22	97.03	−137.73	18.50	20.99	22.16
负债与所有者权益总计	100.00	100.00	100.00	100.00	100.00	100.00	100.00	100.00	100.00

注：所有项目均以资产总计为基数。

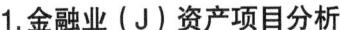

1. 金融业（J）资产项目分析

资产项目包括流动资产和非流动资产两个方面。

（1）流动资产及其主要构成项目。

2023年，流动资产合计占总资产比例为0。其中，流动资产占比最大的上市公司为90.15%，占比最小的上市公司为0。

主要构成项目：①交易性金融资产占比为13.69%。其中，占比最大的上市公司为61.43%，占比最小的上市公司为0。②货币资金占比为12.3%。其中，占比最大的上市公司为82.99%，占比最小的上市公司为0。③衍生金融资产占比为0.06%。其中，占比最大的上市公司为2.25%，占比最小的上市公司为0。

（2）非流动资产及其主要构成项目。

2023年，非流动资产合计占总资产比例为0。其中，非流动资产占比最大的上市公司为83.22%，占比最小的上市公司为0。

主要构成项目：①其他债权投资占比为6.51%。其中，占比最大的上市公司为53.22%，占比最小的上市公司为0。②递延所得税资产占比为0.58%。其中，占比最大的上市公司为12.95%，占比最小的上市公司为0。③债权投资占比为0.35%。其中，占比最大的上市公司为48.07%，占比最小的上市公司为0。

（3）资产构成及其主要项目变动趋势分析。

2019~2023年，流动资产合计占比总体上呈基本稳定。其中，2019~2023年，交易性金融资产占比总体上呈明显上升趋势，从2019年的12.55%增长到2023年的13.69%，且在2021~2022年大幅上升，从2021年的10.83%增长到2022年的14.1%；2019~2023年，货币资金占比总体上呈明显上升趋势，从2019年的11.46%增长到2023年的12.3%；2019~2023年，衍生金融资产占比总体上呈大幅上升趋势，从2019年的0.01%增长到2023年的0.06%。

2019~2023年，非流动资产合计占比总体上呈基本稳定。其中，2019~2023年，其他债权投资占比总体上呈大幅上升趋势，从2019年的1.78%增长到2023年的6.51%；2019~2023年，递延所得税资产占比总体上呈明显上升趋势，从2019年的0.48%增长到2023年的0.58%；2019~2023年，债权投资占比总体上呈大幅上升趋势，从2019年的0.15%增长到2023年的0.35%。

2. 金融业（J）负债项目分析

负债项目包括流动负债和非流动负债两个方面。2023年，负债合计占总资产比例为79.88%。其中，负债合计占比最大的上市公司为97.4%，占比最小的上市公司为11.78%。

（1）流动负债及其主要构成项目。

2023年，流动负债合计占总资产比例为0。其中，流动负债占比最大的上市公司为96.71%，占比最小的上市公司为0。

主要构成项目：①卖出回购金融资产款占比为4.77%。其中，占比最大的上市公司为

27.75%，占比最小的上市公司为0。②应付职工薪酬占比为0.37%。其中，占比最大的上市公司为3.15%，占比最小的上市公司为0.01%。③交易性金融负债占比为0.26%。其中，占比最大的上市公司为8.09%，占比最小的上市公司为0。

（2）非流动负债及其主要构成项目。

2023年，非流动负债合计占总资产比例为0。其中，非流动负债占比最大的上市公司为80.76%，占比最小的上市公司为0。

主要构成项目：①应付债券占比为10.34%。其中，占比最大的上市公司为44.82%，占比最小的上市公司为0。②租赁负债占比为0.13%。其中，占比最大的上市公司为2.23%，占比最小的上市公司为0。③预计负债占比为0.03%。其中，占比最大的上市公司为1.17%，占比最小的上市公司为0。

（3）负债构成及其主要项目变动趋势分析。

2019~2023年，流动负债合计占比总体上呈基本稳定。其中，2019~2023年，卖出回购金融资产款占比总体上呈明显上升趋势，从2019年的4.29%增长到2023年的4.77%；2019~2023年，应付职工薪酬占比总体上呈明显下降趋势，从2019年的0.44%降低到2023年的0.37%；2019~2023年，交易性金融负债占比总体上呈大幅上升趋势，从2019年的0.03%增长到2023年的0.26%。

2019~2023年，非流动负债合计占比总体上呈基本稳定。其中，2019~2023年，应付债券占比总体上基本稳定，且在2021~2022年明显上升，从2021年的10.27%增长到2022年的10.93%；2019~2023年，租赁负债占比总体上呈明显上升趋势，从2019年的0增长到2023年的0.13%；2019~2023年，预计负债占比总体上基本稳定，且在2021~2022年大幅上升，从2021年的0.01%增长到2022年的0.02%。

3. 金融业（J）所有者权益项目分析

所有者权益项目包括实收资本（股本）、资本公积、盈余公积和未分配利润等四个方面。

（1）所有者权益及其主要构成项目。

2023年，所有者权益合计占总资产比例为20.12%。其中，所有者权益占比最大的上市公司为88.22%，占比最小的上市公司为2.6%。

主要构成项目：①实收资本（或股本）占比为2.08%。其中，占比最大的上市公司为87.77%，占比最小的上市公司为0.16%。②资本公积占比为4.86%。其中，占比最大的上市公司为58.66%，占比最小的上市公司为0.24%。③盈余公积占比为1.01%。其中，占比最大的上市公司为6.37%，占比最小的上市公司为0.06%。④未分配利润占比为3.96%。其中，占比最大的上市公司为61.27%，占比最小的上市公司为-71.53%。

（2）所有者权益构成及其主要项目变动趋势分析。

2019~2023年，所有者权益合计占比总体上呈明显下降趋势。其中，2019~2023年，实收资本（或股本）占比总体上呈大幅下降趋势，从2019年的3.21%降低到2023年的2.08%，但在2020~2021年明显下降，从2020年的2.8%降低到2021年的2.34%；2019~2023年，资本公积占比总体上呈明显下降趋势,从2019年的5.91%降低到2023年的4.86%;2019~2023年,盈余公积占比总体上基本稳定;2019~2023年,未分配利润占比总体上基本稳定,且在2022~2023年明显上升,从2022年的3.77%增长到2023年的3.96%。

(二)证券市场金融业(J)利润分析

证券市场金融业(J)利润分析见表3.83。

表3.83 金融业(J)利润表 单位:%

年份	2023			2022			2021	2020	2019
	中位数	最大值	最小值	中位数	最大值	最小值	中位数	中位数	中位数
营业总收入	100.00	100.00	100.00	100.00	100.00	100.00	100.00	100.00	100.00
营业收入	0.00	100.00	0.00	0.00	100.00	0.00	0.00	0.00	0.00
利息净收入	28.83	441.50	-282.50	23.04	102.38	-638.40	19.38	22.66	21.34
利息收入	70.64	303.29	-322.89	61.36	620.40	0.00	52.10	52.09	68.43
已赚保费	0.00	98.28	0.00	0.00	109.05	0.00	0.00	0.00	0.00
保险业务收入	0.00	99.71	0.00	0.00	121.93	0.00	0.00	0.00	0.00
减:分出保费	0.00	1.24	0.00	0.00	10.67	0.00	0.00	0.00	0.00
减:提取未到期责任准备金	0.00	0.19	0.00	0.00	2.20	-0.26	0.00	0.00	0.00
手续费及佣金净收入	15.87	375.41	-311.70	17.92	690.48	-9.73	18.87	18.98	23.02
手续费及佣金收入	0.00	91.30	0.00	0.00	98.19	0.00	0.00	0.00	4.79
营业总成本	80.13	445.80	-740.70	76.41	1387.30	10.39	72.40	72.74	80.72
营业成本	0.00	83.92	0.00	0.00	460.97	0.00	0.00	0.00	0.00
利息支出	49.98	444.65	-764.40	39.17	1258.80	0.00	33.84	34.49	47.48
手续费及佣金支出	0.00	7.36	0.00	0.00	9.73	0.00	0.00	0.00	0.00
退保金	0.00	48.77	0.00	0.00	76.84	0.00	0.00	0.00	0.00
赔付支出净额	0.00	26.09	0.00	0.00	63.91	0.00	0.00	0.00	0.00
赔付支出	0.00	27.18	0.00	0.00	69.80	0.00	0.00	0.00	0.00
减:摊回赔付支出	0.00	1.09	0.00	0.00	5.89	0.00	0.00	0.00	0.00
提取保险责任准备金净额	0.00	63.26	-4.39	0.00	74.72	-0.09	0.00	0.00	0.00
提取保险责任准备金	0.00	63.31	0.00	0.00	74.77	0.00	0.00	0.00	0.00
减:摊回保险责任准备金	0.00	4.39	-0.01	0.00	0.81	-4.58	0.00	0.00	0.00
保单红利支出	0.00	14.24	0.00	0.00	3.35	0.00	0.00	0.00	0.00
分保费用	0.00	4.83	0.00	0.00	0.64	0.00	0.00	0.00	0.00
税金及附加	1.05	5.39	-11.04	0.96	18.94	0.05	0.94	0.94	0.97
销售费用	0.00	49.35	0.00	0.00	43.75	0.00	0.00	0.00	0.00
管理费用	0.00	148.84	0.00	0.00	125.99	0.00	0.00	0.00	0.00
研发费用	0.00	33.09	0.00	0.00	29.98	0.00	0.00	0.00	0.00

续表

年份	2023			2022			2021	2020	2019
	中位数	最大值	最小值	中位数	最大值	最小值	中位数	中位数	中位数
财务费用	0.00	172.78	−7.38	0.00	115.91	−5.18	0.00	0.00	0.00
其他收益	0.79	13.87	−5.28	0.65	15.77	0.00	0.44	0.38	0.36
投资收益	16.87	525.35	−422.99	14.66	1075.44	−1311.13	14.62	18.45	18.22
汇兑收益	0.01	12.57	−5.23	0.08	9.86	−6.50	0.00	0.00	0.03
其他业务收入	0.40	93.93	−29.81	0.40	95.86	0.00	0.31	0.35	0.30
净敞口套期收益	0.00	0.00	−0.99	0.00	0.21	0.00	0.00	0.00	0.00
公允价值变动收益	1.15	193.59	−278.44	−1.80	141.32	−728.06	1.12	0.08	1.81
信用减值损失	−3.13	13.86	−65.44	−2.58	272.89	−120.24	−6.20	−11.36	−8.27
资产减值损失	−0.01	3.18	−18.80	−0.02	0.06	−103.38	−0.01	−0.04	−0.00
资产处置收益	0.01	9.41	−7.52	0.00	2.89	−15.05	0.00	0.00	0.00
业务及管理费	37.81	436.03	−727.32	34.56	1373.45	0.00	32.12	29.48	32.21
减：摊回分保费用	0.00	2.39	0.00	0.00	2.40	0.00	0.00	0.00	0.00
其他业务成本	1.65	95.15	−2.34	1.00	322.21	−0.26	0.74	0.70	0.60
其他业务利润	0.00	0.00	0.00	0.00	0.00	0.00	0.00	0.00	0.00
营业利润	42.42	524.83	−272.04	33.64	513.22	−1767.35	40.38	39.42	41.01
加：营业外收入	0.12	43.28	−0.51	0.09	100.02	0.00	0.12	0.15	0.14
减：营业外支出	0.21	75.80	−30.23	0.18	365.29	−0.38	0.20	0.26	0.21
利润总额	42.11	538.72	−271.19	33.52	520.43	−1840.56	40.14	39.03	41.40
减：所得税费用	4.66	108.95	−15.76	3.65	200.44	−278.49	6.63	6.74	6.34
未确认的投资损失	0.00	0.00	0.00	0.00	0.00	0.00	0.00	0.00	0.00
影响净利润的其他项目	0.00	0.00	0.00	0.00	0.00	0.00	0.00	0.00	0.00
净利润	34.44	476.29	−288.78	29.38	418.39	−2041.00	35.00	33.46	34.18
归属于母公司所有者的净利润	34.57	431.73	−290.41	28.03	415.83	−2019.84	33.33	31.87	33.30
归属于母公司其他权益工具持有者的净利润	0.00	0.00	0.00	0.00	0.00	0.00	0.00	0.00	0.00
少数股东损益	0.20	44.55	−6.20	0.22	18.25	−104.60	0.37	0.32	0.30
其他综合收益（损失）	2.14	20.51	−17.93	−0.52	19.92	−71.00	0.01	−1.22	1.01
综合收益总额	36.92	470.30	−289.47	26.92	438.31	−2029.42	35.48	31.84	35.87
归属于母公司所有者的综合收益	36.12	427.03	−291.10	25.84	435.75	−2008.26	33.28	30.31	33.31
归属少数股东的综合收益	0.21	43.27	−5.83	0.22	20.94	−103.49	0.34	0.30	0.30
基本每股收益	0.46	5.63	−0.43	0.46	5.26	−2.22	0.64	0.56	0.47
稀释每股收益	0.46	5.63	−0.43	0.45	5.26	−2.22	0.60	0.48	0.43

1. 金融业（J）成本费用项目分析

（1）成本与费用及其主要构成项目。

主要构成项目：①营业成本占营业总收入比例为0。其中，营业成本占比最大的上市公司为83.92%，占比最小的上市公司为0。②销售费用占营业总收入比例为0。其中，销售费用占比最大的上市公司为49.35%，占比最小的上市公司为0。③管理费用占营业总收入比例为0。其中，管理费用占比最大的上市公司为148.84%，占比最小的上市公司为0。④财务费用占营业总收入比例为0。其中，财务费用占比最大的上市公司为172.78%，占比最小的上市公司为-7.38%。⑤研发费用占营业总收入比例为0。其中，研发费用占比最大的上市公司为33.09%，占比最小的上市公司为0。

（2）成本与费用及其主要项目变动趋势分析。

2019~2023年，营业成本占比基本稳定，从2019年的0下降为2023年的0；2019~2023年，销售费用占比基本稳定，从2019年的0下降为2023年的0；2019~2023年，管理费用占比基本稳定，从2019年的0下降为2023年的0；2019~2023年，财务费用占比基本稳定，从2019年的0下降为2023年的0；2019~2023年，研发费用占比基本稳定，从2019年的0下降为2023年的0。

2. 金融业（J）其他损益项目分析

（1）其他损益及其主要构成项目。

主要构成项目：①资产减值损失占营业总收入比例为-0.01%。其中，资产减值损失占比最大的上市公司为3.18%，占比最小的上市公司为-18.8%。②投资收益占营业总收入比例为16.87%。其中，投资收益占比最大的上市公司为525.35%，占比最小的上市公司为-422.99%。③基本每股收益为0.46元。其中，基本每股收益最大的上市公司为5.63元，最小的上市公司为-0.43元。④其他收益占营业总收入比例为0.79%。其中，其他收益占比最大的上市公司为13.87%，占比最小的上市公司为-5.28%。⑤信用减值损失占营业总收入比例为-3.13%。其中，信用减值损失占比最大的上市公司为13.86%，占比最小的上市公司为-65.44%。

（2）其他损益及其主要项目变动趋势分析。

2019~2023年，资产减值损失占比基本稳定，从2019年的-0下降为2023年的-0.01%；2019~2023年，投资收益占比明显下降，从2019年的18.22%下降为2023年的16.87%；2019~2023年，其他收益占比大幅上升，从2019年的0.36%增长到2023年的0.79%；2019~2023年，信用减值损失占比大幅上升，从2019年的-8.27%增长到2023年的-3.13%。

3. 金融业（J）利润项目分析

（1）利润及其主要构成项目。

主要构成项目：①营业利润占营业总收入比例为42.42%。其中，营业利润占比最大的上市公司为524.83%，占比最小的上市公司为-272.04%。②利润总额占营业总收入比例为42.11%。其中，利润总额占比最大的上市公司为538.72%，占比最小的上市公司为-271.19%。③净利润占营业总收入比例为34.44%。其中，净利润占比最大的上市公司为476.29%，占比最小的上市公司为-288.78%。④归属于母公司所有者的净利润占营业总收入比例为34.57%。其中，归属于母公司所有者的净利润占比最大的上市公司为431.73%，占比最小的上市公司为-290.41%。

（2）利润及其主要项目变动趋势分析。

2019~2023年，营业利润占比基本稳定，从2019年的41.01%增长到2023年的42.42%；2019~2023年，利润总额占比基本稳定，从2019年的41.4%增长到2023年的42.11%；2019~2023年，净利润占比基本稳定，从2019年的34.18%增长到2023年的34.44%；2019~2023年，归属于母公司所有者的净利润占比基本稳定，从2019年的33.3%增长到2023年的34.57%。

（三）证券市场金融业（J）现金流量分析

证券市场金融业（J）现金流量分析见表3.84。

表3.84　　　　　　　　金融业（J）现金流量表　　　　　　　　单位：%

年份	2023			2022			2021	2020	2019
	中位数	最大值	最小值	中位数	最大值	最小值	中位数	中位数	中位数
销售商品、提供劳务收到的现金	0.00	83.08	0.00	0.00	86.13	0.00	0.00	0.00	0.00
客户存款和同业存放款项净增加额	0.00	36.04	0.00	0.00	39.26	0.00	0.00	0.00	0.00
向中央银行借款净增加额	0.00	8.53	-1.35	0.00	8.64	-2.98	0.00	0.00	0.00
向其他金融机构拆入资金净增加额	0.00	3.66	-4.47	0.00	4.36	0.00	0.00	0.00	0.00
收到原保险合同保费取得的现金	0.00	59.58	0.00	0.00	53.19	0.00	0.00	0.00	0.00
收到再保险业务现金净额	0.00	18.16	0.00	0.00	1.20	0.00	0.00	0.00	0.00
保户储金及投资款净增加额	0.00	3.53	-1.51	0.00	2.51	0.00	0.00	0.00	0.00
处置交易性金融资产净增加额	0.00	24.72	0.00	0.00	16.91	0.00	0.00	0.00	0.00
收取利息、手续费及佣金的现金	8.27	49.11	0.00	8.76	39.35	0.00	10.88	10.55	10.73
拆入资金净增加额	0.00	22.88	-8.11	0.00	10.32	-4.73	0.00	0.00	0.00
回购业务资金净增加额	0.22	32.80	-36.47	0.00	41.19	-28.15	0.00	0.00	0.00
收到的税费返还	0.00	0.96	0.00	0.00	0.87	0.00	0.00	0.00	0.00
收到的其他与经营活动有关的现金	3.54	84.79	0.03	7.08	84.52	0.01	3.44	2.66	3.35
经营活动现金流入小计	31.76	97.86	-20.07	35.97	97.57	3.75	36.50	32.34	38.19

续表

年份	2023			2022			2021	2020	2019
	中位数	最大值	最小值	中位数	最大值	最小值	中位数	中位数	中位数
购买商品、接受劳务支付的现金	0.00	67.73	0.00	0.00	76.24	0.00	0.00	0.00	0.00
客户贷款及垫款净增加额	0.00	35.68	−11.96	0.00	33.57	−37.86	0.00	0.00	0.00
存放中央银行和同业款项净增加额	0.00	5.55	−0.23	0.00	8.98	−0.27	0.00	0.00	0.00
支付原保险合同赔付款项的现金	0.00	37.15	0.00	0.00	32.36	0.00	0.00	0.00	0.00
支付利息、手续费及佣金的现金	3.54	25.14	0.00	3.05	27.27	0.00	2.33	2.47	2.43
支付保单红利的现金	0.00	0.89	0.00	0.00	1.09	0.00	0.00	0.00	0.00
支付给职工以及为职工支付的现金	2.71	39.80	0.18	3.02	41.50	0.13	2.51	2.28	2.40
支付的各项税费	0.97	11.08	0.00	1.31	13.64	0.08	1.37	1.27	1.46
支付其他与经营活动有关的现金	7.60	88.93	−28.48	6.90	91.14	−18.92	8.41	9.24	7.68
经营活动现金流出小计	29.53	95.96	−10.50	28.56	97.08	3.12	36.86	32.53	34.90
经营活动产生的现金流量净额	3.33	33.81	−35.48	5.43	45.81	−25.86	2.50	2.89	5.23
收回投资收到的现金	20.75	87.80	0.00	18.29	105.37	0.00	21.02	18.24	13.52
取得投资收益收到的现金	0.87	12.24	0.00	0.70	11.52	−0.01	0.78	0.72	0.83
处置固定资产、无形资产和其他长期资产收回的现金净额	0.00	2.55	0.00	0.00	3.16	−0.01	0.00	0.00	0.00
处置子公司及其他营业单位收到的现金净额	0.00	1.05	−0.51	0.00	33.66	0.00	0.00	0.00	0.00
收到的其他与投资活动有关的现金	0.00	69.91	0.00	0.00	81.97	0.00	0.00	0.00	0.00
投资活动产生的现金流入小计	25.01	101.98	0.00	23.52	105.86	−0.01	23.60	20.88	21.22
购建固定资产、无形资产和其他长期资产支付的现金	0.32	20.42	0.02	0.32	15.27	0.01	0.32	0.30	0.29
投资支付的现金	30.22	96.20	0.00	25.29	94.17	0.00	22.26	18.58	17.18
质押贷款净增加额	0.00	0.72	−0.01	0.00	0.92	−0.02	0.00	0.00	0.00
取得子公司及其他营业单位支付的现金净额	0.00	5.19	0.00	0.00	9.04	0.00	0.00	0.00	0.00
支付其他与投资活动有关的现金	0.00	71.20	0.00	0.00	83.65	0.00	0.00	0.00	0.00

续表

年份	2023			2022			2021	2020	2019
	中位数	最大值	最小值	中位数	最大值	最小值	中位数	中位数	中位数
投资活动产生的现金流出小计	32.17	96.79	0.03	26.32	94.21	0.04	26.90	24.05	25.51
投资活动产生的现金流量净额	-2.13	39.72	-26.57	-3.28	53.83	-73.74	-0.68	-1.36	-0.82
吸收投资收到的现金	22.31	77.98	0.00	19.10	70.51	0.00	23.88	20.33	16.90
吸收权益性投资收到的现金	0.00	33.90	0.00	0.00	24.65	0.00	0.00	0.00	0.00
其中：子公司吸收少数股东投资收到的现金	0.00	1.86	0.00	0.00	4.52	0.00	0.00	0.00	0.00
发行债券收到的现金	21.88	77.98	0.00	19.08	70.49	0.00	22.98	16.63	15.59
取得借款收到的现金	0.00	96.40	0.00	0.00	46.92	0.00	0.00	0.00	0.00
收到其他与筹资活动有关的现金	0.00	48.38	0.00	0.00	49.51	0.00	0.00	0.00	0.00
筹资活动现金流入小计	33.90	118.71	0.00	31.04	70.55	0.00	32.66	30.64	31.19
偿还债务支付的现金	30.38	99.68	0.00	26.96	71.33	0.00	26.20	26.08	26.89
分配股利、利润或偿付利息支付的现金	1.64	28.08	0.00	1.82	34.09	0.01	1.77	1.86	1.85
其中：子公司支付给少数股东的股利、利润	0.00	4.61	0.00	0.00	27.16	0.00	0.00	0.00	0.00
支付其他与筹资活动有关的现金	0.32	24.16	0.00	0.36	54.15	0.00	0.28	0.16	0.13
筹资活动现金流出小计	35.34	109.21	0.07	33.68	96.52	1.00	32.84	32.17	32.40
筹资活动产生的现金流量净额	-0.38	33.84	-25.87	-0.69	20.13	-57.97	2.06	0.80	0.01
现金总流入	100.00	100.00	100.00	100.00	100.00	100.00	100.00	100.00	100.00
现金总流出	100.00	100.00	100.00	100.00	100.00	100.00	100.00	100.00	100.00
现金流量净额	-0.42	24.92	-33.57	0.29	31.01	-65.43	2.17	2.62	2.32

注：现金流入项目以现金总流入为基数，现金流出项目以现金总流出为基数。

1. 金融业（J）现金流入项目分析

现金流入包括经营活动产生的现金流入、投资活动产生的现金流入和筹资活动产生的现金流入三个方面。

（1）经营活动现金流入及其主要构成项目。

2023年，经营活动产生的现金流入占总现金流入比例为31.76%。其中，经营活动产生的现金流入占比最大的上市公司为97.86%，占比最小的上市公司为-20.07%。

主要构成项目：收取利息、手续费及佣金的现金占比为8.27%。其中，占比最大的上市公司为49.11%，占比最小的上市公司为0。

（2）投资活动现金流入及其主要构成项目。

2023年，投资活动产生的现金流入占总现金流入比例为25.01%。其中，投资活动产生的现金流入占比最大的上市公司为101.98%，占比最小的上市公司为0。

主要构成项目：收回投资收到的现金占比为20.75%。其中，占比最大的上市公司为87.8%，占比最小的上市公司为0。

（3）筹资活动现金流入及其主要构成项目。

2023年，筹资活动产生的现金流入占总现金流入比例为33.9%。其中，筹资活动产生的现金流入占比最大的上市公司为118.71%，占比最小的上市公司为0。

主要构成项目：吸收投资收到的现金占比为22.31%。其中，占比最大的上市公司为77.98%，占比最小的上市公司为0。

（4）现金流入构成及其主要项目变动趋势分析。

2019~2023年，经营活动产生的现金流入占比总体上明显下降，从2019年的38.19%降低到2023年的31.76%。其中，2019~2023年，收取利息、手续费及佣金的现金占比总体上呈明显下降趋势，从2019年的10.73%降低到2023年的8.27%。

2019~2023年，投资活动产生的现金流入占比总体上明显上升，从2019年的21.22%增长到2023年的25.01%。其中，2019~2023年，收回投资收到的现金占比总体上呈大幅上升趋势，从2019年的13.52%增长到2023年的20.75%。

2019~2023年，筹资活动产生的现金流入占比总体上明显上升，从2019年的31.19%增长到2023年的33.9%。其中，2019~2023年，吸收投资收到的现金占比总体上呈大幅上升趋势，从2019年的16.9%增长到2023年的22.31%，但在2019~2020年明显上升，从2019年的16.9%增长到2020年的20.33%。

2.金融业（J）现金流出项目分析

现金流出包括经营活动产生的现金流出、投资活动产生的现金流出和筹资活动产生的现金流出三个方面。

（1）经营活动现金流出及其主要构成项目。

2023年，经营活动产生的现金流出占总现金流出比例为29.53%。其中，经营活动产生的现金流出占比最大的上市公司为95.96%，占比最小的上市公司为-10.5%。

主要构成项目：①支付其他与经营活动有关的现金占比为7.6%。其中，占比最大的上市公司为88.93%，占比最小的上市公司为-28.48%。②支付利息、手续费及佣金的现金占比为3.54%。其中，占比最大的上市公司为25.14%，占比最小的上市公司为0。③支付给职工以及为职工支付的现金占比为2.71%。其中，占比最大的上市公司为39.8%，占比最小的上市公司为0.18%。

（2）投资活动现金流出及其主要构成项目。

2023年，投资活动产生的现金流出占总现金流出比例为32.17%。其中，投资活动产生的现金流出占比最大的上市公司为96.79%，占比最小的上市公司为0.03%。

主要构成项目：①投资支付的现金占比为30.22%。其中，占比最大的上市公司为96.2%，占比最小的上市公司为0。②购建固定资产、无形资产和其他长期资产支付的现金占比为0.32%。其中，占比最大的上市公司为20.42%，占比最小的上市公司为0.02%。

（3）筹资活动现金流出及其主要构成项目。

2023年，筹资活动产生的现金流出占总现金流出比例为35.34%。其中，筹资活动产生的现金流出占比最大的上市公司为109.21%，占比最小的上市公司为0.07%。

主要构成项目：偿还债务支付的现金占比为30.38%。其中，占比最大的上市公司为99.68%，占比最小的上市公司为0。

（4）现金流出构成及其主要项目变动趋势分析。

2019~2023年，经营活动产生的现金流出占比总体上明显下降，从2019年的34.9%降低到2023年的29.53%。其中，2019~2023年，支付其他与经营活动有关的现金占比总体上基本稳定，且在2019~2020年明显上升，从2019年的7.68%增长到2020年的9.24%。

2019~2023年，投资活动产生的现金流出占比总体上明显上升，从2019年的25.51%增长到2023年的32.17%。其中，2019~2023年，投资支付的现金占比总体上呈大幅上升趋势，从2019年的17.18%增长到2023年的30.22%，但在2020~2021年明显上升，从2020年的18.58%增长到2021年的22.26%。

2019~2023年，筹资活动产生的现金流出占比总体上明显上升，从2019年的32.4%增长到2023年的35.34%。其中，2019~2023年，偿还债务支付的现金占比总体上呈明显上升趋势，从2019年的26.89%增长到2023年的30.38%。

3. 金融业（J）现金流量净额项目分析

现金流量净额包括经营活动现金流量净额、投资活动现金流量净额和筹资活动现金流量净额三个方面。

（1）现金流量净额及其主要构成项目。

2023年，现金流量净额占总现金流入比例为–0.42%。其中，现金流量净额占比最大的上市公司为24.92%，占比最小的上市公司为–33.57%。

主要构成项目：①经营活动产生的现金流量净额占总现金流入比例为3.33%。其中，占比最大的上市公司为33.81%，占比最小的上市公司为–35.48%。②投资活动产生的现金流量净额占总现金流入比例为–2.13%。其中，占比最大的上市公司为39.72%，占比最小的上市公司为–26.57%。③筹资活动产生的现金流量净额占总现金流入比例为–0.38%。其中，占比最大的上市公司为33.84%，占比最小的上市公司为–25.87%。

（2）现金流量净额构成及其主要项目变动趋势分析。

2019~2023年，现金流量净额占比总体上大幅下降，从2019年的2.32%降低到2023年的–0.42%。其中，2019~2023年，经营活动产生的现金流量净额大幅下降，从2019年的5.23%减少到2023年的3.33%。2019~2023年，投资活动产生的现金流量净额大幅下降，从2019年的–0.82%减少到2023年的–2.13%。2019~2023年，筹资活动产生的现金流量净额大幅下降，从2019年的0.01%减少到2023年的–0.38%。

二十一、房地产业（K）

2019~2023年，证券市场房地产业（K）上市公司发展状况见表3.85。

表3.85　　　　　　　　房地产业（K）上市公司数量　　　　　　　　单位：家

年份	2023	2022	2021	2020	2019
数量	103	112	116	121	123

注：公开披露定期报告的上市公司家数。

（一）证券市场房地产业（K）财务状况分析

证券市场房地产业（K）财务状况分析见表3.86。

表3.86　　　　　　　　房地产业（K）资产负债表　　　　　　　　单位：%

年份	2023			2022			2021	2020	2019
	中位数	最大值	最小值	中位数	最大值	最小值	中位数	中位数	中位数
货币资金	10.32	90.62	1.52	9.73	67.40	0.17	11.70	12.11	11.93
结算备付金	0.00	0.43	0.00	0.00	0.58	0.00	0.00	0.00	0.00
拆出资金净额	0.00	0.00	0.00	0.00	0.00	0.00	0.00	0.00	0.00
交易性金融资产	0.00	26.66	0.00	0.00	25.18	0.00	0.00	0.00	0.00
衍生金融资产	0.00	0.10	0.00	0.00	0.07	0.00	0.00	0.00	0.00
应收票据净额	0.00	0.64	0.00	0.00	0.60	0.00	0.00	0.00	0.00
应收账款净额	0.89	33.60	0.01	0.70	29.60	0.00	0.66	0.44	0.52
应收款项融资	0.00	1.56	0.00	0.00	0.96	0.00	0.00	0.00	0.00
预付款项净额	0.28	9.91	0.00	0.28	8.65	0.00	0.34	0.39	0.38
应收保费净额	0.00	0.00	0.00	0.00	0.03	0.00	0.00	0.00	0.00
应收分保账款净额	0.00	0.00	0.00	0.00	0.01	0.00	0.00	0.00	0.00
应收分保合同准备金净额	0.00	0.00	0.00	0.00	1.03	0.00	0.00	0.00	0.00
其他应收款净额	2.58	33.30	0.05	2.54	22.29	0.01	3.02	3.13	2.99
应收股利净额	0.00	0.88	0.00	0.00	0.16	0.00	0.00	0.00	0.00
买入返售金融资产净额	0.00	0.18	0.00	0.00	0.18	0.00	0.00	0.00	0.00
存货净额	47.28	77.37	0.13	49.58	82.93	0.09	48.78	50.32	51.20
合同资产	0.00	38.03	0.00	0.00	32.65	0.00	0.00	0.00	0.00
一年内到期的非流动资产	0.00	12.06	0.00	0.00	11.38	0.00	0.00	0.00	0.00
其他流动资产	2.20	19.31	0.00	2.22	26.67	0.00	2.41	2.14	1.73
流动资产合计	74.90	95.11	2.73	77.18	95.91	0.56	78.89	80.33	80.68
发放贷款及垫款净额	0.00	0.99	0.00	0.00	2.21	0.00	0.00	0.00	0.00
债权投资	0.00	17.57	0.00	0.00	10.27	0.00	0.00	0.00	0.00
其他债权投资	0.00	0.00	0.00	0.00	0.08	0.00	0.00	0.00	0.00

续表

年份	2023			2022			2021	2020	2019
	中位数	最大值	最小值	中位数	最大值	最小值	中位数	中位数	中位数
长期应收款净额	0.00	11.83	0.00	0.00	13.79	0.00	0.00	0.00	0.00
长期股权投资净额	3.22	45.04	0.00	3.27	95.82	0.00	2.57	2.58	2.39
其他权益工具投资	0.00	17.62	0.00	0.00	17.00	0.00	0.00	0.00	0.01
其他非流动金融资产	0.02	17.41	0.00	0.02	22.22	0.00	0.03	0.04	0.01
投资性房地产净额	6.80	80.38	0.00	5.38	77.18	0.00	4.56	4.71	4.78
固定资产净额	1.44	28.89	0.03	1.09	27.44	0.02	1.08	1.09	1.32
在建工程净额	0.00	13.73	0.00	0.00	7.90	0.00	0.00	0.00	0.00
生产性生物资产净额	0.00	0.02	0.00	0.00	0.02	0.00	0.00	0.00	0.00
油气资产净额	0.00	0.00	0.00	0.00	0.00	0.00	0.00	0.00	0.00
使用权资产	0.14	31.15	0.00	0.11	27.83	0.00	0.11	0.11	
无形资产净额	0.13	8.81	0.00	0.11	9.37	0.00	0.11	0.08	0.10
开发支出	0.00	0.35	0.00	0.00	0.34	0.00	0.00	0.00	0.00
商誉净额	0.00	17.17	0.00	0.00	17.93	0.00	0.00	0.00	0.00
长期待摊费用	0.07	1.87	0.00	0.05	2.40	0.00	0.05	0.07	0.06
递延所得税资产	1.32	9.03	0.00	1.18	8.75	0.00	1.11	1.08	1.06
其他非流动资产	0.02	12.80	0.00	0.04	14.28	0.00	0.07	0.04	0.02
非流动资产合计	25.10	97.27	4.89	22.82	99.44	4.09	21.11	19.67	19.32
资产总计	100.00	100.00	100.00	100.00	100.00	100.00	100.00	100.00	100.00
短期借款	0.36	32.45	0.00	0.75	36.45	0.00	0.67	1.05	1.32
向中央银行借款	0.00	0.00	0.00	0.00	0.00	0.00	0.00	0.00	0.00
拆入资金	0.00	0.01	0.00	0.00	0.00	0.00	0.00	0.00	0.00
交易性金融负债	0.00	1.31	0.00	0.00	1.32	0.00	0.00	0.00	0.00
衍生金融负债	0.00	0.01	0.00	0.00	0.01	0.00	0.00	0.00	0.00
应付票据	0.00	2.64	0.00	0.00	3.21	0.00	0.00	0.00	0.00
应付账款	7.40	25.52	0.52	7.24	18.61	0.66	6.31	6.14	5.48
预收款项	0.07	2.58	0.00	0.05	2.20	0.00	0.06	0.05	9.88
合同负债	8.51	49.33	0.00	10.43	52.64	0.00	14.34	13.23	0.00
卖出回购金融资产款	0.00	0.00	0.00	0.00	0.00	0.00	0.00	0.00	0.00
吸收存款及同业存放	0.00	0.00	0.00	0.00	0.00	0.00	0.00	0.00	0.00
代理买卖证券款	0.00	1.25	0.00	0.00	1.91	0.00	0.00	0.00	0.00
代理承销证券款	0.00	0.00	0.00	0.00	0.00	0.00	0.00	0.00	0.00
应付职工薪酬	0.26	12.41	0.02	0.19	12.16	0.01	0.20	0.24	0.22
应交税费	1.69	23.70	−0.57	1.87	24.79	−0.21	1.99	2.07	2.14
其他应付款	7.30	54.47	0.39	7.96	45.06	0.35	6.99	6.76	6.92

续表

年份	2023			2022			2021	2020	2019
	中位数	最大值	最小值	中位数	最大值	最小值	中位数	中位数	中位数
应付股利	0.00	1.34	0.00	0.00	0.48	0.00	0.00	0.00	0.00
应付手续费及佣金	0.00	0.00	0.00	0.00	0.05	0.00	0.00	0.00	0.00
应付分保账款	0.00	0.00	0.00	0.00	0.01	0.00	0.00	0.00	0.00
一年内到期的非流动负债	4.72	37.82	0.00	5.61	32.48	0.00	4.76	5.13	4.69
其他流动负债	1.24	31.88	0.00	1.56	34.59	0.00	1.56	1.53	0.00
流动负债合计	42.12	81.26	9.53	47.38	107.77	2.95	47.10	45.20	48.21
保险合同准备金	0.00	0.00	0.00	0.00	0.00	0.00	0.00	0.00	0.00
长期借款	9.07	48.75	0.00	9.88	39.00	0.00	9.86	10.54	12.00
应付债券	0.00	24.58	0.00	0.72	20.04	0.00	0.80	1.90	3.16
租赁负债	0.08	14.18	0.00	0.07	14.16	0.00	0.08	0.08	0.00
长期应付款	0.00	15.17	0.00	0.00	15.11	0.00	0.00	0.00	0.00
预计负债	0.00	29.77	0.00	0.00	32.30	0.00	0.00	0.00	0.00
递延收益-非流动负债	0.00	2.24	0.00	0.00	1.31	0.00	0.00	0.00	0.00
递延所得税负债	0.24	8.30	0.00	0.17	7.68	0.00	0.16	0.19	0.11
其他非流动负债	0.00	15.67	0.00	0.00	48.85	0.00	0.00	0.00	0.00
非流动负债合计	16.43	56.96	0.00	17.03	60.27	0.00	17.22	18.62	19.42
负债合计	67.97	95.31	11.60	71.54	115.42	10.20	70.23	70.64	69.32
实收资本（或股本）	6.26	90.79	0.57	5.28	116.44	0.49	5.12	5.61	5.94
其他权益工具	0.00	10.08	-3.37	0.00	11.41	-4.88	0.00	0.00	0.00
其中：优先股	0.00	0.00	0.00	0.00	0.00	0.00	0.00	0.00	0.00
其中：永续债	0.00	10.08	0.00	0.00	11.41	0.00	0.00	0.00	0.00
资本公积	4.84	538.12	-3.70	4.11	690.14	-8.49	4.29	4.46	4.51
其中：库存股	0.00	16.59	0.00	0.00	15.39	0.00	0.00	0.00	0.00
其他综合收益	0.00	9.92	-16.74	0.00	9.55	-18.63	0.00	0.00	0.00
专项储备	0.00	0.33	0.00	0.00	0.25	0.00	0.00	0.00	0.00
盈余公积	1.68	18.64	0.00	1.52	14.89	0.00	1.39	1.36	1.38
一般风险准备	0.00	0.39	0.00	0.00	0.39	0.00	0.00	0.00	0.00
未分配利润	10.98	51.98	-590.83	9.86	55.83	-765.26	10.07	10.52	10.28
归属于母公司所有者权益合计	28.63	88.25	1.32	25.95	89.63	-18.04	25.98	24.49	25.64
少数股东权益	3.02	24.25	-5.61	2.41	22.28	-7.03	2.74	2.49	2.60
所有者权益合计	32.03	88.40	4.69	28.46	89.80	-15.42	29.77	29.36	30.68
负债与所有者权益总计	100.00	100.00	100.00	100.00	100.00	100.00	100.00	100.00	100.00

注：所有项目均以资产总计为基数。

1. 房地产业（K）资产项目分析

资产项目包括流动资产和非流动资产两个方面。

（1）流动资产及其主要构成项目。

2023年，流动资产合计占总资产比例为74.9%。其中，流动资产占比最大的上市公司为95.11%，占比最小的上市公司为2.73%。

主要构成项目：①货币资金占比为10.32%。其中，占比最大的上市公司为90.62%，占比最小的上市公司为1.52%。②其他流动资产占比为2.2%。其中，占比最大的上市公司为19.31%，占比最小的上市公司为0。③结算备付金占比为0。其中，占比最大的上市公司为0.43%，占比最小的上市公司为0。

（2）非流动资产及其主要构成项目。

2023年，非流动资产合计占总资产比例为25.1%。其中，非流动资产占比最大的上市公司为97.27%，占比最小的上市公司为4.89%。

主要构成项目：①递延所得税资产占比为1.32%。其中，占比最大的上市公司为9.03%，占比最小的上市公司为0。②使用权资产占比为0.14%。其中，占比最大的上市公司为31.15%，占比最小的上市公司为0。③长期待摊费用占比为0.07%。其中，占比最大的上市公司为1.87%，占比最小的上市公司为0。

（3）资产构成及其主要项目变动趋势分析。

2019~2023年，流动资产合计占比总体上呈明显下降趋势。其中，2019~2023年，货币资金占比总体上呈明显下降趋势，从2019年的11.93%降低到2023年的10.32%；2019~2023年，其他流动资产占比总体上呈明显上升趋势，从2019年的1.73%增长到2023年的2.2%；2019~2023年，结算备付金占比总体上基本稳定。

2019~2023年，非流动资产合计占比总体上呈明显上升趋势。其中，2019~2023年，递延所得税资产占比总体上呈明显上升趋势，从2019年的1.06%增长到2023年的1.32%；2019~2023年，使用权资产占比总体上呈明显上升趋势，从2019年的0增长到2023年的0.14%；2019~2023年，长期待摊费用占比总体上呈明显上升趋势，从2019年的0.06%增长到2023年的0.07%，且在2022~2023年大幅上升，从2022年的0.05%增长到2023年的0.07%。

2. 房地产业（K）负债项目分析

负债项目包括流动负债和非流动负债两个方面。2023年，负债合计占总资产比例为67.97%。其中，负债合计占比最大的上市公司为95.31%，占比最小的上市公司为11.6%。

（1）流动负债及其主要构成项目。

2023年，流动负债合计占总资产比例为42.12%。其中，流动负债占比最大的上市公司为81.26%，占比最小的上市公司为9.53%。

主要构成项目：①合同负债占比为8.51%。其中，占比最大的上市公司为49.33%，占比最小的上市公司为0。②应付账款占比为7.4%。其中，占比最大的上市公司为25.52%，占比最小的上市公司为0.52%。③其他应付款占比为7.3%。其中，占比最大的上市公司为54.47%，占比最小的上市公司为0.39%。

（2）非流动负债及其主要构成项目。

2023年，非流动负债合计占总资产比例为16.43%。其中，非流动负债占比最大的上市公司为56.96%，占比最小的上市公司为0。

主要构成项目：①长期借款占比为9.07%。其中，占比最大的上市公司为48.75%，占比最小的上市公司为0。②递延所得税负债占比为0.24%。其中，占比最大的上市公司为8.3%，占比最小的上市公司为0。③租赁负债占比为0.08%。其中，占比最大的上市公司为14.18%，占比最小的上市公司为0。

（3）负债构成及其主要项目变动趋势分析。

2019~2023年，流动负债合计占比总体上呈明显下降趋势。其中，2019~2023年，合同负债占比总体上呈大幅上升趋势，从2019年的0增长到2023年的8.51%；2019~2023年，应付账款占比总体上呈大幅上升趋势，从2019年的5.48%增长到2023年的7.4%，但在2021~2022年明显上升，从2021年的6.31%增长到2022年的7.24%；2019~2023年，其他应付款占比总体上呈明显上升趋势，从2019年的6.92%增长到2023年的7.3%。

2019~2023年，非流动负债合计占比总体上呈明显下降趋势。其中，2019~2023年，长期借款占比总体上呈明显下降趋势，从2019年的12.0%降低到2023年的9.07%；2019~2023年，递延所得税负债占比总体上呈大幅上升趋势，从2019年的0.11%增长到2023年的0.24%；2019~2023年，租赁负债占比总体上呈明显上升趋势，从2019年的0增长到2023年的0.08%。

3.房地产业（K）所有者权益项目分析

所有者权益项目包括实收资本（股本）、资本公积、盈余公积和未分配利润等四个方面。

（1）所有者权益及其主要构成项目。

2023年，所有者权益合计占总资产比例为32.03%。其中，所有者权益占比最大的上市公司为88.4%，占比最小的上市公司为4.69%。

主要构成项目：①实收资本（或股本）占比为6.26%。其中，占比最大的上市公司为90.79%，占比最小的上市公司为0.57%。②资本公积占比为4.84%。其中，占比最大的上市公司为538.12%，占比最小的上市公司为-3.7%。③盈余公积占比为1.68%。其中，占比最大的上市公司为18.64%，占比最小的上市公司为0。④未分配利润占比为10.98%。其中，占比最大的上市公司为51.98%，占比最小的上市公司为-590.83%。

（2）所有者权益构成及其主要项目变动趋势分析。

2019~2023年，所有者权益合计占比总体上呈基本稳定。其中，2019~2023年，实收资本（或股本）占比总体上呈明显上升趋势，从2019年的5.94%增长到2023年的6.26%；2019~2023年，资本公积占比总体上呈明显上升趋势，从2019年的4.51%增长到2023年的4.84%；2019~2023年，盈余公积占比总体上呈明显上升趋势，从2019年的1.38%增长到2023年的1.68%；2019~2023年，未分配利润占比总体上呈明显上升趋势，从2019年的10.28%增长到2023年的10.98%。

（二）证券市场房地产业（K）利润分析

证券市场房地产业（K）利润分析见表3.87。

表3.87　　　　　　　　　　房地产业（K）利润表　　　　　　　　　　单位：%

年份	2023			2022			2021	2020	2019
	中位数	最大值	最小值	中位数	最大值	最小值	中位数	中位数	中位数
营业总收入	100.00	100.00	100.00	100.00	100.00	100.00	100.00	100.00	100.00
营业收入	100.00	100.00	89.70	100.00	100.00	45.14	100.00	100.00	100.00
利息净收入	0.00	0.94	0.00	0.00	1.65	0.00	0.00	0.00	0.00
利息收入	0.00	0.94	0.00	0.00	1.65	0.00	0.00	0.00	0.00
已赚保费	0.00	0.00	0.00	0.00	82.47	0.00	0.00	0.00	0.00
保险业务收入	0.00	0.00	0.00	0.00	0.00	0.00	0.00	0.00	0.00
减：分出保费	0.00	0.00	0.00	0.00	0.00	0.00	0.00	0.00	0.00
减：提取未到期责任准备金	0.00	0.00	0.00	0.00	0.00	0.00	0.00	0.00	0.00
手续费及佣金净收入	0.00	9.37	0.00	0.00	7.33	0.00	0.00	0.00	0.00
手续费及佣金收入	0.00	9.37	0.00	0.00	7.33	0.00	0.00	0.00	0.00
营业总成本	94.42	231.05	19.63	93.67	238.40	52.20	92.55	89.10	86.20
营业成本	79.03	155.03	31.92	79.36	106.97	30.91	76.96	70.75	64.71
利息支出	0.00	0.00	0.00	0.00	0.00	0.00	0.00	0.00	0.00
手续费及佣金支出	0.00	0.00	0.00	0.00	0.00	0.00	0.00	0.00	0.00
退保金	0.00	0.00	0.00	0.00	39.55	0.00	0.00	0.00	0.00
赔付支出净额	0.00	0.00	0.00	0.00	1.82	0.00	0.00	0.00	0.00
赔付支出	0.00	0.00	0.00	0.00	0.00	0.00	0.00	0.00	0.00
减：摊回赔付支出	0.00	0.00	0.00	0.00	0.00	0.00	0.00	0.00	0.00
提取保险责任准备金净额	0.00	0.45	0.00	0.00	53.26	0.00	0.00	0.00	0.00
提取保险责任准备金	0.00	0.00	0.00	0.00	0.00	0.00	0.00	0.00	0.00
减：摊回保险责任准备金	0.00	0.00	0.00	0.00	0.00	0.00	0.00	0.00	0.00
保单红利支出	0.00	0.00	0.00	0.00	11.68	0.00	0.00	0.00	0.00
分保费用	0.00	0.00	0.00	0.00	0.00	0.00	0.00	0.00	0.00
税金及附加	3.46	23.99	−106.00	4.25	40.94	−0.79	5.10	6.49	7.16
销售费用	2.83	17.62	0.00	3.03	17.64	0.00	3.05	2.92	2.96
管理费用	4.82	77.84	0.74	4.64	75.52	0.93	4.70	4.67	4.57
研发费用	0.00	16.90	0.00	0.00	9.34	0.00	0.00	0.00	0.00

续表

年份	2023			2022			2021	2020	2019
	中位数	最大值	最小值	中位数	最大值	最小值	中位数	中位数	中位数
财务费用	3.28	58.92	−16.13	3.61	56.82	−29.75	3.12	2.83	2.92
其他收益	0.17	43.48	−1.28	0.18	5.29	−0.24	0.16	0.20	0.12
投资收益	0.86	133.07	−23.93	0.81	144.60	−447.18	0.85	1.71	1.10
汇兑收益	0.00	0.00	0.00	0.00	0.00	0.00	0.00	0.00	0.00
其他业务收入	0.00	0.00	0.00	0.00	0.00	−33.50	0.00	0.00	0.00
净敞口套期收益	0.00	0.00	0.00	0.00	0.00	0.00	0.00	0.00	0.00
公允价值变动收益	0.00	31.85	−80.26	0.00	27.88	−108.04	0.00	0.00	0.00
信用减值损失	−0.35	7.00	−147.26	−0.55	10.31	−32.81	−0.33	−0.15	−0.20
资产减值损失	−2.72	1.71	−73.95	−1.69	0.01	−84.30	−1.45	−0.49	−0.34
资产处置收益	0.00	12.13	−0.09	0.00	21.46	−0.54	0.00	0.00	0.00
业务及管理费	0.00	0.00	0.00	0.00	12.76	0.00	0.00	0.00	0.00
减：摊回分保费用	0.00	0.00	0.00	0.00	0.00	0.00	0.00	0.00	0.00
其他业务成本	0.00	0.00	0.00	0.00	6.63	0.00	0.00	0.00	0.00
其他业务利润	0.00	0.00	0.00	0.00	0.00	0.00	0.00	0.00	0.00
营业利润	5.28	76.92	−253.95	5.22	171.93	−549.22	9.48	11.90	15.93
加：营业外收入	0.16	27.20	0.00	0.20	42.84	0.00	0.14	0.24	0.16
减：营业外支出	0.14	18.96	−8.53	0.13	603.74	−3.98	0.14	0.18	0.14
利润总额	5.10	87.74	−266.98	5.56	182.95	−1152.97	10.23	12.26	16.70
减：所得税费用	2.82	24.91	−6.61	3.09	35.42	−20.01	3.40	4.11	5.00
未确认的投资损失	0.00	0.00	0.00	0.00	0.00	0.00	0.00	0.00	0.00
影响净利润的其他项目	0.00	0.00	0.00	0.00	0.00	0.00	0.00	0.00	0.00
净利润	1.91	72.53	−260.37	2.11	147.53	−1152.97	6.38	8.94	10.98
归属于母公司所有者的净利润	1.27	72.89	−162.19	2.32	147.89	−1189.26	4.97	7.24	9.98
归属于母公司其他权益工具持有者的净利润	0.00	0.00	0.00	0.00	0.00	0.00	0.00	0.00	0.00
少数股东损益	0.22	7.68	−98.19	0.03	36.29	−48.26	0.05	0.34	0.62
其他综合收益（损失）	0.00	7.22	−78.78	0.00	348.47	−42.60	0.00	0.00	0.00
综合收益总额	1.82	69.98	−295.67	1.92	146.21	−804.49	6.03	8.63	11.65
归属于母公司所有者的综合收益	1.24	70.35	−183.36	1.91	146.57	−898.94	4.14	7.37	10.06
归属少数股东的综合收益	0.22	7.68	−112.31	0.03	94.45	−53.95	0.06	0.34	0.65
基本每股收益	0.06	2.16	−2.77	0.07	1.95	−8.22	0.17	0.28	0.32
稀释每股收益	0.06	2.16	−2.77	0.07	1.95	−8.22	0.17	0.28	0.32

1.房地产业（K）成本费用项目分析

（1）成本与费用及其主要构成项目。

主要构成项目：①营业成本占营业总收入比例为79.03%。其中，营业成本占比最大的上市公司为155.03%，占比最小的上市公司为31.92%。②销售费用占营业总收入比例为2.83%。其中，销售费用占比最大的上市公司为17.62%，占比最小的上市公司为0。③管理费用占营业总收入比例为4.82%。其中，管理费用占比最大的上市公司为77.84%，占比最小的上市公司为0.74%。④财务费用占营业总收入比例为3.28%。其中，财务费用占比最大的上市公司为58.92%，占比最小的上市公司为–16.13%。⑤研发费用占营业总收入比例为0。其中，研发费用占比最大的上市公司为16.9%，占比最小的上市公司为0。

（2）成本与费用及其主要项目变动趋势分析。

2019~2023年，营业成本占比明显上升，从2019年的64.71%增长到2023年的79.03%；2019~2023年，销售费用占比基本稳定，从2019年的2.96%下降为2023年的2.83%；2019~2023年，管理费用占比明显上升，从2019年的4.57%增长到2023年的4.82%；2019~2023年，财务费用占比明显上升，从2019年的2.92%增长到2023年的3.28%；2019~2023年，研发费用占比基本稳定，从2019年的0下降为2023年的0。

2.房地产业（K）其他损益项目分析

（1）其他损益及其主要构成项目。

主要构成项目：①资产减值损失占营业总收入比例为–2.72%。其中，资产减值损失占比最大的上市公司为1.71%，占比最小的上市公司为–73.95%。②投资收益占营业总收入比例为0.86%。其中，投资收益占比最大的上市公司为133.07%，占比最小的上市公司为–23.93%。③基本每股收益为0.06元。其中，基本每股收益最大的上市公司为2.16元，最小的上市公司为–2.77元。④其他收益占营业总收入比例为0.17%。其中，其他收益占比最大的上市公司为43.48%，占比最小的上市公司为–1.28%。⑤信用减值损失占营业总收入比例为–0.35%。其中，信用减值损失占比最大的上市公司为7.0%，占比最小的上市公司为–147.26%。

（2）其他损益及其主要项目变动趋势分析。

2019~2023年，资产减值损失占比大幅下降，从2019年的–0.34%下降为2023年的–2.72%；2019~2023年，投资收益占比明显下降，从2019年的1.1%下降为2023年的0.86%；2019~2023年，其他收益占比大幅上升，从2019年的0.12%增长到2023年的0.17%；2019~2023年，信用减值损失占比大幅下降，从2019年的–0.2%下降为2023年的–0.35%。

3.房地产业（K）利润项目分析

（1）利润及其主要构成项目。

主要构成项目：①营业利润占营业总收入比例为5.28%。其中，营业利润占比最大的

上市公司为76.92%，占比最小的上市公司为-253.95%。②利润总额占营业总收入比例为5.1%。其中，利润总额占比最大的上市公司为87.74%，占比最小的上市公司为-266.98%。③净利润占营业总收入比例为1.91%。其中，净利润占比最大的上市公司为72.53%，占比最小的上市公司为-260.37%。④归属于母公司所有者的净利润占营业总收入比例为1.27%。其中，归属于母公司所有者的净利润占比最大的上市公司为72.89%，占比最小的上市公司为-162.19%。

（2）利润及其主要项目变动趋势分析。

2019~2023年，营业利润占比大幅下降，从2019年的15.93%下降为2023年的5.28%；2019~2023年，利润总额占比大幅下降，从2019年的16.7%下降为2023年的5.1%；2019~2023年，净利润占比大幅下降，从2019年的10.98%下降为2023年的1.91%；2019~2023年，归属于母公司所有者的净利润占比大幅下降，从2019年的9.98%下降为2023年的1.27%。

（三）证券市场房地产业（K）现金流量分析

证券市场房地产业（K）现金流量分析见表3.88。

表3.88　　　　　　　　　房地产业（K）现金流量表　　　　　　　　　单位：%

年份	2023			2022			2021	2020	2019
	中位数	最大值	最小值	中位数	最大值	最小值	中位数	中位数	中位数
销售商品、提供劳务收到的现金	49.96	97.62	3.29	48.65	95.84	5.54	45.55	39.24	38.68
客户存款和同业存放款项净增加额	0.00	0.00	0.00	0.00	0.00	0.00	0.00	0.00	0.00
向中央银行借款净增加额	0.00	0.00	0.00	0.00	0.00	0.00	0.00	0.00	0.00
向其他金融机构拆入资金净增加额	0.00	0.00	0.00	0.00	0.00	0.00	0.00	0.00	0.00
收到原保险合同保费取得的现金	0.00	0.00	0.00	0.00	27.26	0.00	0.00	0.00	0.00
收到再保险业务现金净额	0.00	0.00	0.00	0.00	0.86	0.00	0.00	0.00	0.00
保户储金及投资款净增加额	0.00	0.00	0.00	0.00	0.62	0.00	0.00	0.00	0.00
处置交易性金融资产净增加额	0.00	0.05	0.00	0.00	0.00	0.00	0.00	0.00	0.00
收取利息、手续费及佣金的现金	0.00	6.31	0.00	0.00	4.40	0.00	0.00	0.00	0.00
拆入资金净增加额	0.00	0.01	0.00	0.00	0.00	0.00	0.00	0.00	0.00
回购业务资金净增加额	0.00	0.00	0.00	0.00	0.02	0.00	0.00	0.00	0.00
收到的税费返还	0.30	5.88	0.00	0.96	17.02	0.00	0.00	0.00	0.00
收到的其他与经营活动有关的现金	3.92	39.30	0.17	5.71	76.35	0.39	4.78	4.79	4.11

续表

年份	2023			2022			2021	2020	2019
	中位数	最大值	最小值	中位数	最大值	最小值	中位数	中位数	中位数
经营活动现金流入小计	59.73	99.92	6.41	58.31	99.92	7.72	57.62	49.37	48.92
购买商品、接受劳务支付的现金	26.26	80.83	1.54	25.05	87.85	1.22	24.20	25.31	28.54
客户贷款及垫款净增加额	0.00	0.16	−0.44	0.00	2.25	−0.39	0.00	0.00	0.00
存放中央银行和同业款项净增加额	0.00	0.00	0.00	0.00	0.00	0.00	0.00	0.00	0.00
支付原保险合同赔付款项的现金	0.00	0.00	0.00	0.00	0.80	0.00	0.00	0.00	0.00
支付利息、手续费及佣金的现金	0.00	0.49	0.00	0.00	2.27	0.00	0.00	0.00	0.00
支付保单红利的现金	0.00	0.00	0.00	0.00	0.19	0.00	0.00	0.00	0.00
支付给职工以及为职工支付的现金	2.55	63.78	0.34	2.79	64.72	0.39	2.28	1.97	2.12
支付的各项税费	5.38	38.95	1.16	5.24	36.38	0.93	4.86	4.38	5.40
支付其他与经营活动有关的现金	5.57	59.50	0.55	6.03	49.78	0.40	6.45	5.00	4.75
经营活动现金流出小计	49.03	99.83	4.98	49.35	94.85	6.67	51.98	46.36	49.35
经营活动产生的现金流量净额	4.56	58.41	−116.06	4.42	78.30	−115.33	5.55	4.91	2.41
收回投资收到的现金	0.72	95.32	0.00	0.47	453.12	0.00	0.70	0.76	1.13
取得投资收益收到的现金	0.13	5.37	0.00	0.19	15.71	0.00	0.10	0.15	0.18
处置固定资产、无形资产和其他长期资产收回的现金净额	0.02	38.43	0.00	0.01	23.80	0.00	0.01	0.00	0.00
处置子公司及其他营业单位收到的现金净额	0.00	28.49	0.00	0.00	20.16	−1.85	0.00	0.00	0.00
收到的其他与投资活动有关的现金	0.00	96.10	0.00	0.05	67.82	0.00	0.05	0.09	0.10
投资活动产生的现金流入小计	3.60	98.13	0.00	4.72	469.00	0.00	6.04	7.13	8.63
购建固定资产、无形资产和其他长期资产支付的现金	0.31	35.27	0.01	0.25	15.67	0.01	0.28	0.30	0.26
投资支付的现金	0.19	79.60	0.00	0.87	84.81	0.00	1.32	1.91	1.76
质押贷款净增加额	0.00	0.00	0.00	0.00	0.45	0.00	0.00	0.00	0.00
取得子公司及其他营业单位支付的现金净额	0.00	9.07	0.00	0.00	3.27	0.00	0.00	0.00	0.00
支付其他与投资活动有关的现金	0.00	85.41	0.00	0.01	87.13	0.00	0.01	0.05	0.06

续表

年份	2023			2022			2021	2020	2019
	中位数	最大值	最小值	中位数	最大值	最小值	中位数	中位数	中位数
投资活动产生的现金流出小计	2.27	85.55	0.01	3.92	89.18	0.01	5.70	7.14	7.04
投资活动产生的现金流量净额	0.20	37.20	-30.11	-0.16	439.53	-21.04	-0.61	-0.69	-1.52
吸收投资收到的现金	0.00	36.53	0.00	0.02	28.60	0.00	0.03	0.04	0.13
吸收权益性投资收到的现金	0.00	17.13	0.00	0.01	28.60	0.00	0.01	0.03	0.07
其中：子公司吸收少数股东投资收到的现金	0.00	17.13	0.00	0.00	9.31	0.00	0.00	0.01	0.03
发行债券收到的现金	0.00	36.53	0.00	0.00	20.11	0.00	0.00	0.00	0.00
取得借款收到的现金	18.56	82.02	0.00	16.57	84.26	0.00	20.56	24.63	25.76
收到其他与筹资活动有关的现金	0.39	66.71	0.00	0.58	68.16	0.00	1.48	0.70	0.67
筹资活动现金流入小计	27.34	82.02	0.00	28.30	84.71	0.00	30.46	33.14	34.89
偿还债务支付的现金	28.58	74.20	0.00	26.01	64.59	0.00	23.60	26.68	25.40
分配股利、利润或偿付利息支付的现金	4.26	20.72	0.00	4.86	21.38	0.00	4.16	4.83	4.56
其中：子公司支付给少数股东的股利、利润	0.00	2.54	0.00	0.01	4.08	0.00	0.01	0.00	0.00
支付其他与筹资活动有关的现金	1.27	51.53	0.00	1.87	59.27	0.00	2.07	1.38	1.57
筹资活动现金流出小计	40.53	81.43	0.10	37.87	89.79	1.08	34.73	39.40	35.17
筹资活动产生的现金流量净额	-9.40	42.91	-93.49	-7.89	74.98	-99.57	-6.55	-1.41	-2.20
现金总流入	100.00	100.00	100.00	100.00	100.00	100.00	100.00	100.00	100.00
现金总流出	100.00	100.00	100.00	100.00	100.00	100.00	100.00	100.00	100.00
现金流量净额	-3.58	46.05	-176.52	-2.96	373.98	-80.91	-1.69	1.51	0.18

注：现金流入项目以现金总流入为基数，现金流出项目以现金总流出为基数。

1. 房地产业（K）现金流入项目分析

现金流入包括经营活动产生的现金流入、投资活动产生的现金流入和筹资活动产生的现金流入三个方面。

（1）经营活动现金流入及其主要构成项目。

2023年，经营活动产生的现金流入占总现金流入比例为59.73%。其中，经营活动产生的现金流入占比最大的上市公司为99.92%，占比最小的上市公司为6.41%。

主要构成项目：销售商品、提供劳务收到的现金占比为49.96%。其中，占比最大的上市公司为97.62%，占比最小的上市公司为3.29%。

（2）投资活动现金流入及其主要构成项目。

2023年，投资活动产生的现金流入占总现金流入比例为3.6%。其中，投资活动产生的现金流入占比最大的上市公司为98.13%，占比最小的上市公司为0。

主要构成项目：收回投资收到的现金占比为0.72%。其中，占比最大的上市公司为95.32%，占比最小的上市公司为0。

（3）筹资活动现金流入及其主要构成项目。

2023年，筹资活动产生的现金流入占总现金流入比例为27.34%。其中，筹资活动产生的现金流入占比最大的上市公司为82.02%，占比最小的上市公司为0。

主要构成项目：取得借款收到的现金占比为18.56%。其中，占比最大的上市公司为82.02%，占比最小的上市公司为0。

（4）现金流入构成及其主要项目变动趋势分析。

2019~2023年，经营活动产生的现金流入占比总体上明显上升，从2019年的48.92%增长到2023年的59.73%。其中，2019~2023年，销售商品、提供劳务收到的现金占比总体上呈明显上升趋势，从2019年的38.68%增长到2023年的49.96%。

2019~2023年，投资活动产生的现金流入占比总体上大幅下降，从2019年的8.63%降低到2023年的3.6%。其中，2019~2023年，收回投资收到的现金占比总体上呈大幅下降趋势，从2019年的1.13%降低到2023年的0.72%，但在2022~2023年大幅上升，从2022年的0.47%增长到2023年的0.72%。

2019~2023年，筹资活动产生的现金流入占比总体上明显下降，从2019年的34.89%降低到2023年的27.34%。其中，2019~2023年，取得借款收到的现金占比总体上呈明显下降趋势，从2019年的25.76%降低到2023年的18.56%。

2. 房地产业（K）现金流出项目分析

现金流出包括经营活动产生的现金流出、投资活动产生的现金流出和筹资活动产生的现金流出三个方面。

（1）经营活动现金流出及其主要构成项目。

2023年，经营活动产生的现金流出占总现金流出比例为49.03%。其中，经营活动产生的现金流出占比最大的上市公司为99.83%，占比最小的上市公司为4.98%。

主要构成项目：①购买商品、接受劳务支付的现金占比为26.26%。其中，占比最大的上市公司为80.83%，占比最小的上市公司为1.54%。②支付其他与经营活动有关的现金占比为5.57%。其中，占比最大的上市公司为59.5%，占比最小的上市公司为0.55%。③支付的各项税费占比为5.38%。其中，占比最大的上市公司为38.95%，占比最小的上市公司为1.16%。

（2）投资活动现金流出及其主要构成项目。

2023年，投资活动产生的现金流出占总现金流出比例为2.27%。其中，投资活动产生的现金流出占比最大的上市公司为85.55%，占比最小的上市公司为0.01%。

主要构成项目：①购建固定资产、无形资产和其他长期资产支付的现金占比为

0.31%。其中，占比最大的上市公司为35.27%，占比最小的上市公司为0.01%。②投资支付的现金占比为0.19%。其中，占比最大的上市公司为79.6%，占比最小的上市公司为0。

（3）筹资活动现金流出及其主要构成项目。

2023年，筹资活动产生的现金流出占总现金流出比例为40.53%。其中，筹资活动产生的现金流出占比最大的上市公司为81.43%，占比最小的上市公司为0.1%。

主要构成项目：偿还债务支付的现金占比为28.58%。其中，占比最大的上市公司为74.2%，占比最小的上市公司为0。

（4）现金流出构成及其主要项目变动趋势分析。

2019~2023年，经营活动产生的现金流出占比总体上基本稳定。其中，2019~2023年，购买商品、接受劳务支付的现金占比总体上呈明显下降趋势，从2019年的28.54%降低到2023年的26.26%。

2019~2023年，投资活动产生的现金流出占比总体上大幅下降，从2019年的7.04%降低到2023年的2.27%。其中，2019~2023年，购建固定资产、无形资产和其他长期资产支付的现金占比总体上呈明显上升趋势，从2019年的0.26%增长到2023年的0.31%。

2019~2023年，筹资活动产生的现金流出占比总体上明显上升，从2019年的35.17%增长到2023年的40.53%。其中，2019~2023年，偿还债务支付的现金占比总体上呈明显上升趋势，从2019年的25.4%增长到2023年的28.58%，但在2020~2021年明显下降，从2020年的26.68%降低到2021年的23.6%。

3. 房地产业（K）现金流量净额项目分析

现金流量净额包括经营活动现金流量净额、投资活动现金流量净额和筹资活动现金流量净额三个方面。

（1）现金流量净额及其主要构成项目。

2023年，现金流量净额占总现金流入比例为-3.58%。其中，现金流量净额占比最大的上市公司为46.05%，占比最小的上市公司为-176.52%。

主要构成项目：①经营活动产生的现金流量净额占总现金流入比例为4.56%。其中，占比最大的上市公司为58.41%，占比最小的上市公司为-116.06%。②投资活动产生的现金流量净额占总现金流入比例为0.2%。其中，占比最大的上市公司为37.2%，占比最小的上市公司为-30.11%。③筹资活动产生的现金流量净额占总现金流入比例为-9.4%。其中，占比最大的上市公司为42.91%，占比最小的上市公司为-93.49%。

（2）现金流量净额构成及其主要项目变动趋势分析。

2019~2023年，现金流量净额占比总体上大幅下降，从2019年的0.18%降低到2023年的-3.58%。其中，2019~2023年，经营活动产生的现金流量净额大幅上升，从2019年的2.41%增加到2023年的4.56%。2019~2023年，投资活动产生的现金流量净额大幅上升，从2019年的-1.52%增加到2023年的0.2%。2019~2023年，筹资活动产生的现金流量净额大幅下降，从2019年的-2.2%减少到2023年的-9.4%。

二十二、科学研究和技术服务业（M）

2019~2023年，证券市场科学研究和技术服务业（M）上市公司发展状况见表3.89。

表3.89　　　　　科学研究和技术服务业（M）上市公司数量　　　　　单位：家

年份	2023	2022	2021	2020	2019
数量	109	104	89	63	58

注：公开披露定期报告的上市公司家数。

（一）证券市场科学研究和技术服务业（M）财务状况分析

证券市场科学研究和技术服务业（M）财务状况分析见表3.90。

表3.90　　　　　科学研究和技术服务业（M）资产负债表　　　　　单位：%

年份	2023			2022			2021	2020	2019
	中位数	最大值	最小值	中位数	最大值	最小值	中位数	中位数	中位数
货币资金	22.03	70.52	4.53	22.22	80.93	2.76	20.90	20.34	16.25
结算备付金	0.00	0.00	0.00	0.00	0.00	0.00	0.00	0.00	0.00
拆出资金净额	0.00	0.00	0.00	0.00	0.00	0.00	0.00	0.00	0.00
交易性金融资产	1.15	58.45	0.00	0.82	52.09	0.00	1.04	0.31	0.45
衍生金融资产	0.00	0.56	0.00	0.00	0.21	0.00	0.00	0.00	0.00
应收票据净额	0.11	7.94	0.00	0.13	7.70	0.00	0.15	0.12	0.23
应收账款净额	13.77	48.17	0.12	15.35	42.72	0.08	14.59	13.59	19.58
应收款项融资	0.00	3.72	0.00	0.00	1.96	0.00	0.00	0.00	0.00
预付款项净额	0.38	3.71	0.00	0.42	4.15	0.00	0.48	0.68	0.53
应收保费净额	0.00	0.00	0.00	0.00	0.00	0.00	0.00	0.00	0.00
应收分保账款净额	0.00	0.00	0.00	0.00	0.00	0.00	0.00	0.00	0.00
应收分保合同准备金净额	0.00	0.00	0.00	0.00	0.00	0.00	0.00	0.00	0.00
其他应收款净额	0.48	7.83	0.01	0.50	4.56	0.02	0.68	0.86	0.94
应收股利净额	0.00	0.10	0.00	0.00	0.62	0.00	0.00	0.00	0.00
买入返售金融资产净额	0.00	0.00	0.00	0.00	0.00	0.00	0.00	0.00	0.00
存货净额	1.98	29.39	0.00	2.08	32.87	0.00	1.92	2.24	2.96
合同资产	0.97	48.07	0.00	1.24	46.69	0.00	1.42	1.26	0.00
一年内到期的非流动资产	0.00	15.29	0.00	0.00	2.64	0.00	0.00	0.00	0.00
其他流动资产	0.58	40.83	0.00	0.45	58.85	0.00	0.44	0.64	0.78
流动资产合计	69.04	97.05	15.50	71.08	97.59	21.13	72.79	69.40	60.70
发放贷款及垫款净额	0.00	0.00	0.00	0.00	0.00	0.00	0.00	0.00	0.00
债权投资	0.00	26.04	0.00	0.00	0.68	0.00	0.00	0.00	0.00
其他债权投资	0.00	5.18	0.00	0.00	5.82	0.00	0.00	0.00	0.00

续表

年份	2023			2022			2021	2020	2019
	中位数	最大值	最小值	中位数	最大值	最小值	中位数	中位数	中位数
长期应收款净额	0.00	4.50	0.00	0.00	7.56	0.00	0.00	0.00	0.00
长期股权投资净额	0.34	10.03	0.00	0.34	10.41	0.00	0.23	0.75	1.59
其他权益工具投资	0.00	5.61	0.00	0.00	7.96	0.00	0.00	0.00	0.00
其他非流动金融资产	0.00	34.47	0.00	0.00	36.30	0.00	0.00	0.00	0.00
投资性房地产净额	0.00	39.39	0.00	0.00	37.39	0.00	0.00	0.20	0.39
固定资产净额	10.28	72.44	0.07	9.24	68.91	0.06	8.80	11.08	12.66
在建工程净额	1.10	22.82	0.00	0.68	28.31	0.00	0.84	1.02	1.40
生产性生物资产净额	0.00	5.57	0.00	0.00	7.60	0.00	0.00	0.00	0.00
油气资产净额	0.00	0.00	0.00	0.00	0.00	0.00	0.00	0.00	0.00
使用权资产	1.09	37.73	0.00	1.09	13.70	0.00	1.20		
无形资产净额	1.76	16.23	0.00	1.75	29.19	0.00	1.86	2.13	2.40
开发支出	0.00	9.83	0.00	0.00	3.64	0.00			
商誉净额	0.14	39.65	0.00	0.10	36.34	0.00	0.31	0.24	0.78
长期待摊费用	0.60	13.19	0.00	0.50	15.49	0.00	0.54	0.40	0.40
递延所得税资产	1.38	5.86	0.00	1.07	6.10	0.00	0.98	0.92	1.00
其他非流动资产	0.58	52.86	0.00	0.79	52.29	0.00	0.80	0.40	0.20
非流动资产合计	30.96	84.50	2.95	28.92	78.87	2.41	27.21	30.60	39.30
资产总计	100.00	100.00	100.00	100.00	100.00	100.00	100.00	100.00	100.00
短期借款	0.32	20.61	0.00	0.61	154.61	0.00	0.25	2.36	2.42
向中央银行借款	0.00	0.00	0.00	0.00	0.00	0.00	0.00	0.00	0.00
拆入资金	0.00	0.00	0.00	0.00	0.00	0.00	0.00	0.00	0.00
交易性金融负债	0.00	0.16	0.00	0.00	0.17	0.00	0.00	0.00	0.00
衍生金融负债	0.00	0.68	0.00	0.00	0.18	0.00	0.00	0.00	0.00
应付票据	0.00	11.55	0.00	0.00	9.40	0.00			
应付账款	6.62	48.39	0.19	5.79	40.97	0.00	5.64	7.09	6.20
预收款项	0.00	1.13	0.00	0.00	1.15	0.00	0.00	0.00	4.02
合同负债	2.63	22.89	0.00	2.83	27.49	0.00	3.36	3.93	0.00
卖出回购金融资产款	0.00	0.00	0.00	0.00	0.00	0.00	0.00	0.00	0.00
吸收存款及同业存放	0.00	0.00	0.00	0.00	0.00	0.00	0.00	0.00	0.00
代理买卖证券款	0.00	0.00	0.00	0.00	0.00	0.00	0.00	0.00	0.00
代理承销证券款	0.00	0.00	0.00	0.00	0.00	0.00	0.00	0.00	0.00
应付职工薪酬	1.86	21.75	0.11	2.02	22.81	0.15	2.22	2.52	2.47
应交税费	0.84	5.58	0.07	0.93	5.53	0.08	1.10	1.09	1.21
其他应付款	0.94	21.71	0.00	1.01	31.00	0.02	1.43	1.36	2.24

续表

年份	2023			2022			2021	2020	2019
	中位数	最大值	最小值	中位数	最大值	最小值	中位数	中位数	中位数
应付股利	0.00	1.38	0.00	0.00	1.81	0.00	0.00	0.00	0.00
应付手续费及佣金	0.00	0.00	0.00	0.00	0.00	0.00	0.00	0.00	0.00
应付分保账款	0.00	0.00	0.00	0.00	0.00	0.00	0.00	0.00	0.00
一年内到期的非流动负债	0.70	15.79	0.00	0.56	15.94	0.00	0.70	0.00	0.00
其他流动负债	0.20	4.59	0.00	0.20	12.46	0.00	0.21	0.29	0.00
流动负债合计	24.18	61.88	2.07	22.02	202.69	1.91	24.62	28.96	27.28
保险合同准备金	0.00	0.00	0.00	0.00	0.00	0.00	0.00	0.00	0.00
长期借款	0.00	24.15	0.00	0.00	25.41	0.00	0.00	0.00	0.18
应付债券	0.00	22.58	0.00	0.00	22.08	0.00	0.00	0.00	0.00
租赁负债	0.76	20.33	0.00	0.61	12.95	0.00	0.81	0.00	0.00
长期应付款	0.00	6.59	0.00	0.00	7.70	0.00	0.00	0.00	0.00
预计负债	0.00	2.65	0.00	0.00	16.57	0.00	0.00	0.00	0.00
递延收益-非流动负债	0.14	8.41	0.00	0.18	8.51	0.00	0.16	0.20	0.24
递延所得税负债	0.16	3.96	0.00	0.14	4.71	0.00	0.08	0.08	0.16
其他非流动负债	0.00	5.11	0.00	0.00	5.56	0.00	0.00	0.00	0.00
非流动负债合计	3.33	36.20	0.03	3.44	35.16	0.03	3.06	3.32	4.02
负债合计	30.18	79.47	3.54	29.72	225.60	3.06	33.98	37.25	38.57
实收资本（或股本）	8.36	68.63	1.13	8.15	101.68	1.02	8.85	10.72	11.40
其他权益工具	0.00	4.97	0.00	0.00	6.07	0.00	0.00	0.00	0.00
其中：优先股	0.00	0.00	0.00	0.00	0.00	0.00	0.00	0.00	0.00
其中：永续债	0.00	0.00	0.00	0.00	0.00	0.00	0.00	0.00	0.00
资本公积	36.78	212.58	1.13	35.68	223.19	1.23	29.38	24.50	26.26
其中：库存股	0.00	4.28	0.00	0.00	4.24	0.00	0.00	0.00	0.00
其他综合收益	0.00	1.59	−0.29	−0.00	1.20	−0.77	0.00	0.00	0.00
专项储备	0.00	0.56	0.00	0.00	0.66	0.00	0.00	0.00	0.00
盈余公积	1.95	12.42	0.35	1.96	14.69	0.32	2.02	2.54	2.54
一般风险准备	0.00	0.00	0.00	0.00	0.00	0.00	0.00	0.00	0.00
未分配利润	16.35	49.22	−183.14	17.02	46.47	−452.52	17.78	19.12	18.17
归属于母公司所有者权益合计	68.34	96.46	16.47	68.65	96.94	−123.72	65.30	60.22	60.02
少数股东权益	0.95	14.91	−0.06	0.64	14.37	−1.89	0.71	0.74	0.82
所有者权益合计	69.82	96.46	20.53	70.28	96.94	−125.60	66.02	62.74	61.43
负债与所有者权益总计	100.00	100.00	100.00	100.00	100.00	100.00	100.00	100.00	100.00

注：所有项目均以资产总计为基数。

1. 科学研究和技术服务业（M）资产项目分析

资产项目包括流动资产和非流动资产两个方面。

（1）流动资产及其主要构成项目。

2023年，流动资产合计占总资产比例为69.04%。其中，流动资产占比最大的上市公司为97.05%，占比最小的上市公司为15.5%。

主要构成项目：①货币资金占比为22.03%。其中，占比最大的上市公司为70.52%，占比最小的上市公司为4.53%。②交易性金融资产占比为1.15%。其中，占比最大的上市公司为58.45%，占比最小的上市公司为0。③合同资产占比为0.97%。其中，占比最大的上市公司为48.07%，占比最小的上市公司为0。

（2）非流动资产及其主要构成项目。

2023年，非流动资产合计占总资产比例为30.96%。其中，非流动资产占比最大的上市公司为84.5%，占比最小的上市公司为2.95%。

主要构成项目：①递延所得税资产占比为1.38%。其中，占比最大的上市公司为5.86%，占比最小的上市公司为0。②使用权资产占比为1.09%。其中，占比最大的上市公司为37.73%，占比最小的上市公司为0。③长期待摊费用占比为0.6%。其中，占比最大的上市公司为13.19%，占比最小的上市公司为0。

（3）资产构成及其主要项目变动趋势分析。

2019~2023年，流动资产合计占比总体上呈明显上升趋势。其中，2019~2023年，货币资金占比总体上呈大幅上升趋势，从2019年的16.25%增长到2023年的22.03%，但在2019~2020年明显上升，从2019年的16.25%增长到2020年的20.34%；2019~2023年，交易性金融资产占比总体上呈大幅上升趋势，从2019年的0.45%增长到2023年的1.15%；2019~2023年，合同资产占比总体上呈大幅上升趋势，从2019年的0增长到2023年的0.97%。

2019~2023年，非流动资产合计占比总体上呈明显下降趋势。其中，2019~2023年，递延所得税资产占比总体上呈大幅上升趋势，从2019年的1.0%增长到2023年的1.38%，但在2022~2023年明显上升，从2022年的1.07%增长到2023年的1.38%；2019~2023年，使用权资产占比总体上呈大幅上升趋势，从2019年的0增长到2023年的1.09%；2019~2023年，长期待摊费用占比总体上呈大幅上升趋势，从2019年的0.4%增长到2023年的0.6%。

2. 科学研究和技术服务业（M）负债项目分析

负债项目包括流动负债和非流动负债两个方面。2023年，负债合计占总资产比例为30.18%。其中，负债合计占比最大的上市公司为79.47%，占比最小的上市公司为3.54%。

（1）流动负债及其主要构成项目。

2023年，流动负债合计占总资产比例为24.18%。其中，流动负债占比最大的上市公司为61.88%，占比最小的上市公司为2.07%。

主要构成项目：①应付账款占比为6.62%。其中，占比最大的上市公司为48.39%，占比最小的上市公司为0.19%。②合同负债占比为2.63%。其中，占比最大的上市公司为22.89%，占比最小的上市公司为0。③应付职工薪酬占比为1.86%。其中，占比最大的上市公司为21.75%，占比最小的上市公司为0.11%。

（2）非流动负债及其主要构成项目。

2023年，非流动负债合计占总资产比例为3.33%。其中，非流动负债占比最大的上市公司为36.2%，占比最小的上市公司为0.03%。

主要构成项目：①租赁负债占比为0.76%。其中，占比最大的上市公司为20.33%，占比最小的上市公司为0。②递延所得税负债占比为0.16%。其中，占比最大的上市公司为3.96%，占比最小的上市公司为0。③保险合同准备金占比为0。其中，占比最大的上市公司为0，占比最小的上市公司为0。

（3）负债构成及其主要项目变动趋势分析。

2019~2023年，流动负债合计占比总体上呈明显下降趋势。其中，2019~2023年，应付账款占比总体上呈明显上升趋势，从2019年的6.2%增长到2023年的6.62%，但在2020~2021年明显下降，从2020年的7.09%降低到2021年的5.64%；2019~2023年，合同负债占比总体上呈大幅上升趋势，从2019年的0增长到2023年的2.63%；2019~2023年，应付职工薪酬占比总体上呈明显下降趋势，从2019年的2.47%降低到2023年的1.86%。

2019~2023年，非流动负债合计占比总体上呈明显下降趋势。其中，2019~2023年，租赁负债占比总体上呈大幅上升趋势，从2019年的0增长到2023年的0.76%；2019~2023年，递延所得税负债占比总体上基本稳定，且在2021~2022年大幅上升，从2021年的0.08%增长到2022年的0.14%；2019~2023年，保险合同准备金占比总体上基本稳定。

3. 科学研究和技术服务业（M）所有者权益项目分析

所有者权益项目包括实收资本（股本）、资本公积、盈余公积和未分配利润等四个方面。

（1）所有者权益及其主要构成项目。

2023年，所有者权益合计占总资产比例为69.82%。其中，所有者权益占比最大的上市公司为96.46%，占比最小的上市公司为20.53%。

主要构成项目：①实收资本（或股本）占比为8.36%。其中，占比最大的上市公司为68.63%，占比最小的上市公司为1.13%。②资本公积占比为36.78%。其中，占比最大的上市公司为212.58%，占比最小的上市公司为1.13%。③盈余公积占比为1.95%。其中，占比最大的上市公司为12.42%，占比最小的上市公司为0.35%。④未分配利润占比为16.35%。其中，占比最大的上市公司为49.22%，占比最小的上市公司为-183.14%。

（2）所有者权益构成及其主要项目变动趋势分析。

2019~2023年，所有者权益合计占比总体上呈明显上升趋势。其中，2019~2023年，实收资本（或股本）占比总体上呈明显下降趋势，从2019年的11.4%降低到2023年的8.36%；2019~2023年，资本公积占比总体上呈大幅上升趋势，从2019年的26.26%增长到2023年的36.78%，但在2021~2022年明显上升，从2021年的29.38%增长到2022年的35.68%；2019~2023年，盈余公积占比总体上呈明显下降趋势，从2019年的2.54%降低到2023年的1.95%；2019~2023年，未分配利润占比总体上呈明显下降趋势，从2019年的18.17%降低到2023年的16.35%。

（二）证券市场科学研究和技术服务业（M）利润分析

证券市场科学研究和技术服务业（M）利润分析见表3.91。

表3.91　　　　　　　　　科学研究和技术服务业（M）利润表　　　　　　　　单位：%

年份	2023			2022			2021	2020	2019
	中位数	最大值	最小值	中位数	最大值	最小值	中位数	中位数	中位数
营业总收入	100.00	100.00	100.00	100.00	100.00	100.00	100.00	100.00	100.00
营业收入	100.00	100.00	100.00	100.00	100.00	100.00	100.00	100.00	100.00
利息净收入	0.00	0.00	0.00	0.00	0.00	0.00	0.00	0.00	0.00
利息收入	0.00	0.00	0.00	0.00	0.00	0.00	0.00	0.00	0.00
已赚保费	0.00	0.00	0.00	0.00	0.00	0.00	0.00	0.00	0.00
保险业务收入	0.00	0.00	0.00	0.00	0.00	0.00	0.00	0.00	0.00
减：分出保费									
减：提取未到期责任准备金	0.00	0.00	0.00	0.00	0.00	0.00	0.00	0.00	0.00
手续费及佣金净收入	0.00	0.00	0.00	0.00	0.00	0.00	0.00	0.00	0.00
手续费及佣金收入	0.00	0.00	0.00	0.00	0.00	0.00	0.00	0.00	0.00
营业总成本	86.95	176.06	53.37	85.25	206.85	50.82	82.98	84.21	84.05
营业成本	62.19	106.55	8.74	62.70	135.08	7.49	59.88	62.27	60.75
利息支出	0.00	0.00	0.00	0.00	0.00	0.00	0.00	0.00	0.00
手续费及佣金支出	0.00	0.00	0.00	0.00	0.00	0.00	0.00	0.00	0.00
退保金									
赔付支出净额	0.00	0.00	0.00	0.00	0.00	0.00	0.00	0.00	0.00
赔付支出									
减：摊回赔付支出	0.00	0.00	0.00	0.00	0.00	0.00	0.00	0.00	0.00
提取保险责任准备金净额	0.00	0.00	0.00	0.00	0.00	0.00	0.00	0.00	0.00
提取保险责任准备金	0.00	0.00	0.00	0.00	0.00	0.00	0.00	0.00	0.00
减：摊回保险责任准备金	0.00	0.00	0.00	0.00	0.00	0.00	0.00	0.00	0.00
保单红利支出	0.00	0.00	0.00	0.00	0.00	0.00	0.00	0.00	0.00
分保费用	0.00	0.00	0.00	0.00	0.00	0.00	0.00	0.00	0.00
税金及附加	0.59	3.50	0.13	0.54	3.22	0.04	0.56	0.62	0.66
销售费用	3.56	36.76	0.00	3.08	30.16	0.00	3.02	3.30	3.08

续表

年份	2023			2022			2021	2020	2019
	中位数	最大值	最小值	中位数	最大值	最小值	中位数	中位数	中位数
管理费用	12.17	38.30	3.08	12.13	41.85	2.83	10.85	10.24	11.03
研发费用	6.48	29.24	0.92	6.19	27.34	0.00	5.10	4.86	4.70
财务费用	−0.12	8.53	−17.94	−0.13	25.73	−12.16	0.18	0.32	0.23
其他收益	1.17	7.69	0.11	1.16	12.06	0.00	0.91	1.01	0.93
投资收益	0.65	53.75	−3.98	0.52	104.86	−4.34	0.47	0.32	0.73
汇兑收益	0.00	0.00	0.00	0.00	0.00	0.00	0.00	0.00	0.00
其他业务收入	0.00	0.00	0.00	0.00	0.00	0.00	0.00	0.00	0.00
净敞口套期收益	0.00	0.00	0.00	0.00	0.00	0.00	0.00	0.00	0.00
公允价值变动收益	0.00	10.81	−30.52	0.00	15.41	−6.21	0.00	0.00	0.00
信用减值损失	−1.59	2.92	−38.92	−1.63	0.39	−378.68	−1.44	−1.23	−1.56
资产减值损失	−0.79	4.69	−75.18	−0.51	0.51	−104.31	−0.27	−0.36	−0.02
资产处置收益	0.00	51.24	−0.92	−0.00	1.94	−0.30	0.00	0.00	0.00
业务及管理费									
减：摊回分保费用	0.00	0.00	0.00	0.00	0.00	0.00	0.00	0.00	0.00
其他业务成本	0.00	0.00	0.00	0.00	0.00	0.00	0.00	0.00	0.00
其他业务利润	0.00	0.00	0.00	0.00	0.00	0.00	0.00	0.00	0.00
营业利润	9.13	77.13	−81.48	14.29	59.61	−556.67	14.96	15.46	15.46
加：营业外收入	0.04	2.82	0.00	0.04	4.85	0.00	0.06	0.08	0.18
减：营业外支出	0.11	1.86	0.00	0.07	117.51	−0.03	0.06	0.11	0.07
利润总额	9.48	76.15	−81.78	14.29	59.61	−669.33	15.58	15.32	15.82
减：所得税费用	1.17	13.56	−13.57	1.57	50.57	−7.68	1.89	2.33	1.98
未确认的投资损失	0.00	0.00	0.00	0.00	0.00	0.00	0.00	0.00	0.00
影响净利润的其他项目	0.00	0.00	0.00	0.00	0.00	0.00	0.00	0.00	0.00
净利润	8.49	69.03	−79.77	12.15	52.76	−719.90	13.58	13.28	13.64
归属于母公司所有者的净利润	8.10	70.98	−79.76	11.71	52.76	−715.85	12.49	13.43	13.78
归属于母公司其他权益工具持有者的净利润	0.00	0.00	0.00	0.00	0.00	0.00	0.00	0.00	0.00
少数股东损益	0.02	3.69	−13.60	0.00	3.74	−8.52	0.08	0.12	0.10
其他综合收益（损失）	0.00	3.48	−1.23	0.00	4.73	−1.32	0.00	0.00	0.00
综合收益总额	8.49	69.03	−79.09	12.51	51.43	−719.32	13.52	13.04	13.89
归属于母公司所有者的综合收益	8.10	70.98	−79.07	12.17	51.43	−715.27	12.45	13.08	13.67
归属少数股东的综合收益	0.02	3.69	−13.60	0.00	4.90	−8.52	0.07	0.11	0.11
基本每股收益	0.34	3.27	−2.94	0.47	3.89	−2.80	0.67	0.55	0.67
稀释每股收益	0.32	3.24	−2.94	0.46	3.89	−2.80	0.66	0.55	0.67

1.科学研究和技术服务业（M）成本费用项目分析

（1）成本与费用及其主要构成项目。

主要构成项目：①营业成本占营业总收入比例为62.19%。其中，营业成本占比最大的上市公司为106.55%，占比最小的上市公司为8.74%。②销售费用占营业总收入比例为3.56%。其中，销售费用占比最大的上市公司为36.76%，占比最小的上市公司为0。③管理费用占营业总收入比例为12.17%。其中，管理费用占比最大的上市公司为38.3%，占比最小的上市公司为3.08%。④财务费用占营业总收入比例为-0.12%。其中，财务费用占比最大的上市公司为8.53%，占比最小的上市公司为-17.94%。⑤研发费用占营业总收入比例为6.48%。其中，研发费用占比最大的上市公司为29.24%，占比最小的上市公司为0.92%。

（2）成本与费用及其主要项目变动趋势分析。

2019~2023年，营业成本占比基本稳定，从2019年的60.75%增长到2023年的62.19%；2019~2023年，销售费用占比明显上升，从2019年的3.08%增长到2023年的3.56%；2019~2023年，管理费用占比明显上升，从2019年的11.03%增长到2023年的12.17%；2019~2023年，财务费用占比大幅下降，从2019年的0.23%下降为2023年的-0.12%；2019~2023年，研发费用占比大幅上升，从2019年的4.7%增长到2023年的6.48%。

2.科学研究和技术服务业（M）其他损益项目分析

（1）其他损益及其主要构成项目。

主要构成项目：①资产减值损失占营业总收入比例为-0.79%。其中，资产减值损失占比最大的上市公司为4.69%，占比最小的上市公司为-75.18%。②投资收益占营业总收入比例为0.65%。其中，投资收益占比最大的上市公司为53.75%，占比最小的上市公司为-3.98%。③基本每股收益为0.34元。其中，基本每股收益最大的上市公司为3.27元，最小的上市公司为-2.94元。④其他收益占营业总收入比例为1.17%。其中，其他收益占比最大的上市公司为7.69%，占比最小的上市公司为0.11%。⑤信用减值损失占营业总收入比例为-1.59%。其中，信用减值损失占比最大的上市公司为2.92%，占比最小的上市公司为-38.92%。

（2）其他损益及其主要项目变动趋势分析。

2019~2023年，资产减值损失占比大幅下降，从2019年的-0.02%下降为2023年的-0.79%；2019~2023年，投资收益占比明显下降，从2019年的0.73%下降为2023年的0.65%；2019~2023年，其他收益占比明显上升，从2019年的0.93%增长到2023年的1.17%；2019~2023年，信用减值损失占比基本稳定，从2019年的-1.56%下降为2023年的-1.59%。

3.科学研究和技术服务业（M）利润项目分析

（1）利润及其主要构成项目。

主要构成项目：①营业利润占营业总收入比例为9.13%。其中，营业利润占比最大的

上市公司为77.13%，占比最小的上市公司为-81.48%。②利润总额占营业总收入比例为9.48%。其中，利润总额占比最大的上市公司为76.15%，占比最小的上市公司为-81.78%。③净利润占营业总收入比例为8.49%。其中，净利润占比最大的上市公司为69.03%，占比最小的上市公司为-79.77%。④归属于母公司所有者的净利润占营业总收入比例为8.1%。其中，归属于母公司所有者的净利润占比最大的上市公司为70.98%，占比最小的上市公司为-79.76%。

（2）利润及其主要项目变动趋势分析。

2019~2023年，营业利润占比大幅下降，从2019年的15.46%下降为2023年的9.13%；2019~2023年，利润总额占比大幅下降，从2019年的15.82%下降为2023年的9.48%；2019~2023年，净利润占比大幅下降，从2019年的13.64%下降为2023年的8.49%；2019~2023年，归属于母公司所有者的净利润占比大幅下降，从2019年的13.78%下降为2023年的8.1%。

（三）证券市场科学研究和技术服务业（M）现金流量分析

证券市场科学研究和技术服务业（M）现金流量分析见表3.92。

表3.92　　　　　　　科学研究和技术服务业（M）现金流量表　　　　　　单位：%

年份	2023			2022			2021	2020	2019
	中位数	最大值	最小值	中位数	最大值	最小值	中位数	中位数	中位数
销售商品、提供劳务收到的现金	49.48	95.68	4.81	45.91	92.13	4.50	48.96	50.18	47.17
客户存款和同业存放款项净增加额	0.00	0.00	0.00	0.00	0.00	0.00	0.00	0.00	0.00
向中央银行借款净增加额	0.00	0.00	0.00	0.00	0.00	0.00	0.00	0.00	0.00
向其他金融机构拆入资金净增加额	0.00	0.00	0.00	0.00	0.00	0.00	0.00	0.00	0.00
收到原保险合同保费取得的现金	0.00	0.00	0.00	0.00	0.00	0.00	0.00	0.00	0.00
收到再保险业务现金净额	0.00	0.00	0.00	0.00	0.00	0.00	0.00	0.00	0.00
保户储金及投资款净增加额	0.00	0.00	0.00	0.00	0.00	0.00	0.00	0.00	0.00
处置交易性金融资产净增加额	0.00	0.00	0.00	0.00	0.00	0.00	0.00	0.00	0.00
收取利息、手续费及佣金的现金	0.00	0.00	0.00	0.00	0.00	0.00	0.00	0.00	0.00
拆入资金净增加额	0.00	0.00	0.00	0.00	0.00	0.00	0.00	0.00	0.00
回购业务资金净增加额	0.00	0.00	0.00	0.00	0.00	0.00	0.00	0.00	0.00
收到的税费返还	0.03	4.71	0.00	0.11	7.63	0.00	0.00	0.00	0.01
收到的其他与经营活动有关的现金	1.94	20.03	0.23	1.63	21.37	0.28	1.78	1.99	1.97

续表

年份	2023			2022			2021	2020	2019
	中位数	最大值	最小值	中位数	最大值	最小值	中位数	中位数	中位数
经营活动现金流入小计	53.18	98.33	5.84	49.64	96.60	5.13	53.80	55.26	48.41
购买商品、接受劳务支付的现金	16.46	75.11	0.45	18.90	72.07	0.51	21.96	19.95	18.81
客户贷款及垫款净增加额	0.00	0.00	0.00	0.00	0.00	0.00	0.00	0.00	0.00
存放中央银行和同业款项净增加额	0.00	0.00	0.00	0.00	0.00	0.00	0.00	0.00	0.00
支付原保险合同赔付款项的现金	0.00	0.00	0.00	0.00	0.00	0.00	0.00	0.00	0.00
支付利息、手续费及佣金的现金	0.00	0.00	0.00	0.00	0.00	0.00	0.00	0.00	0.00
支付保单红利的现金	0.00	0.00	0.00	0.00	0.00	0.00	0.00	0.00	0.00
支付给职工以及为职工支付的现金	16.26	47.75	1.28	16.73	50.34	1.31	16.87	16.79	19.87
支付的各项税费	2.38	13.13	0.00	3.00	14.00	0.00	2.70	3.26	3.62
支付其他与经营活动有关的现金	4.26	28.90	0.27	4.25	20.03	0.46	4.44	5.68	5.22
经营活动现金流出小计	50.26	97.83	3.62	51.60	99.88	3.23	56.37	52.88	51.96
经营活动产生的现金流量净额	5.04	39.39	−8.50	3.12	33.88	−16.65	5.14	8.52	5.78
收回投资收到的现金	9.05	90.99	0.00	4.99	93.61	0.00	1.42	2.46	3.28
取得投资收益收到的现金	0.21	2.22	0.00	0.11	1.47	0.00	0.14	0.11	0.15
处置固定资产、无形资产和其他长期资产收回的现金净额	0.01	32.73	0.00	0.00	0.64	0.00	0.01	0.00	0.01
处置子公司及其他营业单位收到的现金净额	0.00	10.92	0.00	0.00	67.56	0.00	0.00	0.00	0.00
收到的其他与投资活动有关的现金	0.00	85.82	0.00	0.00	92.29	0.00	0.00	0.00	0.00
投资活动产生的现金流入小计	22.27	91.47	0.00	15.31	94.41	0.00	13.24	13.40	16.24
购建固定资产、无形资产和其他长期资产支付的现金	4.34	42.12	0.01	4.03	48.89	0.06	3.84	3.74	5.91
投资支付的现金	10.32	92.66	0.00	10.07	90.78	0.00	3.87	3.35	6.76
质押贷款净增加额	0.00	0.00	0.00	0.00	0.00	0.00	0.00	0.00	0.00
取得子公司及其他营业单位支付的现金净额	0.00	4.82	0.00	0.00	33.36	0.00	0.00	0.00	0.00
支付其他与投资活动有关的现金	0.00	87.36	0.00	0.00	82.96	0.00	0.00	0.00	0.00

续表

年份	2023			2022			2021	2020	2019
	中位数	最大值	最小值	中位数	最大值	最小值	中位数	中位数	中位数
投资活动产生的现金流出小计	37.32	94.37	0.01	32.34	91.87	0.06	30.36	30.78	25.61
投资活动产生的现金流量净额	−5.29	51.44	−44.80	−6.87	35.52	−51.38	−6.24	−7.51	−9.56
吸收投资收到的现金	0.00	42.22	0.00	0.18	66.14	0.00	0.38	0.06	0.34
吸收权益性投资收到的现金	0.00	42.22	0.00	0.18	66.14	0.00	0.38	0.06	0.34
其中：子公司吸收少数股东投资收到的现金	0.00	6.99	0.00	0.00	4.34	0.00	0.00	0.00	0.00
发行债券收到的现金	0.00	0.00	0.00	0.00	0.00	0.00	0.00	0.00	0.00
取得借款收到的现金	1.90	32.54	0.00	1.74	49.03	0.00	1.79	4.28	6.14
收到其他与筹资活动有关的现金	0.00	22.07	0.00	0.00	17.08	0.00	0.00	0.00	0.00
筹资活动现金流入小计	4.35	45.89	0.00	8.19	67.55	0.00	12.99	9.44	11.59
偿还债务支付的现金	1.62	61.34	0.00	2.23	60.51	0.00	2.68	5.95	5.79
分配股利、利润或偿付利息支付的现金	1.88	9.92	0.00	1.70	9.40	0.00	1.80	1.88	1.98
其中：子公司支付给少数股东的股利、利润	0.00	1.45	0.00	0.00	0.84	0.00	0.00	0.00	0.00
支付其他与筹资活动有关的现金	1.02	29.92	0.00	1.23	18.22	0.00	1.29	0.23	0.38
筹资活动现金流出小计	6.44	63.70	0.00	7.68	63.28	0.06	7.74	7.99	10.18
筹资活动产生的现金流量净额	−1.71	39.09	−71.16	−0.81	64.04	−30.32	1.54	0.87	0.68
现金总流入	100.00	100.00	100.00	100.00	100.00	100.00	100.00	100.00	100.00
现金总流出	100.00	100.00	100.00	100.00	100.00	100.00	100.00	100.00	100.00
现金流量净额	0.00	32.94	−41.52	0.08	64.03	−56.50	2.22	4.60	0.31

注：现金流入项目以现金总流入为基数，现金流出项目以现金总流出为基数。

1. 科学研究和技术服务业（M）现金流入项目分析

现金流入包括经营活动产生的现金流入、投资活动产生的现金流入和筹资活动产生的现金流入三个方面。

（1）经营活动现金流入及其主要构成项目。

2023年，经营活动产生的现金流入占总现金流入比例为53.18%。其中，经营活动产生的现金流入占比最大的上市公司为98.33%，占比最小的上市公司为5.84%。

主要构成项目：销售商品、提供劳务收到的现金占比为49.48%。其中，占比最大的上市公司为95.68%，占比最小的上市公司为4.81%。

（2）投资活动现金流入及其主要构成项目。

2023年，投资活动产生的现金流入占总现金流入比例为22.27%。其中，投资活动产生的现金流入占比最大的上市公司为91.47%，占比最小的上市公司为0。

主要构成项目：收回投资收到的现金占比为9.05%。其中，占比最大的上市公司为90.99%，占比最小的上市公司为0。

（3）筹资活动现金流入及其主要构成项目。

2023年，筹资活动产生的现金流入占总现金流入比例为4.35%。其中，筹资活动产生的现金流入占比最大的上市公司为45.89%，占比最小的上市公司为0。

主要构成项目：取得借款收到的现金占比为1.9%。其中，占比最大的上市公司为32.54%，占比最小的上市公司为0。

（4）现金流入构成及其主要项目变动趋势分析。

2019~2023年，经营活动产生的现金流入占比总体上明显上升，从2019年的48.41%增长到2023年的53.18%。其中，2019~2023年，销售商品、提供劳务收到的现金占比总体上基本稳定，且在2022~2023年明显上升，从2022年的45.91%增长到2023年的49.48%。

2019~2023年，投资活动产生的现金流入占比总体上大幅上升，从2019年的16.24%增长到2023年的22.27%。其中，2019~2023年，收回投资收到的现金占比总体上呈大幅上升趋势，从2019年的3.28%增长到2023年的9.05%。

2019~2023年，筹资活动产生的现金流入占比总体上大幅下降，从2019年的11.59%降低到2023年的4.35%。其中，2019~2023年，取得借款收到的现金占比总体上呈大幅下降趋势，从2019年的6.14%降低到2023年的1.9%。

2. 科学研究和技术服务业（M）现金流出项目分析

现金流出包括经营活动产生的现金流出、投资活动产生的现金流出和筹资活动产生的现金流出三个方面。

（1）经营活动现金流出及其主要构成项目。

2023年，经营活动产生的现金流出占总现金流出比例为50.26%。其中，经营活动产生的现金流出占比最大的上市公司为97.83%，占比最小的上市公司为3.62%。

主要构成项目：①购买商品、接受劳务支付的现金占比为16.46%。其中，占比最大的上市公司为75.11%，占比最小的上市公司为0.45%。②支付给职工以及为职工支付的现金占比为16.26%。其中，占比最大的上市公司为47.75%，占比最小的上市公司为1.28%。③支付其他与经营活动有关的现金占比为4.26%。其中，占比最大的上市公司为28.9%，占比最小的上市公司为0.27%。

（2）投资活动现金流出及其主要构成项目。

2023年，投资活动产生的现金流出占总现金流出比例为37.32%。其中，投资活动产生的现金流出占比最大的上市公司为94.37%，占比最小的上市公司为0.01%。

主要构成项目：①投资支付的现金占比为10.32%。其中，占比最大的上市公司为

92.66%，占比最小的上市公司为0。②购建固定资产、无形资产和其他长期资产支付的现金占比为4.34%。其中，占比最大的上市公司为42.12%，占比最小的上市公司为0.01%。

（3）筹资活动现金流出及其主要构成项目。

2023年，筹资活动产生的现金流出占总现金流出比例为6.44%。其中，筹资活动产生的现金流出占比最大的上市公司为63.7%，占比最小的上市公司为0。

主要构成项目：分配股利、利润或偿付利息支付的现金占比为1.88%。其中，占比最大的上市公司为9.92%，占比最小的上市公司为0。

（4）现金流出构成及其主要项目变动趋势分析。

2019~2023年，经营活动产生的现金流出占比总体上基本稳定。其中，2019~2023年，购买商品、接受劳务支付的现金占比总体上呈明显下降趋势，从2019年的18.81%降低到2023年的16.46%。

2019~2023年，投资活动产生的现金流出占比总体上大幅上升，从2019年的25.61%增长到2023年的37.32%。其中，2019~2023年，投资支付的现金占比总体上呈大幅上升趋势，从2019年的6.76%增长到2023年的10.32%。

2019~2023年，筹资活动产生的现金流出占比总体上大幅下降，从2019年的10.18%降低到2023年的6.44%。其中，2019~2023年，分配股利、利润或偿付利息支付的现金占比总体上呈明显下降趋势，从2019年的1.98%降低到2023年的1.88%，但在2022~2023年明显上升，从2022年的1.7%增长到2023年的1.88%。

3. 科学研究和技术服务业（M）现金流量净额项目分析

现金流量净额包括经营活动现金流量净额、投资活动现金流量净额和筹资活动现金流量净额三个方面。

（1）现金流量净额及其主要构成项目。

2023年，现金流量净额占总现金流入比例为0。其中，现金流量净额占比最大的上市公司为32.94%，占比最小的上市公司为–41.52%。

主要构成项目：①经营活动产生的现金流量净额占总现金流入比例为5.04%。其中，占比最大的上市公司为39.39%，占比最小的上市公司为–8.5%。②投资活动产生的现金流量净额占总现金流入比例为–5.29%。其中，占比最大的上市公司为51.44%，占比最小的上市公司为–44.8%。③筹资活动产生的现金流量净额占总现金流入比例为–1.71%。其中，占比最大的上市公司为39.09%，占比最小的上市公司为–71.16%。

（2）现金流量净额构成及其主要项目变动趋势分析。

2019~2023年，现金流量净额占比总体上大幅下降，从2019年的0.31%降低到2023年的0。其中，2019~2023年，经营活动产生的现金流量净额明显下降，从2019年的5.78%减少到2023年的5.04%。2019~2023年，投资活动产生的现金流量净额大幅上升，从2019年的–9.56%增加到2023年的–5.29%。2019~2023年，筹资活动产生的现金流量净额大幅下降，从2019年的0.68%减少到2023年的–1.71%。

二十三、水利、环境和公共设施管理业（N）

2019~2023年，证券市场水利、环境和公共设施管理业（N）上市公司发展状况见表3.93。

表3.93　　　　水利、环境和公共设施管理业（N）上市公司数量　　　　单位：家

年份	2023	2022	2021	2020	2019
数量	98	96	89	77	56

注：公开披露定期报告的上市公司家数。

（一）证券市场水利、环境和公共设施管理业（N）财务状况分析

证券市场水利、环境和公共设施管理业（N）财务状况分析见表3.94。

表3.94　　　　水利、环境和公共设施管理业（N）资产负债表　　　　单位：%

年份	2023			2022			2021	2020	2019
	中位数	最大值	最小值	中位数	最大值	最小值	中位数	中位数	中位数
货币资金	9.35	71.47	0.72	9.70	51.11	0.18	10.38	11.01	10.12
结算备付金	0.00	0.00	0.00	0.00	0.00	0.00	0.00	0.00	0.00
拆出资金净额	0.00	0.00	0.00	0.00	0.00	0.00	0.00	0.00	0.00
交易性金融资产	0.00	36.67	0.00	0.00	33.27	0.00	0.00	0.00	0.00
衍生金融资产	0.00	0.00	0.00	0.00	0.07	0.00	0.00	0.00	0.00
应收票据净额	0.04	5.44	0.00	0.04	7.24	0.00	0.02	0.01	0.00
应收账款净额	14.72	44.49	0.14	13.36	37.57	0.07	12.81	11.31	11.72
应收款项融资	0.00	5.63	0.00	0.01	4.99	0.00	0.00	0.00	0.00
预付款项净额	0.36	4.88	0.01	0.44	3.99	0.00	0.38	0.50	0.62
应收保费净额	0.00	0.00	0.00	0.00	0.00	0.00	0.00	0.00	0.00
应收分保账款净额	0.00	0.00	0.00	0.00	0.00	0.00	0.00	0.00	0.00
应收分保合同准备金净额	0.00	0.00	0.00	0.00	0.00	0.00	0.00	0.00	0.00
其他应收款净额	0.67	9.32	0.02	0.89	28.67	0.01	0.92	0.95	1.25
应收股利净额	0.00	1.18	0.00	0.00	0.25	0.00	0.00	0.00	0.00
买入返售金融资产净额	0.00	0.00	0.00	0.00	0.00	0.00	0.00	0.00	0.00
存货净额	1.54	87.69	0.03	1.65	93.94	0.03	1.46	1.52	5.96
合同资产	2.50	65.21	0.00	2.29	56.23	0.00	4.22	3.24	0.00
一年内到期的非流动资产	0.00	7.47	0.00	0.00	5.30	0.00	0.00	0.00	0.00
其他流动资产	1.35	14.26	0.04	1.10	23.00	0.00	1.47	1.48	1.50
流动资产合计	45.08	95.65	4.47	43.65	95.68	1.70	42.69	43.10	43.43
发放贷款及垫款净额	0.00	0.00	0.00	0.00	0.00	0.00	0.00	0.00	0.00
债权投资	0.00	8.51	0.00	0.00	2.28	0.00	0.00	0.00	0.00

续表

年份	2023			2022			2021	2020	2019
	中位数	最大值	最小值	中位数	最大值	最小值	中位数	中位数	中位数
其他债权投资	0.00	0.00	0.00	0.00	0.00	0.00	0.00	0.00	0.00
长期应收款净额	0.04	46.32	0.00	0.17	43.79	0.00	0.25	0.04	1.66
长期股权投资净额	1.15	19.99	0.00	1.46	21.54	0.00	1.31	1.36	1.51
其他权益工具投资	0.00	9.23	0.00	0.00	17.11	0.00	0.00	0.00	0.01
其他非流动金融资产	0.00	19.73	0.00	0.00	19.34	0.00	0.00	0.00	0.00
投资性房地产净额	0.00	25.10	0.00	0.00	24.91	0.00	0.00	0.00	0.00
固定资产净额	9.75	53.83	0.08	8.81	58.07	0.10	8.02	7.48	8.74
在建工程净额	0.81	21.54	0.00	1.00	21.70	0.00	1.03	2.41	3.43
生产性生物资产净额	0.00	1.35	0.00	0.00	1.44	0.00	0.00	0.00	0.00
油气资产净额	0.00	0.02	0.00	0.00	0.04	0.00	0.00	0.00	0.00
使用权资产	0.22	3.93	0.00	0.24	3.99	0.00	0.28	0.00	0.00
无形资产净额	8.34	67.34	0.00	9.48	67.92	0.00	9.24	6.94	5.33
开发支出	0.00	0.57	0.00	0.00	0.78	0.00	0.00	0.00	0.00
商誉净额	0.00	10.94	0.00	0.00	10.58	0.00	0.02	0.06	0.19
长期待摊费用	0.17	7.67	0.00	0.18	9.31	0.00	0.20	0.26	0.33
递延所得税资产	1.07	4.50	0.00	0.94	4.32	0.00	0.78	0.66	0.52
其他非流动资产	0.90	54.10	0.00	1.01	53.39	0.00	1.24	0.71	0.54
非流动资产合计	54.92	95.53	4.35	56.35	98.30	4.32	57.31	56.90	56.57
资产总计	100.00	100.00	100.00	100.00	100.00	100.00	100.00	100.00	100.00
短期借款	4.15	31.10	0.00	5.34	30.25	0.00	5.98	7.63	7.94
向中央银行借款	0.00	0.00	0.00	0.00	0.00	0.00	0.00	0.00	0.00
拆入资金	0.00	0.00	0.00	0.00	0.00	0.00	0.00	0.00	0.00
交易性金融负债	0.00	0.44	0.00	0.00	4.22	0.00	0.00	0.00	0.00
衍生金融负债	0.00	0.00	0.00	0.00	0.00	0.00	0.00	0.00	0.00
应付票据	0.22	14.59	0.00	0.37	9.03	0.00	0.42	0.40	0.68
应付账款	10.47	43.78	0.30	10.63	44.56	0.23	11.02	12.34	13.00
预收款项	0.00	0.88	0.00	0.00	0.79	0.00	0.00	0.00	0.90
合同负债	0.64	14.83	0.00	0.77	13.45	0.00	0.86	0.94	0.00
卖出回购金融资产款	0.00	0.00	0.00	0.00	0.00	0.00	0.00	0.00	0.00
吸收存款及同业存放	0.00	0.00	0.00	0.00	0.00	0.00	0.00	0.00	0.00
代理买卖证券款	0.00	0.00	0.00	0.00	0.00	0.00	0.00	0.00	0.00
代理承销证券款	0.00	0.00	0.00	0.00	0.00	0.00	0.00	0.00	0.00
应付职工薪酬	0.65	5.86	0.04	0.65	6.13	0.02	0.64	0.62	0.66
应交税费	0.46	4.34	0.01	0.57	6.82	0.01	0.62	0.70	0.78

续表

年份	2023			2022			2021	2020	2019
	中位数	最大值	最小值	中位数	最大值	最小值	中位数	中位数	中位数
其他应付款	1.23	38.25	0.02	1.00	34.14	0.01	1.05	1.18	1.94
应付股利	0.00	1.07	0.00	0.00	0.85	0.00	0.00	0.00	0.00
应付手续费及佣金	0.00	0.00	0.00	0.00	0.00	0.00	0.00	0.00	0.00
应付分保账款	0.00	0.00	0.00	0.00	0.00	0.00	0.00	0.00	0.00
一年内到期的非流动负债	2.34	11.18	0.00	2.09	16.11	0.00	1.72	1.81	1.96
其他流动负债	0.46	12.23	0.00	0.61	9.98	0.00	0.58	0.52	0.10
流动负债合计	29.52	82.83	3.85	32.35	100.44	5.94	31.22	33.68	35.99
保险合同准备金	0.00	0.00	0.00	0.00	0.00	0.00	0.00	0.00	0.00
长期借款	9.40	48.89	0.00	8.51	50.38	0.00	7.35	7.82	9.00
应付债券	0.00	19.90	0.00	0.00	12.54	0.00	0.00	0.00	0.00
租赁负债	0.12	3.85	0.00	0.14	4.18	0.00	0.13	0.00	0.00
长期应付款	0.00	16.39	0.00	0.00	15.16	0.00	0.00	0.00	0.00
预计负债	0.24	15.46	0.00	0.21	17.45	0.00	0.12	0.00	0.00
递延收益-非流动负债	0.51	8.85	0.00	0.47	8.61	0.00	0.36	0.48	0.45
递延所得税负债	0.08	4.28	0.00	0.05	4.20	0.00	0.07	0.04	0.04
其他非流动负债	0.00	10.37	0.00	0.00	11.19	0.00	0.00	0.00	0.00
非流动负债合计	16.90	52.60	0.09	15.50	53.71	0.23	15.32	15.44	13.31
负债合计	48.87	100.39	3.94	50.29	108.48	6.89	52.70	53.86	58.82
实收资本（或股本）	7.01	217.19	1.27	7.49	40.68	1.35	7.48	7.96	8.50
其他权益工具	0.00	7.15	0.00	0.00	5.62	-1.99	0.00	0.00	0.00
其中：优先股	0.00	4.95	0.00	0.00	4.92	0.00	0.00	0.00	0.00
其中：永续债	0.00	6.28	0.00	0.00	5.62	0.00	0.00	0.00	0.00
资本公积	19.52	215.21	0.01	20.26	71.23	0.74	18.81	16.10	12.71
其中：库存股	0.00	5.33	0.00	0.00	5.51	0.00	0.00	0.00	0.00
其他综合收益	0.00	5.70	-7.18	0.00	6.64	-4.94	0.00	0.00	0.00
专项储备	0.00	0.97	0.00	0.00	1.06	0.00	0.00	0.00	0.00
盈余公积	1.98	9.20	0.02	1.98	9.10	0.17	1.74	1.70	1.94
一般风险准备	0.00	0.00	0.00	0.00	0.00	0.00	0.00	0.00	0.00
未分配利润	15.50	53.55	-372.23	15.50	64.90	-78.77	16.10	15.08	13.09
归属于母公司所有者权益合计	48.44	95.21	-0.54	46.60	93.11	-10.02	45.70	43.35	39.16
少数股东权益	1.66	11.86	-2.72	1.58	10.69	-2.32	1.94	2.02	2.09
所有者权益合计	51.13	96.06	-0.39	49.71	93.11	-8.48	47.30	46.14	41.18
负债与所有者权益总计	100.00	100.00	100.00	100.00	100.00	100.00	100.00	100.00	100.00

注：所有项目均以资产总计为基数。

1. 水利、环境和公共设施管理业（N）资产项目分析

资产项目包括流动资产和非流动资产两个方面。

（1）流动资产及其主要构成项目。

2023年，流动资产合计占总资产比例为45.08%。其中，流动资产占比最大的上市公司为95.65%，占比最小的上市公司为4.47%。

主要构成项目：①货币资金占比为9.35%。其中，占比最大的上市公司为71.47%，占比最小的上市公司为0.72%。②合同资产占比为2.5%。其中，占比最大的上市公司为65.21%，占比最小的上市公司为0。③其他流动资产占比为1.35%。其中，占比最大的上市公司为14.26%，占比最小的上市公司为0.04%。

（2）非流动资产及其主要构成项目。

2023年，非流动资产合计占总资产比例为54.92%。其中，非流动资产占比最大的上市公司为95.53%，占比最小的上市公司为4.35%。

主要构成项目：①递延所得税资产占比为1.07%。其中，占比最大的上市公司为4.5%，占比最小的上市公司为0。②其他非流动资产占比为0.9%。其中，占比最大的上市公司为54.1%，占比最小的上市公司为0。③使用权资产占比为0.22%。其中，占比最大的上市公司为3.93%，占比最小的上市公司为0。

（3）资产构成及其主要项目变动趋势分析。

2019~2023年，流动资产合计占比总体上呈基本稳定。其中，2019~2023年，货币资金占比总体上呈明显下降趋势，从2019年的10.12%降低到2023年的9.35%，但在2019~2020年明显上升，从2019年的10.12%增长到2020年的11.01%；2019~2023年，合同资产占比总体上呈大幅上升趋势，从2019年的0增长到2023年的2.5%；2019~2023年，其他流动资产占比总体上呈明显下降趋势，从2019年的1.5%降低到2023年的1.35%。

2019~2023年，非流动资产合计占比总体上呈基本稳定。其中，2019~2023年，递延所得税资产占比总体上呈大幅上升趋势，从2019年的0.52%增长到2023年的1.07%，但在2019~2020年明显上升，从2019年的0.52%增长到2020年的0.66%；2019~2023年，其他非流动资产占比总体上呈大幅上升趋势，从2019年的0.54%增长到2023年的0.9%；2019~2023年，使用权资产占比总体上呈明显上升趋势，从2019年的0增长到2023年的0.22%。

2. 水利、环境和公共设施管理业（N）负债项目分析

负债项目包括流动负债和非流动负债两个方面。2023年，负债合计占总资产比例为48.87%。其中，负债合计占比最大的上市公司为100.39%，占比最小的上市公司为3.94%。

（1）流动负债及其主要构成项目。

2023年，流动负债合计占总资产比例为29.52%。其中，流动负债占比最大的上市公司为82.83%，占比最小的上市公司为3.85%。

主要构成项目：①应付账款占比为10.47%。其中，占比最大的上市公司为43.78%，占比最小的上市公司为0.3%。②短期借款占比为4.15%。其中，占比最大的上市公司为31.1%，占比最小的上市公司为0。③一年内到期的非流动负债占比为2.34%。其中，占比最大的上市公司为11.18%，占比最小的上市公司为0。

（2）非流动负债及其主要构成项目。

2023年，非流动负债合计占总资产比例为16.9%。其中，非流动负债占比最大的上市公司为52.6%，占比最小的上市公司为0.09%。

主要构成项目：①长期借款占比为9.4%。其中，占比最大的上市公司为48.89%，占比最小的上市公司为0。②预计负债占比为0.24%。其中，占比最大的上市公司为15.46%，占比最小的上市公司为0。③租赁负债占比为0.12%。其中，占比最大的上市公司为3.85%，占比最小的上市公司为0。

（3）负债构成及其主要项目变动趋势分析。

2019~2023年，流动负债合计占比总体上呈明显下降趋势。其中，2019~2023年，应付账款占比总体上呈明显下降趋势，从2019年的13.0%降低到2023年的10.47%；2019~2023年，短期借款占比总体上呈大幅下降趋势，从2019年的7.94%降低到2023年的4.15%，但在2022~2023年明显下降，从2022年的5.34%降低到2023年的4.15%；2019~2023年，一年内到期的非流动负债占比总体上呈明显上升趋势，从2019年的1.96%增长到2023年的2.34%。

2019~2023年，非流动负债合计占比总体上呈明显上升趋势。其中，2019~2023年，长期借款占比总体上基本稳定，且在2021~2022年明显上升，从2021年的7.35%增长到2022年的8.51%；2019~2023年，预计负债占比总体上呈明显上升趋势，从2019年的0增长到2023年的0.24%，且在2021~2022年大幅上升，从2021年的0.12%增长到2022年的0.21%；2019~2023年，租赁负债占比总体上呈明显上升趋势，从2019年的0增长到2023年的0.12%，但在2022~2023年明显下降，从2022年的0.14%降低到2023年的0.12%。

3. 水利、环境和公共设施管理业（N）所有者权益项目分析

所有者权益项目包括实收资本（股本）、资本公积、盈余公积和未分配利润等四个方面。

（1）所有者权益及其主要构成项目。

2023年，所有者权益合计占总资产比例为51.13%。其中，所有者权益占比最大的上市公司为96.06%，占比最小的上市公司为–0.39%。

主要构成项目：①实收资本（或股本）占比为7.01%。其中，占比最大的上市公司为217.19%，占比最小的上市公司为1.27%。②资本公积占比为19.52%。其中，占比最大的上市公司为215.21%，占比最小的上市公司为0.01%。③盈余公积占比为1.98%。其中，占比最大的上市公司为9.2%，占比最小的上市公司为0.02%。④未分配利润占比为15.5%。其中，占比最大的上市公司为53.55%，占比最小的上市公司为–372.23%。

（2）所有者权益构成及其主要项目变动趋势分析。

2019~2023年，所有者权益合计占比总体上呈明显上升趋势。其中，2019~2023年，实收资本（或股本）占比总体上呈明显下降趋势，从2019年的8.5%降低到2023年的7.01%；2019~2023年，资本公积占比总体上呈大幅上升趋势，从2019年的12.71%增长到2023年的19.52%，但在2019~2020年明显上升，从2019年的12.71%增长到2020年的16.1%；2019~2023年，盈余公积占比总体上基本稳定，且在2021~2022年明显上升，从2021年的1.74%增长到2022年的1.98%；2019~2023年，未分配利润占比总体上呈明显上升趋势，从2019年的13.09%增长到2023年的15.5%。

（二）证券市场水利、环境和公共设施管理业（N）利润分析

证券市场水利、环境和公共设施管理业（N）利润分析见表3.95。

表3.95　　　　水利、环境和公共设施管理业（N）利润表　　　　单位：%

年份	2023			2022			2021	2020	2019
	中位数	最大值	最小值	中位数	最大值	最小值	中位数	中位数	中位数
营业总收入	100.00	100.00	100.00	100.00	100.00	100.00	100.00	100.00	100.00
营业收入	100.00	100.00	100.00	100.00	100.00	100.00	100.00	100.00	100.00
利息净收入	0.00	0.00	0.00	0.00	0.00	0.00	0.00	0.00	0.00
利息收入	0.00	0.00	0.00	0.00	0.00	0.00	0.00	0.00	0.00
已赚保费	0.00	0.00	0.00	0.00	0.00	0.00	0.00	0.00	0.00
保险业务收入	0.00	0.00	0.00	0.00	0.00	0.00	0.00	0.00	0.00
减：分出保费	0.00	0.00	0.00	0.00	0.00	0.00	0.00	0.00	0.00
减：提取未到期责任准备金	0.00	0.00	0.00	0.00	0.00	0.00	0.00	0.00	0.00
手续费及佣金净收入	0.00	0.00	0.00	0.00	0.00	0.00	0.00	0.00	0.00
手续费及佣金收入	0.00	0.00	0.00	0.00	0.00	0.00	0.00	0.00	0.00
营业总成本	92.02	719.83	52.17	92.16	479.60	52.44	89.28	89.12	88.98
营业成本	73.60	425.29	35.80	74.60	200.40	32.85	71.42	71.63	70.66
利息支出	0.00	0.00	0.00	0.00	0.00	0.00	0.00	0.00	0.00
手续费及佣金支出	0.00	0.00	0.00	0.00	0.00	0.00	0.00	0.00	0.00
退保金									
赔付支出净额	0.00	0.00	0.00	0.00	0.00	0.00	0.00	0.00	0.00
赔付支出									
减：摊回赔付支出	0.00	0.00	0.00	0.00	0.00	0.00	0.00	0.00	0.00
提取保险责任准备金净额									
提取保险责任准备金	0.00	0.00	0.00	0.00	0.00	0.00	0.00	0.00	0.00
减：摊回保险责任准备金									
保单红利支出	0.00	0.00	0.00	0.00	0.00	0.00	0.00	0.00	0.00
分保费用	0.00	0.00	0.00	0.00	0.00	0.00	0.00	0.00	0.00
税金及附加	0.86	10.29	0.12	0.72	17.97	0.13	0.70	0.74	0.78
销售费用	2.74	34.24	0.00	2.32	29.61	0.00	2.12	2.16	2.38

续表

年份	2023			2022			2021	2020	2019
	中位数	最大值	最小值	中位数	最大值	最小值	中位数	中位数	中位数
管理费用	9.97	171.99	2.71	9.28	74.30	2.69	7.32	7.06	8.05
研发费用	3.43	23.91	0.00	3.25	17.06	0.00	2.90	2.14	1.72
财务费用	3.14	307.10	−7.67	2.69	232.31	−5.51	2.73	3.37	3.08
其他收益	1.18	27.62	0.05	1.25	11.55	−16.52	1.10	1.44	0.75
投资收益	0.60	1866.18	−14.89	0.43	496.80	−7.41	0.57	0.48	0.28
汇兑收益	0.00	0.00	0.00	0.00	0.00	0.00	0.00	0.00	0.00
其他业务收入	0.00	0.00	0.00	0.00	0.00	0.00	0.00	0.00	0.00
净敞口套期收益	0.00	0.00	0.00	0.00	0.00	0.00	0.00	0.00	0.00
公允价值变动收益	0.00	11.68	−4.28	0.00	7.87	−5.99	0.00	0.00	0.00
信用减值损失	−2.31	1.62	−198.18	−2.13	2.29	−132.88	−1.47	−1.28	−0.97
资产减值损失	−0.72	2.74	−355.41	−0.64	1.38	−284.74	−0.40	−0.33	−0.06
资产处置收益	0.00	18.29	−1.56	−0.00	9.42	−8.83	0.00	0.00	0.00
业务及管理费	0.00	0.00	0.00	0.00	0.00	0.00	0.00	0.00	0.00
减：摊回分保费用	0.00	0.00	0.00	0.00	0.00	0.00	0.00	0.00	0.00
其他业务成本	0.00	0.00	0.00	0.00	0.00	0.00	0.00	0.00	0.00
其他业务利润	0.00	0.00	0.00	0.00	0.00	0.00	0.00	0.00	0.00
营业利润	8.10	864.51	−864.45	5.91	208.26	−749.73	9.88	11.82	12.03
加：营业外收入	0.12	4.38	0.00	0.11	24.61	0.00	0.11	0.16	0.14
减：营业外支出	0.22	281.03	−5.88	0.23	374.40	−5.88	0.17	0.16	0.15
利润总额	8.12	587.86	−867.10	6.02	206.12	−803.49	10.04	11.95	11.94
减：所得税费用	1.49	43.79	−5.61	1.41	25.04	−22.65	1.68	2.02	2.35
未确认的投资损失	0.00	0.00	0.00	0.00	0.00	0.00	0.00	0.00	0.00
影响净利润的其他项目	0.00	0.00	0.00	0.00	0.00	0.00	0.00	0.00	0.00
净利润	7.32	568.16	−910.89	4.44	204.94	−780.84	8.93	10.09	10.30
归属于母公司所有者的净利润	7.04	708.89	−893.07	4.74	238.89	−689.71	8.21	9.00	8.90
归属于母公司其他权益工具持有者的净利润	0.00	0.00	0.00	0.00	0.00	0.00	0.00	0.00	0.00
少数股东损益	0.00	7.48	−140.73	0.00	7.72	−91.13	0.06	0.03	0.09
其他综合收益（损失）	0.00	5.68	−118.38	0.00	4.55	−8.93	0.00	0.00	0.00
综合收益总额	7.44	449.78	−913.94	4.44	204.96	−788.82	8.47	10.27	10.22
归属于母公司所有者的综合收益	7.06	590.51	−895.03	4.47	238.91	−697.68	8.12	9.80	9.54
归属少数股东的综合收益	0.00	7.48	−140.73	−0.00	7.72	−91.13	0.06	0.04	0.09
基本每股收益	0.22	1.85	−2.54	0.20	2.47	−2.45	0.38	0.44	0.36
稀释每股收益	0.22	1.85	−2.54	0.20	2.47	−2.45	0.38	0.40	0.36

1. 水利、环境和公共设施管理业（N）成本费用项目分析

（1）成本与费用及其主要构成项目。

主要构成项目：①营业成本占营业总收入比例为73.6%。其中，营业成本占比最大的上市公司为425.29%，占比最小的上市公司为35.8%。②销售费用占营业总收入比例为2.74%。其中，销售费用占比最大的上市公司为34.24%，占比最小的上市公司为0。③管理费用占营业总收入比例为9.97%。其中，管理费用占比最大的上市公司为171.99%，占比最小的上市公司为2.71%。④财务费用占营业总收入比例为3.14%。其中，财务费用占比最大的上市公司为307.1%，占比最小的上市公司为-7.67%。⑤研发费用占营业总收入比例为3.43%。其中，研发费用占比最大的上市公司为23.91%，占比最小的上市公司为0。

（2）成本与费用及其主要项目变动趋势分析。

2019~2023年，营业成本占比基本稳定，从2019年的70.66%增长到2023年的73.6%；2019~2023年，销售费用占比明显上升，从2019年的2.38%增长到2023年的2.74%；2019~2023年，管理费用占比明显上升，从2019年的8.05%增长到2023年的9.97%；2019~2023年，财务费用占比基本稳定，从2019年的3.08%增长到2023年的3.14%；2019~2023年，研发费用占比大幅上升，从2019年的1.72%增长到2023年的3.43%。

2. 水利、环境和公共设施管理业（N）其他损益项目分析

（1）其他损益及其主要构成项目。

主要构成项目：①资产减值损失占营业总收入比例为-0.72%。其中，资产减值损失占比最大的上市公司为2.74%，占比最小的上市公司为-355.41%。②投资收益占营业总收入比例为0.6%。其中，投资收益占比最大的上市公司为1866.18%，占比最小的上市公司为-14.89%。③基本每股收益为0.22元。其中，基本每股收益最大的上市公司为1.85元，最小的上市公司为-2.54元。④其他收益占营业总收入比例为1.18%。其中，其他收益占比最大的上市公司为27.62%，占比最小的上市公司为0.05%。⑤信用减值损失占营业总收入比例为-2.31%。其中，信用减值损失占比最大的上市公司为1.62%，占比最小的上市公司为-198.18%。

（2）其他损益及其主要项目变动趋势分析。

2019~2023年，资产减值损失占比大幅下降，从2019年的-0.06%下降为2023年的-0.72%；2019~2023年，投资收益占比大幅上升，从2019年的0.28%增长到2023年的0.6%；2019~2023年，其他收益占比大幅上升，从2019年的0.75%增长到2023年的1.18%；2019~2023年，信用减值损失占比大幅下降，从2019年的-0.97%下降为2023年的-2.31%。

3. 水利、环境和公共设施管理业（N）利润项目分析

（1）利润及其主要构成项目。

主要构成项目：①营业利润占营业总收入比例为8.1%。其中，营业利润占比最大

的上市公司为864.51%，占比最小的上市公司为-864.45%。②利润总额占营业总收入比例为8.12%。其中，利润总额占比最大的上市公司为587.86%，占比最小的上市公司为-867.1%。③净利润占营业总收入比例为7.32%。其中，净利润占比最大的上市公司为568.16%，占比最小的上市公司为-910.89%。④归属于母公司所有者的净利润占营业总收入比例为7.04%。其中，归属于母公司所有者的净利润占比最大的上市公司为708.89%，占比最小的上市公司为-893.07%。

（2）利润及其主要项目变动趋势分析。

2019~2023年，营业利润占比大幅下降，从2019年的12.03%下降为2023年的8.1%；2019~2023年，利润总额占比大幅下降，从2019年的11.94%下降为2023年的8.12%；2019~2023年，净利润占比明显下降，从2019年的10.3%下降为2023年的7.32%；2019~2023年，归属于母公司所有者的净利润占比明显下降，从2019年的8.9%下降为2023年的7.04%。

（三）证券市场水利、环境和公共设施管理业（N）现金流量分析

证券市场水利、环境和公共设施管理业（N）现金流量分析见表3.96。

表3.96　　水利、环境和公共设施管理业（N）现金流量表　　单位：%

年份	2023			2022			2021	2020	2019
	中位数	最大值	最小值	中位数	最大值	最小值	中位数	中位数	中位数
销售商品、提供劳务收到的现金	46.78	88.94	11.09	40.38	89.44	11.54	40.86	34.86	47.43
客户存款和同业存放款项净增加额	0.00	0.00	0.00	0.00	0.00	0.00	0.00	0.00	0.00
向中央银行借款净增加额	0.00	0.00	0.00	0.00	0.00	0.00	0.00	0.00	0.00
向其他金融机构拆入资金净增加额	0.00	0.00	0.00	0.00	0.00	0.00	0.00	0.00	0.00
收到原保险合同保费取得的现金	0.00	0.00	0.00	0.00	0.00	0.00	0.00	0.00	0.00
收到再保险业务现金净额	0.00	0.00	0.00	0.00	0.00	0.00	0.00	0.00	0.00
保户储金及投资款净增加额	0.00	0.00	0.00	0.00	0.00	0.00	0.00	0.00	0.00
处置交易性金融资产净增加额	0.00	0.00	0.00	0.00	0.00	0.00	0.00	0.00	0.00
收取利息、手续费及佣金的现金	0.00	0.00	0.00	0.00	0.00	0.00	0.00	0.00	0.00
拆入资金净增加额	0.00	0.00	0.00	0.00	0.00	0.00	0.00	0.00	0.00
回购业务资金净增加额	0.00	0.00	0.00	0.00	0.00	0.00	0.00	0.00	0.00
收到的税费返还	0.18	3.62	0.00	0.64	11.27	0.00	0.12	0.09	0.08
收到的其他与经营活动有关的现金	2.45	31.04	0.32	2.15	21.59	0.30	2.34	2.25	3.00

续表

年份	2023			2022			2021	2020	2019
	中位数	最大值	最小值	中位数	最大值	最小值	中位数	中位数	中位数
经营活动现金流入小计	49.69	99.80	11.66	45.25	92.29	12.18	45.11	37.68	51.52
购买商品、接受劳务支付的现金	24.28	65.40	3.57	24.11	64.28	2.16	25.33	27.99	24.38
客户贷款及垫款净增加额	0.00	0.00	0.00	0.00	0.00	0.00	0.00	0.00	0.00
存放中央银行和同业款项净增加额	0.00	0.00	0.00	0.00	0.00	0.00	0.00	0.00	0.00
支付原保险合同赔付款项的现金	0.00	0.00	0.00	0.00	0.00	0.00	0.00	0.00	0.00
支付利息、手续费及佣金的现金	0.00	0.00	0.00	0.00	0.00	0.00	0.00	0.00	0.00
支付保单红利的现金	0.00	0.00	0.00	0.00	0.00	0.00	0.00	0.00	0.00
支付给职工以及为职工支付的现金	6.95	38.46	1.87	7.11	41.75	1.80	6.18	5.85	5.96
支付的各项税费	2.78	15.69	−2.57	2.70	8.77	0.36	2.78	2.86	3.23
支付其他与经营活动有关的现金	4.24	24.95	0.29	4.75	22.98	0.24	4.79	4.73	5.01
经营活动现金流出小计	47.07	98.66	7.68	45.64	89.93	11.54	44.68	44.70	43.89
经营活动产生的现金流量净额	4.94	42.32	−33.69	3.25	21.99	−32.43	2.78	4.73	6.00
收回投资收到的现金	0.20	418.91	0.00	0.50	79.80	0.00	0.55	0.10	0.22
取得投资收益收到的现金	0.06	2.45	0.00	0.11	11.50	0.00	0.07	0.06	0.05
处置固定资产、无形资产和其他长期资产收回的现金净额	0.02	2.56	0.00	0.03	7.00	0.00	0.05	0.02	0.04
处置子公司及其他营业单位收到的现金净额	0.00	13.78	0.00	0.00	8.03	−0.33	0.00	0.00	0.00
收到的其他与投资活动有关的现金	0.00	68.33	0.00	0.00	78.69	0.00	0.02	0.00	0.04
投资活动产生的现金流入小计	3.88	418.92	0.00	6.06	80.45	0.00	4.84	2.94	2.61
购建固定资产、无形资产和其他长期资产支付的现金	5.21	42.63	0.01	5.78	46.51	0.03	6.65	7.68	8.32
投资支付的现金	1.22	86.18	0.00	1.25	84.09	0.00	1.15	1.42	1.43
质押贷款净增加额	0.00	0.00	0.00	0.00	0.00	0.00	0.00	0.00	0.00
取得子公司及其他营业单位支付的现金净额	0.00	6.80	0.00	0.00	14.11	−0.02	0.00	0.00	0.00
支付其他与投资活动有关的现金	0.00	74.60	0.00	0.00	74.95	0.00	0.00	0.00	0.00

续表

年份	2023			2022			2021	2020	2019
	中位数	最大值	最小值	中位数	最大值	最小值	中位数	中位数	中位数
投资活动产生的现金流出小计	15.59	86.29	0.01	18.07	84.31	0.11	21.84	19.69	20.50
投资活动产生的现金流量净额	−5.40	416.87	−54.99	−5.82	28.34	−49.49	−6.85	−9.91	−9.28
吸收投资收到的现金	0.08	64.10	0.00	0.08	43.87	0.00	0.24	0.30	0.40
吸收权益性投资收到的现金	0.08	64.10	0.00	0.08	43.87	0.00	0.22	0.26	0.40
其中：子公司吸收少数股东投资收到的现金	0.00	11.79	0.00	0.00	3.11	0.00	0.03	0.05	0.22
发行债券收到的现金	0.00	26.57	0.00	0.00	25.63	0.00	0.00	0.00	0.00
取得借款收到的现金	17.49	62.74	0.00	19.39	67.92	0.00	19.22	24.30	23.66
收到其他与筹资活动有关的现金	0.00	51.40	0.00	0.02	25.76	0.00	0.24	0.14	0.06
筹资活动现金流入小计	28.83	83.81	0.00	29.16	81.85	0.00	30.02	37.96	31.11
偿还债务支付的现金	18.90	63.85	0.00	16.73	72.55	0.00	17.24	18.76	21.74
分配股利、利润或偿付利息支付的现金	2.76	26.39	0.00	3.18	14.97	0.06	3.21	3.50	3.08
其中：子公司支付给少数股东的股利、利润	0.00	2.44	0.00	0.00	0.90	0.00	0.00	0.00	0.00
支付其他与筹资活动有关的现金	1.38	27.93	0.01	1.11	45.43	0.00	1.38	1.04	1.04
筹资活动现金流出小计	27.56	82.53	0.02	26.07	87.53	0.49	23.97	24.12	27.80
筹资活动产生的现金流量净额	−1.06	53.61	−237.86	1.43	31.30	−89.11	2.99	9.91	1.28
现金总流入	100.00	100.00	100.00	100.00	100.00	100.00	100.00	100.00	100.00
现金总流出	100.00	100.00	100.00	100.00	100.00	100.00	100.00	100.00	100.00
现金流量净额	−0.62	145.32	−80.99	−1.05	41.95	−75.38	−0.12	1.96	0.17

注：现金流入项目以现金总流入为基数，现金流出项目以现金总流出为基数。

1. 水利、环境和公共设施管理业（N）现金流入项目分析

现金流入包括经营活动产生的现金流入、投资活动产生的现金流入和筹资活动产生的现金流入三个方面。

（1）经营活动现金流入及其主要构成项目。

2023年，经营活动产生的现金流入占总现金流入比例为49.69%。其中，经营活动产生的现金流入占比最大的上市公司为99.8%，占比最小的上市公司为11.66%。

主要构成项目：销售商品、提供劳务收到的现金占比为46.78%。其中，占比最大的上市公司为88.94%，占比最小的上市公司为11.09%。

（2）投资活动现金流入及其主要构成项目。

2023年，投资活动产生的现金流入占总现金流入比例为3.88%。其中，投资活动产生的现金流入占比最大的上市公司为418.92%，占比最小的上市公司为0。

主要构成项目：收回投资收到的现金占比为0.2%。其中，占比最大的上市公司为418.91%，占比最小的上市公司为0。

（3）筹资活动现金流入及其主要构成项目。

2023年，筹资活动产生的现金流入占总现金流入比例为28.83%。其中，筹资活动产生的现金流入占比最大的上市公司为83.81%，占比最小的上市公司为0。

主要构成项目：取得借款收到的现金占比为17.49%。其中，占比最大的上市公司为62.74%，占比最小的上市公司为0。

（4）现金流入构成及其主要项目变动趋势分析。

2019~2023年，经营活动产生的现金流入占比总体上基本稳定。其中，2019~2023年，销售商品、提供劳务收到的现金占比总体上基本稳定，且在2019~2020年明显下降，从2019年的47.43%降低到2020年的34.86%。

2019~2023年，投资活动产生的现金流入占比总体上大幅上升，从2019年的2.61%增长到2023年的3.88%。其中，2019~2023年，收回投资收到的现金占比总体上呈明显下降趋势，从2019年的0.22%降低到2023年的0.2%，且在2020~2021年大幅上升，从2020年的0.1%增长到2021年的0.55%。

2019~2023年，筹资活动产生的现金流入占比总体上明显下降，从2019年的31.11%降低到2023年的28.83%。其中，2019~2023年，取得借款收到的现金占比总体上呈明显下降趋势，从2019年的23.66%降低到2023年的17.49%。

2.水利、环境和公共设施管理业（N）现金流出项目分析

现金流出包括经营活动产生的现金流出、投资活动产生的现金流出和筹资活动产生的现金流出三个方面。

（1）经营活动现金流出及其主要构成项目。

2023年，经营活动产生的现金流出占总现金流出比例为47.07%。其中，经营活动产生的现金流出占比最大的上市公司为98.66%，占比最小的上市公司为7.68%。

主要构成项目：①购买商品、接受劳务支付的现金占比为24.28%。其中，占比最大的上市公司为65.4%，占比最小的上市公司为3.57%。②支付给职工以及为职工支付的现金占比为6.95%。其中，占比最大的上市公司为38.46%，占比最小的上市公司为1.87%。③支付其他与经营活动有关的现金占比为4.24%。其中，占比最大的上市公司为24.95%，占比最小的上市公司为0.29%。

（2）投资活动现金流出及其主要构成项目。

2023年，投资活动产生的现金流出占总现金流出比例为15.59%。其中，投资活动产生的现金流出占比最大的上市公司为86.29%，占比最小的上市公司为0.01%。

主要构成项目：①购建固定资产、无形资产和其他长期资产支付的现金占比为5.21%。其中，占比最大的上市公司为42.63%，占比最小的上市公司为0.01%。②投资支付的现金占比为1.22%。其中，占比最大的上市公司为86.18%，占比最小的上市公司为0。

（3）筹资活动现金流出及其主要构成项目。

2023年，筹资活动产生的现金流出占总现金流出比例为27.56%。其中，筹资活动产生的现金流出占比最大的上市公司为82.53%，占比最小的上市公司为0.02%。

主要构成项目：偿还债务支付的现金占比为18.9%。其中，占比最大的上市公司为63.85%，占比最小的上市公司为0。

（4）现金流出构成及其主要项目变动趋势分析。

2019~2023年，经营活动产生的现金流出占比总体上明显上升，从2019年的43.89%增长到2023年的47.07%。其中，2019~2023年，购买商品、接受劳务支付的现金占比总体上基本稳定，且在2019~2020年明显上升，从2019年的24.38%增长到2020年的27.99%。

2019~2023年，投资活动产生的现金流出占比总体上明显下降，从2019年的20.5%降低到2023年的15.59%。其中，2019~2023年，购建固定资产、无形资产和其他长期资产支付的现金占比总体上呈大幅下降趋势，从2019年的8.32%降低到2023年的5.21%，但在2020~2021年明显下降，从2020年的7.68%降低到2021年的6.65%。

2019~2023年，筹资活动产生的现金流出占比总体上基本稳定。其中，2019~2023年，偿还债务支付的现金占比总体上呈明显下降趋势，从2019年的21.74%降低到2023年的18.9%。

3. 水利、环境和公共设施管理业（N）现金流量净额项目分析

现金流量净额包括经营活动现金流量净额、投资活动现金流量净额和筹资活动现金流量净额三个方面。

（1）现金流量净额及其主要构成项目。

2023年，现金流量净额占总现金流入比例为-0.62%。其中，现金流量净额占比最大的上市公司为145.32%，占比最小的上市公司为-80.99%。

主要构成项目：①经营活动产生的现金流量净额占总现金流入比例为4.94%。其中，占比最大的上市公司为42.32%，占比最小的上市公司为-33.69%。②投资活动产生的现金流量净额占总现金流入比例为-5.4%。其中，占比最大的上市公司为416.87%，占比最小的上市公司为-54.99%。③筹资活动产生的现金流量净额占总现金流入比例为-1.06%。其中，占比最大的上市公司为53.61%，占比最小的上市公司为-237.86%。

（2）现金流量净额构成及其主要项目变动趋势分析。

2019~2023年，现金流量净额占比总体上大幅下降，从2019年的0.17%降低到2023年的-0.62%。其中，2019~2023年，经营活动产生的现金流量净额明显下降，从2019年的6.0%减少到2023年的4.94%。2019~2023年，投资活动产生的现金流量净额大幅上升，从2019年的-9.28%增加到2023年的-5.4%。2019~2023年，筹资活动产生的现金流量净额大幅下降，从2019年的1.28%减少到2023年的-1.06%。

二十四、教育卫生文化业（PQR）

教育卫生文化业（PQR）由证监会行业分类（2012）中教育（代码：P），卫生和社会工作（代码：Q）和文化、体育和娱乐业（代码：R）组成。2019~2023年，证券市场教育卫生文化业（PQR）上市公司发展状况见表3.97。

表3.97　　　　　　教育卫生文化业（PQR）上市公司数量　　　　　　单位：家

年份	2023	2022	2021	2020	2019
数量	91	91	89	81	79

注：公开披露定期报告的上市公司家数。

（一）证券市场教育卫生文化业（PQR）财务状况分析

证券市场教育卫生文化业（PQR）财务状况分析见表3.98。

表3.98　　　　　　教育卫生文化业（PQR）资产负债表　　　　　　单位：%

年份	2023			2022			2021	2020	2019
	中位数	最大值	最小值	中位数	最大值	最小值	中位数	中位数	中位数
货币资金	21.36	64.78	2.11	22.69	62.89	0.84	19.52	21.64	17.70
结算备付金	0.00	0.00	0.00	0.00	0.00	0.00	0.00	0.00	0.00
拆出资金净额	0.00	0.00	0.00	0.00	0.00	0.00	0.00	0.00	0.00
交易性金融资产	0.52	58.75	0.00	0.72	61.96	0.00	1.88	0.34	0.62
衍生金融资产	0.00	0.00	0.00	0.00	0.00	0.00	0.00	0.00	0.00
应收票据净额	0.00	6.61	0.00	0.00	7.53	0.00	0.00	0.02	0.00
应收账款净额	6.12	45.34	0.01	5.74	50.57	0.00	5.52	6.38	7.36
应收款项融资	0.00	1.69	0.00	0.00	4.28	0.00	0.00	0.00	0.00
预付款项净额	0.68	31.74	0.00	0.72	42.45	0.01	1.02	1.21	1.37
应收保费净额	0.00	0.00	0.00	0.00	0.00	0.00	0.00	0.00	0.00
应收分保账款净额	0.00	0.00	0.00	0.00	0.00	0.00	0.00	0.00	0.00
应收分保合同准备金净额	0.00	0.00	0.00	0.00	0.00	0.00	0.00	0.00	0.00
其他应收款净额	0.75	44.99	0.06	0.87	11.16	0.06	0.98	1.46	1.69
应收股利净额	0.00	2.41	0.00	0.00	1.42	0.00	0.00	0.00	0.00
买入返售金融资产净额	0.00	0.00	0.00	0.00	0.00	0.00	0.00	0.00	0.00
存货净额	4.42	40.57	0.00	5.63	50.73	0.00	4.79	5.16	6.30
合同资产	0.00	2.96	0.00	0.00	3.96	0.00	0.00	0.00	0.00
一年内到期的非流动资产	0.00	13.27	0.00	0.00	14.78	0.00	0.00	0.00	0.00
其他流动资产	0.56	20.85	0.03	0.55	31.22	0.00	0.67	0.72	0.93
流动资产合计	52.54	98.09	6.94	55.30	97.71	7.74	55.26	58.72	57.66
发放贷款及垫款净额	0.00	13.67	0.00	0.00	11.35	0.00	0.00	0.00	0.00
债权投资	0.00	37.56	0.00	0.00	19.35	0.00	0.00	0.00	0.00

续表

年份	2023			2022			2021	2020	2019
	中位数	最大值	最小值	中位数	最大值	最小值	中位数	中位数	中位数
其他债权投资	0.00	1.14	0.00	0.00	0.59	0.00	0.00	0.00	0.00
长期应收款净额	0.00	5.24	0.00	0.00	9.82	0.00	0.00	0.00	0.00
长期股权投资净额	1.89	37.56	0.00	1.99	42.38	0.00	1.40	2.07	1.74
其他权益工具投资	0.04	15.80	0.00	0.06	15.68	0.00	0.02	0.02	0.05
其他非流动金融资产	0.06	16.17	0.00	0.00	14.57	0.00	0.00	0.00	0.00
投资性房地产净额	0.36	60.73	0.00	0.26	55.51	0.00	0.26	0.35	0.16
固定资产净额	8.22	69.39	0.03	8.36	52.53	0.03	8.57	8.39	8.08
在建工程净额	0.26	13.97	0.00	0.30	18.49	0.00	0.26	0.20	0.26
生产性生物资产净额	0.00	0.19	0.00	0.00	0.04	0.00	0.00	0.00	0.00
油气资产净额	0.00	0.00	0.00	0.00	0.00	0.00	0.00	0.00	0.00
使用权资产	1.67	49.27	0.00	1.81	54.11	0.00	1.74	0.00	0.00
无形资产净额	1.95	31.30	0.00	1.86	37.01	0.00	1.79	2.09	2.09
开发支出	0.00	1.08	0.00	0.00	0.63	0.00	0.00	0.00	0.00
商誉净额	0.50	35.98	0.00	0.48	35.27	0.00	0.64	0.75	1.65
长期待摊费用	0.52	12.62	0.00	0.53	13.09	0.00	0.63	0.76	0.84
递延所得税资产	1.22	12.45	0.00	0.62	9.96	0.00	0.70	0.50	0.36
其他非流动资产	0.36	30.25	0.00	0.20	27.08	0.00	0.36	0.26	0.46
非流动资产合计	47.46	93.06	1.91	44.70	92.26	2.29	44.74	41.28	42.34
资产总计	100.00	100.00	100.00	100.00	100.00	100.00	100.00	100.00	100.00
短期借款	0.04	48.35	0.00	0.07	43.42	0.00	0.12	0.76	0.99
向中央银行借款	0.00	0.00	0.00	0.00	0.00	0.00	0.00	0.00	0.00
拆入资金	0.00	0.00	0.00	0.00	0.00	0.00	0.00	0.00	0.00
交易性金融负债	0.00	0.00	0.00	0.00	0.00	0.00	0.00	0.00	0.00
衍生金融负债	0.00	0.00	0.00	0.00	0.00	0.00	0.00	0.00	0.00
应付票据	0.00	10.21	0.00	0.00	17.66	0.00	0.00	0.00	0.00
应付账款	7.22	27.15	0.00	6.74	27.39	0.00	6.32	8.33	7.79
预收款项	0.01	5.74	0.00	0.01	8.12	0.00	0.01	0.00	3.69
合同负债	3.75	45.69	0.05	4.26	49.20	0.05	4.40	4.27	0.00
卖出回购金融资产款	0.00	0.00	0.00	0.00	0.00	0.00	0.00	0.00	0.00
吸收存款及同业存放	0.00	0.00	0.00	0.00	0.00	0.00	0.00	0.00	0.00
代理买卖证券款	0.00	0.00	0.00	0.00	0.00	0.00	0.00	0.00	0.00
代理承销证券款	0.00	0.00	0.00	0.00	0.00	0.00	0.00	0.00	0.00
应付职工薪酬	1.68	6.07	0.05	1.28	7.60	0.05	1.35	1.08	1.05
应交税费	0.44	8.57	0.05	0.44	6.16	0.03	0.52	0.56	0.72

续表

年份	2023			2022			2021	2020	2019
	中位数	最大值	最小值	中位数	最大值	最小值	中位数	中位数	中位数
其他应付款	2.40	82.57	0.06	2.32	113.92	0.04	2.70	3.18	2.60
应付股利	0.00	2.89	0.00	0.00	1.73	0.00	0.00	0.00	0.00
应付手续费及佣金	0.00	0.00	0.00	0.00	0.00	0.00	0.00	0.00	0.00
应付分保账款	0.00	0.00	0.00	0.00	0.00	0.00	0.00	0.00	0.00
一年内到期的非流动负债	0.86	14.44	0.00	1.10	18.31	0.00	1.06	0.05	0.02
其他流动负债	0.12	3.71	0.00	0.15	13.95	0.00	0.12	0.12	0.00
流动负债合计	28.84	110.48	4.05	29.50	193.86	5.53	28.65	30.14	29.44
保险合同准备金	0.00	0.00	0.00	0.00	0.00	0.00	0.00	0.00	0.00
长期借款	0.00	29.82	0.00	0.00	27.02	0.00	0.00	0.00	0.00
应付债券	0.00	13.40	0.00	0.00	22.20	0.00	0.00	0.00	0.00
租赁负债	1.04	62.39	0.00	1.20	65.09	0.00	1.20	0.00	0.00
长期应付款	0.00	5.20	0.00	0.00	10.10	0.00	0.00	0.00	0.00
预计负债	0.00	29.19	0.00	0.00	43.54	0.00	0.00	0.00	0.00
递延收益-非流动负债	0.12	6.62	0.00	0.19	7.80	0.00	0.20	0.23	0.22
递延所得税负债	0.16	13.14	0.00	0.04	8.68	0.00	0.04	0.04	0.08
其他非流动负债	0.00	14.56	0.00	0.00	13.61	0.00	0.00	0.00	0.00
非流动负债合计	5.89	63.52	0.08	7.10	74.99	0.18	7.30	3.28	3.90
负债合计	37.21	138.20	5.07	37.53	239.31	7.02	38.90	36.72	36.67
实收资本（或股本）	15.14	352.95	1.45	15.68	57.85	1.29	17.78	17.26	15.46
其他权益工具	0.00	0.72	0.00	0.00	0.63	0.00	0.00	0.00	0.00
其中：优先股	0.00	0.00	0.00	0.00	0.00	0.00	0.00	0.00	0.00
其中：永续债	0.00	0.00	0.00	0.00	0.00	0.00	0.00	0.00	0.00
资本公积	21.66	554.23	0.00	21.94	136.49	0.00	19.16	18.26	20.05
其中：库存股	0.00	31.27	0.00	0.00	23.47	0.00	0.00	0.00	0.00
其他综合收益	0.00	15.94	-22.92	0.00	15.44	-16.22	0.00	0.00	0.00
专项储备	0.00	0.77	0.00	0.00	0.91	0.00	0.00	0.00	0.00
盈余公积	2.94	11.65	0.00	2.45	10.90	0.00	2.50	2.50	2.30
一般风险准备	0.00	0.55	0.00	0.00	0.55	0.00	0.00	0.00	0.00
未分配利润	14.09	57.81	-813.65	12.81	58.17	-203.55	16.13	15.44	19.62
归属于母公司所有者权益合计	61.38	94.93	-37.44	61.36	91.76	-128.33	58.46	61.06	62.02
少数股东权益	0.74	37.33	-3.68	0.70	31.52	-10.98	0.84	0.62	1.22
所有者权益合计	62.79	94.93	-38.20	62.46	92.98	-139.31	61.10	63.28	63.33
负债与所有者权益总计	100.00	100.00	100.00	100.00	100.00	100.00	100.00	100.00	100.00

注：所有项目均以资产总计为基数。

1. 教育卫生文化业（PQR）资产项目分析

资产项目包括流动资产和非流动资产两个方面。

（1）流动资产及其主要构成项目。

2023年，流动资产合计占总资产比例为52.54%。其中，流动资产占比最大的上市公司为98.09%，占比最小的上市公司为6.94%。

主要构成项目：①货币资金占比为21.36%。其中，占比最大的上市公司为64.78%，占比最小的上市公司为2.11%。②其他流动资产占比为0.56%。其中，占比最大的上市公司为20.85%，占比最小的上市公司为0.03%。③交易性金融资产占比为0.52%。其中，占比最大的上市公司为58.75%，占比最小的上市公司为0。

（2）非流动资产及其主要构成项目。

2023年，非流动资产合计占总资产比例为47.46%。其中，非流动资产占比最大的上市公司为93.06%，占比最小的上市公司为1.91%。

主要构成项目：①使用权资产占比为1.67%。其中，占比最大的上市公司为49.27%，占比最小的上市公司为0。②递延所得税资产占比为1.22%。其中，占比最大的上市公司为12.45%，占比最小的上市公司为0。③长期待摊费用占比为0.52%。其中，占比最大的上市公司为12.62%，占比最小的上市公司为0。

（3）资产构成及其主要项目变动趋势分析。

2019~2023年，流动资产合计占比总体上呈明显下降趋势。其中，2019~2023年，货币资金占比总体上呈明显上升趋势，从2019年的17.7%增长到2023年的21.36%；2019~2023年，其他流动资产占比总体上呈大幅下降趋势，从2019年的0.93%降低到2023年的0.56%，但在2019~2020年明显下降，从2019年的0.93%降低到2020年的0.72%；2019~2023年，交易性金融资产占比总体上呈明显下降趋势，从2019年的0.62%降低到2023年的0.52%，且在2020~2021年大幅上升，从2020年的0.34%增长到2021年的1.88%。

2019~2023年，非流动资产合计占比总体上呈明显上升趋势。其中，2019~2023年，使用权资产占比总体上呈大幅上升趋势，从2019年的0增长到2023年的1.67%；2019~2023年，递延所得税资产占比总体上呈大幅上升趋势，从2019年的0.36%增长到2023年的1.22%；2019~2023年，长期待摊费用占比总体上呈大幅下降趋势，从2019年的0.84%降低到2023年的0.52%，但在2020~2021年明显下降，从2020年的0.76%降低到2021年的0.63%。

2. 教育卫生文化业（PQR）负债项目分析

负债项目包括流动负债和非流动负债两个方面。2023年，负债合计占总资产比例为37.21%。其中，负债合计占比最大的上市公司为138.2%，占比最小的上市公司为5.07%。

（1）流动负债及其主要构成项目。

2023年，流动负债合计占总资产比例为28.84%。其中，流动负债占比最大的上市公司为110.48%，占比最小的上市公司为4.05%。

主要构成项目：①应付账款占比为7.22%。其中，占比最大的上市公司为27.15%，占比最小的上市公司为0。②合同负债占比为3.75%。其中，占比最大的上市公司为45.69%，占比最小的上市公司为0.05%。③其他应付款占比为2.4%。其中，占比最大的上市公司为82.57%，占比最小的上市公司为0.06%。

（2）非流动负债及其主要构成项目。

2023年，非流动负债合计占总资产比例为5.89%。其中，非流动负债占比最大的上市公司为63.52%，占比最小的上市公司为0.08%。

主要构成项目：①租赁负债占比为1.04%。其中，占比最大的上市公司为62.39%，占比最小的上市公司为0。②递延所得税负债占比为0.16%。其中，占比最大的上市公司为13.14%，占比最小的上市公司为0。③保险合同准备金占比为0。其中，占比最大的上市公司为0，占比最小的上市公司为0。

（3）负债构成及其主要项目变动趋势分析。

2019~2023年，流动负债合计占比总体上呈基本稳定。其中，2019~2023年，应付账款占比总体上呈明显下降趋势，从2019年的7.79%降低到2023年的7.22%；2019~2023年，合同负债占比总体上呈大幅上升趋势，从2019年的0增长到2023年的3.75%；2019~2023年，其他应付款占比总体上呈明显下降趋势，从2019年的2.6%降低到2023年的2.4%，但在2019~2020年明显上升，从2019年的2.6%增长到2020年的3.18%。

2019~2023年，非流动负债合计占比总体上呈大幅上升趋势。其中，2019~2023年，租赁负债占比总体上呈大幅上升趋势，从2019年的0增长到2023年的1.04%；2019~2023年，递延所得税负债占比总体上呈大幅上升趋势，从2019年的0.08%增长到2023年的0.16%；2019~2023年，保险合同准备金占比总体上基本稳定。

3. 教育卫生文化业（PQR）所有者权益项目分析

所有者权益项目包括实收资本（股本）、资本公积、盈余公积和未分配利润等四个方面。

（1）所有者权益及其主要构成项目。

2023年，所有者权益合计占总资产比例为62.79%。其中，所有者权益占比最大的上市公司为94.93%，占比最小的上市公司为-38.2%。

主要构成项目：①实收资本（或股本）占比为15.14%。其中，占比最大的上市公司为352.95%，占比最小的上市公司为1.45%。②资本公积占比为21.66%。其中，占比最大的上市公司为554.23%，占比最小的上市公司为0。③盈余公积占比为2.94%。其中，占比最大的上市公司为11.65%，占比最小的上市公司为0。④未分配利润占比为14.09%。其中，占比最大的上市公司为57.81%，占比最小的上市公司为-813.65%。

（2）所有者权益构成及其主要项目变动趋势分析。

2019~2023年，所有者权益合计占比总体上呈基本稳定。其中，2019~2023年，实收资本（或股本）占比总体上基本稳定，且在2021~2022年明显下降，从2021年的17.78%

降低到2022年的15.68%；2019~2023年，资本公积占比总体上呈明显上升趋势，从2019年的20.05%增长到2023年的21.66%；2019~2023年，盈余公积占比总体上呈明显上升趋势，从2019年的2.3%增长到2023年的2.94%；2019~2023年，未分配利润占比总体上呈明显下降趋势，从2019年的19.62%降低到2023年的14.09%。

（二）证券市场教育卫生文化业（PQR）利润分析

证券市场教育卫生文化业（PQR）利润分析见表3.99。

表3.99　　　　　　　教育卫生文化业（PQR）利润表　　　　　　　单位：%

年份	2023			2022			2021	2020	2019
	中位数	最大值	最小值	中位数	最大值	最小值	中位数	中位数	中位数
营业总收入	100.00	100.00	100.00	100.00	100.00	100.00	100.00	100.00	100.00
营业收入	100.00	100.00	93.72	100.00	100.00	92.39	100.00	100.00	100.00
利息净收入	0.00	6.28	0.00	0.00	7.61	0.00	0.00	0.00	0.00
利息收入	0.00	6.28	0.00	0.00	7.61	0.00	0.00	0.00	0.00
已赚保费	0.00	0.00	0.00	0.00	0.00	0.00	0.00	0.00	0.00
保险业务收入	0.00	0.00	0.00	0.00	0.00	0.00	0.00	0.00	0.00
减：分出保费	0.00	0.00	0.00	0.00	0.00	0.00	0.00	0.00	0.00
减：提取未到期责任准备金	0.00	0.00	0.00	0.00	0.00	0.00	0.00	0.00	0.00
手续费及佣金净收入	0.00	0.00	0.00	0.00	0.00	0.00	0.00	0.00	0.00
手续费及佣金收入	0.00	0.00	0.00	0.00	0.00	0.00	0.00	0.00	0.00
营业总成本	91.70	247.90	47.25	95.35	281.27	74.64	93.51	96.32	91.82
营业成本	66.26	109.91	21.74	68.36	218.17	24.81	67.94	68.26	69.76
利息支出	0.00	0.00	0.00	0.00	0.00	0.00	0.00	0.00	0.00
手续费及佣金支出	0.00	0.00	0.00	0.00	0.00	0.00	0.00	0.00	0.00
退保金	0.00	0.00	0.00	0.00	0.00	0.00	0.00	0.00	0.00
赔付支出净额	0.00	0.00	0.00	0.00	0.00	0.00	0.00	0.00	0.00
赔付支出	0.00	0.00	0.00	0.00	0.00	0.00	0.00	0.00	0.00
减：摊回赔付支出	0.00	0.00	0.00	0.00	0.00	0.00	0.00	0.00	0.00
提取保险责任准备金净额	0.00	0.00	0.00	0.00	0.00	0.00	0.00	0.00	0.00
提取保险责任准备金	0.00	0.00	0.00	0.00	0.00	0.00	0.00	0.00	0.00
减：摊回保险责任准备金	0.00	0.00	0.00	0.00	0.00	0.00	0.00	0.00	0.00
保单红利支出	0.00	0.00	0.00	0.00	0.00	0.00	0.00	0.00	0.00
分保费用	0.00	0.00	0.00	0.00	0.00	0.00	0.00	0.00	0.00
税金及附加	0.45	9.16	0.06	0.47	21.68	-3.79	0.48	0.48	0.56
销售费用	8.16	34.15	0.00	8.40	39.20	0.00	8.43	7.88	7.20
管理费用	12.54	51.35	2.96	13.34	85.60	3.84	13.12	12.58	11.04

续表

年份	2023			2022			2021	2020	2019
	中位数	最大值	最小值	中位数	最大值	最小值	中位数	中位数	中位数
研发费用	0.76	15.99	0.00	0.58	23.17	0.00	0.47	0.55	0.63
财务费用	−0.18	136.65	−5.22	−0.11	43.62	−12.84	0.08	0.19	0.62
其他收益	0.82	1817.77	0.06	0.87	7.80	0.04	0.94	1.48	0.98
投资收益	0.63	18.31	−606.80	0.56	38.37	−25.27	0.84	1.14	1.06
汇兑收益	0.00	0.00	0.00	0.00	0.00	0.00	0.00	0.00	0.00
其他业务收入	0.00	0.00	0.00	0.00	0.00	0.00	0.00	0.00	0.00
净敞口套期收益	0.00	0.00	0.00	0.00	0.00	0.00	0.00	0.00	0.00
公允价值变动收益	0.00	5.99	−83.16	0.00	23.17	−41.79	0.00	0.00	0.00
信用减值损失	−0.53	5.92	−308.50	−0.62	11.85	−77.88	−0.56	−0.94	−0.76
资产减值损失	−0.96	0.02	−1069.80	−1.06	34.62	−388.75	−1.02	−1.72	−1.39
资产处置收益	0.04	10.15	−0.38	0.02	40.89	−0.30	−0.00	0.00	0.00
业务及管理费	0.00	0.00	0.00	0.00	0.00	0.00	0.00	0.00	0.00
减：摊回分保费用	0.00	0.00	0.00	0.00	0.00	0.00	0.00	0.00	0.00
其他业务成本	0.00	0.00	0.00	0.00	0.00	0.00	0.00	0.00	0.00
其他业务利润	0.00	0.00	0.00	0.00	0.00	0.00	0.00	0.00	0.00
营业利润	7.99	731.10	−1271.21	4.55	29.49	−643.03	6.88	6.00	9.18
加：营业外收入	0.14	4.47	0.00	0.20	27.67	−1.18	0.21	0.23	0.20
减：营业外支出	0.33	47.56	0.00	0.36	106.82	0.00	0.26	0.40	0.29
利润总额	8.02	711.30	−1274.25	5.04	29.37	−644.35	6.72	6.18	9.26
减：所得税费用	0.34	21.21	−27.19	0.66	18.41	−7.76	0.66	0.36	1.82
未确认的投资损失	0.00	0.00	0.00	0.00	0.00	0.00	0.00	0.00	0.00
影响净利润的其他项目	0.00	0.00	0.00	0.00	0.00	0.00	0.00	0.00	0.00
净利润	6.59	709.17	−1247.06	3.72	26.47	−662.76	6.30	6.00	7.36
归属于母公司所有者的净利润	6.30	713.87	−883.47	4.47	26.47	−637.92	4.30	4.81	6.24
归属于母公司其他权益工具持有者的净利润	0.00	0.00	0.00	0.00	0.00	0.00	0.00	0.00	0.00
少数股东损益	0.03	7.12	−363.59	0.00	5.63	−110.42	0.01	0.00	0.04
其他综合收益（损失）	0.00	8.59	−37.48	0.00	21.50	−18.81	0.00	0.00	0.00
综合收益总额	6.64	692.35	−1241.39	3.46	27.51	−720.88	6.81	5.09	7.36
归属于母公司所有者的综合收益	6.40	696.26	−879.54	4.19	27.45	−688.34	5.44	4.39	6.77
归属少数股东的综合收益	0.03	7.12	−361.85	0.00	5.63	−104.55	0.01	0.00	0.04
基本每股收益	0.15	1.86	−1.20	0.10	5.90	−8.67	0.07	0.06	0.20
稀释每股收益	0.14	1.85	−1.20	0.03	5.89	−8.67	0.04	0.02	0.15

1. 教育卫生文化业（PQR）成本费用项目分析

（1）成本与费用及其主要构成项目。

主要构成项目：①营业成本占营业总收入比例为66.26%。其中，营业成本占比最大的上市公司为109.91%，占比最小的上市公司为21.74%。②销售费用占营业总收入比例为8.16%。其中，销售费用占比最大的上市公司为34.15%，占比最小的上市公司为0。③管理费用占营业总收入比例为12.54%。其中，管理费用占比最大的上市公司为51.35%，占比最小的上市公司为2.96%。④财务费用占营业总收入比例为-0.18%。其中，财务费用占比最大的上市公司为136.65%，占比最小的上市公司为-5.22%。⑤研发费用占营业总收入比例为0.76%。其中，研发费用占比最大的上市公司为15.99%，占比最小的上市公司为0。

（2）成本与费用及其主要项目变动趋势分析。

2019~2023年，营业成本占比明显下降，从2019年的69.76%下降为2023年的66.26%；2019~2023年，销售费用占比明显上升，从2019年的7.2%增长到2023年的8.16%；2019~2023年，管理费用占比明显上升，从2019年的11.04%增长到2023年的12.54%；2019~2023年，财务费用占比大幅下降，从2019年的0.62%下降为2023年的-0.18%；2019~2023年，研发费用占比明显上升，从2019年的0.63%增长到2023年的0.76%。

2. 教育卫生文化业（PQR）其他损益项目分析

（1）其他损益及其主要构成项目。

主要构成项目：①资产减值损失占营业总收入比例为-0.96%。其中，资产减值损失占比最大的上市公司为0.02%，占比最小的上市公司为-1069.8%。②投资收益占营业总收入比例为0.63%。其中，投资收益占比最大的上市公司为18.31%，占比最小的上市公司为-606.8%。③基本每股收益为0.15元。其中，基本每股收益最大的上市公司为1.86元，最小的上市公司为-1.2元。④其他收益占营业总收入比例为0.82%。其中，其他收益占比最大的上市公司为1817.77%，占比最小的上市公司为0.06%。⑤信用减值损失占营业总收入比例为-0.53%。其中，信用减值损失占比最大的上市公司为5.92%，占比最小的上市公司为-308.5%。

（2）其他损益及其主要项目变动趋势分析。

2019~2023年，资产减值损失占比大幅上升，从2019年的-1.39%增长到2023年的-0.96%；2019~2023年，投资收益占比大幅下降，从2019年的1.06%下降为2023年的0.63%；2019~2023年，其他收益占比明显下降，从2019年的0.98%下降为2023年的0.82%；2019~2023年，信用减值损失占比大幅上升，从2019年的-0.76%增长到2023年的-0.53%。

3. 教育卫生文化业（PQR）利润项目分析

（1）利润及其主要构成项目。

主要构成项目：①营业利润占营业总收入比例为7.99%。其中，营业利润占比最大

的上市公司为731.1%，占比最小的上市公司为-1271.21%。②利润总额占营业总收入比例为8.02%。其中，利润总额占比最大的上市公司为711.3%，占比最小的上市公司为-1274.25%。③净利润占营业总收入比例为6.59%。其中，净利润占比最大的上市公司为709.17%，占比最小的上市公司为-1247.06%。④归属于母公司所有者的净利润占营业总收入比例为6.3%。其中，归属于母公司所有者的净利润占比最大的上市公司为713.87%，占比最小的上市公司为-883.47%。

（2）利润及其主要项目变动趋势分析。

2019~2023年，营业利润占比明显下降，从2019年的9.18%下降为2023年的7.99%；2019~2023年，利润总额占比明显下降，从2019年的9.26%下降为2023年的8.02%；2019~2023年，净利润占比明显下降，从2019年的7.36%下降为2023年的6.59%；2019~2023年，归属于母公司所有者的净利润占比基本稳定，从2019年的6.24%增长到2023年的6.3%。

（三）证券市场教育卫生文化业（PQR）现金流量分析

证券市场教育卫生文化业（PQR）现金流量分析见表3.100。

表3.100　　　　教育卫生文化业（PQR）现金流量表　　　　　　　　单位：%

年份	2023			2022			2021	2020	2019
	中位数	最大值	最小值	中位数	最大值	最小值	中位数	中位数	中位数
销售商品、提供劳务收到的现金	59.76	95.19	5.52	51.56	94.15	5.74	53.48	49.70	54.00
客户存款和同业存放款项净增加额	0.00	0.00	0.00	0.00	0.00	0.00	0.00	0.00	0.00
向中央银行借款净增加额	0.00	0.00	0.00	0.00	0.00	0.00	0.00	0.00	0.00
向其他金融机构拆入资金净增加额	0.00	0.00	0.00	0.00	0.00	0.00	0.00	0.00	0.00
收到原保险合同保费取得的现金	0.00	0.00	0.00	0.00	0.00	0.00	0.00	0.00	0.00
收到再保险业务现金净额	0.00	0.00	0.00	0.00	0.00	0.00	0.00	0.00	0.00
保户储金及投资款净增加额	0.00	0.00	0.00	0.00	0.00	0.00	0.00	0.00	0.00
处置交易性金融资产净增加额	0.00	0.00	0.00	0.00	0.00	0.00	0.00	0.00	0.00
收取利息、手续费及佣金的现金	0.00	6.23	0.00	0.00	4.92	0.00	0.00	0.00	0.00
拆入资金净增加额	0.00	0.00	0.00	0.00	0.00	0.00	0.00	0.00	0.00
回购业务资金净增加额	0.00	0.00	0.00	0.00	0.00	0.00	0.00	0.00	0.00
收到的税费返还	0.02	3.09	0.00	0.26	4.51	0.00	0.08	0.08	0.05
收到的其他与经营活动有关的现金	2.34	19.70	0.28	2.84	32.97	0.30	2.50	2.64	2.85

续表

年份	2023			2022			2021	2020	2019
	中位数	最大值	最小值	中位数	最大值	最小值	中位数	中位数	中位数
经营活动现金流入小计	63.31	99.32	5.99	60.51	100.00	6.11	60.52	54.51	59.69
购买商品、接受劳务支付的现金	27.36	73.38	0.72	27.00	78.74	0.43	26.53	24.02	26.89
客户贷款及垫款净增加额	0.00	13.22	0.00	0.00	0.00	0.00	0.00	0.00	0.00
存放中央银行和同业款项净增加额	0.00	0.00	0.00	0.00	0.00	0.00	0.00	0.00	0.00
支付原保险合同赔付款项的现金	0.00	0.00	0.00	0.00	0.00	0.00	0.00	0.00	0.00
支付利息、手续费及佣金的现金	0.00	0.00	0.00	0.00	0.00	0.00	0.00	0.00	0.00
支付保单红利的现金	0.00	0.00	0.00	0.00	0.00	0.00	0.00	0.00	0.00
支付给职工以及为职工支付的现金	11.16	62.60	0.92	11.10	60.62	1.21	9.46	8.46	8.15
支付的各项税费	1.98	16.81	0.19	1.72	9.11	0.18	1.50	1.62	2.27
支付其他与经营活动有关的现金	5.56	38.86	0.36	5.86	37.32	0.46	6.76	6.92	7.20
经营活动现金流出小计	59.82	93.80	6.35	57.64	97.49	4.37	51.89	51.64	53.74
经营活动产生的现金流量净额	8.20	31.61	−72.18	6.62	38.56	−32.17	7.04	6.33	6.28
收回投资收到的现金	6.92	116.74	0.00	10.34	107.18	0.00	7.34	5.95	5.42
取得投资收益收到的现金	0.20	2.54	0.00	0.22	2.54	0.00	0.25	0.40	0.35
处置固定资产、无形资产和其他长期资产收回的现金净额	0.01	2.47	0.00	0.01	22.31	−0.17	0.01	0.02	0.02
处置子公司及其他营业单位收到的现金净额	0.00	2.19	0.00	0.00	34.88	−0.00	0.00	0.00	0.00
收到的其他与投资活动有关的现金	0.00	80.24	0.00	0.00	58.78	0.00	0.00	0.03	0.00
投资活动产生的现金流入小计	14.22	119.19	0.02	19.80	108.59	0.00	18.02	20.07	14.87
购建固定资产、无形资产和其他长期资产支付的现金	1.94	44.53	0.00	2.04	37.64	0.00	2.28	2.48	2.48
投资支付的现金	11.88	92.55	0.00	10.90	93.49	0.00	8.44	8.65	7.38
质押贷款净增加额	0.00	0.00	0.00	0.00	0.00	0.00	0.00	0.00	0.00
取得子公司及其他营业单位支付的现金净额	0.00	18.90	0.00	0.00	25.34	0.00	0.00	0.00	0.00
支付其他与投资活动有关的现金	0.00	63.77	0.00	0.00	65.21	0.00	0.00	0.00	0.04

续表

年份	2023			2022			2021	2020	2019
	中位数	最大值	最小值	中位数	最大值	最小值	中位数	中位数	中位数
投资活动产生的现金流出小计	24.20	92.90	0.00	25.28	93.82	0.00	24.95	23.05	20.74
投资活动产生的现金流量净额	-3.20	31.49	-40.67	-1.69	51.43	-35.36	-3.78	-3.24	-4.14
吸收投资收到的现金	0.00	22.53	0.00	0.00	50.23	0.00	0.04	0.01	0.02
吸收权益性投资收到的现金	0.00	22.53	0.00	0.00	50.23	0.00	0.04	0.01	0.02
其中：子公司吸收少数股东投资收到的现金	0.00	0.44	0.00	0.00	3.95	0.00	0.00	0.00	0.00
发行债券收到的现金	0.00	0.00	0.00	0.00	0.00	0.00	0.00	0.00	0.00
取得借款收到的现金	0.40	58.56	0.00	0.53	48.95	0.00	0.31	5.52	3.68
收到其他与筹资活动有关的现金	0.00	55.05	0.00	0.01	43.51	0.00	0.02	0.00	0.00
筹资活动现金流入小计	2.45	61.34	0.00	2.74	50.78	0.00	6.94	9.14	6.81
偿还债务支付的现金	1.88	56.99	0.00	1.36	47.70	0.00	2.02	5.07	5.70
分配股利、利润或偿付利息支付的现金	1.66	14.11	0.00	1.74	14.35	0.00	1.63	2.16	2.31
其中：子公司支付给少数股东的股利、利润	0.00	1.99	0.00	0.00	6.55	0.00	0.00	0.00	0.00
支付其他与筹资活动有关的现金	1.82	27.48	0.00	1.76	36.78	0.00	1.72	0.39	0.34
筹资活动现金流出小计	9.07	63.02	0.08	9.48	68.71	0.00	7.18	11.54	10.24
筹资活动产生的现金流量净额	-3.15	24.95	-45.32	-3.08	49.00	-49.40	-3.00	-1.66	-2.43
现金总流入	100.00	100.00	100.00	100.00	100.00	100.00	100.00	100.00	100.00
现金总流出	100.00	100.00	100.00	100.00	100.00	100.00	100.00	100.00	100.00
现金流量净额	-0.98	26.12	-118.35	1.48	48.36	-51.74	-1.80	1.08	0.08

注：现金流入项目以现金总流入为基数，现金流出项目以现金总流出为基数。

1. 教育卫生文化业（PQR）现金流入项目分析

现金流入包括经营活动产生的现金流入、投资活动产生的现金流入和筹资活动产生的现金流入三个方面。

（1）经营活动现金流入及其主要构成项目。

2023年，经营活动产生的现金流入占总现金流入比例为63.31%。其中，经营活动产生的现金流入占比最大的上市公司为99.32%，占比最小的上市公司为5.99%。

主要构成项目：销售商品、提供劳务收到的现金占比为59.76%。其中，占比最大的上市公司为95.19%，占比最小的上市公司为5.52%。

（2）投资活动现金流入及其主要构成项目。

2023年，投资活动产生的现金流入占总现金流入比例为14.22%。其中，投资活动产生的现金流入占比最大的上市公司为119.19%，占比最小的上市公司为0.02%。

主要构成项目：收回投资收到的现金占比为6.92%。其中，占比最大的上市公司为116.74%，占比最小的上市公司为0。

（3）筹资活动现金流入及其主要构成项目。

2023年，筹资活动产生的现金流入占总现金流入比例为2.45%。其中，筹资活动产生的现金流入占比最大的上市公司为61.34%，占比最小的上市公司为0。

主要构成项目：取得借款收到的现金占比为0.4%。其中，占比最大的上市公司为58.56%，占比最小的上市公司为0。

（4）现金流入构成及其主要项目变动趋势分析。

2019~2023年，经营活动产生的现金流入占比总体上明显上升，从2019年的59.69%增长到2023年的63.31%。其中，2019~2023年，销售商品、提供劳务收到的现金占比总体上呈明显上升趋势，从2019年的54.0%增长到2023年的59.76%。

2019~2023年，投资活动产生的现金流入占比总体上基本稳定。其中，2019~2023年，收回投资收到的现金占比总体上呈明显上升趋势，从2019年的5.42%增长到2023年的6.92%，且在2021~2022年大幅上升，从2021年的7.34%增长到2022年的10.34%。

2019~2023年，筹资活动产生的现金流入占比总体上大幅下降，从2019年的6.81%降低到2023年的2.45%。其中，2019~2023年，取得借款收到的现金占比总体上呈大幅下降趋势，从2019年的3.68%降低到2023年的0.4%。

2.教育卫生文化业（PQR）现金流出项目分析

现金流出包括经营活动产生的现金流出、投资活动产生的现金流出和筹资活动产生的现金流出三个方面。

（1）经营活动现金流出及其主要构成项目。

2023年，经营活动产生的现金流出占总现金流出比例为59.82%。其中，经营活动产生的现金流出占比最大的上市公司为93.8%，占比最小的上市公司为6.35%。

主要构成项目：①购买商品、接受劳务支付的现金占比为27.36%。其中，占比最大的上市公司为73.38%，占比最小的上市公司为0.72%。②支付给职工以及为职工支付的现金占比为11.16%。其中，占比最大的上市公司为62.6%，占比最小的上市公司为0.92%。③支付其他与经营活动有关的现金占比为5.56%。其中，占比最大的上市公司为38.86%，占比最小的上市公司为0.36%。

（2）投资活动现金流出及其主要构成项目。

2023年，投资活动产生的现金流出占总现金流出比例为24.2%。其中，投资活动产生的现金流出占比最大的上市公司为92.9%，占比最小的上市公司为0。

主要构成项目：①投资支付的现金占比为11.88%。其中，占比最大的上市公司为

92.55%，占比最小的上市公司为0。②购建固定资产、无形资产和其他长期资产支付的现金占比为1.94%。其中，占比最大的上市公司为44.53%，占比最小的上市公司为0。

（3）筹资活动现金流出及其主要构成项目。

2023年，筹资活动产生的现金流出占总现金流出比例为9.07%。其中，筹资活动产生的现金流出占比最大的上市公司为63.02%，占比最小的上市公司为0.08%。

主要构成项目：偿还债务支付的现金占比为1.88%。其中，占比最大的上市公司为56.99%，占比最小的上市公司为0。

（4）现金流出构成及其主要项目变动趋势分析。

2019~2023年，经营活动产生的现金流出占比总体上明显上升，从2019年的53.74%增长到2023年的59.82%。其中，2019~2023年，购买商品、接受劳务支付的现金占比总体上基本稳定，且在2019~2020年明显下降，从2019年的26.89%降低到2020年的24.02%。

2019~2023年，投资活动产生的现金流出占比总体上明显上升，从2019年的20.74%增长到2023年的24.2%。其中，2019~2023年，投资支付的现金占比总体上呈大幅上升趋势，从2019年的7.38%增长到2023年的11.88%，但在2021~2022年明显上升，从2021年的8.44%增长到2022年的10.9%。

2019~2023年，筹资活动产生的现金流出占比总体上明显下降，从2019年的10.24%降低到2023年的9.07%。其中，2019~2023年，偿还债务支付的现金占比总体上呈大幅下降趋势，从2019年的5.7%降低到2023年的1.88%。

3.教育卫生文化业（PQR）现金流量净额项目分析

现金流量净额包括经营活动现金流量净额、投资活动现金流量净额和筹资活动现金流量净额三个方面。

（1）现金流量净额及其主要构成项目。

2023年，现金流量净额占总现金流入比例为–0.98%。其中，现金流量净额占比最大的上市公司为26.12%，占比最小的上市公司为–118.35%。

主要构成项目：①经营活动产生的现金流量净额占总现金流入比例为8.2%。其中，占比最大的上市公司为31.61%，占比最小的上市公司为–72.18%。②投资活动产生的现金流量净额占总现金流入比例为–3.2%。其中，占比最大的上市公司为31.49%，占比最小的上市公司为–40.67%。③筹资活动产生的现金流量净额占总现金流入比例为–3.15%。其中，占比最大的上市公司为24.95%，占比最小的上市公司为–45.32%。

（2）现金流量净额构成及其主要项目变动趋势分析。

2019~2023年，现金流量净额占比总体上大幅下降，从2019年的0.08%降低到2023年的–0.98%。其中，2019~2023年，经营活动产生的现金流量净额大幅上升，从2019年的6.28%增加到2023年的8.2%。2019~2023年，投资活动产生的现金流量净额明显上升，从2019年的–4.14%增加到2023年的–3.2%。2019~2023年，筹资活动产生的现金流量净额明显下降，从2019年的–2.43%减少到2023年的–3.15%。

二十五、综合（S）

2019~2023年，证券市场综合（S）上市公司发展状况见表3.101。

表3.101　　　　　　　　　综合（S）上市公司数量　　　　　　　　　单位：家

年份	2023	2022	2021	2020	2019
数量	13	13	13	16	21

注：公开披露定期报告的上市公司家数。

（一）证券市场综合（S）财务状况分析

证券市场综合（S）财务状况分析见表3.102。

表3.102　　　　　　　　　综合（S）资产负债表　　　　　　　　　单位：%

年份	2023			2022			2021	2020	2019
	中位数	最大值	最小值	中位数	最大值	最小值	中位数	中位数	中位数
货币资金	15.80	27.34	1.55	14.50	26.43	2.67	13.23	16.10	10.06
结算备付金	0.00	0.00	0.00	0.00	0.00	0.00	0.00	0.00	0.00
拆出资金净额	0.00	0.00	0.00	0.00	0.00	0.00	0.00	0.00	0.00
交易性金融资产	0.44	4.64	0.00	1.06	4.69	0.00	4.01	3.08	0.96
衍生金融资产	0.00	0.00	0.00	0.00	0.00	0.00	0.00	0.00	0.00
应收票据净额	0.22	0.65	0.00	0.12	0.65	0.00	0.05	0.02	0.03
应收账款净额	1.88	9.07	0.00	1.88	8.62	0.00	2.00	2.76	1.68
应收款项融资	0.44	2.70	0.00	0.22	4.11	0.00	0.28	0.70	0.00
预付款项净额	0.34	0.99	0.07	0.23	1.38	0.02	0.36	0.54	0.64
应收保费净额	0.00	0.00	0.00	0.00	0.00	0.00	0.00	0.00	0.00
应收分保账款净额	0.00	0.00	0.00	0.00	0.00	0.00	0.00	0.00	0.00
应收分保合同准备金净额	0.00	0.00	0.00	0.00	0.00	0.00	0.00	0.00	0.00
其他应收款净额	1.00	5.87	0.09	0.60	16.83	0.02	1.36	0.25	0.46
应收股利净额	0.00	0.12	0.00	0.00	0.12	0.00	0.00	0.00	0.00
买入返售金融资产净额	0.00	0.00	0.00	0.00	0.00	0.00	0.00	0.00	0.00
存货净额	9.15	86.95	0.97	10.48	83.71	0.91	11.06	10.92	5.75
合同资产	0.00	0.00	0.00	0.00	0.00	0.00	0.00	0.00	0.00
一年内到期的非流动资产	0.00	0.00	0.00	0.00	0.00	0.00	0.00	0.00	0.00
其他流动资产	1.02	3.09	0.32	0.79	3.15	0.10	1.90	1.50	0.81
流动资产合计	42.60	93.05	16.26	46.76	92.63	20.47	45.03	44.00	31.23
发放贷款及垫款净额	0.00	0.00	0.00	0.00	0.00	0.00	0.00	0.00	0.00
债权投资	0.00	0.00	0.00	0.00	0.00	0.00	0.00	0.00	0.00
其他债权投资	0.00	0.00	0.00	0.00	0.00	0.00	0.00	0.00	0.00

续表

年份	2023			2022			2021	2020	2019
	中位数	最大值	最小值	中位数	最大值	最小值	中位数	中位数	中位数
长期应收款净额	0.00	0.12	0.00	0.00	0.00	0.00	0.00	0.00	0.00
长期股权投资净额	3.12	29.73	0.00	2.98	31.74	0.00	2.47	1.52	3.49
其他权益工具投资	0.02	23.00	0.00	0.02	27.63	0.00	0.02	0.02	0.06
其他非流动金融资产	1.02	23.05	0.00	1.44	22.90	0.00	1.44	0.08	0.16
投资性房地产净额	0.17	11.09	0.00	0.14	9.15	0.00	0.18	0.15	0.27
固定资产净额	15.58	30.48	0.11	15.08	30.66	0.16	7.25	6.68	3.97
在建工程净额	1.17	8.51	0.00	0.50	4.48	0.00	3.54	1.40	0.33
生产性生物资产净额	0.00	0.00	0.00	0.00	0.00	0.00	0.00	0.00	0.00
油气资产净额	0.00	0.00	0.00	0.00	0.00	0.00	0.00	0.00	0.00
使用权资产	0.28	2.34	0.00	0.17	0.92	0.00	0.17	0.00	0.00
无形资产净额	4.47	14.87	0.00	4.75	14.22	0.00	5.61	7.70	6.56
开发支出	0.00	0.00	0.00	0.00	0.02	0.00	0.00	0.00	0.00
商誉净额	0.00	0.13	0.00	0.00	0.13	0.00	0.00	0.00	0.00
长期待摊费用	0.04	0.45	0.00	0.04	0.26	0.00	0.07	0.09	0.09
递延所得税资产	0.58	1.56	0.23	0.38	1.39	0.01	0.22	0.30	0.50
其他非流动资产	0.02	7.23	0.00	0.01	7.02	0.00	0.24	0.02	1.62
非流动资产合计	57.40	83.74	6.95	53.24	79.53	7.37	54.97	56.00	68.77
资产总计	100.00	100.00	100.00	100.00	100.00	100.00	100.00	100.00	100.00
短期借款	10.68	24.68	0.00	16.98	26.22	0.00	20.52	16.10	13.50
向中央银行借款	0.00	0.00	0.00	0.00	0.00	0.00	0.00	0.00	0.00
拆入资金	0.00	0.00	0.00	0.00	0.00	0.00	0.00	0.00	0.00
交易性金融负债	0.00	0.03	0.00	0.00	0.09	0.00	0.00	0.00	0.00
衍生金融负债	0.00	0.00	0.00	0.00	0.00	0.00	0.00	0.00	0.00
应付票据	2.06	4.78	0.00	1.27	6.17	0.00	0.34	0.06	0.00
应付账款	6.64	18.58	2.77	7.83	18.68	3.09	6.64	4.93	4.55
预收款项	0.01	0.28	0.00	0.00	0.90	0.00	0.00	0.00	0.56
合同负债	0.52	14.81	0.13	0.64	15.84	0.25	0.64	1.46	0.00
卖出回购金融资产款	0.00	0.00	0.00	0.00	0.00	0.00	0.00	0.00	0.00
吸收存款及同业存放	0.00	0.00	0.00	0.00	0.00	0.00	0.00	0.00	0.00
代理买卖证券款	0.00	0.00	0.00	0.00	0.00	0.00	0.00	0.00	0.00
代理承销证券款	0.00	0.00	0.00	0.00	0.00	0.00	0.00	0.00	0.00
应付职工薪酬	0.64	2.92	0.17	0.70	3.02	0.29	0.72	0.74	0.70
应交税费	0.60	4.18	0.16	0.86	2.69	0.20	0.63	0.92	1.17
其他应付款	2.26	5.84	0.50	1.81	5.61	0.65	1.48	3.25	2.13

续表

年份	2023			2022			2021	2020	2019
	中位数	最大值	最小值	中位数	最大值	最小值	中位数	中位数	中位数
应付股利	0.05	0.13	0.00	0.06	0.12	0.00	0.04	0.04	0.03
应付手续费及佣金	0.00	0.00	0.00	0.00	0.00	0.00	0.00	0.00	0.00
应付分保账款	0.00	0.00	0.00	0.00	0.00	0.00	0.00	0.00	0.00
一年内到期的非流动负债	4.66	29.08	0.10	2.49	9.62	0.02	0.88	2.88	1.67
其他流动负债	0.39	5.63	0.03	0.18	2.78	0.13	0.86	1.27	0.00
流动负债合计	31.06	73.34	26.25	34.40	54.12	18.22	40.36	40.90	34.36
保险合同准备金	0.00	0.00	0.00	0.00	0.00	0.00	0.00	0.00	0.00
长期借款	8.35	13.30	0.00	9.34	20.86	2.81	4.46	5.42	2.81
应付债券	0.00	0.00	0.00	0.00	0.00	0.00	0.00	0.00	0.00
租赁负债	0.22	2.02	0.00	0.14	0.62	0.00	0.16	0.00	0.00
长期应付款	0.08	0.67	0.00	0.07	0.68	0.00	0.06	0.06	0.02
预计负债	0.06	0.53	0.00	0.08	0.50	0.00	0.28	0.34	0.27
递延收益-非流动负债	0.08	0.78	0.00	0.10	0.72	0.00	0.11	0.16	0.19
递延所得税负债	0.41	5.61	0.00	0.38	7.02	0.00	0.12	0.08	0.10
其他非流动负债	0.14	9.25	0.00	0.00	1.22	0.00	0.00	0.00	0.00
非流动负债合计	11.93	17.49	8.00	11.98	21.11	4.68	7.96	10.31	14.77
负债合计	46.52	82.77	37.17	42.34	75.23	36.89	50.26	48.55	36.60
实收资本（或股本）	12.76	22.05	10.03	12.65	20.44	10.62	12.62	12.27	13.63
其他权益工具	0.00	0.00	0.00	0.00	0.00	0.00	0.00	0.00	0.00
其中：优先股	0.00	0.00	0.00	0.00	0.00	0.00	0.00	0.00	0.00
其中：永续债	0.00	0.00	0.00	0.00	0.00	0.00	0.00	0.00	0.00
资本公积	2.62	25.06	0.02	2.66	25.57	1.04	2.51	1.81	2.46
其中：库存股	0.00	1.37	0.00	0.00	3.95	0.00	0.00	0.00	0.00
其他综合收益	0.30	16.45	−0.09	0.28	19.98	−0.09	0.18	0.20	0.29
专项储备	0.02	0.06	0.00	0.03	0.07	0.00	0.00	0.01	0.00
盈余公积	3.56	7.62	0.00	4.42	8.06	1.68	3.72	3.09	2.05
一般风险准备	0.00	0.00	0.00	0.00	0.00	0.00	0.00	0.00	0.00
未分配利润	20.64	37.37	−4.09	21.56	33.28	3.97	20.21	17.43	15.17
归属于母公司所有者权益合计	50.74	60.86	17.23	53.31	61.07	24.77	43.76	45.02	58.60
少数股东权益	1.67	5.49	−0.01	2.54	5.36	0.00	3.32	4.12	2.99
所有者权益合计	53.48	62.83	17.23	57.66	63.11	24.77	49.74	51.45	63.40
负债与所有者权益总计	100.00	100.00	100.00	100.00	100.00	100.00	100.00	100.00	100.00

注：所有项目均以资产总计为基数。

1. 综合（S）资产项目分析

资产项目包括流动资产和非流动资产两个方面。

（1）流动资产及其主要构成项目。

2023年，流动资产合计占总资产比例为42.6%。其中，流动资产占比最大的上市公司为93.05%，占比最小的上市公司为16.26%。

主要构成项目：①货币资金占比为15.8%。其中，占比最大的上市公司为27.34%，占比最小的上市公司为1.55%。②其他流动资产占比为1.02%。其中，占比最大的上市公司为3.09%，占比最小的上市公司为0.32%。③交易性金融资产占比为0.44%。其中，占比最大的上市公司为4.64%，占比最小的上市公司为0。

（2）非流动资产及其主要构成项目。

2023年，非流动资产合计占总资产比例为57.4%。其中，非流动资产占比最大的上市公司为83.74%，占比最小的上市公司为6.95%。

主要构成项目：①其他非流动金融资产占比为1.02%。其中，占比最大的上市公司为23.05%，占比最小的上市公司为0。②递延所得税资产占比为0.58%。其中，占比最大的上市公司为1.56%，占比最小的上市公司为0.23%。③使用权资产占比为0.28%。其中，占比最大的上市公司为2.34%，占比最小的上市公司为0。

（3）资产构成及其主要项目变动趋势分析。

2019~2023年，流动资产合计占比总体上呈大幅上升趋势。其中，2019~2023年，货币资金占比总体上呈大幅上升趋势，从2019年的10.06%增长到2023年的15.8%；2019~2023年，其他流动资产占比总体上呈明显上升趋势，从2019年的0.81%增长到2023年的1.02%，且在2019~2020年大幅上升，从2019年的0.81%增长到2020年的1.5%；2019~2023年，交易性金融资产占比总体上呈大幅下降趋势，从2019年的0.96%降低到2023年的0.44%，但在2019~2020年大幅上升，从2019年的0.96%增长到2020年的3.08%。

2019~2023年，非流动资产合计占比总体上呈明显下降趋势。其中，2019~2023年，其他非流动金融资产占比总体上呈大幅上升趋势，从2019年的0.16%增长到2023年的1.02%；2019~2023年，递延所得税资产占比总体上呈明显上升趋势，从2019年的0.5%增长到2023年的0.58%，且在2021~2022年大幅上升，从2021年的0.22%增长到2022年的0.38%；2019~2023年，使用权资产占比总体上呈明显上升趋势，从2019年的0增长到2023年的0.28%，且在2022~2023年大幅上升，从2022年的0.17%增长到2023年的0.28%。

2. 综合（S）负债项目分析

负债项目包括流动负债和非流动负债两个方面。2023年，负债合计占总资产比例为46.52%。其中，负债合计占比最大的上市公司为82.77%，占比最小的上市公司为37.17%。

（1）流动负债及其主要构成项目。

2023年，流动负债合计占总资产比例为31.06%。其中，流动负债占比最大的上市公司为73.34%，占比最小的上市公司为26.25%。

主要构成项目：①短期借款占比为10.68%。其中，占比最大的上市公司为24.68%，占比最小的上市公司为0。②应付账款占比为6.64%。其中，占比最大的上市公司为18.58%，占比最小的上市公司为2.77%。③一年内到期的非流动负债占比为4.66%。其中，占比最大的上市公司为29.08%，占比最小的上市公司为0.1%。

（2）非流动负债及其主要构成项目。

2023年，非流动负债合计占总资产比例为11.93%。其中，非流动负债占比最大的上市公司为17.49%，占比最小的上市公司为8.0%。

主要构成项目：①长期借款占比为8.35%。其中，占比最大的上市公司为13.3%，占比最小的上市公司为0。②递延所得税负债占比为0.41%。其中，占比最大的上市公司为5.61%，占比最小的上市公司为0。③租赁负债占比为0.22%。其中，占比最大的上市公司为2.02%，占比最小的上市公司为0。

（3）负债构成及其主要项目变动趋势分析。

2019~2023年，流动负债合计占比总体上呈明显下降趋势。其中，2019~2023年，短期借款占比总体上呈明显下降趋势，从2019年的13.5%降低到2023年的10.68%，且在2022~2023年大幅下降，从2022年的16.98%降低到2023年的10.68%；2019~2023年，应付账款占比总体上呈大幅上升趋势，从2019年的4.55%增长到2023年的6.64%；2019~2023年，一年内到期的非流动负债占比总体上呈大幅上升趋势，从2019年的1.67%增长到2023年的4.66%。

2019~2023年，非流动负债合计占比总体上呈明显下降趋势。其中，2019~2023年，长期借款占比总体上呈大幅上升趋势，从2019年的2.81%增长到2023年的8.35%；2019~2023年，递延所得税负债占比总体上呈大幅上升趋势，从2019年的0.1%增长到2023年的0.41%；2019~2023年，租赁负债占比总体上呈明显上升趋势，从2019年的0增长到2023年的0.22%，且在2022~2023年大幅上升，从2022年的0.14%增长到2023年的0.22%。

3.综合（S）所有者权益项目分析

所有者权益项目包括实收资本（股本）、资本公积、盈余公积和未分配利润等四个方面。

（1）所有者权益及其主要构成项目。

2023年，所有者权益合计占总资产比例为53.48%。其中，所有者权益占比最大的上市公司为62.83%，占比最小的上市公司为17.23%。

主要构成项目：①实收资本（或股本）占比为12.76%。其中，占比最大的上市公司为22.05%，占比最小的上市公司为10.03%。②资本公积占比为2.62%。其中，占比最大的上市公司为25.06%，占比最小的上市公司为0.02%。③盈余公积占比为3.56%。其中，占比最大的上市公司为7.62%，占比最小的上市公司为0。④未分配利润占比为20.64%。其中，占比最大的上市公司为37.37%，占比最小的上市公司为-4.09%。

（2）所有者权益构成及其主要项目变动趋势分析。

2019~2023年，所有者权益合计占比总体上呈明显下降趋势。其中，2019~2023年，实收资本（或股本）占比总体上呈明显下降趋势，从2019年的13.63%降低到2023年的12.76%；2019~2023年，资本公积占比总体上呈明显上升趋势，从2019年的2.46%增长到2023年的2.62%，且在2020~2021年大幅上升，从2020年的1.81%增长到2021年的2.51%；2019~2023年，盈余公积占比总体上呈大幅上升趋势，从2019年的2.05%增长到2023年的3.56%；2019~2023年，未分配利润占比总体上呈大幅上升趋势，从2019年的15.17%增长到2023年的20.64%，但在2020~2021年明显上升，从2020年的17.43%增长到2021年的20.21%。

（二）证券市场综合（S）利润分析

证券市场综合（S）利润分析见表3.103。

表3.103　　　　　　　综合（S）利润表　　　　　　单位：%

年份	2023			2022			2021	2020	2019
	中位数	最大值	最小值	中位数	最大值	最小值	中位数	中位数	中位数
营业总收入	100.00	100.00	100.00	100.00	100.00	100.00	100.00	100.00	100.00
营业收入	100.00	100.00	100.00	100.00	100.00	100.00	100.00	100.00	100.00
利息净收入	0.00	0.00	0.00	0.00	0.00	0.00	0.00	0.00	0.00
利息收入	0.00	0.00	0.00	0.00	0.00	0.00	0.00	0.00	0.00
已赚保费	0.00	0.00	0.00	0.00	0.00	0.00	0.00	0.00	0.00
保险业务收入	0.00	0.00	0.00	0.00	0.00	0.00	0.00	0.00	0.00
减：分出保费	0.00	0.00	0.00	0.00	0.00	0.00	0.00	0.00	0.00
减：提取未到期责任准备金	0.00	0.00	0.00	0.00	0.00	0.00	0.00	0.00	0.00
手续费及佣金净收入	0.00	0.00	0.00	0.00	0.00	0.00	0.00	0.00	0.00
手续费及佣金收入	0.00	0.00	0.00	0.00	0.00	0.00	0.00	0.00	0.00
营业总成本	100.76	324.45	86.09	90.70	128.28	81.97	103.96	109.54	100.02
营业成本	87.44	98.41	38.15	80.22	96.96	40.69	77.25	68.17	58.05
利息支出									
手续费及佣金支出	0.00	0.00	0.00	0.00	0.00	0.00	0.00	0.00	0.00
退保金									
赔付支出净额	0.00	0.00	0.00	0.00	0.00	0.00	0.00	0.00	0.00
赔付支出	0.00	0.00	0.00	0.00	0.00	0.00	0.00	0.00	0.00
减：摊回赔付支出	0.00	0.00	0.00	0.00	0.00	0.00	0.00	0.00	0.00
提取保险责任准备金净额									
提取保险责任准备金	0.00	0.00	0.00	0.00	0.00	0.00	0.00	0.00	0.00
减：摊回保险责任准备金									
保单红利支出	0.00	0.00	0.00	0.00	0.00	0.00	0.00	0.00	0.00
分保费用			0.00	0.00	0.00	0.00	0.00	0.00	0.00
税金及附加	1.46	20.26	0.61	1.16	18.55	0.73	0.90	1.06	1.18
销售费用	3.13	8.62	0.65	2.36	5.87	0.50	2.49	3.18	1.77

续表

年份	2023			2022			2021	2020	2019
	中位数	最大值	最小值	中位数	最大值	最小值	中位数	中位数	中位数
管理费用	12.40	35.87	5.71	7.57	20.44	3.17	7.26	11.02	9.66
研发费用	2.05	3.95	0.00	2.49	6.49	0.00	2.16	1.70	1.81
财务费用	5.02	177.76	0.96	2.67	18.26	−1.13	3.94	5.02	4.88
其他收益	0.36	2.40	−1.73	0.46	2.11	0.02	0.66	2.33	0.47
投资收益	2.32	7.33	−7.52	9.10	33.18	0.05	2.64	0.20	2.18
汇兑收益	0.00	0.00	0.00	0.00	0.00	0.00	0.00	0.00	0.00
其他业务收入	0.00	0.00	0.00	0.00	0.00	0.00	0.00	0.00	0.00
净敞口套期收益	0.00	0.00	0.00	0.00	0.00	0.00	0.00	0.00	0.00
公允价值变动收益	−0.16	2.52	−7.31	−1.28	2.35	−33.00	0.09	2.44	0.10
信用减值损失	−0.00	0.44	−24.66	0.08	0.29	−2.73	0.14	−0.08	−0.25
资产减值损失	−0.08	14.32	−1.48	−0.58	0.00	−32.24	−0.70	−1.19	−1.56
资产处置收益	0.01	3.83	0.00	0.94	−0.05	0.03	0.00	−0.00	
业务及管理费	0.00	0.00	0.00	0.00	0.00	0.00	0.00	0.00	0.00
减：摊回分保费用	0.00	0.00	0.00	0.00	0.00	0.00	0.00	0.00	0.00
其他业务成本	0.00	0.00	0.00	0.00	0.00	0.00	0.00	0.00	0.00
其他业务利润	0.00	0.00	0.00	0.00	0.00	0.00	0.00	0.00	0.00
营业利润	1.04	21.50	−244.36	11.14	32.46	−60.52	9.63	4.96	9.31
加：营业外收入	0.16	2.27	0.03	0.21	1.44	0.01	0.40	0.39	0.22
减：营业外支出	0.20	74.95	0.04	0.26	5.62	0.04	0.29	0.41	0.11
利润总额	1.90	21.57	−319.13	11.07	31.74	−66.12	9.58	6.06	9.42
减：所得税费用	0.33	1.45	−0.01	1.14	8.51	−0.99	2.78	1.98	2.79
未确认的投资损失	0.00	0.00	0.00	0.00	0.00	0.00	0.00	0.00	0.00
影响净利润的其他项目	0.00	0.00	0.00	0.00	0.00	0.00	0.00	0.00	0.00
净利润	1.20	20.11	−319.55	9.93	23.24	−68.45	6.80	4.84	4.70
归属于母公司所有者的净利润	1.60	18.46	−319.55	9.64	21.96	−68.45	7.66	2.99	5.33
归属于母公司其他权益工具持有者的净利润	0.00	0.00	0.00	0.00	0.00	0.00	0.00	0.00	0.00
少数股东损益	−0.00	2.26	−0.80	0.29	4.91	−2.10	−0.70	−1.52	−0.76
其他综合收益（损失）	0.00	0.14	−53.42	0.00	1.13	−92.53	0.00	−0.07	0.12
综合收益总额	−1.28	20.17	−319.55	5.43	23.85	−72.88	−8.30	−21.56	4.68
归属于母公司所有者的综合收益	−0.68	18.51	−319.55	6.42	22.58	−77.79	−6.33	−20.05	5.30
归属少数股东的综合收益	−0.00	2.26	−0.80	0.29	4.91	−2.10	−0.70	−1.52	−0.76
基本每股收益	0.04	0.21	−0.62	0.26	0.44	−0.98	0.24	0.12	0.12
稀释每股收益	0.04	0.21	−0.62	0.26	0.44	−0.98	0.24	0.12	0.12

1. 综合（S）成本费用项目分析

（1）成本与费用及其主要构成项目。

主要构成项目：①营业成本占营业总收入比例为87.44%。其中，营业成本占比最大的上市公司为98.41%，占比最小的上市公司为38.15%。②销售费用占营业总收入比例为3.13%。其中，销售费用占比最大的上市公司为8.62%，占比最小的上市公司为0.65%。③管理费用占营业总收入比例为12.4%。其中，管理费用占比最大的上市公司为35.87%，占比最小的上市公司为5.71%。④财务费用占营业总收入比例为5.02%。其中，财务费用占比最大的上市公司为177.76%，占比最小的上市公司为0.96%。⑤研发费用占营业总收入比例为2.05%。其中，研发费用占比最大的上市公司为3.95%，占比最小的上市公司为0。

（2）成本与费用及其主要项目变动趋势分析。

2019~2023年，营业成本占比大幅上升，从2019年的58.05%增长到2023年的87.44%；2019~2023年，销售费用占比大幅上升，从2019年的1.77%增长到2023年的3.13%；2019~2023年，管理费用占比明显上升，从2019年的9.66%增长到2023年的12.4%；2019~2023年，财务费用占比基本稳定，从2019年的4.88%增长到2023年的5.02%；2019~2023年，研发费用占比明显上升，从2019年的1.81%增长到2023年的2.05%。

2. 综合（S）其他损益项目分析

（1）其他损益及其主要构成项目。

主要构成项目：①资产减值损失占营业总收入比例为-0.08%。其中，资产减值损失占比最大的上市公司为14.32%，占比最小的上市公司为-1.48%。②投资收益占营业总收入比例为2.32%。其中，投资收益占比最大的上市公司为7.33%，占比最小的上市公司为-7.52%。③基本每股收益为0.04元。其中，基本每股收益最大的上市公司为0.21元，最小的上市公司为-0.62元。④其他收益占营业总收入比例为0.36%。其中，其他收益占比最大的上市公司为2.4%，占比最小的上市公司为-1.73%。⑤信用减值损失占营业总收入比例为-0。其中，信用减值损失占比最大的上市公司为0.44%，占比最小的上市公司为-24.66%。

（2）其他损益及其主要项目变动趋势分析。

2019~2023年，资产减值损失占比大幅上升，从2019年的-1.56%增长到2023年的-0.08%；2019~2023年，投资收益占比明显上升，从2019年的2.18%增长到2023年的2.32%；2019~2023年，其他收益占比明显下降，从2019年的0.47%下降为2023年的0.36%；2019~2023年，信用减值损失占比大幅上升，从2019年的-0.25%增长到2023年的-0。

3. 综合（S）利润项目分析

（1）利润及其主要构成项目。

主要构成项目：①营业利润占营业总收入比例为1.04%。其中，营业利润占比最大的

上市公司为21.5%，占比最小的上市公司为-244.36%。②利润总额占营业总收入比例为1.9%。其中，利润总额占比最大的上市公司为21.57%，占比最小的上市公司为-319.13%。③净利润占营业总收入比例为1.2%。其中，净利润占比最大的上市公司为20.11%，占比最小的上市公司为-319.55%。④归属于母公司所有者的净利润占营业总收入比例为1.6%。其中，归属于母公司所有者的净利润占比最大的上市公司为18.46%，占比最小的上市公司为-319.55%。

（2）利润及其主要项目变动趋势分析。

2019~2023年，营业利润占比大幅下降，从2019年的9.31%下降为2023年的1.04%；2019~2023年，利润总额占比大幅下降，从2019年的9.42%下降为2023年的1.9%；2019~2023年，净利润占比大幅下降，从2019年的4.7%下降为2023年的1.2%；2019~2023年，归属于母公司所有者的净利润占比大幅下降，从2019年的5.33%下降为2023年的1.6%。

（三）证券市场综合（S）现金流量分析

证券市场综合（S）现金流量分析见表3.104。

表3.104　　　　　综合（S）现金流量表　　　　　　　　单位：%

年份	2023			2022			2021	2020	2019
	中位数	最大值	最小值	中位数	最大值	最小值	中位数	中位数	中位数
销售商品、提供劳务收到的现金	46.30	61.25	21.24	40.96	82.89	29.84	50.30	37.46	42.97
客户存款和同业存放款项净增加额	0.00	0.00	0.00	0.00	0.00	0.00	0.00	0.00	0.00
向中央银行借款净增加额	0.00	0.00	0.00	0.00	0.00	0.00	0.00	0.00	0.00
向其他金融机构拆入资金净增加额	0.00	0.00	0.00	0.00	0.00	0.00	0.00	0.00	0.00
收到原保险合同保费取得的现金	0.00	0.00	0.00	0.00	0.00	0.00	0.00	0.00	0.00
收到再保险业务现金净额	0.00	0.00	0.00	0.00	0.00	0.00	0.00	0.00	0.00
保户储金及投资款净增加额	0.00	0.00	0.00	0.00	0.00	0.00	0.00	0.00	0.00
处置交易性金融资产净增加额	0.00	0.00	0.00	0.00	0.00	0.00	0.00	0.00	0.00
收取利息、手续费及佣金的现金	0.00	0.00	0.00	0.00	0.00	0.00	0.00	0.00	0.00
拆入资金净增加额	0.00	0.00	0.00	0.00	0.00	0.00	0.00	0.00	0.00
回购业务资金净增加额	0.00	0.00	0.00	0.00	0.00	0.00	0.00	0.00	0.00
收到的税费返还	0.26	2.08	0.00	1.14	2.78	0.46	0.25	0.21	0.19
收到的其他与经营活动有关的现金	5.22	13.44	1.83	1.78	15.90	0.85	4.68	4.47	4.14
经营活动现金流入小计	52.89	63.24	28.49	54.33	85.19	31.23	56.97	41.08	46.63

续表

年份	2023			2022			2021	2020	2019
	中位数	最大值	最小值	中位数	最大值	最小值	中位数	中位数	中位数
购买商品、接受劳务支付的现金	30.76	47.06	7.25	38.74	50.85	9.72	34.26	26.76	26.44
客户贷款及垫款净增加额	0.00	0.00	0.00	0.00	0.00	0.00	0.00	0.00	0.00
存放中央银行和同业款项净增加额	0.00	0.00	0.00	0.00	0.00	0.00	0.00	0.00	0.00
支付原保险合同赔付款项的现金	0.00	0.00	0.00	0.00	0.00	0.00	0.00	0.00	0.00
支付利息、手续费及佣金的现金	0.00	0.00	0.00	0.00	0.00	0.00	0.00	0.00	0.00
支付保单红利的现金	0.00	0.00	0.00	0.00	0.00	0.00	0.00	0.00	0.00
支付给职工以及为职工支付的现金	7.70	17.88	3.44	5.66	10.13	2.74	6.96	6.06	6.74
支付的各项税费	4.34	8.42	1.05	2.59	4.28	0.70	2.72	2.96	2.46
支付其他与经营活动有关的现金	8.40	15.63	2.64	5.25	16.55	1.72	6.14	4.62	7.63
经营活动现金流出小计	**57.20**	**63.19**	**30.06**	**51.86**	**62.12**	**25.40**	**49.46**	**40.44**	**51.94**
经营活动产生的现金流量净额	**1.24**	**14.01**	**−47.32**	**4.38**	**23.92**	**−14.84**	**5.56**	**1.53**	**−1.08**
收回投资收到的现金	2.76	18.25	0.00	4.44	20.41	0.00	1.18	13.98	8.98
取得投资收益收到的现金	1.43	6.75	0.00	0.99	10.28	0.04	0.30	0.12	1.26
处置固定资产、无形资产和其他长期资产收回的现金净额	0.06	1.52	0.00	0.01	0.90	0.00	0.16	0.08	0.01
处置子公司及其他营业单位收到的现金净额	0.00	0.00	0.00	2.89	7.72	0.00	0.00	0.00	0.00
收到的其他与投资活动有关的现金	0.00	0.59	0.00	0.00	0.32	0.00	0.00	0.00	0.00
投资活动产生的现金流入小计	**4.09**	**22.34**	**0.10**	**10.28**	**30.75**	**6.28**	**11.04**	**19.48**	**12.00**
购建固定资产、无形资产和其他长期资产支付的现金	5.28	9.21	0.49	5.58	16.85	0.10	6.58	4.18	3.37
投资支付的现金	0.52	13.41	0.00	3.58	13.00	0.00	1.54	3.54	3.73
质押贷款净增加额	0.00	0.00	0.00	0.00	0.00	0.00	0.00	0.00	0.00
取得子公司及其他营业单位支付的现金净额	0.00	0.45	0.00	0.00	0.00	0.00	0.00	0.00	0.00
支付其他与投资活动有关的现金	0.00	1.40	0.00	0.00	1.37	0.00	0.00	0.00	0.00
投资活动产生的现金流出小计	**7.83**	**18.07**	**0.49**	**9.27**	**29.85**	**0.10**	**10.30**	**10.40**	**11.58**

续表

年份	2023			2022			2021	2020	2019
	中位数	最大值	最小值	中位数	最大值	最小值	中位数	中位数	中位数
投资活动产生的现金流量净额	0.44	10.73	−9.18	6.00	9.70	−3.96	−0.02	−3.50	−2.00
吸收投资收到的现金	0.00	1.67	0.00	0.00	0.43	0.00	0.00	0.00	0.00
吸收权益性投资收到的现金	0.00	1.67	0.00	0.00	0.43	0.00	0.00	0.00	0.00
其中：子公司吸收少数股东投资收到的现金	0.00	1.67	0.00	0.00	0.43	0.00	0.00	0.00	0.00
发行债券收到的现金	0.00	0.00	0.00	0.00	0.00	0.00	0.00	0.00	0.00
取得借款收到的现金	25.82	46.22	0.00	27.60	61.05	0.00	17.88	34.42	14.93
收到其他与筹资活动有关的现金	0.32	70.92	0.00	0.31	23.25	0.00	0.23	0.64	0.38
筹资活动现金流入小计	35.84	70.92	25.16	38.00	61.26	14.69	25.74	42.26	38.24
偿还债务支付的现金	24.64	59.05	0.00	19.60	62.80	1.84	19.33	16.02	17.48
分配股利、利润或偿付利息支付的现金	3.45	30.00	1.40	3.57	15.02	1.66	2.97	2.80	3.46
其中：子公司支付给少数股东的股利、利润	0.00	0.30	0.00	0.00	0.50	0.00	0.00	0.03	0.00
支付其他与筹资活动有关的现金	1.40	18.03	0.00	0.82	25.60	0.00	0.40	0.86	2.09
筹资活动现金流出小计	34.64	66.19	23.90	41.93	67.29	8.03	40.39	41.01	29.80
筹资活动产生的现金流量净额	1.12	25.93	−30.77	−5.60	36.49	−43.03	−3.44	−2.85	−7.49
现金总流入	100.00	100.00	100.00	100.00	100.00	100.00	100.00	100.00	100.00
现金总流出	100.00	100.00	100.00	100.00	100.00	100.00	100.00	100.00	100.00
现金流量净额	−1.37	6.63	−21.88	2.92	29.01	−11.47	−3.76	−1.30	−1.44

注：现金流入项目以现金总流入为基数，现金流出项目以现金总流出为基数。

1. 综合（S）现金流入项目分析

现金流入包括经营活动产生的现金流入、投资活动产生的现金流入和筹资活动产生的现金流入三个方面。

（1）经营活动现金流入及其主要构成项目。

2023年，经营活动产生的现金流入占总现金流入比例为52.89%。其中，经营活动产生的现金流入占比最大的上市公司为63.24%，占比最小的上市公司为28.49%。

主要构成项目：销售商品、提供劳务收到的现金占比为46.3%。其中，占比最大的上市公司为61.25%，占比最小的上市公司为21.24%。

（2）投资活动现金流入及其主要构成项目。

2023年，投资活动产生的现金流入占总现金流入比例为4.09%。其中，投资活动产生的现金流入占比最大的上市公司为22.34%，占比最小的上市公司为0.1%。

主要构成项目：收回投资收到的现金占比为2.76%。其中，占比最大的上市公司为18.25%，占比最小的上市公司为0。

（3）筹资活动现金流入及其主要构成项目。

2023年，筹资活动产生的现金流入占总现金流入比例为35.84%。其中，筹资活动产生的现金流入占比最大的上市公司为70.92%，占比最小的上市公司为25.16%。

主要构成项目：取得借款收到的现金占比为25.82%。其中，占比最大的上市公司为46.22%，占比最小的上市公司为0。

（4）现金流入构成及其主要项目变动趋势分析。

2019~2023年，经营活动产生的现金流入占比总体上明显上升，从2019年的46.63%增长到2023年的52.89%。其中，2019~2023年，销售商品、提供劳务收到的现金占比总体上呈明显上升趋势，从2019年的42.97%增长到2023年的46.3%，且在2020~2021年大幅上升，从2020年的37.46%增长到2021年的50.3%。

2019~2023年，投资活动产生的现金流入占比总体上大幅下降，从2019年的12.0%降低到2023年的4.09%。其中，2019~2023年，收回投资收到的现金占比总体上呈大幅下降趋势，从2019年的8.98%降低到2023年的2.76%，但在2021~2022年大幅上升，从2021年的1.18%增长到2022年的4.44%。

2019~2023年，筹资活动产生的现金流入占比总体上明显下降，从2019年的38.24%降低到2023年的35.84%。其中，2019~2023年，取得借款收到的现金占比总体上呈大幅上升趋势，从2019年的14.93%增长到2023年的25.82%。

2. 综合（S）现金流出项目分析

现金流出包括经营活动产生的现金流出、投资活动产生的现金流出和筹资活动产生的现金流出三个方面。

（1）经营活动现金流出及其主要构成项目。

2023年，经营活动产生的现金流出占总现金流出比例为57.2%。其中，经营活动产生的现金流出占比最大的上市公司为63.19%，占比最小的上市公司为30.06%。

主要构成项目：①购买商品、接受劳务支付的现金占比为30.76%。其中，占比最大的上市公司为47.06%，占比最小的上市公司为7.25%。②支付其他与经营活动有关的现金占比为8.4%。其中，占比最大的上市公司为15.63%，占比最小的上市公司为2.64%。③支付给职工以及为职工支付的现金占比为7.7%。其中，占比最大的上市公司为17.88%，占比最小的上市公司为3.44%。

（2）投资活动现金流出及其主要构成项目。

2023年，投资活动产生的现金流出占总现金流出比例为7.83%。其中，投资活动产生的现金流出占比最大的上市公司为18.07%，占比最小的上市公司为0.49%。

主要构成项目：①购建固定资产、无形资产和其他长期资产支付的现金占比为5.28%。其中，占比最大的上市公司为9.21%，占比最小的上市公司为0.49%。②投资支付的现金占比为0.52%。其中，占比最大的上市公司为13.41%，占比最小的上市公司为0。

（3）筹资活动现金流出及其主要构成项目。

2023年，筹资活动产生的现金流出占总现金流出比例为34.64%。其中，筹资活动产生的现金流出占比最大的上市公司为66.19%，占比最小的上市公司为23.9%。

主要构成项目：偿还债务支付的现金占比为24.64%。其中，占比最大的上市公司为59.05%，占比最小的上市公司为0。

（4）现金流出构成及其主要项目变动趋势分析。

2019~2023年，经营活动产生的现金流出占比总体上明显上升，从2019年的51.94%增长到2023年的57.2%。其中，2019~2023年，购买商品、接受劳务支付的现金占比总体上呈明显上升趋势，从2019年的26.44%增长到2023年的30.76%。

2019~2023年，投资活动产生的现金流出占比总体上大幅下降，从2019年的11.58%降低到2023年的7.83%。其中，2019~2023年，购建固定资产、无形资产和其他长期资产支付的现金占比总体上呈大幅上升趋势，从2019年的3.37%增长到2023年的5.28%。

2019~2023年，筹资活动产生的现金流出占比总体上明显上升，从2019年的29.8%增长到2023年的34.64%。其中，2019~2023年，偿还债务支付的现金占比总体上呈大幅上升趋势，从2019年的17.48%增长到2023年的24.64%，但在2022~2023年明显上升，从2022年的19.6%增长到2023年的24.64%。

3. 综合（S）现金流量净额项目分析

现金流量净额包括经营活动现金流量净额、投资活动现金流量净额和筹资活动现金流量净额三个方面。

（1）现金流量净额及其主要构成项目。

2023年，现金流量净额占总现金流入比例为-1.37%。其中，现金流量净额占比最大的上市公司为6.63%，占比最小的上市公司为-21.88%。

主要构成项目：①经营活动产生的现金流量净额占总现金流入比例为1.24%。其中，占比最大的上市公司为14.01%，占比最小的上市公司为-47.32%。②投资活动产生的现金流量净额占总现金流入比例为0.44%。其中，占比最大的上市公司为10.73%，占比最小的上市公司为-9.18%。③筹资活动产生的现金流量净额占总现金流入比例为1.12%。其中，占比最大的上市公司为25.93%，占比最小的上市公司为-30.77%。

（2）现金流量净额构成及其主要项目变动趋势分析。

2019~2023年，现金流量净额占比总体上基本稳定。其中，2019~2023年，经营活动产生的现金流量净额大幅上升，从2019年的-1.08%增加到2023年的1.24%。2019~2023年，投资活动产生的现金流量净额大幅上升，从2019年的-2.0%增加到2023年的0.44%。2019~2023年，筹资活动产生的现金流量净额大幅上升，从2019年的-7.49%增加到2023年的1.12%。

第四章

会计信息质量分析

本报告基于第二章对会计信息质量的界定及其测定方法，直接依据我国《企业会计准则—基本准则》（2014）和国际会计准则理事会发布公告《会计信息质量特征》（2018）（注：2005年11月国际会计准则理事会宣布中国会计准则与国际财务报告准则等效），对我国证券市场会计信息质量的总体状况和分行业的会计信息质量状况进行分析。

第一节 证券市场会计信息质量总体状况

会计信息的基本特征为会计信息决策有用性，这一特征通过会计信息的基础质量特征（相关性和忠实表达）、辅助质量特征（可比性、可验证性和及时性）得以体现。为此，这一公认框架构成了测定会计信息质量的理论基础。

本报告中，会计信息决策有用性这一总体质量指标以会计信息质量指数进行反映，需要综合反映公司会计信息的基础质量特征和辅助质量特征，并涵盖证券分析师至公司季报、中报、业绩预告、年度财务报告，再至公司股价的全过程。因此，会计信息质量状况分析包括会计信息质量指数分析、基础质量特征分析和辅助质量特征分析三个部分。

本部分以我国上市公司分年度财务报告的会计信息质量指标为基础，借助于会计信息质量指标的中位数，重点分析我国上市公司（含上海证券交易所和深圳证券交易所）年度会计信息质量状况。2019~2023年，我国上市公司会计信息质量状况见表4.1。

一、会计信息质量指数分析

会计信息质量指数综合地反映公司会计信息质量的整体质量状况，是会计信息相关性、忠实表达、可比性、可验证性和及时性等质量指标状况的汇总反映。我国上市公司会计信息质量指数见表4.1。

2023年，我国上市公司会计信息质量指数为0.5561。其中，会计信息质量指数最大的上市公司为0.7397，会计信息质量指数最小的上市公司为0.246。就行业而言，会计信质量指数最高的前三个行业为：其他制造业（C41-C42）（0.6286），印刷与文教用品制造业（C22-C24）（0.6078）和木材家具制造业（C20-C21）（0.6017）；会计信息质量指数最低的三个行业为：住宿餐饮服务业（HL）（0.5164），医药制造业（C27）（0.5182）和批发和零售业（F）（0.5238）。

2019~2023年，我国上市公司会计信息质量指数总体上基本稳定，2022~2023年处于一般水平。

二、会计信息质量——基础质量特征分析

会计信息基础质量特征由相关性（含预测价值和反馈价值）、忠实表达指标进行反映。本报告以我国上市公司分年度财务报告相关性和忠实表达指标的中位数为基础，重点揭示我国上市公司年度会计信息的基础质量特征状况。2019~2023年，我国上市公司会计信息基础质量特征状况见表4.1。

表4.1 证券市场会计信息质量状况

年份	2023			2022			2021	2020	2019
	中位数	最大值	最小值	中位数	最大值	最小值	中位数	中位数	中位数
会计信息质量指数	0.5561	0.7397	0.2460	0.5568	0.7519	0.2789	0.5733	0.5842	0.5849
相关性	0.3263	1.0000	0.0000	0.3352	1.0000	0.0000	0.3224	0.3105	0.3100
预测价值	0.2430	0.9987	0.0000	0.2474	0.9990	0.0002	0.3235	0.3264	0.3002
反馈价值	0.2744	1.0000	0.0000	0.3009	1.0000	0.0000	0.3487	0.3557	0.3299
忠实表达	0.7793	0.9508	0.2819	0.7848	0.9509	0.2492	0.7884	0.7903	0.7967
可比性	0.7256	0.9252	0.4470	0.7292	0.9206	0.4725	0.7090	0.7538	0.7685
横向可比性	0.8264	0.9614	0.0000	0.8250	0.9292	0.5428	0.8983	0.9348	0.9595
纵向可比性	0.9836	1.0000	0.5901	0.9998	1.0000	0.6230	0.8540	0.9403	0.9891
关系可比性	0.4323	0.9712	0.0002	0.4376	0.9702	0.0000	0.4261	0.4578	0.4666
结构可比性	0.6771	1.0000	0.0552	0.6637	0.9633	0.1579	0.6599	0.6784	0.6766
可验证性	0.8053	0.9884	0.0000	0.8091	0.9922	0.0000	0.8163	0.8144	0.8196
及时性	0.0008	0.8358	-0.7928	-0.0009	0.7138	-0.8607	-0.0110	0.0110	-0.0003

注：评价标准为（1）≥0.8001高；（2）0.6001~0.7999较高；（3）0.5000~0.6000一般；（4）≤0.4999较低。

（一）会计信息相关性

会计信息相关性是会计信息的第一大基础质量要求，要求会计信息能够影响其使用者的决策，包括预测价值和反馈价值两个维度。

2023年，我国上市公司会计信息相关性为0.3263。其中，会计信息相关性最大的上市公司为1.0，会计信息相关性最小的上市公司为0。就行业而言，会计信息相关性最高

的前三个行业为：其他制造业（C41-C42）（0.4606），农林牧渔业（A）（0.448）和金融业（J）（0.4385）；会计信息相关性最低的三个行业为：水利、环境和公共设施管理业（N）（0.2311），批发和零售业（F）（0.2591）和木材家具制造业（C20-C21）（0.2592）。

2019~2023年，我国上市公司会计信息相关性呈上升趋势，2022~2023年处于较低水平。

1. 预测价值

2023年，我国上市公司会计信息预测价值为0.243。其中，会计信息预测价值最大的上市公司为0.9987，会计信息预测价值最小的上市公司为0。就行业而言，会计信息预测价值最高的前三个行业为：采矿业（B）（0.3522），金融业（J）（0.3421）和木材家具制造业（C20-C21）（0.3358）；会计信息预测价值最低的三个行业为：综合（S）（0.0735），农林牧渔业（A）（0.1089）和房地产业（K）（0.136）。

2019~2023年，我国上市公司会计信息预测价值呈下降趋势，2022~2023年处于较低水平。

2. 反馈价值

2023年，我国上市公司会计信息反馈价值为0.2744。其中，会计信息反馈价值最大的上市公司为1.0，会计信息反馈价值最小的上市公司为0。就行业而言，会计信息反馈价值最高的前三个行业为：电力、热力、燃气及水生产和供应业（D）（0.4493），印刷与文教用品制造业（C22-C24）（0.378）和纺织服装制造业（C17-C19）（0.3656）；会计信息反馈价值最低的三个行业为：综合（S）（0.1007），石油化工制造业（C25-C26）（0.2329）和机械仪器制造业（C38-C40）（0.2332）。

2019~2023年，我国上市公司会计信息反馈价值呈下降趋势，2022~2023年处于较低水平。

（二）会计信息忠实表达

会计信息忠实表达是会计信息的第二大基础质量要求，要求公司披露的会计信息须忠实（即完整、中性和无误）地反映经济事项。

2023年，我国上市公司会计信息忠实表达为0.7793。其中，会计信息忠实表达最大的上市公司为0.9508，会计信息忠实表达最小的上市公司为0.2819。就行业而言，会计信息忠实表达最高的前三个行业为：其他制造业（C41-C42）（0.8214），金属矿物制造业（C30-C33）（0.8126）和农林牧渔业（A）（0.812）；会计信息忠实表达最低的三个行业为：金融业（J）（0.6892），教育卫生文化业（PQR）（0.7153）和医药制造业（C27）（0.7247）。

2019~2023年，我国上市公司会计信息忠实表达基本稳定，2022~2023年处于较高水平。

三、会计信息质量——辅助质量特征分析

会计信息辅助质量特征由可比性（含横向可比性、纵向可比性、结构可比性和关系可比性）、可验证性和及时性等指标进行反映。本报告以我国上市公司分年度财务报告可比性、可验证性和及时性指标的中位数为基础，重点揭示我国上市公司年度会计信息的辅助质量特征状况。2019~2023年，我国上市公司会计信息辅助质量特征状况见表4.1。

（一）可比性

会计信息可比性是会计信息的三大辅助质量要求之一，能够让财务报表使用者识别和理解不同经济业务的相似性和差别点。在公司披露的所有会计政策选择、会计报表项目金额及其结构和相关关系的基础上，本指标重点关注公司公开披露所有会计政策选择、会计政策变更、会计报表结构和会计报表项目勾稽关系的水平，即横向可比性、纵向可比性、结构可比性和关系可比性。

2023年，我国上市公司会计信息可比性为0.7256。其中，会计信息可比性最大的上市公司为0.9252，会计信息可比性最小的上市公司为0.447。就行业而言，会计信息可比性最高的前三个行业为：综合（S）（0.8352），其他制造业（C41-C42）（0.8267）和印刷与文教用品制造业（C22-C24）（0.8203）；会计信息可比性最低的三个行业为：批发和零售业（F）（0.6714），信息传输、软件和信息技术服务业（I）（0.686）和住宿餐饮服务业（HL）（0.6886）。

2019~2023年，我国上市公司会计信息可比性呈下降趋势，2022~2023年处于较高水平。

1. 横向可比性

2023年，我国上市公司会计信息横向可比性为0.8264。其中，会计信息横向可比性最大的上市公司为0.9614，会计信息横向可比性最小的上市公司为0。就行业而言，会计信息横向可比性最高的前三个行业为：其他制造业（C41-C42）（0.8716），印刷与文教用品制造业（C22-C24）（0.8591）和木材家具制造业（C20-C21）（0.859）；会计信息横向可比性最低的三个行业为：交通运输、仓储和邮政业（G）（0.7978），教育卫生文化业（PQR）（0.7993）和房地产业（K）（0.8021）。

2019~2023年，我国上市公司会计信息横向可比性呈下降趋势，2022~2023年处于高水平。

2. 纵向可比性

2023年，我国上市公司会计信息纵向可比性为0.9836。其中，会计信息纵向可比性最大的上市公司为1.0，会计信息纵向可比性最小的上市公司为0.5901。就行业而言，会计信息纵向可比性最高的前三个行业为：木材家具制造业（C20-C21）（0.9949），住宿餐饮服务业（HL）（0.9944）和食品饮料制造业（C13-C15）（0.9943）；会计信息纵向可比性最低的三个行业为：石油化工制造业（C25-C26）（0.9777），金属矿物制造业（C30-C33）

（0.9796）和批发和零售业（F）(0.98）。

2019~2023年，我国上市公司会计信息纵向可比性基本稳定，2022~2023年处于高水平。

3.结构可比性

2023年，我国上市公司会计信息结构可比性为0.6771。其中，会计信息结构可比性最大的上市公司为1.0，会计信息结构可比性最小的上市公司为0.0552。就行业而言，会计信息结构可比性最高的前三个行业为：金融业（J）(0.7932），水利、环境和公共设施管理业（N）(0.7748）和交通运输、仓储和邮政业（G）(0.7616）；会计信息结构可比性最低的三个行业为：纺织服装制造业（C17-C19）(0.5933），住宿餐饮服务业（HL）(0.6071）与批发和零售业（F）(0.6078）。

2019~2023年，我国上市公司会计信息结构可比性基本稳定，2022~2023年处于较高水平。

4.关系可比性

2023年，我国上市公司会计信息关系可比性为0.4323。其中，会计信息关系可比性最大的上市公司为0.9712，会计信息关系可比性最小的上市公司为0.0002。就行业而言，会计信息关系可比性最高的前三个行业为：综合（S）(0.8644），其他制造业（C41-C42）(0.7998）和印刷与文教用品制造业（C22-C24）(0.7655）；会计信息关系可比性最低的三个行业为：批发和零售业（F）(0.2826），房地产业（K）(0.33）和信息传输、软件和信息技术服务业（I）(0.3338）。

2019~2023年，我国上市公司会计信息关系可比性呈下降趋势，2022~2023年处于较低水平。

（二）可验证性

会计信息可验证性是会计信息的三大辅助质量要求之一，有助于不同信息使用者达成共识（而非完全一致）。会计信息受专业判断影响极大，本指标重点关注公司公开披露会计信息（含报表附注）涉及所有专业判断、会计估计和会计选择的整体合理性。

2023年，我国上市公司会计信息可验证性为0.8053。其中，会计信息可验证性最大的上市公司为0.9884，会计信息可验证性最小的上市公司为0。就行业而言，会计信息可验证性最高的前三个行业为：金融业（J）(0.8766），木材家具制造业（C20-C21）(0.8438）和设备制造业（C34-C37）(0.8246）；会计信息可验证性最低的三个行业为：住宿餐饮服务业（HL）(0.6776），综合（S）(0.7226）与批发和零售业（F）(0.7639）。

2019~2023年，我国上市公司会计信息可验证性基本稳定，2022~2023年处于高水平。

（三）及时性

会计信息及时性是会计信息的三大辅助质量要求之一，要求及时将会计信息提供给决策者。具体而言，即公司披露的会计信息与投资者原先对公司业绩的预期越一致，信息的

及时性越强。

2023年，我国上市公司会计信息及时性为0.0008。其中，会计信息及时性最大的上市公司为0.8358，会计信息及时性最小的上市公司为-0.7928。就行业而言，会计信息及时性最高的前三个行业为：科学研究和技术服务业（M）（0.0461），综合（S）（0.0408）和建筑业（E）（0.0317）；会计信息及时性最低的三个行业为：其他制造业（C41-C42）（-0.0206），农林牧渔业（A）（-0.0132）和食品饮料制造业（C13-C15）（-0.0115）。

2019~2023年，我国上市公司会计信息及时性呈上升趋势，2022~2023年处于较低水平。

第二节 证券市场会计信息质量分行业状况

证券市场行业划分以证监会行业分类（2012）为基础，重新组合为25个行业。行业分析以会计信息质量分析为主，包括会计信息质量指数分析、会计信息基础质量特征和辅助质量特征分析。

一、农林牧渔业（A）

（一）会计信息质量指数分析

会计信息质量指数综合地反映公司会计信息质量的整体质量状况，是会计信息相关性、忠实表达、可比性、可验证性和及时性等质量指标状况的汇总反映。我国证券市场农林牧渔业（A）会计信息质量指数见表4.2。

表4.2 证券市场农林牧渔业（A）会计信息质量状况

年份	2023			2022			2021	2020	2019
	中位数	最大值	最小值	中位数	最大值	最小值	中位数	中位数	中位数
会计信息质量指数	0.5871	0.7281	0.3940	0.5857	0.6991	0.4081	0.5838	0.6355	0.6089
相关性	0.4480	0.8378	0.0000	0.1726	0.8246	0.0000	0.4242	0.5678	0.3982
预测价值	0.1089	0.8162	0.0000	0.0688	0.7811	0.0053	0.1763	0.1618	0.1668
反馈价值	0.2791	1.0000	0.0326	0.2958	1.0000	0.0000	0.2943	0.4004	0.4852
忠实表达	0.8120	0.9294	0.4684	0.7840	0.9005	0.5195	0.8107	0.8073	0.8072
可比性	0.7507	0.8886	0.5720	0.7920	0.8781	0.5085	0.7108	0.7997	0.7939
横向可比性	0.8288	0.9155	0.6772	0.8221	0.9292	0.7054	0.8944	0.9334	0.9627
纵向可比性	0.9908	1.0000	0.7431	0.9998	1.0000	0.7638	0.8757	0.9316	0.9901
关系可比性	0.6624	0.9613	0.2038	0.6680	0.8937	0.1141	0.5111	0.7287	0.6760
结构可比性	0.6166	0.9214	0.1794	0.6342	0.9204	0.1852	0.6221	0.6568	0.6151
可验证性	0.8181	0.9266	0.4058	0.8151	0.9238	0.4851	0.8279	0.8122	0.8086
及时性	-0.0132	0.5433	-0.3487	-0.0004	0.1841	-0.1683	-0.0039	0.0055	0.0008

注：评价标准为（1）≥0.8001 高；（2）0.6001~0.7999 较高；（3）0.5000~0.6000 一般；（4）≤0.4999 较低。

2023年，我国农林牧渔业（A）会计信息质量指数为0.5871。其中，会计信息质量指数最大的上市公司为0.7281，会计信息质量指数最小的上市公司为0.394。

2019~2023年，我国农林牧渔业（A）会计信息质量指数基本稳定，2022~2023年处于一般水平。

（二）会计信息质量——基础质量特征分析

会计信息基础质量特征由相关性（含预测价值和反馈价值）、忠实表达指标进行反映。本报告以我国农林牧渔业（A）分年度财务报告相关性和忠实表达指标的中位数为基础，重点揭示我国农林牧渔业（A）年度会计信息的基础质量特征状况。2019~2023年，我国农林牧渔业（A）会计信息基础质量特征状况见表4.2。

1. 会计信息相关性

会计信息相关性是会计信息的第一大基础质量要求，要求会计信息能够影响其使用者的决策，包括预测价值和反馈价值两个维度。

2023年，我国农林牧渔业（A）会计信息相关性为0.448。其中，会计信息相关性最大的上市公司为0.8378，会计信息相关性最小的上市公司为0。

2019~2023年，我国农林牧渔业（A）会计信息相关性呈上升趋势，2022~2023年处于较低水平。

（1）预测价值。

2023年，我国农林牧渔业（A）会计信息预测价值为0.1089。其中，会计信息预测价值最大的上市公司为0.8162，会计信息预测价值最小的上市公司为0。

2019~2023年，我国农林牧渔业（A）会计信息预测价值呈下降趋势，2022~2023年处于较低水平。

（2）反馈价值。

2023年，我国农林牧渔业（A）会计信息反馈价值为0.2791。其中，会计信息反馈价值最大的上市公司为1.0，会计信息反馈价值最小的上市公司为0.0326。

2019~2023年，我国农林牧渔业（A）会计信息反馈价值呈下降趋势，2022~2023年处于较低水平。

2. 会计信息忠实表达

会计信息忠实表达是会计信息的第二大基础质量要求，要求公司披露的会计信息须忠实（即完整、中性和无误）地反映经济事项。

2023年，我国农林牧渔业（A）会计信息忠实表达为0.812。其中，会计信息忠实表达最大的上市公司为0.9294，会计信息忠实表达最小的上市公司为0.4684。

2019~2023年，我国农林牧渔业（A）会计信息忠实表达基本稳定，2022~2023年从较高水平变为高水平。

（三）会计信息质量——辅助质量特征分析

会计信息辅助质量特征由可比性（含横向可比性、纵向可比性、结构可比性和关系可比性）、可验证性和及时性等指标进行反映。本报告以我国农林牧渔业（A）分年度财务报告可比性、可验证性和及时性指标的中位数为基础，重点揭示我国农林牧渔业（A）年度会计信息的辅助质量特征状况。2019~2023年，我国农林牧渔业（A）会计信息辅助质量特征状况见表4.2。

1.会计信息可比性

会计信息可比性是会计信息的三大辅助质量要求之一，能够让财务报表使用者识别和理解不同经济业务的相似性和差别点。在公司披露的所有会计政策选择、会计报表项目金额及其结构和相关关系的基础上，本指标重点关注公司公开披露所有会计政策选择、会计政策变更、会计报表结构和会计报表项目勾稽关系的水平，即横向可比性、纵向可比性、结构可比性和关系可比性。

2023年，我国农林牧渔业（A）会计信息可比性为0.7507。其中，会计信息可比性最大的上市公司为0.8886，会计信息可比性最小的上市公司为0.572。

2019~2023年，我国农林牧渔业（A）会计信息可比性呈下降趋势，2022~2023年处于较高水平。

（1）横向可比性。

2023年，我国农林牧渔业（A）会计信息横向可比性为0.8288。其中，会计信息横向可比性最大的上市公司为0.9155，会计信息横向可比性最小的上市公司为0.6772。

2019~2023年，我国农林牧渔业（A）会计信息横向可比性呈下降趋势，2022~2023年处于高水平。

（2）纵向可比性。

2023年，我国农林牧渔业（A）会计信息纵向可比性为0.9908。其中，会计信息纵向可比性最大的上市公司为1.0，会计信息纵向可比性最小的上市公司为0.7431。

2019~2023年，我国农林牧渔业（A）会计信息纵向可比性基本稳定，2022~2023年处于高水平。

（3）结构可比性。

2023年，我国农林牧渔业（A）会计信息结构可比性为0.6166。其中，会计信息结构可比性最大的上市公司为0.9214，会计信息结构可比性最小的上市公司为0.1794。

2019~2023年，我国农林牧渔业（A）会计信息结构可比性基本稳定，2022~2023年处于较高水平。

（4）关系可比性。

2023年，我国农林牧渔业（A）会计信息关系可比性为0.6624。其中，会计信息关系可比性最大的上市公司为0.9613，会计信息关系可比性最小的上市公司为0.2038。

2019~2023年，我国农林牧渔业（A）会计信息关系可比性基本稳定，2022~2023年处于较高水平。

2.会计信息可验证性

会计信息可验证性是会计信息的三大辅助质量要求之一，有助于不同信息使用者达成共识（而非完全一致）。会计信息受专业判断影响极大，本指标重点关注公司公开披露会计信息（含报表附注）涉及所有专业判断、会计估计和会计选择的整体合理性。

2023年，我国农林牧渔业（A）会计信息可验证性为0.8181。其中，会计信息可验证性最大的上市公司为0.9266，会计信息可验证性最小的上市公司为0.4058。

2019~2023年，我国农林牧渔业（A）会计信息可验证性基本稳定，2022~2023年处于高水平。

3.会计信息及时性

会计信息及时性是会计信息的三大辅助质量要求之一，要求及时将会计信息提供给决策者。具体而言，即公司披露的会计信息与投资者原先对公司业绩的预期越一致，信息的及时性越强。

2023年，我国农林牧渔业（A）会计信息及时性为–0.0132。其中，会计信息及时性最大的上市公司为0.5433，会计信息及时性最小的上市公司为–0.3487。

2019~2023年，我国农林牧渔业（A）会计信息及时性呈下降趋势，2022~2023年处于较低水平。

二、采矿业（B）

（一）会计信息质量指数分析

会计信息质量指数综合地反映公司会计信息质量的整体质量状况，是会计信息相关性、忠实表达、可比性、可验证性和及时性等质量指标状况的汇总反映。我国证券市场采矿业（B）会计信息质量指数见表4.3。

表4.3　　　　证券市场采矿业（B）会计信息质量状况

年份	2023			2022			2021	2020	2019
	中位数	最大值	最小值	中位数	最大值	最小值	中位数	中位数	中位数
会计信息质量指数	0.5921	0.7135	0.4439	0.5738	0.7312	0.4193	0.6004	0.6172	0.6283
相关性	0.2993	0.9234	0.0038	0.6078	1.0000	0.0393	0.4853	0.3195	0.4691
预测价值	0.3522	0.9401	0.0025	0.3594	0.9927	0.0102	0.3080	0.2600	0.2842
反馈价值	0.3571	1.0000	0.0732	0.4502	1.0000	0.0345	0.4171	0.3585	0.3587
忠实表达	0.7627	0.8833	0.4462	0.7698	0.9080	0.4503	0.8449	0.8537	0.8499
可比性	0.7948	0.9096	0.6461	0.7766	0.9058	0.6051	0.7546	0.7956	0.8242
横向可比性	0.8225	0.9017	0.7085	0.8192	0.9109	0.7256	0.8886	0.9362	0.9421

续表

年份	2023			2022			2021	2020	2019
	中位数	最大值	最小值	中位数	最大值	最小值	中位数	中位数	中位数
纵向可比性	0.9908	1.0000	0.6718	0.9998	1.0000	0.7836	0.8631	0.9316	0.9943
关系可比性	0.7508	0.9657	0.2996	0.6669	0.9550	0.0452	0.6445	0.6644	0.7036
结构可比性	0.6758	0.8756	0.2506	0.6523	0.8496	0.2129	0.6521	0.6637	0.6866
可验证性	0.7899	0.9337	0.3395	0.7979	0.9351	0.3576	0.8175	0.8037	0.8196
及时性	0.0023	0.6719	-0.2193	0.0000	0.4691	-0.3146	-0.0034	0.0256	0.0101

注：评价标准为（1）≥0.8001高；（2）0.6001~0.7999较高；（3）0.5000~0.6000一般；（4）≤0.4999较低。

2023年，我国采矿业（B）会计信息质量指数为0.5921。其中，会计信息质量指数最大的上市公司为0.7135，会计信息质量指数最小的上市公司为0.4439。

2019~2023年，我国采矿业（B）会计信息质量指数呈下降趋势，2022~2023年处于一般水平。

（二）会计信息质量——基础质量特征分析

会计信息基础质量特征由相关性（含预测价值和反馈价值）、忠实表达指标进行反映。本报告以我国采矿业（B）分年度财务报告相关性和忠实表达指标的中位数为基础，重点揭示我国采矿业（B）年度会计信息的基础质量特征状况。2019~2023年，我国采矿业（B）会计信息基础质量特征状况见表4.3。

1.会计信息相关性

会计信息相关性是会计信息的第一大基础质量要求，要求会计信息能够影响其使用者的决策，包括预测价值和反馈价值两个维度。

2023年，我国采矿业（B）会计信息相关性为0.2993。其中，会计信息相关性最大的上市公司为0.9234，会计信息相关性最小的上市公司为0.0038。

2019~2023年，我国采矿业（B）会计信息相关性呈下降趋势，2022~2023年从较高水平变为较低水平。

（1）预测价值。

2023年，我国采矿业（B）会计信息预测价值为0.3522。其中，会计信息预测价值最大的上市公司为0.9401，会计信息预测价值最小的上市公司为0.0025。

2019~2023年，我国采矿业（B）会计信息预测价值呈上升趋势，2022~2023年处于较低水平。

（2）反馈价值。

2023年，我国采矿业（B）会计信息反馈价值为0.3571。其中，会计信息反馈价值最大的上市公司为1.0，会计信息反馈价值最小的上市公司为0.0732。

2019~2023年，我国采矿业（B）会计信息反馈价值基本稳定，2022~2023年处于较低水平。

2. 会计信息忠实表达

会计信息忠实表达是会计信息的第二大基础质量要求，要求公司披露的会计信息须忠实（即完整、中性和无误）地反映经济事项。

2023年，我国采矿业（B）会计信息忠实表达为0.7627。其中，会计信息忠实表达最大的上市公司为0.8833，会计信息忠实表达最小的上市公司为0.4462。

2019~2023年，我国采矿业（B）会计信息忠实表达呈下降趋势，2022~2023年处于较高水平。

（三）会计信息质量——辅助质量特征分析

会计信息辅助质量特征由可比性（含横向可比性、纵向可比性、结构可比性和关系可比性）、可验证性和及时性等指标进行反映。本报告以我国采矿业（B）分年度财务报告可比性、可验证性和及时性指标的中位数为基础，重点揭示我国采矿业（B）年度会计信息的辅助质量特征状况。2019~2023年，我国采矿业（B）会计信息辅助质量特征状况见表4.3。

1. 会计信息可比性

会计信息可比性是会计信息的三大辅助质量要求之一，能够让财务报表使用者识别和理解不同经济业务的相似性和差别点。在公司披露的所有会计政策选择、会计报表项目金额及其结构和相关关系的基础上，本指标重点关注公司公开披露所有会计政策选择、会计政策变更、会计报表结构和会计报表项目勾稽关系的水平，即横向可比性、纵向可比性、结构可比性和关系可比性。

2023年，我国采矿业（B）会计信息可比性为0.7948。其中，会计信息可比性最大的上市公司为0.9096，会计信息可比性最小的上市公司为0.6461。

2019~2023年，我国采矿业（B）会计信息可比性基本稳定，2022~2023年处于较高水平。

（1）横向可比性。

2023年，我国采矿业（B）会计信息横向可比性为0.8225。其中，会计信息横向可比性最大的上市公司为0.9017，会计信息横向可比性最小的上市公司为0.7085。

2019~2023年，我国采矿业（B）会计信息横向可比性呈下降趋势，2022~2023年处于高水平。

（2）纵向可比性。

2023年，我国采矿业（B）会计信息纵向可比性为0.9908。其中，会计信息纵向可比性最大的上市公司为1.0，会计信息纵向可比性最小的上市公司为0.6718。

2019~2023年，我国采矿业（B）会计信息纵向可比性基本稳定，2022~2023年处于高水平。

（3）结构可比性。

2023年，我国采矿业（B）会计信息结构可比性为0.6758。其中，会计信息结构可比性最大的上市公司为0.8756，会计信息结构可比性最小的上市公司为0.2506。

2019~2023年，我国采矿业（B）会计信息结构可比性基本稳定，2022~2023年处于较高水平。

（4）关系可比性。

2023年，我国采矿业（B）会计信息关系可比性为0.7508。其中，会计信息关系可比性最大的上市公司为0.9657，会计信息关系可比性最小的上市公司为0.2996。

2019~2023年，我国采矿业（B）会计信息关系可比性呈上升趋势，2022~2023年处于较高水平。

2.会计信息可验证性

会计信息可验证性是会计信息的三大辅助质量要求之一，有助于不同信息使用者达成共识（而非完全一致）。会计信息受专业判断影响极大，本指标重点关注公司公开披露会计信息（含报表附注）涉及所有专业判断、会计估计和会计选择的整体合理性。

2023年，我国采矿业（B）会计信息可验证性为0.7899。其中，会计信息可验证性最大的上市公司为0.9337，会计信息可验证性最小的上市公司为0.3395。

2019~2023年，我国采矿业（B）会计信息可验证性基本稳定，2022~2023年处于较高水平。

3.会计信息及时性

会计信息及时性是会计信息的三大辅助质量要求之一，要求及时将会计信息提供给决策者。具体而言，即公司披露的会计信息与投资者原先对公司业绩的预期越一致，信息的及时性越强。

2023年，我国采矿业（B）会计信息及时性为0.0023。其中，会计信息及时性最大的上市公司为0.6719，会计信息及时性最小的上市公司为-0.2193。

2019~2023年，我国采矿业（B）会计信息及时性呈下降趋势，2022~2023年处于较低水平。

三、食品饮料制造业（C13-C15）

（一）会计信息质量指数分析

会计信息质量指数综合地反映公司会计信息质量的整体质量状况，是会计信息相关性、忠实表达、可比性、可验证性和及时性等质量指标状况的汇总反映。我国证券市场食品饮料制造业（C13-C15）会计信息质量指数见表4.4。

表4.4　　　证券市场食品饮料制造业（C13-C15）会计信息质量状况

年份	2023			2022			2021	2020	2019
	中位数	最大值	最小值	中位数	最大值	最小值	中位数	中位数	中位数
会计信息质量指数	0.5659	0.6782	0.2948	0.5722	0.6924	0.2789	0.6019	0.5931	0.5853
相关性	0.3754	0.9625	0.0067	0.3754	1.0000	0.0016	0.3306	0.3710	0.3502

续表

年份	2023			2022			2021	2020	2019
	中位数	最大值	最小值	中位数	最大值	最小值	中位数	中位数	中位数
预测价值	0.3025	0.9920	0.0055	0.2777	0.9847	0.0020	0.3558	0.3641	0.3115
反馈价值	0.2823	1.0000	0.0273	0.3121	1.0000	0.0307	0.3362	0.3751	0.3416
忠实表达	0.7851	0.9410	0.2819	0.7778	0.9471	0.2492	0.7983	0.7950	0.7994
可比性	0.7386	0.8409	0.5716	0.7611	0.8496	0.5992	0.7518	0.7780	0.7883
横向可比性	0.8226	0.8855	0.6554	0.8286	0.8848	0.6748	0.8911	0.9387	0.9641
纵向可比性	0.9943	1.0000	0.7114	0.9999	1.0000	0.7682	0.8482	0.9323	0.9927
关系可比性	0.5635	0.7289	0.0444	0.6484	0.7862	0.0489	0.6755	0.6071	0.5726
结构可比性	0.6231	0.9300	0.2279	0.6147	0.8921	0.2600	0.6148	0.6284	0.6173
可验证性	0.8004	0.9478	0.0440	0.7966	0.9440	0.0665	0.8114	0.8051	0.8066
及时性	−0.0115	0.4832	−0.6157	0.0034	0.5472	−0.3915	0.0098	0.0069	−0.0001

注：评价标准为（1）≥0.8001 高；（2）0.6001~0.7999 较高；（3）0.5000~0.6000 一般；（4）≤0.4999 较低。

2023年，我国食品饮料制造业（C13-C15）会计信息质量指数为0.5659。其中，会计信息质量指数最大的上市公司为0.6782，会计信息质量指数最小的上市公司为0.2948。

2019~2023年，我国食品饮料制造业（C13-C15）会计信息质量指数基本稳定，2022~2023年处于一般水平。

（二）会计信息质量——基础质量特征分析

会计信息基础质量特征由相关性（含预测价值和反馈价值）、忠实表达指标进行反映。本报告以我国食品饮料制造业（C13-C15）分年度财务报告相关性和忠实表达指标的中位数为基础，重点揭示我国食品饮料制造业（C13-C15）年度会计信息的基础质量特征状况。2019~2023年，我国食品饮料制造业（C13-C15）会计信息基础质量特征状况见表4.4。

1. 会计信息相关性

会计信息相关性是会计信息的第一大基础质量要求，要求会计信息能够影响其使用者的决策，包括预测价值和反馈价值两个维度。

2023年，我国食品饮料制造业（C13-C15）会计信息相关性为0.3754。其中，会计信息相关性最大的上市公司为0.9625，会计信息相关性最小的上市公司为0.0067。

2019~2023年，我国食品饮料制造业（C13-C15）会计信息相关性呈上升趋势，2022~2023年处于较低水平。

（1）预测价值。

2023年，我国食品饮料制造业（C13-C15）会计信息预测价值为0.3025。其中，会计信息预测价值最大的上市公司为0.992，会计信息预测价值最小的上市公司为0.0055。

2019~2023年，我国食品饮料制造业（C13-C15）会计信息预测价值基本稳定，

2022~2023年处于较低水平。

（2）反馈价值。

2023年，我国食品饮料制造业（C13-C15）会计信息反馈价值为0.2823。其中，会计信息反馈价值最大的上市公司为1.0，会计信息反馈价值最小的上市公司为0.0273。

2019~2023年，我国食品饮料制造业（C13-C15）会计信息反馈价值呈下降趋势，2022~2023年处于较低水平。

2. 会计信息忠实表达

会计信息忠实表达是会计信息的第二大基础质量要求，要求公司披露的会计信息须忠实（即完整、中性和无误）地反映经济事项。

2023年，我国食品饮料制造业（C13-C15）会计信息忠实表达为0.7851。其中，会计信息忠实表达最大的上市公司为0.941，会计信息忠实表达最小的上市公司为0.2819。

2019~2023年，我国食品饮料制造业（C13-C15）会计信息忠实表达基本稳定，2022~2023年处于较高水平。

（三）会计信息质量——辅助质量特征分析

会计信息辅助质量特征由可比性（含横向可比性、纵向可比性、结构可比性和关系可比性）、可验证性和及时性等指标进行反映。本报告以我国食品饮料制造业（C13-C15）分年度财务报告可比性、可验证性和及时性指标的中位数为基础，重点揭示我国食品饮料制造业（C13-C15）年度会计信息的辅助质量特征状况。2019~2023年，我国食品饮料制造业（C13-C15）会计信息辅助质量特征状况见表4.4。

1. 会计信息可比性

会计信息可比性是会计信息的三大辅助质量要求之一，能够让财务报表使用者识别和理解不同经济业务的相似性和差别点。在公司披露的所有会计政策选择、会计报表项目金额及其结构和相关关系的基础上，本指标重点关注公司公开披露所有会计政策选择、会计政策变更、会计报表结构和会计报表项目勾稽关系的水平，即横向可比性、纵向可比性、结构可比性和关系可比性。

2023年，我国食品饮料制造业（C13-C15）会计信息可比性为0.7386。其中，会计信息可比性最大的上市公司为0.8409，会计信息可比性最小的上市公司为0.5716。

2019~2023年，我国食品饮料制造业（C13-C15）会计信息可比性呈下降趋势，2022~2023年处于较高水平。

（1）横向可比性。

2023年，我国食品饮料制造业（C13-C15）会计信息横向可比性为0.8226。其中，会计信息横向可比性最大的上市公司为0.8855，会计信息横向可比性最小的上市公司为0.6554。

2019~2023年，我国食品饮料制造业（C13-C15）会计信息横向可比性呈下降趋势，

2022~2023年处于高水平。

（2）纵向可比性。

2023年，我国食品饮料制造业（C13-C15）会计信息纵向可比性为0.9943。其中，会计信息纵向可比性最大的上市公司为1.0，会计信息纵向可比性最小的上市公司为0.7114。

2019~2023年，我国食品饮料制造业（C13-C15）会计信息纵向可比性基本稳定，2022~2023年处于高水平。

（3）结构可比性。

2023年，我国食品饮料制造业（C13-C15）会计信息结构可比性为0.6231。其中，会计信息结构可比性最大的上市公司为0.93，会计信息结构可比性最小的上市公司为0.2279。

2019~2023年，我国食品饮料制造业（C13-C15）会计信息结构可比性基本稳定，2022~2023年处于较高水平。

（4）关系可比性。

2023年，我国食品饮料制造业（C13-C15）会计信息关系可比性为0.5635。其中，会计信息关系可比性最大的上市公司为0.7289，会计信息关系可比性最小的上市公司为0.0444。

2019~2023年，我国食品饮料制造业（C13-C15）会计信息关系可比性基本稳定，2022~2023年从较高水平变为一般水平。

2. 会计信息可验证性

会计信息可验证性是会计信息的三大辅助质量要求之一，有助于不同信息使用者达成共识（而非完全一致）。会计信息受专业判断影响极大，本指标重点关注公司公开披露会计信息（含报表附注）涉及所有专业判断、会计估计和会计选择的整体合理性。

2023年，我国食品饮料制造业（C13-C15）会计信息可验证性为0.8004。其中，会计信息可验证性最大的上市公司为0.9478，会计信息可验证性最小的上市公司为0.044。

2019~2023年，我国食品饮料制造业（C13-C15）会计信息可验证性基本稳定，2022~2023年从较高水平变为高水平。

3. 会计信息及时性

会计信息及时性是会计信息的三大辅助质量要求之一，要求及时将会计信息提供给决策者。具体而言，即公司披露的会计信息与投资者原先对公司业绩的预期越一致，信息的及时性越强。

2023年，我国食品饮料制造业（C13-C15）会计信息及时性为-0.0115。其中，会计信息及时性最大的上市公司为0.4832，会计信息及时性最小的上市公司为-0.6157。

2019~2023年，我国食品饮料制造业（C13-C15）会计信息及时性呈下降趋势，2022~2023年处于较低水平。

四、纺织服装制造业（C17-C19）

（一）会计信息质量指数分析

会计信息质量指数综合地反映公司会计信息质量的整体质量状况，是会计信息相关性、忠实表达、可比性、可验证性和及时性等质量指标状况的汇总反映。我国证券市场纺织服装制造业（C17-C19）会计信息质量指数见表4.5。

表4.5　证券市场纺织服装制造业（C17-C19）会计信息质量状况

年份	2023			2022			2021	2020	2019
	中位数	最大值	最小值	中位数	最大值	最小值	中位数	中位数	中位数
会计信息质量指数	0.5935	0.7180	0.3872	0.5720	0.6884	0.3349	0.5869	0.6220	0.5908
相关性	0.3136	0.9373	0.0008	0.2684	0.9308	0.0084	0.4707	0.5343	0.2790
预测价值	0.2536	0.9625	0.0017	0.1717	0.9963	0.0017	0.3191	0.3129	0.2472
反馈价值	0.3656	1.0000	0.0572	0.3513	1.0000	0.0368	0.4509	0.2840	0.3408
忠实表达	0.7750	0.9030	0.4598	0.7755	0.9040	0.4683	0.7884	0.7857	0.7966
可比性	0.7857	0.8633	0.6480	0.7593	0.8437	0.5812	0.7366	0.7411	0.7775
横向可比性	0.8576	0.9103	0.6699	0.8552	0.9173	0.6559	0.9139	0.9331	0.9663
纵向可比性	0.9830	1.0000	0.7258	0.9996	1.0000	0.6799	0.8407	0.9410	0.9924
关系可比性	0.7160	0.8369	0.1574	0.6118	0.8539	0.1248	0.5906	0.5358	0.5641
结构可比性	0.5933	0.8554	0.2262	0.5807	0.8196	0.2749	0.6135	0.5938	0.6065
可验证性	0.8205	0.9658	0.1816	0.8286	0.9523	0.1963	0.8195	0.8143	0.8316
及时性	0.0241	0.3427	−0.3663	−0.0012	0.3019	−0.6632	−0.0000	−0.0105	−0.0076

注：评价标准为（1）≥0.8001 高；（2）0.6001~0.7999 较高；（3）0.5000~0.6000 一般；（4）≤0.4999 较低。

2023年，我国纺织服装制造业（C17-C19）会计信息质量指数为0.5935。其中，会计信息质量指数最大的上市公司为0.718，会计信息质量指数最小的上市公司为0.3872。

2019~2023年，我国纺织服装制造业（C17-C19）会计信息质量指数基本稳定，2022~2023年处于一般水平。

（二）会计信息质量——基础质量特征分析

会计信息基础质量特征由相关性（含预测价值和反馈价值）、忠实表达指标进行反映。本报告以我国纺织服装制造业（C17-C19）分年度财务报告相关性和忠实表达指标的中位数为基础，重点揭示我国纺织服装制造业（C17-C19）年度会计信息的基础质量特征状况。2019~2023年，我国纺织服装制造业（C17-C19）会计信息基础质量特征状况见表4.5。

1.会计信息相关性

会计信息相关性是会计信息的第一大基础质量要求，要求会计信息能够影响其使用者

的决策，包括预测价值和反馈价值两个维度。

2023年，我国纺织服装制造业（C17-C19）会计信息相关性为0.3136。其中，会计信息相关性最大的上市公司为0.9373，会计信息相关性最小的上市公司为0.0008。

2019~2023年，我国纺织服装制造业（C17-C19）会计信息相关性呈上升趋势，2022~2023年处于较低水平。

（1）预测价值。

2023年，我国纺织服装制造业（C17-C19）会计信息预测价值为0.2536。其中，会计信息预测价值最大的上市公司为0.9625，会计信息预测价值最小的上市公司为0.0017。

2019~2023年，我国纺织服装制造业（C17-C19）会计信息预测价值基本稳定，2022~2023年处于较低水平。

（2）反馈价值。

2023年，我国纺织服装制造业（C17-C19）会计信息反馈价值为0.3656。其中，会计信息反馈价值最大的上市公司为1.0，会计信息反馈价值最小的上市公司为0.0572。

2019~2023年，我国纺织服装制造业（C17-C19）会计信息反馈价值呈上升趋势，2022~2023年处于较低水平。

2. 会计信息忠实表达

会计信息忠实表达是会计信息的第二大基础质量要求，要求公司披露的会计信息须忠实（即完整、中性和无误）地反映经济事项。

2023年，我国纺织服装制造业（C17-C19）会计信息忠实表达为0.775。其中，会计信息忠实表达最大的上市公司为0.903，会计信息忠实表达最小的上市公司为0.4598。

2019~2023年，我国纺织服装制造业（C17-C19）会计信息忠实表达基本稳定，2022~2023年处于较高水平。

（三）会计信息质量——辅助质量特征分析

会计信息辅助质量特征由可比性（含横向可比性、纵向可比性、结构可比性和关系可比性）、可验证性和及时性等指标进行反映。本报告以我国纺织服装制造业（C17-C19）分年度财务报告可比性、可验证性和及时性指标的中位数为基础，重点揭示我国纺织服装制造业（C17-C19）年度会计信息的辅助质量特征状况。2019~2023年，我国纺织服装制造业（C17-C19）会计信息辅助质量特征状况见表4.5。

1. 会计信息可比性

会计信息可比性是会计信息的三大辅助质量要求之一，能够让财务报表使用者识别和理解不同经济业务的相似性和差别点。在公司披露的所有会计政策选择、会计报表项目金额及其结构和相关关系的基础上，本指标重点关注公司公开披露所有会计政策选择、会计政策变更、会计报表结构和会计报表项目勾稽关系的水平，即横向可比性、纵向可比性、结构可比性和关系可比性。

2023年，我国纺织服装制造业（C17-C19）会计信息可比性为0.7857。其中，会计信息可比性最大的上市公司为0.8633，会计信息可比性最小的上市公司为0.648。

2019~2023年，我国纺织服装制造业（C17-C19）会计信息可比性基本稳定，2022~2023年处于较高水平。

（1）横向可比性。

2023年，我国纺织服装制造业（C17-C19）会计信息横向可比性为0.8576。其中，会计信息横向可比性最大的上市公司为0.9103，会计信息横向可比性最小的上市公司为0.6699。

2019~2023年，我国纺织服装制造业（C17-C19）会计信息横向可比性呈下降趋势，2022~2023年处于高水平。

（2）纵向可比性。

2023年，我国纺织服装制造业（C17-C19）会计信息纵向可比性为0.983。其中，会计信息纵向可比性最大的上市公司为1.0，会计信息纵向可比性最小的上市公司为0.7258。

2019~2023年，我国纺织服装制造业（C17-C19）会计信息纵向可比性基本稳定，2022~2023年处于高水平。

（3）结构可比性。

2023年，我国纺织服装制造业（C17-C19）会计信息结构可比性为0.5933。其中，会计信息结构可比性最大的上市公司为0.8554，会计信息结构可比性最小的上市公司为0.2262。

2019~2023年，我国纺织服装制造业（C17-C19）会计信息结构可比性基本稳定，2022~2023年处于一般水平。

（4）关系可比性。

2023年，我国纺织服装制造业（C17-C19）会计信息关系可比性为0.716。其中，会计信息关系可比性最大的上市公司为0.8369，会计信息关系可比性最小的上市公司为0.1574。

2019~2023年，我国纺织服装制造业（C17-C19）会计信息关系可比性呈上升趋势，2022~2023年处于较高水平。

2.会计信息可验证性

会计信息可验证性是会计信息的三大辅助质量要求之一，有助于不同信息使用者达成共识（而非完全一致）。会计信息受专业判断影响极大，本指标重点关注公司公开披露会计信息（含报表附注）涉及所有专业判断、会计估计和会计选择的整体合理性。

2023年，我国纺织服装制造业（C17-C19）会计信息可验证性为0.8205。其中，会计信息可验证性最大的上市公司为0.9658，会计信息可验证性最小的上市公司为0.1816。

2019~2023年，我国纺织服装制造业（C17-C19）会计信息可验证性基本稳定，2022~2023年处于高水平。

3.会计信息及时性

会计信息及时性是会计信息的三大辅助质量要求之一，要求及时将会计信息提供给决策者。具体而言，即公司披露的会计信息与投资者原先对公司业绩的预期越一致，信息的及时性越强。

2023年，我国纺织服装制造业（C17-C19）会计信息及时性为0.0241。其中，会计信息及时性最大的上市公司为0.3427，会计信息及时性最小的上市公司为-0.3663。

2019~2023年，我国纺织服装制造业（C17-C19）会计信息及时性呈上升趋势，2022~2023年处于较低水平。

五、木材家具制造业（C20-C21）

（一）会计信息质量指数分析

会计信息质量指数综合地反映公司会计信息质量的整体质量状况，是会计信息相关性、忠实表达、可比性、可验证性和及时性等质量指标状况的汇总反映。我国证券市场木材家具制造业（C20-C21）会计信息质量指数见表4.6。

表4.6　证券市场木材家具制造业（C20-C21）会计信息质量状况

年份	2023			2022			2021	2020	2019
	中位数	最大值	最小值	中位数	最大值	最小值	中位数	中位数	中位数
会计信息质量指数	0.6017	0.7107	0.4706	0.6043	0.7103	0.4274	0.6212	0.6386	0.6463
相关性	0.2592	0.9159	0.0022	0.3498	0.9380	0.0051	0.2165	0.3463	0.5108
预测价值	0.3358	0.9875	0.0044	0.2688	0.8611	0.0058	0.2174	0.3924	0.3229
反馈价值	0.3529	1.0000	0.0894	0.2704	1.0000	0.0522	0.2611	0.3092	0.3686
忠实表达	0.7922	0.8878	0.4972	0.8151	0.8918	0.5195	0.8043	0.7988	0.7960
可比性	0.8013	0.8905	0.7278	0.8095	0.8764	0.7317	0.7606	0.8330	0.8259
横向可比性	0.8590	0.9014	0.6556	0.8701	0.9080	0.6800	0.9123	0.9403	0.9652
纵向可比性	0.9949	1.0000	0.7513	0.9999	1.0000	0.7493	0.8314	0.9440	0.9900
关系可比性	0.7393	0.9019	0.4283	0.7557	0.8670	0.5363	0.7589	0.8112	0.7548
结构可比性	0.6556	0.8843	0.4752	0.6359	0.8933	0.4493	0.6092	0.6985	0.6250
可验证性	0.8438	0.9415	0.4502	0.8632	0.9562	0.4048	0.8523	0.8777	0.8761
及时性	0.0106	0.4778	-0.4128	-0.0414	0.1942	-0.5158	-0.0886	-0.0594	0.0027

注：评价标准为（1）≥0.8001高；（2）0.6001~0.7999较高；（3）0.5000~0.6000一般；（4）≤0.4999较低。

2023年，我国木材家具制造业（C20-C21）会计信息质量指数为0.6017。其中，会计信息质量指数最大的上市公司为0.7107，会计信息质量指数最小的上市公司为0.4706。

2019~2023年，我国木材家具制造业（C20-C21）会计信息质量指数呈下降趋势，

2022~2023年处于较高水平。

（二）会计信息质量——基础质量特征分析

会计信息基础质量特征由相关性（含预测价值和反馈价值）、忠实表达指标进行反映。本报告以我国木材家具制造业（C20-C21）分年度财务报告相关性和忠实表达指标的中位数为基础，重点揭示我国木材家具制造业（C20-C21）年度会计信息的基础质量特征状况。2019~2023年，我国木材家具制造业（C20-C21）会计信息基础质量特征状况见表4.6。

1. 会计信息相关性

会计信息相关性是会计信息的第一大基础质量要求，要求会计信息能够影响其使用者的决策，包括预测价值和反馈价值两个维度。

2023年，我国木材家具制造业（C20-C21）会计信息相关性为0.2592。其中，会计信息相关性最大的上市公司为0.9159，会计信息相关性最小的上市公司为0.0022。

2019~2023年，我国木材家具制造业（C20-C21）会计信息相关性呈下降趋势，2022~2023年处于较低水平。

（1）预测价值。

2023年，我国木材家具制造业（C20-C21）会计信息预测价值为0.3358。其中，会计信息预测价值最大的上市公司为0.9875，会计信息预测价值最小的上市公司为0.0044。

2019~2023年，我国木材家具制造业（C20-C21）会计信息预测价值基本稳定，2022~2023年处于较低水平。

（2）反馈价值。

2023年，我国木材家具制造业（C20-C21）会计信息反馈价值为0.3529。其中，会计信息反馈价值最大的上市公司为1.0，会计信息反馈价值最小的上市公司为0.0894。

2019~2023年，我国木材家具制造业（C20-C21）会计信息反馈价值基本稳定，2022~2023年处于较低水平。

2. 会计信息忠实表达

会计信息忠实表达是会计信息的第二大基础质量要求，要求公司披露的会计信息须忠实（即完整、中性和无误）地反映经济事项。

2023年，我国木材家具制造业（C20-C21）会计信息忠实表达为0.7922。其中，会计信息忠实表达最大的上市公司为0.8878，会计信息忠实表达最小的上市公司为0.4972。

2019~2023年，我国木材家具制造业（C20-C21）会计信息忠实表达基本稳定，2022~2023年从高水平变为较高水平。

（三）会计信息质量——辅助质量特征分析

会计信息辅助质量特征由可比性（含横向可比性、纵向可比性、结构可比性和关系可比性）、可验证性和及时性等指标进行反映。本报告以我国木材家具制造业（C20-C21）分年度财务报告可比性、可验证性和及时性指标的中位数为基础，重点揭示我国木材家具制造业（C20-C21）年度会计信息的辅助质量特征状况。2019~2023年，我国木材家具制造业（C20-C21）会计信息辅助质量特征状况见表4.6。

1. 会计信息可比性

会计信息可比性是会计信息的三大辅助质量要求之一，能够让财务报表使用者识别和理解不同经济业务的相似性和差别点。在公司披露的所有会计政策选择、会计报表项目金额及其结构和相关关系的基础上，本指标重点关注公司公开披露所有会计政策选择、会计政策变更、会计报表结构和会计报表项目勾稽关系的水平，即横向可比性、纵向可比性、结构可比性和关系可比性。

2023年，我国木材家具制造业（C20-C21）会计信息可比性为0.8013。其中，会计信息可比性最大的上市公司为0.8905，会计信息可比性最小的上市公司为0.7278。

2019~2023年，我国木材家具制造业（C20-C21）会计信息可比性基本稳定，2022~2023年处于高水平。

（1）横向可比性。

2023年，我国木材家具制造业（C20-C21）会计信息横向可比性为0.859。其中，会计信息横向可比性最大的上市公司为0.9014，会计信息横向可比性最小的上市公司为0.6556。

2019~2023年，我国木材家具制造业（C20-C21）会计信息横向可比性呈下降趋势，2022~2023年处于高水平。

（2）纵向可比性。

2023年，我国木材家具制造业（C20-C21）会计信息纵向可比性为0.9949。其中，会计信息纵向可比性最大的上市公司为1.0，会计信息纵向可比性最小的上市公司为0.7513。

2019~2023年，我国木材家具制造业（C20-C21）会计信息纵向可比性基本稳定，2022~2023年处于高水平。

（3）结构可比性。

2023年，我国木材家具制造业（C20-C21）会计信息结构可比性为0.6556。其中，会计信息结构可比性最大的上市公司为0.8843，会计信息结构可比性最小的上市公司为0.4752。

2019~2023年，我国木材家具制造业（C20-C21）会计信息结构可比性基本稳定，2022~2023年处于较高水平。

（4）关系可比性。

2023年，我国木材家具制造业（C20-C21）会计信息关系可比性为0.7393。其中，会计信息关系可比性最大的上市公司为0.9019，会计信息关系可比性最小的上市公司为0.4283。

2019~2023年，我国木材家具制造业（C20-C21）会计信息关系可比性基本稳定，2022~2023年处于较高水平。

2. 会计信息可验证性

会计信息可验证性是会计信息的三大辅助质量要求之一，有助于不同信息使用者达成共识（而非完全一致）。会计信息受专业判断影响极大，本指标重点关注公司公开披露会计信息（含报表附注）涉及所有专业判断、会计估计和会计选择的整体合理性。

2023年，我国木材家具制造业（C20-C21）会计信息可验证性为0.8438。其中，会计信息可验证性最大的上市公司为0.9415，会计信息可验证性最小的上市公司为0.4502。

2019~2023年，我国木材家具制造业（C20-C21）会计信息可验证性基本稳定，2022~2023年处于高水平。

3. 会计信息及时性

会计信息及时性是会计信息的三大辅助质量要求之一，要求及时将会计信息提供给决策者。具体而言，即公司披露的会计信息与投资者原先对公司业绩的预期越一致，信息的及时性越强。

2023年，我国木材家具制造业（C20-C21）会计信息及时性为0.0106。其中，会计信息及时性最大的上市公司为0.4778，会计信息及时性最小的上市公司为-0.4128。

2019~2023年，我国木材家具制造业（C20-C21）会计信息及时性呈上升趋势，2022~2023年处于较低水平。

六、印刷与文教用品制造业（C22-C24）

（一）会计信息质量指数分析

会计信息质量指数综合地反映公司会计信息质量的整体质量状况，是会计信息相关性、忠实表达、可比性、可验证性和及时性等质量指标状况的汇总反映。我国证券市场印刷与文教用品制造业（C22-C24）会计信息质量指数见表4.7。

表4.7 证券市场印刷与文教用品制造业（C22-C24）会计信息质量状况

年份	2023			2022			2021	2020	2019
	中位数	最大值	最小值	中位数	最大值	最小值	中位数	中位数	中位数
会计信息质量指数	0.6078	0.6678	0.3403	0.6059	0.7118	0.3872	0.6032	0.6499	0.6537
相关性	0.3235	0.8536	0.0104	0.3946	0.9050	0.0021	0.3803	0.4233	0.4231
预测价值	0.1706	0.9843	0.0075	0.1838	0.9685	0.0020	0.2367	0.3451	0.2303
反馈价值	0.3780	1.0000	0.0586	0.4849	1.0000	0.0222	0.5298	0.3903	0.4024
忠实表达	0.8105	0.8867	0.4258	0.8098	0.8961	0.4721	0.8151	0.7996	0.8169
可比性	0.8203	0.8792	0.6252	0.8038	0.8682	0.5117	0.7551	0.8549	0.8664
横向可比性	0.8591	0.9081	0.5944	0.8616	0.9214	0.5562	0.9050	0.9353	0.9634
纵向可比性	0.9800	1.0000	0.6779	0.9999	1.0000	0.7068	0.8373	0.9393	0.9931
关系可比性	0.7655	0.9123	0.3691	0.6799	0.8618	0.0845	0.6513	0.8519	0.8381

续表

年份	2023			2022			2021	2020	2019
	中位数	最大值	最小值	中位数	最大值	最小值	中位数	中位数	中位数
结构可比性	0.6864	0.8916	0.3083	0.6733	0.8599	0.2815	0.6734	0.6816	0.6862
可验证性	0.8150	0.9562	0.2701	0.8357	0.9453	0.2626	0.8168	0.8416	0.8262
及时性	0.0180	0.5189	−0.5147	−0.0024	0.4647	−0.6315	−0.0067	0.0002	0.0054

注：评价标准为（1）≥0.8001高；（2）0.6001~0.7999较高；（3）0.5000~0.6000一般；（4）≤0.4999较低。

2023年，我国印刷与文教用品制造业（C22-C24）会计信息质量指数为0.6078。其中，会计信息质量指数最大的上市公司为0.6678，会计信息质量指数最小的上市公司为0.3403。

2019~2023年，我国印刷与文教用品制造业（C22-C24）会计信息质量指数呈下降趋势，2022~2023年处于较高水平。

（二）会计信息质量——基础质量特征分析

会计信息基础质量特征由相关性（含预测价值和反馈价值）、忠实表达指标进行反映。本报告以我国印刷与文教用品制造业（C22-C24）分年度财务报告相关性和忠实表达指标的中位数为基础，重点揭示我国印刷与文教用品制造业（C22-C24）年度会计信息的基础质量特征状况。2019~2023年，我国印刷与文教用品制造业（C22-C24）会计信息基础质量特征状况见表4.7。

1. 会计信息相关性

会计信息相关性是会计信息的第一大基础质量要求，要求会计信息能够影响其使用者的决策，包括预测价值和反馈价值两个维度。

2023年，我国印刷与文教用品制造业（C22-C24）会计信息相关性为0.3235。其中，会计信息相关性最大的上市公司为0.8536，会计信息相关性最小的上市公司为0.0104。

2019~2023年，我国印刷与文教用品制造业（C22-C24）会计信息相关性呈下降趋势，2022~2023年处于较低水平。

（1）预测价值。

2023年，我国印刷与文教用品制造业（C22-C24）会计信息预测价值为0.1706。其中，会计信息预测价值最大的上市公司为0.9843，会计信息预测价值最小的上市公司为0.0075。

2019~2023年，我国印刷与文教用品制造业（C22-C24）会计信息预测价值呈下降趋势，2022~2023年处于较低水平。

（2）反馈价值。

2023年，我国印刷与文教用品制造业（C22-C24）会计信息反馈价值为0.378。其中，会计信息反馈价值最大的上市公司为1.0，会计信息反馈价值最小的上市公司为0.0586。

2019~2023年，我国印刷与文教用品制造业（C22-C24）会计信息反馈价值呈下降趋势，2022~2023年处于较低水平。

2. 会计信息忠实表达

会计信息忠实表达是会计信息的第二大基础质量要求，要求公司披露的会计信息须忠实（即完整、中性和无误）地反映经济事项。

2023年，我国印刷与文教用品制造业（C22-C24）会计信息忠实表达为0.8105。其中，会计信息忠实表达最大的上市公司为0.8867，会计信息忠实表达最小的上市公司为0.4258。

2019~2023年，我国印刷与文教用品制造业（C22-C24）会计信息忠实表达基本稳定，2022~2023年处于高水平。

（三）会计信息质量——辅助质量特征分析

会计信息辅助质量特征由可比性（含横向可比性、纵向可比性、结构可比性和关系可比性）、可验证性和及时性等指标进行反映。本报告以我国印刷与文教用品制造业（C22-C24）分年度财务报告可比性、可验证性和及时性指标的中位数为基础，重点揭示我国印刷与文教用品制造业（C22-C24）年度会计信息的辅助质量特征状况。2019~2023年，我国印刷与文教用品制造业（C22-C24）会计信息辅助质量特征状况见表4.7。

1. 会计信息可比性

会计信息可比性是会计信息的三大辅助质量要求之一，能够让财务报表使用者识别和理解不同经济业务的相似性和差别点。在公司披露的所有会计政策选择、会计报表项目金额及其结构和相关关系的基础上，本指标重点关注公司公开披露所有会计政策选择、会计政策变更、会计报表结构和会计报表项目勾稽关系的水平，即横向可比性、纵向可比性、结构可比性和关系可比性。

2023年，我国印刷与文教用品制造业（C22-C24）会计信息可比性为0.8203。其中，会计信息可比性最大的上市公司为0.8792，会计信息可比性最小的上市公司为0.6252。

2019~2023年，我国印刷与文教用品制造业（C22-C24）会计信息可比性呈下降趋势，2022~2023年处于高水平。

（1）横向可比性。

2023年，我国印刷与文教用品制造业（C22-C24）会计信息横向可比性为0.8591。其中，会计信息横向可比性最大的上市公司为0.9081，会计信息横向可比性最小的上市公司为0.5944。

2019~2023年，我国印刷与文教用品制造业（C22-C24）会计信息横向可比性呈下降趋势，2022~2023年处于高水平。

（2）纵向可比性。

2023年，我国印刷与文教用品制造业（C22-C24）会计信息纵向可比性为0.98。其中，会计信息纵向可比性最大的上市公司为1.0，会计信息纵向可比性最小的上市公司为0.6779。

2019~2023年，我国印刷与文教用品制造业（C22-C24）会计信息纵向可比性基本稳定，2022~2023年处于高水平。

（3）结构可比性。

2023年，我国印刷与文教用品制造业（C22-C24）会计信息结构可比性为0.6864。其中，会计信息结构可比性最大的上市公司为0.8916，会计信息结构可比性最小的上市公司为0.3083。

2019~2023年，我国印刷与文教用品制造业（C22-C24）会计信息结构可比性基本稳定，2022~2023年处于较高水平。

（4）关系可比性。

2023年，我国印刷与文教用品制造业（C22-C24）会计信息关系可比性为0.7655。其中，会计信息关系可比性最大的上市公司为0.9123，会计信息关系可比性最小的上市公司为0.3691。

2019~2023年，我国印刷与文教用品制造业（C22-C24）会计信息关系可比性呈下降趋势，2022~2023年处于较高水平。

2. 会计信息可验证性

会计信息可验证性是会计信息的三大辅助质量要求之一，有助于不同信息使用者达成共识（而非完全一致）。会计信息受专业判断影响极大，本指标重点关注公司公开披露会计信息（含报表附注）涉及所有专业判断、会计估计和会计选择的整体合理性。

2023年，我国印刷与文教用品制造业（C22-C24）会计信息可验证性为0.815。其中，会计信息可验证性最大的上市公司为0.9562，会计信息可验证性最小的上市公司为0.2701。

2019~2023年，我国印刷与文教用品制造业（C22-C24）会计信息可验证性基本稳定，2022~2023年处于高水平。

3. 会计信息及时性

会计信息及时性是会计信息的三大辅助质量要求之一，要求及时将会计信息提供给决策者。具体而言，即公司披露的会计信息与投资者原先对公司业绩的预期越一致，信息的及时性越强。

2023年，我国印刷与文教用品制造业（C22-C24）会计信息及时性为0.018。其中，会计信息及时性最大的上市公司为0.5189，会计信息及时性最小的上市公司为-0.5147。

2019~2023年，我国印刷与文教用品制造业（C22-C24）会计信息及时性呈上升趋势，2022~2023年处于较低水平。

七、石油化工制造业（C25-C26）

（一）会计信息质量指数分析

会计信息质量指数综合地反映公司会计信息质量的整体质量状况，是会计信息相关性、忠实表达、可比性、可验证性和及时性等质量指标状况的汇总反映。我国证券市场石油化工制造业（C25-C26）会计信息质量指数见表4.8。

表4.8　　证券市场石油化工制造业（C25-C26）会计信息质量状况

年份	2023			2022			2021	2020	2019
	中位数	最大值	最小值	中位数	最大值	最小值	中位数	中位数	中位数
会计信息质量指数	0.5591	0.6888	0.3661	0.5486	0.6843	0.3591	0.6089	0.5999	0.5798
相关性	0.3303	0.9555	0.0004	0.3704	1.0000	0.0011	0.3684	0.2774	0.2731
预测价值	0.2837	0.9978	0.0004	0.3530	0.9892	0.0042	0.3676	0.3941	0.2956
反馈价值	0.2329	1.0000	0.0465	0.3311	1.0000	0.0289	0.3980	0.3545	0.3092
忠实表达	0.7960	0.9171	0.4382	0.7973	0.9323	0.4406	0.8187	0.8159	0.8149
可比性	0.7338	0.8109	0.5029	0.7036	0.8830	0.4913	0.6758	0.7684	0.7710
横向可比性	0.8388	0.8905	0.0000	0.8308	0.8954	0.5938	0.8960	0.9390	0.9679
纵向可比性	0.9777	1.0000	0.6042	0.9997	1.0000	0.6230	0.8337	0.9351	0.9913
关系可比性	0.4471	0.6793	0.1028	0.3377	0.7433	0.0188	0.3260	0.5050	0.4937
结构可比性	0.6870	0.8839	0.2995	0.6603	0.9250	0.2297	0.6482	0.6953	0.6680
可验证性	0.8121	0.9545	0.1418	0.8156	0.9646	0.1545	0.8257	0.8189	0.8227
及时性	0.0008	0.5287	-0.4174	0.0005	0.4651	-0.4223	-0.0096	0.0111	-0.0036

注：评价标准为（1）≥0.8001高；（2）0.6001~0.7999较高；（3）0.5000~0.6000一般；（4）≤0.4999较低。

2023年，我国石油化工制造业（C25-C26）会计信息质量指数为0.5591。其中，会计信息质量指数最大的上市公司为0.6888，会计信息质量指数最小的上市公司为0.3661。

2019~2023年，我国石油化工制造业（C25-C26）会计信息质量指数基本稳定，2022~2023年处于一般水平。

（二）会计信息质量——基础质量特征分析

会计信息基础质量特征由相关性（含预测价值和反馈价值）、忠实表达指标进行反映。本报告以我国石油化工制造业（C25-C26）分年度财务报告相关性和忠实表达指标的中位数为基础，重点揭示我国石油化工制造业（C25-C26）年度会计信息的基础质量特征状况。2019~2023年，我国石油化工制造业（C25-C26）会计信息基础质量特征状况见表4.8。

1.会计信息相关性

会计信息相关性是会计信息的第一大基础质量要求，要求会计信息能够影响其使用者

的决策，包括预测价值和反馈价值两个维度。

2023年，我国石油化工制造业（C25-C26）会计信息相关性为0.3303。其中，会计信息相关性最大的上市公司为0.9555，会计信息相关性最小的上市公司为0.0004。

2019~2023年，我国石油化工制造业（C25-C26）会计信息相关性呈上升趋势，2022~2023年处于较低水平。

（1）预测价值。

2023年，我国石油化工制造业（C25-C26）会计信息预测价值为0.2837。其中，会计信息预测价值最大的上市公司为0.9978，会计信息预测价值最小的上市公司为0.0004。

2019~2023年，我国石油化工制造业（C25-C26）会计信息预测价值基本稳定，2022~2023年处于较低水平。

（2）反馈价值。

2023年，我国石油化工制造业（C25-C26）会计信息反馈价值为0.2329。其中，会计信息反馈价值最大的上市公司为1.0，会计信息反馈价值最小的上市公司为0.0465。

2019~2023年，我国石油化工制造业（C25-C26）会计信息反馈价值呈下降趋势，2022~2023年处于较低水平。

2. 会计信息忠实表达

会计信息忠实表达是会计信息的第二大基础质量要求，要求公司披露的会计信息须忠实（即完整、中性和无误）地反映经济事项。

2023年，我国石油化工制造业（C25-C26）会计信息忠实表达为0.796。其中，会计信息忠实表达最大的上市公司为0.9171，会计信息忠实表达最小的上市公司为0.4382。

2019~2023年，我国石油化工制造业（C25-C26）会计信息忠实表达基本稳定，2022~2023年处于较高水平。

（三）会计信息质量——辅助质量特征分析

会计信息辅助质量特征由可比性（含横向可比性、纵向可比性、结构可比性和关系可比性）、可验证性和及时性等指标进行反映。本报告以我国石油化工制造业（C25-C26）分年度财务报告可比性、可验证性和及时性指标的中位数为基础，重点揭示我国石油化工制造业（C25-C26）年度会计信息的辅助质量特征状况。2019~2023年，我国石油化工制造业（C25-C26）会计信息辅助质量特征状况见表4.8。

1. 会计信息可比性

会计信息可比性是会计信息的三大辅助质量要求之一，能够让财务报表使用者识别和理解不同经济业务的相似性和差别点。在公司披露的所有会计政策选择、会计报表项目金额及其结构和相关关系的基础上，本指标重点关注公司公开披露所有会计政策选择、会计政策变更、会计报表结构和会计报表项目勾稽关系的水平，即横向可比性、纵向可比性、结构可比性和关系可比性。

2023年，我国石油化工制造业（C25-C26）会计信息可比性为0.7338。其中，会计信息可比性最大的上市公司为0.8109，会计信息可比性最小的上市公司为0.5029。

2019~2023年，我国石油化工制造业（C25-C26）会计信息可比性基本稳定，2022~2023年处于较高水平。

（1）横向可比性。

2023年，我国石油化工制造业（C25-C26）会计信息横向可比性为0.8388。其中，会计信息横向可比性最大的上市公司为0.8905，会计信息横向可比性最小的上市公司为0。

2019~2023年，我国石油化工制造业（C25-C26）会计信息横向可比性呈下降趋势，2022~2023年处于高水平。

（2）纵向可比性。

2023年，我国石油化工制造业（C25-C26）会计信息纵向可比性为0.9777。其中，会计信息纵向可比性最大的上市公司为1.0，会计信息纵向可比性最小的上市公司为0.6042。

2019~2023年，我国石油化工制造业（C25-C26）会计信息纵向可比性基本稳定，2022~2023年处于高水平。

（3）结构可比性。

2023年，我国石油化工制造业（C25-C26）会计信息结构可比性为0.687。其中，会计信息结构可比性最大的上市公司为0.8839，会计信息结构可比性最小的上市公司为0.2995。

2019~2023年，我国石油化工制造业（C25-C26）会计信息结构可比性基本稳定，2022~2023年处于较高水平。

（4）关系可比性。

2023年，我国石油化工制造业（C25-C26）会计信息关系可比性为0.4471。其中，会计信息关系可比性最大的上市公司为0.6793，会计信息关系可比性最小的上市公司为0.1028。

2019~2023年，我国石油化工制造业（C25-C26）会计信息关系可比性呈下降趋势，2022~2023年处于较低水平。

2.会计信息可验证性

会计信息可验证性是会计信息的三大辅助质量要求之一，有助于不同信息使用者达成共识（而非完全一致）。会计信息受专业判断影响极大，本指标重点关注公司公开披露会计信息（含报表附注）涉及所有专业判断、会计估计和会计选择的整体合理性。

2023年，我国石油化工制造业（C25-C26）会计信息可验证性为0.8121。其中，会计信息可验证性最大的上市公司为0.9545，会计信息可验证性最小的上市公司为0.1418。

2019~2023年，我国石油化工制造业（C25-C26）会计信息可验证性基本稳定，2022~2023年处于高水平。

3.会计信息及时性

会计信息及时性是会计信息的三大辅助质量要求之一,要求及时将会计信息提供给决策者。具体而言,即公司披露的会计信息与投资者原先对公司业绩的预期越一致,信息的及时性越强。

2023年,我国石油化工制造业(C25-C26)会计信息及时性为0.0008。其中,会计信息及时性最大的上市公司为0.5287,会计信息及时性最小的上市公司为-0.4174。

2019~2023年,我国石油化工制造业(C25-C26)会计信息及时性呈上升趋势,2022~2023年处于较低水平。

八、医药制造业(C27)

(一)会计信息质量指数分析

会计信息质量指数综合地反映公司会计信息质量的整体质量状况,是会计信息相关性、忠实表达、可比性、可验证性和及时性等质量指标状况的汇总反映。我国证券市场医药制造业(C27)会计信息质量指数见表4.9。

表4.9　　　　证券市场医药制造业(C27)会计信息质量状况

年份	2023			2022			2021	2020	2019
	中位数	最大值	最小值	中位数	最大值	最小值	中位数	中位数	中位数
会计信息质量指数	0.5182	0.6509	0.3440	0.5257	0.5960	0.3678	0.5465	0.5675	0.5874
相关性	0.3245	1.0000	0.0017	0.2704	0.9387	0.0046	0.2842	0.3030	0.2734
预测价值	0.2643	0.9971	0.0009	0.2497	0.9453	0.0063	0.3143	0.3350	0.3308
反馈价值	0.2824	1.0000	0.0611	0.3303	1.0000	0.0136	0.2872	0.3023	0.3103
忠实表达	0.7247	0.9465	0.3120	0.7301	0.9376	0.2910	0.7446	0.7580	0.7636
可比性	0.6948	0.7820	0.4470	0.7023	0.7909	0.5520	0.6990	0.7201	0.7734
横向可比性	0.8239	0.8894	0.0000	0.8271	0.8897	0.6889	0.9127	0.9339	0.9598
纵向可比性	0.9820	1.0000	0.6102	0.9999	1.0000	0.7504	0.8659	0.9425	0.9903
关系可比性	0.3739	0.4603	0.0002	0.4092	0.4809	0.0000	0.4341	0.4004	0.5531
结构可比性	0.6225	0.9056	0.2382	0.6016	0.8496	0.3004	0.6030	0.6005	0.6099
可验证性	0.7689	0.9290	0.2823	0.7798	0.9361	0.2861	0.8096	0.8173	0.8213
及时性	-0.0018	0.6548	-0.6632	0.0005	0.7138	-0.5263	-0.0137	0.0228	0.0015

注:评价标准为(1)≥0.8001高;(2)0.6001~0.7999较高;(3)0.5000~0.6000一般;(4)≤0.4999较低。

2023年,我国医药制造业(C27)会计信息质量指数为0.5182。其中,会计信息质量指数最大的上市公司为0.6509,会计信息质量指数最小的上市公司为0.344。

2019~2023年,我国医药制造业(C27)会计信息质量指数呈下降趋势,2022~2023年处于一般水平。

（二）会计信息质量——基础质量特征分析

会计信息基础质量特征由相关性（含预测价值和反馈价值）、忠实表达指标进行反映。本报告以我国医药制造业（C27）分年度财务报告相关性和忠实表达指标的中位数为基础，重点揭示我国医药制造业（C27）年度会计信息的基础质量特征状况。2019~2023年，我国医药制造业（C27）会计信息基础质量特征状况见表4.9。

1. 会计信息相关性

会计信息相关性是会计信息的第一大基础质量要求，要求会计信息能够影响其使用者的决策，包括预测价值和反馈价值两个维度。

2023年，我国医药制造业（C27）会计信息相关性为0.3245。其中，会计信息相关性最大的上市公司为1.0，会计信息相关性最小的上市公司为0.0017。

2019~2023年，我国医药制造业（C27）会计信息相关性呈上升趋势，2022~2023年处于较低水平。

（1）预测价值。

2023年，我国医药制造业（C27）会计信息预测价值为0.2643。其中，会计信息预测价值最大的上市公司为0.9971，会计信息预测价值最小的上市公司为0.0009。

2019~2023年，我国医药制造业（C27）会计信息预测价值呈下降趋势，2022~2023年处于较低水平。

（2）反馈价值。

2023年，我国医药制造业（C27）会计信息反馈价值为0.2824。其中，会计信息反馈价值最大的上市公司为1.0，会计信息反馈价值最小的上市公司为0.0611。

2019~2023年，我国医药制造业（C27）会计信息反馈价值呈下降趋势，2022~2023年处于较低水平。

2. 会计信息忠实表达

会计信息忠实表达是会计信息的第二大基础质量要求，要求公司披露的会计信息须忠实（即完整、中性和无误）地反映经济事项。

2023年，我国医药制造业（C27）会计信息忠实表达为0.7247。其中，会计信息忠实表达最大的上市公司为0.9465，会计信息忠实表达最小的上市公司为0.312。

2019~2023年，我国医药制造业（C27）会计信息忠实表达呈下降趋势，2022~2023年处于较高水平。

（三）会计信息质量——辅助质量特征分析

会计信息辅助质量特征由可比性（含横向可比性、纵向可比性、结构可比性和关系可比性）、可验证性和及时性等指标进行反映。本报告以我国医药制造业（C27）分年度财务报告可比性、可验证性和及时性指标的中位数为基础，重点揭示我国医药制造业（C27）

年度会计信息的辅助质量特征状况。2019~2023年，我国医药制造业（C27）会计信息辅助质量特征状况见表4.9。

1. 会计信息可比性

会计信息可比性是会计信息的三大辅助质量要求之一，能够让财务报表使用者识别和理解不同经济业务的相似性和差别点。在公司披露的所有会计政策选择、会计报表项目金额及其结构和相关关系的基础上，本指标重点关注公司公开披露所有会计政策选择、会计政策变更、会计报表结构和会计报表项目勾稽关系的水平，即横向可比性、纵向可比性、结构可比性和关系可比性。

2023年，我国医药制造业（C27）会计信息可比性为0.6948。其中，会计信息可比性最大的上市公司为0.782，会计信息可比性最小的上市公司为0.447。

2019~2023年，我国医药制造业（C27）会计信息可比性呈下降趋势，2022~2023年处于较高水平。

（1）横向可比性。

2023年，我国医药制造业（C27）会计信息横向可比性为0.8239。其中，会计信息横向可比性最大的上市公司为0.8894，会计信息横向可比性最小的上市公司为0。

2019~2023年，我国医药制造业（C27）会计信息横向可比性呈下降趋势，2022~2023年处于高水平。

（2）纵向可比性。

2023年，我国医药制造业（C27）会计信息纵向可比性为0.982。其中，会计信息纵向可比性最大的上市公司为1.0，会计信息纵向可比性最小的上市公司为0.6102。

2019~2023年，我国医药制造业（C27）会计信息纵向可比性基本稳定，2022~2023年处于高水平。

（3）结构可比性。

2023年，我国医药制造业（C27）会计信息结构可比性为0.6225。其中，会计信息结构可比性最大的上市公司为0.9056，会计信息结构可比性最小的上市公司为0.2382。

2019~2023年，我国医药制造业（C27）会计信息结构可比性基本稳定，2022~2023年处于较高水平。

（4）关系可比性。

2023年，我国医药制造业（C27）会计信息关系可比性为0.3739。其中，会计信息关系可比性最大的上市公司为0.4603，会计信息关系可比性最小的上市公司为0.0002。

2019~2023年，我国医药制造业（C27）会计信息关系可比性呈下降趋势，2022~2023年处于较低水平。

2. 会计信息可验证性

会计信息可验证性是会计信息的三大辅助质量要求之一，有助于不同信息使用者达成共识（而非完全一致）。会计信息受专业判断影响极大，本指标重点关注公司公开披露会计信息（含报表附注）涉及所有专业判断、会计估计和会计选择的整体合理性。

2023年，我国医药制造业（C27）会计信息可验证性为0.7689。其中，会计信息可验证性最大的上市公司为0.929，会计信息可验证性最小的上市公司为0.2823。

2019~2023年，我国医药制造业（C27）会计信息可验证性呈下降趋势，2022~2023年处于较高水平。

3.会计信息及时性

会计信息及时性是会计信息的三大辅助质量要求之一，要求及时将会计信息提供给决策者。具体而言，即公司披露的会计信息与投资者原先对公司业绩的预期越一致，信息的及时性越强。

2023年，我国医药制造业（C27）会计信息及时性为–0.0018。其中，会计信息及时性最大的上市公司为0.6548，会计信息及时性最小的上市公司为–0.6632。

2019~2023年，我国医药制造业（C27）会计信息及时性呈下降趋势，2022~2023年处于较低水平。

九、化纤橡塑制造业（C28-C29）

（一）会计信息质量指数分析

会计信息质量指数综合地反映公司会计信息质量的整体质量状况，是会计信息相关性、忠实表达、可比性、可验证性和及时性等质量指标状况的汇总反映。我国证券市场化纤橡塑制造业（C28-C29）会计信息质量指数见表4.10。

表4.10　　证券市场化纤橡塑制造业（C28-C29）会计信息质量状况

年份	2023			2022			2021	2020	2019
	中位数	最大值	最小值	中位数	最大值	最小值	中位数	中位数	中位数
会计信息质量指数	0.5746	0.6733	0.4439	0.5861	0.7006	0.4167	0.5961	0.5988	0.5959
相关性	0.2684	0.9703	0.0011	0.3218	1.0000	0.0147	0.4782	0.4011	0.2675
预测价值	0.2347	0.9906	0.0020	0.2456	0.9818	0.0071	0.3625	0.3336	0.3365
反馈价值	0.3382	1.0000	0.0557	0.2745	1.0000	0.0650	0.3244	0.3751	0.4261
忠实表达	0.8043	0.8821	0.4256	0.8116	0.8892	0.4184	0.8166	0.8096	0.8330
可比性	0.7433	0.8824	0.5355	0.7646	0.8473	0.6199	0.7195	0.7594	0.7834
横向可比性	0.8332	0.8959	0.0000	0.8384	0.8930	0.6597	0.8987	0.9365	0.9686
纵向可比性	0.9859	1.0000	0.7518	0.9994	1.0000	0.7865	0.8216	0.9329	0.9923
关系可比性	0.4645	0.8122	0.0534	0.5451	0.7648	0.1016	0.5185	0.5283	0.5442
结构可比性	0.7056	0.9165	0.4544	0.6800	0.9212	0.2900	0.6406	0.6294	0.6540
可验证性	0.8102	0.9340	0.3816	0.8266	0.9460	0.3927	0.8234	0.8164	0.8327
及时性	–0.0062	0.6694	–0.4341	–0.0155	0.4961	–0.5734	–0.0168	0.0081	–0.0003

注：评价标准为（1）≥0.8001高；（2）0.6001~0.7999较高；（3）0.5000~0.6000一般；（4）≤0.4999较低。

2023年，我国化纤橡塑制造业（C28-C29）会计信息质量指数为0.5746。其中，会计信息质量指数最大的上市公司为0.6733，会计信息质量指数最小的上市公司为0.4439。

2019~2023年，我国化纤橡塑制造业（C28-C29）会计信息质量指数基本稳定，2022~2023年处于一般水平。

（二）会计信息质量——基础质量特征分析

会计信息基础质量特征由相关性（含预测价值和反馈价值）、忠实表达指标进行反映。本报告以我国化纤橡塑制造业（C28-C29）分年度财务报告相关性和忠实表达指标的中位数为基础，重点揭示我国化纤橡塑制造业（C28-C29）年度会计信息的基础质量特征状况。2019~2023年，我国化纤橡塑制造业（C28-C29）会计信息基础质量特征状况见表4.10。

1. 会计信息相关性

会计信息相关性是会计信息的第一大基础质量要求，要求会计信息能够影响其使用者的决策，包括预测价值和反馈价值两个维度。

2023年，我国化纤橡塑制造业（C28-C29）会计信息相关性为0.2684。其中，会计信息相关性最大的上市公司为0.9703，会计信息相关性最小的上市公司为0.0011。

2019~2023年，我国化纤橡塑制造业（C28-C29）会计信息相关性基本稳定，2022~2023年处于较低水平。

（1）预测价值。

2023年，我国化纤橡塑制造业（C28-C29）会计信息预测价值为0.2347。其中，会计信息预测价值最大的上市公司为0.9906，会计信息预测价值最小的上市公司为0.002。

2019~2023年，我国化纤橡塑制造业（C28-C29）会计信息预测价值呈下降趋势，2022~2023年处于较低水平。

（2）反馈价值。

2023年，我国化纤橡塑制造业（C28-C29）会计信息反馈价值为0.3382。其中，会计信息反馈价值最大的上市公司为1.0，会计信息反馈价值最小的上市公司为0.0557。

2019~2023年，我国化纤橡塑制造业（C28-C29）会计信息反馈价值呈下降趋势，2022~2023年处于较低水平。

2. 会计信息忠实表达

会计信息忠实表达是会计信息的第二大基础质量要求，要求公司披露的会计信息须忠实（即完整、中性和无误）地反映经济事项。

2023年，我国化纤橡塑制造业（C28-C29）会计信息忠实表达为0.8043。其中，会计信息忠实表达最大的上市公司为0.8821，会计信息忠实表达最小的上市公司为0.4256。

2019~2023年，我国化纤橡塑制造业（C28-C29）会计信息忠实表达基本稳定，2022~2023年处于高水平。

（三）会计信息质量——辅助质量特征分析

会计信息辅助质量特征由可比性（含横向可比性、纵向可比性、结构可比性和关系可比性）、可验证性和及时性等指标进行反映。本报告以我国化纤橡塑制造业（C28-C29）分年度财务报告可比性、可验证性和及时性指标的中位数为基础，重点揭示我国化纤橡塑制造业（C28-C29）年度会计信息的辅助质量特征状况。2019~2023年，我国化纤橡塑制造业（C28-C29）会计信息辅助质量特征状况见表4.10。

1. 会计信息可比性

会计信息可比性是会计信息的三大辅助质量要求之一，能够让财务报表使用者识别和理解不同经济业务的相似性和差别点。在公司披露的所有会计政策选择、会计报表项目金额及其结构和相关关系的基础上，本指标重点关注公司公开披露所有会计政策选择、会计政策变更、会计报表结构和会计报表项目勾稽关系的水平，即横向可比性、纵向可比性、结构可比性和关系可比性。

2023年，我国化纤橡塑制造业（C28-C29）会计信息可比性为0.7433。其中，会计信息可比性最大的上市公司为0.8824，会计信息可比性最小的上市公司为0.5355。

2019~2023年，我国化纤橡塑制造业（C28-C29）会计信息可比性呈下降趋势，2022~2023年处于较高水平。

（1）横向可比性。

2023年，我国化纤橡塑制造业（C28-C29）会计信息横向可比性为0.8332。其中，会计信息横向可比性最大的上市公司为0.8959，会计信息横向可比性最小的上市公司为0。

2019~2023年，我国化纤橡塑制造业（C28-C29）会计信息横向可比性呈下降趋势，2022~2023年处于高水平。

（2）纵向可比性。

2023年，我国化纤橡塑制造业（C28-C29）会计信息纵向可比性为0.9859。其中，会计信息纵向可比性最大的上市公司为1.0，会计信息纵向可比性最小的上市公司为0.7518。

2019~2023年，我国化纤橡塑制造业（C28-C29）会计信息纵向可比性基本稳定，2022~2023年处于高水平。

（3）结构可比性。

2023年，我国化纤橡塑制造业（C28-C29）会计信息结构可比性为0.7056。其中，会计信息结构可比性最大的上市公司为0.9165，会计信息结构可比性最小的上市公司为0.4544。

2019~2023年，我国化纤橡塑制造业（C28-C29）会计信息结构可比性呈上升趋势，2022~2023年处于较高水平。

（4）关系可比性。

2023年，我国化纤橡塑制造业（C28-C29）会计信息关系可比性为0.4645。其中，会计信息关系可比性最大的上市公司为0.8122，会计信息关系可比性最小的上市公司为0.0534。

2019~2023年，我国化纤橡塑制造业（C28-C29）会计信息关系可比性呈下降趋势，2022~2023年从一般水平变为较低水平。

2.会计信息可验证性

会计信息可验证性是会计信息的三大辅助质量要求之一，有助于不同信息使用者达成共识（而非完全一致）。会计信息受专业判断影响极大，本指标重点关注公司公开披露会计信息（含报表附注）涉及所有专业判断、会计估计和会计选择的整体合理性。

2023年，我国化纤橡塑制造业（C28-C29）会计信息可验证性为0.8102。其中，会计信息可验证性最大的上市公司为0.934，会计信息可验证性最小的上市公司为0.3816。

2019~2023年，我国化纤橡塑制造业（C28-C29）会计信息可验证性基本稳定，2022~2023年处于高水平。

3.会计信息及时性

会计信息及时性是会计信息的三大辅助质量要求之一，要求及时将会计信息提供给决策者。具体而言，即公司披露的会计信息与投资者原先对公司业绩的预期越一致，信息的及时性越强。

2023年，我国化纤橡塑制造业（C28-C29）会计信息及时性为-0.0062。其中，会计信息及时性最大的上市公司为0.6694，会计信息及时性最小的上市公司为-0.4341。

2019~2023年，我国化纤橡塑制造业（C28-C29）会计信息及时性呈下降趋势，2022~2023年处于较低水平。

十、金属矿物制造业（C30-C33）

（一）会计信息质量指数分析

会计信息质量指数综合地反映公司会计信息质量的整体质量状况，是会计信息相关性、忠实表达、可比性、可验证性和及时性等质量指标状况的汇总反映。我国证券市场金属矿物制造业（C30-C33）会计信息质量指数见表4.11。

表4.11　证券市场金属矿物制造业（C30-C33）会计信息质量状况

年份	2023			2022			2021	2020	2019
	中位数	最大值	最小值	中位数	最大值	最小值	中位数	中位数	中位数
会计信息质量指数	0.5710	0.7136	0.3355	0.5680	0.7096	0.2934	0.6307	0.5984	0.6071
相关性	0.3492	0.9606	0.0005	0.3094	1.0000	0.0026	0.3062	0.2931	0.3442
预测价值	0.2238	0.9967	0.0003	0.2768	0.9902	0.0004	0.3396	0.3242	0.2500
反馈价值	0.2943	1.0000	0.0548	0.3411	1.0000	0.0347	0.4610	0.4981	0.4008

续表

年份	2023			2022			2021	2020	2019
	中位数	最大值	最小值	中位数	最大值	最小值	中位数	中位数	中位数
忠实表达	0.8126	0.9502	0.3035	0.8274	0.9460	0.3224	0.8371	0.8401	0.8432
可比性	0.7440	0.8400	0.4782	0.7278	0.8278	0.5217	0.7302	0.7852	0.8029
横向可比性	0.8302	0.8847	0.0000	0.8320	0.8895	0.6304	0.8853	0.9416	0.9613
纵向可比性	0.9796	1.0000	0.7024	0.9999	1.0000	0.6939	0.8322	0.9356	0.9916
关系可比性	0.5211	0.7724	0.0193	0.4685	0.7139	0.0813	0.5653	0.5713	0.5991
结构可比性	0.6659	0.9094	0.2472	0.6484	0.8918	0.2055	0.6432	0.6829	0.6862
可验证性	0.8185	0.9792	0.0491	0.8207	0.9686	0.0555	0.8364	0.8373	0.8348
及时性	0.0042	0.7330	-0.4662	0.0073	0.4802	-0.5710	0.0028	0.0117	0.0022

注：评价标准为（1）≥ 0.8001 高；（2）0.6001~0.7999 较高；（3）0.5000~0.6000 一般；（4）≤ 0.4999 较低。

2023年，我国金属矿物制造业（C30-C33）会计信息质量指数为0.571。其中，会计信息质量指数最大的上市公司为0.7136，会计信息质量指数最小的上市公司为0.3355。

2019~2023年，我国金属矿物制造业（C30-C33）会计信息质量指数呈下降趋势，2022~2023年处于一般水平。

（二）会计信息质量——基础质量特征分析

会计信息基础质量特征由相关性（含预测价值和反馈价值）、忠实表达指标进行反映。本报告以我国金属矿物制造业（C30-C33）分年度财务报告相关性和忠实表达指标的中位数为基础，重点揭示我国金属矿物制造业（C30-C33）年度会计信息的基础质量特征状况。2019~2023年，我国金属矿物制造业（C30-C33）会计信息基础质量特征状况见表4.11。

1.会计信息相关性

会计信息相关性是会计信息的第一大基础质量要求，要求会计信息能够影响其使用者的决策，包括预测价值和反馈价值两个维度。

2023年，我国金属矿物制造业（C30-C33）会计信息相关性为0.3492。其中，会计信息相关性最大的上市公司为0.9606，会计信息相关性最小的上市公司为0.0005。

2019~2023年，我国金属矿物制造业（C30-C33）会计信息相关性基本稳定，2022~2023年处于较低水平。

（1）预测价值。

2023年，我国金属矿物制造业（C30-C33）会计信息预测价值为0.2238。其中，会计信息预测价值最大的上市公司为0.9967，会计信息预测价值最小的上市公司为0.0003。

2019~2023年，我国金属矿物制造业（C30-C33）会计信息预测价值呈下降趋势，2022~2023年处于较低水平。

（2）反馈价值。

2023年，我国金属矿物制造业（C30-C33）会计信息反馈价值为0.2943。其中，会计信息反馈价值最大的上市公司为1.0，会计信息反馈价值最小的上市公司为0.0548。

2019~2023年，我国金属矿物制造业（C30-C33）会计信息反馈价值呈下降趋势，2022~2023年处于较低水平。

2. 会计信息忠实表达

会计信息忠实表达是会计信息的第二大基础质量要求，要求公司披露的会计信息须忠实（即完整、中性和无误）地反映经济事项。

2023年，我国金属矿物制造业（C30-C33）会计信息忠实表达为0.8126。其中，会计信息忠实表达最大的上市公司为0.9502，会计信息忠实表达最小的上市公司为0.3035。

2019~2023年，我国金属矿物制造业（C30-C33）会计信息忠实表达基本稳定，2022~2023年处于高水平。

（三）会计信息质量——辅助质量特征分析

会计信息辅助质量特征由可比性（含横向可比性、纵向可比性、结构可比性和关系可比性）、可验证性和及时性等指标进行反映。本报告以我国金属矿物制造业（C30-C33）分年度财务报告可比性、可验证性和及时性指标的中位数为基础，重点揭示我国金属矿物制造业（C30-C33）年度会计信息的辅助质量特征状况。2019~2023年，我国金属矿物制造业（C30-C33）会计信息辅助质量特征状况见表4.11。

1. 会计信息可比性

会计信息可比性是会计信息的三大辅助质量要求之一，能够让财务报表使用者识别和理解不同经济业务的相似性和差别点。在公司披露的所有会计政策选择、会计报表项目金额及其结构和相关关系的基础上，本指标重点关注公司公开披露所有会计政策选择、会计政策变更、会计报表结构和会计报表项目勾稽关系的水平，即横向可比性、纵向可比性、结构可比性和关系可比性。

2023年，我国金属矿物制造业（C30-C33）会计信息可比性为0.744。其中，会计信息可比性最大的上市公司为0.84，会计信息可比性最小的上市公司为0.4782。

2019~2023年，我国金属矿物制造业（C30-C33）会计信息可比性呈下降趋势，2022~2023年处于较高水平。

（1）横向可比性。

2023年，我国金属矿物制造业（C30-C33）会计信息横向可比性为0.8302。其中，会计信息横向可比性最大的上市公司为0.8847，会计信息横向可比性最小的上市公司为0。

2019~2023年，我国金属矿物制造业（C30-C33）会计信息横向可比性呈下降趋势，2022~2023年处于高水平。

（2）纵向可比性。

2023年，我国金属矿物制造业（C30-C33）会计信息纵向可比性为0.9796。其中，会计信息纵向可比性最大的上市公司为1.0，会计信息纵向可比性最小的上市公司为0.7024。

2019~2023年，我国金属矿物制造业（C30-C33）会计信息纵向可比性基本稳定，2022~2023年处于高水平。

（3）结构可比性。

2023年，我国金属矿物制造业（C30-C33）会计信息结构可比性为0.6659。其中，会计信息结构可比性最大的上市公司为0.9094，会计信息结构可比性最小的上市公司为0.2472。

2019~2023年，我国金属矿物制造业（C30-C33）会计信息结构可比性基本稳定，2022~2023年处于较高水平。

（4）关系可比性。

2023年，我国金属矿物制造业（C30-C33）会计信息关系可比性为0.5211。其中，会计信息关系可比性最大的上市公司为0.7724，会计信息关系可比性最小的上市公司为0.0193。

2019~2023年，我国金属矿物制造业（C30-C33）会计信息关系可比性呈下降趋势，2022~2023年从较低水平变为一般水平。

2. 会计信息可验证性

会计信息可验证性是会计信息的三大辅助质量要求之一，有助于不同信息使用者达成共识（而非完全一致）。会计信息受专业判断影响极大，本指标重点关注公司公开披露会计信息（含报表附注）涉及所有专业判断、会计估计和会计选择的整体合理性。

2023年，我国金属矿物制造业（C30-C33）会计信息可验证性为0.8185。其中，会计信息可验证性最大的上市公司为0.9792，会计信息可验证性最小的上市公司为0.0491。

2019~2023年，我国金属矿物制造业（C30-C33）会计信息可验证性基本稳定，2022~2023年处于高水平。

3. 会计信息及时性

会计信息及时性是会计信息的三大辅助质量要求之一，要求及时将会计信息提供给决策者。具体而言，即公司披露的会计信息与投资者原先对公司业绩的预期越一致，信息的及时性越强。

2023年，我国金属矿物制造业（C30-C33）会计信息及时性为0.0042。其中，会计信息及时性最大的上市公司为0.733，会计信息及时性最小的上市公司为-0.4662。

2019~2023年，我国金属矿物制造业（C30-C33）会计信息及时性呈上升趋势，2022~2023年处于较低水平。

十一、设备制造业（C34-C37）

（一）会计信息质量指数分析

会计信息质量指数综合地反映公司会计信息质量的整体质量状况，是会计信息相关性、忠实表达、可比性、可验证性和及时性等质量指标状况的汇总反映。我国证券市场设备制造业（C34-C37）会计信息质量指数见表4.12。

表4.12　证券市场设备制造业（C34-C37）会计信息质量状况

年份	2023			2022			2021	2020	2019
	中位数	最大值	最小值	中位数	最大值	最小值	中位数	中位数	中位数
会计信息质量指数	0.5677	0.6837	0.2982	0.5676	0.6855	0.3078	0.5776	0.5893	0.5878
相关性	0.3472	1.0000	0.0017	0.3605	1.0000	0.0014	0.3190	0.2941	0.2657
预测价值	0.2676	0.9987	0.0003	0.2473	0.9990	0.0002	0.3559	0.3327	0.2813
反馈价值	0.2615	1.0000	0.0253	0.2817	1.0000	0.0350	0.3411	0.3904	0.3195
忠实表达	0.7871	0.9363	0.3633	0.7898	0.9211	0.4082	0.7904	0.7901	0.7919
可比性	0.7387	0.8383	0.4657	0.7436	0.8286	0.5479	0.7166	0.7357	0.7606
横向可比性	0.8295	0.8948	0.0000	0.8305	0.8988	0.6144	0.9040	0.9365	0.9614
纵向可比性	0.9821	1.0000	0.5913	0.9998	1.0000	0.6786	0.8513	0.9390	0.9887
关系可比性	0.4682	0.7467	0.0168	0.4770	0.7020	0.0002	0.4454	0.3851	0.4349
结构可比性	0.6985	0.9512	0.3638	0.6796	0.9015	0.2309	0.6767	0.6812	0.6850
可验证性	0.8246	0.9651	0.0567	0.8293	0.9760	0.1073	0.8371	0.8337	0.8329
及时性	-0.0061	0.8358	-0.5757	0.0002	0.5912	-0.8607	-0.0185	0.0150	0.0048

注：评价标准为（1）≥0.8001高；（2）0.6001~0.7999较高；（3）0.5000~0.6000一般；（4）≤0.4999较低。

2023年，我国设备制造业（C34-C37）会计信息质量指数为0.5677。其中，会计信息质量指数最大的上市公司为0.6837，会计信息质量指数最小的上市公司为0.2982。

2019~2023年，我国设备制造业（C34-C37）会计信息质量指数基本稳定，2022~2023年处于一般水平。

（二）会计信息质量——基础质量特征分析

会计信息基础质量特征由相关性（含预测价值和反馈价值）、忠实表达指标进行反映。本报告以我国设备制造业（C34-C37）分年度财务报告相关性和忠实表达指标的中位数为基础，重点揭示我国设备制造业（C34-C37）年度会计信息的基础质量特征状况。2019~2023年，我国设备制造业（C34-C37）会计信息基础质量特征状况见表4.12。

1.会计信息相关性

会计信息相关性是会计信息的第一大基础质量要求，要求会计信息能够影响其使用者

的决策，包括预测价值和反馈价值两个维度。

2023年，我国设备制造业（C34-C37）会计信息相关性为0.3472。其中，会计信息相关性最大的上市公司为1.0，会计信息相关性最小的上市公司为0.0017。

2019~2023年，我国设备制造业（C34-C37）会计信息相关性呈上升趋势，2022~2023年处于较低水平。

（1）预测价值。

2023年，我国设备制造业（C34-C37）会计信息预测价值为0.2676。其中，会计信息预测价值最大的上市公司为0.9987，会计信息预测价值最小的上市公司为0.0003。

2019~2023年，我国设备制造业（C34-C37）会计信息预测价值基本稳定，2022~2023年处于较低水平。

（2）反馈价值。

2023年，我国设备制造业（C34-C37）会计信息反馈价值为0.2615。其中，会计信息反馈价值最大的上市公司为1.0，会计信息反馈价值最小的上市公司为0.0253。

2019~2023年，我国设备制造业（C34-C37）会计信息反馈价值呈下降趋势，2022~2023年处于较低水平。

2.会计信息忠实表达

会计信息忠实表达是会计信息的第二大基础质量要求，要求公司披露的会计信息须忠实（即完整、中性和无误）地反映经济事项。

2023年，我国设备制造业（C34-C37）会计信息忠实表达为0.7871。其中，会计信息忠实表达最大的上市公司为0.9363，会计信息忠实表达最小的上市公司为0.3633。

2019~2023年，我国设备制造业（C34-C37）会计信息忠实表达基本稳定，2022~2023年处于较高水平。

（三）会计信息质量——辅助质量特征分析

会计信息辅助质量特征由可比性（含横向可比性、纵向可比性、结构可比性和关系可比性）、可验证性和及时性等指标进行反映。本报告以我国设备制造业（C34-C37）分年度财务报告可比性、可验证性和及时性指标的中位数为基础，重点揭示我国设备制造业（C34-C37）年度会计信息的辅助质量特征状况。2019~2023年，我国设备制造业（C34-C37）会计信息辅助质量特征状况见表4.12。

1.会计信息可比性

会计信息可比性是会计信息的三大辅助质量要求之一，能够让财务报表使用者识别和理解不同经济业务的相似性和差别点。在公司披露的所有会计政策选择、会计报表项目金额及其结构和相关关系的基础上，本指标重点关注公司公开披露所有会计政策选择、会计政策变更、会计报表结构和会计报表项目勾稽关系的水平，即横向可比性、纵向可比性、结构可比性和关系可比性。

2023年，我国设备制造业（C34-C37）会计信息可比性为0.7387。其中，会计信息可比性最大的上市公司为0.8383，会计信息可比性最小的上市公司为0.4657。

2019~2023年，我国设备制造业（C34-C37）会计信息可比性基本稳定，2022~2023年处于较高水平。

（1）横向可比性。

2023年，我国设备制造业（C34-C37）会计信息横向可比性为0.8295。其中，会计信息横向可比性最大的上市公司为0.8948，会计信息横向可比性最小的上市公司为0。

2019~2023年，我国设备制造业（C34-C37）会计信息横向可比性呈下降趋势，2022~2023年处于高水平。

（2）纵向可比性。

2023年，我国设备制造业（C34-C37）会计信息纵向可比性为0.9821。其中，会计信息纵向可比性最大的上市公司为1.0，会计信息纵向可比性最小的上市公司为0.5913。

2019~2023年，我国设备制造业（C34-C37）会计信息纵向可比性基本稳定，2022~2023年处于高水平。

（3）结构可比性。

2023年，我国设备制造业（C34-C37）会计信息结构可比性为0.6985。其中，会计信息结构可比性最大的上市公司为0.9512，会计信息结构可比性最小的上市公司为0.3638。

2019~2023年，我国设备制造业（C34-C37）会计信息结构可比性基本稳定，2022~2023年处于较高水平。

（4）关系可比性。

2023年，我国设备制造业（C34-C37）会计信息关系可比性为0.4682。其中，会计信息关系可比性最大的上市公司为0.7467，会计信息关系可比性最小的上市公司为0.0168。

2019~2023年，我国设备制造业（C34-C37）会计信息关系可比性呈上升趋势，2022~2023年处于较低水平。

2. 会计信息可验证性

会计信息可验证性是会计信息的三大辅助质量要求之一，有助于不同信息使用者达成共识（而非完全一致）。会计信息受专业判断影响极大，本指标重点关注公司公开披露会计信息（含报表附注）涉及所有专业判断、会计估计和会计选择的整体合理性。

2023年，我国设备制造业（C34-C37）会计信息可验证性为0.8246。其中，会计信息可验证性最大的上市公司为0.9651，会计信息可验证性最小的上市公司为0.0567。

2019~2023年，我国设备制造业（C34-C37）会计信息可验证性基本稳定，2022~2023年处于高水平。

3. 会计信息及时性

会计信息及时性是会计信息的三大辅助质量要求之一，要求及时将会计信息提供给决策者。具体而言，即公司披露的会计信息与投资者原先对公司业绩的预期越一致，信息的

及时性越强。

2023年，我国设备制造业（C34-C37）会计信息及时性为-0.0061。其中，会计信息及时性最大的上市公司为0.8358，会计信息及时性最小的上市公司为-0.5757。

2019~2023年，我国设备制造业（C34-C37）会计信息及时性呈下降趋势，2022~2023年处于较低水平。

十二、机械仪器制造业（C38-C40）

（一）会计信息质量指数分析

会计信息质量指数综合地反映公司会计信息质量的整体质量状况，是会计信息相关性、忠实表达、可比性、可验证性和及时性等质量指标状况的汇总反映。我国证券市场机械仪器制造业（C38-C40）会计信息质量指数见表4.13。

表4.13　　证券市场机械仪器制造业（C38-C40）会计信息质量状况

年份	2023			2022			2021	2020	2019
	中位数	最大值	最小值	中位数	最大值	最小值	中位数	中位数	中位数
会计信息质量指数	0.5457	0.6765	0.2507	0.5524	0.6598	0.3174	0.5591	0.5680	0.5645
相关性	0.3057	1.0000	0.0021	0.2801	1.0000	0.0007	0.3224	0.3105	0.2772
预测价值	0.2350	0.9971	0.0013	0.2534	0.9967	0.0002	0.3399	0.3264	0.3000
反馈价值	0.2332	1.0000	0.0338	0.2694	1.0000	0.0184	0.3247	0.3448	0.2836
忠实表达	0.7846	0.9431	0.2916	0.7919	0.9420	0.3544	0.7838	0.7851	0.7872
可比性	0.7017	0.8679	0.4686	0.7161	0.8026	0.5575	0.6828	0.7405	0.7377
横向可比性	0.8311	0.9004	0.0000	0.8315	0.9013	0.6253	0.9003	0.9358	0.9639
纵向可比性	0.9851	1.0000	0.6679	0.9997	1.0000	0.7117	0.8526	0.9398	0.9878
关系可比性	0.3482	0.7696	0.0029	0.4025	0.5504	0.0156	0.3217	0.4043	0.3609
结构可比性	0.6641	1.0000	0.1171	0.6504	0.9011	0.2775	0.6497	0.6693	0.6558
可验证性	0.8057	0.9601	0.0000	0.8119	0.9679	0.0811	0.8231	0.8183	0.8178
及时性	-0.0027	0.7382	-0.6427	-0.0040	0.6824	-0.7173	-0.0119	0.0089	-0.0045

注：评价标准为（1）≥0.8001高；（2）0.6001~0.7999较高；（3）0.5000~0.6000一般；（4）≤0.4999较低。

2023年，我国机械仪器制造业（C38-C40）会计信息质量指数为0.5457。其中，会计信息质量指数最大的上市公司为0.6765，会计信息质量指数最小的上市公司为0.2507。

2019~2023年，我国机械仪器制造业（C38-C40）会计信息质量指数基本稳定，2022~2023年处于一般水平。

（二）会计信息质量——基础质量特征分析

会计信息基础质量特征由相关性（含预测价值和反馈价值）、忠实表达指标进行反映。本报告以我国机械仪器制造业（C38-C40）分年度财务报告相关性和忠实表达指标的中位数为基础，重点揭示我国机械仪器制造业（C38-C40）年度会计信息的基础质量特征状况。2019~2023年，我国机械仪器制造业（C38-C40）会计信息基础质量特征状况见表4.13。

1. 会计信息相关性

会计信息相关性是会计信息的第一大基础质量要求，要求会计信息能够影响其使用者的决策，包括预测价值和反馈价值两个维度。

2023年，我国机械仪器制造业（C38-C40）会计信息相关性为0.3057。其中，会计信息相关性最大的上市公司为1.0，会计信息相关性最小的上市公司为0.0021。

2019~2023年，我国机械仪器制造业（C38-C40）会计信息相关性呈上升趋势，2022~2023年处于较低水平。

（1）预测价值。

2023年，我国机械仪器制造业（C38-C40）会计信息预测价值为0.235。其中，会计信息预测价值最大的上市公司为0.9971，会计信息预测价值最小的上市公司为0.0013。

2019~2023年，我国机械仪器制造业（C38-C40）会计信息预测价值呈下降趋势，2022~2023年处于较低水平。

（2）反馈价值。

2023年，我国机械仪器制造业（C38-C40）会计信息反馈价值为0.2332。其中，会计信息反馈价值最大的上市公司为1.0，会计信息反馈价值最小的上市公司为0.0338。

2019~2023年，我国机械仪器制造业（C38-C40）会计信息反馈价值呈下降趋势，2022~2023年处于较低水平。

2. 会计信息忠实表达

会计信息忠实表达是会计信息的第二大基础质量要求，要求公司披露的会计信息须忠实（即完整、中性和无误）地反映经济事项。

2023年，我国机械仪器制造业（C38-C40）会计信息忠实表达为0.7846。其中，会计信息忠实表达最大的上市公司为0.9431，会计信息忠实表达最小的上市公司为0.2916。

2019~2023年，我国机械仪器制造业（C38-C40）会计信息忠实表达基本稳定，2022~2023年处于较高水平。

（三）会计信息质量——辅助质量特征分析

会计信息辅助质量特征由可比性（含横向可比性、纵向可比性、结构可比性和关系可比性）、可验证性和及时性等指标进行反映。本报告以我国机械仪器制造业（C38-C40）分年度财务报告可比性、可验证性和及时性指标的中位数为基础，重点揭示我国机械仪器制造业（C38-C40）年度会计信息的辅助质量特征状况。2019~2023年，我国机械仪器制造业（C38-C40）会计信息辅助质量特征状况见表4.13。

1. 会计信息可比性

会计信息可比性是会计信息的三大辅助质量要求之一，能够让财务报表使用者识别和理解不同经济业务的相似性和差别点。在公司披露的所有会计政策选择、会计报表项目金额及其结构和相关关系的基础上，本指标重点关注公司公开披露所有会计政策选择、会计政策变更、会计报表结构和会计报表项目勾稽关系的水平，即横向可比性、纵向可比性、结构可比性和关系可比性。

2023年，我国机械仪器制造业（C38-C40）会计信息可比性为0.7017。其中，会计信息可比性最大的上市公司为0.8679，会计信息可比性最小的上市公司为0.4686。

2019~2023年，我国机械仪器制造业（C38-C40）会计信息可比性基本稳定，2022~2023年处于较高水平。

（1）横向可比性。

2023年，我国机械仪器制造业（C38-C40）会计信息横向可比性为0.8311。其中，会计信息横向可比性最大的上市公司为0.9004，会计信息横向可比性最小的上市公司为0。

2019~2023年，我国机械仪器制造业（C38-C40）会计信息横向可比性呈下降趋势，2022~2023年处于高水平。

（2）纵向可比性。

2023年，我国机械仪器制造业（C38-C40）会计信息纵向可比性为0.9851。其中，会计信息纵向可比性最大的上市公司为1.0，会计信息纵向可比性最小的上市公司为0.6679。

2019~2023年，我国机械仪器制造业（C38-C40）会计信息纵向可比性基本稳定，2022~2023年处于高水平。

（3）结构可比性。

2023年，我国机械仪器制造业（C38-C40）会计信息结构可比性为0.6641。其中，会计信息结构可比性最大的上市公司为1.0，会计信息结构可比性最小的上市公司为0.1171。

2019~2023年，我国机械仪器制造业（C38-C40）会计信息结构可比性基本稳定，2022~2023年处于较高水平。

（4）关系可比性。

2023年，我国机械仪器制造业（C38-C40）会计信息关系可比性为0.3482。其中，会计信息关系可比性最大的上市公司为0.7696，会计信息关系可比性最小的上市公司为0.0029。

2019~2023年，我国机械仪器制造业（C38-C40）会计信息关系可比性基本稳定，2022~2023年处于较低水平。

2. 会计信息可验证性

会计信息可验证性是会计信息的三大辅助质量要求之一，有助于不同信息使用者达成共识（而非完全一致）。会计信息受专业判断影响极大，本指标重点关注公司公开披露会计信息（含报表附注）涉及所有专业判断、会计估计和会计选择的整体合理性。

2023年，我国机械仪器制造业（C38-C40）会计信息可验证性为0.8057。其中，会计信息可验证性最大的上市公司为0.9601，会计信息可验证性最小的上市公司为0。

2019~2023年，我国机械仪器制造业（C38-C40）会计信息可验证性基本稳定，2022~2023年处于高水平。

3.会计信息及时性

会计信息及时性是会计信息的三大辅助质量要求之一，要求及时将会计信息提供给决策者。具体而言，即公司披露的会计信息与投资者原先对公司业绩的预期越一致，信息的及时性越强。

2023年，我国机械仪器制造业（C38-C40）会计信息及时性为-0.0027。其中，会计信息及时性最大的上市公司为0.7382，会计信息及时性最小的上市公司为-0.6427。

2019~2023年，我国机械仪器制造业（C38-C40）会计信息及时性呈上升趋势，2022~2023年处于较低水平。

十三、其他制造业（C41-C42）

（一）会计信息质量指数分析

会计信息质量指数综合地反映公司会计信息质量的整体质量状况，是会计信息相关性、忠实表达、可比性、可验证性和及时性等质量指标状况的汇总反映。我国证券市场其他制造业（C41-C42）会计信息质量指数见表4.14。

表4.14　　证券市场其他制造业（C41-C42）会计信息质量状况

年份	2023			2022			2021	2020	2019
	中位数	最大值	最小值	中位数	最大值	最小值	中位数	中位数	中位数
会计信息质量指数	0.6286	0.7119	0.5579	0.6213	0.7278	0.5412	0.5596	0.5779	0.6104
相关性	0.4606	0.8561	0.0021	0.6218	0.9879	0.0163	0.5788	0.4638	0.4123
预测价值	0.2254	0.8910	0.0399	0.5744	0.8187	0.0464	0.2754	0.5212	0.2396
反馈价值	0.3218	1.0000	0.0849	0.1708	1.0000	0.1047	0.4731	0.8704	0.4404
忠实表达	0.8214	0.9038	0.6341	0.8131	0.8850	0.6787	0.7868	0.7835	0.7806
可比性	0.8267	0.8904	0.7363	0.8258	0.8845	0.7157	0.6694	0.7381	0.8024
横向可比性	0.8716	0.9262	0.7535	0.8648	0.9263	0.7695	0.8980	0.9232	0.9363
纵向可比性	0.9874	1.0000	0.7769	0.9988	1.0000	0.8180	0.8393	0.9640	0.9905
关系可比性	0.7998	0.9358	0.6239	0.7943	0.8923	0.6442	0.3091	0.3604	0.5943
结构可比性	0.6559	0.9044	0.4670	0.6410	0.9102	0.3842	0.6133	0.6645	0.6673
可验证性	0.8094	0.9370	0.6070	0.8291	0.9326	0.5085	0.7695	0.7740	0.8011
及时性	-0.0206	0.4217	-0.2077	0.0166	0.2611	-0.0765	0.0862	0.0135	-0.0031

注：评价标准为（1）≥0.8001高；（2）0.6001~0.7999较高；（3）0.5000~0.6000一般；（4）≤0.4999较低。

2023年，我国其他制造业（C41-C42）会计信息质量指数为0.6286。其中，会计信息质量指数最大的上市公司为0.7119，会计信息质量指数最小的上市公司为0.5579。

2019~2023年，我国其他制造业（C41-C42）会计信息质量指数基本稳定，2022~2023年处于较高水平。

（二）会计信息质量——基础质量特征分析

会计信息基础质量特征由相关性（含预测价值和反馈价值）、忠实表达指标进行反映。本报告以我国其他制造业（C41-C42）分年度财务报告相关性和忠实表达指标的中位数为基础，重点揭示我国其他制造业（C41-C42）年度会计信息的基础质量特征状况。2019~2023年，我国其他制造业（C41-C42）会计信息基础质量特征状况见表4.14。

1. 会计信息相关性

会计信息相关性是会计信息的第一大基础质量要求，要求会计信息能够影响其使用者的决策，包括预测价值和反馈价值两个维度。

2023年，我国其他制造业（C41-C42）会计信息相关性为0.4606。其中，会计信息相关性最大的上市公司为0.8561，会计信息相关性最小的上市公司为0.0021。

2019~2023年，我国其他制造业（C41-C42）会计信息相关性呈上升趋势，2022~2023年从较高水平变为较低水平。

（1）预测价值。

2023年，我国其他制造业（C41-C42）会计信息预测价值为0.2254。其中，会计信息预测价值最大的上市公司为0.891，会计信息预测价值最小的上市公司为0.0399。

2019~2023年，我国其他制造业（C41-C42）会计信息预测价值呈下降趋势，2022~2023年从一般水平变为较低水平。

（2）反馈价值。

2023年，我国其他制造业（C41-C42）会计信息反馈价值为0.3218。其中，会计信息反馈价值最大的上市公司为1.0，会计信息反馈价值最小的上市公司为0.0849。

2019~2023年，我国其他制造业（C41-C42）会计信息反馈价值呈下降趋势，2022~2023年处于较低水平。

2. 会计信息忠实表达

会计信息忠实表达是会计信息的第二大基础质量要求，要求公司披露的会计信息须忠实（即完整、中性和无误）地反映经济事项。

2023年，我国其他制造业（C41-C42）会计信息忠实表达为0.8214。其中，会计信息忠实表达最大的上市公司为0.9038，会计信息忠实表达最小的上市公司为0.6341。

2019~2023年，我国其他制造业（C41-C42）会计信息忠实表达呈上升趋势，2022~2023年处于高水平。

（三）会计信息质量——辅助质量特征分析

会计信息辅助质量特征由可比性（含横向可比性、纵向可比性、结构可比性和关系可比性）、可验证性和及时性等指标进行反映。本报告以我国其他制造业（C41-C42）分年度财务报告可比性、可验证性和及时性指标的中位数为基础，重点揭示我国其他制造业（C41-C42）年度会计信息的辅助质量特征状况。2019~2023年，我国其他制造业（C41-C42）会计信息辅助质量特征状况见表4.14。

1.会计信息可比性

会计信息可比性是会计信息的三大辅助质量要求之一，能够让财务报表使用者识别和理解不同经济业务的相似性和差别点。在公司披露的所有会计政策选择、会计报表项目金额及其结构和相关关系的基础上，本指标重点关注公司公开披露所有会计政策选择、会计政策变更、会计报表结构和会计报表项目勾稽关系的水平，即横向可比性、纵向可比性、结构可比性和关系可比性。

2023年，我国其他制造业（C41-C42）会计信息可比性为0.8267。其中，会计信息可比性最大的上市公司为0.8904，会计信息可比性最小的上市公司为0.7363。

2019~2023年，我国其他制造业（C41-C42）会计信息可比性基本稳定，2022~2023年处于高水平。

（1）横向可比性。

2023年，我国其他制造业（C41-C42）会计信息横向可比性为0.8716。其中，会计信息横向可比性最大的上市公司为0.9262，会计信息横向可比性最小的上市公司为0.7535。

2019~2023年，我国其他制造业（C41-C42）会计信息横向可比性呈下降趋势，2022~2023年处于高水平。

（2）纵向可比性。

2023年，我国其他制造业（C41-C42）会计信息纵向可比性为0.9874。其中，会计信息纵向可比性最大的上市公司为1.0，会计信息纵向可比性最小的上市公司为0.7769。

2019~2023年，我国其他制造业（C41-C42）会计信息纵向可比性基本稳定，2022~2023年处于高水平。

（3）结构可比性。

2023年，我国其他制造业（C41-C42）会计信息结构可比性为0.6559。其中，会计信息结构可比性最大的上市公司为0.9044，会计信息结构可比性最小的上市公司为0.467。

2019~2023年，我国其他制造业（C41-C42）会计信息结构可比性基本稳定，2022~2023年处于较高水平。

（4）关系可比性。

2023年，我国其他制造业（C41-C42）会计信息关系可比性为0.7998。其中，会计信息关系可比性最大的上市公司为0.9358，会计信息关系可比性最小的上市公司为0.6239。

2019~2023年，我国其他制造业（C41-C42）会计信息关系可比性呈上升趋势，2022~2023年处于较高水平。

2. 会计信息可验证性

会计信息可验证性是会计信息的三大辅助质量要求之一，有助于不同信息使用者达成共识（而非完全一致）。会计信息受专业判断影响极大，本指标重点关注公司公开披露会计信息（含报表附注）涉及所有专业判断、会计估计和会计选择的整体合理性。

2023年，我国其他制造业（C41-C42）会计信息可验证性为0.8094。其中，会计信息可验证性最大的上市公司为0.937，会计信息可验证性最小的上市公司为0.607。

2019~2023年，我国其他制造业（C41-C42）会计信息可验证性基本稳定，2022~2023年处于高水平。

3. 会计信息及时性

会计信息及时性是会计信息的三大辅助质量要求之一，要求及时将会计信息提供给决策者。具体而言，即公司披露的会计信息与投资者原先对公司业绩的预期越一致，信息的及时性越强。

2023年，我国其他制造业（C41-C42）会计信息及时性为-0.0206。其中，会计信息及时性最大的上市公司为0.4217，会计信息及时性最小的上市公司为-0.2077。

2019~2023年，我国其他制造业（C41-C42）会计信息及时性呈下降趋势，2022~2023年处于较低水平。

十四、电力、热力、燃气及水生产和供应业（D）

（一）会计信息质量指数分析

会计信息质量指数综合地反映公司会计信息质量的整体质量状况，是会计信息相关性、忠实表达、可比性、可验证性和及时性等质量指标状况的汇总反映。我国证券市场电力、热力、燃气及水生产和供应业（D）会计信息质量指数见表4.15。

表4.15 证券市场电力、热力、燃气及水生产和供应业（D）会计信息质量状况

年份	2023			2022			2021	2020	2019
	中位数	最大值	最小值	中位数	最大值	最小值	中位数	中位数	中位数
会计信息质量指数	0.5760	0.7397	0.3293	0.5671	0.7181	0.3614	0.6077	0.5997	0.6267
相关性	0.2960	0.8781	0.0041	0.3939	1.0000	0.0025	0.3181	0.4315	0.3929
预测价值	0.3105	0.9730	0.0099	0.2804	0.9332	0.0076	0.3176	0.2826	0.3406
反馈价值	0.4493	1.0000	0.0617	0.5111	1.0000	0.0226	0.4532	0.4177	0.4410
忠实表达	0.7715	0.9047	0.3065	0.7818	0.8992	0.3315	0.8490	0.8523	0.8490
可比性	0.7559	0.8896	0.5878	0.7461	0.8768	0.5520	0.7276	0.7795	0.8029
横向可比性	0.8116	0.8725	0.6663	0.7962	0.8793	0.6737	0.8750	0.9203	0.9411

续表

年份	2023			2022			2021	2020	2019
	中位数	最大值	最小值	中位数	最大值	最小值	中位数	中位数	中位数
纵向可比性	0.9867	1.0000	0.7135	0.9998	1.0000	0.7267	0.8619	0.9416	0.9904
关系可比性	0.4946	0.8346	0.0933	0.4636	0.8608	0.0227	0.4602	0.5345	0.5448
结构可比性	0.7506	0.9413	0.4014	0.7462	0.9213	0.2788	0.7192	0.7680	0.7598
可验证性	0.8012	0.9481	0.2053	0.7980	0.9448	0.2629	0.8045	0.8156	0.8194
及时性	0.0015	0.8294	−0.6714	−0.0018	0.4065	−0.3899	0.0023	0.0020	0.0166

注：评价标准为（1）≥0.8001 高；（2）0.6001~0.7999 较高；（3）0.5000~0.6000 一般；（4）≤0.4999 较低。

2023年，我国电力、热力、燃气及水生产和供应业（D）会计信息质量指数为0.576。其中，会计信息质量指数最大的上市公司为0.7397，会计信息质量指数最小的上市公司为0.3293。

2019~2023年，我国电力、热力、燃气及水生产和供应业（D）会计信息质量指数呈下降趋势，2022~2023年处于一般水平。

（二）会计信息质量——基础质量特征分析

会计信息基础质量特征由相关性（含预测价值和反馈价值）、忠实表达指标进行反映。本报告以我国电力、热力、燃气及水生产和供应业（D）分年度财务报告相关性和忠实表达指标的中位数为基础，重点揭示我国电力、热力、燃气及水生产和供应业（D）年度会计信息的基础质量特征状况。2019~2023年，我国电力、热力、燃气及水生产和供应业（D）会计信息基础质量特征状况见表4.15。

1. 会计信息相关性

会计信息相关性是会计信息的第一大基础质量要求，要求会计信息能够影响其使用者的决策，包括预测价值和反馈价值两个维度。

2023年，我国电力、热力、燃气及水生产和供应业（D）会计信息相关性为0.296。其中，会计信息相关性最大的上市公司为0.8781，会计信息相关性最小的上市公司为0.0041。

2019~2023年，我国电力、热力、燃气及水生产和供应业（D）会计信息相关性呈下降趋势，2022~2023年处于较低水平。

（1）预测价值。

2023年，我国电力、热力、燃气及水生产和供应业（D）会计信息预测价值为0.3105。其中，会计信息预测价值最大的上市公司为0.973，会计信息预测价值最小的上市公司为0.0099。

2019~2023年，我国电力、热力、燃气及水生产和供应业（D）会计信息预测价值呈下降趋势，2022~2023年处于较低水平。

（2）反馈价值。

2023年，我国电力、热力、燃气及水生产和供应业（D）会计信息反馈价值为0.4493。其中，会计信息反馈价值最大的上市公司为1.0，会计信息反馈价值最小的上市公司为0.0617。

2019~2023年，我国电力、热力、燃气及水生产和供应业（D）会计信息反馈价值基本稳定，2022~2023年从一般水平变为较低水平。

2. 会计信息忠实表达

会计信息忠实表达是会计信息的第二大基础质量要求，要求公司披露的会计信息须忠实（即完整、中性和无误）地反映经济事项。

2023年，我国电力、热力、燃气及水生产和供应业（D）会计信息忠实表达为0.7715。其中，会计信息忠实表达最大的上市公司为0.9047，会计信息忠实表达最小的上市公司为0.3065。

2019~2023年，我国电力、热力、燃气及水生产和供应业（D）会计信息忠实表达呈下降趋势，2022~2023年处于较高水平。

（三）会计信息质量——辅助质量特征分析

会计信息辅助质量特征由可比性（含横向可比性、纵向可比性、结构可比性和关系可比性）、可验证性和及时性等指标进行反映。本报告以我国电力、热力、燃气及水生产和供应业（D）分年度财务报告可比性、可验证性和及时性指标的中位数为基础，重点揭示我国电力、热力、燃气及水生产和供应业（D）年度会计信息的辅助质量特征状况。2019~2023年，我国电力、热力、燃气及水生产和供应业（D）会计信息辅助质量特征状况见表4.15。

1. 会计信息可比性

会计信息可比性是会计信息的三大辅助质量要求之一，能够让财务报表使用者识别和理解不同经济业务的相似性和差别点。在公司披露的所有会计政策选择、会计报表项目金额及其结构和相关关系的基础上，本指标重点关注公司公开披露所有会计政策选择、会计政策变更、会计报表结构和会计报表项目勾稽关系的水平，即横向可比性、纵向可比性、结构可比性和关系可比性。

2023年，我国电力、热力、燃气及水生产和供应业（D）会计信息可比性为0.7559。其中，会计信息可比性最大的上市公司为0.8896，会计信息可比性最小的上市公司为0.5878。

2019~2023年，我国电力、热力、燃气及水生产和供应业（D）会计信息可比性呈下降趋势，2022~2023年处于较高水平。

（1）横向可比性。

2023年，我国电力、热力、燃气及水生产和供应业（D）会计信息横向可比性为

0.8116。其中，会计信息横向可比性最大的上市公司为0.8725，会计信息横向可比性最小的上市公司为0.6663。

2019~2023年，我国电力、热力、燃气及水生产和供应业（D）会计信息横向可比性呈下降趋势，2022~2023年从较高水平变为高水平。

（2）纵向可比性。

2023年，我国电力、热力、燃气及水生产和供应业（D）会计信息纵向可比性为0.9867。其中，会计信息纵向可比性最大的上市公司为1.0，会计信息纵向可比性最小的上市公司为0.7135。

2019~2023年，我国电力、热力、燃气及水生产和供应业（D）会计信息纵向可比性基本稳定，2022~2023年处于高水平。

（3）结构可比性。

2023年，我国电力、热力、燃气及水生产和供应业（D）会计信息结构可比性为0.7506。其中，会计信息结构可比性最大的上市公司为0.9413，会计信息结构可比性最小的上市公司为0.4014。

2019~2023年，我国电力、热力、燃气及水生产和供应业（D）会计信息结构可比性基本稳定，2022~2023年处于较高水平。

（4）关系可比性。

2023年，我国电力、热力、燃气及水生产和供应业（D）会计信息关系可比性为0.4946。其中，会计信息关系可比性最大的上市公司为0.8346，会计信息关系可比性最小的上市公司为0.0933。

2019~2023年，我国电力、热力、燃气及水生产和供应业（D）会计信息关系可比性呈下降趋势，2022~2023年处于较低水平。

2. 会计信息可验证性

会计信息可验证性是会计信息的三大辅助质量要求之一，有助于不同信息使用者达成共识（而非完全一致）。会计信息受专业判断影响极大，本指标重点关注公司公开披露会计信息（含报表附注）涉及所有专业判断、会计估计和会计选择的整体合理性。

2023年，我国电力、热力、燃气及水生产和供应业（D）会计信息可验证性为0.8012。其中，会计信息可验证性最大的上市公司为0.9481，会计信息可验证性最小的上市公司为0.2053。

2019~2023年，我国电力、热力、燃气及水生产和供应业（D）会计信息可验证性基本稳定，2022~2023年从较高水平变为高水平。

3. 会计信息及时性

会计信息及时性是会计信息的三大辅助质量要求之一，要求及时将会计信息提供给决策者。具体而言，即公司披露的会计信息与投资者原先对公司业绩的预期越一致，信息的及时性越强。

2023年，我国电力、热力、燃气及水生产和供应业（D）会计信息及时性为0.0015。其中，会计信息及时性最大的上市公司为0.8294，会计信息及时性最小的上市公司为–0.6714。

2019~2023年，我国电力、热力、燃气及水生产和供应业（D）会计信息及时性呈下降趋势，2022~2023年处于较低水平。

十五、建筑业（E）

（一）会计信息质量指数分析

会计信息质量指数综合地反映公司会计信息质量的整体质量状况，是会计信息相关性、忠实表达、可比性、可验证性和及时性等质量指标状况的汇总反映。我国证券市场建筑业（E）会计信息质量指数见表4.16。

表4.16　　证券市场建筑业（E）会计信息质量状况

年份	2023			2022			2021	2020	2019
	中位数	最大值	最小值	中位数	最大值	最小值	中位数	中位数	中位数
会计信息质量指数	0.5590	0.7117	0.3373	0.5631	0.7386	0.4210	0.5906	0.5919	0.6039
相关性	0.3805	0.9072	0.0033	0.3764	1.0000	0.0121	0.2656	0.3239	0.3832
预测价值	0.1951	0.9887	0.0004	0.2049	0.8710	0.0033	0.3570	0.3594	0.3739
反馈价值	0.3583	1.0000	0.0297	0.3430	1.0000	0.0303	0.4365	0.4719	0.3534
忠实表达	0.8066	0.9318	0.3641	0.8286	0.9248	0.4397	0.8285	0.8217	0.8472
可比性	0.7231	0.8630	0.5308	0.7185	0.8064	0.5220	0.7424	0.7804	0.8013
横向可比性	0.8278	0.9271	0.7218	0.8248	0.8914	0.7140	0.8953	0.9386	0.9559
纵向可比性	0.9825	1.0000	0.5901	0.9999	1.0000	0.7443	0.8497	0.9369	0.9893
关系可比性	0.3695	0.9435	0.0294	0.3975	0.9263	0.0240	0.5533	0.4858	0.4979
结构可比性	0.7205	0.9297	0.2082	0.6925	0.9179	0.2484	0.7461	0.7574	0.7398
可验证性	0.7848	0.9873	0.2880	0.8176	0.9659	0.3892	0.8224	0.8018	0.8322
及时性	0.0317	0.4137	–0.4828	–0.0008	0.4966	–0.6185	–0.0004	0.0051	–0.0125

注：评价标准为（1）≥0.8001高；（2）0.6001~0.7999较高；（3）0.5000~0.6000一般；（4）≤0.4999较低。

2023年，我国建筑业（E）会计信息质量指数为0.559。其中，会计信息质量指数最大的上市公司为0.7117，会计信息质量指数最小的上市公司为0.3373。

2019~2023年，我国建筑业（E）会计信息质量指数呈下降趋势，2022~2023年处于一般水平。

（二）会计信息质量——基础质量特征分析

会计信息基础质量特征由相关性（含预测价值和反馈价值）、忠实表达指标进行反映。

本报告以我国建筑业（E）分年度财务报告相关性和忠实表达指标的中位数为基础，重点揭示我国建筑业（E）年度会计信息的基础质量特征状况。2019~2023年，我国建筑业（E）会计信息基础质量特征状况见表4.16。

1. 会计信息相关性

会计信息相关性是会计信息的第一大基础质量要求，要求会计信息能够影响其使用者的决策，包括预测价值和反馈价值两个维度。

2023年，我国建筑业（E）会计信息相关性为0.3805。其中，会计信息相关性最大的上市公司为0.9072，会计信息相关性最小的上市公司为0.0033。

2019~2023年，我国建筑业（E）会计信息相关性基本稳定，2022~2023年处于较低水平。

（1）预测价值。

2023年，我国建筑业（E）会计信息预测价值为0.1951。其中，会计信息预测价值最大的上市公司为0.9887，会计信息预测价值最小的上市公司为0.0004。

2019~2023年，我国建筑业（E）会计信息预测价值呈下降趋势，2022~2023年处于较低水平。

（2）反馈价值。

2023年，我国建筑业（E）会计信息反馈价值为0.3583。其中，会计信息反馈价值最大的上市公司为1.0，会计信息反馈价值最小的上市公司为0.0297。

2019~2023年，我国建筑业（E）会计信息反馈价值基本稳定，2022~2023年处于较低水平。

2. 会计信息忠实表达

会计信息忠实表达是会计信息的第二大基础质量要求，要求公司披露的会计信息须忠实（即完整、中性和无误）地反映经济事项。

2023年，我国建筑业（E）会计信息忠实表达为0.8066。其中，会计信息忠实表达最大的上市公司为0.9318，会计信息忠实表达最小的上市公司为0.3641。

2019~2023年，我国建筑业（E）会计信息忠实表达基本稳定，2022~2023年处于高水平。

（三）会计信息质量——辅助质量特征分析

会计信息辅助质量特征由可比性（含横向可比性、纵向可比性、结构可比性和关系可比性）、可验证性和及时性等指标进行反映。本报告以我国建筑业（E）分年度财务报告可比性、可验证性和及时性指标的中位数为基础，重点揭示我国建筑业（E）年度会计信息的辅助质量特征状况。2019~2023年，我国建筑业（E）会计信息辅助质量特征状况见表4.16。

1. 会计信息可比性

会计信息可比性是会计信息的三大辅助质量要求之一，能够让财务报表使用者识别和理解不同经济业务的相似性和差别点。在公司披露的所有会计政策选择、会计报表项目金额及其结构和相关关系的基础上，本指标重点关注公司公开披露所有会计政策选择、会计政策变更、会计报表结构和会计报表项目勾稽关系的水平，即横向可比性、纵向可比性、结构可比性和关系可比性。

2023年，我国建筑业（E）会计信息可比性为0.7231。其中，会计信息可比性最大的上市公司为0.863，会计信息可比性最小的上市公司为0.5308。

2019~2023年，我国建筑业（E）会计信息可比性呈下降趋势，2022~2023年处于较高水平。

（1）横向可比性。

2023年，我国建筑业（E）会计信息横向可比性为0.8278。其中，会计信息横向可比性最大的上市公司为0.9271，会计信息横向可比性最小的上市公司为0.7218。

2019~2023年，我国建筑业（E）会计信息横向可比性呈下降趋势，2022~2023年处于高水平。

（2）纵向可比性。

2023年，我国建筑业（E）会计信息纵向可比性为0.9825。其中，会计信息纵向可比性最大的上市公司为1.0，会计信息纵向可比性最小的上市公司为0.5901。

2019~2023年，我国建筑业（E）会计信息纵向可比性基本稳定，2022~2023年处于高水平。

（3）结构可比性。

2023年，我国建筑业（E）会计信息结构可比性为0.7205。其中，会计信息结构可比性最大的上市公司为0.9297，会计信息结构可比性最小的上市公司为0.2082。

2019~2023年，我国建筑业（E）会计信息结构可比性基本稳定，2022~2023年处于较高水平。

（4）关系可比性。

2023年，我国建筑业（E）会计信息关系可比性为0.3695。其中，会计信息关系可比性最大的上市公司为0.9435，会计信息关系可比性最小的上市公司为0.0294。

2019~2023年，我国建筑业（E）会计信息关系可比性呈下降趋势，2022~2023年处于较低水平。

2. 会计信息可验证性

会计信息可验证性是会计信息的三大辅助质量要求之一，有助于不同信息使用者达成共识（而非完全一致）。会计信息受专业判断影响极大，本指标重点关注公司公开披露会计信息（含报表附注）涉及所有专业判断、会计估计和会计选择的整体合理性。

2023年，我国建筑业（E）会计信息可验证性为0.7848。其中，会计信息可验证性最大的上市公司为0.9873，会计信息可验证性最小的上市公司为0.288。

2019~2023年，我国建筑业（E）会计信息可验证性呈下降趋势，2022~2023年从高水平变为较高水平。

3. 会计信息及时性

会计信息及时性是会计信息的三大辅助质量要求之一，要求及时将会计信息提供给决策者。具体而言，即公司披露的会计信息与投资者原先对公司业绩的预期越一致，信息的及时性越强。

2023年，我国建筑业（E）会计信息及时性为0.0317。其中，会计信息及时性最大的上市公司为0.4137，会计信息及时性最小的上市公司为-0.4828。

2019~2023年，我国建筑业（E）会计信息及时性呈上升趋势，2022~2023年处于较低水平。

十六、批发和零售业（F）

（一）会计信息质量指数分析

会计信息质量指数综合地反映公司会计信息质量的整体质量状况，是会计信息相关性、忠实表达、可比性、可验证性和及时性等质量指标状况的汇总反映。我国证券市场批发和零售业（F）会计信息质量指数见表4.17。

表4.17　　证券市场批发和零售业（F）会计信息质量状况

年份	2023			2022			2021	2020	2019
	中位数	最大值	最小值	中位数	最大值	最小值	中位数	中位数	中位数
会计信息质量指数	0.5238	0.6066	0.2460	0.5353	0.6579	0.3251	0.5855	0.5626	0.5786
相关性	0.2591	0.8755	0.0007	0.3543	0.9754	0.0010	0.3294	0.2691	0.3404
预测价值	0.1816	0.9918	0.0001	0.1974	0.9927	0.0003	0.3034	0.2325	0.2831
反馈价值	0.3595	1.0000	0.0549	0.4388	1.0000	0.0302	0.4316	0.3578	0.4134
忠实表达	0.8093	0.9466	0.3015	0.8206	0.9469	0.2968	0.8127	0.8204	0.8243
可比性	0.6714	0.7644	0.5029	0.7064	0.7951	0.5559	0.6776	0.7392	0.7367
横向可比性	0.8273	0.8807	0.6101	0.8126	0.8878	0.6243	0.8708	0.9395	0.9712
纵向可比性	0.9800	1.0000	0.6211	0.9999	1.0000	0.6444	0.8265	0.9385	0.9947
关系可比性	0.2826	0.4488	0.0067	0.4193	0.5164	0.0124	0.4368	0.4750	0.4044
结构可比性	0.6078	0.9534	0.1262	0.6356	0.9580	0.1735	0.5845	0.6097	0.6077
可验证性	0.7639	0.9710	0.0145	0.7703	0.9730	0.0000	0.7740	0.7950	0.8192
及时性	0.0087	0.4802	-0.4777	-0.0143	0.5800	-0.4526	-0.0004	-0.0008	-0.0008

注：评价标准为（1）≥0.8001 高；（2）0.6001~0.7999 较高；（3）0.5000~0.6000 一般；（4）≤0.4999 较低。

2023年，我国批发和零售业（F）会计信息质量指数为0.5238。其中，会计信息质量指数最大的上市公司为0.6066，会计信息质量指数最小的上市公司为0.246。

2019~2023年，我国批发和零售业（F）会计信息质量指数呈下降趋势，2022~2023年处于一般水平。

（二）会计信息质量——基础质量特征分析

会计信息基础质量特征由相关性（含预测价值和反馈价值）、忠实表达指标进行反映。本报告以我国批发和零售业（F）分年度财务报告相关性和忠实表达指标的中位数为基础，重点揭示我国批发和零售业（F）年度会计信息的基础质量特征状况。2019~2023年，我国批发和零售业（F）会计信息基础质量特征状况见表4.17。

1.会计信息相关性

会计信息相关性是会计信息的第一大基础质量要求，要求会计信息能够影响其使用者的决策，包括预测价值和反馈价值两个维度。

2023年，我国批发和零售业（F）会计信息相关性为0.2591。其中，会计信息相关性最大的上市公司为0.8755，会计信息相关性最小的上市公司为0.0007。

2019~2023年，我国批发和零售业（F）会计信息相关性呈下降趋势，2022~2023年处于较低水平。

（1）预测价值。

2023年，我国批发和零售业（F）会计信息预测价值为0.1816。其中，会计信息预测价值最大的上市公司为0.9918，会计信息预测价值最小的上市公司为0.0001。

2019~2023年，我国批发和零售业（F）会计信息预测价值呈下降趋势，2022~2023年处于较低水平。

（2）反馈价值。

2023年，我国批发和零售业（F）会计信息反馈价值为0.3595。其中，会计信息反馈价值最大的上市公司为1.0，会计信息反馈价值最小的上市公司为0.0549。

2019~2023年，我国批发和零售业（F）会计信息反馈价值呈下降趋势，2022~2023年处于较低水平。

2.会计信息忠实表达

会计信息忠实表达是会计信息的第二大基础质量要求，要求公司披露的会计信息须忠实（即完整、中性和无误）地反映经济事项。

2023年，我国批发和零售业（F）会计信息忠实表达为0.8093。其中，会计信息忠实表达最大的上市公司为0.9466，会计信息忠实表达最小的上市公司为0.3015。

2019~2023年，我国批发和零售业（F）会计信息忠实表达基本稳定，2022~2023年处于高水平。

（三）会计信息质量——辅助质量特征分析

会计信息辅助质量特征由可比性（含横向可比性、纵向可比性、结构可比性和关系可比性）、可验证性和及时性等指标进行反映。本报告以我国批发和零售业（F）分年度财务报告可比性、可验证性和及时性指标的中位数为基础，重点揭示我国批发和零售业（F）年度会计信息的辅助质量特征状况。2019~2023年，我国批发和零售业（F）会计信息辅助质量特征状况见表4.17。

1.会计信息可比性

会计信息可比性是会计信息的三大辅助质量要求之一，能够让财务报表使用者识别和理解不同经济业务的相似性和差别点。在公司披露的所有会计政策选择、会计报表项目金额及其结构和相关关系的基础上，本指标重点关注公司公开披露所有会计政策选择、会计政策变更、会计报表结构和会计报表项目勾稽关系的水平，即横向可比性、纵向可比性、结构可比性和关系可比性。

2023年，我国批发和零售业（F）会计信息可比性为0.6714。其中，会计信息可比性最大的上市公司为0.7644，会计信息可比性最小的上市公司为0.5029。

2019~2023年，我国批发和零售业（F）会计信息可比性呈下降趋势，2022~2023年处于较高水平。

（1）横向可比性。

2023年，我国批发和零售业（F）会计信息横向可比性为0.8273。其中，会计信息横向可比性最大的上市公司为0.8807，会计信息横向可比性最小的上市公司为0.6101。

2019~2023年，我国批发和零售业（F）会计信息横向可比性呈下降趋势，2022~2023年处于高水平。

（2）纵向可比性。

2023年，我国批发和零售业（F）会计信息纵向可比性为0.98。其中，会计信息纵向可比性最大的上市公司为1.0，会计信息纵向可比性最小的上市公司为0.6211。

2019~2023年，我国批发和零售业（F）会计信息纵向可比性基本稳定，2022~2023年处于高水平。

（3）结构可比性。

2023年，我国批发和零售业（F）会计信息结构可比性为0.6078。其中，会计信息结构可比性最大的上市公司为0.9534，会计信息结构可比性最小的上市公司为0.1262。

2019~2023年，我国批发和零售业（F）会计信息结构可比性基本稳定，2022~2023年处于较高水平。

（4）关系可比性。

2023年，我国批发和零售业（F）会计信息关系可比性为0.2826。其中，会计信息关系可比性最大的上市公司为0.4488，会计信息关系可比性最小的上市公司为0.0067。

2019~2023年，我国批发和零售业（F）会计信息关系可比性呈下降趋势，2022~2023年处于较低水平。

2.会计信息可验证性

会计信息可验证性是会计信息的三大辅助质量要求之一，有助于不同信息使用者达成共识（而非完全一致）。会计信息受专业判断影响极大，本指标重点关注公司公开披露会计信息（含报表附注）涉及所有专业判断、会计估计和会计选择的整体合理性。

2023年，我国批发和零售业（F）会计信息可验证性为0.7639。其中，会计信息可验证性最大的上市公司为0.971，会计信息可验证性最小的上市公司为0.0145。

2019~2023年，我国批发和零售业（F）会计信息可验证性呈下降趋势，2022~2023年处于较高水平。

3.会计信息及时性

会计信息及时性是会计信息的三大辅助质量要求之一，要求及时将会计信息提供给决策者。具体而言，即公司披露的会计信息与投资者原先对公司业绩的预期越一致，信息的及时性越强。

2023年，我国批发和零售业（F）会计信息及时性为0.0087。其中，会计信息及时性最大的上市公司为0.4802，会计信息及时性最小的上市公司为–0.4777。

2019~2023年，我国批发和零售业（F）会计信息及时性呈上升趋势，2022~2023年处于较低水平。

十七、交通运输、仓储和邮政业（G）

（一）会计信息质量指数分析

会计信息质量指数综合地反映公司会计信息质量的整体质量状况，是会计信息相关性、忠实表达、可比性、可验证性和及时性等质量指标状况的汇总反映。我国证券市场交通运输、仓储和邮政业（G）会计信息质量指数见表4.18。

表4.18　证券市场交通运输、仓储和邮政业（G）会计信息质量状况

年份	2023			2022			2021	2020	2019
	中位数	最大值	最小值	中位数	最大值	最小值	中位数	中位数	中位数
会计信息质量指数	0.5778	0.7380	0.3898	0.5699	0.7477	0.4378	0.5692	0.6285	0.5903
相关性	0.3949	0.9757	0.0006	0.4167	0.9748	0.0041	0.2991	0.4226	0.3721
预测价值	0.2591	0.9930	0.0098	0.3045	0.9887	0.0031	0.3356	0.3309	0.3239
反馈价值	0.3444	1.0000	0.0586	0.4011	1.0000	0.0558	0.4043	0.4323	0.4142
忠实表达	0.7303	0.9236	0.4380	0.7505	0.9509	0.4620	0.8230	0.8091	0.8163

续表

年份	2023			2022			2021	2020	2019
	中位数	最大值	最小值	中位数	最大值	最小值	中位数	中位数	中位数
可比性	0.8092	0.9252	0.5268	0.8041	0.8955	0.5740	0.7168	0.8070	0.7794
横向可比性	0.7978	0.8727	0.6814	0.7913	0.8901	0.6936	0.8852	0.9175	0.9357
纵向可比性	0.9834	1.0000	0.7599	0.9999	1.0000	0.7616	0.8699	0.9461	0.9936
关系可比性	0.7015	0.9712	0.0197	0.6867	0.9702	0.1286	0.3496	0.6180	0.4663
结构可比性	0.7616	0.9189	0.2322	0.7209	0.9508	0.2275	0.7131	0.7448	0.7609
可验证性	0.7931	0.9243	0.3057	0.7810	0.9496	0.2995	0.7831	0.7861	0.7593
及时性	0.0141	0.5095	−0.4191	−0.0010	0.4001	−0.1323	−0.0050	0.0009	0.0015

注：评价标准为（1）≥0.8001 高；（2）0.6001~0.7999 较高；（3）0.5000~0.6000 一般；（4）≤0.4999 较低。

2023年，我国交通运输、仓储和邮政业（G）会计信息质量指数为0.5778。其中，会计信息质量指数最大的上市公司为0.738，会计信息质量指数最小的上市公司为0.3898。

2019~2023年，我国交通运输、仓储和邮政业（G）会计信息质量指数基本稳定，2022~2023年处于一般水平。

（二）会计信息质量——基础质量特征分析

会计信息基础质量特征由相关性（含预测价值和反馈价值）、忠实表达指标进行反映。本报告以我国交通运输、仓储和邮政业（G）分年度财务报告相关性和忠实表达指标的中位数为基础，重点揭示我国交通运输、仓储和邮政业（G）年度会计信息的基础质量特征状况。2019~2023年，我国交通运输、仓储和邮政业（G）会计信息基础质量特征状况见表4.18。

1. 会计信息相关性

会计信息相关性是会计信息的第一大基础质量要求，要求会计信息能够影响其使用者的决策，包括预测价值和反馈价值两个维度。

2023年，我国交通运输、仓储和邮政业（G）会计信息相关性为0.3949。其中，会计信息相关性最大的上市公司为0.9757，会计信息相关性最小的上市公司为0.0006。

2019~2023年，我国交通运输、仓储和邮政业（G）会计信息相关性呈上升趋势，2022~2023年处于较低水平。

（1）预测价值。

2023年，我国交通运输、仓储和邮政业（G）会计信息预测价值为0.2591。其中，会计信息预测价值最大的上市公司为0.993，会计信息预测价值最小的上市公司为0.0098。

2019~2023年，我国交通运输、仓储和邮政业（G）会计信息预测价值呈下降趋势，2022~2023年处于较低水平。

（2）反馈价值。

2023年，我国交通运输、仓储和邮政业（G）会计信息反馈价值为0.3444。其中，会计信息反馈价值最大的上市公司为1.0，会计信息反馈价值最小的上市公司为0.0586。

2019~2023年，我国交通运输、仓储和邮政业（G）会计信息反馈价值呈下降趋势，2022~2023年处于较低水平。

2.会计信息忠实表达

会计信息忠实表达是会计信息的第二大基础质量要求，要求公司披露的会计信息须忠实（即完整、中性和无误）地反映经济事项。

2023年，我国交通运输、仓储和邮政业（G）会计信息忠实表达为0.7303。其中，会计信息忠实表达最大的上市公司为0.9236，会计信息忠实表达最小的上市公司为0.438。

2019~2023年，我国交通运输、仓储和邮政业（G）会计信息忠实表达呈下降趋势，2022~2023年处于较高水平。

（三）会计信息质量——辅助质量特征分析

会计信息辅助质量特征由可比性（含横向可比性、纵向可比性、结构可比性和关系可比性）、可验证性和及时性等指标进行反映。本报告以我国交通运输、仓储和邮政业（G）分年度财务报告可比性、可验证性和及时性指标的中位数为基础，重点揭示我国交通运输、仓储和邮政业（G）年度会计信息的辅助质量特征状况。2019~2023年，我国交通运输、仓储和邮政业（G）会计信息辅助质量特征状况见表4.18。

1.会计信息可比性

会计信息可比性是会计信息的三大辅助质量要求之一，能够让财务报表使用者识别和理解不同经济业务的相似性和差别点。在公司披露的所有会计政策选择、会计报表项目金额及其结构和相关关系的基础上，本指标重点关注公司公开披露所有会计政策选择、会计政策变更、会计报表结构和会计报表项目勾稽关系的水平，即横向可比性、纵向可比性、结构可比性和关系可比性。

2023年，我国交通运输、仓储和邮政业（G）会计信息可比性为0.8092。其中，会计信息可比性最大的上市公司为0.9252，会计信息可比性最小的上市公司为0.5268。

2019~2023年，我国交通运输、仓储和邮政业（G）会计信息可比性基本稳定，2022~2023年处于高水平。

（1）横向可比性。

2023年，我国交通运输、仓储和邮政业（G）会计信息横向可比性为0.7978。其中，会计信息横向可比性最大的上市公司为0.8727，会计信息横向可比性最小的上市公司为0.6814。

2019~2023年，我国交通运输、仓储和邮政业（G）会计信息横向可比性呈下降趋势，2022~2023年处于较高水平。

（2）纵向可比性。

2023年，我国交通运输、仓储和邮政业（G）会计信息纵向可比性为0.9834。其中，会计信息纵向可比性最大的上市公司为1.0，会计信息纵向可比性最小的上市公司为0.7599。

2019~2023年，我国交通运输、仓储和邮政业（G）会计信息纵向可比性基本稳定，2022~2023年处于高水平。

（3）结构可比性。

2023年，我国交通运输、仓储和邮政业（G）会计信息结构可比性为0.7616。其中，会计信息结构可比性最大的上市公司为0.9189，会计信息结构可比性最小的上市公司为0.2322。

2019~2023年，我国交通运输、仓储和邮政业（G）会计信息结构可比性基本稳定，2022~2023年处于较高水平。

（4）关系可比性。

2023年，我国交通运输、仓储和邮政业（G）会计信息关系可比性为0.7015。其中，会计信息关系可比性最大的上市公司为0.9712，会计信息关系可比性最小的上市公司为0.0197。

2019~2023年，我国交通运输、仓储和邮政业（G）会计信息关系可比性呈上升趋势，2022~2023年处于较高水平。

2. 会计信息可验证性

会计信息可验证性是会计信息的三大辅助质量要求之一，有助于不同信息使用者达成共识（而非完全一致）。会计信息受专业判断影响极大，本指标重点关注公司公开披露会计信息（含报表附注）涉及所有专业判断、会计估计和会计选择的整体合理性。

2023年，我国交通运输、仓储和邮政业（G）会计信息可验证性为0.7931。其中，会计信息可验证性最大的上市公司为0.9243，会计信息可验证性最小的上市公司为0.3057。

2019~2023年，我国交通运输、仓储和邮政业（G）会计信息可验证性基本稳定，2022~2023年处于较高水平。

3. 会计信息及时性

会计信息及时性是会计信息的三大辅助质量要求之一，要求及时将会计信息提供给决策者。具体而言，即公司披露的会计信息与投资者原先对公司业绩的预期越一致，信息的及时性越强。

2023年，我国交通运输、仓储和邮政业（G）会计信息及时性为0.0141。其中，会计信息及时性最大的上市公司为0.5095，会计信息及时性最小的上市公司为−0.4191。

2019~2023年，我国交通运输、仓储和邮政业（G）会计信息及时性呈上升趋势，2022~2023年处于较低水平。

十八、住宿餐饮服务业（HL）

（一）会计信息质量指数分析

会计信息质量指数综合地反映公司会计信息质量的整体质量状况，是会计信息相关性、忠实表达、可比性、可验证性和及时性等质量指标状况的汇总反映。我国证券市场住宿餐饮服务业（HL）会计信息质量指数见表4.19。

表4.19　　　　证券市场住宿餐饮服务业（HL）会计信息质量状况

年份	2023			2022			2021	2020	2019
	中位数	最大值	最小值	中位数	最大值	最小值	中位数	中位数	中位数
会计信息质量指数	0.5164	0.7214	0.3406	0.5137	0.7196	0.3677	0.5166	0.5214	0.5366
相关性	0.3745	0.8688	0.0032	0.2874	1.0000	0.0035	0.4719	0.4204	0.3298
预测价值	0.1561	0.9234	0.0034	0.1798	0.9904	0.0020	0.2684	0.3180	0.2561
反馈价值	0.3067	1.0000	0.0000	0.2515	1.0000	0.0462	0.4125	0.2947	0.3748
忠实表达	0.7627	0.9136	0.3647	0.7688	0.9216	0.3770	0.7433	0.7231	0.7622
可比性	0.6886	0.8918	0.5443	0.6983	0.8992	0.4725	0.6590	0.6918	0.7188
横向可比性	0.8103	0.8953	0.5550	0.8029	0.8788	0.5428	0.8707	0.9304	0.9539
纵向可比性	0.9944	1.0000	0.6709	0.9999	1.0000	0.7728	0.8539	0.9461	0.9934
关系可比性	0.3364	0.9604	0.0963	0.3394	0.9394	0.0339	0.4155	0.3123	0.3372
结构可比性	0.6071	0.9143	0.1820	0.6333	0.9164	0.1579	0.5635	0.5999	0.5895
可验证性	0.6776	0.9270	0.1691	0.6736	0.9196	0.2210	0.6806	0.6965	0.7102
及时性	0.0023	0.6751	-0.4135	0.0023	0.5088	-0.3833	0.0079	0.0026	-0.0028

注：评价标准为（1）≥0.8001高；（2）0.6001~0.7999较高；（3）0.5000~0.6000一般；（4）≤0.4999较低。

2023年，我国住宿餐饮服务业（HL）会计信息质量指数为0.5164。其中，会计信息质量指数最大的上市公司为0.7214，会计信息质量指数最小的上市公司为0.3406。

2019~2023年，我国住宿餐饮服务业（HL）会计信息质量指数基本稳定，2022~2023年处于一般水平。

（二）会计信息质量——基础质量特征分析

会计信息基础质量特征由相关性（含预测价值和反馈价值）、忠实表达指标进行反映。本报告以我国住宿餐饮服务业（HL）分年度财务报告相关性和忠实表达指标的中位数为基础，重点揭示我国住宿餐饮服务业（HL）年度会计信息的基础质量特征状况。2019~2023年，我国住宿餐饮服务业（HL）会计信息基础质量特征状况见表4.19。

1.会计信息相关性

会计信息相关性是会计信息的第一大基础质量要求，要求会计信息能够影响其使用者

的决策，包括预测价值和反馈价值两个维度。

2023年，我国住宿餐饮服务业（HL）会计信息相关性为0.3745。其中，会计信息相关性最大的上市公司为0.8688，会计信息相关性最小的上市公司为0.0032。

2019~2023年，我国住宿餐饮服务业（HL）会计信息相关性呈上升趋势，2022~2023年处于较低水平。

（1）预测价值。

2023年，我国住宿餐饮服务业（HL）会计信息预测价值为0.1561。其中，会计信息预测价值最大的上市公司为0.9234，会计信息预测价值最小的上市公司为0.0034。

2019~2023年，我国住宿餐饮服务业（HL）会计信息预测价值呈下降趋势，2022~2023年处于较低水平。

（2）反馈价值。

2023年，我国住宿餐饮服务业（HL）会计信息反馈价值为0.3067。其中，会计信息反馈价值最大的上市公司为1.0，会计信息反馈价值最小的上市公司为0。

2019~2023年，我国住宿餐饮服务业（HL）会计信息反馈价值呈下降趋势，2022~2023年处于较低水平。

2. 会计信息忠实表达

会计信息忠实表达是会计信息的第二大基础质量要求，要求公司披露的会计信息须忠实（即完整、中性和无误）地反映经济事项。

2023年，我国住宿餐饮服务业（HL）会计信息忠实表达为0.7627。其中，会计信息忠实表达最大的上市公司为0.9136，会计信息忠实表达最小的上市公司为0.3647。

2019~2023年，我国住宿餐饮服务业（HL）会计信息忠实表达基本稳定，2022~2023年处于较高水平。

（三）会计信息质量——辅助质量特征分析

会计信息辅助质量特征由可比性（含横向可比性、纵向可比性、结构可比性和关系可比性）、可验证性和及时性等指标进行反映。本报告以我国住宿餐饮服务业（HL）分年度财务报告可比性、可验证性和及时性指标的中位数为基础，重点揭示我国住宿餐饮服务业（HL）年度会计信息的辅助质量特征状况。2019~2023年，我国住宿餐饮服务业（HL）会计信息辅助质量特征状况见表4.19。

1. 会计信息可比性

会计信息可比性是会计信息的三大辅助质量要求之一，能够让财务报表使用者识别和理解不同经济业务的相似性和差别点。在公司披露的所有会计政策选择、会计报表项目金额及其结构和相关关系的基础上，本指标重点关注公司公开披露所有会计政策选择、会计政策变更、会计报表结构和会计报表项目勾稽关系的水平，即横向可比性、纵向可比性、结构可比性和关系可比性。

2023年，我国住宿餐饮服务业（HL）会计信息可比性为0.6886。其中，会计信息可比性最大的上市公司为0.8918，会计信息可比性最小的上市公司为0.5443。

2019~2023年，我国住宿餐饮服务业（HL）会计信息可比性基本稳定，2022~2023年处于较高水平。

（1）横向可比性。

2023年，我国住宿餐饮服务业（HL）会计信息横向可比性为0.8103。其中，会计信息横向可比性最大的上市公司为0.8953，会计信息横向可比性最小的上市公司为0.555。

2019~2023年，我国住宿餐饮服务业（HL）会计信息横向可比性呈下降趋势，2022~2023年处于高水平。

（2）纵向可比性。

2023年，我国住宿餐饮服务业（HL）会计信息纵向可比性为0.9944。其中，会计信息纵向可比性最大的上市公司为1.0，会计信息纵向可比性最小的上市公司为0.6709。

2019~2023年，我国住宿餐饮服务业（HL）会计信息纵向可比性基本稳定，2022~2023年处于高水平。

（3）结构可比性。

2023年，我国住宿餐饮服务业（HL）会计信息结构可比性为0.6071。其中，会计信息结构可比性最大的上市公司为0.9143，会计信息结构可比性最小的上市公司为0.182。

2019~2023年，我国住宿餐饮服务业（HL）会计信息结构可比性基本稳定，2022~2023年处于较高水平。

（4）关系可比性。

2023年，我国住宿餐饮服务业（HL）会计信息关系可比性为0.3364。其中，会计信息关系可比性最大的上市公司为0.9604，会计信息关系可比性最小的上市公司为0.0963。

2019~2023年，我国住宿餐饮服务业（HL）会计信息关系可比性基本稳定，2022~2023年处于较低水平。

2.会计信息可验证性

会计信息可验证性是会计信息的三大辅助质量要求之一，有助于不同信息使用者达成共识（而非完全一致）。会计信息受专业判断影响极大，本指标重点关注公司公开披露会计信息（含报表附注）涉及所有专业判断、会计估计和会计选择的整体合理性。

2023年，我国住宿餐饮服务业（HL）会计信息可验证性为0.6776。其中，会计信息可验证性最大的上市公司为0.927，会计信息可验证性最小的上市公司为0.1691。

2019~2023年，我国住宿餐饮服务业（HL）会计信息可验证性基本稳定，2022~2023年处于较高水平。

3.会计信息及时性

会计信息及时性是会计信息的三大辅助质量要求之一，要求及时将会计信息提供给决策者。具体而言，即公司披露的会计信息与投资者原先对公司业绩的预期越一致，信息的

及时性越强。

2023年,我国住宿餐饮服务业(HL)会计信息及时性为0.0023。其中,会计信息及时性最大的上市公司为0.6751,会计信息及时性最小的上市公司为-0.4135。

2019~2023年,我国住宿餐饮服务业(HL)会计信息及时性呈上升趋势,2022~2023年处于较低水平。

十九、信息传输、软件和信息技术服务业(I)

(一)会计信息质量指数分析

会计信息质量指数综合地反映公司会计信息质量的整体质量状况,是会计信息相关性、忠实表达、可比性、可验证性和及时性等质量指标状况的汇总反映。我国证券市场信息传输、软件和信息技术服务业(I)会计信息质量指数见表4.20。

表4.20 证券市场信息传输、软件和信息技术服务业(I)会计信息质量状况

年份	2023			2022			2021	2020	2019
	中位数	最大值	最小值	中位数	最大值	最小值	中位数	中位数	中位数
会计信息质量指数	0.5285	0.6669	0.2981	0.5295	0.6961	0.3054	0.5386	0.5551	0.5598
相关性	0.3325	1.0000	0.0004	0.3608	1.0000	0.0039	0.2904	0.2678	0.3080
预测价值	0.1512	0.9972	0.0013	0.1786	0.9966	0.0042	0.2693	0.2974	0.3007
反馈价值	0.2528	1.0000	0.0181	0.2368	1.0000	0.0116	0.2486	0.2544	0.2753
忠实表达	0.7415	0.9394	0.3403	0.7516	0.9382	0.3345	0.7295	0.7237	0.7293
可比性	0.6860	0.8367	0.4729	0.7026	0.8609	0.5092	0.7067	0.7374	0.7489
横向可比性	0.8153	0.8799	0.0000	0.8190	0.8852	0.6857	0.9119	0.9346	0.9575
纵向可比性	0.9817	1.0000	0.6617	0.9996	1.0000	0.7482	0.8779	0.9419	0.9803
关系可比性	0.3338	0.7216	0.0497	0.3595	0.8197	0.0034	0.4084	0.4260	0.3999
结构可比性	0.6356	0.9085	0.1793	0.6412	0.8974	0.1719	0.6534	0.6698	0.6657
可验证性	0.7710	0.9580	0.1288	0.7761	0.9327	0.1927	0.7650	0.7719	0.7739
及时性	0.0058	0.5969	-0.7928	-0.0024	0.6343	-0.5806	-0.0215	0.0454	-0.0098

注:评价标准为(1)≥0.8001高;(2)0.6001~0.7999较高;(3)0.5000~0.6000一般;(4)≤0.4999较低。

2023年,我国信息传输、软件和信息技术服务业(I)会计信息质量指数为0.5285。其中,会计信息质量指数最大的上市公司为0.6669,会计信息质量指数最小的上市公司为0.2981。

2019~2023年,我国信息传输、软件和信息技术服务业(I)会计信息质量指数呈下降趋势,2022~2023年处于一般水平。

（二）会计信息质量——基础质量特征分析

会计信息基础质量特征由相关性（含预测价值和反馈价值）、忠实表达指标进行反映。本报告以我国信息传输、软件和信息技术服务业（I）分年度财务报告相关性和忠实表达指标的中位数为基础，重点揭示我国信息传输、软件和信息技术服务业（I）年度会计信息的基础质量特征状况。2019~2023年，我国信息传输、软件和信息技术服务业（I）会计信息基础质量特征状况见表4.20。

1.会计信息相关性

会计信息相关性是会计信息的第一大基础质量要求，要求会计信息能够影响其使用者的决策，包括预测价值和反馈价值两个维度。

2023年，我国信息传输、软件和信息技术服务业（I）会计信息相关性为0.3325。其中，会计信息相关性最大的上市公司为1.0，会计信息相关性最小的上市公司为0.0004。

2019~2023年，我国信息传输、软件和信息技术服务业（I）会计信息相关性呈上升趋势，2022~2023年处于较低水平。

（1）预测价值。

2023年，我国信息传输、软件和信息技术服务业（I）会计信息预测价值为0.1512。其中，会计信息预测价值最大的上市公司为0.9972，会计信息预测价值最小的上市公司为0.0013。

2019~2023年，我国信息传输、软件和信息技术服务业（I）会计信息预测价值呈下降趋势，2022~2023年处于较低水平。

（2）反馈价值。

2023年，我国信息传输、软件和信息技术服务业（I）会计信息反馈价值为0.2528。其中，会计信息反馈价值最大的上市公司为1.0，会计信息反馈价值最小的上市公司为0.0181。

2019~2023年，我国信息传输、软件和信息技术服务业（I）会计信息反馈价值呈下降趋势，2022~2023年处于较低水平。

2.会计信息忠实表达

会计信息忠实表达是会计信息的第二大基础质量要求，要求公司披露的会计信息须忠实（即完整、中性和无误）地反映经济事项。

2023年，我国信息传输、软件和信息技术服务业（I）会计信息忠实表达为0.7415。其中，会计信息忠实表达最大的上市公司为0.9394，会计信息忠实表达最小的上市公司为0.3403。

2019~2023年，我国信息传输、软件和信息技术服务业（I）会计信息忠实表达基本稳定，2022~2023年处于较高水平。

(三)会计信息质量——辅助质量特征分析

会计信息辅助质量特征由可比性(含横向可比性、纵向可比性、结构可比性和关系可比性)、可验证性和及时性等指标进行反映。本报告以我国信息传输、软件和信息技术服务业(I)分年度财务报告可比性、可验证性和及时性指标的中位数为基础,重点揭示我国信息传输、软件和信息技术服务业(I)年度会计信息的辅助质量特征状况。2019~2023年,我国信息传输、软件和信息技术服务业(I)会计信息辅助质量特征状况见表4.20。

1. 会计信息可比性

会计信息可比性是会计信息的三大辅助质量要求之一,能够让财务报表使用者识别和理解不同经济业务的相似性和差别点。在公司披露的所有会计政策选择、会计报表项目金额及其结构和相关关系的基础上,本指标重点关注公司公开披露所有会计政策选择、会计政策变更、会计报表结构和会计报表项目勾稽关系的水平,即横向可比性、纵向可比性、结构可比性和关系可比性。

2023年,我国信息传输、软件和信息技术服务业(I)会计信息可比性为0.686。其中,会计信息可比性最大的上市公司为0.8367,会计信息可比性最小的上市公司为0.4729。

2019~2023年,我国信息传输、软件和信息技术服务业(I)会计信息可比性呈下降趋势,2022~2023年处于较高水平。

(1)横向可比性。

2023年,我国信息传输、软件和信息技术服务业(I)会计信息横向可比性为0.8153。其中,会计信息横向可比性最大的上市公司为0.8799,会计信息横向可比性最小的上市公司为0。

2019~2023年,我国信息传输、软件和信息技术服务业(I)会计信息横向可比性呈下降趋势,2022~2023年处于高水平。

(2)纵向可比性。

2023年,我国信息传输、软件和信息技术服务业(I)会计信息纵向可比性为0.9817。其中,会计信息纵向可比性最大的上市公司为1.0,会计信息纵向可比性最小的上市公司为0.6617。

2019~2023年,我国信息传输、软件和信息技术服务业(I)会计信息纵向可比性基本稳定,2022~2023年处于高水平。

(3)结构可比性。

2023年,我国信息传输、软件和信息技术服务业(I)会计信息结构可比性为0.6356。其中,会计信息结构可比性最大的上市公司为0.9085,会计信息结构可比性最小的上市公司为0.1793。

2019~2023年,我国信息传输、软件和信息技术服务业(I)会计信息结构可比性基本稳定,2022~2023年处于较高水平。

（4）关系可比性。

2023年，我国信息传输、软件和信息技术服务业（I）会计信息关系可比性为0.3338。其中，会计信息关系可比性最大的上市公司为0.7216，会计信息关系可比性最小的上市公司为0.0497。

2019~2023年，我国信息传输、软件和信息技术服务业（I）会计信息关系可比性呈下降趋势，2022~2023年处于较低水平。

2. 会计信息可验证性

会计信息可验证性是会计信息的三大辅助质量要求之一，有助于不同信息使用者达成共识（而非完全一致）。会计信息受专业判断影响极大，本指标重点关注公司公开披露会计信息（含报表附注）涉及所有专业判断、会计估计和会计选择的整体合理性。

2023年，我国信息传输、软件和信息技术服务业（I）会计信息可验证性为0.771。其中，会计信息可验证性最大的上市公司为0.958，会计信息可验证性最小的上市公司为0.1288。

2019~2023年，我国信息传输、软件和信息技术服务业（I）会计信息可验证性基本稳定，2022~2023年处于较高水平。

3. 会计信息及时性

会计信息及时性是会计信息的三大辅助质量要求之一，要求及时将会计信息提供给决策者。具体而言，即公司披露的会计信息与投资者原先对公司业绩的预期越一致，信息的及时性越强。

2023年，我国信息传输、软件和信息技术服务业（I）会计信息及时性为0.0058。其中，会计信息及时性最大的上市公司为0.5969，会计信息及时性最小的上市公司为-0.7928。

2019~2023年，我国信息传输、软件和信息技术服务业（I）会计信息及时性呈上升趋势，2022~2023年处于较低水平。

二十、金融业（J）

（一）会计信息质量指数分析

会计信息质量指数综合地反映公司会计信息质量的整体质量状况，是会计信息相关性、忠实表达、可比性、可验证性和及时性等质量指标状况的汇总反映。我国证券市场金融业（J）会计信息质量指数见表4.21。

表4.21　　　　证券市场金融业（J）会计信息质量状况

年份	2023			2022			2021	2020	2019
	中位数	最大值	最小值	中位数	最大值	最小值	中位数	中位数	中位数
会计信息质量指数	0.5781	0.7388	0.4222	0.5714	0.7519	0.3802	0.5793	0.6146	0.6071
相关性	0.4385	1.0000	0.0023	0.3155	1.0000	0.0050	0.3920	0.2880	0.3177

续表

年份	2023			2022			2021	2020	2019
	中位数	最大值	最小值	中位数	最大值	最小值	中位数	中位数	中位数
预测价值	0.3421	0.9559	0.0009	0.2944	0.9601	0.0025	0.4492	0.4390	0.3502
反馈价值	0.2754	1.0000	0.0413	0.2818	1.0000	0.0814	0.4622	0.5848	0.4124
忠实表达	0.6892	0.9508	0.3251	0.6896	0.9494	0.2952	0.6925	0.6881	0.6811
可比性	0.7498	0.8285	0.5748	0.7651	0.8348	0.5741	0.7380	0.7946	0.8260
横向可比性	0.8116	0.9115	0.7058	0.8162	0.9196	0.6453	0.9025	0.9412	0.9352
纵向可比性	0.9942	1.0000	0.7035	1.0000	1.0000	0.8116	0.9194	0.9918	0.9684
关系可比性	0.4612	0.7017	0.0524	0.4634	0.7603	0.0386	0.3102	0.4768	0.6587
结构可比性	0.7932	1.0000	0.3360	0.7730	0.9127	0.2615	0.8199	0.8150	0.8012
可验证性	0.8766	0.9884	0.3517	0.8727	0.9922	0.3859	0.9040	0.9065	0.8918
及时性	−0.0100	0.3207	−0.4993	−0.0341	0.3852	−0.7683	−0.0470	0.0554	0.0194

注：评价标准为（1）≥0.8001 高；（2）0.6001~0.7999 较高；（3）0.5000~0.6000 一般；（4）≤0.4999 较低。

2023年，我国金融业（J）会计信息质量指数为0.5781。其中，会计信息质量指数最大的上市公司为0.7388，会计信息质量指数最小的上市公司为0.4222。

2019~2023年，我国金融业（J）会计信息质量指数基本稳定，2022~2023年处于一般水平。

（二）会计信息质量——基础质量特征分析

会计信息基础质量特征由相关性（含预测价值和反馈价值）、忠实表达指标进行反映。本报告以我国金融业（J）分年度财务报告相关性和忠实表达指标的中位数为基础，重点揭示我国金融业（J）年度会计信息的基础质量特征状况。2019~2023年，我国金融业（J）会计信息基础质量特征状况见表4.21。

1. 会计信息相关性

会计信息相关性是会计信息的第一大基础质量要求，要求会计信息能够影响其使用者的决策，包括预测价值和反馈价值两个维度。

2023年，我国金融业（J）会计信息相关性为0.4385。其中，会计信息相关性最大的上市公司为1.0，会计信息相关性最小的上市公司为0.0023。

2019~2023年，我国金融业（J）会计信息相关性呈上升趋势，2022~2023年处于较低水平。

（1）预测价值。

2023年，我国金融业（J）会计信息预测价值为0.3421。其中，会计信息预测价值最大的上市公司为0.9559，会计信息预测价值最小的上市公司为0.0009。

2019~2023年，我国金融业（J）会计信息预测价值基本稳定，2022~2023年处于较低水平。

（2）反馈价值。

2023年，我国金融业（J）会计信息反馈价值为0.2754。其中，会计信息反馈价值最大的上市公司为1.0，会计信息反馈价值最小的上市公司为0.0413。

2019~2023年，我国金融业（J）会计信息反馈价值呈下降趋势，2022~2023年处于较低水平。

2.会计信息忠实表达

会计信息忠实表达是会计信息的第二大基础质量要求，要求公司披露的会计信息须忠实（即完整、中性和无误）地反映经济事项。

2023年，我国金融业（J）会计信息忠实表达为0.6892。其中，会计信息忠实表达最大的上市公司为0.9508，会计信息忠实表达最小的上市公司为0.3251。

2019~2023年，我国金融业（J）会计信息忠实表达基本稳定，2022~2023年处于较高水平。

（三）会计信息质量——辅助质量特征分析

会计信息辅助质量特征由可比性（含横向可比性、纵向可比性、结构可比性和关系可比性）、可验证性和及时性等指标进行反映。本报告以我国金融业（J）分年度财务报告可比性、可验证性和及时性指标的中位数为基础，重点揭示我国金融业（J）年度会计信息的辅助质量特征状况。2019~2023年，我国金融业（J）会计信息辅助质量特征状况见表4.21。

1.会计信息可比性

会计信息可比性是会计信息的三大辅助质量要求之一，能够让财务报表使用者识别和理解不同经济业务的相似性和差别点。在公司披露的所有会计政策选择、会计报表项目金额及其结构和相关关系的基础上，本指标重点关注公司公开披露所有会计政策选择、会计政策变更、会计报表结构和会计报表项目勾稽关系的水平，即横向可比性、纵向可比性、结构可比性和关系可比性。

2023年，我国金融业（J）会计信息可比性为0.7498。其中，会计信息可比性最大的上市公司为0.8285，会计信息可比性最小的上市公司为0.5748。

2019~2023年，我国金融业（J）会计信息可比性呈下降趋势，2022~2023年处于较高水平。

（1）横向可比性。

2023年，我国金融业（J）会计信息横向可比性为0.8116。其中，会计信息横向可比性最大的上市公司为0.9115，会计信息横向可比性最小的上市公司为0.7058。

2019~2023年，我国金融业（J）会计信息横向可比性呈下降趋势，2022~2023年处于高水平。

（2）纵向可比性。

2023年，我国金融业（J）会计信息纵向可比性为0.9942。其中，会计信息纵向可比性最大的上市公司为1.0，会计信息纵向可比性最小的上市公司为0.7035。

2019~2023年，我国金融业（J）会计信息纵向可比性基本稳定，2022~2023年处于高水平。

（3）结构可比性。

2023年，我国金融业（J）会计信息结构可比性为0.7932。其中，会计信息结构可比性最大的上市公司为1.0，会计信息结构可比性最小的上市公司为0.336。

2019~2023年，我国金融业（J）会计信息结构可比性基本稳定，2022~2023年处于较高水平。

（4）关系可比性。

2023年，我国金融业（J）会计信息关系可比性为0.4612。其中，会计信息关系可比性最大的上市公司为0.7017，会计信息关系可比性最小的上市公司为0.0524。

2019~2023年，我国金融业（J）会计信息关系可比性呈下降趋势，2022~2023年处于较低水平。

2. 会计信息可验证性

会计信息可验证性是会计信息的三大辅助质量要求之一，有助于不同信息使用者达成共识（而非完全一致）。会计信息受专业判断影响极大，本指标重点关注公司公开披露会计信息（含报表附注）涉及所有专业判断、会计估计和会计选择的整体合理性。

2023年，我国金融业（J）会计信息可验证性为0.8766。其中，会计信息可验证性最大的上市公司为0.9884，会计信息可验证性最小的上市公司为0.3517。

2019~2023年，我国金融业（J）会计信息可验证性基本稳定，2022~2023年处于高水平。

3. 会计信息及时性

会计信息及时性是会计信息的三大辅助质量要求之一，要求及时将会计信息提供给决策者。具体而言，即公司披露的会计信息与投资者原先对公司业绩的预期越一致，信息的及时性越强。

2023年，我国金融业（J）会计信息及时性为-0.01。其中，会计信息及时性最大的上市公司为0.3207，会计信息及时性最小的上市公司为-0.4993。

2019~2023年，我国金融业（J）会计信息及时性呈下降趋势，2022~2023年处于较低水平。

二十一、房地产业（K）

（一）会计信息质量指数分析

会计信息质量指数综合地反映公司会计信息质量的整体质量状况，是会计信息相关性、忠实表达、可比性、可验证性和及时性等质量指标状况的汇总反映。我国证券市场房地产业（K）会计信息质量指数见表4.22。

第四章 | 会计信息质量分析

表4.22　　　　　证券市场房地产业（K）会计信息质量状况

年份	2023			2022			2021	2020	2019
	中位数	最大值	最小值	中位数	最大值	最小值	中位数	中位数	中位数
会计信息质量指数	0.5286	0.6143	0.2656	0.5413	0.6501	0.2806	0.5712	0.5764	0.5963
相关性	0.3680	0.9519	0.0063	0.3089	0.9641	0.0019	0.6678	0.5265	0.2754
预测价值	0.1360	0.9943	0.0009	0.1475	0.9808	0.0007	0.2667	0.3081	0.3144
反馈价值	0.2557	1.0000	0.0413	0.2925	0.9921	0.0476	0.2957	0.2914	0.2891
忠实表达	0.7741	0.9128	0.2911	0.7821	0.9125	0.2840	0.7828	0.7807	0.7873
可比性	0.7049	0.7677	0.5692	0.7018	0.7731	0.5979	0.7282	0.7521	0.7856
横向可比性	0.8021	0.8521	0.6803	0.7874	0.8519	0.6559	0.8891	0.8888	0.9030
纵向可比性	0.9857	1.0000	0.7249	1.0000	1.0000	0.7891	0.9202	0.9574	0.9927
关系可比性	0.3300	0.4919	0.0045	0.3114	0.4173	0.0559	0.3870	0.3982	0.4880
结构可比性	0.7599	0.9254	0.4084	0.7490	0.9216	0.4656	0.7505	0.7818	0.7944
可验证性	0.7752	0.9547	0.1672	0.8052	0.9541	0.1542	0.8297	0.8235	0.8550
及时性	−0.0053	0.5102	−0.5335	−0.0031	0.5313	−0.3880	−0.0057	−0.0097	0.0028

注：评价标准为（1）≥ 0.8001 高；（2）0.6001~0.7999 较高；（3）0.5000~0.6000 一般；（4）≤ 0.4999 较低。

2023年，我国房地产业（K）会计信息质量指数为0.5286。其中，会计信息质量指数最大的上市公司为0.6143，会计信息质量指数最小的上市公司为0.2656。

2019~2023年，我国房地产业（K）会计信息质量指数呈下降趋势，2022~2023年处于一般水平。

（二）会计信息质量——基础质量特征分析

会计信息基础质量特征由相关性（含预测价值和反馈价值）、忠实表达指标进行反映。本报告以我国房地产业（K）分年度财务报告相关性和忠实表达指标的中位数为基础，重点揭示我国房地产业（K）年度会计信息的基础质量特征状况。2019~2023年，我国房地产业（K）会计信息基础质量特征状况见表4.22。

1. 会计信息相关性

会计信息相关性是会计信息的第一大基础质量要求，要求会计信息能够影响其使用者的决策，包括预测价值和反馈价值两个维度。

2023年，我国房地产业（K）会计信息相关性为0.368。其中，会计信息相关性最大的上市公司为0.9519，会计信息相关性最小的上市公司为0.0063。

2019~2023年，我国房地产业（K）会计信息相关性呈上升趋势，2022~2023年处于较低水平。

（1）预测价值。

2023年，我国房地产业（K）会计信息预测价值为0.136。其中，会计信息预测价值最大的上市公司为0.9943，会计信息预测价值最小的上市公司为0.0009。

2019~2023年，我国房地产业（K）会计信息预测价值呈下降趋势，2022~2023年处于较低水平。

（2）反馈价值。

2023年，我国房地产业（K）会计信息反馈价值为0.2557。其中，会计信息反馈价值最大的上市公司为1.0，会计信息反馈价值最小的上市公司为0.0413。

2019~2023年，我国房地产业（K）会计信息反馈价值呈下降趋势，2022~2023年处于较低水平。

2.会计信息忠实表达

会计信息忠实表达是会计信息的第二大基础质量要求，要求公司披露的会计信息须忠实（即完整、中性和无误）地反映经济事项。

2023年，我国房地产业（K）会计信息忠实表达为0.7741。其中，会计信息忠实表达最大的上市公司为0.9128，会计信息忠实表达最小的上市公司为0.2911。

2019~2023年，我国房地产业（K）会计信息忠实表达基本稳定，2022~2023年处于较高水平。

（三）会计信息质量——辅助质量特征分析

会计信息辅助质量特征由可比性（含横向可比性、纵向可比性、结构可比性和关系可比性）、可验证性和及时性等指标进行反映。本报告以我国房地产业（K）分年度财务报告可比性、可验证性和及时性指标的中位数为基础，重点揭示我国房地产业（K）年度会计信息的辅助质量特征状况。2019~2023年，我国房地产业（K）会计信息辅助质量特征状况见表4.22。

1.会计信息可比性

会计信息可比性是会计信息的三大辅助质量要求之一，能够让财务报表使用者识别和理解不同经济业务的相似性和差别点。在公司披露的所有会计政策选择、会计报表项目金额及其结构和相关关系的基础上，本指标重点关注公司公开披露所有会计政策选择、会计政策变更、会计报表结构和会计报表项目勾稽关系的水平，即横向可比性、纵向可比性、结构可比性和关系可比性。

2023年，我国房地产业（K）会计信息可比性为0.7049。其中，会计信息可比性最大的上市公司为0.7677，会计信息可比性最小的上市公司为0.5692。

2019~2023年，我国房地产业（K）会计信息可比性呈下降趋势，2022~2023年处于较高水平。

（1）横向可比性。

2023年，我国房地产业（K）会计信息横向可比性为0.8021。其中，会计信息横向可比性最大的上市公司为0.8521，会计信息横向可比性最小的上市公司为0.6803。

2019~2023年，我国房地产业（K）会计信息横向可比性呈下降趋势，2022~2023年从较高水平变为高水平。

（2）纵向可比性。

2023年，我国房地产业（K）会计信息纵向可比性为0.9857。其中，会计信息纵向可比性最大的上市公司为1.0，会计信息纵向可比性最小的上市公司为0.7249。

2019~2023年，我国房地产业（K）会计信息纵向可比性基本稳定，2022~2023年处于高水平。

（3）结构可比性。

2023年，我国房地产业（K）会计信息结构可比性为0.7599。其中，会计信息结构可比性最大的上市公司为0.9254，会计信息结构可比性最小的上市公司为0.4084。

2019~2023年，我国房地产业（K）会计信息结构可比性基本稳定，2022~2023年处于较高水平。

（4）关系可比性。

2023年，我国房地产业（K）会计信息关系可比性为0.33。其中，会计信息关系可比性最大的上市公司为0.4919，会计信息关系可比性最小的上市公司为0.0045。

2019~2023年，我国房地产业（K）会计信息关系可比性呈下降趋势，2022~2023年处于较低水平。

2. 会计信息可验证性

会计信息可验证性是会计信息的三大辅助质量要求之一，有助于不同信息使用者达成共识（而非完全一致）。会计信息受专业判断影响极大，本指标重点关注公司公开披露会计信息（含报表附注）涉及所有专业判断、会计估计和会计选择的整体合理性。

2023年，我国房地产业（K）会计信息可验证性为0.7752。其中，会计信息可验证性最大的上市公司为0.9547，会计信息可验证性最小的上市公司为0.1672。

2019~2023年，我国房地产业（K）会计信息可验证性呈下降趋势，2022~2023年从高水平变为较高水平。

3. 会计信息及时性

会计信息及时性是会计信息的三大辅助质量要求之一，要求及时将会计信息提供给决策者。具体而言，即公司披露的会计信息与投资者原先对公司业绩的预期越一致，信息的及时性越强。

2023年，我国房地产业（K）会计信息及时性为–0.0053。其中，会计信息及时性最大的上市公司为0.5102，会计信息及时性最小的上市公司为–0.5335。

2019~2023年，我国房地产业（K）会计信息及时性呈下降趋势，2022~2023年处于较低水平。

二十二、科学研究和技术服务业（M）

（一）会计信息质量指数分析

会计信息质量指数综合地反映公司会计信息质量的整体质量状况，是会计信息相关性、忠实表达、可比性、可验证性和及时性等质量指标状况的汇总反映。我国证券市场科学研究和技术服务业（M）会计信息质量指数见表4.23。

表4.23　证券市场科学研究和技术服务业（M）会计信息质量状况

年份	2023			2022			2021	2020	2019
	中位数	最大值	最小值	中位数	最大值	最小值	中位数	中位数	中位数
会计信息质量指数	0.5763	0.6905	0.4271	0.5927	0.7200	0.4039	0.6163	0.6536	0.5985
相关性	0.3771	0.9205	0.0075	0.2473	1.0000	0.0071	0.3895	0.3497	0.3044
预测价值	0.2323	0.9856	0.0016	0.2504	0.9910	0.0017	0.3832	0.3992	0.5354
反馈价值	0.3559	1.0000	0.0327	0.2978	1.0000	0.0510	0.3289	0.3972	0.3366
忠实表达	0.7598	0.9028	0.3390	0.7733	0.8887	0.3162	0.7462	0.7599	0.7583
可比性	0.7602	0.8909	0.5154	0.8010	0.8921	0.5559	0.7877	0.8297	0.8207
横向可比性	0.8208	0.8979	0.0000	0.8295	0.9041	0.7219	0.9196	0.9348	0.9594
纵向可比性	0.9843	1.0000	0.7801	0.9994	1.0000	0.7422	0.8634	0.9354	0.9869
关系可比性	0.5129	0.8942	0.1755	0.6385	0.8729	0.2123	0.6046	0.7303	0.5962
结构可比性	0.7059	0.9008	0.3209	0.7283	0.8966	0.1692	0.7490	0.7029	0.7353
可验证性	0.8072	0.9471	0.2503	0.8116	0.9618	0.2171	0.8079	0.8091	0.8713
及时性	0.0461	0.3959	−0.3625	0.0831	0.4162	−0.5348	−0.0213	0.0123	−0.0158

注：评价标准为（1）≥0.8001高；（2）0.6001~0.7999较高；（3）0.5000~0.6000一般；（4）≤0.4999较低。

2023年，我国科学研究和技术服务业（M）会计信息质量指数为0.5763。其中，会计信息质量指数最大的上市公司为0.6905，会计信息质量指数最小的上市公司为0.4271。

2019~2023年，我国科学研究和技术服务业（M）会计信息质量指数基本稳定，2022~2023年处于一般水平。

（二）会计信息质量——基础质量特征分析

会计信息基础质量特征由相关性（含预测价值和反馈价值）、忠实表达指标进行反映。本报告以我国科学研究和技术服务业（M）分年度财务报告相关性和忠实表达指标的中位数为基础，重点揭示我国科学研究和技术服务业（M）年度会计信息的基础质量特征状况。2019~2023年，我国科学研究和技术服务业（M）会计信息基础质量特征状况见表4.23。

1. 会计信息相关性

会计信息相关性是会计信息的第一大基础质量要求，要求会计信息能够影响其使用者的决策，包括预测价值和反馈价值两个维度。

2023年，我国科学研究和技术服务业（M）会计信息相关性为0.3771。其中，会计信息相关性最大的上市公司为0.9205，会计信息相关性最小的上市公司为0.0075。

2019~2023年，我国科学研究和技术服务业（M）会计信息相关性呈上升趋势，2022~2023年处于较低水平。

（1）预测价值。

2023年，我国科学研究和技术服务业（M）会计信息预测价值为0.2323。其中，会计信息预测价值最大的上市公司为0.9856，会计信息预测价值最小的上市公司为0.0016。

2019~2023年，我国科学研究和技术服务业（M）会计信息预测价值呈下降趋势，2022~2023年处于较低水平。

（2）反馈价值。

2023年，我国科学研究和技术服务业（M）会计信息反馈价值为0.3559。其中，会计信息反馈价值最大的上市公司为1.0，会计信息反馈价值最小的上市公司为0.0327。

2019~2023年，我国科学研究和技术服务业（M）会计信息反馈价值呈上升趋势，2022~2023年处于较低水平。

2. 会计信息忠实表达

会计信息忠实表达是会计信息的第二大基础质量要求，要求公司披露的会计信息须忠实（即完整、中性和无误）地反映经济事项。

2023年，我国科学研究和技术服务业（M）会计信息忠实表达为0.7598。其中，会计信息忠实表达最大的上市公司为0.9028，会计信息忠实表达最小的上市公司为0.339。

2019~2023年，我国科学研究和技术服务业（M）会计信息忠实表达基本稳定，2022~2023年处于较高水平。

（三）会计信息质量——辅助质量特征分析

会计信息辅助质量特征由可比性（含横向可比性、纵向可比性、结构可比性和关系可比性）、可验证性和及时性等指标进行反映。本报告以我国科学研究和技术服务业（M）分年度财务报告可比性、可验证性和及时性指标的中位数为基础，重点揭示我国科学研究和技术服务业（M）年度会计信息的辅助质量特征状况。2019~2023年，我国科学研究和技术服务业（M）会计信息辅助质量特征状况见表4.23。

1. 会计信息可比性

会计信息可比性是会计信息的三大辅助质量要求之一，能够让财务报表使用者识别和理解不同经济业务的相似性和差别点。在公司披露的所有会计政策选择、会计报表项目金额及其结构和相关关系的基础上，本指标重点关注公司公开披露所有会计政策选择、会计政策变更、会计报表结构和会计报表项目勾稽关系的水平，即横向可比性、纵向可比性、结构可比性和关系可比性。

2023年，我国科学研究和技术服务业（M）会计信息可比性为0.7602。其中，会计信息可比性最大的上市公司为0.8909，会计信息可比性最小的上市公司为0.5154。

2019~2023年，我国科学研究和技术服务业（M）会计信息可比性呈下降趋势，2022~2023年从高水平变为较高水平。

（1）横向可比性。

2023年，我国科学研究和技术服务业（M）会计信息横向可比性为0.8208。其中，会计信息横向可比性最大的上市公司为0.8979，会计信息横向可比性最小的上市公司为0。

2019~2023年，我国科学研究和技术服务业（M）会计信息横向可比性呈下降趋势，2022~2023年处于高水平。

（2）纵向可比性。

2023年，我国科学研究和技术服务业（M）会计信息纵向可比性为0.9843。其中，会计信息纵向可比性最大的上市公司为1.0，会计信息纵向可比性最小的上市公司为0.7801。

2019~2023年，我国科学研究和技术服务业（M）会计信息纵向可比性基本稳定，2022~2023年处于高水平。

（3）结构可比性。

2023年，我国科学研究和技术服务业（M）会计信息结构可比性为0.7059。其中，会计信息结构可比性最大的上市公司为0.9008，会计信息结构可比性最小的上市公司为0.3209。

2019~2023年，我国科学研究和技术服务业（M）会计信息结构可比性基本稳定，2022~2023年处于较高水平。

（4）关系可比性。

2023年，我国科学研究和技术服务业（M）会计信息关系可比性为0.5129。其中，会计信息关系可比性最大的上市公司为0.8942，会计信息关系可比性最小的上市公司为0.1755。

2019~2023年，我国科学研究和技术服务业（M）会计信息关系可比性呈下降趋势，2022~2023年从较高水平变为一般水平。

2. 会计信息可验证性

会计信息可验证性是会计信息的三大辅助质量要求之一，有助于不同信息使用者达成共识（而非完全一致）。会计信息受专业判断影响极大，本指标重点关注公司公开披露会计信息（含报表附注）涉及所有专业判断、会计估计和会计选择的整体合理性。

2023年，我国科学研究和技术服务业（M）会计信息可验证性为0.8072。其中，会计信息可验证性最大的上市公司为0.9471，会计信息可验证性最小的上市公司为0.2503。

2019~2023年，我国科学研究和技术服务业（M）会计信息可验证性呈下降趋势，

2022~2023年处于高水平。

3. 会计信息及时性

会计信息及时性是会计信息的三大辅助质量要求之一，要求及时将会计信息提供给决策者。具体而言，即公司披露的会计信息与投资者原先对公司业绩的预期越一致，信息的及时性越强。

2023年，我国科学研究和技术服务业（M）会计信息及时性为0.0461。其中，会计信息及时性最大的上市公司为0.3959，会计信息及时性最小的上市公司为–0.3625。

2019~2023年，我国科学研究和技术服务业（M）会计信息及时性呈上升趋势，2022~2023年处于较低水平。

二十三、水利、环境和公共设施管理业（N）

（一）会计信息质量指数分析

会计信息质量指数综合地反映公司会计信息质量的整体质量状况，是会计信息相关性、忠实表达、可比性、可验证性和及时性等质量指标状况的汇总反映。我国证券市场水利、环境和公共设施管理业（N）会计信息质量指数见表4.24。

表4.24 证券市场水利、环境和公共设施管理业（N）会计信息质量状况

年份	2023			2022			2021	2020	2019
	中位数	最大值	最小值	中位数	最大值	最小值	中位数	中位数	中位数
会计信息质量指数	0.5558	0.6786	0.3072	0.5681	0.6933	0.3774	0.6208	0.6414	0.6068
相关性	0.2311	1.0000	0.0040	0.2155	0.9096	0.0015	0.3077	0.2715	0.3287
预测价值	0.3003	0.9534	0.0099	0.3354	0.9850	0.0060	0.3221	0.3989	0.3096
反馈价值	0.3028	1.0000	0.0824	0.2348	1.0000	0.0629	0.2695	0.3182	0.2824
忠实表达	0.7560	0.9035	0.3616	0.7599	0.9095	0.4229	0.7482	0.7617	0.7910
可比性	0.7526	0.8161	0.5335	0.7786	0.8254	0.5587	0.7785	0.8108	0.8193
横向可比性	0.8314	0.8786	0.7239	0.8096	0.8846	0.7052	0.8935	0.9128	0.9381
纵向可比性	0.9818	1.0000	0.6509	0.9998	1.0000	0.7235	0.8541	0.9438	0.9909
关系可比性	0.4207	0.6843	0.0303	0.5567	0.6704	0.0886	0.6083	0.6028	0.5444
结构可比性	0.7748	0.9456	0.1529	0.7658	0.9633	0.4465	0.7826	0.7781	0.8044
可验证性	0.7679	0.9613	0.3747	0.7760	0.9642	0.4660	0.8001	0.7983	0.8023
及时性	0.0280	0.6217	–0.4383	–0.0269	0.2955	–0.4416	–0.0147	–0.0203	–0.0008

注：评价标准为（1）≥0.8001高；（2）0.6001~0.7999较高；（3）0.5000~0.6000一般；（4）≤0.4999较低。

2023年，我国水利、环境和公共设施管理业（N）会计信息质量指数为0.5558。其中，会计信息质量指数最大的上市公司为0.6786，会计信息质量指数最小的上市公司为

0.3072。

2019~2023年，我国水利、环境和公共设施管理业（N）会计信息质量指数呈下降趋势，2022~2023年处于一般水平。

（二）会计信息质量——基础质量特征分析

会计信息基础质量特征由相关性（含预测价值和反馈价值）、忠实表达指标进行反映。本报告以我国水利、环境和公共设施管理业（N）分年度财务报告相关性和忠实表达指标的中位数为基础，重点揭示我国水利、环境和公共设施管理业（N）年度会计信息的基础质量特征状况。2019~2023年，我国水利、环境和公共设施管理业（N）会计信息基础质量特征状况见表4.24。

1.会计信息相关性

会计信息相关性是会计信息的第一大基础质量要求，要求会计信息能够影响其使用者的决策，包括预测价值和反馈价值两个维度。

2023年，我国水利、环境和公共设施管理业（N）会计信息相关性为0.2311。其中，会计信息相关性最大的上市公司为1.0，会计信息相关性最小的上市公司为0.004。

2019~2023年，我国水利、环境和公共设施管理业（N）会计信息相关性呈下降趋势，2022~2023年处于较低水平。

（1）预测价值。

2023年，我国水利、环境和公共设施管理业（N）会计信息预测价值为0.3003。其中，会计信息预测价值最大的上市公司为0.9534，会计信息预测价值最小的上市公司为0.0099。

2019~2023年，我国水利、环境和公共设施管理业（N）会计信息预测价值基本稳定，2022~2023年处于较低水平。

（2）反馈价值。

2023年，我国水利、环境和公共设施管理业（N）会计信息反馈价值为0.3028。其中，会计信息反馈价值最大的上市公司为1.0，会计信息反馈价值最小的上市公司为0.0824。

2019~2023年，我国水利、环境和公共设施管理业（N）会计信息反馈价值呈上升趋势，2022~2023年处于较低水平。

2.会计信息忠实表达

会计信息忠实表达是会计信息的第二大基础质量要求，要求公司披露的会计信息须忠实（即完整、中性和无误）地反映经济事项。

2023年，我国水利、环境和公共设施管理业（N）会计信息忠实表达为0.756。其中，会计信息忠实表达最大的上市公司为0.9035，会计信息忠实表达最小的上市公司为0.3616。

2019~2023年，我国水利、环境和公共设施管理业（N）会计信息忠实表达基本稳定，

2022~2023年处于较高水平。

（三）会计信息质量——辅助质量特征分析

会计信息辅助质量特征由可比性（含横向可比性、纵向可比性、结构可比性和关系可比性）、可验证性和及时性等指标进行反映。本报告以我国水利、环境和公共设施管理业（N）分年度财务报告可比性、可验证性和及时性指标的中位数为基础，重点揭示我国水利、环境和公共设施管理业（N）年度会计信息的辅助质量特征状况。2019~2023年，我国水利、环境和公共设施管理业（N）会计信息辅助质量特征状况见表4.24。

1. 会计信息可比性

会计信息可比性是会计信息的三大辅助质量要求之一，能够让财务报表使用者识别和理解不同经济业务的相似性和差别点。在公司披露的所有会计政策选择、会计报表项目金额及其结构和相关关系的基础上，本指标重点关注公司公开披露所有会计政策选择、会计政策变更、会计报表结构和会计报表项目勾稽关系的水平，即横向可比性、纵向可比性、结构可比性和关系可比性。

2023年，我国水利、环境和公共设施管理业（N）会计信息可比性为0.7526。其中，会计信息可比性最大的上市公司为0.8161，会计信息可比性最小的上市公司为0.5335。

2019~2023年，我国水利、环境和公共设施管理业（N）会计信息可比性呈下降趋势，2022~2023年处于较高水平。

（1）横向可比性。

2023年，我国水利、环境和公共设施管理业（N）会计信息横向可比性为0.8314。其中，会计信息横向可比性最大的上市公司为0.8786，会计信息横向可比性最小的上市公司为0.7239。

2019~2023年，我国水利、环境和公共设施管理业（N）会计信息横向可比性呈下降趋势，2022~2023年处于高水平。

（2）纵向可比性。

2023年，我国水利、环境和公共设施管理业（N）会计信息纵向可比性为0.9818。其中，会计信息纵向可比性最大的上市公司为1.0，会计信息纵向可比性最小的上市公司为0.6509。

2019~2023年，我国水利、环境和公共设施管理业（N）会计信息纵向可比性基本稳定，2022~2023年处于高水平。

（3）结构可比性。

2023年，我国水利、环境和公共设施管理业（N）会计信息结构可比性为0.7748。其中，会计信息结构可比性最大的上市公司为0.9456，会计信息结构可比性最小的上市公司为0.1529。

2019~2023年，我国水利、环境和公共设施管理业（N）会计信息结构可比性基本稳定，2022~2023年处于较高水平。

（4）关系可比性。

2023年，我国水利、环境和公共设施管理业（N）会计信息关系可比性为0.4207。其中，会计信息关系可比性最大的上市公司为0.6843，会计信息关系可比性最小的上市公司为0.0303。

2019~2023年，我国水利、环境和公共设施管理业（N）会计信息关系可比性呈下降趋势，2022~2023年从一般水平变为较低水平。

2. 会计信息可验证性

会计信息可验证性是会计信息的三大辅助质量要求之一，有助于不同信息使用者达成共识（而非完全一致）。会计信息受专业判断影响极大，本指标重点关注公司公开披露会计信息（含报表附注）涉及所有专业判断、会计估计和会计选择的整体合理性。

2023年，我国水利、环境和公共设施管理业（N）会计信息可验证性为0.7679。其中，会计信息可验证性最大的上市公司为0.9613，会计信息可验证性最小的上市公司为0.3747。

2019~2023年，我国水利、环境和公共设施管理业（N）会计信息可验证性基本稳定，2022~2023年处于较高水平。

3. 会计信息及时性

会计信息及时性是会计信息的三大辅助质量要求之一，要求及时将会计信息提供给决策者。具体而言，即公司披露的会计信息与投资者原先对公司业绩的预期越一致，信息的及时性越强。

2023年，我国水利、环境和公共设施管理业（N）会计信息及时性为0.028。其中，会计信息及时性最大的上市公司为0.6217，会计信息及时性最小的上市公司为-0.4383。

2019~2023年，我国水利、环境和公共设施管理业（N）会计信息及时性呈上升趋势，2022~2023年处于较低水平。

二十四、教育卫生文化业（PQR）

（一）会计信息质量指数分析

会计信息质量指数综合地反映公司会计信息质量的整体质量状况，是会计信息相关性、忠实表达、可比性、可验证性和及时性等质量指标状况的汇总反映。我国证券市场教育卫生文化业（PQR）会计信息质量指数见表4.25。

表4.25　证券市场教育卫生文化业（PQR）会计信息质量状况

年份	2023			2022			2021	2020	2019
	中位数	最大值	最小值	中位数	最大值	最小值	中位数	中位数	中位数
会计信息质量指数	0.5732	0.7147	0.3396	0.5614	0.6924	0.4022	0.5987	0.6308	0.6021
相关性	0.3152	0.8480	0.0076	0.5244	0.9416	0.0066	0.4791	0.3329	0.3162

续表

年份	2023			2022			2021	2020	2019
	中位数	最大值	最小值	中位数	最大值	最小值	中位数	中位数	中位数
预测价值	0.1626	0.9177	0.0033	0.1545	0.9937	0.0003	0.2219	0.3471	0.3490
反馈价值	0.3443	1.0000	0.0452	0.2503	1.0000	0.0366	0.2686	0.3244	0.2456
忠实表达	0.7153	0.8671	0.3657	0.7203	0.9177	0.3301	0.7155	0.7332	0.7359
可比性	0.7672	0.9108	0.5426	0.7533	0.9206	0.5143	0.7310	0.7684	0.7926
横向可比性	0.7993	0.8995	0.6660	0.8012	0.9074	0.6836	0.8966	0.9298	0.9538
纵向可比性	0.9814	1.0000	0.6943	0.9995	1.0000	0.6641	0.8628	0.9520	0.9904
关系可比性	0.6014	0.9528	0.0280	0.6444	0.9688	0.0018	0.5838	0.6117	0.6012
结构可比性	0.7030	0.9277	0.0552	0.6697	0.9255	0.1888	0.7001	0.6253	0.6673
可验证性	0.7917	0.9401	0.3842	0.7974	0.9427	0.3821	0.7979	0.7829	0.7814
及时性	0.0002	0.4294	−0.5487	−0.0018	0.3617	−0.4572	0.0115	0.0038	0.0034

注：评价标准为（1）≥ 0.8001 高；（2）0.6001~0.7999 较高；（3）0.5000~0.6000 一般；（4）≤ 0.4999 较低。

2023年，我国教育卫生文化业（PQR）会计信息质量指数为0.5732。其中，会计信息质量指数最大的上市公司为0.7147，会计信息质量指数最小的上市公司为0.3396。

2019~2023年，我国教育卫生文化业（PQR）会计信息质量指数基本稳定，2022~2023年处于一般水平。

（二）会计信息质量——基础质量特征分析

会计信息基础质量特征由相关性（含预测价值和反馈价值）、忠实表达指标进行反映。本报告以我国教育卫生文化业（PQR）分年度财务报告相关性和忠实表达指标的中位数为基础，重点揭示我国教育卫生文化业（PQR）年度会计信息的基础质量特征状况。2019~2023年，我国教育卫生文化业（PQR）会计信息基础质量特征状况见表4.25。

1.会计信息相关性

会计信息相关性是会计信息的第一大基础质量要求，要求会计信息能够影响其使用者的决策，包括预测价值和反馈价值两个维度。

2023年，我国教育卫生文化业（PQR）会计信息相关性为0.3152。其中，会计信息相关性最大的上市公司为0.848，会计信息相关性最小的上市公司为0.0076。

2019~2023年，我国教育卫生文化业（PQR）会计信息相关性基本稳定，2022~2023年从一般水平变为较低水平。

（1）预测价值。

2023年，我国教育卫生文化业（PQR）会计信息预测价值为0.1626。其中，会计信息预测价值最大的上市公司为0.9177，会计信息预测价值最小的上市公司为0.0033。

2019~2023年，我国教育卫生文化业（PQR）会计信息预测价值呈下降趋势，2022~2023年处于较低水平。

（2）反馈价值。

2023年，我国教育卫生文化业（PQR）会计信息反馈价值为0.3443。其中，会计信息反馈价值最大的上市公司为1.0，会计信息反馈价值最小的上市公司为0.0452。

2019~2023年，我国教育卫生文化业（PQR）会计信息反馈价值呈上升趋势，2022~2023年处于较低水平。

2.会计信息忠实表达

会计信息忠实表达是会计信息的第二大基础质量要求，要求公司披露的会计信息须忠实（即完整、中性和无误）地反映经济事项。

2023年，我国教育卫生文化业（PQR）会计信息忠实表达为0.7153。其中，会计信息忠实表达最大的上市公司为0.8671，会计信息忠实表达最小的上市公司为0.3657。

2019~2023年，我国教育卫生文化业（PQR）会计信息忠实表达基本稳定，2022~2023年处于较高水平。

（三）会计信息质量——辅助质量特征分析

会计信息辅助质量特征由可比性（含横向可比性、纵向可比性、结构可比性和关系可比性）、可验证性和及时性等指标进行反映。本报告以我国教育卫生文化业（PQR）分年度财务报告可比性、可验证性和及时性指标的中位数为基础，重点揭示我国教育卫生文化业（PQR）年度会计信息的辅助质量特征状况。2019~2023年，我国教育卫生文化业（PQR）会计信息辅助质量特征状况见表4.25。

1.会计信息可比性

会计信息可比性是会计信息的三大辅助质量要求之一，能够让财务报表使用者识别和理解不同经济业务的相似性和差别点。在公司披露的所有会计政策选择、会计报表项目金额及其结构和相关关系的基础上，本指标重点关注公司公开披露所有会计政策选择、会计政策变更、会计报表结构和会计报表项目勾稽关系的水平，即横向可比性、纵向可比性、结构可比性和关系可比性。

2023年，我国教育卫生文化业（PQR）会计信息可比性为0.7672。其中，会计信息可比性最大的上市公司为0.9108，会计信息可比性最小的上市公司为0.5426。

2019~2023年，我国教育卫生文化业（PQR）会计信息可比性基本稳定，2022~2023年处于较高水平。

（1）横向可比性。

2023年，我国教育卫生文化业（PQR）会计信息横向可比性为0.7993。其中，会计信息横向可比性最大的上市公司为0.8995，会计信息横向可比性最小的上市公司为0.666。

2019~2023年，我国教育卫生文化业（PQR）会计信息横向可比性呈下降趋势，2022~2023年从高水平变为较高水平。

（2）纵向可比性。

2023年，我国教育卫生文化业（PQR）会计信息纵向可比性为0.9814。其中，会计信息纵向可比性最大的上市公司为1.0，会计信息纵向可比性最小的上市公司为0.6943。

2019~2023年，我国教育卫生文化业（PQR）会计信息纵向可比性基本稳定，2022~2023年处于高水平。

（3）结构可比性。

2023年，我国教育卫生文化业（PQR）会计信息结构可比性为0.703。其中，会计信息结构可比性最大的上市公司为0.9277，会计信息结构可比性最小的上市公司为0.0552。

2019~2023年，我国教育卫生文化业（PQR）会计信息结构可比性呈上升趋势，2022~2023年处于较高水平。

（4）关系可比性。

2023年，我国教育卫生文化业（PQR）会计信息关系可比性为0.6014。其中，会计信息关系可比性最大的上市公司为0.9528，会计信息关系可比性最小的上市公司为0.028。

2019~2023年，我国教育卫生文化业（PQR）会计信息关系可比性基本稳定，2022~2023年处于较高水平。

2. 会计信息可验证性

会计信息可验证性是会计信息的三大辅助质量要求之一，有助于不同信息使用者达成共识（而非完全一致）。会计信息受专业判断影响极大，本指标重点关注公司公开披露会计信息（含报表附注）涉及所有专业判断、会计估计和会计选择的整体合理性。

2023年，我国教育卫生文化业（PQR）会计信息可验证性为0.7917。其中，会计信息可验证性最大的上市公司为0.9401，会计信息可验证性最小的上市公司为0.3842。

2019~2023年，我国教育卫生文化业（PQR）会计信息可验证性基本稳定，2022~2023年处于较高水平。

3. 会计信息及时性

会计信息及时性是会计信息的三大辅助质量要求之一，要求及时将会计信息提供给决策者。具体而言，即公司披露的会计信息与投资者原先对公司业绩的预期越一致，信息的及时性越强。

2023年，我国教育卫生文化业（PQR）会计信息及时性为0.0002。其中，会计信息及时性最大的上市公司为0.4294，会计信息及时性最小的上市公司为-0.5487。

2019~2023年，我国教育卫生文化业（PQR）会计信息及时性呈下降趋势，2022~2023年处于较低水平。

二十五、综合（S）

（一）会计信息质量指数分析

会计信息质量指数综合地反映公司会计信息质量的整体质量状况，是会计信息相关性、忠实表达、可比性、可验证性和及时性等质量指标状况的汇总反映。我国证券市场综合（S）会计信息质量指数见表4.26。

表4.26　　　　　证券市场综合（S）会计信息质量状况

年份	2023			2022			2021	2020	2019
	中位数	最大值	最小值	中位数	最大值	最小值	中位数	中位数	中位数
会计信息质量指数	0.5698	0.6779	0.5509	0.5734	0.6513	0.5103	0.5401	0.5969	0.5572
相关性	0.3567	0.3567	0.3567	1.0000	1.0000	1.0000	0.1836	0.2318	0.2163
预测价值	0.0735	0.0735	0.0735	0.2448	0.2448	0.2448	0.4291	0.2132	0.1415
反馈价值	0.1007	0.1007	0.1007	0.2877	0.2877	0.2877	0.0924	0.1249	0.3749
忠实表达	0.7794	0.9025	0.5892	0.7405	0.8864	0.6244	0.7954	0.7980	0.7885
可比性	0.8352	0.8709	0.7366	0.7770	0.8446	0.7191	0.6696	0.6978	0.7388
横向可比性	0.8527	0.9614	0.7781	0.8278	0.9163	0.7740	0.8867	0.9391	0.9616
纵向可比性	0.9934	1.0000	0.8711	1.0000	1.0000	0.9909	0.8926	0.9334	0.9979
关系可比性	0.8644	0.8826	0.1736	0.7743	0.8238	0.2821	0.2928	0.2217	0.3789
结构可比性	0.7371	0.8117	0.5952	0.5764	0.7397	0.4447	0.6535	0.7107	0.7645
可验证性	0.7226	0.8248	0.6609	0.7666	0.8459	0.6717	0.8048	0.7281	0.7847
及时性	0.0408	0.0941	-0.1410	0.0025	0.2517	-0.2890	-0.0253	0.0183	0.0049

注：评价标准为（1）≥0.8001高；（2）0.6001~0.7999较高；（3）0.5000~0.6000一般；（4）≤0.4999较低。

2023年，我国综合（S）会计信息质量指数为0.5698。其中，会计信息质量指数最大的上市公司为0.6779，会计信息质量指数最小的上市公司为0.5509。

2019~2023年，我国综合（S）会计信息质量指数基本稳定，2022~2023年处于一般水平。

（二）会计信息质量——基础质量特征分析

会计信息基础质量特征由相关性（含预测价值和反馈价值）、忠实表达指标进行反映。本报告以我国综合（S）分年度财务报告相关性和忠实表达指标的中位数为基础，重点揭示我国综合（S）年度会计信息的基础质量特征状况。2019~2023年，我国综合（S）会计信息基础质量特征状况见表4.26。

1. 会计信息相关性

会计信息相关性是会计信息的第一大基础质量要求，要求会计信息能够影响其使用者

的决策，包括预测价值和反馈价值两个维度。

2023年，我国综合（S）会计信息相关性为0.3567。其中，会计信息相关性最大的上市公司为0.3567，会计信息相关性最小的上市公司为0.3567。

2019~2023年，我国综合（S）会计信息相关性呈上升趋势，2022~2023年从高水平变为较低水平。

（1）预测价值。

2023年，我国综合（S）会计信息预测价值为0.0735。其中，会计信息预测价值最大的上市公司为0.0735，会计信息预测价值最小的上市公司为0.0735。

2019~2023年，我国综合（S）会计信息预测价值呈下降趋势，2022~2023年处于较低水平。

（2）反馈价值。

2023年，我国综合（S）会计信息反馈价值为0.1007。其中，会计信息反馈价值最大的上市公司为0.1007，会计信息反馈价值最小的上市公司为0.1007。

2019~2023年，我国综合（S）会计信息反馈价值呈下降趋势，2022~2023年处于较低水平。

2.会计信息忠实表达

会计信息忠实表达是会计信息的第二大基础质量要求，要求公司披露的会计信息须忠实（即完整、中性和无误）地反映经济事项。

2023年，我国综合（S）会计信息忠实表达为0.7794。其中，会计信息忠实表达最大的上市公司为0.9025，会计信息忠实表达最小的上市公司为0.5892。

2019~2023年，我国综合（S）会计信息忠实表达基本稳定，2022~2023年处于较高水平。

（三）会计信息质量——辅助质量特征分析

会计信息辅助质量特征由可比性（含横向可比性、纵向可比性、结构可比性和关系可比性）、可验证性和及时性等指标进行反映。本报告以我国综合（S）分年度财务报告可比性、可验证性和及时性指标的中位数为基础，重点揭示我国综合（S）年度会计信息的辅助质量特征状况。2019~2023年，我国综合（S）会计信息辅助质量特征状况见表4.26。

1.会计信息可比性

会计信息可比性是会计信息的三大辅助质量要求之一，能够让财务报表使用者识别和理解不同经济业务的相似性和差别点。在公司披露的所有会计政策选择、会计报表项目金额及其结构和相关关系的基础上，本指标重点关注公司公开披露所有会计政策选择、会计政策变更、会计报表结构和会计报表项目勾稽关系的水平，即横向可比性、纵向可比性、结构可比性和关系可比性。

2023年，我国综合（S）会计信息可比性为0.8352。其中，会计信息可比性最大的上市公司为0.8709，会计信息可比性最小的上市公司为0.7366。

2019~2023年，我国综合（S）会计信息可比性呈上升趋势，2022~2023年从较高水平变为高水平。

（1）横向可比性。

2023年，我国综合（S）会计信息横向可比性为0.8527。其中，会计信息横向可比性最大的上市公司为0.9614，会计信息横向可比性最小的上市公司为0.7781。

2019~2023年，我国综合（S）会计信息横向可比性呈下降趋势，2022~2023年处于高水平。

（2）纵向可比性。

2023年，我国综合（S）会计信息纵向可比性为0.9934。其中，会计信息纵向可比性最大的上市公司为1.0，会计信息纵向可比性最小的上市公司为0.8711。

2019~2023年，我国综合（S）会计信息纵向可比性基本稳定，2022~2023年处于高水平。

（3）结构可比性。

2023年，我国综合（S）会计信息结构可比性为0.7371。其中，会计信息结构可比性最大的上市公司为0.8117，会计信息结构可比性最小的上市公司为0.5952。

2019~2023年，我国综合（S）会计信息结构可比性基本稳定，2022~2023年从一般水平变为较高水平。

（4）关系可比性。

2023年，我国综合（S）会计信息关系可比性为0.8644。其中，会计信息关系可比性最大的上市公司为0.8826，会计信息关系可比性最小的上市公司为0.1736。

2019~2023年，我国综合（S）会计信息关系可比性呈上升趋势，2022~2023年从较高水平变为高水平。

2. 会计信息可验证性

会计信息可验证性是会计信息的三大辅助质量要求之一，有助于不同信息使用者达成共识（而非完全一致）。会计信息受专业判断影响极大，本指标重点关注公司公开披露会计信息（含报表附注）涉及所有专业判断、会计估计和会计选择的整体合理性。

2023年，我国综合（S）会计信息可验证性为0.7226。其中，会计信息可验证性最大的上市公司为0.8248，会计信息可验证性最小的上市公司为0.6609。

2019~2023年，我国综合（S）会计信息可验证性呈下降趋势，2022~2023年处于较高水平。

3. 会计信息及时性

会计信息及时性是会计信息的三大辅助质量要求之一，要求及时将会计信息提供给决策者。具体而言，即公司披露的会计信息与投资者原先对公司业绩的预期越一致，信息的

及时性越强。

2023年，我国综合（S）会计信息及时性为0.0408。其中，会计信息及时性最大的上市公司为0.0941，会计信息及时性最小的上市公司为–0.141。

2019~2023年，我国综合（S）会计信息及时性呈上升趋势，2022~2023年处于较低水平。

第五章

证券市场中会计信息高质量企业

证券市场会计信息质量对投资决策、投资者保护有着重大影响。鉴于各上市公司的会计信息质量决定了我国证券市场会计信息质量，本报告依据企业会计准则中会计信息质量要求，基于所有上市公司公开披露的会计信息和证券市场公开信息，分年度列示出会计信息高质量企业。

第一节 会计信息高质量企业的选择标准

会计信息质量的高低仅就会计信息质量本身而言，与企业产品和服务质量、所属行业、企业规模、利润、社会美誉度等非会计信息要素无关。全部选择标准均不涉及主观判断，具体标准为：

（1）会计信息高质量企业的选择基础为企业年度会计信息质量指数；

（2）企业会计信息质量指数不低于0.6（最大值为1，最小值为0）；

（3）当年企业财务报告的审计意见类型为"标准无保留意见"；

（4）自2019年以来，不存在因重大财务问题被监管部门处罚的情形；

（5）自2019年以来，不存在与因重大财务问题被监管部门处罚公司的高度相似特征（大数据分析判断）。

第二节 会计信息高质量企业

不同年度，企业会计信息质量有一定变化。因此，分年度列示出会计信息高质量企业，见表5.1至表5.6。

第五章 证券市场中会计信息高质量企业

表 5.1　　　　　　　　2023 年度会计信息高质量企业

序号	证券代码	证券简称	公司全称	行业代码	行业名称
1	002772	众兴菌业	天水众兴菌业科技股份有限公司	A01	农业
2	300970	华绿生物	江苏华绿生物科技股份有限公司	A01	农业
3	600598	北大荒	黑龙江北大荒农业股份有限公司	A01	农业
4	002679	福建金森	福建金森林业股份有限公司	A02	林业
5	000735	罗牛山	罗牛山股份有限公司	A03	畜牧业
6	600097	开创国际	上海开创国际海洋资源股份有限公司	A04	渔业
7	000713	丰乐种业	合肥丰乐种业股份有限公司	A05	农、林、牧、渔服务业
8	002041	登海种业	山东登海种业股份有限公司	A05	农、林、牧、渔服务业
9	300087	荃银高科	安徽荃银高科种业股份有限公司	A05	农、林、牧、渔服务业
10	600371	万向德农	万向德农股份有限公司	A05	农、林、牧、渔服务业
11	002128	电投能源	内蒙古电投能源股份有限公司	B06	煤炭开采和洗选业
12	600348	华阳股份	山西华阳集团新能股份有限公司	B06	煤炭开采和洗选业
13	600395	盘江股份	贵州盘江精煤股份有限公司	B06	煤炭开采和洗选业
14	600508	上海能源	上海大屯能源股份有限公司	B06	煤炭开采和洗选业
15	600925	苏能股份	江苏徐矿能源股份有限公司	B06	煤炭开采和洗选业
16	601101	昊华能源	北京昊华能源股份有限公司	B06	煤炭开采和洗选业
17	601918	新集能源	中煤新集能源股份有限公司	B06	煤炭开采和洗选业
18	601666	平煤股份	平顶山天安煤业股份有限公司	B06	煤炭开采和洗选业
19	601699	潞安环能	山西潞安环保能源开发股份有限公司	B06	煤炭开采和洗选业
20	000968	蓝焰控股	山西蓝焰控股股份有限公司	B07	石油和天然气开采业
21	601969	海南矿业	海南矿业股份有限公司	B08	黑色金属矿采选业
22	603132	金徽股份	金徽矿业股份有限公司	B09	有色金属矿采选业

续表

序号	证券代码	证券简称	公司全称	行业代码	行业名称
23	603993	洛阳钼业	洛阳栾川钼业集团股份有限公司	B09	有色金属矿采选业
24	600583	海油工程	海洋石油工程股份有限公司	B11	开采辅助活动
25	601808	中海油服	中海油田服务股份有限公司	B11	开采辅助活动
26	603979	金诚信	金诚信矿业管理股份有限公司	B11	开采辅助活动
27	002891	中宠股份	烟台中宠食品股份有限公司	C13	农副食品加工业
28	603231	索宝蛋白	宁波索宝蛋白科技股份有限公司	C13	农副食品加工业
29	002053	云南能投	云南能源投资股份有限公司	C14	食品制造业
30	002481	双塔食品	烟台双塔食品股份有限公司	C14	食品制造业
31	603027	千禾味业	千禾味业食品股份有限公司	C14	食品制造业
32	603237	五芳斋	浙江五芳斋实业股份有限公司	C14	食品制造业
33	605339	南侨食品	南侨食品集团（上海）股份有限公司	C14	食品制造业
34	002461	珠江啤酒	广州珠江啤酒股份有限公司	C15	酒、饮料和精制茶制造业
35	002646	天佑德酒	青海互助天佑德青稞酒股份有限公司	C15	酒、饮料和精制茶制造业
36	600573	惠泉啤酒	福建省燕京惠泉啤酒股份有限公司	C15	酒、饮料和精制茶制造业
37	600600	青岛啤酒	青岛啤酒股份有限公司	C15	酒、饮料和精制茶制造业
38	603711	香飘飘	香飘飘食品股份有限公司	C15	酒、饮料和精制茶制造业
39	603919	金徽酒	金徽酒股份有限公司	C15	酒、饮料和精制茶制造业
40	002083	孚日股份	孚日集团股份有限公司	C17	纺织业
41	002394	联发股份	江苏联发纺织股份有限公司	C17	纺织业
42	003041	真爱美家	浙江真爱美家股份有限公司	C17	纺织业
43	300952	恒辉安防	江苏恒辉安防股份有限公司	C17	纺织业
44	300819	聚杰微纤	江苏聚杰微纤科技集团股份有限公司	C17	纺织业
45	300888	稳健医疗	稳健医疗用品股份有限公司	C17	纺织业
46	600232	金鹰股份	浙江金鹰股份有限公司	C17	纺织业
47	601339	百隆东方	百隆东方股份有限公司	C17	纺织业
48	603073	彩蝶实业	浙江彩蝶实业股份有限公司	C17	纺织业

续表

序号	证券代码	证券简称	公司全称	行业代码	行业名称
49	603889	新澳股份	浙江新澳纺织股份有限公司	C17	纺织业
50	605155	西大门	浙江西大门新材料股份有限公司	C17	纺织业
51	605189	富春染织	芜湖富春染织股份有限公司	C17	纺织业
52	002634	棒杰股份	浙江棒杰控股集团股份有限公司	C18	纺织服装、服饰业
53	002687	乔治白	浙江乔治白服饰股份有限公司	C18	纺织服装、服饰业
54	002763	汇洁股份	深圳汇洁集团股份有限公司	C18	纺织服装、服饰业
55	603587	地素时尚	地素时尚股份有限公司	C18	纺织服装、服饰业
56	002674	兴业科技	兴业皮革科技股份有限公司	C19	皮革、毛皮、羽毛及其制品和制鞋业
57	605068	明新旭腾	明新旭腾新材料股份有限公司	C19	皮革、毛皮、羽毛及其制品和制鞋业
58	000910	大亚圣象	大亚圣象家居股份有限公司	C20	木材加工和木、竹、藤、棕、草制品业
59	301227	森鹰窗业	哈尔滨森鹰窗业股份有限公司	C20	木材加工和木、竹、藤、棕、草制品业
60	601996	丰林集团	广西丰林木业集团股份有限公司	C20	木材加工和木、竹、藤、棕、草制品业
61	603216	梦天家居	梦天家居集团股份有限公司	C20	木材加工和木、竹、藤、棕、草制品业
62	001238	浙江正特	浙江正特股份有限公司	C21	家具制造业
63	001323	慕思股份	慕思健康睡眠股份有限公司	C21	家具制造业
64	002572	索菲亚	索菲亚家居股份有限公司	C21	家具制造业
65	300616	尚品宅配	广州尚品宅配家居股份有限公司	C21	家具制造业
66	603326	我乐家居	南京我乐家居股份有限公司	C21	家具制造业
67	603610	麒盛科技	麒盛科技股份有限公司	C21	家具制造业
68	603661	恒林股份	恒林家居股份有限公司	C21	家具制造业
69	603600	永艺股份	永艺家具股份有限公司	C21	家具制造业
70	002067	景兴纸业	浙江景兴纸业股份有限公司	C22	造纸和纸制品业

续表

序号	证券代码	证券简称	公司全称	行业代码	行业名称
71	002078	太阳纸业	山东太阳纸业股份有限公司	C22	造纸和纸制品业
72	002511	中顺洁柔	中顺洁柔纸业股份有限公司	C22	造纸和纸制品业
73	002831	裕同科技	深圳市裕同包装科技股份有限公司	C22	造纸和纸制品业
74	301062	上海艾录	上海艾录包装股份有限公司	C22	造纸和纸制品业
75	301296	新巨丰	山东新巨丰科技包装股份有限公司	C22	造纸和纸制品业
76	301469	恒达新材	浙江恒达新材料股份有限公司	C22	造纸和纸制品业
77	600433	冠豪高新	广东冠豪高新技术股份有限公司	C22	造纸和纸制品业
78	600966	博汇纸业	山东博汇纸业股份有限公司	C22	造纸和纸制品业
79	603733	仙鹤股份	仙鹤股份有限公司	C22	造纸和纸制品业
80	605007	五洲特纸	五洲特种纸业集团股份有限公司	C22	造纸和纸制品业
81	605009	豪悦护理	杭州豪悦护理用品股份有限公司	C22	造纸和纸制品业
82	605377	华旺科技	杭州华旺新材料科技股份有限公司	C22	造纸和纸制品业
83	605500	森林包装	森林包装集团股份有限公司	C22	造纸和纸制品业
84	002117	东港股份	东港股份有限公司	C23	印刷和记录媒介复制业
85	002899	英派斯	青岛英派斯健康科技股份有限公司	C24	文教、工美、体育和娱乐用品制造业
86	301287	康力源	江苏康力源体育科技股份有限公司	C24	文教、工美、体育和娱乐用品制造业
87	301335	天元宠物	杭州天元宠物用品股份有限公司	C24	文教、工美、体育和娱乐用品制造业
88	605299	舒华体育	舒华体育股份有限公司	C24	文教、工美、体育和娱乐用品制造业

续表

序号	证券代码	证券简称	公司全称	行业代码	行业名称
89	000819	岳阳兴长	岳阳兴长石化股份有限公司	C25	石油加工、炼焦和核燃料加工业
90	000301	东方盛虹	江苏东方盛虹股份有限公司	C26	化学原料和化学制品制造业
91	001358	兴欣新材	绍兴兴欣新材料股份有限公司	C26	化学原料和化学制品制造业
92	002391	长青股份	江苏长青农化股份有限公司	C26	化学原料和化学制品制造业
93	002407	多氟多	多氟多新材料股份有限公司	C26	化学原料和化学制品制造业
94	002827	高争民爆	西藏高争民爆股份有限公司	C26	化学原料和化学制品制造业
95	002783	凯龙股份	湖北凯龙化工集团股份有限公司	C26	化学原料和化学制品制造业
96	300848	美瑞新材	美瑞新材料股份有限公司	C26	化学原料和化学制品制造业
97	301555	惠柏新材	惠柏新材料科技（上海）股份有限公司	C26	化学原料和化学制品制造业
98	600731	湖南海利	湖南海利化工股份有限公司	C26	化学原料和化学制品制造业
99	603004	鼎龙科技	浙江鼎龙科技股份有限公司	C26	化学原料和化学制品制造业
100	000936	华西股份	江苏华西村股份有限公司	C28	化学纤维制造业
101	002206	海利得	浙江海利得新材料股份有限公司	C28	化学纤维制造业
102	600810	神马股份	神马实业股份有限公司	C28	化学纤维制造业
103	688203	海正生材	浙江海正生物材料股份有限公司	C28	化学纤维制造业
104	688065	凯赛生物	上海凯赛生物技术股份有限公司	C28	化学纤维制造业
105	688295	中复神鹰	中复神鹰碳纤维股份有限公司	C28	化学纤维制造业
106	001378	德冠新材	广东德冠薄膜新材料股份有限公司	C29	橡胶和塑料制品业
107	002522	浙江众成	浙江众成包装材料股份有限公司	C29	橡胶和塑料制品业

续表

序号	证券代码	证券简称	公司全称	行业代码	行业名称
108	002735	王子新材	深圳王子新材料股份有限公司	C29	橡胶和塑料制品业
109	300920	润阳科技	浙江润阳新材料科技股份有限公司	C29	橡胶和塑料制品业
110	301459	丰茂股份	浙江丰茂科技股份有限公司	C29	橡胶和塑料制品业
111	300234	开尔新材	浙江开尔新材料股份有限公司	C30	非金属矿物制品业
112	301526	国际复材	重庆国际复合材料股份有限公司	C30	非金属矿物制品业
113	600176	中国巨石	中国巨石股份有限公司	C30	非金属矿物制品业
114	600660	福耀玻璃	福耀玻璃工业集团股份有限公司	C30	非金属矿物制品业
115	601636	旗滨集团	株洲旗滨集团股份有限公司	C30	非金属矿物制品业
116	601992	金隅集团	北京金隅集团股份有限公司	C30	非金属矿物制品业
117	603578	三星新材	浙江三星新材股份有限公司	C30	非金属矿物制品业
118	603663	三祥新材	三祥新材股份有限公司	C30	非金属矿物制品业
119	000959	首钢股份	北京首钢股份有限公司	C31	黑色金属冶炼和压延加工业
120	000932	华菱钢铁	湖南华菱钢铁股份有限公司	C31	黑色金属冶炼和压延加工业
121	600282	南钢股份	南京钢铁股份有限公司	C31	黑色金属冶炼和压延加工业
122	600507	方大特钢	方大特钢科技股份有限公司	C31	黑色金属冶炼和压延加工业
123	000960	锡业股份	云南锡业股份有限公司	C32	有色金属冶炼和压延加工业
124	002182	宝武镁业	宝武镁业科技股份有限公司	C32	有色金属冶炼和压延加工业
125	002149	西部材料	西部金属材料股份有限公司	C32	有色金属冶炼和压延加工业
126	002378	章源钨业	崇义章源钨业股份有限公司	C32	有色金属冶炼和压延加工业
127	300034	钢研高纳	北京钢研高纳科技股份有限公司	C32	有色金属冶炼和压延加工业

续表

序号	证券代码	证券简称	公司全称	行业代码	行业名称
128	300618	寒锐钴业	南京寒锐钴业股份有限公司	C32	有色金属冶炼和压延加工业
129	300963	中洲特材	上海中洲特种合金材料股份有限公司	C32	有色金属冶炼和压延加工业
130	600456	宝钛股份	宝鸡钛业股份有限公司	C32	有色金属冶炼和压延加工业
131	601137	博威合金	宁波博威合金材料股份有限公司	C32	有色金属冶炼和压延加工业
132	601212	白银有色	白银有色集团股份有限公司	C32	有色金属冶炼和压延加工业
133	603799	华友钴业	浙江华友钴业股份有限公司	C32	有色金属冶炼和压延加工业
134	688102	斯瑞新材	陕西斯瑞新材料股份有限公司	C32	有色金属冶炼和压延加工业
135	000039	中集集团	中国国际海运集装箱（集团）股份有限公司	C33	金属制品业
136	001239	永达股份	湘潭永达机械制造股份有限公司	C33	金属制品业
137	002135	东南网架	浙江东南网架股份有限公司	C33	金属制品业
138	002615	哈尔斯	浙江哈尔斯真空器皿股份有限公司	C33	金属制品业
139	002976	瑞玛精密	苏州瑞玛精密工业股份有限公司	C33	金属制品业
140	301055	张小泉	张小泉股份有限公司	C33	金属制品业
141	300985	致远新能	长春致远新能源装备股份有限公司	C33	金属制品业
142	300881	盛德鑫泰	盛德鑫泰新材料股份有限公司	C33	金属制品业
143	301137	哈焊华通	哈焊所华通（常州）焊业股份有限公司	C33	金属制品业
144	301268	铭利达	深圳市铭利达精密技术股份有限公司	C33	金属制品业
145	301307	美利信	重庆美利信科技股份有限公司	C33	金属制品业
146	600992	贵绳股份	贵州钢绳股份有限公司	C33	金属制品业
147	001306	夏厦精密	浙江夏厦精密制造股份有限公司	C34	通用设备制造业
148	002347	泰尔股份	泰尔重工股份有限公司	C34	通用设备制造业
149	002747	埃斯顿	南京埃斯顿自动化股份有限公司	C34	通用设备制造业
150	300904	威力传动	银川威力传动技术股份有限公司	C34	通用设备制造业
151	301311	昆船智能	昆船智能技术股份有限公司	C34	通用设备制造业

续表

序号	证券代码	证券简称	公司全称	行业代码	行业名称
152	301317	鑫磊股份	鑫磊压缩机股份有限公司	C34	通用设备制造业
153	601369	陕鼓动力	西安陕鼓动力股份有限公司	C34	通用设备制造业
154	603088	宁波精达	宁波精达成形装备股份有限公司	C34	通用设备制造业
155	603331	百达精工	浙江百达精工股份有限公司	C34	通用设备制造业
156	688251	井松智能	合肥井松智能科技股份有限公司	C34	通用设备制造业
157	688448	磁谷科技	南京磁谷科技股份有限公司	C34	通用设备制造业
158	300450	先导智能	无锡先导智能装备股份有限公司	C35	专用设备制造业
159	300425	中建环能	中建环能科技股份有限公司	C35	专用设备制造业
160	301360	荣旗科技	荣旗工业科技（苏州）股份有限公司	C35	专用设备制造业
161	301515	港通医疗	四川港通医疗设备集团股份有限公司	C35	专用设备制造业
162	301568	思泰克	厦门思泰克智能科技股份有限公司	C35	专用设备制造业
163	688003	天准科技	苏州天准科技股份有限公司	C35	专用设备制造业
164	688170	德龙激光	苏州德龙激光股份有限公司	C35	专用设备制造业
165	688392	骄成超声	上海骄成超声波技术股份有限公司	C35	专用设备制造业
166	688420	美腾科技	天津美腾科技股份有限公司	C35	专用设备制造业
167	688335	复洁环保	上海复洁环保科技股份有限公司	C35	专用设备制造业
168	688652	京仪装备	北京京仪自动化装备技术股份有限公司	C35	专用设备制造业
169	688573	信宇人	深圳市信宇人科技股份有限公司	C35	专用设备制造业
170	000957	中通客车	中通客车股份有限公司	C36	汽车制造业
171	002126	银轮股份	浙江银轮机械股份有限公司	C36	汽车制造业
172	300694	蠡湖股份	无锡蠡湖增压技术股份有限公司	C36	汽车制造业

续表

序号	证券代码	证券简称	公司全称	行业代码	行业名称
173	600178	东安动力	哈尔滨东安汽车动力股份有限公司	C36	汽车制造业
174	603107	上海汽配	上海汽车空调配件股份有限公司	C36	汽车制造业
175	603586	金麒麟	山东金麒麟股份有限公司	C36	汽车制造业
176	003009	中天火箭	陕西中天火箭技术股份有限公司	C37	铁路、船舶、航空航天和其他运输设备制造业
177	300960	通业科技	深圳通业科技股份有限公司	C37	铁路、船舶、航空航天和其他运输设备制造业
178	300900	广联航空	广联航空工业股份有限公司	C37	铁路、船舶、航空航天和其他运输设备制造业
179	301322	绿通科技	广东绿通新能源电动车科技股份有限公司	C37	铁路、船舶、航空航天和其他运输设备制造业
180	301345	涛涛车业	浙江涛涛车业股份有限公司	C37	铁路、船舶、航空航天和其他运输设备制造业
181	600372	中航机载	中航机载系统股份有限公司	C37	铁路、船舶、航空航天和其他运输设备制造业
182	600765	中航重机	中航重机股份有限公司	C37	铁路、船舶、航空航天和其他运输设备制造业
183	600862	中航高科	中航航空高科技股份有限公司	C37	铁路、船舶、航空航天和其他运输设备制造业
184	605298	必得科技	江苏必得科技股份有限公司	C37	铁路、船舶、航空航天和其他运输设备制造业
185	688285	高铁电气	中铁高铁电气装备股份有限公司	C37	铁路、船舶、航空航天和其他运输设备制造业

续表

序号	证券代码	证券简称	公司全称	行业代码	行业名称
186	688586	江航装备	合肥江航飞机装备股份有限公司	C37	铁路、船舶、航空航天和其他运输设备制造业
187	688297	中无人机	中航（成都）无人机系统股份有限公司	C37	铁路、船舶、航空航天和其他运输设备制造业
188	688459	哈铁科技	哈尔滨国铁科技集团股份有限公司	C37	铁路、船舶、航空航天和其他运输设备制造业
189	688510	航亚科技	无锡航亚科技股份有限公司	C37	铁路、船舶、航空航天和其他运输设备制造业
190	001326	联域股份	深圳市联域光电股份有限公司	C38	电气机械和器材制造业
191	300124	汇川技术	深圳市汇川技术股份有限公司	C38	电气机械和器材制造业
192	601877	正泰电器	浙江正泰电器股份有限公司	C38	电气机械和器材制造业
193	603988	中电电机	中电电机股份有限公司	C38	电气机械和器材制造业
194	600435	北方导航	北方导航控制技术股份有限公司	C39	计算机、通信和其他电子设备制造业
195	001266	宏英智能	上海宏英智能科技股份有限公司	C40	仪器仪表制造业
196	002658	雪迪龙	北京雪迪龙科技股份有限公司	C40	仪器仪表制造业
197	002980	华盛昌	深圳市华盛昌科技实业股份有限公司	C40	仪器仪表制造业
198	300480	光力科技	光力科技股份有限公司	C40	仪器仪表制造业
199	300515	三德科技	湖南三德科技股份有限公司	C40	仪器仪表制造业
200	300862	蓝盾光电	安徽蓝盾光电子股份有限公司	C40	仪器仪表制造业
201	300897	山科智能	杭州山科智能科技股份有限公司	C40	仪器仪表制造业

续表

序号	证券代码	证券简称	公司全称	行业代码	行业名称
202	301303	真兰仪表	上海真兰仪表科技股份有限公司	C40	仪器仪表制造业
203	301421	波长光电	南京波长光电科技股份有限公司	C40	仪器仪表制造业
204	603015	弘讯科技	宁波弘讯科技股份有限公司	C40	仪器仪表制造业
205	688112	鼎阳科技	深圳市鼎阳科技股份有限公司	C40	仪器仪表制造业
206	688160	步科股份	上海步科自动化股份有限公司	C40	仪器仪表制造业
207	688056	莱伯泰科	北京莱伯泰科仪器股份有限公司	C40	仪器仪表制造业
208	688600	皖仪科技	安徽皖仪科技股份有限公司	C40	仪器仪表制造业
209	688570	天玛智控	北京天玛智控科技股份有限公司	C40	仪器仪表制造业
210	688768	容知日新	安徽容知日新科技股份有限公司	C40	仪器仪表制造业
211	002718	友邦吊顶	浙江友邦集成吊顶股份有限公司	C41	其他制造业
212	300722	新余国科	江西新余国科科技股份有限公司	C41	其他制造业
213	300922	天秦装备	秦皇岛天秦装备制造股份有限公司	C41	其他制造业
214	300962	中金辐照	中金辐照股份有限公司	C41	其他制造业
215	300993	玉马遮阳	山东玉马遮阳科技股份有限公司	C17	纺织业
216	600735	新华锦	山东新华锦国际股份有限公司	C41	其他制造业
217	300930	屹通新材	杭州屹通新材料股份有限公司	C42	废弃资源综合利用业
218	301068	大地海洋	杭州大地海洋环保股份有限公司	C42	废弃资源综合利用业
219	301265	华新环保	华新绿源环保股份有限公司	C42	废弃资源综合利用业
220	301026	浩通科技	徐州浩通新材料科技股份有限公司	C42	废弃资源综合利用业
221	601388	怡球资源	怡球金属资源再生（中国）股份有限公司	C42	废弃资源综合利用业
222	688087	英科再生	英科再生资源股份有限公司	C42	废弃资源综合利用业
223	000027	深圳能源	深圳能源集团股份有限公司	D44	电力、热力生产和供应业

续表

序号	证券代码	证券简称	公司全称	行业代码	行业名称
224	000993	闽东电力	福建闽东电力股份有限公司	D44	电力、热力生产和供应业
225	001258	立新能源	新疆立新能源股份有限公司	D44	电力、热力生产和供应业
226	001376	百通能源	江西百通能源股份有限公司	D44	电力、热力生产和供应业
227	600617	国新能源	山西省国新能源股份有限公司	D45	燃气生产和供应业
228	600903	贵州燃气	贵州燃气集团股份有限公司	D45	燃气生产和供应业
229	601139	深圳燃气	深圳市燃气集团股份有限公司	D45	燃气生产和供应业
230	605169	洪通燃气	新疆洪通燃气股份有限公司	D45	燃气生产和供应业
231	000598	兴蓉环境	成都市兴蓉环境股份有限公司	D46	水的生产和供应业
232	003039	顺控发展	广东顺控发展股份有限公司	D46	水的生产和供应业
233	600008	首创环保	北京首创生态环保集团股份有限公司	D46	水的生产和供应业
234	600283	钱江水利	钱江水利开发股份有限公司	D46	水的生产和供应业
235	600461	洪城环境	江西洪城环境股份有限公司	D46	水的生产和供应业
236	600796	钱江生化	浙江钱江生物化学股份有限公司	D46	水的生产和供应业
237	600874	创业环保	天津创业环保集团股份有限公司	D46	水的生产和供应业
238	601158	重庆水务	重庆水务集团股份有限公司	D46	水的生产和供应业
239	603291	联合水务	江苏联合水务科技股份有限公司	D46	水的生产和供应业
240	603817	海峡环保	福建海峡环保集团股份有限公司	D46	水的生产和供应业
241	000090	天健集团	深圳市天健（集团）股份有限公司	E48	土木工程建筑业
242	601611	中国核建	中国核工业建设股份有限公司	E48	土木工程建筑业
243	601868	中国能建	中国能源建设股份有限公司	E48	土木工程建筑业

续表

序号	证券代码	证券简称	公司全称	行业代码	行业名称
244	301235	华康医疗	武汉华康世纪医疗股份有限公司	E49	建筑安装业
245	601133	柏诚股份	柏诚系统科技股份有限公司	E49	建筑安装业
246	603163	圣晖集成	圣晖系统集成集团股份有限公司	E49	建筑安装业
247	603929	亚翔集成	亚翔系统集成科技（苏州）股份有限公司	E49	建筑安装业
248	002727	一心堂	一心堂药业集团股份有限公司	F52	零售业
249	601006	大秦铁路	大秦铁路股份有限公司	G53	铁路运输业
250	000755	山西高速	山西高速集团股份有限公司	G54	道路运输业
251	601107	四川成渝	四川成渝高速公路股份有限公司	G54	道路运输业
252	000582	北部湾港	北部湾港股份有限公司	G55	水上运输业
253	001205	盛航股份	南京盛航海运股份有限公司	G55	水上运输业
254	600017	日照港	日照港股份有限公司	G55	水上运输业
255	600717	天津港	天津港股份有限公司	G55	水上运输业
256	600798	宁波海运	宁波海运股份有限公司	G55	水上运输业
257	601228	广州港	广州港股份有限公司	G55	水上运输业
258	601326	秦港股份	秦皇岛港股份有限公司	G55	水上运输业
259	601083	锦江航运	上海锦江航运（集团）股份有限公司	G55	水上运输业
260	601880	辽港股份	辽宁港口股份有限公司	G55	水上运输业
261	603209	兴通股份	兴通海运股份有限公司	G55	水上运输业
262	000099	中信海直	中信海洋直升机股份有限公司	G56	航空运输业
263	601021	春秋航空	春秋航空股份有限公司	G56	航空运输业
264	001317	三羊马	三羊马（重庆）物流股份有限公司	G58	装卸搬运和运输代理业
265	601598	中国外运	中国外运股份有限公司	G58	装卸搬运和运输代理业
266	603713	密尔克卫	密尔克卫智能供应链服务集团股份有限公司	G58	装卸搬运和运输代理业
267	603871	嘉友国际	嘉友国际物流股份有限公司	G58	装卸搬运和运输代理业
268	605050	福然德	福然德股份有限公司	G58	装卸搬运和运输代理业
269	300873	海晨股份	江苏海晨物流股份有限公司	G59	仓储业
270	603066	音飞储存	南京音飞储存设备（集团）股份有限公司	G59	仓储业
271	002120	韵达股份	韵达控股股份有限公司	G60	邮政业
272	002352	顺丰控股	顺丰控股股份有限公司	G60	邮政业

续表

序号	证券代码	证券简称	公司全称	行业代码	行业名称
273	600754	锦江酒店	上海锦江国际酒店股份有限公司	H61	住宿业
274	000917	电广传媒	湖南电广传媒股份有限公司	I63	电信、广播电视和卫星传输服务
275	300494	盛天网络	湖北盛天网络技术股份有限公司	I64	互联网和相关服务
276	600228	返利科技	返利网数字科技股份有限公司	I64	互联网和相关服务
277	603000	人民网	人民网股份有限公司	I64	互联网和相关服务
278	603171	税友股份	税友软件集团股份有限公司	I64	互联网和相关服务
279	603888	新华网	新华网股份有限公司	I64	互联网和相关服务
280	688561	奇安信	奇安信科技集团股份有限公司	I65	软件和信息技术服务业
281	000001	平安银行	平安银行股份有限公司	J66	货币金融服务
282	000617	中油资本	中国石油集团资本股份有限公司	J66	货币金融服务
283	001227	兰州银行	兰州银行股份有限公司	J66	货币金融服务
284	002142	宁波银行	宁波银行股份有限公司	J66	货币金融服务
285	002807	江阴银行	江苏江阴农村商业银行股份有限公司	J66	货币金融服务
286	002839	张家港行	江苏张家港农村商业银行股份有限公司	J66	货币金融服务
287	002936	郑州银行	郑州银行股份有限公司	J66	货币金融服务
288	002958	青农商行	青岛农村商业银行股份有限公司	J66	货币金融服务
289	002966	苏州银行	苏州银行股份有限公司	J66	货币金融服务
290	600015	华夏银行	华夏银行股份有限公司	J66	货币金融服务
291	600016	民生银行	中国民生银行股份有限公司	J66	货币金融服务
292	600000	浦发银行	上海浦东发展银行股份有限公司	J66	货币金融服务
293	600036	招商银行	招商银行股份有限公司	J66	货币金融服务
294	600901	江苏金租	江苏金融租赁股份有限公司	J66	货币金融服务
295	600908	无锡银行	无锡农村商业银行股份有限公司	J66	货币金融服务
296	600919	江苏银行	江苏银行股份有限公司	J66	货币金融服务
297	600928	西安银行	西安银行股份有限公司	J66	货币金融服务
298	601128	常熟银行	江苏常熟农村商业银行股份有限公司	J66	货币金融服务
299	601169	北京银行	北京银行股份有限公司	J66	货币金融服务
300	601229	上海银行	上海银行股份有限公司	J66	货币金融服务

续表

序号	证券代码	证券简称	公司全称	行业代码	行业名称
301	601328	交通银行	交通银行股份有限公司	J66	货币金融服务
302	601916	浙商银行	浙商银行股份有限公司	J66	货币金融服务
303	601398	工商银行	中国工商银行股份有限公司	J66	货币金融服务
304	601939	建设银行	中国建设银行股份有限公司	J66	货币金融服务
305	601818	光大银行	中国光大银行股份有限公司	J66	货币金融服务
306	601825	沪农商行	上海农村商业银行股份有限公司	J66	货币金融服务
307	601838	成都银行	成都银行股份有限公司	J66	货币金融服务
308	601988	中国银行	中国银行股份有限公司	J66	货币金融服务
309	601860	紫金银行	江苏紫金农村商业银行股份有限公司	J66	货币金融服务
310	601658	邮储银行	中国邮政储蓄银行股份有限公司	J66	货币金融服务
311	601665	齐鲁银行	齐鲁银行股份有限公司	J66	货币金融服务
312	601998	中信银行	中信银行股份有限公司	J66	货币金融服务
313	603323	苏农银行	江苏苏州农村商业银行股份有限公司	J66	货币金融服务
314	000750	国海证券	国海证券股份有限公司	J67	资本市场服务
315	600958	东方证券	东方证券股份有限公司	J67	资本市场服务
316	601456	国联证券	国联证券股份有限公司	J67	资本市场服务
317	601318	中国平安	中国平安保险（集团）股份有限公司	J68	保险业
318	300803	指南针	北京指南针科技发展股份有限公司	J69	其他金融业
319	000415	渤海租赁	渤海租赁股份有限公司	L71	租赁业
320	603373	安邦护卫	安邦护卫集团股份有限公司	L72	商务服务业
321	301080	百普赛斯	北京百普赛斯生物科技股份有限公司	M73	研究和试验发展
322	301096	百诚医药	杭州百诚医药科技股份有限公司	M73	研究和试验发展
323	688179	阿拉丁	上海阿拉丁生化科技股份有限公司	M73	研究和试验发展
324	688073	毕得医药	上海毕得医药科技股份有限公司	M73	研究和试验发展
325	688621	阳光诺和	北京阳光诺和药物研究股份有限公司	M73	研究和试验发展
326	300284	苏交科	苏交科集团股份有限公司	M74	专业技术服务业
327	300826	测绘股份	南京市测绘勘察研究院股份有限公司	M74	专业技术服务业
328	301091	深城交	深圳市城市交通规划设计研究中心股份有限公司	M74	专业技术服务业

续表

序号	证券代码	证券简称	公司全称	行业代码	行业名称
329	301027	华蓝集团	华蓝集团股份公司	M74	专业技术服务业
330	301390	经纬股份	杭州经纬信息技术股份有限公司	M74	专业技术服务业
331	301505	苏州规划	苏州规划设计研究院股份有限公司	M74	专业技术服务业
332	301508	中机认检	中机寰宇认证检验股份有限公司	M74	专业技术服务业
333	603060	国检集团	中国国检测试控股集团股份有限公司	M74	专业技术服务业
334	603183	建研院	苏州市建筑科学研究院集团股份有限公司	M74	专业技术服务业
335	301305	朗坤环境	深圳市朗坤环境集团股份有限公司	N77	生态保护和环境治理业
336	601827	三峰环境	重庆三峰环境集团股份有限公司	N77	生态保护和环境治理业
337	300815	玉禾田	玉禾田环境发展集团股份有限公司	N78	公共设施管理业
338	300015	爱尔眼科	爱尔眼科医院集团股份有限公司	Q83	卫生
339	301103	何氏眼科	辽宁何氏眼科医院集团股份有限公司	Q83	卫生
340	301267	华厦眼科	华厦眼科医院集团股份有限公司	Q83	卫生
341	301293	三博脑科	三博脑科医院管理集团股份有限公司	Q83	卫生
342	000719	中原传媒	中原大地传媒股份有限公司	R85	新闻和出版业
343	300788	中信出版	中信出版集团股份有限公司	R85	新闻和出版业
344	301231	荣信文化	荣信教育文化产业发展股份有限公司	R85	新闻和出版业
345	600229	城市传媒	青岛城市传媒股份有限公司	R85	新闻和出版业
346	601900	南方传媒	南方出版传媒股份有限公司	R85	新闻和出版业
347	601921	浙版传媒	浙江出版传媒股份有限公司	R85	新闻和出版业
348	601949	中国出版	中国出版传媒股份有限公司	R85	新闻和出版业
349	601811	新华文轩	新华文轩出版传媒股份有限公司	R85	新闻和出版业
350	601858	中国科传	中国科技出版传媒股份有限公司	R85	新闻和出版业
351	601999	出版传媒	北方联合出版传媒（集团）股份有限公司	R85	新闻和出版业
352	603230	内蒙新华	内蒙古新华发行集团股份有限公司	R85	新闻和出版业
353	603999	读者传媒	读者出版传媒股份有限公司	R85	新闻和出版业
354	605577	龙版传媒	黑龙江出版传媒股份有限公司	R85	新闻和出版业

表5.2　　2022年度会计信息高质量企业

序号	证券代码	证券简称	公司全称	行业代码	行业名称
1	300970	华绿生物	江苏华绿生物科技股份有限公司	A01	农业
2	300972	万辰集团	福建万辰生物科技集团股份有限公司	A01	农业
3	600598	北大荒	黑龙江北大荒农业股份有限公司	A01	农业
4	002679	福建金森	福建金森林业股份有限公司	A02	林业
5	300967	晓鸣股份	宁夏晓鸣农牧股份有限公司	A03	畜牧业
6	603477	巨星农牧	乐山巨星农牧股份有限公司	A03	畜牧业
7	300087	荃银高科	安徽荃银高科种业股份有限公司	A05	农、林、牧、渔服务业
8	000552	甘肃能化	甘肃能化股份有限公司	B06	煤炭开采和洗选业
9	600188	兖矿能源	兖矿能源集团股份有限公司	B06	煤炭开采和洗选业
10	600348	华阳股份	山西华阳集团新能股份有限公司	B06	煤炭开采和洗选业
11	600403	大有能源	河南大有能源股份有限公司	B06	煤炭开采和洗选业
12	601001	晋控煤业	晋能控股山西煤业股份有限公司	B06	煤炭开采和洗选业
13	601101	昊华能源	北京昊华能源股份有限公司	B06	煤炭开采和洗选业
14	601898	中煤能源	中国中煤能源股份有限公司	B06	煤炭开采和洗选业
15	000968	蓝焰控股	山西蓝焰控股股份有限公司	B07	石油和天然气开采业
16	300191	潜能恒信	潜能恒信能源技术股份有限公司	B07	石油和天然气开采业
17	000923	河钢资源	河钢资源股份有限公司	B08	黑色金属矿采选业
18	001203	大中矿业	内蒙古大中矿业股份有限公司	B08	黑色金属矿采选业
19	601969	海南矿业	海南矿业股份有限公司	B08	黑色金属矿采选业
20	601808	中海油服	中海油田服务股份有限公司	B11	开采辅助活动
21	603979	金诚信	金诚信矿业管理股份有限公司	B11	开采辅助活动
22	002891	中宠股份	烟台中宠食品股份有限公司	C13	农副食品加工业
23	003030	祖名股份	祖名豆制品股份有限公司	C13	农副食品加工业

续表

序号	证券代码	证券简称	公司全称	行业代码	行业名称
24	603151	邦基科技	山东邦基科技股份有限公司	C13	农副食品加工业
25	605567	春雪食品	春雪食品集团股份有限公司	C13	农副食品加工业
26	300829	金丹科技	河南金丹乳酸科技股份有限公司	C14	食品制造业
27	300791	仙乐健康	仙乐健康科技股份有限公司	C14	食品制造业
28	301156	美农生物	上海美农生物科技股份有限公司	C14	食品制造业
29	300908	仲景食品	仲景食品股份有限公司	C14	食品制造业
30	600305	恒顺醋业	江苏恒顺醋业股份有限公司	C14	食品制造业
31	603027	千禾味业	千禾味业食品股份有限公司	C14	食品制造业
32	603237	五芳斋	浙江五芳斋实业股份有限公司	C14	食品制造业
33	605339	南侨食品	南侨食品集团（上海）股份有限公司	C14	食品制造业
34	605077	华康股份	浙江华康药业股份有限公司	C14	食品制造业
35	002568	百润股份	上海百润投资控股集团股份有限公司	C15	酒、饮料和精制茶制造业
36	002646	天佑德酒	青海互助天佑德青稞酒股份有限公司	C15	酒、饮料和精制茶制造业
37	600189	泉阳泉	吉林泉阳泉股份有限公司	C15	酒、饮料和精制茶制造业
38	600573	惠泉啤酒	福建省燕京惠泉啤酒股份有限公司	C15	酒、饮料和精制茶制造业
39	600600	青岛啤酒	青岛啤酒股份有限公司	C15	酒、饮料和精制茶制造业
40	603711	香飘飘	香飘飘食品股份有限公司	C15	酒、饮料和精制茶制造业
41	002083	孚日股份	孚日集团股份有限公司	C17	纺织业
42	002394	联发股份	江苏联发纺织股份有限公司	C17	纺织业
43	002516	旷达科技	旷达科技集团股份有限公司	C17	纺织业
44	003041	真爱美家	浙江真爱美家股份有限公司	C17	纺织业
45	300952	恒辉安防	江苏恒辉安防股份有限公司	C17	纺织业
46	300819	聚杰微纤	江苏聚杰微纤科技集团股份有限公司	C17	纺织业
47	300918	南山智尚	山东南山智尚科技股份有限公司	C17	纺织业
48	600232	金鹰股份	浙江金鹰股份有限公司	C17	纺织业
49	603130	云中马	浙江云中马股份有限公司	C17	纺织业
50	605055	迎丰股份	浙江迎丰科技股份有限公司	C17	纺织业
51	605189	富春染织	芜湖富春染织股份有限公司	C17	纺织业

续表

序号	证券代码	证券简称	公司全称	行业代码	行业名称
52	002674	兴业科技	兴业皮革科技股份有限公司	C19	皮革、毛皮、羽毛及其制品和制鞋业
53	600439	瑞贝卡	河南瑞贝卡发制品股份有限公司	C19	皮革、毛皮、羽毛及其制品和制鞋业
54	605068	明新旭腾	明新旭腾新材料股份有限公司	C19	皮革、毛皮、羽毛及其制品和制鞋业
55	000910	大亚圣象	大亚圣象家居股份有限公司	C20	木材加工和木、竹、藤、棕、草制品业
56	002631	德尔未来	德尔未来科技控股集团股份有限公司	C20	木材加工和木、竹、藤、棕、草制品业
57	301227	森鹰窗业	哈尔滨森鹰窗业股份有限公司	C20	木材加工和木、竹、藤、棕、草制品业
58	601996	丰林集团	广西丰林木业集团股份有限公司	C20	木材加工和木、竹、藤、棕、草制品业
59	603216	梦天家居	梦天家居集团股份有限公司	C20	木材加工和木、竹、藤、棕、草制品业
60	001238	浙江正特	浙江正特股份有限公司	C21	家具制造业
61	002572	索菲亚	索菲亚家居股份有限公司	C21	家具制造业
62	300616	尚品宅配	广州尚品宅配家居股份有限公司	C21	家具制造业
63	300749	顶固集创	广东顶固集创家居股份有限公司	C21	家具制造业
64	603180	金牌厨柜	金牌厨柜家居科技股份有限公司	C21	家具制造业
65	603661	恒林股份	恒林家居股份有限公司	C21	家具制造业
66	001206	依依股份	天津市依依卫生用品股份有限公司	C22	造纸和纸制品业
67	002067	景兴纸业	浙江景兴纸业股份有限公司	C22	造纸和纸制品业
68	002078	太阳纸业	山东太阳纸业股份有限公司	C22	造纸和纸制品业
69	002831	裕同科技	深圳市裕同包装科技股份有限公司	C22	造纸和纸制品业
70	301062	上海艾录	上海艾录包装股份有限公司	C22	造纸和纸制品业

续表

序号	证券代码	证券简称	公司全称	行业代码	行业名称
71	301296	新巨丰	山东新巨丰科技包装股份有限公司	C22	造纸和纸制品业
72	600103	青山纸业	福建省青山纸业股份有限公司	C22	造纸和纸制品业
73	600308	华泰股份	山东华泰纸业股份有限公司	C22	造纸和纸制品业
74	600356	恒丰纸业	牡丹江恒丰纸业股份有限公司	C22	造纸和纸制品业
75	600433	冠豪高新	广东冠豪高新技术股份有限公司	C22	造纸和纸制品业
76	600793	宜宾纸业	宜宾纸业股份有限公司	C22	造纸和纸制品业
77	600963	岳阳林纸	岳阳林纸股份有限公司	C22	造纸和纸制品业
78	603165	荣晟环保	浙江荣晟环保纸业股份有限公司	C22	造纸和纸制品业
79	603733	仙鹤股份	仙鹤股份有限公司	C22	造纸和纸制品业
80	603687	大胜达	浙江大胜达包装股份有限公司	C22	造纸和纸制品业
81	605009	豪悦护理	杭州豪悦护理用品股份有限公司	C22	造纸和纸制品业
82	605377	华旺科技	杭州华旺新材料科技股份有限公司	C22	造纸和纸制品业
83	002117	东港股份	东港股份有限公司	C23	印刷和记录媒介复制业
84	301223	中荣股份	中荣印刷集团股份有限公司	C23	印刷和记录媒介复制业
85	001300	三柏硕	青岛三柏硕健康科技股份有限公司	C24	文教、工美、体育和娱乐用品制造业
86	002899	英派斯	青岛英派斯健康科技股份有限公司	C24	文教、工美、体育和娱乐用品制造业
87	300640	德艺文创	德艺文化创意集团股份有限公司	C24	文教、工美、体育和娱乐用品制造业
88	301335	天元宠物	杭州天元宠物用品股份有限公司	C24	文教、工美、体育和娱乐用品制造业

续表

序号	证券代码	证券简称	公司全称	行业代码	行业名称
89	603272	联翔股份	浙江联翔智能家居股份有限公司	C24	文教、工美、体育和娱乐用品制造业
90	605299	舒华体育	舒华体育股份有限公司	C24	文教、工美、体育和娱乐用品制造业
91	300135	宝利国际	江苏宝利国际投资股份有限公司	C25	石油加工、炼焦和核燃料加工业
92	603351	威尔药业	南京威尔药业集团股份有限公司	C25	石油加工、炼焦和核燃料加工业
93	001333	光华股份	浙江光华科技股份有限公司	C26	化学原料和化学制品制造业
94	002206	海利得	浙江海利得新材料股份有限公司	C28	化学纤维制造业
95	688203	海正生材	浙江海正生物材料股份有限公司	C28	化学纤维制造业
96	000589	贵州轮胎	贵州轮胎股份有限公司	C29	橡胶和塑料制品业
97	000887	中鼎股份	安徽中鼎密封件股份有限公司	C29	橡胶和塑料制品业
98	002263	大东南	浙江大东南股份有限公司	C29	橡胶和塑料制品业
99	002641	公元股份	公元股份有限公司	C29	橡胶和塑料制品业
100	003011	海象新材	浙江海象新材料股份有限公司	C29	橡胶和塑料制品业
101	300980	祥源新材	湖北祥源新材科技股份有限公司	C29	橡胶和塑料制品业
102	301237	和顺科技	杭州和顺科技股份有限公司	C29	橡胶和塑料制品业
103	301356	天振股份	浙江天振科技股份有限公司	C29	橡胶和塑料制品业
104	600210	紫江企业	上海紫江企业集团股份有限公司	C29	橡胶和塑料制品业
105	603051	鹿山新材	广州鹿山新材料股份有限公司	C29	橡胶和塑料制品业
106	603657	春光科技	金华春光橡塑科技股份有限公司	C29	橡胶和塑料制品业

续表

序号	证券代码	证券简称	公司全称	行业代码	行业名称
107	603726	朗迪集团	浙江朗迪集团股份有限公司	C29	橡胶和塑料制品业
108	603856	东宏股份	山东东宏管业股份有限公司	C29	橡胶和塑料制品业
109	603992	松霖科技	厦门松霖科技股份有限公司	C29	橡胶和塑料制品业
110	000401	冀东水泥	唐山冀东水泥股份有限公司	C30	非金属矿物制品业
111	001301	尚太科技	石家庄尚太科技股份有限公司	C30	非金属矿物制品业
112	301010	晶雪节能	江苏晶雪节能科技股份有限公司	C30	非金属矿物制品业
113	600660	福耀玻璃	福耀玻璃工业集团股份有限公司	C30	非金属矿物制品业
114	000825	太钢不锈	山西太钢不锈钢股份有限公司	C31	黑色金属冶炼和压延加工业
115	000898	鞍钢股份	鞍钢股份有限公司	C31	黑色金属冶炼和压延加工业
116	000959	首钢股份	北京首钢股份有限公司	C31	黑色金属冶炼和压延加工业
117	600282	南钢股份	南京钢铁股份有限公司	C31	黑色金属冶炼和压延加工业
118	600507	方大特钢	方大特钢科技股份有限公司	C31	黑色金属冶炼和压延加工业
119	600808	马钢股份	马鞍山钢铁股份有限公司	C31	黑色金属冶炼和压延加工业
120	000657	中钨高新	中钨高新材料股份有限公司	C33	金属制品业
121	002132	恒星科技	河南恒星科技股份有限公司	C33	金属制品业
122	002342	巨力索具	巨力索具股份有限公司	C33	金属制品业
123	002541	鸿路钢构	安徽鸿路钢结构（集团）股份有限公司	C33	金属制品业
124	002850	科达利	深圳市科达利实业股份有限公司	C33	金属制品业
125	301055	张小泉	张小泉股份有限公司	C33	金属制品业
126	301063	海锅股份	张家港海锅新能源装备股份有限公司	C33	金属制品业
127	300988	津荣天宇	天津津荣天宇精密机械股份有限公司	C33	金属制品业
128	300881	盛德鑫泰	盛德鑫泰新材料股份有限公司	C33	金属制品业
129	301137	哈焊华通	哈焊所华通（常州）焊业股份有限公司	C33	金属制品业
130	301268	铭利达	深圳市铭利达精密技术股份有限公司	C33	金属制品业

续表

序号	证券代码	证券简称	公司全称	行业代码	行业名称
131	301163	宏德股份	江苏宏德特种部件股份有限公司	C33	金属制品业
132	301040	中环海陆	张家港中环海陆高端装备股份有限公司	C33	金属制品业
133	301377	鼎泰高科	广东鼎泰高科技术股份有限公司	C33	金属制品业
134	301398	星源卓镁	宁波星源卓镁技术股份有限公司	C33	金属制品业
135	600992	贵绳股份	贵州钢绳股份有限公司	C33	金属制品业
136	601606	长城军工	安徽长城军工股份有限公司	C33	金属制品业
137	603626	科森科技	昆山科森科技股份有限公司	C33	金属制品业
138	603969	银龙股份	天津银龙预应力材料股份有限公司	C33	金属制品业
139	002204	大连重工	大连华锐重工集团股份有限公司	C34	通用设备制造业
140	002438	江苏神通	江苏神通阀门股份有限公司	C34	通用设备制造业
141	300154	瑞凌股份	深圳市瑞凌实业集团股份有限公司	C34	通用设备制造业
142	300342	天银机电	常熟市天银机电股份有限公司	C34	通用设备制造业
143	301255	通力科技	浙江通力传动科技股份有限公司	C34	通用设备制造业
144	301309	万得凯	浙江万得凯流体设备科技股份有限公司	C34	通用设备制造业
145	301311	昆船智能	昆船智能技术股份有限公司	C34	通用设备制造业
146	301368	丰立智能	浙江丰立智能科技股份有限公司	C34	通用设备制造业
147	601177	杭齿前进	杭州前进齿轮箱集团股份有限公司	C34	通用设备制造业
148	603090	宏盛股份	无锡宏盛换热器制造股份有限公司	C34	通用设备制造业
149	603699	纽威股份	苏州纽威阀门股份有限公司	C34	通用设备制造业
150	603912	佳力图	南京佳力图机房环境技术股份有限公司	C34	通用设备制造业
151	688251	井松智能	合肥井松智能科技股份有限公司	C34	通用设备制造业
152	688577	浙海德曼	浙江海德曼智能装备股份有限公司	C34	通用设备制造业
153	688448	磁谷科技	南京磁谷科技股份有限公司	C34	通用设备制造业

续表

序号	证券代码	证券简称	公司全称	行业代码	行业名称
154	001223	欧克科技	欧克科技股份有限公司	C35	专用设备制造业
155	001256	炜冈科技	浙江炜冈科技股份有限公司	C35	专用设备制造业
156	300549	优德精密	优德精密工业（昆山）股份有限公司	C35	专用设备制造业
157	300812	易天股份	深圳市易天自动化设备股份有限公司	C35	专用设备制造业
158	301138	华研精机	广州华研精密机械股份有限公司	C35	专用设备制造业
159	301312	智立方	深圳市智立方自动化设备股份有限公司	C35	专用设备制造业
160	603029	天鹅股份	山东天鹅棉业机械股份有限公司	C35	专用设备制造业
161	688376	美埃科技	美埃（中国）环境科技股份有限公司	C35	专用设备制造业
162	688410	山外山	重庆山外山血液净化技术股份有限公司	C35	专用设备制造业
163	688420	美腾科技	天津美腾科技股份有限公司	C35	专用设备制造业
164	000800	一汽解放	一汽解放集团股份有限公司	C36	汽车制造业
165	600148	长春一东	长春一东离合器股份有限公司	C36	汽车制造业
166	600178	东安动力	哈尔滨东安汽车动力股份有限公司	C36	汽车制造业
167	003009	中天火箭	陕西中天火箭技术股份有限公司	C37	铁路、船舶、航空航天和其他运输设备制造业
168	600372	中航机载	中航机载系统股份有限公司	C37	铁路、船舶、航空航天和其他运输设备制造业
169	688459	哈铁科技	哈尔滨国铁科技集团股份有限公司	C37	铁路、船舶、航空航天和其他运输设备制造业
170	300129	泰胜风能	上海泰胜风能装备股份有限公司	C38	电气机械和器材制造业
171	300827	上能电气	上能电气股份有限公司	C38	电气机械和器材制造业
172	301008	宏昌科技	浙江宏昌电器科技股份有限公司	C38	电气机械和器材制造业

续表

序号	证券代码	证券简称	公司全称	行业代码	行业名称
173	301388	欣灵电气	欣灵电气股份有限公司	C38	电气机械和器材制造业
174	600268	国电南自	国电南京自动化股份有限公司	C38	电气机械和器材制造业
175	603050	科林电气	石家庄科林电气股份有限公司	C38	电气机械和器材制造业
176	301280	珠城科技	浙江珠城科技股份有限公司	C39	计算机、通信和其他电子设备制造业
177	688362	甬矽电子	甬矽电子（宁波）股份有限公司	C39	计算机、通信和其他电子设备制造业
178	688475	萤石网络	杭州萤石网络股份有限公司	C39	计算机、通信和其他电子设备制造业
179	001266	宏英智能	上海宏英智能科技股份有限公司	C40	仪器仪表制造业
180	002718	友邦吊顶	浙江友邦集成吊顶股份有限公司	C41	其他制造业
181	300962	中金辐照	中金辐照股份有限公司	C41	其他制造业
182	300993	玉马遮阳	山东玉马遮阳科技股份有限公司	C17	纺织业
183	600735	新华锦	山东新华锦国际股份有限公司	C41	其他制造业
184	603059	倍加洁	倍加洁集团股份有限公司	C41	其他制造业
185	001269	欧晶科技	内蒙古欧晶科技股份有限公司	C42	废弃资源综合利用业
186	002645	华宏科技	江苏华宏科技股份有限公司	C42	废弃资源综合利用业
187	301068	大地海洋	杭州大地海洋环保股份有限公司	C42	废弃资源综合利用业
188	301265	华新环保	华新绿源环保股份有限公司	C42	废弃资源综合利用业
189	688087	英科再生	英科再生资源股份有限公司	C42	废弃资源综合利用业
190	001299	美能能源	陕西美能清洁能源集团股份有限公司	D45	燃气生产和供应业
191	300435	中泰股份	杭州中泰深冷技术股份有限公司	D45	燃气生产和供应业
192	605169	洪通燃气	新疆洪通燃气股份有限公司	D45	燃气生产和供应业
193	000598	兴蓉环境	成都市兴蓉环境股份有限公司	D46	水的生产和供应业

续表

序号	证券代码	证券简称	公司全称	行业代码	行业名称
194	003039	顺控发展	广东顺控发展股份有限公司	D46	水的生产和供应业
195	301127	天源环保	武汉天源环保股份有限公司	D46	水的生产和供应业
196	600008	首创环保	北京首创生态环保集团股份有限公司	D46	水的生产和供应业
197	600283	钱江水利	钱江水利开发股份有限公司	D46	水的生产和供应业
198	600461	洪城环境	江西洪城环境股份有限公司	D46	水的生产和供应业
199	600796	钱江生化	浙江钱江生物化学股份有限公司	D46	水的生产和供应业
200	600874	创业环保	天津创业环保集团股份有限公司	D46	水的生产和供应业
201	601158	重庆水务	重庆水务集团股份有限公司	D46	水的生产和供应业
202	601368	绿城水务	广西绿城水务股份有限公司	D46	水的生产和供应业
203	603817	海峡环保	福建海峡环保集团股份有限公司	D46	水的生产和供应业
204	603759	海天股份	海天水务集团股份公司	D46	水的生产和供应业
205	601669	中国电建	中国电力建设股份有限公司	E48	土木工程建筑业
206	000032	深桑达A	深圳市桑达实业股份有限公司	E49	建筑安装业
207	301235	华康医疗	武汉华康世纪医疗股份有限公司	E49	建筑安装业
208	603163	圣晖集成	圣晖系统集成集团股份有限公司	E49	建筑安装业
209	603929	亚翔集成	亚翔系统集成科技（苏州）股份有限公司	E49	建筑安装业
210	002091	江苏国泰	江苏国泰国际集团股份有限公司	F51	批发业
211	002462	嘉事堂	嘉事堂药业股份有限公司	F51	批发业
212	600056	中国医药	中国医药健康产业股份有限公司	F51	批发业
213	603368	柳药集团	广西柳药集团股份有限公司	F51	批发业
214	001213	中铁特货	中铁特货物流股份有限公司	G53	铁路运输业
215	601006	大秦铁路	大秦铁路股份有限公司	G53	铁路运输业
216	000900	现代投资	现代投资股份有限公司	G54	道路运输业
217	000582	北部湾港	北部湾港股份有限公司	G55	水上运输业
218	600017	日照港	日照港股份有限公司	G55	水上运输业

续表

序号	证券代码	证券简称	公司全称	行业代码	行业名称
219	600717	天津港	天津港股份有限公司	G55	水上运输业
220	600798	宁波海运	宁波海运股份有限公司	G55	水上运输业
221	601228	广州港	广州港股份有限公司	G55	水上运输业
222	601018	宁波港	宁波舟山港股份有限公司	G55	水上运输业
223	601022	宁波远洋	宁波远洋运输股份有限公司	G55	水上运输业
224	601880	辽港股份	辽宁港口股份有限公司	G55	水上运输业
225	000099	中信海直	中信海洋直升机股份有限公司	G56	航空运输业
226	601021	春秋航空	春秋航空股份有限公司	G56	航空运输业
227	001202	炬申股份	广东炬申物流股份有限公司	G58	装卸搬运和运输代理业
228	601598	中国外运	中国外运股份有限公司	G58	装卸搬运和运输代理业
229	603713	密尔克卫	密尔克卫智能供应链服务集团股份有限公司	G58	装卸搬运和运输代理业
230	605050	福然德	福然德股份有限公司	G58	装卸搬运和运输代理业
231	603967	中创物流	中创物流股份有限公司	G58	装卸搬运和运输代理业
232	300873	海晨股份	江苏海晨物流股份有限公司	G59	仓储业
233	603066	音飞储存	南京音飞储存设备(集团)股份有限公司	G59	仓储业
234	603535	嘉诚国际	广州市嘉诚国际物流股份有限公司	G59	仓储业
235	002352	顺丰控股	顺丰控股股份有限公司	G60	邮政业
236	600754	锦江酒店	上海锦江国际酒店股份有限公司	H61	住宿业
237	605108	同庆楼	同庆楼餐饮股份有限公司	H62	餐饮业
238	600228	返利科技	返利网数字科技股份有限公司	I64	互联网和相关服务
239	000001	平安银行	平安银行股份有限公司	J66	货币金融服务
240	001227	兰州银行	兰州银行股份有限公司	J66	货币金融服务
241	002807	江阴银行	江苏江阴农村商业银行股份有限公司	J66	货币金融服务
242	002839	张家港行	江苏张家港农村商业银行股份有限公司	J66	货币金融服务
243	002936	郑州银行	郑州银行股份有限公司	J66	货币金融服务
244	002966	苏州银行	苏州银行股份有限公司	J66	货币金融服务
245	600015	华夏银行	华夏银行股份有限公司	J66	货币金融服务
246	600016	民生银行	中国民生银行股份有限公司	J66	货币金融服务
247	600000	浦发银行	上海浦东发展银行股份有限公司	J66	货币金融服务

续表

序号	证券代码	证券简称	公司全称	行业代码	行业名称
248	600036	招商银行	招商银行股份有限公司	J66	货币金融服务
249	600901	江苏金租	江苏金融租赁股份有限公司	J66	货币金融服务
250	600908	无锡银行	无锡农村商业银行股份有限公司	J66	货币金融服务
251	600926	杭州银行	杭州银行股份有限公司	J66	货币金融服务
252	600928	西安银行	西安银行股份有限公司	J66	货币金融服务
253	601128	常熟银行	江苏常熟农村商业银行股份有限公司	J66	货币金融服务
254	601166	兴业银行	兴业银行股份有限公司	J66	货币金融服务
255	601169	北京银行	北京银行股份有限公司	J66	货币金融服务
256	601187	厦门银行	厦门银行股份有限公司	J66	货币金融服务
257	601009	南京银行	南京银行股份有限公司	J66	货币金融服务
258	601229	上海银行	上海银行股份有限公司	J66	货币金融服务
259	601077	渝农商行	重庆农村商业银行股份有限公司	J66	货币金融服务
260	601577	长沙银行	长沙银行股份有限公司	J66	货币金融服务
261	601916	浙商银行	浙商银行股份有限公司	J66	货币金融服务
262	601398	工商银行	中国工商银行股份有限公司	J66	货币金融服务
263	601939	建设银行	中国建设银行股份有限公司	J66	货币金融服务
264	601528	瑞丰银行	浙江绍兴瑞丰农村商业银行股份有限公司	J66	货币金融服务
265	601963	重庆银行	重庆银行股份有限公司	J66	货币金融服务
266	601818	光大银行	中国光大银行股份有限公司	J66	货币金融服务
267	601825	沪农商行	上海农村商业银行股份有限公司	J66	货币金融服务
268	601838	成都银行	成都银行股份有限公司	J66	货币金融服务
269	601860	紫金银行	江苏紫金农村商业银行股份有限公司	J66	货币金融服务
270	601658	邮储银行	中国邮政储蓄银行股份有限公司	J66	货币金融服务
271	601665	齐鲁银行	齐鲁银行股份有限公司	J66	货币金融服务
272	601997	贵阳银行	贵阳银行股份有限公司	J66	货币金融服务
273	601998	中信银行	中信银行股份有限公司	J66	货币金融服务
274	603323	苏农银行	江苏苏州农村商业银行股份有限公司	J66	货币金融服务
275	601136	首创证券	首创证券股份有限公司	J67	资本市场服务
276	601696	中银证券	中银国际证券股份有限公司	J67	资本市场服务
277	000627	天茂集团	天茂实业集团股份有限公司	J68	保险业
278	601318	中国平安	中国平安保险(集团)股份有限公司	J68	保险业
279	601336	新华保险	新华人寿保险股份有限公司	J68	保险业
280	601601	中国太保	中国太平洋保险(集团)股份有限公司	J68	保险业

续表

序号	证券代码	证券简称	公司全称	行业代码	行业名称
281	601628	中国人寿	中国人寿保险股份有限公司	J68	保险业
282	000415	渤海租赁	渤海租赁股份有限公司	L71	租赁业
283	000058	深赛格	深圳赛格股份有限公司	L72	商务服务业
284	301080	百普赛斯	北京百普赛斯生物科技股份有限公司	M73	研究和试验发展
285	301096	百诚医药	杭州百诚医药科技股份有限公司	M73	研究和试验发展
286	301257	普蕊斯	普蕊斯（上海）医药科技开发股份有限公司	M73	研究和试验发展
287	301333	诺思格	诺思格（北京）医药科技股份有限公司	M73	研究和试验发展
288	301230	泓博医药	上海泓博智源医药股份有限公司	M73	研究和试验发展
289	688131	皓元医药	上海皓元医药股份有限公司	M73	研究和试验发展
290	688179	阿拉丁	上海阿拉丁生化科技股份有限公司	M73	研究和试验发展
291	688073	毕得医药	上海毕得医药科技股份有限公司	M73	研究和试验发展
292	688293	奥浦迈	上海奥浦迈生物科技股份有限公司	M73	研究和试验发展
293	688621	阳光诺和	北京阳光诺和药物研究股份有限公司	M73	研究和试验发展
294	002949	华阳国际	深圳市华阳国际工程设计股份有限公司	M74	专业技术服务业
295	003013	地铁设计	广州地铁设计研究院股份有限公司	M74	专业技术服务业
296	300416	苏试试验	苏州苏试试验集团股份有限公司	M74	专业技术服务业
297	300668	杰恩设计	深圳市杰恩创意设计股份有限公司	M74	专业技术服务业
298	300826	测绘股份	南京市测绘勘察研究院股份有限公司	M74	专业技术服务业
299	300797	钢研纳克	钢研纳克检测技术股份有限公司	M74	专业技术服务业
300	301091	深城交	深圳市城市交通规划设计研究中心股份有限公司	M74	专业技术服务业
301	301136	招标股份	福建省招标股份有限公司	M74	专业技术服务业

续表

序号	证券代码	证券简称	公司全称	行业代码	行业名称
302	301289	国缆检测	上海国缆检测股份有限公司	M74	专业技术服务业
303	301297	富乐德	安徽富乐德科技发展股份有限公司	M74	专业技术服务业
304	301306	西测测试	西安西测测试技术股份有限公司	M74	专业技术服务业
305	301027	华蓝集团	华蓝集团股份公司	M74	专业技术服务业
306	301365	矩阵股份	矩阵纵横设计股份有限公司	M74	专业技术服务业
307	600629	华建集团	华东建筑集团股份有限公司	M74	专业技术服务业
308	603183	建研院	苏州市建筑科学研究院集团股份有限公司	M74	专业技术服务业
309	603860	中公高科	中公高科养护科技股份有限公司	M74	专业技术服务业
310	688372	伟测科技	上海伟测半导体科技股份有限公司	M74	专业技术服务业
311	002573	清新环境	北京清新环境技术股份有限公司	N77	生态保护和环境治理业
312	601827	三峰环境	重庆三峰环境集团股份有限公司	N77	生态保护和环境治理业
313	688466	金科环境	金科环境股份有限公司	N77	生态保护和环境治理业
314	688480	赛恩斯	赛恩斯环保股份有限公司	N77	生态保护和环境治理业
315	301175	中科环保	北京中科润宇环保科技股份有限公司	N78	公共设施管理业
316	605098	行动教育	上海行动教育科技股份有限公司	P82	教育
317	301103	何氏眼科	辽宁何氏眼科医院集团股份有限公司	Q83	卫生
318	301267	华厦眼科	华厦眼科医院集团股份有限公司	Q83	卫生
319	300654	世纪天鸿	世纪天鸿教育科技股份有限公司	R85	新闻和出版业
320	300788	中信出版	中信出版集团股份有限公司	R85	新闻和出版业
321	301025	读客文化	读客文化股份有限公司	R85	新闻和出版业
322	301231	荣信文化	荣信教育文化产业发展股份有限公司	R85	新闻和出版业
323	600229	城市传媒	青岛城市传媒股份有限公司	R85	新闻和出版业
324	600373	中文传媒	中文天地出版传媒集团股份有限公司	R85	新闻和出版业
325	601019	山东出版	山东出版传媒股份有限公司	R85	新闻和出版业
326	601098	中南传媒	中南出版传媒集团股份有限公司	R85	新闻和出版业

续表

序号	证券代码	证券简称	公司全称	行业代码	行业名称
327	601921	浙版传媒	浙江出版传媒股份有限公司	R85	新闻和出版业
328	601949	中国出版	中国出版传媒股份有限公司	R85	新闻和出版业
329	601811	新华文轩	新华文轩出版传媒股份有限公司	R85	新闻和出版业
330	603230	内蒙新华	内蒙古新华发行集团股份有限公司	R85	新闻和出版业
331	605577	龙版传媒	黑龙江出版传媒股份有限公司	R85	新闻和出版业
332	603721	中广天择	中广天择传媒股份有限公司	R86	广播、电视、电影和影视录音制作业
333	000833	粤桂股份	广西粤桂广业控股股份有限公司	S90	综合

表5.3 2021年度会计信息高质量企业

序号	证券代码	证券简称	公司全称	行业代码	行业名称
1	300970	华绿生物	江苏华绿生物科技股份有限公司	A01	农业
2	300972	万辰集团	福建万辰生物科技集团股份有限公司	A01	农业
3	300967	晓鸣股份	宁夏晓鸣农牧股份有限公司	A03	畜牧业
4	605296	神农集团	云南神农农业产业集团股份有限公司	A03	畜牧业
5	600395	盘江股份	贵州盘江精煤股份有限公司	B06	煤炭开采和洗选业
6	601918	新集能源	中煤新集能源股份有限公司	B06	煤炭开采和洗选业
7	001203	大中矿业	内蒙古大中矿业股份有限公司	B08	黑色金属矿采选业
8	601808	中海油服	中海油田服务股份有限公司	B11	开采辅助活动
9	000876	新希望	新希望六和股份有限公司	C13	农副食品加工业
10	003030	祖名股份	祖名豆制品股份有限公司	C13	农副食品加工业
11	605077	华康股份	浙江华康药业股份有限公司	C14	食品制造业
12	605567	春雪食品	春雪食品集团股份有限公司	C13	农副食品加工业
13	001215	千味央厨	郑州千味央厨食品股份有限公司	C14	食品制造业
14	001219	青岛食品	青岛食品股份有限公司	C14	食品制造业
15	002216	三全食品	三全食品股份有限公司	C14	食品制造业
16	300791	仙乐健康	仙乐健康科技股份有限公司	C14	食品制造业
17	300973	立高食品	立高食品股份有限公司	C14	食品制造业
18	605016	百龙创园	山东百龙创园生物科技股份有限公司	C14	食品制造业
19	605300	佳禾食品	佳禾食品工业股份有限公司	C14	食品制造业

续表

序号	证券代码	证券简称	公司全称	行业代码	行业名称
20	605339	南侨食品	南侨食品集团（上海）股份有限公司	C14	食品制造业
21	300997	欢乐家	欢乐家食品集团股份有限公司	C15	酒、饮料和精制茶制造业
22	600779	水井坊	四川水井坊股份有限公司	C15	酒、饮料和精制茶制造业
23	605337	李子园	浙江李子园食品股份有限公司	C15	酒、饮料和精制茶制造业
24	605499	东鹏饮料	东鹏饮料（集团）股份有限公司	C15	酒、饮料和精制茶制造业
25	003041	真爱美家	浙江真爱美家股份有限公司	C17	纺织业
26	300952	恒辉安防	江苏恒辉安防股份有限公司	C17	纺织业
27	300993	玉马遮阳	山东玉马遮阳科技股份有限公司	C17	纺织业
28	605080	浙江自然	浙江大自然户外用品股份有限公司	C17	纺织业
29	605180	华生科技	浙江华生科技股份有限公司	C17	纺织业
30	605189	富春染织	芜湖富春染织股份有限公司	C17	纺织业
31	001209	洪兴股份	广东洪兴实业股份有限公司	C18	纺织服装、服饰业
32	002687	乔治白	浙江乔治白服饰股份有限公司	C18	纺织服装、服饰业
33	301066	万事利	杭州万事利丝绸文化股份有限公司	C18	纺织服装、服饰业
34	603511	爱慕股份	爱慕股份有限公司	C18	纺织服装、服饰业
35	605138	盛泰集团	盛泰智造集团股份有限公司	C18	纺织服装、服饰业
36	001211	双枪科技	双枪科技股份有限公司	C20	木材加工和木、竹、藤、棕、草制品业
37	601996	丰林集团	广西丰林木业集团股份有限公司	C20	木材加工和木、竹、藤、棕、草制品业
38	301113	雅艺科技	浙江雅艺金属科技股份有限公司	C21	家具制造业
39	603216	梦天家居	梦天家居集团股份有限公司	C20	木材加工和木、竹、藤、棕、草制品业
40	001206	依依股份	天津市依依卫生用品股份有限公司	C22	造纸和纸制品业
41	002078	太阳纸业	山东太阳纸业股份有限公司	C22	造纸和纸制品业

续表

序号	证券代码	证券简称	公司全称	行业代码	行业名称
42	301009	可靠股份	杭州可靠护理用品股份有限公司	C22	造纸和纸制品业
43	301062	上海艾录	上海艾录包装股份有限公司	C22	造纸和纸制品业
44	300329	海伦钢琴	海伦钢琴股份有限公司	C24	文教、工美、体育和娱乐用品制造业
45	001207	联科科技	山东联科科技股份有限公司	C26	化学原料和化学制品制造业
46	001217	华尔泰	安徽华尔泰化工股份有限公司	C26	化学原料和化学制品制造业
47	001218	丽臣实业	湖南丽臣实业股份有限公司	C26	化学原料和化学制品制造业
48	003042	中农联合	山东中农联合生物科技股份有限公司	C26	化学原料和化学制品制造业
49	300285	国瓷材料	山东国瓷功能材料股份有限公司	C26	化学原料和化学制品制造业
50	300927	江天化学	南通江天化学股份有限公司	C26	化学原料和化学制品制造业
51	301035	润丰股份	山东潍坊润丰化工股份有限公司	C26	化学原料和化学制品制造业
52	301036	双乐股份	双乐颜料股份有限公司	C26	化学原料和化学制品制造业
53	301037	保立佳	上海保立佳化工股份有限公司	C26	化学原料和化学制品制造业
54	301059	金三江	金三江（肇庆）硅材料股份有限公司	C26	化学原料和化学制品制造业
55	301065	本立科技	浙江本立科技股份有限公司	C26	化学原料和化学制品制造业
56	301069	凯盛新材	山东凯盛新材料股份有限公司	C26	化学原料和化学制品制造业
57	301077	星华新材	浙江星华新材料集团股份有限公司	C26	化学原料和化学制品制造业
58	301100	风光股份	营口风光新材料股份有限公司	C26	化学原料和化学制品制造业
59	301108	洁雅股份	铜陵洁雅生物科技股份有限公司	C26	化学原料和化学制品制造业
60	600426	华鲁恒升	山东华鲁恒升化工股份有限公司	C26	化学原料和化学制品制造业

续表

序号	证券代码	证券简称	公司全称	行业代码	行业名称
61	600935	华塑股份	安徽华塑股份有限公司	C26	化学原料和化学制品制造业
62	603110	东方材料	新东方新材料股份有限公司	C26	化学原料和化学制品制造业
63	603213	镇洋发展	浙江镇洋发展股份有限公司	C26	化学原料和化学制品制造业
64	605033	美邦股份	陕西美邦药业集团股份有限公司	C26	化学原料和化学制品制造业
65	605589	圣泉集团	济南圣泉集团股份有限公司	C26	化学原料和化学制品制造业
66	300942	易瑞生物	深圳市易瑞生物技术股份有限公司	C27	医药制造业
67	301075	多瑞医药	西藏多瑞医药股份有限公司	C27	医药制造业
68	301089	拓新药业	拓新药业集团股份有限公司	C27	医药制造业
69	301093	华兰股份	江苏华兰药用新材料股份有限公司	C27	医药制造业
70	301111	粤万年青	广东万年青制药股份有限公司	C27	医药制造业
71	600195	中牧股份	中牧实业股份有限公司	C27	医药制造业
72	605507	国邦医药	国邦医药集团股份有限公司	C27	医药制造业
73	000301	东方盛虹	江苏东方盛虹股份有限公司	C26	化学原料和化学制品制造业
74	002206	海利得	浙江海利得新材料股份有限公司	C28	化学纤维制造业
75	301057	汇隆新材	浙江汇隆新材料股份有限公司	C28	化学纤维制造业
76	300955	嘉亨家化	嘉亨家化股份有限公司	C26	化学原料和化学制品制造业
77	300980	祥源新材	湖北祥源新材科技股份有限公司	C29	橡胶和塑料制品业
78	300995	奇德新材	广东奇德新材料股份有限公司	C29	橡胶和塑料制品业
79	301019	宁波色母	宁波色母粒股份有限公司	C29	橡胶和塑料制品业
80	301193	家联科技	宁波家联科技股份有限公司	C29	橡胶和塑料制品业
81	301198	喜悦智行	宁波喜悦智行科技股份有限公司	C29	橡胶和塑料制品业
82	600210	紫江企业	上海紫江企业集团股份有限公司	C29	橡胶和塑料制品业
83	605488	福莱新材	浙江福莱新材料股份有限公司	C29	橡胶和塑料制品业

续表

序号	证券代码	证券简称	公司全称	行业代码	行业名称
84	000012	南玻A	中国南玻集团股份有限公司	C30	非金属矿物制品业
85	001212	中旗新材	广东中旗新材料股份有限公司	C30	非金属矿物制品业
86	001216	华瓷股份	湖南华联瓷业股份有限公司	C30	非金属矿物制品业
87	001296	长江材料	重庆长江造型材料（集团）股份有限公司	C30	非金属矿物制品业
88	301010	晶雪节能	江苏晶雪节能科技股份有限公司	C30	非金属矿物制品业
89	301071	力量钻石	河南省力量钻石股份有限公司	C30	非金属矿物制品业
90	301188	力诺特玻	山东力诺特种玻璃股份有限公司	C30	非金属矿物制品业
91	600176	中国巨石	中国巨石股份有限公司	C30	非金属矿物制品业
92	605122	四方新材	重庆四方新材股份有限公司	C30	非金属矿物制品业
93	003038	鑫铂股份	安徽鑫铂铝业股份有限公司	C32	有色金属冶炼和压延加工业
94	300034	钢研高纳	北京钢研高纳科技股份有限公司	C32	有色金属冶炼和压延加工业
95	300963	中洲特材	上海中洲特种合金材料股份有限公司	C32	有色金属冶炼和压延加工业
96	605208	永茂泰	上海永茂泰汽车科技股份有限公司	C32	有色金属冶炼和压延加工业
97	003043	华亚智能	苏州华亚智能科技股份有限公司	C33	金属制品业
98	300985	致远新能	长春致远新能源装备股份有限公司	C33	金属制品业
99	300986	志特新材	江西志特新材料股份有限公司	C33	金属制品业
100	300988	津荣天宇	天津津荣天宇精密机械股份有限公司	C33	金属制品业
101	301004	嘉益股份	浙江嘉益保温科技股份有限公司	C33	金属制品业
102	301040	中环海陆	张家港中环海陆高端装备股份有限公司	C33	金属制品业
103	301055	张小泉	张小泉股份有限公司	C33	金属制品业
104	301063	海锅股份	张家港海锅新能源装备股份有限公司	C33	金属制品业
105	603112	华翔股份	山西华翔集团股份有限公司	C33	金属制品业
106	605268	王力安防	王力安防科技股份有限公司	C33	金属制品业
107	001288	运机集团	四川省自贡运输机械集团股份有限公司	C34	通用设备制造业

续表

序号	证券代码	证券简称	公司全称	行业代码	行业名称
108	002152	广电运通	广电运通集团股份有限公司	C39	计算机、通信和其他电子设备制造业
109	003033	征和工业	青岛征和工业股份有限公司	C37	铁路、船舶、航空航天和其他运输设备制造业
110	300931	通用电梯	通用电梯股份有限公司	C34	通用设备制造业
111	300943	春晖智控	浙江春晖智能控制股份有限公司	C34	通用设备制造业
112	300971	博亚精工	襄阳博亚精工装备股份有限公司	C34	通用设备制造业
113	300984	金沃股份	浙江金沃精工股份有限公司	C34	通用设备制造业
114	300992	泰福泵业	浙江泰福泵业股份有限公司	C34	通用设备制造业
115	301020	密封科技	烟台石川密封科技股份有限公司	C34	通用设备制造业
116	301028	东亚机械	厦门东亚机械工业股份有限公司	C34	通用设备制造业
117	301029	怡合达	东莞怡合达自动化股份有限公司	C34	通用设备制造业
118	301032	新柴股份	浙江新柴股份有限公司	C34	通用设备制造业
119	301043	绿岛风	广东绿岛风空气系统股份有限公司	C34	通用设备制造业
120	301056	森赫股份	森赫电梯股份有限公司	C34	通用设备制造业
121	301079	邵阳液压	邵阳维克液压股份有限公司	C34	通用设备制造业
122	605060	联德股份	杭州联德精密机械股份有限公司	C34	通用设备制造业
123	605259	绿田机械	绿田机械股份有限公司	C34	通用设备制造业
124	605389	长龄液压	江苏长龄液压股份有限公司	C34	通用设备制造业
125	003036	泰坦股份	浙江泰坦股份有限公司	C35	专用设备制造业
126	300950	德固特	青岛德固特节能装备股份有限公司	C35	专用设备制造业

续表

序号	证券代码	证券简称	公司全称	行业代码	行业名称
127	300953	震裕科技	宁波震裕科技股份有限公司	C33	金属制品业
128	301018	申菱环境	广东申菱环境系统股份有限公司	C35	专用设备制造业
129	301021	英诺激光	英诺激光科技股份有限公司	C39	计算机、通信和其他电子设备制造业
130	301022	海泰科	青岛海泰科模塑科技股份有限公司	C35	专用设备制造业
131	301053	远信工业	远信工业股份有限公司	C35	专用设备制造业
132	301081	严牌股份	浙江严牌过滤技术股份有限公司	C35	专用设备制造业
133	301083	百胜智能	江西百胜智能科技股份有限公司	C35	专用设备制造业
134	301101	明月镜片	明月镜片股份有限公司	C35	专用设备制造业
135	301128	强瑞技术	深圳市强瑞精密技术股份有限公司	C35	专用设备制造业
136	301138	华研精机	广州华研精密机械股份有限公司	C35	专用设备制造业
137	301186	超达装备	南通超达装备股份有限公司	C35	专用设备制造业
138	301199	迈赫股份	迈赫机器人自动化股份有限公司	C35	专用设备制造业
139	603324	盛剑环境	上海盛剑环境系统科技股份有限公司	C35	专用设备制造业
140	605305	中际联合	中际联合(北京)科技股份有限公司	C35	专用设备制造业
141	300926	博俊科技	江苏博俊工业科技股份有限公司	C36	汽车制造业
142	300978	东箭科技	广东东箭汽车科技股份有限公司	C36	汽车制造业
143	301007	德迈仕	大连德迈仕精密科技股份有限公司	C36	汽车制造业
144	301039	中集车辆	中集车辆(集团)股份有限公司	C36	汽车制造业
145	301072	中捷精工	江苏中捷精工科技股份有限公司	C36	汽车制造业
146	301119	正强股份	杭州正强传动股份有限公司	C36	汽车制造业
147	301133	金钟股份	广州市金钟汽车零件股份有限公司	C36	汽车制造业
148	601279	英利汽车	长春英利汽车工业股份有限公司	C36	汽车制造业
149	603048	浙江黎明	浙江黎明智造股份有限公司	C36	汽车制造业
150	605005	合兴股份	合兴汽车电子股份有限公司	C36	汽车制造业
151	605133	嵘泰股份	江苏嵘泰工业股份有限公司	C36	汽车制造业

续表

序号	证券代码	证券简称	公司全称	行业代码	行业名称
152	605228	神通科技	神通科技集团股份有限公司	C36	汽车制造业
153	605319	无锡振华	无锡市振华汽车部件股份有限公司	C36	汽车制造业
154	300960	通业科技	深圳通业科技股份有限公司	C37	铁路、船舶、航空航天和其他运输设备制造业
155	301016	雷尔伟	南京雷尔伟新技术股份有限公司	C37	铁路、船舶、航空航天和其他运输设备制造业
156	301048	金鹰重工	金鹰重型工程机械股份有限公司	C37	铁路、船舶、航空航天和其他运输设备制造业
157	603529	爱玛科技	爱玛科技集团股份有限公司	C37	铁路、船舶、航空航天和其他运输设备制造业
158	605298	必得科技	江苏必得科技股份有限公司	C37	铁路、船舶、航空航天和其他运输设备制造业
159	001208	华菱线缆	湖南华菱线缆股份有限公司	C38	电气机械和器材制造业
160	300932	三友联众	三友联众集团股份有限公司	C38	电气机械和器材制造业
161	301008	宏昌科技	浙江宏昌电器科技股份有限公司	C38	电气机械和器材制造业
162	301012	扬电科技	江苏扬电科技股份有限公司	C38	电气机械和器材制造业
163	301082	久盛电气	久盛电气股份有限公司	C38	电气机械和器材制造业
164	301155	海力风电	江苏海力风电设备科技股份有限公司	C38	电气机械和器材制造业
165	301168	通灵股份	江苏通灵电器股份有限公司	C38	电气机械和器材制造业
166	603219	富佳股份	宁波富佳实业股份有限公司	C38	电气机械和器材制造业
167	605117	德业股份	宁波德业科技股份有限公司	C38	电气机械和器材制造业
168	605277	新亚电子	新亚电子股份有限公司	C38	电气机械和器材制造业

续表

序号	证券代码	证券简称	公司全称	行业代码	行业名称
169	605365	立达信	立达信物联科技股份有限公司	C38	电气机械和器材制造业
170	605555	德昌股份	宁波德昌电机股份有限公司	C38	电气机械和器材制造业
171	000988	华工科技	华工科技产业股份有限公司	C39	计算机、通信和其他电子设备制造业
172	003031	中瓷电子	河北中瓷电子科技股份有限公司	C39	计算机、通信和其他电子设备制造业
173	003040	楚天龙	楚天龙股份有限公司	C39	计算机、通信和其他电子设备制造业
174	300814	中富电路	深圳中富电路股份有限公司	C39	计算机、通信和其他电子设备制造业
175	300903	科翔股份	广东科翔电子科技股份有限公司	C39	计算机、通信和其他电子设备制造业
176	300936	中英科技	常州中英科技股份有限公司	C39	计算机、通信和其他电子设备制造业
177	300939	秋田微	深圳秋田微电子股份有限公司	C39	计算机、通信和其他电子设备制造业
178	300940	南极光	深圳市南极光电子科技股份有限公司	C39	计算机、通信和其他电子设备制造业
179	300956	英力股份	安徽英力电子科技股份有限公司	C39	计算机、通信和其他电子设备制造业
180	300968	格林精密	广东格林精密部件股份有限公司	C39	计算机、通信和其他电子设备制造业
181	300991	创益通	深圳市创益通技术股份有限公司	C39	计算机、通信和其他电子设备制造业
182	301002	崧盛股份	深圳市崧盛电子股份有限公司	C39	计算机、通信和其他电子设备制造业
183	301041	金百泽	深圳市金百泽电子科技股份有限公司	C39	计算机、通信和其他电子设备制造业

续表

序号	证券代码	证券简称	公司全称	行业代码	行业名称
184	301042	安联锐视	珠海安联锐视科技股份有限公司	C39	计算机、通信和其他电子设备制造业
185	301045	天禄科技	苏州天禄光科技股份有限公司	C39	计算机、通信和其他电子设备制造业
186	301051	信濠光电	深圳市信濠光电科技股份有限公司	C39	计算机、通信和其他电子设备制造业
187	301067	显盈科技	深圳市显盈科技股份有限公司	C39	计算机、通信和其他电子设备制造业
188	301180	万祥科技	苏州万祥科技股份有限公司	C39	计算机、通信和其他电子设备制造业
189	301182	凯旺科技	河南凯旺电子科技股份有限公司	C39	计算机、通信和其他电子设备制造业
190	301189	奥尼电子	深圳奥尼电子股份有限公司	C39	计算机、通信和其他电子设备制造业
191	603068	博通集成	博通集成电路（上海）股份有限公司	C39	计算机、通信和其他电子设备制造业
192	301006	迈拓股份	迈拓仪表股份有限公司	C40	仪器仪表制造业
193	300962	中金辐照	中金辐照股份有限公司	C41	其他制造业
194	301068	大地海洋	杭州大地海洋环保股份有限公司	C42	废弃资源综合利用业
195	001210	金房能源	金房能源集团股份有限公司	D44	电力、热力生产和供应业
196	600023	浙能电力	浙江浙能电力股份有限公司	D44	电力、热力生产和供应业
197	600032	浙江新能	浙江省新能源投资集团股份有限公司	D44	电力、热力生产和供应业
198	603693	江苏新能	江苏省新能源开发股份有限公司	D44	电力、热力生产和供应业
199	605011	杭州热电	杭州热电集团股份有限公司	D44	电力、热力生产和供应业
200	605028	世茂能源	宁波世茂能源股份有限公司	D44	电力、热力生产和供应业

续表

序号	证券代码	证券简称	公司全称	行业代码	行业名称
201	605162	新中港	浙江新中港热电股份有限公司	D44	电力、热力生产和供应业
202	605580	恒盛能源	恒盛能源股份有限公司	D44	电力、热力生产和供应业
203	605368	蓝天燃气	河南蓝天燃气股份有限公司	D45	燃气生产和供应业
204	003039	顺控发展	广东顺控发展股份有限公司	D46	水的生产和供应业
205	603759	海天股份	海天水务集团股份公司	D46	水的生产和供应业
206	003001	中岩大地	北京中岩大地科技股份有限公司	E48	土木工程建筑业
207	300982	苏文电能	苏文电能科技股份有限公司	E48	土木工程建筑业
208	301098	金埔园林	金埔园林股份有限公司	E48	土木工程建筑业
209	601611	中国核建	中国核工业建设股份有限公司	E48	土木工程建筑业
210	601618	中国中冶	中国冶金科工股份有限公司	E48	土木工程建筑业
211	601868	中国能建	中国能源建设股份有限公司	E48	土木工程建筑业
212	605303	园林股份	杭州市园林绿化股份有限公司	E48	土木工程建筑业
213	605287	德才股份	德才装饰股份有限公司	E50	建筑装饰和其他建筑业
214	000028	国药一致	国药集团一致药业股份有限公司	F51	批发业
215	300975	商络电子	南京商络电子股份有限公司	F51	批发业
216	301015	百洋医药	青岛百洋医药股份有限公司	F51	批发业
217	301085	亚康股份	北京亚康万玮信息技术股份有限公司	I65	软件和信息技术服务业
218	301099	雅创电子	上海雅创电子集团股份有限公司	F51	批发业
219	605056	咸亨国际	咸亨国际科技股份有限公司	F51	批发业
220	000417	合肥百货	合肥百货大楼集团股份有限公司	F52	零售业
221	300945	曼卡龙	曼卡龙珠宝股份有限公司	F52	零售业
222	301017	漱玉平民	漱玉平民大药房连锁股份有限公司	F52	零售业
223	001213	中铁特货	中铁特货物流股份有限公司	G53	铁路运输业
224	001205	盛航股份	南京盛航海运股份有限公司	G55	水上运输业
225	601872	招商轮船	招商局能源运输股份有限公司	G55	水上运输业

续表

序号	证券代码	证券简称	公司全称	行业代码	行业名称
226	600004	白云机场	广州白云国际机场股份有限公司	G56	航空运输业
227	601156	东航物流	东方航空物流股份有限公司	G56	航空运输业
228	301073	君亭酒店	君亭酒店集团股份有限公司	H61	住宿业
229	601728	中国电信	中国电信股份有限公司	I63	电信、广播电视和卫星传输服务
230	300987	川网传媒	四川新闻网传媒（集团）股份有限公司	I64	互联网和相关服务
231	300935	盈建科	北京盈建科软件股份有限公司	I65	软件和信息技术服务业
232	300996	普联软件	普联软件股份有限公司	I65	软件和信息技术服务业
233	301178	天亿马	广东天亿马信息产业股份有限公司	I65	软件和信息技术服务业
234	301185	鸥玛软件	山东山大鸥玛软件股份有限公司	I65	软件和信息技术服务业
235	301213	观想科技	四川观想科技股份有限公司	I65	软件和信息技术服务业
236	301221	光庭信息	武汉光庭信息技术股份有限公司	I65	软件和信息技术服务业
237	603171	税友股份	税友软件集团股份有限公司	I64	互联网和相关服务
238	605398	新炬网络	上海新炬网络信息技术股份有限公司	I65	软件和信息技术服务业
239	600036	招商银行	招商银行股份有限公司	J66	货币金融服务
240	601528	瑞丰银行	浙江绍兴瑞丰农村商业银行股份有限公司	J66	货币金融服务
241	601658	邮储银行	中国邮政储蓄银行股份有限公司	J66	货币金融服务
242	601665	齐鲁银行	齐鲁银行股份有限公司	J66	货币金融服务
243	601825	沪农商行	上海农村商业银行股份有限公司	J66	货币金融服务
244	601998	中信银行	中信银行股份有限公司	J66	货币金融服务
245	603323	苏农银行	江苏苏州农村商业银行股份有限公司	J66	货币金融服务
246	600906	财达证券	财达证券股份有限公司	J67	资本市场服务
247	300947	德必集团	上海德必文化创意产业发展（集团）股份有限公司	L72	商务服务业
248	301169	零点有数	北京零点有数数据科技股份有限公司	L72	商务服务业
249	301080	百普赛斯	北京百普赛斯生物科技股份有限公司	M73	研究和试验发展

续表

序号	证券代码	证券简称	公司全称	行业代码	行业名称
250	301096	百诚医药	杭州百诚医药科技股份有限公司	M73	研究和试验发展
251	300928	华安鑫创	华安鑫创控股（北京）股份有限公司	M74	专业技术服务业
252	300938	信测标准	深圳信测标准技术服务股份有限公司	M74	专业技术服务业
253	300983	尤安设计	上海尤安建筑设计股份有限公司	M74	专业技术服务业
254	301024	霍普股份	上海霍普建筑设计事务所股份有限公司	M74	专业技术服务业
255	301038	深水规院	深圳市水务规划设计院股份有限公司	M74	专业技术服务业
256	301046	能辉科技	上海能辉科技股份有限公司	E48	土木工程建筑业
257	301058	中粮科工	中粮科工股份有限公司	M74	专业技术服务业
258	301091	深城交	深圳市城市交通规划设计研究中心股份有限公司	M74	专业技术服务业
259	605167	利柏特	江苏利柏特股份有限公司	E48	土木工程建筑业
260	003035	南网能源	南方电网综合能源股份有限公司	M75	科技推广和应用服务业
261	300614	百川畅银	河南百川畅银环保能源股份有限公司	N77	生态保护和环境治理业
262	300774	倍杰特	倍杰特集团股份有限公司	N77	生态保护和环境治理业
263	300929	华骐环保	安徽华骐环保科技股份有限公司	N77	生态保护和环境治理业
264	300948	冠中生态	青岛冠中生态股份有限公司	N77	生态保护和环境治理业
265	300958	建工修复	北京建工环境修复股份有限公司	N77	生态保护和环境治理业
266	301049	超越科技	安徽超越环保科技股份有限公司	N77	生态保护和环境治理业
267	002973	侨银股份	侨银城市管理股份有限公司	N78	公共设施管理业
268	603099	长白山	长白山旅游股份有限公司	N78	公共设施管理业
269	605098	行动教育	上海行动教育科技股份有限公司	P82	教育
270	301060	兰卫医学	上海兰卫医学检验所股份有限公司	F51	批发业

续表

序号	证券代码	证券简称	公司全称	行业代码	行业名称
271	301025	读客文化	读客文化股份有限公司	R85	新闻和出版业
272	301052	果麦文化	果麦文化传媒股份有限公司	R85	新闻和出版业
273	601019	山东出版	山东出版传媒股份有限公司	R85	新闻和出版业
274	601098	中南传媒	中南出版传媒集团股份有限公司	R85	新闻和出版业
275	601811	新华文轩	新华文轩出版传媒股份有限公司	R85	新闻和出版业
276	601921	浙版传媒	浙江出版传媒股份有限公司	R85	新闻和出版业
277	601949	中国出版	中国出版传媒股份有限公司	R85	新闻和出版业
278	603230	内蒙新华	内蒙古新华发行集团股份有限公司	R85	新闻和出版业
279	605577	龙版传媒	黑龙江出版传媒股份有限公司	R85	新闻和出版业

表5.4　　　　2020年度会计信息高质量企业

序号	证券代码	证券简称	公司全称	行业代码	行业名称
1	002982	湘佳股份	湖南湘佳牧业股份有限公司	A03	畜牧业
2	600097	开创国际	上海开创国际海洋资源股份有限公司	A04	渔业
3	000937	冀中能源	冀中能源股份有限公司	B06	煤炭开采和洗选业
4	600348	华阳股份	山西华阳集团新能股份有限公司	B06	煤炭开采和洗选业
5	600395	盘江股份	贵州盘江精煤股份有限公司	B06	煤炭开采和洗选业
6	601001	晋控煤业	晋能控股山西煤业股份有限公司	B06	煤炭开采和洗选业
7	000968	蓝焰控股	山西蓝焰控股股份有限公司	B07	石油和天然气开采业
8	002978	安宁股份	四川安宁铁钛股份有限公司	B09	有色金属矿采选业
9	002100	天康生物	天康生物股份有限公司	C13	农副食品加工业
10	002991	甘源食品	甘源食品股份有限公司	C13	农副食品加工业
11	003000	劲仔食品	劲仔食品集团股份有限公司	C13	农副食品加工业
12	300999	金龙鱼	益海嘉里金龙鱼食品集团股份有限公司	C13	农副食品加工业
13	002847	盐津铺子	盐津铺子食品股份有限公司	C14	食品制造业
14	300791	仙乐健康	仙乐健康科技股份有限公司	C14	食品制造业
15	300829	金丹科技	河南金丹乳酸科技股份有限公司	C14	食品制造业

续表

序号	证券代码	证券简称	公司全称	行业代码	行业名称
16	300908	仲景食品	仲景食品股份有限公司	C14	食品制造业
17	300915	海融科技	上海海融食品科技股份有限公司	C14	食品制造业
18	605179	一鸣食品	浙江一鸣食品股份有限公司	C14	食品制造业
19	605338	巴比食品	中饮巴比食品股份有限公司	C14	食品制造业
20	605388	均瑶健康	湖北均瑶大健康饮品股份有限公司	C15	酒、饮料和精制茶制造业
21	000726	鲁泰A	鲁泰纺织股份有限公司	C17	纺织业
22	000850	华茂股份	安徽华茂纺织股份有限公司	C17	纺织业
23	300819	聚杰微纤	江苏聚杰微纤科技集团股份有限公司	C17	纺织业
24	300877	金春股份	安徽金春无纺布股份有限公司	C17	纺织业
25	300888	稳健医疗	稳健医疗用品股份有限公司	C17	纺织业
26	300918	南山智尚	山东南山智尚科技股份有限公司	C17	纺织业
27	600630	龙头股份	上海龙头（集团）股份有限公司	C18	纺织服装、服饰业
28	600987	航民股份	浙江航民股份有限公司	C17	纺织业
29	603238	诺邦股份	杭州诺邦无纺股份有限公司	C17	纺织业
30	603365	水星家纺	上海水星家用纺织品股份有限公司	C17	纺织业
31	603889	新澳股份	浙江新澳纺织股份有限公司	C17	纺织业
32	605003	众望布艺	众望布艺股份有限公司	C17	纺织业
33	605155	西大门	浙江西大门新材料股份有限公司	C17	纺织业
34	003016	欣贺股份	欣贺股份有限公司	C18	纺织服装、服饰业
35	300840	酷特智能	青岛酷特智能股份有限公司	C18	纺织服装、服饰业
36	600398	海澜之家	海澜之家集团股份有限公司	C18	纺织服装、服饰业
37	601718	际华集团	际华集团股份有限公司	C18	纺织服装、服饰业
38	605068	明新旭腾	明新旭腾新材料股份有限公司	C19	皮革、毛皮、羽毛及其制品和制鞋业
39	601996	丰林集团	广西丰林木业集团股份有限公司	C20	木材加工和木、竹、藤、棕、草制品业
40	603226	菲林格尔	菲林格尔家居科技股份有限公司	C20	木材加工和木、竹、藤、棕、草制品业

续表

序号	证券代码	证券简称	公司全称	行业代码	行业名称
41	003006	百亚股份	重庆百亚卫生用品股份有限公司	C22	造纸和纸制品业
42	600433	冠豪高新	广东冠豪高新技术股份有限公司	C22	造纸和纸制品业
43	605007	五洲特纸	五洲特种纸业集团股份有限公司	C22	造纸和纸制品业
44	605009	豪悦护理	杭州豪悦护理用品股份有限公司	C22	造纸和纸制品业
45	605377	华旺科技	杭州华旺新材料科技股份有限公司	C22	造纸和纸制品业
46	605500	森林包装	森林包装集团股份有限公司	C22	造纸和纸制品业
47	003003	天元股份	广东天元实业集团股份有限公司	C23	印刷和记录媒介复制业
48	605099	共创草坪	江苏共创人造草坪股份有限公司	C24	文教、工美、体育和娱乐用品制造业
49	605299	舒华体育	舒华体育股份有限公司	C24	文教、工美、体育和娱乐用品制造业
50	000819	岳阳兴长	岳阳兴长石化股份有限公司	C25	石油加工、炼焦和核燃料加工业
51	002246	北化股份	北方化学工业股份有限公司	C26	化学原料和化学制品制造业
52	002986	宇新股份	广东宇新能源科技股份有限公司	C26	化学原料和化学制品制造业
53	003002	壶化股份	山西壶化集团股份有限公司	C26	化学原料和化学制品制造业
54	003017	大洋生物	浙江大洋生物科技集团股份有限公司	C26	化学原料和化学制品制造业
55	003022	联泓新科	联泓新材料科技股份有限公司	C26	化学原料和化学制品制造业
56	300522	世名科技	苏州世名科技股份有限公司	C26	化学原料和化学制品制造业
57	300821	东岳硅材	山东东岳有机硅材料股份有限公司	C26	化学原料和化学制品制造业
58	300848	美瑞新材	美瑞新材料股份有限公司	C26	化学原料和化学制品制造业
59	300856	科思股份	南京科思化学股份有限公司	C26	化学原料和化学制品制造业

续表

序号	证券代码	证券简称	公司全称	行业代码	行业名称
60	300886	华业香料	安徽华业香料股份有限公司	C26	化学原料和化学制品制造业
61	300891	惠云钛业	广东惠云钛业股份有限公司	C26	化学原料和化学制品制造业
62	300910	瑞丰新材	新乡市瑞丰新材料股份有限公司	C26	化学原料和化学制品制造业
63	600409	三友化工	唐山三友化工股份有限公司	C26	化学原料和化学制品制造业
64	600426	华鲁恒升	山东华鲁恒升化工股份有限公司	C26	化学原料和化学制品制造业
65	601568	北元集团	陕西北元化工集团股份有限公司	C26	化学原料和化学制品制造业
66	603722	阿科力	无锡阿科力科技股份有限公司	C26	化学原料和化学制品制造业
67	603931	格林达	杭州格林达电子材料股份有限公司	C26	化学原料和化学制品制造业
68	603948	建业股份	浙江建业化工股份有限公司	C26	化学原料和化学制品制造业
69	605008	长鸿高科	宁波长鸿高分子科技股份有限公司	C26	化学原料和化学制品制造业
70	605166	聚合顺	杭州聚合顺新材料股份有限公司	C26	化学原料和化学制品制造业
71	605183	确成股份	确成硅化学股份有限公司	C26	化学原料和化学制品制造业
72	605366	宏柏新材	江西宏柏新材料股份有限公司	C26	化学原料和化学制品制造业
73	605399	晨光新材	江西晨光新材料股份有限公司	C26	化学原料和化学制品制造业
74	002287	奇正藏药	西藏奇正藏药股份有限公司	C27	医药制造业
75	002932	明德生物	武汉明德生物科技股份有限公司	C27	医药制造业
76	300723	一品红	一品红药业股份有限公司	C27	医药制造业
77	300841	康华生物	成都康华生物制品股份有限公司	C27	医药制造业
78	300871	回盛生物	武汉回盛生物科技股份有限公司	C27	医药制造业
79	600513	联环药业	江苏联环药业股份有限公司	C27	医药制造业
80	603087	甘李药业	甘李药业股份有限公司	C27	医药制造业
81	603392	万泰生物	北京万泰生物药业股份有限公司	C27	医药制造业
82	605116	奥锐特	奥锐特药业股份有限公司	C27	医药制造业
83	605177	东亚药业	浙江东亚药业股份有限公司	C27	医药制造业
84	605199	葫芦娃	海南葫芦娃药业集团股份有限公司	C27	医药制造业

续表

序号	证券代码	证券简称	公司全称	行业代码	行业名称
85	000949	新乡化纤	新乡化纤股份有限公司	C28	化学纤维制造业
86	002998	优彩资源	优彩环保资源科技股份有限公司	C28	化学纤维制造业
87	300876	蒙泰高新	广东蒙泰高新纤维股份有限公司	C28	化学纤维制造业
88	002243	力合科创	深圳市力合科创股份有限公司	C29	橡胶和塑料制品业
89	002984	森麒麟	青岛森麒麟轮胎股份有限公司	C29	橡胶和塑料制品业
90	003011	海象新材	浙江海象新材料股份有限公司	C29	橡胶和塑料制品业
91	003018	金富科技	金富科技股份有限公司	C29	橡胶和塑料制品业
92	300849	锦盛新材	浙江锦盛新材料股份有限公司	C29	橡胶和塑料制品业
93	300905	宝丽迪	苏州宝丽迪材料科技股份有限公司	C29	橡胶和塑料制品业
94	300920	润阳科技	浙江润阳新材料科技股份有限公司	C29	橡胶和塑料制品业
95	600210	紫江企业	上海紫江企业集团股份有限公司	C29	橡胶和塑料制品业
96	603212	赛伍技术	苏州赛伍应用技术股份有限公司	C29	橡胶和塑料制品业
97	603221	爱丽家居	爱丽家居科技股份有限公司	C29	橡胶和塑料制品业
98	603408	建霖家居	厦门建霖健康家居股份有限公司	C29	橡胶和塑料制品业
99	605255	天普股份	宁波市天普橡胶科技股份有限公司	C29	橡胶和塑料制品业
100	003012	东鹏控股	广东东鹏控股股份有限公司	C30	非金属矿物制品业
101	300861	美畅股份	杨凌美畅新材料股份有限公司	C30	非金属矿物制品业
102	605006	山东玻纤	山东玻纤集团股份有限公司	C30	非金属矿物制品业
103	000709	河钢股份	河钢股份有限公司	C31	黑色金属冶炼和压延加工业
104	600307	酒钢宏兴	甘肃酒钢集团宏兴钢铁股份有限公司	C31	黑色金属冶炼和压延加工业

续表

序号	证券代码	证券简称	公司全称	行业代码	行业名称
105	000630	铜陵有色	铜陵有色金属集团股份有限公司	C32	有色金属冶炼和压延加工业
106	002988	豪美新材	广东豪美新材股份有限公司	C32	有色金属冶炼和压延加工业
107	300034	钢研高纳	北京钢研高纳科技股份有限公司	C32	有色金属冶炼和压延加工业
108	601702	华峰铝业	上海华峰铝业股份有限公司	C32	有色金属冶炼和压延加工业
109	002976	瑞玛精密	苏州瑞玛精密工业股份有限公司	C33	金属制品业
110	300828	锐新科技	天津锐新昌科技股份有限公司	C39	计算机、通信和其他电子设备制造业
111	300881	盛德鑫泰	盛德鑫泰新材料股份有限公司	C33	金属制品业
112	300885	海昌新材	扬州海昌新材股份有限公司	C33	金属制品业
113	603112	华翔股份	山西华翔集团股份有限公司	C33	金属制品业
114	605123	派克新材	无锡派克新材料科技股份有限公司	C33	金属制品业
115	605158	华达新材	浙江华达新型材料股份有限公司	C33	金属制品业
116	605376	博迁新材	江苏博迁新材料股份有限公司	C39	计算机、通信和其他电子设备制造业
117	002438	江苏神通	江苏神通阀门股份有限公司	C34	通用设备制造业
118	002472	双环传动	浙江双环传动机械股份有限公司	C36	汽车制造业
119	002884	凌霄泵业	广东凌霄泵业股份有限公司	C34	通用设备制造业
120	003025	思进智能	思进智能成形装备股份有限公司	C34	通用设备制造业
121	300817	双飞集团	双飞无油轴承集团股份有限公司	C34	通用设备制造业
122	300850	新强联	洛阳新强联回转支承股份有限公司	C34	通用设备制造业
123	300853	申昊科技	杭州申昊科技股份有限公司	C34	通用设备制造业
124	300907	康平科技	康平科技（苏州）股份有限公司	C38	电气机械和器材制造业
125	601956	东贝集团	湖北东贝机电集团股份有限公司	C34	通用设备制造业
126	603279	景津装备	景津装备股份有限公司	C34	通用设备制造业

续表

序号	证券代码	证券简称	公司全称	行业代码	行业名称
127	603617	君禾股份	君禾泵业股份有限公司	C34	通用设备制造业
128	605100	华丰股份	华丰动力股份有限公司	C34	通用设备制造业
129	002111	威海广泰	威海广泰空港设备股份有限公司	C35	专用设备制造业
130	002526	山东矿机	山东矿机集团股份有限公司	C35	专用设备制造业
131	002975	博杰股份	珠海博杰电子股份有限公司	C35	专用设备制造业
132	002997	瑞鹄模具	瑞鹄汽车模具股份有限公司	C35	专用设备制造业
133	300812	易天股份	深圳市易天自动化设备股份有限公司	C35	专用设备制造业
134	300813	泰林生物	浙江泰林生物技术股份有限公司	C35	专用设备制造业
135	300818	耐普矿机	江西耐普矿机股份有限公司	C35	专用设备制造业
136	300823	建科机械	建科机械（天津）股份有限公司	C35	专用设备制造业
137	300836	佰奥智能	昆山佰奥智能装备股份有限公司	C35	专用设备制造业
138	300837	浙矿股份	浙矿重工股份有限公司	C35	专用设备制造业
139	300865	大宏立	成都大宏立机器股份有限公司	C35	专用设备制造业
140	300869	康泰医学	康泰医学系统（秦皇岛）股份有限公司	C35	专用设备制造业
141	300879	大叶股份	宁波大叶园林设备股份有限公司	C35	专用设备制造业
142	600879	航天电子	航天时代电子技术股份有限公司	C37	铁路、船舶、航空航天和其他运输设备制造业
143	603960	克来机电	上海克来机电自动化工程股份有限公司	C35	专用设备制造业
144	605186	健麾信息	上海健麾信息技术股份有限公司	C35	专用设备制造业
145	605369	拱东医疗	浙江拱东医疗器械股份有限公司	C35	专用设备制造业

续表

序号	证券代码	证券简称	公司全称	行业代码	行业名称
146	002283	天润工业	天润工业技术股份有限公司	C36	汽车制造业
147	002328	新朋股份	上海新朋实业股份有限公司	C36	汽车制造业
148	300863	卡倍亿	宁波卡倍亿电气技术股份有限公司	C36	汽车制造业
149	300893	松原股份	浙江松原汽车安全系统股份有限公司	C36	汽车制造业
150	600933	爱柯迪	爱柯迪股份有限公司	C36	汽车制造业
151	603586	金麒麟	山东金麒麟股份有限公司	C36	汽车制造业
152	603949	雪龙集团	雪龙集团股份有限公司	C36	汽车制造业
153	603950	长源东谷	襄阳长源东谷实业股份有限公司	C36	汽车制造业
154	605018	长华集团	长华控股集团股份有限公司	C36	汽车制造业
155	605088	冠盛股份	温州市冠盛汽车零部件集团股份有限公司	C36	汽车制造业
156	605128	上海沿浦	上海沿浦金属制品股份有限公司	C36	汽车制造业
157	605151	西上海	西上海汽车服务股份有限公司	C36	汽车制造业
158	605333	沪光股份	昆山沪光汽车电器股份有限公司	C36	汽车制造业
159	000768	中航西飞	中航西安飞机工业集团股份有限公司	C37	铁路、船舶、航空航天和其他运输设备制造业
160	002985	北摩高科	北京北摩高科摩擦材料股份有限公司	C37	铁路、船舶、航空航天和其他运输设备制造业
161	003009	中天火箭	陕西中天火箭技术股份有限公司	C37	铁路、船舶、航空航天和其他运输设备制造业
162	300719	安达维尔	北京安达维尔科技股份有限公司	C37	铁路、船舶、航空航天和其他运输设备制造业
163	300906	日月明	江西日月明测控科技股份有限公司	C37	铁路、船舶、航空航天和其他运输设备制造业
164	300923	研奥股份	研奥电气股份有限公司	C37	铁路、船舶、航空航天和其他运输设备制造业

续表

序号	证券代码	证券简称	公司全称	行业代码	行业名称
165	600372	中航机载	中航机载系统股份有限公司	C37	铁路、船舶、航空航天和其他运输设备制造业
166	003021	兆威机电	深圳市兆威机电股份有限公司	C38	电气机械和器材制造业
167	003023	彩虹集团	成都彩虹电器（集团）股份有限公司	C38	电气机械和器材制造业
168	300499	高澜股份	广州高澜节能技术股份有限公司	C38	电气机械和器材制造业
169	300660	江苏雷利	江苏雷利电机股份有限公司	C38	电气机械和器材制造业
170	300693	盛弘股份	深圳市盛弘电气股份有限公司	C38	电气机械和器材制造业
171	300724	捷佳伟创	深圳市捷佳伟创新能源装备股份有限公司	C35	专用设备制造业
172	300824	北鼎股份	深圳市北鼎晶辉科技股份有限公司	C38	电气机械和器材制造业
173	300827	上能电气	上能电气股份有限公司	C38	电气机械和器材制造业
174	300833	浩洋股份	广州市浩洋电子股份有限公司	C38	电气机械和器材制造业
175	300889	爱克股份	深圳爱克莱特科技股份有限公司	C38	电气机械和器材制造业
176	300894	火星人	火星人厨具股份有限公司	C38	电气机械和器材制造业
177	300911	亿田智能	浙江亿田智能厨电股份有限公司	C38	电气机械和器材制造业
178	300913	兆龙互连	浙江兆龙互连科技股份有限公司	C38	电气机械和器材制造业
179	300919	中伟股份	中伟新材料股份有限公司	C39	计算机、通信和其他电子设备制造业
180	600202	哈空调	哈尔滨空调股份有限公司	C34	通用设备制造业
181	603530	神马电力	江苏神马电力股份有限公司	C38	电气机械和器材制造业
182	603551	奥普家居	奥普家居股份有限公司	C38	电气机械和器材制造业
183	605066	天正电气	浙江天正电气股份有限公司	C38	电气机械和器材制造业

续表

序号	证券代码	证券简称	公司全称	行业代码	行业名称
184	605222	起帆电缆	上海起帆电缆股份有限公司	C38	电气机械和器材制造业
185	605288	凯迪股份	常州市凯迪电器股份有限公司	C38	电气机械和器材制造业
186	605336	帅丰电器	浙江帅丰电器股份有限公司	C38	电气机械和器材制造业
187	002376	新北洋	山东新北洋信息技术股份有限公司	C39	计算机、通信和其他电子设备制造业
188	002977	天箭科技	成都天箭科技股份有限公司	C39	计算机、通信和其他电子设备制造业
189	002981	朝阳科技	广东朝阳电子科技股份有限公司	C39	计算机、通信和其他电子设备制造业
190	002993	奥海科技	东莞市奥海科技股份有限公司	C39	计算机、通信和其他电子设备制造业
191	003015	日久光电	江苏日久光电股份有限公司	C39	计算机、通信和其他电子设备制造业
192	003019	宸展光电	宸展光电（厦门）股份有限公司	C39	计算机、通信和其他电子设备制造业
193	003026	中晶科技	浙江中晶科技股份有限公司	C39	计算机、通信和其他电子设备制造业
194	003028	振邦智能	深圳市振邦智能科技股份有限公司	C39	计算机、通信和其他电子设备制造业
195	300114	中航电测	中航电测仪器股份有限公司	C39	计算机、通信和其他电子设备制造业
196	300127	银河磁体	成都银河磁体股份有限公司	C39	计算机、通信和其他电子设备制造业
197	300303	聚飞光电	深圳市聚飞光电股份有限公司	C39	计算机、通信和其他电子设备制造业
198	300433	蓝思科技	蓝思科技股份有限公司	C39	计算机、通信和其他电子设备制造业

续表

序号	证券代码	证券简称	公司全称	行业代码	行业名称
199	300516	久之洋	湖北久之洋红外系统股份有限公司	C39	计算机、通信和其他电子设备制造业
200	300620	光库科技	珠海光库科技股份有限公司	C39	计算机、通信和其他电子设备制造业
201	300689	澄天伟业	深圳市澄天伟业科技股份有限公司	C39	计算机、通信和其他电子设备制造业
202	300822	贝仕达克	深圳贝仕达克技术股份有限公司	C39	计算机、通信和其他电子设备制造业
203	300835	龙磁科技	安徽龙磁科技股份有限公司	C39	计算机、通信和其他电子设备制造业
204	300842	帝科股份	无锡帝科电子材料股份有限公司	C39	计算机、通信和其他电子设备制造业
205	300843	胜蓝股份	胜蓝科技股份有限公司	C39	计算机、通信和其他电子设备制造业
206	300847	中船汉光	中船汉光科技股份有限公司	C39	计算机、通信和其他电子设备制造业
207	300852	四会富仕	四会富仕电子科技股份有限公司	C39	计算机、通信和其他电子设备制造业
208	300857	协创数据	协创数据技术股份有限公司	C39	计算机、通信和其他电子设备制造业
209	300866	安克创新	安克创新科技股份有限公司	C39	计算机、通信和其他电子设备制造业
210	300870	欧陆通	深圳欧陆通电子股份有限公司	C39	计算机、通信和其他电子设备制造业
211	300884	狄耐克	厦门狄耐克智能科技股份有限公司	C39	计算机、通信和其他电子设备制造业
212	300903	科翔股份	广东科翔电子科技股份有限公司	C39	计算机、通信和其他电子设备制造业

续表

序号	证券代码	证券简称	公司全称	行业代码	行业名称
213	300909	汇创达	深圳市汇创达科技股份有限公司	C39	计算机、通信和其他电子设备制造业
214	300916	朗特智能	深圳朗特智能控制股份有限公司	C39	计算机、通信和其他电子设备制造业
215	603386	骏亚科技	广东骏亚电子科技股份有限公司	C39	计算机、通信和其他电子设备制造业
216	603890	春秋电子	苏州春秋电子科技股份有限公司	C39	计算机、通信和其他电子设备制造业
217	603893	瑞芯微	瑞芯微电子股份有限公司	C39	计算机、通信和其他电子设备制造业
218	603989	艾华集团	湖南艾华集团股份有限公司	C39	计算机、通信和其他电子设备制造业
219	605058	澳弘电子	常州澳弘电子股份有限公司	C39	计算机、通信和其他电子设备制造业
220	605111	新洁能	无锡新洁能股份有限公司	C39	计算机、通信和其他电子设备制造业
221	605118	力鼎光电	厦门力鼎光电股份有限公司	C39	计算机、通信和其他电子设备制造业
222	605218	伟时电子	伟时电子股份有限公司	C39	计算机、通信和其他电子设备制造业
223	605258	协和电子	江苏协和电子股份有限公司	C39	计算机、通信和其他电子设备制造业
224	605358	立昂微	杭州立昂微电子股份有限公司	C39	计算机、通信和其他电子设备制造业
225	002979	雷赛智能	深圳市雷赛智能控制股份有限公司	C40	仪器仪表制造业
226	002980	华盛昌	深圳市华盛昌科技实业股份有限公司	C40	仪器仪表制造业
227	300445	康斯特	北京康斯特仪表科技股份有限公司	C40	仪器仪表制造业

续表

序号	证券代码	证券简称	公司全称	行业代码	行业名称
228	300838	浙江力诺	浙江力诺流体控制科技股份有限公司	C34	通用设备制造业
229	300862	蓝盾光电	安徽蓝盾光电子股份有限公司	C40	仪器仪表制造业
230	300880	迦南智能	宁波迦南智能电气股份有限公司	C40	仪器仪表制造业
231	300882	万胜智能	浙江万胜智能科技股份有限公司	C40	仪器仪表制造业
232	300897	山科智能	杭州山科智能科技股份有限公司	C40	仪器仪表制造业
233	300922	天秦装备	秦皇岛天秦装备制造股份有限公司	C41	其他制造业
234	605318	法狮龙	法狮龙家居建材股份有限公司	C41	其他制造业
235	000601	韶能股份	广东韶能集团股份有限公司	D44	电力、热力生产和供应业
236	000791	甘肃能源	甘肃电投能源发展股份有限公司	D44	电力、热力生产和供应业
237	000862	银星能源	宁夏银星能源股份有限公司	D44	电力、热力生产和供应业
238	000993	闽东电力	福建闽东电力股份有限公司	D44	电力、热力生产和供应业
239	001896	豫能控股	河南豫能控股股份有限公司	D44	电力、热力生产和供应业
240	003816	中国广核	中国广核电力股份有限公司	D44	电力、热力生产和供应业
241	600744	华银电力	大唐华银电力股份有限公司	D44	电力、热力生产和供应业
242	600979	广安爱众	四川广安爱众股份有限公司	D44	电力、热力生产和供应业
243	601016	节能风电	中节能风力发电股份有限公司	D44	电力、热力生产和供应业
244	002911	佛燃能源	佛燃能源集团股份有限公司	D45	燃气生产和供应业
245	600956	新天绿能	新天绿色能源股份有限公司	D45	燃气生产和供应业
246	605169	洪通燃气	新疆洪通燃气股份有限公司	D45	燃气生产和供应业
247	002060	广东建工	广东省建筑工程集团股份有限公司	E48	土木工程建筑业
248	002761	浙江建投	浙江省建设投资集团股份有限公司	E48	土木工程建筑业

续表

序号	证券代码	证券简称	公司全称	行业代码	行业名称
249	003001	中岩大地	北京中岩大地科技股份有限公司	E48	土木工程建筑业
250	600284	浦东建设	上海浦东建设股份有限公司	E48	土木工程建筑业
251	600820	隧道股份	上海隧道工程股份有限公司	E48	土木工程建筑业
252	601669	中国电建	中国电力建设股份有限公司	E48	土木工程建筑业
253	603955	大千生态	大千生态环境集团股份有限公司	E48	土木工程建筑业
254	002462	嘉事堂	嘉事堂药业股份有限公司	F51	批发业
255	003020	立方制药	合肥立方制药股份有限公司	F51	批发业
256	300892	品渥食品	品渥食品股份有限公司	F52	零售业
257	603353	和顺石油	湖南和顺石油股份有限公司	F52	零售业
258	603939	益丰药房	益丰大药房连锁股份有限公司	F52	零售业
259	605136	丽人丽妆	上海丽人丽妆化妆品股份有限公司	F52	零售业
260	605188	国光连锁	江西国光商业连锁股份有限公司	F52	零售业
261	605266	健之佳	健之佳医药连锁集团股份有限公司	F52	零售业
262	600350	山东高速	山东高速股份有限公司	G54	道路运输业
263	000507	珠海港	珠海港股份有限公司	G55	水上运输业
264	601018	宁波港	宁波舟山港股份有限公司	G55	水上运输业
265	601880	辽港股份	辽宁港口股份有限公司	G55	水上运输业
266	603167	渤海轮渡	渤海轮渡集团股份有限公司	G55	水上运输业
267	300873	海晨股份	江苏海晨物流股份有限公司	G59	仓储业
268	600959	江苏有线	江苏省广电有线信息网络股份有限公司	I63	电信、广播电视和卫星传输服务
269	601929	吉视传媒	吉视传媒股份有限公司	I63	电信、广播电视和卫星传输服务
270	003010	若羽臣	广州若羽臣科技股份有限公司	I64	互联网和相关服务
271	300921	南凌科技	南凌科技股份有限公司	I64	互联网和相关服务
272	002987	京北方	京北方信息技术股份有限公司	I65	软件和信息技术服务业
273	002990	盛视科技	盛视科技股份有限公司	I65	软件和信息技术服务业

续表

序号	证券代码	证券简称	公司全称	行业代码	行业名称
274	003004	声迅股份	北京声迅电子股份有限公司	I65	软件和信息技术服务业
275	003005	竞业达	北京竞业达数码科技股份有限公司	I65	软件和信息技术服务业
276	003007	直真科技	北京直真科技股份有限公司	I65	软件和信息技术服务业
277	003029	吉大正元	长春吉大正元信息技术股份有限公司	I65	软件和信息技术服务业
278	300830	金现代	金现代信息产业股份有限公司	I65	软件和信息技术服务业
279	300845	捷安高科	郑州捷安高科股份有限公司	I65	软件和信息技术服务业
280	300851	交大思诺	北京交大思诺科技股份有限公司	I65	软件和信息技术服务业
281	300872	天阳科技	天阳宏业科技股份有限公司	I65	软件和信息技术服务业
282	300895	铜牛信息	北京铜牛信息科技股份有限公司	I65	软件和信息技术服务业
283	300925	法本信息	深圳市法本信息技术股份有限公司	I65	软件和信息技术服务业
284	601009	南京银行	南京银行股份有限公司	J66	货币金融服务
285	601187	厦门银行	厦门银行股份有限公司	J66	货币金融服务
286	000166	申万宏源	申万宏源集团股份有限公司	J67	资本市场服务
287	600155	华创云信	华创云信数字技术股份有限公司	J67	资本市场服务
288	601162	天风证券	天风证券股份有限公司	J67	资本市场服务
289	601696	中银证券	中银国际证券股份有限公司	J67	资本市场服务
290	601628	中国人寿	中国人寿保险股份有限公司	J68	保险业
291	000563	陕国投A	陕西省国际信托股份有限公司	J69	其他金融业
292	000006	深振业A	深圳市振业（集团）股份有限公司	K70	房地产业
293	600638	新黄浦	上海新黄浦实业集团股份有限公司	K70	房地产业
294	300759	康龙化成	康龙化成（北京）新药技术股份有限公司	M73	研究和试验发展
295	000779	甘咨询	甘肃工程咨询集团股份有限公司	M74	专业技术服务业
296	300826	测绘股份	南京市测绘勘察研究院股份有限公司	M74	专业技术服务业
297	300887	谱尼测试	谱尼测试集团股份有限公司	M74	专业技术服务业

续表

序号	证券代码	证券简称	公司全称	行业代码	行业名称
298	300901	中胤时尚	浙江中胤时尚股份有限公司	M74	专业技术服务业
299	003027	同兴环保	同兴环保科技股份有限公司	N77	生态保护和环境治理业
300	300816	艾可蓝	安徽艾可蓝环保股份有限公司	N77	生态保护和环境治理业
301	300899	上海凯鑫	上海凯鑫分离技术股份有限公司	N77	生态保护和环境治理业
302	300912	凯龙高科	凯龙高科技股份有限公司	N77	生态保护和环境治理业
303	601827	三峰环境	重庆三峰环境集团股份有限公司	N77	生态保护和环境治理业
304	002973	侨银股份	侨银城市管理股份有限公司	N78	公共设施管理业
305	601811	新华文轩	新华文轩出版传媒股份有限公司	R85	新闻和出版业
306	601900	南方传媒	南方出版传媒股份有限公司	R85	新闻和出版业
307	601928	凤凰传媒	江苏凤凰出版传媒股份有限公司	R85	新闻和出版业

表5.5　　　　　　　　　　2019年度会计信息高质量企业

序号	证券代码	证券简称	公司全称	行业代码	行业名称
1	600598	北大荒	黑龙江北大荒农业股份有限公司	A01	农业
2	002234	民和股份	山东民和牧业股份有限公司	A03	畜牧业
3	002299	圣农发展	福建圣农发展股份有限公司	A03	畜牧业
4	300761	立华股份	江苏立华牧业股份有限公司	A03	畜牧业
5	600975	新五丰	湖南新五丰股份有限公司	A03	畜牧业
6	000552	甘肃能化	甘肃能化股份有限公司	B06	煤炭开采和洗选业
7	000937	冀中能源	冀中能源股份有限公司	B06	煤炭开采和洗选业
8	000983	山西焦煤	山西焦煤能源集团股份有限公司	B06	煤炭开采和洗选业
9	600395	盘江股份	贵州盘江精煤股份有限公司	B06	煤炭开采和洗选业
10	600403	大有能源	河南大有能源股份有限公司	B06	煤炭开采和洗选业
11	601666	平煤股份	平顶山天安煤业股份有限公司	B06	煤炭开采和洗选业

续表

序号	证券代码	证券简称	公司全称	行业代码	行业名称
12	601699	潞安环能	山西潞安环保能源开发股份有限公司	B06	煤炭开采和洗选业
13	601857	中国石油	中国石油天然气股份有限公司	B07	石油和天然气开采业
14	601958	金钼股份	金堆城钼业股份有限公司	B09	有色金属矿采选业
15	603505	金石资源	金石资源集团股份有限公司	B10	非金属矿采选业
16	600339	中油工程	中国石油集团工程股份有限公司	E48	土木工程建筑业
17	600968	海油发展	中海油能源发展股份有限公司	B11	开采辅助活动
18	002053	云南能投	云南能源投资股份有限公司	C14	食品制造业
19	002732	燕塘乳业	广东燕塘乳业股份有限公司	C14	食品制造业
20	002946	新乳业	新希望乳业股份有限公司	C14	食品制造业
21	002956	西麦食品	桂林西麦食品股份有限公司	C14	食品制造业
22	300765	新诺威	石药创新制药股份有限公司	C14	食品制造业
23	300791	仙乐健康	仙乐健康科技股份有限公司	C14	食品制造业
24	603079	圣达生物	浙江圣达生物药业股份有限公司	C14	食品制造业
25	603317	天味食品	四川天味食品集团股份有限公司	C14	食品制造业
26	603696	安记食品	安记食品股份有限公司	C14	食品制造业
27	603697	有友食品	有友食品股份有限公司	C13	农副食品加工业
28	603739	蔚蓝生物	青岛蔚蓝生物股份有限公司	C14	食品制造业
29	603755	日辰股份	青岛日辰食品股份有限公司	C14	食品制造业
30	000568	泸州老窖	泸州老窖股份有限公司	C15	酒、饮料和精制茶制造业
31	000860	顺鑫农业	北京顺鑫农业股份有限公司	C15	酒、饮料和精制茶制造业
32	600559	老白干酒	河北衡水老白干酒业股份有限公司	C15	酒、饮料和精制茶制造业
33	601566	九牧王	九牧王股份有限公司	C18	纺织服装、服饰业
34	603587	地素时尚	地素时尚股份有限公司	C18	纺织服装、服饰业
35	002631	德尔未来	德尔未来科技控股集团股份有限公司	C20	木材加工和木、竹、藤、棕、草制品业
36	002853	皮阿诺	广东皮阿诺科学艺术家居股份有限公司	C21	家具制造业

续表

序号	证券代码	证券简称	公司全称	行业代码	行业名称
37	300729	乐歌股份	乐歌人体工学科技股份有限公司	C21	家具制造业
38	300749	顶固集创	广东顶固集创家居股份有限公司	C21	家具制造业
39	603313	梦百合	梦百合家居科技股份有限公司	C21	家具制造业
40	603610	麒盛科技	麒盛科技股份有限公司	C21	家具制造业
41	600103	青山纸业	福建省青山纸业股份有限公司	C22	造纸和纸制品业
42	603687	大胜达	浙江大胜达包装股份有限公司	C22	造纸和纸制品业
43	002951	ST金时	四川金时科技股份有限公司	C23	印刷和记录媒介复制业
44	601515	东峰集团	广东东峰新材料集团股份有限公司	C23	印刷和记录媒介复制业
45	603499	翔港科技	上海翔港包装科技股份有限公司	C23	印刷和记录媒介复制业
46	300329	海伦钢琴	海伦钢琴股份有限公司	C24	文教、工美、体育和娱乐用品制造业
47	000731	四川美丰	四川美丰化工股份有限公司	C26	化学原料和化学制品制造业
48	300487	蓝晓科技	西安蓝晓科技新材料股份有限公司	C26	化学原料和化学制品制造业
49	300758	七彩化学	鞍山七彩化学股份有限公司	C26	化学原料和化学制品制造业
50	300769	德方纳米	深圳市德方纳米科技股份有限公司	C39	计算机、通信和其他电子设备制造业
51	300796	贝斯美	绍兴贝斯美化工股份有限公司	C26	化学原料和化学制品制造业
52	300801	泰和科技	山东泰和科技股份有限公司	C26	化学原料和化学制品制造业
53	600989	宝丰能源	宁夏宝丰能源集团股份有限公司	C26	化学原料和化学制品制造业
54	603217	元利科技	元利化学集团股份有限公司	C26	化学原料和化学制品制造业
55	603379	三美股份	浙江三美化工股份有限公司	C26	化学原料和化学制品制造业
56	603605	珀莱雅	珀莱雅化妆品股份有限公司	C26	化学原料和化学制品制造业
57	603681	永冠新材	上海永冠众诚新材料科技（集团）股份有限公司	C26	化学原料和化学制品制造业

续表

序号	证券代码	证券简称	公司全称	行业代码	行业名称
58	603867	新化股份	浙江新化化工股份有限公司	C26	化学原料和化学制品制造业
59	603983	丸美股份	广东丸美生物技术股份有限公司	C26	化学原料和化学制品制造业
60	002873	新天药业	贵阳新天药业股份有限公司	C27	医药制造业
61	603351	威尔药业	南京威尔药业集团股份有限公司	C25	石油加工、炼焦和核燃料加工业
62	000301	东方盛虹	江苏东方盛虹股份有限公司	C26	化学原料和化学制品制造业
63	000949	新乡化纤	新乡化纤股份有限公司	C28	化学纤维制造业
64	002254	泰和新材	泰和新材集团股份有限公司	C28	化学纤维制造业
65	300777	中简科技	中简科技股份有限公司	C28	化学纤维制造业
66	603332	苏州龙杰	苏州龙杰特种纤维股份有限公司	C28	化学纤维制造业
67	002014	永新股份	黄山永新股份有限公司	C29	橡胶和塑料制品业
68	300547	川环科技	四川川环科技股份有限公司	C29	橡胶和塑料制品业
69	300767	震安科技	震安科技股份有限公司	C29	橡胶和塑料制品业
70	300806	斯迪克	江苏斯迪克新材料科技股份有限公司	C29	橡胶和塑料制品业
71	600210	紫江企业	上海紫江企业集团股份有限公司	C29	橡胶和塑料制品业
72	601163	三角轮胎	三角轮胎股份有限公司	C29	橡胶和塑料制品业
73	601500	通用股份	江苏通用科技股份有限公司	C29	橡胶和塑料制品业
74	603992	松霖科技	厦门松霖科技股份有限公司	C29	橡胶和塑料制品业
75	600326	西藏天路	西藏天路股份有限公司	C30	非金属矿物制品业
76	603256	宏和科技	宏和电子材料科技股份有限公司	C30	非金属矿物制品业
77	603612	索通发展	索通发展股份有限公司	C30	非金属矿物制品业

续表

序号	证券代码	证券简称	公司全称	行业代码	行业名称
78	600295	鄂尔多斯	内蒙古鄂尔多斯资源股份有限公司	C31	黑色金属冶炼和压延加工业
79	000630	铜陵有色	铜陵有色金属集团股份有限公司	C32	有色金属冶炼和压延加工业
80	300034	钢研高纳	北京钢研高纳科技股份有限公司	C32	有色金属冶炼和压延加工业
81	600111	北方稀土	中国北方稀土（集团）高科技股份有限公司	C32	有色金属冶炼和压延加工业
82	600456	宝钛股份	宝鸡钛业股份有限公司	C32	有色金属冶炼和压延加工业
83	002965	祥鑫科技	祥鑫科技股份有限公司	C36	汽车制造业
84	002969	嘉美包装	嘉美食品包装（滁州）股份有限公司	C33	金属制品业
85	300772	运达股份	运达能源科技集团股份有限公司	C34	通用设备制造业
86	300780	德恩精工	四川德恩精工科技股份有限公司	C34	通用设备制造业
87	600875	东方电气	东方电气股份有限公司	C34	通用设备制造业
88	603109	神驰机电	神驰机电股份有限公司	C38	电气机械和器材制造业
89	603279	景津装备	景津装备股份有限公司	C34	通用设备制造业
90	603915	国茂股份	江苏国茂减速机股份有限公司	C34	通用设备制造业
91	002950	奥美医疗	奥美医疗用品股份有限公司	C27	医药制造业
92	002957	科瑞技术	深圳科瑞技术股份有限公司	C35	专用设备制造业
93	300757	罗博特科	罗博特科智能科技股份有限公司	C35	专用设备制造业
94	300771	智莱科技	深圳市智莱科技股份有限公司	C35	专用设备制造业
95	300776	帝尔激光	武汉帝尔激光科技股份有限公司	C35	专用设备制造业
96	300786	国林科技	青岛国林科技集团股份有限公司	C35	专用设备制造业
97	603956	威派格	上海威派格智慧水务股份有限公司	C35	专用设备制造业
98	600148	长春一东	长春一东离合器股份有限公司	C36	汽车制造业
99	603089	正裕工业	浙江正裕工业股份有限公司	C36	汽车制造业

续表

序号	证券代码	证券简称	公司全称	行业代码	行业名称
100	603767	中马传动	浙江中马传动股份有限公司	C36	汽车制造业
101	603786	科博达	科博达技术股份有限公司	C36	汽车制造业
102	603982	泉峰汽车	南京泉峰汽车精密技术股份有限公司	C36	汽车制造业
103	300594	朗进科技	山东朗进科技股份有限公司	C37	铁路、船舶、航空航天和其他运输设备制造业
104	300775	三角防务	西安三角防务股份有限公司	C37	铁路、船舶、航空航天和其他运输设备制造业
105	600760	中航沈飞	中航沈飞股份有限公司	C37	铁路、船舶、航空航天和其他运输设备制造业
106	600893	航发动力	中国航发动力股份有限公司	C37	铁路、船舶、航空航天和其他运输设备制造业
107	002953	日丰股份	广东日丰电缆股份有限公司	C38	电气机械和器材制造业
108	002959	小熊电器	小熊电器股份有限公司	C38	电气机械和器材制造业
109	300499	高澜股份	广州高澜节能技术股份有限公司	C38	电气机械和器材制造业
110	300763	锦浪科技	锦浪科技股份有限公司	C38	电气机械和器材制造业
111	300808	久量股份	广东久量股份有限公司	C38	电气机械和器材制造业
112	600192	长城电工	兰州长城电工股份有限公司	C38	电气机械和器材制造业
113	600580	卧龙电驱	卧龙电气驱动集团股份有限公司	C38	电气机械和器材制造业
114	603530	神马电力	江苏神马电力股份有限公司	C38	电气机械和器材制造业
115	002222	福晶科技	福建福晶科技股份有限公司	C39	计算机、通信和其他电子设备制造业
116	002960	青鸟消防	青鸟消防股份有限公司	C39	计算机、通信和其他电子设备制造业

续表

序号	证券代码	证券简称	公司全称	行业代码	行业名称
117	002962	五方光电	湖北五方光电股份有限公司	C39	计算机、通信和其他电子设备制造业
118	002970	锐明技术	深圳市锐明技术股份有限公司	I65	软件和信息技术服务业
119	002972	科安达	深圳科安达电子科技股份有限公司	C39	计算机、通信和其他电子设备制造业
120	300762	上海瀚讯	上海瀚讯信息技术股份有限公司	C39	计算机、通信和其他电子设备制造业
121	300782	卓胜微	江苏卓胜微电子股份有限公司	C39	计算机、通信和其他电子设备制造业
122	300787	海能实业	安福县海能实业股份有限公司	C39	计算机、通信和其他电子设备制造业
123	300790	宇瞳光学	东莞市宇瞳光学科技股份有限公司	C39	计算机、通信和其他电子设备制造业
124	300793	佳禾智能	佳禾智能科技股份有限公司	C39	计算机、通信和其他电子设备制造业
125	300802	矩子科技	上海矩子科技股份有限公司	C39	计算机、通信和其他电子设备制造业
126	300807	天迈科技	郑州天迈科技股份有限公司	C39	计算机、通信和其他电子设备制造业
127	600980	北矿科技	北矿科技股份有限公司	C35	专用设备制造业
128	603068	博通集成	博通集成电路（上海）股份有限公司	C39	计算机、通信和其他电子设备制造业
129	603115	海星股份	南通海星电子股份有限公司	C39	计算机、通信和其他电子设备制造业
130	603236	移远通信	上海移远通信技术股份有限公司	C39	计算机、通信和其他电子设备制造业
131	603267	鸿远电子	北京元六鸿远电子科技股份有限公司	C39	计算机、通信和其他电子设备制造业

续表

序号	证券代码	证券简称	公司全称	行业代码	行业名称
132	603327	福蓉科技	四川福蓉科技股份有限公司	C39	计算机、通信和其他电子设备制造业
133	603390	通达电气	广州通达汽车电气股份有限公司	C39	计算机、通信和其他电子设备制造业
134	603633	徕木股份	上海徕木电子股份有限公司	C39	计算机、通信和其他电子设备制造业
135	300007	汉威科技	汉威科技集团股份有限公司	I65	软件和信息技术服务业
136	300567	精测电子	武汉精测电子集团股份有限公司	C40	仪器仪表制造业
137	300800	力合科技	力合科技（湖南）股份有限公司	C40	仪器仪表制造业
138	603662	柯力传感	宁波柯力传感科技股份有限公司	C39	计算机、通信和其他电子设备制造业
139	603700	宁水集团	宁波水表（集团）股份有限公司	C40	仪器仪表制造业
140	300779	惠城环保	青岛惠城环保科技集团股份有限公司	C42	废弃资源综合利用业
141	000539	粤电力A	广东电力发展股份有限公司	D44	电力、热力生产和供应业
142	000601	韶能股份	广东韶能集团股份有限公司	D44	电力、热力生产和供应业
143	000993	闽东电力	福建闽东电力股份有限公司	D44	电力、热力生产和供应业
144	003816	中国广核	中国广核电力股份有限公司	D44	电力、热力生产和供应业
145	600011	华能国际	华能国际电力股份有限公司	D44	电力、热力生产和供应业
146	600025	华能水电	华能澜沧江水电股份有限公司	D44	电力、热力生产和供应业
147	600505	西昌电力	四川西昌电力股份有限公司	D44	电力、热力生产和供应业
148	600795	国电电力	国电电力发展股份有限公司	D44	电力、热力生产和供应业
149	600886	国投电力	国投电力控股股份有限公司	D44	电力、热力生产和供应业

续表

序号	证券代码	证券简称	公司全称	行业代码	行业名称
150	600642	申能股份	申能股份有限公司	D44	电力、热力生产和供应业
151	600681	百川能源	百川能源股份有限公司	D45	燃气生产和供应业
152	600903	贵州燃气	贵州燃气集团股份有限公司	D45	燃气生产和供应业
153	603053	成都燃气	成都燃气集团股份有限公司	D45	燃气生产和供应业
154	600284	浦东建设	上海浦东建设股份有限公司	E48	土木工程建筑业
155	601068	中铝国际	中铝国际工程股份有限公司	E48	土木工程建筑业
156	603815	交建股份	安徽省交通建设股份有限公司	E48	土木工程建筑业
157	002856	美芝股份	深圳市美芝装饰设计工程股份有限公司	E50	建筑装饰和其他建筑业
158	002963	豪尔赛	豪尔赛科技集团股份有限公司	E50	建筑装饰和其他建筑业
159	601886	江河集团	江河创建集团股份有限公司	E50	建筑装饰和其他建筑业
160	300755	华致酒行	华致酒行连锁管理股份有限公司	F51	批发业
161	000715	中兴商业	中兴-沈阳商业大厦（集团）股份有限公司	F52	零售业
162	002024	ST易购	苏宁易购集团股份有限公司	F52	零售业
163	002697	红旗连锁	成都红旗连锁股份有限公司	F52	零售业
164	300783	三只松鼠	三只松鼠股份有限公司	F52	零售业
165	600827	百联股份	上海百联集团股份有限公司	F52	零售业
166	600858	银座股份	银座集团股份有限公司	F52	零售业
167	000900	现代投资	现代投资股份有限公司	G54	道路运输业
168	601000	唐山港	唐山港集团股份有限公司	G55	水上运输业
169	601298	青岛港	青岛港国际股份有限公司	G55	水上运输业
170	601975	招商南油	招商局南京油运股份有限公司	G55	水上运输业
171	002352	顺丰控股	顺丰控股股份有限公司	G60	邮政业
172	600754	锦江酒店	上海锦江国际酒店股份有限公司	H61	住宿业
173	002238	天威视讯	深圳市天威视讯股份有限公司	I63	电信、广播电视和卫星传输服务

续表

序号	证券代码	证券简称	公司全称	行业代码	行业名称
174	300770	新媒股份	广东南方新媒体股份有限公司	I63	电信、广播电视和卫星传输服务
175	600637	东方明珠	东方明珠新媒体股份有限公司	I63	电信、广播电视和卫星传输服务
176	600936	广西广电	广西广播电视信息网络股份有限公司	I63	电信、广播电视和卫星传输服务
177	600959	江苏有线	江苏省广电有线信息网络股份有限公司	I63	电信、广播电视和卫星传输服务
178	600996	贵广网络	贵州省广播电视信息网络股份有限公司	I63	电信、广播电视和卫星传输服务
179	601698	中国卫通	中国卫通集团股份有限公司	I63	电信、广播电视和卫星传输服务
180	300766	每日互动	每日互动股份有限公司	I64	互联网和相关服务
181	300773	拉卡拉	拉卡拉支付股份有限公司	I65	软件和信息技术服务业
182	300785	值得买	北京值得买科技股份有限公司	I64	互联网和相关服务
183	300792	壹网壹创	杭州壹网壹创科技股份有限公司	I64	互联网和相关服务
184	300613	富瀚微	上海富瀚微电子股份有限公司	I65	软件和信息技术服务业
185	300789	唐源电气	成都唐源电气股份有限公司	I65	软件和信息技术服务业
186	300799	*ST左江	北京左江科技股份有限公司	I65	软件和信息技术服务业
187	300803	指南针	北京指南针科技发展股份有限公司	J69	其他金融业
188	300810	中科海讯	北京中科海讯数字科技股份有限公司	I65	软件和信息技术服务业
189	603927	中科软	中科软科技股份有限公司	I65	软件和信息技术服务业
190	002807	江阴银行	江苏江阴农村商业银行股份有限公司	J66	货币金融服务
191	002948	青岛银行	青岛银行股份有限公司	J66	货币金融服务
192	002958	青农商行	青岛农村商业银行股份有限公司	J66	货币金融服务
193	002966	苏州银行	苏州银行股份有限公司	J66	货币金融服务

续表

序号	证券代码	证券简称	公司全称	行业代码	行业名称
194	600015	华夏银行	华夏银行股份有限公司	J66	货币金融服务
195	600908	无锡银行	无锡农村商业银行股份有限公司	J66	货币金融服务
196	600919	江苏银行	江苏银行股份有限公司	J66	货币金融服务
197	600928	西安银行	西安银行股份有限公司	J66	货币金融服务
198	601077	渝农商行	重庆农村商业银行股份有限公司	J66	货币金融服务
199	601288	农业银行	中国农业银行股份有限公司	J66	货币金融服务
200	601577	长沙银行	长沙银行股份有限公司	J66	货币金融服务
201	601658	邮储银行	中国邮政储蓄银行股份有限公司	J66	货币金融服务
202	601818	光大银行	中国光大银行股份有限公司	J66	货币金融服务
203	601860	紫金银行	江苏紫金农村商业银行股份有限公司	J66	货币金融服务
204	601916	浙商银行	浙商银行股份有限公司	J66	货币金融服务
205	601939	建设银行	中国建设银行股份有限公司	J66	货币金融服务
206	601997	贵阳银行	贵阳银行股份有限公司	J66	货币金融服务
207	002500	山西证券	山西证券股份有限公司	J67	资本市场服务
208	002961	瑞达期货	瑞达期货股份有限公司	J67	资本市场服务
209	601236	红塔证券	红塔证券股份有限公司	J67	资本市场服务
210	000042	中洲控股	深圳市中洲投资控股股份有限公司	K70	房地产业
211	002968	新大正	新大正物业集团股份有限公司	K70	房地产业
212	600048	保利发展	保利发展控股集团股份有限公司	K70	房地产业
213	600606	绿地控股	绿地控股集团股份有限公司	E48	土木工程建筑业
214	300781	因赛集团	广东因赛品牌营销集团股份有限公司	L72	商务服务业
215	300795	米奥会展	浙江米奥兰特商务会展股份有限公司	L72	商务服务业
216	300805	电声股份	广东电声市场营销股份有限公司	L72	商务服务业
217	002949	华阳国际	深圳市华阳国际工程设计股份有限公司	M74	专业技术服务业
218	002967	广电计量	广电计量检测集团股份有限公司	M74	专业技术服务业
219	300564	筑博设计	筑博设计股份有限公司	M74	专业技术服务业
220	300778	新城市	深圳市新城市规划建筑设计股份有限公司	M74	专业技术服务业
221	600323	瀚蓝环境	瀚蓝环境股份有限公司	N77	生态保护和环境治理业
222	300788	中信出版	中信出版集团股份有限公司	R85	新闻和出版业
223	601928	凤凰传媒	江苏凤凰出版传媒股份有限公司	R85	新闻和出版业
224	601512	中新集团	中新苏州工业园区开发集团股份有限公司	K70	房地产业

表 5.6　2019~2023 年会计信息高质量企业（三次以上）

证券代码	公司全称	行业代码	行业名称	上榜年份	上榜次数
000301	江苏东方盛虹股份有限公司	C26	化学原料和化学制品制造业	2019	3
000301	江苏东方盛虹股份有限公司	C26	化学原料和化学制品制造业	2021	3
000301	江苏东方盛虹股份有限公司	C26	化学原料和化学制品制造业	2023	3
000968	山西蓝焰控股股份有限公司	B07	石油和天然气开采业	2020	3
000968	山西蓝焰控股股份有限公司	B07	石油和天然气开采业	2022	3
000968	山西蓝焰控股股份有限公司	B07	石油和天然气开采业	2023	3
000993	福建闽东电力股份有限公司	D44	电力、热力生产和供应业	2019	3
000993	福建闽东电力股份有限公司	D44	电力、热力生产和供应业	2020	3
000993	福建闽东电力股份有限公司	D44	电力、热力生产和供应业	2023	3
002078	山东太阳纸业股份有限公司	C22	造纸和纸制品业	2021	3
002078	山东太阳纸业股份有限公司	C22	造纸和纸制品业	2022	3
002078	山东太阳纸业股份有限公司	C22	造纸和纸制品业	2023	3
002206	浙江海利得新材料股份有限公司	C28	化学纤维制造业	2021	3
002206	浙江海利得新材料股份有限公司	C28	化学纤维制造业	2022	3
002206	浙江海利得新材料股份有限公司	C28	化学纤维制造业	2023	3
002352	顺丰控股股份有限公司	G60	邮政业	2019	3
002352	顺丰控股股份有限公司	G60	邮政业	2022	3
002352	顺丰控股股份有限公司	G60	邮政业	2023	3

续表

证券代码	公司全称	行业代码	行业名称	上榜年份	上榜次数
002807	江苏江阴农村商业银行股份有限公司	J66	货币金融服务	2019	3
002807	江苏江阴农村商业银行股份有限公司	J66	货币金融服务	2022	3
002807	江苏江阴农村商业银行股份有限公司	J66	货币金融服务	2023	3
002966	苏州银行股份有限公司	J66	货币金融服务	2019	3
002966	苏州银行股份有限公司	J66	货币金融服务	2022	3
002966	苏州银行股份有限公司	J66	货币金融服务	2023	3
003009	陕西中天火箭技术股份有限公司	C37	铁路、船舶、航空航天和其他运输设备制造业	2020	3
003009	陕西中天火箭技术股份有限公司	C37	铁路、船舶、航空航天和其他运输设备制造业	2022	3
003009	陕西中天火箭技术股份有限公司	C37	铁路、船舶、航空航天和其他运输设备制造业	2023	3
003039	广东顺控发展股份有限公司	D46	水的生产和供应业	2021	3
003039	广东顺控发展股份有限公司	D46	水的生产和供应业	2022	3
003039	广东顺控发展股份有限公司	D46	水的生产和供应业	2023	3
003041	浙江真爱美家股份有限公司	C17	纺织业	2021	3
003041	浙江真爱美家股份有限公司	C17	纺织业	2022	3
003041	浙江真爱美家股份有限公司	C17	纺织业	2023	3
300034	北京钢研高纳科技股份有限公司	C32	有色金属冶炼和压延加工业	2019	4
300034	北京钢研高纳科技股份有限公司	C32	有色金属冶炼和压延加工业	2020	4

续表

证券代码	公司全称	行业代码	行业名称	上榜年份	上榜次数
300034	北京钢研高纳科技股份有限公司	C32	有色金属冶炼和压延加工业	2021	4
300034	北京钢研高纳科技股份有限公司	C32	有色金属冶炼和压延加工业	2023	4
300788	中信出版集团股份有限公司	R85	新闻和出版业	2019	3
300788	中信出版集团股份有限公司	R85	新闻和出版业	2022	3
300788	中信出版集团股份有限公司	R85	新闻和出版业	2023	3
300791	仙乐健康科技股份有限公司	C14	食品制造业	2019	4
300791	仙乐健康科技股份有限公司	C14	食品制造业	2020	4
300791	仙乐健康科技股份有限公司	C14	食品制造业	2021	4
300791	仙乐健康科技股份有限公司	C14	食品制造业	2022	4
300819	江苏聚杰微纤科技集团股份有限公司	C17	纺织业	2020	3
300819	江苏聚杰微纤科技集团股份有限公司	C17	纺织业	2022	3
300819	江苏聚杰微纤科技集团股份有限公司	C17	纺织业	2023	3
300826	南京市测绘勘察研究院股份有限公司	M74	专业技术服务业	2020	3
300826	南京市测绘勘察研究院股份有限公司	M74	专业技术服务业	2022	3
300826	南京市测绘勘察研究院股份有限公司	M74	专业技术服务业	2023	3
300873	江苏海晨物流股份有限公司	G59	仓储业	2020	3
300873	江苏海晨物流股份有限公司	G59	仓储业	2022	3

续表

证券代码	公司全称	行业代码	行业名称	上榜年份	上榜次数
300873	江苏海晨物流股份有限公司	G59	仓储业	2023	3
300881	盛德鑫泰新材料股份有限公司	C33	金属制品业	2020	3
300881	盛德鑫泰新材料股份有限公司	C33	金属制品业	2022	3
300881	盛德鑫泰新材料股份有限公司	C33	金属制品业	2023	3
300952	江苏恒辉安防股份有限公司	C17	纺织业	2021	3
300952	江苏恒辉安防股份有限公司	C17	纺织业	2022	3
300952	江苏恒辉安防股份有限公司	C17	纺织业	2023	3
300962	中金辐照股份有限公司	C41	其他制造业	2021	3
300962	中金辐照股份有限公司	C41	其他制造业	2022	3
300962	中金辐照股份有限公司	C41	其他制造业	2023	3
300970	江苏华绿生物科技股份有限公司	A01	农业	2021	3
300970	江苏华绿生物科技股份有限公司	A01	农业	2022	3
300970	江苏华绿生物科技股份有限公司	A01	农业	2023	3
300993	山东玉马遮阳科技股份有限公司	C17	纺织业	2021	3
300993	山东玉马遮阳科技股份有限公司	C17	纺织业	2022	3
300993	山东玉马遮阳科技股份有限公司	C17	纺织业	2023	3

续表

证券代码	公司全称	行业代码	行业名称	上榜年份	上榜次数
301055	张小泉股份有限公司	C33	金属制品业	2021	3
301055	张小泉股份有限公司	C33	金属制品业	2022	3
301055	张小泉股份有限公司	C33	金属制品业	2023	3
301062	上海艾录包装股份有限公司	C22	造纸和纸制品业	2021	3
301062	上海艾录包装股份有限公司	C22	造纸和纸制品业	2022	3
301062	上海艾录包装股份有限公司	C22	造纸和纸制品业	2023	3
301068	杭州大地海洋环保股份有限公司	C42	废弃资源综合利用业	2021	3
301068	杭州大地海洋环保股份有限公司	C42	废弃资源综合利用业	2022	3
301068	杭州大地海洋环保股份有限公司	C42	废弃资源综合利用业	2023	3
301080	北京百普赛斯生物科技股份有限公司	M73	研究和试验发展	2021	3
301080	北京百普赛斯生物科技股份有限公司	M73	研究和试验发展	2022	3
301080	北京百普赛斯生物科技股份有限公司	M73	研究和试验发展	2023	3
301091	深圳市城市交通规划设计研究中心股份有限公司	M74	专业技术服务业	2021	3
301091	深圳市城市交通规划设计研究中心股份有限公司	M74	专业技术服务业	2022	3
301091	深圳市城市交通规划设计研究中心股份有限公司	M74	专业技术服务业	2023	3

续表

证券代码	公司全称	行业代码	行业名称	上榜年份	上榜次数
301096	杭州百诚医药科技股份有限公司	M73	研究和试验发展	2021	3
301096	杭州百诚医药科技股份有限公司	M73	研究和试验发展	2022	3
301096	杭州百诚医药科技股份有限公司	M73	研究和试验发展	2023	3
600015	华夏银行股份有限公司	J66	货币金融服务	2019	3
600015	华夏银行股份有限公司	J66	货币金融服务	2022	3
600015	华夏银行股份有限公司	J66	货币金融服务	2023	3
600036	招商银行股份有限公司	J66	货币金融服务	2021	3
600036	招商银行股份有限公司	J66	货币金融服务	2022	3
600036	招商银行股份有限公司	J66	货币金融服务	2023	3
600210	上海紫江企业集团股份有限公司	C29	橡胶和塑料制品业	2019	4
600210	上海紫江企业集团股份有限公司	C29	橡胶和塑料制品业	2020	4
600210	上海紫江企业集团股份有限公司	C29	橡胶和塑料制品业	2021	4
600210	上海紫江企业集团股份有限公司	C29	橡胶和塑料制品业	2022	4
600348	山西华阳集团新能股份有限公司	B06	煤炭开采和洗选业	2020	3
600348	山西华阳集团新能股份有限公司	B06	煤炭开采和洗选业	2022	3
600348	山西华阳集团新能股份有限公司	B06	煤炭开采和洗选业	2023	3

续表

证券代码	公司全称	行业代码	行业名称	上榜年份	上榜次数
600372	中航机载系统股份有限公司	C37	铁路、船舶、航空航天和其他运输设备制造业	2020	3
600372	中航机载系统股份有限公司	C37	铁路、船舶、航空航天和其他运输设备制造业	2022	3
600372	中航机载系统股份有限公司	C37	铁路、船舶、航空航天和其他运输设备制造业	2023	3
600395	贵州盘江精煤股份有限公司	B06	煤炭开采和洗选业	2019	4
600395	贵州盘江精煤股份有限公司	B06	煤炭开采和洗选业	2020	4
600395	贵州盘江精煤股份有限公司	B06	煤炭开采和洗选业	2021	4
600395	贵州盘江精煤股份有限公司	B06	煤炭开采和洗选业	2023	4
600433	广东冠豪高新技术股份有限公司	C22	造纸和纸制品业	2020	3
600433	广东冠豪高新技术股份有限公司	C22	造纸和纸制品业	2022	3
600433	广东冠豪高新技术股份有限公司	C22	造纸和纸制品业	2023	3
600598	黑龙江北大荒农业股份有限公司	A01	农业	2019	3
600598	黑龙江北大荒农业股份有限公司	A01	农业	2022	3
600598	黑龙江北大荒农业股份有限公司	A01	农业	2023	3
600754	上海锦江国际酒店股份有限公司	H61	住宿业	2019	3
600754	上海锦江国际酒店股份有限公司	H61	住宿业	2022	3
600754	上海锦江国际酒店股份有限公司	H61	住宿业	2023	3

续表

证券代码	公司全称	行业代码	行业名称	上榜年份	上榜次数
600908	无锡农村商业银行股份有限公司	J66	货币金融服务	2019	3
600908	无锡农村商业银行股份有限公司	J66	货币金融服务	2022	3
600908	无锡农村商业银行股份有限公司	J66	货币金融服务	2023	3
600928	西安银行股份有限公司	J66	货币金融服务	2019	3
600928	西安银行股份有限公司	J66	货币金融服务	2022	3
600928	西安银行股份有限公司	J66	货币金融服务	2023	3
601658	中国邮政储蓄银行股份有限公司	J66	货币金融服务	2019	4
601658	中国邮政储蓄银行股份有限公司	J66	货币金融服务	2021	4
601658	中国邮政储蓄银行股份有限公司	J66	货币金融服务	2022	4
601658	中国邮政储蓄银行股份有限公司	J66	货币金融服务	2023	4
601665	齐鲁银行股份有限公司	J66	货币金融服务	2021	3
601665	齐鲁银行股份有限公司	J66	货币金融服务	2022	3
601665	齐鲁银行股份有限公司	J66	货币金融服务	2023	3
601808	中海油田服务股份有限公司	B11	开采辅助活动	2021	3
601808	中海油田服务股份有限公司	B11	开采辅助活动	2022	3
601808	中海油田服务股份有限公司	B11	开采辅助活动	2023	3
601811	新华文轩出版传媒股份有限公司	R85	新闻和出版业	2020	4

续表

证券代码	公司全称	行业代码	行业名称	上榜年份	上榜次数
601811	新华文轩出版传媒股份有限公司	R85	新闻和出版业	2021	4
601811	新华文轩出版传媒股份有限公司	R85	新闻和出版业	2022	4
601811	新华文轩出版传媒股份有限公司	R85	新闻和出版业	2023	4
601818	中国光大银行股份有限公司	J66	货币金融服务	2019	3
601818	中国光大银行股份有限公司	J66	货币金融服务	2022	3
601818	中国光大银行股份有限公司	J66	货币金融服务	2023	3
601825	上海农村商业银行股份有限公司	J66	货币金融服务	2021	3
601825	上海农村商业银行股份有限公司	J66	货币金融服务	2022	3
601825	上海农村商业银行股份有限公司	J66	货币金融服务	2023	3
601827	重庆三峰环境集团股份有限公司	N77	生态保护和环境治理业	2020	3
601827	重庆三峰环境集团股份有限公司	N77	生态保护和环境治理业	2022	3
601827	重庆三峰环境集团股份有限公司	N77	生态保护和环境治理业	2023	3
601860	江苏紫金农村商业银行股份有限公司	J66	货币金融服务	2019	3
601860	江苏紫金农村商业银行股份有限公司	J66	货币金融服务	2022	3
601860	江苏紫金农村商业银行股份有限公司	J66	货币金融服务	2023	3

续表

证券代码	公司全称	行业代码	行业名称	上榜年份	上榜次数
601880	辽宁港口股份有限公司	G55	水上运输业	2020	3
601880	辽宁港口股份有限公司	G55	水上运输业	2022	3
601880	辽宁港口股份有限公司	G55	水上运输业	2023	3
601916	浙商银行股份有限公司	J66	货币金融服务	2019	3
601916	浙商银行股份有限公司	J66	货币金融服务	2022	3
601916	浙商银行股份有限公司	J66	货币金融服务	2023	3
601921	浙江出版传媒股份有限公司	R85	新闻和出版业	2021	3
601921	浙江出版传媒股份有限公司	R85	新闻和出版业	2022	3
601921	浙江出版传媒股份有限公司	R85	新闻和出版业	2023	3
601939	中国建设银行股份有限公司	J66	货币金融服务	2019	3
601939	中国建设银行股份有限公司	J66	货币金融服务	2022	3
601939	中国建设银行股份有限公司	J66	货币金融服务	2023	3
601949	中国出版传媒股份有限公司	R85	新闻和出版业	2021	3
601949	中国出版传媒股份有限公司	R85	新闻和出版业	2022	3
601949	中国出版传媒股份有限公司	R85	新闻和出版业	2023	3
601996	广西丰林木业集团股份有限公司	C20	木材加工和木、竹、藤、棕、草制品业	2020	4
601996	广西丰林木业集团股份有限公司	C20	木材加工和木、竹、藤、棕、草制品业	2021	4
601996	广西丰林木业集团股份有限公司	C20	木材加工和木、竹、藤、棕、草制品业	2022	4

续表

证券代码	公司全称	行业代码	行业名称	上榜年份	上榜次数
601996	广西丰林木业集团股份有限公司	C20	木材加工和木、竹、藤、棕、草制品业	2023	4
601998	中信银行股份有限公司	J66	货币金融服务	2021	3
601998	中信银行股份有限公司	J66	货币金融服务	2022	3
601998	中信银行股份有限公司	J66	货币金融服务	2023	3
603216	梦天家居集团股份有限公司	C20	木材加工和木、竹、藤、棕、草制品业	2021	3
603216	梦天家居集团股份有限公司	C20	木材加工和木、竹、藤、棕、草制品业	2022	3
603216	梦天家居集团股份有限公司	C20	木材加工和木、竹、藤、棕、草制品业	2023	3
603230	内蒙古新华发行集团股份有限公司	R85	新闻和出版业	2021	3
603230	内蒙古新华发行集团股份有限公司	R85	新闻和出版业	2022	3
603230	内蒙古新华发行集团股份有限公司	R85	新闻和出版业	2023	3
603323	江苏苏州农村商业银行股份有限公司	J66	货币金融服务	2021	3
603323	江苏苏州农村商业银行股份有限公司	J66	货币金融服务	2022	3
603323	江苏苏州农村商业银行股份有限公司	J66	货币金融服务	2023	3
605009	杭州豪悦护理用品股份有限公司	C22	造纸和纸制品业	2020	3
605009	杭州豪悦护理用品股份有限公司	C22	造纸和纸制品业	2022	3
605009	杭州豪悦护理用品股份有限公司	C22	造纸和纸制品业	2023	3

续表

证券代码	公司全称	行业代码	行业名称	上榜年份	上榜次数
605068	明新旭腾新材料股份有限公司	C19	皮革、毛皮、羽毛及其制品和制鞋业	2020	3
605068	明新旭腾新材料股份有限公司	C19	皮革、毛皮、羽毛及其制品和制鞋业	2022	3
605068	明新旭腾新材料股份有限公司	C19	皮革、毛皮、羽毛及其制品和制鞋业	2023	3
605169	新疆洪通燃气股份有限公司	D45	燃气生产和供应业	2020	3
605169	新疆洪通燃气股份有限公司	D45	燃气生产和供应业	2022	3
605169	新疆洪通燃气股份有限公司	D45	燃气生产和供应业	2023	3
605189	芜湖富春染织股份有限公司	C17	纺织业	2021	3
605189	芜湖富春染织股份有限公司	C17	纺织业	2022	3
605189	芜湖富春染织股份有限公司	C17	纺织业	2023	3
605299	舒华体育股份有限公司	C24	文教、工美、体育和娱乐用品制造业	2020	3
605299	舒华体育股份有限公司	C24	文教、工美、体育和娱乐用品制造业	2022	3
605299	舒华体育股份有限公司	C24	文教、工美、体育和娱乐用品制造业	2023	3
605339	南侨食品集团（上海）股份有限公司	C14	食品制造业	2021	3
605339	南侨食品集团（上海）股份有限公司	C14	食品制造业	2022	3
605339	南侨食品集团（上海）股份有限公司	C14	食品制造业	2023	3
605377	杭州华旺新材料科技股份有限公司	C22	造纸和纸制品业	2020	3
605377	杭州华旺新材料科技股份有限公司	C22	造纸和纸制品业	2022	3

续表

证券代码	公司全称	行业代码	行业名称	上榜年份	上榜次数
605377	杭州华旺新材料科技股份有限公司	C22	造纸和纸制品业	2023	3
605577	黑龙江出版传媒股份有限公司	R85	新闻和出版业	2021	3
605577	黑龙江出版传媒股份有限公司	R85	新闻和出版业	2022	3
605577	黑龙江出版传媒股份有限公司	R85	新闻和出版业	2023	3

附 录

证券市场财务报表

附表1　　证券市场资产负债表（不含金融行业）　　单位：亿元

年份	2023	2022	2021	2020	2019
货币资金	143611.69	137310.01	122881.29	105503.32	85584.71
结算备付金	23.06	20.80	20.10	17.24	15.95
拆出资金净额	1318.76	1490.63	1737.71	1569.71	1568.72
交易性金融资产	16898.94	17513.12	16120.76	12167.43	10185.83
衍生金融资产	442.40	588.65	369.75	368.51	127.18
应收票据净额	6723.90	7175.59	7545.68	7004.59	5676.39
应收账款净额	82796.51	74852.36	65921.21	55213.97	52265.23
应收款项融资	9307.02	8932.20	8786.35	8912.72	7182.13
预付款项净额	14579.18	15680.17	15495.09	13797.53	13230.18
应收保费净额	0.05	0.59	0.61	0.23	0.05
应收分保账款净额	0.73	0.25	0.16	0.10	34.60
应收分保合同准备金净额	0.02	14.98	5.07	5.25	28.27
其他应收款净额	22765.71	24192.90	24899.18	23059.32	21473.53
应收股利净额	262.21	273.44	269.97	200.79	192.68
买入返售金融资产净额	245.12	191.30	202.05	277.70	266.84
存货净额	146344.26	156990.25	153465.22	138532.16	129542.75
合同资产	31254.91	27502.47	23109.78	18487.58	7630.69
一年内到期的非流动资产	6028.64	5844.52	4543.35	4987.56	4259.44
其他流动资产	23045.66	20524.26	21024.95	18475.32	17448.18
流动资产合计	**505489.88**	**498926.03**	**466201.98**	**408432.77**	**356615.27**
发放贷款及垫款净额	1442.37	1604.55	2071.03	1835.48	1866.70
债权投资	2686.97	2222.79	1598.76	1166.69	1196.39
其他债权投资	648.01	621.41	450.00	404.00	124.37
长期应收款净额	11673.60	10552.14	9468.77	11944.55	11546.08
长期股权投资净额	54834.25	51689.66	46648.03	39081.16	32978.91
其他权益工具投资	6472.17	6554.56	6594.64	5997.19	5655.50
其他非流动金融资产	8771.29	8539.13	6467.32	4693.37	4002.60

续表

年份	2023	2022	2021	2020	2019
投资性房地产净额	19366.82	17987.92	16726.83	15167.83	13507.17
固定资产净额	217023.20	194057.15	176639.33	149965.30	140054.74
在建工程净额	42490.34	38770.18	33687.44	30035.45	28047.37
生产性生物资产净额	500.42	527.81	496.34	608.34	321.72
油气资产净额	14943.54	14065.22	8660.80	8593.52	8912.90
使用权资产	19048.59	19532.41	18551.38	42.02	34.38
无形资产净额	51949.43	47503.44	43085.59	36562.42	32157.35
开发支出	1535.96	1454.57	1226.21	1058.82	965.73
商誉净额	11105.58	10890.45	10829.02	10634.24	11402.39
长期待摊费用	3745.64	3378.42	3120.78	2914.16	2652.53
递延所得税资产	12202.99	10911.04	9236.78	7365.19	6327.97
其他非流动资产	32987.82	28087.95	23402.97	25129.04	21156.74
非流动资产合计	513430.02	469000.86	419015.82	353204.57	322916.42
资产总计	1018919.98	967928.60	885219.01	761637.24	679531.62
短期借款	55713.73	52883.30	49428.07	48497.35	47895.16
向中央银行借款	28.90	25.69	37.79	10.06	12.01
拆入资金	582.26	742.23	598.06	732.87	525.86
交易性金融负债	427.59	501.09	370.59	384.42	396.28
衍生金融负债	320.08	384.76	194.84	357.68	124.85
应付票据	31408.51	31392.94	28264.85	23330.02	20402.05
应付账款	135280.54	123372.65	109052.50	90822.96	79637.09
预收款项	1284.15	1285.58	1314.56	419.58	36182.00
合同负债	60801.91	69371.19	72440.64	63386.01	21121.46
卖出回购金融资产款	26.26	26.66	55.56	80.83	81.36
吸收存款及同业存放	1602.41	1886.13	2082.17	2286.02	2329.36
代理买卖证券款	20.25	24.40	24.26	33.54	22.82
代理承销证券款	0.00	0.00	0.00	0.00	2.38
应付职工薪酬	8724.72	8304.31	7346.89	6272.92	5351.25
应交税费	10573.70	10812.04	11847.33	9965.34	8722.73
其他应付款	42811.27	42721.42	41395.90	36929.19	33314.86
应付股利	530.12	540.73	513.99	418.02	436.08
应付手续费及佣金	0.01	0.76	0.70	2.30	0.41
应付分保账款	0.00	0.60	0.60	0.33	57.92
一年内到期的非流动负债	38450.82	37082.91	32550.52	29709.01	28866.99
其他流动负债	16170.95	16647.56	17604.42	14289.36	10178.55

续表

年份	2023	2022	2021	2020	2019
流动负债合计	404229.08	397495.41	375277.78	327525.55	295526.91
保险合同准备金	0.00	0.42	428.33	1.59	167.03
长期借款	116920.83	101877.40	89155.83	79620.49	67362.16
应付债券	21592.61	23672.17	22220.65	22277.97	22044.63
租赁负债	14917.64	15409.63	14571.98	40.83	0.00
长期应付款	8498.06	7677.10	6570.58	6337.33	6611.49
预计负债	6969.39	6196.93	4644.51	4255.77	4237.29
递延收益-非流动负债	5247.58	5007.36	4724.08	4199.19	3799.29
递延所得税负债	5847.47	5278.43	4786.55	4048.98	3538.93
其他非流动负债	5417.55	5383.26	4251.87	11395.03	10425.64
非流动负债合计	185412.34	170548.26	150970.83	132178.40	118020.12
负债合计	589641.19	568043.95	526248.74	459703.92	413547.25
实收资本（或股本）	64523.69	62580.07	59131.66	49995.01	47173.07
其他权益工具	8287.96	7272.92	7033.93	7483.97	5882.94
其中：优先股	17.20	46.82	71.42	145.88	430.18
其中：永续债	6601.87	5660.21	5606.51	5945.36	4523.13
资本公积	115127.27	108204.85	96230.20	83974.02	71561.84
其中：库存股	2939.37	2805.06	2551.49	1735.57	1439.01
其他综合收益	698.12	767.08	−79.40	59.02	705.33
专项储备	1276.60	1128.18	939.76	797.89	797.41
盈余公积	25274.91	23685.08	21237.06	18562.49	16944.34
一般风险准备	276.94	266.66	244.14	187.27	166.37
未分配利润	157876.75	143472.32	126059.09	97975.91	86636.54
归属于母公司所有者权益合计	370402.77	344573.17	308245.42	257299.07	228429.00
少数股东权益	58875.78	55311.56	50725.43	44632.28	37554.73
所有者权益合计	429278.52	399884.98	358971.10	301931.14	265983.93
负债与所有者权益总计	1018919.98	967929.05	885220.05	761635.12	679531.64

附表2　　证券市场利润表（不含金融行业）　　单位：亿元

年份	2023	2022	2021	2020	2019
营业总收入	633714.75	615505.14	558730.95	438447.35	417207.59
营业收入	633312.49	614985.71	558134.11	437835.01	416699.58
利息净收入	347.16	398.95	387.62	389.81	364.42
利息收入	347.16	398.95	387.62	389.81	364.42
已赚保费	1.52	71.12	139.73	122.93	53.97

续表

年份	2023	2022	2021	2020	2019
保险业务收入	0.00	0.00	0.00	0.00	0.19
减：分出保费	0.00	0.00	0.00	0.00	0.00
减：提取未到期责任准备金	0.00	0.00	0.00	0.00	0.00
手续费及佣金净收入	53.59	77.62	85.09	78.51	73.06
手续费及佣金收入	53.59	77.62	85.09	78.51	73.06
营业总成本	594546.88	574702.59	521541.31	411965.17	391572.18
营业成本	521075.22	505992.92	456848.21	356081.89	335915.72
利息支出	0.00	0.00	0.00	0.00	0.00
手续费及佣金支出	0.00	0.00	0.00	0.00	0.00
退保金	0.00	33.40	6.19	−20.78	−30.77
赔付支出净额	0.00	1.54	0.57	3.12	7.95
赔付支出	0.00	0.00	0.00	0.00	0.00
减：摊回赔付支出	0.00	0.00	0.00	0.00	0.00
提取保险责任准备金净额	1.69	45.83	139.97	142.94	77.05
提取保险责任准备金	0.12	−0.04	0.00	0.00	0.86
减：摊回保险责任准备金	0.00	0.00	0.00	0.00	0.00
保单红利支出	0.00	9.86	6.70	3.66	1.70
分保费用	0.00	0.00	0.00	0.00	0.00
税金及附加	11833.11	11147.95	10104.31	9076.65	9640.30
销售费用	20313.36	18725.87	17940.64	16025.66	17612.77
管理费用	20335.46	19284.30	18470.23	15602.20	14919.91
研发费用	15509.93	13892.96	11888.22	8913.09	7291.74
财务费用	5418.58	5474.22	6027.24	6027.10	6035.03
其他收益	4091.94	3314.13	3108.27	2615.85	2255.91
投资收益	4662.86	4970.38	5605.64	5516.04	4687.31
汇兑收益	1.42	0.11	0.54	1.50	−0.22
其他业务收入	0.00	−28.29	−15.60	21.05	16.58
净敞口套期收益	0.42	−11.32	−7.40	−8.75	−0.11
公允价值变动收益	209.38	−405.39	478.11	522.74	547.94
信用减值损失	−2583.13	−2608.32	−2874.71	−2665.01	−2740.25
资产减值损失	−5420.18	−5747.94	−5132.20	−4730.73	−4407.82
资产处置收益	549.05	561.49	441.80	400.53	469.55
业务及管理费	0.00	10.78	17.24	13.56	14.00
减：摊回分保费用	0.00	0.00	0.00	0.00	0.00
其他业务成本	59.47	83.30	91.52	95.82	86.91

续表

年份	2023	2022	2021	2020	2019
其他业务利润	0.00	0.01	-0.01	0.05	-41.01
营业利润	40681.13	40877.51	38810.03	28135.70	26407.47
加：营业外收入	988.49	926.66	909.16	895.29	880.53
减：营业外支出	1355.11	1648.28	1753.51	1218.89	1330.59
利润总额	40315.28	40156.22	37965.93	27812.14	25957.14
减：所得税费用	8310.38	8530.36	8038.08	6132.89	6241.23
未确认的投资损失	0.00	0.00	0.00	0.00	0.00
影响净利润的其他项目	0.00	0.26	0.20	0.00	0.00
净利润	32005.14	31625.55	29927.30	21679.33	19716.07
归属于母公司所有者的净利润	28522.29	27976.33	26154.64	18625.12	16774.76
归属于母公司其他权益工具持有者的净利润	4.45	5.47	1.79	5.07	3.49
少数股东损益	3478.63	3644.30	3771.42	3074.08	2940.84
其他综合收益（损失）	146.44	1425.23	-107.25	-834.59	733.38
综合收益总额	32151.49	33044.35	29829.09	20892.62	20469.86
归属于母公司所有者的综合收益	28625.82	29109.90	26122.27	18008.15	17427.45
归属少数股东的综合收益	3524.36	3904.07	3674.91	2839.27	3009.58
基本每股收益	0.28	0.31	0.37	0.31	0.27
稀释每股收益	0.27	0.30	0.35	0.30	0.26

注：所有利润表中，基本每股收益和稀释每股收益为上市公司中位数，单位均为人民币。

附表3　　证券市场现金流量表（不含金融行业）　　单位：亿元

年份	2023	2022	2021	2020	2019
销售商品、提供劳务收到的现金	643765.21	621583.32	573496.50	454773.71	432707.98
客户存款和同业存放款项净增加额	96.26	38.65	231.16	395.96	332.36
向中央银行借款净增加额	3.19	-2.06	29.41	4.98	7.70
向其他金融机构拆入资金净增加额	7.04	68.09	9.79	13.24	29.78
收到原保险合同保费取得的现金	0.81	79.96	138.28	121.86	80.99
收到再保险业务现金净额	0.00	2.49	0.23	0.00	0.00
保户储金及投资款净增加额	0.00	1.79	33.48	49.06	50.16
处置交易性金融资产净增加额	0.47	0.00	0.70	0.92	5.45
收取利息、手续费及佣金的现金	401.03	455.95	495.43	508.62	467.89
拆入资金净增加额	16.80	123.06	-52.64	201.80	17.88
回购业务资金净增加额	-0.37	-20.51	32.28	65.60	38.60

续表

年份	2023	2022	2021	2020	2019
收到的税费返还	6006.97	8510.87	3780.93	2835.99	2441.49
收到的其他与经营活动有关的现金	27698.21	30197.98	31691.37	26738.48	22264.74
经营活动现金流入小计	678035.77	661082.22	609947.83	485728.55	458466.90
购买商品、接受劳务支付的现金	483452.04	474643.72	436494.52	343544.99	324841.84
客户贷款及垫款净增加额	179.73	87.39	354.03	300.06	512.13
存放中央银行和同业款项净增加额	52.31	132.92	11.92	−6.46	−25.20
支付原保险合同赔付款项的现金	0.35	2.56	1.65	4.23	8.42
支付利息、手续费及佣金的现金	59.96	81.37	95.36	99.90	94.30
支付保单红利的现金	0.00	0.50	0.37	0.91	0.38
支付给职工以及为职工支付的现金	53414.47	48959.59	44403.63	35211.30	33226.88
支付的各项税费	35123.30	36336.12	29972.31	25033.79	26445.99
支付其他与经营活动有关的现金	41235.72	42631.78	44838.65	37882.91	34234.95
经营活动现金流出小计	613751.28	602934.37	556324.74	442138.72	419509.11
经营活动产生的现金流量净额	64284.23	58148.04	53623.47	43589.84	38957.57
收回投资收到的现金	56956.08	62073.90	56485.07	54561.13	46870.71
取得投资收益收到的现金	3613.56	3425.36	3209.14	2875.42	2427.21
处置固定资产、无形资产和其他长期资产收回的现金净额	1745.43	1631.08	1785.24	1587.23	1472.20
处置子公司及其他营业单位收到的现金净额	1180.86	1661.99	2528.16	2803.28	1337.86
收到的其他与投资活动有关的现金	19153.06	18946.21	19632.50	17757.96	15663.91
投资活动产生的现金流入小计	82651.28	87740.41	83641.11	79587.04	67773.91
购建固定资产、无形资产和其他长期资产支付的现金	49891.50	45101.63	40561.42	32800.46	29272.98
投资支付的现金	63990.21	70478.90	65032.70	60594.97	52713.67
质押贷款净增加额	0.22	2.90	6.59	10.60	10.97
取得子公司及其他营业单位支付的现金净额	1813.49	1967.27	2110.09	2410.56	2087.63
支付其他与投资活动有关的现金	19252.17	19413.25	19460.77	18552.16	16005.09
投资活动产生的现金流出小计	134947.99	136964.16	127171.63	114368.96	100090.64
投资活动产生的现金流量净额	−52296.83	−49223.30	−43530.24	−34781.56	−32316.14
吸收投资收到的现金	20734.89	24936.47	27833.05	26140.94	17382.91
吸收权益性投资收到的现金	14394.99	18848.77	20393.01	18113.89	10774.72

续表

年份	2023	2022	2021	2020	2019
其中：子公司吸收少数股东投资收到的现金	4239.52	4738.66	5984.22	5808.06	4494.51
发行债券收到的现金	6339.90	6087.68	7440.03	8027.05	6608.21
取得借款收到的现金	174732.79	168507.79	150591.83	150226.44	127982.51
收到其他与筹资活动有关的现金	14476.68	14205.17	14538.45	13896.14	11376.08
筹资活动现金流入小计	209944.33	207649.69	192963.53	190263.97	156741.74
偿还债务支付的现金	166941.47	159090.46	147526.12	147027.45	128221.13
分配股利、利润或偿付利息支付的现金	26325.64	25363.64	21352.41	18579.02	18131.29
其中：子公司支付给少数股东的股利、利润	2927.35	2600.11	2339.87	1828.73	1703.66
支付其他与筹资活动有关的现金	25259.91	23423.12	23120.31	17872.31	14421.20
筹资活动现金流出小计	218526.97	207877.87	191998.94	183479.37	160774.24
筹资活动产生的现金流量净额	-8582.75	-228.10	964.97	6784.49	-4032.07
现金总流入	1022928.02	1005696.10	930083.08	790360.94	715299.67
现金总流出	967226.04	947775.76	875494.50	739986.87	680373.22
现金流量净额	3405.29	8696.65	11058.45	15592.66	2609.65

附表4　　　　证券市场农林牧渔业（A）资产负债表　　　　单位：亿元

年份	2023	2022	2021	2020	2019
货币资金	593.22	578.19	538.88	542.75	376.36
结算备付金	0.00	0.00	0.00	0.00	0.00
拆出资金净额	20.03	22.63	27.69	10.11	39.20
交易性金融资产	67.83	83.70	109.55	83.27	96.56
衍生金融资产	1.03	1.98	0.96	1.97	0.99
应收票据净额	2.71	2.17	1.69	1.28	0.96
应收账款净额	101.50	75.52	69.64	68.12	68.38
应收款项融资	2.14	2.40	4.66	3.27	2.53
预付款项净额	50.49	69.90	54.82	96.81	40.89
应收保费净额	0.00	0.00	0.00	0.00	0.00
应收分保账款净额	0.00	0.00	0.00	0.00	0.00
应收分保合同准备金净额	0.00	0.00	0.00	0.00	0.00
其他应收款净额	68.68	59.98	60.26	74.13	58.99
应收股利净额	0.33	0.15	0.14	0.22	0.97
买入返售金融资产净额	0.00	0.00	0.00	0.00	0.00

续表

年份	2023	2022	2021	2020	2019
存货净额	1103.53	1017.51	897.29	759.22	490.70
合同资产	1.17	0.21	0.09	0.16	0.00
一年内到期的非流动资产	2.01	1.21	0.00	0.08	0.00
其他流动资产	66.10	61.59	64.20	46.92	89.93
流动资产合计	2080.42	1977.03	1829.73	1688.02	1265.48
发放贷款及垫款净额	0.32	0.47	0.84	1.41	1.97
债权投资	0.86	0.84	0.82	1.15	1.17
其他债权投资	0.43	0.01	0.01	0.00	0.00
长期应收款净额	4.10	4.22	2.92	0.64	0.56
长期股权投资净额	78.35	104.04	85.48	80.72	84.07
其他权益工具投资	12.37	18.05	29.24	30.70	29.36
其他非流动金融资产	61.21	58.16	45.62	56.92	55.87
投资性房地产净额	23.16	20.51	10.06	8.16	5.89
固定资产净额	2414.27	2268.12	2161.17	1562.94	980.21
在建工程净额	172.84	242.08	308.60	320.80	190.40
生产性生物资产净额	297.35	268.47	260.12	371.24	216.66
油气资产净额	0.00	0.00	0.00	0.00	0.00
使用权资产	294.46	309.31	349.66	0.00	0.00
无形资产净额	178.37	122.61	124.22	130.36	111.47
开发支出	5.47	3.27	5.64	6.84	6.45
商誉净额	83.23	35.64	36.76	36.27	25.05
长期待摊费用	31.38	26.34	23.66	60.40	33.65
递延所得税资产	19.64	20.49	13.75	12.43	9.07
其他非流动资产	36.07	40.37	46.79	52.34	49.63
非流动资产合计	3713.89	3543.05	3505.33	2733.30	1801.47
资产总计	5794.32	5520.03	5335.10	4421.37	3066.95
短期借款	931.48	736.82	632.24	552.84	341.83
向中央银行借款	0.00	0.00	0.00	0.00	0.00
拆入资金	0.00	0.00	0.00	0.00	0.00
交易性金融负债	0.62	0.01	0.59	1.25	1.14
衍生金融负债	0.87	0.85	0.84	1.45	1.09
应付票据	79.42	82.76	85.10	37.44	62.74
应付账款	502.25	501.35	528.13	320.49	172.62
预收款项	1.90	2.30	1.74	5.58	59.42
合同负债	93.88	155.49	132.95	69.65	0.00

续表

年份	2023	2022	2021	2020	2019
卖出回购金融资产款	0.00	0.00	0.00	0.00	0.00
吸收存款及同业存放	0.00	0.00	0.00	0.00	0.00
代理买卖证券款	0.00	0.00	0.00	0.00	0.00
代理承销证券款	0.00	0.00	0.00	0.00	0.00
应付职工薪酬	58.91	62.54	56.63	64.85	49.32
应交税费	18.92	20.89	11.70	15.81	13.93
其他应付款	427.58	359.06	392.05	301.54	223.53
应付股利	1.75	1.12	0.99	13.23	0.98
应付手续费及佣金	0.00	0.00	0.00	0.00	0.00
应付分保账款	0.00	0.00	0.00	0.00	0.00
一年内到期的非流动负债	261.11	297.12	217.76	78.08	101.04
其他流动负债	18.42	22.20	15.86	21.89	12.08
流动负债合计	2395.36	2241.49	2075.70	1470.90	1038.69
保险合同准备金	0.00	0.00	0.00	0.00	0.00
长期借款	416.92	386.11	491.13	354.97	99.77
应付债券	221.14	250.35	289.83	133.32	75.27
租赁负债	240.30	239.96	279.17	0.00	0.00
长期应付款	78.64	47.43	36.03	45.15	31.31
预计负债	6.37	15.60	9.64	4.71	3.93
递延收益-非流动负债	61.91	56.46	48.09	38.95	31.85
递延所得税负债	14.44	11.12	11.80	8.89	5.48
其他非流动负债	11.08	12.58	1.30	4.05	5.88
非流动负债合计	1050.85	1019.55	1167.02	590.08	253.53
负债合计	3446.21	3261.00	3242.70	2060.94	1292.19
实收资本（或股本）	554.88	466.82	453.41	403.57	358.14
其他权益工具	23.16	25.77	48.80	30.17	26.57
其中：优先股	0.00	0.00	24.60	24.60	24.60
其中：永续债	0.00	0.00	0.00	0.00	0.00
资本公积	992.61	899.06	757.68	683.48	563.11
其中：库存股	47.18	31.11	31.46	38.43	34.15
其他综合收益	-1.59	-4.42	-31.07	-27.99	-20.00
专项储备	0.04	0.04	0.05	0.10	0.14
盈余公积	147.38	135.87	128.91	119.49	100.21
一般风险准备	0.62	0.54	0.46	0.21	0.05
未分配利润	453.63	562.31	554.29	975.25	647.47

续表

年份	2023	2022	2021	2020	2019
归属于母公司所有者权益合计	2123.47	2054.82	1881.07	2145.84	1641.57
少数股东权益	224.58	204.16	211.28	214.57	133.15
所有者权益合计	2348.10	2259.01	2092.37	2360.41	1774.73
负债与所有者权益总计	5794.32	5520.03	5335.10	4421.37	3066.95

附表5　　证券市场农林牧渔业（A）利润表　　单位：亿元

年份	2023	2022	2021	2020	2019
营业总收入	3905.81	3488.32	2997.02	2785.27	2110.11
营业收入	3905.62	3488.13	2996.84	2784.99	2109.68
利息净收入	0.19	0.19	0.19	0.28	0.42
利息收入	0.19	0.19	0.19	0.28	0.42
已赚保费	0.00	0.00	0.00	0.00	0.00
保险业务收入	0.00	0.00	0.00	0.00	0.00
减：分出保费	0.00	0.00	0.00	0.00	0.00
减：提取未到期责任准备金	0.00	0.00	0.00	0.00	0.00
手续费及佣金净收入	0.00	0.00	0.00	0.00	0.00
手续费及佣金收入	0.00	0.00	0.00	0.00	0.00
营业总成本	4072.57	3365.26	3261.92	2276.68	1785.96
营业成本	3654.59	2989.65	2907.95	1978.68	1541.12
利息支出	0.00	0.00	0.00	0.00	0.00
手续费及佣金支出	0.00	0.00	0.00	0.00	0.00
退保金	0.00	0.00	0.00	0.00	0.00
赔付支出净额	0.00	0.00	0.00	0.00	0.00
赔付支出	0.00	0.00	0.00	0.00	0.00
减：摊回赔付支出	0.00	0.00	0.00	0.00	0.00
提取保险责任准备金净额	0.00	0.00	0.00	0.00	0.00
提取保险责任准备金	0.00	0.00	0.00	0.00	0.00
减：摊回保险责任准备金	0.00	0.00	0.00	0.00	0.00
保单红利支出	0.00	0.00	0.00	0.00	0.00
分保费用	0.00	0.00	0.00	0.00	0.00
税金及附加	20.80	11.08	11.83	12.66	13.16
销售费用	76.41	55.97	55.24	52.30	52.75
管理费用	195.47	190.77	190.41	175.50	133.12
研发费用	41.90	31.79	29.69	24.82	18.21
财务费用	83.43	86.01	66.78	32.71	27.50
其他收益	47.94	39.12	32.18	23.68	17.19

续表

年份	2023	2022	2021	2020	2019
投资收益	175.90	33.01	44.94	7.94	15.75
汇兑收益	0.00	−1.33	0.14	0.01	0.07
其他业务收入	0.00	0.00	0.00	0.00	0.00
净敞口套期收益	0.00	0.00	0.00	0.00	0.00
公允价值变动收益	−8.33	−7.78	10.10	13.42	11.33
信用减值损失	−15.65	−14.56	−22.01	−7.30	−6.27
资产减值损失	−43.24	−65.92	−81.61	−15.26	−14.87
资产处置收益	−0.21	1.09	3.61	2.51	1.64
业务及管理费	0.00	0.00	0.00	0.00	0.00
减：摊回分保费用	0.00	0.00	0.00	0.00	0.00
其他业务成本	0.00	0.02	0.00	0.01	0.03
其他业务利润	0.00	0.00	0.00	0.00	0.00
营业利润	−10.32	106.72	−277.55	533.61	348.98
加：营业外收入	20.39	13.27	12.52	9.62	6.49
减：营业外支出	24.98	41.36	36.39	23.09	14.46
利润总额	−14.96	78.62	−301.41	520.12	340.97
减：所得税费用	12.77	6.36	9.31	9.90	9.53
未确认的投资损失	0.00	0.00	0.00	0.00	0.00
影响净利润的其他项目	0.00	0.00	0.00	0.00	0.00
净利润	−27.72	72.26	−310.73	510.23	331.45
归属于母公司所有者的净利润	−23.48	60.07	−313.06	478.24	323.74
归属于母公司其他权益工具持有者的净利润	0.00	0.00	0.00	0.00	0.00
少数股东损益	−4.25	12.17	2.34	31.97	7.71
其他综合收益（损失）	7.36	7.06	−3.43	−8.03	−1.21
综合收益总额	−20.35	79.33	−314.13	502.18	330.26
归属于母公司所有者的综合收益	−19.68	66.96	−316.36	470.28	322.55
归属少数股东的综合收益	−0.65	12.34	2.22	31.89	7.68
基本每股收益	0.03	0.08	0.05	0.22	0.09
稀释每股收益	0.03	0.08	0.05	0.22	0.09

附表6　证券市场农林牧渔业（A）现金流量表　　单位：亿元

年份	2023	2022	2021	2020	2019
销售商品、提供劳务收到的现金	3894.59	3560.23	3025.39	2778.93	2106.45
客户存款和同业存放款项净增加额	0.00	0.00	0.00	0.00	0.00

续表

年份	2023	2022	2021	2020	2019
向中央银行借款净增加额	0.00	0.00	0.00	0.00	0.00
向其他金融机构拆入资金净增加额	0.00	0.00	0.00	0.00	0.00
收到原保险合同保费取得的现金	0.00	0.00	0.00	0.00	0.00
收到再保险业务现金净额	0.00	0.00	0.00	0.00	0.00
保户储金及投资款净增加额	0.00	0.00	0.00	0.00	0.00
处置交易性金融资产净增加额	0.00	0.00	0.00	0.00	0.00
收取利息、手续费及佣金的现金	0.18	0.18	0.17	0.52	0.42
拆入资金净增加额	0.00	0.00	0.00	0.00	0.00
回购业务资金净增加额	0.00	0.00	0.00	0.00	0.00
收到的税费返还	4.77	12.65	2.78	2.14	2.94
收到的其他与经营活动有关的现金	222.40	184.24	177.44	172.25	161.16
经营活动现金流入小计	4121.95	3757.33	3205.85	2953.85	2270.92
购买商品、接受劳务支付的现金	3130.26	2722.07	2291.96	1921.03	1361.82
客户贷款及垫款净增加额	−0.08	−0.19	−0.64	−0.54	−0.05
存放中央银行和同业款项净增加额	0.36	0.12	0.00	0.04	0.30
支付原保险合同赔付款项的现金	0.00	0.00	0.00	0.00	0.00
支付利息、手续费及佣金的现金	0.00	0.02	0.00	0.02	0.03
支付保单红利的现金	0.00	0.00	0.00	0.00	0.00
支付给职工以及为职工支付的现金	431.64	369.83	398.40	281.64	206.45
支付的各项税费	35.53	23.81	32.06	20.00	17.05
支付其他与经营活动有关的现金	249.54	228.41	227.18	206.89	189.40
经营活动现金流出小计	3847.27	3344.11	2948.99	2429.03	1774.95
经营活动产生的现金流量净额	274.68	413.21	256.88	524.80	495.96
收回投资收到的现金	188.22	269.41	276.79	387.47	329.36
取得投资收益收到的现金	5.51	5.65	6.53	9.35	7.36
处置固定资产、无形资产和其他长期资产收回的现金净额	44.77	40.40	98.41	103.76	44.30
处置子公司及其他营业单位收到的现金净额	12.16	11.85	22.64	3.26	6.24
收到的其他与投资活动有关的现金	143.54	260.17	256.17	202.43	151.82
投资活动产生的现金流入小计	394.18	587.51	660.52	706.26	539.04

续表

年份	2023	2022	2021	2020	2019
购建固定资产、无形资产和其他长期资产支付的现金	449.25	431.21	752.87	1049.61	413.74
投资支付的现金	172.65	245.36	293.90	336.19	331.80
质押贷款净增加额	0.00	0.00	0.00	0.00	0.00
取得子公司及其他营业单位支付的现金净额	28.09	3.72	2.98	9.10	10.51
支付其他与投资活动有关的现金	150.52	263.85	255.86	162.95	166.42
投资活动产生的现金流出小计	800.48	944.17	1305.59	1557.85	922.46
投资活动产生的现金流量净额	-406.30	-356.63	-645.04	-851.61	-383.43
吸收投资收到的现金	123.04	152.99	194.50	261.10	184.29
吸收权益性投资收到的现金	115.06	152.99	102.23	188.74	170.39
其中：子公司吸收少数股东投资收到的现金	22.05	29.06	21.56	61.80	74.89
发行债券收到的现金	7.98	0.00	92.27	72.36	13.90
取得借款收到的现金	1541.75	1382.58	1289.05	1024.35	563.62
收到其他与筹资活动有关的现金	45.03	63.99	51.31	38.01	48.68
筹资活动现金流入小计	1709.88	1599.56	1534.87	1323.49	796.60
偿还债务支付的现金	1266.33	1339.69	851.20	614.93	599.22
分配股利、利润或偿付利息支付的现金	159.62	116.61	212.66	190.48	118.09
其中：子公司支付给少数股东的股利、利润	17.39	6.39	18.91	16.28	5.61
支付其他与筹资活动有关的现金	185.24	127.71	138.36	52.10	52.72
筹资活动现金流出小计	1611.23	1583.99	1202.20	857.51	770.00
筹资活动产生的现金流量净额	98.61	15.56	332.70	465.94	26.60
现金总流入	6632.27	6301.05	6046.37	5835.16	3989.97
现金总流出	6258.97	5872.28	5456.77	4844.40	3467.45
现金流量净额	-32.96	72.19	-55.43	139.23	139.13

附表7　　证券市场采矿业（B）资产负债表　　单位：亿元

年份	2023	2022	2021	2020	2019
货币资金	12167.99	11760.30	9664.81	7419.47	5427.35
结算备付金	0.00	0.00	0.00	0.00	0.20
拆出资金净额	0.00	0.00	0.00	0.00	0.00
交易性金融资产	1097.64	1529.45	493.90	411.55	574.33
衍生金融资产	295.32	428.43	204.39	147.72	32.20

续表

年份	2023	2022	2021	2020	2019
应收票据净额	220.83	198.39	192.47	156.81	152.62
应收账款净额	2785.18	2811.84	2013.28	1932.85	2331.79
应收款项融资	525.13	557.10	736.83	558.30	563.80
预付款项净额	545.24	631.04	570.60	553.57	480.37
应收保费净额	0.00	0.00	0.00	0.00	0.00
应收分保账款净额	0.00	0.00	0.00	0.00	0.00
应收分保合同准备金净额	0.00	0.00	0.00	0.00	0.00
其他应收款净额	946.74	1108.08	1028.59	921.71	780.92
应收股利净额	18.59	16.57	18.30	7.62	6.31
买入返售金融资产净额	6.29	2.97	12.00	0.13	0.00
存货净额	6040.49	5827.37	5010.07	4102.28	5054.00
合同资产	311.87	326.50	254.18	212.60	107.87
一年内到期的非流动资产	96.27	125.09	35.80	56.66	37.81
其他流动资产	1628.36	1480.67	1345.41	1754.45	1838.70
流动资产合计	26667.20	26789.10	21565.24	18228.16	17381.95
发放贷款及垫款净额	38.01	22.21	44.61	45.13	30.57
债权投资	124.58	73.05	27.88	24.08	216.73
其他债权投资	0.42	0.82	2.09	0.00	0.00
长期应收款净额	62.64	78.34	69.03	55.07	84.71
长期股权投资净额	7862.38	7470.44	6382.36	5948.25	3921.58
其他权益工具投资	337.97	294.50	255.74	220.90	192.48
其他非流动金融资产	202.87	215.66	171.58	176.77	154.17
投资性房地产净额	46.71	71.74	74.28	76.35	61.66
固定资产净额	24959.42	23056.65	21313.90	20543.02	23166.28
在建工程净额	6056.12	5899.97	5553.60	5612.82	6106.65
生产性生物资产净额	0.01	0.01	0.01	0.01	0.01
油气资产净额	14866.35	14002.01	8551.92	8479.44	8727.36
使用权资产	3280.64	3381.26	3439.73	0.00	0.00
无形资产净额	8051.16	7156.78	6522.28	5855.82	5368.71
开发支出	20.63	16.30	13.16	11.80	8.97
商誉净额	515.74	411.68	277.04	273.90	634.15
长期待摊费用	598.33	501.38	469.41	447.90	406.45
递延所得税资产	1069.87	985.46	595.19	602.08	643.67
其他非流动资产	2263.45	1863.99	1439.00	5149.09	5217.40
非流动资产合计	70357.41	65502.36	55202.80	53522.45	54941.62

续表

年份	2023	2022	2021	2020	2019
资产总计	97024.63	92292.91	76769.48	71750.57	72323.60
短期借款	2962.26	2504.63	2731.54	2876.19	3032.15
向中央银行借款	0.00	0.00	0.00	0.00	0.00
拆入资金	0.00	0.00	0.00	0.00	0.00
交易性金融负债	88.13	185.68	156.44	148.85	185.57
衍生金融负债	136.00	213.99	69.05	102.23	54.27
应付票据	1135.45	962.24	1050.15	952.25	915.99
应付账款	9051.13	9088.31	7070.34	6064.95	6580.53
预收款项	1.78	9.14	1.61	1.93	222.83
合同负债	2800.29	2835.52	2650.57	2653.90	2241.56
卖出回购金融资产款	0.36	0.04	10.78	28.04	15.87
吸收存款及同业存放	35.42	53.82	28.57	27.41	13.16
代理买卖证券款	0.00	0.00	0.00	0.00	0.00
代理承销证券款	0.00	0.00	0.00	0.00	0.00
应付职工薪酬	741.57	739.98	609.96	455.72	425.46
应交税费	1885.87	1680.23	2373.46	1751.22	1666.41
其他应付款	2853.98	2843.64	2536.56	2553.91	2339.31
应付股利	53.16	56.78	39.37	21.67	44.27
应付手续费及佣金	0.00	0.00	0.00	0.00	0.00
应付分保账款	0.00	0.00	0.00	0.00	0.00
一年内到期的非流动负债	2995.77	2848.43	1714.38	2135.51	2875.84
其他流动负债	827.73	839.84	802.89	597.56	505.34
流动负债合计	25515.85	24810.09	21809.24	20349.76	21074.23
保险合同准备金	0.00	0.00	0.00	0.00	0.00
长期借款	7090.18	6072.46	5786.26	4911.49	4307.13
应付债券	1965.91	2601.02	2282.93	2662.18	2674.75
租赁负债	2971.34	3032.29	3065.10	0.00	0.00
长期应付款	913.91	787.87	575.72	399.63	364.24
预计负债	3780.52	3589.11	2318.10	2098.53	2213.46
递延收益-非流动负债	83.91	97.41	92.24	79.23	86.25
递延所得税负债	981.53	880.17	796.29	667.97	643.94
其他非流动负债	653.02	584.76	502.37	3410.99	3823.11
非流动负债合计	18440.36	17645.06	15419.04	14230.08	14113.01
负债合计	43956.24	42455.22	37228.34	34579.84	35187.28
实收资本（或股本）	6027.86	5867.12	5075.13	5063.07	5004.06

续表

年份	2023	2022	2021	2020	2019
其他权益工具	321.77	272.59	173.58	258.61	243.41
其中：优先股	0.00	9.89	9.89	9.89	0.00
其中：永续债	305.26	249.83	153.59	226.59	237.56
资本公积	6038.64	5950.16	5941.44	5901.68	5799.37
其中：库存股	65.30	49.11	27.26	46.68	38.60
其他综合收益	-98.03	-190.85	-539.18	-449.52	-372.90
专项储备	669.39	624.89	530.00	458.94	525.21
盈余公积	6114.98	5864.43	4922.19	4743.82	4706.07
一般风险准备	15.30	13.65	8.07	6.81	5.59
未分配利润	27214.24	25281.11	18076.76	16112.11	15787.01
归属于母公司所有者权益合计	46238.83	43634.92	34161.82	32048.80	31659.22
少数股东权益	6829.62	6202.86	5379.34	5122.04	5477.10
所有者权益合计	53068.40	49837.68	39541.16	37170.80	37136.36
负债与所有者权益总计	97024.63	92292.91	76769.48	71750.57	72323.60

附表8　　证券市场采矿业（B）利润表　　单位：亿元

年份	2023	2022	2021	2020	2019
营业总收入	90759.69	94639.38	75770.88	57944.84	71288.18
营业收入	90757.64	94637.75	75770.11	57943.91	71288.18
利息净收入	2.05	1.63	0.77	0.94	0.00
利息收入	2.05	1.63	0.77	0.94	0.00
已赚保费	0.00	0.00	0.00	0.00	0.00
保险业务收入	0.00	0.00	0.00	0.00	0.00
减：分出保费	0.00	0.00	0.00	0.00	0.00
减：提取未到期责任准备金	0.00	0.00	0.00	0.00	0.00
手续费及佣金净收入	0.00	0.00	0.00	0.00	0.00
手续费及佣金收入	0.00	0.00	0.00	0.00	0.00
营业总成本	82000.70	84295.14	69694.37	55784.50	67717.00
营业成本	70254.65	73083.90	59651.82	46273.12	57674.87
利息支出	0.00	0.00	0.00	0.00	0.00
手续费及佣金支出	0.00	0.00	0.00	0.00	0.00
退保金	0.00	0.00	0.00	0.00	0.00
赔付支出净额	0.00	0.00	0.00	0.00	0.00
赔付支出	0.00	0.00	0.00	0.00	0.00
减：摊回赔付支出	0.00	0.00	0.00	0.00	0.00

续表

年份	2023	2022	2021	2020	2019
提取保险责任准备金净额	0.00	0.00	0.00	0.00	0.00
提取保险责任准备金	0.00	0.00	0.00	0.00	0.00
减：摊回保险责任准备金	0.00	0.00	0.00	0.00	0.00
保单红利支出	0.00	0.00	0.00	0.00	0.00
分保费用	0.00	0.00	0.00	0.00	0.00
税金及附加	6753.90	6440.32	5527.91	4728.37	5095.73
销售费用	1495.53	1458.03	1414.38	1631.83	1752.79
管理费用	2257.67	2110.38	2061.65	2103.20	2117.39
研发费用	668.00	604.56	481.81	401.89	376.78
财务费用	570.88	597.65	556.57	645.69	699.45
其他收益	393.21	317.59	241.34	221.86	215.26
投资收益	478.21	438.13	537.85	1162.07	318.85
汇兑收益	0.00	0.00	0.00	0.00	0.00
其他业务收入	0.00	0.00	0.00	0.00	0.00
净敞口套期收益	0.28	−11.08	−8.15	−8.86	0.00
公允价值变动收益	−1.03	−135.30	18.58	17.17	0.82
信用减值损失	−13.84	−41.96	−86.01	−68.50	−41.42
资产减值损失	−507.95	−715.05	−577.11	−619.75	−229.75
资产处置收益	43.93	22.84	30.36	39.02	7.44
业务及管理费	0.00	0.00	0.00	0.00	0.00
减：摊回分保费用	0.00	0.00	0.00	0.00	0.00
其他业务成本	0.14	0.17	0.31	0.33	0.00
其他业务利润	0.00	0.00	0.00	0.00	−41.26
营业利润	9151.91	10219.42	6233.41	2903.36	3801.06
加：营业外收入	87.66	94.63	95.25	114.45	113.23
减：营业外支出	327.02	484.60	455.61	306.14	243.01
利润总额	8912.54	9829.42	5873.01	2711.73	3671.25
减：所得税费用	2054.16	2185.83	1409.54	700.36	961.47
未确认的投资损失	0.00	0.00	0.00	0.00	0.00
影响净利润的其他项目	0.00	0.26	0.20	0.00	0.00
净利润	6858.35	7643.31	4463.29	2011.37	2709.86
归属于母公司所有者的净利润	5979.86	6690.78	3610.28	1556.10	2124.47
归属于母公司其他权益工具持有者的净利润	4.45	4.62	1.79	4.91	0.00
少数股东损益	874.02	947.95	851.17	450.46	585.38

续表

年份	2023	2022	2021	2020	2019
其他综合收益（损失）	123.05	807.59	63.28	-162.36	190.59
综合收益总额	6981.48	8449.37	4528.66	1848.80	2901.23
归属于母公司所有者的综合收益	6098.18	7384.95	3713.62	1480.44	2264.82
归属少数股东的综合收益	878.81	1059.78	813.27	363.41	636.40
基本每股收益	0.49	0.52	0.38	0.18	0.22
稀释每股收益	0.41	0.50	0.35	0.14	0.16

附表9　证券市场采矿业（B）现金流量表　单位：亿元

年份	2023	2022	2021	2020	2019
销售商品、提供劳务收到的现金	99523.75	100258.96	78631.40	63355.97	77467.90
客户存款和同业存放款项净增加额	-89.66	-111.23	64.48	206.94	23.51
向中央银行借款净增加额	0.00	0.00	0.00	0.00	0.00
向其他金融机构拆入资金净增加额	0.00	0.00	0.00	0.00	0.00
收到原保险合同保费取得的现金	0.00	0.00	0.00	0.00	0.00
收到再保险业务现金净额	0.00	0.00	0.00	0.00	0.00
保户储金及投资款净增加额	0.00	0.00	0.00	0.00	0.00
处置交易性金融资产净增加额	0.00	0.00	0.00	0.00	0.00
收取利息、手续费及佣金的现金	2.02	1.60	0.77	10.85	19.96
拆入资金净增加额	0.00	0.00	0.00	0.00	0.00
回购业务资金净增加额	0.32	-2.07	-10.57	12.59	1.99
收到的税费返还	197.92	269.27	79.56	61.02	42.90
收到的其他与经营活动有关的现金	3486.35	6224.10	3784.51	3043.60	2165.55
经营活动现金流入小计	103121.06	106641.06	82550.84	66691.03	79721.86
购买商品、接受劳务支付的现金	68936.70	69333.81	55260.95	44182.87	56726.54
客户贷款及垫款净增加额	21.61	-15.21	57.04	-4.73	83.80
存放中央银行和同业款项净增加额	0.00	0.00	0.00	0.00	0.04
支付原保险合同赔付款项的现金	0.00	0.00	0.00	0.00	0.00
支付利息、手续费及佣金的现金	0.14	0.17	0.31	3.89	3.79
支付保单红利的现金	0.00	0.00	0.00	0.00	0.00
支付给职工以及为职工支付的现金	5597.13	5122.53	4477.83	4042.75	4073.17
支付的各项税费	11081.01	12323.26	8062.17	6942.07	8091.24

续表

年份	2023	2022	2021	2020	2019
支付其他与经营活动有关的现金	4845.99	7218.88	4563.13	3868.70	3171.84
经营活动现金流出小计	90482.59	93992.25	72428.15	59036.03	72150.50
经营活动产生的现金流量净额	12638.53	12648.83	10122.68	7654.98	7571.37
收回投资收到的现金	3226.36	3303.70	1298.15	1567.37	1571.82
取得投资收益收到的现金	542.09	481.77	398.82	327.86	279.08
处置固定资产、无形资产和其他长期资产收回的现金净额	106.48	47.34	81.92	67.44	68.58
处置子公司及其他营业单位收到的现金净额	51.63	177.09	437.13	1364.79	11.94
收到的其他与投资活动有关的现金	1991.80	1387.19	754.87	829.25	1308.25
投资活动产生的现金流入小计	5918.36	5397.14	2970.95	4156.71	3239.65
购建固定资产、无形资产和其他长期资产支付的现金	8292.96	7056.50	5564.93	5231.74	5895.56
投资支付的现金	3024.11	3886.77	1432.58	1359.69	1834.22
质押贷款净增加额	0.00	0.67	0.58	2.51	6.26
取得子公司及其他营业单位支付的现金净额	185.49	405.62	101.96	225.50	89.47
支付其他与投资活动有关的现金	1917.14	1176.97	990.24	1393.26	1381.27
投资活动产生的现金流出小计	13419.70	12526.51	8090.33	8212.76	9206.76
投资活动产生的现金流量净额	−7501.30	−7129.42	−5119.38	−4056.05	−5967.15
吸收投资收到的现金	492.26	824.16	334.46	528.49	498.51
吸收权益性投资收到的现金	419.76	677.16	237.39	301.00	328.42
其中：子公司吸收少数股东投资收到的现金	96.67	135.89	78.66	141.55	146.74
发行债券收到的现金	72.50	147.00	97.07	227.49	170.09
取得借款收到的现金	18380.97	18929.98	16410.67	20307.58	17913.08
收到其他与筹资活动有关的现金	494.45	496.27	628.60	565.73	438.45
筹资活动现金流入小计	19367.66	20250.38	17373.71	21401.81	18850.01
偿还债务支付的现金	17923.26	19404.11	16564.98	20319.51	17889.93
分配股利、利润或偿付利息支付的现金	4694.98	4295.45	2438.74	2051.84	2159.33
其中：子公司支付给少数股东的股利、利润	609.26	540.57	442.10	368.88	358.23
支付其他与筹资活动有关的现金	1436.63	1072.32	1359.76	1089.61	1185.91
筹资活动现金流出小计	24054.90	24771.87	20363.56	23460.98	21235.21
筹资活动产生的现金流量净额	−4687.18	−4521.54	−2989.75	−2059.17	−2385.09

续表

年份	2023	2022	2021	2020	2019
现金总流入	135908.48	139417.97	108014.92	96305.58	107778.70
现金总流出	127957.12	131290.73	100881.99	90709.76	102592.40
现金流量净额	450.01	997.89	2013.54	1539.80	−780.89

附表10　证券市场食品饮料制造业（C13-C15）资产负债表　单位：亿元

年份	2023	2022	2021	2020	2019
货币资金	6259.47	5354.02	4828.50	3941.56	2674.51
结算备付金	0.00	0.00	0.00	0.00	0.00
拆出资金净额	1056.54	1162.73	1350.67	1185.00	1174.78
交易性金融资产	752.41	917.08	885.29	727.95	623.39
衍生金融资产	17.60	10.23	10.26	20.93	2.55
应收票据净额	52.63	46.77	278.80	237.23	209.58
应收账款净额	606.95	606.52	499.89	413.79	348.24
应收款项融资	267.15	389.95	156.60	147.91	112.11
预付款项净额	186.05	283.12	256.81	284.39	162.91
应收保费净额	0.00	0.00	0.00	0.00	0.00
应收分保账款净额	0.00	0.00	0.00	0.00	0.00
应收分保合同准备金净额	0.00	0.00	0.00	0.00	0.00
其他应收款净额	185.90	228.06	200.18	220.85	187.31
应收股利净额	3.68	0.68	1.06	1.40	0.76
买入返售金融资产净额	35.05	0.00	0.00	0.00	0.00
存货净额	3850.76	3874.83	3297.12	2931.31	2230.18
合同资产	13.08	16.55	16.51	12.14	0.00
一年内到期的非流动资产	43.75	76.99	47.10	19.94	11.14
其他流动资产	575.96	423.21	358.68	269.03	233.56
流动资产合计	13903.46	13389.88	12186.47	10411.97	7970.32
发放贷款及垫款净额	21.47	41.49	36.30	31.21	3.53
债权投资	70.36	9.17	17.44	14.74	5.65
其他债权投资	16.73	6.06	3.00	0.90	0.98
长期应收款净额	14.93	14.61	9.76	8.92	10.93
长期股权投资净额	886.96	811.75	751.63	700.87	608.42
其他权益工具投资	133.93	135.80	129.35	116.55	78.77
其他非流动金融资产	222.02	163.82	166.69	122.77	104.65
投资性房地产净额	131.22	121.05	116.07	101.23	91.70
固定资产净额	4873.60	4534.79	3934.18	3410.63	2696.95

续表

年份	2023	2022	2021	2020	2019
在建工程净额	992.71	938.12	855.98	633.13	439.93
生产性生物资产净额	159.85	213.25	188.99	196.36	67.33
油气资产净额	0.00	0.00	0.00	0.00	0.00
使用权资产	272.11	294.20	309.89	0.00	0.00
无形资产净额	930.88	872.57	807.66	736.98	576.85
开发支出	9.03	9.05	6.22	6.39	6.29
商誉净额	292.56	284.13	264.16	259.27	193.53
长期待摊费用	54.89	53.34	53.09	69.21	50.28
递延所得税资产	310.59	282.40	229.07	185.74	144.50
其他非流动资产	533.49	503.09	388.51	184.80	135.17
非流动资产合计	9927.42	9288.70	8268.13	6779.88	5215.58
资产总计	23830.77	22678.68	20454.55	17191.79	13185.92
短期借款	2596.37	2315.12	1954.66	1664.68	984.10
向中央银行借款	0.00	0.00	0.00	0.00	0.00
拆入资金	0.00	0.00	0.00	0.00	0.00
交易性金融负债	6.35	5.52	1.38	1.87	0.52
衍生金融负债	7.79	17.27	15.53	35.18	1.91
应付票据	313.70	237.07	162.44	136.32	115.62
应付账款	1392.42	1407.01	1160.60	928.27	784.76
预收款项	32.24	4.20	3.89	4.36	831.43
合同负债	1117.92	1222.63	1225.03	984.86	62.92
卖出回购金融资产款	0.00	5.08	9.30	8.19	6.28
吸收存款及同业存放	121.26	129.52	218.31	142.91	110.91
代理买卖证券款	0.00	0.00	0.00	0.00	0.00
代理承销证券款	0.00	0.00	0.00	0.00	0.00
应付职工薪酬	370.04	355.04	323.07	296.18	237.25
应交税费	345.57	355.38	398.43	348.47	327.86
其他应付款	846.18	801.36	717.96	611.11	627.13
应付股利	13.77	12.79	11.82	10.86	16.20
应付手续费及佣金	0.00	0.00	0.00	0.00	0.00
应付分保账款	0.00	0.00	0.00	0.00	0.00
一年内到期的非流动负债	603.51	509.28	324.59	217.25	197.27
其他流动负债	158.37	203.92	176.31	163.30	49.63
流动负债合计	7911.51	7568.59	6693.62	5543.29	4337.93
保险合同准备金	0.00	0.00	1.97	0.23	0.24

续表

年份	2023	2022	2021	2020	2019
长期借款	1094.18	1067.61	954.14	665.94	391.31
应付债券	259.18	281.16	315.00	217.84	108.83
租赁负债	213.57	223.15	237.69	0.00	0.00
长期应付款	59.84	65.10	56.39	48.91	52.95
预计负债	13.18	21.60	9.78	7.41	3.27
递延收益－非流动负债	178.11	172.70	158.58	146.90	122.29
递延所得税负债	102.35	100.78	93.53	87.08	76.97
其他非流动负债	71.49	65.97	33.55	32.92	25.91
非流动负债合计	1991.99	1998.16	1858.64	1207.05	781.56
负债合计	9903.50	9566.81	8552.37	6750.35	5119.42
实收资本（或股本）	1537.67	1492.76	1440.64	1342.83	1232.37
其他权益工具	63.33	57.92	85.55	43.65	6.81
其中：优先股	0.00	0.00	0.00	0.00	0.00
其中：永续债	23.30	25.00	51.09	31.00	0.00
资本公积	3089.09	3055.22	2713.67	2223.34	1530.15
其中：库存股	120.24	113.22	111.70	85.44	82.61
其他综合收益	−5.58	−3.56	2.19	14.44	4.72
专项储备	3.29	3.20	2.64	2.29	2.38
盈余公积	1291.67	1144.69	990.93	848.36	723.00
一般风险准备	15.10	14.82	14.80	13.09	11.99
未分配利润	7471.79	6824.34	6189.95	5507.34	4235.62
归属于母公司所有者权益合计	13346.09	12476.18	11328.75	9909.77	7664.48
少数股东权益	581.14	635.84	573.52	531.69	401.96
所有者权益合计	13927.23	13111.95	11902.27	10441.56	8066.42
负债与所有者权益总计	23830.77	22678.68	20454.55	17191.79	13185.92

附表11　证券市场食品饮料制造业（C13-C15）利润表　　　　单位：亿元

年份	2023	2022	2021	2020	2019
营业总收入	19358.41	18510.77	16419.27	13819.77	10286.69
营业收入	19323.47	18469.88	16380.79	13784.37	10249.49
利息净收入	34.95	40.89	38.48	35.27	37.08
利息收入	34.95	40.89	38.48	35.27	37.08
已赚保费	0.00	0.00	0.00	0.13	0.12
保险业务收入	0.00	0.00	0.00	0.00	0.00
减：分出保费	0.00	0.00	0.00	0.00	0.00

续表

年份	2023	2022	2021	2020	2019
减：提取未到期责任准备金	0.00	0.00	0.00	0.00	0.00
手续费及佣金净收入	0.00	0.00	0.00	0.00	0.00
手续费及佣金收入	0.00	0.00	0.00	0.00	0.00
营业总成本	16558.60	15886.07	14239.47	11667.44	8564.39
营业成本	13561.51	13121.40	11724.43	9416.87	6416.08
利息支出	0.00	0.00	0.00	0.00	0.00
手续费及佣金支出	0.00	0.00	0.00	0.00	0.00
退保金	0.00	0.00	0.00	0.00	0.00
赔付支出净额	0.00	0.00	0.00	0.00	0.00
赔付支出	0.00	0.00	0.00	0.00	0.00
减：摊回赔付支出	0.00	0.00	0.00	0.00	0.00
提取保险责任准备金净额	1.24	0.73	0.42	0.46	0.94
提取保险责任准备金	0.12	0.00	0.00	0.00	0.85
减：摊回保险责任准备金	0.00	0.00	0.00	0.00	0.00
保单红利支出	0.00	0.00	0.00	0.00	0.00
分保费用	0.00	0.00	0.00	0.00	0.00
税金及附加	743.14	644.08	562.68	472.00	438.50
销售费用	1367.27	1262.53	1161.74	1102.76	1119.29
管理费用	743.91	708.00	653.56	566.62	488.16
研发费用	137.56	128.44	112.84	87.62	70.54
财务费用	2.55	19.44	21.71	19.81	28.89
其他收益	82.57	75.38	69.96	68.62	54.98
投资收益	125.16	83.86	62.91	97.80	84.86
汇兑收益	0.00	0.00	0.00	0.00	0.00
其他业务收入	0.00	0.00	0.00	0.00	0.00
净敞口套期收益	0.00	0.00	0.00	0.00	0.00
公允价值变动收益	8.89	−3.02	12.86	13.65	11.94
信用减值损失	−32.14	−24.29	−16.88	−25.82	−26.15
资产减值损失	−126.02	−131.96	−122.95	−55.91	−82.65
资产处置收益	12.04	6.61	11.17	4.10	3.35
业务及管理费	0.00	0.00	0.00	0.00	0.00
减：摊回分保费用	0.00	0.00	0.00	0.00	0.00
其他业务成本	1.59	1.36	1.98	1.38	1.98
其他业务利润	0.00	0.00	0.00	0.00	0.00
营业利润	2870.49	2631.34	2196.97	2254.94	1768.76

续表

年份	2023	2022	2021	2020	2019
加：营业外收入	37.01	19.01	22.73	24.44	27.07
减：营业外支出	42.03	52.04	55.99	42.98	26.71
利润总额	2865.47	2598.41	2163.75	2236.41	1769.11
减：所得税费用	705.67	617.08	551.46	488.37	398.68
未确认的投资损失	0.00	0.00	0.00	0.00	0.00
影响净利润的其他项目	0.00	0.00	0.00	0.00	0.00
净利润	2159.86	1981.22	1612.15	1748.04	1370.35
归属于母公司所有者的净利润	2126.50	1922.43	1558.65	1655.28	1302.15
归属于母公司其他权益工具持有者的净利润	0.00	0.00	0.00	0.00	0.00
少数股东损益	33.29	58.75	53.65	92.78	68.31
其他综合收益（损失）	2.79	-4.90	-16.06	4.44	2.35
综合收益总额	2162.64	1976.30	1596.04	1752.41	1372.69
归属于母公司所有者的综合收益	2126.47	1910.85	1547.38	1658.36	1303.61
归属少数股东的综合收益	36.14	60.44	46.84	94.12	69.13
基本每股收益	0.41	0.40	0.36	0.51	0.34
稀释每股收益	0.36	0.36	0.33	0.44	0.32

附表12　证券市场食品饮料制造业（C13-C15）现金流量表　　单位：亿元

年份	2023	2022	2021	2020	2019
销售商品、提供劳务收到的现金	20824.63	19788.75	17859.34	15065.38	11338.03
客户存款和同业存放款项净增加额	-7.96	-89.06	75.29	31.96	-4.37
向中央银行借款净增加额	0.00	0.00	0.00	0.00	0.00
向其他金融机构拆入资金净增加额	0.00	0.00	0.00	0.00	0.00
收到原保险合同保费取得的现金	0.00	0.00	0.00	0.00	0.00
收到再保险业务现金净额	0.00	0.00	0.00	0.00	0.00
保户储金及投资款净增加额	0.00	0.00	0.00	0.00	0.00
处置交易性金融资产净增加额	0.00	0.00	0.00	0.00	0.00
收取利息、手续费及佣金的现金	33.88	35.65	33.93	32.66	37.80
拆入资金净增加额	0.00	0.00	0.00	0.00	0.00
回购业务资金净增加额	0.00	0.00	0.00	0.00	0.00
收到的税费返还	89.67	119.09	39.00	37.29	27.66
收到的其他与经营活动有关的现金	535.05	422.05	339.44	329.79	274.57

续表

年份	2023	2022	2021	2020	2019
经营活动现金流入小计	21475.77	20276.45	18350.99	15497.07	11677.79
购买商品、接受劳务支付的现金	13443.34	13487.84	12048.61	10286.62	6933.68
客户贷款及垫款净增加额	−20.58	7.02	7.54	29.47	4.58
存放中央银行和同业款项净增加额	15.70	132.68	5.59	−23.91	−45.03
支付原保险合同赔付款项的现金	0.00	0.00	0.00	0.00	0.00
支付利息、手续费及佣金的现金	1.76	1.18	1.89	1.37	2.27
支付保单红利的现金	0.00	0.00	0.00	0.00	0.00
支付给职工以及为职工支付的现金	1632.10	1518.11	1368.34	1086.87	943.21
支付的各项税费	2211.26	2012.71	1663.80	1447.33	1316.57
支付其他与经营活动有关的现金	1189.80	995.63	910.91	866.55	812.72
经营活动现金流出小计	18498.45	18156.12	16002.68	13698.14	9970.08
经营活动产生的现金流量净额	2977.31	2120.32	2348.29	1798.89	1707.68
收回投资收到的现金	3198.00	3273.15	3212.56	3253.80	3138.38
取得投资收益收到的现金	112.71	91.56	73.76	101.44	54.71
处置固定资产、无形资产和其他长期资产收回的现金净额	43.77	40.34	35.85	36.59	31.80
处置子公司及其他营业单位收到的现金净额	57.15	7.27	24.40	63.35	8.92
收到的其他与投资活动有关的现金	256.93	251.05	239.10	241.99	416.62
投资活动产生的现金流入小计	3668.68	3663.50	3585.69	3697.21	3650.57
购建固定资产、无形资产和其他长期资产支付的现金	995.32	1045.70	1122.51	1073.25	701.04
投资支付的现金	3531.87	3500.14	3684.05	3516.08	3195.40
质押贷款净增加额	0.00	0.00	0.00	0.00	0.00
取得子公司及其他营业单位支付的现金净额	35.23	88.65	45.72	67.39	114.89
支付其他与投资活动有关的现金	271.75	274.35	275.08	310.06	391.41
投资活动产生的现金流出小计	4834.19	4908.76	5127.38	4966.76	4402.70
投资活动产生的现金流量净额	−1165.52	−1245.35	−1541.63	−1269.56	−752.18
吸收投资收到的现金	149.51	403.95	585.70	576.56	186.37
吸收权益性投资收到的现金	149.51	389.02	580.70	557.66	148.52
其中：子公司吸收少数股东投资收到的现金	24.40	60.35	52.30	84.36	30.82
发行债券收到的现金	0.00	14.92	5.00	18.90	37.85

续表

年份	2023	2022	2021	2020	2019
取得借款收到的现金	7421.16	6127.07	4587.41	3651.84	1861.92
收到其他与筹资活动有关的现金	423.70	355.34	232.94	506.48	137.58
筹资活动现金流入小计	7994.33	6886.29	5406.07	4734.96	2185.90
偿还债务支付的现金	7030.63	5610.26	3920.27	3352.52	1726.47
分配股利、利润或偿付利息支付的现金	1554.03	1390.04	966.44	879.70	702.93
其中：子公司支付给少数股东的股利、利润	71.44	67.20	61.00	61.73	37.90
支付其他与筹资活动有关的现金	626.31	591.18	475.56	405.94	213.84
筹资活动现金流出小计	9211.07	7591.50	5362.22	4638.13	2643.17
筹资活动产生的现金流量净额	−1216.68	−705.31	43.76	96.75	−457.34
现金总流入	34304.29	32071.49	28884.29	25198.71	18266.39
现金总流出	32543.65	30656.49	26492.24	23303.08	17016.04
现金流量净额	595.23	169.70	850.45	626.21	498.07

附表13　证券市场纺织服装制造业（C17-C19）资产负债表　　单位：亿元

年份	2023	2022	2021	2020	2019
货币资金	1127.60	1032.43	1007.64	907.29	739.08
结算备付金	0.00	0.00	0.00	0.00	0.00
拆出资金净额	0.00	0.00	0.00	0.00	0.00
交易性金融资产	241.62	290.97	298.15	313.76	207.10
衍生金融资产	0.10	0.15	0.04	0.22	0.01
应收票据净额	16.30	16.59	20.15	14.00	7.29
应收账款净额	393.03	396.55	376.99	354.75	357.18
应收款项融资	23.67	20.00	20.59	22.56	18.30
预付款项净额	55.24	75.17	88.47	87.72	91.96
应收保费净额	0.00	0.00	0.00	0.00	0.00
应收分保账款净额	0.73	0.00	0.00	0.00	0.00
应收分保合同准备金净额	0.00	0.00	0.00	0.00	0.00
其他应收款净额	69.90	86.04	138.40	186.43	138.35
应收股利净额	1.07	1.38	3.24	0.98	0.07
买入返售金融资产净额	0.00	0.00	0.00	0.00	0.00
存货净额	978.64	1025.53	1008.03	860.95	937.40
合同资产	1.03	0.95	0.66	0.42	0.00
一年内到期的非流动资产	38.31	15.44	32.30	40.78	16.49

续表

年份	2023	2022	2021	2020	2019
其他流动资产	93.94	80.16	85.16	92.39	94.48
流动资产合计	3040.19	3040.01	3076.45	2881.37	2607.80
发放贷款及垫款净额	0.00	0.00	0.00	0.00	0.00
债权投资	5.99	0.83	1.54	1.71	1.05
其他债权投资	1.13	1.28	1.79	2.50	4.98
长期应收款净额	11.35	8.26	8.83	23.19	7.64
长期股权投资净额	354.97	321.62	310.83	249.43	264.64
其他权益工具投资	130.55	141.82	167.75	149.64	199.24
其他非流动金融资产	76.93	80.08	86.83	59.13	56.05
投资性房地产净额	103.33	104.34	88.66	82.92	77.50
固定资产净额	1041.85	992.41	938.85	846.92	800.74
在建工程净额	164.89	153.78	140.34	112.09	99.34
生产性生物资产净额	0.09	0.12	0.14	0.15	0.16
油气资产净额	0.00	0.00	0.00	0.00	0.00
使用权资产	103.70	101.54	108.91	0.00	0.00
无形资产净额	219.83	210.10	204.94	194.47	212.73
开发支出	0.14	0.08	0.03	0.18	0.39
商誉净额	72.91	73.90	60.75	61.00	88.39
长期待摊费用	32.75	34.85	33.25	32.09	37.08
递延所得税资产	67.74	73.83	63.89	59.33	53.10
其他非流动资产	91.23	90.94	76.57	73.50	107.56
非流动资产合计	2479.25	2389.84	2293.92	1948.31	2010.67
资产总计	5519.43	5429.84	5370.32	4829.66	4618.39
短期借款	585.08	621.11	629.88	652.79	637.67
向中央银行借款	0.00	0.00	0.00	0.00	0.00
拆入资金	0.00	0.00	0.00	0.00	0.00
交易性金融负债	13.24	10.32	9.09	8.15	9.28
衍生金融负债	0.34	0.12	0.07	0.00	0.14
应付票据	123.56	145.34	142.87	121.31	127.27
应付账款	454.73	427.73	414.71	360.64	355.62
预收款项	2.46	5.05	2.10	2.53	200.53
合同负债	200.46	168.98	226.45	240.23	0.52
卖出回购金融资产款	0.00	0.00	0.00	0.00	0.00
吸收存款及同业存放	0.00	0.00	0.00	0.00	0.00
代理买卖证券款	0.00	0.00	0.00	0.00	0.00
代理承销证券款	0.00	0.00	0.00	0.00	0.00

续表

年份	2023	2022	2021	2020	2019
应付职工薪酬	86.40	83.42	80.93	64.03	59.86
应交税费	54.89	76.27	83.34	90.58	72.25
其他应付款	122.34	143.11	162.96	151.31	165.65
应付股利	1.13	0.74	1.28	0.76	1.25
应付手续费及佣金	0.00	0.00	0.00	0.00	0.00
应付分保账款	0.00	0.00	0.00	0.00	0.00
一年内到期的非流动负债	187.30	168.18	155.48	107.53	211.20
其他流动负债	59.82	53.85	64.01	48.11	26.15
流动负债合计	1890.62	1903.59	1971.99	1847.27	1866.05
保险合同准备金	0.00	0.00	0.00	0.00	0.00
长期借款	210.36	179.10	173.59	146.40	105.99
应付债券	74.09	115.90	95.87	133.77	87.73
租赁负债	61.13	61.10	66.88	0.00	0.00
长期应付款	11.82	11.63	7.44	7.79	14.41
预计负债	5.00	4.48	9.03	18.66	15.63
递延收益-非流动负债	27.66	26.39	24.80	25.95	17.71
递延所得税负债	20.98	23.51	25.11	22.19	22.80
其他非流动负债	5.03	6.45	6.31	6.69	20.99
非流动负债合计	416.09	428.67	409.05	361.54	285.22
负债合计	2306.76	2332.28	2381.05	2208.72	2151.32
实收资本（或股本）	684.91	720.84	718.57	674.59	648.25
其他权益工具	13.16	14.44	11.29	12.05	7.64
其中：优先股	0.00	0.00	0.00	0.00	0.00
其中：永续债	0.00	0.00	0.00	0.00	0.00
资本公积	1029.26	1030.67	1024.06	877.87	787.62
其中：库存股	28.08	30.35	37.90	46.53	47.21
其他综合收益	-56.35	-60.42	-70.48	-71.28	-17.49
专项储备	0.26	0.22	0.19	0.08	0.06
盈余公积	236.49	231.15	221.46	204.14	180.41
一般风险准备	0.00	0.00	0.00	0.00	0.00
未分配利润	1270.50	1132.12	1064.17	904.57	841.38
归属于母公司所有者权益合计	3150.04	3038.59	2931.38	2555.55	2400.70
少数股东权益	62.60	59.04	57.96	65.47	66.42
所有者权益合计	3212.70	3097.66	2989.31	2620.93	2467.07
负债与所有者权益总计	5519.43	5429.84	5370.32	4829.66	4618.39

附表14　　证券市场纺织服装制造业（C17-C19）利润表　　单位：亿元

年份	2023	2022	2021	2020	2019
营业总收入	3113.24	3136.12	3188.83	2638.52	2874.34
营业收入	3113.16	3136.05	3188.81	2638.38	2874.10
利息净收入	0.07	0.07	0.02	0.15	0.24
利息收入	0.07	0.07	0.02	0.15	0.24
已赚保费	0.00	0.00	0.00	0.00	0.00
保险业务收入	0.00	0.00	0.00	0.00	0.00
减：分出保费	0.00	0.00	0.00	0.00	0.00
减：提取未到期责任准备金	0.00	0.00	0.00	0.00	0.00
手续费及佣金净收入	0.00	0.00	0.00	0.00	0.00
手续费及佣金收入	0.00	0.00	0.00	0.00	0.00
营业总成本	2844.93	2880.09	2900.87	2459.84	2693.38
营业成本	2088.10	2146.11	2154.30	1795.09	1977.43
利息支出	0.00	0.00	0.00	0.00	0.00
手续费及佣金支出	0.00	0.00	0.00	0.00	0.00
退保金	0.00	0.00	0.00	0.00	0.00
赔付支出净额	0.00	0.00	0.00	0.00	0.00
赔付支出	0.00	0.00	0.00	0.00	0.00
减：摊回赔付支出	0.00	0.00	0.00	0.00	0.00
提取保险责任准备金净额	0.00	0.00	0.00	0.00	0.00
提取保险责任准备金	0.00	0.00	0.00	0.00	0.00
减：摊回保险责任准备金	0.00	0.00	0.00	0.00	0.00
保单红利支出	0.00	0.00	0.00	0.00	0.00
分保费用	0.00	0.00	0.00	0.00	0.00
税金及附加	25.18	31.34	30.16	22.70	28.67
销售费用	468.80	438.48	449.38	393.71	427.85
管理费用	177.28	176.53	171.98	152.88	163.52
研发费用	70.75	71.45	65.77	52.97	49.96
财务费用	14.80	16.24	29.30	42.52	46.02
其他收益	24.13	21.69	20.57	24.13	20.51
投资收益	51.98	52.28	63.53	102.67	62.09
汇兑收益	0.00	0.02	0.00	-0.03	-0.03
其他业务收入	0.00	0.00	0.00	0.00	0.00
净敞口套期收益	0.00	0.00	0.00	0.00	0.00
公允价值变动收益	-2.93	-3.86	5.31	6.88	9.24
信用减值损失	-13.43	-25.92	-23.29	-25.25	-26.29

续表

年份	2023	2022	2021	2020	2019
资产减值损失	−57.48	−85.10	−67.02	−90.90	−68.51
资产处置收益	13.81	4.46	9.18	7.77	2.12
业务及管理费	0.00	0.00	0.00	0.00	0.00
减：摊回分保费用	0.00	0.00	0.00	0.00	0.00
其他业务成本	0.01	0.01	0.00	0.00	0.00
其他业务利润	0.00	0.00	0.00	0.00	0.00
营业利润	284.38	219.69	296.29	204.06	180.10
加：营业外收入	5.71	9.38	9.02	7.81	11.94
减：营业外支出	7.69	9.16	9.75	12.06	27.73
利润总额	282.42	219.87	295.59	199.83	164.38
减：所得税费用	57.80	53.16	72.26	68.94	53.78
未确认的投资损失	0.00	0.00	0.00	0.00	0.00
影响净利润的其他项目	0.00	0.00	0.00	0.00	0.00
净利润	224.60	166.79	223.34	130.91	110.58
归属于母公司所有者的净利润	222.94	168.11	227.15	133.15	112.01
归属于母公司其他权益工具持有者的净利润	0.00	0.00	0.00	0.00	0.00
少数股东损益	1.66	−1.31	−3.77	−2.19	−0.58
其他综合收益（损失）	−0.27	13.48	10.05	−51.24	−8.93
综合收益总额	224.36	179.09	233.13	80.84	102.47
归属于母公司所有者的综合收益	222.33	180.16	234.93	82.66	102.59
归属少数股东的综合收益	1.79	−1.55	−4.43	−2.62	−0.15
基本每股收益	0.34	0.20	0.34	0.20	0.21
稀释每股收益	0.33	0.20	0.34	0.20	0.21

附表15　证券市场纺织服装制造业（C17−C19）现金流量表　　单位：亿元

年份	2023	2022	2021	2020	2019
销售商品、提供劳务收到的现金	3261.91	3230.85	3349.32	2845.36	3141.33
客户存款和同业存放款项净增加额	0.00	0.00	0.00	0.00	0.00
向中央银行借款净增加额	0.00	0.00	0.00	0.00	0.00
向其他金融机构拆入资金净增加额	0.00	0.00	0.00	0.00	0.00
收到原保险合同保费取得的现金	0.00	0.00	0.00	0.00	0.00
收到再保险业务现金净额	0.00	0.00	0.00	0.00	0.00

续表

年份	2023	2022	2021	2020	2019
保户储金及投资款净增加额	0.00	0.00	0.00	0.00	0.00
处置交易性金融资产净增加额	0.00	0.00	0.00	0.00	0.00
收取利息、手续费及佣金的现金	0.07	0.08	0.10	0.00	0.28
拆入资金净增加额	0.00	0.00	0.00	0.00	0.00
回购业务资金净增加额	0.00	0.00	0.00	0.00	0.00
收到的税费返还	43.86	55.93	41.61	35.46	34.23
收到的其他与经营活动有关的现金	123.52	109.69	113.20	111.08	128.39
经营活动现金流入小计	3429.39	3396.52	3504.23	2991.87	3304.25
购买商品、接受劳务支付的现金	1918.19	2094.17	2207.69	1772.36	2060.06
客户贷款及垫款净增加额	0.10	0.19	0.93	−0.13	0.47
存放中央银行和同业款项净增加额	0.00	0.00	0.00	0.00	0.00
支付原保险合同赔付款项的现金	0.00	0.00	0.00	0.00	0.00
支付利息、手续费及佣金的现金	0.01	0.01	0.00	0.00	0.00
支付保单红利的现金	0.00	0.00	0.00	0.00	0.00
支付给职工以及为职工支付的现金	513.15	514.07	480.30	372.13	406.89
支付的各项税费	205.70	194.81	187.57	167.04	178.45
支付其他与经营活动有关的现金	344.93	309.58	329.80	327.15	367.36
经营活动现金流出小计	2982.07	3112.74	3206.36	2638.56	3013.23
经营活动产生的现金流量净额	447.33	283.75	297.90	353.30	291.05
收回投资收到的现金	840.51	964.34	975.38	894.56	825.34
取得投资收益收到的现金	26.97	35.68	27.72	28.08	30.19
处置固定资产、无形资产和其他长期资产收回的现金净额	32.31	20.53	19.01	30.21	9.09
处置子公司及其他营业单位收到的现金净额	10.59	7.88	13.30	23.04	19.42
收到的其他与投资活动有关的现金	178.66	208.24	260.82	202.56	193.77
投资活动产生的现金流入小计	1089.05	1236.64	1296.25	1178.54	1077.89
购建固定资产、无形资产和其他长期资产支付的现金	244.12	220.47	199.68	155.84	156.49
投资支付的现金	850.42	949.23	1051.21	910.78	769.15
质押贷款净增加额	0.00	0.00	0.00	0.00	0.00
取得子公司及其他营业单位支付的现金净额	7.14	27.48	6.11	5.40	12.27

续表

年份	2023	2022	2021	2020	2019
支付其他与投资活动有关的现金	149.93	160.78	219.04	231.62	124.33
投资活动产生的现金流出小计	1251.59	1357.94	1476.04	1303.65	1062.22
投资活动产生的现金流量净额	−162.55	−121.24	−179.81	−125.13	15.64
吸收投资收到的现金	40.05	55.38	141.85	112.19	13.38
吸收权益性投资收到的现金	40.05	55.38	141.85	106.26	11.58
其中：子公司吸收少数股东投资收到的现金	6.91	2.13	1.46	2.99	1.94
发行债券收到的现金	0.00	0.00	0.00	5.93	1.80
取得借款收到的现金	1008.40	1105.33	916.13	1040.00	1008.72
收到其他与筹资活动有关的现金	133.01	109.59	136.57	107.40	141.67
筹资活动现金流入小计	1181.44	1270.33	1194.59	1259.64	1163.77
偿还债务支付的现金	999.30	1090.63	949.19	1048.90	1053.65
分配股利、利润或偿付利息支付的现金	180.04	191.39	181.26	144.89	168.20
其中：子公司支付给少数股东的股利、利润	3.09	2.61	2.21	2.40	3.72
支付其他与筹资活动有关的现金	180.10	154.25	134.81	127.44	145.99
筹资活动现金流出小计	1359.45	1436.19	1265.32	1321.22	1367.86
筹资活动产生的现金流量净额	−178.08	−165.90	−70.71	−61.63	−204.04
现金总流入	5862.38	6024.86	6174.85	5555.18	5530.32
现金总流出	5593.18	5906.95	5947.63	5263.44	5443.31
现金流量净额	106.61	−3.37	47.46	166.60	102.63

附表16　证券市场木材家具制造业（C20-C21）资产负债表　　　　单位：亿元

年份	2023	2022	2021	2020	2019
货币资金	523.18	421.95	365.40	295.72	249.03
结算备付金	0.00	0.00	0.00	0.00	0.00
拆出资金净额	0.00	0.00	0.00	0.00	0.00
交易性金融资产	93.08	90.82	89.87	90.31	82.51
衍生金融资产	0.14	0.00	0.03	0.22	0.00
应收票据净额	2.68	4.90	15.85	42.36	14.11
应收账款净额	186.48	187.51	187.24	134.47	145.01
应收款项融资	13.86	10.29	10.18	7.66	5.70
预付款项净额	13.36	15.60	16.68	14.71	36.53
应收保费净额	0.00	0.00	0.00	0.00	0.00

续表

年份	2023	2022	2021	2020	2019
应收分保账款净额	0.00	0.00	0.00	0.00	0.00
应收分保合同准备金净额	0.00	0.00	0.00	0.00	0.00
其他应收款净额	18.19	24.79	20.39	21.55	21.63
应收股利净额	0.33	0.41	0.00	0.00	0.17
买入返售金融资产净额	0.00	0.00	0.00	0.00	0.00
存货净额	298.64	319.04	336.35	272.28	239.20
合同资产	15.12	13.22	14.27	7.76	0.00
一年内到期的非流动资产	14.72	18.85	5.11	0.47	0.75
其他流动资产	46.04	32.65	35.26	44.67	40.56
流动资产合计	1225.51	1139.60	1096.62	932.22	835.01
发放贷款及垫款净额	0.00	0.00	0.00	0.00	0.00
债权投资	5.56	4.65	6.04	5.71	1.33
其他债权投资	1.46	1.40	0.00	0.00	0.00
长期应收款净额	0.62	2.91	4.70	0.34	0.00
长期股权投资净额	16.39	17.95	14.66	9.87	12.56
其他权益工具投资	12.98	16.92	21.71	33.36	36.69
其他非流动金融资产	26.44	25.49	24.29	16.78	12.43
投资性房地产净额	24.33	42.20	38.73	24.48	23.57
固定资产净额	493.49	463.93	404.81	359.58	350.36
在建工程净额	83.95	70.39	57.11	52.35	62.94
生产性生物资产净额	0.63	0.74	0.73	0.63	0.43
油气资产净额	0.00	0.00	0.00	0.00	0.00
使用权资产	58.66	60.22	49.99	0.00	0.00
无形资产净额	143.53	141.16	125.63	114.92	118.91
开发支出	0.27	0.59	0.93	0.95	0.92
商誉净额	35.56	35.82	38.96	39.46	43.21
长期待摊费用	17.35	17.00	13.58	12.26	10.36
递延所得税资产	29.87	25.82	20.86	13.30	13.86
其他非流动资产	92.84	60.85	43.60	20.88	22.76
非流动资产合计	1043.86	987.95	866.37	704.87	710.38
资产总计	2269.35	2127.56	1962.99	1637.09	1545.40
短期借款	238.72	200.24	183.56	132.99	129.68
向中央银行借款	0.00	0.00	0.00	0.00	0.00
拆入资金	0.00	0.00	0.00	0.00	0.00
交易性金融负债	0.45	0.49	0.03	0.00	0.52

续表

年份	2023	2022	2021	2020	2019
衍生金融负债	0.00	0.02	0.00	0.00	0.02
应付票据	63.30	57.13	66.19	53.74	39.22
应付账款	222.14	213.76	224.62	177.64	140.55
预收款项	6.40	5.17	10.69	7.45	80.15
合同负债	110.52	95.84	114.68	95.61	0.06
卖出回购金融资产款	0.00	0.00	0.00	0.00	0.00
吸收存款及同业存放	0.00	0.00	0.00	0.00	0.00
代理买卖证券款	0.00	0.00	0.00	0.00	0.00
代理承销证券款	0.00	0.00	0.00	0.00	0.00
应付职工薪酬	35.72	32.17	34.78	27.50	23.74
应交税费	26.39	25.51	28.87	24.06	21.20
其他应付款	67.47	76.08	52.16	46.66	42.81
应付股利	0.35	0.40	0.31	0.33	0.22
应付手续费及佣金	0.00	0.00	0.00	0.00	0.00
应付分保账款	0.00	0.00	0.00	0.00	0.00
一年内到期的非流动负债	55.27	79.51	54.77	23.22	57.32
其他流动负债	16.69	18.67	23.80	17.93	1.17
流动负债合计	843.06	804.62	794.26	606.83	536.43
保险合同准备金	0.00	0.00	0.00	0.00	0.00
长期借款	89.17	78.31	73.39	63.70	34.83
应付债券	52.78	35.39	32.96	33.58	52.81
租赁负债	49.81	50.39	39.10	0.00	0.00
长期应付款	5.84	3.24	0.58	1.93	7.14
预计负债	2.88	2.72	2.43	0.79	1.29
递延收益－非流动负债	16.63	16.61	13.97	11.69	11.30
递延所得税负债	12.54	13.66	12.88	14.58	14.11
其他非流动负债	1.87	2.73	3.20	4.35	2.21
非流动负债合计	231.48	203.10	178.52	130.73	123.70
负债合计	1074.52	1007.70	972.78	737.53	660.12
实收资本（或股本）	195.40	192.11	180.78	168.51	176.50
其他权益工具	7.41	6.91	2.67	3.50	9.59
其中：优先股	0.09	0.00	0.00	0.00	0.00
其中：永续债	0.00	0.00	0.00	0.00	0.00
资本公积	418.54	410.57	364.99	309.37	294.44
其中：库存股	16.84	11.79	12.17	13.69	10.70

续表

年份	2023	2022	2021	2020	2019
其他综合收益	-9.92	-6.59	-6.88	5.49	5.92
专项储备	0.03	0.01	0.00	0.00	0.00
盈余公积	50.24	47.80	42.05	38.70	39.68
一般风险准备	0.00	0.00	0.00	0.00	0.00
未分配利润	531.51	464.13	399.22	353.23	339.67
归属于母公司所有者权益合计	1176.39	1103.13	970.69	865.13	855.11
少数股东权益	18.44	16.68	19.54	34.43	30.18
所有者权益合计	1194.83	1119.86	990.21	899.56	885.30
负债与所有者权益总计	2269.35	2127.56	1962.99	1637.09	1545.40

附表17　证券市场木材家具制造业（C20-C21）利润表　　　单位：亿元

年份	2023	2022	2021	2020	2019
营业总收入	1603.40	1591.13	1567.14	1154.20	1086.69
营业收入	1603.40	1591.13	1567.14	1154.20	1086.69
利息净收入	0.00	0.00	0.00	0.00	0.00
利息收入	0.00	0.00	0.00	0.00	0.00
已赚保费	0.00	0.00	0.00	0.00	0.00
保险业务收入	0.00	0.00	0.00	0.00	0.00
减：分出保费	0.00	0.00	0.00	0.00	0.00
减：提取未到期责任准备金	0.00	0.00	0.00	0.00	0.00
手续费及佣金净收入	0.00	0.00	0.00	0.00	0.00
手续费及佣金收入	0.00	0.00	0.00	0.00	0.00
营业总成本	1459.37	1467.57	1440.29	1045.08	983.45
营业成本	1101.35	1129.03	1129.99	784.14	718.28
利息支出	0.00	0.00	0.00	0.00	0.00
手续费及佣金支出	0.00	0.00	0.00	0.00	0.00
退保金	0.00	0.00	0.00	0.00	0.00
赔付支出净额	0.00	0.00	0.00	0.00	0.00
赔付支出	0.00	0.00	0.00	0.00	0.00
减：摊回赔付支出	0.00	0.00	0.00	0.00	0.00
提取保险责任准备金净额	0.00	0.00	0.00	0.00	0.00
提取保险责任准备金	0.00	0.00	0.00	0.00	0.00
减：摊回保险责任准备金	0.00	0.00	0.00	0.00	0.00
保单红利支出	0.00	0.00	0.00	0.00	0.00
分保费用	0.00	0.00	0.00	0.00	0.00

续表

年份	2023	2022	2021	2020	2019
税金及附加	12.22	11.32	10.55	8.29	9.00
销售费用	204.57	190.55	165.64	139.79	148.38
管理费用	87.91	85.75	78.32	65.15	65.76
研发费用	49.41	48.93	45.24	33.36	30.09
财务费用	3.96	2.00	10.57	14.35	11.92
其他收益	14.26	11.72	9.43	9.98	9.93
投资收益	3.28	6.07	5.45	7.06	6.70
汇兑收益	0.00	0.00	0.00	0.00	0.00
其他业务收入	0.00	0.00	0.00	0.00	0.00
净敞口套期收益	0.00	0.00	0.00	0.00	0.00
公允价值变动收益	1.24	−1.97	0.92	2.12	3.21
信用减值损失	−16.11	−12.98	−36.50	−5.43	−4.44
资产减值损失	−10.49	−9.79	−14.91	−16.68	−3.61
资产处置收益	6.82	3.25	0.88	0.49	1.25
业务及管理费	0.00	0.00	0.00	0.00	0.00
减：摊回分保费用	0.00	0.00	0.00	0.00	0.00
其他业务成本	0.00	0.00	0.00	0.00	0.00
其他业务利润	0.00	0.00	0.00	0.00	0.00
营业利润	143.01	119.83	92.08	106.74	116.29
加：营业外收入	3.34	4.16	4.15	3.24	3.78
减：营业外支出	3.16	3.88	4.18	2.28	1.34
利润总额	143.18	120.14	92.07	107.70	118.76
减：所得税费用	22.92	19.75	18.49	19.81	18.36
未确认的投资损失	0.00	0.00	0.00	0.00	0.00
影响净利润的其他项目	0.00	0.00	0.00	0.00	0.00
净利润	120.32	100.38	73.60	87.87	100.36
归属于母公司所有者的净利润	117.48	99.90	77.30	86.51	98.75
归属于母公司其他权益工具持有者的净利润	0.00	0.00	0.00	0.00	0.00
少数股东损益	2.84	0.49	−3.68	1.36	1.60
其他综合收益（损失）	−0.15	−3.12	−12.94	−3.65	8.22
综合收益总额	120.15	97.24	60.68	84.21	108.59
归属于母公司所有者的综合收益	117.32	96.79	64.30	83.03	104.58
归属少数股东的综合收益	2.85	0.49	−3.63	1.20	3.99
基本每股收益	0.49	0.60	0.26	0.62	0.69
稀释每股收益	0.49	0.60	0.28	0.62	0.69

附表18 证券市场木材家具制造业（C20-C21）现金流量表　　　　　　单位：亿元

年份	2023	2022	2021	2020	2019
销售商品、提供劳务收到的现金	1727.62	1613.30	1669.87	1219.16	1153.37
客户存款和同业存放款项净增加额	0.00	76.89	0.00	0.00	0.00
向中央银行借款净增加额	0.00	0.00	0.00	0.00	0.00
向其他金融机构拆入资金净增加额	0.00	0.00	0.00	0.00	0.00
收到原保险合同保费取得的现金	0.00	0.00	0.00	0.00	0.00
收到再保险业务现金净额	0.00	0.00	0.00	0.00	0.00
保户储金及投资款净增加额	0.00	0.00	0.00	0.00	0.00
处置交易性金融资产净增加额	0.00	0.00	0.00	0.00	0.00
收取利息、手续费及佣金的现金	0.00	0.00	0.00	0.00	0.01
拆入资金净增加额	0.00	0.00	0.00	0.00	0.00
回购业务资金净增加额	0.00	0.00	0.00	0.00	0.00
收到的税费返还	23.05	30.83	31.37	21.44	22.55
收到的其他与经营活动有关的现金	53.33	59.04	54.67	47.75	44.36
经营活动现金流入小计	1803.93	1780.01	1755.91	1288.29	1220.27
购买商品、接受劳务支付的现金	1007.51	1080.14	1129.04	760.71	710.62
客户贷款及垫款净增加额	0.00	0.00	0.00	0.00	0.00
存放中央银行和同业款项净增加额	0.00	0.00	0.00	0.00	0.00
支付原保险合同赔付款项的现金	0.00	0.00	0.00	0.00	0.00
支付利息、手续费及佣金的现金	0.00	0.00	0.00	0.00	0.00
支付保单红利的现金	0.00	0.00	0.00	0.00	0.00
支付给职工以及为职工支付的现金	255.34	263.92	243.49	180.98	171.10
支付的各项税费	88.54	92.28	78.72	58.91	69.25
支付其他与经营活动有关的现金	182.28	175.85	172.37	152.06	154.07
经营活动现金流出小计	1533.64	1612.16	1623.56	1152.63	1105.10
经营活动产生的现金流量净额	270.32	167.85	132.35	135.65	115.17
收回投资收到的现金	536.34	470.40	391.05	361.67	374.85
取得投资收益收到的现金	3.63	5.52	7.30	8.54	6.87
处置固定资产、无形资产和其他长期资产收回的现金净额	11.50	4.77	2.42	2.19	2.06
处置子公司及其他营业单位收到的现金净额	3.49	6.28	2.36	4.41	0.40

续表

年份	2023	2022	2021	2020	2019
收到的其他与投资活动有关的现金	105.89	127.16	159.65	153.17	188.03
投资活动产生的现金流入小计	660.92	614.16	562.78	529.95	572.19
购建固定资产、无形资产和其他长期资产支付的现金	132.29	121.18	127.43	104.05	94.16
投资支付的现金	586.71	540.29	426.77	377.34	400.24
质押贷款净增加额	0.00	0.00	0.00	0.00	0.00
取得子公司及其他营业单位支付的现金净额	6.70	0.50	4.90	15.06	8.10
支付其他与投资活动有关的现金	104.17	127.70	136.47	157.30	183.19
投资活动产生的现金流出小计	829.86	789.72	695.52	653.75	685.69
投资活动产生的现金流量净额	-168.92	-175.54	-132.76	-123.81	-113.46
吸收投资收到的现金	29.94	59.01	54.62	20.67	57.82
吸收权益性投资收到的现金	22.10	59.01	54.62	20.67	21.43
其中：子公司吸收少数股东投资收到的现金	0.68	3.04	1.91	0.98	1.04
发行债券收到的现金	7.84	0.00	0.00	0.00	36.39
取得借款收到的现金	465.32	348.68	335.13	260.89	205.82
收到其他与筹资活动有关的现金	43.97	37.03	28.80	14.43	22.86
筹资活动现金流入小计	539.21	444.70	418.59	295.99	286.50
偿还债务支付的现金	421.91	336.96	247.20	195.12	226.34
分配股利、利润或偿付利息支付的现金	70.41	62.10	51.09	44.72	41.26
其中：子公司支付给少数股东的股利、利润	1.32	1.30	1.03	1.15	0.38
支付其他与筹资活动有关的现金	93.45	54.04	57.08	25.89	27.44
筹资活动现金流出小计	585.78	453.06	355.34	265.71	295.13
筹资活动产生的现金流量净额	-46.55	-8.38	63.24	30.25	-8.63
现金总流入	3173.03	3014.40	2870.09	2238.04	2192.52
现金总流出	2949.27	2854.93	2674.48	2072.07	2085.91
现金流量净额	54.82	-16.08	62.83	42.14	-6.89

附表19　证券市场印刷与文教用品制造业（C22-C24）资产负债表　　单位：亿元

年份	2023	2022	2021	2020	2019
货币资金	946.87	823.85	777.19	748.35	645.58
结算备付金	0.00	0.00	0.00	0.00	0.00

续表

年份	2023	2022	2021	2020	2019
拆出资金净额	0.00	0.00	0.00	0.00	0.00
交易性金融资产	110.17	116.75	123.71	107.21	71.03
衍生金融资产	0.01	0.22	0.02	0.00	0.00
应收票据净额	36.04	36.14	41.45	33.63	28.94
应收账款净额	479.08	492.11	476.75	419.52	405.89
应收款项融资	107.94	96.68	87.79	85.07	87.50
预付款项净额	60.42	58.49	57.02	52.80	52.97
应收保费净额	0.00	0.00	0.00	0.00	0.00
应收分保账款净额	0.00	0.00	0.00	0.00	0.00
应收分保合同准备金净额	0.00	0.00	0.00	0.00	0.00
其他应收款净额	65.61	50.99	62.51	70.20	55.33
应收股利净额	0.85	2.08	0.74	0.37	0.95
买入返售金融资产净额	0.00	0.00	0.00	0.00	0.00
存货净额	696.96	830.75	729.17	639.27	608.01
合同资产	16.36	18.21	19.14	17.25	0.00
一年内到期的非流动资产	43.82	41.89	53.21	42.83	81.47
其他流动资产	87.17	82.68	81.38	91.62	153.78
流动资产合计	2650.43	2648.86	2509.40	2307.70	2190.46
发放贷款及垫款净额	0.00	0.00	0.00	0.00	0.00
债权投资	4.37	0.52	0.51	0.00	0.20
其他债权投资	0.00	0.00	0.00	0.00	0.00
长期应收款净额	7.90	19.78	23.26	48.53	13.72
长期股权投资净额	173.34	155.70	121.70	130.05	113.17
其他权益工具投资	28.61	24.95	23.52	23.16	21.93
其他非流动金融资产	26.84	27.75	30.46	18.66	16.03
投资性房地产净额	114.98	112.48	109.58	102.78	87.90
固定资产净额	1829.10	1697.67	1630.55	1491.17	1318.49
在建工程净额	257.92	234.35	145.10	142.64	197.59
生产性生物资产净额	0.31	0.31	0.12	0.15	0.15
油气资产净额	0.00	0.00	0.00	0.00	0.00
使用权资产	33.75	29.89	40.09	0.00	0.00
无形资产净额	195.36	187.83	169.17	150.90	137.37
开发支出	0.23	0.44	0.46	0.54	0.44
商誉净额	68.57	68.75	81.06	92.54	137.74
长期待摊费用	16.86	18.00	15.88	11.85	12.05

续表

年份	2023	2022	2021	2020	2019
递延所得税资产	60.17	48.44	45.94	39.92	30.38
其他非流动资产	78.18	65.29	61.69	50.83	38.10
非流动资产合计	2896.52	2692.22	2499.14	2303.72	2125.21
资产总计	5546.99	5341.05	5008.51	4611.38	4315.74
短期借款	971.34	1039.15	963.65	921.06	996.71
向中央银行借款	0.00	0.00	0.00	0.00	0.00
拆入资金	0.00	0.00	0.00	0.00	0.00
交易性金融负债	25.36	33.79	5.69	4.98	5.14
衍生金融负债	0.07	0.02	0.04	0.00	0.00
应付票据	221.84	206.26	199.74	152.62	123.04
应付账款	504.16	468.67	426.54	375.85	316.77
预收款项	0.65	1.32	1.12	0.31	66.18
合同负债	71.32	72.60	75.68	76.76	9.68
卖出回购金融资产款	0.00	0.00	0.00	0.00	0.00
吸收存款及同业存放	0.00	0.00	0.00	0.00	0.00
代理买卖证券款	0.00	0.00	0.00	0.00	0.00
代理承销证券款	0.00	0.00	0.00	0.00	0.00
应付职工薪酬	36.51	35.98	33.36	30.72	27.69
应交税费	34.19	40.18	53.38	49.29	29.95
其他应付款	107.75	108.88	93.84	86.15	81.96
应付股利	5.03	1.60	0.76	1.32	0.61
应付手续费及佣金	0.00	0.00	0.00	0.00	0.00
应付分保账款	0.00	0.00	0.00	0.00	0.00
一年内到期的非流动负债	205.22	165.08	184.47	136.76	119.63
其他流动负债	32.22	31.69	25.68	30.78	18.72
流动负债合计	2210.60	2203.53	2063.36	1865.25	1795.43
保险合同准备金	0.00	0.00	0.00	0.00	0.00
长期借款	332.90	304.15	258.66	267.20	250.90
应付债券	74.60	91.44	89.68	93.02	85.70
租赁负债	21.74	17.94	20.67	0.00	0.00
长期应付款	45.76	55.92	43.28	41.37	53.57
预计负债	2.77	3.22	7.22	5.72	4.49
递延收益-非流动负债	52.56	44.43	39.87	39.60	33.08
递延所得税负债	25.26	22.70	17.90	15.08	13.26
其他非流动负债	3.17	3.68	3.93	11.69	33.95

续表

年份	2023	2022	2021	2020	2019
非流动负债合计	558.71	543.54	481.24	473.67	474.99
负债合计	2769.36	2747.07	2544.55	2338.91	2270.38
实收资本（或股本）	576.56	552.97	531.36	509.32	485.48
其他权益工具	13.08	22.64	24.78	65.66	86.10
其中：优先股	0.00	0.00	0.00	44.78	44.78
其中：永续债	0.00	9.96	9.96	9.96	29.88
资本公积	902.34	864.89	793.51	744.83	662.22
其中：库存股	47.99	49.69	43.25	22.54	12.67
其他综合收益	-1.08	-0.12	-9.65	-5.63	-2.47
专项储备	1.72	1.70	1.29	1.23	1.01
盈余公积	144.79	136.22	125.58	111.20	95.12
一般风险准备	0.79	0.80	0.77	0.74	0.74
未分配利润	1039.11	934.77	913.90	788.62	664.74
归属于母公司所有者权益合计	2629.26	2464.22	2338.36	2193.48	1980.35
少数股东权益	148.42	129.78	125.54	79.02	64.99
所有者权益合计	2777.69	2593.95	2463.97	2272.47	2045.33
负债与所有者权益总计	5546.99	5341.05	5008.51	4611.38	4315.74

附表20　证券市场印刷与文教用品制造业（C22-C24）利润表　　　单位：亿元

年份	2023	2022	2021	2020	2019
营业总收入	4087.13	4100.10	3816.12	3077.69	2908.07
营业收入	4087.13	4100.10	3816.12	3077.69	2906.35
利息净收入	0.00	0.00	0.00	0.00	1.72
利息收入	0.00	0.00	0.00	0.00	1.72
已赚保费	0.00	0.00	0.00	0.00	0.00
保险业务收入	0.00	0.00	0.00	0.00	0.00
减：分出保费	0.00	0.00	0.00	0.00	0.00
减：提取未到期责任准备金	0.00	0.00	0.00	0.00	0.00
手续费及佣金净收入	0.00	0.00	0.00	0.00	0.00
手续费及佣金收入	0.00	0.00	0.00	0.00	0.00
营业总成本	3943.54	3943.86	3573.26	2865.80	2719.40
营业成本	3500.15	3517.99	3153.84	2489.83	2321.08
利息支出	0.00	0.00	0.00	0.00	0.00
手续费及佣金支出	0.00	0.00	0.00	0.00	0.00
退保金	0.00	0.00	0.00	0.00	0.00

续表

年份	2023	2022	2021	2020	2019
赔付支出净额	0.00	0.00	0.00	0.00	0.00
赔付支出	0.00	0.00	0.00	0.00	0.00
减：摊回赔付支出	0.00	0.00	0.00	0.00	0.00
提取保险责任准备金净额	0.00	0.00	0.00	0.00	0.00
提取保险责任准备金	0.00	0.00	0.00	0.00	0.00
减：摊回保险责任准备金	0.00	0.00	0.00	0.00	0.00
保单红利支出	0.00	0.00	0.00	0.00	0.00
分保费用	0.00	0.00	0.00	0.00	0.00
税金及附加	25.75	24.25	23.97	19.23	19.35
销售费用	126.51	109.98	110.41	100.87	140.28
管理费用	142.29	140.50	132.84	117.39	109.67
研发费用	96.65	96.85	93.26	71.36	60.79
财务费用	52.30	54.28	58.95	67.18	67.69
其他收益	35.62	28.52	27.04	27.68	25.88
投资收益	23.12	4.50	17.82	16.09	7.06
汇兑收益	0.00	0.00	0.00	0.00	0.00
其他业务收入	0.00	0.00	0.00	0.00	0.00
净敞口套期收益	0.00	0.00	0.00	0.00	0.00
公允价值变动收益	3.18	−0.13	2.05	2.17	3.08
信用减值损失	−14.53	−29.18	−18.16	−30.26	−26.68
资产减值损失	−18.04	−35.86	−20.93	−52.81	−24.49
资产处置收益	9.79	2.94	4.85	3.89	0.85
业务及管理费	0.00	0.00	0.00	0.00	0.00
减：摊回分保费用	0.00	0.00	0.00	0.00	0.00
其他业务成本	0.00	0.00	0.00	0.00	0.46
其他业务利润	0.00	0.00	0.00	0.00	0.00
营业利润	182.79	127.11	255.37	178.55	174.35
加：营业外收入	5.17	4.32	5.31	12.13	11.87
减：营业外支出	14.70	7.97	6.26	5.06	3.91
利润总额	173.28	123.49	254.45	185.60	182.26
减：所得税费用	25.93	34.20	41.17	41.94	36.69
未确认的投资损失	0.00	0.00	0.00	0.00	0.00
影响净利润的其他项目	0.00	0.00	0.00	0.00	0.00
净利润	147.38	89.19	213.30	143.65	145.60
归属于母公司所有者的净利润	141.19	81.19	203.34	136.40	138.75

续表

年份	2023	2022	2021	2020	2019
归属于母公司其他权益工具持有者的净利润	0.00	0.00	0.00	0.00	0.00
少数股东损益	6.15	8.04	9.93	7.30	6.87
其他综合收益（损失）	2.12	10.77	−3.85	−3.10	3.37
综合收益总额	149.47	99.93	209.69	146.67	148.98
归属于母公司所有者的综合收益	143.42	91.77	199.63	139.08	142.09
归属少数股东的综合收益	6.08	8.17	10.06	7.58	6.91
基本每股收益	0.18	0.17	0.20	0.26	0.22
稀释每股收益	0.18	0.17	0.20	0.24	0.21

附表21　证券市场印刷与文教用品制造业（C22-C24）现金流量表　　单位：亿元

年份	2023	2022	2021	2020	2019
销售商品、提供劳务收到的现金	4437.07	4425.00	4081.61	3243.45	3101.37
客户存款和同业存放款项净增加额	0.00	0.00	0.00	0.00	0.00
向中央银行借款净增加额	0.00	0.00	0.00	0.00	0.00
向其他金融机构拆入资金净增加额	0.00	0.00	0.00	0.00	0.00
收到原保险合同保费取得的现金	0.00	0.00	0.00	0.00	0.00
收到再保险业务现金净额	0.00	0.00	0.00	0.00	0.00
保户储金及投资款净增加额	0.00	0.00	0.00	0.00	0.00
处置交易性金融资产净增加额	0.00	0.00	0.00	0.00	0.00
收取利息、手续费及佣金的现金	0.00	0.00	0.00	0.00	1.62
拆入资金净增加额	0.00	0.00	0.00	0.00	0.00
回购业务资金净增加额	0.00	0.00	0.00	0.00	0.00
收到的税费返还	35.20	57.49	23.56	18.94	20.47
收到的其他与经营活动有关的现金	125.98	112.34	113.68	130.99	124.06
经营活动现金流入小计	4598.23	4594.87	4218.92	3393.35	3247.55
购买商品、接受劳务支付的现金	3494.95	3668.66	3211.75	2441.06	2378.82
客户贷款及垫款净增加额	0.00	0.00	0.00	0.00	3.16
存放中央银行和同业款项净增加额	0.00	0.00	0.00	0.00	0.00
支付原保险合同赔付款项的现金	0.00	0.00	0.00	0.00	0.00
支付利息、手续费及佣金的现金	0.00	0.00	0.00	0.00	0.28
支付保单红利的现金	0.00	0.00	0.00	0.00	0.00

续表

年份	2023	2022	2021	2020	2019
支付给职工以及为职工支付的现金	288.05	284.14	261.01	216.96	200.84
支付的各项税费	159.34	174.08	158.04	133.41	149.92
支付其他与经营活动有关的现金	207.35	203.50	204.95	167.52	179.48
经营活动现金流出小计	4149.77	4330.46	3835.80	2953.07	2913.73
经营活动产生的现金流量净额	448.49	264.42	383.13	440.28	333.85
收回投资收到的现金	308.97	352.15	283.20	293.09	289.03
取得投资收益收到的现金	11.28	8.97	10.99	7.01	9.08
处置固定资产、无形资产和其他长期资产收回的现金净额	16.65	10.49	9.35	10.85	9.24
处置子公司及其他营业单位收到的现金净额	6.46	5.07	10.62	18.36	10.55
收到的其他与投资活动有关的现金	112.28	148.18	174.13	168.02	181.49
投资活动产生的现金流入小计	455.69	524.88	488.32	497.36	499.39
购建固定资产、无形资产和其他长期资产支付的现金	284.13	241.95	261.24	217.33	186.47
投资支付的现金	338.29	361.34	298.31	326.40	311.11
质押贷款净增加额	0.00	0.00	0.00	0.00	0.00
取得子公司及其他营业单位支付的现金净额	9.86	24.76	8.04	8.57	13.24
支付其他与投资活动有关的现金	110.41	172.21	159.28	179.27	170.63
投资活动产生的现金流出小计	742.72	800.34	726.94	731.53	681.49
投资活动产生的现金流量净额	−286.97	−275.47	−238.54	−234.13	−181.99
吸收投资收到的现金	77.65	86.74	79.91	85.34	60.87
吸收权益性投资收到的现金	72.73	86.74	79.02	83.43	39.35
其中：子公司吸收少数股东投资收到的现金	22.37	16.49	27.23	9.28	7.16
发行债券收到的现金	4.93	0.00	0.90	1.91	21.53
取得借款收到的现金	1504.52	1395.33	1236.95	1234.29	1381.85
收到其他与筹资活动有关的现金	261.23	271.91	218.05	211.12	212.83
筹资活动现金流入小计	1843.40	1754.01	1534.90	1530.73	1655.56
偿还债务支付的现金	1449.34	1275.03	1190.86	1263.93	1358.31
分配股利、利润或偿付利息支付的现金	135.81	142.29	138.96	121.29	128.03
其中：子公司支付给少数股东的股利、利润	9.13	8.15	6.49	5.35	4.90

续表

年份	2023	2022	2021	2020	2019
支付其他与筹资活动有关的现金	317.74	310.79	322.46	243.48	264.21
筹资活动现金流出小计	1902.88	1728.09	1652.26	1628.77	1750.60
筹资活动产生的现金流量净额	−59.48	25.92	−117.33	−98.02	−95.01
现金总流入	7184.36	7149.21	6480.70	5655.59	5584.51
现金总流出	6795.30	6858.95	6214.97	5313.31	5345.66
现金流量净额	102.10	14.77	27.15	108.13	56.85

附表22　证券市场石油化工制造业（C25-C26）资产负债表　　单位：亿元

年份	2023	2022	2021	2020	2019
货币资金	5214.49	5232.09	4459.58	3660.14	2984.46
结算备付金	0.00	0.00	0.00	0.00	0.00
拆出资金净额	0.00	0.00	0.00	0.00	0.00
交易性金融资产	626.06	731.29	695.35	499.93	409.12
衍生金融资产	10.62	7.19	13.57	19.86	6.38
应收票据净额	510.20	509.85	469.76	315.92	191.74
应收账款净额	1968.69	1993.35	1819.15	1497.32	1398.17
应收款项融资	698.60	732.59	797.06	701.31	539.79
预付款项净额	398.02	506.95	534.69	504.91	528.42
应收保费净额	0.00	0.00	0.00	0.00	0.00
应收分保账款净额	0.00	0.00	0.00	0.00	0.00
应收分保合同准备金净额	0.00	0.00	0.00	0.00	0.00
其他应收款净额	336.82	347.73	366.47	350.78	364.76
应收股利净额	1.97	7.85	11.86	9.46	6.22
买入返售金融资产净额	0.00	5.00	8.01	0.00	0.00
存货净额	4106.58	4646.32	4019.28	2813.39	2805.14
合同资产	28.07	30.44	32.99	41.94	0.00
一年内到期的非流动资产	27.68	21.98	16.90	31.52	10.87
其他流动资产	704.44	681.42	687.66	615.61	613.34
流动资产合计	14630.19	15446.26	13920.68	11052.75	9852.19
发放贷款及垫款净额	70.59	38.28	56.36	49.69	47.15
债权投资	49.74	36.36	45.85	42.47	55.16
其他债权投资	1.61	0.74	0.00	0.00	1.39
长期应收款净额	32.71	31.62	34.38	43.18	57.61
长期股权投资净额	1294.80	1160.14	1019.85	841.63	802.96
其他权益工具投资	176.08	177.20	177.63	171.20	148.65

续表

年份	2023	2022	2021	2020	2019
其他非流动金融资产	201.39	202.86	178.24	119.70	88.74
投资性房地产净额	166.66	160.32	147.81	128.70	131.84
固定资产净额	15821.38	13163.59	11041.22	9429.20	8131.17
在建工程净额	4503.10	4264.73	3735.34	2758.95	2050.33
生产性生物资产净额	12.75	9.72	24.25	23.16	19.95
油气资产净额	0.00	0.00	0.00	0.00	0.00
使用权资产	426.48	410.24	294.68	0.00	0.00
无形资产净额	1912.48	1682.72	1441.54	1256.18	1100.96
开发支出	11.42	12.49	10.52	9.00	8.28
商誉净额	646.26	612.80	631.61	671.03	713.35
长期待摊费用	169.16	147.12	130.32	119.71	99.47
递延所得税资产	366.59	311.96	233.02	184.05	169.71
其他非流动资产	919.08	819.85	733.31	539.76	426.57
非流动资产合计	26782.32	23242.78	19936.00	16387.65	14053.41
资产总计	41412.56	38689.10	33856.63	27440.23	23905.64
短期借款	4495.94	4033.65	3851.63	3929.14	3667.17
向中央银行借款	0.00	0.00	0.00	0.00	0.00
拆入资金	0.00	0.00	0.00	0.00	0.00
交易性金融负债	40.79	20.78	14.06	9.25	1.40
衍生金融负债	11.67	8.13	3.75	17.15	8.22
应付票据	1623.77	1649.64	1389.35	1076.62	1025.38
应付账款	3503.03	3411.16	2929.43	2315.08	2154.33
预收款项	6.78	5.84	5.45	3.35	569.29
合同负债	737.56	1023.68	979.54	711.32	14.45
卖出回购金融资产款	0.00	0.00	0.00	0.00	0.00
吸收存款及同业存放	118.68	109.86	96.80	85.09	90.90
代理买卖证券款	0.00	0.00	0.00	0.00	0.00
代理承销证券款	0.00	0.00	0.00	0.00	0.00
应付职工薪酬	287.31	289.60	256.56	196.42	170.96
应交税费	252.12	321.62	475.35	272.52	228.99
其他应付款	802.84	827.94	799.85	697.70	651.50
应付股利	28.17	12.67	14.43	13.19	12.69
应付手续费及佣金	0.00	0.00	0.00	0.00	0.00
应付分保账款	0.00	0.00	0.00	0.00	0.00
一年内到期的非流动负债	1720.92	1319.63	985.43	828.59	823.41

续表

年份	2023	2022	2021	2020	2019
其他流动负债	425.76	655.94	498.82	347.71	142.63
流动负债合计	14027.34	13677.81	12286.41	10490.14	9548.37
保险合同准备金	0.00	0.00	0.00	0.00	0.00
长期借款	5795.10	4718.72	3808.23	2671.48	2244.72
应付债券	560.10	595.06	498.62	536.50	545.14
租赁负债	353.75	311.67	197.36	0.00	0.00
长期应付款	310.19	289.34	217.94	228.58	262.41
预计负债	79.39	65.37	57.44	34.34	53.25
递延收益-非流动负债	305.54	276.52	254.44	228.54	205.42
递延所得税负债	176.97	168.88	150.24	127.26	75.51
其他非流动负债	82.39	62.01	73.06	66.50	59.25
非流动负债合计	7663.42	6487.55	5257.40	3893.29	3445.81
负债合计	21690.81	20165.54	17543.75	14383.45	12994.33
实收资本（或股本）	3226.88	3114.22	2979.05	2664.90	2410.55
其他权益工具	67.03	62.54	56.50	60.85	34.33
其中：优先股	0.00	0.00	0.00	0.00	0.00
其中：永续债	0.00	7.00	19.07	25.07	16.05
资本公积	6768.33	6229.83	5667.69	4932.00	4031.84
其中：库存股	210.17	163.42	112.60	75.54	70.48
其他综合收益	48.06	33.92	6.42	37.67	25.39
专项储备	64.72	55.74	50.61	42.65	35.93
盈余公积	879.98	805.68	721.38	604.80	524.68
一般风险准备	0.04	0.04	0.13	0.14	0.10
未分配利润	7288.37	6829.27	5607.34	3612.58	2987.79
归属于母公司所有者权益合计	18133.44	16967.92	14976.54	11880.05	9980.06
少数股东权益	1588.32	1555.60	1336.23	1176.79	931.26
所有者权益合计	19721.73	18523.71	16312.81	13056.85	10911.38
负债与所有者权益总计	41412.56	38689.10	33856.63	27440.23	23905.64

附表23　证券市场石油化工制造业（C25-C26）利润表　　　　　　单位：亿元

年份	2023	2022	2021	2020	2019
营业总收入	28028.08	28522.62	24175.89	17112.78	16000.19
营业收入	28022.58	28517.44	24171.57	17108.83	15995.76
利息净收入	5.09	4.96	4.19	3.90	4.41
利息收入	5.09	4.96	4.19	3.90	4.41

续表

年份	2023	2022	2021	2020	2019
已赚保费	0.00	0.00	0.00	0.00	0.00
保险业务收入	0.00	0.00	0.00	0.00	0.00
减：分出保费	0.00	0.00	0.00	0.00	0.00
减：提取未到期责任准备金	0.00	0.00	0.00	0.00	0.00
手续费及佣金净收入	0.40	0.22	0.15	0.04	0.04
手续费及佣金收入	0.40	0.22	0.15	0.04	0.04
营业总成本	26659.45	26029.74	21109.74	15779.94	14948.45
营业成本	23560.79	23299.10	18619.55	13729.78	12847.20
利息支出	0.00	0.00	0.00	0.00	0.00
手续费及佣金支出	0.00	0.00	0.00	0.00	0.00
退保金	0.00	0.00	0.00	0.00	0.00
赔付支出净额	0.00	0.00	0.00	0.00	0.00
赔付支出	0.00	0.00	0.00	0.00	0.00
减：摊回赔付支出	0.00	0.00	0.00	0.00	0.00
提取保险责任准备金净额	0.00	0.00	0.00	0.00	0.00
提取保险责任准备金	0.00	0.00	0.00	0.00	0.00
减：摊回保险责任准备金	0.00	0.00	0.00	0.00	0.00
保单红利支出	0.00	0.00	0.00	0.00	0.00
分保费用	0.00	0.00	0.00	0.00	0.00
税金及附加	756.85	570.20	450.50	302.42	271.49
销售费用	561.09	514.70	479.75	488.86	659.58
管理费用	845.34	824.03	773.85	650.93	621.88
研发费用	602.26	561.50	472.61	306.38	259.92
财务费用	331.23	258.44	311.81	299.98	286.82
其他收益	167.67	147.28	94.79	99.81	91.65
投资收益	140.56	148.56	305.17	146.02	264.55
汇兑收益	0.02	0.04	−0.01	−0.03	0.00
其他业务收入	0.00	0.00	0.00	0.00	0.00
净敞口套期收益	0.00	0.00	0.00	0.00	0.00
公允价值变动收益	1.28	−18.76	9.89	31.08	21.68
信用减值损失	−56.12	−60.26	−69.95	−165.09	−430.52
资产减值损失	−244.37	−201.27	−175.79	−178.60	−343.65
资产处置收益	18.40	18.61	10.18	28.76	0.37
业务及管理费	0.00	0.00	0.00	0.00	0.00
减：摊回分保费用	0.00	0.00	0.00	0.00	0.00

续表

年份	2023	2022	2021	2020	2019
其他业务成本	1.78	1.87	1.76	1.68	1.53
其他业务利润	0.00	0.00	0.00	0.11	0.10
营业利润	1396.03	2527.44	3240.35	1294.98	656.10
加：营业外收入	37.75	31.05	42.38	38.19	40.44
减：营业外支出	76.07	57.71	107.46	56.01	74.67
利润总额	1357.85	2500.97	3175.32	1277.18	621.83
减：所得税费用	223.60	351.04	548.17	272.87	187.37
未确认的投资损失	0.00	0.00	0.00	0.00	0.00
影响净利润的其他项目	0.00	0.00	0.00	0.00	0.00
净利润	1134.30	2149.93	2627.15	1004.47	434.54
归属于母公司所有者的净利润	1075.14	1972.68	2383.70	909.39	397.29
归属于母公司其他权益工具持有者的净利润	0.00	0.00	0.00	0.00	0.00
少数股东损益	59.14	177.14	243.38	94.99	38.08
其他综合收益（损失）	17.17	38.89	-34.50	6.62	11.50
综合收益总额	1151.51	2188.80	2594.57	1009.88	449.08
归属于母公司所有者的综合收益	1084.04	1997.31	2350.32	906.36	385.53
归属少数股东的综合收益	60.20	179.38	239.08	91.98	38.96
基本每股收益	0.29	0.53	0.62	0.35	0.31
稀释每股收益	0.29	0.50	0.60	0.34	0.30

附表24　证券市场石油化工制造业（C25-C26）现金流量表　　　单位：亿元

年份	2023	2022	2021	2020	2019
销售商品、提供劳务收到的现金	28391.87	28020.42	23433.22	16739.55	15884.02
客户存款和同业存放款项净增加额	8.32	12.54	12.14	-7.02	8.20
向中央银行借款净增加额	0.00	0.00	0.00	0.00	0.00
向其他金融机构拆入资金净增加额	0.00	0.00	0.00	0.00	0.00
收到原保险合同保费取得的现金	0.00	0.00	0.00	0.00	0.00
收到再保险业务现金净额	0.00	0.00	0.00	0.00	0.00
保户储金及投资款净增加额	0.00	0.00	0.00	0.00	0.00
处置交易性金融资产净增加额	0.00	0.00	0.00	0.00	0.00
收取利息、手续费及佣金的现金	5.56	5.01	4.37	3.97	1.21
拆入资金净增加额	0.00	0.00	0.00	0.00	3.03

续表

年份	2023	2022	2021	2020	2019
回购业务资金净增加额	0.00	0.00	0.00	0.00	0.00
收到的税费返还	452.65	801.42	191.38	163.19	146.26
收到的其他与经营活动有关的现金	814.81	671.68	604.27	618.74	584.09
经营活动现金流入小计	29673.33	29511.01	24245.37	17518.58	16626.85
购买商品、接受劳务支付的现金	22574.04	21942.40	17336.82	12579.83	11875.49
客户贷款及垫款净增加额	32.83	-19.16	12.10	1.14	24.17
存放中央银行和同业款项净增加额	1.24	1.69	0.48	-0.49	-0.64
支付原保险合同赔付款项的现金	0.00	0.00	0.00	0.00	0.00
支付利息、手续费及佣金的现金	1.28	1.62	2.53	1.25	1.05
支付保单红利的现金	0.00	0.00	0.00	0.00	0.00
支付给职工以及为职工支付的现金	1720.39	1560.22	1365.33	1078.63	1014.47
支付的各项税费	1563.71	1761.87	1320.05	847.55	866.19
支付其他与经营活动有关的现金	1240.05	1180.21	1120.09	1084.16	1092.87
经营活动现金流出小计	27133.69	26428.90	21157.44	15591.92	14873.72
经营活动产生的现金流量净额	2539.60	3082.15	3087.99	1926.79	1753.09
收回投资收到的现金	2592.41	2658.79	2298.30	1999.11	1593.56
取得投资收益收到的现金	85.74	85.48	94.48	94.92	52.83
处置固定资产、无形资产和其他长期资产收回的现金净额	73.35	57.59	57.49	85.97	42.63
处置子公司及其他营业单位收到的现金净额	75.42	16.07	196.65	32.37	62.07
收到的其他与投资活动有关的现金	633.58	702.09	866.31	832.71	720.35
投资活动产生的现金流入小计	3460.66	3519.98	3513.37	3045.23	2471.54
购建固定资产、无形资产和其他长期资产支付的现金	3622.04	3241.46	2922.80	2224.42	1882.27
投资支付的现金	2694.65	2881.04	2686.27	2129.36	1747.52
质押贷款净增加额	0.00	0.00	0.00	0.00	0.00
取得子公司及其他营业单位支付的现金净额	116.60	99.28	119.10	112.02	105.01
支付其他与投资活动有关的现金	650.05	722.04	898.71	839.57	723.30
投资活动产生的现金流出小计	7083.27	6943.82	6626.90	5305.47	4458.07
投资活动产生的现金流量净额	-3622.66	-3423.90	-3113.41	-2260.18	-1986.43
吸收投资收到的现金	725.26	772.13	826.80	833.60	403.83

续表

年份	2023	2022	2021	2020	2019
吸收权益性投资收到的现金	709.94	751.57	767.42	791.57	397.89
其中：子公司吸收少数股东投资收到的现金	72.14	125.96	103.63	179.99	126.35
发行债券收到的现金	15.32	20.56	59.39	42.03	5.94
取得借款收到的现金	10869.71	8800.28	7986.08	7479.97	6272.78
收到其他与筹资活动有关的现金	1133.38	1196.40	1051.01	889.83	795.23
筹资活动现金流入小计	12728.21	10768.74	9863.94	9203.38	7471.76
偿还债务支付的现金	9099.80	7395.13	7025.84	6628.47	5630.37
分配股利、利润或偿付利息支付的现金	1102.35	1227.65	872.37	772.22	761.31
其中：子公司支付给少数股东的股利、利润	72.56	103.62	37.26	27.32	23.29
支付其他与筹资活动有关的现金	1510.00	1293.49	1387.63	863.22	860.19
筹资活动现金流出小计	11712.05	9916.50	9285.84	8264.01	7251.85
筹资活动产生的现金流量净额	1016.26	852.31	578.06	939.32	219.80
现金总流入	49484.95	47223.68	40736.15	32027.37	28556.75
现金总流出	45929.02	43289.18	37070.18	29161.38	26583.74
现金流量净额	-66.58	510.56	552.47	605.79	-13.53

附表25　　证券市场医药制造业（C27）资产负债表　　单位：亿元

年份	2023	2022	2021	2020	2019
货币资金	4810.66	4784.84	4327.16	3349.70	2441.31
结算备付金	0.00	0.00	0.00	0.00	0.00
拆出资金净额	0.00	0.00	0.00	0.00	0.00
交易性金融资产	990.32	1155.22	1038.17	753.87	526.72
衍生金融资产	0.17	0.41	0.53	0.03	0.00
应收票据净额	151.78	183.29	163.62	177.44	192.84
应收账款净额	2498.82	2540.14	2203.33	1836.21	1718.58
应收款项融资	314.54	334.51	301.58	366.32	277.72
预付款项净额	199.99	255.78	241.28	207.90	185.47
应收保费净额	0.00	0.00	0.00	0.00	0.00
应收分保账款净额	0.00	0.00	0.00	0.00	0.00
应收分保合同准备金净额	0.00	0.00	0.00	0.00	0.00
其他应收款净额	229.69	243.36	278.60	325.86	378.80
应收股利净额	1.84	3.75	1.13	1.00	5.23

续表

年份	2023	2022	2021	2020	2019
买入返售金融资产净额	0.00	0.00	0.00	0.00	0.00
存货净额	2351.09	2346.79	2159.53	1896.83	1973.73
合同资产	13.08	12.63	14.27	13.23	0.00
一年内到期的非流动资产	76.44	68.19	38.95	11.91	8.43
其他流动资产	442.25	377.39	429.87	277.98	272.59
流动资产合计	12079.08	12302.44	11196.99	9217.42	7977.16
发放贷款及垫款净额	0.16	0.00	0.01	0.19	1.87
债权投资	106.91	57.38	15.31	18.55	2.93
其他债权投资	4.99	0.00	0.00	0.00	0.00
长期应收款净额	22.61	28.95	29.03	25.91	26.48
长期股权投资净额	1261.88	1218.89	1047.64	950.79	739.67
其他权益工具投资	258.60	262.26	248.63	239.46	202.37
其他非流动金融资产	254.36	246.05	206.33	191.01	128.58
投资性房地产净额	157.66	134.13	120.97	122.46	121.43
固定资产净额	4282.88	3899.73	3438.85	3078.24	2678.37
在建工程净额	1100.69	1118.21	985.03	796.53	760.11
生产性生物资产净额	1.54	1.43	1.43	1.64	2.20
油气资产净额	0.00	0.00	0.00	0.00	0.00
使用权资产	147.81	132.74	131.58	0.10	0.00
无形资产净额	1055.49	970.65	875.19	777.34	703.79
开发支出	387.71	359.58	317.86	267.62	236.09
商誉净额	655.07	668.49	699.19	702.88	735.62
长期待摊费用	84.37	74.83	65.04	59.98	53.36
递延所得税资产	238.92	227.07	180.03	152.95	118.75
其他非流动资产	516.28	495.78	414.73	277.76	215.66
非流动资产合计	10538.21	9896.52	8776.95	7663.32	6727.30
资产总计	22617.38	22198.98	19973.92	16880.91	14704.44
短期借款	1349.22	1423.03	1388.40	1439.86	1377.32
向中央银行借款	0.00	0.00	0.00	0.00	0.00
拆入资金	0.00	0.00	0.00	0.00	0.00
交易性金融负债	2.29	3.42	1.37	2.13	3.21
衍生金融负债	0.52	1.86	1.76	0.13	0.01
应付票据	411.20	406.14	348.80	309.14	313.46
应付账款	1405.05	1386.70	1246.29	974.80	853.07
预收款项	8.91	11.66	11.87	7.24	157.03

续表

年份	2023	2022	2021	2020	2019
合同负债	323.45	425.98	301.22	233.58	77.56
卖出回购金融资产款	0.00	0.00	0.00	0.00	0.00
吸收存款及同业存放	0.00	0.00	0.00	0.00	0.00
代理买卖证券款	0.00	0.00	0.00	0.00	0.00
代理承销证券款	0.00	0.00	0.00	0.00	0.00
应付职工薪酬	299.58	300.04	240.91	197.99	150.92
应交税费	181.73	241.55	236.39	195.35	146.18
其他应付款	1038.92	1089.78	982.05	892.98	800.67
应付股利	9.28	9.51	7.64	7.29	13.62
应付手续费及佣金	0.00	0.00	0.00	0.00	0.00
应付分保账款	0.00	0.00	0.00	0.00	0.00
一年内到期的非流动负债	453.52	445.22	454.73	436.90	357.51
其他流动负债	111.28	145.49	111.19	97.41	107.27
流动负债合计	5585.86	5881.29	5325.22	4787.71	4344.87
保险合同准备金	0.00	0.00	0.00	0.00	0.00
长期借款	978.98	867.03	629.49	708.48	505.75
应付债券	194.21	237.36	212.72	285.56	370.16
租赁负债	108.23	91.67	88.10	0.00	0.00
长期应付款	64.74	62.46	70.30	70.09	71.51
预计负债	26.84	39.88	33.03	26.84	16.54
递延收益-非流动负债	244.79	243.88	234.49	214.43	179.63
递延所得税负债	139.66	138.01	122.79	109.47	93.04
其他非流动负债	74.97	69.89	87.29	50.47	68.29
非流动负债合计	1832.51	1750.26	1478.18	1465.35	1304.94
负债合计	7418.41	7631.48	6803.36	6253.00	5649.84
实收资本（或股本）	2261.09	2257.52	2141.89	1910.52	1726.81
其他权益工具	40.04	43.53	38.33	63.35	53.45
其中：优先股	0.00	0.00	0.00	29.68	29.68
其中：永续债	0.00	0.00	0.00	0.00	4.99
资本公积	6164.14	6043.86	5382.24	3759.33	2776.59
其中：库存股	163.50	170.51	135.67	143.44	99.67
其他综合收益	40.10	33.98	-21.53	8.27	33.47
专项储备	4.14	3.21	2.47	1.79	1.35
盈余公积	812.58	769.95	694.19	603.86	522.16
一般风险准备	0.00	0.00	0.00	0.01	0.01

续表

年份	2023	2022	2021	2020	2019
未分配利润	5217.50	4854.96	4369.58	3792.95	3503.08
归属于母公司所有者权益合计	14376.19	13836.72	12471.51	9996.73	8517.35
少数股东权益	822.68	730.66	698.97	631.02	537.20
所有者权益合计	15198.85	14567.41	13170.63	10627.77	9054.67
负债与所有者权益总计	22617.38	22198.98	19973.92	16880.91	14704.44

附表26　证券市场医药制造业（C27）利润表　　　单位：亿元

年份	2023	2022	2021	2020	2019
营业总收入	10732.45	11146.71	10164.43	8723.43	8317.30
营业收入	10732.39	11146.66	10164.37	8723.33	8314.63
利息净收入	0.05	0.05	0.07	0.09	0.09
利息收入	0.05	0.05	0.07	0.09	0.09
已赚保费	0.00	0.00	0.00	0.00	0.00
保险业务收入	0.00	0.00	0.00	0.00	0.00
减：分出保费	0.00	0.00	0.00	0.00	0.00
减：提取未到期责任准备金	0.00	0.00	0.00	0.00	0.00
手续费及佣金净收入	0.00	0.00	0.00	0.00	2.58
手续费及佣金收入	0.00	0.00	0.00	0.00	2.58
营业总成本	9633.61	9692.12	8812.21	7650.60	7455.50
营业成本	5535.18	5635.02	4941.11	4327.53	4206.12
利息支出	0.00	0.00	0.00	0.00	0.00
手续费及佣金支出	0.00	0.00	0.00	0.00	0.00
退保金	0.00	0.00	0.00	0.00	0.00
赔付支出净额	0.00	0.00	0.00	0.00	0.00
赔付支出	0.00	0.00	0.00	0.00	0.00
减：摊回赔付支出	0.00	0.00	0.00	0.00	0.00
提取保险责任准备金净额	0.00	0.00	0.00	0.00	0.00
提取保险责任准备金	0.00	0.00	0.00	0.00	0.00
减：摊回保险责任准备金	0.00	0.00	0.00	0.00	0.00
保单红利支出	0.00	0.00	0.00	0.00	0.00
分保费用	0.00	0.00	0.00	0.00	0.00
税金及附加	98.57	100.66	98.99	81.55	85.46
销售费用	2300.73	2323.08	2263.82	2022.51	2130.35
管理费用	794.02	765.93	708.63	622.78	565.52

续表

年份	2023	2022	2021	2020	2019
研发费用	900.97	850.33	716.40	474.99	357.76
财务费用	4.24	17.14	83.30	121.01	110.20
其他收益	125.51	112.95	279.00	102.34	81.05
投资收益	117.89	165.94	246.60	132.32	145.36
汇兑收益	0.00	0.00	0.00	0.00	0.00
其他业务收入	0.00	0.00	0.00	0.00	0.00
净敞口套期收益	0.00	0.00	0.00	0.00	0.00
公允价值变动收益	−1.66	−52.75	−1.12	56.26	7.19
信用减值损失	−32.54	−88.11	−97.92	−72.16	−38.55
资产减值损失	−211.84	−223.56	−177.90	−366.18	−188.40
资产处置收益	17.89	17.06	9.55	6.37	5.47
业务及管理费	0.00	0.00	0.00	0.00	0.00
减：摊回分保费用	0.00	0.00	0.00	0.00	0.00
其他业务成本	0.00	0.00	0.00	0.00	0.15
其他业务利润	0.00	0.00	0.00	0.00	0.00
营业利润	1114.13	1386.09	1610.28	931.75	874.13
加：营业外收入	44.06	20.40	16.02	18.77	20.29
减：营业外支出	39.03	50.53	62.61	42.48	24.81
利润总额	1119.34	1355.97	1563.66	908.09	869.61
减：所得税费用	220.78	241.90	255.89	212.54	184.85
未确认的投资损失	0.00	0.00	0.00	0.00	0.00
影响净利润的其他项目	0.00	0.00	0.00	0.00	0.00
净利润	898.50	1114.13	1307.82	695.55	684.81
归属于母公司所有者的净利润	855.62	1055.76	1251.27	631.58	630.49
归属于母公司其他权益工具持有者的净利润	0.00	0.85	0.00	0.00	0.00
少数股东损益	42.95	57.52	56.55	63.95	54.29
其他综合收益（损失）	8.79	63.83	−22.85	−24.06	0.44
综合收益总额	907.28	1179.44	1288.51	705.29	687.34
归属于母公司所有者的综合收益	863.79	1118.88	1233.24	642.50	631.22
归属少数股东的综合收益	43.55	60.50	55.25	62.79	55.31
基本每股收益	0.29	0.42	0.48	0.36	0.38
稀释每股收益	0.29	0.41	0.48	0.34	0.36

附表27　　证券市场医药制造业（C27）现金流量表　　单位：亿元

年份	2023	2022	2021	2020	2019
销售商品、提供劳务收到的现金	10966.83	11105.07	10197.02	8761.13	8415.17
客户存款和同业存放款项净增加额	0.00	0.00	0.00	0.00	0.00
向中央银行借款净增加额	0.00	0.00	0.00	0.00	0.00
向其他金融机构拆入资金净增加额	0.00	0.00	0.00	0.00	0.00
收到原保险合同保费取得的现金	0.00	0.00	0.00	0.00	0.00
收到再保险业务现金净额	0.00	0.00	0.00	0.00	0.00
保户储金及投资款净增加额	0.00	0.00	0.00	0.00	0.00
处置交易性金融资产净增加额	0.00	0.00	0.00	0.00	0.00
收取利息、手续费及佣金的现金	0.05	0.06	0.03	0.04	0.05
拆入资金净增加额	0.00	0.00	0.00	0.00	0.00
回购业务资金净增加额	0.00	0.00	0.00	0.00	0.00
收到的税费返还	110.53	178.56	94.11	65.26	47.28
收到的其他与经营活动有关的现金	426.54	512.76	410.83	407.27	343.10
经营活动现金流入小计	11503.82	11796.42	10702.24	9233.62	8805.68
购买商品、接受劳务支付的现金	5093.09	5240.95	4637.09	4046.26	3872.91
客户贷款及垫款净增加额	0.08	0.47	0.14	0.00	0.00
存放中央银行和同业款项净增加额	0.00	0.00	0.00	0.00	0.00
支付原保险合同赔付款项的现金	0.00	0.00	0.00	0.00	0.00
支付利息、手续费及佣金的现金	0.00	0.00	0.00	0.00	0.00
支付保单红利的现金	0.00	0.00	0.00	0.00	0.00
支付给职工以及为职工支付的现金	1718.93	1600.48	1381.52	1078.39	967.85
支付的各项税费	890.89	901.83	788.37	689.15	724.61
支付其他与经营活动有关的现金	2415.85	2394.72	2409.32	2172.01	2264.10
经营活动现金流出小计	10119.01	10138.57	9216.58	7985.82	7829.47
经营活动产生的现金流量净额	1384.85	1657.93	1485.73	1247.87	976.17
收回投资收到的现金	3345.86	3601.25	2977.69	3003.89	2637.11
取得投资收益收到的现金	88.65	89.95	77.71	62.36	49.47
处置固定资产、无形资产和其他长期资产收回的现金净额	36.56	23.00	29.08	57.60	29.54
处置子公司及其他营业单位收到的现金净额	15.28	70.12	138.18	60.89	53.46

续表

年份	2023	2022	2021	2020	2019
收到的其他与投资活动有关的现金	748.57	704.60	805.96	675.98	647.63
投资活动产生的现金流入小计	4235.12	4489.05	4028.82	3860.87	3417.31
购建固定资产、无形资产和其他长期资产支付的现金	989.06	1083.53	1009.44	735.98	628.88
投资支付的现金	3414.19	4044.19	3203.92	3245.33	2585.83
质押贷款净增加额	0.00	0.00	0.32	0.00	0.00
取得子公司及其他营业单位支付的现金净额	47.05	45.82	75.83	60.46	41.49
支付其他与投资活动有关的现金	837.39	779.87	851.05	723.96	572.00
投资活动产生的现金流出小计	5287.80	5953.40	5140.37	4765.79	3828.19
投资活动产生的现金流量净额	−1052.66	−1464.16	−1111.69	−904.95	−410.75
吸收投资收到的现金	263.02	634.59	1043.39	775.97	204.50
吸收权益性投资收到的现金	255.77	634.59	1043.39	775.97	184.06
其中：子公司吸收少数股东投资收到的现金	45.72	78.26	83.61	34.11	55.92
发行债券收到的现金	7.25	0.00	0.00	0.00	20.44
取得借款收到的现金	2324.90	2569.19	2299.95	2530.64	2120.40
收到其他与筹资活动有关的现金	328.26	296.93	238.92	362.70	289.84
筹资活动现金流入小计	2916.19	3500.72	3582.27	3669.31	2614.70
偿还债务支付的现金	2222.93	2377.46	2269.02	2292.18	2166.50
分配股利、利润或偿付利息支付的现金	630.88	619.73	516.71	499.57	457.96
其中：子公司支付给少数股东的股利、利润	35.75	39.54	29.29	29.85	28.89
支付其他与筹资活动有关的现金	462.06	463.50	362.69	456.86	437.44
筹资活动现金流出小计	3316.01	3460.70	3148.37	3248.60	3061.92
筹资活动产生的现金流量净额	−399.69	40.02	433.89	420.75	−447.13
现金总流入	19707.73	21250.50	19424.94	17668.78	15248.52
现金总流出	18722.69	19552.49	17505.28	16000.20	14719.46
现金流量净额	−67.55	233.78	807.98	763.67	118.36

附表28　证券市场化纤橡塑制造业（C28-C29）资产负债表　　　　单位：亿元

年份	2023	2022	2021	2020	2019
货币资金	1740.59	1695.52	1465.57	1245.78	858.84
结算备付金	0.00	0.00	0.00	0.00	0.00

续表

年份	2023	2022	2021	2020	2019
拆出资金净额	0.00	0.00	0.00	0.00	0.00
交易性金融资产	203.41	192.84	209.85	181.47	167.26
衍生金融资产	0.03	0.18	0.03	7.43	4.10
应收票据净额	174.14	170.38	145.97	81.86	72.89
应收账款净额	1092.61	954.67	849.37	676.27	582.38
应收款项融资	243.41	194.95	229.10	232.54	181.61
预付款项净额	119.08	128.48	118.31	91.90	74.54
应收保费净额	0.00	0.00	0.00	0.00	0.00
应收分保账款净额	0.00	0.00	0.00	0.00	0.00
应收分保合同准备金净额	0.00	0.00	0.00	0.00	0.00
其他应收款净额	38.32	46.51	48.17	53.26	67.09
应收股利净额	0.94	0.19	0.92	0.01	0.24
买入返售金融资产净额	0.00	0.00	0.00	0.00	0.00
存货净额	1214.68	1141.11	1032.64	728.38	612.17
合同资产	13.68	11.83	10.64	8.63	1.51
一年内到期的非流动资产	15.41	5.07	5.78	2.55	1.21
其他流动资产	260.13	231.54	204.43	195.59	115.72
流动资产合计	**5115.53**	**4773.26**	**4319.76**	**3505.67**	**2739.24**
发放贷款及垫款净额	0.32	0.34	0.60	0.66	0.58
债权投资	13.35	7.89	2.33	0.00	0.00
其他债权投资	1.01	0.00	0.18	0.00	0.00
长期应收款净额	23.42	3.62	3.11	10.16	10.65
长期股权投资净额	516.79	501.19	462.38	377.53	303.46
其他权益工具投资	35.18	36.27	43.31	42.57	40.69
其他非流动金融资产	70.14	58.58	43.66	38.21	60.07
投资性房地产净额	57.57	52.14	27.40	24.58	22.48
固定资产净额	3769.23	3093.54	2712.90	2382.46	2028.92
在建工程净额	841.39	956.99	638.38	392.70	316.33
生产性生物资产净额	1.38	1.42	1.47	1.52	1.57
油气资产净额	0.00	0.00	0.00	0.00	0.00
使用权资产	40.75	41.28	42.88	0.00	0.00
无形资产净额	384.43	357.66	301.04	251.83	206.12
开发支出	2.82	1.40	0.97	3.11	2.78
商誉净额	120.01	113.88	115.19	138.86	161.78
长期待摊费用	41.41	32.95	27.26	23.69	20.64

续表

年份	2023	2022	2021	2020	2019
递延所得税资产	94.32	80.73	53.99	46.75	36.98
其他非流动资产	278.05	279.62	262.54	158.81	105.48
非流动资产合计	6291.59	5619.51	4739.58	3893.46	3318.33
资产总计	11407.10	10392.76	9059.44	7399.12	6057.62
短期借款	1605.57	1486.68	1219.51	981.07	984.27
向中央银行借款	0.00	0.00	0.00	0.00	0.00
拆入资金	0.00	0.00	0.00	0.00	0.00
交易性金融负债	1.55	1.20	0.31	0.96	0.21
衍生金融负债	0.01	0.54	0.29	1.74	0.73
应付票据	447.18	425.29	446.11	380.06	325.99
应付账款	949.97	848.66	736.98	577.00	520.35
预收款项	0.78	0.97	2.12	2.10	55.74
合同负债	100.90	89.72	101.72	98.88	1.95
卖出回购金融资产款	0.00	0.00	0.00	0.00	0.00
吸收存款及同业存放	0.00	0.00	0.00	0.00	0.00
代理买卖证券款	0.00	0.00	0.00	0.00	0.00
代理承销证券款	0.00	0.00	0.00	0.00	0.00
应付职工薪酬	84.93	69.88	69.10	64.63	51.08
应交税费	46.35	46.81	67.43	57.92	38.93
其他应付款	180.08	183.82	216.59	162.23	138.70
应付股利	2.23	1.69	1.01	2.17	0.70
应付手续费及佣金	0.00	0.00	0.00	0.00	0.00
应付分保账款	0.00	0.00	0.00	0.00	0.00
一年内到期的非流动负债	425.67	307.78	235.14	230.42	159.67
其他流动负债	108.55	82.16	78.23	56.82	32.64
流动负债合计	3951.52	3543.64	3173.63	2614.01	2310.19
保险合同准备金	0.00	0.00	0.00	0.00	0.00
长期借款	1114.70	1012.97	769.32	608.82	483.12
应付债券	273.41	231.92	121.74	154.84	166.95
租赁负债	33.22	32.57	32.06	0.00	0.00
长期应付款	43.84	38.39	28.39	26.50	26.30
预计负债	7.94	8.15	11.80	50.49	31.19
递延收益-非流动负债	133.98	114.20	99.84	88.71	70.53
递延所得税负债	58.97	58.21	51.86	37.64	24.07
其他非流动负债	43.30	43.07	26.24	30.88	53.86

续表

年份	2023	2022	2021	2020	2019
非流动负债合计	1709.41	1539.58	1141.24	997.88	856.07
负债合计	5660.90	5083.19	4314.88	3611.91	3166.28
实收资本（或股本）	896.81	861.58	812.94	799.60	713.40
其他权益工具	44.93	39.38	17.83	21.33	18.97
其中：优先股	0.00	0.00	0.00	0.00	0.00
其中：永续债	0.00	0.00	0.00	0.00	0.00
资本公积	2115.73	1915.00	1669.45	1485.45	1069.70
其中：库存股	81.33	51.88	28.25	22.15	17.89
其他综合收益	21.69	13.19	−25.54	−9.75	16.67
专项储备	1.40	0.97	0.68	0.78	0.83
盈余公积	256.37	233.77	210.33	180.26	149.90
一般风险准备	0.00	0.00	0.01	0.00	0.00
未分配利润	2196.51	2012.57	1850.49	1178.02	803.84
归属于母公司所有者权益合计	5452.09	5024.41	4507.85	3633.48	2755.29
少数股东权益	294.16	285.03	236.66	153.71	136.03
所有者权益合计	5746.26	5309.48	4744.50	3787.19	2891.32
负债与所有者权益总计	11407.10	10392.76	9059.44	7399.12	6057.62

附表29　证券市场化纤橡塑制造业（C28-C29）利润表　　　单位：亿元

年份	2023	2022	2021	2020	2019
营业总收入	7849.41	7349.29	6874.18	5275.41	4634.59
营业收入	7849.41	7349.29	6874.18	5275.41	4634.59
利息净收入	0.00	0.00	0.00	0.00	0.00
利息收入	0.00	0.00	0.00	0.00	0.00
已赚保费	0.00	0.00	0.00	0.00	0.00
保险业务收入	0.00	0.00	0.00	0.00	0.00
减：分出保费	0.00	0.00	0.00	0.00	0.00
减：提取未到期责任准备金	0.00	0.00	0.00	0.00	0.00
手续费及佣金净收入	0.00	0.00	0.00	0.00	0.00
手续费及佣金收入	0.00	0.00	0.00	0.00	0.00
营业总成本	7538.63	7069.30	6213.76	4780.05	4366.63
营业成本	6813.84	6446.18	5594.22	4216.83	3851.53
利息支出	0.00	0.00	0.00	0.00	0.00
手续费及佣金支出	0.00	0.00	0.00	0.00	0.00
退保金	0.00	0.00	0.00	0.00	0.00

续表

年份	2023	2022	2021	2020	2019
赔付支出净额	0.00	0.00	0.00	0.00	0.00
赔付支出	0.00	0.00	0.00	0.00	0.00
减：摊回赔付支出	0.00	0.00	0.00	0.00	0.00
提取保险责任准备金净额	0.00	0.00	0.00	0.00	0.00
提取保险责任准备金	0.00	0.00	0.00	0.00	0.00
减：摊回保险责任准备金	0.00	0.00	0.00	0.00	0.00
保单红利支出	0.00	0.00	0.00	0.00	0.00
分保费用	0.00	0.00	0.00	0.00	0.00
税金及附加	37.32	30.84	32.61	26.16	24.74
销售费用	134.47	110.32	106.44	111.14	141.69
管理费用	241.52	217.70	206.26	177.96	151.75
研发费用	230.53	206.82	194.50	151.62	125.98
财务费用	80.97	57.48	79.84	96.43	70.88
其他收益	50.93	58.01	34.40	36.37	28.43
投资收益	35.81	54.21	86.81	60.88	57.30
汇兑收益	0.00	0.00	0.00	0.00	0.00
其他业务收入	0.00	0.00	0.00	0.00	0.00
净敞口套期收益	0.00	0.00	0.00	0.00	0.00
公允价值变动收益	4.76	3.62	8.69	0.03	13.42
信用减值损失	−15.36	−16.71	−15.12	−35.14	−68.92
资产减值损失	−51.92	−46.38	−61.75	−61.92	−34.19
资产处置收益	4.48	7.26	4.06	7.33	6.86
业务及管理费	0.00	0.00	0.00	0.00	0.00
减：摊回分保费用	0.00	0.00	0.00	0.00	0.00
其他业务成本	0.00	0.00	0.00	0.00	0.00
其他业务利润	0.00	0.00	0.00	0.00	0.00
营业利润	339.47	339.96	717.70	502.95	270.91
加：营业外收入	6.33	7.63	7.25	6.39	5.52
减：营业外支出	9.03	27.57	12.62	10.04	9.03
利润总额	336.78	319.97	712.26	499.22	267.40
减：所得税费用	36.73	22.19	91.72	75.04	53.61
未确认的投资损失	0.00	0.00	0.00	0.00	0.00
影响净利润的其他项目	0.00	0.00	0.00	0.00	0.00
净利润	300.06	297.82	620.58	424.16	213.93
归属于母公司所有者的净利润	297.07	288.93	606.60	413.83	202.37

续表

年份	2023	2022	2021	2020	2019
归属于母公司其他权益工具持有者的净利润	0.00	0.00	0.00	0.00	0.00
少数股东损益	2.96	8.83	13.91	10.41	11.57
其他综合收益（损失）	8.96	43.90	-15.01	-29.01	5.66
综合收益总额	308.99	341.72	605.53	395.14	219.64
归属于母公司所有者的综合收益	305.83	331.15	589.57	385.91	205.90
归属少数股东的综合收益	3.05	11.03	14.06	8.98	12.62
基本每股收益	0.24	0.35	0.43	0.47	0.33
稀释每股收益	0.24	0.34	0.43	0.47	0.33

附表30 证券市场化纤橡塑制造业（C28-C29）现金流量表　　　单位：亿元

年份	2023	2022	2021	2020	2019
销售商品、提供劳务收到的现金	7674.94	7143.30	6493.61	5171.00	4492.25
客户存款和同业存放款项净增加额	0.00	0.00	0.00	0.00	0.00
向中央银行借款净增加额	0.00	0.00	0.00	0.00	0.00
向其他金融机构拆入资金净增加额	0.00	0.00	0.00	0.00	0.00
收到原保险合同保费取得的现金	0.00	0.00	0.00	0.00	0.00
收到再保险业务现金净额	0.00	0.00	0.00	0.00	0.00
保户储金及投资款净增加额	0.00	0.00	0.00	0.00	0.00
处置交易性金融资产净增加额	0.00	0.00	0.00	0.00	0.00
收取利息、手续费及佣金的现金	0.00	0.00	0.00	0.00	0.00
拆入资金净增加额	0.00	0.00	0.00	0.00	0.00
回购业务资金净增加额	0.00	0.00	0.00	0.00	0.00
收到的税费返还	139.11	187.94	85.09	68.87	48.57
收到的其他与经营活动有关的现金	176.08	146.26	134.86	149.79	105.34
经营活动现金流入小计	7990.05	7477.48	6713.64	5389.79	4646.18
购买商品、接受劳务支付的现金	6395.74	6147.72	5216.71	3876.83	3540.77
客户贷款及垫款净增加额	0.00	0.00	0.00	0.00	0.00
存放中央银行和同业款项净增加额	0.00	0.00	0.00	0.00	0.00
支付原保险合同赔付款项的现金	0.00	0.00	0.00	0.00	0.00
支付利息、手续费及佣金的现金	0.00	0.00	0.00	0.00	0.00
支付保单红利的现金	0.00	0.00	0.00	0.00	0.00

续表

年份	2023	2022	2021	2020	2019
支付给职工以及为职工支付的现金	579.78	523.17	481.53	392.82	337.97
支付的各项税费	192.35	204.13	212.25	160.58	150.42
支付其他与经营活动有关的现金	267.71	243.83	231.86	238.01	208.16
经营活动现金流出小计	**7435.61**	**7118.82**	**6142.27**	**4668.22**	**4237.31**
经营活动产生的现金流量净额	**554.45**	**358.65**	**571.41**	**721.58**	**408.91**
收回投资收到的现金	706.92	754.05	580.19	569.55	566.56
取得投资收益收到的现金	22.08	23.07	27.69	19.90	14.48
处置固定资产、无形资产和其他长期资产收回的现金净额	17.49	21.93	15.80	21.36	18.60
处置子公司及其他营业单位收到的现金净额	9.12	2.54	11.50	12.11	8.73
收到的其他与投资活动有关的现金	241.98	266.93	330.56	446.67	398.38
投资活动产生的现金流入小计	**997.63**	**1068.53**	**965.85**	**1069.68**	**1006.82**
购建固定资产、无形资产和其他长期资产支付的现金	818.73	869.93	819.59	560.36	464.78
投资支付的现金	778.10	798.74	673.27	722.18	636.00
质押贷款净增加额	0.00	0.00	0.00	7.09	0.00
取得子公司及其他营业单位支付的现金净额	16.16	13.26	27.43	19.17	12.90
支付其他与投资活动有关的现金	271.31	295.18	310.02	458.51	392.74
投资活动产生的现金流出小计	**1884.30**	**1977.16**	**1830.33**	**1767.23**	**1506.35**
投资活动产生的现金流量净额	**−886.59**	**−908.53**	**−864.44**	**−697.60**	**−499.44**
吸收投资收到的现金	252.81	313.02	229.40	388.94	130.04
吸收权益性投资收到的现金	252.81	311.02	227.40	351.08	120.04
其中：子公司吸收少数股东投资收到的现金	36.16	23.26	41.94	21.62	14.28
发行债券收到的现金	0.00	2.00	2.00	37.86	10.00
取得借款收到的现金	3113.47	2834.45	2082.18	1727.99	1630.76
收到其他与筹资活动有关的现金	331.93	273.99	167.37	168.24	170.21
筹资活动现金流入小计	**3698.21**	**3421.41**	**2478.96**	**2285.22**	**1931.00**
偿还债务支付的现金	2707.00	2180.54	1564.20	1628.43	1380.01
分配股利、利润或偿付利息支付的现金	223.25	235.49	229.84	168.90	148.82
其中：子公司支付给少数股东的股利、利润	3.90	2.47	2.94	2.78	2.20

续表

年份	2023	2022	2021	2020	2019
支付其他与筹资活动有关的现金	468.51	311.64	199.79	147.63	216.85
筹资活动现金流出小计	3398.77	2727.74	1993.77	1944.97	1745.74
筹资活动产生的现金流量净额	299.47	693.78	485.18	340.18	185.28
现金总流入	13572.60	12876.14	11022.95	9442.26	8083.55
现金总流出	12718.66	11823.69	9966.39	8380.54	7489.40
现金流量净额	-32.63	143.78	192.05	364.10	94.75

附表31　证券市场金属矿物制造业（C30-C33）资产负债表　　单位：亿元

年份	2023	2022	2021	2020	2019
货币资金	8438.95	8034.90	7447.28	6218.80	5404.20
结算备付金	7.27	6.75	7.68	3.21	2.33
拆出资金净额	0.00	0.00	0.00	0.00	0.00
交易性金融资产	825.65	764.92	957.53	819.30	750.13
衍生金融资产	26.53	23.55	16.52	17.60	14.08
应收票据净额	967.97	1080.01	1081.80	658.15	679.65
应收账款净额	4466.89	4155.53	3501.99	2511.50	2363.97
应收款项融资	1307.69	1305.56	1542.52	1845.42	1584.98
预付款项净额	954.62	1096.47	997.26	815.82	693.22
应收保费净额	0.00	0.00	0.00	0.00	0.00
应收分保账款净额	0.00	0.00	0.00	0.00	0.00
应收分保合同准备金净额	0.00	0.00	0.00	0.00	0.00
其他应收款净额	634.51	629.94	585.51	544.78	598.43
应收股利净额	30.77	19.69	16.40	17.74	7.00
买入返售金融资产净额	9.20	62.72	75.34	114.83	55.49
存货净额	8656.61	8644.96	8268.82	6869.92	6697.12
合同资产	495.85	422.22	361.30	266.34	21.17
一年内到期的非流动资产	310.43	189.22	94.26	115.43	88.11
其他流动资产	1261.40	1518.15	1137.48	1194.37	1022.39
流动资产合计	28363.62	27934.90	26075.36	21995.56	19975.21
发放贷款及垫款净额	11.53	18.16	63.39	13.86	53.79
债权投资	187.44	125.07	118.32	122.30	75.24
其他债权投资	5.22	32.31	81.16	3.61	0.52
长期应收款净额	76.15	73.55	158.31	195.19	234.89
长期股权投资净额	2742.09	2385.61	2123.49	1729.27	1620.41
其他权益工具投资	444.85	569.32	520.74	455.78	423.01

续表

年份	2023	2022	2021	2020	2019
其他非流动金融资产	223.50	208.72	268.59	191.84	194.30
投资性房地产净额	670.90	592.03	556.08	488.28	484.29
固定资产净额	23472.98	21788.00	19857.23	18255.85	16913.12
在建工程净额	3164.84	2898.85	2727.74	2244.61	2116.44
生产性生物资产净额	0.02	0.01	0.00	0.00	0.00
油气资产净额	0.00	0.00	0.00	0.00	0.00
使用权资产	483.31	492.10	582.24	0.00	0.00
无形资产净额	3814.19	3518.31	2882.23	2348.37	2142.06
开发支出	11.23	12.36	10.13	8.93	15.46
商誉净额	595.05	611.35	596.43	332.65	353.97
长期待摊费用	273.43	243.98	223.21	175.87	160.32
递延所得税资产	646.89	531.23	414.38	375.79	335.50
其他非流动资产	1218.53	1192.87	1055.99	1036.84	865.43
非流动资产合计	38041.96	35294.01	32239.81	27979.02	25989.13
资产总计	66405.55	63229.02	58315.25	49974.55	45964.25
短期借款	6314.22	6253.77	6176.11	6010.01	6524.43
向中央银行借款	8.95	12.93	9.47	0.00	0.00
拆入资金	0.00	0.00	0.00	10.50	16.22
交易性金融负债	13.79	19.07	16.37	20.06	26.60
衍生金融负债	32.93	38.47	16.25	34.70	12.27
应付票据	3714.65	3584.34	3367.46	2897.28	2685.56
应付账款	6297.27	6145.75	5495.94	4445.61	4046.35
预收款项	28.44	14.88	16.11	9.49	1044.42
合同负债	1797.21	1921.32	1920.60	1752.26	537.04
卖出回购金融资产款	10.01	14.89	18.59	26.79	33.37
吸收存款及同业存放	44.24	447.51	386.41	238.45	224.62
代理买卖证券款	0.00	0.00	0.00	0.00	0.00
代理承销证券款	0.00	0.00	0.00	0.00	0.00
应付职工薪酬	459.10	459.61	451.25	351.24	326.39
应交税费	441.65	570.29	657.04	455.96	388.85
其他应付款	1811.61	1919.83	1966.43	1353.80	1273.34
应付股利	42.32	33.30	136.50	48.53	47.87
应付手续费及佣金	0.01	0.03	0.00	0.00	0.00
应付分保账款	0.00	0.00	0.00	0.00	0.00
一年内到期的非流动负债	2579.49	2375.41	2108.89	1770.24	1783.28

续表

年份	2023	2022	2021	2020	2019
其他流动负债	822.03	867.40	843.54	808.18	859.43
流动负债合计	24375.79	24645.66	23450.37	20186.07	19782.16
保险合同准备金	0.00	0.00	0.00	0.00	0.00
长期借款	6689.76	5012.10	4181.85	3649.49	2895.90
应付债券	1263.02	1552.97	1471.07	1537.50	1379.15
租赁负债	384.37	359.60	420.27	0.00	0.00
长期应付款	575.35	546.82	405.57	360.95	414.08
预计负债	149.09	133.60	162.68	142.29	129.17
递延收益－非流动负债	445.40	390.61	362.21	333.60	317.95
递延所得税负债	340.20	309.50	303.37	265.07	258.39
其他非流动负债	136.94	122.07	129.81	263.69	258.05
非流动负债合计	9984.16	8427.40	7436.96	6552.86	5652.59
负债合计	34359.96	33072.89	30887.36	26738.87	25434.75
实收资本（或股本）	5239.15	5018.05	4863.65	4633.51	4352.34
其他权益工具	517.62	360.34	265.24	461.50	414.67
其中：优先股	0.00	0.00	0.00	0.00	0.00
其中：永续债	402.33	261.93	205.86	391.37	382.78
资本公积	9279.55	8775.59	8109.93	6836.45	6316.93
其中：库存股	162.28	144.18	134.78	86.79	73.76
其他综合收益	-4.91	96.97	66.73	35.38	32.65
专项储备	72.15	63.86	58.05	49.19	39.30
盈余公积	1889.77	1788.43	1653.38	1522.27	1403.19
一般风险准备	5.01	7.71	7.60	7.07	6.88
未分配利润	11752.30	10965.72	9721.80	7347.08	5942.93
归属于母公司所有者权益合计	28588.23	26932.56	24611.35	20805.62	18435.25
少数股东权益	3457.22	3223.54	2816.43	2430.11	2094.38
所有者权益合计	32045.42	30156.06	27427.71	23235.69	20529.58
负债与所有者权益总计	66405.55	63229.02	58315.25	49974.55	45964.25

附表32　证券市场金属矿物制造业（C30-C33）利润表　　　　单位：亿元

年份	2023	2022	2021	2020	2019
营业总收入	59552.38	60277.99	58589.34	41657.53	37128.05
营业收入	59540.91	60257.46	58573.60	41645.99	37119.90
利息净收入	11.02	19.49	15.11	11.16	7.66
利息收入	11.02	19.49	15.11	11.16	7.66

续表

年份	2023	2022	2021	2020	2019
已赚保费	0.00	0.00	0.00	0.00	0.00
保险业务收入	0.00	0.00	0.00	0.00	0.00
减：分出保费	0.00	0.00	0.00	0.00	0.00
减：提取未到期责任准备金	0.00	0.00	0.00	0.00	0.00
手续费及佣金净收入	0.44	1.04	0.62	0.38	0.50
手续费及佣金收入	0.44	1.04	0.62	0.38	0.50
营业总成本	57308.18	57268.03	54270.33	39286.10	35048.84
营业成本	53610.19	53683.29	50542.35	36144.64	31855.00
利息支出	0.00	0.00	0.00	0.00	0.00
手续费及佣金支出	0.00	0.00	0.00	0.00	0.00
退保金	0.00	0.00	0.00	0.00	0.00
赔付支出净额	0.00	0.00	0.00	0.00	0.00
赔付支出	0.00	0.00	0.00	0.00	0.00
减：摊回赔付支出	0.00	0.00	0.00	0.00	0.00
提取保险责任准备金净额	0.00	0.00	0.00	0.00	0.00
提取保险责任准备金	0.00	0.00	0.00	0.00	0.00
减：摊回保险责任准备金	0.00	0.00	0.00	0.00	0.00
保单红利支出	0.00	0.00	0.00	0.00	0.00
分保费用	0.00	0.00	0.00	0.00	0.00
税金及附加	369.89	368.58	353.93	270.64	279.75
销售费用	542.61	506.12	517.11	608.98	779.80
管理费用	1330.20	1303.37	1303.54	1031.12	1026.83
研发费用	981.03	937.85	966.98	669.87	535.11
财务费用	469.89	461.12	580.52	556.94	569.62
其他收益	290.03	193.86	185.59	164.36	145.71
投资收益	260.60	333.73	227.86	368.10	223.89
汇兑收益	0.48	0.70	0.17	1.23	−0.62
其他业务收入	0.00	0.00	0.00	0.00	0.00
净敞口套期收益	0.00	0.01	0.01	0.00	0.00
公允价值变动收益	31.34	−35.69	41.02	5.47	26.51
信用减值损失	−82.30	−100.19	−144.27	−142.15	−173.02
资产减值损失	−291.60	−326.50	−411.94	−223.29	−358.33
资产处置收益	63.99	119.69	53.39	49.57	160.36
业务及管理费	0.00	0.00	0.00	0.00	0.00
减：摊回分保费用	0.00	0.00	0.00	0.00	0.00

续表

年份	2023	2022	2021	2020	2019
其他业务成本	4.16	7.63	5.77	3.98	2.62
其他业务利润	0.00	0.00	0.00	0.00	0.00
营业利润	2517.02	3195.71	4270.77	2594.76	2103.77
加：营业外收入	59.88	58.84	77.65	64.57	59.20
减：营业外支出	78.85	92.28	124.74	107.50	139.32
利润总额	2497.90	3162.38	4223.77	2552.11	2023.69
减：所得税费用	473.56	534.91	815.36	501.90	474.36
未确认的投资损失	0.00	0.00	0.00	0.00	0.00
影响净利润的其他项目	0.00	0.00	0.00	0.00	0.00
净利润	2024.32	2627.45	3408.39	2049.98	1549.11
归属于母公司所有者的净利润	1654.75	2319.21	3098.38	1860.57	1384.00
归属于母公司其他权益工具持有者的净利润	0.00	0.00	0.00	0.00	0.00
少数股东损益	369.64	308.26	310.07	189.37	165.17
其他综合收益（损失）	−110.11	20.72	33.26	39.41	70.29
综合收益总额	1914.16	2648.17	3439.41	2089.59	1619.60
归属于母公司所有者的综合收益	1535.20	2330.94	3132.42	1899.22	1450.94
归属少数股东的综合收益	375.47	313.21	303.93	184.05	167.51
基本每股收益	0.29	0.32	0.43	0.30	0.24
稀释每股收益	0.29	0.31	0.43	0.29	0.23

附表33　证券市场金属矿物制造业（C30-C33）现金流量表　　单位：亿元

年份	2023	2022	2021	2020	2019
销售商品、提供劳务收到的现金	59110.37	58874.98	56584.71	41576.21	36658.87
客户存款和同业存放款项净增加额	5.01	62.14	120.97	15.19	42.07
向中央银行借款净增加额	−4.00	3.46	9.47	4.62	0.00
向其他金融机构拆入资金净增加额	−0.99	0.00	0.00	0.00	4.22
收到原保险合同保费取得的现金	0.00	0.00	0.00	0.00	0.00
收到再保险业务现金净额	0.00	0.00	0.00	0.00	0.00
保户储金及投资款净增加额	0.00	0.00	0.00	0.00	0.00
处置交易性金融资产净增加额	0.00	0.00	0.00	0.00	0.00
收取利息、手续费及佣金的现金	11.99	24.67	20.20	15.92	10.61
拆入资金净增加额	6.91	39.18	−61.64	0.44	7.77

续表

年份	2023	2022	2021	2020	2019
回购业务资金净增加额	10.01	0.00	−7.32	5.28	14.41
收到的税费返还	401.16	517.92	260.38	199.08	187.29
收到的其他与经营活动有关的现金	1207.58	1054.34	1001.45	858.92	798.49
经营活动现金流入小计	60783.96	60579.69	57938.65	42685.94	37727.10
购买商品、接受劳务支付的现金	50413.22	49638.95	46566.65	33992.72	29220.93
客户贷款及垫款净增加额	15.37	28.07	26.70	4.28	14.03
存放中央银行和同业款项净增加额	0.23	−0.89	8.56	7.59	1.96
支付原保险合同赔付款项的现金	0.00	0.00	0.00	0.00	0.00
支付利息、手续费及佣金的现金	4.62	9.17	7.03	5.87	3.41
支付保单红利的现金	0.00	0.00	0.00	0.00	0.00
支付给职工以及为职工支付的现金	3108.34	2943.21	2732.17	2194.06	2082.52
支付的各项税费	2062.91	2279.66	2173.53	1501.76	1643.20
支付其他与经营活动有关的现金	1614.75	1537.94	1481.07	1469.83	1393.43
经营活动现金流出小计	57227.21	56458.76	52996.63	39191.92	34359.44
经营活动产生的现金流量净额	3556.76	4120.97	4942.04	3494.04	3367.74
收回投资收到的现金	3671.16	4259.24	3734.83	3586.77	3278.50
取得投资收益收到的现金	217.51	206.72	174.57	182.62	125.01
处置固定资产、无形资产和其他长期资产收回的现金净额	228.50	241.73	293.82	139.03	138.20
处置子公司及其他营业单位收到的现金净额	45.91	38.64	63.08	82.93	48.95
收到的其他与投资活动有关的现金	1746.14	857.22	742.69	846.50	904.18
投资活动产生的现金流入小计	5909.35	5603.68	5009.06	4838.05	4494.87
购建固定资产、无形资产和其他长期资产支付的现金	3124.41	3257.21	2698.02	2079.47	1989.22
投资支付的现金	4143.40	4546.67	4234.52	3931.63	3820.09
质押贷款净增加额	0.00	0.00	0.00	0.00	0.00
取得子公司及其他营业单位支付的现金净额	155.18	206.43	151.57	68.28	267.54
支付其他与投资活动有关的现金	1716.12	952.86	741.85	896.83	764.77
投资活动产生的现金流出小计	9139.21	8963.26	7826.06	6976.20	6841.71
投资活动产生的现金流量净额	−3229.89	−3359.54	−2817.02	−2137.97	−2346.83
吸收投资收到的现金	1268.82	1742.55	2307.78	1900.50	1846.20

续表

年份	2023	2022	2021	2020	2019
吸收权益性投资收到的现金	809.48	1098.39	1063.11	610.80	434.87
其中：子公司吸收少数股东投资收到的现金	255.14	289.79	306.86	171.73	233.10
发行债券收到的现金	459.34	644.16	1244.67	1289.69	1411.33
取得借款收到的现金	14518.07	14109.17	12899.68	13381.72	12356.89
收到其他与筹资活动有关的现金	1915.18	1695.69	1550.08	1153.95	1133.60
筹资活动现金流入小计	17702.07	17547.54	16757.55	16436.25	15336.72
偿还债务支付的现金	13613.63	13968.69	14251.55	14679.87	13672.44
分配股利、利润或偿付利息支付的现金	1744.63	1941.92	1678.20	1214.71	1393.44
其中：子公司支付给少数股东的股利、利润	353.99	254.35	137.65	84.99	103.24
支付其他与筹资活动有关的现金	2422.51	2138.81	2098.44	1417.91	1233.07
筹资活动现金流出小计	17780.61	18049.49	18028.34	17312.50	16299.09
筹资活动产生的现金流量净额	-78.62	-502.05	-1270.69	-876.37	-962.25
现金总流入	87625.33	87090.42	82522.32	66098.08	59905.45
现金总流出	84147.17	83471.29	78850.85	63480.46	57500.00
现金流量净额	248.23	259.57	854.36	479.46	58.53

附表34　证券市场设备制造业（C34-C37）资产负债表　　单位：亿元

年份	2023	2022	2021	2020	2019
货币资金	19803.37	17711.66	15319.16	12602.14	10348.65
结算备付金	8.77	4.24	4.58	5.03	4.60
拆出资金净额	204.16	261.88	327.29	374.40	344.47
交易性金融资产	2684.74	2796.24	2702.07	2021.84	1729.75
衍生金融资产	5.76	12.53	31.73	40.59	6.17
应收票据净额	1955.45	2029.01	1992.28	1892.92	1517.40
应收账款净额	13504.65	11743.84	10151.29	8759.20	8570.08
应收款项融资	2021.69	1740.60	1928.79	2339.13	1804.09
预付款项净额	2091.86	2094.43	1984.14	1704.62	1478.44
应收保费净额	0.00	0.00	0.00	0.00	0.00
应收分保账款净额	0.00	0.00	0.00	0.00	0.00
应收分保合同准备金净额	0.00	0.00	0.00	0.00	0.00
其他应收款净额	864.79	932.99	884.81	851.20	1134.80
应收股利净额	29.65	67.30	76.39	66.07	63.26

续表

年份	2023	2022	2021	2020	2019
买入返售金融资产净额	114.74	71.41	92.59	136.50	167.35
存货净额	15376.53	13728.32	11493.10	9931.65	8293.16
合同资产	2200.48	2231.49	2075.28	1709.74	1000.43
一年内到期的非流动资产	1375.73	1335.73	1299.42	1198.17	1065.07
其他流动资产	3160.78	2685.70	2757.15	2610.24	2498.29
流动资产合计	65373.75	59380.26	53043.95	46177.58	39962.63
发放贷款及垫款净额	876.90	1126.23	1167.08	1086.82	875.47
债权投资	685.28	657.27	228.77	133.75	74.62
其他债权投资	114.91	21.02	10.13	51.64	6.73
长期应收款净额	1191.05	1137.65	985.71	1164.94	1055.30
长期股权投资净额	3807.63	3597.34	3328.62	3073.73	2864.85
其他权益工具投资	984.35	905.95	975.35	798.57	657.97
其他非流动金融资产	760.61	624.22	444.65	363.15	247.90
投资性房地产净额	384.46	378.32	376.31	326.54	248.36
固定资产净额	15594.41	13204.10	11199.07	10363.96	9691.68
在建工程净额	2906.26	2625.58	2194.15	1889.78	1789.35
生产性生物资产净额	0.03	0.03	0.03	0.03	0.02
油气资产净额	11.49	9.98	9.67	11.30	5.45
使用权资产	772.67	650.69	550.28	0.00	0.00
无形资产净额	4264.00	3639.64	3286.78	2964.22	2746.23
开发支出	470.75	456.61	383.64	339.84	329.49
商誉净额	1214.91	1168.16	1211.22	1250.18	1282.05
长期待摊费用	281.80	212.50	171.25	153.56	147.39
递延所得税资产	1591.29	1389.84	1223.64	1118.49	974.26
其他非流动资产	2275.04	2152.03	1721.25	1211.32	857.26
非流动资产合计	38188.34	33957.44	29468.00	26302.15	23854.73
资产总计	103561.98	93337.86	82511.72	72479.67	63817.48
短期借款	4140.18	4041.54	3660.66	3720.75	4302.45
向中央银行借款	0.00	0.00	9.97	0.16	2.22
拆入资金	545.12	703.28	582.86	707.07	497.43
交易性金融负债	13.23	11.24	3.59	7.30	21.74
衍生金融负债	9.23	7.93	6.72	22.73	6.18
应付票据	7133.32	6573.05	5890.25	4891.70	4040.43
应付账款	18348.50	15770.45	13812.15	12286.24	10600.85
预收款项	29.46	23.69	25.24	37.06	1874.67

续表

年份	2023	2022	2021	2020	2019
合同负债	7686.04	6978.04	6343.04	5131.03	1745.57
卖出回购金融资产款	14.90	0.00	0.12	12.04	5.10
吸收存款及同业存放	763.00	660.64	825.66	857.60	1074.06
代理买卖证券款	0.00	0.00	0.00	0.00	0.00
代理承销证券款	0.00	0.00	0.00	0.00	0.00
应付职工薪酬	1376.77	1211.15	1014.86	904.56	753.86
应交税费	710.91	649.57	545.10	600.92	472.67
其他应付款	4502.83	4005.90	3015.80	2693.30	2458.76
应付股利	46.53	53.54	53.67	78.32	41.10
应付手续费及佣金	0.00	0.00	0.00	0.00	0.00
应付分保账款	0.00	0.00	0.00	0.00	0.00
一年内到期的非流动负债	2425.18	2281.95	1877.08	1618.64	1721.55
其他流动负债	1360.80	1305.27	1240.57	933.14	702.30
流动负债合计	49059.72	44223.99	38853.99	34424.62	30279.87
保险合同准备金	0.00	0.00	0.00	0.00	0.00
长期借款	5008.80	4245.42	3253.43	2653.05	2151.34
应付债券	858.91	805.88	856.23	1048.12	1011.92
租赁负债	668.55	536.34	448.58	0.00	0.00
长期应付款	528.39	423.20	400.24	457.09	403.38
预计负债	784.96	728.14	647.57	634.61	633.42
递延收益-非流动负债	950.67	987.84	969.99	947.67	903.78
递延所得税负债	443.33	387.42	345.29	305.64	256.58
其他非流动负债	1252.46	916.26	767.74	907.75	696.98
非流动负债合计	10496.26	9030.97	7689.37	6954.25	6057.38
负债合计	59555.81	53254.97	46543.22	41378.88	36337.29
实收资本（或股本）	6424.97	6198.34	5869.50	5414.53	5056.32
其他权益工具	174.23	173.50	147.88	170.79	220.75
其中：优先股	0.00	0.00	0.00	0.00	0.00
其中：永续债	81.25	95.26	85.09	129.95	172.31
资本公积	17268.13	15684.10	13790.61	11189.55	9541.66
其中：库存股	325.71	313.01	263.59	171.73	154.58
其他综合收益	198.32	169.05	178.83	146.27	129.15
专项储备	87.04	76.57	65.78	57.69	48.97
盈余公积	2306.20	2158.91	1987.68	1781.29	1625.95
一般风险准备	56.05	56.15	53.46	48.31	41.61

续表

年份	2023	2022	2021	2020	2019
未分配利润	14658.54	12767.04	11321.95	9861.91	8467.44
归属于母公司所有者权益合计	40847.48	36970.64	33152.03	28498.64	24977.08
少数股东权益	3158.67	3112.54	2816.56	2602.45	2502.94
所有者权益合计	44006.22	40083.22	35968.62	31100.79	27480.03
负债与所有者权益总计	103561.98	93338.31	82511.72	72479.67	63817.48

附表35　　证券市场设备制造业（C34-C37）利润表　　单位：亿元

年份	2023	2022	2021	2020	2019
营业总收入	59855.16	53212.92	50062.51	43374.50	39822.33
营业收入	59631.89	52945.18	49827.32	43149.32	39614.11
利息净收入	213.90	243.74	212.08	205.27	187.53
利息收入	213.90	243.74	212.08	205.27	187.53
已赚保费	0.76	0.83	0.97	0.75	0.81
保险业务收入	0.00	0.00	0.00	0.00	0.00
减：分出保费	0.00	0.00	0.00	0.00	0.00
减：提取未到期责任准备金	0.00	0.00	0.00	0.00	0.00
手续费及佣金净收入	8.60	23.18	22.14	19.19	19.89
手续费及佣金收入	8.60	23.18	22.14	19.19	19.89
营业总成本	56731.95	50539.66	47833.66	41361.93	38252.31
营业成本	47998.64	43094.48	41034.53	35190.39	32235.17
利息支出	0.00	0.00	0.00	0.00	0.00
手续费及佣金支出	0.00	0.00	0.00	0.00	0.00
退保金	0.00	0.00	0.00	0.00	0.00
赔付支出净额	0.00	0.00	0.00	0.00	0.00
赔付支出	0.00	0.00	0.00	0.00	0.00
减：摊回赔付支出	0.00	0.00	0.00	0.00	0.00
提取保险责任准备金净额	0.00	0.00	-0.01	-0.04	-0.04
提取保险责任准备金	0.00	0.00	0.00	0.00	0.00
减：摊回保险责任准备金	0.00	0.00	0.00	0.00	0.00
保单红利支出	0.00	0.00	0.00	0.00	0.00
分保费用	0.00	0.00	0.00	0.00	0.00
税金及附加	575.38	488.81	412.08	357.66	352.69
销售费用	2604.74	2196.94	1948.91	1831.38	2125.10
管理费用	2655.86	2434.41	2210.12	1990.17	1855.67

续表

年份	2023	2022	2021	2020	2019
研发费用	2862.15	2369.80	2026.36	1626.04	1371.36
财务费用	1.74	-97.96	148.31	312.59	260.58
其他收益	618.94	470.08	437.96	393.74	306.65
投资收益	637.06	673.65	755.63	810.27	704.22
汇兑收益	0.79	0.73	0.32	0.20	0.40
其他业务收入	0.00	0.00	0.00	0.00	0.00
净敞口套期收益	0.48	0.14	0.07	-0.10	0.02
公允价值变动收益	32.75	-5.79	85.04	100.29	50.81
信用减值损失	-335.53	-337.71	-348.20	-276.03	-312.30
资产减值损失	-523.22	-524.19	-466.96	-566.72	-611.70
资产处置收益	85.47	98.75	82.82	84.29	68.01
业务及管理费	0.00	0.00	0.00	0.00	0.00
减：摊回分保费用	0.00	0.00	0.00	0.00	0.00
其他业务成本	33.79	53.42	53.15	54.07	52.00
其他业务利润	0.00	0.00	0.00	0.00	0.00
营业利润	3639.76	3049.18	2775.93	2558.62	1775.68
加：营业外收入	94.01	145.74	104.29	91.68	122.21
减：营业外支出	78.76	81.45	73.26	92.04	98.27
利润总额	3655.28	3113.49	2806.83	2558.15	1799.78
减：所得税费用	519.50	406.44	405.86	396.93	330.58
未确认的投资损失	0.00	0.00	0.00	0.00	0.00
影响净利润的其他项目	0.00	0.00	0.00	0.00	0.00
净利润	3135.62	2707.04	2400.94	2161.31	1469.43
归属于母公司所有者的净利润	2936.89	2503.57	2178.75	1919.43	1221.35
归属于母公司其他权益工具持有者的净利润	0.00	0.00	0.00	0.00	0.00
少数股东损益	199.06	203.60	222.23	242.00	248.11
其他综合收益（损失）	45.69	32.69	45.29	-6.76	82.77
综合收益总额	3181.35	2739.59	2445.36	2155.19	1552.44
归属于母公司所有者的综合收益	2969.34	2506.26	2214.69	1921.00	1303.31
归属少数股东的综合收益	205.36	228.34	222.73	230.35	248.65
基本每股收益	0.41	0.41	0.41	0.37	0.25
稀释每股收益	0.40	0.39	0.39	0.34	0.24

附表36　　证券市场设备制造业（C34-C37）现金流量表　　单位：亿元

年份	2023	2022	2021	2020	2019
销售商品、提供劳务收到的现金	56593.53	49735.17	47823.46	40659.31	37325.60
客户存款和同业存放款项净增加额	59.20	6.16	-42.58	-3.91	80.88
向中央银行借款净增加额	0.00	-1.72	11.49	0.19	0.00
向其他金融机构拆入资金净增加额	2.03	66.11	-10.71	7.67	21.30
收到原保险合同保费取得的现金	0.00	0.00	0.00	0.00	0.03
收到再保险业务现金净额	0.00	0.00	0.00	0.00	0.00
保户储金及投资款净增加额	0.00	0.00	0.00	0.00	0.00
处置交易性金融资产净增加额	0.00	0.00	0.00	0.00	0.00
收取利息、手续费及佣金的现金	210.55	226.98	231.98	226.26	183.97
拆入资金净增加额	0.00	77.74	-1.00	201.36	0.00
回购业务资金净增加额	0.00	16.22	33.94	40.71	-5.20
收到的税费返还	1133.59	1118.49	552.18	440.64	416.02
收到的其他与经营活动有关的现金	2595.97	2030.45	1687.30	1450.49	1549.08
经营活动现金流入小计	60595.03	53301.56	50287.00	43026.29	39571.50
购买商品、接受劳务支付的现金	40723.65	36682.16	35015.35	29807.84	27157.92
客户贷款及垫款净增加额	-6.15	36.65	109.33	159.24	54.34
存放中央银行和同业款项净增加额	4.63	-3.81	3.11	8.83	1.13
支付原保险合同赔付款项的现金	0.00	0.00	0.00	0.00	0.00
支付利息、手续费及佣金的现金	32.89	51.27	50.14	52.31	52.38
支付保单红利的现金	0.00	0.00	0.00	0.00	0.00
支付给职工以及为职工支付的现金	7286.59	6214.84	5450.35	4479.50	4221.87
支付的各项税费	2797.74	2333.61	2101.78	1766.60	1730.45
支付其他与经营活动有关的现金	3808.45	3739.70	3353.32	3000.56	2856.99
经营活动现金流出小计	54830.21	49064.44	46219.24	39318.79	36225.35
经营活动产生的现金流量净额	5764.64	4237.06	4067.89	3707.57	3346.20
收回投资收到的现金	10132.00	11807.91	12109.01	10760.27	9746.70
取得投资收益收到的现金	638.84	638.11	590.18	611.37	573.62
处置固定资产、无形资产和其他长期资产收回的现金净额	194.98	164.41	222.22	206.76	186.77
处置子公司及其他营业单位收到的现金净额	115.92	109.32	180.17	128.36	125.72

续表

年份	2023	2022	2021	2020	2019
收到的其他与投资活动有关的现金	1791.92	1400.84	1384.35	1725.10	1150.97
投资活动产生的现金流入小计	12874.13	14120.85	14486.04	13432.28	11784.18
购建固定资产、无形资产和其他长期资产支付的现金	4525.85	3969.36	2922.84	2034.37	2255.25
投资支付的现金	11189.87	12520.08	13102.39	11225.35	10645.29
质押贷款净增加额	0.17	0.05	0.00	0.00	3.29
取得子公司及其他营业单位支付的现金净额	234.52	98.93	134.89	119.67	177.93
支付其他与投资活动有关的现金	1848.76	1877.14	1538.21	1723.98	1185.58
投资活动产生的现金流出小计	17799.42	18465.54	17698.10	15103.53	14267.16
投资活动产生的现金流量净额	-4925.40	-4344.68	-3212.14	-1671.25	-2482.94
吸收投资收到的现金	2035.01	2660.82	3361.41	2208.98	1986.91
吸收权益性投资收到的现金	1619.61	2075.24	2561.29	1216.59	954.13
其中：子公司吸收少数股东投资收到的现金	145.06	441.07	248.04	183.01	270.37
发行债券收到的现金	415.40	585.58	800.12	992.39	1032.78
取得借款收到的现金	10005.53	9795.11	8536.48	8943.06	9343.55
收到其他与筹资活动有关的现金	921.22	816.12	686.10	642.10	724.56
筹资活动现金流入小计	12961.60	13272.15	12584.04	11794.15	12055.01
偿还债务支付的现金	9410.12	9006.61	8827.42	10054.27	9945.18
分配股利、利润或偿付利息支付的现金	1704.51	1496.79	1499.52	1202.27	1292.44
其中：子公司支付给少数股东的股利、利润	200.78	171.47	204.69	148.23	185.56
支付其他与筹资活动有关的现金	1395.39	1163.15	1172.03	935.49	782.11
筹资活动现金流出小计	12509.80	11666.61	11498.98	12192.14	12019.81
筹资活动产生的现金流量净额	451.80	1605.45	1084.98	-397.98	35.20
现金总流入	91355.91	85039.14	80569.14	69924.00	65893.81
现金总流出	85139.53	79196.64	75416.25	66614.28	62512.27
现金流量净额	1291.06	1497.98	1940.89	1638.38	898.59

附表37 证券市场机械仪器制造业（C38-C40）资产负债表

单位：亿元

年份	2023	2022	2021	2020	2019
货币资金	26571.96	23308.25	18355.79	16188.03	11716.27
结算备付金	0.00	0.00	0.00	0.00	0.00

续表

年份	2023	2022	2021	2020	2019
拆出资金净额	0.00	0.00	0.00	0.00	0.00
交易性金融资产	3414.33	3222.17	2564.11	2272.18	1413.20
衍生金融资产	30.87	39.97	31.39	51.09	31.39
应收票据净额	1548.46	1667.28	1515.42	1409.45	1143.16
应收账款净额	16239.03	14385.14	12586.97	10435.82	9527.38
应收款项融资	2253.23	2099.04	1606.82	1384.17	1147.94
预付款项净额	1049.87	1322.57	1115.64	898.09	806.61
应收保费净额	0.00	0.00	0.00	0.00	0.00
应收分保账款净额	0.00	0.00	0.00	0.00	0.00
应收分保合同准备金净额	0.00	0.00	0.00	0.00	0.00
其他应收款净额	865.16	935.48	947.40	801.76	787.73
应收股利净额	38.05	25.81	21.56	21.46	18.05
买入返售金融资产净额	39.32	0.00	5.00	13.50	14.57
存货净额	14840.22	15045.24	12436.14	8537.43	7176.16
合同资产	698.97	635.67	535.56	530.49	105.03
一年内到期的非流动资产	603.77	773.45	469.08	93.25	90.13
其他流动资产	3273.40	2360.26	1904.36	2125.23	2359.69
流动资产合计	71428.99	65795.24	54073.86	44740.45	36319.37
发放贷款及垫款净额	15.19	14.13	264.96	82.98	302.60
债权投资	282.44	124.37	108.26	64.14	13.62
其他债权投资	284.74	290.63	158.69	234.52	11.46
长期应收款净额	211.58	260.43	313.60	377.66	355.03
长期股权投资净额	3733.09	3315.10	2713.29	2198.47	1757.86
其他权益工具投资	828.52	841.13	748.75	595.98	466.44
其他非流动金融资产	973.76	885.33	661.93	462.48	320.78
投资性房地产净额	552.07	536.84	461.14	397.92	337.32
固定资产净额	27340.03	21915.95	18263.78	15149.22	11732.86
在建工程净额	6015.95	5788.99	4225.10	3479.53	3175.38
生产性生物资产净额	0.07	0.21	0.40	0.48	0.50
油气资产净额	0.00	0.00	0.00	0.00	0.00
使用权资产	958.61	811.53	700.06	0.00	0.00
无形资产净额	3684.52	3213.75	2781.72	2509.24	2198.08
开发支出	241.78	266.17	233.82	193.25	184.58
商誉净额	2186.17	2184.95	2101.45	2175.15	2119.68
长期待摊费用	591.49	461.83	376.88	318.65	274.44

续表

年份	2023	2022	2021	2020	2019
递延所得税资产	1747.24	1382.71	1087.78	881.04	720.31
其他非流动资产	4182.04	2962.68	2354.03	1502.57	974.66
非流动资产合计	53829.71	45257.03	37556.05	30623.86	24945.55
资产总计	125259.11	111052.12	91629.69	75364.24	61264.85
短期借款	6851.15	7201.94	6353.66	5762.32	5708.93
向中央银行借款	9.95	7.78	16.16	4.70	5.73
拆入资金	0.00	9.00	3.00	3.00	10.00
交易性金融负债	34.78	60.41	19.55	19.36	14.61
衍生金融负债	58.38	19.59	6.76	30.48	7.92
应付票据	7371.75	7642.16	5917.87	4233.48	3603.50
应付账款	16333.45	13925.71	12499.00	9899.67	8446.38
预收款项	20.98	19.52	23.00	22.89	1324.47
合同负债	3308.61	3161.17	2544.14	1914.68	219.47
卖出回购金融资产款	0.00	3.00	7.47	5.50	20.74
吸收存款及同业存放	6.15	20.12	26.43	43.60	26.19
代理买卖证券款	0.00	0.00	0.00	0.00	0.00
代理承销证券款	0.00	0.00	0.00	0.00	0.00
应付职工薪酬	1809.17	1555.84	1371.94	1137.44	919.32
应交税费	882.13	809.70	718.52	587.96	491.67
其他应付款	3288.66	2944.45	2489.07	2300.63	2028.82
应付股利	25.24	72.97	12.71	15.36	18.74
应付手续费及佣金	0.00	0.00	0.00	0.00	0.00
应付分保账款	0.00	0.00	0.00	0.00	0.00
一年内到期的非流动负债	3579.01	2722.22	2604.03	1915.40	1357.76
其他流动负债	2480.38	2124.10	1941.22	1797.09	1459.98
流动负债合计	46034.56	42226.97	36541.87	29682.52	25645.73
保险合同准备金	0.00	0.00	0.00	0.00	0.00
长期借款	11995.94	9716.72	6648.81	5996.13	4453.69
应付债券	1832.94	1421.57	1109.82	1229.80	958.14
租赁负债	782.38	632.25	483.84	0.00	0.00
长期应付款	981.28	919.89	775.58	684.51	708.74
预计负债	905.63	542.32	456.50	336.28	283.54
递延收益-非流动负债	1258.39	1119.12	947.98	749.76	549.65
递延所得税负债	585.64	517.94	456.50	376.34	277.84
其他非流动负债	692.97	467.52	372.66	386.73	389.30

续表

年份	2023	2022	2021	2020	2019
非流动负债合计	19035.49	15337.47	11251.76	9759.68	7620.99
负债合计	65069.91	57564.75	47793.84	39442.27	33266.63
实收资本（或股本）	8239.79	7490.79	6994.96	6303.96	5793.90
其他权益工具	225.48	262.53	288.81	339.66	275.77
其中：优先股	0.00	0.00	0.00	0.00	0.00
其中：永续债	23.43	47.43	55.13	88.83	125.15
资本公积	24403.52	22428.65	18147.72	14644.54	10463.30
其中：库存股	722.39	732.87	688.35	344.41	284.73
其他综合收益	141.81	208.00	36.99	35.77	126.17
专项储备	52.96	40.14	27.90	19.48	13.82
盈余公积	1989.01	1747.05	1510.17	1312.19	1120.25
一般风险准备	14.26	15.58	15.33	12.72	9.46
未分配利润	19948.57	17008.37	13379.02	10295.68	8124.80
归属于母公司所有者权益合计	54293.01	48468.22	39712.44	32619.32	25642.78
少数股东权益	5895.91	5019.04	4123.62	3302.59	2355.38
所有者权益合计	60189.10	53487.52	43836.05	35921.94	27998.16
负债与所有者权益总计	125259.11	111052.12	91629.69	75364.24	61264.85

附表38　证券市场机械仪器制造业（C38-C40）利润表　　单位：亿元

年份	2023	2022	2021	2020	2019
营业总收入	81606.00	76311.74	63483.40	49591.14	43146.20
营业收入	81575.23	76278.13	63439.66	49548.38	43105.69
利息净收入	30.75	33.57	43.68	42.71	40.43
利息收入	30.75	33.57	43.68	42.71	40.43
已赚保费	0.00	0.00	0.00	0.00	0.00
保险业务收入	0.00	0.00	0.00	0.00	0.00
减：分出保费	0.00	0.00	0.00	0.00	0.00
减：提取未到期责任准备金	0.00	0.00	0.00	0.00	0.00
手续费及佣金净收入	0.03	0.03	0.07	0.04	0.09
手续费及佣金收入	0.03	0.03	0.07	0.04	0.09
营业总成本	75994.62	70349.89	58667.40	46399.07	40518.91
营业成本	64719.32	60433.99	49855.99	38880.01	33599.30
利息支出	0.00	0.00	0.00	0.00	0.00
手续费及佣金支出	0.00	0.00	0.00	0.00	0.00
退保金	0.00	0.00	0.00	0.00	0.00

续表

年份	2023	2022	2021	2020	2019
赔付支出净额	0.00	0.00	0.00	0.00	0.00
赔付支出	0.00	0.00	0.00	0.00	0.00
减：摊回赔付支出	0.00	0.00	0.00	0.00	0.00
提取保险责任准备金净额	0.00	0.00	0.00	0.00	0.00
提取保险责任准备金	0.00	0.00	0.00	0.00	0.00
减：摊回保险责任准备金	0.00	0.00	0.00	0.00	0.00
保单红利支出	0.00	0.00	0.00	0.00	0.00
分保费用	0.00	0.00	0.00	0.00	0.00
税金及附加	440.36	375.49	301.11	257.39	239.82
销售费用	3612.46	3081.77	2730.90	2487.68	2659.67
管理费用	2913.29	2595.57	2239.22	1855.51	1654.60
研发费用	4206.38	3767.92	3074.84	2384.15	1971.06
财务费用	100.35	93.05	458.43	528.96	391.21
其他收益	952.92	746.48	614.64	578.34	512.03
投资收益	443.11	593.04	657.95	467.75	358.37
汇兑收益	0.01	0.18	−0.01	−0.02	−0.12
其他业务收入	0.00	0.00	0.00	0.00	0.00
净敞口套期收益	−0.49	−0.32	0.67	0.21	−0.13
公允价值变动收益	25.00	−22.08	101.34	115.96	84.32
信用减值损失	−264.63	−303.42	−409.24	−269.65	−454.89
资产减值损失	−1304.87	−877.74	−715.23	−560.55	−764.17
资产处置收益	23.04	21.00	23.21	37.47	57.12
业务及管理费	0.00	0.00	0.00	0.00	0.00
减：摊回分保费用	0.00	0.00	0.00	0.00	0.00
其他业务成本	1.87	1.83	6.85	5.09	3.40
其他业务利润	0.00	0.00	0.00	0.00	0.00
营业利润	5486.04	6119.34	5089.17	3561.81	2420.07
加：营业外收入	91.34	82.97	84.32	107.12	101.98
减：营业外支出	120.38	112.95	136.73	112.98	110.50
利润总额	5457.01	6089.39	5037.03	3556.31	2411.40
减：所得税费用	745.30	706.58	651.43	513.93	460.17
未确认的投资损失	0.00	0.00	0.00	0.00	0.00
影响净利润的其他项目	0.00	0.00	0.00	0.00	0.00
净利润	4711.84	5382.80	4385.36	3042.45	1950.98
归属于母公司所有者的净利润	4527.05	5133.39	4112.72	2940.38	1881.91

续表

年份	2023	2022	2021	2020	2019
归属于母公司其他权益工具持有者的净利润	0.00	0.00	0.00	0.16	3.49
少数股东损益	184.68	249.91	272.68	127.05	68.02
其他综合收益（损失）	−0.09	244.26	−0.26	−136.65	147.03
综合收益总额	4711.74	5627.81	4387.98	2935.38	2112.63
归属于母公司所有者的综合收益	4544.59	5319.56	4128.28	2847.46	2035.04
归属少数股东的综合收益	196.19	317.29	258.58	80.75	72.10
基本每股收益	0.31	0.38	0.42	0.37	0.29
稀释每股收益	0.30	0.38	0.41	0.37	0.28

附表39　证券市场机械仪器制造业（C38-C40）现金流量表　　单位：亿元

年份	2023	2022	2021	2020	2019
销售商品、提供劳务收到的现金	78949.96	73118.98	61142.94	48806.81	42592.50
客户存款和同业存放款项净增加额	−14.39	26.59	−18.64	17.52	94.36
向中央银行借款净增加额	2.17	−6.59	11.46	−1.03	3.42
向其他金融机构拆入资金净增加额	0.00	1.98	8.50	−6.43	3.93
收到原保险合同保费取得的现金	0.00	0.00	0.00	0.00	0.00
收到再保险业务现金净额	0.00	0.00	0.00	0.00	0.00
保户储金及投资款净增加额	0.00	0.00	0.00	0.00	0.00
处置交易性金融资产净增加额	0.00	0.00	0.00	0.00	0.00
收取利息、手续费及佣金的现金	25.12	25.81	35.01	34.41	33.19
拆入资金净增加额	0.00	0.00	0.00	0.00	0.00
回购业务资金净增加额	0.00	−7.46	2.47	5.50	20.74
收到的税费返还	2098.11	2455.90	1674.35	1170.27	998.32
收到的其他与经营活动有关的现金	2912.23	2537.12	2095.76	1711.63	1492.61
经营活动现金流入小计	83973.35	78153.17	64964.64	51738.76	45246.17
购买商品、接受劳务支付的现金	56763.80	55688.34	46843.60	36149.98	30981.34
客户贷款及垫款净增加额	40.24	−41.99	18.29	−25.63	172.27
存放中央银行和同业款项净增加额	5.08	−3.69	−4.56	−0.64	−4.66
支付原保险合同赔付款项的现金	0.00	0.00	0.00	0.00	0.00
支付利息、手续费及佣金的现金	1.74	1.55	6.47	4.45	2.94
支付保单红利的现金	0.00	0.00	0.00	0.00	0.00

续表

年份	2023	2022	2021	2020	2019
支付给职工以及为职工支付的现金	8652.97	7775.13	6622.63	5231.77	4636.61
支付的各项税费	3136.17	2869.38	2061.64	1735.32	1706.68
支付其他与经营活动有关的现金	5086.50	4490.19	3947.07	3503.94	3467.25
经营活动现金流出小计	73686.56	70780.55	59495.28	46599.00	40962.67
经营活动产生的现金流量净额	10286.67	7372.63	5469.54	5139.81	4283.22
收回投资收到的现金	13001.49	12803.10	10167.61	9209.91	7370.83
取得投资收益收到的现金	444.98	295.77	315.01	222.01	178.24
处置固定资产、无形资产和其他长期资产收回的现金净额	157.12	145.54	174.34	150.70	114.29
处置子公司及其他营业单位收到的现金净额	170.38	202.47	289.69	261.79	156.78
收到的其他与投资活动有关的现金	3479.07	2825.73	3345.19	2418.53	2268.68
投资活动产生的现金流入小计	17253.34	16273.10	14291.86	12263.31	10089.23
购建固定资产、无形资产和其他长期资产支付的现金	7834.39	7329.92	6016.05	4436.38	3379.58
投资支付的现金	15158.89	14776.03	11303.70	10050.98	7890.03
质押贷款净增加额	0.00	0.00	0.00	0.00	0.00
取得子公司及其他营业单位支付的现金净额	241.90	152.05	283.58	376.24	309.48
支付其他与投资活动有关的现金	3473.64	3236.50	2835.42	2617.65	2374.16
投资活动产生的现金流出小计	26708.73	25494.64	20438.91	17481.20	13953.52
投资活动产生的现金流量净额	-9455.31	-9221.39	-6147.01	-5217.74	-3864.29
吸收投资收到的现金	3202.33	4911.86	3961.91	4425.76	1400.28
吸收权益性投资收到的现金	2940.76	4701.31	3850.38	3792.11	1228.95
其中：子公司吸收少数股东投资收到的现金	582.04	749.53	760.19	548.82	416.45
发行债券收到的现金	261.57	210.55	111.54	633.65	171.33
取得借款收到的现金	21107.22	20640.99	15303.56	13886.73	11441.10
收到其他与筹资活动有关的现金	2088.74	1722.50	1552.32	1440.17	1340.13
筹资活动现金流入小计	26398.18	27275.35	20817.65	19752.82	14181.44
偿还债务支付的现金	19016.90	16968.24	13530.13	12461.91	10577.71
分配股利、利润或偿付利息支付的现金	2850.08	2271.59	1833.33	1588.08	1436.33
其中：子公司支付给少数股东的股利、利润	179.10	121.30	79.96	65.00	63.85

续表

年份	2023	2022	2021	2020	2019
支付其他与筹资活动有关的现金	2731.58	2740.31	2794.83	2145.89	1599.99
筹资活动现金流出小计	24598.57	21980.27	18158.22	16196.06	13614.05
筹资活动产生的现金流量净额	1799.42	5295.23	2659.55	3556.84	567.43
现金总流入	137080.45	130923.41	106221.31	88972.60	73381.09
现金总流出	124993.93	118255.25	98092.28	80276.33	68530.09
现金流量净额	2631.02	3446.53	1982.24	3478.72	986.67

附表40　证券市场其他制造业（C41-C42）资产负债表　　单位：亿元

年份	2023	2022	2021	2020	2019
货币资金	207.78	191.24	136.56	125.85	111.46
结算备付金	0.00	0.00	0.00	0.00	0.00
拆出资金净额	0.00	0.00	0.00	0.00	0.00
交易性金融资产	35.39	37.74	19.51	20.07	23.53
衍生金融资产	0.00	0.03	0.04	0.00	0.00
应收票据净额	23.29	14.36	16.50	10.75	2.33
应收账款净额	234.28	199.57	176.87	169.67	179.56
应收款项融资	6.72	8.44	5.50	6.52	6.19
预付款项净额	35.91	37.35	28.95	21.26	21.51
应收保费净额	0.00	0.00	0.00	0.00	0.00
应收分保账款净额	0.00	0.00	0.00	0.00	0.00
应收分保合同准备金净额	0.00	0.00	0.00	0.00	0.00
其他应收款净额	31.02	29.93	21.14	22.65	24.81
应收股利净额	0.00	0.00	0.13	2.31	0.47
买入返售金融资产净额	0.00	0.00	0.00	0.00	0.00
存货净额	222.98	196.15	186.26	157.10	280.83
合同资产	9.09	7.33	8.13	7.07	1.18
一年内到期的非流动资产	1.89	7.52	0.97	1.12	0.42
其他流动资产	28.04	19.30	14.26	11.33	77.68
流动资产合计	836.33	748.98	614.78	553.36	729.50
发放贷款及垫款净额	0.00	0.00	1.04	1.27	3.87
债权投资	0.00	0.00	0.00	0.00	0.00
其他债权投资	0.00	0.00	0.00	0.00	0.00
长期应收款净额	0.17	0.19	0.29	0.69	62.24
长期股权投资净额	33.99	22.46	20.32	22.05	29.32
其他权益工具投资	5.64	7.43	2.88	6.35	16.30

续表

年份	2023	2022	2021	2020	2019
其他非流动金融资产	16.75	6.09	4.94	4.04	3.47
投资性房地产净额	14.57	12.35	8.71	7.84	10.11
固定资产净额	428.97	306.97	278.41	240.82	217.30
在建工程净额	93.76	96.23	63.58	44.78	40.28
生产性生物资产净额	0.00	0.00	0.00	0.00	0.00
油气资产净额	0.00	0.00	0.00	0.00	0.00
使用权资产	3.23	2.82	3.50	0.00	0.00
无形资产净额	82.80	74.53	67.97	53.82	50.48
开发支出	1.19	1.37	1.79	1.99	1.81
商誉净额	28.28	30.19	36.26	42.69	38.20
长期待摊费用	3.22	2.82	2.62	1.97	2.00
递延所得税资产	9.48	7.84	7.19	5.40	12.60
其他非流动资产	39.07	21.55	23.12	19.75	23.20
非流动资产合计	761.14	592.91	522.58	453.48	511.13
资产总计	1597.48	1341.89	1137.32	1006.82	1240.61
短期借款	195.40	137.97	186.59	206.83	301.02
向中央银行借款	0.00	0.00	0.00	0.00	0.00
拆入资金	0.00	0.00	0.00	0.00	0.00
交易性金融负债	0.43	0.74	0.06	0.44	3.13
衍生金融负债	0.00	0.00	0.00	0.00	0.00
应付票据	58.20	51.41	49.87	50.33	49.70
应付账款	95.64	67.01	65.49	55.27	50.40
预收款项	0.16	0.18	0.37	0.48	12.56
合同负债	22.51	13.32	13.28	9.29	1.69
卖出回购金融资产款	0.00	0.00	0.00	0.00	0.00
吸收存款及同业存放	0.00	0.00	0.00	0.00	0.00
代理买卖证券款	0.00	0.00	0.00	0.00	0.00
代理承销证券款	0.00	0.00	0.00	0.00	0.00
应付职工薪酬	9.47	8.97	10.25	7.97	7.55
应交税费	7.46	10.28	9.73	10.45	11.88
其他应付款	53.43	43.72	44.33	50.51	87.24
应付股利	3.13	0.45	0.16	0.17	2.49
应付手续费及佣金	0.00	0.00	0.00	0.00	0.00
应付分保账款	0.00	0.00	0.00	0.00	0.00
一年内到期的非流动负债	84.25	47.99	27.03	33.83	107.23

续表

年份	2023	2022	2021	2020	2019
其他流动负债	8.00	11.12	12.27	13.34	61.80
流动负债合计	534.85	392.69	419.28	438.82	694.20
保险合同准备金	0.00	0.00	0.00	0.00	0.00
长期借款	194.97	151.62	67.45	31.74	57.31
应付债券	19.61	18.23	13.59	15.95	28.56
租赁负债	2.22	1.80	1.42	0.00	0.00
长期应付款	3.33	10.35	15.04	13.80	17.80
预计负债	4.26	3.03	1.32	12.29	18.09
递延收益-非流动负债	12.92	12.20	9.29	7.90	8.39
递延所得税负债	4.57	4.02	4.05	3.53	2.84
其他非流动负债	0.21	0.13	0.10	0.04	16.95
非流动负债合计	242.06	201.45	112.30	85.25	149.93
负债合计	776.95	594.13	531.55	524.07	844.15
实收资本（或股本）	159.66	149.98	159.61	176.39	185.23
其他权益工具	3.47	2.65	0.59	0.00	0.00
其中：优先股	0.00	0.00	0.00	0.00	0.00
其中：永续债	0.00	0.00	0.00	0.00	0.00
资本公积	306.63	267.00	248.04	242.39	240.10
其中：库存股	3.82	3.91	1.91	0.19	0.65
其他综合收益	-2.76	-0.29	-3.37	-1.69	-0.37
专项储备	1.90	0.88	0.54	0.66	0.62
盈余公积	26.00	21.75	20.04	17.53	15.58
一般风险准备	0.00	0.00	0.06	0.06	0.06
未分配利润	279.09	260.36	137.89	15.88	-68.71
归属于母公司所有者权益合计	770.17	698.44	561.53	451.00	371.87
少数股东权益	50.39	49.34	44.24	31.80	24.64
所有者权益合计	820.56	747.74	605.77	482.80	396.49
负债与所有者权益总计	1597.48	1341.89	1137.32	1006.82	1240.61

附表41　　证券市场其他制造业（C41-C42）利润表　　单位：亿元

年份	2023	2022	2021	2020	2019
营业总收入	1039.41	963.83	831.36	558.52	555.13
营业收入	1039.41	963.83	831.36	558.52	555.12
利息净收入	0.00	0.00	0.00	0.00	0.01
利息收入	0.00	0.00	0.00	0.00	0.01

续表

年份	2023	2022	2021	2020	2019
已赚保费	0.00	0.00	0.00	0.00	0.00
保险业务收入	0.00	0.00	0.00	0.00	0.00
减：分出保费	0.00	0.00	0.00	0.00	0.00
减：提取未到期责任准备金	0.00	0.00	0.00	0.00	0.00
手续费及佣金净收入	0.00	0.00	0.00	0.00	0.00
手续费及佣金收入	0.00	0.00	0.00	0.00	0.00
营业总成本	1014.38	918.58	782.39	554.67	555.36
营业成本	914.95	827.64	689.04	475.27	446.72
利息支出	0.00	0.00	0.00	0.00	0.00
手续费及佣金支出	0.00	0.00	0.00	0.00	0.00
退保金	0.00	0.00	0.00	0.00	0.00
赔付支出净额	0.00	0.00	0.00	0.00	0.00
赔付支出	0.00	0.00	0.00	0.00	0.00
减：摊回赔付支出	0.00	0.00	0.00	0.00	0.00
提取保险责任准备金净额	0.00	0.00	0.00	0.00	0.00
提取保险责任准备金	0.00	0.00	0.00	0.00	0.00
减：摊回保险责任准备金	0.00	0.00	0.00	0.00	0.00
保单红利支出	0.00	0.00	0.00	0.00	0.00
分保费用	0.00	0.00	0.00	0.00	0.00
税金及附加	5.85	5.53	4.89	3.65	3.75
销售费用	14.85	15.50	14.51	11.39	17.25
管理费用	40.17	33.64	32.08	28.28	30.32
研发费用	26.48	27.37	23.34	14.84	11.86
财务费用	12.01	8.86	18.52	21.22	45.49
其他收益	12.90	11.79	10.09	8.12	5.99
投资收益	1.70	6.29	14.74	39.35	1.68
汇兑收益	0.00	0.00	0.00	0.00	0.00
其他业务收入	0.00	0.00	0.00	0.00	0.00
净敞口套期收益	0.00	0.00	0.00	0.00	0.00
公允价值变动收益	13.27	−0.01	−0.40	3.11	0.28
信用减值损失	−3.49	−4.46	−25.77	−14.69	−36.77
资产减值损失	−27.22	−15.84	−8.04	−5.99	−52.14
资产处置收益	0.12	0.43	0.56	0.07	−0.63
业务及管理费	0.00	0.00	0.00	0.00	0.00
减：摊回分保费用	0.00	0.00	0.00	0.00	0.00

续表

年份	2023	2022	2021	2020	2019
其他业务成本	0.00	0.00	0.00	0.00	0.00
其他业务利润	0.00	0.00	0.00	0.00	0.00
营业利润	22.35	43.48	40.10	33.84	−81.79
加：营业外收入	0.73	1.71	2.71	3.72	2.17
减：营业外支出	1.65	1.09	1.97	2.91	8.73
利润总额	21.44	44.11	40.85	34.64	−88.37
减：所得税费用	4.40	7.75	8.01	7.06	6.19
未确认的投资损失	0.00	0.00	0.00	0.00	0.00
影响净利润的其他项目	0.00	0.00	0.00	0.00	0.00
净利润	17.08	36.35	32.88	27.61	−94.56
归属于母公司所有者的净利润	17.86	39.45	32.34	29.29	−94.10
归属于母公司其他权益工具持有者的净利润	0.00	0.00	0.00	0.00	0.00
少数股东损益	−0.77	−3.08	0.53	−1.67	−0.47
其他综合收益（损失）	−2.57	3.83	−1.81	−1.51	0.97
综合收益总额	14.48	40.21	31.08	26.09	−93.56
归属于母公司所有者的综合收益	15.12	42.52	30.58	27.81	−93.08
归属少数股东的综合收益	−0.67	−2.32	0.49	−1.68	−0.48
基本每股收益	0.31	0.46	0.38	0.32	0.21
稀释每股收益	0.29	0.41	0.36	0.30	0.21

附表42　　证券市场其他制造业（C41-C42）现金流量表　　单位：亿元

年份	2023	2022	2021	2020	2019
销售商品、提供劳务收到的现金	1136.89	1024.51	857.84	566.15	540.34
客户存款和同业存放款项净增加额	0.00	0.00	0.00	0.00	0.00
向中央银行借款净增加额	0.00	0.00	0.00	0.00	0.00
向其他金融机构拆入资金净增加额	0.00	0.00	0.00	0.00	0.00
收到原保险合同保费取得的现金	0.00	0.00	0.00	0.00	0.00
收到再保险业务现金净额	0.00	0.00	0.00	0.00	0.00
保户储金及投资款净增加额	0.00	0.00	0.00	0.00	0.00
处置交易性金融资产净增加额	0.00	0.00	0.00	0.00	0.00
收取利息、手续费及佣金的现金	0.00	0.00	0.04	0.09	0.27
拆入资金净增加额	0.00	0.00	0.00	0.00	0.00

续表

年份	2023	2022	2021	2020	2019
回购业务资金净增加额	0.00	0.00	0.00	0.00	0.00
收到的税费返还	26.15	26.79	11.58	8.30	10.85
收到的其他与经营活动有关的现金	21.34	17.25	19.10	26.32	33.71
经营活动现金流入小计	1184.33	1068.50	888.56	600.85	585.17
购买商品、接受劳务支付的现金	992.95	888.20	742.41	469.77	437.69
客户贷款及垫款净增加额	0.00	0.00	−0.23	−0.35	−2.14
存放中央银行和同业款项净增加额	0.00	0.00	0.00	0.00	0.00
支付原保险合同赔付款项的现金	0.00	0.00	0.00	0.00	0.00
支付利息、手续费及佣金的现金	0.00	0.00	0.00	0.00	0.00
支付保单红利的现金	0.00	0.00	0.00	0.00	0.00
支付给职工以及为职工支付的现金	69.93	64.39	52.89	40.21	40.46
支付的各项税费	39.69	40.63	36.47	25.94	26.65
支付其他与经营活动有关的现金	32.55	31.67	30.37	27.02	44.61
经营活动现金流出小计	1135.09	1024.89	861.93	562.62	547.28
经营活动产生的现金流量净额	49.28	43.65	26.63	38.23	37.88
收回投资收到的现金	237.36	186.85	113.15	116.49	113.15
取得投资收益收到的现金	3.17	2.08	1.90	2.20	1.37
处置固定资产、无形资产和其他长期资产收回的现金净额	2.20	1.75	0.60	3.59	0.64
处置子公司及其他营业单位收到的现金净额	2.20	9.52	1.88	0.89	1.86
收到的其他与投资活动有关的现金	36.11	63.67	54.70	18.92	7.66
投资活动产生的现金流入小计	281.05	263.93	172.29	142.13	124.62
购建固定资产、无形资产和其他长期资产支付的现金	120.51	106.88	72.91	43.27	43.03
投资支付的现金	245.39	214.94	114.02	100.96	96.60
质押贷款净增加额	0.00	0.00	0.00	0.00	0.00
取得子公司及其他营业单位支付的现金净额	0.54	2.48	8.70	8.47	8.63
支付其他与投资活动有关的现金	38.91	59.50	55.38	26.47	8.03
投资活动产生的现金流出小计	405.32	383.79	251.00	179.14	156.28
投资活动产生的现金流量净额	−124.26	−119.87	−78.71	−37.02	−31.63
吸收投资收到的现金	41.13	87.24	44.19	50.25	17.84

续表

年份	2023	2022	2021	2020	2019
吸收权益性投资收到的现金	41.13	82.18	44.19	50.25	17.84
其中：子公司吸收少数股东投资收到的现金	6.01	6.06	12.61	8.30	2.71
发行债券收到的现金	0.00	5.06	0.00	0.00	0.00
取得借款收到的现金	377.80	316.82	294.95	438.71	420.29
收到其他与筹资活动有关的现金	22.48	29.78	28.13	35.17	47.20
筹资活动现金流入小计	441.44	433.90	367.27	524.13	485.34
偿还债务支付的现金	287.04	247.71	259.31	455.53	430.51
分配股利、利润或偿付利息支付的现金	31.03	25.18	21.65	23.57	31.00
其中：子公司支付给少数股东的股利、利润	1.19	1.64	0.78	1.34	1.57
支付其他与筹资活动有关的现金	32.60	32.35	22.31	37.59	29.44
筹资活动现金流出小计	350.63	305.28	303.28	516.71	490.97
筹资活动产生的现金流量净额	90.78	128.64	63.99	7.44	−5.62
现金总流入	2031.10	1886.21	1506.76	1304.15	1226.79
现金总流出	1891.03	1713.93	1416.22	1258.47	1194.53
现金流量净额	15.78	52.37	11.86	8.62	0.63

附表43　证券市场电力、热力、燃气及水生产和供应业（D）资产负债表　　单位：亿元

年份	2023	2022	2021	2020	2019
货币资金	3973.88	4206.04	3553.37	3111.47	2704.15
结算备付金	0.00	0.00	0.00	0.00	0.00
拆出资金净额	32.94	28.51	22.21	0.00	0.00
交易性金融资产	437.38	475.84	394.85	371.05	289.87
衍生金融资产	17.22	32.81	34.68	5.21	1.25
应收票据净额	78.86	117.35	141.54	245.32	199.74
应收账款净额	4731.61	4013.97	3510.26	2484.81	2082.64
应收款项融资	406.31	354.17	357.25	113.55	65.43
预付款项净额	787.08	821.18	701.27	529.04	379.41
应收保费净额	0.00	0.00	0.00	0.00	0.00
应收分保账款净额	0.00	0.00	0.00	0.00	0.00
应收分保合同准备金净额	0.00	0.00	0.00	0.00	0.00
其他应收款净额	358.88	389.22	415.21	338.54	364.40
应收股利净额	38.45	50.50	59.02	24.78	24.28

续表

年份	2023	2022	2021	2020	2019
买入返售金融资产净额	0.00	0.04	0.37	0.36	0.00
存货净额	1338.35	1315.00	1358.96	1464.61	1581.00
合同资产	202.14	194.52	167.28	147.12	34.45
一年内到期的非流动资产	59.93	50.19	72.05	275.23	252.61
其他流动资产	612.64	507.03	1481.23	550.82	528.41
流动资产合计	13139.61	12603.26	12280.19	9689.02	8577.03
发放贷款及垫款净额	12.15	3.38	10.61	144.86	162.98
债权投资	31.56	50.59	30.81	51.97	34.86
其他债权投资	0.52	0.50	0.00	0.00	0.00
长期应收款净额	346.40	289.93	252.49	346.18	257.02
长期股权投资净额	5251.52	4850.10	4495.69	3761.13	3347.28
其他权益工具投资	521.75	523.45	552.03	521.80	516.42
其他非流动金融资产	328.28	319.25	336.55	315.32	247.72
投资性房地产净额	129.16	139.14	133.65	140.27	139.55
固定资产净额	40654.66	36014.09	33626.00	29429.81	27825.67
在建工程净额	7674.27	5945.46	5547.36	5481.06	4887.98
生产性生物资产净额	0.02	0.33	0.33	0.29	0.68
油气资产净额	65.65	53.14	99.05	102.54	106.36
使用权资产	855.53	792.14	712.52	0.00	0.00
无形资产净额	3922.32	3556.37	3277.15	2756.96	2213.30
开发支出	97.76	76.62	54.39	43.40	33.17
商誉净额	560.87	537.44	508.82	455.37	404.59
长期待摊费用	147.54	135.61	107.23	113.50	92.14
递延所得税资产	416.75	407.87	357.47	263.51	225.00
其他非流动资产	1828.96	1471.27	1365.90	1240.31	926.57
非流动资产合计	62845.85	55166.65	51468.14	45168.40	41421.33
资产总计	75985.36	67769.97	63748.28	54857.43	49998.31
短期借款	5219.48	4991.98	4946.79	4169.68	4161.75
向中央银行借款	0.00	0.00	0.00	0.00	0.00
拆入资金	37.04	29.95	12.00	12.00	0.00
交易性金融负债	9.89	1.57	1.32	6.52	7.79
衍生金融负债	5.66	14.70	21.73	8.20	5.23
应付票据	515.26	628.34	580.50	349.65	314.92
应付账款	3709.13	3628.66	3292.02	2463.63	2245.64
预收款项	15.71	15.69	18.99	13.17	600.70

续表

年份	2023	2022	2021	2020	2019
合同负债	770.72	752.06	749.15	759.64	85.31
卖出回购金融资产款	0.00	3.65	5.70	0.19	0.00
吸收存款及同业存放	1.77	2.40	4.77	401.94	353.13
代理买卖证券款	0.00	0.00	0.00	0.00	0.00
代理承销证券款	0.00	0.00	0.00	0.00	0.00
应付职工薪酬	204.44	173.17	167.48	149.52	115.72
应交税费	353.14	347.52	385.04	351.14	298.95
其他应付款	2181.12	1872.77	1872.68	1668.29	1575.52
应付股利	83.00	87.67	81.87	37.87	54.29
应付手续费及佣金	0.00	0.00	0.00	0.00	0.00
应付分保账款	0.00	0.00	0.00	0.00	0.00
一年内到期的非流动负债	4878.25	3585.76	3418.35	3223.58	2861.77
其他流动负债	867.90	1051.99	1885.93	809.13	901.79
流动负债合计	18769.65	17100.39	17362.47	14386.37	13528.39
保险合同准备金	0.00	0.00	0.00	0.00	0.00
长期借款	24222.15	19772.47	17393.48	14662.55	14016.00
应付债券	2136.83	2792.02	2598.14	1996.59	1936.75
租赁负债	624.39	575.95	582.29	0.00	0.00
长期应付款	1521.96	1443.04	1593.46	1644.96	1258.59
预计负债	206.73	198.73	230.71	177.56	158.49
递延收益-非流动负债	341.52	343.53	366.17	361.00	382.04
递延所得税负债	310.14	281.54	263.73	223.70	172.49
其他非流动负债	254.80	320.28	297.84	316.97	282.41
非流动负债合计	29618.53	25727.58	23325.79	19383.37	18206.66
负债合计	48388.17	42827.83	40688.26	33769.79	31735.08
实收资本（或股本）	4793.38	4708.80	4536.85	4059.02	3811.88
其他权益工具	2390.88	1994.98	1850.95	1707.24	1032.34
其中：优先股	0.00	0.00	0.00	0.00	0.00
其中：永续债	2360.99	1968.76	1813.84	1670.35	943.66
资本公积	5854.90	5647.70	5261.74	4518.22	4144.48
其中：库存股	29.71	25.40	22.67	43.10	10.82
其他综合收益	169.68	155.93	152.19	159.55	197.96
专项储备	65.89	40.21	27.41	26.62	23.69
盈余公积	1820.65	1701.25	1620.18	1506.17	1415.39
一般风险准备	22.71	21.42	20.08	18.34	16.47

续表

年份	2023	2022	2021	2020	2019
未分配利润	6596.98	5566.44	4935.83	4686.49	3836.67
归属于母公司所有者权益合计	21685.48	19811.28	18382.48	16638.48	14468.07
少数股东权益	5911.82	5130.72	4677.48	4449.16	3795.26
所有者权益合计	27597.29	24942.00	23059.96	21087.69	18263.33
负债与所有者权益总计	75985.36	67769.97	63748.28	54857.43	49998.31

附表44　证券市场电力、热力、燃气及水生产和供应业（D）利润表　　单位：亿元

年份	2023	2022	2021	2020	2019
营业总收入	23313.25	22304.67	19296.00	15262.71	14253.38
营业收入	23292.52	22283.00	19261.64	15219.40	14209.08
利息净收入	3.32	5.04	15.66	21.52	20.81
利息收入	3.32	5.04	15.66	21.52	20.81
已赚保费	0.00	0.00	0.00	0.00	0.00
保险业务收入	0.00	0.00	0.00	0.00	0.00
减：分出保费	0.00	0.00	0.00	0.00	0.00
减：提取未到期责任准备金	0.00	0.00	0.00	0.00	0.00
手续费及佣金净收入	17.42	16.63	18.71	21.77	23.51
手续费及佣金收入	17.42	16.63	18.71	21.77	23.51
营业总成本	20915.95	20891.24	18619.91	13385.51	12842.84
营业成本	18586.79	18651.68	16518.08	11523.63	11016.69
利息支出	0.00	0.00	0.00	0.00	0.00
手续费及佣金支出	0.00	0.00	0.00	0.00	0.00
退保金	0.00	0.00	0.00	0.00	0.00
赔付支出净额	0.00	0.00	0.00	0.00	0.00
赔付支出	0.00	0.00	0.00	0.00	0.00
减：摊回赔付支出	0.00	0.00	0.00	0.00	0.00
提取保险责任准备金净额	0.00	0.00	0.00	0.00	0.00
提取保险责任准备金	0.00	0.00	0.00	0.00	0.00
减：摊回保险责任准备金	0.00	0.00	0.00	0.00	0.00
保单红利支出	0.00	0.00	0.00	0.00	0.00
分保费用	0.00	0.00	0.00	0.00	0.00
税金及附加	218.89	200.72	201.48	182.97	194.40
销售费用	106.04	96.91	110.52	97.85	89.45

续表

年份	2023	2022	2021	2020	2019
管理费用	707.39	642.82	614.55	525.72	461.60
研发费用	167.03	145.17	118.59	78.95	52.30
财务费用	1127.49	1152.01	1052.90	970.53	1023.99
其他收益	177.09	154.80	149.35	105.97	110.95
投资收益	603.87	474.99	422.65	418.60	336.45
汇兑收益	0.00	0.00	−0.01	−0.04	0.01
其他业务收入	0.00	0.00	0.00	0.00	0.00
净敞口套期收益	0.03	−0.03	0.00	0.00	0.00
公允价值变动收益	−24.69	−0.48	27.35	14.74	11.42
信用减值损失	−59.36	−38.36	−98.34	−87.43	−93.02
资产减值损失	−197.04	−162.43	−148.40	−178.18	−196.93
资产处置收益	24.81	14.50	26.43	14.00	16.18
业务及管理费	0.00	0.00	0.00	0.00	0.00
减：摊回分保费用	0.00	0.00	0.00	0.00	0.00
其他业务成本	2.37	1.95	3.58	5.84	4.60
其他业务利润	0.00	0.00	0.00	0.00	0.00
营业利润	2921.87	1856.33	1055.11	2164.89	1595.63
加：营业外收入	63.88	50.15	63.84	63.40	40.42
减：营业外支出	72.02	70.88	111.00	50.55	50.39
利润总额	2913.69	1835.65	1007.94	2177.66	1585.65
减：所得税费用	516.15	403.74	280.57	414.96	340.06
未确认的投资损失	0.00	0.00	0.00	0.00	0.00
影响净利润的其他项目	0.00	0.00	0.00	0.00	0.00
净利润	2397.46	1431.89	727.40	1762.63	1245.60
归属于母公司所有者的净利润	1855.89	1121.76	597.35	1343.89	970.70
归属于母公司其他权益工具持有者的净利润	0.00	0.00	0.00	0.00	0.00
少数股东损益	541.53	310.10	130.07	418.79	274.90
其他综合收益（损失）	18.93	19.86	0.29	−43.49	56.77
综合收益总额	2416.43	1451.80	727.72	1719.19	1302.26
归属于母公司所有者的综合收益	1869.31	1126.33	591.86	1305.17	1027.10
归属少数股东的综合收益	539.92	317.28	129.02	410.05	275.22
基本每股收益	0.33	0.25	0.23	0.26	0.24
稀释每股收益	0.32	0.24	0.19	0.24	0.21

附表45　证券市场电力、热力、燃气及水生产和供应业（D）现金流量表　　单位：亿元

年份	2023	2022	2021	2020	2019
销售商品、提供劳务收到的现金	25758.62	24639.47	20797.09	16242.05	15219.18
客户存款和同业存放款项净增加额	−0.01	0.47	−48.28	48.72	16.08
向中央银行借款净增加额	0.00	0.00	0.00	0.00	0.00
向其他金融机构拆入资金净增加额	6.00	0.00	0.00	12.00	0.00
收到原保险合同保费取得的现金	0.00	0.00	0.00	0.00	0.00
收到再保险业务现金净额	0.00	0.00	0.00	0.00	0.00
保户储金及投资款净增加额	0.00	0.00	0.00	0.00	0.00
处置交易性金融资产净增加额	0.00	0.00	0.31	0.01	0.06
收取利息、手续费及佣金的现金	25.26	28.98	38.16	48.87	43.87
拆入资金净增加额	0.00	0.00	10.00	0.00	6.00
回购业务资金净增加额	0.00	0.00	3.12	0.00	0.08
收到的税费返还	165.71	538.39	90.75	63.50	53.21
收到的其他与经营活动有关的现金	848.62	716.39	754.84	545.45	512.96
经营活动现金流入小计	26804.14	25923.65	21646.12	16960.64	15852.13
购买商品、接受劳务支付的现金	16925.57	16979.40	15016.05	9447.43	9136.64
客户贷款及垫款净增加额	0.67	−6.62	1.18	22.89	43.45
存放中央银行和同业款项净增加额	−0.73	−0.14	−2.02	4.00	−5.99
支付原保险合同赔付款项的现金	0.00	0.00	0.00	0.00	0.00
支付利息、手续费及佣金的现金	1.00	1.15	3.04	4.22	3.55
支付保单红利的现金	0.00	0.00	0.00	0.00	0.00
支付给职工以及为职工支付的现金	1752.28	1607.15	1472.98	1205.14	1089.91
支付的各项税费	1649.56	1556.09	1247.88	1253.79	1167.40
支付其他与经营活动有关的现金	1063.07	914.26	876.13	685.48	603.57
经营活动现金流出小计	21395.03	21053.18	18615.16	12622.95	12038.49
经营活动产生的现金流量净额	5409.15	4870.52	3030.93	4337.62	3813.65
收回投资收到的现金	1853.46	2379.88	2551.56	2088.59	1703.15
取得投资收益收到的现金	356.17	280.85	273.19	233.58	223.39
处置固定资产、无形资产和其他长期资产收回的现金净额	54.66	71.54	83.83	61.69	50.29
处置子公司及其他营业单位收到的现金净额	84.11	194.70	149.14	34.33	79.56

续表

年份	2023	2022	2021	2020	2019
收到的其他与投资活动有关的现金	232.63	204.21	255.16	226.64	270.67
投资活动产生的现金流入小计	2581.09	3131.20	3312.96	2644.87	2327.18
购建固定资产、无形资产和其他长期资产支付的现金	5986.38	4487.22	3838.80	3343.50	2611.99
投资支付的现金	2069.19	2641.51	2890.77	2451.04	1971.77
质押贷款净增加额	0.00	0.45	0.80	0.00	0.00
取得子公司及其他营业单位支付的现金净额	219.66	126.66	241.83	408.88	144.67
支付其他与投资活动有关的现金	238.12	226.80	261.50	181.07	237.26
投资活动产生的现金流出小计	8513.31	7482.54	7233.73	6384.48	4965.70
投资活动产生的现金流量净额	-5932.28	-4351.31	-3920.76	-3739.55	-2638.48
吸收投资收到的现金	3080.39	2125.00	1897.10	1793.88	1625.70
吸收权益性投资收到的现金	1953.69	1476.06	1080.40	1242.99	970.34
其中：子公司吸收少数股东投资收到的现金	640.96	380.55	305.82	229.12	206.29
发行债券收到的现金	1126.70	648.94	816.70	550.87	655.36
取得借款收到的现金	20721.98	20270.31	18134.92	13602.72	11717.76
收到其他与筹资活动有关的现金	556.77	643.04	668.82	802.69	531.76
筹资活动现金流入小计	24359.16	23038.34	20700.98	16199.24	13875.26
偿还债务支付的现金	19363.12	19160.91	16103.77	13674.28	12458.41
分配股利、利润或偿付利息支付的现金	2405.14	2151.43	2202.33	1950.23	1837.62
其中：子公司支付给少数股东的股利、利润	408.21	299.73	310.37	309.47	245.96
支付其他与筹资活动有关的现金	2317.35	1849.82	1173.39	936.95	800.12
筹资活动现金流出小计	24085.71	23162.14	19479.45	16561.48	15096.14
筹资活动产生的现金流量净额	273.39	-123.80	1221.58	-362.28	-1220.90
现金总流入	59676.59	56444.51	49580.75	39544.30	34693.16
现金总流出	53994.01	51697.87	45328.30	35568.97	32100.24
现金流量净额	-249.71	395.40	331.72	235.81	-45.71

附表46　　证券市场建筑业（E）资产负债表　　单位：亿元

年份	2023	2022	2021	2020	2019
货币资金	16376.60	15877.86	13961.04	14436.38	12842.72
结算备付金	0.00	0.00	0.00	0.00	0.00

续表

年份	2023	2022	2021	2020	2019
拆出资金净额	0.21	10.00	0.00	0.00	0.00
交易性金融资产	348.67	436.46	384.52	350.92	357.59
衍生金融资产	1.72	1.99	2.77	2.13	0.10
应收票据净额	437.83	599.91	948.76	1217.14	818.18
应收账款净额	17771.25	15696.79	14299.08	11857.39	10918.50
应收款项融资	534.00	505.97	416.97	505.84	347.16
预付款项净额	3032.67	3132.26	3252.78	2710.84	2667.96
应收保费净额	0.00	0.00	0.00	0.00	0.00
应收分保账款净额	0.00	0.00	0.00	0.00	0.00
应收分保合同准备金净额	0.00	0.00	0.00	0.00	0.00
其他应收款净额	4971.64	4855.05	5127.77	4770.07	4438.95
应收股利净额	25.38	8.21	7.81	7.06	14.04
买入返售金融资产净额	29.00	40.96	0.00	0.00	0.00
存货净额	23542.17	24168.22	24928.04	23383.71	24237.64
合同资产	23541.12	19986.63	16202.58	12473.74	6277.74
一年内到期的非流动资产	2289.46	1954.67	1681.61	2335.83	1929.89
其他流动资产	3799.95	3381.36	3109.44	2652.83	2399.14
流动资产合计	**96676.14**	**90648.07**	**84315.29**	**76696.87**	**67235.56**
发放贷款及垫款净额	198.91	153.60	203.08	138.41	131.78
债权投资	588.93	551.02	589.34	390.32	389.99
其他债权投资	89.16	199.68	91.56	79.49	64.29
长期应收款净额	8055.09	6988.18	5835.01	7940.37	7505.79
长期股权投资净额	7412.16	6475.95	5675.01	4450.43	3448.56
其他权益工具投资	996.55	992.55	982.51	857.65	804.50
其他非流动金融资产	1010.57	835.85	628.91	490.82	369.71
投资性房地产净额	2558.83	2465.76	2119.81	1690.71	1418.45
固定资产净额	6670.64	5890.71	5481.81	5026.53	4696.63
在建工程净额	2311.78	1669.23	974.60	1130.10	1211.01
生产性生物资产净额	0.62	0.84	0.38	0.40	0.11
油气资产净额	0.00	0.00	0.00	0.00	0.00
使用权资产	484.91	411.20	416.56	0.00	0.00
无形资产净额	10390.73	9928.20	8998.59	7465.32	6209.25
开发支出	14.36	8.17	6.82	3.85	4.10
商誉净额	217.20	216.84	214.26	230.78	204.73
长期待摊费用	134.67	128.47	115.18	119.22	99.41

续表

年份	2023	2022	2021	2020	2019
递延所得税资产	1277.40	1140.41	1051.71	862.38	745.28
其他非流动资产	13943.76	11751.63	9697.14	5884.71	3928.24
非流动资产合计	56356.18	49808.35	43082.28	36761.49	31231.69
资产总计	153032.40	140456.43	127397.75	113458.32	98467.29
短期借款	6091.67	5013.10	4078.87	4166.56	4334.83
向中央银行借款	4.80	0.73	0.00	0.00	0.00
拆入资金	0.00	0.00	0.20	0.30	0.00
交易性金融负债	0.97	3.97	1.08	0.85	0.91
衍生金融负债	9.31	3.82	0.90	0.75	0.37
应付票据	3531.62	4524.20	4273.18	3643.30	3094.00
应付账款	44004.94	37672.77	31998.38	27694.94	23386.57
预收款项	36.26	38.81	31.50	22.27	7051.39
合同负债	14393.71	15861.26	16706.78	15121.00	6846.77
卖出回购金融资产款	0.00	0.00	0.00	0.00	0.00
吸收存款及同业存放	251.75	240.39	283.63	297.45	265.24
代理买卖证券款	0.00	0.00	0.00	0.00	0.00
代理承销证券款	0.00	0.00	0.00	0.00	0.00
应付职工薪酬	659.23	609.58	534.74	570.72	539.73
应交税费	1997.48	1949.35	1858.59	1688.89	1478.55
其他应付款	8490.72	7520.30	7148.57	6271.99	5650.41
应付股利	60.14	32.53	38.48	34.99	25.21
应付手续费及佣金	0.00	0.00	0.00	0.00	0.00
应付分保账款	0.00	0.00	0.00	0.00	0.00
一年内到期的非流动负债	5347.95	4774.04	4233.65	3812.20	3673.31
其他流动负债	4419.26	3773.44	3361.43	2858.78	1861.14
流动负债合计	89239.73	81985.67	74511.50	66150.12	58183.14
保险合同准备金	0.00	0.00	0.00	0.00	0.00
长期借款	22726.49	19990.31	17414.97	15695.45	12953.71
应付债券	2685.08	2868.71	2856.59	2809.48	2971.96
租赁负债	348.62	291.35	286.33	0.00	0.00
长期应付款	1712.18	1482.37	1112.05	990.38	842.66
预计负债	190.79	190.75	176.60	148.64	105.61
递延收益-非流动负债	143.18	143.30	151.21	170.98	141.04
递延所得税负债	318.61	296.56	260.52	263.68	203.53
其他非流动负债	541.28	481.96	486.22	452.38	463.00

续表

年份	2023	2022	2021	2020	2019
非流动负债合计	28666.16	25745.29	22744.47	20531.02	17681.50
负债合计	117905.83	107730.95	97255.98	86681.11	75864.58
实收资本（或股本）	3104.77	2995.44	2919.86	2472.31	2420.70
其他权益工具	2880.57	2692.63	2515.33	2681.76	2198.24
其中：优先股	0.00	0.00	0.00	0.00	314.01
其中：永续债	2264.90	2076.83	1865.06	1956.69	1445.38
资本公积	4156.58	3952.80	3653.10	3278.55	3153.42
其中：库存股	51.76	44.68	58.20	64.11	44.50
其他综合收益	48.83	77.84	45.42	66.06	83.91
专项储备	198.66	163.15	129.31	107.94	78.27
盈余公积	1033.51	933.08	822.76	691.48	569.17
一般风险准备	82.12	75.38	62.09	53.76	50.92
未分配利润	13050.56	11673.40	10444.83	9436.22	8267.30
归属于母公司所有者权益合计	24503.89	22519.11	20534.47	18723.92	16777.41
少数股东权益	10622.62	10206.60	9607.99	8053.20	5825.25
所有者权益合计	35126.40	32725.59	30142.57	26777.12	22602.67
负债与所有者权益总计	153032.40	140456.58	127398.80	113458.32	98467.29

附表47　证券市场建筑业（E）利润表　单位：亿元

年份	2023	2022	2021	2020	2019
营业总收入	94614.63	88859.86	82357.60	69173.05	60823.96
营业收入	94569.43	88810.39	82311.34	69123.20	60782.47
利息净收入	27.55	26.82	24.28	29.74	26.52
利息收入	27.55	26.82	24.28	29.74	26.52
已赚保费	0.00	0.00	0.00	0.00	0.00
保险业务收入	0.00	0.00	0.00	0.00	0.00
减：分出保费	0.00	0.00	0.00	0.00	0.00
减：提取未到期责任准备金	0.00	0.00	0.00	0.00	0.00
手续费及佣金净收入	17.66	22.65	21.96	20.12	14.96
手续费及佣金收入	17.66	22.65	21.96	20.12	14.96
营业总成本	90641.28	85186.62	78657.69	66014.04	58008.83
营业成本	84431.01	79399.83	73220.90	61359.54	53791.54
利息支出	0.00	0.00	0.00	0.00	0.00
手续费及佣金支出	0.00	0.00	0.00	0.00	0.00
退保金	0.00	0.00	0.00	0.00	0.00

续表

年份	2023	2022	2021	2020	2019
赔付支出净额	0.00	0.00	0.00	0.00	0.00
赔付支出	0.00	0.00	0.00	0.00	0.00
减：摊回赔付支出	0.00	0.00	0.00	0.00	0.00
提取保险责任准备金净额	0.00	0.00	0.00	0.00	0.00
提取保险责任准备金	0.00	0.00	0.00	0.00	0.00
减：摊回保险责任准备金	0.00	0.00	0.00	0.00	0.00
保单红利支出	0.00	0.00	0.00	0.00	0.00
分保费用	0.00	0.00	0.00	0.00	0.00
税金及附加	463.20	466.22	479.85	513.06	568.37
销售费用	445.09	412.91	422.28	361.27	358.05
管理费用	2139.30	2019.56	1969.97	1672.93	1618.76
研发费用	2415.05	2226.76	1899.08	1483.56	1107.28
财务费用	737.28	655.35	659.37	612.70	557.14
其他收益	140.14	92.21	81.23	72.17	56.53
投资收益	151.21	122.23	129.78	181.80	269.92
汇兑收益	0.01	0.07	−0.02	−0.06	0.02
其他业务收入	0.00	0.00	0.00	0.00	0.00
净敞口套期收益	0.00	0.00	0.00	0.00	0.00
公允价值变动收益	−22.28	−26.63	11.78	40.54	50.51
信用减值损失	−724.16	−619.94	−755.41	−372.00	−356.90
资产减值损失	−410.82	−277.86	−313.26	−174.67	−127.43
资产处置收益	38.55	48.86	50.48	42.35	25.00
业务及管理费	0.00	0.00	0.00	0.00	0.00
减：摊回分保费用	0.00	0.00	0.00	0.00	0.00
其他业务成本	10.36	6.00	6.33	10.96	7.72
其他业务利润	0.00	0.00	0.00	0.00	0.00
营业利润	3146.12	3012.22	2904.60	2949.26	2732.84
加：营业外收入	67.16	82.37	74.91	66.00	67.35
减：营业外支出	118.35	69.75	97.40	68.87	91.75
利润总额	3094.95	3024.76	2882.16	2946.38	2708.48
减：所得税费用	680.71	663.64	682.80	689.52	617.82
未确认的投资损失	0.00	0.00	0.00	0.00	0.00
影响净利润的其他项目	0.00	0.00	0.00	0.00	0.00
净利润	2414.21	2361.09	2199.39	2256.90	2090.70
归属于母公司所有者的净利润	1931.01	1852.25	1619.47	1754.17	1675.47

续表

年份	2023	2022	2021	2020	2019
归属于母公司其他权益工具持有者的净利润	0.00	0.00	0.00	0.00	0.00
少数股东损益	483.20	508.89	580.16	502.33	415.09
其他综合收益（损失）	−22.40	16.79	−32.13	−22.71	75.59
综合收益总额	2391.77	2375.61	2166.97	2233.04	2165.83
归属于母公司所有者的综合收益	1909.25	1871.63	1593.84	1740.08	1749.37
归属少数股东的综合收益	482.53	503.94	573.40	493.11	416.48
基本每股收益	0.15	0.10	0.22	0.28	0.29
稀释每股收益	0.15	0.10	0.19	0.26	0.29

附表48　证券市场建筑业（E）现金流量表　　单位：亿元

年份	2023	2022	2021	2020	2019
销售商品、提供劳务收到的现金	90301.99	86774.60	82658.04	70117.34	61384.68
客户存款和同业存放款项净增加额	34.94	−31.73	−12.13	11.89	24.02
向中央银行借款净增加额	4.07	0.73	0.00	0.00	0.00
向其他金融机构拆入资金净增加额	0.00	0.00	0.00	0.00	0.00
收到原保险合同保费取得的现金	0.00	0.00	0.00	0.00	0.00
收到再保险业务现金净额	0.00	0.00	0.00	0.00	0.00
保户储金及投资款净增加额	0.00	0.00	0.00	0.00	0.00
处置交易性金融资产净增加额	0.00	0.00	0.00	0.00	0.00
收取利息、手续费及佣金的现金	45.22	49.29	47.42	50.01	41.91
拆入资金净增加额	9.79	6.14	0.00	0.00	0.00
回购业务资金净增加额	−10.00	−19.00	0.00	0.00	0.00
收到的税费返还	320.96	699.43	121.79	95.25	77.42
收到的其他与经营活动有关的现金	3298.30	3352.19	3920.96	3955.59	3440.71
经营活动现金流入小计	94005.25	90831.64	86759.06	74230.07	64968.77
购买商品、接受劳务支付的现金	79042.56	75585.13	72095.56	59928.85	52829.31
客户贷款及垫款净增加额	2.92	−55.38	63.15	5.44	25.48
存放中央银行和同业款项净增加额	9.03	3.05	2.84	−7.42	27.82
支付原保险合同赔付款项的现金	0.00	0.00	0.00	0.00	0.00
支付利息、手续费及佣金的现金	9.10	5.33	6.82	10.71	7.94
支付保单红利的现金	0.00	0.00	0.00	0.00	0.00

续表

年份	2023	2022	2021	2020	2019
支付给职工以及为职工支付的现金	6068.43	5705.76	5387.41	4668.53	4351.73
支付的各项税费	2730.01	2826.18	2864.83	2485.97	2370.12
支付其他与经营活动有关的现金	4551.77	4442.22	5008.86	4498.63	4281.12
经营活动现金流出小计	92413.91	88512.29	85429.49	71590.73	63893.53
经营活动产生的现金流量净额	1591.33	2319.35	1329.53	2639.31	1075.21
收回投资收到的现金	1183.52	1018.32	1108.00	3017.83	1426.58
取得投资收益收到的现金	157.07	143.32	179.80	182.76	158.47
处置固定资产、无形资产和其他长期资产收回的现金净额	158.22	201.03	213.10	278.90	207.72
处置子公司及其他营业单位收到的现金净额	115.59	260.09	181.16	108.49	102.15
收到的其他与投资活动有关的现金	614.31	1039.37	1063.42	1287.80	842.00
投资活动产生的现金流入小计	2228.74	2662.19	2745.47	4875.72	2737.01
购建固定资产、无形资产和其他长期资产支付的现金	3301.04	2864.23	2694.33	3496.63	2669.82
投资支付的现金	2288.58	2641.59	2422.23	4215.01	2318.81
质押贷款净增加额	0.00	0.00	0.00	0.00	0.00
取得子公司及其他营业单位支付的现金净额	52.47	75.24	68.83	101.21	94.21
支付其他与投资活动有关的现金	631.37	636.08	1082.95	1190.65	929.82
投资活动产生的现金流出小计	6273.39	6217.10	6268.33	9003.54	6012.71
投资活动产生的现金流量净额	−4044.71	−3554.87	−3522.78	−4127.79	−3275.61
吸收投资收到的现金	4240.08	3556.56	3651.94	3917.83	3070.21
吸收权益性投资收到的现金	1714.47	1888.78	2115.29	2643.57	2115.77
其中:子公司吸收少数股东投资收到的现金	1081.25	1080.29	1597.74	1850.78	1308.34
发行债券收到的现金	2525.61	1667.77	1536.65	1274.27	954.43
取得借款收到的现金	24015.94	20202.64	17712.12	17056.09	14321.34
收到其他与筹资活动有关的现金	1615.48	1595.21	1192.00	1693.99	973.60
筹资活动现金流入小计	29871.48	25354.38	22556.02	22667.93	18365.20
偿还债务支付的现金	22348.29	18052.56	17097.44	16267.89	13183.62
分配股利、利润或偿付利息支付的现金	2389.47	2242.36	2226.18	2052.92	1805.85
其中:子公司支付给少数股东的股利、利润	344.32	337.00	335.77	255.74	185.76

续表

年份	2023	2022	2021	2020	2019
支付其他与筹资活动有关的现金	2537.70	2252.80	1824.88	1721.42	997.08
筹资活动现金流出小计	27275.43	22547.69	21148.50	20042.18	15986.53
筹资活动产生的现金流量净额	2596.06	2806.67	1407.48	2625.79	2378.73
现金总流入	130150.10	122403.07	115583.32	105901.53	89346.70
现金总流出	125962.77	117277.07	112846.31	100636.37	85892.79
现金流量净额	142.69	1571.12	−785.72	1137.33	178.29

附表49　证券市场批发和零售业（F）资产负债表　　单位：亿元

年份	2023	2022	2021	2020	2019
货币资金	4606.09	4422.37	4397.88	4247.58	3844.31
结算备付金	0.00	0.00	0.00	0.00	0.00
拆出资金净额	4.88	4.88	9.85	0.20	0.00
交易性金融资产	708.70	700.35	741.67	586.06	590.09
衍生金融资产	14.90	13.43	11.27	25.86	6.19
应收票据净额	215.22	188.08	174.13	197.96	207.74
应收账款净额	4502.59	4200.04	3798.22	3942.78	3784.93
应收款项融资	285.90	298.64	303.77	297.74	209.33
预付款项净额	1459.28	1578.86	1473.06	1454.01	1397.41
应收保费净额	0.00	0.00	0.00	0.00	0.00
应收分保账款净额	0.00	0.00	0.00	0.00	0.00
应收分保合同准备金净额	0.00	0.00	0.00	0.00	0.00
其他应收款净额	522.25	501.11	567.11	762.48	577.64
应收股利净额	6.82	6.98	7.44	5.89	3.88
买入返售金融资产净额	0.00	0.00	0.00	0.00	0.00
存货净额	4966.16	4975.17	4569.08	4445.99	4384.70
合同资产	91.98	72.05	59.80	62.01	0.04
一年内到期的非流动资产	154.49	157.21	142.80	138.30	150.93
其他流动资产	564.43	480.59	449.01	532.35	613.22
流动资产合计	18096.78	17593.07	16697.87	16693.34	15766.75
发放贷款及垫款净额	42.15	36.74	46.99	46.98	72.52
债权投资	57.39	24.02	24.24	10.74	14.81
其他债权投资	2.96	1.26	0.52	0.00	0.05
长期应收款净额	207.65	226.66	257.52	242.81	253.16
长期股权投资净额	1681.67	1448.45	1398.36	1504.22	1439.87
其他权益工具投资	253.40	264.97	288.38	305.07	288.21

续表

年份	2023	2022	2021	2020	2019
其他非流动金融资产	285.82	268.26	189.12	210.64	266.07
投资性房地产净额	1370.34	1282.45	1166.53	1058.70	948.82
固定资产净额	3001.19	2980.32	2896.03	2883.96	2784.09
在建工程净额	386.04	403.78	457.51	451.25	373.24
生产性生物资产净额	5.34	7.77	7.57	6.87	7.13
油气资产净额	0.00	0.00	0.00	0.00	0.00
使用权资产	1329.87	1463.47	1679.33	0.01	0.01
无形资产净额	969.28	1031.79	1087.96	1164.75	1094.51
开发支出	28.62	22.51	14.07	11.68	10.79
商誉净额	917.32	899.41	898.85	922.87	1011.07
长期待摊费用	262.02	273.76	286.82	302.89	305.06
递延所得税资产	458.52	387.90	329.01	252.98	214.26
其他非流动资产	334.60	294.11	261.81	287.22	307.10
非流动资产合计	11594.28	11317.88	11290.65	9663.75	9390.93
资产总计	29690.97	28910.95	27988.56	26357.19	25157.61
短期借款	3988.96	3780.52	3506.48	3425.12	3136.73
向中央银行借款	0.00	0.00	0.00	0.00	0.06
拆入资金	0.00	0.00	0.00	0.00	0.00
交易性金融负债	132.70	98.47	101.81	81.39	51.18
衍生金融负债	13.96	13.29	9.41	32.89	16.40
应付票据	2024.15	2092.75	1928.57	1828.37	1856.98
应付账款	3714.86	3489.81	3290.80	3864.03	3737.25
预收款项	33.88	32.27	33.55	30.85	1243.56
合同负债	1475.55	1611.26	1528.39	1323.90	84.88
卖出回购金融资产款	0.00	0.00	0.00	0.00	0.00
吸收存款及同业存放	40.82	16.69	13.27	16.59	13.70
代理买卖证券款	0.00	0.00	0.00	0.00	0.00
代理承销证券款	0.00	0.00	0.00	0.00	0.00
应付职工薪酬	244.39	260.04	222.14	228.34	203.09
应交税费	362.54	379.48	410.04	391.05	333.70
其他应付款	1722.17	1753.39	1654.66	1633.22	1518.40
应付股利	26.38	23.82	27.11	17.94	21.27
应付手续费及佣金	0.00	0.00	0.00	0.00	0.00
应付分保账款	0.00	0.00	0.00	0.00	0.00
一年内到期的非流动负债	1023.83	1023.77	971.29	1039.78	922.05

续表

年份	2023	2022	2021	2020	2019
其他流动负债	523.45	524.14	591.21	504.10	330.43
流动负债合计	15301.38	15076.46	14262.01	14400.16	13448.91
保险合同准备金	0.00	0.42	0.39	0.50	0.54
长期借款	1358.68	1288.06	1174.28	1024.49	1021.65
应付债券	413.64	392.88	415.84	476.69	540.38
租赁负债	1253.07	1416.18	1616.49	0.00	0.00
长期应付款	200.24	148.57	127.99	130.46	140.03
预计负债	65.74	63.38	45.62	55.01	55.11
递延收益-非流动负债	68.49	70.89	88.72	88.65	107.18
递延所得税负债	290.14	241.39	238.62	299.67	289.03
其他非流动负债	101.50	107.30	170.22	218.85	218.58
非流动负债合计	3751.66	3728.59	3877.74	2293.78	2372.06
负债合计	19052.88	18805.02	18139.81	16694.00	15820.96
实收资本（或股本）	2067.44	2073.03	2033.99	1820.83	1763.60
其他权益工具	80.24	72.97	112.69	117.67	97.26
其中：优先股	0.00	19.82	19.82	19.82	0.00
其中：永续债	64.49	40.66	65.66	73.98	90.81
资本公积	3767.95	3681.79	3461.59	3262.67	3233.08
其中：库存股	273.84	258.11	268.37	109.28	76.96
其他综合收益	137.07	136.92	133.66	144.43	173.19
专项储备	2.70	2.55	2.90	2.61	2.55
盈余公积	542.01	516.85	489.79	445.93	413.17
一般风险准备	5.34	4.87	3.57	2.25	1.17
未分配利润	3224.24	2825.03	2872.78	3015.86	2855.87
归属于母公司所有者权益合计	9553.31	9055.87	8842.74	8702.83	8462.82
少数股东权益	1084.69	1049.87	1006.15	960.35	873.87
所有者权益合计	10637.95	10105.68	9848.81	9663.17	9336.72
负债与所有者权益总计	29690.97	28910.80	27988.56	26357.19	25157.61

附表50　证券市场批发和零售业（F）利润表　　　　单位：亿元

年份	2023	2022	2021	2020	2019
营业总收入	39424.02	37850.91	39798.39	35785.49	35775.34
营业收入	39419.18	37845.17	39786.39	35775.45	35764.58
利息净收入	4.83	5.72	8.20	7.60	8.58
利息收入	4.83	5.72	8.20	7.60	8.58

续表

年份	2023	2022	2021	2020	2019
已赚保费	0.01	0.01	0.02	0.02	0.02
保险业务收入	0.00	0.00	0.00	0.00	0.00
减：分出保费	0.00	0.00	0.00	0.00	0.00
减：提取未到期责任准备金	0.00	0.00	0.00	0.00	0.00
手续费及佣金净收入	0.00	0.00	3.77	2.40	2.15
手续费及佣金收入	0.00	0.00	3.77	2.40	2.15
营业总成本	38740.23	37343.44	39179.70	35076.68	35097.77
营业成本	35390.40	34028.08	35718.13	31745.57	31582.32
利息支出	0.00	0.00	0.00	0.00	0.00
手续费及佣金支出	0.00	0.00	0.00	0.00	0.00
退保金	0.00	0.00	0.00	0.00	0.00
赔付支出净额	0.00	0.00	0.00	0.00	0.00
赔付支出	0.00	0.00	0.00	0.00	0.00
减：摊回赔付支出	0.00	0.00	0.00	0.00	0.00
提取保险责任准备金净额	0.04	0.06	0.04	0.06	0.14
提取保险责任准备金	0.00	0.00	0.00	0.00	0.00
减：摊回保险责任准备金	0.00	0.00	0.00	0.00	0.00
保单红利支出	0.00	0.00	0.00	0.00	0.00
分保费用	0.00	0.00	0.00	0.00	0.00
税金及附加	145.99	133.10	150.97	141.20	142.14
销售费用	1950.68	1933.44	1991.06	1954.48	2045.27
管理费用	796.78	789.06	855.89	852.13	889.82
研发费用	123.06	115.82	114.12	94.03	101.82
财务费用	332.80	343.59	349.32	289.07	335.96
其他收益	79.33	67.49	62.10	76.37	49.87
投资收益	138.12	200.51	117.19	167.93	405.47
汇兑收益	0.01	0.03	−0.01	−0.02	0.01
其他业务收入	0.00	0.00	0.00	0.00	0.00
净敞口套期收益	0.12	−0.04	0.00	0.00	0.00
公允价值变动收益	−9.16	−16.35	17.51	19.36	27.91
信用减值损失	−71.11	−92.01	−96.47	−158.71	−125.62
资产减值损失	−159.02	−208.70	−295.57	−292.25	−191.80
资产处置收益	44.61	75.64	33.36	26.21	22.02
业务及管理费	0.00	0.00	0.00	0.00	0.00
减：摊回分保费用	0.00	0.00	0.00	0.00	0.00

续表

年份	2023	2022	2021	2020	2019
其他业务成本	0.45	0.29	0.28	0.14	0.21
其他业务利润	0.00	0.01	0.00	0.00	0.00
营业利润	706.78	534.15	456.81	547.78	865.60
加：营业外收入	33.49	32.96	37.89	46.32	40.91
减：营业外支出	47.73	47.90	57.12	54.81	38.92
利润总额	692.57	519.32	437.57	539.10	867.58
减：所得税费用	218.05	201.74	166.92	213.29	290.81
未确认的投资损失	0.00	0.00	0.00	0.00	0.00
影响净利润的其他项目	0.00	0.00	0.00	0.00	0.00
净利润	474.56	317.57	270.55	325.90	576.79
归属于母公司所有者的净利润	382.37	215.86	164.43	269.35	497.88
归属于母公司其他权益工具持有者的净利润	0.00	0.00	0.00	0.00	0.00
少数股东损益	92.25	101.69	106.02	56.56	78.90
其他综合收益（损失）	15.49	5.81	−10.74	−28.21	42.95
综合收益总额	490.08	323.65	260.11	284.73	619.90
归属于母公司所有者的综合收益	396.42	221.28	154.58	228.10	538.94
归属少数股东的综合收益	93.76	102.40	105.49	56.46	80.96
基本每股收益	0.17	0.20	0.24	0.18	0.24
稀释每股收益	0.17	0.20	0.24	0.18	0.22

附表51　证券市场批发和零售业（F）现金流量表　单位：亿元

年份	2023	2022	2021	2020	2019
销售商品、提供劳务收到的现金	44829.05	42558.22	44988.70	40174.10	38996.57
客户存款和同业存放款项净增加额	86.14	77.34	53.66	52.56	34.71
向中央银行借款净增加额	0.00	0.00	0.00	0.00	0.28
向其他金融机构拆入资金净增加额	0.00	0.00	0.00	0.00	0.00
收到原保险合同保费取得的现金	0.01	0.01	0.02	0.02	0.02
收到再保险业务现金净额	0.00	0.00	0.00	0.00	0.00
保户储金及投资款净增加额	0.00	0.00	0.00	0.00	0.00
处置交易性金融资产净增加额	0.00	0.00	0.00	0.00	0.00
收取利息、手续费及佣金的现金	5.60	6.60	15.35	11.96	11.70
拆入资金净增加额	0.00	0.00	0.00	0.00	0.00

续表

年份	2023	2022	2021	2020	2019
回购业务资金净增加额	0.00	0.00	0.00	0.00	11.50
收到的税费返还	149.53	204.57	154.80	140.24	132.90
收到的其他与经营活动有关的现金	1367.38	1116.65	1411.08	1264.62	1077.21
经营活动现金流入小计	46437.86	43963.55	46623.67	41643.46	40264.85
购买商品、接受劳务支付的现金	40326.56	38707.94	41048.03	35890.19	34856.17
客户贷款及垫款净增加额	57.44	74.35	55.42	50.00	38.12
存放中央银行和同业款项净增加额	8.84	−0.40	0.15	2.69	−0.01
支付原保险合同赔付款项的现金	0.00	0.00	0.00	0.00	0.00
支付利息、手续费及佣金的现金	0.45	0.28	0.25	0.17	0.33
支付保单红利的现金	0.00	0.00	0.00	0.00	0.00
支付给职工以及为职工支付的现金	1548.41	1479.70	1514.28	1375.76	1392.80
支付的各项税费	900.98	856.63	858.81	814.92	867.19
支付其他与经营活动有关的现金	2334.60	2056.02	2343.46	2403.94	2356.37
经营活动现金流出小计	45177.38	43174.42	45820.27	40537.77	39511.05
经营活动产生的现金流量净额	1260.47	789.06	803.35	1105.75	753.85
收回投资收到的现金	2280.13	2753.85	3047.43	3586.59	3225.39
取得投资收益收到的现金	83.91	94.08	93.47	101.82	95.93
处置固定资产、无形资产和其他长期资产收回的现金净额	63.76	74.67	70.07	74.53	71.87
处置子公司及其他营业单位收到的现金净额	59.33	124.87	118.01	87.07	13.87
收到的其他与投资活动有关的现金	424.41	537.01	545.35	700.38	628.12
投资活动产生的现金流入小计	2911.59	3584.62	3874.30	4550.40	4035.30
购建固定资产、无形资产和其他长期资产支付的现金	500.78	508.25	634.68	567.46	620.99
投资支付的现金	2397.87	2809.07	3205.98	3581.62	3478.75
质押贷款净增加额	0.00	0.00	0.00	0.25	0.00
取得子公司及其他营业单位支付的现金净额	88.35	94.74	121.65	145.75	136.82
支付其他与投资活动有关的现金	492.71	471.88	580.97	664.65	693.76
投资活动产生的现金流出小计	3479.85	3884.02	4543.28	4959.73	4930.35
投资活动产生的现金流量净额	−568.17	−299.41	−668.86	−409.26	−895.09
吸收投资收到的现金	559.10	538.03	774.54	378.89	405.70

续表

年份	2023	2022	2021	2020	2019
吸收权益性投资收到的现金	264.79	306.38	497.61	173.97	251.82
其中：子公司吸收少数股东投资收到的现金	71.71	54.72	138.37	58.97	148.94
发行债券收到的现金	294.31	231.65	276.93	204.93	153.89
取得借款收到的现金	10337.57	9812.34	9611.87	8634.65	7187.48
收到其他与筹资活动有关的现金	960.03	996.20	1011.89	988.79	894.05
筹资活动现金流入小计	11856.78	11346.63	11398.29	10002.25	8487.33
偿还债务支付的现金	10367.38	9874.34	9457.79	8673.15	7066.88
分配股利、利润或偿付利息支付的现金	605.27	605.54	562.63	541.86	583.91
其中：子公司支付给少数股东的股利、利润	73.97	73.39	66.91	64.34	59.56
支付其他与筹资活动有关的现金	1527.00	1441.81	1464.84	1139.55	1018.96
筹资活动现金流出小计	12499.69	11921.72	11485.33	10354.55	8669.82
筹资活动产生的现金流量净额	-642.87	-575.11	-86.97	-352.30	-182.54
现金总流入	61774.32	59194.08	62565.18	56605.49	53682.48
现金总流出	61156.85	58980.01	61848.83	55851.93	53111.22
现金流量净额	49.30	-85.36	47.44	344.21	-323.79

附表52　证券市场交通运输、仓储和邮政业（G）资产负债表　　单位：亿元

年份	2023	2022	2021	2020	2019
货币资金	6704.91	7200.63	6232.50	4173.87	3301.83
结算备付金	0.00	0.00	0.00	0.00	0.00
拆出资金净额	0.00	0.00	0.00	0.00	2.01
交易性金融资产	439.26	423.87	545.63	375.32	380.10
衍生金融资产	0.06	0.64	0.08	4.44	2.66
应收票据净额	64.78	63.88	60.43	48.14	43.17
应收账款净额	1445.21	1380.53	1433.72	1124.48	1111.51
应收款项融资	74.33	63.38	68.28	105.54	79.65
预付款项净额	266.47	252.70	267.75	214.65	223.50
应收保费净额	0.00	0.00	0.00	0.00	0.00
应收分保账款净额	0.00	0.16	0.09	0.07	0.07
应收分保合同准备金净额	0.00	0.00	0.00	0.00	0.00
其他应收款净额	591.47	527.82	623.55	995.97	758.83
应收股利净额	32.01	31.29	6.31	8.04	21.91

续表

年份	2023	2022	2021	2020	2019
买入返售金融资产净额	6.47	4.79	0.00	3.40	4.92
存货净额	735.85	773.05	789.61	745.81	745.06
合同资产	141.58	123.12	92.24	61.83	13.77
一年内到期的非流动资产	110.03	144.26	104.14	235.77	220.59
其他流动资产	686.36	592.52	687.10	623.70	583.28
流动资产合计	11266.59	11551.32	10905.17	8713.04	7471.01
发放贷款及垫款净额	106.53	77.43	89.91	78.95	71.67
债权投资	97.90	87.04	83.59	68.93	55.98
其他债权投资	23.91	13.65	16.07	16.79	22.55
长期应收款净额	470.27	522.16	557.37	504.01	437.61
长期股权投资净额	5437.53	5071.87	4224.86	3968.65	4059.94
其他权益工具投资	455.72	438.99	435.07	417.35	478.94
其他非流动金融资产	348.23	324.77	270.02	300.96	396.50
投资性房地产净额	450.11	352.86	338.02	345.93	367.34
固定资产净额	16420.89	15554.96	14888.21	14562.60	13406.45
在建工程净额	2261.80	2149.01	2057.57	2088.06	2014.11
生产性生物资产净额	0.19	0.21	0.22	0.24	0.26
油气资产净额	0.00	0.00	0.00	0.00	0.00
使用权资产	5624.37	5959.75	5915.84	0.00	0.00
无形资产净额	6196.39	5571.62	5223.10	4445.95	3930.08
开发支出	6.27	6.28	7.84	8.82	8.53
商誉净额	494.22	449.03	410.48	369.10	352.62
长期待摊费用	235.40	223.48	223.61	196.81	185.91
递延所得税资产	706.27	647.75	513.27	359.07	218.61
其他非流动资产	533.84	468.93	350.27	4712.22	4789.41
非流动资产合计	39869.86	37919.76	35605.16	32444.41	30796.51
资产总计	51136.49	49471.09	46510.33	41157.51	38267.50
短期借款	2678.83	2597.16	2313.75	2433.96	1800.54
向中央银行借款	5.20	4.25	2.19	5.20	4.00
拆入资金	0.00	0.00	0.00	0.00	0.00
交易性金融负债	2.53	3.20	5.05	6.44	6.51
衍生金融负债	9.47	18.18	20.86	40.76	0.36
应付票据	187.32	144.92	166.04	140.72	122.97
应付账款	3078.40	2961.82	2544.49	2007.34	1756.05
预收款项	29.96	34.48	33.89	28.82	307.37

续表

年份	2023	2022	2021	2020	2019
合同负债	445.27	438.37	458.73	418.32	200.98
卖出回购金融资产款	0.99	0.00	3.60	0.00	0.00
吸收存款及同业存放	219.32	205.18	198.32	174.98	157.45
代理买卖证券款	0.00	0.00	0.00	0.00	0.00
代理承销证券款	0.00	0.00	0.00	0.00	0.00
应付职工薪酬	446.69	536.68	453.65	359.52	305.00
应交税费	260.18	302.35	372.74	238.55	263.05
其他应付款	1237.12	1216.29	1337.90	1259.19	1112.30
应付股利	22.96	25.31	21.29	29.69	49.60
应付手续费及佣金	0.00	0.00	0.00	0.00	0.00
应付分保账款	0.00	0.49	0.53	0.26	0.23
一年内到期的非流动负债	2776.69	2890.00	2206.14	3060.33	2539.69
其他流动负债	480.98	623.61	897.41	894.34	1020.37
流动负债合计	11859.00	11977.01	11015.28	11068.82	9596.88
保险合同准备金	0.00	0.00	0.00	0.00	0.00
长期借款	8079.16	7071.66	6411.74	5245.87	4335.14
应付债券	1696.28	2124.01	2059.50	1958.51	1751.53
租赁负债	3654.35	4073.27	4162.23	0.00	0.00
长期应付款	594.89	539.25	335.65	405.78	1318.32
预计负债	309.47	298.30	256.81	217.18	195.64
递延收益-非流动负债	206.92	195.52	179.04	154.64	131.36
递延所得税负债	530.45	470.47	343.99	247.43	270.35
其他非流动负债	287.58	288.73	300.42	3419.08	2744.71
非流动负债合计	15359.22	15061.11	14049.51	11648.47	10747.18
负债合计	27218.25	27038.13	25064.87	22717.24	20344.04
实收资本（或股本）	4571.07	4488.24	4247.24	3751.94	3612.76
其他权益工具	549.46	311.05	296.96	254.27	185.61
其中：优先股	0.00	0.00	0.00	0.00	0.00
其中：永续债	504.55	262.63	247.88	207.88	159.27
资本公积	7972.82	7713.38	7046.26	6203.53	5531.27
其中：库存股	76.12	71.26	53.48	28.13	24.85
其他综合收益	11.45	-6.93	-168.60	-183.99	-5.40
专项储备	28.04	31.67	24.96	17.78	18.18
盈余公积	1530.11	1446.58	1297.03	1184.52	1118.67
一般风险准备	13.36	12.60	14.76	12.55	11.65

续表

年份	2023	2022	2021	2020	2019
未分配利润	6215.36	5533.50	5864.36	4752.61	5425.64
归属于母公司所有者权益合计	20815.63	19458.92	18569.56	15965.14	15873.63
少数股东权益	3102.64	2974.05	2875.87	2475.15	2049.89
所有者权益合计	23918.26	22432.92	21445.47	18440.27	17923.52
负债与所有者权益总计	51136.49	49471.09	46510.33	41157.51	38267.52

附表53　证券市场交通运输、仓储和邮政业（G）利润表　　单位：亿元

年份	2023	2022	2021	2020	2019
营业总收入	20715.51	19671.37	19092.22	13947.98	15813.94
营业收入	20707.71	19663.82	19086.47	13942.97	15809.34
利息净收入	7.16	6.78	5.05	4.45	4.12
利息收入	7.16	6.78	5.05	4.45	4.12
已赚保费	0.00	0.00	0.00	0.00	0.00
保险业务收入	0.00	0.00	0.00	0.00	0.00
减：分出保费	0.00	0.00	0.00	0.00	0.00
减：提取未到期责任准备金	0.00	0.00	0.00	0.00	0.00
手续费及佣金净收入	0.63	0.76	0.71	0.56	0.49
手续费及佣金收入	0.63	0.76	0.71	0.56	0.49
营业总成本	19419.87	18688.02	17569.52	13859.49	14745.42
营业成本	17582.77	16793.63	15904.26	12388.19	13087.48
利息支出	0.00	0.00	0.00	0.00	0.00
手续费及佣金支出	0.00	0.00	0.00	0.00	0.00
退保金	0.00	0.00	0.00	0.00	0.00
赔付支出净额	0.00	0.00	0.00	0.00	0.00
赔付支出	0.00	0.00	0.00	0.00	0.00
减：摊回赔付支出	0.00	0.00	0.00	0.00	0.00
提取保险责任准备金净额	0.00	0.00	0.00	0.00	0.00
提取保险责任准备金	0.00	0.00	0.00	0.00	0.00
减：摊回保险责任准备金	0.00	0.00	0.00	0.00	0.00
保单红利支出	0.00	0.00	0.00	0.00	0.00
分保费用	0.00	0.00	0.00	0.00	0.00
税金及附加	97.25	94.58	87.91	64.07	67.60
销售费用	300.50	214.71	237.48	230.02	319.50
管理费用	822.03	841.38	832.43	706.90	678.56

续表

年份	2023	2022	2021	2020	2019
研发费用	93.27	85.68	71.89	51.01	43.86
财务费用	521.61	655.83	433.74	417.84	547.09
其他收益	322.06	269.00	280.34	263.47	261.33
投资收益	497.66	494.07	655.68	232.54	501.28
汇兑收益	0.00	0.00	0.00	0.00	0.00
其他业务收入	0.00	0.00	0.00	0.00	0.00
净敞口套期收益	0.00	0.00	0.00	0.00	0.00
公允价值变动收益	25.23	−30.70	−8.30	−85.82	31.34
信用减值损失	−16.56	−36.65	−36.80	−338.53	−38.81
资产减值损失	−52.65	−59.45	−124.77	−130.54	−46.58
资产处置收益	55.77	36.28	44.97	46.88	90.74
业务及管理费	0.00	0.00	0.00	0.00	0.00
减：摊回分保费用	0.00	0.00	0.00	0.00	0.00
其他业务成本	2.39	2.25	1.88	1.47	1.25
其他业务利润	0.00	0.00	0.00	0.00	0.00
营业利润	2127.06	1655.98	2333.74	76.44	1868.04
加：营业外收入	52.42	51.51	48.45	51.94	58.54
减：营业外支出	27.51	36.87	42.31	30.30	42.81
利润总额	2152.07	1670.62	2339.79	97.96	1883.72
减：所得税费用	442.55	609.90	480.08	129.26	401.11
未确认的投资损失	0.00	0.00	0.00	0.00	0.00
影响净利润的其他项目	0.00	0.00	0.00	0.00	0.00
净利润	1709.55	1060.79	1859.76	−31.26	1482.61
归属于母公司所有者的净利润	1520.27	814.59	1609.17	−75.30	1313.22
归属于母公司其他权益工具持有者的净利润	0.00	0.00	0.00	0.00	0.00
少数股东损益	189.23	246.14	250.55	43.99	169.40
其他综合收益（损失）	19.67	158.20	−15.04	−208.54	17.27
综合收益总额	1729.19	1218.90	1844.76	−239.81	1500.09
归属于母公司所有者的综合收益	1530.62	940.64	1606.63	−259.18	1335.20
归属少数股东的综合收益	198.57	278.28	238.13	13.03	163.46
基本每股收益	0.32	0.28	0.30	0.23	0.29
稀释每股收益	0.32	0.26	0.29	0.21	0.27

附表54　　证券市场交通运输、仓储和邮政业（G）现金流量表　　单位：亿元

年份	2023	2022	2021	2020	2019
销售商品、提供劳务收到的现金	21460.56	20576.60	19870.28	14059.79	16299.96
客户存款和同业存放款项净增加额	14.67	8.54	26.03	22.53	12.53
向中央银行借款净增加额	0.95	2.06	-3.01	1.20	4.00
向其他金融机构拆入资金净增加额	0.00	0.00	12.00	0.00	0.33
收到原保险合同保费取得的现金	0.00	0.00	0.00	0.00	0.00
收到再保险业务现金净额	0.00	0.00	0.00	0.00	0.00
保户储金及投资款净增加额	0.00	0.00	0.00	0.00	0.00
处置交易性金融资产净增加额	0.00	0.00	0.00	0.00	0.00
收取利息、手续费及佣金的现金	10.20	10.93	7.91	8.04	8.27
拆入资金净增加额	0.00	0.00	0.00	0.00	0.00
回购业务资金净增加额	-0.70	-8.39	7.00	1.52	-4.92
收到的税费返还	133.48	425.55	72.47	42.20	26.45
收到的其他与经营活动有关的现金	1947.85	1665.71	1875.67	1650.86	1472.57
经营活动现金流入小计	23569.74	22693.44	21876.26	15790.20	17825.94
购买商品、接受劳务支付的现金	13658.98	13221.38	12408.74	9174.78	9964.00
客户贷款及垫款净增加额	26.52	62.29	13.22	1.10	20.35
存放中央银行和同业款项净增加额	7.93	4.31	-2.23	2.85	-0.12
支付原保险合同赔付款项的现金	0.00	0.00	0.00	0.00	0.00
支付利息、手续费及佣金的现金	2.27	2.30	1.46	1.43	1.90
支付保单红利的现金	0.00	0.00	0.00	0.38	-0.63
支付给职工以及为职工支付的现金	2983.12	2643.50	2562.38	2214.58	2314.56
支付的各项税费	971.11	1088.04	868.31	613.75	846.62
支付其他与经营活动有关的现金	1907.64	1599.39	1707.98	1548.37	1501.73
经营活动现金流出小计	19568.58	18633.27	17572.27	13564.81	14650.41
经营活动产生的现金流量净额	4001.20	4060.17	4304.05	2225.41	3175.49
收回投资收到的现金	1069.28	1603.92	1591.38	1796.17	1611.30
取得投资收益收到的现金	296.93	314.05	267.86	259.29	235.64
处置固定资产、无形资产和其他长期资产收回的现金净额	133.50	144.39	128.36	87.23	178.67
处置子公司及其他营业单位收到的现金净额	91.49	86.09	72.97	95.80	169.66

续表

年份	2023	2022	2021	2020	2019
收到的其他与投资活动有关的现金	1585.05	2479.13	2146.28	2076.29	1307.84
投资活动产生的现金流入小计	3176.38	4627.65	4206.88	4314.83	3503.24
购建固定资产、无形资产和其他长期资产支付的现金	2197.10	1929.41	2240.93	1847.67	1770.88
投资支付的现金	1357.25	2094.36	1582.95	1786.26	2102.69
质押贷款净增加额	0.05	0.11	0.16	0.03	0.02
取得子公司及其他营业单位支付的现金净额	95.87	171.93	222.75	132.30	77.16
支付其他与投资活动有关的现金	1465.20	2371.89	2001.60	2247.90	1370.97
投资活动产生的现金流出小计	5115.49	6567.64	6048.40	6014.19	5321.80
投资活动产生的现金流量净额	-1939.17	-1940.06	-1841.53	-1699.38	-1818.59
吸收投资收到的现金	1004.57	2076.96	2194.78	2634.13	1521.40
吸收权益性投资收到的现金	624.45	1056.61	801.37	1045.91	469.96
其中：子公司吸收少数股东投资收到的现金	143.36	85.17	132.61	172.40	81.96
发行债券收到的现金	380.11	1020.34	1393.41	1588.22	1051.43
取得借款收到的现金	6492.78	7809.02	6561.93	7142.38	4891.24
收到其他与筹资活动有关的现金	237.55	228.50	651.88	613.29	529.55
筹资活动现金流入小计	7734.94	10114.48	9408.55	10389.83	6942.22
偿还债务支付的现金	7290.04	8289.96	7396.39	7615.28	6676.15
分配股利、利润或偿付利息支付的现金	1530.46	1743.13	1046.53	1040.99	1191.58
其中：子公司支付给少数股东的股利、利润	185.80	233.85	161.68	98.30	84.66
支付其他与筹资活动有关的现金	1586.30	1393.12	1445.96	1294.31	745.55
筹资活动现金流出小计	10406.79	11426.25	9888.95	9950.61	8613.32
筹资活动产生的现金流量净额	-2671.90	-1311.75	-480.31	439.26	-1671.13
现金总流入	36420.16	39375.60	37333.34	32194.19	30089.89
现金总流出	35090.82	36627.17	33509.58	29529.62	28585.50
现金流量净额	-609.91	808.40	1982.19	965.21	-314.22

附表55　证券市场住宿餐饮服务业（HL）资产负债表　　单位：亿元

年份	2023	2022	2021	2020	2019
货币资金	2990.97	2839.43	2549.35	2217.73	1603.00
结算备付金	0.00	0.00	0.00	0.00	0.00

续表

年份	2023	2022	2021	2020	2019
拆出资金净额	0.00	0.00	0.00	0.00	0.00
交易性金融资产	224.87	238.66	257.77	226.82	238.21
衍生金融资产	11.63	8.95	7.61	13.76	10.64
应收票据净额	38.68	34.15	32.49	37.36	22.42
应收账款净额	1476.38	1435.10	1301.58	1167.84	1011.55
应收款项融资	70.45	73.12	64.77	56.76	44.06
预付款项净额	1174.29	1047.30	912.92	762.82	586.48
应收保费净额	0.00	0.00	0.00	0.00	0.00
应收分保账款净额	0.00	0.00	0.00	0.00	0.00
应收分保合同准备金净额	0.00	0.00	0.00	0.00	0.00
其他应收款净额	1004.46	959.11	837.91	580.74	529.94
应收股利净额	3.37	4.07	2.14	2.33	0.65
买入返售金融资产净额	0.00	0.00	0.00	0.00	0.00
存货净额	4925.64	4819.54	4535.68	3414.90	2788.73
合同资产	64.41	57.22	61.22	56.27	10.50
一年内到期的非流动资产	95.44	117.86	94.82	54.13	70.30
其他流动资产	514.23	426.94	398.11	384.33	443.07
流动资产合计	12591.47	12057.38	11054.28	8973.45	7358.84
发放贷款及垫款净额	11.37	9.24	30.18	34.92	34.86
债权投资	6.62	15.94	23.43	29.96	13.69
其他债权投资	0.41	0.00	0.00	0.00	0.00
长期应收款净额	195.29	166.74	193.76	128.99	145.49
长期股权投资净额	903.05	751.22	659.36	574.85	512.17
其他权益工具投资	119.57	110.21	142.41	146.39	154.48
其他非流动金融资产	209.74	226.61	222.40	204.52	137.42
投资性房地产净额	2976.85	1924.94	1898.23	1808.98	1646.94
固定资产净额	2970.75	2810.23	2619.05	2609.06	2658.47
在建工程净额	196.60	232.96	179.65	167.37	153.27
生产性生物资产净额	0.02	0.03	0.00	0.00	0.00
油气资产净额	0.00	0.00	0.00	0.00	0.00
使用权资产	734.31	672.74	701.42	41.91	34.37
无形资产净额	432.52	386.84	361.47	385.47	393.53
开发支出	1.81	1.03	1.24	1.13	0.49
商誉净额	371.12	367.41	375.94	438.78	520.93
长期待摊费用	138.24	131.13	127.94	131.08	129.09

续表

年份	2023	2022	2021	2020	2019
递延所得税资产	331.88	293.43	259.38	219.19	167.65
其他非流动资产	423.77	446.19	421.13	354.80	448.73
非流动资产合计	10023.91	8547.16	8217.00	7277.40	7151.64
资产总计	22615.32	20604.56	19271.29	16250.83	14510.48
短期借款	1268.07	1106.57	939.03	1003.21	1059.19
向中央银行借款	0.00	0.00	0.00	0.00	0.00
拆入资金	0.00	0.00	0.00	0.00	0.70
交易性金融负债	3.94	5.11	7.13	12.78	30.99
衍生金融负债	16.81	22.75	11.07	20.10	8.87
应付票据	1212.00	942.41	779.74	643.23	476.40
应付账款	1461.19	1263.83	1188.29	989.64	865.01
预收款项	94.99	84.95	92.80	80.96	1336.36
合同负债	2899.36	2793.63	2520.41	1639.75	25.42
卖出回购金融资产款	0.00	0.00	0.00	0.00	0.00
吸收存款及同业存放	0.00	0.00	0.00	0.00	0.00
代理买卖证券款	0.00	0.00	0.00	0.00	0.00
代理承销证券款	0.00	0.00	0.00	0.00	0.00
应付职工薪酬	165.00	156.43	146.25	124.44	121.34
应交税费	203.83	219.10	246.39	213.78	164.45
其他应付款	1167.48	996.57	1009.93	846.80	723.01
应付股利	12.31	28.77	6.25	7.81	7.05
应付手续费及佣金	0.00	0.00	0.00	0.00	0.00
应付分保账款	0.00	0.00	0.00	0.00	0.00
一年内到期的非流动负债	1132.41	925.71	1002.66	754.03	617.64
其他流动负债	410.61	462.98	445.30	364.65	170.89
流动负债合计	10035.62	8979.98	8389.75	6693.75	5601.88
保险合同准备金	0.00	0.00	0.64	0.37	0.00
长期借款	1907.09	1813.90	1733.98	1739.84	1643.70
应付债券	1396.75	1505.93	1426.23	1542.08	1465.44
租赁负债	673.42	643.11	676.90	40.83	0.00
长期应付款	82.52	69.47	77.24	168.76	152.01
预计负债	12.22	12.69	29.19	11.37	22.84
递延收益－非流动负债	66.05	63.64	62.09	59.08	63.88
递延所得税负债	432.06	304.41	294.30	285.13	262.42
其他非流动负债	303.22	289.96	312.58	272.20	288.07

续表

年份	2023	2022	2021	2020	2019
非流动负债合计	4873.34	4703.03	4612.60	4119.33	3898.45
负债合计	14908.96	13683.05	13002.33	10813.09	9500.33
实收资本（或股本）	1075.16	1064.85	1057.56	1023.06	940.14
其他权益工具	317.12	251.76	252.17	169.70	154.35
其中：优先股	0.00	0.00	0.00	0.00	0.00
其中：永续债	317.16	251.80	249.93	166.23	149.20
资本公积	1745.04	1755.77	1618.13	1429.51	1354.33
其中：库存股	48.65	46.33	35.64	41.36	35.53
其他综合收益	65.84	54.51	13.96	29.11	77.54
专项储备	1.17	0.48	0.38	0.34	0.33
盈余公积	194.44	187.25	177.08	168.53	156.60
一般风险准备	0.43	0.92	2.33	2.12	1.92
未分配利润	2127.66	1885.10	1706.14	1581.18	1487.31
归属于母公司所有者权益合计	5478.29	5154.40	4792.12	4362.18	4136.98
少数股东权益	2228.11	1767.13	1476.76	1075.51	873.10
所有者权益合计	7706.40	6921.51	6268.93	5437.73	5010.13
负债与所有者权益总计	22615.32	20604.56	19271.29	16250.83	14510.48

附表56　　证券市场住宿餐饮服务业（HL）利润表　　单位：亿元

年份	2023	2022	2021	2020	2019
营业总收入	25933.27	27257.20	24632.22	18031.39	15124.83
营业收入	25931.46	27254.61	24628.40	18026.33	15120.70
利息净收入	1.32	2.10	3.66	4.97	4.03
利息收入	1.32	2.10	3.66	4.97	4.03
已赚保费	0.06	0.08	0.09	0.07	0.06
保险业务收入	0.00	0.00	0.00	0.00	0.06
减：分出保费	0.00	0.00	0.00	0.00	0.00
减：提取未到期责任准备金	0.00	0.00	0.00	0.00	0.00
手续费及佣金净收入	0.43	0.40	0.06	0.01	0.03
手续费及佣金收入	0.43	0.40	0.06	0.01	0.03
营业总成本	25405.49	26728.34	24013.03	17600.88	14656.70
营业成本	24293.79	25752.55	23021.95	16674.98	13445.90
利息支出	0.00	0.00	0.00	0.00	0.00
手续费及佣金支出	0.00	0.00	0.00	0.00	0.00
退保金	0.00	0.00	0.00	0.00	0.00

续表

年份	2023	2022	2021	2020	2019
赔付支出净额	0.00	0.00	0.00	0.00	0.00
赔付支出	0.00	0.00	0.00	0.00	0.00
减：摊回赔付支出	0.00	0.00	0.00	0.00	0.00
提取保险责任准备金净额	0.00	0.00	0.00	0.06	−0.04
提取保险责任准备金	0.00	0.00	0.00	0.00	−0.04
减：摊回保险责任准备金	0.00	0.00	0.00	0.00	0.00
保单红利支出	0.00	0.00	0.00	0.00	0.00
分保费用	0.00	0.00	0.00	0.00	0.00
税金及附加	80.07	73.92	64.70	72.65	70.84
销售费用	465.73	380.18	377.34	364.92	614.77
管理费用	288.84	264.63	270.67	247.88	273.87
研发费用	36.39	34.57	33.06	27.74	27.50
财务费用	240.54	222.09	244.39	211.80	219.92
其他收益	54.30	59.93	69.22	54.07	48.54
投资收益	89.10	109.84	102.91	169.31	90.32
汇兑收益	0.00	0.00	0.00	0.00	0.00
其他业务收入	0.00	0.00	0.00	0.00	0.00
净敞口套期收益	0.00	0.00	0.00	0.00	0.00
公允价值变动收益	−5.15	−36.07	3.65	70.44	33.78
信用减值损失	−71.40	−65.68	−62.19	−165.46	−145.48
资产减值损失	−117.33	−185.99	−125.40	−177.40	−75.80
资产处置收益	17.08	23.29	9.33	−0.25	12.55
业务及管理费	0.00	0.00	0.00	0.00	0.00
减：摊回分保费用	0.00	0.00	0.00	0.00	0.00
其他业务成本	0.08	0.37	0.90	0.64	4.00
其他业务利润	0.00	0.00	0.00	0.00	0.00
营业利润	494.42	434.16	616.65	381.22	432.02
加：营业外收入	123.10	21.94	22.10	15.74	16.94
减：营业外支出	19.58	19.23	34.48	18.65	20.78
利润总额	597.92	436.89	604.38	378.29	428.17
减：所得税费用	131.34	142.25	170.20	137.39	141.87
未确认的投资损失	0.00	0.00	0.00	0.00	0.00
影响净利润的其他项目	0.00	0.00	0.00	0.00	0.00
净利润	466.60	294.63	434.21	240.87	286.31
归属于母公司所有者的净利润	394.85	206.09	337.65	191.33	212.19

续表

年份	2023	2022	2021	2020	2019
归属于母公司其他权益工具持有者的净利润	0.00	0.00	0.00	0.00	0.00
少数股东损益	71.78	88.55	96.52	49.60	74.07
其他综合收益（损失）	11.84	58.08	−12.82	−50.64	34.78
综合收益总额	478.42	352.79	421.44	190.25	321.55
归属于母公司所有者的综合收益	405.02	249.33	327.67	149.25	248.31
归属少数股东的综合收益	73.43	103.41	94.22	41.20	76.15
基本每股收益	0.14	0.10	0.12	0.15	0.17
稀释每股收益	0.09	0.03	0.10	0.08	0.12

附表57　证券市场住宿餐饮服务业（HL）现金流量表　　单位：亿元

年份	2023	2022	2021	2020	2019
销售商品、提供劳务收到的现金	29991.90	31433.32	29611.53	20710.62	16617.62
客户存款和同业存放款项净增加额	0.00	0.00	0.00	0.00	0.00
向中央银行借款净增加额	0.00	0.00	0.00	0.00	0.00
向其他金融机构拆入资金净增加额	0.00	0.00	0.00	0.00	0.00
收到原保险合同保费取得的现金	0.06	0.07	0.10	0.09	0.05
收到再保险业务现金净额	0.00	0.00	0.00	0.00	0.00
保户储金及投资款净增加额	0.00	0.00	0.00	0.00	0.00
处置交易性金融资产净增加额	0.00	0.00	0.00	0.00	0.00
收取利息、手续费及佣金的现金	2.29	3.40	6.65	14.19	26.00
拆入资金净增加额	0.00	0.00	0.00	0.00	0.08
回购业务资金净增加额	0.00	0.00	0.00	0.00	0.00
收到的税费返还	63.25	87.61	33.74	32.51	31.01
收到的其他与经营活动有关的现金	2243.65	2213.86	2767.22	1985.65	1246.30
经营活动现金流入小计	32301.25	33738.27	32419.31	22743.00	17921.07
购买商品、接受劳务支付的现金	27353.44	29398.90	27541.69	19216.59	14667.46
客户贷款及垫款净增加额	2.83	−5.95	−20.91	20.68	15.50
存放中央银行和同业款项净增加额	0.00	0.00	0.00	0.00	0.00
支付原保险合同赔付款项的现金	0.00	0.00	0.00	0.00	0.00
支付利息、手续费及佣金的现金	0.09	0.38	0.91	1.85	2.44
支付保单红利的现金	0.00	0.00	0.00	0.00	0.00

续表

年份	2023	2022	2021	2020	2019
支付给职工以及为职工支付的现金	672.67	614.03	580.73	493.45	513.75
支付的各项税费	495.69	490.40	441.51	329.01	332.01
支付其他与经营活动有关的现金	2550.51	2533.73	3025.01	2089.83	1728.77
经营活动现金流出小计	31075.22	33031.59	31569.03	22151.35	17260.71
经营活动产生的现金流量净额	1226.00	706.65	850.30	591.58	660.41
收回投资收到的现金	1070.92	1084.71	1172.56	1479.22	1059.13
取得投资收益收到的现金	58.15	35.34	29.46	35.52	32.10
处置固定资产、无形资产和其他长期资产收回的现金净额	100.71	124.95	70.67	70.75	180.36
处置子公司及其他营业单位收到的现金净额	25.98	23.74	63.53	37.41	35.95
收到的其他与投资活动有关的现金	718.35	607.03	472.04	502.84	486.19
投资活动产生的现金流入小计	1974.16	1875.83	1808.15	2125.78	1793.72
购建固定资产、无形资产和其他长期资产支付的现金	457.24	421.53	501.63	375.18	455.50
投资支付的现金	1102.04	1150.64	1203.21	1612.12	1204.40
质押贷款净增加额	0.00	0.00	0.65	0.00	0.00
取得子公司及其他营业单位支付的现金净额	80.64	12.97	20.21	52.31	26.96
支付其他与投资活动有关的现金	600.06	652.77	595.63	430.08	582.03
投资活动产生的现金流出小计	2239.96	2237.88	2321.30	2469.67	2268.85
投资活动产生的现金流量净额	−265.76	−362.13	−513.09	−343.93	−475.13
吸收投资收到的现金	458.35	719.43	792.53	749.66	521.47
吸收权益性投资收到的现金	345.48	688.26	679.55	467.82	506.70
其中：子公司吸收少数股东投资收到的现金	155.68	290.64	281.96	251.49	121.53
发行债券收到的现金	112.87	31.18	112.97	281.84	14.78
取得借款收到的现金	6397.81	6634.81	6152.94	5687.07	4159.01
收到其他与筹资活动有关的现金	1176.31	952.28	1111.70	698.03	483.66
筹资活动现金流入小计	8032.51	8306.52	8057.27	7134.74	5164.18
偿还债务支付的现金	6597.79	6568.22	6247.28	5550.82	4244.81
分配股利、利润或偿付利息支付的现金	534.65	466.48	450.17	395.45	400.01
其中：子公司支付给少数股东的股利、利润	59.17	36.11	50.55	35.31	37.94

续表

年份	2023	2022	2021	2020	2019
支付其他与筹资活动有关的现金	1721.88	1499.77	1387.29	894.64	664.93
筹资活动现金流出小计	8854.33	8534.43	8084.74	6840.92	5309.80
筹资活动产生的现金流量净额	−821.88	−227.88	−27.46	293.86	−145.65
现金总流入	42573.71	44282.64	42797.88	32347.49	25354.19
现金总流出	42169.49	43803.91	41975.01	31462.03	24839.36
现金流量净额	138.40	116.68	309.70	541.57	39.62

附表58　证券市场信息传输、软件和信息技术服务业（Ⅰ）资产负债表　　　单位：亿元

年份	2023	2022	2021	2020	2019
货币资金	8403.35	8390.29	8701.28	4262.50	3547.42
结算备付金	0.00	0.00	0.00	0.00	0.00
拆出资金净额	0.00	0.00	0.00	0.00	0.00
交易性金融资产	2772.77	2198.33	2486.32	943.05	779.50
衍生金融资产	0.61	0.32	0.08	0.39	0.06
应收票据净额	148.28	141.84	157.26	130.53	94.02
应收账款净额	4575.41	4048.26	3480.24	2504.29	2575.03
应收款项融资	102.77	100.55	96.16	66.00	45.59
预付款项净额	590.98	587.66	592.87	369.90	356.81
应收保费净额	0.05	0.10	0.28	0.00	0.00
应收分保账款净额	0.00	0.00	0.00	0.00	0.00
应收分保合同准备金净额	0.02	0.00	0.00	0.00	0.00
其他应收款净额	804.01	646.33	786.67	362.19	324.49
应收股利净额	4.29	3.17	4.20	11.20	4.06
买入返售金融资产净额	2.06	0.00	0.00	0.00	0.00
存货净额	1815.82	1759.38	1590.38	1234.05	1130.22
合同资产	785.45	689.09	529.61	407.01	13.08
一年内到期的非流动资产	190.52	165.97	130.80	92.11	59.51
其他流动资产	1208.87	1000.89	1074.20	717.41	492.53
流动资产合计	21401.31	19729.35	19626.02	11089.35	9418.00
发放贷款及垫款净额	13.92	15.41	17.02	21.84	35.14
债权投资	110.27	138.04	54.44	32.36	18.18
其他债权投资	88.44	48.11	12.10	10.13	3.45
长期应收款净额	195.14	198.16	218.62	182.27	136.97
长期股权投资净额	3697.51	3595.26	3531.00	1286.01	1180.22
其他权益工具投资	382.47	372.30	402.05	386.52	312.96

续表

年份	2023	2022	2021	2020	2019
其他非流动金融资产	2398.57	2388.54	1256.07	336.61	287.64
投资性房地产净额	194.99	201.09	191.89	181.18	164.72
固定资产净额	16610.03	16429.19	16227.45	5008.94	4915.11
在建工程净额	2432.41	2233.37	1988.84	921.85	966.61
生产性生物资产净额	0.00	0.00	0.00	0.00	0.00
油气资产净额	0.00	0.00	0.00	0.00	0.00
使用权资产	2119.37	2434.01	1399.27	0.00	0.00
无形资产净额	2089.51	1920.01	1781.05	817.81	778.05
开发支出	211.57	189.38	146.41	106.68	83.09
商誉净额	1283.57	1340.45	1474.41	1303.34	1472.89
长期待摊费用	231.72	244.80	249.44	175.39	163.13
递延所得税资产	769.95	693.82	679.66	154.90	132.93
其他非流动资产	1588.57	1240.85	768.03	612.77	620.55
非流动资产合计	34417.84	33683.30	30397.77	11538.72	11271.76
资产总计	55819.04	53412.64	50023.84	22628.13	20689.70
短期借款	1080.89	969.57	877.18	905.59	999.94
向中央银行借款	0.00	0.00	0.00	0.00	0.00
拆入资金	0.00	0.00	0.00	0.00	0.00
交易性金融负债	2.13	1.59	1.53	0.31	0.60
衍生金融负债	0.17	0.10	0.06	0.26	0.00
应付票据	895.81	651.31	588.39	357.67	280.95
应付账款	8095.09	7393.79	6837.04	2888.65	2586.83
预收款项	809.72	862.65	867.74	19.25	810.05
合同负债	2969.72	3041.92	3116.10	1465.52	411.07
卖出回购金融资产款	0.00	0.00	0.00	0.00	0.00
吸收存款及同业存放	0.00	0.00	0.00	0.00	0.00
代理买卖证券款	0.00	0.00	0.00	0.00	0.00
代理承销证券款	0.00	0.00	0.00	0.00	0.00
应付职工薪酬	713.23	719.75	665.34	459.44	346.11
应交税费	474.49	404.47	420.95	220.74	187.93
其他应付款	1378.40	1406.65	1902.67	764.94	779.89
应付股利	15.17	15.41	12.36	13.62	16.69
应付手续费及佣金	0.00	0.00	0.00	0.00	0.00
应付分保账款	0.00	0.00	0.00	0.00	0.00
一年内到期的非流动负债	907.03	896.91	942.11	440.43	450.68

续表

年份	2023	2022	2021	2020	2019
其他流动负债	353.03	353.67	387.04	252.93	312.15
流动负债合计	17679.87	16702.70	16607.53	7776.03	7167.99
保险合同准备金	0.00	0.00	1.37	0.34	0.14
长期借款	677.53	580.93	419.21	425.97	360.76
应付债券	169.70	183.76	210.90	260.86	263.23
租赁负债	1546.51	1841.70	850.48	0.00	0.00
长期应付款	118.92	105.02	74.85	79.09	103.07
预计负债	49.07	54.40	49.57	113.29	152.79
递延收益-非流动负债	365.02	349.25	338.58	162.23	156.20
递延所得税负债	441.12	396.38	372.64	70.73	62.85
其他非流动负债	181.40	180.77	166.38	234.16	277.98
非流动负债合计	3549.40	3692.21	2482.77	1346.48	1376.87
负债合计	21229.28	20394.96	19090.26	9122.58	8544.96
实收资本（或股本）	8594.41	8475.51	7822.98	2769.23	2634.91
其他权益工具	19.76	28.00	27.93	32.65	21.89
其中：优先股	0.00	0.00	0.00	0.00	0.00
其中：永续债	0.00	0.00	0.00	0.00	0.00
资本公积	5518.11	4976.78	4134.31	5814.09	5050.02
其中：库存股	268.75	278.82	247.93	167.54	174.28
其他综合收益	-26.01	-54.68	-99.22	-38.56	-8.01
专项储备	6.29	5.38	4.63	1.31	1.28
盈余公积	1444.26	1368.04	1286.83	403.99	354.00
一般风险准备	37.68	35.62	34.75	4.02	3.31
未分配利润	16703.24	15995.35	15586.64	2460.88	2095.00
归属于母公司所有者权益合计	32028.89	30551.03	28550.57	11279.78	9978.25
少数股东权益	2560.98	2466.66	2383.05	2223.55	2166.56
所有者权益合计	34589.85	33017.81	30933.51	13503.43	12144.82
负债与所有者权益总计	55819.04	53412.64	50023.84	22626.03	20689.70

附表59　证券市场信息传输、软件和信息技术服务业（Ⅰ）利润表　　　　　单位：亿元

年份	2023	2022	2021	2020	2019
营业总收入	28460.05	26982.55	24933.39	10595.77	10024.92
营业收入	28452.35	26973.63	24924.65	10586.63	10017.10
利息净收入	2.67	3.15	3.55	5.97	6.53
利息收入	2.67	3.15	3.55	5.97	6.53

续表

年份	2023	2022	2021	2020	2019
已赚保费	0.69	0.55	0.74	0.14	0.13
保险业务收入	0.00	0.00	0.00	0.00	0.13
减：分出保费	0.00	0.00	0.00	0.00	0.00
减：提取未到期责任准备金	0.00	0.00	0.00	0.00	0.00
手续费及佣金净收入	4.35	5.21	4.44	2.99	1.14
手续费及佣金收入	4.35	5.21	4.44	2.99	1.14
营业总成本	25941.58	24511.32	22523.59	9828.28	9291.37
营业成本	19975.06	19010.62	17315.75	7124.22	6742.61
利息支出	0.00	0.00	0.00	0.00	0.00
手续费及佣金支出	0.00	0.00	0.00	0.00	0.00
退保金	0.00	0.00	0.00	0.00	0.00
赔付支出净额	0.00	0.00	0.00	0.00	0.00
赔付支出	0.00	0.00	0.00	0.00	0.00
减：摊回赔付支出	0.00	0.00	0.00	0.00	0.00
提取保险责任准备金净额	0.26	−0.10	0.41	0.57	0.04
提取保险责任准备金	0.00	−0.04	0.00	0.00	0.04
减：摊回保险责任准备金	0.00	0.00	0.00	0.00	0.00
保单红利支出	0.00	0.00	0.00	0.00	0.00
分保费用	0.00	0.00	0.00	0.00	0.00
税金及附加	118.35	108.02	103.25	55.39	52.28
销售费用	2480.49	2338.60	2232.57	1048.37	1047.57
管理费用	1879.12	1800.94	1762.53	820.68	772.95
研发费用	1529.90	1342.10	1133.79	708.37	586.96
财务费用	−41.99	−89.09	−26.05	68.96	87.64
其他收益	297.07	310.46	280.93	158.02	120.61
投资收益	246.03	276.03	480.16	207.14	186.54
汇兑收益	0.00	−0.33	−0.03	0.26	0.04
其他业务收入	0.00	0.00	0.00	0.00	0.00
净敞口套期收益	0.00	0.00	0.00	0.00	0.00
公允价值变动收益	152.18	17.47	72.26	38.63	53.60
信用减值损失	−353.19	−289.34	−233.78	−167.62	−157.46
资产减值损失	−193.86	−290.16	−256.86	−389.14	−525.15
资产处置收益	14.70	−0.02	−5.61	−17.36	−18.77
业务及管理费	0.00	0.00	0.00	0.00	0.00
减：摊回分保费用	0.00	0.00	0.00	0.00	0.00

续表

年份	2023	2022	2021	2020	2019
其他业务成本	0.48	0.53	1.14	1.66	1.07
其他业务利润	0.00	0.00	0.00	0.09	0.00
营业利润	2681.54	2495.59	2747.09	597.71	392.91
加：营业外收入	95.45	91.80	80.41	37.73	64.16
减：营业外支出	103.61	161.52	178.26	55.31	176.63
利润总额	2673.55	2425.78	2649.17	580.12	280.41
减：所得税费用	557.52	548.73	554.52	124.43	112.45
未确认的投资损失	0.00	0.00	0.00	0.00	0.00
影响净利润的其他项目	0.00	0.00	0.00	0.00	0.00
净利润	2116.22	1877.07	2094.61	455.65	168.07
归属于母公司所有者的净利润	1979.24	1762.96	1978.33	353.03	62.77
归属于母公司其他权益工具持有者的净利润	0.00	0.00	0.00	0.00	0.00
少数股东损益	136.98	114.12	116.48	102.48	105.38
其他综合收益（损失）	40.14	49.02	−79.41	−34.18	−23.46
综合收益总额	2156.27	1926.09	2014.43	420.73	144.61
归属于母公司所有者的综合收益	2015.42	1804.88	1901.87	325.44	40.02
归属少数股东的综合收益	139.56	120.85	112.20	94.93	103.92
基本每股收益	0.10	0.13	0.23	0.24	0.23
稀释每股收益	0.10	0.11	0.23	0.24	0.23

附表60　证券市场信息传输、软件和信息技术服务业（Ⅰ）现金流量表　　　　单位：亿元

年份	2023	2022	2021	2020	2019
销售商品、提供劳务收到的现金	29694.64	28163.33	26757.24	11138.35	10319.05
客户存款和同业存放款项净增加额	0.00	0.00	0.00	0.00	0.00
向中央银行借款净增加额	0.00	0.00	0.00	0.00	0.00
向其他金融机构拆入资金净增加额	0.00	0.00	0.00	0.00	0.00
收到原保险合同保费取得的现金	0.74	0.44	0.27	0.10	0.14
收到再保险业务现金净额	0.00	0.00	0.00	0.00	0.00
保户储金及投资款净增加额	0.00	0.00	0.00	0.00	0.00
处置交易性金融资产净增加额	0.00	0.00	0.00	0.00	0.00
收取利息、手续费及佣金的现金	8.16	9.87	10.12	11.63	11.05
拆入资金净增加额	0.00	0.00	0.00	0.00	0.00

续表

年份	2023	2022	2021	2020	2019
回购业务资金净增加额	0.00	0.00	0.00	0.00	0.00
收到的税费返还	152.02	190.52	83.75	71.43	61.22
收到的其他与经营活动有关的现金	1755.67	1246.19	801.02	564.42	473.96
经营活动现金流入小计	31611.40	29610.45	27652.63	11786.11	10865.45
购买商品、接受劳务支付的现金	15469.68	14767.83	13545.35	5988.16	5689.43
客户贷款及垫款净增加额	0.99	−1.70	6.93	−8.52	17.48
存放中央银行和同业款项净增加额	0.00	0.00	0.00	0.00	0.00
支付原保险合同赔付款项的现金	0.35	0.50	0.32	0.34	0.21
支付利息、手续费及佣金的现金	0.37	0.53	1.78	1.94	1.09
支付保单红利的现金	0.00	0.00	0.00	0.00	0.00
支付给职工以及为职工支付的现金	5751.18	5385.25	4715.59	2144.89	1928.24
支付的各项税费	1128.13	1146.64	1061.76	437.03	409.06
支付其他与经营活动有关的现金	2977.72	2485.73	1929.73	1133.44	1015.95
经营活动现金流出小计	25328.44	23784.72	21261.69	9697.15	9061.53
经营活动产生的现金流量净额	6282.87	5825.84	6390.93	2088.84	1803.88
收回投资收到的现金	4318.96	4857.04	4563.84	3100.12	1894.11
取得投资收益收到的现金	236.13	280.47	280.87	92.22	56.69
处置固定资产、无形资产和其他长期资产收回的现金净额	53.13	49.72	75.27	38.59	31.30
处置子公司及其他营业单位收到的现金净额	31.39	18.51	78.88	71.79	42.94
收到的其他与投资活动有关的现金	2767.33	3301.41	3506.53	1345.75	1067.45
投资活动产生的现金流入小计	7407.28	8507.24	8505.64	4648.63	3092.75
购建固定资产、无形资产和其他长期资产支付的现金	4243.03	4248.56	4327.63	1194.34	1184.15
投资支付的现金	5094.92	5595.30	5744.90	3614.30	2187.09
质押贷款净增加额	0.00	0.46	0.08	0.00	0.00
取得子公司及其他营业单位支付的现金净额	45.24	24.78	61.19	142.60	78.95
支付其他与投资活动有关的现金	2876.77	3271.92	3204.96	1533.50	1131.42
投资活动产生的现金流出小计	12260.07	13141.03	13338.80	6484.65	4581.83
投资活动产生的现金流量净额	−4852.88	−4633.61	−4833.28	−1836.04	−1488.93
吸收投资收到的现金	723.51	964.22	1764.09	820.87	452.49

续表

年份	2023	2022	2021	2020	2019
吸收权益性投资收到的现金	716.58	951.65	1757.80	800.02	436.51
其中：子公司吸收少数股东投资收到的现金	50.25	78.75	46.02	39.46	25.24
发行债券收到的现金	6.93	12.57	6.29	20.85	15.98
取得借款收到的现金	2004.72	1859.24	1948.07	1707.42	1964.76
收到其他与筹资活动有关的现金	323.87	287.92	245.67	185.58	234.24
筹资活动现金流入小计	3052.26	3111.33	3957.84	2713.90	2651.51
偿还债务支付的现金	1862.23	1782.11	2292.67	1820.40	2140.17
分配股利、利润或偿付利息支付的现金	1602.55	1613.54	1093.07	362.77	350.36
其中：子公司支付给少数股东的股利、利润	32.63	34.48	32.17	29.04	34.32
支付其他与筹资活动有关的现金	1024.46	1130.01	1049.07	310.43	345.52
筹资活动现金流出小计	4489.37	4525.73	4435.00	2493.72	2836.07
筹资活动产生的现金流量净额	-1437.01	-1414.34	-477.02	220.17	-184.39
现金总流入	46923.62	45862.79	44949.39	20984.61	18098.82
现金总流出	42077.74	41451.40	39035.25	18675.63	16479.40
现金流量净额	-6.94	-222.37	1080.86	472.94	130.41

附表61　　证券市场金融业（J）资产负债表　　单位：亿元

年份	2023	2022	2021	2020	2019
货币资金	36574.21	38645.32	34739.02	29948.60	23226.06
结算备付金	5513.85	5464.77	5090.41	4252.31	2742.98
拆出资金净额	70082.15	62021.82	51565.59	48564.35	52602.30
交易性金融资产	315119.71	253232.85	154088.44	154491.45	121863.83
衍生金融资产	8547.57	8319.09	6424.22	10361.22	5225.31
应收票据净额	4.00	4.38	3.23	5.95	6.43
应收账款净额	2614.47	2527.44	2199.68	1934.89	3009.46
应收款项融资	11.30	23.34	20.31	13.07	12.86
预付款项净额	24.91	37.50	41.42	26.28	19.45
应收保费净额	232.43	1832.52	1719.47	1769.39	1609.91
应收分保账款净额	27.49	470.64	460.92	394.39	355.07
应收分保合同准备金净额	92.46	1175.50	1118.82	956.68	837.94
其他应收款净额	621.05	1538.42	582.87	615.16	578.71
应收股利净额	2.32	3.56	1.28	1.36	0.68

续表

年份	2023	2022	2021	2020	2019
买入返售金融资产净额	68731.51	53267.41	46556.47	44791.41	37086.22
存货净额	215.33	728.10	753.51	839.09	804.87
合同资产	105.62	7.13	7.58	2.15	0.76
一年内到期的非流动资产	3954.39	3307.37	3709.63	2881.02	2527.34
其他流动资产	2585.05	2132.37	2161.32	2224.68	1517.37
流动资产合计	20407.49	20031.49	18852.43	17076.26	14134.43
发放贷款及垫款净额	1609484.84	1386888.23	1305555.68	1156285.62	1032959.59
债权投资	176824.95	248014.58	232475.23	211398.97	190749.38
其他债权投资	121545.65	69169.05	54354.45	55648.76	44227.67
长期应收款净额	7802.43	7613.65	7281.13	6788.93	6403.06
长期股权投资净额	11475.39	11667.23	11324.88	9975.18	8299.01
其他权益工具投资	7691.12	21290.03	18212.75	20927.65	21712.99
其他非流动金融资产	527.62	589.37	595.41	776.19	618.97
投资性房地产净额	2615.05	2538.99	2082.62	1672.87	1652.85
固定资产净额	18486.84	17271.29	17023.74	16251.17	15669.67
在建工程净额	1324.56	1361.55	661.92	832.87	848.20
生产性生物资产净额	0.00	0.00	0.00	0.00	0.00
油气资产净额	0.00	0.00	0.00	0.00	0.00
使用权资产	1750.44	1812.81	1880.26	0.00	0.00
无形资产净额	2458.91	2387.81	2179.96	2034.19	1941.65
开发支出	1.72	1.22	1.53	1.52	1.18
商誉净额	1363.13	1377.80	1104.15	1134.34	1104.96
长期待摊费用	12.80	11.23	10.61	9.72	10.70
递延所得税资产	14136.60	13773.56	11248.56	10353.56	8513.02
其他非流动资产	922.01	857.59	804.86	555.53	506.99
非流动资产合计	12167.13	12260.01	11534.04	11078.93	10143.83
资产总计	3194188.86	2885948.25	2600566.73	2378436.65	2129733.77
短期借款	3355.18	4048.16	3766.81	3877.82	3565.16
向中央银行借款	81658.10	55509.77	53797.87	61117.21	48815.03
拆入资金	53850.79	45751.72	39131.96	37818.89	39776.38
交易性金融负债	11671.94	14012.20	10223.11	9360.60	11594.75
衍生金融负债	8026.75	7757.02	6474.23	11786.83	5534.64
应付票据	81.63	102.21	57.73	26.08	19.59
应付账款	8564.10	8050.35	6913.44	4274.70	1657.81
预收款项	58.51	62.61	71.52	94.13	116.86

续表

年份	2023	2022	2021	2020	2019
合同负债	11578.09	144.74	183.06	185.91	80.40
卖出回购金融资产款	83471.85	63356.96	47272.59	40574.48	41185.36
吸收存款及同业存放	2196573.30	1992262.41	1782387.72	1637271.94	1456981.59
代理买卖证券款	24012.32	25434.63	23605.29	19827.56	13696.25
代理承销证券款	30.58	165.70	138.21	30.17	178.20
应付职工薪酬	7426.20	7205.31	6644.75	5809.79	5009.47
应交税费	4268.84	5517.87	5796.96	5822.61	5669.88
其他应付款	1198.36	1121.49	882.95	997.77	1110.47
应付股利	7.68	27.89	7.64	9.74	2.16
应付手续费及佣金	128.06	309.48	305.32	325.72	345.48
应付分保账款	19.38	551.79	559.08	462.77	399.87
一年内到期的非流动负债	1478.95	1594.76	1471.55	1297.10	971.33
其他流动负债	1383.20	1499.22	1512.94	1353.34	1114.90
流动负债合计	19014.22	19375.50	20493.93	18389.16	15889.17
保险合同准备金	42884.90	100121.94	91147.56	80284.09	69477.86
长期借款	3414.03	3420.63	3521.72	4047.17	4222.35
应付债券	207524.85	200316.53	193236.49	153897.66	145609.04
租赁负债	1713.44	1787.67	1811.59	0.00	0.00
长期应付款	113.45	129.38	148.05	215.40	254.92
预计负债	2215.79	2481.97	2037.55	2133.06	1716.44
递延收益-非流动负债	19.16	20.04	18.36	14.39	19.56
递延所得税负债	546.82	521.66	739.19	812.45	655.26
其他非流动负债	3139.67	2873.79	127.44	205.07	458.57
非流动负债合计	6496.14	6019.77	3245.71	3203.91	3038.21
负债合计	2912255.99	2625011.10	2358540.40	2161879.78	1936953.62
实收资本（或股本）	23763.88	23493.80	23267.63	22807.44	22219.94
其他权益工具	31234.57	28949.36	26790.44	21176.03	15380.12
其中：优先股	7556.18	7735.99	7239.88	7468.91	7658.92
其中：永续债	21081.93	17688.69	14251.27	9690.26	3854.26
资本公积	31883.37	30987.09	29989.69	28830.11	26335.56
其中：库存股	100.93	144.15	137.89	100.22	71.22
其他综合收益	1424.92	629.48	1876.77	1617.26	2312.17
专项储备	0.17	0.37	0.29	0.33	0.33
盈余公积	27249.19	24992.24	22747.90	20320.33	18297.54
一般风险准备	40195.92	36206.83	32336.50	28097.57	25120.40

续表

年份	2023	2022	2021	2020	2019
未分配利润	116233.66	105993.77	96313.07	85696.70	75890.73
归属于母公司所有者权益合计	271917.48	251139.31	233221.82	208470.38	185507.83
少数股东权益	10015.47	9797.98	8804.49	8086.48	7272.23
所有者权益合计	281932.86	260937.25	242026.31	216556.84	192780.16
负债与所有者权益总计	3194188.86	2885948.25	2600566.73	2378436.65	2129733.77

附表62　证券市场金融业（J）利润表　单位：亿元

年份	2023	2022	2021	2020	2019
营业总收入	82705.25	89687.51	88912.55	83697.54	77665.71
营业收入	899.21	1110.68	974.43	730.25	693.30
利息净收入	45995.61	46263.49	44897.39	43435.25	38460.64
利息收入	98825.67	90659.15	84430.90	79647.57	73643.31
已赚保费	12443.84	25133.65	24540.22	24387.46	23370.06
保险业务收入	12337.03	26284.69	25494.96	25517.51	24774.74
减：分出保费	80.51	1127.62	1138.03	1053.90	878.87
减：提取未到期责任准备金	12.45	200.86	-2.52	232.91	579.62
手续费及佣金净收入	10418.11	10910.77	12094.84	11166.78	11431.88
手续费及佣金收入	9847.14	10509.58	10838.36	10331.49	11917.85
营业总成本	49625.78	55857.06	55636.65	51103.07	47727.28
营业成本	664.79	822.58	678.09	515.97	476.70
利息支出	52830.43	44420.24	39557.76	36264.95	35225.12
手续费及佣金支出	1555.62	2019.86	1551.26	1507.47	1490.36
退保金	705.40	1933.11	1905.35	1448.18	1596.27
赔付支出净额	1733.45	9090.96	8766.62	8346.31	8028.69
赔付支出	1778.46	9717.17	9361.26	8830.69	8489.75
减：摊回赔付支出	70.62	678.98	647.23	531.53	486.33
提取保险责任准备金净额	4218.04	11055.71	10762.03	10338.69	8821.80
提取保险责任准备金	4235.19	11026.74	10790.82	10349.40	8714.84
减：摊回保险责任准备金	146.81	45.59	113.43	76.91	-102.94
保单红利支出	588.88	584.58	633.47	626.26	546.41
分保费用	184.41	18.94	15.35	23.19	13.66
税金及附加	719.31	761.61	727.32	662.14	605.97
销售费用	51.10	52.68	58.21	54.71	50.45
管理费用	236.56	276.22	305.21	337.61	297.22

续表

年份	2023	2022	2021	2020	2019
研发费用	44.12	47.21	34.96	20.45	18.11
财务费用	30.69	71.28	93.59	88.19	69.89
其他收益	236.63	207.42	178.19	159.22	127.03
投资收益	8397.00	9726.26	10954.07	10269.03	8032.08
汇兑收益	145.35	479.78	331.76	118.20	307.29
其他业务收入	12948.48	6268.98	6405.68	3977.80	3709.99
净敞口套期收益	−0.61	0.14	0.62	0.00	0.00
公允价值变动收益	189.11	−1392.55	680.85	23.50	1331.79
信用减值损失	−11414.18	−12218.44	−13864.73	−15082.45	−12223.08
资产减值损失	−2159.70	−2349.97	−2666.61	−2351.98	−2042.44
资产处置收益	32.58	2.57	22.40	14.86	26.96
业务及管理费	22009.86	23866.07	23287.77	20897.59	19862.25
减：摊回分保费用	38.50	272.13	271.51	318.78	263.15
其他业务成本	12471.96	6540.09	7652.54	6875.93	5667.72
其他业务利润	0.00	0.00	0.00	0.00	−1.10
营业利润	28505.61	28285.78	28912.53	25744.85	25497.01
加：营业外收入	139.35	127.47	135.26	131.31	137.06
减：营业外支出	132.40	217.99	159.74	188.43	130.38
利润总额	28512.57	28195.32	28888.09	25687.78	25503.75
减：所得税费用	3565.02	3650.66	4593.79	4224.00	4113.43
未确认的投资损失	0.00	0.00	0.00	0.00	0.00
影响净利润的其他项目	0.00	0.00	0.00	0.00	0.00
净利润	24947.56	24544.67	24294.25	21463.77	21390.38
归属于母公司所有者的净利润	24208.43	23869.98	23564.02	21079.41	20709.68
归属于母公司其他权益工具持有者的净利润	0.00	0.00	0.00	0.00	0.00
少数股东损益	739.06	674.64	730.28	384.27	680.69
其他综合收益（损失）	1055.44	−1230.71	235.49	−863.09	1682.49
综合收益总额	26002.99	23314.00	24529.70	20590.82	23072.82
归属于母公司所有者的综合收益	24760.83	22097.97	23411.40	20017.26	21900.50
归属少数股东的综合收益	737.25	726.82	705.59	284.04	793.03
基本每股收益	0.46	0.46	0.64	0.56	0.47
稀释每股收益	0.46	0.45	0.60	0.48	0.43

附表63 证券市场金融业（J）现金流量表   单位：亿元

年份	2023	2022	2021	2020	2019
销售商品、提供劳务收到的现金	2013.31	2152.01	2168.16	1395.69	1305.56
客户存款和同业存放款项净增加额	206387.58	205950.74	130737.77	156618.74	114732.79
向中央银行借款净增加额	25920.21	6756.94	2602.32	11976.48	2128.24
向其他金融机构拆入资金净增加额	1432.00	380.77	1641.30	863.00	680.20
收到原保险合同保费取得的现金	18496.11	26548.21	25864.02	25834.19	25036.02
收到再保险业务现金净额	1849.57	39.17	8.07	0.86	0.58
保户储金及投资款净增加额	920.93	992.65	567.15	722.17	754.77
处置交易性金融资产净增加额	2068.01	222.99	1535.12	89.19	134.97
收取利息、手续费及佣金的现金	92562.53	89695.75	88196.00	82013.76	77369.61
拆入资金净增加额	7721.09	7660.44	6248.68	3567.07	3214.47
回购业务资金净增加额	17743.50	13975.31	8086.45	4385.82	9165.64
收到的税费返还	13.45	12.80	6.29	5.06	6.89
收到的其他与经营活动有关的现金	32363.07	32537.29	28054.00	29623.86	21661.29
经营活动现金流入小计	413743.89	389876.35	311764.14	325750.19	269480.28
购买商品、接受劳务支付的现金	1855.13	2249.67	2361.27	1633.80	1561.90
客户贷款及垫款净增加额	169909.35	154771.04	146531.50	141256.83	119290.04
存放中央银行和同业款项净增加额	11364.88	11631.71	826.83	10374.43	2848.52
支付原保险合同赔付款项的现金	8880.39	10226.38	9983.32	9171.79	9047.95
支付利息、手续费及佣金的现金	42713.67	39604.62	35361.33	34755.81	35445.82
支付保单红利的现金	200.16	538.61	549.00	516.94	396.20
支付给职工以及为职工支付的现金	13967.91	13347.85	12722.31	11348.86	10856.60
支付的各项税费	10918.29	11399.02	10986.67	10416.02	9184.65
支付其他与经营活动有关的现金	53646.96	37610.48	46694.52	41978.38	36906.65
经营活动现金流出小计	326667.50	305518.32	289704.48	279364.02	251134.13
经营活动产生的现金流量净额	87076.44	84358.03	22059.59	46386.14	18346.12
收回投资收到的现金	446518.56	400167.89	400895.11	446827.72	382719.95
取得投资收益收到的现金	27991.86	26243.94	25149.31	23691.93	19995.91
处置固定资产、无形资产和其他长期资产收回的现金净额	562.60	640.92	562.96	489.81	480.66
处置子公司及其他营业单位收到的现金净额	212.98	136.04	179.52	260.84	213.06

续表

年份	2023	2022	2021	2020	2019
收到的其他与投资活动有关的现金	994.68	1090.04	616.03	640.14	2074.12
投资活动产生的现金流入小计	476280.78	428278.91	427402.99	471910.50	405483.79
购建固定资产、无形资产和其他长期资产支付的现金	3857.97	3156.50	2943.90	3014.65	2898.42
投资支付的现金	540185.86	485806.69	459533.92	511679.68	428552.71
质押贷款净增加额	165.89	350.25	607.85	571.22	737.16
取得子公司及其他营业单位支付的现金净额	416.24	854.72	595.36	402.84	138.98
支付其他与投资活动有关的现金	784.42	1762.37	1224.89	1165.55	950.21
投资活动产生的现金流出小计	545410.41	491930.52	464905.92	516834.06	433277.44
投资活动产生的现金流量净额	−69129.67	−63651.62	−37502.92	−44923.55	−27793.80
吸收投资收到的现金	217539.95	181694.39	182262.58	172963.36	148434.09
吸收权益性投资收到的现金	2336.23	2792.64	3692.16	4901.81	3808.23
其中：子公司吸收少数股东投资收到的现金	299.28	166.45	941.74	1082.50	550.56
发行债券收到的现金	215203.72	178901.78	178570.41	168061.54	144625.88
取得借款收到的现金	7105.53	6367.80	7471.71	7747.51	6893.57
收到其他与筹资活动有关的现金	14857.90	6903.48	22002.59	15950.56	13731.01
筹资活动现金流入小计	239503.41	194965.65	211736.92	196661.44	169058.72
偿还债务支付的现金	213446.39	181467.57	172847.02	153657.31	133399.04
分配股利、利润或偿付利息支付的现金	14331.49	13332.43	12402.76	11697.01	10772.18
其中：子公司支付给少数股东的股利、利润	158.36	189.91	206.98	829.05	727.37
支付其他与筹资活动有关的现金	7753.30	8510.20	7312.56	17522.83	8646.28
筹资活动现金流出小计	235531.17	203310.25	192562.33	182877.15	152817.48
筹资活动产生的现金流量净额	3972.13	−8344.56	19174.59	13784.29	16241.17
现金总流入	1198657.72	1076772.50	988406.95	1039245.71	871816.46
现金总流出	1107609.09	1000759.06	947172.80	979075.27	837229.15
现金流量净额	21918.87	12361.81	3731.19	15246.88	6793.49

附表64　　证券市场房地产业（K）资产负债表　　单位：亿元

年份	2023	2022	2021	2020	2019
货币资金	8531.19	10074.62	11707.66	13055.37	11526.79
结算备付金	7.02	9.81	7.84	9.00	8.82

续表

年份	2023	2022	2021	2020	2019
拆出资金净额	0.00	0.00	0.00	0.00	8.26
交易性金融资产	190.82	469.56	458.21	575.46	571.70
衍生金融资产	3.90	4.19	1.14	3.10	8.04
应收票据净额	5.92	9.62	44.95	43.93	28.77
应收账款净额	1251.26	1345.43	1298.63	1342.92	1131.21
应收款项融资	5.69	5.39	6.53	9.45	7.13
预付款项净额	1302.33	1458.66	2005.43	2177.05	2682.82
应收保费净额	0.00	0.49	0.33	0.23	0.05
应收分保账款净额	0.00	0.09	0.07	0.03	34.53
应收分保合同准备金净额	0.00	14.98	5.07	5.25	28.27
其他应收款净额	9954.65	11340.45	11606.68	10510.58	9615.11
应收股利净额	19.53	18.90	26.03	10.57	12.30
买入返售金融资产净额	2.99	3.41	8.74	8.98	24.51
存货净额	48077.32	59426.97	63801.40	62414.44	55859.31
合同资产	1654.73	1704.37	1734.57	1659.02	34.45
一年内到期的非流动资产	373.74	446.93	165.00	168.35	111.40
其他流动资产	3577.66	3660.66	4310.83	3334.71	2673.82
流动资产合计	74939.13	89975.75	97163.23	95318.02	84355.02
发放贷款及垫款净额	17.38	43.06	32.20	50.51	22.17
债权投资	184.30	214.99	203.24	131.00	198.19
其他债权投资	0.00	1.16	70.58	0.63	5.77
长期应收款净额	135.81	83.88	112.66	84.83	225.63
长期股权投资净额	7027.73	7763.79	7639.88	6595.21	5258.78
其他权益工具投资	172.71	221.33	248.30	264.44	370.25
其他非流动金融资产	555.61	870.09	800.55	648.45	558.33
投资性房地产净额	9036.34	9089.06	8570.23	7899.95	6970.21
固定资产净额	1634.22	1761.04	1751.51	1549.62	1507.91
在建工程净额	313.41	348.24	407.56	436.02	426.82
生产性生物资产净额	2.32	3.38	0.13	0.17	0.32
油气资产净额	0.00	0.00	0.00	0.00	0.00
使用权资产	554.48	598.52	661.22	0.00	0.00
无形资产净额	536.09	603.25	602.53	530.78	480.50
开发支出	2.18	2.35	2.56	11.36	10.21
商誉净额	196.35	232.52	218.91	203.71	202.02
长期待摊费用	176.94	195.82	210.06	208.75	191.64

续表

年份	2023	2022	2021	2020	2019
递延所得税资产	1712.92	1775.55	1712.26	1450.74	1261.53
其他非流动资产	558.13	754.26	861.90	1107.20	814.63
非流动资产合计	22816.95	24609.57	24158.82	21177.64	18508.79
资产总计	97756.14	114585.31	121322.16	116495.65	102863.86
短期借款	1028.82	1279.63	1726.96	2404.31	2360.27
向中央银行借款	0.00	0.00	0.00	0.00	0.00
拆入资金	0.10	0.00	0.00	0.00	1.51
交易性金融负债	32.91	30.32	23.51	48.85	15.38
衍生金融负债	1.59	1.98	9.63	6.72	0.00
应付票据	109.32	218.98	651.43	867.41	634.30
应付账款	9611.13	10995.84	11115.42	10195.63	8343.66
预收款项	109.09	97.52	115.84	103.29	17760.08
合同负债	18750.58	25969.50	30044.22	28052.95	8537.08
卖出回购金融资产款	0.00	0.00	0.00	0.08	0.00
吸收存款及同业存放	0.00	0.00	0.00	0.00	0.00
代理买卖证券款	20.25	24.40	24.26	33.54	22.82
代理承销证券款	0.00	0.00	0.00	0.00	2.38
应付职工薪酬	274.86	310.37	313.48	327.81	312.41
应交税费	1862.45	2195.92	2327.25	2239.34	1935.55
其他应付款	9821.84	11899.37	12392.23	12046.90	10556.91
应付股利	62.09	57.29	35.49	52.22	53.41
应付手续费及佣金	0.00	0.73	0.70	2.30	0.41
应付分保账款	0.00	0.11	0.07	0.07	57.69
一年内到期的非流动负债	6190.39	8857.77	8375.43	7445.49	7520.35
其他流动负债	2478.50	3286.71	4004.07	3414.02	1449.63
流动负债合计	50291.90	65191.17	71782.85	67195.42	59807.35
保险合同准备金	0.00	0.00	423.96	0.15	166.11
长期借款	14931.88	15728.28	15777.24	16471.04	13846.95
应付债券	5201.37	5327.92	5054.07	4922.29	5300.04
租赁负债	495.60	531.21	597.88	0.00	0.00
长期应付款	512.17	497.86	474.70	386.74	240.12
预计负债	249.41	104.72	62.40	87.92	83.37
递延收益-非流动负债	105.91	114.09	122.56	127.67	124.55
递延所得税负债	516.46	572.15	556.14	560.26	459.83
其他非流动负债	616.67	1255.12	407.63	1182.81	569.91

续表

年份	2023	2022	2021	2020	2019
非流动负债合计	22629.36	24176.10	23096.34	23740.13	20624.79
负债合计	72921.27	89367.31	94879.16	90935.53	80432.30
实收资本（或股本）	2198.44	2419.99	2458.07	2378.10	2351.94
其他权益工具	480.10	528.38	769.88	944.49	751.93
其中：优先股	0.00	0.00	0.00	0.00	0.00
其中：永续债	239.25	348.16	769.39	952.50	751.13
资本公积	2871.52	2736.76	2723.77	2666.18	2580.97
其中：库存股	68.78	88.31	128.28	127.31	97.10
其他综合收益	13.04	100.56	248.53	127.04	186.00
专项储备	7.80	8.03	6.03	2.83	0.27
盈余公积	2072.28	2010.30	1925.82	1740.74	1414.90
一般风险准备	6.51	4.99	4.25	3.56	3.13
未分配利润	7547.17	7484.72	8636.13	9252.54	8433.66
归属于母公司所有者权益合计	15128.08	15205.45	16644.17	16988.23	15625.74
少数股东权益	9706.82	10012.57	9798.70	8571.84	6805.84
所有者权益合计	24834.83	25218.00	26442.94	25560.03	22431.57
负债与所有者权益总计	97756.14	114585.31	121322.16	116495.65	102863.86

附表65　证券市场房地产业（K）利润表　　　单位：亿元

年份	2023	2022	2021	2020	2019
营业总收入	21994.04	22476.88	23953.49	22459.19	19968.91
营业收入	21988.57	22423.67	23806.64	22290.05	19878.05
利息净收入	1.85	4.36	12.07	15.27	13.78
利息收入	1.85	4.36	12.07	15.27	13.78
已赚保费	0.00	69.65	137.91	121.82	52.83
保险业务收入	0.00	0.00	0.00	0.00	0.00
减：分出保费	0.00	0.00	0.00	0.00	0.00
减：提取未到期责任准备金	0.00	0.00	0.00	0.00	0.00
手续费及佣金净收入	3.63	7.50	12.46	11.01	7.68
手续费及佣金收入	3.63	7.50	12.46	11.01	7.68
营业总成本	20756.64	21454.03	22067.53	19290.30	16579.43
营业成本	18108.63	18188.38	18429.18	15727.36	12934.60
利息支出	0.00	0.00	0.00	0.00	0.00
手续费及佣金支出	0.00	0.00	0.00	0.00	0.00
退保金	0.00	33.40	6.19	-20.78	-30.77

续表

年份	2023	2022	2021	2020	2019
赔付支出净额	0.00	1.54	0.57	3.12	7.95
赔付支出	0.00	0.00	0.00	0.00	0.00
减：摊回赔付支出	0.00	0.00	0.00	0.00	0.00
提取保险责任准备金净额	0.15	45.14	139.11	141.83	76.01
提取保险责任准备金	0.00	0.00	0.00	0.00	0.01
减：摊回保险责任准备金	0.00	0.00	0.00	0.00	0.00
保单红利支出	0.00	9.86	6.70	3.66	1.70
分保费用	0.00	0.00	0.00	0.00	0.00
税金及附加	788.68	924.86	1150.16	1449.28	1640.10
销售费用	618.17	678.34	750.87	654.58	634.04
管理费用	573.79	690.11	787.03	729.95	756.46
研发费用	19.60	34.45	36.03	31.46	20.45
财务费用	647.55	831.55	736.86	547.61	519.05
其他收益	42.91	43.97	49.83	48.45	35.10
投资收益	371.26	585.98	531.68	643.62	559.96
汇兑收益	0.00	0.00	0.00	0.00	0.00
其他业务收入	0.00	−28.29	−15.60	21.05	16.58
净敞口套期收益	0.00	0.00	0.00	0.00	0.00
公允价值变动收益	−16.03	−40.01	24.46	38.46	81.29
信用减值损失	−235.05	−249.35	−151.66	−126.39	−62.63
资产减值损失	−707.06	−1104.65	−799.93	−320.92	−199.41
资产处置收益	36.21	28.12	26.14	8.33	3.75
业务及管理费	0.00	10.78	17.24	13.56	14.00
减：摊回分保费用	0.00	0.00	0.00	0.00	0.00
其他业务成本	0.00	5.60	7.59	8.57	5.89
其他业务利润	0.00	0.00	0.00	0.00	0.00
营业利润	729.76	287.17	1566.42	3460.52	3807.53
加：营业外收入	44.32	84.82	75.16	85.41	44.31
减：营业外支出	104.99	160.04	116.47	95.72	98.83
利润总额	669.14	211.99	1525.05	3450.19	3752.95
减：所得税费用	570.31	662.17	719.87	1028.74	1060.36
未确认的投资损失	0.00	0.00	0.00	0.00	0.00
影响净利润的其他项目	0.00	0.00	0.00	0.00	0.00
净利润	98.79	−450.18	805.13	2421.45	2692.65
归属于母公司所有者的净利润	−73.25	−680.88	367.14	1849.82	2149.00

续表

年份	2023	2022	2021	2020	2019
归属于母公司其他权益工具持有者的净利润	0.00	0.00	0.00	0.00	0.00
少数股东损益	171.97	230.73	438.14	571.71	542.39
其他综合收益（损失）	−29.19	−164.80	29.87	−70.78	14.11
综合收益总额	69.55	−614.99	835.03	2350.64	2705.49
归属于母公司所有者的综合收益	−98.77	−830.59	394.99	1793.07	2157.58
归属少数股东的综合收益	168.32	215.63	440.10	557.63	547.87
基本每股收益	0.06	0.07	0.17	0.28	0.32
稀释每股收益	0.06	0.07	0.17	0.28	0.32

附表66　证券市场房地产业（K）现金流量表　　单位：亿元

年份	2023	2022	2021	2020	2019
销售商品、提供劳务收到的现金	17495.28	18885.88	27195.92	26143.89	24434.41
客户存款和同业存放款项净增加额	0.00	0.00	0.22	−0.42	0.36
向中央银行借款净增加额	0.00	0.00	0.00	0.00	0.00
向其他金融机构拆入资金净增加额	0.00	0.00	0.00	0.00	0.00
收到原保险合同保费取得的现金	0.00	79.44	137.89	121.65	80.75
收到再保险业务现金净额	0.00	2.49	0.23	0.00	0.00
保户储金及投资款净增加额	0.00	1.79	33.48	49.06	50.16
处置交易性金融资产净增加额	0.47	0.00	0.39	0.91	5.39
收取利息、手续费及佣金的现金	14.45	26.42	42.63	38.65	33.97
拆入资金净增加额	0.10	0.00	0.00	0.00	1.00
回购业务资金净增加额	0.00	0.19	3.64	0.00	0.00
收到的税费返还	192.22	404.51	92.62	65.05	26.65
收到的其他与经营活动有关的现金	3070.13	5328.85	9184.83	7353.32	5830.27
经营活动现金流入小计	20772.59	24729.57	36691.89	33772.15	30462.91
购买商品、接受劳务支付的现金	11540.08	13696.73	18699.95	18671.62	17564.04
客户贷款及垫款净增加额	3.82	24.55	3.76	45.49	1.40
存放中央银行和同业款项净增加额	0.00	0.00	0.00	0.00	0.00
支付原保险合同赔付款项的现金	0.00	2.06	1.33	3.89	8.21
支付利息、手续费及佣金的现金	4.24	6.41	12.73	10.42	10.90
支付保单红利的现金	0.00	0.50	0.37	0.53	1.01

续表

年份	2023	2022	2021	2020	2019
支付给职工以及为职工支付的现金	1097.59	1259.02	1415.51	1307.19	1274.95
支付的各项税费	2422.07	2823.98	3432.62	3344.63	3491.39
支付其他与经营活动有关的现金	3606.12	5089.93	10212.66	7797.55	5877.82
经营活动现金流出小计	18676.70	22903.19	33778.90	31183.15	28242.26
经营活动产生的现金流量净额	2095.87	1826.34	2912.94	2588.99	2220.55
收回投资收到的现金	1044.22	1353.55	2202.81	1844.16	2708.62
取得投资收益收到的现金	173.01	256.00	222.99	250.68	193.88
处置固定资产、无形资产和其他长期资产收回的现金净额	194.38	111.68	73.60	30.60	30.23
处置子公司及其他营业单位收到的现金净额	174.32	212.73	345.42	274.71	337.80
收到的其他与投资活动有关的现金	711.89	1071.11	1811.72	2489.42	2137.71
投资活动产生的现金流入小计	2297.77	3005.10	4656.52	4889.62	5408.25
购建固定资产、无形资产和其他长期资产支付的现金	960.12	823.72	999.76	1188.30	1049.65
投资支付的现金	1188.19	1844.59	3402.41	3230.08	3677.67
质押贷款净增加额	0.00	1.16	4.00	0.72	1.40
取得子公司及其他营业单位支付的现金净额	89.85	196.15	308.33	263.55	277.39
支付其他与投资活动有关的现金	719.62	1131.74	1978.66	2136.44	2190.44
投资活动产生的现金流出小计	2957.79	3997.35	6693.25	6819.07	7196.55
投资活动产生的现金流量净额	-660.01	-992.26	-2036.74	-1929.50	-1788.31
吸收投资收到的现金	1733.76	1697.37	2849.72	2987.59	2471.30
吸收权益性投资收到的现金	1096.67	893.44	2032.57	2285.05	1724.08
其中：子公司吸收少数股东投资收到的现金	745.73	786.69	1717.90	1723.02	1170.73
发行债券收到的现金	637.09	803.92	817.12	702.55	747.23
取得借款收到的现金	9983.27	11553.05	14229.19	18222.52	15148.15
收到其他与筹资活动有关的现金	984.70	1723.29	2659.32	2413.59	1868.20
筹资活动现金流入小计	12701.76	14973.67	19738.23	23623.66	19487.69
偿还债务支付的现金	11639.44	12290.25	15468.04	16530.08	14052.91
分配股利、利润或偿付利息支付的现金	1725.18	2102.73	2760.40	2990.14	2806.22
其中：子公司支付给少数股东的股利、利润	239.64	243.86	340.01	206.10	220.82

续表

年份	2023	2022	2021	2020	2019
支付其他与筹资活动有关的现金	2144.58	2862.49	3705.04	3175.29	2376.36
筹资活动现金流出小计	15509.19	17255.52	21933.35	22695.63	19235.48
筹资活动产生的现金流量净额	-2807.45	-2281.73	-2195.15	928.08	252.22
现金总流入	36432.06	43700.62	63123.45	64214.94	57147.19
现金总流出	37143.61	44156.05	62405.63	60697.82	54674.26
现金流量净额	-1371.54	-1447.69	-1318.94	1587.74	684.55

附表67　证券市场科学研究和技术服务业（M）资产负债表　　单位：亿元

年份	2023	2022	2021	2020	2019
货币资金	1117.95	983.33	928.80	636.31	358.96
结算备付金	0.00	0.00	0.00	0.00	0.00
拆出资金净额	0.00	0.00	0.00	0.00	0.00
交易性金融资产	249.76	251.98	229.95	138.33	68.98
衍生金融资产	4.14	1.36	2.29	5.63	0.37
应收票据净额	27.64	23.04	17.62	15.94	11.97
应收账款净额	732.27	658.93	520.45	381.37	423.34
应收款项融资	7.02	6.68	8.62	7.27	8.85
预付款项净额	35.35	35.38	33.75	28.71	24.74
应收保费净额	0.00	0.00	0.00	0.00	0.00
应收分保账款净额	0.00	0.00	0.00	0.00	0.00
应收分保合同准备金净额	0.00	0.00	0.00	0.00	0.00
其他应收款净额	30.82	33.76	35.43	39.45	31.56
应收股利净额	0.08	0.93	0.07	0.03	0.04
买入返售金融资产净额	0.00	0.00	0.00	0.00	0.00
存货净额	253.07	256.30	209.62	136.84	133.84
合同资产	346.97	310.19	264.98	191.39	5.51
一年内到期的非流动资产	32.92	17.22	2.15	3.49	1.41
其他流动资产	86.38	72.44	48.17	33.26	33.01
流动资产合计	2924.40	2650.51	2301.77	1618.00	1102.58
发放贷款及垫款净额	0.00	0.00	0.00	0.00	0.00
债权投资	9.76	1.67	0.11	0.10	0.70
其他债权投资	1.26	1.22	0.50	2.50	2.00
长期应收款净额	4.75	8.65	8.99	19.26	12.14
长期股权投资净额	113.86	87.24	60.36	47.19	39.24
其他权益工具投资	20.38	20.41	18.03	15.56	14.94

续表

年份	2023	2022	2021	2020	2019
其他非流动金融资产	234.37	228.91	197.81	140.79	82.94
投资性房地产净额	33.46	28.91	22.89	20.62	19.12
固定资产净额	846.51	679.28	518.35	405.08	290.68
在建工程净额	227.87	204.34	148.05	107.26	70.38
生产性生物资产净额	17.35	19.07	9.51	4.38	3.62
油气资产净额	0.00	0.00	0.00	0.00	0.00
使用权资产	98.77	92.94	79.61	0.00	0.00
无形资产净额	125.91	112.74	94.45	69.26	51.98
开发支出	6.64	3.83	2.41	1.19	0.75
商誉净额	140.07	140.54	123.92	98.70	83.27
长期待摊费用	61.24	56.87	41.15	30.71	26.90
递延所得税资产	68.94	54.37	42.31	29.53	21.49
其他非流动资产	90.27	116.28	105.92	58.92	27.57
非流动资产合计	2101.50	1857.54	1474.34	1051.13	747.78
资产总计	5025.88	4508.01	3776.10	2669.13	1850.28
短期借款	196.07	175.65	133.55	121.48	119.55
向中央银行借款	0.00	0.00	0.00	0.00	0.00
拆入资金	0.00	0.00	0.00	0.00	0.00
交易性金融负债	0.41	0.41	0.16	0.17	0.22
衍生金融负债	5.02	1.15	0.04	0.01	0.86
应付票据	34.10	29.67	23.94	18.83	19.44
应付账款	502.05	438.11	364.80	273.79	194.87
预收款项	0.46	0.46	0.40	0.28	109.72
合同负债	220.44	219.19	218.33	163.30	13.09
卖出回购金融资产款	0.00	0.00	0.00	0.00	0.00
吸收存款及同业存放	0.00	0.00	0.00	0.00	0.00
代理买卖证券款	0.00	0.00	0.00	0.00	0.00
代理承销证券款	0.00	0.00	0.00	0.00	0.00
应付职工薪酬	138.92	134.48	118.62	96.72	71.02
应交税费	64.23	56.25	52.73	36.08	26.81
其他应付款	124.85	125.19	112.30	88.82	67.23
应付股利	2.61	2.24	2.35	1.52	1.75
应付手续费及佣金	0.00	0.00	0.00	0.00	0.00
应付分保账款	0.00	0.00	0.00	0.00	0.00
一年内到期的非流动负债	84.19	62.13	49.11	31.52	21.11

续表

年份	2023	2022	2021	2020	2019
其他流动负债	20.08	21.92	14.72	11.34	3.20
流动负债合计	1390.79	1264.43	1088.80	842.49	647.15
保险合同准备金	0.00	0.00	0.00	0.00	0.00
长期借款	162.26	113.13	105.90	89.07	64.30
应付债券	75.26	71.43	62.44	38.77	29.53
租赁负债	77.76	76.02	63.32	0.00	0.00
长期应付款	11.16	18.09	24.69	25.37	14.21
预计负债	2.82	4.44	2.50	4.53	3.75
递延收益-非流动负债	37.00	30.87	26.98	22.70	17.88
递延所得税负债	23.93	19.90	13.75	10.54	8.13
其他非流动负债	4.48	5.68	10.41	38.08	22.22
非流动负债合计	394.73	339.64	309.93	229.10	160.14
负债合计	1785.56	1604.08	1398.73	1071.59	807.27
实收资本（或股本）	436.25	403.49	354.82	275.64	206.29
其他权益工具	8.36	8.09	5.68	3.07	1.34
其中：优先股	0.00	0.00	0.00	0.00	0.00
其中：永续债	0.00	0.00	0.00	0.00	0.00
资本公积	1594.73	1497.46	1250.61	803.86	489.77
其中：库存股	60.06	57.58	41.62	23.64	16.31
其他综合收益	6.14	4.55	-6.80	1.40	3.30
专项储备	1.68	1.33	1.10	0.64	0.57
盈余公积	100.66	86.15	67.06	49.49	36.28
一般风险准备	0.00	0.00	0.00	0.00	0.00
未分配利润	1036.84	861.57	663.49	428.28	281.37
归属于母公司所有者权益合计	3124.63	2805.09	2294.31	1538.77	1002.68
少数股东权益	115.70	98.89	83.06	58.83	40.35
所有者权益合计	3240.31	2903.95	2377.35	1597.54	1043.06
负债与所有者权益总计	5025.88	4508.01	3776.10	2669.13	1850.28

附表68　证券市场科学研究和技术服务业（M）利润表　　　　单位：亿元

年份	2023	2022	2021	2020	2019
营业总收入	2031.42	1951.69	1635.13	1207.89	888.13
营业收入	2031.42	1951.69	1635.13	1207.89	888.13
利息净收入	0.00	0.00	0.00	0.00	0.00
利息收入	0.00	0.00	0.00	0.00	0.00

续表

年份	2023	2022	2021	2020	2019
已赚保费	0.00	0.00	0.00	0.00	0.00
保险业务收入	0.00	0.00	0.00	0.00	0.00
减：分出保费	0.00	0.00	0.00	0.00	0.00
减：提取未到期责任准备金	0.00	0.00	0.00	0.00	0.00
手续费及佣金净收入	0.00	0.00	0.00	0.00	0.00
手续费及佣金收入	0.00	0.00	0.00	0.00	0.00
营业总成本	1719.66	1630.91	1373.39	1027.45	758.12
营业成本	1300.26	1244.20	1057.48	787.06	580.96
利息支出	0.00	0.00	0.00	0.00	0.00
手续费及佣金支出	0.00	0.00	0.00	0.00	0.00
退保金	0.00	0.00	0.00	0.00	0.00
赔付支出净额	0.00	0.00	0.00	0.00	0.00
赔付支出	0.00	0.00	0.00	0.00	0.00
减：摊回赔付支出	0.00	0.00	0.00	0.00	0.00
提取保险责任准备金净额	0.00	0.00	0.00	0.00	0.00
提取保险责任准备金	0.00	0.00	0.00	0.00	0.00
减：摊回保险责任准备金	0.00	0.00	0.00	0.00	0.00
保单红利支出	0.00	0.00	0.00	0.00	0.00
分保费用	0.00	0.00	0.00	0.00	0.00
税金及附加	12.49	10.21	8.52	6.42	5.12
销售费用	96.80	91.84	74.24	52.10	38.12
管理费用	195.41	179.94	144.15	107.55	84.76
研发费用	118.28	108.45	81.22	56.36	42.33
财务费用	−3.58	−3.60	7.81	17.99	6.82
其他收益	22.71	23.27	17.46	13.63	9.27
投资收益	22.72	29.58	46.04	17.64	8.37
汇兑收益	0.00	0.00	0.00	0.00	0.00
其他业务收入	0.00	0.00	0.00	0.00	0.00
净敞口套期收益	0.00	0.00	0.00	0.00	0.00
公允价值变动收益	0.86	19.33	23.07	14.87	0.26
信用减值损失	−44.99	−37.32	−39.66	−21.17	−29.99
资产减值损失	−32.74	−34.40	−20.47	−16.34	−4.06
资产处置收益	4.80	0.27	3.74	0.04	0.29
业务及管理费	0.00	0.00	0.00	0.00	0.00
减：摊回分保费用	0.00	0.00	0.00	0.00	0.00

续表

年份	2023	2022	2021	2020	2019
其他业务成本	0.00	0.00	0.00	0.00	0.00
其他业务利润	0.00	0.00	0.00	0.00	0.00
营业利润	285.25	321.37	291.99	189.08	114.15
加：营业外收入	3.36	3.43	6.94	3.54	2.94
减：营业外支出	3.46	6.86	2.98	3.59	4.45
利润总额	285.13	317.90	295.93	189.07	112.66
减：所得税费用	42.81	47.02	38.52	25.13	18.78
未确认的投资损失	0.00	0.00	0.00	0.00	0.00
影响净利润的其他项目	0.00	0.00	0.00	0.00	0.00
净利润	242.40	270.92	257.38	163.92	93.84
归属于母公司所有者的净利润	235.71	262.27	246.55	157.43	90.21
归属于母公司其他权益工具持有者的净利润	0.00	0.00	0.00	0.00	0.00
少数股东损益	6.76	8.66	10.78	6.43	3.91
其他综合收益（损失）	1.47	12.32	−8.40	−2.47	2.50
综合收益总额	243.92	283.26	248.96	161.45	96.60
归属于母公司所有者的综合收益	237.27	273.63	238.31	155.56	92.51
归属少数股东的综合收益	6.70	9.60	10.55	5.90	4.11
基本每股收益	0.34	0.47	0.67	0.55	0.67
稀释每股收益	0.32	0.46	0.66	0.55	0.67

附表69　证券市场科学研究和技术服务业（M）现金流量表　　单位：亿元

年份	2023	2022	2021	2020	2019
销售商品、提供劳务收到的现金	1981.10	1847.80	1572.48	1185.49	826.40
客户存款和同业存放款项净增加额	0.00	0.00	0.00	0.00	0.00
向中央银行借款净增加额	0.00	0.00	0.00	0.00	0.00
向其他金融机构拆入资金净增加额	0.00	0.00	0.00	0.00	0.00
收到原保险合同保费取得的现金	0.00	0.00	0.00	0.00	0.00
收到再保险业务现金净额	0.00	0.00	0.00	0.00	0.00
保户储金及投资款净增加额	0.00	0.00	0.00	0.00	0.00
处置交易性金融资产净增加额	0.00	0.00	0.00	0.00	0.00
收取利息、手续费及佣金的现金	0.00	0.00	0.00	0.00	0.00
拆入资金净增加额	0.00	0.00	0.00	0.00	0.00

续表

年份	2023	2022	2021	2020	2019
回购业务资金净增加额	0.00	0.00	0.00	0.00	0.00
收到的税费返还	30.89	44.47	15.77	11.90	7.37
收到的其他与经营活动有关的现金	111.81	99.80	77.81	55.50	39.99
经营活动现金流入小计	2123.86	1992.14	1666.09	1252.89	873.72
购买商品、接受劳务支付的现金	806.76	812.73	704.98	514.97	353.62
客户贷款及垫款净增加额	0.00	0.00	0.00	0.00	0.00
存放中央银行和同业款项净增加额	0.00	0.00	0.00	0.00	0.00
支付原保险合同赔付款项的现金	0.00	0.00	0.00	0.00	0.00
支付利息、手续费及佣金的现金	0.00	0.00	0.00	0.00	0.00
支付保单红利的现金	0.00	0.00	0.00	0.00	0.00
支付给职工以及为职工支付的现金	659.61	594.09	482.00	327.59	263.60
支付的各项税费	108.94	108.85	84.53	60.83	45.28
支付其他与经营活动有关的现金	197.09	181.98	150.87	115.71	93.07
经营活动现金流出小计	1772.50	1697.67	1422.35	1019.15	755.65
经营活动产生的现金流量净额	351.35	294.44	243.72	233.78	118.10
收回投资收到的现金	976.64	900.21	547.35	297.37	160.61
取得投资收益收到的现金	15.50	10.14	9.98	4.91	4.17
处置固定资产、无形资产和其他长期资产收回的现金净额	6.25	3.99	2.12	1.72	1.03
处置子公司及其他营业单位收到的现金净额	3.60	21.53	1.02	3.18	8.41
收到的其他与投资活动有关的现金	171.34	124.69	129.23	98.69	114.49
投资活动产生的现金流入小计	1173.38	1060.62	689.69	405.96	288.74
购建固定资产、无形资产和其他长期资产支付的现金	279.56	321.28	219.16	134.75	95.01
投资支付的现金	1050.98	999.58	672.98	402.53	217.97
质押贷款净增加额	0.00	0.00	0.00	0.00	0.00
取得子公司及其他营业单位支付的现金净额	13.04	45.18	37.75	29.86	18.46
支付其他与投资活动有关的现金	176.81	131.11	137.04	118.95	118.14
投资活动产生的现金流出小计	1520.35	1497.13	1066.91	686.07	449.60
投资活动产生的现金流量净额	−347.01	−436.57	−377.18	−280.15	−160.88
吸收投资收到的现金	94.47	249.11	403.18	322.20	129.70

续表

年份	2023	2022	2021	2020	2019
吸收权益性投资收到的现金	94.47	249.11	403.18	322.20	108.90
其中：子公司吸收少数股东投资收到的现金	14.67	9.17	3.32	6.08	4.02
发行债券收到的现金	0.00	0.00	0.00	0.00	20.79
取得借款收到的现金	365.97	295.87	233.33	221.98	176.68
收到其他与筹资活动有关的现金	34.88	23.60	15.22	14.85	11.93
筹资活动现金流入小计	495.31	568.65	651.72	559.02	318.35
偿还债务支付的现金	267.81	237.99	174.78	196.02	134.89
分配股利、利润或偿付利息支付的现金	107.90	85.83	58.23	43.82	36.21
其中：子公司支付给少数股东的股利、利润	2.62	1.92	1.28	0.78	0.88
支付其他与筹资活动有关的现金	88.08	98.12	70.29	42.18	56.16
筹资活动现金流出小计	463.78	422.03	303.26	282.06	227.26
筹资活动产生的现金流量净额	31.44	146.65	348.45	277.00	91.08
现金总流入	4139.56	4057.92	3384.71	2498.05	1641.67
现金总流出	3756.68	3616.82	2792.48	1987.26	1432.49
现金流量净额	35.89	4.53	214.98	230.65	48.33

附表70　证券市场水利、环境和公共设施管理业（N）资产负债表　　　　单位：亿元

年份	2023	2022	2021	2020	2019
货币资金	668.42	717.73	648.13	665.32	545.59
结算备付金	0.00	0.00	0.00	0.00	0.00
拆出资金净额	0.00	0.00	0.00	0.00	0.00
交易性金融资产	67.32	67.40	43.64	40.21	10.71
衍生金融资产	0.01	0.09	0.32	0.33	0.00
应收票据净额	17.07	21.52	14.76	15.64	13.18
应收账款净额	1042.36	972.44	866.69	728.69	727.93
应收款项融资	15.20	15.46	15.29	18.29	9.95
预付款项净额	57.78	64.48	63.30	64.72	65.05
应收保费净额	0.00	0.00	0.00	0.00	0.00
应收分保账款净额	0.00	0.00	0.00	0.00	0.00
应收分保合同准备金净额	0.00	0.00	0.00	0.00	0.00
其他应收款净额	81.70	115.67	129.28	134.14	97.12
应收股利净额	1.44	1.31	0.81	0.70	0.57

续表

年份	2023	2022	2021	2020	2019
买入返售金融资产净额	0.00	0.00	0.00	0.00	0.00
存货净额	311.75	289.34	255.92	240.77	689.17
合同资产	601.59	631.43	646.01	592.60	3.96
一年内到期的非流动资产	43.64	38.18	34.09	32.92	35.73
其他流动资产	164.95	152.47	192.20	159.69	128.51
流动资产合计	3071.77	3086.26	2909.66	2693.23	2326.84
发放贷款及垫款净额	0.00	0.00	0.00	0.00	0.00
债权投资	10.31	2.40	0.28	0.78	0.72
其他债权投资	0.00	0.00	0.00	0.00	0.00
长期应收款净额	389.78	390.18	373.98	522.05	627.43
长期股权投资净额	247.63	248.02	245.29	229.45	209.08
其他权益工具投资	62.90	73.28	72.45	79.21	70.78
其他非流动金融资产	89.73	96.19	100.93	92.02	89.45
投资性房地产净额	35.20	31.29	29.51	17.94	14.40
固定资产净额	825.43	752.39	695.87	667.49	573.88
在建工程净额	149.38	150.62	139.82	610.82	447.82
生产性生物资产净额	0.43	0.44	0.51	0.62	0.62
油气资产净额	0.05	0.09	0.16	0.24	0.38
使用权资产	25.41	27.01	25.80	0.00	0.00
无形资产净额	2005.19	1946.17	1772.68	1279.93	1027.43
开发支出	2.31	3.24	2.21	1.57	1.19
商誉净额	87.27	94.33	115.16	175.05	165.72
长期待摊费用	26.43	24.73	24.92	23.54	20.24
递延所得税资产	84.53	74.98	62.42	50.18	37.24
其他非流动资产	842.66	819.77	769.90	437.63	147.98
非流动资产合计	4884.55	4735.10	4431.93	4188.52	3434.31
资产总计	7956.33	7821.39	7341.56	6881.76	5761.19
短期借款	623.27	671.63	640.17	613.83	518.60
向中央银行借款	0.00	0.00	0.00	0.00	0.00
拆入资金	0.00	0.00	0.00	0.00	0.00
交易性金融负债	0.97	3.56	0.39	0.08	3.44
衍生金融负债	0.00	0.00	0.02	1.17	0.00
应付票据	95.95	82.82	103.63	125.90	119.25
应付账款	1096.99	1097.04	1094.02	1037.95	911.36
预收款项	1.09	1.01	1.00	1.28	113.35

续表

年份	2023	2022	2021	2020	2019
合同负债	105.10	117.91	108.08	115.22	0.10
卖出回购金融资产款	0.00	0.00	0.00	0.00	0.00
吸收存款及同业存放	0.00	0.00	0.00	0.00	0.00
代理买卖证券款	0.00	0.00	0.00	0.00	0.00
代理承销证券款	0.00	0.00	0.00	0.00	0.00
应付职工薪酬	59.33	55.62	48.23	52.92	43.94
应交税费	57.88	61.33	62.38	77.13	65.47
其他应付款	311.88	272.88	203.64	170.12	169.98
应付股利	7.78	6.69	4.90	5.39	3.20
应付手续费及佣金	0.00	0.00	0.00	0.00	0.00
应付分保账款	0.00	0.00	0.00	0.00	0.00
一年内到期的非流动负债	350.83	320.55	223.89	210.18	241.01
其他流动负债	138.12	130.08	130.07	158.04	114.85
流动负债合计	2841.43	2814.47	2615.34	2563.97	2301.28
保险合同准备金	0.00	0.00	0.00	0.00	0.00
长期借款	1492.49	1477.89	1420.63	1281.68	888.22
应付债券	145.23	137.30	127.30	137.33	138.05
租赁负债	18.34	19.96	17.78	0.00	0.00
长期应付款	86.77	78.60	87.41	92.52	87.18
预计负债	88.37	82.44	50.47	52.18	40.14
递延收益-非流动负债	73.49	75.31	70.78	75.26	69.28
递延所得税负债	33.79	32.67	26.70	23.41	20.03
其他非流动负债	63.97	67.46	58.69	51.20	67.65
非流动负债合计	2002.51	1971.71	1859.93	1713.58	1310.55
负债合计	4843.95	4786.20	4475.26	4277.55	3611.80
实收资本（或股本）	608.42	600.38	554.09	508.39	418.87
其他权益工具	45.82	39.41	39.90	41.31	41.92
其中：优先股	17.11	17.11	17.11	17.11	17.11
其中：永续债	14.96	14.96	14.96	14.96	14.96
资本公积	1201.95	1175.24	1038.44	886.96	666.41
其中：库存股	23.94	21.69	15.61	5.68	4.41
其他综合收益	2.11	3.24	8.01	21.79	10.95
专项储备	3.88	2.80	1.80	1.76	1.59
盈余公积	132.38	125.18	113.80	101.38	89.43
一般风险准备	0.00	0.00	0.00	0.00	0.00

续表

年份	2023	2022	2021	2020	2019
未分配利润	879.44	868.51	889.53	834.26	737.56
归属于母公司所有者权益合计	2850.02	2793.09	2629.99	2390.11	1962.26
少数股东权益	262.37	242.05	236.26	214.04	186.45
所有者权益合计	3112.38	3035.17	2866.30	2604.21	2148.73
负债与所有者权益总计	7956.33	7821.39	7341.56	6881.76	5761.19

附表71　证券市场水利、环境和公共设施管理业（N）利润表　　单位：亿元

年份	2023	2022	2021	2020	2019
营业总收入	2015.22	1954.53	2179.24	1860.03	1617.80
营业收入	2015.22	1954.53	2179.24	1860.03	1617.80
利息净收入	0.00	0.00	0.00	0.00	0.00
利息收入	0.00	0.00	0.00	0.00	0.00
已赚保费	0.00	0.00	0.00	0.00	0.00
保险业务收入	0.00	0.00	0.00	0.00	0.00
减：分出保费	0.00	0.00	0.00	0.00	0.00
减：提取未到期责任准备金	0.00	0.00	0.00	0.00	0.00
手续费及佣金净收入	0.00	0.00	0.00	0.00	0.00
手续费及佣金收入	0.00	0.00	0.00	0.00	0.00
营业总成本	1895.14	1851.28	2029.88	1697.36	1466.82
营业成本	1530.97	1504.28	1679.44	1390.95	1191.00
利息支出	0.00	0.00	0.00	0.00	0.00
手续费及佣金支出	0.00	0.00	0.00	0.00	0.00
退保金	0.00	0.00	0.00	0.00	0.00
赔付支出净额	0.00	0.00	0.00	0.00	0.00
赔付支出	0.00	0.00	0.00	0.00	0.00
减：摊回赔付支出	0.00	0.00	0.00	0.00	0.00
提取保险责任准备金净额	0.00	0.00	0.00	0.00	0.00
提取保险责任准备金	0.00	0.00	0.00	0.00	0.00
减：摊回保险责任准备金	0.00	0.00	0.00	0.00	0.00
保单红利支出	0.00	0.00	0.00	0.00	0.00
分保费用	0.00	0.00	0.00	0.00	0.00
税金及附加	17.19	15.39	16.97	14.61	12.34
销售费用	32.70	30.34	32.24	31.46	34.17
管理费用	156.67	147.48	152.40	130.41	121.61

续表

年份	2023	2022	2021	2020	2019
研发费用	50.86	48.29	49.57	39.47	30.30
财务费用	106.82	105.40	99.37	90.52	77.49
其他收益	29.60	28.69	30.08	26.64	17.23
投资收益	48.87	47.82	23.71	20.16	22.94
汇兑收益	0.00	0.00	0.00	0.00	0.00
其他业务收入	0.00	0.00	0.00	0.00	0.00
净敞口套期收益	0.00	0.00	0.00	0.00	0.00
公允价值变动收益	1.85	1.40	2.12	0.34	−1.06
信用减值损失	−60.92	−68.17	−49.16	−42.59	−31.15
资产减值损失	−45.91	−56.82	−52.70	−37.76	−17.24
资产处置收益	2.68	3.32	1.77	2.53	2.46
业务及管理费	0.00	0.00	0.00	0.00	0.00
减：摊回分保费用	0.00	0.00	0.00	0.00	0.00
其他业务成本	0.00	0.00	0.00	0.00	0.00
其他业务利润	0.00	0.00	0.00	0.00	0.15
营业利润	96.21	59.48	105.19	132.07	144.23
加：营业外收入	4.31	4.64	6.62	7.99	6.14
减：营业外支出	11.68	15.66	8.38	4.77	4.21
利润总额	88.92	48.36	103.47	135.25	146.13
减：所得税费用	36.61	28.19	32.03	33.99	32.63
未确认的投资损失	0.00	0.00	0.00	0.00	0.00
影响净利润的其他项目	0.00	0.00	0.00	0.00	0.00
净利润	52.25	20.20	71.40	101.18	113.49
归属于母公司所有者的净利润	47.08	16.83	63.19	92.04	108.15
归属于母公司其他权益工具持有者的净利润	0.00	0.00	0.00	0.00	0.00
少数股东损益	5.26	3.36	8.24	9.12	5.12
其他综合收益（损失）	−4.36	−5.03	−13.98	12.63	2.26
综合收益总额	47.87	15.15	57.43	106.17	114.99
归属于母公司所有者的综合收益	42.94	12.90	49.35	97.19	109.81
归属少数股东的综合收益	5.06	2.27	8.10	8.99	5.18
基本每股收益	0.22	0.20	0.38	0.44	0.36
稀释每股收益	0.22	0.20	0.38	0.40	0.36

附表72　证券市场水利、环境和公共设施管理业（N）现金流量表　　单位：亿元

年份	2023	2022	2021	2020	2019
销售商品、提供劳务收到的现金	1957.22	1807.40	1928.51	1699.70	1484.58
客户存款和同业存放款项净增加额	0.00	0.00	0.00	0.00	0.00
向中央银行借款净增加额	0.00	0.00	0.00	0.00	0.00
向其他金融机构拆入资金净增加额	0.00	0.00	0.00	0.00	0.00
收到原保险合同保费取得的现金	0.00	0.00	0.00	0.00	0.00
收到再保险业务现金净额	0.00	0.00	0.00	0.00	0.00
保户储金及投资款净增加额	0.00	0.00	0.00	0.00	0.00
处置交易性金融资产净增加额	0.00	0.00	0.00	0.00	0.00
收取利息、手续费及佣金的现金	0.00	0.00	0.00	0.00	0.00
拆入资金净增加额	0.00	0.00	0.00	0.00	0.00
回购业务资金净增加额	0.00	0.00	0.00	0.00	0.00
收到的税费返还	19.15	50.49	14.52	10.52	9.42
收到的其他与经营活动有关的现金	145.04	149.31	139.69	110.84	133.04
经营活动现金流入小计	2121.39	2007.07	2082.78	1821.12	1627.03
购买商品、接受劳务支付的现金	1208.20	1185.32	1252.37	1024.26	845.89
客户贷款及垫款净增加额	0.00	0.00	0.00	0.00	0.00
存放中央银行和同业款项净增加额	0.00	0.00	0.00	0.00	0.00
支付原保险合同赔付款项的现金	0.00	0.00	0.00	0.00	0.00
支付利息、手续费及佣金的现金	0.00	0.00	0.00	0.00	0.00
支付保单红利的现金	0.00	0.00	0.00	0.00	0.00
支付给职工以及为职工支付的现金	336.48	314.34	361.46	314.30	288.13
支付的各项税费	125.06	120.52	134.28	116.46	105.28
支付其他与经营活动有关的现金	182.45	195.04	197.28	170.85	169.84
经营活动现金流出小计	1852.14	1815.37	1945.42	1625.84	1409.16
经营活动产生的现金流量净额	269.22	191.80	137.45	195.24	217.83
收回投资收到的现金	354.46	323.17	219.79	140.62	121.43
取得投资收益收到的现金	8.44	11.01	10.53	11.64	9.32
处置固定资产、无形资产和其他长期资产收回的现金净额	6.13	12.68	11.40	7.06	14.64
处置子公司及其他营业单位收到的现金净额	15.82	21.41	101.33	9.38	16.84

续表

年份	2023	2022	2021	2020	2019
收到的其他与投资活动有关的现金	116.78	101.20	148.10	100.74	75.99
投资活动产生的现金流入小计	501.68	469.51	491.17	269.55	238.27
购建固定资产、无形资产和其他长期资产支付的现金	299.64	332.69	388.24	504.78	457.36
投资支付的现金	376.40	354.67	249.82	192.02	134.77
质押贷款净增加额	0.00	0.00	0.00	0.00	0.00
取得子公司及其他营业单位支付的现金净额	13.12	26.00	29.85	21.93	25.70
支付其他与投资活动有关的现金	124.12	89.61	132.81	102.02	88.14
投资活动产生的现金流出小计	813.32	803.03	800.72	820.86	705.91
投资活动产生的现金流量净额	-311.68	-333.51	-309.59	-551.24	-467.65
吸收投资收到的现金	90.29	179.40	221.34	264.39	124.72
吸收权益性投资收到的现金	86.14	137.93	154.34	185.52	79.22
其中：子公司吸收少数股东投资收到的现金	15.39	6.86	14.29	18.63	28.97
发行债券收到的现金	4.15	41.48	67.00	78.87	45.49
取得借款收到的现金	1247.33	1226.19	1301.18	1372.59	1175.18
收到其他与筹资活动有关的现金	333.74	244.74	239.20	207.41	206.00
筹资活动现金流入小计	1671.42	1650.43	1761.67	1844.45	1505.87
偿还债务支付的现金	1248.84	1090.51	1160.96	1050.02	894.32
分配股利、利润或偿付利息支付的现金	170.72	167.26	174.35	147.46	116.87
其中：子公司支付给少数股东的股利、利润	11.04	5.71	6.50	4.80	3.04
支付其他与筹资活动有关的现金	243.41	231.47	275.21	244.72	202.85
筹资活动现金流出小计	1662.95	1489.25	1610.50	1442.10	1214.04
筹资活动产生的现金流量净额	8.45	161.13	151.15	402.30	291.81
现金总流入	4606.17	4460.53	4645.17	4486.31	3838.82
现金总流出	4328.49	4107.56	4356.69	3888.80	3329.12
现金流量净额	-33.99	19.40	-20.99	46.28	42.04

附表73　证券市场教育卫生文化业（PQR）资产负债表　　单位：亿元

年份	2023	2022	2021	2020	2019
货币资金	1603.11	1574.62	1423.88	1350.78	1235.81
结算备付金	0.00	0.00	0.00	0.00	0.00

续表

年份	2023	2022	2021	2020	2019
拆出资金净额	0.00	0.00	0.00	0.00	0.00
交易性金融资产	305.09	311.76	370.28	239.66	212.63
衍生金融资产	0.00	0.00	0.00	0.00	0.00
应收票据净额	10.21	16.08	17.22	20.15	20.74
应收账款净额	494.24	521.24	463.41	428.86	453.57
应收款项融资	3.32	4.54	3.86	5.26	6.20
预付款项净额	101.01	120.74	123.42	144.26	170.10
应收保费净额	0.00	0.00	0.00	0.00	0.00
应收分保账款净额	0.00	0.00	0.00	0.00	0.00
应收分保合同准备金净额	0.00	0.00	0.00	0.00	0.00
其他应收款净额	74.00	83.34	98.39	108.82	112.42
应收股利净额	2.47	2.19	1.92	1.55	1.25
买入返售金融资产净额	0.00	0.00	0.00	0.00	0.00
存货净额	458.92	490.35	482.82	473.56	519.26
合同资产	4.37	6.57	8.24	8.71	0.00
一年内到期的非流动资产	28.18	71.40	17.01	36.72	14.59
其他流动资产	183.26	210.39	159.40	148.39	133.96
流动资产合计	3265.82	3411.10	3167.97	2965.19	2879.29
发放贷款及垫款净额	5.47	4.38	5.85	5.79	5.68
债权投资	53.05	39.68	16.21	21.93	21.57
其他债权投资	3.45	1.56	1.62	1.29	0.20
长期应收款净额	10.45	13.20	15.22	19.13	24.66
长期股权投资净额	233.35	263.10	275.52	299.93	295.11
其他权益工具投资	83.16	92.38	95.09	101.47	108.45
其他非流动金融资产	147.88	138.48	117.12	122.47	108.68
投资性房地产净额	127.08	127.73	115.50	106.37	106.67
固定资产净额	710.46	679.97	655.22	579.46	560.13
在建工程净额	128.23	129.63	136.10	135.92	131.45
生产性生物资产净额	0.10	0.02	0.00	0.00	0.00
油气资产净额	0.00	0.00	0.00	0.00	0.00
使用权资产	335.33	360.19	353.33	0.00	0.00
无形资产净额	250.72	258.91	258.33	240.93	254.33
开发支出	1.37	1.23	2.37	2.35	3.10
商誉净额	321.41	311.87	337.33	358.28	452.77
长期待摊费用	131.62	135.78	127.78	123.95	130.25

续表

年份	2023	2022	2021	2020	2019
递延所得税资产	112.74	63.98	58.14	42.95	34.87
其他非流动资产	288.35	166.74	174.63	145.20	83.97
非流动资产合计	2944.08	2788.87	2745.34	2307.45	2321.76
资产总计	6209.86	6199.96	5913.27	5272.65	5201.10
短期借款	191.32	206.28	224.21	302.12	311.13
向中央银行借款	0.00	0.00	0.00	0.00	0.00
拆入资金	0.00	0.00	0.00	0.00	0.00
交易性金融负债	0.00	0.00	0.07	0.20	0.00
衍生金融负债	0.00	0.00	0.06	1.03	0.00
应付票据	28.48	34.21	31.78	35.60	33.76
应付账款	738.45	728.87	683.83	592.78	549.86
预收款项	11.95	13.59	13.51	14.59	328.09
合同负债	350.32	393.41	352.07	340.34	4.29
卖出回购金融资产款	0.00	0.00	0.00	0.00	0.00
吸收存款及同业存放	0.00	0.00	0.00	0.00	0.00
代理买卖证券款	0.00	0.00	0.00	0.00	0.00
代理承销证券款	0.00	0.00	0.00	0.00	0.00
应付职工薪酬	143.59	139.19	118.81	99.40	83.90
应交税费	40.50	42.91	45.11	43.66	46.61
其他应付款	243.61	296.97	284.47	257.44	215.15
应付股利	5.42	3.10	3.10	3.63	2.73
应付手续费及佣金	0.00	0.00	0.00	0.00	0.00
应付分保账款	0.00	0.00	0.00	0.00	0.00
一年内到期的非流动负债	126.21	155.41	158.81	139.43	125.95
其他流动负债	24.88	53.97	48.14	59.72	32.18
流动负债合计	1899.30	2064.66	1961.03	1886.20	1730.88
保险合同准备金	0.00	0.00	0.00	0.00	0.00
长期借款	164.28	178.74	170.93	202.33	205.47
应付债券	20.26	27.75	17.47	40.46	66.82
租赁负债	327.37	348.11	335.76	0.00	0.00
长期应付款	32.24	31.78	28.56	23.75	22.21
预计负债	22.25	28.30	12.54	13.36	10.52
递延收益-非流动负债	54.59	59.87	59.39	58.92	63.50
递延所得税负债	36.96	22.04	19.67	18.13	19.28
其他非流动负债	26.70	25.68	31.86	27.93	30.80

续表

年份	2023	2022	2021	2020	2019
非流动负债合计	684.71	722.41	676.17	384.89	418.63
负债合计	2583.99	2787.05	2637.21	2271.12	2149.48
实收资本（或股本）	933.17	897.33	854.80	801.28	762.95
其他权益工具	0.50	0.46	0.14	0.24	0.00
其中：优先股	0.00	0.00	0.00	0.00	0.00
其中：永续债	0.00	0.00	0.00	0.00	0.00
资本公积	1457.94	1452.65	1377.27	1234.65	1170.01
其中：库存股	39.07	35.68	38.30	17.64	18.36
其他综合收益	−7.70	−1.76	0.69	2.54	9.58
专项储备	0.95	0.96	0.95	0.96	0.94
盈余公积	227.31	205.75	189.89	167.04	153.36
一般风险准备	1.62	1.57	1.62	1.51	1.31
未分配利润	915.26	764.13	760.94	677.42	833.51
归属于母公司所有者权益合计	3489.89	3285.37	3147.92	2867.87	2913.25
少数股东权益	136.02	127.55	128.16	133.63	138.40
所有者权益合计	3625.91	3412.95	3276.05	3001.53	3051.61
负债与所有者权益总计	6209.86	6199.96	5913.26	5272.63	5201.10

附表74　证券市场教育卫生文化业（PQR）利润表　　单位：亿元

年份	2023	2022	2021	2020	2019
营业总收入	2887.45	2723.43	2677.75	2211.03	2479.08
营业收入	2887.07	2723.04	2677.19	2210.52	2478.61
利息净收入	0.39	0.39	0.56	0.52	0.46
利息收入	0.39	0.39	0.56	0.52	0.46
已赚保费	0.00	0.00	0.00	0.00	0.00
保险业务收入	0.00	0.00	0.00	0.00	0.00
减：分出保费	0.00	0.00	0.00	0.00	0.00
减：提取未到期责任准备金	0.00	0.00	0.00	0.00	0.00
手续费及佣金净收入	0.00	0.00	0.00	0.00	0.00
手续费及佣金收入	0.00	0.00	0.00	0.00	0.00
营业总成本	2575.11	2501.13	2474.05	2069.14	2254.54
营业成本	1902.50	1835.16	1798.28	1506.38	1664.05
利息支出	0.00	0.00	0.00	0.00	0.00
手续费及佣金支出	0.00	0.00	0.00	0.00	0.00
退保金	0.00	0.00	0.00	0.00	0.00

续表

年份	2023	2022	2021	2020	2019
赔付支出净额	0.00	0.00	0.00	0.00	0.00
赔付支出	0.00	0.00	0.00	0.00	0.00
减：摊回赔付支出	0.00	0.00	0.00	0.00	0.00
提取保险责任准备金净额	0.00	0.00	0.00	0.00	0.00
提取保险责任准备金	0.00	0.00	0.00	0.00	0.00
减：摊回保险责任准备金	0.00	0.00	0.00	0.00	0.00
保单红利支出	0.00	0.00	0.00	0.00	0.00
分保费用	0.00	0.00	0.00	0.00	0.00
税金及附加	19.75	16.01	17.20	12.32	21.51
销售费用	289.64	280.37	284.68	230.39	247.32
管理费用	316.03	307.79	299.83	253.97	258.95
研发费用	34.22	40.23	39.17	35.80	32.51
财务费用	12.94	21.68	34.82	30.20	30.20
其他收益	102.24	28.37	28.55	33.30	27.33
投资收益	−3.26	27.54	56.37	47.08	50.33
汇兑收益	0.00	0.00	0.00	0.00	0.00
其他业务收入	0.00	0.00	0.00	0.00	0.00
净敞口套期收益	0.00	0.00	0.00	0.00	0.00
公允价值变动收益	−2.58	−9.91	7.25	−3.12	13.51
信用减值损失	−48.28	−51.76	−36.37	−46.44	−47.81
资产减值损失	−81.70	−105.86	−87.28	−193.25	−241.38
资产处置收益	9.71	7.00	7.36	5.86	2.05
业务及管理费	0.00	0.00	0.00	0.00	0.00
减：摊回分保费用	0.00	0.00	0.00	0.00	0.00
其他业务成本	0.00	0.00	0.00	0.00	0.00
其他业务利润	0.00	0.00	−0.01	−0.15	0.00
营业利润	288.53	117.70	179.63	−14.81	28.59
加：营业外收入	6.20	9.39	8.23	12.14	12.18
减：营业外支出	21.58	36.24	16.30	19.71	18.56
利润总额	273.11	90.87	171.58	−22.45	22.15
减：所得税费用	3.22	33.25	28.95	23.22	45.63
未确认的投资损失	0.00	0.00	0.00	0.00	0.00
影响净利润的其他项目	0.00	0.00	0.00	0.00	0.00
净利润	269.88	57.60	142.63	−45.63	−23.52
归属于母公司所有者的净利润	261.06	53.88	133.19	−48.77	−34.90

续表

年份	2023	2022	2021	2020	2019
归属于母公司其他权益工具持有者的净利润	0.00	0.00	0.00	0.00	0.00
少数股东损益	8.79	3.77	9.42	3.15	11.42
其他综合收益（损失）	-6.67	-2.76	-3.44	-7.54	-5.37
综合收益总额	263.22	51.04	141.59	-52.80	-28.86
归属于母公司所有者的综合收益	254.38	47.78	132.45	-55.87	-40.30
归属少数股东的综合收益	8.83	3.29	9.20	3.03	11.40
基本每股收益	0.15	0.10	0.07	0.06	0.20
稀释每股收益	0.14	0.03	0.04	0.02	0.15

附表75　证券市场教育卫生文化业（PQR）现金流量表　　　　单位：亿元

年份	2023	2022	2021	2020	2019
销售商品、提供劳务收到的现金	2971.41	2776.12	2726.54	2289.93	2638.85
客户存款和同业存放款项净增加额	0.00	0.00	0.00	0.00	0.01
向中央银行借款净增加额	0.00	0.00	0.00	0.00	0.00
向其他金融机构拆入资金净增加额	0.00	0.00	0.00	0.00	0.00
收到原保险合同保费取得的现金	0.00	0.00	0.00	0.00	0.00
收到再保险业务现金净额	0.00	0.00	0.00	0.00	0.00
保户储金及投资款净增加额	0.00	0.00	0.00	0.00	0.00
处置交易性金融资产净增加额	0.00	0.00	0.00	0.00	0.00
收取利息、手续费及佣金的现金	0.43	0.42	0.59	0.55	0.49
拆入资金净增加额	0.00	0.00	0.00	0.00	0.00
回购业务资金净增加额	0.00	0.00	0.00	0.00	0.00
收到的税费返还	9.85	27.76	10.37	9.22	8.36
收到的其他与经营活动有关的现金	146.98	167.35	187.73	173.66	198.83
经营活动现金流入小计	3128.84	2971.67	2925.29	2473.37	2846.51
购买商品、接受劳务支付的现金	1617.06	1510.84	1505.57	1245.03	1500.06
客户贷款及垫款净增加额	1.12	0.00	0.08	0.23	0.53
存放中央银行和同业款项净增加额	0.00	0.00	0.00	0.00	0.00
支付原保险合同赔付款项的现金	0.00	0.00	0.00	0.00	0.00
支付利息、手续费及佣金的现金	0.00	0.00	0.00	0.00	0.00
支付保单红利的现金	0.00	0.00	0.00	0.00	0.00

续表

年份	2023	2022	2021	2020	2019
支付给职工以及为职工支付的现金	591.75	576.37	565.52	453.24	471.70
支付的各项税费	96.07	96.35	89.83	69.87	120.92
支付其他与经营活动有关的现金	305.18	322.47	363.14	322.25	349.59
经营活动现金流出小计	2611.18	2506.15	2524.09	2090.62	2442.70
经营活动产生的现金流量净额	517.59	465.48	401.09	382.72	403.86
收回投资收到的现金	792.97	1064.11	1039.83	1176.75	1073.26
取得投资收益收到的现金	18.90	24.65	32.66	23.59	25.22
处置固定资产、无形资产和其他长期资产收回的现金净额	7.53	15.96	13.98	18.82	10.07
处置子公司及其他营业单位收到的现金净额	3.44	13.41	28.86	22.05	13.23
收到的其他与投资活动有关的现金	338.05	276.45	176.90	166.72	194.17
投资活动产生的现金流入小计	1160.89	1394.61	1292.22	1407.92	1315.99
购建固定资产、无形资产和其他长期资产支付的现金	153.48	166.46	199.99	169.68	224.19
投资支付的现金	898.90	1049.52	1127.68	1250.28	1109.28
质押贷款净增加额	0.00	0.00	0.00	0.00	0.00
取得子公司及其他营业单位支付的现金净额	30.44	24.64	26.67	15.09	34.95
支付其他与投资活动有关的现金	373.47	326.31	217.54	225.15	224.52
投资活动产生的现金流出小计	1456.35	1566.95	1571.89	1660.22	1592.92
投资活动产生的现金流量净额	−295.43	−172.32	−279.62	−252.29	−276.93
吸收投资收到的现金	27.72	125.20	117.37	99.89	67.93
吸收权益性投资收到的现金	27.72	125.20	117.37	99.89	52.91
其中：子公司吸收少数股东投资收到的现金	3.57	4.18	6.08	8.75	15.68
发行债券收到的现金	0.00	0.00	0.00	0.00	15.03
取得借款收到的现金	333.63	371.35	420.44	525.16	543.26
收到其他与筹资活动有关的现金	60.41	67.75	105.69	103.48	98.94
筹资活动现金流入小计	421.74	564.34	643.53	728.59	710.18
偿还债务支付的现金	354.20	424.57	550.26	535.84	569.15
分配股利、利润或偿付利息支付的现金	146.60	151.79	127.35	138.52	145.70
其中：子公司支付给少数股东的股利、利润	10.47	13.32	10.23	8.36	7.47

续表

年份	2023	2022	2021	2020	2019
支付其他与筹资活动有关的现金	148.37	141.96	142.31	109.93	120.98
筹资活动现金流出小计	649.04	718.30	819.90	784.24	835.89
筹资活动产生的现金流量净额	−227.31	−154.00	−176.42	−55.63	−125.64
现金总流入	5006.90	5102.90	5140.64	4862.15	5149.66
现金总流出	4716.57	4791.41	4915.94	4535.11	4871.48
现金流量净额	−5.14	139.13	−54.91	74.76	1.29

附表76　　证券市场综合（S）资产负债表　　单位：亿元

年份	2023	2022	2021	2020	2019
货币资金	85.68	85.43	76.53	87.50	86.01
结算备付金	0.00	0.00	0.00	0.00	0.00
拆出资金净额	0.00	0.00	0.00	0.00	0.00
交易性金融资产	5.07	7.85	18.84	15.53	9.17
衍生金融资产	0.00	0.00	0.00	0.00	0.00
应收票据净额	0.84	0.88	0.62	0.35	2.78
应收账款净额	26.88	24.94	23.80	28.68	37.02
应收款项融资	8.28	12.02	16.77	26.09	26.43
预付款项净额	3.12	4.23	3.34	6.20	21.51
应收保费净额	0.00	0.00	0.00	0.00	0.00
应收分保账款净额	0.00	0.00	0.00	0.00	0.00
应收分保合同准备金净额	0.00	0.00	0.00	0.00	0.00
其他应收款净额	9.29	16.80	28.39	10.45	23.82
应收股利净额	0.03	0.03	2.35	0.00	0.00
买入返售金融资产净额	0.00	0.00	0.00	0.00	0.00
存货净额	60.46	65.39	62.22	69.43	67.97
合同资产	0.00	0.00	0.22	0.11	0.00
一年内到期的非流动资产	0.00	0.00	0.00	0.00	0.58
其他流动资产	5.11	3.68	9.57	7.83	7.35
流动资产合计	204.72	221.24	240.32	252.20	282.66
发放贷款及垫款净额	0.00	0.00	0.00	0.00	8.50
债权投资	0.00	0.00	0.00	0.00	0.00
其他债权投资	0.00	0.00	0.00	0.00	0.00
长期应收款净额	0.10	0.00	0.00	0.00	0.00
长期股权投资净额	38.45	37.37	45.18	49.90	64.17
其他权益工具投资	11.03	13.09	13.72	17.51	21.67

续表

年份	2023	2022	2021	2020	2019
其他非流动金融资产	37.13	36.83	11.85	7.34	13.13
投资性房地产净额	3.88	3.53	1.98	2.07	3.83
固定资产净额	94.96	89.60	76.31	93.52	92.57
在建工程净额	27.59	12.22	18.54	23.24	16.45
生产性生物资产净额	0.00	0.00	0.00	0.00	0.00
油气资产净额	0.00	0.00	0.00	0.00	73.35
使用权资产	3.07	1.23	1.60	0.00	0.00
无形资产净额	32.88	34.39	33.12	53.25	45.49
开发支出	0.00	0.05	0.24	11.98	3.15
商誉净额	0.05	0.05	0.05	0.80	0.82
长期待摊费用	0.55	0.42	0.54	0.47	0.56
递延所得税资产	2.93	1.86	1.22	1.50	5.60
其他非流动资产	8.38	8.53	4.77	9.29	22.35
非流动资产合计	261.00	239.17	209.12	270.82	371.69
资产总计	465.71	460.40	449.42	523.03	654.33
短期借款	82.41	91.22	105.05	94.02	99.14
向中央银行借款	0.00	0.00	0.00	0.00	0.00
拆入资金	0.00	0.00	0.00	0.00	0.00
交易性金融负债	0.07	0.22	0.01	2.23	6.19
衍生金融负债	0.00	0.00	0.00	0.00	0.00
应付票据	17.79	20.02	20.73	26.17	20.44
应付账款	30.01	33.69	29.31	28.32	32.28
预收款项	0.10	0.23	0.03	0.05	21.25
合同负债	8.31	5.75	7.79	12.07	0.00
卖出回购金融资产款	0.00	0.00	0.00	0.00	0.00
吸收存款及同业存放	0.00	0.00	0.00	0.00	0.00
代理买卖证券款	0.00	0.00	0.00	0.00	0.00
代理承销证券款	0.00	0.00	0.00	0.00	0.00
应付职工薪酬	3.23	3.80	3.75	3.96	4.83
应交税费	2.51	3.70	6.36	3.50	10.10
其他应付款	8.25	10.62	5.11	17.53	24.22
应付股利	0.17	0.34	0.14	0.14	0.14
应付手续费及佣金	0.00	0.00	0.00	0.00	0.00
应付分保账款	0.00	0.00	0.00	0.00	0.00
一年内到期的非流动负债	28.85	17.56	18.13	17.99	17.33

续表

年份	2023	2022	2021	2020	2019
其他流动负债	2.26	3.30	4.59	28.94	2.60
流动负债合计	183.78	190.10	200.86	234.75	238.38
保险合同准备金	0.00	0.00	0.00	0.00	0.00
长期借款	45.11	33.35	21.58	29.38	24.19
应付债券	0.00	0.00	0.00	10.93	33.99
租赁负债	2.46	0.91	1.16	0.00	0.00
长期应付款	0.94	1.30	1.48	2.52	4.46
预计负债	1.66	1.53	1.53	1.75	1.76
递延收益-非流动负债	2.30	2.17	2.30	3.66	3.19
递延所得税负债	4.83	4.69	4.54	5.22	5.77
其他非流动负债	7.05	3.20	2.06	3.70	4.66
非流动负债合计	64.35	47.13	34.65	57.15	78.00
负债合计	248.13	237.23	235.49	291.91	316.37
实收资本（或股本）	58.64	58.64	58.64	58.64	94.40
其他权益工具	0.00	0.00	0.00	0.00	0.00
其中：优先股	0.00	0.00	0.00	0.00	0.00
其中：永续债	0.00	0.00	0.00	0.00	0.00
资本公积	33.28	36.77	30.98	22.98	88.50
其中：库存股	3.43	9.68	10.10	10.10	8.00
其他综合收益	6.13	7.69	9.57	12.40	15.22
专项储备	0.14	0.19	0.09	0.22	0.12
盈余公积	16.66	16.64	16.23	13.17	15.03
一般风险准备	0.00	0.00	0.00	0.00	0.00
未分配利润	96.24	101.84	96.41	96.79	92.94
归属于母公司所有者权益合计	207.68	212.08	201.81	194.09	298.19
少数股东权益	9.90	11.08	12.13	37.04	39.75
所有者权益合计	217.58	223.17	213.94	231.12	337.95
负债与所有者权益总计	465.71	460.40	449.42	523.03	654.33

附表77　　证券市场综合（S）利润表　　单位：亿元

年份	2023	2022	2021	2020	2019
营业总收入	180.97	195.13	212.02	172.45	253.47
营业收入	180.97	195.13	212.02	172.45	253.47
利息净收入	0.00	0.00	0.00	0.00	0.00
利息收入	0.00	0.00	0.00	0.00	0.00

续表

年份	2023	2022	2021	2020	2019
已赚保费	0.00	0.00	0.00	0.00	0.00
保险业务收入	0.00	0.00	0.00	0.00	0.00
减：分出保费	0.00	0.00	0.00	0.00	0.00
减：提取未到期责任准备金	0.00	0.00	0.00	0.00	0.00
手续费及佣金净收入	0.00	0.00	0.00	0.00	0.00
手续费及佣金收入	0.00	0.00	0.00	0.00	0.00
营业总成本	188.31	185.44	209.48	176.78	234.31
营业成本	158.21	158.85	170.02	132.20	170.18
利息支出	0.00	0.00	0.00	0.00	0.00
手续费及佣金支出	0.00	0.00	0.00	0.00	0.00
退保金	0.00	0.00	0.00	0.00	0.00
赔付支出净额	0.00	0.00	0.00	0.00	0.00
赔付支出	0.00	0.00	0.00	0.00	0.00
减：摊回赔付支出	0.00	0.00	0.00	0.00	0.00
提取保险责任准备金净额	0.00	0.00	0.00	0.00	0.00
提取保险责任准备金	0.00	0.00	0.00	0.00	0.00
减：摊回保险责任准备金	0.00	0.00	0.00	0.00	0.00
保单红利支出	0.00	0.00	0.00	0.00	0.00
分保费用	0.00	0.00	0.00	0.00	0.00
税金及附加	2.15	2.17	1.86	1.71	3.22
销售费用	3.92	3.63	8.37	16.22	28.93
管理费用	12.04	9.71	13.76	12.31	13.87
研发费用	5.85	6.52	6.84	5.39	6.07
财务费用	6.11	4.53	8.63	8.93	12.02
其他收益	1.06	1.04	1.72	3.89	2.99
投资收益	2.60	8.79	3.20	−8.15	4.62
汇兑收益	0.00	0.00	0.00	0.00	0.00
其他业务收入	0.00	0.00	0.00	0.00	0.00
净敞口套期收益	0.00	0.00	0.00	0.00	0.00
公允价值变动收益	1.54	0.43	2.90	7.14	1.01
信用减值损失	0.35	0.09	−0.69	−0.45	−4.84
资产减值损失	−1.58	−2.19	−4.97	−2.62	−5.04
资产处置收益	0.57	0.24	−0.02	0.31	−0.95
业务及管理费	0.00	0.00	0.00	0.00	0.00
减：摊回分保费用	0.00	0.00	0.00	0.00	0.00

续表

年份	2023	2022	2021	2020	2019
其他业务成本	0.00	0.00	0.00	0.00	0.00
其他业务利润	0.00	0.00	0.00	0.00	0.00
营业利润	−2.81	18.10	4.69	−4.21	16.97
加：营业外收入	0.80	0.46	0.89	2.88	0.43
减：营业外支出	0.82	0.70	1.04	0.70	0.69
利润总额	−2.83	17.85	4.54	−2.02	16.69
减：所得税费用	0.52	2.51	5.00	3.22	3.86
未确认的投资损失	0.00	0.00	0.00	0.00	0.00
影响净利润的其他项目	0.00	0.00	0.00	0.00	0.00
净利润	−3.34	15.35	−0.45	−5.24	12.82
归属于母公司所有者的净利润	−2.78	15.18	3.06	−8.20	6.38
归属于母公司其他权益工具持有者的净利润	0.00	0.00	0.00	0.00	0.00
少数股东损益	−0.56	0.14	−3.50	2.96	6.44
其他综合收益（损失）	−1.56	−1.87	−2.54	−2.40	2.75
综合收益总额	−4.89	13.47	−3.00	−7.64	15.57
归属于母公司所有者的综合收益	−4.33	13.31	0.52	−10.59	9.12
归属少数股东的综合收益	−0.56	0.14	−3.50	2.96	6.44
基本每股收益	0.04	0.26	0.24	0.12	0.12
稀释每股收益	0.04	0.26	0.24	0.12	0.12

附表78　　证券市场综合（S）现金流量表　　单位：亿元

年份	2023	2022	2021	2020	2019
销售商品、提供劳务收到的现金	186.61	191.39	215.11	196.69	241.40
客户存款和同业存放款项净增加额	0.00	0.00	0.00	0.00	0.00
向中央银行借款净增加额	0.00	0.00	0.00	0.00	0.00
向其他金融机构拆入资金净增加额	0.00	0.00	0.00	0.00	0.00
收到原保险合同保费取得的现金	0.00	0.00	0.00	0.00	0.00
收到再保险业务现金净额	0.00	0.00	0.00	0.00	0.00
保户储金及投资款净增加额	0.00	0.00	0.00	0.00	0.00
处置交易性金融资产净增加额	0.00	0.00	0.00	0.00	0.00
收取利息、手续费及佣金的现金	0.00	0.00	0.00	0.00	1.24
拆入资金净增加额	0.00	0.00	0.00	0.00	0.00

续表

年份	2023	2022	2021	2020	2019
回购业务资金净增加额	0.00	0.00	0.00	0.00	0.00
收到的税费返还	2.39	4.89	3.00	1.59	1.65
收到的其他与经营活动有关的现金	43.50	59.57	33.11	19.28	33.55
经营活动现金流入小计	232.51	255.86	251.24	217.56	277.83
购买商品、接受劳务支付的现金	146.26	146.87	155.58	138.10	161.52
客户贷款及垫款净增加额	0.00	0.00	0.00	0.00	−4.81
存放中央银行和同业款项净增加额	0.00	0.00	0.00	0.00	0.00
支付原保险合同赔付款项的现金	0.00	0.00	0.00	0.00	0.00
支付利息、手续费及佣金的现金	0.00	0.00	0.00	0.00	0.00
支付保单红利的现金	0.00	0.00	0.00	0.00	0.00
支付给职工以及为职工支付的现金	20.60	19.98	23.96	24.12	28.20
支付的各项税费	8.00	9.28	10.29	10.67	18.87
支付其他与经营活动有关的现金	50.93	58.74	39.06	29.56	52.15
经营活动现金流出小计	225.80	234.90	228.89	202.42	255.91
经营活动产生的现金流量净额	6.72	20.98	22.34	15.15	21.93
收回投资收到的现金	13.05	19.71	14.74	22.98	26.62
取得投资收益收到的现金	5.48	4.98	1.53	1.55	9.78
处置固定资产、无形资产和其他长期资产收回的现金净额	1.07	0.65	2.46	1.26	0.25
处置子公司及其他营业单位收到的现金净额	0.00	20.68	8.77	2.31	2.41
收到的其他与投资活动有关的现金	1.67	1.04	0.47	0.66	1.45
投资活动产生的现金流入小计	21.27	47.06	27.97	28.77	40.50
购建固定资产、无形资产和其他长期资产支付的现金	26.30	21.80	20.83	29.32	29.90
投资支付的现金	4.41	21.55	17.13	20.36	23.06
质押贷款净增加额	0.00	0.00	0.00	0.00	0.00
取得子公司及其他营业单位支付的现金净额	0.29	0.00	0.01	1.75	0.26
支付其他与投资活动有关的现金	3.79	4.19	0.33	0.32	0.75
投资活动产生的现金流出小计	34.78	47.55	38.30	51.76	53.97
投资活动产生的现金流量净额	−13.52	−0.48	−10.33	−22.98	−13.48
吸收投资收到的现金	1.60	0.30	0.54	0.53	1.01

续表

年份	2023	2022	2021	2020	2019
吸收权益性投资收到的现金	1.60	0.30	0.54	0.53	1.01
其中：子公司吸收少数股东投资收到的现金	1.60	0.30	0.11	0.53	1.01
发行债券收到的现金	0.00	0.00	0.00	0.00	0.00
取得借款收到的现金	106.89	108.45	96.94	126.49	155.82
收到其他与筹资活动有关的现金	47.00	76.58	52.40	38.73	40.03
筹资活动现金流入小计	155.49	185.33	149.88	165.77	196.87
偿还债务支付的现金	90.59	105.57	111.18	100.20	128.65
分配股利、利润或偿付利息支付的现金	7.85	16.13	9.08	10.99	16.09
其中：子公司支付给少数股东的股利、利润	0.58	0.13	0.09	1.19	3.91
支付其他与筹资活动有关的现金	49.64	67.46	53.39	53.30	42.65
筹资活动现金流出小计	148.09	189.16	173.66	164.50	187.38
筹资活动产生的现金流量净额	7.42	−3.82	−23.76	1.30	9.48
现金总流入	422.80	488.73	439.43	435.11	528.69
现金总流出	408.67	471.59	440.83	418.66	497.26
现金流量净额	0.62	16.67	−11.74	−6.55	17.94

参考文献

[1] 高凤莲,王志强."董秘"社会资本对信息披露质量的影响研究[J].南开管理评论,2015,18(04):60-71.

[2] 高颖超,付文博.稳定业务关系、会计信息质量与审计费用[J].审计研究,2024(01):76-88.

[3] 何平林,孙雨龙,宁静等.高管特质、法治环境与信息披露质量[J].中国软科学,2019(10):112-128.

[4] 何威风,刘启亮.我国上市公司高管背景特征与财务重述行为研究[J].管理世界,2010(07):144-155.

[5] 胡玉明.论数字化时代的会计信息质量[J].财会月刊,2024,45(05).

[6] 胡志勇.会计政策可比性:测定及其经济后果[M].北京:经济科学出版社,2008.

[7] 胡志勇,宁冠盈,李旎.审计质量:基于结果导向的测定[J].当代会计评论,2023,16(03):36-58.

[8] 靳庭良,郭建军.面板数据模型设定存在的问题及对策分析[J].数量经济技术经济研究,2004(10):131-135.

[9] 李清,马泽汉.会计信息质量指数构建、评价和预警研究[J].数理统计与管理,2022,41(04):749-760.

[10] 李涛,徐红.党组织对分类转移盈余管理的影响研究——以混合所有制企业为视角[J].北京航空航天大学学报(社会科学版),2022,35(04):90-101.

[11] 刘建勇,朱学义.信息披露及时性与可靠性关系实证研究[J].中南财经政法大学学报,2008(06):94-98.

[12] 刘雪妮,李明辉,叶超.新收入准则是否减少了上市公司的收入管理行为?[J].审计与经济研究,2024,39(02):63-73.

[13] 龙小海,刘杨晖,高怀荣.法律责任、审计风格和感知的会计信息可比性[J].会计研究,2021(08):161-176.

[14] 孙光国,杨金凤.财务报告质量评价研究:文献回顾、述评与未来展望[J].会计研究,2012(03):31-38.

[15] 谭楚月,段宏.2014.审计质量只能替代吗?——来自实证研究的结论分析.会计

研究，2023（7）：89-95.

[16] 王波，胡海边.会计信息可靠性质量特征的模糊综合分析［J］.财会通讯（学术版），2008（11）：56-59.

[17] 王芳，张玉凤，李颖.会计信息相关性与企业创新［J］.经济问题，2022（07）：88-94.

[18] 王化成，程小可，刘雪辉.中国资本市场披露现金流量信息的有用性［J］.经济理论与经济管理，2003（10）：29-35.

[19] 王加灿.上市公司内部控制审计与年报及时性——基于OLS与分位数回归的证据［J］.审计与经济研究，2015，30（03）：58-68.

[20] 王鹏程，程晶泓.舞弊审计准则的重大修改及我国应对策略研究［J］.中国注册会计师，2023（11）：115-123.

[21] 王雄元，陈文娜，顾俊.年报及时性的信号效应——基于2004-2006A股上市公司年报的实证检验［J］.会计研究，2008（12）：47-55.

[22] 王竹泉.会计信息披露的外部性与会计信息质量——基于利益相关者的视角［C］.当代会计评论（第1卷第2期）.科学出版社，2008：11.

[23] 王竹泉，江玮滢，宋晓缤等.高质量发展与中国宏观会计信息质量综合评价［J］.会计研究，2021（04）：39-48.

[24] 吴武清，万嘉澄.分析师跟踪和盈余管理：基于跟踪强度新指标的研究［J］.数理统计与管理，2018，37（01）：83-95.

[25] 吴祖光，冀珂瑜.证券分析师对会计盈余价值相关性的影响研究［J］.数理统计与管理，2023，42（01）：175-190.

[26] 武鹏，杨科，蒋峻松等.企业ESG表现会影响盈余价值相关性吗？［J］.财经研究，2023，49（06）：137-152，169.

[27] 张焰朝，孙光国，袁月.会计信息可比性能抑制企业债务违约风险吗？［J］.中央财经大学学报，2022（07）：48-60.

[28] Andre, Paul, D. D. Dionysiou, and Ioannis Tsalavoutas. "Mandatory adoption of IFRS by EU listed firms and Comparability: Determinants and Analysts' Forecasts." Comptabilités et Innovation. 2012.

[29] ASHBAUGH-SKAIFE H, COLLINS D W, KINNEY JR W R, et al., The effect of SOX internal control deficiencies and their remediation on accrual quality［J］. The accounting review, 83（1）: 217-250.

[30] Barth, Mary E., Ken Li, and Charles G. McClure. "Evolution in value relevance of accounting information." The Accounting Review 98.1（2023）: 1-28.

[31] Basu, Kaushik. "Does economic theory inform government policy?." Millennial Asia 4.1（2013）: 27-39.

［32］Beaver, William, Richard Lambert, and Dale Morse. "The information content of security prices." journal of Accounting and Economics 2.1（1980）: 3–28.

［33］Clarke, Kevin A. "The phantom menace: Omitted variable bias in econometric research." Conflict management and peace science 22.4（2005）: 341–352.

［34］Davidson R, Dey A, Smith A. Executives' "off-the-job" behavior, corporate culture, and financial reporting risk［J］. Journal of Financial Economics, 2015, 117（1）: 5–28.

［35］De Franco G, Kothari S P, Verdi R S. The benefits of financial statement comparability［J］. Journal of Accounting Research, 2011, 49（4）: 895–931.

［36］Dechow P M, Sloan R G, Sweeney A P. Detecting earnings management［J］. Accounting review, 1995: 193–225.

［37］Defond M, Zhang J. A review of archival auditing research. Journal of Accounting & Economics, 2014, 58（2-3）: 275–326.

［38］Fama, Eugene F. "Efficient capital markets." Journal of finance 25.2（1970）: 383–417.

［39］Fontes A, Rodrigues L, Craig R. Measuring convergence of national accounting standards with international financial reporting standards［J］. Accounting Forum, 2005, 29（4）: 415–436.

［40］Peterson, Kyle, Roy Schmardebeck, and T. Jeffrey Wilks. "The earnings quality and information processing effects of accounting consistency." The accounting review 90.6（2015）: 2483–2514.

［41］RICHARDSON S A, SLOAN R G, SOLIMAN M T, et al. Accrual reliability, earnings persistence and stock prices［J］. Journal of Accounting & Economics, 2005, 39（3）: 437–85.

［42］Yuji Iriji, Jaedicke.（宋德亮译."公允价值的相关性和可靠性分析"，1972）. 上海会计，2004（2）.

大数据和科技监管环境下公司信息风险检测系统

广东省智慧金财税工程技术研究中心、粤港智慧金财税联合创新中心和广州大学智慧金财税研究所共同推出了第三方视角下信息合规化系统—公司信息风险检测系统：信息风险事先预防、事中监测和事后检测一体化系统。

1. 内容全面：基于企业会计准则的会计信息质量要求，借助于发明专利技术分析我国所有上市公司季度和年度财务报告，涵盖财务报告中3632个维度的会计/审计信息重构、质量测定、预测模拟和重大风险甄别等十五个系统，从信息风险等级、信息风险来源（会计科目、会计估计、报表结构、勾稽关系、会计政策行业差异和变更）和信息质量等级等维度对IPO和上市公司财务信息进行事先、事中和事后检测分析，为公司（含IPO）信息风险防范提供依据。

2. 公开数据源：基于公开信息深度加工（大数据、人工智能处理）的定制化检测、监测和预警报告。数据源涵盖了从证券分析师预测、公司财务报告（特别是公司季度和年度财务报告信息）、公司业绩预告、审计报告、监管问询和公司股价等所有公开信息。在涉及内部信息和保密信息情形下，仅提供公开信息数据库和算法系统，全程由公司自行完成。

3. 内部定制：基于资本市场公开信息，为公司构建专用数据库；借助于机器学习和AI处理技术，基于三项国家授权发明专利的算法，提供事先信息风险预防、事中信息风险监测和事后信息风险检测，以精准检测报告和辅助查询功能服务于公司财务部、董秘办和审计部。

公司信息风险检测系统涵盖二个子系统和四大模块：

1. 决策支持子系统，包括三大类决策支持模块：

（1）风险控制决策。①会计信息风险控制：会计信息重大风险及其来源分析，支持公司所有重大会计决策；②审计风险控制：关键审计事项的确定，支持公司审计沟通决策；③内部控制风险：内部控制流程与事项的风险点，支持公司内部控制决策和独立董事工作提议决策；④业绩预告信息风险控制：年度业绩预告适当性，支持公司信息披露决策；⑤税负风险控制：支持公司增值税和企业所得税决策。

（2）价值管理决策。基于整合972个模型的分析师智能模拟系统，准确率达98.78%，支持IPO前各阶段估值、上市公司价值管理决策等价值判断决策。

（3）公司战略态势和市场动态。基于独有的16000个行业/产品分类，定期揭示公司主要产品的市场动态、投资、法律风险和重要合同的变化，支持公司投资和产品决策优化。

2. 效率提升子系统。涵盖7个查询系统：（1）监管问询和IPO问询的高效查询；（2）同行业和对标公司会计政策选择查询；（3）同行业和对标公司财务报表查询；（4）同行业和对标公司关键审计事项查询；（5）参考内部控制手册查询；（6）公司信息月报（含同行业和对标公司重大事项）；（7）公司股东变动查询。